MPT

PREPARANDO-SE PARA O CONCURSO DE PROCURADOR DO TRABALHO

Teoria | Jurisprudência
Questões comentadas | Peças processuais

O livro é a porta que se abre para a realização do homem.

Jair Lot Vieira

MPT

PREPARANDO-SE PARA O CONCURSO DE PROCURADOR DO TRABALHO

Teoria | Jurisprudência
Questões comentadas | Peças processuais

Organizadores
Cesar Henrique Kluge
Tiago Muniz Cavalcanti

Afonso de Paula Pinheiro Rocha
Andrea da Rocha Carvalho Gondim
Cesar Henrique Kluge
Jeibson dos Santos Justiniano
Maurício Ferreira Brito
Paulo Isan Coimbra da Silva Júnior
Tiago Muniz Cavalcanti
Tiago Ranieri de Oliveira

Regime Jurídico do Ministério Público
Noções Gerais de Direitos Humanos
Direito Individual do Trabalho
Direito Coletivo do Trabalho
Direito Processual do Trabalho

MPT
PREPARANDO-SE PARA O CONCURSO DE PROCURADOR DO TRABALHO

Organizadores: Cesar Henrique Kluge e Tiago Muniz Cavalcanti

Afonso de Paula Pinheiro Rocha • Andrea da Rocha Carvalho Gondim
Cesar Henrique Kluge • Jeibson dos Santos Justiniano • Maurício Ferreira Brito
Paulo Isan Coimbra da Silva Júnior • Tiago Muniz Cavalcanti • Tiago Ranieri de Oliveira

2ª edição 2013

© desta edição: Edipro Edições Profissionais Ltda. – CNPJ nº 47.640.982/0001-40

Editores: Jair Lot Vieira e Maíra Lot Vieira Micales
Coordenação editorial: Fernanda Godoy Tarcinalli
Editoração: Alexandre Rudyard Benevides
Revisão técnica: Sandra Cristina Lopes
Revisão: Fernanda Godoy Tarcinalli
Arte: Heloise Gomes Basso
Fotos da capa: Sérgio Carvalho

Dados de Catalogação na Fonte (CIP) Internacional
(Câmara Brasileira do Livro, SP, Brasil)

Rocha, Afonso de Paula Pinheiro [et al.]
   MPT – Preparando-se para o concurso de Procurador do Trabalho / Afonso de Paula Pinheiro Rocha [et al.]; organizadores Cesar Henrique Kluge, Tiago Muniz Cavalcanti. – São Paulo: EDIPRO, 2. ed., 2013. – (para concurso do Ministério Público do Trabalho.)

   Bibliografia.
   ISBN 978-85-7283-853-5

   1. Direito processual do trabalho – Brasil – Concursos. 2. Direito processual do trabalho – Legislação – Brasil. 3. Ministério Público do Trabalho – Concursos. I. Rocha, Afonso de Paula Pinheiro. II. Kluge, Cesar Henrique. III. Justiniano, Jeibson dos Santos. IV. Cavalcanti, Tiago Muniz. V. Gondim, Andrea da Rocha Carvalho. VI. Brito, Maurício Ferreira. VII. Silva Júnior, Paulo Isan Coimbra da. VIII. Oliveira, Tiago Ranieri.

12-04542   CDU-347.9:331(81) (079.1)

Índices para catálogo sistemático:
1. Brasil: Concursos: Direito processual do trabalho: 347.9:331(81)(079.1)
2. Brasil: Direito processual do trabalho: Concursos: 347.9:331(81)(079.1)

edições profissionais ltda.
São Paulo: Fone (11) 3107-4788 – Fax (11) 3107-0061
Bauru: Fone (14) 3234-4121 – Fax (14) 3234-4122
www.edipro.com.br

Agradecimento

Ao Sérgio Carvalho,
que consegue transformar em arte
o retrato da desigualdade social tão característica do nosso país.
A ele, agradecemos as belas imagens que ilustram a capa do nosso livro.

Uma sociedade só será democrática
quando ninguém for tão rico que possa comprar alguém
e ninguém for tão pobre que tenha de se vender a alguém.

Jean-Jacques Rousseau

SUMÁRIO

Prefácio à segunda edição 31
  • *João Berthier*
Prefácio à primeira edição 33
  • *Ronaldo Curado Fleury*
Apresentação 35
  • *Cesar Henrique Kluge* e *Tiago Muniz Cavalcanti*

Introdução
SUGESTÕES DE ESTUDO 37
Capítulo 1 – A "DIETA" DO CONCURSO: COMO ORGANIZAR E TORNAR O ESTUDO EFICIENTE 39
  • *Afonso de Paula Pinheiro Rocha*

Capítulo 2 – SUGESTÕES ESPECÍFICAS PARA O CONCURSO DO MINISTÉRIO PÚBLICO DO TRABALHO 43
  • *Tiago Muniz Cavalcanti*
  2.1. Primeira fase: prova objetiva 43
  2.2. Segunda fase: prova subjetiva-dissertativa 43
  2.3. Terceira fase: prova prática 44
    2.3.1. Considerações preliminares 44
    2.3.2. Destinatário: juízo competente 44
    2.3.3. Introito 44
    2.3.4. Fatos 45
    2.3.5. Legitimidade do MPT 45
    2.3.6. Competência do juízo 45
    2.3.7. Direito 45
    2.3.8. Natureza inibitória e antecipação de tutela 46

2.3.9. Pedidos 46

2.3.10. Requerimentos finais 46

2.4. Prova oral 47

2.5. Posse: comprovação da atividade jurídica 47

2.6. Após a posse 51

Título I
REGIME JURÍDICO DO MINISTÉRIO PÚBLICO 53

Capítulo 1 – EVOLUÇÃO DO MINISTÉRIO PÚBLICO BRASILEIRO 55
● *Cesar Henrique Kluge*

1.1. Antecedentes históricos do Ministério Público – raízes remotas e próximas   55

1.2. Evolução constitucional do Ministério Público no Brasil 56

1.3. O Ministério Público na Constituição Federal de 1988 57

    1.3.1. Antecedentes à Constituinte: a Carta de Curitiba 57

    1.3.2. Características principais dadas pela nova ordem constitucional 58

        1.3.2.1. Resquícios do regime anterior 59

    1.3.3. Natureza jurídica do Ministério Público 60

    1.3.4. Conceito constitucional (art. 127, *caput*, da CF/1988) 61

1.4. Questões resolvidas e comentadas 65

Capítulo 2 – PRINCÍPIOS, GARANTIAS, VEDAÇÕES E DEVERES 67
● *Cesar Henrique Kluge*

2.1. Princípios institucionais 68

    2.1.1. Princípio da unidade 68

    2.1.2. Princípio da indivisibilidade 69

    2.1.3. Princípio da independência funcional 69

    2.1.4. Tensão entre os princípios da unidade e independência funcional ... 70

    2.1.5. Princípio do promotor natural 71

2.2. Garantias dos membros do Ministério Público 74

    2.2.1. Vitaliciedade 74

    2.2.2. Inamovibilidade 76

    2.2.3. Irredutibilidade de subsídios 76

2.3. Vedações aos membros do Ministério Público 77

    2.3.1. Recebimento de honorários, percentagens ou custas processuais 77

2.3.2. Exercício da advocacia 78

2.3.3. Participação em sociedade comercial 79

2.3.4. Exercício de outra função pública 79

2.3.5. Exercício de atividade político-partidária 80

2.3.6. Recebimento de auxílios ou contribuições de pessoas físicas, entidades públicas ou privadas 81

2.3.7. Quarentena 82

2.4. Deveres dos membros do Ministério Público 82

2.5. Responsabilidade civil e penal dos membros do Ministério Público 84

2.5.1. Ação de responsabilidade: polo passivo 85

2.6. Questões resolvidas e comentadas 86

Capítulo 3 – ATRIBUIÇÕES DO MINISTÉRIO PÚBLICO BRASILEIRO 89

● *Cesar Henrique Kluge*

3.1. Atribuições constitucionais 89

3.1.1. Funções típicas e atípicas 90

3.1.2. Os modelos demandista e resolutivo de atuação 90

3.2. Litisconsórcio ativo entre os diversos ramos do Ministério Público 91

3.3. Conflito de atribuições 94

3.4. Expedição de notificações e requisições 95

3.4.1. Poder de notificação 96

3.4.2. Poder de requisição 96

3.4.2.1. Limites ao poder de requisição 98

3.4.2.2. Consequência jurídica do não atendimento das requisições ministeriais 100

3.5. Questão resolvida e comentada 101

Capítulo 4 – O CONSELHO NACIONAL DO MINISTÉRIO PÚBLICO 103

● *Cesar Henrique Kluge*

4.1. Conselho Nacional do Ministério Público 103

4.2. Tabela comparativa: CNMP e CNJ 105

4.3. Escolha dos membros do Ministério Público 106

4.4. Corregedoria Nacional do Ministério Público 107

4.5. Órgãos colegiados do Conselho Nacional do Ministério Público 109

4.6. Ouvidoria do Ministério Público 109

4.7. Questão resolvida e comentada 110

Capítulo 5 – ESTRUTURA DO MINISTÉRIO PÚBLICO BRASILEIRO 111

• *Cesar Henrique Kluge*

5.1. Ministério Público dos Estados – Lei Orgânica Nacional (Lei nº 8.625/1993) ... 112

5.2. Ministério Público da União – Lei Complementar nº 75/1993 113

5.3. Ministério Público junto aos Tribunais de Contas 115

5.4. Questões resolvidas e comentadas 116

Capítulo 6 – O MINISTÉRIO PÚBLICO DO TRABALHO 125

• *Cesar Henrique Kluge*

6.1. Evolução do Ministério Público do Trabalho 125

6.2. Organização e carreira 126

    6.2.1. Procurador-Geral do Trabalho 127

    6.2.2. Colégio de Procuradores 128

    6.2.3. Conselho Superior do Ministério Público do Trabalho 129

    6.2.4. Câmara de Coordenação e Revisão do Ministério Público do Trabalho ... 132

    6.2.5. Corregedoria do Ministério Público do Trabalho 132

    6.2.6. Subprocuradores-Gerais do Trabalho 133

    6.2.7. Procuradores Regionais do Trabalho 133

    6.2.8. Procuradores do Trabalho 133

6.3. Prerrogativas 134

    6.3.1. Prerrogativas institucionais: aspectos relevantes 135

    6.3.2. Prerrogativas processuais: aspectos relevantes 136

        6.3.2.1. Intimação pessoal do membro do Ministério Público: aspectos controvertidos 137

6.4. Atribuições judiciais e extrajudiciais 139

    6.4.1. Principais áreas de atuação: coordenadorias nacionais 141

        6.4.1.1. Promover a igualdade de oportunidades e combater a discriminação nas relações de trabalho (COORDIGUALDADE) ... 141

        6.4.1.2. Erradicar o trabalho escravo e degradante (CONAETE) 141

        6.4.1.3. Erradicar a exploração do trabalho da criança e proteger o trabalhador adolescente (COORDINFÂNCIA) 142

        6.4.1.4. Garantir o meio ambiente do trabalho adequado (CODEMAT) 142

        6.4.1.5. Eliminar as fraudes trabalhistas (CONAFRET) 142

        6.4.1.6. Combater as irregularidades na Administração Pública (CONAP) 142

SUMÁRIO | 13

6.4.1.7. Proteger o trabalho portuário e aquaviário (CONATPA) ... 143

6.4.1.8. Garantir a liberdade sindical e buscar pacificar conflitos coletivos de trabalho (CONALIS) 143

6.5. Procedimento de investigação: inquérito civil 143

    6.5.1. Objeto do inquérito civil 144

    6.5.2. Inquérito civil e procedimento preparatório 145

    6.5.3. Fases do inquérito civil: instauração, provas e conclusão 145

    6.5.4. Valoração das provas produzidas nos autos do inquérito civil 148

    6.5.5. Princípio da publicidade 148

    6.5.6. Reabertura do inquérito e reapreciação de provas 149

    6.5.7. Inquérito civil e crime de falso testemunho 150

    6.5.8. Prazo do inquérito civil 150

6.6. Poderes de investigação: requisição, notificação, inspeção e realização de diligências 150

6.7. Recomendação 151

6.8. Termo de Compromisso de Ajustamento de Conduta 152

6.9. Audiência pública 154

6.10. Questões resolvidas e comentadas 156

Título II
NOÇÕES GERAIS DE DIREITOS HUMANOS 171

Capítulo 1 – DIREITOS HUMANOS E DIREITOS FUNDAMENTAIS 173

• *Tiago Muniz Cavalcanti*

1.1. Considerações iniciais 173

1.2. Direitos humanos e direitos fundamentais 173

    1.2.1. A questão terminológica – Conceito – Relação entre ambos 173

        1.2.1.1. Sinônimos 174

        1.2.1.2. Concepção material não positivista 174

        1.2.1.3. Concepção formal moderada (hiperonímia) 175

        1.2.1.4. Concepção formal dogmática 176

1.3. Direitos, garantias e remédios 177

1.4. Características e classificação dos direitos humanos 178

    1.4.1. Características 178

    1.4.2. Classificação dos direitos humanos – As diversas dimensões 180

        1.4.2.1. Considerações prévias 180

1.4.2.2. Geração e dimensão: a questão terminológica 180

1.4.2.3. A primeira dimensão: direitos civis e políticos 181

1.4.2.4. A segunda dimensão: direitos sociais, econômicos e culturais 182

1.4.2.5. A terceira dimensão: direitos de solidariedade 183

1.4.2.6. As demais dimensões 184

1.5. A eficácia horizontal dos direitos humanos 184

1.6. Questões resolvidas e comentadas 185

Capítulo 2 – OS DIREITOS HUMANOS E O ORDENAMENTO JURÍDICO BRA-SILEIRO 189

● *Tiago Muniz Cavalcanti*

2.1. Direitos fundamentais como cláusulas pétreas 189

2.1.1. Os limites do poder constituinte de reforma 189

2.1.2. Linhas argumentativas 190

2.1.2.1. A dignidade humana como núcleo essencial dos direitos fundamentais 190

2.1.2.2. A vedação ao retrocesso social 191

2.1.2.3. Equivalência jurídica entre os direitos de natureza funda-mental 192

2.1.3. Diretriz jurídica evolutiva 193

2.1.4. Análise das Emendas aos arts. 6º e 7º da Constituição 193

2.2. O chamado bloco de constitucionalidade 194

2.3. Incorporação dos tratados de direitos humanos ao ordenamento jurídico brasileiro 195

2.4. Questões resolvidas e comentadas 198

Capítulo 3 – PROTEÇÃO INTERNACIONAL DOS DIREITOS HUMANOS 203

● *Jeibson dos Santos Justiniano*

3.1. Precedentes do direito internacional dos direitos humanos 204

3.2. Consolidação do direito internacional dos direitos humanos 205

3.3. Declaração Universal dos Direitos Humanos: fundamentos – Disposições normativas – Natureza jurídica 206

3.4. Universalismo *versus* relativismo cultural 209

3.5. Sistemas internacionais (global e regional) de proteção dos direitos humanos 210

3.5.1. Sistema global de proteção de direitos humanos 210

3.5.1.1. Sistema de proteção geral 210

3.5.1.2. Sistema de proteção especial 211

3.5.1.3. Princípio da subsidiariedade 211

3.5.1.4. PIDCP – Pacto Internacional sobre os Direitos Civis e Políticos 211

3.5.1.5. PIDESC – Pacto Internacional de Direitos Econômicos, Sociais e Culturais 213

3.5.1.6. Considerações adicionais ao Sistema da ONU 213

3.5.2. Sistema Interamericano de proteção de Direitos Humanos 214

3.5.2.1. Comissão Interamericana de Direitos Humanos 214

3.5.2.2. Corte Interamericana de Direitos Humanos 217

3.6. Questões resolvidas e comentadas 217

Título III
DIREITO INDIVIDUAL DO TRABALHO 225

Capítulo 1 – TRABALHO ESCRAVO CONTEMPORÂNEO 227
- *Tiago Muniz Cavalcanti*

1.1. Conceito 227

1.2. Aliciamento e transporte de trabalhadores 231

1.3. Responsabilização criminal 231

1.4. Responsabilidade civil: dano moral, dano existencial e dano social 232

1.5. Prescrição 235

1.6. Cadastro Nacional de Empregadores Escravagistas 236

1.7. Proposta de Emenda Constitucional nº 438/2001 236

1.8. Normas internacionais de proteção 238

1.9. Tráfico de pessoas 238

1.9.1. Conceito 238

1.9.2. O enfrentamento do problema e o papel do MPT 240

1.10. Princípios constitucionais violados – Atuação do Ministério Público do Trabalho 241

1.11. Proibição que pessoa condenada pela exploração de mão de obra escrava seja homenageada na denominação de bens públicos 242

1.12. Questões resolvidas e comentadas 242

ANEXO – AÇÃO CIVIL PÚBLICA – TRABALHO ESCRAVO 244
- *Tiago Muniz Cavalcanti*

Capítulo 2 – TRABALHO DA CRIANÇA E DO ADOLESCENTE 271

- *Tiago Muniz Cavalcanti*

2.1. Doutrina da proteção integral 271

2.2. Trabalho infantil 272

2.3. Trabalho do adolescente 275

2.4. Conselhos Tutelares 276

2.5. Normas internacionais 276

2.6. Exploração sexual de crianças e adolescentes 278

2.7. Trabalho educativo, estágio e aprendizagem 279

2.8. Autorizações judiciais 283

2.9. Atletas mirins 284

2.10. Utilização da designação menor 287

2.11. Questões resolvidas e comentadas 288

ANEXO – AÇÃO CIVIL PÚBLICA – TRABALHO INFANTIL DOMÉSTICO –
VIOLÊNCIA SEXUAL – INDENIZAÇÃO POR DANOS MORAIS 292

- *Afonso de Paula Muniz Cavalcanti*

Capítulo 3 – FRAUDES RELACIONADAS AO TRABALHO 301

- *Maurício Ferreira Brito*
- *Tiago Muniz Cavalcanti*

3.1. "Pejotização" 301

3.2. Colusão e lide simulada 304

3.3. Cooperativa 308

3.4. Cabos eleitorais (art. 100 da Lei nº 9.504/1997) 310

3.5. Brasileiro que trabalha no exterior e trabalho do estrangeiro 312

3.6. Trabalho em embaixadas, consulados e organismos internacionais 315

3.7. Terceirização de serviços: noções fundamentais e jurisprudência atual 316

    3.7.1. Conceito 316

    3.7.2. Terceirização lícita e intermediação de mão de obra 317

    3.7.3. Atividade-meio x atividade-fim 317

    3.7.4. Consequências antissociais 318

    3.7.5. Responsabilidade do tomador: consequência jurídica 319

        3.7.5.1. Terceirização ilícita: intermediação de mão de obra 319

        3.7.5.2. Terceirização lícita 320

3.8. Jornada de trabalho 321

    3.8.1. Jornada móvel e variável 322

3.8.2. Jornada dos motoristas (Lei nº 12.619/2012) 323

3.8.3. A polêmica jornada 12x36 325

3.8.4. Registro eletrônico de ponto 327

3.9. Agências de empregos – Cobrança de valores 328

3.10. Correspondentes bancários 329

3.11. Projetos do MPT: alta tensão e carga pesada 330

3.12. Súmulas e Orientações Jurisprudenciais 332

3.13. Questões resolvidas e comentadas 333

ANEXO – AÇÃO CIVIL PÚBLICA – FRAUDES NAS RELAÇÕES DE EMPRE-
GO – PEJOTIZAÇÃO 335

● *Tiago Muniz Cavalcanti*

Capítulo 4 – RELAÇÕES DE TRABALHO NA ADMINISTRAÇÃO PÚBLICA 349

● *Paulo Isan Coimbra da Silva Júnior*

4.1. Introdução 349

4.2. A Justiça do Trabalho e as relações de trabalho na Administração Pública ... 350

4.3. Regimes jurídicos de trabalho na Administração Pública 352

4.3.1. Regime Jurídico Único 353

4.4. Concurso público: acesso aos cargos e empregos públicos 354

4.4.1. Os estrangeiros 358

4.4.2. Situação jurídica do candidato aprovado 360

4.5. Trabalho temporário 361

4.5.1. Administração indireta de direito privado 361

4.5.1.1. Contratação direta 361

4.5.1.2. Contratação de empresa de trabalho temporário 361

4.5.2. Administração direta, autárquica e fundacional 362

4.5.2.1. Requisitos de validade 362

4.5.2.2. Exceção ao concurso público 363

4.6. Cargos em comissão 363

4.7. Provimento 365

4.8. Estabilidade do servidor público celetista 366

4.9. Estágio na Administração Pública 367

4.10. Terceirização ilícita no âmbito da Administração Pública 369

4.10.1. Parâmetros para reconhecimento de ilicitude da terceirização 370

4.11. Responsabilidade patrimonial da Administração Pública – ADC nº 16
do STF 371

4.12. Ministério Público do Trabalho 373

4.12.1. Coordenadoria Nacional de Combate às Irregularidades Trabalhistas na Administração Pública 373

4.12.2. Projetos Estratégicos 374

4.13. Súmulas e Orientações Jurisprudenciais 374

4.14. Questão resolvida e comentada 376

ANEXO 1 – NOTIFICAÇÃO RECOMENDATÓRIA – TERCEIRIZAÇÃO – ENTE PÚBLICO 378

● *Tiago Ranieri de Oliveira*

ANEXO 2 – PARECER EM RECURSO ORDINÁRIO – RESPONSABILIDADE SUBSIDIÁRIA DO ENTE PÚBLICO 385

● *Afonso de Paula Pinheiro Rocha*

ANEXO 3 – TERMO DE AJUSTE DE CONDUTA – TERCEIRIZAÇÃO – ENTE PÚBLICO 390

● *Tiago Ranieri de Oliveira*

Capítulo 5 – MEIO AMBIENTE DE TRABALHO 397

● *Maurício Ferreira Brito*

5.1. Conceito de meio ambiente e de meio ambiente de trabalho 397

5.2. Meio ambiente de trabalho como direito fundamental do trabalhador 399

5.3. Dimensão coletiva dos danos ambientais no local de trabalho 400

5.4. A lógica da precaução e não da monetização do risco 401

5.5. Proteção legal 403

5.6. Insalubridade e periculosidade 404

5.7. Trabalho em condições prejudiciais à saúde e à segurança – relações entre o direito do trabalho e o direito previdenciário 409

5.8. Acidente do trabalho e doenças ocupacionais: caracterização e responsabilidade jurídica 409

5.9. Normas Regulamentadoras (NRs) do Ministério do Trabalho e Emprego sobre segurança e saúde do trabalho urbano e rural (Portaria nº 3.214/1978) .. 416

5.10. Comissão Interna de Prevenção de Acidentes (CIPA) – Serviço Especializado em Engenharia de Segurança e em Medicina do Trabalho (SESMT) – Programa de Controle Médico da Saúde Ocupacional (PCMSO) – Programa de Prevenção de Riscos Ambientais (PPRA) 421

5.11. Súmulas e Orientações Jurisprudenciais 423

5.12. Questões resolvidas e comentadas 426

ANEXO – AÇÃO CIVIL PÚBLICA – MEIO AMBIENTE DO TRABALHO – NORMAS DE SAÚDE E SEGURANÇA – TRABALHADORES QUE PRESTAM SERVIÇOS EM ÁREAS INDÍGENAS 431

● *Cesar Henrique Kluge*

Capítulo 6 – IGUALDADE DE OPORTUNIDADES E O COMBATE À DISCRIMINAÇÃO NO TRABALHO 459

● *Tiago Ranieri de Oliveira*

6.1. Discriminação do trabalhador – Alcance do conceito de igualdade: igualdade material *x* igualdade formal *x* igualdade real 460

    6.1.1. O princípio da igualdade 460

    6.1.2. Conceito de discriminação 460

    6.1.3. Aspectos processuais 461

6.2. Ações afirmativas 463

6.3. Disposições constitucionais e leis trabalhistas antidiscriminatórias 464

6.4. Dados sensíveis ou classificações suspeitas – Organizações de tendência, discriminações quanto ao sexo (penitenciárias femininas...) 468

6.5. Discriminação institucional ou organizacional 473

6.6. Discriminação direta, indireta e oculta 473

6.7. Discriminação na admissão, na vigência e na terminação do contrato de trabalho 476

    6.7.1. Hipóteses de discriminação na admissão 476

    6.7.2. Hipóteses de discriminação na vigência do contrato de trabalho 481

    6.7.3. Hipóteses de discriminação no ato de dispensa (dispensas discriminatórias) 481

6.8. Prova da discriminação: inversão do ônus – Prova indiciária e estatística ... 482

6.9. Direitos da personalidade do trabalhador e a proteção constitucional à intimidade 485

    6.9.1. Intimidade e vida privada 485

    6.9.2. Direitos da personalidade – Conceito e classificações 487

    6.9.3. Proteção normativa 492

    6.9.4. Intimidade e vida privada na relação de trabalho: direito de propriedade *x* intimidade do trabalhador – Colisão de princípios constitucionais 493

    6.9.5. Análise de situações concretas 494

        6.9.5.1. Exame médico admissional 494

6.9.5.2. Intimidade genética 494

6.9.5.3. Exame *antidoping* 494

6.9.5.4. Imposição de tratamentos 495

6.9.5.5. Correspondências do empregado 495

6.9.5.6. Gravação de telefone do empregado 495

6.9.5.7. Monitoramento do endereço eletrônico 495

6.9.5.8. Informações desabonadoras 496

6.9.5.9. Revistas íntimas nos pertences 497

6.9.5.10. Monitoramento da vida financeira 498

6.10. Assédio moral e sexual na relação de trabalho 498

6.10.1. Conceitos e outras denominações – Semelhanças e diferenças 498

6.10.2. Características 502

6.10.3. Proteção legal 503

6.10.4. Classificação: assédio vertical – assédio horizontal – assédio misto ... 506

6.10.5. Situações concretas 508

6.10.6. Prova do assédio e dano moral 511

6.10.7. Influência do perfil comportamental da vítima na caracterização do assédio sexual – Divergência 514

6.10.8. Administração por estresse 515

6.11. Proteção ao idoso (Lei nº 10.741/2003) 515

6.12. Proteção às pessoas com deficiência e reabilitadas pela previdência social: inserção no trabalho, reserva legal de vagas e acessibilidade 518

6.13. Projeto da coordenadoria nacional de promoção de igualdade de oportunidades e eliminação da discriminação no trabalho 531

6.14. Súmulas, Orientações Jurisprudenciais e Enunciados diversos 532

6.15. Questões resolvidas e comentadas 533

ANEXO – AÇÃO CIVIL PÚBLICA – DISCRIMINAÇÃO POR MOTIVO DE SAÚDE 540

   • *Tiago Muniz Cavalcanti*

Capítulo 7 – TRABALHO PORTUÁRIO E AQUAVIÁRIO 553

   • *Andrea da Rocha Carvalho Gondim*

7.1. Trabalho portuário – Evolução legislativa – Lei de Modernização dos Portos   553

7.2. Princípios do trabalho portuário 555

7.3. Trabalhador portuário avulso e com vínculo empregatício 557

7.4. Trabalhador portuário cadastrado e registrado – Acesso ao cadastro e registro 558

7.5. Escala dos trabalhadores portuários 559

7.6. Ingresso de novos trabalhadores ao sistema portuário 559

7.7. Modalidades de trabalhadores portuários 560

7.8. Multifuncionalidade 561

7.9. Trabalho portuário exercido fora e dentro da área do porto organizado 562

7.10. Meio ambiente do trabalho 563

7.11. Enquadramento sindical 564

7.12. Negociação coletiva 564

7.13. Jurisprudência atualizada do TST sobre algumas questões envolvendo trabalhador portuário 565

7.14. O Ministério Público do Trabalho e as principais formas de atuação na área portuária 567

7.15. Trabalho aquaviário: marítimos, fluviários, mergulhadores, pescadores, práticos e agentes de manobra e docagem 568

7.16. Súmulas e Orientações Jurisprudenciais 570

7.17. Questões resolvidas e comentadas 571

ANEXO – AÇÃO CIVIL PÚBLICA – SAÚDE E SEGURANÇA DO TRABALHADOR PORTUÁRIO 579

- ● *Rosineide Mendonça de Moura*
- ● *Andrea da Rocha C. Gondim*

Título IV
DIREITO COLETIVO DO TRABALHO 591

Capítulo 1 – NOÇÕES GERAIS DE DIREITO SINDICAL 593

- ● *Cesar Henrique Kluge*

1.1. Liberdade sindical: conceito 594

1.2. Liberdade sindical na ordem jurídica internacional 596

1.3. Liberdade sindical na Constituição Federal de 1988 601

    1.3.1. Registro sindical e não interferência estatal 602

    1.3.2. Unicidade sindical e base territorial mínima 603

    1.3.3. Contribuição sindical compulsória (imposto sindical) 604

MPT – preparando-se para o concurso de Procurador do Trabalho

1.3.4. Sindicalização por categoria 605

1.3.5. Liberdade de filiação e desfiliação 606

1.4. Liberdade sindical como direitos humanos e fundamentais 607

1.5. Entidades sindicais 608

    1.5.1. Criação das entidades sindicais: requisitos de existência e atuação – Registro sindical 610

    1.5.2. Desmembramento e extinção das entidades sindicais 612

    1.5.3. As centrais sindicais – Sistema sindical 614

    1.5.4. Dirigentes sindicais – Eleições – Garantias 615

    1.5.5. Fontes de custeio 620

        1.5.5.1. Contribuição sindical compulsória 620

        1.5.5.2. Contribuição confederativa 623

        1.5.5.3. Contribuição assistencial 625

        1.5.5.4. Mensalidade sindical (contribuição estatutária) 627

        1.5.5.5. Outras fontes de custeio 627

            1.5.5.5.1. Honorários advocatícios: substituição processual ... 627

            1.5.5.5.2. Contribuição patronal para melhoria de serviços prestados pelo sindicato profissional 628

            1.5.5.5.3. Contribuição patronal em favor de sindicato profissional 629

            1.5.5.5.4. Contribuição negocial 630

    1.5.6. Prestação de contas 631

    1.5.7. Condutas antissindicais 631

1.6. Representação dos trabalhadores nas empresas (art. 11 da CF/1988) 633

1.7. Súmulas e Orientações Jurisprudenciais 635

1.8. Questões resolvidas e comentadas 637

Capítulo 2 – NEGOCIAÇÃO COLETIVA 655

● *Jeibson dos Santos Justiniano*

2.1. Negociação coletiva 655

    2.1.1. Conceito 655

    2.1.2. Princípios da negociação coletiva 656

    2.1.3. Normas coletivas em espécie: convenção coletiva de trabalho e acordo coletivo de trabalho 657

    2.1.4. Os limites da negociação coletiva 658

        2.1.4.1. Desregulamentação do trabalho 658

        2.1.4.2. Flexibilização dos direitos trabalhistas 659

2.1.5. A flexibilização trabalhista na Constituição de 1988 662

2.1.6. A flexibilização trabalhista na jurisprudência 666

2.2. O pluralismo jurídico e a autonomia privada coletiva 667

2.3. Aferição da norma mais favorável: acordo coletivo de trabalho ou convenção coletiva de trabalho 668

2.4. Condições de validade dos instrumentos coletivos 670

2.5. Âmbito de aplicação dos instrumentos coletivos 672

2.6. Súmulas e Orientações jurisprudenciais correlatas 673

2.7. Questões resolvidas e comentadas 674

Capítulo 3 – GREVE 677

- *Tiago Muniz Cavalcanti*

3.1. Modalidades – Greves em serviços essenciais 677

3.2. Interesses tutelados – Vedação a ingerências estatais ou de terceiros 681

3.3. Efeitos 683

3.4. Greve de servidores 684

3.5. Direito ao trabalho 687

3.6. Interdito proibitório 688

3.7. Análise crítica à lei de greve – Abordagem sob a perspectiva do saudoso jurista uruguaio Oscar Ermida Uriarte – Greves atípicas 689

3.8. *Lock-out* e *lock-in* 690

3.8.1. Princípio da equivalência dos contratantes coletivos 690

3.8.2. *Lock-out* 690

3.8.3. *Lock-in* 691

3.9. Súmulas e Orientações Jurisprudenciais 691

3.10. Questões resolvidas e comentadas 692

Título V
DIREITO PROCESSUAL DO TRABALHO 699

Capítulo 1 – ORDEM JURÍDICA JUSTA 701

- *Afonso de Paula Pinheiro Rocha*
- *Cesar Henrique Kluge*

1.1. Acesso à Justiça 701

1.2. Duração razoável do processo como direito fundamental (art. 5º, LXXVIII, da CF/1988) 703

Capítulo 2 – COMPETÊNCIA MATERIAL DA JUSTIÇA DO TRABALHO: AS-PECTOS RELEVANTES 705

- *Afonso de Paula Pinheiro Rocha*
- *Cesar Henrique Kluge*

2.1. Conceito e abrangência da expressão "relação de trabalho": interpretação do art. 114, inciso I, da CF/1988 707

    2.1.1. Servidores públicos estatutários 707

    2.1.2. Agentes comunitários de saúde e de combate a endemias 708

    2.1.3. Contratos temporários (art. 37, IX, da CF/1988) e desvirtuamento de cargos em comissão (art. 37, V, da CF/1988) na Administração Pública direta e autárquica: pessoas jurídicas de direito público 710

    2.1.4. Contratos temporários e desvirtuamento de cargos em comissão (empregos em comissão) nas empresas estatais: empresas públicas e sociedades de economia mista 714

    2.1.5. Relações de consumo 718

    2.1.6. Relação de trabalho do presidiário para remissão da pena 721

2.2. Danos materiais e morais decorrentes de acidente de trabalho 722

    2.2.1. Ação proposta por viúva ou dependentes 722

    2.2.2. Prazo prescricional 723

        2.2.2.1. Quadro sinóptico 726

    2.2.3. Regra de transição: processos remetidos pela Justiça Estadual à Justiça do Trabalho 726

    2.2.4. Ação regressiva movida pelo INSS 728

2.3. Competência penal (criminal) da Justiça do Trabalho 731

2.4. Improbidade administrativa 731

2.5. Rito processual 733

2.6. Demandas relacionadas ao exercício do direito de greve 735

    2.6.1. Competência funcional 738

    2.6.2. Interdito proibitório 738

2.7. Competência para apreciar demandas em face de estados estrangeiros e organismos internacionais – Questão do PNUD/ONU 742

2.8. Contribuições sociais 744

    2.8.1. Vínculo de emprego reconhecido em juízo: sentenças condenatórias em pecúnia 744

    2.8.2. Averbação do tempo de serviço: determinação ao INSS 745

    2.8.3. Contribuições do terceiro setor: sistema S 746

2.9. Meio ambiente de trabalho na administração pública: Súmula nº 736 do STF 747

2.10. Dano moral nas fases pré e pós contratuais 749

2.11. Quadro sinóptico: Competência material da Justiça do Trabalho 750

2.12. Súmulas e Orientações Jurisprudenciais 751

2.13. Questões resolvidas e comentadas 752

Capítulo 3 – SISTEMA DE TUTELA JURISDICIONAL COLETIVA: ASPECTOS RELEVANTES 759

● *Cesar Henrique Kluge*

3.1. Devido Processo Legal na ótica coletiva: devido processo social 760

3.2. Ação Civil Pública *versus* Ação Civil Coletiva 760

3.3. Legitimidade do Ministério Público para defesa dos direitos individuais homogêneos 762

    3.3.1. Configuração dos direitos individuais homogêneos: delimitação jurisprudencial 765

3.4. Legitimidade do Ministério Público do Trabalho para questões envolvendo Fundo de Garantia por Tempo de Serviço (FGTS) 772

3.5. Legitimidade da Defensoria Pública para ajuizamento de Ação Civil Pública 775

3.6. Legitimidade do Ministério Público do Trabalho (MPT) para atuação junto ao Supremo Tribunal Federal 777

3.7. Litispendência entre ações coletivas e ações individuais 781

3.8. Ação coletiva: suspensão de ofício das ações individuais 784

3.9. Publicidade da Ação Civil Pública como requisito de validade do processo (art. 94 do CDC) 785

3.10. Competência territorial para apreciação das ações civis públicas (OJ nº 130 da SBDI-II do TST) 786

3.11. Limitação territorial dos efeitos da sentença (art. 16 da LACP) 793

3.12. Ação Civil Pública: prazo prescricional 797

    3.12.1. Ajuizamento das ações coletivas e interrupção do prazo prescricional das ações individuais 797

3.13. Coisa julgada coletiva 799

    3.13.1. Direitos difusos: alcance *erga omnes* 800

    3.13.2. Direitos coletivos: alcance *ultra partes* 801

    3.13.3. Direitos individuais homogêneos: alcance *erga omnes* 802

    3.13.4. Extensão da coisa julgada aos substituídos não constantes do título executivo 803

    3.13.5. Incidência nas ações individuais 805

    3.13.6. Execução da coisa julgada coletiva 806

        3.13.6.1. *Fluid recovery* (reparação fluida) 807

3.14. Aplicação dos arts. 18 da LACP e 87 do CDC ao Ministério Público do Trabalho 808

3.15. Ação anulatória de cláusulas convencionais: aspectos relevantes 809

3.16. Ações coletivas e o controle judicial de políticas públicas 813

3.17. Súmulas e Orientações Jurisprudenciais 816

3.18. Questões resolvidas e comentadas 816

Capítulo 4 – ASSÉDIO PROCESSUAL 823

• *Afonso de Paula Pinheiro Rocha*

Capítulo 5 – SISTEMA RECURSAL TRABALHISTA 827

• *Cesar Henrique Kluge*

5.1. Conceito, fundamentos e natureza jurídica dos recursos 828

5.2. Procedimento e princípios 829

    5.2.1. Princípio do duplo grau de jurisdição 829

    5.2.2. Princípio da taxatividade 830

    5.2.3. Princípio da singularidade ou unirrecorribilidade 831

    5.2.4. Princípio da fungibilidade 833

    5.2.5. Princípio da proibição da *reformatio in pejus* 834

5.3. Direito intertemporal 834

5.4. Atos sujeitos a recurso 835

    5.4.1. Irrecorribilidade imediata das decisões interlocutórias 836

    5.4.2. Dissídios de alçada exclusiva da Vara do Trabalho 837

5.5. Pressupostos de admissibilidade recursal 838

    5.5.1. Pressupostos processuais subjetivos (intrínsecos) 839

        5.5.1.1. Legitimidade: peculiaridades 840

        5.5.1.2. Interesse recursal: peculiaridades 841

        5.5.1.3. Legitimidade e interesse recursal do Ministério Público do Trabalho 841

    5.5.2. Pressupostos extrínsecos (objetivos) 843

        5.5.2.1. Tempestividade 844

        5.5.2.2. Regularidade formal 848

        5.5.2.3. Regularidade de representação 849

        5.5.2.4. Preparo 850

            5.5.2.4.1. Custas processuais 850

            5.5.2.4.2. Depósito recursal 853

            5.5.2.4.3. Multas impostas pelo juízo 857

        5.5.2.5. Inexistência de fato impeditivo ao direito de recorrer 858

5.6. Efeitos dos recursos	858
5.6.1. Efeito suspensivo (obstativo)	858
5.6.2. Efeito devolutivo	859
5.6.3. Efeito translativo	859
5.6.4. Efeito regressivo (retratação)	860
5.6.5. Efeito expansivo	860
5.6.6. Efeito substitutivo (art. 512 do CPC)	860
5.7. Súmula impeditiva de recursos – art. 518, § 1º, do CPC	860
5.8. Recursos em espécie	862
5.8.1. Recurso ordinário	862
5.8.1.1. Teoria da causa madura	862
5.8.1.2. Procedimento sumaríssimo	863
5.8.1.3. Contrarrazões	863
5.8.2. Embargos para o TST	864
5.8.2.1. Hipóteses de cabimento	865
5.8.3. Recurso de revista	866
5.8.3.1. Hipóteses de cabimento	866
5.8.3.2. Pressupostos de admissibilidade intrínsecos (específicos)	866
5.8.3.3. Prequestionamento	868
5.8.3.4. Transcendência	869
5.8.3.5. Procedimento sumaríssimo	870
5.8.3.6. Decisões proferidas no julgamento do agravo de petição	870
5.8.3.7. Processamento	871
5.8.4. Agravo de instrumento	872
5.8.4.1. Juízo de retratação (efeito regressivo)	872
5.8.4.2. Pressuposto de admissibilidade específico	873
5.8.4.3. Decisão irrecorrível	873
5.8.5. Agravo de Petição	874
5.8.5.1. Decisão sujeita a agravo de petição	874
5.8.5.2. Pressuposto de admissibilidade específico	874
5.8.6. Embargos declaratórios	875
5.8.6.1. Natureza jurídica	875
5.8.6.2. Provimentos jurisdicionais sujeitos a embargos declaratórios	875
5.8.6.3. Hipóteses de cabimento	876
5.8.6.4. Efeito modificativo	876

5.8.6.5. Efeito interruptivo	877
5.8.6.6. Multa por embargos protelatórios	878
5.8.7. Recurso adesivo	879
5.8.7.1. Características do recurso adesivo	879
5.8.8. Remessa de ofício	880
5.8.8.1. Remessa de ofício e ação coletiva	881
5.8.9. Pedido de revisão	882
5.8.10. Agravo regimental	882
5.8.11. Agravo interno	883
5.9. Súmulas e Orientações Jurisprudenciais	883
5.9.1. Princípios recursais	883
5.9.2. Juízo de admissibilidade	884
5.9.3. Legitimidade e interesse para recorrer	886
5.9.4. Tempestividade	886
5.9.5. Representação	887
5.9.6. Custas processuais	888
5.9.7. Depósito recursal	889
5.9.8. Depósito de multas impostas pelo juízo	890
5.9.9. Documentos	890
5.9.10. Efeitos dos recursos	890
5.9.11. Reexame necessário	891
5.9.12. Embargos de declaração	891
5.9.13. Recurso ordinário	892
5.9.14. Recurso de revista	892
5.9.15. Recurso de embargos à seção de dissídios individuais do TST	895
5.9.16. Agravo de instrumento	897
5.9.17. Agravo de petição	897
5.9.18. Agravo regimental	897
5.9.19. Recurso adesivo	897
5.10. Questões resolvidas e comentadas	898

Capítulo 6 – AÇÃO RESCISÓRIA: ASPECTOS RELEVANTES 905
- *Afonso de Paula Pinheiro Rocha*
- *Cesar Henrique Kluge*

6.1. Objeto	906
6.1.1. Sentença inexistente	906

6.1.2.	Atos meramente homologatórios	906
6.1.3.	Acordo homologado em juízo	906
6.1.4.	Sentença de mérito – questão processual	907
6.1.5.	Decisão arbitral	907
6.1.6.	Sentença normativa	907
6.1.7.	Decisão proferida em sede de agravo regimental	908
6.1.8.	Decisão que não conhece de recurso de revista com base em divergência jurisprudencial	910
6.1.9.	Sentença sujeita a duplo grau de jurisdição por reexame necessário	910
6.1.10.	Sentença *citra petita*	910
6.1.11.	Sentença que extingue a execução	911
6.1.12.	Decisão que reconhece a preclusão para impugnação da sentença de liquidação	911
6.1.13.	Decisão que extingue o processo sem julgamento de mérito por acolhimento da exceção de coisa julgada: incabível ação rescisória	911
6.1.14.	Conciliação extrajudicial: termo firmado perante a Comissão de Conciliação Prévia	912
6.2.	Depósito prévio	913
6.3.	Prazo para ajuizamento da ação rescisória	915
6.4.	Legitimidade para ajuizamento da ação rescisória: Ministério Público	917
6.5.	Súmulas e Orientações Jurisprudenciais	917
6.5.1.	Competência	917
6.5.2.	Legitimidade do Ministério Público do Trabalho	918
6.5.3.	Litisconsórcio	918
6.5.4.	Decadência	919
6.5.5.	Incompetência absoluta	920
6.5.6.	Dolo ou colusão	920
6.5.7.	Coisa julgada	920
6.5.8.	Violação literal de disposição de lei	921
6.5.9.	Duplo fundamento	922
6.5.10.	Reexame de fatos e provas	922
6.5.11.	Prequestionamento	922
6.5.12.	Matéria controvertida nos tribunais	923
6.5.13.	Casos específicos de violação literal de disposição de lei	924
6.5.14.	Documento novo	925
6.5.15.	Transação	925
6.5.16.	Confissão	925

6.5.17. Erro de fato 925

6.5.18. Resposta do réu 926

6.5.19. Sistema recursal 926

6.5.20. Ação cautelar 927

6.6. Questões resolvidas e comentadas 927

Capítulo 7 – DISSÍDIOS COLETIVOS: ASPECTOS PROCESSUAIS 929

- *Afonso de Paula Pinheiro Rocha*
- *Cesar Henrique Kluge*

7.1. Comum acordo 929

7.2. Documentos essenciais 932

7.3. Quórum mínimo para autorização do dissídio coletivo 933

7.4. Necessidade de fundamentação das cláusulas 934

7.5. Dissídio coletivo e reconvenção 934

7.6. Dissídio coletivo e profissionais autônomos 935

7.7. Dissídio coletivo e pessoas jurídicas de direito público 936

7.8. Reajustes e pisos salariais 937

7.9. Súmulas e Orientações Jurisprudenciais 938

7.10. Questões resolvidas e comentadas 940

REFERÊNCIAS 943

PREFÁCIO À SEGUNDA EDIÇÃO

O convite para apresentar a segunda edição da obra *MPT – preparando-se para o concurso de Procurador do Trabalho* muito me honrou, pois os autores me relataram que a escolha do meu nome decorreu de aulas que ministrei, de modo que teria auxiliado os elaboradores dos textos do presente livro quando ainda se preparavam para o concurso público de ingresso no Ministério Público do Trabalho. Registro, primeiramente, que a grande homenagem que recebo supera muito minha eventual contribuição nos estudos que os autores realizavam quando eram candidatos ao cargo de Procurador do Trabalho, uma vez que a aprovação em concurso público é tarefa marcantemente individual, demandando estudo, dedicação e perseverança.

A presente obra certamente ajudará muito os estudantes, advogados e demais interessados em ingressar na carreira de Procurador do Trabalho, bem como servirá para os que têm interesse em compreender as formas de atuação do Ministério Público do Trabalho, bem como as teses defendidas pelo *parquet* em favor do trabalho em condições dignas.

Contudo, este livro é importante para o próprio Ministério Púbico do Trabalho, já que a atuação institucional de seus membros ocorre no âmbito das relações entre trabalho, capital e Estado, isto é, em um ambiente com interesses e ideias em conflito, no qual o debate deve ser travado segundo os preceitos constitucionais e legais vigentes. Em outros termos, o Ministério Público do Trabalho precisa divulgar seu papel na sociedade e expor suas teses, inclusive no espaço da literatura jurídica, o que depende da existência de Procuradores dispostos a escrever e refletir teoricamente sobre o que realizam, por vocação, no exercício das atribuições do cargo de membro do Ministério Público do Trabalho.

De fato, o espaço de escrever e, portanto, de teorizar sobre uma doutrina do Ministério Público do Trabalho deve ser ocupado, não com exclusividade, mas, seguramente, com forte presença de Procuradores do Trabalho. A obra *MPT – preparando-se para o concurso de Procurador do Trabalho* chega aos leitores por tal caminho imprescindível: Procuradores escritores que defendem, no campo teórico, tal como nos casos concretos, um Ministério Público do Trabalho consistente na construção das suas teses jurídicas e atuante em favor da efetivação da justiça social.

JOÃO BERTHIER
Procurador do Trabalho – Professor da PUC/RJ e da UERJ

PREFÁCIO À PRIMEIRA EDIÇÃO

Nas sábias palavras do mestre mineiro José Guimarães Rosa, "às vezes, quase sempre, um livro é maior que a gente". A presente obra envereda por um caminho bastante farto de material doutrinário, porém agrega componentes que a diferenciam das demais obras que abordam os temas pertinentes ao Concurso de Procurador do Trabalho. O primeiro fator que a destaca é a excelência de seus criadores – jovens que aliam forte cabedal doutrinário com a prática do Ministério Público do Trabalho. Também a felicidade na escolha dos temas torna esta obra atrativa não apenas aos potenciais membros do *parquet* trabalhista, mas para todos os operadores do direito. Por fim, as "dicas" para aqueles leitores que buscam ingressar nos quadros ministeriais são precisas e valiosas.

Os autores, Afonso de Paula Pinheiro Rocha, Cesar Henrique Kluge, Jeibson dos Santos Justiniano e Tiago Muniz Cavalcanti são Procuradores do Trabalho de proeminência, contam com vivência prática na região norte do nosso país, bastante crítica sob o aspecto das relações sociais, o que lhes confere uma experiência ímpar a respeito das matérias aqui abordadas. Não bastasse isso, ainda conferem à obra uma carga extraordinária de embasamento doutrinário.

A eleição dos temas aqui elencados também deve ser destacada. Assim como a minuciosa e exaustiva explanação acerca do Regime Jurídico do Ministério Público, que abarca absolutamente todos os aspectos possíveis. Já no estudo do Direito Individual do Trabalho, os autores preferiram abordar os temas específicos relativos ao trabalho em condições análogas às de escravo, ao trabalho da criança e do adolescente e à terceirização de serviços. Matérias sempre perquiridas nos concursos para Procurador do Trabalho em todas as suas etapas e de estudo obrigatório, uma vez que constituem atuações prioritárias do Ministério Público do Trabalho. As demais questões relativas ao Direito Individual do Trabalho não foram olvidadas, pois uma criteriosa seleção jurisprudencial foi promovida. A negociação coletiva e a greve são os temas analisados com profundidade no Direito Coletivo do Trabalho, e todos os demais temas foram examinados sob o enfoque crítico da jurisprudência do C. Tribunal Superior do Trabalho.

Quanto ao Direito Processual do Trabalho, os autores dissecam os temas da competência material da Justiça do Trabalho, a defesa dos interesses individuais homogêneos, coletivos e difusos – tema cujo domínio constitui condição *sine qua non* ao aspirante a membro do Ministério Público do Trabalho. Também aqui, há abordagem crítica da jurisprudência consolidada da C. Corte Superior Trabalhista com relação a todos os temas.

Esta obra se encerra com dois capítulos que merecem referência apartada. O primeiro é a "dieta" do concurso, em que é traçado um interessante e educativo comparativo entre a dieta alimentar e a dieta para enriquecimento intelectual. A lição é válida e deveria servir de norte a todos os interessados na investidura no serviço público. O derradeiro capítulo, denominado "Sugestões Específicas para o Concurso do Ministério Público do Trabalho", aborda cada uma das etapas do concurso para Procurador do Trabalho, com orientações não apenas relativas aos temas e como eles são questionados, mas também com relação a detalhes sobre o que e como responder em cada uma das etapas.

Em todas as abordagens presentes na obra há interessante resolução das questões dos últimos concursos, trazendo à luz relevante visão sobre como são elaboradas as perguntas. Tal visão – das bancas examinadoras – é bastante frutífera aos candidatos, principalmente àqueles que nunca prestaram o concurso.

Como dito alhures, em que pese a obra estar direcionada para os candidatos ao concurso de Procurador do Trabalho, os autores foram muito além de escrever apenas um guia ou manual. Aos que almejam se tornar membros do Ministério Público do Trabalho, produziram uma verdadeira "bíblia", um "livro de cabeceira" e àqueles que não têm essa pretensão, a obra traz, não apenas a visão dos Procuradores acerca dos temas, mas profunda e rica análise doutrinária, jurisprudencial e legal, de inquestionável utilidade a todos aqueles que trabalham e estudam o Direito.

A minha experiência de mais de dezoito anos como membro do Ministério Público do Trabalho, Secretário de quatro concursos para Procurador do Trabalho e membro de duas bancas examinadoras de concursos para Juiz do Trabalho me permitem atestar a felicidade dos autores na eleição e abordagem dos temas.

A excelência deste livro revela a certeza de que este será apenas o início da atividade doutrinária dos autores, que ouso, sem risco, afirmar será vitoriosa.

Esta obra confirma a filosofia Rosiana que me socorreu no início desta apresentação. Os autores tiveram ousadia, inovaram e conquistaram. Ao encontrar uma nova abordagem a um livro direcionado aos candidatos para Concurso de Procurador do Trabalho, eles caminharam na mesma estrada já tantas vezes caminhada, mas de forma inovadora, leve e eficaz. O resultado é este, um livro que foi muito além da ideia inicial, sem perder o foco. Tal conquista é somente reservada àqueles cuja obra "é maior que a gente".

RONALDO CURADO FLEURY
Subprocurador Geral do Trabalho

APRESENTAÇÃO

O presente livro tem por objetivo precípuo proporcionar aos estudiosos do direito, especialmente àqueles que almejam o cargo de Procurador do Trabalho, uma abordagem específica sobre alguns dos principais pontos sensíveis da atuação do Ministério Público do Trabalho, cujos temas analisados foram criteriosamente selecionados.

A intenção de escrevê-lo surgiu, primordialmente, a partir de reivindicações de amigos e alunos, que solicitaram sugestões de estudo, dicas de prova, indicações bibliográficas e esclarecimentos sobre questões específicas relativas à atuação ministerial.

Não obstante esta finalidade primária, corroborada no próprio título da obra, a concretização deste trabalho decorreu, também, da vontade de aproximar o MPT dos operadores do Direito, servindo como subsídio a todos aqueles que desejam conhecer com profundidade o *parquet* especializado trabalhista.

Nesta segunda edição, a obra foi atualizada e ampliada, de modo a abranger todas as áreas prioritárias da atuação do Ministério Público do Trabalho, ganhando novos capítulos escritos com a colaboração de mais quatro colegas, jovens atuantes Procuradores antenados com as inovações legislativas.

Já no primeiro título, o livro traz uma minuciosa apresentação do Ministério Público, conferindo ênfase aos seus antecedentes históricos, sua posição nos vetustos textos constitucionais, além de sua função e importância à luz da Constituição de 1988. Analisar-se-ão, ainda, suas atribuições legais, sua estrutura e organização, e os princípios, as garantias, as vedações e os deveres dos seus membros. Dar-se-á especial enfoque ao ramo especializado trabalhista, por meio de uma abordagem específica sobre seus instrumentos de atuação.

O segundo título, inédito, estuda as noções gerais de direitos humanos, matéria de conhecimento obrigatório e fundamental aos candidatos ao cargo de Procurador do Trabalho. Além de serem abordados os conceitos fundamentais inerentes à temática, os direitos humanos são analisados sob as óticas interna, externa e comparada.

Em seguida, no terceiro título, denominado "Direito Individual do Trabalho", os autores se debruçam sobre todos os temas afetos às áreas prioritárias de atuação do Ministério Público do Trabalho: trabalho escravo contemporâneo, trabalho da criança e do adolescente, fraudes relacionadas ao trabalho, relações de trabalho na Administração Pública, meio ambiente de trabalho, igualdade de oportunidades nas relações de trabalho e trabalho portuário e aquaviário.

O quarto título, destinado ao estudo do "Direito Coletivo do Trabalho", inicia-se com um capítulo inédito que aborda as noções gerais de direito sindical, desde a reflexão sobre temas inerentes à liberdade sindical, até a análise de questões relacionadas à estrutura dos entes sindicais. Em outros capítulos, são estudados o pluralismo jurídico e os limites da negociação coletiva, além da natureza fundamental do direito de greve, previsto no texto constitucional. Nesse trecho da obra, optamos por fazer uma análise crítica do direito coletivo pátrio sob a perspectiva do autor uruguaio Oscar Ermida Uriarte, cujos ensinamentos vanguardistas são bem aceitos no íntimo ministerial.

O quinto e derradeiro título confere aos leitores a oportunidade de se debruçarem sobre as recentes discussões doutrinárias e jurisprudenciais do direito processual do trabalho. Foram objeto de estudo a coletivização dos conflitos, a competência da Justiça do Trabalho pós Emenda Constitucional nº 45/2004, aspectos relevantes da tutela coletiva, o assédio processual, a ação rescisória, os aspectos processuais do dissídio coletivo e o sistema recursal trabalhista, em capítulo inédito.

A fim de conferir aos leitores um forte substrato jurisprudencial, as súmulas e orientações do Tribunal Superior do Trabalho em vigor foram separadas por tema, de modo a facilitar a compreensão do seu conteúdo e melhorar o rendimento nas questões objetivas. Ademais, ao final de cada capítulo, foram inseridas peças processuais subscritas pelos próprios autores, com dupla finalidade: auxiliar os candidatos na terceira etapa do certame e demonstrar, na prática, como se efetiva a atuação do MPT.

Diversas questões dos últimos concursos do Ministério Público do Trabalho foram resolvidas e comentadas, tornando mais fácil o acesso às referências normativas, doutrinárias e jurisprudenciais que respondem às questões objetivas.

Em arremate, é importante repisar que os temas abordados foram selecionados de acordo com a sua importância no exercício das atribuições ministeriais, com as recentes discussões na área jurídica e, em principal, de acordo com o perfil dos examinadores.

Assim, ao longo de todo o trabalho, tivemos a preocupação de apresentar uma visão atualizada dos temas abordados, analisando-os por meio da ótica da melhor doutrina e, sempre, indicando o entendimento dos Tribunais superiores.

Desejamos a todos uma boa leitura e resultados satisfatórios.

CESAR HENRIQUE KLUGE
TIAGO MUNIZ CAVALCANTI
Organizadores

Introdução

SUGESTÕES DE ESTUDO

Capítulo 1

A "DIETA" DO CONCURSO: COMO ORGANIZAR E TORNAR O ESTUDO EFICIENTE

Afonso de Paula Pinheiro Rocha

Esta é uma questão recorrente na mente de todos que almejam uma vaga em algum dos disputados concursos públicos: como organizar e tornar o estudo mais eficiente? Tal indagação faz sentido especialmente para candidatos em potencial, cujo cotidiano não lhes permite dedicar-se integralmente aos estudos, tendo que administrar diversos aspectos da vida, como a família, o trabalho, as finanças etc.

Essa difícil realidade, agravada pelo crescente aumento do número de candidatos em concursos públicos, fez surgir o interesse, de nossa parte, de auxiliá-los não só em relação ao conteúdo das disciplinas exigidas nas provas, mas também no que diz respeito ao preparo psicológico e à organização necessária para enfrentar esse desafio.

O objetivo deste capítulo não é substituir a recomendável leitura sobre métodos de estudo e otimização do tempo, e tampouco ensinar os candidatos a controlar a ansiedade, mas apresentar algumas sugestões básicas para alcançarem seus objetivos com foco prioritário para os concursos da área trabalhista.

As considerações aqui apresentadas decorrem da análise de vários métodos adotados por colegas de trabalho e amigos que lograram aprovação nos concursos da Magistratura e do Ministério Público do Trabalho. Dessa análise conjuntural de diversos casos concretos, chegamos à conclusão de que existe uma interessante relação entre a preparação para o concurso e uma dieta alimentar. Vamos lá:

1. Uma dieta adequada pressupõe uma reeducação dos hábitos alimentares; a preparação para o concurso pressupõe uma reeducação dos hábitos de estudo e da própria rotina.

2. Uma dieta nunca é suficiente, devendo ser acompanhada de atividades físicas; na preparação para o concurso, a leitura dos conteúdos é insuficiente, devendo ser associada a aulas, grupos de estudos, resolução de questões objetivas, prática de questões subjetivas, sentenças e ações civis públicas.

3. Os efeitos da dieta somente são percebidos com a persistência; os efeitos da preparação para o concurso também. O que importa é a regularidade, ou seja, o estudo diário, ainda que por poucas horas. Raramente há um resultado imediato, o que faz com que muitos fiquem desanimados, tanto na dieta como na preparação para o concurso.

4. A dieta não é agradável, mas necessária; estudar para concurso exige muita disciplina, o que, muitas vezes, também se torna desagradável.

5. Fazer dieta implica a privação de alimentos de que gostamos; preparar-se para o concurso também significa a privação de atividades que nos causam satisfação.

6. A dieta sempre costuma ficar para a segunda-feira; a preparação para o concurso também.

7. Diversas pessoas tendem a fugir várias vezes da dieta, sob a desculpa de que "umas calorias a mais hoje não vão fazer grande diferença"; com os estudos não é diferente: muitas vezes, sob a desculpa reiterada de que "só uma folguinha hoje não vai fazer grande diferença", protelamos nosso cronograma.

Partindo dessa premissa pertinente à relação entre dieta e concurso, que lições poderíamos tirar para tornar o estudo mais eficiente?

1. Na concretização da dieta temos que mudar alguns hábitos alimentares, incluindo alguns alimentos mais saudáveis. Durante a preparação para o concurso, temos um conjunto de temas e pontos do edital que devem estar incorporados no cronograma de estudos diários.

2. Na dieta, devemos variar e combinar os tipos de alimentos. No concurso, devemos variar e combinar diversas fontes de informação (legislação, doutrina, notícias, jurisprudência, informativos etc.).

3. Na dieta, seguimos um roteiro na forma de seu preparo. No concurso, seguimos o roteiro do edital, escolhendo bons livros com abrangência sobre toda a matéria.

4. Na dieta, devemos nos alimentar de forma regular em pequenos intervalos. Na preparação para o concurso, também devemos estudar de forma regular, diminuindo os intervalos entre os momentos de estudo.

5. A dieta deve ser complementada com exercícios físicos diários. Na preparação para o concurso, deve-se fazer exercícios de questões diariamente.

6. Caso aconteça de algum dia fugirmos da dieta, devemos compensar a omissão o mais rápido possível; o mesmo acontece com os estudos.

Com base nessas considerações, existe um passo-a-passo que pode ajudar na preparação para os concursos:

1. Leia integralmente o edital do concurso que está prestando, dedicando atenção, principalmente, ao programa de matérias.

2. Elabore o seu cronograma de estudos separando as matérias em que irá focar sua atenção naquela semana.

3. Responda regularmente a questões de concursos passados.

4. Faça algum curso preparatório direcionado especificamente para o concurso ao qual você está inscrito. Isso ajuda na abordagem dos temas de forma mais adequada, com diversas dicas para as provas. Existem vários tipos de cursos, como os presenciais, os semipresenciais, os telepresenciais, os que são veiculados pela internet etc. Escolha aquele de sua preferência, compatibilizando-o com sua disponibilidade de tempo.

5. Leia, diariamente, as notícias do *site* do TST, cadastrando-se para receber seus informativos.

6. Leia, dentro do possível, notícias do *site* do TRT referente ao concurso que você deseja prestar ou as notícias do *site* do MPT (www.mpt.gov.br).

7. Colete todas as provas de Magistratura do Trabalho dos últimos dois anos, bem como as Revistas do TRT da região escolhida (na maioria das vezes, disponíveis no próprio endereço eletrônico).

8. Para o concurso do MPT, as revistas da ANPT, disponibilizadas gratuitamente no *site* da associação, são um ótimo subsídio para as provas dissertativa e prática.

9. Se já existe uma comissão do concurso formada, faça uma pesquisa sobre todos os artigos escritos pelos membros titulares da banca examinadora, bem como sobre suas peças processuais e/ou sentenças e acórdãos de sua relatoria, referentes aos últimos anos.

Capítulo 2

SUGESTÕES ESPECÍFICAS PARA O CONCURSO DO MINISTÉRIO PÚBLICO DO TRABALHO

Tiago Muniz Cavalcanti

Sumário: 2.1. Primeira fase: prova objetiva • 2.2. Segunda fase: prova subjetiva-dissertativa • 2.3. Terceira fase: prova prática • 2.3.1. Considerações preliminares • 2.3.2. Destinatário: juízo competente • 2.3.3. Introito • 2.3.4. Fatos • 2.3.5. Legitimidade do MPT • 2.3.6. Competência do juízo • 2.3.7. Direito • 2.3.8. Natureza inibitória e antecipação de tutela • 2.3.9. Pedidos • 2.3.10. Requerimentos finais • 2.4. Prova oral • 2.5. Posse: comprovação da atividade jurídica • 2.6. Após a posse

2.1. PRIMEIRA FASE: PROVA OBJETIVA

Nesta fase, não será exigido dos candidatos conhecimento profundo sobre as matérias constantes no programa do concurso, mas conhecimentos básicos consubstanciados no texto legal e na jurisprudência sedimentada sobre os temas. Com efeito, deverão os candidatos focar, principalmente, o conhecimento da lei e da jurisprudência correlata (súmulas e orientações jurisprudenciais).

Ao longo desta obra, os leitores terão, à sua disposição, todas as Súmulas e Orientações Jurisprudenciais referentes aos temas abordados pelos autores, bem como as questões dos concursos passados, comentadas item a item, revelando-se valoroso auxílio na preparação para a primeira fase do concurso do MPT.

2.2. SEGUNDA FASE: PROVA SUBJETIVA-DISSERTATIVA

A prova subjetiva-dissertativa requer dos candidatos profundo conhecimento normativo, doutrinário e jurisprudencial das matérias exigidas, em especial a parte inicial de Direito Constitucional (principiologia constitucional, direitos e garantias fundamentais), Direitos Humanos, Direito do Trabalho com ênfase nas coordenadorias específicas do MPT, além de, no âmago processual, competência da Justiça do Trabalho e tutela coletiva.

Ao longo do livro, os autores tratam com profundidade sobre as matérias com grande incidência nesta fase do certame, sempre trazendo o ponto de vista da melhor doutrina e da jurisprudência pátria sobre o assunto em foco.

Sugerimos que os candidatos elaborem textos sobre cada um dos temas aqui indicados, destacando a atuação do Ministério Público do Trabalho. O presente livro fornece os subsídios necessários à elaboração de modelos de resposta suficientes para se atingir a nota máxima em relação a pontos sensíveis da atuação ministerial.

2.3. TERCEIRA FASE: PROVA PRÁTICA

2.3.1. Considerações preliminares

Na prova prática, o candidato deverá demonstrar sua capacidade de expor seus conhecimentos teóricos em uma peça judicial, que, muito provavelmente, será uma ação civil pública. Portanto, além de treinar exaustivamente no período que antecede a realização da prova, os candidatos devem levar consigo pequenos trechos previamente elaborados, com sua própria redação, das partes necessárias a uma ação coletiva: introdução, legitimidade do Ministério Público do Trabalho, competência da Justiça do Trabalho, antecipação de tutela e requerimentos finais.

Neste livro, colocamos à disposição dos candidatos uma série de peças processuais (inclusive ações civis públicas) sobre diversos temas afetos à atuação do MPT, que poderão lhes servir de modelo e, seguramente, auxiliarão os estudos nesta fase do concurso.

A seguir, apresentamos algumas dicas em relação a cada tópico constante em uma ação civil pública.

2.3.2. Destinatário: juízo competente

De acordo com os elementos fáticos indicados na situação hipotética trazida na prova, os candidatos devem direcionar a ação coletiva ao Juízo competente.

Atentem os candidatos para a nova redação da OJ nº 130 da SDI-II do TST, que deverá nortear a competência para o julgamento da ação coletiva em caso de dano regional ou suprarregional. Sobre o assunto, remetemos os leitores ao capítulo específico onde trataremos da recente alteração jurisprudencial no aspecto processual das ações coletivas.

2.3.3. Introito

Na parte inicial da peça, devem os candidatos destacar nominalmente a ação ajuizada, indicando, desde já, eventual pedido de antecipação dos efeitos da tutela jurisdicional. A título de exemplo, segue modelo retirado das nossas peças processuais:

O **MINISTÉRIO PÚBLICO DO TRABALHO,** por meio da Procuradoria Regional do Trabalho da (...) Região, neste ato representado pelo Procurador do Trabalho signatário, com base nos arts. 127 e 129, inciso III, da Constituição da República; no art. 83, inciso III, da Lei Complementar nº 75/1993; nos arts. 1º, inciso IV, e 21 da Lei nº 7.347/1985; nos arts. 82, inciso I, e 91 da Lei nº 8.078/1990, vem, respeitosamente, à presença de V. Exa. ajuizar a presente

AÇÃO CIVIL PÚBLICA COM PEDIDO DE ANTECIPAÇÃO
DOS EFEITOS DA TUTELA JURISDICIONAL

em face de (...), pelos fatos e fundamentos a seguir esposados.

2.3.4. Fatos

Sugerimos que os candidatos sejam bastante sucintos na descrição fática da demanda, na medida em que haverá mera reprodução dos fatos hipotéticos trazidos no bojo da questão. Devem ser priorizados, sempre, os fundamentos jurídicos da ação coletiva, onde os candidatos poderão expor todo o seu conhecimento teórico sobre as matérias ventiladas.

2.3.5. Legitimidade do MPT

Sugerimos que os candidatos elaborem, com sua própria redação, um modelo de texto sobre a legitimidade do órgão ministerial especializado para o encetamento da ação coletiva. Aqui, da mesma forma, sejam concisos. A título de exemplo, segue trecho retirado das ações pelos autores ajuizadas.

> Com o advento da *Lex Mater* de 1988, o Ministério Público foi erigido à condição de instituição permanente, independente, essencial à função jurisdicional do Estado, incumbindo-lhe a defesa da ordem jurídica, do regime democrático e dos interesses sociais e individuais indisponíveis (art. 127 da CF/1988).
>
> Para a defesa dos interesses sociais e coletivos, o constituinte originário legitimou o Ministério Público para o ajuizamento de ação civil pública (art.129, III, da CF/1988), sendo certo que, no plano infraconstitucional, o art. 5º da Lei nº 7.347/1985 é expresso quanto à legitimidade do Ministério Público para o encetamento daquela ação.
>
> A Lei Complementar nº 75/1993, por seu turno, legitimou o Ministério Público do Trabalho para o ajuizamento de ação civil pública visando à tutela de direitos difusos e coletivos decorrentes da relação de trabalho. O art. 83, III, estabelece cabimento *"quando desrespeitados os direitos sociais constitucionalmente garantidos"*, que, no caso em apreço, estão sendo frontalmente violados.
>
> É de bem exortar, outrossim, que a expressão "direitos coletivos" deve ser tomada em sua acepção ampla, de maneira a abranger direitos difusos, coletivos em sentido estrito e individuais homogêneos, nos exatos lindes dos arts. 6º, VII, *d*, e 84 da Lei Complementar suso mencionada. Assim, impende concluir pela legitimidade deste Órgão Ministerial Especializado para o ajuizamento de ação civil pública na Justiça do Trabalho, visando à tutela de quaisquer modalidades de direitos e interesses decorrentes da relação de trabalho.

2.3.6. Competência do juízo

Da mesma forma, sugerimos a prévia elaboração de um pequeno texto sobre a competência do Juízo. Neste tópico, é interessante que os candidatos registrem a competência material da Justiça do Trabalho para processar e julgar a ação coletiva visando à tutela de direitos metaindividuais decorrentes da relação de trabalho, nos moldes do art. 114 da Constituição Federal e do art. 83 da Lei Complementar nº 75/1993.

Remetemos os leitores ao capítulo específico sobre competência material da Justiça especializada.

2.3.7. Direito

Nos fundamentos jurídicos do pedido, os candidatos têm a oportunidade de demonstrar todo o conhecimento adquirido ao longo da preparação para o concurso. Indiquem aqui, com exaustão, todo o substrato normativo, doutrinário e jurisprudencial das matérias ventiladas na ação, dividindo-as em subtópicos para facilitar a correção pelo membro da banca examinadora.

Nas citações normativas, apontem, especificamente, as previsões constitucionais e infraconstitucionais das matérias analisadas, indicando eventuais normas internacionais que disciplinam os direitos em jogo. Não percam a oportunidade de demonstrar conhecimento.

2.3.8. Natureza inibitória e antecipação de tutela

Muito provavelmente, a tutela perseguida na ação coletiva terá natureza inibitória, com pedidos voltados à cessação das condutas ilegais e/ou sua reiteração. Portanto, possivelmente, será necessário fazer pedido de antecipação dos efeitos da tutela jurisdicional em tópico próprio, demonstrando-se, em concreto, o preenchimento dos requisitos previstos no art. 273 do Código de Processo Civil, aplicado de forma subsidiária.

Nesse tópico, é interessante que os candidatos ressaltem a necessidade de o Poder Judiciário exercer não apenas um papel reparador, mas especialmente preservacionista, de modo a evitar futura ocorrência de ilícitos sociais e trabalhistas ou sua perpetuação no tempo, com inadmissíveis prejuízos à coletividade de trabalhadores.

2.3.9. Pedidos

A fase derradeira da peça processual exige atenção redobrada dos candidatos, de modo a evitar o esquecimento e eventuais supressões. Sugerimos enumeração sequencial, com redação clara e precisa, que facilite a correção pelos membros da banca examinadora.

Para maior facilidade dos trabalhos e economia de tempo, os pedidos realizados em sede de antecipação de tutela podem ser renovados de forma genérica, sendo desnecessário reproduzi-los integralmente.

2.3.10. Requerimentos finais

Podem os candidatos se utilizar de um padrão previamente elaborado. À guisa de sugestão, segue modelo inserto em ações ajuizadas pelos autores do livro:

Em arremate, requer, ainda, o Ministério Público do Trabalho:

a) a produção de todas as provas admitidas em juízo, em especial testemunhal e documental;

b) a notificação da ré para, querendo, em audiência, manifestar-se como entender cabível e sob as penas da lei;

c) a observância das prerrogativas institucionais e processuais do Ministério Público, em especial intimação pessoal e nos autos.

Atribui-se à causa, para fins de alçada, o valor de R$ (...).

Termos nos quais,

pede e espera deferimento.

2.4. PROVA ORAL

Passadas as fases anteriores, os candidatos já demonstraram possuir conhecimentos jurídicos suficientes para exercerem o cargo perseguido. Assim, a calma e a tranquilidade durante os estudos e a realização da prova serão elementos fundamentais para a ratificação da aprovação final.

Nesta fase, os candidatos devem retomar os estudos direcionados para a primeira e a segunda fases, cotejando-se conhecimento amplo de todas as matérias com subsídios jurídicos profundos em relação às principais áreas de atuação do Ministério Público do Trabalho.

Merece registro o fato de que a banca examinadora da prova oral do Ministério Público do Trabalho não possui histórico de reprovações desarrazoadas: as poucas ocorrências decorreram, em grande medida, do estado de nervosismo dos candidatos. Portanto, renovamos a sugestão de cautela e tranquilidade.

Cursos de oratória, havendo tempo disponível, são recomendados, mas não são imprescindíveis. Pense nessa hipótese apenas se, realmente, tiver disponibilidade e não for causar mais transtornos emocionais pelo excesso de atividades.

Simulados, em cursos jurídicos, com profissionais experientes ajudam para "quebrar o gelo".

Sintam-se Procuradores do Trabalho, respondendo às questões nesta condição.

2.5. POSSE: COMPROVAÇÃO DA ATIVIDADE JURÍDICA

Um ponto que gera preocupação em alguns candidatos é a comprovação dos três anos de atividade jurídica. Inicialmente, cumpre destacar que se trata de uma exigência de índole constitucional, em específico no § 3º do art. 129 da Constituição Federal, com a redação da Emenda Constitucional nº 45/2004.

A fim de regulamentar a previsão constitucional, esclarecendo eventuais dúvidas na interpretação do texto, o Conselho Nacional de Justiça e o Conselho Nacional do Ministério Público disciplinaram a matéria. No caso específico dos concursos para o Ministério Público, a regulamentação por excelência ocorreu por meio da Resolução nº 40/2009, que assim estabelece:

> Art. 1º. Considera-se atividade jurídica, desempenhada exclusivamente após a conclusão do curso de bacharelado em Direito:
>
> I – O efetivo exercício de advocacia, inclusive voluntária, com a participação anual mínima em 5 (cinco) atos privativos de advogado (Lei nº 8.906, de 4 de julho de 1994), em causas ou questões distintas.
>
> II – O exercício de cargo, emprego ou função, inclusive de magistério superior, que exija a utilização preponderante de conhecimentos jurídicos.
>
> III – O exercício de função de conciliador em tribunais judiciais, juizados especiais, varas especiais, anexos de juizados especiais ou de varas judiciais, assim como o exercício de mediação ou de arbitragem na composição de litígios, pelo período mínimo de 16 (dezesseis) horas mensais e durante 1 (um) ano.

§ 1º. É vedada, para efeito de comprovação de atividade jurídica, a contagem de tempo de estágio ou de qualquer outra atividade anterior à conclusão do curso de bacharelado em Direito.

§ 2º. A comprovação do tempo de atividade jurídica relativa a cargos, empregos ou funções não privativas de bacharel em Direito será realizada por meio da apresentação de certidão circunstanciada, expedida pelo órgão competente, indicando as respectivas atribuições e a prática reiterada de atos que exijam a utilização preponderante de conhecimentos jurídicos, cabendo à comissão de concurso analisar a pertinência do documento e reconhecer sua validade em decisão fundamentada.

Art. 2º. Também serão considerados atividade jurídica, desde que integralmente concluídos com aprovação, os cursos de pós-graduação em Direito ministrados pelas Escolas do Ministério Público, da Magistratura e da Ordem dos Advogados do Brasil, bem como os cursos de pós-graduação reconhecidos, autorizados ou supervisionados pelo Ministério da Educação ou pelo órgão competente.

§ 1º. Os cursos referidos no *caput* deste artigo deverão ter toda a carga horária cumprida após a conclusão do curso de bacharelado em Direito, não se admitindo, no cômputo da atividade jurídica, a concomitância de cursos nem de atividade jurídica de outra natureza. *(§ 1º com redação dada pela Resolução nº 57, de 27.4.2010).*

§ 2º. Os cursos *lato sensu* compreendidos no *caput* deste artigo deverão ter, no mínimo, um ano de duração e carga horária total de 360 horas-aulas, distribuídas semanalmente.

§ 3º. Independente do tempo de duração superior, serão computados como prática jurídica:

a) Um ano para pós-graduação *lato sensu*.

b) Dois anos para Mestrado.

c) Três anos para Doutorado.

§ 4º. Os cursos de pós-graduação (*lato sensu* ou *stricto sensu*) que exigirem apresentação de trabalho monográfico final serão considerados integralmente concluídos na data da respectiva aprovação desse trabalho.

§ 5º. Os casos omissos serão decididos pela comissão de concurso.

Posteriormente, em 27 de abril de 2010, foi promulgada a Resolução nº 57 com o objetivo de validar os cursos de pós-graduação telepresenciais como prática jurídica. Essa modalidade de especialização tornou-se bastante comum, pois é usualmente oferecida associada a módulos de cursinhos preparatórios para concursos.

Além da Resolução geral do CNMP, o Ministério Público do Trabalho possui, por seu Conselho Superior, normativa própria relativa ao ingresso de seus membros, a recente Resolução nº 101, de 24 de novembro de 2011, publicada no *DOU*, Seção I, de 29.11.2011, p. 147-52. Vejamos o que a Resolução disciplina no que concerne à atividade jurídica:

Art. 22. Considera-se atividade jurídica, desempenhada exclusivamente após a conclusão do curso de bacharelado em Direito:

I – O efetivo exercício de advocacia, inclusive voluntária, com a participação anual mínima em 5 (cinco) atos privativos de advogado (Lei nº 8.906, de 4 de julho de 1994), em causas ou questões distintas.

II – O exercício de cargo, emprego ou função, inclusive de magistério superior, que exija a utilização preponderante de conhecimentos jurídicos.

III – O exercício de função de conciliador em tribunais judiciais, juizados especiais, varas especiais, anexos de juizados especiais ou de varas judiciais, assim como o exercício de mediação ou de arbitragem na composição de litígios na área jurídica, pelo período mínimo de 16 (dezesseis) horas mensais e durante 01 (um) ano.

IV – A realização de cursos de pós-graduação na área jurídica, ministrados pelas Escolas do Ministério Público, da Magistratura e da Ordem dos Advogados, bem como os cursos de pós--graduação reconhecidos, autorizados ou supervisionados pelo Ministério da Educação ou pelo órgão competente.

§ 1º. Os cursos referidos no inciso IV deste artigo deverão ser presenciais, com toda a carga horária cumprida após a conclusão do curso de bacharelado em Direito, não se admitindo, no cômputo da atividade jurídica, a concomitância de cursos nem de atividade jurídica de outra natureza.

§ 2º. Os cursos *lato sensu* compreendidos no *caput* deste artigo deverão ter, no mínimo, um ano de duração e carga horária total de 360 horas-aulas, distribuídas semanalmente.

§ 3º. Independente do tempo de duração superior, serão computados como prática jurídica:

a) Um ano para pós-graduação *lato sensu*.

b) Dois anos para Mestrado.

c) Três anos para Doutorado.

§ 4º. Os cursos de pós-graduação (*lato sensu* ou *stricto sensu*) que exigirem apresentação de trabalho monográfico final serão considerados integralmente concluídos na data da respectiva aprovação desse trabalho.

§ 5º. Os casos omissos serão decididos pela Comissão de Concurso.

§ 6º. A comprovação do tempo de atividade jurídica relativa a cargos, empregos ou funções não privativas de bacharel em Direito será realizada por meio da apresentação de certidão circunstanciada, expedida pelo órgão competente, indicando as respectivas atribuições e a prática reiterada de atos que exijam a utilização preponderante de conhecimentos jurídicos, cabendo à comissão de concurso analisar a pertinência do documento e reconhecer sua validade em decisão fundamentada.

De plano, uma grande dúvida é a manutenção das pós-graduações telepresenciais como prática jurídica, pois a resolução específica do MPT impõe que as mesmas sejam presenciais (§ 1º do art. 22 da Resolução nº 101/2011 do CSMPT). Contudo, entende-se que a comissão do concurso poderá, à luz da resolução do CNMP, acolher, como cômputo do requisito temporal, as especializações telepresenciais. Recomenda-se, entretanto, que os candidatos não se restrinjam a comprovar o tempo somente com pós-graduações telepresenciais, a fim de se evitar indesejáveis discussões administrativas e judiciais.

Eis, em síntese, as atuais regras para a comprovação do referido requisito:

a) Não é possível qualquer contagem de tempo antes do término do curso;

b) Quanto ao exercício da advocacia, ainda é discutível se o tempo será contado do término do curso ou da obtenção da carteira da OAB, não havendo jurisprudência que aborde essa questão específica. Desta forma, por segurança, recomenda-se que a contagem seja efetuada após a obtenção do registro na Ordem;

c) Permanece a regra de que a realização de cinco atos privativos de advogado, por ano, garante sua integralidade como de efetivo exercício. Na prática, os candidatos costumam comprovar por meio de cinco peticionamentos anuais. Uma forma simples e adequada de atender a esse requisito são as certidões dos setores de distribuição dos fóruns, ou mesmo das secretarias das varas judiciárias, mencionando os processos onde ocorreu atuação do candidato, com datas e referências dos atos privativos praticados;

d) Para os casos de servidor ou empregado público que exerça cargo privativo de bacharel em direito, usualmente conta-se o período comprovado da data da posse (servidor) ou da assinatura do contrato de trabalho (empregado público);

e) Servidor ou empregado público em cargo não privativo de bacharel em direito demanda a edição de certidão circunstanciada do respectivo órgão, que será apreciada pela comissão do concurso (consoante art. 22, § 6º, da Resolução nº 101/2011 do CSMPT). Recomenda-se que seja registrada, detalhadamente, a forma das atividades exercidas, para melhor apreciação da comissão do concurso;

f) Outras atividades não privativas de bacharel em direito e que não utilizam conhecimentos eminentemente jurídicos não serão admitidas. Exemplo de julgado nesse sentido:

DIREITO CONSTITUCIONAL – DIREITO ADMINISTRATIVO – MANDADO DE SEGURANÇA – CONCURSO PARA PROVIMENTO DE CARGO DE PROCURADOR DA REPÚBLICA – COMPROVAÇÃO DE TRÊS ANOS DE ATIVIDADE JURÍDICA – RESOLUÇÃO Nº 93/2007 DO CONSELHO SUPERIOR DO MINISTÉRIO PÚBLICO FEDERAL – RESOLUÇÕES Nos 4/2006, 29/2008 E 40/2009 DO CONSELHO NACIONAL DO MINISTÉRIO PÚBLICO – ART. 1º, INCISO II, DA LEI Nº 8.906/1994 – ART. 3º DA LEI Nº 10.593/2002 – ART. 129, § 3º, DA CONSTITUIÇÃO FEDERAL – ENTENDIMENTO FIRMADO PELO PLENÁRIO DO SUPREMO TRIBUNAL FEDERAL NO JULGAMENTO DA AÇÃO DIRETA DE INCONSTITUCIONALIDADE Nº 3.460/DF – DENEGAÇÃO DA ORDEM. 1 – O tempo de assessoria e/ ou consultoria jurídica prestado a universidade privada não se enquadra como desempenho de cargo, emprego ou função pública, além de existir óbice legal à sua contagem em período anterior à inscrição do impetrante na Ordem dos Advogados do Brasil. 2 – O tempo de exercício no cargo de Analista Tributário da Receita Federal do Brasil pelo impetrante não pode ser considerado para fins de comprovação de atividade jurídica, por não se tratar de cargo público privativo de bacharel em Direito. 3 – Entendimento firmado pelo Plenário desta Suprema Corte no julgamento da Ação Direta de Inconstitucionalidade nº 3.460/DF no sentido de que a expressão "atividade jurídica" prevista no art. 129, § 3º, da Constituição Federal corresponde ao desempenho de atividades que exijam a conclusão do bacharelado em Direito. 4 – Ordem denegada. (STF-MS – 27606 – TP – Relatora Ministra Ellen Gracie – *DJ* de 23.10.2009)

Contudo, existem atividades paralelas que podem ser utilizadas para o cômputo do tempo, notadamente a atividade de conciliador judicial, que conta como efetivo exercício de atividade jurídica. Dependendo do Tribunal, a carga horária é bastante reduzida e há sempre a necessidade de voluntários;

g) Docência e atividades acadêmicas podem ser também uma boa opção para aqueles que não querem exercer a advocacia e/ou outras atividades e desejam contar o tempo de prática jurídica. Saliente-se que, tanto a docência como as pós-graduações *lato* e *stricto sensu* não só servem para o cômputo da prática jurídica, mas se revelam como importantes fontes de pontuação na prova de títulos.

Por fim, é de bem exortar aos leitores que a Resolução n° 87/2012 do CNMP alterou o art. 3° da Resolução n° 40/2009, estabelecendo que a comprovação do período de três anos de atividade jurídica deverá ser documentada e formalizada para o ato da posse do candidato aprovado em todas as fases do concurso público.

A recente alteração normativa veio em boa hora, pondo fim a antigas discussões administrativas e judiciais quanto ao momento adequado para a comprovação da atividade jurídica.

2.6. APÓS A POSSE

Após passadas as festividades da posse, resta-nos suplicar aos novos Procuradores do Trabalho que exerçam seus misteres de forma ativa, buscando concretizar os direitos individuais e sociais trabalhistas, defendendo a ordem jurídica e o regime democrático com o escopo de conferir efetividade aos preceitos constitucionais, lutando pela erradicação da miséria e redução das desigualdades sociais por meio do trabalho, de modo a proporcionar o exercício da cidadania aos mais necessitados, pautando-se sempre pela ética e retidão de conduta como valores absolutos a orientarem o exercício funcional.

Título I

REGIME JURÍDICO
DO MINISTÉRIO PÚBLICO

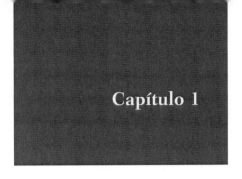

EVOLUÇÃO DO MINISTÉRIO PÚBLICO BRASILEIRO
Cesar Henrique Kluge

Sumário: 1.1. Antecedentes históricos do Ministério Público – raízes remotas e próximas • 1.2. Evolução constitucional do Ministério Público no Brasil • 1.3. O Ministério Público na Constituição Federal de 1988 • 1.3.1. Antecedentes à Constituinte: a Carta de Curitiba • 1.3.2. Características principais dadas pela nova ordem constitucional • 1.3.2.1. Resquícios do regime anterior • 1.3.3. Natureza jurídica do Ministério Público • 1.3.4. Conceito constitucional (art. 127, *caput*, da CF/1988) • 1.4. Questões resolvidas e comentadas

1.1. ANTECEDENTES HISTÓRICOS DO MINISTÉRIO PÚBLICO – RAÍZES REMOTAS E PRÓXIMAS

As *raízes remotas* do Ministério Público, assim compreendidas como os traços iniciais da instituição, referem-se às situações e aos fatos históricos que permitam identificar alguma característica do órgão ministerial, não como ele hoje se apresenta, mas inerente à sua essência.

Como muito bem ensina Hugo Nigro Mazzilli (2007, p. 37), os estudiosos não apresentam ideias uniformes com relação às origens do Ministério Público. Alguns a reconhecem na figura egípcia do *magiaí*, existente há mais de 4 mil anos, consistente no funcionário que se constituía "na língua e nos olhos" do rei. Outros, por sua vez, buscam tais origens na Antiguidade clássica, em algumas figuras espartanas (*éforos*), gregas (*tesmótetas*) ou romanas (*censores, procuratores caesaris* etc.). Na Idade Média, são apontados os *saions* germânicos ou *bailios e senescais*, encarregados de defender os senhores feudais em juízo, ou o *Gemeiner Anklager* alemão, a quem incumbia a acusação quando o particular permanecia inerte.

Não obstante toda a controvérsia existente quanto às raízes remotas, ainda segundo mencionado doutrinador, o mais comum é considerar o Ministério Público uma instituição originária do Direito francês, mais especificamente da Ordenança de 25 de março de 1302, do Rei Felipe IV, o Belo. Esse documento é considerado o primeiro texto legislativo a tratar objetivamente dos procuradores do rei, que prestavam o mesmo juramento dos juízes, cuja atribuição exclusiva era defender os interesses do rei (MAZZILLI, 2007, p. 38).

Vale mencionar que a utilização da expressão *parquet* para se referir à instituição ministerial provém da tradição francesa. Tal designação, traduzida como assoalho, decorre do fato de que os procuradores do rei, antes de adquirir a condição de magistrados e ter assento ao lado dos juízes, tinham assento, inicialmente, sobre o assoalho da sala de audiências, ficando em "patamar inferior". Apenas posteriormente, quando adquirida a condição de magistrado, passaram a se sentar ao lado dos magistrados. E o assento à direita dos juízes, como será visto no tópico pertinente, consiste, atualmente, numa prerrogativa dos membros do Ministério Público, garantida por lei, cujo desrespeito demanda atuação judicial.

Quanto ao Ministério Público brasileiro, não se pode olvidar que sua origem está ligada ao Direito português.

As *raízes próximas* buscam identificar o momento histórico no qual a instituição se apresentou de forma autônoma. Nesse contexto, novamente, de acordo com as lições de Hugo Nigro Mazzilli (2007, p. 43), citando Paulo Salvador Frontini, as raízes próximas do Ministério Público encontram-se nas ideias vitoriosas e consagradas da Revolução Francesa, que ocasionou o fim do Estado totalitário e o surgimento do Estado de Direito, com a efetivação da clássica teoria da separação dos poderes. A partir disso, com o controle das atividades estatais, já se pode começar a vislumbrar o surgimento da autonomia do Ministério Público, ainda que de forma sutil e parcial.

1.2. EVOLUÇÃO CONSTITUCIONAL DO MINISTÉRIO PÚBLICO NO BRASIL

No presente tópico, não temos a pretensão de analisar detalhadamente os textos constitucionais em referência, o que seria, sem dúvida, muito enriquecedor. Nosso objetivo, tendo em vista a finalidade deste livro, será apresentar, de forma sucinta, os principais pontos abordados pelas Constituições, no período de 1891 a 1969, no que concerne ao Ministério Público. Por essa razão, trataremos do tema da forma como consta a seguir:

- **Constituição de 1891**: primeira republicana – nada mencionou sobre a instituição, limitando-se a estabelecer, na Seção destinada ao Poder Judiciário, que o presidente da República deveria designar, dentre os membros do Supremo Tribunal Federal, o procurador-geral da República, cujas atribuições seriam definidas em lei. Verifica-se, portanto, que a Constituição de 1891 previa uma suave vinculação do Ministério Público ao Poder Judiciário, já que seu procurador-geral não seria designado dentre os membros da instituição ministerial, mas sim escolhido entre um dos membros do Supremo Tribunal Federal. Entretanto, apesar da ausência de previsão no texto constitucional do Ministério Público como instituição, diante do descortino de Manoel Ferraz de Campos Salles, ministro da Justiça no Governo Provisório, o órgão ministerial já passara a ser tratado como instituição desde o Decreto nº 848, de 1890. Por essa razão, Campos Salles é considerado o "embaixador" do Ministério Público brasileiro;

- **Constituição de 1934**: houve previsão constitucional, inserida no capítulo reservado aos órgãos de cooperação nas atividades governamentais, dispondo sobre sua organização em âmbito nacional e estadual, nomeação do PGR, concurso público e estabilidade para os membros do Ministério Público Federal. O Ministério Público, previsto como órgão autônomo de cooperação nas atividades governamentais, além de "desvinculado" do Poder Judiciário, foi tratado como instituição com perfil constitucional. *Tratou-se da primeira menção ao Ministério Público na Constituição Federal;*

- **Constituição de 1937**: retrocesso à instituição – não mais tratou o Ministério Público como órgão autônomo de cooperação, dedicando poucas disposições esparsas sobre a chefia do órgão ministerial, exercida pelo procurador-geral da República, mediante livre nomeação do presidente da República;

- **Constituição de 1946**: O Ministério Público recupera o *status* constitucional, passando a desfrutar de tratamento autônomo, desvinculado dos Poderes Executivo, Legislativo e Judiciário, havendo um título próprio no texto constitucional ("Do Ministério Público" – arts. 125 a 128). Apesar disso, a representação da União em juízo era feita pelos procuradores da República e, nas comarcas do interior, pelos promotores de justiça. A nomeação do procurador-geral da República passa a depender da aprovação do Senado. Novamente foram estabelecidas a estabilidade, inamovibilidade relativa e a necessidade de concurso público para ingresso na carreira;

- **Constituição de 1967**: imposta pela força militar – O Ministério Público passou a integrar o capítulo do Poder Judiciário. O critério de escolha do procurador-geral da República é inalterado, mas a Constituição Federal nada menciona sobre sua exoneração. Permaneceu com o Ministério Público a representação em juízo da União;

- **Emenda Constitucional nº 1 de 1969**: O MP deixa de integrar o Poder Judiciário e passa a integrar o Poder Executivo, permanecendo inalterado o restante.

1.3. O MINISTÉRIO PÚBLICO NA CONSTITUIÇÃO FEDERAL DE 1988

Em virtude das relevantes alterações promovidas pela Constituição Federal de 1988, em relação ao Ministério Público, notadamente suas novas características, o tema será tratado em tópico próprio.

1.3.1. Antecedentes à Constituinte: a Carta de Curitiba

Com o fim da ditadura, despertava no cenário nacional a necessidade de uma nova ordem jurídica, inspirada no respeito às liberdades individuais, cidadania, dignidade humana e, principalmente, pela efetivação do regime democrático. Em consequência disso, o então presidente da República, José Sarney, nomeou uma Comissão de Notáveis, composta de cinquenta membros, para que elaborassem um anteprojeto de texto constitucional.

Enquanto a comissão nomeada pelo presidente da República desenvolvia seus trabalhos, diversos setores da sociedade, como os sindicatos e as associações de classe, foram convocados a contribuir, com críticas e sugestões, para a redação do novo texto constitucional.

O Ministério Público, a quem muito interessava uma melhor definição de suas atribuições, garantias e impedimentos, não ficou de fora do debate. Dos diversos movimentos realizados por esse órgão, nos quais se discutia, dentre outros assuntos, o verdadeiro papel da instituição ministerial na sociedade e seu lugar na nova ordem jurídica do País, como os Congressos Nacionais e pesquisas realizadas juntos aos membros, merece destaque o 1º Encontro Nacional de Procuradores-Gerais de Justiça e Presidentes de Associações de Ministério Público, realizado em junho de 1986, na cidade de Curitiba.

E qual a razão para esse evento, realizado na capital paranaense, em junho de 1986, merecer destaque na história do Ministério Público brasileiro? Exatamente pelo fato de que nessa reunião foi produzido o primeiro texto de consenso do Ministério Público nacional, denominado Carta de Curitiba, o qual inspirou diversos dispositivos da Constituição Federal de 1988. Ali pode se verificar, realmente, uma consciência nacional de Ministério Público.

A Carta de Curitiba foi, em outras palavras, a proposta apresentada pelo Ministério Público à Constituinte, no que se refere à nova roupagem da instituição ministerial e seu lugar no texto constitucional. Sua elaboração foi resultado da harmonização de cinco fontes principais: *a)* Constituição de 1969 e Lei Complementar Federal nº 40/1981 (Estatuto do Ministério Público Nacional), que previa garantias, atribuições e vedações aos membros; *b)* teses aprovadas no VI Congresso Nacional do Ministério Público; *c)* análise das respostas dos membros ao questionário enviado pela CONAMP (Associação Nacional dos Membros do Ministério Público); *d)* análise do anteprojeto apresentado pelo então Procurador-Geral da República, José Paulo Sepúlveda Pertence, à Comissão de Estudos Constitucionais; e *e)* documento elaborado pela comissão instituída pela CONAMP, preparatório para a reunião final de Curitiba (MAZZILLI, 2007, p. 86).

Frise-se que, até então, os Ministérios Públicos estaduais e o Federal jamais tinham chegado a um consenso sobre os principais pontos em relação a garantias, instrumentos, vedações e atribuições da instituição. Dessa forma, as conquistas e reivindicações atendidas pela Constituinte, que deram a nova roupagem ao Ministério Público brasileiro, estão fortemente ligadas ao citado 1º Encontro Nacional de Procuradores-Gerais de Justiça e Presidentes de Associações de Ministério Público.

Além desse documento, que teve como um de seus pilares a Lei Complementar nº 40/1981 (Estatuto do Ministério Público Nacional), que já havia consagrado progressos à instituição ao estabelecer garantias, atribuições e vedações, é oportuno registrar a existência da Lei nº 7.347/1985 (Lei da Ação Civil Pública), que conferia ao Ministério Público a legitimidade para defesa dos direitos coletivos, bem como previa expressamente mecanismos de atuação extrajudicial.

Vale salientar, ainda, que à exceção da referência à defesa do regime democrático, que foi contribuição da Carta de Curitiba – inspirada na Constituição Portuguesa – os demais elementos da definição constitucional provieram da LC nº 40 de 1981 (primeira Lei Orgânica Nacional do MP), hoje sucedida pela Lei nº 8.625/1993.

Dentro desse contexto é que o Ministério Público do Trabalho foi inserido na Constituição de 1988.

1.3.2. Características principais dadas pela nova ordem constitucional

Ao contrário das Constituições anteriores, o Ministério Público teve reconhecida sua autonomia e independência, desvinculando-se dos Poderes Executivo, Legislativo e Judiciário e apresentando características próprias de uma instituição permanente e essencial à promoção da Justiça, ficando inserido no Título IV – "Da Organização dos Poderes", Capítulo IV – "Das Funções Essenciais à Justiça", do novo texto constitucional.

A independência e autonomia (administrativa, funcional e financeira) do Ministério Público, notadamente em face do Estado para desempenhar suas funções em defesa da sociedade, foram as principais inovações trazidas pela nova ordem constitucional.

Consequência dessa nova roupagem foi o Ministério Público deixar de representar os entes públicos em juízo, consistindo vedação expressa no art. 129, IX, do texto constitucional, característica essa muito presente na história institucional. Além disso, as funções do Ministério Público foram consideravelmente ampliadas, havendo grande aproximação da instituição com a sociedade, principalmente com a constitucionalização de sua atuação extrajudicial, já prevista na Lei nº 7.347/1985.

Em suma, as principais características do Ministério Público dadas pela Constituição Federal de 1988 podem ser sintetizadas da seguinte forma:

- Autonomia e independência, notadamente frente ao Estado para defender os interesses da sociedade. Deixa de ser órgão vinculado ao Executivo (CF/1969). Consequentemente, passa a ser vedada a representação judicial da União e de pessoas jurídicas de direito público, autorizada pelo regime constitucional anterior;

- Houve uma maior aproximação do Ministério Público com a sociedade, pela expressa previsão constitucional da atuação extrajudicial, por meio, principalmente, do inquérito civil.

1.3.2.1. Resquícios do regime anterior

Vimos que a Constituição Federal de 1988 reconhece a independência e autonomia do Ministério Público, sendo inclusive um dos seus princípios institucionais, como será visto em tópico próprio. A pergunta que pode surgir é se haveria alguma disposição constitucional que pudesse representar um resquício do regime anterior, ou seja, a vinculação do Ministério Público com o Poder Executivo.

Pois bem. O art. 128, § 5º, estabelece que a Lei Complementar da União e dos Estados, cuja iniciativa é facultada aos respectivos procuradores-gerais, disporá sobre a organização, a atribuição e o estatuto de cada ramo do Ministério Público. Ora, diante da independência e autonomia do Ministério Público poder-se-ia concluir que não deveria ser prevista mera faculdade, mas sim iniciativa exclusiva e reservada ao próprio Ministério Público para dispor sobre sua organização, a atribuição e o estatuto de cada ramo. Todavia, a previsão dessa faculdade justifica-se pela regra estabelecida no art. 61, § 1º, II, "d", da própria Lei Maior, que estabelece a competência privativa do presidente da República para a iniciativa do projeto de lei que tenha como objeto a organização do Ministério Público e da Defensoria Pública da União.

Tais dispositivos demonstram a existência de iniciativa concorrente entre Ministério Público e presidente da República para iniciativa de lei a respeito da organização do MP, o que, a nosso ver, seria um claro resquício do regime anterior, somente se sustentando tal entendimento pela interpretação e pelo conhecimento do contexto histórico da instituição.

É oportuno observar que, em se tratando de normas constitucionais originárias, não há como sustentar a inconstitucionalidade do art. 61! Carlos Henrique Bezerra Leite (2010, p. 54) sugere uma interpretação das normas em que a atuação do Presidente da República se dê em caso de inércia do procurador-geral da República.

Outro resquício que pode ser apontado é a escolha do procurador-geral da República e do procurador-geral de Justiça do Distrito Federal pelo presidente da República. Ora, uma instituição que tem entre suas missões a defesa do regime democrático deveria optar, em nos-

1.3.3. Natureza jurídica do Ministério Público

Quanto à natureza jurídica do Ministério Público, a doutrina apresenta, pelo menos, duas posições a respeito.

De um lado, com fulcro no art. 2º da Constituição Federal de 1988, que consagra que *são Poderes da União, independentes e harmônicos entre si, o Legislativo, o Executivo e o Judiciário,* defende-se a impossibilidade de o Ministério Público ser considerado Poder do Estado. Essa tese, fundada no texto expresso e na literalidade da Constituição de 1988, adota a posição clássica e estanque do princípio da separação dos poderes.

Ademais, como bem observam Oto Almeida Oliveira Júnior e Robério Nunes dos Anjos Filho (2012, p. 285), a Constituição Federal, ao atribuir ao Ministério Público a importante função de zelar pelo efetivo respeito dos *Poderes Públicos* e dos serviços de relevância pública aos direitos assegurados na Lei Maior, concedeu à instituição a função de fiscal de todos os poderes, razão pela qual com eles não poderia se identificar.

Há que se observar: o fato de não possuir natureza jurídica de Poder não diminui a relevância da instituição, a qual é considerada pelo próprio texto constitucional como essencial à função jurisdicional do Estado, responsável pela defesa da ordem jurídica, dos interesses sociais e individuais indisponíveis e do regime democrático.

Assim, não podendo assumir sua natureza de Poder de Estado e estando desvinculado dos Poderes Constituídos (Executivo, Legislativo e Judiciário), o Ministério Público seria considerado um *órgão extrapoderes*, independente, com *status* constitucional.

Por outro lado, há quem defenda a natureza jurídica de "Poder de Estado", com o argumento de que o princípio da separação de poderes deveria sofrer uma releitura, não mais se justificando, nos dias de hoje, sua interpretação clássica, que vislumbra a existência de apenas três funções do Estado Soberano: administrar (Executivo), legislar (Legislativo) e julgar os conflitos (Judiciário).

Eduardo Ritt (2010, p. 19-24), em artigo intitulado "O Ministério Público brasileiro e sua natureza jurídica: uma instituição com identidade própria", muito bem analisa essa discussão. Afirma o mencionado jurista:

> Dessa forma, se ainda nos mantivermos apegados àquela concepção dogmática da tripartição de poderes que fundou o Estado do Direito Liberal, por óbvio que não será possível pensar o Ministério Público como um autêntico Poder de Estado. Todavia, a questão merece ser repensada, pois é ponto pacífico, inicialmente, que o Poder do Estado é uno e indivisível, sendo normal e necessário que haja muitos órgãos exercendo o poder soberano estatal, o que, porém, não quebra a unidade do poder. [...]
>
> Dessa forma, o que há são funções distintas do poder estatal, e não separação de poderes, sendo essas funções cada vez maiores e mais complexas quanto o é a própria sociedade. A fórmula da separação de poderes, pois, tornou-se inadequada "para um Estado que assumiu a missão de fornecer a todo o seu povo o bem-estar, devendo, pois, separar as funções estatais, dentro de um mecanismo de controles recíprocos, denominado "freios e contrapesos" (*checks and balances*). [...]

E se o sistema de separação de poderes foi, na sua época, uma forma de controlar a contenção do poder do Estado, contra o arbítrio e o abuso de poder, hoje tal tarefa cabe primordialmente aos direitos fundamentais, devidamente constitucionalizados, e a um Judiciário realmente independente, e, por que não dizer, ao Ministério Público, pelas suas especiais atribuições. [...]

Poder-se-ia, assim, até mesmo pensar o Ministério Público como um Poder de Estado, já que a tripartição dos poderes não é científica e, sim, ideológica, ainda mais que possui a Instituição tarefa constitucional de controle sobre os demais poderes.

Ademais, a própria inserção do Ministério Público no Capítulo IV (Das Funções Essenciais à Justiça), do Título IV (Da Organização dos Poderes), da Constituição em vigor poderia reforçar a tese de que o órgão ministerial foi alçado à categoria de Poder de Estado, pois previsto, expressamente, no título destinado à "Organização dos Poderes".

Se o Ministério Público é realmente um Poder de Estado, sendo, pois, mais uma forma de manifestação da soberania estatal, não importa. O que realmente importa é que a Constituição Federal de 1988, embora não o tenha denominado expressamente *Poder estatal*, atribuiu tratamento jurídico-constitucional igualitário em relação aos Poderes Constituídos, destacando sua natureza constitucional e sua integração ao sistema de freios e contrapesos.

Conclui-se, portanto, que a natureza jurídica do Ministério Público na nova ordem constitucional pode ser vista de diferentes ângulos, mas nenhum deles deve deixar de considerar que se trata de um *órgão independente e autônomo, de natureza constitucional, tido como cláusula pétrea, essencial à concretização do valor da Justiça e à defesa da ordem jurídica, do regime democrático e dos interesses e direitos sociais e individuais indisponíveis.*

1.3.4. Conceito constitucional (art. 127, *caput*, da CF/1988)

O *caput* do art. 127 da Constituição Federal de 1988 apresenta a seguinte definição da instituição:

Art. 127. O Ministério Público é instituição permanente, essencial à função jurisdicional do Estado, incumbindo-lhe a defesa da ordem jurídica, do regime democrático e dos interesses sociais e individuais indisponíveis.

Vale destacar que nenhuma das Constituições anteriores havia conceituado a instituição: no máximo, reconheciam sua existência e estabeleciam suas atribuições e garantias, mas aquilo em que consistia o Ministério Público decorria da interpretação e análise de suas funções institucionais.

Para melhor compreensão, analisemos, destacadamente, os elementos apontados na definição constitucional:

a) **Instituição permanente**: o texto constitucional, ao se referir ao Ministério Público como instituição permanente, reconheceu não apenas que se trata de um órgão pelo qual o Estado manifesta sua soberania, mas, principalmente, que estamos diante de uma cláusula pétrea! Em outras palavras, o poder constituinte originário vetou que o poder constituinte derivado suprimisse ou alterasse a essência da instituição.

Revela-se, portanto, pertinente no aspecto a colocação de Marcelo Pedroso Goulart (2010, p. 166):

Dada a sua indispensabilidade à construção do projeto democrático, a Constituição define o Ministério Público como instituição permanente, impedindo sua supressão pelo poder constituinte derivado. Disso resulta o seu caráter de cláusula pétrea.

b) Essencial à função jurisdicional do Estado: a menção à essencialidade do Ministério Público à função jurisdicional do Estado deve ser vista, primeiramente, em relação ao objetivo comum existente entre o Judiciário e o órgão ministerial, qual seja, a concretização do valor da Justiça. Num segundo momento, deve ser vista como referência à atuação do Ministério Público em juízo. Deve-se ter cuidado, contudo, com essa segunda leitura.

O Ministério Público (MP), além de sua atuação judicial, exerce inúmeras outras atribuições que não estão atreladas ao Judiciário, citando-se, exemplificativamente, sua atuação extrajudicial, por meio do inquérito civil, das audiências públicas e recomendações. Além disso, o MP não atua em todas as causas judiciais, oficiando, como fiscal da lei, apenas nos feitos em que haja algum interesse público primário ou interesse indisponível que demande sua atuação.

c) Defesa da ordem jurídica: dentre os objetivos primordiais apontados pelo texto constitucional, a defesa da ordem jurídica deve ser analisada em conjunto com os demais dispositivos constitucionais que tratam das atribuições do Ministério Público.

Dessa análise, infere-se que o Ministério Público não deve atuar como fiscal de todas as leis do País, mas apenas daquelas relacionadas às finalidades da instituição.

d) Defesa do regime democrático: considerando-se que a República Federativa do Brasil é um Estado Democrático de Direito, conferiu-se ao Ministério Público a tarefa de guardião da Democracia, que tem como maiores expressões o poder do povo de editar leis e o poder de escolher seus representantes.

Por óbvio, a defesa do regime democrático não se limita à defesa dos direitos políticos: uma sociedade democrática demanda muito mais do que isso. Demanda, por exemplo, o respeito do ordenamento jurídico não apenas pelo Estado, mas também pelos particulares. Demanda o respeito aos direitos fundamentais do cidadão e do trabalhador. Demanda o respeito às "regras do jogo" vigentes, no que se inclui a observância das regras constitucionais para edição das leis.

Aliás, o Ministério Público, forte, autônomo e independente, somente atingirá sua verdadeira finalidade num regime democrático, sendo difícil alcançar sua destinação num regime totalitário.

Por essa razão é que se inserem dentre suas atribuições: propor mandado de injunção quando a falta de norma regulamentadora torne inviável o exercício de direitos inerentes a nacionalidade, soberania e cidadania; propor ações diretas de inconstitucionalidade; fiscalização do processo eleitoral e livre funcionamento dos partidos políticos; e, em suma, a defesa dos interesses públicos primários.

e) Defesa dos interesses sociais e individuais indisponíveis: o texto constitucional, ao se referir à "defesa dos interesses sociais e individuais indisponíveis", buscou destacar quais interesses e direitos devem ser tutelados pelo órgão ministerial.

Nesse caminho, deve-se ter em mente que a intenção do legislador constituinte foi atribuir ao Ministério Público a defesa dos interesses públicos primários, assim compreendidos como aqueles que têm como destinatários a sociedade ou a coletividade, como um todo ou representada por determinado grupo, dentre os quais se inserem os direitos difusos, coletivos e individuais homogêneos. Uma ressalva importante: não se deve confundir os interesses públicos primários, objeto da atuação ministerial, com interesses públicos secundários, que são os interesses da Administração ou do administrador, que devem ser defendidos pela Advocacia Pública, composta pela Advocacia Geral da União e pelas Procuradorias dos Estados.

Além disso, cabe ao Ministério Público, além da defesa dos direitos coletivos em sentido amplo, a tutela dos interesses individuais indisponíveis, concebidos como aqueles que possuem, em sua essência, uma importância destacada, de modo a não possibilitar ao seu titular ou a terceiros qualquer ato de despojamento. Podemos citar como exemplos o interesse de pessoas físicas (individuais) que demandam proteção especial, como é o caso dos incapazes, índios e idosos, além da cidadania, da dignidade e de outros direitos fundamentais não patrimoniais.

f) Direitos transindividuais: direitos difusos, coletivos e individuais homogêneos: Vimos que ao Ministério Público cabe a defesa dos interesses sociais e individuais indisponíveis, dentre os quais se inserem os direitos coletivos em sentido amplo: direitos difusos, coletivos (sentido estrito) e individuais homogêneos.

A Lei federal nº 7.347/1985, que trata da Ação Civil Pública, embora tenha sido o primeiro grande diploma a sistematizar a tutela processual de determinadas espécies de direitos difusos e coletivos, não chegou a fornecer seus respectivos conceitos. Da mesma forma, o texto constitucional de 1988, apesar de fazer menção, em seu art. 129, III, aos "direitos difusos e coletivos", deixou de apresentar uma definição.

O conceito legal foi apresentado, posteriormente, pelo Código de Defesa do Consumidor (Lei nº 8.078/1990) que, em seu art. 81, parágrafo único, estabelece:

Art. 81. A defesa dos interesses e direitos dos consumidores e das vítimas poderá ser exercida em juízo individualmente, ou a título coletivo.

Parágrafo único. A defesa coletiva será exercida quando se tratar de:

I – interesses ou direitos difusos, assim entendidos, para efeitos deste código, os transindividuais, de natureza indivisível, de que sejam titulares pessoas indeterminadas e ligadas por circunstâncias de fato;

II – interesses ou direitos coletivos, assim entendidos, para efeitos deste código, os transindividuais, de natureza indivisível de que seja titular grupo, categoria ou classe de pessoas ligadas entre si ou com a parte contrária por uma relação jurídica base;

III – interesses ou direitos individuais homogêneos, assim entendidos os decorrentes de origem comum.

Para facilitar a visualização das características de cada modalidade dos interesses e direitos transindividuais, extraídas da definição apresentada pelo Código de Defesa do Consumidor, apresentamos o seguinte quadro comparativo:

Modalidade dos interesses transindividuais	Sujeitos envolvidos	Natureza do direito	Origem
Difusos	Indetermináveis	Indivisível	Situação fática
Coletivos	Determináveis (grupo, categoria ou classe)	Indivisível	Relação jurídica base
Individuais homogêneos	Determináveis	Divisível	Origem comum

É pacífico o entendimento segundo o qual a conceituação apresentada pelo Código de Defesa do Consumidor não se aplica somente na seara do Direito consumerista, sendo perfeitamente aplicável à tutela de direitos coletivos em sentido amplo, notadamente à Lei da Ação Civil Pública (Lei nº 7.347/1985), que, aliás, prevê em seu art. 21, expressamente, a aplicação de disposições do Código de Defesa do Consumidor.

Da definição legal, verifica-se que o principal diferencial existente entre os direitos difusos e coletivos em sentido estrito é não só a indeterminabilidade absoluta dos sujeitos nos primeiros e a relativa nos segundos (já que nestes os sujeitos são determináveis, como grupo, categoria ou classe), como também a forma de ligação entre os titulares do direito violado e a parte contrária, que, nos direitos difusos, decorre de uma simples questão fática e, nos direitos coletivos, decorre necessariamente de uma relação jurídica base entre os sujeitos determináveis e o apontado violador do direito.

Verifica-se, também, que os direitos individuais homogêneos, diferentemente das outras duas categorias de direitos transindividuais, são divisíveis, sendo portanto essencialmente individuais. O que aproxima os direitos individuais homogêneos dos direitos coletivos e difusos é o fato de o ordenamento jurídico ter proporcionado sua defesa coletiva, razão pela qual se diz que se trata de direitos acidentalmente coletivos.

A defesa coletiva dos interesses individuais homogêneos tem como principal objetivo evitar decisões contraditórias, em conflitos de origem comum, prestigiando a atividade jurisdicional do Estado.

É oportuno registrar que, numa mesma ação coletiva, é possível postular a tutela de mais de uma modalidade de interesse transindividual, o que permite afirmar que *é o tipo de pretensão (pedido) e a causa de pedir que dirão se o interesse discutido é difuso, coletivo ou individual homogêneo.*

Com relação aos interesses públicos primários defendidos pelo Ministério Público, cabe uma observação. Não é todo interesse coletivo que demandará atuação ministerial. Expliquemos. Quanto aos interesses e direitos difusos, é inegável o interesse de toda a coletividade envolvida, dada a sua própria natureza indivisível e indeterminável.

Agora, quanto aos interesses coletivos em sentido estrito e individuais homogêneos, cada membro do Ministério Público, no exercício de suas atividades, observada sua independência funcional, deve analisar se há reflexo negativo nos interesses da coletividade para demandar sua atuação.

Logo, a repercussão social (reflexos negativos no seio social) dos direitos coletivos em sentido estrito e individuais homogêneos deve ser analisada caso a caso, sendo possível chegar à conclusão de que, em determinada situação, a ofensa a direitos individuais homogêneos, por exemplo, não apresenta repercussão social (reflexos negativos na sociedade) a demandar a atuação ministerial. Isso, por óbvio, não significa ausência de tutela, pois tais direitos poderão ser tutelados, não apenas individualmente, como também pelos demais legitimados à defesa dos direitos coletivos em sentido amplo, como os sindicatos.

Por fim, cumpre destacar que as principais características dos direitos individuais homogêneos, cuja tutela é reconhecida ao Ministério Público, é a origem comum, ou seja, possuem como fonte o mesmo ato ilícito, assim como a generalidade da conduta, que não pode ser particularizada.

A grande discussão que ocorre nessa seara reside em saber quando se está diante de direitos individuais homogêneos ou não. E essa resposta, ante a ausência de delimitações dadas pela lei, é encontrada, via de regra, na jurisprudência, conforme será melhor analisado na parte de Processo do Trabalho, quando for abordada a legitimidade do Ministério Público no que tange à defesa dos direitos individuais homogêneos.

1.4. QUESTÕES RESOLVIDAS E COMENTADAS

(MPT – 17º Concurso) Analise as seguintes proposições:

I – A autonomia administrativa e financeira assegurada constitucionalmente ao Ministério Público abrange a iniciativa legislativa para criação de seus cargos e serviços auxiliares e a legitimidade para elaborar a proposta financeira, mas não alcança a possibilidade de fixação da própria política remuneratória, que é estabelecida pelo Poder Executivo.

II – Os membros do Ministério Público enquadram-se na categoria geral de servidores públicos, em razão do regime jurídico que lhes é aplicado, não assumindo a condição de agentes políticos, reservada especificamente àqueles que exercem função própria e originária do Estado.

III – Constitui crime de responsabilidade do Presidente da República atentar contra o livre exercício do Ministério Público.

Marque a alternativa **CORRETA**:

[A] apenas a assertiva I é correta;

[B] apenas as assertivas I e II são corretas;

[C] apenas as assertivas II e III são corretas;

[D] apenas a assertiva III é correta;

[E] não respondida.

Gabarito oficial: alternativa [D].

Comentários do autor:

✮ *A assertiva I está incorreta, pois a autonomia administrativa e financeira concedida ao Ministério Público pela Constituição Federal alcança a possibilidade de fixação da própria política remuneratória, não havendo interferência do Poder Executivo. Aliás, tal autonomia encontra-se expressa no art. 127, § 2º, da CF/1988.*

✮ *A assertiva II está incorreta, pois os membros do Ministério Público não se enquadram na categoria geral dos servidores públicos. A divergência doutrinária existente a respeito refere-se ao enquadramento como agente político ou agentes independentes. Todavia, o E. Supremo Tribunal Federal já reconheceu aos magistrados a condição de agentes políticos, submetendo-os, por esta razão, ao regime dos crimes de responsabilidade, o que, por simetria, deve ser reconhecido aos membros do MP.*

✮ *A assertiva III está correta, conforme o art. 85, II, da CF/1988.*

(MPT – 16º Concurso) Sobre o Ministério Público nas Constituições Brasileiras, assinale a alternativa **INCORRETA**:

[A] A Constituição de 1891 não faz referência à instituição do Ministério Público, mas fazia nascer a figura do Procurador-Geral da República, que seria nomeado pelo Presidente da República entre os Ministros do STF, com atribuições a serem definidas em lei.

[B] A Constituição Federal de 1946 tratou do Ministério Público em título especial, sem vinculação a nenhum dos outros poderes da República, e instituía o Ministério Público da União junto à Justiça comum, à militar, à eleitoral e à do trabalho, e dos Estados.

[C] A "Carta de Curitiba", documento aprovado no consenso institucional do Ministério Público brasileiro, produzida no 1º Encontro Nacional de Procuradores e Promotores de Justiça, realizado em junho de 1986, na cidade de Curitiba, foi o texto que orientou a classe nos trabalhos da Assembleia Nacional Constituinte.

[D] A Carta Magna de 1946 foi a primeira a constitucionalizar o Ministério Público, inovando o tratamento institucional, ao reservar ao *parquet* capítulo próprio, absolutamente independente dos demais poderes do Estado.

[E] Não respondida.

Gabarito oficial: alternativa [D].

Comentários do autor:

✮ *A Constituição de 1891, a primeira Constituição da República, não fez nenhuma referência ao Ministério Público, porém tratou acerca da escolha do procurador-geral da República pelo presidente, dentre ministros do Supremo Tribunal Federal (art. 58, § 2º). Correta a alternativa "A".*

✮ *A Constituição de 1946, por sua vez, deu ao Ministério Público tratamento constitucional autônomo, sem qualquer vinculação aos poderes executivo, legislativo e judiciário. Ressalta-se que foi a primeira Constituição brasileira a estabelecer a Justiça do Trabalho como integrante do Poder Judiciário. No mesmo sentido, foi a primeira Constituição a consignar o Ministério Público da União junto à Justiça do Trabalho, ao lado das Justiças Comum, Militar e Eleitoral (art. 125). Recebe a incumbência de representar a União em juízo (Procuradores da República), cabendo tal mister aos promotores de justiça, nas comarcas de interior. Correta a alternativa "B".*

✮ *A "Carta de Curitiba" foi elaborada em 21 de junho de 1986. Ela foi subscrita pelos procuradores-gerais que integravam o Conselho Nacional de Procuradores Gerais (CNPG) e pelos presidentes de associações que formavam a CONAMP. A carta realmente orientou a Instituição perante os trabalhos da Assembleia Nacional Constituinte. Correta a alternativa "C".*

✮ *A primeira Constituição a institucionalizar o Ministério Público, desvinculando-o do poder judiciário e colocando-o em capítulo à parte, foi a Constituição de 1934 (Capítulo VI – "Dos Órgãos de cooperação nas atividades governamentais", Seção I – "Do Ministério Público" – arts. 95 a 98). Na verdade, com a Constituição de 1946, o Ministério Público apenas recuperou o* status *constitucional perdido na Carta Magna de 1937. Nesse sentido, está errada a alternativa "D".*

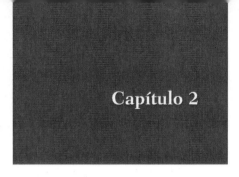

Capítulo 2

PRINCÍPIOS, GARANTIAS, VEDAÇÕES E DEVERES
Cesar Henrique Kluge

Sumário: 2.1. Princípios institucionais • 2.1.1. Princípio da unidade • 2.1.2. Princípio da indivisibilidade • 2.1.3. Princípio da independência funcional • 2.1.4. Tensão entre os princípios da unidade e da independência funcional • 2.1.5. Princípio do promotor natural • 2.2. Garantias dos membros do Ministério Público • 2.2.1. Vitaliciedade • 2.2.2. Inamovibilidade • 2.2.3. Irredutibilidade de subsídios • 2.3. Vedações aos membros do Ministério Público • 2.3.1. Recebimento de honorários, percentagens ou custas processuais • 2.3.2. Exercício da advocacia • 2.3.3. Participação em sociedade comercial • 2.3.4. Exercício de outra função pública • 2.3.5. Exercício de atividade político-partidária • 2.3.6. Recebimento de auxílios ou contribuições de pessoas físicas, entidades públicas ou privadas • 2.3.7. Quarentena • 2.4. Deveres dos membros do Ministério Público • 2.5. Responsabilidade civil e penal dos membros do Ministério Público • 2.5.1. Ação de responsabilidade: polo passivo • 2.6. Questões resolvidas e comentadas

Antes de adentrarmos no exame dos princípios, garantias, vedações e deveres dos membros do Ministério Público, cumpre tecer breves comentários a respeito das diferenças existentes entre essas designações para ajudar na compreensão do tema.

Os *princípios institucionais*, que iluminam todo o Ministério Público, são garantias da própria instituição, que alcançam, via reflexa, seus membros.

As *garantias*, por sua vez, estão mais atreladas aos membros e, por via oblíqua, beneficiam a instituição. Visam a assegurar a independência e autonomia de atuação do membro do Ministério Público, em face da própria instituição, dos demais poderes e até mesmo da pressão social.

As *prerrogativas*, estudadas em tópico específico mais à frente, são instrumentos de atuação que têm por objetivo, dada a relevância do interesse público desenvolvido, "facilitar" o exercício da função em concreto, não se confundindo, por óbvio, com privilégios deferidos em detrimento de outrem – o que não é o caso das prerrogativas. Estão atreladas ao cargo, enquanto as garantias são da pessoa ou da instituição. Configuram-se como direitos subjetivos de seu titular, passíveis de proteção judicial quando negadas ou desrespeitadas por qualquer outra autoridade.

As *vedações* representam uma garantia social, cujo objetivo é assegurar a imparcialidade de atuação e lisura em prol da sociedade.

Os *deveres* são os compromissos éticos e profissionais dos membros da instituição, que visam a possibilitar o melhor exercício da atividade ministerial e impedir que atividades externas, não vinculadas e incompatíveis ao mister, atrapalhem o desempenho funcional, cuja inobservância pode ensejar a aplicação de algumas penalidades.

2.1. PRINCÍPIOS INSTITUCIONAIS

De acordo com o § 1º do art. 127 da Constituição Federal em vigor, *são princípios institucionais do Ministério Público: a unidade, a indivisibilidade e a independência funcional.*

2.1.1. Princípio da unidade

Segundo este princípio, os membros do Ministério Público integram um só órgão (instituição única), sob a direção de um só chefe. Nesse caminho, os membros do Ministério Público da União – composto pelo Ministério Público Federal, Ministério Público do Trabalho, Ministério Público do Distrito Federal e Território e Ministério Público Militar – estão sob a direção do procurador-geral da República; enquanto os membros do Ministério Público estadual são chefiados pelo procurador-geral de Justiça da respectiva entidade federativa.

A dúvida que surge é se à unidade se aplica a instituição do Ministério Público como um todo, ou se a mesma se refere a cada ramo separadamente.

Destacamos, inicialmente, a reflexão de Marcelo Pedroso Goulart (2010, p. 171) a respeito do princípio da unidade. Segundo ele, os critérios definidores da unidade são dados pelo texto constitucional ao estabelecer uma missão constitucional comum, que seria concretizada por meio de uma estratégia institucional, implementada pelos planos e programas de atuação, os quais contemplariam as prioridades e os meios de ação para o cumprimento dessa estratégia.

Além disso, entende o autor que unidade e estratégia seriam uma via de mão dupla, e que a manifestação da unidade dar-se-ia em dois planos distintos: no plano abstrato, como unidade ideológica, e no plano concreto, como unidade de ação. Defende que a construção da unidade seja democrática, com a participação da sociedade no processo de definição das prioridades institucionais, mediante consulta prévia, por meio de audiências públicas.

Carlos Henrique Bezerra Leite (2010, p. 47-8), por sua vez, já defendeu a inexistência de unidade entre os Ministérios Públicos diversos. Todavia, reformulando parcialmente seu entendimento, passou a reconhecer que o princípio da unidade tem como implícito o dever, por parte de todos os órgãos do Ministério Público, de atuar de forma orgânica e institucional, visando à defesa das instituições democráticas, dos princípios, objetivos, normas e valores que fazem parte do ordenamento. Nesse sentido, o princípio da unidade, com relação aos diversos órgãos do MP, refere-se à busca comum do cumprimento da missão constitucional do MP, ou melhor, à atuação de todos com base nos mesmos princípios e valores (defesa da ordem jurídica, do regime democrático e dos interesses sociais e individuais indisponíveis).

Concordamos que, sob a ótica funcional, é possível falarmos em um único Ministério Público, dada a identidade de missão constitucional e as funções que lhe foram atribuídas pela Lei Maior.

Na ótica orgânica, contudo, prevalece a ideia, da qual partilhamos, de que não existe unidade administrativa entre órgãos de Ministérios Públicos diversos. Apesar de o Ministério Público da União estar sob a chefia administrativa do procurador-geral da República, cada um de seus ramos tem autonomia administrativa, estando sob o comando de um procurador--geral escolhido por seus membros. Assim, o *princípio da unidade* tem incidência em *cada um dos ramos do Ministério Público.*

2.1.2. Princípio da indivisibilidade

De acordo com este princípio institucional, os membros de cada ramo do Ministério Público podem ser substituídos uns pelos outros, desde que isso não ocorra de forma arbitrária ou ilegal, sem que tal substituição implique alteração subjetiva na relação jurídica processual, como órgão agente ou interveniente.

Sua aplicação é notadamente procedimental-processual, deixando claro que é o Ministério Público quem figura nos procedimentos e processos, como defensor da sociedade, e não a pessoa física de seus membros. No plano extraprocessual, também pode haver substituição, respeitadas as regras institucionais de designações.

É interessante observar que, ressalvadas situações excepcionalíssimas, o princípio da unidade, assim como o da indivisibilidade, não autoriza que integrantes do Ministério Público da União exerçam, de forma isolada, atribuições inerentes aos Ministérios Públicos dos Estados e vice-versa, já que as atribuições de cada ramo do Ministério Público estão previstas em lei, devendo ser observadas.

2.1.3. Princípio da independência funcional

Por este princípio institucional, os órgãos e membros do Ministério Público têm ampla liberdade para exercer suas funções, estando vinculados apenas ao cumprimento da Constituição e das leis.

Assim, não há subordinação ou vinculação no exercício de sua atividade-fim, a qualquer ordem, comando ou entendimento de outro colega ou órgão superior da instituição. A ideia de que o membro do Ministério Público, no exercício de seu mister, deve obediência apenas à sua consciência e ao Direito bem traduz o alcance desse princípio. Apenas no exercício da atividade-meio, notadamente administrativa, devem os membros seguir as orientações e instruções das autoridades administrativas competentes da instituição.

A independência funcional não se confunde com a autonomia institucional. Apesar da sutil diferença, são garantias absolutamente complementares e intrinsecamente ligadas! Enquanto a autonomia é da instituição, traduzindo a liberdade que tem de exercer seu ofício em face de outros órgãos do Estado, a independência é um atributo dos órgãos e membros do Ministério Público, traduzida na liberdade de exercício de sua missão constitucional.

A autonomia – funcional, administrativa ou financeira – é a capacidade de autogestão da instituição. A primeira significa a não sujeição ou vinculação em face de outros órgãos do Estado; a segunda traduz a capacidade de auto-organização, com iniciativa no plano legislativo, para criação e extinção de seus cargos e serviços auxiliares, fixação de política remuneratória, estabelecimento de planos de carreira, organização, funcionamento e elaboração de estatuto próprio; a última é a legitimidade para elaborar a proposta orçamentária.

A distinção entre elas é reconhecida pelo próprio texto constitucional, que prevê a independência funcional no § 1º, enquanto a autonomia funcional, administrativa e orçamentária vem reconhecida nos §§ 2º ao 6º, todos do art. 127.

O princípio da independência funcional opõe-se ao princípio da hierarquia, razão pela qual se pode dizer que a estrutura do Ministério Público, no tocante à sua atividade-fim, é horizontal, em detrimento da estrutura vertical inerente às instituições e entidades que seguem a hierarquia.

Por derradeiro, não se pode olvidar o reconhecimento, pela doutrina constitucional contemporânea, da força normativa dos princípios constitucionais, dentre os quais se inserem os ora apresentados, do que resulta sua natureza cogente, invalidando qualquer ato que deles destoe.

2.1.4. Tensão entre os princípios da unidade e da independência funcional

Tendo em vista que o princípio da unidade, sob a ótica funcional, nos remete à ideia de instituição única, já que leva em consideração sua missão constitucional, e que o princípio da independência funcional, na ótica funcional e finalística, nos remete à ideia de liberdade de atuação, não estando os membros vinculados a qualquer orientação, senão à Constituição e à lei, questiona-se se é possível haver compatibilidade e harmonização entre esses princípios se cada parte do todo agir de forma totalmente livre.

Emerson Garcia (2007, p. 57) afirma que, quanto maior a independência funcional, menor será a unidade da Instituição, sendo *contra legem* qualquer ato que busque uniformização, ressalvadas as recomendações destituídas de imperatividade. Afirma, ainda, que o ofício ministerial deve ser livremente exercido, somente rendendo obediência ao ordenamento jurídico e à consciência do membro do Ministério Público (2010, p. 71).

De fato, a proporcionalidade inversa existente entre independência e unidade é notória quando os entendimentos são contrários. Quanto maior a liberdade de atuação (e sendo divergentes os caminhos seguidos por cada membro), menor será a unidade institucional.

Por óbvio, não estamos aqui defendendo uma restrição ao princípio da independência funcional. Mister se faz, porém, refletirmos sobre a existência de possíveis limites em benefício da unidade institucional. Até que ponto a defesa da independência funcional de forma quase absoluta seria benéfica para a unidade institucional? Como estabelecer limites, sem deixar de dar a merecida importância à independência, tão cara no exercício das funções ministeriais?

A título de ilustração, atualmente, os Estados soberanos têm se deparado, no cenário internacional, com questões de relevância, nas quais acabam relativizando a soberania estatal em prol de um objetivo muito maior, que é o bem comum da humanidade.

Tratando-se de princípios constitucionais, com mesma hierarquia, talvez a ponderação sobre os interesses institucionais em jogo, com a otimização do princípio que melhor atenda a missão constitucional do Ministério Público, seja um dos caminhos.

Essa harmonia entre a unidade e a independência está longe de um fim tranquilo e pacífico, porém merece uma reflexão cuidadosa e profunda, à luz da missão constitucional do Ministério Público.

2.1.5. Princípio do promotor natural

Além dos princípios institucionais consagrados expressamente pelo texto constitucional, analisados anteriormente, discute-se na doutrina e na jurisprudência a existência de um quarto princípio institucional: o promotor natural.

De acordo com este princípio, seria *vedada a designação casuística e específica* de membro do Ministério Público para atuar em determinado caso. Seria, em outras palavras, a vedação ao promotor de exceção, por analogia à vedação existente aos juízes e tribunais de exceção (art. 5º, XXXVII, da CF/1988).

Na doutrina, a tese majoritária (pelo menos até certo ponto) defende a existência desse princípio institucional com fundamento numa interpretação sistêmica de alguns dispositivos constitucionais, notadamente o art. 5º, incisos XXXVII e LIII, da CF/1988, bem como aqueles que estabelecem a independência e a inamovibilidade do membro do Ministério Público.

Para essa vertente, o inciso XXXVII, ao estabelecer a proibição de juízes ou tribunais de exceção, aplicar-se-ia, por analogia, ao Ministério Público, pois, se não pode haver designação de juízes e tribunais específicos para julgamento de determinados casos, não poderia, pelo mesmo motivo, haver a designação específica e casuística da figura do "acusador", uma das funções exercidas pelo Ministério Público.

No mesmo caminho, de acordo com essa corrente, o inciso LIII estabelece, previamente, que ninguém será processado senão pela autoridade competente, assim compreendida a autoridade previamente investida e designada de acordo com as regras legais.

Sustentam, ainda, que a observância do princípio do promotor natural seria uma garantia da sociedade, e não do membro da instituição, que só por via oblíqua se beneficiaria.

Por este princípio, além das regras objetivas de distribuição de tarefas, as funções do Ministério Público só podem ser exercidas por integrantes da carreira (art. 129, § 2º, da CF/1988).

Na jurisprudência, o E. *Supremo Tribunal Federal*, em 1992, se manifestou sobre o tema, prevalecendo, por maioria, a tese que *defendeu o não reconhecimento do princípio do promotor natural* como inerente ao direito brasileiro:

> *HABEAS CORPUS* – MINISTÉRIO PÚBLICO – SUA DESTINAÇÃO CONSTITUCIONAL – PRINCÍPIOS INSTITUCIONAIS – A QUESTÃO DO PROMOTOR NATURAL EM FACE DA CONSTITUIÇÃO DE 1988 – ALEGADO EXCESSO NO EXERCÍCIO DO PODER DE DENUNCIAR – INOCORRÊNCIA – CONSTRANGIMENTO INJUSTO NÃO CARACTERIZADO – PEDIDO INDEFERIDO – O postulado do Promotor Natural, que se revela imanente ao sistema constitucional brasileiro, repele, a partir da vedação de designações casuísticas efetuadas

pela Chefia da Instituição, a figura do acusador de exceção. Esse princípio consagra uma garantia de ordem jurídica, destinada tanto a proteger o membro do Ministério Público, na medida em que lhe assegura o exercício pleno e independente do seu ofício, quanto a tutelar a própria coletividade, a quem se reconhece o direito de ver atuando, em quaisquer causas, apenas o Promotor cuja intervenção se justifique a partir de critérios abstratos e predeterminados, estabelecidos em lei. A matriz constitucional desse princípio assenta-se nas cláusulas da independência funcional e da inamovibilidade dos membros da Instituição. O postulado do Promotor Natural limita, por isso mesmo, o poder do Procurador-Geral que, embora expressão visível da unidade institucional, não deve exercer a Chefia do Ministério Público de modo hegemônico e incontrastável. Posição dos Ministros Celso de Mello (Relator), Sepúlveda Pertence, Marco Aurélio e Carlos Velloso. Divergência, apenas, quanto à aplicabilidade imediata do princípio do Promotor Natural: necessidade da *interpositio legislatoris* para efeito de atuação do princípio (Ministro Celso de Mello); incidência do postulado, independentemente de intermediação legislativa (Ministros Sepúlveda Pertence, Marco Aurélio e Carlos Velloso). – Reconhecimento da possibilidade de instituição do princípio do Promotor Natural mediante lei (Ministro Sydney Sanches). – Posição de expressa rejeição à existência desse princípio consignada nos votos dos Ministros Paulo Brossard, Octávio Gallotti, Néri da Silveira e Moreira Alves. (HC 67.759 – Relator Ministro Celso de Mello – Tribunal Pleno – j. em 6.8.1992 – *DJ* de 1º.7.1993, p. 13.142, *Ementário* 01710-01, p. 121).

Embora ausentes os ministros Francisco Rezek e Ilmar Galvão, o STF concluiu pela inexistência da figura do promotor natural, decisão essa que fora referendada na apreciação do HC nº 90.277, de relatoria da ministra Ellen Gracie, publicada em agosto de 2008, nos seguintes termos:

DIREITO PROCESSUAL PENAL – *HABEAS CORPUS* – PRINCÍPIO DO PROMOTOR NATURAL – INEXISTÊNCIA (PRECEDENTES) – AÇÃO PENAL ORIGINÁRIA NO STJ – INQUÉRITO JUDICIAL DO TRF – DENEGAÇÃO. 1. Trata-se de *habeas corpus* impetrado contra julgamento da Corte Especial do Superior Tribunal de Justiça que recebeu denúncia contra o paciente como incurso nas sanções do art. 333 do Código Penal. 2. Tese de nulidade do procedimento que tramitou perante o TRF da 3ª Região sob o fundamento da violação do princípio do promotor natural, o que representaria. **3. O STF não reconhece o postulado do promotor natural como inerente ao direito brasileiro** (HC 67.759, Pleno, *DJ* de 1º.7.1993): "Posição dos Ministros Celso de Mello (Relator), Sepúlveda Pertence, Marco Aurélio e Carlos Velloso: Divergência, apenas, quanto à aplicabilidade imediata do princípio do Promotor Natural: necessidade de "interpositio legislatoris" para efeito de atuação do princípio (Ministro Celso de Mello); incidência do postulado, independentemente de intermediação legislativa (Ministros Sepúlveda Pertence, Marco Aurélio e Carlos Velloso). – Reconhecimento da possibilidade de instituição de princípio do Promotor Natural mediante lei (Ministro Sidney Sanches). – Posição de expressa rejeição à existência desse princípio consignada nos votos dos Ministros Paulo Brossard, Octavio Gallotti, Néri da Silveira e Moreira Alves". **4. Tal orientação foi mais recentemente confirmada no HC nº 84.468/ES (Relator Ministro Cezar Peluso, 1ª Turma, DJ de 20.2.2006). Não há que se cogitar da existência do princípio do promotor natural no ordenamento jurídico brasileiro.** 5. Ainda que não fosse por tal fundamento, todo procedimento, desde a sua origem até a instauração da ação penal perante o Superior Tribunal de Justiça, ocorreu de forma transparente e com integral observância dos critérios previamente impostos de distribuição de processos na Procuradoria Regional da República da 3ª Região, não havendo qualquer tipo de manipulação ou burla na distribuição processual de modo a que se conduzisse, propositadamente, a este ou àquele membro do Ministério Público o feito em questão, em flagrante e inaceitável desrespeito ao princípio do devido processo legal 6. Deixou-se de adotar o critério numérico (referente aos finais dos algarismos lançados segundo a ordem de entrada dos feitos na Procuradoria Regional) para se considerar a ordem de entrada das representações junto ao Núcleo do Órgão Especial (NOE) em correspondência à ordem de ingresso dos Procuradores no referido Núcleo. 7. Na estreita via do *habeas corpus*, os impetrantes não conseguiram demonstrar a existência de qualquer vício ou mácula na atribuição do procedimento inquisitorial que tramitou perante o TRF da 3ª Região às Procuradoras Regionais da República. 8. Não houve, portanto, designação casuística, ou criação de "acusador de exceção". 9. *Habeas corpus* denegado. (HC 90.277/DF – Relator Ministro Ellen Gracie – j. em 17.6.2008 – Órgão Julgador: Segunda Turma).

Todavia, no exame do HC 102.147/GO, cuja decisão do ministro Celso de Mello foi publicada em 3 de fevereiro de 2011, restou reconhecida expressamente sua existência, conforme se observa de trechos do voto do relator:

> A consagração constitucional do princípio do Promotor Natural significou o banimento de "manipulações casuísticas ou designações seletivas efetuadas pela Chefia da Instituição" (HC 71.429/ SC – Relator Ministro Celso de Mello), em ordem a fazer suprimir, de vez, a figura esdrúxula do "acusador de exceção" (HC 67.759/RJ – Relator Ministro Celso de Mello). O legislador constituinte, ao proceder ao fortalecimento institucional do Ministério Público, buscou alcançar duplo objetivo: (a) instituir, em favor de qualquer pessoa, a garantia de não sofrer arbitrária persecução penal instaurada por membro do Ministério Público designado *ad hoc* e (b) tornar mais intensas as prerrogativas de independência funcional e de inamovibilidade dos integrantes do *parquet*. A garantia da independência funcional, viabilizada, dentre outras, pela prerrogativa da inamovibilidade, reveste-se de caráter tutelar. É de ordem institucional (CF, art. 127, § 1º) e, nesse plano, acentua a posição autônoma do Ministério Público em face dos Poderes da República, com os quais não mantém vínculo qualquer de subordinação hierárquico-administrativa. Daí a precisa observação, quanto a tal aspecto, de José Frederico Marques (*A Reforma do Poder Judiciário*, vol. I/175, 1979, Saraiva): "O Ministério Público é funcionalmente independente, porquanto, apesar de órgão da Administração Pública, não é ele instrumento à mercê do governo e do Poder Executivo. (...). Independente é, também, o Ministério Público, da magistratura judiciária, que, sobre ele, nenhum poder disciplinar exerce. Entre o juiz e o promotor de justiça existem relações de ordem processual tão somente. Não cabe ao magistrado judicial dar ordens ao Ministério Público, no plano disciplinar e da jurisdição censória (...)." A existência, em um mesmo processo, de opiniões ou pronunciamentos eventualmente conflitantes emanados de membros do Ministério Público que hajam oficiado, na causa, em momentos sucessivos, não traduz, só por si, ofensa ao postulado do Promotor Natural, pois a possibilidade desse dissídio opinativo há de ser analisada e compreendida em face dos princípios, igualmente constitucionais (CF, art. 127, § 1º), da unidade e da indivisibilidade do Ministério Público. Oportuna, a esse respeito, a lição de Emerson Garcia ("Ministério Público: Essência e limites da Independência Funcional", in *Ministério Público: Reflexões sobre Princípios e Funções Institucionais*, p. 79-82, item nº 4, 2010, Atlas): "Como desdobramento da garantia da independência funcional, não há qualquer óbice a que determinado agente assuma posicionamento contrário àquele adotado pelo seu antecessor na mesma relação processual. (...) Por não ser possível à lei ordinária mitigar um princípio constitucional, o interesse processual do Ministério Público não se projetará em uma linha de indissolúvel uniformidade, podendo sofrer variações em conformidade com o entendimento jurídico dos agentes oficiantes. As concepções subjetivas dos agentes devem ser preteridas pela objetividade dos fatos, ainda que sua percepção possa sofrer variações no decorrer da relação processual. O Ministério Público está vinculado aos fatos e à busca de uma decisão justa, não à peremptória opinião pessoal de determinado agente. (...)." De outro lado, não basta a mera alegação de designação *ad hoc* do membro do *parquet*, como deduzida na presente impetração. Impõe-se, a quem sustente ofensa ao postulado do Promotor Natural, que demonstre a concreta ocorrência de "manipulações casuísticas ou designações seletivas efetuadas pela Chefia da Instituição", tal como esta Corte já teve o ensejo de proclamar (HC 71.429/SC – Relator Ministro Celso de Mello).

Em outros julgados, a Suprema Corte também chegou a atestar a existência do princípio: RHC 93.247 – Relator Ministro Marco Aurélio – j. em 18.3.2008 – Primeira Turma – *DJe* de 2.5.2008. Vide: RHC 95.141 – Relator Ministro Ricardo Lewandowski – j. em 6.10.2009 – Primeira Turma – *DJe* de 23.10.2009; HC 92.885 – Relator Ministro Cármen Lúcia – j. em 29.4.2008 – Primeira Turma – *DJe* de 20.6.2008.

Como se vê, no âmbito da Corte Constitucional há decisões divergentes quanto ao reconhecimento da existência do princípio do promotor natural na Constituição Federal de 1988.

Da análise da jurisprudência e da doutrina a respeito do tema, constata-se uma preponderância para a corrente que reconhece a existência constitucional do referido princípio.

Na prática, o Ministério Público brasileiro, assim compreendido o Ministério Público da União e o Ministério Público dos Estados, reconhece, respeita e busca efetivar em seu dia a dia a aplicação desse princípio. E, como consequência de sua aplicação, não se admite, no campo das atividades institucionais, a título exemplificativo, a avocação de tarefas por algum membro da instituição, ainda que ocupe o cargo da chefia administrativa, que não aquele ao qual o procedimento foi distribuído, em observância às regras legais vigentes, e a designação arbitrária de membros para atuar em casos específicos.

Por essa razão, entendemos que o princípio do promotor natural caracteriza-se como importante instrumento de garantia do membro do Ministério Público e de proteção do jurisdicionado.

2.2. GARANTIAS DOS MEMBROS DO MINISTÉRIO PÚBLICO

O art. 128, § 5º, da Constituição Federal de 1988, estabelece que as Leis Complementares da União e dos Estados, cuja iniciativa é facultada aos respectivos Procuradores Gerais, disciplinarão as atribuições e o estatuto de cada Ministério Público, com observância em relação aos seus membros, das seguintes garantias, elencadas no inciso I:

a) **vitaliciedade** após dois anos de exercício, não podendo perder o cargo senão por sentença judicial transitada em julgado;

b) **inamovibilidade**, salvo por motivo de interesse público, mediante decisão do órgão colegiado competente do Ministério Público, pelo voto da maioria absoluta de seus membros, assegurada ampla defesa;

c) **irredutibilidade de subsídios,** fixada na forma do art. 39, § 4º, e ressalvado o disposto nos arts. 37, X e XI; 150, II; 153, III; e 153, § 2º, I.

Para uma melhor compreensão do tema e uma análise mais detalhada das garantias constitucionais estabelecidas aos membros do Ministério Público, estudaremos cada uma delas separadamente.

2.2.1. Vitaliciedade

Segundo expressa disposição constitucional, os membros do Ministério Público, após 2 anos de exercício, não perderão o cargo senão por meio de sentença judicial transitada em julgado.

A vitaliciedade, que se traduz na garantia de perda do cargo apenas por meio de sentença judicial transitada em julgado (não sendo válida, portanto, decisão administrativa), concretiza-se pelo mero decurso do prazo sem impugnação (arts. 184 e 208 da LC nº 75/1993).

Quanto ao procedimento a ser observado no caso de perda do cargo de membros vitalícios, o Conselho Superior respectivo, no âmbito do Ministério Público da União, deve autorizar, por maioria absoluta de seus membros, que o Procurador-Geral da República ajuíze a ação de perda de cargo (arts. 57, XX; 98, XVIII, c/c 259, IV), que acarretará no afastamento do membro com prejuízo dos vencimentos e vantagens pecuniárias (art. 208, parágrafo único), nas hipóteses previstas em lei.

No que tange ao Ministério Público da União, a Lei Complementar nº 75/1993 estabelece, em seu art. 240, V, as hipóteses que culminarão com a demissão do membro vitalício:

a) lesão aos cofres públicos, dilapidação do patrimônio nacional ou de bens confiados à sua guarda;

b) improbidade administrativa, nos termos do art. 37, § 4º, da Constituição Federal;

c) condenação por crime praticado com abuso de poder ou violação de dever para com a Administração Pública, quando a pena aplicada for igual ou superior a dois anos;

d) incontinência pública e escandalosa que comprometa gravemente, por sua habitualidade, a dignidade da Instituição;

e) abandono de cargo;

f) revelação de assunto de caráter sigiloso, que conheça em razão do cargo ou função, comprometendo a dignidade de suas funções ou da justiça;

g) aceitação ilegal de cargo ou função pública;

h) reincidência no descumprimento do dever legal, anteriormente punido com a suspensão prevista no inciso anterior.

Vale destacar que a cassação da aposentadoria ou de disponibilidade se dará nos casos de falta punível com demissão, praticada quando no exercício do cargo ou função (art. 240, VI, da LC nº 75/1993).

Diante de tal quadro, constata-se que, após os 2 anos de exercício, não há que se falar em perda do cargo por decisão administrativa proferida pela própria instituição, ante a garantia da vitaliciedade.

A perda do cargo via decisão administrativa do órgão institucional competente ficou reservada aos membros que ainda não completaram os dois anos de exercício, que se encontram, portanto, cumprindo o estágio probatório, nas mesmas hipóteses de demissão do membro vitalício (art. 240, V). Nesse caso, o Conselho Superior, verificada a incidência de uma das hipóteses do art. 240, V, encaminhará cópia de sua decisão ao Procurador-Geral da República para ser efetivada a exoneração (MPT: art. 98, XVI, da LC nº 75/1993).

Deve se ter em mente, ainda, que vitaliciedade não se confunde com estabilidade. A principal diferença existente é que a primeira significa maior garantia em relação à segunda, pois, para o servidor estável, existem mais hipóteses de perda do cargo. Enquanto na vitaliciedade se perde o cargo apenas por sentença judicial transitada em julgado, na estabilidade a perda do cargo, nos termos do § 1º do art. 41 da CF/1988, pode ocorrer:

I – em virtude de sentença judicial transitada em julgado;

II – mediante processo administrativo em que lhe seja assegurada ampla defesa;

III – mediante procedimento de avaliação periódica de desempenho, na forma de lei complementar, assegurada ampla defesa.

Além disso, na estabilidade, a perda do cargo pode se dar por questões orçamentárias, no caso de descumprimento da Lei de Responsabilidade Fiscal, conforme art. 169, § 4º, da CF/1988.

Por fim, no caso do *Ministério Público estadual,* é o *Colégio de Procuradores* quem autoriza o procurador-geral de Justiça a ajuizar a ação de perda do cargo.

2.2.2. Inamovibilidade

De acordo com o texto constitucional, o membro do Ministério Público é inamovível, ou seja, não pode ser removido de seu cargo (lotação) sem seu consentimento, salvo por motivo de interesse público, mediante decisão do órgão colegiado competente do Ministério Público, pelo voto da maioria absoluta de seus membros, assegurada a ampla defesa.

Como bem destaca Hugo Nigro Mazzilli (2007, p. 216), "a finalidade é sempre a preservação das funções do cargo, e não apenas manter o promotor na comarca suprimindo-lhe as funções".

> **ATENÇÃO:** o quórum para incidência da exceção à regra, consistente na remoção do membro do Ministério Público de ofício, por motivo de interesse público, é a MAIORIA ABSOLUTA dos membros do órgão competente da instituição, conforme o texto da Constituição Federal. Assim, por expressa disposição da Lei Maior, não prevalece mais o quórum de 2/3 previsto no art. 17, II, da LC nº 75/1993.

2.2.3. Irredutibilidade de subsídios

O subsídio é a forma de remuneração introduzida pela EC nº 19/1998 e prevista no art. 39, § 4º, da CF/1988, dos membros do Ministério Público e também de outras carreiras, como a magistratura, fixada em parcela única, vedando-se, por consequência disso, o acréscimo de qualquer gratificação, adicional, abono, prêmio, verba de representação ou outra espécie remuneratória, com observância do previsto no art. 37, X e XI, da Constituição Federal.

Muito apropriadas as lições de Celso Antônio Bandeira de Mello (2011, p. 272), ao tratar da finalidade da remuneração em parcela única:

> Com o intuito de tornar mais visível e controlável a remuneração de certos cargos, impedindo que fosse constituída por distintas parcelas que se agregassem de maneira a elevar-lhes o montante, a Constituição criou uma modalidade retributiva denominada subsídio.

Vale salientar que, na vedação estabelecida a qualquer acréscimo não se inserem as verbas indenizatórias, pagas para recompor o patrimônio do agente público em virtude de algum gasto que tenha realizado no exercício de suas funções. Exemplo clássico são as ajudas de custo para auxiliar a mudança de domicílio.

A grande discussão em torno do tema reside em saber se a garantia da irredutibilidade refere-se ao seu aspecto nominal (valor numérico) ou ao seu aspecto real, ou seja, com direito a atualização monetária, preservando-se o poder aquisitivo.

De acordo com Pedro Lenza (2011, p. 650), a Suprema Corte já se pronunciou no sentido de que a garantia é nominal e não real, isto é, os membros do Ministério Público e demais agentes públicos que recebem por subsídio não estão livres da corrosão de seus vencimentos pela inflação.

2.3. VEDAÇÕES AOS MEMBROS DO MINISTÉRIO PÚBLICO

O art. 128, § 5º, inciso II, da Constituição Federal de 1988 trata dos óbices à atuação do membro do Ministério Público, estabelecendo ser vedado:

a) receber, a qualquer título e sob qualquer pretexto, honorários, percentagens ou custas processuais;

b) exercer a advocacia;

c) participar de sociedade comercial, na forma da lei;

d) exercer, ainda que em disponibilidade, qualquer outra função pública, salvo uma de magistério;

e) exercer atividade político-partidária;

f) receber, a qualquer título ou pretexto, auxílios ou contribuições de pessoas físicas, entidades públicas ou privadas, ressalvadas as exceções previstas em lei.

O art. 128, § 6º, da CF/1988 estabelece, ainda, a aplicação aos membros do Ministério Público, do disposto no art. 95, parágrafo único, inciso V, segundo o qual é vedado o exercício da advocacia no juízo ou tribunal perante o qual exerceu suas funções, antes de decorridos três anos do afastamento do cargo por aposentadoria ou exoneração ("quarentena").

O art. 237 da LC nº 75/1993 também estabelece vedações, devendo sua interpretação ser feita à luz do texto constitucional de 1988, não podendo a legislação complementar autorizar algo que a Constituição proibiu.

Para melhor compreensão do alcance das vedações, passemos a sua análise separadamente.

2.3.1. Recebimento de honorários, percentagens ou custas processuais

De acordo com essa proibição, aos membros do Ministério Público é vedado o recebimento de qualquer valor inerente à participação no processo. Este é um dos fundamentos jurídicos que impede o recebimento de honorários advocatícios pela instituição no caso de procedência de uma ação coletiva ajuizada pelo Ministério Público.

Como será abordado em tópico próprio, na seara de direito processual do trabalho, discute-se sobre a possibilidade de condenação do Ministério Público ao pagamento de honorários advocatícios e custas processuais, no caso de improcedência da ação coletiva ajuizada. Há uma tendência a se permitir essa condenação, desde que comprovada a má-fé processual.

Nesse caso, cumpre destacar que eventual responsabilidade pelos encargos da sucumbência será do Estado, quando se tratar de atuação do Ministério Público estadual, e da União, quando se tratar do Ministério Público da União.

2.3.2. Exercício da advocacia

Hugo Nigro Mazzilli (2007, p. 239) bem resume esta vedação:

> É mesmo incompatível o exercício da advocacia pelos membros do Ministério Público, seja porque concorre com a atividade ministerial e assim a prejudica, seja porque as prerrogativas e poderes concentrados em mãos de seus agentes poderiam ser desviados pela função ministerial.

Cabe destacar, contudo, a exceção prevista no art. 29, § 3º, dos Atos das Disposições Constitucionais Transitórias (ADCT): "Poderá optar pelo regime anterior, no que respeita às garantias e vantagens, o membro do Ministério Público admitido antes da promulgação da Constituição, observando-se, quanto às vedações, a situação jurídica na data desta".

Assim, o membro do Ministério Público que foi admitido antes da promulgação da Constituição Federal de 1988, se optar pela aplicação do regime anterior, poderá exercer a advocacia, concomitantemente com o exercício de suas funções ministeriais.

O Conselho Nacional do Ministério Público editou a Resolução nº 08/2006, alterada pela Resolução nº 16, de 2007, dando diretrizes para o exercício da advocacia, que se respalda no art. 29, § 3º, do ADCT:

> Art. 1º. Somente poderão exercer a advocacia, com respaldo no § 3º do art. 29 do ADCT da Constituição de 1988, os membros do Ministério Público da União que integravam a carreira na data da sua promulgação e que, desde então, permanecem regularmente inscritos na Ordem dos Advogados do Brasil.
>
> Parágrafo único. O exercício da advocacia, para os membros do Ministério Público do Distrito Federal e Territórios está, incondicionalmente, vedado, desde a vigência do art. 24, § 2º, da Lei Complementar nº 40/1981.
>
> Art. 2º. Além dos impedimentos e vedações previstos na legislação que regula o exercício da advocacia pelos membros do Ministério Público, estes não poderão fazê-lo nas causas em que, por força de lei ou em face do interesse público, esteja prevista a atuação do Ministério Público, por qualquer dos seus órgãos e ramos (Ministérios Públicos dos Estados e da União).

Chamamos a atenção do leitor para a regra prevista no parágrafo único do art. 1º, segundo a qual é VEDADO incondicionalmente o exercício da advocacia para os membros do Ministério Público do Distrito Federal e Territórios desde a vigência da Lei Complementar nº 40/1981. Tal proibição justifica-se pelos seguintes argumentos:

a) o art. 29, § 3º, do ADCT, somente ressalva o direito de advocacia para os membros que não tivessem expressa vedação para tanto na data da promulgação da Constituição Federal de 1988;

b) no caso dos membros do Ministério Público estadual, regidos pela Lei Complementar nº 40/1981, essa vedação constava do art. 24, § 2º;

c) o art. 60 da Lei Complementar nº 40/1981 estendeu a aplicação de suas normas à organização do Ministério Público do Distrito Federal e Territórios;

d) o Ministério Público do Distrito Federal e dos Territórios não integrava o Ministério Público da União, para os efeitos da Lei nº 1.341/1951;

e) o Supremo Tribunal Federal já havia decidido, em abril de 1987, que a proibição de advogar, nos termos da Lei Complementar nº 40/1981 e do Decreto-lei nº 2.627/1985, aplicava-se, integralmente, aos membros do Ministério Público do Distrito Federal e Territórios, inexistindo, no caso, violação de direito adquirido, uma vez que não há direito adquirido a regime jurídico (AgRg 117.625-3 – Relator Ministro Moreira Alves).

Outro ponto que merece atenção é que, ainda que autorizado o exercício da advocacia por força da aplicação do art. 29, § 3º, do ADCT, este não poderá ocorrer nas causas em que, por força de lei ou em face do interesse público, haja atuação do Ministério Público.

2.3.3. Participação em sociedade comercial

O texto constitucional veda a participação do membro do Ministério Público em sociedade comercial, na forma da lei.

A Lei Complementar nº 75/1993, em seu art. 237, III, estabelece que é vedada a participação em sociedade comercial, *exceto como cotista ou acionista.*

Não bastasse isso, de acordo com o art. 287 da LC nº 75/1993, aplicam-se subsidiariamente aos membros do Ministério Público da União as disposições referentes aos servidores públicos (Lei nº 8.112/1990), cujo art. 117, X, dispõe ser vedado ao servidor participar de gerência ou administração de sociedade privada, personificada ou não personificada, exercer o comércio, salvo na qualidade de acionista, cotista ou comanditário.

Ademais, cumpre ressaltar que é proibida a participação em sociedade de pessoas, até porque, como observa Mazzilli, o sócio de sociedade de pessoas é comerciante (2007, p. 240).

Dentro desse contexto, admite-se a participação do membro do Ministério Público em sociedade comercial apenas como cotista ou acionista.

2.3.4. Exercício de outra função pública

A finalidade de se vedar o exercício de outra função é evitar que o membro se dedique a outra atividade que possa prejudicar o exercício de sua atividade funcional, sendo a prática de uma função de magistério a única exceção prevista no próprio texto constitucional.

Algumas questões interessantes surgem em decorrência dessa vedação. A primeira diz respeito à possibilidade ou não de participação do membro em órgãos administrativos da própria instituição. É pacífico o entendimento segundo o qual é perfeitamente possível ao membro do órgão ministerial participar da Administração de sua instituição, sem que isso implique violação à vedação em comento. A Suprema Corte já se manifestou no sentido de que não ofende a vedação constitucional a participação em órgãos administrativos da própria instituição (ADIn 2.084-SP – Relator Ministro Ilmar Galvão – j. em 16.2.2000).

Outro ponto que merece destaque é o que diz respeito à possibilidade de participação do membro do Ministério Público em *órgãos administrativos estatais*, como conselhos ou comissões ligados ao combate ao tráfico ilícito de drogas, à gestão do fundo de reparação dos interesses difusos lesados, à administração do Conselho de Administração de Defesa Econômica etc.

A Lei Orgânica Nacional do Ministério Público (Lei nº 8.625/1993), em seu art. 25, inciso VII, estabelece que, além das funções previstas nas Constituições Federal e Estadual, bem como em outros dispositivos legais, incumbe ao Ministério Público "deliberar sobre a participação em organismos estatais de defesa do meio ambiente, neste compreendido o do trabalho, do consumidor, de política penal e penitenciária e outros afetos à sua área de atuação". E, mais à frente, dispõe, em seu art. 44, parágrafo único, que não constituem acumulação indevida "as atividades exercidas em organismos estatais afetos à área de atuação do Ministério Público, em Centro de Estudo e Aperfeiçoamento de Ministério Público, em entidades de representação de classe, e o exercício de cargos de confiança na sua administração e nos órgãos auxiliares".

Como se vê, a participação do membro do Ministério Público em organismos estatais ligados à sua área de atuação, segundo os ditames da legislação em vigor, não configura acumulação indevida, apesar de vozes divergentes na doutrina (MAZZILLI, 2007, p. 244).

Com relação ao exercício do magistério, o Conselho Nacional do Ministério Público editou a Resolução nº 3, de 16 de dezembro de 2005, estabelecendo diretrizes e limites ao seu exercício por membros do Ministério Público da União e dos Estados.

De acordo com a referida resolução, a carga horária máxima permitida é a de 20 (vinte) horas-aula semanais, consideradas como tais aquelas efetivamente prestadas em sala de aula.

Além disso, para a validade do acúmulo da função de magistério, deve haver compatibilidade de horário com o exercício das funções ministeriais, sendo vedado o exercício de função de direção nas entidades de ensino, não estando inseridas nesse contexto as funções exercidas em curso ou escola de aperfeiçoamento do próprio Ministério Público, ou naqueles mantidos por associações de classe, ou funções a ele vinculadas estatutariamente, desde que tais atividades não sejam remuneradas.

2.3.5. Exercício de atividade político-partidária

A redação originária da Constituição Federal de 1988 vedava aos membros do Ministério Público o exercício de atividade político-partidária, ressalvadas as exceções previstas em lei, nas quais se inseria a possibilidade de filiação e o direito de exercer cargo eletivo ou a ele concorrer, desde que afastado, ainda que temporariamente, de suas funções ministeriais.

Assim, anteriormente à promulgação da EC nº 45/2004, bastava ao membro do Ministério Público o afastamento temporário de suas funções para que pudesse se candidatar a cargos eletivos, diferentemente do que se verificava com relação aos magistrados.

Entretanto, com o advento da alteração constitucional promovida pela EC nº 45/2004, passou a ser exigido dos membros do Ministério Público o mesmo grau de isenção em relação às atividades político-partidárias vigentes para os magistrados. Dessa forma, passou a ser vedado, sem exceções, o exercício de atividades político-partidárias, destacando-se apenas a aplicação da regra transitória prevista no art. 29, § 3º, do ADCT.

A partir da alteração constitucional, apenas com o afastamento definitivo, seja por exoneração ou aposentadoria, o membro do Ministério Público pode se filiar a partido político ou concorrer a cargos eletivos.

Caso o membro do Ministério Público tenha optado pelo regime anterior (art. 29, § 3º, do ADCT), poderá exercer atividade político-partidária e concorrer a cargo eletivo desde que se afaste de suas funções ministeriais, mediante licença, sendo tal afastamento sem remuneração, a partir da filiação. Esse foi o entendimento conforme a Constituição dado pela Suprema Corte ao art. 237, V, da LC nº 75/1993 (ADIn 1.371-DF – STF – Pleno – j. em 3.6.1998).

No contexto da vedação em tela, após a EC nº 45/2004, considera-se inserida a prática de atos ou adesão pública a programas de qualquer partido político, bem como à participação em desfiles, passeatas, comícios etc., assim como, segundo a jurisprudência da Suprema Corte com relação a cargos administrativos na administração pública – como funções de secretário de município ou estado –, há divergência sobre seu enquadramento como atividade político--partidária, a justificar a incidência do art. 128, § 5º, II, "e", da CF/1988.

Acontece que, embora se entenda que tais atividades de assessoria não estejam relacionadas à atividade político-partidária, certo é que seu exercício pelos membros do Ministério Público encontraria óbice na vedação prevista na alínea "d", qual seja, a impossibilidade de exercício de outra função pública, salvo uma de magistério.

O Conselho Nacional do Ministério Público editou a Resolução nº 5, de 2006, proibindo expressamente, em seu art. 1º, o exercício de atividade político-partidária aos membros do MP que ingressaram na carreira após a publicação da EC nº 45/2004.

> **DICA DE PROVA:** Numa prova objetiva, o candidato não deve ter dúvida em assinalar a alternativa que reproduz o texto constitucional quanto à vedação ao exercício de atividade político-partidária. Todavia, numa prova dissertativa ou mesmo numa prova oral é interessante que o candidato tenha conhecimento de que, no âmbito do Ministério Público do Trabalho, alguns colegas entendem que deveria ser possibilitado ao membro o exercício da atividade político-partidária, desde que afastado temporariamente das suas funções, nada obstando, contudo, seu retorno às funções ministeriais após o exercício da atividade política ou do mandato eletivo. Dentre os vários argumentos existentes, a principal justificativa apresentada é no sentido de que a instituição precisa contar com voz mais ativa no Congresso Nacional para possibilitar maior comunicação em questões políticas da instituição. A título de ilustração, no 17º Congresso Nacional de Procuradores do Trabalho, realizado em Brasília, em 2012, foi aprovada, numa das oficinas, uma proposição para que a Associação Nacional dos Procuradores do Trabalho (ANPT) adotasse medidas judiciais ou legislativas para assegurar aos membros do Ministério Público do Trabalho a capacidade eleitoral passiva, ou seja, o direito de ser votado.

2.3.6. Recebimento de auxílios ou contribuições de pessoas físicas, entidades públicas ou privadas

A vedação prevista na alínea "f" do inciso II do § 5º do art. 128 da Constituição Federal de 1988 constitui uma inovação da EC nº 45/2004. Cuida-se de proibição ampla ao recebimento, a qualquer título ou pretexto, de contribuições ou auxílios de pessoas físicas, entidades públicas ou privadas, englobando todo e qualquer benefício (financeiro ou não) que possa ser oferecido.

A regra é a impossibilidade, devendo as exceções estar previstas em lei. Até o momento, não foi editada uma lei estabelecendo as exceções, o que não impede, contudo, que seja dado ao dispositivo constitucional em apreço interpretação razoável, evitando-se conclusões esdrúxulas, ao ponto de impedir, por exemplo, o recebimento de auxílio financeiro oferecido por um descendente ou ascendente.

Há que se observar que a vedação alcança o membro do Ministério Público, e não a pessoa jurídica de que, porventura, faça parte, nos termos da lei (cotista) (GARCIA, 2008, p. 537).

2.3.7. Quarentena

Outra vedação acrescentada pela EC nº 45/2004 refere-se à impossibilidade de o membro do Ministério Público exercer a advocacia perante o juízo ou tribunal junto ao qual oficiava quando em atividade, antes de decorridos três anos do afastamento do cargo por aposentadoria ou exoneração (art. 128, § 6º, da CF/1988).

A principal finalidade dessa proibição é impedir eventual influência do ex-membro do MP junto ao Tribunal ou juízo perante o qual oficiava, assim como evitar possível tratamento desigual ou privilegiado em relação aos demais membros da advocacia.

Merece registro a observação lançada por Emerson Garcia (2008, p. 538) quanto à inobservância da "quarentena":

> A sua inobservância, é importante frisar, não sujeitará o agente a sanções de cunho disciplinar, já que cessada a relação jurídica mantida com o Ministério Público, mas trará consequências de natureza processual, já que impostas restrições ao *jus postulandi* do antigo membro do Ministério Público.

Por fim, entendemos que a vedação refere-se ao exercício da advocacia junto ao juízo ou Tribunal ao qual oficiava o membro do MP. Assim, a título de ilustração, tratando-se de um Subprocurador-Geral do Trabalho, que oficiou perante o Tribunal Superior do Trabalho, o impedimento ao exercício da advocacia é perante o TST, não se tratando de uma vedação de âmbito nacional. Não deve ser levada em consideração, pois, a abrangência do órgão judiciário.

2.4. DEVERES DOS MEMBROS DO MINISTÉRIO PÚBLICO

O art. 236 da Lei Complementar nº 75/1993, que trata dos deveres do membro do Ministério Público, além de demandar respeito à dignidade de suas funções e à da Justiça, estabelece o cumprimento das normas que regem o exercício de sua atividade funcional, devendo observar especialmente:

> I – cumprir os prazos processuais;
>
> II – guardar segredo sobre assunto de caráter sigiloso que conheça em razão do cargo ou função;

III – velar por suas prerrogativas institucionais e processuais;

IV – prestar informações aos órgãos da administração superior do Ministério Público, quando requisitadas;

V – atender ao expediente forense e participar dos atos judiciais, quando for obrigatória a sua presença; ou assistir a outros, quando conveniente ao interesse do serviço;

VI – declarar-se suspeito ou impedido, nos termos da lei;

VII – adotar as providências cabíveis em face das irregularidades de que tiver conhecimento ou que ocorrerem nos serviços a seu cargo;

VIII – tratar com urbanidade as pessoas com as quais se relacione em razão do serviço;

IX – desempenhar com zelo e probidade as suas funções;

X – guardar decoro pessoal.

O inciso VI do dispositivo legal em comento dispõe que um dos deveres do membro do Ministério Público é "declarar-se suspeito ou impedido, nos termos da lei".

O art. 238 da LC nº 75/1993, por sua vez, estabelece que os impedimentos e suspeições dos membros da instituição ministerial são os previstos em lei, o que significa a incidência das hipóteses previstas nos arts. 134 e 135 do Código de Processo Civil.

É importante destacar que os membros do Ministério Público, no caso de descumprimento de seus deveres, são passíveis de sanções disciplinares, na forma dos arts. 239 e 240 da LC nº 75/1993, *in verbis:*

Art. 239. Os membros do Ministério Público são passíveis das seguintes sanções disciplinares:

I – advertência;

II – censura;

III – suspensão;

IV – demissão; e

V – cassação de aposentadoria ou de disponibilidade.

Art. 240. As sanções previstas no artigo anterior serão aplicadas:

I – a de advertência, reservadamente e por escrito, em caso de negligência no exercício das funções;

II – a de censura, reservadamente e por escrito, em caso de reincidência em falta anteriormente punida com advertência ou de descumprimento de dever legal;

III – a de suspensão, até quarenta e cinco dias, em caso de reincidência em falta anteriormente punida com censura;

IV – a de suspensão, de quarenta e cinco a noventa dias, em caso de inobservância das vedações impostas por esta lei complementar ou de reincidência em falta anteriormente punida com suspensão até quarenta e cinco dias;

V – as de demissão, nos casos de:

a) lesão aos cofres públicos, dilapidação do patrimônio nacional ou de bens confiados à sua guarda;

b) improbidade administrativa, nos termos do art. 37, § 4º, da Constituição Federal;

c) condenação por crime praticado com abuso de poder ou violação de dever para com a Administração Pública, quando a pena aplicada for igual ou superior a dois anos;

d) incontinência pública e escandalosa que comprometa gravemente, por sua habitualidade, a dignidade da Instituição;

e) abandono de cargo;

f) revelação de assunto de caráter sigiloso, que conheça em razão do cargo ou função, comprometendo a dignidade de suas funções ou da justiça;

g) aceitação ilegal de cargo ou função pública;

h) reincidência no descumprimento do dever legal, anteriormente punido com a suspensão prevista no inciso anterior;

VI – cassação de aposentadoria ou de disponibilidade, nos casos de falta punível com demissão, praticada quando no exercício do cargo ou função.

§ 1º. A suspensão importa, enquanto durar, na perda dos vencimentos e das vantagens pecuniárias inerentes ao exercício do cargo, vedada a sua conversão em multa.

§ 2º. Considera-se reincidência, para os efeitos desta lei complementar, a prática de nova infração, dentro de quatro anos após cientificado o infrator do ato que lhe tenha imposto sanção disciplinar.

§ 3º. Considera-se abandono do cargo a ausência do membro do Ministério Público ao exercício de suas funções, sem causa justificada, por mais de trinta dias consecutivos.

§ 4º. Equipara-se ao abandono de cargo a falta injustificada por mais de sessenta dias intercalados, no período de doze meses.

§ 5º. A demissão poderá ser convertida, uma única vez, em suspensão, nas hipóteses previstas nas alíneas *a* e *h* do inciso V, quando de pequena gravidade o fato ou irrelevantes os danos causados, atendido o disposto no art. 244.

A suspensão importa, enquanto durar, na perda dos vencimentos e das vantagens pecuniárias inerentes ao exercício do cargo, vedada a sua conversão em multa (art. 240, § 1º). E considera-se reincidência, para os efeitos da Lei Complementar nº 75/1993, a prática de nova infração, dentro de quatro anos após cientificado o infrator do ato que lhe tenha imposto sanção disciplinar (art. 240, § 2º).

Por fim, conforme os ditames do art. 243 da LC nº 75/1993, compete ao procurador-geral de cada ramo do Ministério Público da União aplicar a seus membros as penas de advertência, censura e suspensão.

2.5. RESPONSABILIDADE CIVIL E PENAL DOS MEMBROS DO MINISTÉRIO PÚBLICO

No exercício de suas funções, é possível que a conduta do membro do Ministério Público acarrete danos a terceiros, o que leva ao questionamento sobre o alcance de sua responsabilização pessoal por tais danos.

O art. 37, § 6º, da Constituição Federal estabelece que "as pessoas jurídicas de direito público e as de direito privado prestadoras de serviços públicos responderão pelos danos que seus agentes, nessa qualidade, causarem a terceiros, assegurado o direito de regresso contra o responsável nos casos de dolo ou culpa".

Uma leitura afoita e sem reflexão do mencionado dispositivo constitucional poderia levar à conclusão de que o membro do Ministério Público, caso enquadrado no conceito genérico de agente do Estado, poderia responder nos casos de dolo ou culpa.

Com efeito. Os membros do Ministério Público estão investidos de atribuições constitucionais, sendo dotados de liberdade e autonomia funcional, com prerrogativas e regime jurídico próprio. Apesar de não estar vinculado a qualquer Poder Estatal, o exercício das funções ministeriais está inserido na manifestação de soberania do Estado. Isso significa que aos membros do Ministério Público não se deve aplicar o mesmo regime de responsabilidade incidente ao particular ou demais agentes públicos.

Não é correto concluir que os membros do Ministério Público são absolutamente irresponsáveis pelas condutas praticadas no exercício de seu mister. A título de ilustração, a própria Lei Complementar nº 75/1993, em seu art. 8º, § 1º, prevê a possibilidade de responsabilização civil e criminal do membro do Ministério Público no caso de uso indevido de informações e documentos que requisitar.

Deve-se ressaltar, contudo, que a responsabilidade por danos eventualmente causados se dará apenas no caso de dolo ou fraude, inexistindo responsabilidade, civil ou criminal, do membro do ministério público, por culpa. Assim dispõe o art. 85 do Código de Processo Civil: "o órgão do Ministério Público será civilmente responsável quando, no exercício de suas funções, proceder com dolo ou fraude".

Nesse sentido, vale registrar a conclusão apresentada por Hugo Nigro Mazzilli (2007, p. 587), que bem resume essa questão:

> Os membros do Ministério Público serão responsabilizados pessoalmente quando ajam fora dos limites das próprias atribuições ou além dos limites próprios de sua independência funcional. Essa responsabilização dependerá da natureza da infração: a) nos casos de dolo ou fraude, a responsabilidade poderá envolver aspectos penais, civis e funcionais; b) nos casos de culpa, a responsabilidade será apenas funcional.

2.5.1. Ação de responsabilidade: polo passivo

Via de regra, tem capacidade de ser parte quem tem personalidade jurídica. Como o Ministério Público não tem personalidade jurídica, o polo passivo da ação de indenização deve ser formado pela União, no caso de a infração ser atribuída a um dos membros do Ministério Público da União (MPT, MPF, MPDF e MPM), ou pelo Estado, no caso de a infração ser atribuída a um membro do Ministério Público estadual, pois são os entes federativos que possuem personalidade jurídica, sendo responsáveis pelos atos do Ministério Público.

Trata-se da aplicação da teoria do órgão. Isso não exclui, contudo, a possibilidade de o Ministério Público constar no polo passivo de demandas judiciais, ante o reconhecimento, em algumas situações, da personalidade judiciária. Além das situações em que se discute a atribuição do órgão, outro exemplo no qual se tem admitido a participação do Ministério Público no polo passivo é a ação rescisória de Ação Civil Pública ajuizada pelo órgão ministerial.

2.6. QUESTÕES RESOLVIDAS E COMENTADAS

(MPT – 17º Concurso) A respeito do Ministério Público na Constituição da República, leia e analise os itens a seguir:

I – O Ministério Público abrange o Ministério Público da União, composto pelo Ministério Público Federal, Ministério Público do Trabalho, Ministério Público Militar, Ministério Público Eleitoral e Ministério Público do Distrito Federal e Territórios; e os Ministérios Públicos dos Estados.

II – São instrumentos de atuação do Ministério Público expressamente previstos na Constituição da República: a ação penal pública; a ação civil pública; o inquérito civil público; a ação de inconstitucionalidade; a expedição de notificações nos procedimentos administrativos de sua competência para requisição de informações e documentos, na forma da lei complementar respectiva; a requisição de diligências e instauração de inquérito policial, indicando os fundamentos jurídicos de suas manifestações processuais.

III – Os membros do Ministério Público gozam da garantia da inamovibilidade, salvo por motivo de interesse público, mediante decisão do órgão colegiado competente do Ministério Público, pelo voto da maioria absoluta de seus integrantes, assegurada ampla defesa.

IV – Os membros do Ministério Público deverão residir na comarca da respectiva lotação, salvo autorização do órgão colegiado competente do Ministério Público, pelo voto da maioria absoluta dos seus integrantes, assegurada ampla defesa.

Marque a alternativa **CORRETA**:

[A] somente as assertivas I e II estão corretas;

[B] somente as assertivas I e III estão corretas;

[C] somente as assertivas II e III estão corretas;

[D] somente as assertivas II e IV estão corretas;

[E] não respondida.

Gabarito oficial: alternativa [C].

Comentários do autor:

☆ *A assertiva I está incorreta, pois o Ministério Público Eleitoral, por não ser uma instituição em si, uma vez que as atribuições eleitorais são exercidas pelos membros do MPF, não integra o Ministério Público da União, nos termos do art. 128 da CF/1988.*

☆ *A assertiva II está correta, pois está em conformidade com o art. 129 do texto constitucional.*

☆ *A assertiva III está correta, uma vez que reproduz o texto do 128, § 5º, I, "b", da CF/1988.*

☆ *A assertiva IV está errada, pois a autorização para residir fora da comarca é dada pelo chefe da instituição, e não pelo órgão colegiado competente, conforme art. 129, § 2º, da CF/1988.*

(MPT – 16º Concurso) Assinale a alternativa **CORRETA**:

[A] O Ministério Público Eleitoral é uma instituição dotada de autonomia administrativa, financeira e orçamentária.

[B] O princípio da indivisibilidade é inerente a todos os Ministérios Públicos que o sistema jurídico brasileiro instituiu.

[C] Existe unidade entre o Ministério Público Federal e os Ministérios Públicos estaduais.

[D] O Ministério Público exerce suas funções por meio de órgãos próprios conforme os princípios de unidade, indivisibilidade e independência funcional e com sujeição, em todo caso, a legalidade e imparcialidade.

[E] Não respondida.

Gabarito oficial: alternativa [D].

Comentários do autor:

✯ *A alternativa "A" está incorreta. É importante destacarmos que não existe um Ministério Público Eleitoral. Consoante o disposto no art. 72 da Lei Complementar nº 75/1993, o exercício das funções de Ministério Público junto à Justiça Eleitoral serão exercidas pelo Ministério Público Federal.*

✯ *A alternativa "B" está incorreta. O ordenamento jurídico instituiu também o Ministério Público junto ao Tribunal de Contas. Todavia, o princípio da indivisibilidade não se aplica, uma vez que já está assente que os MPs junto aos Tribunais de Contas são sui generis e não constam da estrutura do Ministério Público brasileiro. O STF entendeu que o MP junto ao TCU é instituição que não integra o MPU, cujos ramos são taxativamente inscritos no rol do inciso I do art. 128 da CF/1988, declarando que o MP junto ao TCU não dispõe de fisionomia institucional própria, estando integrado dentro da estrutura do Tribunal de Contas da União.*

✯ *A alternativa "C" está errada. Não há unidade entre Ministérios Públicos de Estados distintos, tampouco entre o Ministério Público estadual e o Ministério Público da União.*

✯ *A alternativa "D" está correta. O § 1º do art. 128 da CF/1988 consigna que são princípios institucionais do Ministério Público a independência funcional, a indivisibilidade e a unidade. Ademais, é lógico que a atuação dos membros do Ministério Público está adstrita aos deveres de legalidade e imparcialidade, neste último caso, mesmo quando o MP está como órgão agente.*

(MPT – 16º Concurso) Assinale a alternativa **INCORRETA**:

É vedado ao Membro do Ministério Público:

[A] exercer a advocacia em juízo ou tribunal junto ao qual oficiou, antes de decorridos 3 (três) anos do afastamento do cargo por aposentadoria ou exoneração;

[B] exercer, ainda que em disponibilidade, qualquer função pública, salvo uma de magistério;

[C] receber, a qualquer título ou pretexto, auxílios ou contribuições de pessoas físicas, entidades públicas ou privadas, ressalvadas as exceções previstas em lei quanto às entidades públicas;

[D] participar de sociedade comercial, na forma da lei;

[E] não respondida.

Gabarito oficial: alternativa [C].

Comentários do autor:

✮ *As alternativas "A", "B" e "D" correspondem ao texto literal do art. 128, § 6º e § 5º, II, alíneas "d" e "c", da CF/1988, respectivamente. Corretas, portanto.*

✮ *A alternativa "C" está incorreta, pois limita as exceções previstas em lei apenas às entidades públicas, restrição esta não prevista no texto do art. 128, § 5º, II, alínea "f", da CF/1988.*

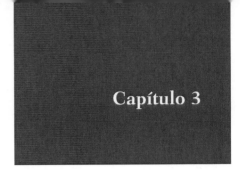

Capítulo 3

ATRIBUIÇÕES DO MINISTÉRIO PÚBLICO BRASILEIRO

Cesar Henrique Kluge

Sumário: 3.1. Atribuições constitucionais • 3.1.1. Funções típicas e atípicas • 3.1.2. Os modelos demandista e resolutivo de atuação • 3.2. Litisconsórcio ativo entre os diversos ramos do Ministério Público • 3.3. Conflito de atribuições • 3.4. Expedição de notificações e requisições • 3.4.1. Poder de notificação • 3.4.2. Poder de requisição • 3.4.2.1. Limites ao poder de requisição • 3.4.2.2. Consequência jurídica do não atendimento das requisições ministeriais • 3.5. Questões resolvidas e comentadas

3.1. ATRIBUIÇÕES CONSTITUCIONAIS

As atribuições ou funções constitucionais do Ministério Público estão elencadas no art. 129 da Lei Maior, a saber:

Art. 129. São funções institucionais do Ministério Público:

I – promover, privativamente, a ação penal pública, na forma da lei;

II – zelar pelo efetivo respeito dos Poderes Públicos e dos serviços de relevância pública aos direitos assegurados nesta Constituição, promovendo as medidas necessárias a sua garantia;

III – promover o inquérito civil e a ação civil pública, para a proteção do patrimônio público e social, do meio ambiente e de outros interesses difusos e coletivos;

IV – promover a ação de inconstitucionalidade ou representação para fins de intervenção da União e dos Estados, nos casos previstos nesta Constituição;

V – defender judicialmente os direitos e interesses das populações indígenas;

VI – expedir notificações nos procedimentos administrativos de sua competência, requisitando informações e documentos para instruí-los, na forma da lei complementar respectiva;

VII – exercer o controle externo da atividade policial, na forma da lei complementar mencionada no artigo anterior;

VIII – requisitar diligências investigatórias e a instauração de inquérito policial, indicados os fundamentos jurídicos de suas manifestações processuais;

IX – exercer outras funções que lhe forem conferidas, desde que compatíveis com sua finalidade, sendo-lhe vedada a representação judicial e a consultoria jurídica de entidades públicas.

Dentro dessa lista de funções institucionais apresentadas pelo texto constitucional, cumpre destacar o inciso III, que deu *status* constitucional ao inquérito civil, já previsto anteriormente na legislação ordinária (Lei nº 7.347/1985), conferindo nova feição às atribuições do Ministério Público, fortalecendo, principalmente, a atuação extrajudicial e aproximando a instituição da sociedade.

Merece destaque, também, o inciso IX, que funciona como uma cláusula de abertura, autorizando o exercício de outras funções que forem conferidas ao órgão ministerial, desde que compatíveis com sua finalidade, ou seja, desde que de acordo com sua missão constitucional estabelecida no *caput* do art. 127 da CF/1988. Logo, fica claro que o elenco aduzido é meramente exemplificativo.

Aliás, o inciso IX traz outra vedação aos membros do Ministério Público, à qual se somam aquelas previstas no art. 128, § 5º, II, da CF/1988, qual seja a representação judicial e a consultoria jurídica das entidades públicas.

É oportuno registrar, ainda, que a legitimação do Ministério Público para as ações previstas no art. 129 da CF/1988 não impede a de terceiros, nas mesmas hipóteses, conforme disposto na Constituição e na Lei. Essa legitimação concorrente do Ministério Público com terceiros está prevista no § 1º do dispositivo constitucional em comento.

As funções do Ministério Público só podem ser exercidas por integrantes de carreira, que deverão residir na comarca da respectiva lotação, salvo autorização do chefe da instituição, conforme art. 129, § 2º, com a redação dada pela EC nº 45/2004. No caso do Ministério Público do Trabalho, a autorização para residir fora da comarca da respectiva lotação é dada pelo Procurador Geral do Trabalho.

3.1.1. Funções típicas e atípicas

Dentre as atribuições e funções do Ministério Público, *funções típicas* são aquelas não apenas compatíveis, mas, principalmente, intrinsicamente ligadas à própria instituição, como, por exemplo, a promoção da ação civil pública para defesa de direitos difusos ou coletivos, e o manejo de medidas judiciais para defesa do regime democrático, entre outros.

Já as *funções atípicas* são aquelas conferidas por lei ao Ministério Público, mas que não tenham estrita relação com sua missão constitucional. Na seara trabalhista, cita-se, como exemplo de função atípica, a assistência aos empregados nas rescisões trabalhistas (art. 477, § 3º, da CLT).

Além disso, outro exemplo extrai-se do art. 17 da Lei nº 5.584/1970, segundo o qual, quando nas respectivas comarcas não houver Juntas de Conciliação e Julgamento ou Sindicato da categoria profissional do trabalhador, é atribuído aos Promotores Públicos ou Defensores Públicos o encargo de prestar assistência judiciária prevista nesta lei.

3.1.2. Os modelos demandista e resolutivo de atuação

O *modelo resolutivo* de atuação do Ministério Público fundamenta-se na solução extrajudicial dos conflitos, ficando com maior controle da efetividade do resultado perseguido. Isso, porque, enquanto não judicializado o problema, as partes têm maior liberdade para encontrar soluções alternativas para o deslinde da questão. Os principais instrumentos utilizados pelo Ministério Público nessa forma de atuação são o Termo de Ajustamento de Conduta e a Recomendação.

O *modelo demandista*, por sua vez, fundamenta-se na judicialização dos conflitos. Centra-se na atuação perante o Poder Judiciário, como agente processual, transferindo-se a responsabilidade pela resolução do problema. Por esta razão, a esta forma de atuação somam-se todos os óbices inerentes à demora da prestação jurisdicional.

Émerson Garcia (2010, p. 387), ao avaliar as duas formas de atuação, assim se manifesta:

> Não é por outra razão que a doutrina especializada tem preconizado as vantagens do modelo resolutivo em relação ao demandista. O primeiro valoriza a solução do problema em menor tempo e menor custo, privilegiando a consensualidade e evitando, até o limite do possível, a sua submissão aos órgãos jurisdicionais. O modelo resolutivo é especialmente centrado nos instrumentos de atuação extrajudicial disponibilizados ao Ministério Público, merecendo realce (1) o termo de ajustamento de conduta e (2) a recomendação. Apresentando uma instrumentalidade ao quadrado, pois figuram como instrumentos de delineamentos dos referidos instrumentos, tem-se o inquérito civil e a audiência pública, permitindo a colheita dos elementos probatórios necessários ao juízo valorativo a ser realizado pelo Ministério Público.

Diante desse quadro, caberá ao Ministério Público, mais especificamente a seus respectivos membros, a tarefa de distinguir quais as causas que necessariamente deverão ser levadas a juízo e quais aquelas que podem ser resolvidas extrajudicialmente, hipótese que, a nosso sentir, merece ser privilegiada.

3.2. LITISCONSÓRCIO ATIVO ENTRE OS DIVERSOS RAMOS DO MINISTÉRIO PÚBLICO

A Lei da Ação Civil Pública (Lei nº 7.347/1985), em seu art. 5º, § 5º, prevê a possibilidade de litisconsórcio facultativo entre os Ministérios Públicos da União, Distrito Federal e Estados, na defesa dos direitos de que trata.

No mesmo caminho, dispõem o Estatuto da Criança e do Adolescente (art. 210, § 1º, da Lei nº 8.069/1990) e o Estatuto do Idoso (art. 81, § 1º, da Lei nº 10.741/2003).

Ocorre que, apesar da previsão legal nos diplomas retromencionados, a possibilidade de litisconsórcio entre os diversos ramos do Ministério Público não é um tema pacífico na doutrina e na jurisprudência.

Dentre os argumentos contrários à atuação conjunta e harmônica entre os diversos ramos do Ministério Público, concretizada por meio do litisconsórcio facultativo, destacamos os seguintes:

a) considerando-se que cada ramo do Ministério Público atua perante órgãos jurisdicionais distintos, a atribuição de cada um deve ser limitada pela competência desses órgãos, o que impediria, por exemplo, o Ministério Público do Trabalho de atuar perante a Justiça Federal ou Estadual Comum;

b) tendo-se em vista que a organização e atribuição do Ministério Público é reservada à Lei Complementar, não poderia haver disciplina em legislação ordinária, sob pena de contrariedade ao art. 128, § 5º, *caput*, da CF/1988;

c) a admissão do litisconsórcio entre os diversos ramos do Ministério Público ofenderia o princípio federativo ao provocar a subversão das competências autônomas.

Além disso, dentre os fundamentos do veto ao art. 82, § 2º, do Código de Defesa do Consumidor, o qual admitia, nos mesmos moldes da Lei nº 7.347/1985, o litisconsórcio facultativo entre os Ministérios Públicos da União, do Distrito Federal e dos Estados, na defesa dos interesses e direitos de que cuida o Código Consumerista, constou outro argumento, qual seja, que o litisconsórcio somente poderia ser admitido se a todos e a cada um tocasse a qualidade que lhe autorizasse a condução autônoma do processo, o que não seria possível, por força do art. 128 da Constituição Federal.

Na jurisprudência, o C. Superior Tribunal de Justiça já se manifestou pela impossibilidade de reconhecimento do litisconsórcio (AgRg no REsp 976.896/RS – Agravo Regimental no Recurso Especial 2007/0190385-1 – Ministro Benedito Gonçalves – Primeira Turma – *DJe* de 15.10.2009).

Ousamos, contudo, discordar desse posicionamento restritivo da atuação ministerial.

A Constituição Federal não cuidou de elencar expressamente as atribuições de cada um dos ramos do Ministério Público brasileiro, tendo, na verdade, tratado das funções institucionais de todos eles em um dispositivo único e geral (art. 129 da CF/1988).

Via de regra, cada um dos ramos do Ministério Público possui atribuições correlatas à competência do Poder Judiciário perante o qual atua. Dentre os fundamentos apresentados para justificar essa correlação encontra-se a própria previsão constitucional de diversos ramos do MP (art. 128 da CF/1988), pois se assim não fosse bastaria que o legislador constituinte tivesse criado um Ministério Público unitário, sem qualquer divisão, para atuar perante todas as instâncias judiciais. Além disso, a ausência de divisão das atribuições atentaria contra a efetividade da atuação ministerial e da própria tutela jurisdicional buscada.

Acontece que a repartição de competência no âmbito do Poder Judiciário não pode ser um óbice intransponível à atuação conjunta de membros integrantes de ramos diferentes do Ministério Público brasileiro.

Não se pode perder de vista que a legislação pertinente à defesa dos direitos transindividuais estabeleceu uma legitimação ampla e concorrente, conforme se observa, por exemplo, do art. 129, § 1º, da CF/1988 e do art. 5º, § 5º, da Lei nº 7.347/1985. Verifica-se, assim, que a intenção do legislador nessa seara foi ampliar o máximo possível a legitimidade ativa para ajuizamento da ação civil pública. Logo, eventuais restrições relativas à impossibilidade de atuação conjunta de membros de ramos diversos do Ministério Público brasileiro na defesa dos direitos transindividuais são contrárias à *mens legis*.

As críticas e os posicionamentos contrários quanto à possibilidade de litisconsórcio facultativo entre os diversos ramos do Ministério Público brasileiro não sobrevivem a um estudo mais aprofundado do processo coletivo. Entendemos que tal questão não pode ser analisada sem se considerar os vetores basilares do processo coletivo, dentre os quais se insere o princípio do acesso à Justiça.

Assim, levando-se em consideração, ainda, que o litisconsórcio ativo é facultativo, contando com a aquiescência do Ministério Público, que atua preponderantemente no feito, o litisconsórcio deve ser estimulado e privilegiado.

Se de um lado há posicionamentos judiciais contrários, por outro lado, há farta jurisprudência admitindo o litisconsórcio facultativo ativo entre os diversos ramos do Ministério Público brasileiro.

Nessa linha, destacamos os seguintes julgados do Tribunal Regional Federal da 1ª e 3ª Regiões, respectivamente:

> PROCESSUAL CIVIL – AGRAVO DE INSTRUMENTO – DECISÃO QUE, EM AÇÃO CIVIL POR ATO DE IMPROBIDADE ADMINISTRATIVA, RECEBEU A INICIAL E DECRETOU A INDISPONIBILIDADE DOS BENS DOS REQUERIDOS – OPOSIÇÃO DE EMBARGOS DE DECLARAÇÃO NA ORIGEM – AUSÊNCIA DE OMISSÃO OU CONTRADIÇÃO – ENFREAMENTO CORRETO DAS PRELIMINARES – VERBAS FEDERAIS – COMPETÊNCIA DA JUSTIÇA FEDERAL – INTERESSE DA UNIÃO – POSSIBILIDADE DE LITISCONSÓRCIO FACULTATIVO ENTRE OS MINISTÉRIOS PÚBLICOS DA UNIÃO E DO ESTADO DA BAHIA. 1. A Justiça Federal é competente para apreciar e julgar a ação de improbidade administrativa que trata de suposta irregularidade na aplicação de verba federal. 2. O interesse da União é evidente. A matéria dos autos diz respeito a irregularidades na contratação e execução de Programas de Saúde da Família. A União repassou verbas que estão submetidas ao controle do TCU. 3. Há previsão legal para o litisconsórcio ativo entre os Ministérios Públicos da União e do Estado da Bahia (art. 5º, § 5º, da Lei nº 7.347/1985). 4. Agravo desprovido. (Agravo de Instrumento nº 0012119-76.2010.4.01.0000 – Relator Desembargador Federal Hilton Queiroz – j. em 11.1.2011 – Quarta Turma – e-DJF1 de 24.1.2011, p. 646)

> PROCESSUAL CIVIL – AÇÃO CIVIL PÚBLICA – LITISCONSÓRCIO FACULTATIVO ENTRE OS MINISTÉRIOS PÚBLICOS DA UNIÃO E DO ESTADO – POSSIBILIDADE – PREVISÃO LEGAL. 1. O art. 5º, § 5º, da Lei nº 7.347/1985 está plenamente em vigor e possibilita a formação de litisconsórcio ativo facultativo entre os Ministérios Públicos da União, do Distrito Federal e dos Estados na defesa dos interesses e direitos difusos e coletivos. 2. O Ministério Público não está atrelado a um determinado órgão jurisdicional e, assim, não há impedimento à atuação do *parquet* estadual perante a esfera federal ou vice-versa. 3. Agravo de instrumento provido. (AI 16.347/SP – 2005.03.00.016347-4 – Relatora Desembargadora Federal Consuelo Yoshida – Sexta Turma – j. em 13.8.2009)

No mesmo caminho, admitindo o Ministério Público Federal (MPF) como litisconsorte do Ministério Público do Trabalho (MPT) na Justiça do Trabalho, o E. Tribunal Regional do Trabalho da 24ª Região assim decidiu:

> AÇÃO CIVIL PÚBLICA – LITISCONSÓRCIO – MINISTÉRIO PÚBLICO DO TRABALHO E MINISTÉRIO PÚBLICO FEDERAL. Consoante disposto no art. 128, I, da CF, o Ministério Público Federal e o Ministério Público do Trabalho compõem o Ministério Público da União. Nos termos do art. 5º, § 5º, da Lei nº 7.347/1985 (Lei da Ação Civil Pública), será admitido o litisconsórcio facultativo entre os Ministérios Públicos da União na Ação Civil Pública, portanto, não há vedação legal, pelo contrário, a lei autoriza a formação do litisconsórcio. Ademais, o art. 37 da Lei Complementar nº 75/1993 estabelece que o Ministério Público Federal exercerá suas funções nas causas de competência de quaisquer juízes ou tribunais para a defesa dos interesses relativos ao meio ambiente. A teor do disposto no art. 225 da CF, o direito ao meio ambiente ecologicamente equilibrado inclui o laboral. A implantação do Plano de Assistência Social (PAS) visa a promover um ambiente de trabalho sadio, com a melhoria das condições de saúde e higiene dos trabalhadores. Recurso não provido. (TRT da 24ª Região – Processo nº 0000272-95.2010.5.24.0051-RO – Relator Desembargador Ricardo Geraldo Monteiro Zandona)

O E. Superior Tribunal de Justiça também já se manifestou favorável à atuação litisconsorcial entre os diversos ramos do Ministério Público, nos seguintes termos:

PROCESSUAL CIVIL – AÇÃO CIVIL PÚBLICA – LITISCONSÓRCIO FACULTATIVO ENTRE MINISTÉRIO PÚBLICO FEDERAL E ESTADUAL – POSSIBILIDADE – § 5º DO ART. 5º DA LEI Nº 7.347/1985 – INOCORRÊNCIA DE VETO – PLENO VIGOR. 1. O veto presidencial aos arts. 82, § 3º, e 92, parágrafo único, do CDC, não atingiu o § 5º do art. 5º da Lei da Ação Civil Pública. Não há veto implícito. 2. Ainda que o dispositivo não estivesse em vigor, o litisconsórcio facultativo seria possível sempre que as circunstâncias do caso o recomendassem (CPC, art. 46). O litisconsórcio é instrumento de Economia Processual. 3. O Ministério Público é órgão uno e indivisível, antes de ser evitada, a atuação conjunta deve ser estimulada. As divisões existentes na Instituição não obstam trabalhos coligados. 4. É possível o litisconsórcio facultativo entre órgãos do Ministério Público federal e estadual/distrital. 5. Recurso provido. (STJ – REsp 2001/0142564-5 – Relator Ministro Humberto Gomes de Barros – Primeira Turma – *DJ* de 19.12.2003 – p. 322)

Na mesma linha já se manifestou o E. Supremo Tribunal Federal, consoante se observa da seguinte ementa:

AÇÃO CÍVEL ORIGINÁRIA – CONFLITO DE ATRIBUIÇÕES ENTRE O MINISTÉRIO PÚBLICO FEDERAL E O ESTADUAL – INSTAURAÇÃO DE PROCEDIMENTO ADMINISTRATIVO PARA APURAR POSSÍVEIS IRREGULARIDADES NA PRODUÇÃO DE COPOS DESCARTÁVEIS – RELAÇÃO DE CONSUMO – CONFLITO INEXISTENTE. 1. A questão tratada nas representações instauradas contra a Autora versa sobre direito do consumidor. 2. O art. 113 do Código de Defesa do Consumidor, ao alterar o art. 5º, § 5º, da Lei nº 7.347/1985, passou a admitir a possibilidade de litisconsorte facultativo entre os Ministérios Públicos da União, do Distrito Federal e dos Estados na defesa dos interesses e dos direitos do consumidor. 3. O Ministério Público Federal e o Estadual têm a atribuição de zelar pelos interesses sociais e pela integridade da ordem consumerista, promovendo o inquérito civil e a ação civil pública – inclusive em litisconsórcio ativo facultativo –, razão pela qual não se há reconhecer o suscitado conflito de atribuições. 4. Ação Cível Originária julgada improcedente (STF – Pleno – ACO nº 1.020/SP – Relatora Ministra Cármen Lúcia – *DJe* de 20.3.2009)

Como se vê, apesar da existência de entendimentos doutrinários conflitantes e da jurisprudência ainda não pacificada a respeito do tema, pode-se afirmar, à luz de uma interpretação sistemática e teleológica, que os dispositivos constitucionais e legais vigentes autorizam o litisconsórcio facultativo entre os diversos ramos do Ministério Publico Brasileiro, para ajuizamento da ação civil pública.

3.3. CONFLITO DE ATRIBUIÇÕES

Quando as diferentes ramificações do *parquet*, no caso o da União (MPU) e o Estadual (MPE), em vez de buscarem atuar na causa, entenderem que o fato investigado não se insere dentro de seu campo de atribuições, a quem cabe decidir tal conflito de atribuições?

O Supremo Tribunal Federal, inicialmente, definiu que o conflito de atribuições entre o Ministério Público estadual e o Ministério Público da União, que não estão sujeitos à mesma chefia administrativa, deveria ser resolvido pelo E. Superior Tribunal de Justiça, com fundamento no art. 105, I, "d", da CF/1988 (ACO 756/SP – Relator Ministro Carlos Britto – j. em 4.8.2005 – Tribunal Pleno – *DJ* de 31.3.2006).

Posteriormente, contudo, reformulou seu entendimento, para reconhecer a competência do próprio Supremo Tribunal Federal para análise do conflito de atribuições entre o Ministério Público Federal e o Ministério Público estadual, com fulcro no art. 102, I, "f ", da Lei Maior, conforme se observa dos seguintes julgados:

> 1. COMPETÊNCIA. Atribuições do Ministério Público. Conflito negativo entre MP federal e estadual. Feito da competência do Supremo Tribunal Federal. Conflito conhecido. Precedentes. Aplicação do art. 102, I, "f ", da CF. Compete ao Supremo Tribunal Federal dirimir conflito negativo de atribuição entre o Ministério Público Federal e o Ministério Público estadual. 2. COMPETÊNCIA CRIMINAL. Atribuições do Ministério Público. Ação penal. Formação de *opinio delicti* e apresentação de eventual denúncia. Fatos investigados atribuídos a ex-Governador de Estado. Incompetência do Superior Tribunal de Justiça. Matéria de atribuição do Ministério Público estadual. Inconstitucionalidade dos §§ do art. 84 do CPP, introduzidos pela Lei nº 10.628/2002. Conflito negativo de atribuição conhecido. É da atribuição do Ministério Público estadual analisar procedimento de investigação de atos supostamente delituosos atribuídos a ex-Governador e emitir a respeito *opinio delicti*, promovendo, ou não, ação penal. (ACO 853/RJ – Relator Ministro Cezar Peluso, j. em 8.3.2007 – Tribunal Pleno – *DJ* de 27.4.2007)

> COMPETÊNCIA – CONFLITO DE ATRIBUIÇÕES – MINISTÉRIO PÚBLICO FEDERAL *VERSUS* MINISTÉRIO PÚBLICO ESTADUAL. Compete ao Supremo a solução de conflito de atribuições a envolver o Ministério Público Federal e o Ministério Público estadual. CONFLITO NEGATIVO DE ATRIBUIÇÕES – MINISTÉRIO PÚBLICO FEDERAL *VERSUS* MINISTÉRIO PÚBLICO ESTADUAL – ROUBO E DESCAMINHO. Define-se o conflito considerado o crime de que cuida o processo. A circunstância de, no roubo, tratar-se de mercadoria alvo de contrabando não desloca a atribuição, para denunciar, do Ministério Público estadual para o Federal. (Pet 3528/BA – Relator Ministro Marco Aurélio – j. em 28.9.2005 – Tribunal Pleno – *DJ* de 3.3.2006)

Por derradeiro, no caso de conflito de atribuições entre os diversos ramos do Ministério Público da União (MPF, MPT, MPDF e MPM), cabe ao procurador-geral da República sua análise (art. 26, VII, da LC nº 75/1993) por ser o chefe administrativo de todos eles, chefia única essa que não se verifica, frise-se mais uma vez, entre o Ministério Público da União e os Ministérios Públicos dos estados, razão pela qual, nessa última hipótese, a competência é da Suprema Corte.

3.4. EXPEDIÇÃO DE NOTIFICAÇÕES E REQUISIÇÕES

No exercício de suas atividades funcionais, consoante o disposto no art. 129, VI, da Constituição Federal, o Ministério Público pode "*expedir notificações* nos procedimentos administrativos de sua competência, *requisitando* informações e documentos para instruí-los, na forma da lei complementar respectiva".

A expedição de notificação e as requisições ministeriais traduzem-se em instrumentos que a lei confere ao Ministério Público para bem realizar sua atividade investigativa. De nada adiantaria conferir legitimidade ao *parquet* para a defesa dos interesses transindividuais se não lhe fossem concedidos os meios necessários para a comprovação das ameaças ou lesões a esses direitos, de forma a embasar a adoção das medidas cabíveis, sejam judiciais ou extrajudiciais.

Enfim, as notificações e requisições ministeriais tratam-se de mecanismos à disposição do Ministério Público que visam a concretizar seu poder investigatório, para que possa instruir seus procedimentos e, com isso, eleger a medida adequada a ser tomada no caso concreto.

3.4.1. Poder de notificação

Com relação à *expedição de notificações*, regulamentando o dispositivo constitucional, a Lei Complementar nº 75/1993, aplicável ao Ministério Público da União, estabeleceu, em seu art. 8º, I, a possibilidade de o órgão ministerial, nos procedimentos de sua competência, notificar testemunhas e requisitar sua condução coercitiva, no caso de ausência injustificada. No mesmo sentido, dispôs o art. 26, I, "a", da Lei nº 8.625/1993, aplicável aos Ministérios Públicos estaduais.

Trata-se de uma forma de possibilitar ao Ministério Público a colheita de prova oral, consistente nos depoimentos testemunhais.

Revela-se pertinente a observação lançada por Emerson Garcia (2010, p. 347) quanto à expedição de notificações: "Observe-se, ainda, que a notificação pressupõe um inquérito civil ou um procedimento administrativo em curso, sendo inadmissível a sua utilização quando o membro do Ministério Público, por motivos outros, deseje falar com alguém".

Do texto legal, verifica-se que a notificação caracteriza-se como a ciência ao investigado ou terceiro para comparecimento no órgão ministerial, para prestar depoimento ou esclarecimento, sob pena de condução coercitiva, no caso de ausência injustificada. A intimação, por sua vez, trata-se de ciência dos atos e termos do procedimento investigatório.

Os diplomas legais citados não estabelecem um prazo mínimo que deva existir entre a notificação e o comparecimento da testemunha ou investigado, o que não impede a notificação para comparecimento imediato nos casos urgentes, mas não afasta a aplicação do princípio da razoabilidade.

Frise-se que, nos termos do art. 8º, § 4º, da LC nº 75/1993, as notificações que tiverem como destinatário o presidente da República, o vice-presidente da República, membro do Congresso Nacional, ministro do Supremo Tribunal Federal, ministro de Estado, ministro de Tribunal Superior, ministro do Tribunal de Contas da União ou chefe de missão diplomática de caráter permanente devem ser encaminhadas e levadas a efeito pelo procurador-geral da República ou outro órgão do Ministério Público a quem essa atribuição seja delegada, cabendo às autoridades mencionadas fixar data, hora e local em que puderem ser ouvidas, se for o caso.

Tendo em vista que o investigado não é obrigado a produzir prova contra si mesmo, conforme o princípio da presunção da inocência (art. 5º, LVII, da CF/1988), poderá permanecer em silêncio durante seu depoimento.

3.4.2. Poder de requisição

As *requisições*, fundadas no art. 8º, II e IV, da LC nº 75/1993, bem como no art. 26, I, "b", da Lei nº 8.625/1993, consistem em uma ordem legal a ser cumprida pelo destinatário, o qual tem o dever de atendê-la, não sendo de sua competência a análise da conveniência e oportunidade.

Considerando que cabe ao membro do Ministério Público decidir o que é relevante para sua investigação, seu objeto pode ser relacionado a qualquer matéria que o agente ministerial entenda conveniente e indispensável para formar sua convicção.

O art. 8º da LC nº 75/1993, em seus incisos II e IV, nos dá uma ideia do conteúdo do poder de requisição, qual seja, informações, exames, perícias e documentos, de entidades públicas e privadas. Pode, ainda, o Ministério Público requisitar o próprio servidor da Administração Pública para prestação de serviços temporários e específicos, conforme inciso III do mencionado art. 8º.

Observe-se que o inciso II do art. 8º da LC nº 75/1993, ao colocar como destinatários das requisições ministeriais as autoridades da Administração Direta e Indireta, não fez quaisquer ressalvas em relação a alguma das esferas do Poder, razão pela qual estão inseridos na regra os Poderes Legislativo e Executivo, não procedendo qualquer alegação de que não estariam obrigados a atender às requisições ministeriais.

Nesse sentido, aliás, já se manifestou o Superior Tribunal de Justiça:

> CRIMINAL – RHC – INVESTIGAÇÃO EM INQUÉRITO CIVIL. Atos investigatórios realizados pelo MP. Requisição de documentos a Presidente da Câmara Municipal. Legalidade da solicitação, que pode ser dirigida a qualquer dos poderes. Pretensão de atribuição do direito de escolher o que deve ser encaminhado à investigação ministerial. Impropriedade. Inexistência de ordem iminente de prisão. Legalidade do procedimento. Recurso desprovido. – I. Não há ilegalidade nos atos investigatórios realizados pelo Ministério Público, que pode requisitar informações e documentos a fim de instruir seus procedimentos administrativos, visando a eventual oferecimento de denúncia, havendo previsão constitucional e legal para tanto. – II. Improcede a alegação de que os Poderes Executivo e Legislativo não estariam obrigados a atender a requisições ministeriais, pois pode ser destinatário da requisição qualquer órgão da administração direta, indireta ou fundacional, de qualquer dos Poderes Públicos. – III. Não se pode aceitar a verdadeira pretensão, da paciente, de se atribuir o direito de escolher o tipo de documentação que deva remeter ao Ministério Público, sob pena de inconcebível inversão de valores e de situações. – IV. É descabido o pretendido reconhecimento de ameaça à liberdade de locomoção, se não há ordem iminente de prisão, mas, ao revés, evidencia-se a mera advertência genérica – prevista em lei – para o caso de ser obstaculizada a investigação afeta ao Ministério Público proceder, o que não pode ser considerado, de plano, ilegal. V. Recurso desprovido. (ROHC 11.888/MG – 2001/0114114-3 – Ministro Gilson Dipp – Quinta Turma – *DJ* de 19.11.2001)

No que concerne ao *prazo para cumprimento das requisições ministeriais*, enquanto o art. 8º, § 1º, da Lei nº 7.347/1985 fixou que o prazo não pode ser inferior a 10 dias úteis, o art. 8º, § 5º, da Lei Complementar nº 75/1993, aplicável aos Ministérios Públicos estaduais por força do art. 80 da Lei nº 8.625/1993, fixou o prazo em até 10 dias úteis, podendo ser prorrogado, desde que haja justificativa.

Diante da aparente contradição, levando-se em consideração as regras de hermenêutica (lei específica e posterior), poder-se-ia entender pela prevalência do *prazo previsto na LC nº 75/1993, qual seja, prazo máximo de 10 dias úteis, com possibilidade de prorrogação, mediante fundamentada justificativa.*

Não há como deixar de mencionar a observação lançada por Nelson Nery Júnior e Rosa Maria de Andrade Nery (2004, p. 1.440, nota 11), que, na tentativa de conciliar ambos os dispositivos legais, sugerem: "o prazo deverá ser razoável para cumprimento da requisição, mas nunca inferior a dez dias. Havendo necessidade, pode ser prorrogado".

Por fim, vale registrar que as requisições ministeriais serão cumpridas gratuitamente, conforme expressa previsão do art. 26, § 3º, da Lei Orgânica Nacional do Ministério Público (Lei nº 8.625/1993).

3.4.2.1. Limites ao poder de requisição

Uma questão muito interessante em relação ao poder de requisição ministerial diz respeito à existência de possíveis limites. Essa reflexão nos leva a pensar se existe algum tipo de informação que pode ser negada pelo destinatário, sob o argumento de estarem protegidas por sigilo.

Com efeito. De acordo com o art. 8º, § 2º, da LC nº 75/1993, "nenhuma autoridade poderá opor ao Ministério Público, sob qualquer pretexto, a exceção de sigilo, sem prejuízo da subsistência do caráter sigiloso da informação, do registro, do dado ou do documento que lhe seja fornecido". O art. 8º, VIII, da LC nº 75/1993, por sua vez, estabelece o acesso incondicional do Ministério Público a qualquer banco de dados de caráter público ou relativo a serviço de relevância pública.

Uma análise literal dos referidos dispositivos legais poderia induzir à conclusão no sentido de que seria dado ao Ministério Público requisitar e ter acesso a qualquer documento ou informação, sem exceção.

Acontece que, se de um lado a Constituição Federal, regulamentada por lei, conferiu ao Ministério Público o poder de requisição para o exercício de sua função, por outro lado também garantiu a privacidade e o sigilo em determinadas circunstâncias como direitos fundamentais do cidadão.

Nesse contexto, verifica-se que o poder de requisição ministerial, decorrente do texto constitucional, poderá se confrontar com direitos fundamentais, também originários da Carta Magna. E, estando ambos consagrados na Lei Maior, não há como determinar uma hierarquia normativa entre eles, devendo, na realidade, haver ponderação, caso a caso, dos interesses em jogo, para saber qual deles deve prevalecer naquela situação específica.

Havendo conflito, essa ponderação será realizada pelo Poder Judiciário, que deliberará qual garantia fundamental prevalecerá quando em confronto com outra da mesma hierarquia.

O que não se pode admitir é a alegação de sigilo, sem amparo constitucional ou legal. Agora, se de alguma forma a informação solicitada estiver protegida por sigilo expressamente concedido pela Constituição Federal, o Ministério Público pode até exercitar seu poder de requisição, sendo que, apenas no caso de denegação, é que ensejará intervenção judicial.

A título de ilustração, podem ser mencionados, como limites ao poder de requisição do Ministério Público, decorrentes diretamente da Constituição Federal, a inviolabilidade da intimidade, da vida privada, da honra e da imagem (art. 5º, X); a inviolabilidade do domicílio, salvo durante o dia, por determinação judicial e nos casos expressamente ressalvados pelo texto constitucional (art. 5º, XI); o sigilo da correspondência e das comunicações telegráficas, de dados e das comunicações telefônicas, salvo, nesse último caso, por ordem judicial (art. 5º, XII).

Há discussão a respeito da obtenção de informações preservadas sob o sigilo médico, notadamente o acesso aos prontuários dos pacientes. Aqueles que defendem o sigilo sustentam que se trata de proteção à intimidade e à vida privada do paciente, garantida pelo art. 5º, X, da CF/ 1988, cujo acesso dependeria de autorização judicial.

Quanto às vedações previstas em legislação infraconstitucional e não decorrentes das garantias constitucionais, sua eficácia é questionada diante da previsão da LC nº 75/1993, referente à impossibilidade de oposição de sigilo ao Ministério Público.

Com relação ao *sigilo bancário e fiscal*, por não haver reserva constitucional de jurisdição, há quem defenda que o Ministério Público pode requisitar diretamente as informações, sem a necessidade de autorização judicial.

Todavia, prevalece, na jurisprudência da Suprema Corte, o entendimento segundo o qual apenas o Poder Judiciário e as Comissões Parlamentares de Inquérito (CPI's) podem requisitar diretamente informações às instituições bancárias, não estando o Ministério Público autorizado a solicitar diretamente a quebra do sigilo. Nesse sentido, destaca-se a seguinte ementa:

> 1. RECURSO EXTRAORDINÁRIO – Inadmissibilidade – Instituições financeiras – Sigilo bancário – Quebra – Requisição – *Ilegitimidade do Ministério Público – Necessidade de autorização judicial – Jurisprudência assentada* – Ausência de razões novas – Decisão mantida – Agravo Regimental improvido. Nega-se provimento a agravo regimental tendente a impugnar, sem razões novas, decisão fundada em jurisprudência assente na Corte. 2. RECURSO – Agravo – Regimental – Jurisprudência assentada sobre a matéria – Caráter meramente abusivo – Litigância de má-fé – Imposição de multa – Aplicação do art. 557, § 2º, c/c arts. 14, II e III, e 17, VII, do CPC. Quando abusiva a interposição de agravo, manifestamente inadmissível ou infundado, deve o Tribunal condenar a agravante a pagar multa ao agravado. (RE 318.136 AgR/RJ – Ag.Reg. no Recurso Extraordinário – Relator Ministro Cezar Peluso – j. em 12.9.2006 – Segunda Turma)

Uma exceção a essa regra, já analisada também pelo Supremo Tribunal Federal, diz respeito às informações requisitadas, e respectiva quebra de sigilo, nos casos em que são envolvidos recursos públicos. Nesse caminho, apresenta-se a seguinte ementa:

> MANDADO DE SEGURANÇA – SIGILO BANCÁRIO. Instituição financeira executora de política creditícia e financeira do Governo Federal. Legitimidade do Ministério Público para requisitar informações e documentos destinados a instruir procedimentos administrativos de sua competência. 2. Solicitação de informações, pelo Ministério Público Federal, ao Banco do Brasil S/A sobre concessão de empréstimos, subsidiados pelo Tesouro Nacional, com base em plano de governo, a empresas do setor sucroalcooleiro. 3. Alegação do Banco impetrante de não poder informar os beneficiários dos aludidos empréstimos, por estarem protegidos pelo sigilo bancário, previsto no art. 38 da Lei nº 4.595/1964, e, ainda, ao entendimento de que dirigente do Banco do Brasil S/A não é autoridade, para efeito do art. 8º da LC nº 75/1993. 4. O poder de investigação do Estado é dirigido a coibir atividades afrontosas à ordem jurídica e a garantia do sigilo bancário não se estende às atividades ilícitas. A ordem jurídica confere explicitamente poderes amplos de investigação ao Ministério Público – art. 129, incisos VI e VIII, da Constituição Federal, e art. 8º, incisos II e IV, e § 2º, da Lei Complementar nº 75/1993. 5. Não cabe ao Banco do Brasil negar, ao Ministério Público, informações sobre nomes de beneficiários de empréstimos concedidos pela instituição, com recursos subsidiados pelo erário federal, sob invocação do sigilo bancário, em se tratando de requisição de informações e documentos para instruir procedimento administrativo instaurado em defesa do patrimônio público. Princípio da publicidade, art. 37 da Constituição. 6. No caso concreto, os empréstimos concedidos eram verdadeiros financiamentos públicos, porquanto o Banco do Brasil os realizou na condição de executor da política creditícia e financeira do Governo Federal, que deliberou sobre sua concessão e ainda se comprometeu a proceder à equalização da taxa de juros, sob a forma de subvenção econômica ao setor produtivo, de acordo com a Lei nº 8.427/1992. 7. Mandado de segurança indeferido. (MS 21.729/DF – Relator Ministro Marco Aurélio – Relator p/ Acórdão Ministro Néri da Silveira – j. em 5.10.1995 – Tribunal Pleno)

3.4.2.2. Consequência jurídica do não atendimento das requisições ministeriais

O desatendimento da requisição ministerial, que se trata de uma ordem (e não de um pedido) para que o destinatário entregue, apresente ou forneça algo, sujeita o agente omisso às sanções previstas no art. 10 da Lei nº 7.347/1985.

A lei da ação civil pública tipificou como crime, punível com reclusão de um a três anos mais multa, a recusa, o retardamento ou a omissão de dados técnicos indispensáveis à propositura da ação civil, quando requisitados pelo órgão ministerial.

Além disso, a Lei nº 7.853/1989, que trata do apoio às pessoas com deficiência, seguiu a mesma direção da LACP, pois, em seu art. 8º, VI, tipificou como crime, punível com reclusão de 1 a 4 anos e multa, recusar, retardar ou omitir dados técnicos indispensáveis à propositura da ação civil objeto da referida lei, quando requisitados pelo Ministério Público.

Vale salientar que a tipificação, nos exatos termos das leis retromencionadas, apenas ocorrerá em relação às requisições de dados indispensáveis à propositura da ação. Logo, não é todo e qualquer desatendimento que será enquadrado como crime, nos moldes do art. 10 da Lei nº 7.347/1985. Apenas a sonegação de dados indispensáveis. Isso não significa que o omisso ficará impune. Nas demais hipóteses, relativas a dados não essenciais, a situação pode ser enquadrada como prevaricação (art. 319 do CP) ou desobediência (art. 330 do CP), ou mesmo, se relativa à atuação na área da criança e do adolescente, no art. 236 do ECA:

> Art. 236. Impedir ou embaraçar a ação de autoridade judiciária, membro do Conselho Tutelar ou representante do Ministério Público no exercício de função prevista nesta Lei:
>
> Pena – detenção de seis meses a dois anos.

De acordo com o C. Superior Tribunal de Justiça, para configuração do crime de desobediência, é necessário que exista notificação pessoal do responsável por cumprir a ordem, bem como que se demonstre a intenção deliberada em não cumpri-la (HC 226.512/RJ – *Habeas Corpus* 2011/0285346-6 – Ministro Sebastião Reis Júnior – Sexta Turma – *DJe* de 30.11.2012).

Ademais, o descumprimento da requisição ministerial pode configurar ato de improbidade administrativa pelo agente público por violação aos princípios aplicáveis à Administração Pública, notadamente o da legalidade, nos termos do art. 11 da Lei nº 8.429/1992.

O desatendimento não será considerado crime se decorrer de justa causa, como nas hipóteses de informação protegida por sigilo imposto pelo ordenamento jurídico, cujo acesso dependa de intervenção do judiciário (reserva de jurisdição).

O remédio jurídico adequado para se combater eventual recusa em fornecer as informações requisitadas é o mandado de segurança. Nesse sentido, cumpre destacar ilustrativo julgado do E. Superior Tribunal de Justiça, que concedeu a segurança e determinou o fornecimento dos dados requisitados, destacando que a análise a respeito da necessidade das informações é da competência exclusiva do Ministério Público:

> CONSTITUCIONAL, ADMINISTRATIVO E PROCESSUAL CIVIL – RECURSO ORDINÁRIO EM MANDADO DE SEGURANÇA – REQUISIÇÃO FEITA PELO MINISTÉRIO PÚBLICO COM A FINALIDADE DE INSTRUIR PROCEDIMENTO DE INVESTIGAÇÃO PRELIMINAR PREPARATÓRIO DE INQUÉRITO CIVIL – PRERROGATIVA CONSTITUCIONAL ASSEGURADA AO *PARQUET* – ART. 129 DA CONSTITUIÇÃO FEDERAL – INFORMAÇÕES E DO-

CUMENTOS CUJA AFERIÇÃO DA RELEVÂNCIA SÓ COMPETE AO MINISTÉRIO PÚBLICO - AUTONOMIA E INDEPENDÊNCIA FUNCIONAL. 1. Recurso ordinário em mandado de segurança no qual se discute a possibilidade de autoridade administrativa negar solicitação do Ministério Público de fornecimento de informações e documentos necessários à instrução de Procedimento de Investigação Preliminar que visa à apuração da existência de irregularidades administrativas na contratação de pessoal no âmbito do Tribunal de Contas do Estado de Pernambuco. 2. A requisição de informações e documentos para a instrução de procedimentos administrativos da competência do Ministério Público, nos termos do art. 129 da Constituição Federal de 1988, é prerrogativa constitucional dessa instituição, à qual compete a defesa da ordem jurídica, do regime democrático e dos interesses sociais e individuais indisponíveis. No âmbito da legislação infraconstitucional, essa prerrogativa também encontra amparo no § 1º do art. 8º da Lei nº 7.347/1985, segundo o qual "o Ministério Público poderá instaurar, sob sua presidência, inquérito civil, ou requisitar, de qualquer organismo público ou particular, certidões, informações, exames ou perícias, no prazo que assinalar, o qual não poderá ser inferior a 10 (dez) dias úteis". 3. Tanto o Procedimento de Investigação Preliminar quanto o inquérito civil servem à formação da convicção do Ministério Público a respeito dos fatos investigados, e o resultado consequente pode dar ensejo ao ajuizamento de qualquer das ações judiciais a cargo do *parquet*. 4. A "análise prévia" (conforme referiu a Corte de origem) a respeito da necessidade das informações requisitadas pelo Ministério Público é da competência exclusiva dessa instituição, que tem autonomia funcional garantida constitucionalmente, não sendo permitido ao Poder Judiciário ingressar no mérito a respeito do ato de requisição, sob pena de subtrair do *parquet* uma das prerrogativas que lhe foi assegurada pela Constituição Federal de 1988. 5. Recurso ordinário provido para conceder o mandado de segurança. (RMS 33.392/PE - Recurso Ordinário em Mandado de Segurança 2010/0225934-9 - Ministro Benedito Gonçalves - Primeira Turma - *DJe* de 10.6.2011)

3.5. QUESTÃO RESOLVIDA E COMENTADA

(MPT - 16º Concurso) Assinale a resposta **INCORRETA**:

[A] Na hipótese de ocorrer conflito de atribuições entre Membros de um Ministério Público estadual, compete ao Procurador-Geral de Justiça dirimir o conflito.

[B] Ocorrendo conflito de atribuições entre dois Membros do Ministério Público do Trabalho, compete à Câmara de Coordenação e Revisão decidir o conflito, com recurso para o Procurador-Geral do Trabalho.

[C] Quando o conflito for identificado entre Membros do Ministério Público Militar, compete à Câmara de Coordenação e Revisão decidir o conflito, com recurso para o Procurador-Geral da Justiça Militar.

[D] Existindo conflito de atribuições entre um Membro do Ministério Público Federal e um Membro do Ministério Público estadual, a competência para dirimir o conflito é do Conselho Nacional do Ministério Público.

[E] Não respondida.

Gabarito oficial: alternativa [D].

Comentários do autor:

✯ *A Lei nº 8.625/1993, em seu inciso X, art. 10, dispõe que compete ao Procurador-Geral de Justiça dirimir conflitos de atribuições entre membros do Ministério Público, designando quem deva atuar no feito. Assim, é verdadeira a alternativa "A".*

☆ Os conflitos de atribuição entre os órgãos do Ministério Público do Trabalho são decididos pela Câmara de Coordenação e Revisão (CCR) do Ministério Público do Trabalho, nos termos do art. 103, inciso VI, da LC nº 75/1993. Em grau de recurso, os conflitos de atribuição entre os órgãos do Ministério Público do Trabalho são dirimidos pelo PGT (art. 91, VII, da LC nº 75/1993). Correta a alternativa "B".

☆ O procedimento de solução de conflitos de atribuições no Ministério Público Militar é o mesmo do Ministério Público do Trabalho. Vejamos: os conflitos de atribuição entre os órgãos do Ministério Público Militar são decididos pela Câmara de Coordenação e Revisão (CCR) do Ministério Público Militar, nos termos do art. 136, inciso VI, da LC nº 75/1993. Em grau de recurso, os conflitos de atribuição entre os órgãos do Ministério Público Militar são dirimidos pelo PGM (art. 124, VI, da LC nº 75/1993). Correta a alternativa "C".

☆ Por fim, a competência para dirimir um conflito de atribuições entre um Membro do Ministério Público Federal e um Membro do Ministério Público estadual é do Supremo Tribunal Federal, conforme jurisprudência atualizada da Suprema Corte. Incorreta, portanto, a alternativa "D".

Capítulo 4

O CONSELHO NACIONAL DO MINISTÉRIO PÚBLICO
Cesar Henrique Kluge

Sumário: 4.1. Conselho Nacional do Ministério Público • 4.2. Tabela comparativa: CNMP e CNJ • 4.3. Escolha dos membros do Ministério Público • 4.4. Corregedoria Nacional do Ministério Público • 4.5. Órgãos colegiados do Conselho Nacional do Ministério Público • 4.6. Ouvidoria do Ministério Público • 4.7. Questão resolvida e comentada

4.1. CONSELHO NACIONAL DO MINISTÉRIO PÚBLICO

O Conselho Nacional do Ministério Público (CNMP) é um órgão de controle externo do Ministério Público brasileiro, introduzido pela Emenda Constitucional nº 45/2004, com o objetivo de coibir qualquer tipo de abuso do Ministério Público e de seus membros, respeitando sempre a autonomia da instituição. Tem como principal objetivo imprimir uma visão nacional ao Ministério Público.

> **ATENÇÃO:** Apesar das semelhanças existentes entre o CNMP e o CNJ, devemos ressaltar que enquanto o Conselho Nacional do Ministério Público é considerado um órgão de controle administrativo **EXTERNO** do MP, o Conselho Nacional de Justiça, por expressa disposição constitucional (art. 92, I-A) integra o Poder Judiciário, razão pela qual é considerado como órgão de controle administrativo **INTERNO**, classificação essa já referendada inclusive pelo próprio Supremo Tribunal Federal (AgR em MS 27.148/DF – Relator Ministro Celso de Mello – Tribunal Pleno – j. em 11.5.2011). Tal diferenciação justifica-se, notadamente, pela distinção de natureza jurídica feita pelo texto literal da Constituição Federal.

É composto por *14 membros* que representam diversos setores da sociedade:
- ✓ presidido pelo Procurador-Geral da República (PGR);
- ✓ quatro integrantes do Ministério Público da União (MPF, MPT, MPDF e MPM);
- ✓ três membros do Ministério Público estadual;
- ✓ dois juízes (indicados um pelo Supremo Tribunal Federal e o outro pelo Superior Tribunal de Justiça);

✓ dois advogados (indicados pelo Conselho Federal da Ordem dos Advogados do Brasil);

✓ dois cidadãos de notável saber jurídico e reputação ilibada (indicados um pela Câmara dos Deputados e o outro pelo Senado Federal).

Antes da posse no CNMP, os nomes apresentados são apreciados pelo Senado Federal, seguindo, caso aprovados, para a sanção do presidente da República.

De acordo com o art. 130-A, § 2º, da CF/1988, compete ao Conselho Nacional do Ministério Público o controle da atuação administrativa e financeira do Ministério Público e do cumprimento dos deveres funcionais de seus membros, cabendo-lhe:

a) zelar pela autonomia funcional e administrativa do Ministério Público, podendo expedir atos regulamentares, no âmbito de sua competência, ou recomendar providências;

b) zelar pela observância do art. 37 da Constituição Federal e apreciar a legalidade dos atos administrativos praticados por membros ou órgãos do Ministério Público da União e dos Estados;

c) receber reclamações contra membros ou órgãos do Ministério Público da União ou dos Estados, inclusive contra seus serviços auxiliares, sem prejuízo da competência disciplinar e correicional da instituição, podendo avocar processos disciplinares em curso, determinar a remoção, a disponibilidade ou a aposentadoria com subsídios ou proventos proporcionais ao tempo de serviço e aplicar outras sanções administrativas, assegurada a ampla defesa;

d) rever os processos disciplinares de membros do Ministério Público da União ou dos Estados julgados há menos de um ano;

e) elaborar relatório anual, propondo as providências que julgar necessárias sobre a situação do Ministério Público no País e as atividades do Conselho.

Tendo como premissa o controle e a transparência administrativa e financeira do Ministério Público e de seus membros, o Conselho Nacional é uma entidade aberta ao cidadão e às entidades brasileiras, que podem encaminhar reclamações contra membros ou órgãos do MP, inclusive contra seus serviços auxiliares, diretamente ao Conselho ou por meio das Ouvidorias.

A missão constitucional do Conselho Nacional do Ministério Público é, por meio do controle externo, fortalecer e aprimorar o Ministério Público brasileiro, assegurando sua autonomia e unidade, sendo um órgão de integração e desenvolvimento do Ministério Público Nacional.

Nesse contexto, os atos regulamentares expedidos pelo CNMP devem ser editados com o objetivo de padronizar a atuação do Conselho junto aos Ministérios Públicos, razão pela qual, em sua atuação repressiva, o controle deve restringir-se à análise da legalidade dos atos administrativos.

Por fim, corroborando sua finalidade administrativa, o E. Supremo Tribunal Federal, nos autos do Mandado de Segurança nº 28.028, manifestou-se expressamente no sentido de que não cabe ao CNMP interferir na atividade fim do Ministério Público.

4.2. TABELA COMPARATIVA CNMP E CNJ

	CNMP	CNJ
Número de membros	**14** (1 PGR; 4 MPU; 3 MPE; 2 juízes [indicados: STF e STJ]; 2 advogados; e 2 cidadãos [indicados CD e SF]). Os membros do Conselho oriundos do Ministério Público serão indicados pelos respectivos Ministérios Públicos, na forma da lei (Lei nº 11.372/2006).	**15** (1 STF [presidente]; 1 STJ [ministro]; 1 TST [ministro]; 1 Des. TJ [indicado STF]; 1 juiz estadual [STF]; 1 juiz TRF [STJ]; 1 juiz federal [STJ]; 1 juiz TRT; 1 Juiz do Trabalho [TST]; 1 MPU [indicado PGR]; 1 MPE [PGR]; 2 advogados [CFOAB]; e 2 cidadãos [indicados CD e SF].
Requisitos dos membros	Não há mais menção à idade.	Com o advento da EC nº 61/2009, não há mais menção à idade.
Mandato	2 anos, admitida UMA recondução.	2 anos, admitida UMA recondução.
Escolha	Não há previsão a quem caberá a escolha, caso não efetuadas as indicações no prazo legal.	Não efetuadas, no prazo legal, as indicações previstas neste artigo, caberá a escolha ao Supremo Tribunal Federal.
Presidência	Procurador-Geral da República (PGR).	Presidente do STF.
Corregedoria	O CNMP, em votação secreta, escolherá um Corregedor nacional, dentre os membros do Ministério Público que o integram, **vedada a recondução.**	**Ministro do STJ** Não há previsão de ser vedada a recondução ao exercício da função de corregedor, caso o Ministro do STJ seja reconduzido.
Relatórios	**Elaborar relatório anual**, propondo as providências que julgar necessárias sobre a situação do Ministério Público no País e as atividades do Conselho, o qual deve integrar a mensagem prevista no art. 84, XI.	**Relatório semestral estatístico**, sobre processos e sentenças prolatadas, por unidade da Federação, nos diferentes órgãos do Judiciário. **Relatório anual**, propondo providências necessárias sobre a situação do Poder Judiciário e atividades do Conselho, o qual deve integrar mensagem do Presidente do STF a ser remetida ao Congresso, por ocasião da abertura da sessão legislativa.
Atuação Junto ao Conselho	Presidente do Conselho Federal da OAB do Brasil.	PGR e Presidente do Conselho Federal da OAB do Brasil.
Ouvidoria	**Leis da União e dos Estados** criarão Ouvidorias do Ministério Público, competentes para receber reclamações e denúncias de qualquer interessado contra membros ou órgãos do Ministério Público, inclusive contra seus serviços auxiliares, representando diretamente ao Conselho Nacional do Ministério Público.	**A União**, inclusive no DF e nos Territórios, criará Ouvidorias de Justiça competentes para receber reclamações e denúncias de qualquer interessado contra membros ou órgãos do Poder Judiciário, ou contra seus serviços auxiliares, representando diretamente ao CNJ.

4.3. ESCOLHA DOS MEMBROS DO MINISTÉRIO PÚBLICO

Como visto anteriormente, o Conselho Nacional do Ministério Público é formado por 14 membros, nomeados pelo Presidente da República, depois de aprovada a escolha pela maioria absoluta do Senado, para um mandato de 2 anos, admitida uma recondução, sendo que, do total, existem 8 integrantes oriundos do Ministério Público:

✓ Procurador Geral da República, que é seu presidente;

✓ quatro membros do MPU, com um representante de cada ramo (MPT, MPT, MPDF e MPM); e

✓ três membros do Ministério Público estadual.

Nos termos do § 1º do art. 130-A da CF/1988, os membros do Conselho oriundos do Ministério Público serão indicados pelos respectivos Ministérios Públicos, na forma da lei. A Lei nº 11.372/2006, por sua vez, regulamentou o § 1º do art. 130-A da Constituição Federal para dispor sobre a forma de indicação dos membros do Conselho Nacional do Ministério Público oriundos do Ministério Público e criar sua estrutura organizacional e funcional.

O art. 1º da Lei nº 11.372/2006 apresenta o procedimento de escolha dos membros do Ministério Público da União:

> Art. 1º. Os membros do Conselho Nacional do Ministério Público oriundos do Ministério Público da União serão escolhidos pelo Procurador-Geral de cada um dos ramos, a partir de lista tríplice composta por membros com mais de 35 (trinta e cinco) anos de idade, que já tenham completado mais de 10 (dez) anos na respectiva Carreira.
>
> § 1º. As listas tríplices serão elaboradas pelos respectivos Colégios de Procuradores do Ministério Público Federal, do Ministério Público do Trabalho e do Ministério Público Militar, e pelo Colégio de Procuradores e Promotores de Justiça do Ministério Público do Distrito Federal e Territórios.
>
> § 2º. O nome escolhido pelo Procurador-Geral de cada um dos ramos será encaminhado ao Procurador-Geral da República, que o submeterá à aprovação do Senado Federal.

O art. 2º do mesmo diploma legal, por sua vez, estabelece o procedimento de escolha dos membros do Ministério Público dos Estados:

> Art. 2º. Os membros do Conselho Nacional do Ministério Público oriundos dos Ministérios Públicos dos Estados serão indicados pelos respectivos Procuradores-Gerais de Justiça, a partir de lista tríplice elaborada pelos integrantes da Carreira de cada instituição, composta por membros com mais de 35 (trinta e cinco) anos de idade, que já tenham completado mais de 10 (dez) anos na respectiva Carreira.
>
> Parágrafo único. Os Procuradores-Gerais de Justiça dos Estados, em reunião conjunta especialmente convocada e realizada para esse fim, formarão lista com os 3 (três) nomes indicados para as vagas destinadas a membros do Ministério Público dos Estados, a ser submetida à aprovação do Senado Federal.

Cumpre destacar que, nos exatos termos do art. 3º da Lei nº 11.372/2006, durante o exercício do mandato junto ao Conselho Nacional, aos membros do Ministério Público é VEDADO:

> I – integrar lista para promoção por merecimento;
>
> II – integrar lista para preenchimento de vaga reservada a membro do Ministério Público na composição do Tribunal;

III – integrar o Conselho Superior e exercer a função de Corregedor;

IV – integrar lista para Procurador-Geral.

Ademais, para atender às suas necessidades gerenciais, operacionais e de execução orçamentária, o Conselho Nacional do Ministério Público poderá utilizar a estrutura administrativa da Procuradoria-Geral da República (art. 8º). Por fim, aos Conselheiros são asseguradas as prerrogativas conferidas em lei aos membros do Ministério Público (art. 10).

4.4. CORREGEDORIA NACIONAL DO MINISTÉRIO PÚBLICO

A Corregedoria Nacional do Ministério Público é um órgão do CNMP, com o dever de executar as funções executivas de inspeção e correição geral do Conselho.

O corregedor é eleito entre os membros do Ministério Público que integram o CNMP para um mandato coincidente com o seu mandato de conselheiro, sendo vedada a recondução. Dentre as atribuições da Corregedoria Nacional destacam-se:

a) receber reclamações, representações e notícias sobre a atuação de membros do Ministério Público e de seus serviços auxiliares, determinando o arquivamento sumário das prescritas, das anônimas e daquelas que se revelem manifestamente improcedentes ou despidas de elementos mínimos para sua compreensão, de tudo dando ciência ao Plenário e ao interessado;

b) determinar a autuação e o processamento dos pedidos que atendam aos requisitos de admissibilidade, com a notificação do membro ou servidor do Ministério Público citado para que apresente defesa prévia acompanhada das provas que entender pertinentes;

c) propor ao Plenário, mediante a apresentação de relatório circunstanciado, a rejeição do pedido ou a instauração do devido processo administrativo disciplinar;

d) realizar, de ofício, sindicâncias, inspeções e correições quando tiver conhecimento de fatos graves ou relevantes que as justifiquem, propondo ao Plenário a instauração de processos disciplinares ou a adoção de medidas que entender necessárias ou convenientes;

e) requisitar membros e servidores do Ministério Público para auxiliarem na Corregedoria Nacional, dando disso conhecimento ao Plenário;

f) elaborar e apresentar ao Plenário periodicamente, ou sempre que solicitado por alguma comissão ou por Conselheiro, relatório sobre o conteúdo de correições, inspeções e sindicâncias que tramitem na Corregedoria Nacional;

g) executar e fazer executar as ordens e as deliberações do Conselho sujeitas à sua competência;

h) propor ao Plenário a expedição de recomendações e atos regulamentares que assegurem a autonomia do Ministério Público e o cumprimento da Lei Complementar nº 75, de 1993, da Lei nº 8.625, de 1993, e das leis estaduais editadas com amparo no art. 128, § 5º, da Constituição Federal;

i) manter contato direto com as demais Corregedorias do Ministério Público;

j) promover reuniões periódicas com os órgãos e os membros do Ministério Público envolvidos na atividade correicional para fins de estudo, acompanhamento e apresentação de sugestões.

Vale destacar que a Corregedoria Nacional, integrante do CNMP, não se confunde com as Corregedorias-Gerais, que integram a Administração Superior dos Ministérios Públicos estaduais (art. 5º, IV, c/c art. 17, ambos da Lei nº 8.625/1993) ou com as Corregedorias de cada ramo do Ministério Público da União, conforme LC nº 75/1993.

No âmbito do Ministério Público estadual, cada ente federativo possui sua Corregedoria Geral. Já no âmbito do Ministério Público da União, cada um de seus ramos (MPF, MPT, MPDF e MPM) possui sua Corregedoria, sendo que tais órgãos são responsáveis pelo *controle interno* dos atos administrativos e disciplinares.

Interessante a observação feita por Emerson Garcia (2010, p. 128) no que tange à relação entre a Corregedoria Nacional e as Corregedorias de cada Ministério Público:

> Uma forma de viabilizar a atuação do Conselho, compatibilizando-a com a autonomia das Instituições controladas, seria reservá-la às hipóteses em que os mecanismos internos de controle não tenham dispensado uma solução adequada à questão em prazo razoável. Formulada a reclamação diretamente ao Conselho, caberia ao órgão repassá-la à Instituição controlada, permitindo a deflagração dos mecanismos de controle interno. Decidido o procedimento, seria ampla a liberdade de revê-lo.
>
> Apreciando procedimentos disciplinares instaurados "contra membros ou órgãos do Ministério Público da União ou dos Estados, inclusive contra seus serviços auxiliares", caso entenda conveniente fazê-lo anteriormente à sua ultimação no plano interno, poderá o Conselho "determinar a remoção, a disponibilidade ou a aposentadoria com subsídios ou proventos proporcionais ao tempo de serviço e aplicar outras sanções administrativas, assegurada ampla defesa".

Não há como deixar de mencionar, por fim, a recente decisão da Suprema Corte, proferida nos autos da *ADIn nº 4.638*, ajuizada pela Associação dos Magistrados Brasileiros (AMB), questionando alguns artigos da Resolução nº 135/2011, do Conselho Nacional de Justiça (CNJ), dentre os quais o art. 12, que atribui ao Conselho Nacional *competência originária e concorrente* com os Tribunais de todo o País para instaurar processos administrativo-disciplinares contra magistrados.

Em dezembro de 2011, o ministro Marco Aurélio havia concedido liminar no sentido de que o CNJ somente poderia atuar em caso de omissão das corregedorias dos Tribunais locais. Todavia, em 2 de fevereiro de 2012, por seis votos a cinco, o Plenário do Supremo Tribunal Federal negou referendo à liminar parcialmente concedida pelo ministro Marco Aurélio, prevalecendo o entendimento segundo o qual o Conselho, ao editar a resolução, agiu dentro das competências conferidas a esse órgão pelo art. 103-B, § 4º, da CF/1988.

Assim, prevaleceu a tese de que o CNJ tem, constitucionalmente, competência originária e concorrente com os Tribunais, na sua incumbência de zelar pela autonomia e pelo bom funcionamento do Poder Judiciário.

Embora a decisão refira-se ao CNJ, nada impede que, em breve, o mesmo posicionamento seja adotado em relação ao Conselho Nacional do Ministério Público.

4.5. ÓRGÃOS COLEGIADOS DO CONSELHO NACIONAL DO MINISTÉRIO PÚBLICO

A estrutura do Conselho Nacional do Ministério Público está organizada da seguinte forma:

a) **Plenário**: Constituído pelos 14 conselheiros do CNMP, controla a atuação administrativa e financeira do Ministério Público e o cumprimento dos deveres funcionais dos seus membros. Contra os atos e decisões do plenário do Conselho não cabe recurso, salvo o de embargos de declaração. As sessões do plenário poderão ser ordinárias, com realização em dias úteis, mediante prévia comunicação aos conselheiros, e extraordinárias, convocadas pelo presidente fora do calendário semestral estabelecido, com pelo menos cinco dias de antecedência;

b) **Presidência**: exercida pelo procurador-geral da República, a quem compete atuar para o fortalecimento e o aprimoramento do Ministério Público;

c) **Corregedoria**: tem o dever de executar as funções executivas do Conselho, de inspeção e correição geral;

d) **Comissões**: instituídas pelo plenário para o estudo de temas e atividades específicos da instituição ou relacionados às suas competências. De caráter permanente ou temporário, as comissões são formadas pelos membros do Conselho, sendo os presidentes de cada comissão eleitos pelo voto da maioria do plenário para mandato de um ano;

e) **Secretaria Geral**: tem como função exercer as atividades de apoio técnico-administrativo necessárias à preparação e à execução das funções do CNMP. Diretamente subordinada à Presidência, a Secretaria atua também nos serviços cartorários do CNMP, como receber, autuar e movimentar os processos em tramitação.

4.6. OUVIDORIA DO MINISTÉRIO PÚBLICO

Nos termos do art. 130-A, § 5º, da Constituição de 1988, "Leis da União e dos Estados criarão ouvidorias do Ministério Público, competentes para receber reclamações e denúncias de qualquer interessado contra membros ou órgãos do Ministério Público, inclusive contra seus serviços auxiliares, representando diretamente ao Conselho Nacional do Ministério Público".

A Ouvidoria é um canal direto de comunicação entre os cidadãos e o Conselho Nacional do Ministério Público para sugestões, críticas, reclamações, elogios e dúvidas sobre o funcionamento do órgão. Seu objetivo é aperfeiçoar o atendimento ao usuário e os serviços prestados a partir da troca de informações entre os diversos MPs do País.

A Ouvidoria do Conselho Nacional do Ministério Público também tem a missão de integrar as ouvidorias do Ministério Público de todo o Brasil.

4.7. QUESTÃO RESOLVIDA E COMENTADA

(MPT – 16º Concurso) Sobre o Conselho Nacional do Ministério Público (CNMP) é **INCORRETO** afirmar:

[A] O CNMP compõe-se de 14 (quatorze) membros, nomeados pelo Presidente da República, depois de aprovada a escolha pela maioria absoluta do Senado Federal, para um mandato de 2 anos, admitida uma recondução.

[B] A Corregedoria Nacional do CNMP poderá realizar inspeções, correições e auditorias para apurar fatos relacionados a deficiências dos serviços do Ministério Público, em todas as suas áreas de atuação, bem como em seus serviços auxiliares, havendo ou não evidências de irregularidades.

[C] Os atos relativos à atividade fim (inquérito civil, procedimento preparatório ou procedimento administrativo investigatório) do Ministério Público são suscetíveis de revisão ou desconstituição pelo CNMP.

[D] O Presidente do Conselho Federal da Ordem dos Advogados do Brasil oficiará junto ao CNMP.

[E] Não respondida.

Gabarito oficial: alternativa [C].

Comentários do autor:

✫ *A alternativa "A" é verdadeira, uma vez que está compatível com o disposto no* caput *do art. 130-A da CF/1988.*

✫ *A alternativa "B" tem fundamento no § 3º do art. 130-A da CF/1988.*

✫ *A alternativa "C" está errada, uma vez que, ao Conselho Nacional do Ministério Público, compete o controle da atuação administrativa e financeira do Ministério Público e do cumprimento dos deveres funcionais de seus membros. Não pode o CNMP adentrar no mérito da atividade fim, pois essa fica protegida pelo princípio institucional da independência funcional.*

✫ *A alternativa "D", por sua vez, justifica-se pelo que consta no teor do § 4º do art. 130-A da CF/1988.*

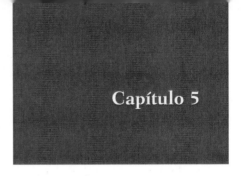

Capítulo 5

ESTRUTURA DO MINISTÉRIO PÚBLICO BRASILEIRO
Cesar Henrique Kluge

Sumário: 5.1. Ministério Público dos Estados – Lei Orgânica Nacional (Lei nº 8.625/1993) • 5.2. Ministério Público da União – Lei Complementar nº 75/1993 • 5.3. Ministério Público junto aos Tribunais de Contas • 5.4. Questões resolvidas e comentadas

Nos termos do art. 128 da Constituição Federal, o Ministério Público brasileiro compreende o Ministério Público dos Estados (MPE) e o Ministério Público da União (MPU), este subdividido em quatro ramos distintos: Ministério Público Federal (MPF), Ministério Público do Trabalho (MPT), Ministério Público Militar (MPM) e Ministério Público do Distrito Federal e Territórios (MPDFT).

A organização do Ministério Público brasileiro pode ser visualizada da seguinte forma:

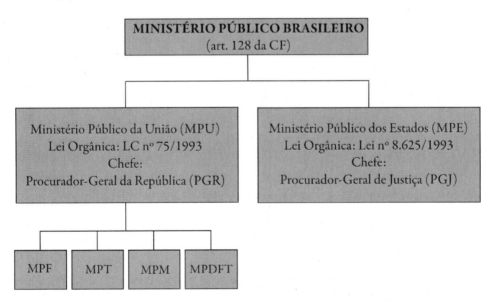

Vale observar que a disciplina do Ministério Público da União é dada pela Lei Complementar nº 75/1993, que dispõe, dentre outras coisas, sobre os direitos, garantias, prerrogativas, vedações e aposentadoria de seus membros.

O Ministério Público estadual, por sua vez, tem suas diretrizes gerais traçadas pela Lei nº 8.625/1993, cabendo à lei estadual disciplinar a instituição no âmbito do respectivo ente federativo.

5.1. MINISTÉRIO PÚBLICO DOS ESTADOS – LEI ORGÂNICA NACIONAL (LEI Nº 8.625/1993)

Tendo-se em vista as diferenças existentes entre os diversos Ministérios Públicos estaduais, era reconhecida a necessidade de uma lei nacional que fixasse normas gerais de organização.

Após intensa mobilização nacional dos Ministérios Públicos estaduais, foi sancionada a Lei Complementar nº 40/1981, a primeira Lei Orgânica Nacional do Ministério Público.

Não obstante a existência de uma lei nacional fixando diretrizes gerais para o Ministério Público nos Estados, o que colocava em dúvida a necessidade de nova legislação, a Constituição de 1988, em seu art. 128, § 5º, dispôs que "Leis complementares da União e dos Estados, cuja iniciativa é facultada aos respectivos Procuradores-Gerais, estabelecerão a organização, as atribuições e o estatuto de cada Ministério Público".

Nesse contexto, foi editada a Lei nº 8.625/1993, de 12 de fevereiro de 1993, instituindo a Lei Orgânica Nacional do Ministério Público, que dispõe sobre normas gerais para a organização do Ministério Público dos Estados e dá outras providências, revogando disposições em contrário.

Na doutrina, há discussão a respeito da natureza jurídica da Lei nº 8.625/1993, pois, enquanto a Constituição Federal estabeleceu que a Lei Orgânica deveria ter natureza de Lei Complementar, a norma foi editada como legislação ordinária. Dentre as *consequências jurídicas decorrentes da edição de legislação ordinária*, Hugo Nigro Mazzilli (2007, p. 368) destaca que só terão eficácia os dispositivos da Lei nº 8.625/1993 que não tratem de matéria de organização ou estatuto do Ministério Público dos Estados; que não contrariem as Constituições e leis complementares estaduais; e que disponham sobre atribuições do Ministério Público, matéria sobre a qual pode tratar a legislação ordinária.

Na prática, contudo, o Judiciário ou mesmo os órgãos do Ministério Público não têm dado atenção a essa questão, ainda que reconheçam alguma incoerência no sistema, prevalecendo os dispositivos da Lei nº 8.625/1993.

Quanto à organização do Ministério Público dos Estados, tratada na referida lei, visando a dar um tratamento uniforme aos diversos Ministérios Públicos estaduais, temos a seguinte estrutura:

a) **Órgãos da Administração Superior:** Procuradoria-Geral de Justiça, Colégio de Procuradores de Justiça, o Conselho Superior do Ministério Público e a Corregedoria-Geral do Ministério Público;

b) **Órgãos de Administração**: Procuradorias de Justiça e Promotorias de Justiça;

c) **Órgãos de execução:** Procurador-Geral de Justiça, Conselho Superior do Ministério Público, Procuradores de Justiça e Promotores de Justiça;

d) **Órgãos auxiliares**: Centros de Apoio Operacional, Comissão de Concurso, Centro de Estudos e Aperfeiçoamento Funcional, órgãos de apoio administrativo e estagiários.

5.2. MINISTÉRIO PÚBLICO DA UNIÃO – LEI COMPLEMENTAR Nº 75/1993

De acordo com o art. 128, inciso I, da CF/1988, o Ministério Público da União compreende o Ministério Público Federal, o Ministério Público do Trabalho, o Ministério Público do Distrito Federal e Territórios e o Ministério Público Militar.

A Carta Magna, em seu art. 128, § 5º, estabeleceu que a Lei Complementar da União, cuja iniciativa é facultada ao respectivo procurador-geral, estabelecerá a organização, as atribuições e o estatuto do Ministério Público da União. A Lei Complementar nº 75/1993, de 20 de maio de 1993, instituiu a Lei Orgânica do Ministério Público da União, dispondo sobre sua organização, suas atribuições e seu estatuto, que, nos termos do art. 80 da Lei nº 8.625/1993, é de aplicação subsidiária aos Ministérios Públicos dos estados.

Com o advento da Constituição Federal de 1988, que atribuiu novo *status* e garantias à instituição ministerial e aos seus membros, o Ministério Público da União, pela primeira vez na história, teve a escolha de seu chefe, o procurador-geral da República, desvinculada do livre arbítrio do chefe do Poder Executivo, que, anteriormente, poderia escolher um nome até mesmo fora dos integrantes da carreira.

Na forma do art. 128, § 1º, da CF/1988, a chefia administrativa do Ministério Público da União será exercida pelo procurador-geral da República, nomeado pelo presidente da República dentre integrantes da carreira, maiores de trinta e cinco anos, após a aprovação de seu nome pela maioria absoluta dos membros do Senado, para mandato de dois anos, permitida a recondução. *Frise-se que a Constituição Federal não limitou o número de reconduções!* Sua destituição, por iniciativa do presidente da República, deverá ser precedida de autorização da maioria absoluta do Senado (art. 128, § 2º).

Apesar de a norma constitucional expressamente mencionar que a escolha do procurador-geral da República possa recair sobre qualquer integrante da carreira – o que autorizaria concluir que a indicação poderia ocorrer entre os integrantes de qualquer dos ramos da instituição (MPF, MPT, MPDF e MPM), na prática o chefe do Ministério Público Federal acumula o cargo de procurador-geral da República, por força do disposto no art. 45 da LC nº 75/1993.

As atribuições do procurador-geral da República, como chefe do Ministério Público da União, estão elencadas no art. 26 da LC nº 75/1993, destacando-se:

- ✓ representar a instituição (todos os seus ramos);
- ✓ nomear e dar posse ao vice-procurador-geral da República, ao procurador-geral do Trabalho, ao procurador-geral da Justiça Militar, bem como dar posse ao procurador-geral de Justiça do Distrito Federal e Territórios;
- ✓ encaminhar aos respectivos presidentes as listas sêxtuplas para composição dos Tribunais Regionais Federais, do Tribunal de Justiça do Distrito Federal e Territórios, do Superior Tribunal de Justiça, do Tribunal Superior do Trabalho e dos Tribunais Regionais do Trabalho;
- ✓ dirimir conflitos de atribuição entre integrantes de ramos diferentes do Ministério Público da União.

O Procurador-Geral da República designará, dentre os integrantes da carreira, maiores de trinta e cinco anos, o vice-procurador-geral da República, que o substituirá em seus impedimentos, sendo que, na hipótese de vacância, exercerá o cargo o vice-presidente do Conselho Superior do Ministério Público Federal até o provimento definitivo do cargo (art. 27).

Existe, também, na estrutura do MPU, o Conselho de Assessoramento Superior do Ministério Público da União sob a presidência do procurador-geral da República, integrado pelo vice-procurador-geral da República, pelo procurador-geral do Trabalho, pelo procurador--geral da Justiça Militar e pelo procurador-geral de Justiça do Distrito Federal e Territórios.

Convém destacar que as reuniões do Conselho de Assessoramento Superior do Ministério Público da União serão convocadas pelo procurador-geral da República, *podendo solicitá-las qualquer de seus membros* (art. 29).

Dentre as atribuições do Conselho de Assessoramento, além de opinar sobre matérias de interesse geral da instituição, compete-lhe especialmente opinar sobre:

I – projetos de lei de interesse comum do Ministério Público da União, neles incluídos:

a) os que visem a alterar normas gerais da Lei Orgânica do Ministério Público da União;

b) a proposta de orçamento do Ministério Público da União;

c) os que proponham a fixação dos vencimentos nas carreiras e nos serviços auxiliares;

II – a organização e o funcionamento da Diretoria-Geral e dos Serviços da Secretaria do Ministério Público da União.

Além disso, o Conselho de Assessoramento Superior poderá propor aos Conselhos Superiores dos diversos ramos do Ministério Público da União medidas para uniformizar os atos decorrentes de seu poder normativo (art. 31).

A *estrutura* básica do Ministério Público da União será organizada por regulamento, nos termos da lei (parágrafo único do art. 24). A Secretaria do Ministério Público da União é dirigida pelo seu diretor-geral de livre escolha do procurador-geral da República e demissível *ad nutum*, incumbindo-lhe os serviços auxiliares de apoio técnico e administrativo à Instituição, conforme preceitua o art. 35 da LC nº 75/1993.

O pessoal dos serviços auxiliares será organizado em quadro próprio de carreira, sob regime estatutário, para apoio técnico-administrativo adequado às atividades específicas da Instituição, nos termos do art. 36.

Com relação à *carreira*, cada ramo do Ministério Público da União é independente, tendo, todos eles, organização própria, na forma da Lei Complementar nº 75/1993, sendo que as funções do Ministério Público da União só podem ser exercidas por integrantes da respectiva carreira.

A Lei Complementar nº 75/1993 explicita as atribuições, genericamente conferidas pela Constituição Federal, e seus respectivos instrumentos, conforme se observa da leitura dos arts. 5º ao 8º. Dentre os vários *instrumentos* mencionados, destacam-se:

✓ a promoção, privativa, da ação penal pública, na forma da lei;

✓ promoção do inquérito civil e ação civil pública para a proteção dos direitos constitucionais, do patrimônio público e social, do meio ambiente, dos bens e direitos de valor artístico, estético, histórico, turístico e paisagístico, dos interesses individuais indisponíveis, difusos e coletivos, relativos às comunidades indígenas, à família, à criança, ao adolescente, ao idoso, às minorias étnicas e ao consumidor, de outros interesses individuais indisponíveis, homogêneos, sociais, difusos e coletivos;

✓ a defesa judicial dos direitos e interesses das populações indígenas, incluídos os relativos às terras por elas tradicionalmente habitadas, propondo as ações cabíveis;

✓ propositura da ação civil coletiva para defesa de interesses individuais homogêneos;

✓ o poder de requisição.

Merecem registro as observações de Hugo Nigro Mazzilli (2007, p. 508):

> Uma advertência deve ser feita: o rol de funções, atribuições e instrumentos de atuação do Ministério Público não se exaure na Constituição ou nas respectivas leis orgânicas.
>
> A própria Constituição deixa claro que podem ser cometidas outras funções ao Ministério Público, desde que compatíveis com sua finalidade; as respectivas leis complementares do Ministério Público estabelecerão suas atribuições, sem prejuízo de que outras leis lhe tragam incumbências compatíveis; há inúmeras funções conferidas ao Ministério Público pelo Código Civil, pelo Código de Processo Civil, pelo Código de Processo Penal e por tantas outras leis.

> **ATENÇÃO:** É relevante o candidato ter conhecimento das disposições estatutárias especiais da LC nº 75/1993, que regulamentam a carreira, os direitos e o regime disciplinar dos membros do Ministério Público da União.

5.3. MINISTÉRIO PÚBLICO JUNTO AOS TRIBUNAIS DE CONTAS

A Constituição Federal de 1988, em seu art. 73, § 2º, inciso I, faz expressa menção à existência de um Ministério Público junto ao Tribunal de Contas, ao estabelecer os critérios de escolha dos Ministros da Corte de Contas, sendo que, no art. 130, a Lei Maior determina que aos membros desse Ministério Público, devem ser aplicados os direitos, vedações e forma de investidura previstos aos demais membros do Ministério Público.

A grande discussão em torno do tema reside no reconhecimento ou não do Ministério Público de Contas como mais um dos ramos do Ministério Público brasileiro, dotado de autonomia e independência, característica essa postulada por seus integrantes.

Não obstante a existência de divergência no campo doutrinário, o E. Supremo Tribunal Federal, provocado a se manifestar sobre o assunto, decidiu que o Ministério Público junto ao Tribunal de Contas é uma instituição que não integra o Ministério Público da União ou dos Estados, cujos ramos são taxativamente previstos na Constituição Federal, não possuindo sequer fisionomia institucional própria.

Assim, segundo entendimento predominante na Suprema Corte, o Ministério Público junto ao Tribunal de Contas é um órgão especial, que não integra nenhum dos ramos do Ministério Público, *não possuindo a instituição independência funcional, administrativa ou financeira, uma vez que se encontra integrado à "intimidade estrutural" do Tribunal de Contas*, destacando-se que as garantias previstas no art. 130 da CF são dos membros e não da instituição (ADIn 789-1/DF – Relator Ministro Celso de Mello – *DJ* de 19.12.1994).

Dentro desse contexto, o E. Supremo Tribunal Federal tem reconhecido a inconstitucionalidade da legislação estadual que venha a estender ao Ministério Público de Contas autonomia administrativa e financeira, uma vez que é obrigatória a adoção, pelos Estados, do modelo federal da organização do Tribunal de Contas da União e do Ministério Público que perante ela atua, pela aplicação do princípio da simetria (ADIn 2.378/GO – Relator Ministro Maurício Corrêa – j. em 19.5.2004; ADIn 3.192/ES – Relator Ministro Eros Grau – *DJ* de 18.8.2006; ADIn 3.307/MT – Relator Ministra Carmen Lúcia – j. em 2.2.2009).

5.4. QUESTÕES RESOLVIDAS E COMENTADAS

(MPT – 16º Concurso) Assinale a alternativa **CORRETA**:

[A] O Ministério Público do Trabalho tem por Chefe o Procurador-Geral do Trabalho, nomeado pelo Procurador-Geral da República. Em caso de vacância, exercerá o cargo o Vice-Procurador Geral do Trabalho, até o seu provimento definitivo.

[B] O Procurador-Geral de Justiça é o Chefe do Ministério Público do Distrito Federal e Territórios, nomeado pelo Presidente da República, e somente poderá ser destituído, antes do término do mandato, por deliberação da maioria absoluta do Senado Federal, mediante representação do Presidente da República.

[C] O Ministério Público Militar oficia perante os órgãos da Justiça Militar, compostos por circunscrições de Justiça Militar da Justiça Estadual e da União e o Superior Tribunal Militar e tem por Chefe o Procurador-Geral da Justiça Militar, nomeado pelo Procurador-Geral da República.

[D] O Conselho Superior dos ramos do Ministério Público da União, composto de 10 (dez) Membros, é integrado pelo Procurador-Geral e pelo Vice-Procurador como Membros natos, 4 (quatro) Membros eleitos pelo Colégio de Procuradores e 4 (quatro) pelos respectivos Conselhos.

[E] Não respondida.

Gabarito oficial: alternativa [B].

Comentários do autor:

✶ *A primeira parte da alternativa "A" está correta, pois o PGT é nomeado pelo Procurador--Geral da República, dentre integrantes da instituição, com mais de trinta e cinco anos de idade e de cinco anos na carreira, integrante de lista tríplice escolhida mediante voto plurinominal, facultativo e secreto, pelo Colégio de Procuradores, para um mandato de dois anos, permitida uma recondução, observado o mesmo processo. Entretanto, a parte final está errada, pois, no caso de vacância, o cargo de PGT será exercido pelo Vice-Presidente do Conselho Superior, e não pelo Vice-Procurador-Geral do MPT, este que só substitui o PGT em caso de impedimentos (art. 89 da LC nº 75/1993).*

✶ *O Procurador-Geral de Justiça é o Chefe do Ministério Público do Distrito Federal e Territórios. Será nomeado pelo Presidente da República dentre integrantes de lista tríplice elaborada pelo Colégio de Procuradores e Promotores de Justiça, para mandato de dois anos, permitida uma recondução, precedida de nova lista tríplice. Ademais, concorrerão à lista tríplice os membros do Ministério Público do Distrito Federal com mais de cinco anos de exercício nas funções da carreira e que não tenham sofrido, nos últimos quatro anos, qualquer condenação definitiva ou não estejam respondendo a processo penal ou administrativo. É o que dispõe os arts. 155 e 156 da LC nº 75/1993. A destituição, por sua vez, do Procurador-Geral de Justiça do Distrito Federal e Territórios, antes do término do mandato, ocorre por deliberação da maioria absoluta do Senado Federal, mediante representação do Presidente da República. Assim, está correta a alternativa "B".*

☆ *A CF dispõe, em seu art. 122, que os órgãos da Justiça Militar são o Superior Tribunal Militar e os Tribunais e Juízes Militares, instituídos por lei. Vê-se, assim, que é falsa a alternativa "C".*

☆ *A alternativa em comento ("D") prevê a composição dos Conselhos Superiores do MPF, MPT e MPDFT. No entanto, a composição do Conselho Superior do Ministério Público Militar destoa dos demais ramos, tendo em vista que todos os Subprocuradores-Gerais integram o órgão (art. 128 da LC nº 75/1993). Senão vejamos: "O Conselho Superior do Ministério Público Militar, presidido pelo Procurador-Geral da Justiça Militar, tem a seguinte composição: I – o Procurador-Geral da Justiça Militar e o Vice-Procurador-Geral da Justiça Militar; II – os Subprocuradores-Gerais da Justiça Militar". Incorreta, portanto, a referida alternativa.*

(MPT – 15º Concurso) Assinale a alternativa **CORRETA**:

[A] o Procurador-Geral de Justiça do Distrito Federal e Territórios será nomeado pelo Procurador-Geral da República, dentre os integrantes de lista tríplice elaborada pelo Colégio de Procuradores e Promotores de Justiça, para um mandato de dois anos;

[B] o Procurador-Geral da Justiça Militar será nomeado pelo Presidente da República, dentre integrantes da instituição, com mais de trinta e cinco anos de idade e de cinco anos na carreira, escolhido em lista tríplice elaborada mediante voto plurinominal, facultativo e secreto, pelo Conselho Superior do Ministério Público Militar, para um mandato de dois anos, observado o mesmo processo;

[C] o Procurador-Geral da República será nomeado pelo Presidente da República, dentre integrantes do último grau da carreira, com mais de trinta e cinco anos de idade, integrantes de lista tríplice escolhida mediante voto plurinominal, facultativo e secreto, pelo Colégio de Procuradores, para um mandato de dois anos;

[D] o Procurador-Geral do Trabalho será nomeado pelo Procurador-Geral da República, dentre integrantes da instituição, com mais de trinta e cinco anos de idade e cinco anos na carreira, integrantes de lista tríplice escolhida mediante voto plurinominal, facultativo e secreto, pelo Colégio de Procuradores, para um mandato de dois anos;

[E] não respondida.

Gabarito oficial: alternativa [D].

Comentários do autor:

☆ *O Procurador-Geral de Justiça é o Chefe do Ministério Público do Distrito Federal e Territórios. Será nomeado pelo Presidente da República dentre integrantes de lista tríplice elaborada pelo Colégio de Procuradores e Promotores de Justiça, para mandato de dois anos, permitida uma recondução, precedida de nova lista tríplice. Ademais, concorrerão à lista tríplice os membros do Ministério Público do Distrito Federal com mais de cinco anos de exercício nas funções da carreira e que não tenham sofrido, nos últimos quatro anos, qualquer condenação definitiva ou não estejam respondendo a processo penal ou administrativo. É o que dispõe os arts. 155 e 156 da LC nº 75/1993. O erro da alternativa "A" está exatamente na situação peculiar de que o PGJ do MPDFT é nomeado pelo Presidente da República, diferentemente do PGT e do PGJM, que são nomeados pelo Procurador-Geral da República.*

✵ *O Procurador-Geral da Justiça Militar é o Chefe do Ministério Público Militar. É nomeado pelo Procurador-Geral da República, dentre integrantes da Instituição, com mais de trinta e cinco anos de idade e cinco anos na carreira, escolhidos em lista tríplice mediante voto pluri-nominal, facultativo e secreto, pelo Colégio de Procuradores, para um mandato de dois anos, permitida uma recondução, observado o mesmo processo. Caso não haja número suficiente de candidatos com mais de cinco anos na carreira, poderá concorrer à lista tríplice quem contar mais de dois anos na carreira (art. 121, caput, da LC nº 75/1993). Assim, a alternativa "B" está incorreta, já que o PGJM não é nomeado pelo Presidente da República.*

✵ *O PGR, por sua vez, é chefe do Ministério Público da União, nomeado pelo Presidente da República dentre integrantes da carreira, maiores de trinta e cinco anos, após a aprovação de seu nome pela maioria absoluta dos membros do Senado Federal, para mandato de dois anos, permitida a recondução (art. 128, § 1º, da CF/1988). Nesse sentido, a alternativa apresenta diversas incorreções, uma vez que não há o procedimento de escolha em lista tríplice mediante o voto plurinominal, facultativo e secreto, pelo Colégio de Procuradores; e a nomeação do PGR pelo Presidente da República é operada dentre integrantes da carreira e não do último grau da carreira.*

✵ *Por fim, o Procurador-Geral do Trabalho é o Chefe do Ministério Público do Trabalho, nos termos do art. 87 da LC nº 75/1993. O PGT é nomeado pelo Procurador-Geral da República, dentre integrantes da instituição, com mais de trinta e cinco anos de idade e cinco anos na carreira, integrante de lista tríplice escolhida mediante voto plurinominal, facultativo e secreto, pelo Colégio de Procuradores, para um mandato de dois anos, permitida uma recondução, observado o mesmo processo. Caso não haja número suficiente de candidatos com mais de cinco anos na carreira, poderá concorrer à lista tríplice quem contar mais de dois anos na carreira (ex vi do disposto no art. 88 da LC nº 75/1993). Correta a alternativa "D".*

(MPT – 15º Concurso) Assinale a alternativa **INCORRETA**:

[A]   o Procurador-Geral da República é o Chefe do Ministério Público da União, podendo ser reconduzido por mais de duas vezes, sendo que cada nova recondução deverá ser precedida de decisão do Senado Federal;

[B]   a exoneração, de ofício, do Procurador-Geral da República, por iniciativa do Presidente da República, deverá ser precedida de autorização da maioria simples do Senado Federal, em votação aberta;

[C]   é atribuição do Procurador-Geral da República, como chefe do Ministério Público da União, dirimir conflitos de atribuição entre integrantes de ramos diferentes do Ministério Público da União;

[D]   o Procurador-Geral da República poderá delegar aos Procuradores-Gerais a prática de atos de gestão administrativa, financeira e de pessoal;

[E]   não respondida.

Gabarito oficial: alternativa [B].

Estrutura do Ministério Público brasileiro | 119

Comentários do autor:

✯ *O PGR é o chefe do Ministério Público da União. O PGR é nomeado pelo Presidente da República dentre integrantes da carreira, maiores de trinta e cinco anos, após a aprovação de seu nome pela maioria absoluta dos membros do Senado Federal, para mandato de dois anos, permitida a recondução (art. 128, § 1º, da CF/1988). Veja que não há limites quanto à recondução ao cargo de PGR. Assim, está correta a alternativa "A".*

✯ *A exoneração, de ofício, do Procurador-Geral da República, por iniciativa do Presidente da República, deverá ser precedida de autorização da maioria absoluta do Senado Federal, em votação aberta. Nesse sentido, inverídica a alternativa "B".*

✯ *O teor da alternativa "C" está compatível com o disposto no inciso VII do art. 26 da LC nº 75/1993.*

✯ *Por fim, a alternativa "D" também está correta, conforme o disposto no § 1º do art. 26 da LC nº 75/1993.*

(MPT – 15º Concurso) Leia com atenção as assertivas abaixo:

I – o Conselho de Assessoramento Superior do Ministério Público da União é composto pelo Procurador-Geral da República, que o preside, pelo Vice-Procurador-Geral da República, pelo Procurador-Geral do Trabalho, pelo Procurador-Geral da Justiça Militar e pelo Procurador-Geral de Justiça do Distrito Federal e Territórios;

II – as reuniões do Conselho de Assessoramento Superior do Ministério Público da União serão convocadas pelo Procurador-Geral da República, podendo solicitá-las qualquer de seus membros;

III – o Conselho de Assessoramento Superior do Ministério Público da União deverá opinar, dentre outras matérias, sobre a organização e o funcionamento da Diretoria-Geral e dos serviços da Secretaria do Ministério Público da União.

Assinale a alternativa **CORRETA**:

[A] todas as assertivas estão corretas;

[B] todas as assertivas estão incorretas;

[C] apenas as assertivas I e II estão corretas;

[D] apenas a assertiva I está correta;

[E] não respondida.

Gabarito oficial: alternativa [A].

Comentários do autor:

✯ *O Conselho de Assessoramento Superior do Ministério Público da União realmente, nos termos do art. 28, caput, da Lei Complementar nº 75/1993, é presidido pelo Procurador-Geral da República e integrado pelo Vice-Procurador-Geral da República, pelo Procurador-Geral do Trabalho, pelo Procurador-Geral da Justiça Militar e pelo Procurador-Geral de Justiça do Distrito Federal e Territórios. Correta a assertiva "I".*

✯ *Também é verdadeira a assertiva "II", pois está compatível com o disposto no art. 29 da Lei Complementar nº 75/1993.*

120 | MPT – PREPARANDO-SE PARA O CONCURSO DE PROCURADOR DO TRABALHO

☆ *Nos termos do art. 30, caput e incisos, da Lei Complementar nº 75/1993, o Conselho de Assessoramento Superior opina sobre as matérias de interesse geral da instituição, dentre as quais destacam-se: I – projetos de lei de interesse comum do Ministério Público da União, neles incluídos: a) os que visem a alterar normas gerais da Lei Orgânica do Ministério Público da União; b) a proposta de orçamento do Ministério Público da União; c) os que proponham a fixação dos vencimentos nas carreiras e nos serviços auxiliares; e II – a organização e o funcionamento da Diretoria-Geral e dos Serviços da Secretaria do Ministério Público da União. Vê-se, assim, que está correta a assertiva "III".*

(MPT – 14º Concurso) Assinale a alternativa **INCORRETA**:

[A] o Conselho de Assessoramento Superior do Ministério Público da União é composto apenas pelo Procurador-Geral da República, que o preside, pelo Procurador-Geral do Trabalho, pelo Procurador-Geral da Justiça Militar e pelo Procurador-Geral de Justiça do Distrito Federal e Territórios;

[B] qualquer dos membros do Conselho de Assessoramento Superior do Ministério Público da União poderá solicitar reuniões;

[C] o Conselho de Assessoramento Superior do Ministério Público da União deverá opinar, dentre outras matérias, sobre a organização e o funcionamento da Diretoria-Geral e dos Serviços da Secretaria do Ministério Público da União;

[D] o Conselho de Assessoramento Superior do Ministério Público da União poderá propor aos Conselhos Superiores dos diferentes ramos do Ministério Público da União medidas para uniformizar os atos decorrentes de seu poder normativo;

[E] não respondida.

Gabarito oficial: alternativa [A].

Comentários do autor:

☆ *O Conselho de Assessoramento Superior do Ministério Público da União, nos termos do art. 28, caput, da Lei Complementar nº 75/1993, é presidido pelo Procurador-Geral da República e integrado pelo Vice-Procurador-Geral da República, pelo Procurador-Geral do Trabalho, pelo Procurador-Geral da Justiça Militar e pelo Procurador-Geral de Justiça do Distrito Federal e Territórios. A alternativa "A" está incorreta, em virtude da supressão do Vice-Procurador-Geral da República.*

☆ *São verdadeiras as alternativas "B", "C" e "D", pois estão compatíveis com o disposto, respectivamente, nos arts. 29, 30, caput e inciso II, e 31, da Lei Complementar nº 75/1993.*

(MPT – 14º Concurso) Leia com atenção as assertivas abaixo:

I – A ação penal pública contra o Procurador-Geral da República, quando no exercício do cargo, caberá ao Subprocurador-Geral da República mais antigo na carreira;

II – O Procurador-Geral da República poderá delegar ao Coordenador de Câmara de Coordenação e Revisão a atribuição de coordenação das atividades do Ministério Público Federal;

III – O Conselho Superior do Ministério Público Militar é formado pelo Procurador-Geral da Justiça Militar, pelo Vice-Procurador-Geral da Justiça Militar, por quatro

Subprocuradores-Gerais da Justiça Militar eleitos pelo Colégio de Procuradores da Justiça Militar e por quatro Subprocuradores-Gerais da Justiça Militar eleitos por seus pares.

Assinale a alternativa **CORRETA**:

[A] todas as assertivas estão corretas;

[B] todas as assertivas estão incorretas;

[C] apenas as assertivas I e III estão corretas;

[D] apenas a assertiva II está correta;

[E] não respondida.

Gabarito oficial: alternativa [D].

Comentários do autor:

☆ *Conforme o disposto no art. 51 da LC nº 75/1993, a ação penal pública contra o Procurador-Geral da República, quando no exercício do cargo, caberá ao Subprocurador-Geral da República que for designado pelo Conselho Superior do Ministério Público Federal. Nesse sentido, incorreta a assertiva "I".*

☆ *O PGR, nos termos do inciso I do art. 50 da LC nº 75/1993, pode delegar ao Coordenador da CCR as seguintes atribuições: assegurar a continuidade dos serviços, em caso de vacância, afastamento temporário, ausência, impedimento ou suspensão do titular, na inexistência ou falta do substituto designado; e coordenar as atividades do Ministério Público Federal. Vê-se, assim, que está correta a assertiva "II".*

☆ *O disposto na assertiva III é muito peculiar, uma vez que diz respeito à composição do Conselho Superior do Ministério Público Militar, a qual destoa um pouco da composição do Conselho Superior do Ministério Público do Trabalho. Dispõe o art. 128 da LC nº 75/1993 que o CSMPM é composto pelo Procurador-Geral da Justiça Militar, pelo Vice-Procurador-Geral da Justiça Militar e pelos Subprocuradores-Gerais da Justiça Militar. Observe-se que o conselho é integrado por todos os Subprocuradores-Gerais da Justiça Militar. Vê-se que a assertiva "III" está incorreta.*

(MPT – 12º Concurso) Quanto ao Conselho de Assessoramento Superior do Ministério Público da União, assinale a alternativa **INCORRETA**:

[A] é presidido pelo Procurador-Geral da República e integrado pelo Vice-Procurador-Geral da República, pelo Procurador-Geral do Trabalho, pelo Procurador-Geral da Justiça Militar e pelo Procurador-Geral de Justiça do Distrito Federal e Territórios;

[B] as suas reuniões serão convocadas pelo Procurador-Geral da República, podendo ser solicitadas por qualquer de seus Membros;

[C] poderá propor aos Conselhos Superiores dos diferentes ramos do Ministério Público da União medidas para uniformizar os atos decorrentes de seu poder normativo, sempre depois de ouvidos os Corregedores-Gerais dos quatro ramos do Ministério Público da União;

[D] deverá opinar sobre as matérias de interesse geral da instituição e, dentre outras, sobre os projetos de lei de interesse comum do Ministério Público da União, neles incluídos os que proponham a fixação dos vencimentos nas carreiras e nos serviços auxiliares.

[E]   não respondida.

Gabarito oficial: alternativa [C].

Comentários do autor:

✶ *O Conselho de Assessoramento Superior do Ministério Público da União realmente, nos termos do art. 28, caput, da Lei Complementar nº 75/1993, é presidido pelo Procurador-Geral da República e integrado pelo Vice-Procurador-Geral da República, pelo Procurador-Geral do Trabalho, pelo Procurador-Geral da Justiça Militar e pelo Procurador-Geral de Justiça do Distrito Federal e Territórios. Correta a alternativa "A".*

✶ *Também é verdadeira a alternativa "B", pois está compatível com o disposto no art. 29 da Lei Complementar nº 75/1993.*

✶ *Quanto à afirmativa constante na alternativa "C", o Conselho de Assessoramento Superior pode propor aos Conselhos Superiores dos diferentes ramos do Ministério Público da União medidas para uniformizar os atos decorrentes de seu poder normativo. Entretanto, consoante o disposto no art. 31 da Lei Complementar nº 75/1993, não há nenhuma obrigação de oitiva dos Corregedores-Gerais dos quatro ramos do Ministério Público da União. Nesse ponto, está incorreta a alternativa "C".*

✶ *Nos termos do art. 30, caput e incisos, da Lei Complementar nº 75/1993, o Conselho de Assessoramento Superior opina sobre as matérias de interesse geral da instituição, dentre as quais destacam-se: I – projetos de lei de interesse comum do Ministério Público da União, neles incluídos: a) os que visem a alterar normas gerais da Lei Orgânica do Ministério Público da União; b) a proposta de orçamento do Ministério Público da União; c) os que proponham a fixação dos vencimentos nas carreiras e nos serviços auxiliares; e II – a organização e o funcionamento da Diretoria-Geral e dos Serviços da Secretaria do Ministério Público da União. Vê-se, assim, que está correta a afirmativa da alternativa "D".*

(MPT – 12º Concurso) Assinale a alternativa **CORRETA**:

[A]   o Procurador-Geral da República será nomeado pelo Presidente da República, dentre integrantes da Instituição, com mais de trinta e cinco anos de idade e de cinco anos de carreira, escolhidos em lista tríplice mediante o voto plurinominal, facultativo e secreto, pelo Colégio de Procuradores, após a aprovação de seu nome pela maioria absoluta do Senado Federal, para mandato de dois anos, permitida uma recondução, observado o mesmo processo;

[B]   o Procurador-Geral do Trabalho será nomeado pelo Procurador-Geral da República, dentre integrantes do último grau da carreira, com mais de trinta e cinco anos de idade, integrantes de lista tríplice escolhida mediante o voto plurinominal, facultativo e secreto, pelo Colégio de Procuradores, para um mandato de dois anos, permitida a recondução, observado o mesmo processo;

[C]   o Procurador-Geral da Justiça Militar será nomeado pelo Procurador-Geral da República, dentre integrantes da Instituição, com mais de trinta e cinco anos de idade e de cinco anos de carreira, escolhidos em lista tríplice mediante o voto plurinominal, facultativo e secreto, pelo Colégio de Procuradores, para um mandato de dois anos, permitida uma recondução, observado o mesmo processo;

[D] o Procurador-Geral de Justiça do Distrito Federal e Territórios será nomeado pelo Procurador-Geral da República, dentre integrantes da Instituição, com mais de cinco anos de exercício nas funções da carreira e que não tenham sofrido, nos últimos quatro anos, qualquer condenação definitiva ou não estejam respondendo a processo penal ou administrativo, escolhidos em lista tríplice elaborada pelo Colégio de Procuradores e Promotores de Justiça, para mandato de dois anos, permitida uma recondução, precedida de nova lista tríplice;

[E] não respondida.

Gabarito oficial: alternativa [C].

Comentários do autor:

A presente questão é muito interessante, pois aborda as formas e as condições de provimento nos cargos de Procuradores Gerais dos diversos ramos do Ministério Público brasileiro. Essa temática é recorrente nos concursos de provimento dos cargos de membros do Ministério Público.

✯ *Inicialmente, é importante destacar que o Ministério Público brasileiro, nos termos do art. 128 da CF/1988, abrange: o Ministério Público da União, que compreende: a) o Ministério Público Federal; b) o Ministério Público do Trabalho; c) o Ministério Público Militar; d) o Ministério Público do Distrito Federal e Territórios; e os Ministérios Públicos dos Estados. O Procurador-Geral da República (PGR) é o chefe do Ministério Público da União, sendo nomeado pelo PRESIDENTE DA REPÚBLICA dentre integrantes da carreira, maiores de trinta e cinco anos, após a aprovação de seu nome pela maioria absoluta dos membros do Senado Federal, para mandato de dois anos, permitida a recondução (art. 128, § 1º, da CF/1988). Nesse sentido, a alternativa apresenta diversas incorreções:*

— *não há o requisito de cinco anos de carreira;*

— *também não há o procedimento de escolha em lista tríplice mediante o voto plurinominal, facultativo e secreto, pelo Colégio de Procuradores; e*

— *quanto à recondução, não tem o limite de apenas uma, permitindo o dispositivo constitucional em comento que o PGR seja reconduzido inúmeras vezes. Segundo o art. 25 da Lei Complementar nº 75/1993, a recondução do PGR deve ser precedida de nova decisão do Senado Federal. Observa-se que não há expressamente esse aspecto no dispositivo constitucional. Vê-se, assim, que a alternativa "A" está incorreta.*

✯ *O Procurador-Geral do Trabalho (PGT), por sua vez, é o Chefe do Ministério Público do Trabalho, nos termos do art. 87 da LC nº 75/1993. O PGT é nomeado pelo PROCURADOR-GERAL DA REPÚBLICA, dentre integrantes da instituição, com mais de trinta e cinco anos de idade e cinco anos na carreira, integrante de lista tríplice escolhida mediante voto plurinominal, facultativo e secreto, pelo Colégio de Procuradores, para um mandato de dois anos, permitida uma recondução, observado o mesmo processo. Caso não haja número suficiente de candidatos com mais de cinco anos na carreira, poderá concorrer à lista tríplice quem contar mais de dois anos na carreira (ex vi do disposto no art. 88 da LC nº 75/1993). Ora, o que torna a alternativa "B" incorreta é que não há restrição para nomeação no cargo de PGT, somente aos integrantes do último grau da carreira.*

> **ATENÇÃO:** *diferentemente do que ocorre com a nomeação do Procurador-Geral da República, que é feita pelo Chefe do Poder Executivo (Presidente da República), a nomeação do PGT, é feita pelo PGR, constando como requisito para o PGT: 5 anos de carreira, necessidade de lista tríplice, para um mandato de dois anos, permitida UMA recondução.*

✳ *O Procurador-Geral da Justiça Militar é o Chefe do Ministério Público Militar. O Procurador-Geral da Justiça Militar é nomeado pelo Procurador-Geral da República, dentre integrantes da Instituição, com mais de trinta e cinco anos de idade e cinco anos na carreira, escolhidos em lista tríplice mediante voto plurinominal, facultativo e secreto, pelo Colégio de Procuradores, para um mandato de dois anos, permitida uma recondução, observado o mesmo processo. Caso não haja número suficiente de candidatos com mais de cinco anos na carreira, poderá concorrer à lista tríplice quem contar mais de dois anos na carreira (art. 121, caput, da LC nº 75/1993). Assim, correta a alternativa "C".*

✳ *Por fim, o Procurador-Geral de Justiça é o Chefe do Ministério Público do Distrito Federal e Territórios. O Procurador-Geral de Justiça será nomeado pelo PRESIDENTE DA REPÚBLICA dentre integrantes de lista tríplice elaborada pelo Colégio de Procuradores e Promotores de Justiça, para mandato de dois anos, permitida uma recondução, precedida de nova lista tríplice. Ademais, concorrerão à lista tríplice os membros do Ministério Público do Distrito Federal com mais de cinco anos de exercício nas funções da carreira e que não tenham sofrido, nos últimos quatro anos, qualquer condenação definitiva ou não estejam respondendo a processo penal ou administrativo. É o que dispõe os arts. 155 e 156 da LC nº 75/1993. O erro da alternativa "D" está exatamente na situação peculiar de que o PGJ do MPDFT é nomeado pelo Presidente da República, diferentemente do PGT e do PGJM, que são nomeados pelo Procurador-Geral da República.*

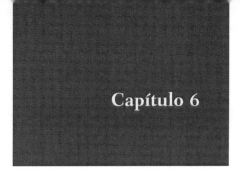

Capítulo 6

O MINISTÉRIO PÚBLICO DO TRABALHO
Cesar Henrique Kluge

Sumário: 6.1. Evolução do Ministério Público do Trabalho • 6.2. Organização e carreira • 6.2.1. Procurador-Geral do Trabalho • 6.2.2. Colégio de Procuradores • 6.2.3. Conselho Superior do Ministério Público do Trabalho • 6.2.4. Câmara de Coordenação e Revisão do Ministério Público do Trabalho • 6.2.5. Corregedoria do Ministério Público do Trabalho • 6.2.6. Subprocuradores-Gerais do Trabalho • 6.2.7. Procuradores Regionais do Trabalho • 6.2.8. Procuradores do Trabalho • 6.3. Prerrogativas • 6.3.1. Prerrogativas institucionais: aspectos relevantes • 6.3.2. Prerrogativas processuais: aspectos relevantes • 6.3.2.1. Intimação pessoal do membro do Ministério Público: aspectos controvertidos • 6.4. Atribuições judiciais e extrajudiciais • 6.4.1. Principais áreas de atuação: coordenadorias nacionais • 6.4.1.1. Promover a igualdade de oportunidades e combater a discriminação nas relações de trabalho (COORDIGUALDADE) • 6.4.1.2. Erradicar o trabalho escravo e degradante (CONAETE) • 6.4.1.3. Erradicar a exploração do trabalho da criança e proteger o trabalhador adolescente (COORDINFÂNCIA) • 6.4.1.4. Garantir o meio ambiente do trabalho adequado (CODEMAT) • 6.4.1.5. Eliminar as fraudes trabalhistas (CONAFRET) • 6.4.1.6. Combater as irregularidades na Administração Pública (CONAP) • 6.4.1.7. Proteger o trabalho portuário e aquaviário (CONATPA) • 6.4.1.8. Garantir a liberdade sindical e buscar pacificar conflitos coletivos de trabalho (CONALIS) • 6.5. Procedimento de investigação: inquérito civil • 6.5.1. Objeto do inquérito civil • 6.5.2. Inquérito civil e procedimento preparatório • 6.5.3. Fases do inquérito civil: instauração, provas e conclusão • 6.5.4. Valoração das provas produzidas nos autos do inquérito civil • 6.5.5. Princípio da publicidade • 6.5.6. Reabertura do inquérito e reapreciação de provas • 6.5.7. Inquérito civil e crime de falso testemunho • 6.5.8. Prazo do inquérito civil • 6.6. Poderes de investigação: requisição, notificação, inspeção e realização de diligências • 6.7. Recomendação • 6.8. Termo de Compromisso de Ajustamento de Conduta • 6.9. Audiência pública • 6.10. Questões resolvidas e comentadas

6.1. EVOLUÇÃO DO MINISTÉRIO PÚBLICO DO TRABALHO

A história do Ministério Público do Trabalho confunde-se com a história da própria Justiça do Trabalho, como bem analisa o atual ministro do Tribunal Superior do Trabalho Ives Gandra da Silva Martins Filho em trabalho sobre o tema (1997).

Nesse contexto histórico, verifica-se que, em 1937, uma nova organização da Justiça do Trabalho criou o cargo de procurador-geral do Trabalho. Em seguida foram instaladas, junto a cada Conselho Regional do Trabalho, as Procuradorias Regionais, sendo Arnaldo Sussekind o primeiro procurador regional de São Paulo, e o professor Evaristo de Moraes Filho o primeiro procurador regional da Bahia.

No ano de 1940, a Procuradoria do Trabalho passou a denominar-se Procuradoria da Justiça do Trabalho, assumindo o cargo de procurador-geral da Justiça do Trabalho, em 1941, o Dr. Américo Ferreira Lopes (Decreto-lei nº 2.852/1940).

A Consolidação das Leis do Trabalho, promulgada em 1943, por meio do Decreto nº 5.452, de Getúlio Vargas, dedicou todo o Título IX à instituição, estabelecendo, contudo, que o Ministério Público do Trabalho seria constituído por agentes diretos do Poder Executivo. Com a promulgação da Lei nº 1.341, de 30 de janeiro de 1951, denominada Lei Orgânica do Ministério Público da União, o Ministério Público do Trabalho passou a integrar o Ministério Público da União.

Em 1961, foram criados, pelo então procurador-geral da Justiça do Trabalho, Arnaldo Sussekind, núcleos de atendimento que funcionavam como verdadeiras curadorias de menores.

Em 1965, houve a criação do Centro de Estudos do Ministério Público do Trabalho.

A Constituição de 1988, além de todas as características já estudadas, deixou expressamente determinado que o Ministério Público do Trabalho (MPT) é um dos ramos do Ministério Público da União (MPU), responsável pela defesa da ordem jurídica, do regime democrático e dos interesses sociais (difusos, coletivos e individuais homogêneos) e individuais indisponíveis *na seara trabalhista*.

Não é demais salientar que o Ministério Público do Trabalho (MPT) não se confunde com o Ministério do Trabalho e Emprego (MTE), órgão de fiscalização vinculado ao Poder Executivo. São instituições diferentes, mas que podem atuar em parceria.

6.2. ORGANIZAÇÃO E CARREIRA

De acordo com o art. 85 da Lei Complementar nº 75/1993, são órgãos do Ministério Público do Trabalho:

I – o procurador-geral do Trabalho;

II – o Colégio de Procuradores do Trabalho;

III – o Conselho Superior do Ministério Público do Trabalho;

IV – a Câmara de Coordenação e Revisão do Ministério Público do Trabalho;

V – a Corregedoria do Ministério Público do Trabalho;

VI – os subprocuradores-gerais do Trabalho;

VII – os procuradores regionais do Trabalho;

VIII – os procuradores do Trabalho.

A carreira do Ministério Público do Trabalho é constituída pelos cargos de subprocurador-geral do Trabalho, procurador regional do Trabalho e procurador do Trabalho, sendo o cargo inicial o de procurador do Trabalho; e o do último nível, o de subprocurador-geral do Trabalho (art. 86).

O Ministério Público do Trabalho | 127

Dada a relevância do tema, passemos a analisar os principais pontos referentes a cada um dos órgãos do Ministério Público do Trabalho.

6.2.1. Procurador-Geral do Trabalho

Dispõe o Estatuto do Ministério Público da União, Lei Complementar nº 75/1993:

> Art. 87. O Procurador-Geral do Trabalho é o Chefe do Ministério Público do Trabalho.
>
> Art. 88. O Procurador-Geral do Trabalho será nomeado pelo Procurador-Geral da República, dentre integrantes da instituição, com mais de trinta e cinco anos de idade e de cinco anos na carreira, integrante de lista tríplice escolhida mediante voto plurinominal, facultativo e secreto, pelo Colégio de Procuradores para um mandato de dois anos, permitida uma recondução, observado o mesmo processo. Caso não haja número suficiente de candidatos com mais de cinco anos na carreira, poderá concorrer à lista tríplice quem contar mais de dois anos na carreira. (...)

Algumas observações merecem destaque, no que tange à escolha do procurador-geral do Trabalho:

- ✓ Sua nomeação, ao contrário do que ocorre com o procurador-geral da República e com o procurador-geral de Justiça do Distrito Federal e Territórios (art. 156 da LC nº 75/1993), cuja nomeação é feita pelo presidente da República, é realizada pelo procurador-geral da República;

- ✓ Como o art. 88 da LC nº 75/1993 dispõe que a nomeação será feita dentre *integrantes da instituição*, não fazendo qualquer menção quanto ao cargo ocupado (procurador do Trabalho, procurador regional do Trabalho ou subprocurador-geral do Trabalho), é possível que um procurador do Trabalho, ocupante do cargo inicial da carreira, venha a ser nomeado procurador-geral do Trabalho;

- ✓ Diferentemente do procurador-geral da República, que pode ser reconduzido inúmeras vezes, já que o texto constitucional não estabeleceu limites à recondução, o procurador-geral do Trabalho, nomeado para um mandato de dois anos, pode ser reconduzido apenas UMA vez;

- ✓ Sua exoneração, antes do término do mandato, deve ser proposta pelo Conselho Superior do Ministério Público do Trabalho, mediante deliberação em voto secreto de dois terços de seus integrantes, ao procurador-geral da República (art. 88, parágrafo único).

De acordo com o art. 89 da LC nº 75/1993, o vice-procurador-geral do Trabalho, que é designado pelo procurador-geral, dentre os subprocuradores-gerais do Trabalho, substituirá o chefe administrativo da instituição em seus impedimentos.

Observe-se que, enquanto o procurador-geral do Trabalho pode ser escolhido dentre integrantes da carreira, podendo até mesmo ser ocupante do cargo inicial (procurador do Trabalho), o vice-procurador-geral deverá ser designado, necessariamente, dentre os subprocuradores-gerais.

No caso de vacância, exercerá o cargo o vice-presidente do Conselho Superior do Ministério Público do Trabalho, que é eleito pelos próprios membros do Conselho (art. 95, § 2º), até seu provimento definitivo.

As atribuições do procurador-geral do Trabalho estão elencadas nos arts. 90 e 91 da Lei Complementar nº 75/1993, com destaque, dentre outras, para:

a) exercício das funções atribuídas ao Ministério Público do Trabalho junto ao Plenário do Tribunal Superior do Trabalho, propondo as ações cabíveis e manifestando-se nos processos de sua competência;

b) representar o Ministério Público do Trabalho;

c) integrar, como membro nato, e presidir o Colégio de Procuradores do Trabalho, o Conselho Superior do Ministério Público do Trabalho e a Comissão de Concurso. Observe-se que o PGT não integra a Câmara de Coordenação e Revisão (CCR);

d) nomear o corregedor-geral do Ministério Público do Trabalho, segundo lista tríplice formada pelo Conselho Superior;

e) designar um dos membros e o coordenador da Câmara de Coordenação e Revisão do Ministério Público do Trabalho;

f) designar o chefe da Procuradoria Regional do Trabalho dentre os procuradores regionais do Trabalho lotados na respectiva Procuradoria Regional;

g) decidir, em grau de recurso, os conflitos de atribuição entre os órgãos do Ministério Público do Trabalho;

h) decidir processo disciplinar contra membro da carreira ou servidor dos serviços auxiliares, aplicando as sanções que sejam de sua competência;

i) autorizar o afastamento de membros do Ministério Público do Trabalho, ouvido o Conselho Superior, nos casos previstos em lei;

As atribuições do procurador-geral do Trabalho, previstas no art. 91 da LC nº 75/1993, poderão ser delegadas:

a) ao coordenador da Câmara de Coordenação e Revisão, para designar membro do Ministério Público para assegurar a continuidade dos serviços, em caso de vacância, afastamento temporário, ausência, impedimento ou suspeição do titular, na inexistência ou falta do substituto designado (art. 91, XIV, "c"), e para coordenar as atividades do Ministério Público do Trabalho (art. 91, XXIII);

b) aos chefes das Procuradorias Regionais do Trabalho nos Estados e no Distrito Federal, para representar o Ministério Público do Trabalho (art. 91, I); para designar membro do Ministério Público para assegurar a continuidade dos serviços, em caso de vacância, afastamento temporário, ausência, impedimento ou suspeição do titular, na inexistência ou falta do substituto designado (art. 91, XIV, "c"); para praticar atos de gestão administrativa, financeira e de pessoal (art. 91, XXI) e para coordenar as atividades do Ministério Público do Trabalho (art. 91, XXIII).

6.2.2. Colégio de Procuradores

O Colégio de Procuradores do Trabalho, presidido pelo procurador-geral do Trabalho, é composto por todos os membros da carreira em atividade no Ministério Público do Trabalho, o que significa que os aposentados não fazem parte do quadro.

As atribuições do Colégio estão previstas no art. 94 da Lei Complementar n° 75/1993:

I – elaborar, mediante voto plurinominal, facultativo e secreto, a lista tríplice para a escolha do Procurador-Geral do Trabalho;

II – elaborar, mediante voto plurinominal, facultativo e secreto, a lista sêxtupla para a composição do Tribunal Superior do Trabalho, sendo elegíveis os membros do Ministério Público do Trabalho com mais de dez anos na carreira, tendo mais de trinta e cinco e menos de sessenta e cinco anos de idade;

III – elaborar, mediante voto plurinominal, facultativo e secreto, a lista sêxtupla para os Tribunais Regionais do Trabalho, dentre os Procuradores com mais de dez anos de carreira;

IV – eleger, dentre os Subprocuradores-Gerais do Trabalho e mediante voto plurinominal, facultativo e secreto, quatro membros do Conselho Superior do Ministério Público do Trabalho.

Como se vê, as principais atribuições do Colégio residem na elaboração das listas sêxtuplas do quinto constitucional dos Tribunais Regionais do Trabalho e do Tribunal Superior do Trabalho, além da lista tríplice para a escolha do procurador-geral do Trabalho pelo procurador-geral da República. Não pode ser esquecido, contudo, que além da elaboração das listas, o colégio é responsável por eleger, dentre os subprocuradores-gerais do trabalho, quatro membros do Conselho Superior. As escolhas do colégio levam em consideração o voto da maioria absoluta dos eleitores (art. 94, § 1°).

De forma excepcional, em caso de relevante interesse do Ministério Público do Trabalho, o Colégio de Procuradores reunir-se-á em local designado pelo procurador-geral do Trabalho, desde que convocado por ele ou pela maioria de seus membros (art. 94, § 2°). Observe-se que, para a convocação pelo próprio Colégio, o quórum exigido é apenas a maioria, não sendo necessário garantir a maioria absoluta.

Para finalizar, o regimento interno do Colégio disporá sobre seu funcionamento (art. 94, § 3°).

6.2.3. Conselho Superior do Ministério Público do Trabalho

O Conselho Superior do Ministério Público do Trabalho é um órgão Colegiado, com atribuições normativas e deliberativas previstas na Lei Complementar n° 75/1993 e no seu regimento interno. É composto por 10 membros (art. 95), da seguinte forma:

I – o Procurador-Geral do Trabalho e o Vice-Procurador-geral do Trabalho, que o integram como membros natos;

II – quatro Subprocuradores-Gerais do Trabalho, eleitos para um mandato de dois anos, pelo Colégio de Procuradores do Trabalho, mediante voto plurinominal, facultativo e secreto, permitida uma reeleição;

III – quatro Subprocuradores-Gerais do Trabalho, eleitos para um mandato de dois anos, por seus pares, mediante voto plurinominal, facultativo e secreto, permitida uma reeleição.

> **ATENÇÃO:** o Conselho Superior do Ministério Público do Trabalho *pode não ser composto exclusivamente por subprocuradores-gerais do trabalho*. Isso porque, embora o vice- procurador-geral tenha que ser designado dentre subprocuradores-gerais, *o procurador-geral do Trabalho pode ser integrante de qualquer cargo integrante da carreira*, inclusive procurador do Trabalho! Além disso, é permitida apenas *uma reeleição* (*subsequente*), o que não impede, portanto, que o subprocurador-geral seja eleito novamente para um terceiro mandato perante o Conselho Superior.

O corregedor-geral e o presidente da Associação Nacional dos Procuradores do Trabalho (ANPT) participam das sessões sem direito a voto.

De acordo com o art. 95, § 1º, serão suplentes dos subprocuradores-gerais eleitos pelo Colégio e pelos seus próprios pares (incisos II e III) os demais votados, em ordem decrescente, observados os critérios gerais de desempate.

O Conselho Superior elegerá seu vice-presidente, que substituirá o presidente em seus impedimentos e em caso de vacância (art. 95, § 2º).

A substituição, no caso de impedimentos legais, do procurador-geral do Trabalho, no exercício da chefia administrativa da instituição, é realizada pelo vice-procurador-geral do Trabalho; apenas a substituição, no caso de impedimentos legais, perante o Conselho Superior, na condição de presidente deste órgão, é que será feita pelo vice-presidente do Conselho. Agora, no caso de vacância do cargo de procurador-geral do Trabalho, será o vice-presidente do Conselho Superior, e não o vice-procurador-geral, quem assumirá as atribuições.

O Conselho Superior reunir-se-á, ordinariamente, uma vez por mês, em dia previamente fixado e, extraordinariamente, quando convocado pelo procurador-geral do Trabalho ou pela proposta da maioria absoluta de seus membros (art. 96).

É importante destacar que, conforme regra expressa no art. 97 da LC nº 75/1993, salvo disposição em contrário, as deliberações do Conselho Superior serão tomadas por maioria de votos, presente a maioria absoluta de seus membros. Em caso de empate, prevalecerá o voto do presidente, exceto em matéria de sanções, caso em que prevalecerá a solução mais favorável ao acusado. As deliberações do Conselho Superior serão publicadas no Diário da Justiça, exceto quando o Regimento Interno determinar sigilo.

As atribuições do Conselho Superior, elencadas no art. 98 da Lei Complementar nº 75/1993, são as seguintes:

> I – exercer o poder normativo no âmbito do Ministério Público do Trabalho, observados os princípios desta lei complementar, especialmente para elaborar e aprovar:
>
> a) o seu Regimento Interno, o do Colégio de Procuradores do Trabalho e o da Câmara de Coordenação e Revisão do Ministério Público do Trabalho;
>
> b) as normas e as instruções para o concurso de ingresso na carreira;
>
> c) as normas sobre as designações para os diferentes ofícios do Ministério Público do Trabalho;
>
> d) os critérios para distribuição de procedimentos administrativos e quaisquer outros feitos, no Ministério Público do Trabalho;
>
> e) os critérios de promoção por merecimento na carreira;
>
> f) o procedimento para avaliar o cumprimento das condições do estágio probatório;
>
> II – indicar os integrantes da Câmara de Coordenação e Revisão do Ministério Público do Trabalho;
>
> III – propor a exoneração do Procurador-Geral do Trabalho;
>
> IV – destituir, por iniciativa do Procurador-Geral do Trabalho e pelo voto de dois terços de seus membros, antes do término do mandato, o Corregedor-Geral;
>
> V – elaborar a lista tríplice destinada à promoção por merecimento;

VI – elaborar a lista tríplice para Corregedor-Geral do Ministério Público do Trabalho;

VII – aprovar a lista de antiguidade do Ministério Público do Trabalho e decidir sobre as reclamações a ela concernentes;

VIII – indicar o membro do Ministério Público do Trabalho para promoção por antiguidade, observado o disposto no art. 93, II, alínea *d*, da Constituição Federal;

IX – opinar sobre a designação de membro do Ministério Público do Trabalho para:

a) funcionar nos órgãos em que a participação da Instituição seja legalmente prevista;

b) integrar comissões técnicas ou científicas relacionadas às funções da Instituição;

X – opinar sobre o afastamento temporário de membro do Ministério Público do Trabalho;

XI – autorizar a designação, em caráter excepcional, de membros do Ministério Público do Trabalho, para exercício de atribuições processuais perante juízos, tribunais ou ofícios diferentes dos estabelecidos para cada categoria;

XII – determinar a realização de correições e sindicâncias e apreciar os relatórios correspondentes;

XIII – determinar a instauração de processos administrativos em que o acusado seja membro do Ministério Público do Trabalho, apreciar seus relatórios e propor as medidas cabíveis;

XIV – determinar o afastamento do exercício de suas funções, de membro do Ministério Público do Trabalho, indiciado ou acusado em processo disciplinar, e o seu retorno;

XV – designar a comissão de processo administrativo em que o acusado seja membro do Ministério Público do Trabalho;

XVI – decidir sobre o cumprimento do estágio probatório por membro do Ministério Público do Trabalho, encaminhando cópia da decisão ao Procurador-Geral da República, quando for o caso, para ser efetivada sua exoneração;

XVII – decidir sobre remoção e disponibilidade de membro do Ministério Público do Trabalho, por motivo de interesse público;

XVIII – autorizar, pela maioria absoluta de seus membros, que o Procurador-Geral da República ajuíze a ação de perda de cargo contra membro vitalício do Ministério Público do Trabalho, nos casos previstos em lei;

XIX – opinar sobre os pedidos de reversão de membro da carreira;

XX – aprovar a proposta de lei para o aumento do número de cargos da carreira e dos ofícios;

XXI – deliberar sobre a realização de concurso para o ingresso na carreira, designar os membros da Comissão de Concurso e opinar sobre a homologação dos resultados;

XXII – aprovar a proposta orçamentária que integrará o projeto de orçamento do Ministério Público da União;

XXIII – exercer outras funções atribuídas em lei.

Nos termos do art. 98, § 1º, as normas processuais em geral, pertinentes aos impedimentos e suspeição dos membros do Ministério Público, aplicam-se ao procurador-geral e aos demais membros do Conselho Superior.

Ademais, cumpre ressaltar que as deliberações relativas aos incisos I, alíneas *a* e *e*, XI, XIII, XIV, XV e XVII somente poderão ser tomadas com o voto favorável de dois terços dos membros do Conselho Superior.

6.2.4. Câmara de Coordenação e Revisão do Ministério Público do Trabalho

A Câmara de Coordenação e Revisão (CCR) do Ministério Público do Trabalho é um órgão colegiado de coordenação, integração e revisão do exercício funcional e da tramitação de processos no âmbito da Instituição. Segundo o art. 100 da LC nº 75/1993, o órgão será organizado por ato normativo, e o Regimento Interno, que disporá sobre seu funcionamento, será elaborado pelo Conselho Superior.

A Câmara será composta por três membros do Ministério Público do Trabalho, sendo um indicado pelo procurador-geral do Trabalho, e os outros dois pelo Conselho Superior do Ministério Público do Trabalho, juntamente com seus suplentes, sempre que possível, escolhidos dentre integrantes do último grau da carreira (subprocurador-geral), para um mandato de dois anos.

Dos integrantes da Câmara de Coordenação e Revisão, um deles será designado pelo procurador-geral para a função executiva de Coordenador, não recaindo a função necessariamente no nome escolhido pelo próprio procurador-geral, podendo ser indicado um dos membros escolhidos pelo Conselho Superior.

De acordo com o art. 103 da LC nº 75/1993, compete à Câmara de Coordenação e Revisão (CCR):

> I – promover a integração e a coordenação dos órgãos institucionais do Ministério Público do Trabalho, observado o princípio da independência funcional;
>
> II – manter intercâmbio com órgãos ou entidades que atuem em áreas afins;
>
> III – encaminhar informações técnico-jurídicas aos órgãos institucionais do Ministério Público do Trabalho;
>
> IV – resolver sobre a distribuição especial de feitos e procedimentos, quando a matéria, por sua natureza ou relevância, assim o exigir;
>
> V – resolver sobre a distribuição especial de feitos, que por sua contínua reiteração, devam receber tratamento uniforme;
>
> VI – decidir os conflitos de atribuição entre os órgãos do Ministério Público do Trabalho.

Quanto ao conflito de atribuição entre os membros do Ministério Público do Trabalho, cabe a CCR decidir o conflito em "primeiro grau", sendo atribuição do procurador-geral do Trabalho decidir em grau de recurso. A competência fixada nos incisos IV e V será exercida segundo critérios objetivos previamente estabelecidos pelo Conselho Superior.

6.2.5. Corregedoria do Ministério Público do Trabalho

A Corregedoria do Ministério Público do Trabalho é um órgão de controle interno, responsável por fiscalizar as atividades funcionais e a conduta dos membros do Ministério Público do Trabalho.

O corregedor-geral será nomeado pelo procurador-geral do Trabalho, dentre os subprocuradores-gerais do Trabalho, integrantes de lista tríplice elaborada pelo Conselho Superior, para mandato de dois anos, renovável por uma única vez, sendo que os membros do Conselho

Superior não poderão fazer parte da lista tríplice (art. 105). Os demais integrantes da lista tríplice serão os suplentes do corregedor-geral, na ordem que os designar o procurador-geral.

O corregedor-geral poderá ser destituído, por iniciativa do procurador-geral do Trabalho, antes do término de seu mandato, pela deliberação do Conselho Superior, tomada pelo voto de dois terços de seus membros.

Nos termos do art. 106 da LC nº 75/1993, compete ao Corregedor-Geral:

I – participar, sem direito a voto, das reuniões do Conselho Superior;

II – realizar, de ofício ou por determinação do Procurador-Geral ou do Conselho Superior, correições e sindicâncias, apresentando os respectivos relatórios;

III – instaurar inquérito contra integrante da carreira e propor ao Conselho Superior a instauração do processo administrativo consequente;

IV – acompanhar o estágio probatório dos membros do Ministério Público do Trabalho;

V – propor ao Conselho Superior a exoneração de membro do Ministério Público do Trabalho que não cumprir as condições do estágio probatório.

6.2.6. Subprocuradores-Gerais do Trabalho

Via de regra, conforme previsão do art. 107 da LC nº 75/1993, os subprocuradores-gerais do Trabalho, integrantes do último grau da carreira, serão designados para oficiar junto ao Tribunal Superior do Trabalho e nos ofícios na Câmara de Coordenação e Revisão, sendo que sua designação para oficiar em órgão jurisdicional diferente do previsto dependerá da autorização do Conselho Superior. Sua lotação se dará nos ofícios da Procuradoria-Geral do Trabalho.

Por expressa disposição legal (art. 108), cabe aos subprocuradores-gerais o exercício privativo das funções de corregedor-geral do Ministério Público do Trabalho e coordenador da Câmara de Coordenação e Revisão do Ministério Público do Trabalho.

6.2.7. Procuradores Regionais do Trabalho

Conforme previsão do art. 110 da LC nº 75/1993, os procuradores regionais do Trabalho serão designados para oficiar junto aos Tribunais Regionais do Trabalho, sendo que, no caso de vaga ou afastamento de subprocurador-geral do Trabalho por prazo superior a 30 dias, poderá ser convocado, mediante aprovação do Conselho Superior, para substituição. Sua lotação se dará nos ofícios nas Procuradorias Regionais do Trabalho nos Estados e Distrito Federal.

6.2.8. Procuradores do Trabalho

Via de regra, conforme previsão do art. 112 da LC nº 75/1993, os procuradores do Trabalho, integrantes do cargo inicial da carreira, serão designados para oficiar junto aos Tribunais Regionais do Trabalho e, na forma da lei processual, nos litígios trabalhistas que envolvam, especialmente, interesses de menores e incapazes, sendo que sua designação para oficiar em órgão jurisdicional diferente do previsto dependerá da autorização do Conselho Superior. Sua lotação se dará nos ofícios das Procuradorias Regionais do Trabalho localizadas nos Estados.

Na realidade, atualmente, os procuradores do Trabalho atuam, *primordialmente, junto à Primeira Instância da Justiça do Trabalho*, adotando as medidas judiciais necessárias para a defesa da ordem jurídica, do regime democrático e dos direitos sociais e individuais indisponíveis. Segundo previsão do art. 113, sua lotação se dará nos ofícios nas Procuradorias Regionais do Trabalho nos Estados e no Distrito Federal, destacando-se o processo de interiorização do Ministério Público, por meio da instalação das Procuradorias do Trabalho nos Municípios (PTM).

6.3. PRERROGATIVAS

As prerrogativas têm como finalidade assegurar ao seu destinatário o livre exercício da função ou atividade, garantindo a independência e autonomia necessária para o bom desenvolvimento dos trabalhos. Dado o interesse público envolvido, são oriundas de norma de ordem pública, não estando sujeitas a sua observância à vontade das partes.

Tratam-se, na verdade, de instrumentos que visam a facilitar o exercício da função em concreto, não se confundindo, por óbvio, com privilégios, uma vez que esses são direitos individuais, deferidos em detrimento de outrem.

Configuram-se como direitos subjetivos de seu titular, passíveis de proteção judicial, quando negadas ou desrespeitadas por qualquer outra autoridade.

O art. 18 da Lei Complementar nº 75/1993 elenca as prerrogativas dos membros do Ministério Público da União, distinguindo as institucionais das processuais, da seguinte forma:

I – institucionais:

a) sentar-se no mesmo plano e imediatamente à direita dos juízes singulares ou presidentes dos órgãos judiciários perante os quais oficiem;

b) usar vestes talares;

c) ter ingresso e trânsito livres, em razão de serviço, em qualquer recinto público ou privado, respeitada a garantia constitucional da inviolabilidade do domicílio;

d) a prioridade em qualquer serviço de transporte ou comunicação, público ou privado, no território nacional, quando em serviço de caráter urgente;

e) o porte de arma, independentemente de autorização;

f) carteira de identidade especial, de acordo com modelo aprovado pelo Procurador-Geral da República e por ele expedida, nela se consignando as prerrogativas constantes do inciso I, alíneas *c, d* e *e* do inciso II, alíneas *d, e* e *f*, deste artigo;

II – processuais:

a) do Procurador-Geral da República, ser processado e julgado, nos crimes comuns, pelo Supremo Tribunal Federal e pelo Senado Federal, nos crimes de responsabilidade;

b) do membro do Ministério Público da União que oficie perante tribunais, ser processado e julgado, nos crimes comuns e de responsabilidade, pelo Superior Tribunal de Justiça;

c) do membro do Ministério Público da União que oficie perante juízos de primeira instância, ser processado e julgado, nos crimes comuns e de responsabilidade, pelos Tribunais Regionais Federais, ressalvada a competência da Justiça Eleitoral;

d) ser preso ou detido somente por ordem escrita do tribunal competente ou em razão de flagrante de crime inafiançável, caso em que a autoridade fará imediata comunicação àquele tribunal e ao Procurador-Geral da República, sob pena de responsabilidade;

e) ser recolhido à prisão especial ou à sala especial de Estado-Maior, com direito a privacidade e à disposição do tribunal competente para o julgamento, quando sujeito a prisão antes da decisão final; e a dependência separada no estabelecimento em que tiver de ser cumprida a pena;

f) não ser indiciado em inquérito policial, observado o disposto no parágrafo único deste artigo;

g) ser ouvido, como testemunha, em dia, hora e local previamente ajustados com o magistrado ou a autoridade competente;

h) receber intimação pessoalmente nos autos em qualquer processo e grau de jurisdição nos feitos em que tiver que oficiar.

Parágrafo único. Quando, no curso de investigação, houver indício da prática de infração penal por membro do Ministério Público da União, a autoridade policial, civil ou militar, remeterá imediatamente os autos ao Procurador-Geral da República, que designará membro do Ministério Público para prosseguimento da apuração do fato.

6.3.1. Prerrogativas institucionais: aspectos relevantes

Dentre as diversas prerrogativas institucionais, o assento à direita dos juízes, sem dúvidas, foi o que já gerou mais discussão, sendo alvo de inúmeros mandados de segurança para sua fiel observância. Hoje, o tema é mais tranquilo, sendo isolados os casos de negativa dessa prerrogativa pelo Judiciário. No âmbito da Justiça do Trabalho, inclusive, há previsão expressa no art. 22 da Consolidação dos Provimentos da Corregedoria-Geral da Justiça do Trabalho:

Art. 22. Será assegurado aos membros do Ministério Público do Trabalho assento à direita da presidência no julgamento de qualquer processo, judicial ou administrativo, em curso perante Tribunais Regionais do Trabalho.

Parágrafo único. Igual prerrogativa será assegurada nas audiências das varas do trabalho a que comparecer o membro do Ministério Público do Trabalho, na condição de parte ou na de fiscal da lei, desde que haja disponibilidade de espaço ou possibilidade de adaptação das unidades judiciárias. *(Resolução nº 7/2005 do CSJT)*

O ingresso e trânsito livre em qualquer recinto público ou privado, respeitada a garantia constitucional da inviolabilidade de domicílio, assim como a prioridade em qualquer serviço de transporte ou comunicação, público ou privado, no território nacional, somente são garantidos em razão do serviço e, no segundo caso, em razão do serviço de caráter urgente, sendo abuso de direito a utilização para outros fins.

Aliás, quanto à inviolabilidade de domicílio, não é demais lembrar que sua previsão encontra-se no *art.* 5º, XI, da Constituição Federal, segundo a qual, sem consentimento do morador, um terceiro só poderá adentrar no domicílio por: a) determinação judicial (incabível determinação de autoridade administrativa ou policial), durante o dia (durante a noite nem com determinação judicial); b) em caso de flagrante delito; c) desastre; d) para prestar socorro.

Segundo a jurisprudência da Suprema Corte, o conceito de **casa,** para fins de aplicação do princípio da inviolabilidade, não abrange apenas o domicílio, alcançando também o escritório, as oficinas, as garantes e até mesmo os quartos de hotéis, desde que ocupados.

Nesse sentido:

> Para os fins da proteção jurídica a que se refere o art. 5º, XI, da CF, o conceito normativo de "casa" revela-se abrangente e, por estender-se a qualquer aposento de habitação coletiva, desde que ocupado (CP, art. 150, § 4º, II), compreende, observada essa específica limitação espacial, os quartos de hotel. Doutrina. Precedentes. Sem que ocorra qualquer das situações excepcionais taxativamente previstas no texto constitucional (art. 5º, XI), nenhum agente público poderá, contra a vontade de quem de direito (*invito domino*), ingressar, durante o dia, sem mandado judicial, em aposento ocupado de habitação coletiva, sob pena de a prova resultante dessa diligência de busca e apreensão reputar-se inadmissível, porque impregnada de ilicitude originária. Doutrina. Precedentes (STF). (RHC 90.376 – Relator Ministro Celso de Mello – j. em 3.4.2007 – Segunda Turma – *DJ* de 18.5.2007.)

6.3.2. Prerrogativas processuais: aspectos relevantes

Inicialmente, dentre as prerrogativas processuais, cumpre destacar que o juízo competente para o julgamento por crimes comuns e de responsabilidade se dará de acordo com o órgão perante o qual oficie o membro do Ministério Público da União.

Outra prerrogativa que merece destaque é a de ser preso ou detido somente por ordem escrita do tribunal competente ou em razão de flagrante de crime inafiançável, caso em que a autoridade deve fazer a imediata comunicação ao Tribunal respectivo e ao procurador-geral da República, sob pena de responsabilidade. Frise-se que a comunicação deve ser feita ao chefe administrativo do Ministério Público da União (PGR), e não ao chefe administrativo do ramo a que pertence.

Além disso, se no curso de investigação houver indício da prática de infração penal por membro do Ministério Público da União, a autoridade policial, civil ou militar, remeterá imediatamente os autos ao procurador-geral da República, que designará membro do Ministério Público para prosseguimento da apuração do fato.

Ainda no âmbito processual, trata-se de uma importante prerrogativa "ser ouvido, como testemunha, em dia, hora e local previamente ajustado com o magistrado ou a autoridade competente".

A intimação pessoal, por sua relevância e divergências de âmbito prático, será tratada em tópico apartado.

Nos termos do art. 19 da LC nº 75/1993, o procurador-geral da República terá as mesmas honras e tratamento dos ministros da Suprema Corte; e os demais membros da instituição, as que forem reservadas aos magistrados perante os quais oficiem. Saliente-se, também, que os órgãos do Ministério Público da União terão presença e palavra asseguradas em todas as sessões dos colegiados em que oficiem, o que inclui as sessões administrativas dos Tribunais.

Convém ressaltar que, na forma do art. 21 da LC nº 75/1993, as garantias e prerrogativas dos membros do Ministério Público da União são inerentes ao exercício de suas funções e irrenunciáveis. Além disso, trata-se de um dever do membro do Ministério Público velar por suas prerrogativas institucionais e processuais (art. 236, III, da LC nº 75/1993).

Por derradeiro, as garantias e prerrogativas previstas na Lei Orgânica do Ministério Público da União não excluem as que sejam estabelecidas em outras leis.

6.3.2.1. Intimação pessoal do membro do Ministério Público: aspectos controvertidos

A prerrogativa processual que apresenta maiores discussões jurídicas diz respeito ao recebimento das intimações pessoalmente, nos autos em qualquer processo e grau de jurisdição nos feitos em que tiver que oficiar.

A Corregedoria-Geral da Justiça do Trabalho estabeleceu orientação expressa aos magistrados, consoante se observa do *art. 19 da Consolidação dos Provimentos da Corregedoria*:

> Art. 19. Os membros do Ministério Público do Trabalho serão cientificados pessoalmente das decisões proferidas pela Justiça do Trabalho nas causas em que o órgão haja atuado como parte ou como fiscal da lei.
>
> Parágrafo único. As intimações serão pessoais, mediante a remessa dos autos às respectivas sedes das Procuradorias Regionais do Trabalho, ou da forma como for ajustado entre o Presidente do Tribunal e o Procurador-Chefe Regional.

Em virtude da necessidade de intimação pessoal, oriunda de norma de ordem pública, no campo da Justiça do Trabalho, *não há que se falar na aplicação do entendimento consagrado na Súmula nº 197 do C. TST ao Ministério Público do Trabalho*, conforme jurisprudência predominante na mais alta Corte Trabalhista:

> RECURSO DE REVISTA – AUSÊNCIA DE INTIMAÇÃO PESSOAL DO MINISTÉRIO PÚBLICO DO TRABALHO. INTEMPESTIVIDADE DO RECURSO ORDINÁRIO – INAPLICABILIDADE DA SÚMULA Nº 197 DO TST. Não se aplica o disposto na Súmula nº 197/TST ao membro do Ministério Público. Assim, o prazo para o *parquet* interpor seu Recurso Ordinário iniciou-se na data em que o setor de protocolo da Procuradoria Regional recebeu os autos para ciência da decisão. Recurso de Revista conhecido e provido. (RR 491-48.2010.5.09.0594 – Relatora Ministra Maria de Assis Calsing – Quarta Turma – j. em 7.3.2012 – *DEJT* de 9.3.2012)

> RECURSO DE REVISTA – PRERROGATIVA DOS MEMBROS DO MINISTÉRIO PÚBLICO. INTIMAÇÃO PESSOAL – ENTREGA DOS AUTOS COM VISTA – FORMALIDADE ESSENCIAL. Nos termos do art. 41, *caput* e IV, da Lei nº 8.625/1993, constitui prerrogativa dos membros do Ministério Público, no exercício de sua função, receber intimação pessoal em qualquer processo e grau de jurisdição, através da entrega dos autos com vista. A prerrogativa deriva de norma de interesse público, de caráter inarredável, não sendo suprida pela ciência da data do futuro julgamento em audiência de que fala a Súmula nº 197 do TST, aplicável às partes, mas não ao *parquet*, em face de regra imperativa especial prevalente. Recurso de revista conhecido e provido. (RR 9890200-90.2006.5.09.0029 – Relator Ministro Mauricio Godinho Delgado – j. em 23.3.2011 – Sexta Turma – *DJ* de 1º.4.2011)

Outra questão interessante, envolvendo a intimação pessoal do membro do Ministério Público, diz respeito à possibilidade de ser interposto recurso pelo órgão ministerial, de forma voluntária, antes de sua intimação pessoal. Há quem entenda que, nesse caso, o recurso seria intempestivo, nos termos da OJ nº 357, convertida na Súmula nº 434:

> RECURSO – INTERPOSIÇÃO ANTES DA PUBLICAÇÃO DO ACÓRDÃO IMPUGNADO – EXTEMPORANEIDADE. *(conversão da Orientação Jurisprudencial nº 357 da SBDI-1 e inserção do item II à redação) – Res. 177/2012, DEJT divulgado em 13, 14 e 15.2.2012).* I – É extemporâneo recurso interposto antes de publicado o acórdão impugnado. *(ex-OJ nº 357 da SBDI-1 – inserida em 14.3.2008).* II – A interrupção do prazo recursal em razão da interposição de embargos de declaração pela parte adversa não acarreta qualquer prejuízo àquele que apresentou seu recurso tempestivamente.

Todavia, prevalece no C. Tribunal Superior do Trabalho o entendimento segundo o qual a interposição de recurso voluntário pelo Ministério Público, antes da publicação do acórdão, *não é intempestiva*, pois o prazo somente começa a correr da intimação pessoal, ato processual que não foi realizado, sendo suprida a aparente nulidade pela ausência de intimação, pela manifestação do *parquet*. Nesse caminho:

> RECURSO DE REVISTA INTERPOSTO ANTES DA PUBLICAÇÃO OFICIAL DO ACÓRDÃO RECORRIDO – TEMPESTIVIDADE – AUSÊNCIA DE INTIMAÇÃO PESSOAL. (...) 2.1. A interposição do Recurso de Revista pelo Ministério Público antes da publicação do acórdão regional pela imprensa oficial não é prematura, pois para o *parquet* o prazo contar-se-á da intimação pessoal a teor dos arts. 18 da Lei Complementar nº 75/1993 e 240, *caput*, do CPC, ato processual que não foi realizado no caso. 2.2. A nulidade processual em face da ausência de intimação pessoal do Ministério Público é suprida pela interposição espontânea do Recurso, na medida em que ao fazê-lo, o *parquet* deu-se por intimado da íntegra da decisão. Recurso de Embargos de que se conhece e a que se dá provimento. (E-ED-RR 629785-04.2000.5.01.0046 – Relator Ministro João Batista Brito Pereira – Subseção I Especializada em Dissídios Individuais – *DEJT* de 10.9.2010)

> RECURSO DE EMBARGOS. MINISTÉRIO PÚBLICO. AUSÊNCIA DE INTIMAÇÃO PESSOAL – EXISTÊNCIA DE RECURSO VOLUNTÁRIO – NULIDADE SUPRIDA – INTEMPESTIVIDADE AFASTADA. Esta SBDI-1 vem consagrando o entendimento de que, quando inexistente a intimação pessoal do *parquet*, mas manejado o Recurso voluntariamente, não há de se ter em linha de consideração, como marco inicial para a contagem do prazo recursal, a data da publicação do acórdão recorrido na imprensa oficial, muito menos a aposição do ciente do membro ministerial no corpo do acórdão, que tem por finalidade apenas o aperfeiçoamento do ato processual, tendo em vista a exigência expressa do art. 84, IV, da Lei Complementar nº 75/1993. É de se ressaltar que a aparente nulidade processual, diante da ausência de intimação pessoal ministerial, encontra-se suprida pela interposição de seu recurso. Enfim, não se pode perquirir sobre o início de qualquer prazo recursal, que somente fluiria a partir da intimação pessoal do membro do Ministério Público, que não ocorreu. Recurso de Embargos conhecido e provido. (E-A-RR 1015486-43.2003.5.02.0900 – Relatora Ministra Maria de Assis Calsing – Subseção I Especializada em Dissídios Individuais – *DEJT* de 13.11.2009)

No que tange *ao termo inicial de contagem do prazo* (se da entrada do processo na Secretaria do Ministério Público ou do visto do membro ministerial), *prevalece no âmbito do C. Tribunal Superior do Trabalho* o entendimento segundo o qual *a entrega de processo na secretaria do Ministério Público, formalizada a carga por servidor da instituição*, é válida e eficaz para configurar a intimação direta e pessoal do *parquet*, devendo-se tomar a data em que ocorrida tal intimação como a da ciência da decisão judicial.

Assim, de acordo com o posicionamento prevalecente, a intimação pessoal não depende da aposição do *ciente* pelo procurador do Trabalho nos autos do processo, bastando para sua configuração a entrega dos autos, diretamente no protocolo administrativo da Procuradoria do Trabalho, à pessoa com capacidade para recebê-los. Nesse sentido:

> RECURSO DE EMBARGOS INTERPOSTO ANTERIORMENTE À VIGÊNCIA DA LEI Nº 11.496/2007 – MINISTÉRIO PÚBLICO DO TRABALHO – GARANTIA DAS SUAS PRERROGATIVAS CONSTITUCIONAIS – PRAZO RECURSAL – INÍCIO DA CONTAGEM – RECEBIMENTO DOS AUTOS NA SECRETARIA DO *PARQUET* POR SERVIDOR PÚBLICO – DESNECESSIDADE DE INTIMAÇÃO PESSOAL – NÃO CONHECIMENTO. Descabe a alegação de violação do art. 896 da CLT, trazida em razões de Embargos, por intermédio dos quais pretendia o *parquet* demonstrar que o seu Recurso de Revista encontrava-se apto para conhecimento. Tem

esta col. Corte firmado posição de que o recebimento dos autos pela Secretaria do órgão ministerial, na pessoa de servidor público, ocupante da função de Chefe da Seção Processual, acarreta o início da contagem do prazo recursal, não havendo qualquer justificativa para que o marco inicial deste prazo se dê, apenas, com a intimação pessoal do Procurador do Trabalho. Incólumes as disposições do art. 896 consolidado. Embargos não conhecidos. (E-RR-5650600-24.2002.5.14.0900 – Relatora Ministra Maria de Assis Calsing – j. em 4.12.2008 – *DEJT* de 19.12.2008)

RECURSO DE EMBARGOS – RECURSO DE REVISTA NÃO CONHECIDO – MINISTÉRIO PÚBLICO DO TRABALHO – CONTAGEM DO PRAZO RECURSAL DA CHEGADA DOS AUTOS NA SECRETARIA DO ÓRGÃO MINISTERIAL E NÃO A PARTIR DA INTIMAÇÃO PESSOAL – VIGÊNCIA DA LEI Nº 11.496/2007. O entendimento que prevalece na C. SDI é no sentido de que o prazo para interposição do recurso pelo Ministério Público conta-se da chegada dos autos à Secretaria. O recebimento dos autos no Órgão Ministerial, certificado por servidor público, é o marco para contagem do prazo. O entendimento tem como fundamento precedentes do Supremo Tribunal Federal no mesmo sentido. Embargos conhecidos e desprovidos. (E-RR-5135100-72.2002.5.14.0900 – Relator Ministro Aloysio Corrêa da Veiga – *DJU* de 12.9.2008)

As decisões do Tribunal Superior do Trabalho, quanto ao termo inicial do prazo para o Ministério Público, encontram amparo em pronunciamentos do E. *Supremo Tribunal Federal*:

RECURSO – PRAZO – TERMO INICIAL – MINISTÉRIO PÚBLICO. A entrega de processo em setor administrativo do Ministério Público, formalizada a carga pelo servidor, configura intimação direta, pessoal, cabendo tomar a data em que ocorrida como a da ciência da decisão judicial. Imprópria é a prática da colocação do processo em prateleira e a retirada à livre discrição do membro do Ministério Público, oportunidade na qual, de forma juridicamente irrelevante, apõe o "ciente", com a finalidade de, somente então, considerar-se intimado e em curso o prazo recursal. Nova leitura do arcabouço normativo, revisando-se a jurisprudência predominante e observando-se princípios consagradores da paridade de armas. (RE 213.121 AgR/SP – Relator Ministro Marco Aurélio – *DJe* de 6.3.2009)

AGRAVO REGIMENTAL NO AGRAVO DE INSTRUMENTO. Diversas formas de intimação do Ministério Público: considera-se a que primeiro ocorreu. Intempestividade: Agravo Regimental do qual não se conhece. – 1. A intimação pessoal do Ministério Público pode ocorrer por mandado ou pela entrega dos autos devidamente formalizada no setor administrativo do Ministério Público, sendo que, para efeitos de comprovação da tempestividade do recurso, admite-se, excepcionalmente, a "aposição do ciente". 2. Ocorrendo a intimação pessoal por diversas formas, há de ser considerada, para a contagem dos prazos recursais, a que ocorrer primeiro. Precedente. 3. No caso, o Ministério Público foi intimado por mandado (Súmula nº 710 do Supremo Tribunal Federal) e interpôs o agravo fora do quinquídio legal. 4. Agravo regimental intempestivo. Recurso do qual não se conhece. (AI 707.988 AgR/RJ – Relatora Ministra Cármen Lúcia – *DJe* de 19.9.2008)

> **ATENÇÃO:** A implantação do Processo Judicial Eletrônico (PJe) pode acarretar alteração na forma de cumprimento da intimação pessoal, que, hoje, se dá com o envio dos autos.

6.4. ATRIBUIÇÕES JUDICIAIS E EXTRAJUDICIAIS

As atribuições do Ministério Público podem se dar no campo judicial (modelo demandista) ou extrajudicial (modelo resolutivo).

Na seara judicial, tanto pode atuar como *órgão agente,* promovendo a ação civil pública, remédios constitucionais e ações rescisórias, dentre outras medidas necessárias para a defesa da ordem jurídica, do regime democrático e dos direitos sociais e individuais indisponíveis, como pode atuar como órgão interveniente, na condição de fiscal da lei (*custus legis*), manifestando-se nos processos que versem sobre interesse de incapaz e sempre que entender presente interesse público primário, em primeiro ou segundo grau, por meio de pareceres ou participação em sessões do Tribunal.

O art. 83 da Lei Complementar nº 75/1993 dispõe a respeito de algumas medidas que podem ser adotadas pelo Ministério Público do Trabalho no exercício de suas funções, destacando-se, a título exemplificativo:

a) manifestar-se em qualquer fase do processo trabalhista, acolhendo solicitação do juiz ou por sua iniciativa, quando entender existente interesse público que justifique a intervenção;

b) promover a ação civil pública no âmbito da Justiça do Trabalho, para defesa de interesses coletivos, quando desrespeitados os direitos sociais constitucionalmente garantidos;

c) propor as ações cabíveis para declaração de nulidade de cláusula de contrato, acordo coletivo ou convenção coletiva que viole as liberdades individuais ou coletivas ou os direitos individuais indisponíveis dos trabalhadores;

d) propor as ações necessárias à defesa dos direitos e interesses dos menores, incapazes e índios, decorrentes das relações de trabalho;

e) recorrer das decisões da Justiça do Trabalho, quando entender necessário, tanto nos processos em que for parte como naqueles em que oficiar como fiscal da lei, bem como pedir revisão dos Enunciados da Súmula de Jurisprudência do Tribunal Superior do Trabalho;

f) funcionar nas sessões dos Tribunais Trabalhistas, manifestando-se verbalmente sobre a matéria em debate, sempre que entender necessário, sendo-lhe assegurado o direito de vista dos processos em julgamento, podendo solicitar as requisições e diligências que julgar convenientes;

g) instaurar instância em caso de greve quando a defesa da ordem jurídica ou o interesse público assim o exigir;

h) atuar como árbitro, se assim for solicitado pelas partes, nos dissídios de competência da Justiça do Trabalho;

i) intervir obrigatoriamente em todos os feitos nos segundo e terceiro graus de jurisdição da Justiça do Trabalho, quando a parte for pessoa jurídica de Direito Público, Estado estrangeiro ou organismo internacional.

No *âmbito extrajudicial,* onde atua como *órgão essencialmente agente,* pode adotar, dentre outras medidas:

a) inquérito civil ou policial: procedimento inquisitório de colheita de informações;

b) Termo de Ajuste de Conduta visando à reparação do dano, à adequação da conduta às exigências legais ou normativas e, ainda, à compensação e/ou à indenização pelos danos que não possam ser reparados;

c) notificações recomendatórias para melhoria dos serviços públicos;

d) audiências públicas;

e) mediação (forma autocompositiva – intermediário) e arbitragem (forma heterocompositiva de solução de conflitos).

6.4.1. Principais áreas de atuação: coordenadorias nacionais

O Ministério Público do Trabalho, dentre as diversas atribuições conferidas pela Constituição da República e pelas leis, *elencou alguns temas como prioritários*, o que, por óbvio, não significa que não atuará em outros assuntos de interesse público que demandem sua presença.

Essa atuação prioritária acarretou a criação de *coordenadorias nacionais*, num total de oito, que buscam estudar e planejar estratégias de atuação uniforme, para dar maior efetividade ao trabalho desenvolvido, sempre respeitada a independência funcional do membro.

Os temas prioritários, cujas coordenadorias são indicadas entre parênteses, são os seguintes:

6.4.1.1. *Promover a igualdade de oportunidades e combater a discriminação nas relações de trabalho (COORDIGUALDADE)*

Nesse contexto, o Ministério Público do Trabalho busca proteger o trabalhador de todas as formas de discriminação, mesmo aquelas que podem ocorrer antes da contratação, como os anúncios de emprego discriminatórios.

As pessoas com deficiência (PCD) também são objeto de tutela pelo Ministério Público do Trabalho, por meio da concretização da acessibilidade no meio ambiente laboral e da efetivação da ação afirmativa prevista no art. 93 da Lei nº 8.213/1991.

Além disso, os Procuradores do Trabalho buscam impedir ou reprimir a prática do assédio moral e a violação da intimidade dos trabalhadores, como, por exemplo, a violação de correspondências e de *e-mails* pessoais.

6.4.1.2. *Erradicar o trabalho escravo e degradante (CONAETE)*

O trabalho desenvolvido pelos membros do Ministério Público do Trabalho nessa seara visa a combater o trabalho escravo e degradante em três etapas: antes (prevenção), durante (repressão e resgate) e depois (reinserção).

Enquadram-se como condições análogas de escravo, combatidas pela instituição, não apenas o trabalho forçado, onde há negação da liberdade, como a exploração sexual de crianças e mulheres (tráfico de seres humanos) e a servidão por dívidas, como também o trabalho em condições degradantes, no qual se insere a jornada exaustiva.

Além disso, busca-se também combater a exploração do trabalho indígena.

6.4.1.3. Erradicar a exploração do trabalho da criança e proteger o trabalhador adolescente (COORDINFÂNCIA)

O Ministério Público do Trabalho busca a erradicação do trabalho da criança, assim compreendido aquele realizado por pessoas com menos de 16 anos, salvo na condição de aprendiz a partir dos 14 anos (art. 7º, XXXIII, da CF/1988), para dar efetividade ao princípio da proteção integral à criança, insculpido no art. 227 da CF/1988.

Para alcançar seu desiderato, não atua apenas repressivamente, mas, sobretudo, preventivamente, com amplas campanhas de divulgação e conscientização social.

Além disso, o Ministério Público do Trabalho desenvolve um trabalho junto aos governantes, referente à adoção de políticas públicas para erradicação desse tipo de trabalho.

Com relação à proteção do trabalho do adolescente, busca-se a fiscalização das leis pertinentes à aprendizagem e ao estágio.

6.4.1.4. Garantir o meio ambiente do trabalho adequado (CODEMAT)

O Ministério Público do Trabalho atua nas situações em que a segurança e a saúde do trabalhador são colocadas em risco em decorrência da falta de estrutura física e inobservância das normas pertinentes, tais como as Normas Regulamentadoras (NRs) expedidas pelo Ministério do Trabalho e Emprego (MTE). O foco da atuação é a prevenção, o que não impede a atuação repressiva.

6.4.1.5. Eliminar as fraudes trabalhistas (CONAFRET)

O Ministério Público do Trabalho promove ações judiciais e extrajudiciais para combater a utilização indevida da terceirização (intermediação de mão de obra), do estágio, das cooperativas, da pessoa jurídica, do trabalho voluntário e do trabalho temporário (Lei nº 6.019/1974), que visam a mascarar, no mais das vezes, a verdadeira relação empregatícia, provocando a precarização das relações de trabalho.

Combate-se, também, a coação, a colusão (o prejuízo a terceiros) e a lide simulada ("casadinha" – ajuizamento da ação já com o "acordo" pronto).

6.4.1.6. Combater as irregularidades na Administração Pública (CONAP)

O Ministério Público do Trabalho tem por objetivo proporcionar a todos os cidadãos igual oportunidade de acesso aos cargos públicos, combatendo, por exemplo, a terceirização ilícita e outras formas de burla ao mandamento constitucional do concurso público (art. 37, II, da CF/1988), como a contratação direta e o desvirtuamento dos cargos em comissão.

O MPT também atua quando os direitos trabalhistas (celetistas – ADIn nº 3.395) são descumpridos pela administração pública.

6.4.1.7. Proteger o trabalho portuário e aquaviário (CONATPA)

O Ministério Público busca efetivar a aplicação da legislação nacional em vigor, bem como da Convenção nº 137 da Organização Internacional do Trabalho, visando, no que tange ao trabalho portuário, à distribuição igualitária do trabalho de revezamento; incentivo à negociação coletiva; combate à contratação ilegal de mão de obra (fora do sistema); meio ambiente de trabalho adequado.

Quanto ao trabalho aquaviário (marítimos; fluviários, pescadores; mergulhadores; práticos; agentes de manobra), busca não apenas garantir o meio ambiente de trabalho seguro, mas também o respeito aos direitos trabalhistas desta classe de trabalhadores.

Além disso, destaca-se a atuação nos navios de Cruzeiro, que operam em águas brasileiras, objetivando o respeito à quota de funcionários brasileiros que deve existir em cada embarcação.

6.4.1.8. Garantir a liberdade sindical e buscar pacificar conflitos coletivos de trabalho (CONALIS)

O Ministério Público do Trabalho busca fortalecer os sindicatos e coibir os atos atentatórios ao exercício da liberdade sindical, combatendo, assim, a interferência sindical indevida das empresas nos sindicatos profissionais.

Nesse campo, ajuiza ações anulatórias ou ações civis públicas para combater as cláusulas normativas que afrontem as leis trabalhistas e a Constituição Federal. Dispõe, também, do dissídio coletivo no caso de greve em atividade essencial e atua como árbitro ou mediador dos conflitos coletivos.

6.5. PROCEDIMENTO DE INVESTIGAÇÃO: INQUÉRITO CIVIL

Em sua atividade investigativa, o inquérito civil é o principal instrumento utilizado pelo Ministério Público para levantamento de informações e outros elementos que nortearão a conduta do membro ministerial. Além de servir como meio para a colheita de elementos para a propositura responsável da ação civil pública, funciona como instrumento facilitador da conciliação extrajudicial de conflito coletivo, já que possibilita a celebração de termo de compromisso de ajustamento de conduta (art. 5º, § 6º, da Lei nº 7.347/1985).

Apesar de sua criação ter sido inspirada no inquérito policial, com ele não se confunde, apresentando diferenças significativas. Uma das principais é pertinente à titularidade. Enquanto o inquérito policial é presidido pela autoridade policial (art. 4º do CPP), o inquérito civil é presidido pelo próprio membro do Ministério Público (art. 8º, § 1º, da LACP).

Como se vê, o inquérito civil, previsto no art. 8º, § 1º, da Lei nº 7.347/1985, no art. 129, III, da CF/1988 e no art. 84, II, da LC nº 75/1993, é de *utilização exclusiva do Ministério Público*. Por conseguinte, os demais colegitimados ativos, que podem ajuizar ação civil pública (art. 5º, da LACP), não podem instaurar inquérito civil e se utilizar dos instrumentos que lhe são inerentes (requisição, notificação etc.) para a coleta de informações.

Nos autos do inquérito civil é que o Ministério Público exercitará os poderes que o ordenamento jurídico lhe conferiu para sua tarefa investigatória, como, por exemplo, o poder de requisição, expedição de notificação e outras diligências que julgar necessárias.

Por se tratar de mero procedimento administrativo, de natureza inquisitória, no qual não se acusa nem se aplica sanção, não há que se falar em devido processo legal, tampouco na aplicação do princípio do contraditório.

O inquérito civil não é requisito para o ajuizamento da ação civil pública ou firmamento do Termo de Ajustamento de Conduta, sendo necessário apenas na falta de elementos para ajuizamento da ação ou TAC. Aliás, se fosse necessária sua existência para ajuizamento de ação civil pública, todos os demais legitimados sempre estariam à mercê da investigação do órgão ministerial.

O procedimento administrativo em questão sujeita-se ao controle de legalidade (*habeas corpus* e mandado de segurança). A simples instauração de inquérito, contudo, não provoca qualquer constrangimento ilegal ou violação a direito líquido e certo.

Observe-se, por fim, que não há uma disciplina legal prévia determinando de que forma deve ser realizada a investigação e conduzido o inquérito. Em outras palavras, não existe uma previsão legal que defina o rito para a colheita de informações e documentos, o tempo e o modo dessa apuração. Cabe ao membro do ministério público, no caso concreto, definir esse caminho procedimental.

Apesar de inexistir previsão legal, o Conselho Nacional do Ministério Público fixou parâmetros mínimos, ao editar a Resolução nº 23/2007, regulamentando os arts. 6º, inciso VII, e 7º, inciso I, da Lei Complementar nº 75/1993 e os arts. 25, inciso IV, e 26, inciso I, da Lei nº 8.625/1993, disciplinando, no âmbito do Ministério Público, a instauração e tramitação do inquérito civil. No Ministério Público do Trabalho, foi editada a Resolução nº 69/2007 do Conselho Superior do Ministério Público do Trabalho.

> **ATENÇÃO:** É importante o candidato ter conhecimento da Resolução CONJUNTA CNJ/ CNMP nº 2, de 21.6.2011 – *DJe* CNJ de 22.6.2011, que institui os cadastros nacionais de informações sobre ações coletivas, inquéritos civis e termos de ajustamento de conduta a serem operacionalizados pelo CNJ e CNMP. De acordo com esta resolução, as informações referentes a inquéritos civis e termos de ajustamento de conduta serão colhidas e organizadas em sistema a ser desenvolvido pelo Conselho Nacional do Ministério Público; as referentes a ações coletivas, em sistema a ser desenvolvido pelo Conselho Nacional de Justiça.

6.5.1. Objeto do inquérito civil

Questiona-se se a utilização do inquérito civil seria restrita aos direitos coletivos ou se ele poderia ser utilizado também no exercício das demais atribuições do Ministério Público.

A primeira corrente entende que, pelo fato de o IC estar previsto na Lei da ACP, ele somente pode ser utilizado nas situações em que há interesse coletivo *lato sensu* envolvido, não servindo para garantia de direitos individuais indisponíveis.

A segunda vertente defende que o IC pode ser utilizado no exercício de todas as atribuições do Ministério Público, não se limitando aos casos de defesa de interesse coletivo. Essa linha de pensamento fundamenta-se na tese de que a Constituição Federal, ao se referir expressamente ao inquérito civil, não fez qualquer ressalva, não podendo, pois, a legislação ordinária limitar seu campo de aplicação.

Ademais, nos termos do art. 1º da Resolução nº 23 do Conselho Nacional do Ministério Público, que define o inquérito civil, pode-se observar a menção a seu objeto, qual seja, a "tutela dos interesses ou direitos a cargo do Ministério Público nos termos da legislação aplicável...". Ao mencionar tutela, referida normatização o fez de forma genérica, sem restrições, razão pela qual entendemos que é possível concluir que o inquérito civil possui função preventiva, reparatória e repressiva na defesa dos interesses e direitos transindividuais.

6.5.2. Inquérito civil e procedimento preparatório

O Ministério Público, em caso de dúvida razoável sobre a instauração de inquérito civil, pode adotar outros procedimentos administrativos, como requisições de documentos, perícias, exames etc. Todos esses documentos são chamados de peças informativas (art. 9º da Lei nº 7.347/1985). Tais providências preliminares formarão autos, que recebem a denominação de *procedimento preparatório*.

O procedimento preparatório, que tem um prazo mais curto do que o inquérito civil e somente pode ser prorrogado uma única vez, visa ao levantamento de informações básicas que não tenham ficado claras na denúncia, para dar seguimento às investigações, com posterior conversão em inquérito civil, se for o caso.

O fundamento legal dos procedimentos investigatórios encontra-se no art. 7º, I, da LOMPU, bem como no § 1º do art. 8º da LACP:

> Art. 7º. Incumbe ao Ministério Público da União, sempre que necessário ao exercício de suas funções institucionais:
>
> I – Instaurar inquérito civil e outros procedimentos administrativos correlatos; (...)
>
> Art. 8º. (...)
>
> § 1º. O Ministério Público poderá instaurar, sob sua presidência, inquérito civil, ou requisitar, de qualquer organismo público ou particular, certidões, informações, exames ou perícias, no prazo que assinalar, o qual não poderá ser inferior a dez dias úteis. (...)

6.5.3. Fases do inquérito civil: instauração, provas e conclusão

É possível identificar três fases no inquérito civil: instauração, produção de provas (instrução) e conclusão.

A instauração se dará pela publicação de portaria. Trata-se de ato que compete ao membro do Ministério Público que tenha atribuição para ajuizar a Ação Civil Pública.

Nos termos do art. 2º da Resolução nº 23 do CNMP e do art. 2º da Resolução nº 69 do CSMPT, o inquérito civil poderá ser instaurado:

a) *de ofício*, nas hipóteses em que o próprio membro do Ministério Público, fora das hipóteses das demais alíneas, tem ciência da ameaça ou lesão a direito metaindividual, como no caso de uma notícia veiculada na imprensa;

b) *a requerimento ou representação* formulada por qualquer pessoa ou por comunicação de outro órgão do MP ou qualquer autoridade;

c) *por designação* dos órgãos competentes do Ministério Público, nos casos cabíveis, como no caso de não ser promovido o arquivamento do inquérito.

A denúncia anônima não implicará ausência de providências, desde que forneça informações sobre o fato e seu provável autor, bem como a qualificação mínima que permita sua localização (art. 2º, § 3º, da Resolução CNMP nº 23).

Ademais, a aceitação de denúncia anônima, para fins de instauração de procedimento administrativo, de cunho inquisitório e não condenatório, na área trabalhista, tem como base a hipossuficiência do trabalhador na relação laboral, bem como o risco presumido de retaliação, em face da identificação do trabalhador, com efeitos nefastos para a manutenção do emprego.

Some-se, ainda, que o recebimento de denúncia anônima, que contenha o mínimo de elementos para se proceder à investigação, não afronta os termos do art. 5º, IV, da CF/1988. Em regra, a proibição constitucional do anonimato direciona-se à veiculação de mensagens, publicações e matérias, principalmente nos meios de comunicação, que venham a causar lesões a direitos de terceiros, garantindo-se, assim, o direito de resposta.

Cumpre registrar que o E. Supremo Tribunal Federal, ao se manifestar sobre a impossibilidade de denúncia anônima justificar a instauração de procedimento administrativo, o fez em relação à persecução penal fundada exclusivamente nas informações anônimas, destacando a necessidade de se averiguar, preliminarmente, se os dados fornecidos são materialmente verdadeiros. Logo, a Suprema Corte aceita a denúncia anônima, desde que existam elementos mínimos. Além disso, as decisões sobre o tema referem-se ao inquérito policial, não alcançando, a nosso ver, o inquérito civil, que possui objeto distinto.

Nesse sentido, destaca-se o seguinte aresto:

> *HABEAS CORPUS* – "DENÚNCIA ANÔNIMA" SEGUIDA DE INVESTIGAÇÕES EM INQUÉRITO POLICIAL – INTERCEPTAÇÕES TELEFÔNICAS E AÇÕES PENAIS NÃO DECORRENTES DE "DENÚNCIA ANÔNIMA" – LICITUDE DA PROVA COLHIDA E DAS AÇÕES PENAIS INICIADAS – ORDEM DENEGADA. Segundo precedentes do Supremo Tribunal Federal, nada impede a deflagração da persecução penal pela chamada "denúncia anônima", desde que esta seja seguida de diligências realizadas para averiguar os fatos nela noticiados (86.082 – Relator Ministro Ellen Gracie – *DJe* de 22.8.2008; 90.178 – Relator Ministro Cezar Peluso – *DJe* de 26.3.2010; e HC 95.244 – Relator Ministro Dias Toffoli – *DJe* de 30.4.2010). No caso, tanto as interceptações telefônicas, quanto as ações penais que se pretende trancar decorreram não da alegada "notícia anônima", mas de investigações levadas a efeito pela autoridade policial. A alegação de que o deferimento da interceptação telefônica teria violado o disposto no art. 2º, I e II, da Lei nº 9.296/1996 não se sustenta, uma vez que a decisão da magistrada de primeiro grau refere-se à existência de indícios razoáveis de autoria e à imprescindibilidade do monitoramento telefônico. Ordem denegada. (HC 99.490/SP – Relator Ministro Joaquim Barbosa – Segunda Turma – j. em 23.11.2010)

Nos termos do art. 5º da Resolução nº 69/2007 do CSMPT, é possível o indeferimento liminar da instauração de qualquer tipo de investigação, no prazo máximo de 30 dias, nos casos de:

a) evidência de os fatos narrados na representação não configurarem lesão aos interesses ou direitos cuja defesa esteja a cargo do Ministério Público do Trabalho;

b) o fato denunciado ter sido ou estiver sendo objeto de investigação ou de ação civil pública;

c) os fatos apresentados já se encontrarem solucionados; e

d) o denunciado não for localizado.

Após a prática de atos visando à formação do conjunto probatório, tais como audiências de testemunhas, requisições de documentos etc., o inquérito civil pode levar às seguintes conclusões:

a) arquivamento;

b) Termo de Compromisso de Ajustamento de Conduta;

c) ajuizamento da ACP.

Nos termos do art. 9, § 1º, da Lei nº 7.347/1985, o arquivamento do inquérito civil ou das peças de informação (procedimento preparatório) deverá ser submetido à apreciação do Conselho Superior do Ministério Público, no prazo de 3 dias, sob pena de se incorrer em falta grave.

O art. 10, § 1º, da Resolução nº 23 do Conselho Nacional do Ministério Público, dispõe que:

> § 1º. Os autos do inquérito civil ou do procedimento preparatório, juntamente com a promoção de arquivamento, deverão ser remetidos *ao órgão de revisão competente*, no prazo de três dias, contado da comprovação da efetiva cientificação pessoal dos interessados, através de publicação na imprensa oficial ou da lavratura de termo de afixação de aviso no órgão do Ministério Público, quando não localizados os que devem ser cientificados.

Como se vê, na resolução do CNMP não há determinação de envio do arquivamento ao Conselho Superior, mas sim ao órgão competente.

A Resolução nº 69 do Conselho Superior do Ministério Público do Trabalho, por sua vez, no seu § 1º do art. 10, estabelece:

> § 1º. Os autos do inquérito civil ou do procedimento preparatório, juntamente com a promoção de arquivamento, deverão ser remetidos à *Câmara de Coordenação e Revisão do Ministério Público do Trabalho*, no prazo de três dias, contados da comprovação da efetiva cientificação pessoal dos interessados, por via postal ou correio eletrônico, ou da lavratura de termo a ser afixado em quadro de aviso no Ministério Público do Trabalho, quando não localizados os que devem ser cientificados.

Verifica-se, portanto, que no âmbito do Ministério Público do Trabalho, a homologação do arquivamento do Inquérito Civil será promovida pela *Câmara de Coordenação e Revisão (CCR)*, e não mais pelo Conselho Superior do Ministério Público do Trabalho (CSMPT), como ocorria anteriormente.

Cumpre ressaltar que todo arquivamento deve ser expresso e fundamentado, consoante o art. 9º da Lei nº 7.347/1985.

6.5.4. Valoração das provas produzidas nos autos do inquérito civil

Há quem entenda que a propositura de ação coletiva calcada em lastro probatório produzido em inquérito civil, que se desenvolveu sem a observância do contraditório, é inadmissível porque está contaminada com o vício do procedimento de investigação preliminar. Para essa vertente, a consequência deveria ser a extinção do feito, sem resolução do mérito, por ausência de requisito processual de validade (art. 267, IV, do CPC).

Por outro lado, existem aqueles que sustentam que o magistrado, ao analisar o inquérito civil como meio de prova da ação civil pública, deve se posicionar da mesma forma como se posicionaria com relação a qualquer outra prova produzida no processo, submetendo-a ao crivo do contraditório. Logo, podendo ser exercido o contraditório em sede de ação civil pública, com a impugnação e comprovação de eventuais vícios na colheita da prova produzida no inquérito civil, não haveria qualquer causa para se decretar a extinção do feito.

O E. Superior Tribunal de Justiça já se posicionou pela eficácia probatória relativa do inquérito civil para fins de instrução da ação civil pública, julgando desnecessária a repetição das provas em juízo, caso os documentos colhidos nos autos do procedimento administrativo não tenham sido infirmados, em juízo, pela parte interessada. Nesse sentido, destaca-se o seguinte julgado:

> PROCESSO CIVIL – AÇÃO CIVIL PÚBLICA – INQUÉRITO CIVIL – VALOR PROBATÓRIO.
> 1. O inquérito civil público é procedimento facultativo que visa a colher elementos probatórios e informações para o ajuizamento de ação civil pública. 2. As provas colhidas no inquérito têm valor probatório relativo, porque colhidas sem a observância do contraditório, mas só devem ser afastadas quando há contraprova de hierarquia superior, ou seja, produzida sob a vigilância do contraditório. 3. A prova colhida inquisitorialmente não se afasta por mera negativa, cabendo ao juiz, no seu livre convencimento, sopesá-las, observando as regras processuais pertinentes à distribuição do ônus da prova. 4. Recurso especial provido. (REsp 849.841/MG – Recurso Especial 2006/0100308-9 – Ministra Eliana Calmon – *DJ* de 11.9.2007)

Em observância aos princípios da economia processual, duração razoável do processo e devido processo legal, entendemos que a segunda vertente deve ser privilegiada.

6.5.5. Princípio da publicidade

A publicidade dos atos praticados nos autos do inquérito civil deve ser considerada a regra a ser observada. A decretação de sigilo, seja parcial ou total, deve ser vista como exceção à regra, razão pela qual há de ser devidamente fundamentada pelo membro condutor do procedimento investigativo.

Com relação ao princípio da publicidade, no inquérito civil, em seara trabalhista, destaca-se o disposto no *art. 7º da Resolução nº 69 do Conselho Superior do Ministério Público do Trabalho*:

> Art. 7º. Aplica-se ao inquérito civil o princípio da publicidade dos atos, com exceção das hipóteses de sigilo legal ou em que a publicidade possa acarretar prejuízo às investigações, casos em que a decretação do sigilo legal deverá ser motivada.

§ 1º. Nos requerimentos que objetivam a obtenção de certidões ou extração de cópia de documentos constantes nos autos do inquérito civil, os interessados deverão fazer constar esclarecimentos relativos aos fins e razões do pedido, nos termos da Lei nº 9.051/1995.

§ 2º. A publicidade consistirá:

I – na divulgação oficial, com o exclusivo fim de conhecimento público mediante publicação de extratos na imprensa oficial;

II – na divulgação em meios cibernéticos ou eletrônicos, dela devendo constar as portarias de instauração e extratos dos atos de conclusão;

III – na expedição de certidão e na extração de cópias sobre os fatos investigados, mediante requerimento fundamentado e por deferimento do presidente do inquérito civil;

IV – na prestação de informações ao público em geral, a critério do presidente do inquérito civil;

V – na concessão de vista dos autos, mediante requerimento fundamentado do interessado ou de seu procurador legalmente constituído e por deferimento total ou parcial do presidente do inquérito civil.

§ 3º. Sem prejuízo da garantia de publicidade prevista nos incisos anteriores, não se admite carga dos autos do procedimento preparatório ou do inquérito civil.

§ 4º. As despesas decorrentes da extração de cópias correrão por conta de quem as requereu.

§ 5º. A restrição à publicidade deverá ser decretada em decisão motivada, para fins do interesse público, e poderá ser, conforme o caso, limitada a determinadas pessoas, provas, informações, dados, períodos ou fases, cessando quando extinta a causa que a motivou.

§ 6º. Os documentos resguardados por sigilo legal deverão ser autuados em apenso e permanecer acautelados em secretaria.

Vale destacar a regra constante no § 3º do art. 7º da Resolução nº 69 do CSMPT, segundo a qual não é possível fazer carga dos autos do procedimento preparatório ou inquérito civil, ou seja, retirá-los da sede do Ministério Público, o que não viola a garantia da publicidade.

Na hipótese de ser decretado o sigilo, seja total ou parcial, os documentos e as informações sigilosas, que não podem ser divulgadas por meio de cópias ou certidões, devem ser autuadas em apenso, ficando acautelados no Ministério Público.

6.5.6. Reabertura do inquérito e reapreciação de provas

Há quem entenda ser possível a reabertura do inquérito civil apenas com base em novas provas. De outra parte, existem aqueles que defendem a possibilidade de reabertura do inquérito civil independentemente de obtenção de novas provas, pois não haveria essa exigência prevista na lei.

O art. 12 da Resolução nº 69 do CSMPT estabelece:

Art. 12. O desarquivamento do inquérito civil, diante de novas provas ou para investigar fato novo relevante, poderá ocorrer no prazo máximo de seis meses após o arquivamento. Transcorrido esse lapso, será instaurado novo inquérito civil, sem prejuízo das provas já colhidas.

Parágrafo único. O desarquivamento de inquérito civil para a investigação de fato novo, não sendo caso de ajuizamento de ação civil pública, implicará novo arquivamento e remessa à Câmara de Coordenação e Revisão do Ministério Público do Trabalho, na forma do art. 10 desta Resolução.

6.5.7. Inquérito civil e crime de falso testemunho

O art. 342 do Código Penal estabelece que constitui crime: "Fazer afirmação falsa, ou negar ou calar a verdade como testemunha, perito, contador, tradutor ou intérprete em *processo judicial, ou administrativo, inquérito policial*, ou em *juízo arbitral*".

Como se vê, o dispositivo legal não menciona inquérito civil. E, em razão da regra de hermenêutica segundo a qual não há, no Direito penal, analogia *in malam partem*, não haveria como aplicar interpretação extensiva, para incluir, também, o inquérito civil.

Concordamos que um testemunho falso ou uma falsa perícia produzida em sede de inquérito civil pode conduzir ao ajuizamento equivocado de uma ação civil pública, seja em face de um inocente, seja evitando a investigação de alguém realmente responsável pela lesão de direitos transindividuais.

Todavia, pelas regras de hermenêutica, entendemos que não há que se falar de crime de falso testemunho em sede de inquérito civil.

A propósito, corroborando nosso entendimento, tramita no Congresso Nacional o Projeto de Lei nº 6.109/2009, que tem como finalidade alterar o *caput* do art. 342 do Código Penal, para incluir no tipo penal, como crime de falso testemunho ou falsa perícia, o inquérito civil entre os procedimentos sujeitos à prática da infração.

6.5.8. Prazo do inquérito civil

A Lei nº 7.347/1985 nada menciona a respeito do prazo de duração do inquérito civil. No mesmo caminho, a LC nº 75/1993 e o CDC.

A Resolução nº 69/2007 do CSMPT, por sua vez, estabelece:

> Art. 9º. O inquérito civil deverá ser concluído no prazo de um ano, a contar da publicação desta Resolução, prorrogável pelo mesmo prazo e quantas vezes forem necessárias, por decisão fundamentada de seu presidente, à vista da imprescindibilidade da realização ou conclusão de diligências, dando-se ciência da prorrogação à Câmara de Coordenação e Revisão do Ministério Público do Trabalho, inclusive por meio eletrônico.

6.6. PODERES DE INVESTIGAÇÃO: REQUISIÇÃO, NOTIFICAÇÃO, INSPEÇÃO E REALIZAÇÃO DE DILIGÊNCIAS

Os poderes de investigação do Ministério Público concretizam-se nos instrumentos colocados à disposição do órgão ministerial para instruir seus procedimentos, permitindo, assim, ao membro eleger a medida judicial ou extrajudicial mais adequada para sanar as irregularidades e ilegalidades porventura encontradas.

De nada adiantaria atribuir a missão de defender a ordem jurídica, o regime democrático e os direitos tanto sociais como individuais indisponíveis se não fossem proporcionados ao Ministério Público os meios necessários para a comprovação de ameaças ou lesões.

Dentre os mecanismos oferecidos ao *parquet* pela legislação em vigor, temos *a requisição, a notificação, a inspeção e a realização de diligências.*

O poder de requisição e seus possíveis limites, assim como a notificação, já foram analisados anteriormente (Capítulo 3, item 3.4).

A inspeção e a realização de diligências encontram seu fundamento legal nos arts. 26, I, "c", da Lei nº 8.625/1993, bem como no art. 8º, V, da Lei Complementar nº 75/1993. Esses instrumentos, de suma importância, possibilitam ao Ministério Público uma postura mais ativa, uma vez que permitem que a investigação se dê *in loco* e independentemente da vontade do investigado ou terceiro.

A fiscalização *in loco* realizada pelo membro do Ministério Público permite melhor delimitação de outras possíveis medidas que podem ser adotadas, como a realização de perícias. A título de ilustração, na seara trabalhista, as questões envolvendo meio ambiente laboral e locais em que se tem conhecimento da possível existência de trabalho infantil.

Aliás, a realização de prova técnica, em diversas situações, é essencial para a resolução do conflito. Todavia, sua produção, muitas vezes, seja pela complexidade, seja pela ausência de recursos humanos ou financeiros, torna-se difícil. Nem todos os órgãos do Ministério Público contam com corpo técnico específico. Nessas hipóteses, mostra-se relevante a requisição de tais serviços a órgãos públicos, como vigilância sanitária, Centros de Referência em Saúde do Trabalhador – CEREST, dentre outros, bem como a celebração de convênios locais, com universidades e conselhos profissionais.

É recomendável que a inspeção pessoal e outras diligências efetuadas pelo membro do Ministério Público sejam adequadamente registradas nos autos da investigação, se possível com juntada de fotografias para ilustração.

ATENÇÃO: A Proposta de Emenda à Constituição (PEC) nº 37 tem gerado muita polêmica na comunidade jurídica, por garantir a exclusividade das investigações criminais às polícias Federal e Civil. Em suma, a PEC em comento pretende limitar os poderes investigativos na esfera criminal às polícias civil e federal, inviabilizando a atuação de outros órgãos, como o Ministério Público. De um lado, integrantes do Ministério Público lançaram uma campanha contra o que chamam de PEC da impunidade. Na outra ponta, representantes de policiais defendem a medida. Apesar de, inicialmente, gerar efeitos apenas na esfera criminal, pode vir a gerar efeitos na atividade investigativa na esfera do inquérito civil. O candidato, portanto, deve acompanhar sua tramitação e as discussões pertinentes, mantendo-se atualizado quanto ao tema.

6.7. RECOMENDAÇÃO

A recomendação se insere no rol de instrumentos postos à disposição do Ministério Público para o bom desempenho de suas funções. Tem previsão no art. 6º, XX, da LC nº 75/1993, cujo objetivo é orientar o administrador público, visando à melhoria dos serviços públicos e de relevância pública, bem como ao respeito aos interesses, direitos e bens cuja defesa lhe cabe promover, com fixação de prazo razoável para a adoção das providências cabíveis.

Findo o prazo concedido e não adotadas as providências recomendadas, o membro do Ministério Público analisará as medidas cabíveis que devem ser tomadas, judiciais ou extrajudiciais.

A Resolução nº 69/2007 do Conselho Superior do Ministério Público do Trabalho dispõe, em seu art. 15, que o Ministério Público do Trabalho, nos autos do inquérito civil ou do procedimento preparatório, poderá expedir recomendações devidamente fundamentadas, vedando-se, contudo, sua utilização como medida substitutiva ao termo de ajuste de conduta ou ação civil pública.

Relevante ressaltar a observação feita por Geisa de Assis Rodrigues (2012, p. 254) a respeito da interpretação do art. 15 da Resolução nº 23/2007 do CNMP, que tem a mesma redação do art. 15 da Resolução nº 69/2007 do CSMPT:

> Como devemos interpretar a vedação da expedição de recomendação como medida substitutiva ao compromisso de ajustamento de conduta e à ação civil pública prevista no parágrafo único do art. 15 da Resolução nº 23/2007 do CNMP? A única forma de compreender tal disposição normativa é entender que a mera expedição da recomendação não supre a necessidade da obtenção de um título executivo em favor da sociedade, seja judicial, através da ação civil pública, seja extrajudicial, através do compromisso de ajustamento de conduta, quando esta não for atendida, a não ser em hipóteses especialíssimas quando não seja possível exigir judicialmente o recomendado. Destarte, é muito importante a expedição da recomendação como uma primeira tentativa do Ministério Público de lograr resolver a controvérsia sem a movimentação da máquina jurisdicional. Quando esta não é acatada, quase sempre a decisão judicial leva em conta essa importante iniciativa do Ministério Público.

6.8. TERMO DE COMPROMISSO DE AJUSTAMENTO DE CONDUTA

A Lei nº 7.347/1985, em seu art. 5º, § 6º, estabelece que: "os órgãos públicos legitimados poderão tomar dos interessados compromisso de ajustamento de conduta às exigências legais, mediante cominações, que terá eficácia de título executivo extrajudicial".

Do exame do dispositivo legal em comento, verifica-se que, ao contrário do inquérito civil, cuja utilização é exclusiva do Ministério Público, o termo de ajustamento de conduta pode ser firmado por qualquer um dos legitimados para propositura da ação civil pública (art. 5º da LACP).

Tendo em vista seu claro objetivo de adequar a conduta do compromissário às exigências legais, seja preventivamente ou repressivamente, não se mantém o ajustamento de conduta à lei revogada.

Em conformidade com o disposto no art. 876 da CLT, o termo de ajuste de conduta é título executivo extrajudicial, podendo, em caso de descumprimento de suas cláusulas, ser executado diretamente na Justiça do Trabalho.

Tratando-se de forma extrajudicial de solução de conflitos, o termo de ajuste de conduta tem como principal objetivo não apenas fazer cessar a prática da conduta ilícita, mas também evitar a reincidência na ilicitude (**tutela inibitória**). Visa, assim, ao cumprimento da lei, de forma espontânea e rápida, sem custos para o Estado, com a adequação da conduta do infrator às normas legais, evitando o litígio.

O TAC, sempre que possível, deve buscar a tutela específica da obrigação. Não sendo possível ser adotada a tutela específica ou medida similar, podem ser adotadas medidas compensatórias. Nessa linha, dispõe o *caput* do art. 14 da Resolução nº 69/2007 do CSMPT:

> Art. 14. O Ministério Público do Trabalho poderá firmar termo de ajuste de conduta, nos casos previstos em lei, com o responsável pela ameaça ou lesão aos interesses ou direitos mencionados no art. 1º desta Resolução, visando à reparação do dano, à adequação da conduta às exigências legais ou normativas e, ainda, à compensação e/ou à indenização pelos danos que não possam ser reparados.

Ademais, a aferição do cumprimento dos termos do ajustamento de conduta ocorrerá nos próprios autos do procedimento preparatório ou do inquérito civil (art. 14, § 1º, da Resolução CSMPT nº 69/2007). Assim, não é necessário abrir um novo procedimento apenas para acompanhar o cumprimento da avença.

No âmbito do termo de ajuste de conduta, não é dado aos órgãos legitimados transacionar o direito material, aceitando-se, por exemplo, apenas que a forma e o prazo de cumprimento da obrigação sejam objeto de transação.

Importante instrumento que visa a obrigar o pactuante ao seu cumprimento é a previsão de *astreintes*, isto é, de multa a ser aplicada no caso de não observância do pactuado. Essa cominação, que possui expressa previsão legal, tem como principal objetivo forçar o cumprimento da obrigação. Não estão sujeitas a limites nem possuem a intenção de substituir a obrigação principal ou as cláusulas penais, com as quais não se confundem.

Interessante discussão envolvendo o termo de ajustamento de conduta diz respeito às suas implicações processuais. A celeuma resume-se à seguinte indagação: é possível o ajuizamento de ação civil pública por outro colegitimado com o mesmo objeto, visando à reparação dos mesmos danos constantes no TAC?

Há quem entenda que a assinatura do TAC não impede o ajuizamento da ACP por qualquer dos legitimados, mesmo aquele que firmou o TAC, ao argumento de que o TAC não consiste em condição da ação, bem como suas previsões tratam-se de garantias mínimas.

Outros defendem que o TAC vincula apenas aquele que o firmou, não podendo este ajuizar ação civil pública com o mesmo objeto.

Uma terceira corrente sustenta que o ajuizamento da ação civil pública por outro colegitimado, em respeito ao princípio da segurança jurídica, somente deveria ser admitido para suprir omissão ou complementar a transação, ou, ainda, para impugná-lo pela existência de algum vício.

Por perfilharmos do mesmo entendimento, destacamos o posicionamento da Exma. Procuradora Regional da República Geisa de Assis Rodrigues (2012, p. 244):

> Como já tivemos a oportunidade de nos pronunciar, o compromisso, inclusive, pela sua natureza de título executivo extrajudicial, tem que ter um mínimo de estabilidade e oferecer a garantia ao compromissário de que se configura uma verdadeira alternativa à jurisdição. Portanto, caso não haja uma concordância com os termos do ajustamento, o colegitimado, aí também se incluindo quem só tem legitimidade processual, como as associações, as sociedades de economia mista e as empresas públicas, só pode impugnar judicialmente o compromisso alegando sua invalidade, e não propor demanda para a tutela do direito transindividual em relação aos fatos, objeto do compromisso, como se ele não existisse.

Por derradeiro, com relação à prescrição para executar o termo de ajustamento de conduta não cumprido, vale salientar que o TAC, via de regra, tem prazo indeterminado de vigência, salvo estipulação em sentido diverso, em que seja fixado prazo específico de duração da pactuação.

Consequência disso, tendo em vista a natureza das obrigações firmadas e seu trato sucessivo, com exigibilidade prolongada no tempo, a regra é que não prescreve o direito de executar o compromisso de ajustamento de conduta.

6.9. AUDIÊNCIA PÚBLICA

As audiências públicas são uma *forma democrática de levantamento de informações que visam a melhorar a atuação do Ministério Público*, revelando sua função de *articulador social*, uma vez que a sociedade é chamada a colaborar com informações, depoimentos, sugestões, críticas ou propostas, que serão levadas em consideração na adoção das estratégias de atuação.

Dada a sua importância, o Conselho Nacional do Ministério Público, em 29.2.2012, editou a Resolução nº 82, que trata especificamente das audiências públicas, que pedimos *venia* para transcrever:

O CONSELHO NACIONAL DO MINISTÉRIO PÚBLICO, no exercício da competência fixada no art. 130-A, § 2º, inciso II, da Constituição Federal, e com arrimo no art. 19 do Regimento Interno;

CONSIDERANDO o disposto no art. 27, parágrafo único, inciso IV, da Lei nº 8.625/1993 (Lei Orgânica do Ministério Público), que estabelece como atribuição do Ministério Público promover audiências públicas e emitir relatórios, anual ou especiais;

CONSIDERANDO o disposto no art. 6º, inciso XIV, da Lei Complementar nº 75/1993 (Lei Orgânica do MPU), que estabelece como atribuição do Ministério Público da União a promoção de outras ações necessárias ao exercício de suas funções institucionais, em defesa da ordem jurídica, do regime democrático e dos interesses sociais e individuais indisponíveis;

CONSIDERANDO que as audiências cometidas ao Ministério Público são um mecanismo pelo qual o cidadão e a sociedade organizada podem colaborar com o Ministério Público no exercício de suas finalidades institucionais ligados ao zelo do interesse público e à defesa dos direitos e interesses difusos e coletivos de modo geral;

CONSIDERANDO ainda que o referido ato normativo não exclui, a cada unidade do Ministério Público, na esfera de sua autonomia, a possibilidade de editar atos regulamentares sobre a matéria;

Resolve:

Art. 1º. Compete aos Órgãos do Ministério Público, nos limites de suas respectivas atribuições, promover audiências públicas para auxiliar nos procedimentos sob sua responsabilidade e na identificação das variadas demandas sociais.

§ 1º. As audiências públicas serão realizadas na forma de reuniões organizadas, abertas a qualquer cidadão, para discussão de situações das quais decorra ou possa decorrer lesão a interesses difusos, coletivos e individuais homogêneos, e terão por finalidade coletar, junto à sociedade e ao Poder Público, elementos que embasem a decisão do órgão do Ministério Público quanto à matéria objeto da convocação.

§ 2º. O Ministério Público poderá receber auxílio de entidades públicas para custear a realização das audiências referidas no *caput* deste artigo, mediante termo de cooperação ou procedimento específico, com a devida prestação de contas.

Art. 2º. As audiências públicas serão precedidas da expedição de edital de convocação do qual constará, no mínimo, a data, o horário e o local da reunião, bem como o objetivo e a forma de cadastramento dos expositores, além da forma de participação dos presentes.

Art. 3º. Ao edital de convocação será dada a publicidade possível, sendo facultada sua publicação no Diário Oficial do Estado e obrigatória a publicação no sítio eletrônico, bem como a afixação na sede da unidade do Ministério Público, com antecedência mínima de 10 (dez) dias úteis.

Art. 4º. Da audiência será lavrada ata circunstanciada, no prazo de 5 (cinco) dias, a contar de sua realização.

§ 1º. A ata e seu extrato serão encaminhados ao Procurador-Geral de cada unidade, ou a quem estes indicarem, no prazo de 5 dias após sua lavratura para fins de conhecimento.

§ 2º A ata, por extrato, será afixada na sede da unidade e será publicada no sítio eletrônico do respectivo Ministério Público, assegurando-se aos inscritos e participantes a comunicação por meio eletrônico, no respectivo endereço cadastrado.

Art. 5º. Se o objeto da audiência pública consistir em fato que possa ensejar providências por parte de mais de um membro do Ministério Público, aquele que teve a iniciativa do ato participará sua realização aos demais membros, com antecedência mínima de 10 (dez) dias úteis, podendo a audiência pública ser realizada em conjunto.

Art. 6º. Ao final dos trabalhos que motivaram a audiência pública, o representante do Ministério Público deverá produzir um relatório, no qual poderá constar a sugestão de alguma das seguintes providências:

I – arquivamento das investigações;

II – celebração de termo de ajustamento de conduta;

III – expedição de recomendações;

IV – instauração de inquérito civil ou policial;

V – ajuizamento de ação civil pública;

VI – divulgação das conclusões de propostas de soluções ou providências alternativas, em prazo razoável, diante da complexidade da matéria.

Art. 7º. As deliberações, opiniões, sugestões, críticas ou informações emitidas na audiência pública ou em decorrência desta terão caráter consultivo e não vinculante, destinando-se a subsidiar a atuação do Ministério Público, zelar pelo princípio da eficiência e assegurar a participação popular na condução dos interesses públicos.

Art. 8º. Cada unidade do Ministério Público debaterá, no âmbito de seu planejamento estratégico, a necessidade de realização de audiências públicas, podendo definir metas correlatas.

Art. 9º. Esta Resolução entra em vigor na data de sua publicação.

(DOU de 9.4.2012)

6.10. QUESTÕES RESOLVIDAS E COMENTADAS

(MPT – 17º Concurso) Leia as seguintes assertivas sobre o Termo de Ajustamento de Conduta no âmbito das relações de trabalho:

I – É necessária a participação do membro do Ministério Público do Trabalho, como condição de sua eficácia como título executivo extrajudicial, não se admitindo seja utilizado por outro órgão legitimado para a propositura de ação civil pública.

II – Exige-se, nos termos da lei, sem exceções, a inserção de uma cominação a ser imposta em caso de descumprimento de obrigação de fazer e/ou não fazer assumidas pela parte.

III – As obrigações nele previstas poderão ter natureza preventiva, objetivando cessar a ameaça de dano, ou natureza corretiva, visando a adequar a conduta da parte às exigências legais, mas, em nenhuma hipótese, poderão ter natureza reparatória, por ser incompatível com a finalidade desse instrumento.

Marque a alternativa **CORRETA**:

[A] todas as assertivas são corretas;

[B] apenas as assertivas I e III são corretas;

[C] apenas as assertivas II e III são corretas;

[D] apenas a assertiva II é correta;

[E] não respondida.

Gabarito oficial: alternativa [D]

Comentários do autor:

✯ *A assertiva I deve ser considerada errada, pois nos termos do art. 5º, § 6º, da Lei nº 7.347/1985, os órgãos públicos legitimados para ajuizamento da ACP podem tomar dos interessados compromisso de ajustamento de conduta às exigências legais, não sendo condição de eficácia, portanto, a participação do MPT.*

✯ *A assertiva II está correta, nos exatos termos do art. 5º, § 6º, da LACP. Até porque firmar um Termo de Ajustamento de Conduta sem cominação pode incentivar o não cumprimento espontâneo da avença.*

✯ *A assertiva III está errada. O termo de ajustamento de conduta pode ter natureza reparatória, visando a recompor o patrimônio social lesado (dano moral coletivo), principalmente quando firmado termo aditivo no caso de descumprimento do instrumento principal. Nada impede, também, que seja convencionado o pagamento de indenizações por dano moral individual, como, por exemplo, nos casos de trabalho em condições análogas à de escravo.*

(MPT – 17º Concurso) Consideradas as prerrogativas conferidas pelo ordenamento jurídico aos membros do Ministério Público do Trabalho, leia as assertivas a seguir:

I – Constitui prerrogativa institucional ter ingresso e trânsito livres, apenas em razão do serviço, em qualquer recinto público ou privado, respeitada a garantia constitucional de inviolabilidade de domicílio, salvo hipóteses como de flagrante delito, a exemplo da constatação de trabalho infantil doméstico em condições análogas à de escravo.

II – Constituem prerrogativas legais a presença e a palavra asseguradas em todas as sessões dos órgãos colegiados em que oficiem, manifestando-se verbalmente sobre a matéria em debate, sempre que entender necessário, e também solicitar as diligências que julgar convenientes, independentemente de requerimento escrito.

III – As prerrogativas são irrenunciáveis e sua enumeração é taxativa, estando previstas exclusivamente na Lei Complementar nº 75/1993.

Assinale a alternativa **CORRETA**:

[A]   apenas a assertiva II é correta;

[B]   apenas as assertivas I e II são corretas;

[C]   apenas as assertivas II e III são corretas;

[D]   apenas as assertivas I e III são corretas;

[E]   não respondida.

Gabarito oficial: alternativa [B].

Comentários do autor:

✯ *A assertiva I está correta, de acordo com os arts. 18, I, "c", da LC nº 75/1993, e 5º, XI, da Constituição Federal, considerando que o trabalho em condições análogas à de escravo é tipificado como crime pelo Código Penal.*

✯ *A assertiva II está em consonância com o disposto no art. 83, II e VII, da LC nº 75/1993. Correta, portanto.*

✯ *A assertiva III deve ser considerada errada. Embora as prerrogativas sejam inerentes ao exercício da função e irrenunciáveis, conforme disposto no caput do art. 21 da LC nº 75/1993, certo é que sua enumeração não é taxativa, já que aquelas previstas na LC nº 75/1993 não excluem as que sejam estabelecidas em outras leis (art. 21, parágrafo único).*

(MPT – 17º Concurso) NÃO é permitido ao membro do Ministério Público do Trabalho, para o exercício de suas atribuições, nos termos legais:

[A]   A requisição de condução coercitiva de testemunha e do representante da parte investigada, no âmbito da instrução do inquérito civil, em caso de ausência injustificada.

[B]   A realização de inspeções e diligências de natureza investigatória, diretamente, ou com o acompanhamento de outros órgãos de fiscalização.

[C]   A requisição à administração pública de serviços temporários de seus servidores e meios materiais necessários para a realização de atividades específicas.

[D]   A realização de audiências públicas, para discussão de temas e coleta de informações necessárias à sua atuação.

[E]   Não respondida.

Gabarito oficial: alternativa [A].

Comentários do autor:

✯ *A alternativa "A" deve ser considerada correta. Embora seja permitida a condução coercitiva de testemunha, em caso de ausência injustificada, não é permitido ao membro do MPT, para o exercício de suas atribuições, a condução coercitiva do representante da parte investigada, nos termos do art. 8º, I, da LC nº 75/1993.*

158 | MPT – PREPARANDO-SE PARA O CONCURSO DE PROCURADOR DO TRABALHO

✩ *As demais alternativas apontam para situações permissivas ao membro do Ministério Público do Trabalho, conforme art. 8º, incisos V e III, da LC nº 75/1993, e art. 6º, XIV, da LC nº 75/1993, c/c com a Resolução CNMP nº 82, respectivamente.*

(MPT – 17º Concurso) Considerando-se as proposições abaixo a respeito do Ministério Público do Trabalho:

I – Compete ao Procurador-Geral do Trabalho integrar, como membro nato, e presidir o Colégio de Procuradores do Trabalho, o Conselho Superior do Ministério Público do Trabalho e a Comissão de Concurso.

II – O Conselho Superior do Ministério Público do Trabalho é órgão normativo, competindo-lhe, entre outras funções, decidir os conflitos de atribuição entre os órgãos da instituição.

III – Incumbe ao Corregedor-Geral do Ministério Público do Trabalho acompanhar o estágio probatório dos membros e decidir sobre o vitaliciamento ou a exoneração daquele que não cumprir as condições do referido estágio.

IV – Os cargos de Procurador do Trabalho, Procurador Regional do Trabalho, Subprocurador-Geral do Trabalho e Procurador-Geral do Trabalho constituem a carreira do Ministério Público do Trabalho, sendo o cargo inicial de Procurador do Trabalho e o do último nível o de Procurador-Geral do Trabalho.

Marque a alternativa **CORRETA**:

[A] apenas a assertiva II está correta;

[B] apenas as assertivas III e IV estão corretas;

[C] apenas a assertiva III está correta;

[D] apenas a assertiva I está correta;

[E] não respondida.

Gabarito oficial: alternativa [D].

Comentários do autor:

✩ *A assertiva I está correta, pois reproduz o texto do art. 91, II, da LC nº 75/1993.*

✩ *A assertiva II está errada, pois não cabe ao CSMPT decidir os conflitos de atribuição entre os órgãos da instituição. Tal incumbência é da Câmara de Coordenação e Revisão (art. 103, VI, da LC nº 75/1993) e, em grau de recurso, do Procurador-Geral do Trabalho (art. 91, VII).*

✩ *A assertiva III é falsa, uma vez que o cargo de Procurador-Geral do Trabalho não integra a carreira do Ministério Público do Trabalho. A carreira é composta apenas pelos cargos de Procurador do Trabalho, Procurador Regional do Trabalho e Subprocurador-Geral do Trabalho, sendo este o último nível, conforme expressamente dispõe o art. 86 da LC nº 75/1993.*

(MPT – 15º Concurso) Leia com atenção as assertivas abaixo:

I – o Conselho Superior do Ministério Público do Trabalho é composto somente por Subprocuradores-Gerais do Trabalho, eleitos para um mandato de dois anos;

II – o Conselho Superior do Ministério Público do Trabalho é composto: pelo Procurador-Geral do Trabalho e o Vice-Procurador-Geral do Trabalho, como membros natos; por quatro Subprocuradores-Gerais do Trabalho eleitos pelo Colégio

O Ministério Público do Trabalho | 159

de Procuradores do Trabalho e por quatro Subprocuradores-Gerais do Trabalho eleitos por seus pares, para um mandato de dois anos, mediante voto plurinominal, facultativo e secreto, permitida uma reeleição;

III – o Presidente do Conselho Superior indicará o seu Vice-Presidente, que o substituirá em seus impedimentos e em caso de vacância.

Assinale a alternativa **CORRETA**:

[A] todas as assertivas estão corretas;

[B] todas as assertivas estão incorretas;

[C] apenas a assertiva II está correta;

[D] apenas a assertiva III está correta;

[E] não respondida.

Gabarito oficial: alternativa [C].

Comentários do autor:

✰ *A assertiva I está errada. O Conselho Superior do Ministério Público do Trabalho pode não ser integrado exclusivamente por subprocuradores-gerais, considerando que o PGT, seu integrante nato, pode ser procurador do trabalho ou procurador regional do trabalho.*

✰ *A assertiva II está correta, de acordo com o art. 95 da LC nº 75/1993.*

✰ *A assertiva III está incorreta. O cargo de Vice-Presidente do CSMPT não é indicado pelo seu Presidente, e sim eleito pelo próprio Conselho, nos termos do § 2º do art. 95 da LC nº 75/1993.*

(MPT – 15º Concurso) Assinale a alternativa **CORRETA**:

[A] a Câmara de Coordenação e Revisão do Ministério Público do Trabalho é organizada por ato normativo, cumprindo-lhe dispor sobre seu funcionamento em regimento interno;

[B] a Câmara de Coordenação e Revisão do Ministério Público do Trabalho é composta por três membros do Ministério Público do Trabalho, todos eles indicados pelo Conselho Superior, juntamente com os seus suplentes, para um mandato de dois anos, sempre que possível dentre integrantes do último grau da carreira;

[C] o Coordenador da Câmara de Coordenação e Revisão do Ministério Público do Trabalho é designado pelo Procurador-Geral do Trabalho, dentre os Subprocuradores-Gerais do Trabalho;

[D] incumbe ao Coordenador da Câmara de Coordenação e Revisão do Ministério Público do Trabalho participar, sem direito a voto, das reuniões do Conselho Superior do Ministério Público do Trabalho;

[E] não respondida.

Gabarito oficial: alternativa [C].

Comentários do autor:

✰ *O art. 100 da LC nº 75/1993 dispõe que "a Câmara de Coordenação e Revisão do Ministério Público do Trabalho será organizada por ato normativo, e o Regimento Interno, que disporá sobre seu funcionamento, será elaborado pelo Conselho Superior". O equívoco da assertiva "A" é bem sutil. Na verdade, existem duas normas: um ato normativo, que organiza a CCR, e o regimento interno, que dispõe sobre o funcionamento da CCR. A assertiva em comento dá uma ideia equivocada de que o próprio ato normativo já dispõe sobre o regimento interno. E o regimento interno da CCR é elaborado pelo CSMPT.*

✯ *A alternativa "B" também está errada, pois o art. 101 da LC nº 75/1993 realmente dispõe que a CCR é composta por três membros, porém um é indicado pelo Procurador-Geral do Trabalho e dois pelo Conselho Superior do Ministério Público do Trabalho.*

✯ *Nos termos dos arts. 101 e 102 da LC nº 75/1993, o Coordenador da CCR é cargo privativo dos Subprocuradores-Gerais do Trabalho e será designado pelo PGT. Correta, pois, a alternativa "C".*

✯ *A incumbência de participar das reuniões do CSMPT não é do Coordenador da CCR e sim do Corregedor-Geral do MPT, consoante o disposto no inciso I do art. 106 da LC nº 75/1993. Vê-se, assim, que está incorreta a assertiva "D".*

(MPT – 15º Concurso) Leia com atenção as assertivas abaixo:

I – a Corregedoria do Ministério Público do Trabalho, dirigida pelo Corregedor-Geral, é o órgão de coordenação, de integração e de revisão do exercício funcional na instituição;

II – o Corregedor-Geral é nomeado pelo Procurador-Geral do Trabalho, dentre os Subprocuradores-Gerais do Trabalho, integrantes de lista tríplice elaborada pelo Conselho Superior, para mandato de dois anos, renovável uma vez;

III – o Corregedor-Geral poderá ser destituído, por iniciativa do Procurador-Geral do Trabalho, antes do término do mandato, pelo voto de dois terços dos membros do Conselho Superior.

Assinale a alternativa **CORRETA**:

[A] todas as assertivas estão corretas;

[B] todas as assertivas estão incorretas;

[C] apenas a assertiva I está correta;

[D] apenas as assertivas II e III estão corretas;

[E] não respondida.

Gabarito oficial: alternativa [D].

Comentários do autor:

✯ *A Corregedoria do Ministério Público do Trabalho não é órgão de coordenação, de integração e de revisão do exercício funcional na instituição. Esse papel está sob a incumbência da Câmara de Coordenação e Revisão do Ministério Público do Trabalho (art. 99 da LC nº 75/1993). Na verdade, "a Corregedoria do Ministério Público do Trabalho, dirigida pelo Corregedor-Geral, é o órgão fiscalizador das atividades funcionais e da conduta dos membros do Ministério Público", nos termos do art. 104 da LC nº 75/1993. Assim, não procede a assertiva I.*

✯ *A assertiva II está correta, pois coaduna-se com o que estabelece o comando normativo do art. 105, caput, da LC nº 75/1993.*

✯ *A assertiva III é verdadeira, pois atende em toda a integralidade o teor do § 3º do art. 105 da LC nº 75/1993.*

(MPT – 14º Concurso) Assinale a alternativa **CORRETA**:

[A] para entrar no exercício do cargo de Procurador do Trabalho, o candidato empossado terá o prazo de 30 dias, improrrogáveis;

[B] as promoções dos membros integrantes dos quatro ramos do Ministério Público da União deverão ser realizadas até trinta dias da ocorrência da vaga;

[C] a pena de advertência será aplicada ao membro do Ministério Público do Trabalho de forma pública e por escrito;

[D] equipara-se ao abandono do cargo de Procurador do Trabalho a ausência do membro ao exercício de suas funções, sem causa justificada, por mais de quarenta e cinco dias intercalados, no período de doze meses;

[E] não respondida.

Gabarito oficial: alternativa [B].

Comentários do autor:

- *A alternativa "A" está incorreta, pois, conforme o art. 196 da LC nº 75/1993 o empossado tem o prazo de 30 dias para entrar em exercício, porém prorrogável por igual período, mediante comunicação, antes de findo o prazo.*
- *A alternativa "B" está correta, porquanto coaduna-se com a previsão do § 1º do art. 199 da LC nº 75/1993.*
- *A alternativa "C" está incorreta. O inciso I do art. 240 da LC nº 75/1993 destaca que a pena de advertência é aplicada por escrito, porém reservadamente e não de forma pública.*
- *A alternativa "D" está errada. Nos termos do § 3º do art. 240 da LC nº 75/1993, é considerada abandono do cargo a ausência do membro do Ministério Público ao exercício de suas funções, sem causa justificada, por mais de trinta dias consecutivos.*

(MPT – 14º Concurso) Assinale a alternativa **INCORRETA**:

[A] além de um dos membros da Câmara de Coordenação e Revisão do Ministério Público do Trabalho, o Procurador-Geral do Trabalho tem por atribuição designar o respectivo Coordenador;

[B] é atribuição do Procurador-Geral do Trabalho decidir, em grau recursal, os conflitos de atribuição entre os órgãos do Ministério Público do Trabalho;

[C] é atribuição do Procurador-Geral do Trabalho determinar o afastamento do exercício de suas funções, de membro do Ministério Público do Trabalho indiciado ou acusado em processo disciplinar, e o seu retorno;

[D] é atribuição do Procurador-Geral do Trabalho dar posse aos membros do Ministério Público do Trabalho;

[E] não respondida.

Gabarito oficial: alternativa [C].

Comentários do autor:

- *Com base no teor dos arts. 101 e 102 da LC nº 75/1993, podemos perceber a exatidão da alternativa "A".*

☆ *Os conflitos de atribuição entre os órgãos do Ministério Público do Trabalho são decididos pela Câmara de Coordenação e Revisão (CCR) do Ministério Público do Trabalho, nos termos do art. 103, inciso VI, da LC nº 75/1993. Em grau de recurso, os conflitos de atribuição entre os órgãos do Ministério Público do Trabalho são dirimidos pelo PGT (art. 91, VII, da LC nº 75/1993). Nesses termos, correta a alternativa "B".*

☆ *Nos termos do art. 260 da LC nº 75/1993, é o Conselho Superior do Ministério Público do Trabalho quem determina o afastamento de membro do MPT indiciado ou acusado em processo disciplinar. Assim, inexata a alternativa "C".*

☆ *Por fim, é o próprio PGT quem dá posse aos membros do MPT, ex vi do inciso XIII do art. 91 da LC nº 75/1993, o que torna a assertiva "D" correta.*

(MPT – 14º Concurso) Leia com atenção as assertivas abaixo:

I – A sindicância é o procedimento que tem por objetivo a coleta sumária de dados para instauração, se necessário, de inquérito administrativo.

II – O Conselho Superior do Ministério Público do Trabalho poderá, caso não acolha a proposta de arquivamento do inquérito administrativo formulada pela Comissão, encaminhá-la ao Corregedor-Geral para formular a súmula de acusação.

III – Havendo prova da infração e indícios suficientes de sua autoria, o Conselho Superior poderá determinar, fundamentadamente, o afastamento preventivo do indiciado em Processo Administrativo, enquanto sua permanência for inconveniente ao serviço ou prejudicial à apuração dos fatos.

Assinale a alternativa **CORRETA**:

[A] todas as assertivas estão corretas;

[B] apenas a assertiva I está correta;

[C] apenas as assertivas I e III estão corretas;

[D] apenas as assertivas II e III estão corretas;

[E] não respondida.

Gabarito oficial: alternativa [A].

Comentários do autor:

☆ *O teor da assertiva I está em perfeita consonância com o disposto no art. 246 da LC nº 75/1993.*

☆ *A assertiva II, por sua vez, corresponde à previsão do inciso IV do § 2º do art. 251 da LC nº 75/1993.*

☆ *A assertiva III está correta. Nos termos do art. 260 da LC nº 75/1993, é o Conselho Superior do Ministério Público do Trabalho quem determina o afastamento de membro do MPT indiciado ou acusado em processo disciplinar.*

(MPT – 14º Concurso) Assinale a alternativa **CORRETA**:

[A] cabe aos Subprocuradores-Gerais do Trabalho, privativamente, apenas o exercício das funções de membros do Conselho Superior do Ministério Público do Trabalho,

Corregedor-Geral do Ministério Público do Trabalho e Coordenador da Câmara de Coordenação e Revisão do Ministério Público do Trabalho;

[B] é atribuição do Procurador-Geral do Trabalho decidir processo disciplinar contra membro da carreira, aplicando as sanções que sejam de sua competência;

[C] é atribuição do Conselho Superior do Ministério Público do Trabalho elaborar a proposta orçamentária do Ministério Público do Trabalho;

[C] é atribuição do Procurador-Geral do Trabalho elaborar a lista tríplice destinada à promoção por merecimento;

[E] não respondida.

Gabarito oficial: alternativa [B].

Comentários do autor:

✯ *A alternativa "A" está errada. Isso porque o Conselho Superior do Ministério Público do Trabalho pode não ser integrado exclusivamente por subprocuradores-gerais, considerando que o PGT, seu integrante nato, pode ser procurador do trabalho ou procurador regional do trabalho. No mais, nos termos do arts. 105 da LC nº 75/1993, o Corregedor-Geral do MPT e o Coordenador da CCR são, sim, cargos privativos dos Subprocuradores-Gerais do Trabalho.*

✯ *A alternativa "B" está plenamente compatível com o que está previsto no inciso X do art. 91 da LC nº 75/1993.*

✯ *A atribuição de elaborar a proposta orçamentária do Ministério Público do Trabalho é do PGT, nos termos do inciso XVIII do art. 91 da LC nº 75/1993, e não do CSMPT. Incorreta a alternativa "C".*

✯ *A atribuição de elaborar a liste tríplice de promoção por merecimento é do CSMPT, e não do PGT, ex vi do inciso V do art. 98 da LC nº 75/1993. Percebe-se, assim, a incorreção da alternativa "D".*

(MPT – 13º Concurso) Quanto aos Órgãos do Ministério Público do Trabalho:

I – o Procurador-Geral do Trabalho será nomeado pelo Procurador-Geral da República, dentre integrantes da instituição, com mais de trinta e cinco anos de idade e de cinco anos na carreira, integrantes de lista tríplice escolhida mediante voto plurinominal, obrigatório e secreto, pelo Colégio de Procuradores, para um mandato de dois anos, permitida a recondução, observado o mesmo processo;

II – o Conselho Superior do Ministério Público do Trabalho é composto pelo Procurador-Geral do Trabalho e pelo Vice-Procurador-Geral do Trabalho, como membros natos; por quatro Subprocuradores-Gerais do Trabalho, eleitos para um mandato de dois anos, pelo Colégio de Procuradores, mediante voto plurinominal, facultativo e secreto, permitida a reeleição; e por mais quatro Subprocuradores-Gerais do Trabalho, eleitos para um mandato de dois anos, pelos Procuradores do Trabalho de todo Brasil, mediante voto plurinominal, facultativo e secreto, permitida a reeleição. Referido órgão é presidido pelo Procurador-Geral do Trabalho;

III – a Câmara de Coordenação e Revisão do Ministério Público do Trabalho é composta por três Membros do Ministério Público do Trabalho, sendo um indicado pelo Procurador-Geral do Trabalho e dois pelo Conselho Superior do Ministério

Público do Trabalho, juntamente com seus suplentes, para um mandato de dois anos, sempre que possível, dentre integrantes do último grau da carreira.

Analisando-se as asserções acima, pode-se afirmar que:

[A] todas estão corretas;

[B] todas estão incorretas;

[C] apenas a de número II está incorreta;

[D] apenas as de números I e II estão incorretas;

[E] não respondida.

Gabarito oficial: alternativa [D].

Comentários do autor:

✷ *O PGT é nomeado pelo Procurador-Geral da República, dentre integrantes da instituição, com mais de trinta e cinco anos de idade e de cinco anos na carreira, integrante de lista tríplice escolhida mediante voto plurinominal, facultativo e secreto, pelo Colégio de Procuradores, para um mandato de dois anos, permitida uma recondução, observado o mesmo processo. Caso não haja número suficiente de candidatos com mais de cinco anos na carreira, poderá concorrer à lista tríplice quem contar mais de dois anos na carreira (ex vi do disposto no art. 88, caput, da LC nº 75/1993). Ora, o que torna a assertiva I incorreta é que o voto não é obrigatório, e sim facultativo. Além disso, só é permitida uma recondução no cargo de PGT.*

✷ *Nos termos do art. 95 da LC nº 75/1993, o Conselho Superior do Ministério Público do Trabalho (CSMPT) é composto: pelo Procurador-Geral do Trabalho (que o preside) e pelo Vice-Procurador-Geral do Trabalho, que o integram como membros natos; por quatro Subprocuradores-Gerais do Trabalho, eleitos para um mandato de dois anos; pelo Colégio de Procuradores do Trabalho, mediante voto plurinominal, facultativo e secreto, permitida uma reeleição; e por quatro Subprocuradores-Gerais do Trabalho, eleitos para um mandato de dois anos, por seus pares, mediante voto plurinominal, facultativo e secreto, permitida uma reeleição. A assertiva II está incorreta, pois os Subprocuradores-Gerais do Trabalho que integram o CSMPT só podem ser reconduzidos por uma única vez. Além disso, quatro Subprocuradores-Gerais do Trabalho são eleitos pelo Colégio de Procuradores do Trabalho e os outros quatro são eleitos pelos próprios Subprocuradores-Gerais do Trabalho, e não pelos procuradores do trabalho de todo o Brasil, como dispõe a assertiva.*

✷ *Por fim, a assertiva III está correta, pois corresponde exatamente ao que está consignado no art. 101 da LC nº 75/1993.*

(MPT – 13º Concurso) Assinale a alternativa **CORRETA**. Em caso de vacância, o cargo de Procurador-Geral do Trabalho será exercido pelo:

[A] Vice-Procurador-Geral do Trabalho;

[B] Vice-Presidente do Conselho Superior do Ministério Público do Trabalho;

[C] Coordenador da Câmara de Coordenação e Revisão do Ministério Público do Trabalho;

[D] Corregedor-Geral do Ministério Público do Trabalho, se a vacância ocorrer na primeira metade do mandato do Procurador-Geral do Trabalho, até a realização de

O Ministério Público do Trabalho | 165

novo processo de nomeação; e pelo Vice-Presidente do Conselho Superior do Ministério Público do Trabalho, se a vacância ocorrer na segunda metade do mandato do Procurador-Geral do Trabalho, até seu termo final;

[E] não respondida.

Gabarito oficial: alternativa [B].

Comentários do autor:

✯ *É oportuno distinguir a hipótese de vacância da situação de impedimentos. No caso de vacância, o cargo de PGT será exercido pelo Vice-Presidente do Conselho Superior. Por outro lado, em caso de impedimentos, é o Vice-Procurador-Geral do Trabalho quem substitui o PGT (art. 89 da LC nº 75/1993).*

(MPT – 13º Concurso) Sobre a possibilidade de Membro do Ministério Público do Trabalho ser designado, excepcionalmente, para exercer atribuições processuais perante juízos, tribunais ou ofícios diferentes dos estabelecidos para cada categoria, assinale a alternativa **CORRETA**:

[A] não é possível, em hipótese alguma;

[B] é possível, se assim o exigir a necessidade de serviço, independentemente da anuência do designado, desde que autorizado pelo Conselho Superior do Ministério Público do Trabalho, cuja deliberação deverá ser tomada com o voto favorável de dois terços dos Membros Conselheiros;

[C] é possível, se houver interesse do serviço e anuência do designado, bem como autorização do Conselho Superior do Ministério Público do Trabalho, cuja deliberação deverá ser tomada com o voto favorável de dois terços dos Membros Conselheiros;

[D] é possível, desde que autorizado pelo Conselho Superior do Ministério Público do Trabalho, cuja deliberação deverá ser tomada com o voto favorável de dois quintos dos Membros Conselheiros, apenas para as hipóteses de atuação no primeiro grau de jurisdição, considerando-se a repercussão social das ações coletivas;

[E] não respondida.

Gabarito oficial: alternativa [C].

Comentários do autor:

✯ *Para responder a essa questão, devemos ler e analisar o inciso XI e o § 2º do art. 98, combinados com o art. 214, parágrafo único, ambos da LC nº 75/1993. Do exame desses dois dispositivos legais, constata-se que é possível, sim, excepcionalmente, o membro do MPT oficiar perante juízos, tribunais ou ofícios diferentes dos estabelecidos para a sua categoria, desde que haja anuência do designado, interesse do serviço e tenha autorização do CSMPT, com a aprovação de dois terços de seus membros.*

(MPT – 13º Concurso) Quanto às prerrogativas processuais, o Membro do Ministério Público da União tem assegurado:

I – nos crimes comuns e de responsabilidade, o seu processamento e julgamento no Superior Tribunal de Justiça, se oficiar perante Tribunais;

II – nos crimes comuns e de responsabilidade, o seu processamento e julgamento nos Tribunais Regionais Federais, ressalvada a competência da Justiça Eleitoral, se oficiar perante juízos de primeira instância;

III – o recebimento de intimação pessoal, nos autos, em qualquer processo e grau de jurisdição nos feitos em que tiver que oficiar.

Analisando-se as asserções acima, pode-se afirmar que:

[A] todas estão corretas;

[B] todas estão incorretas;

[C] apenas a de número I é correta;

[D] apenas as de números I e III estão corretas;

[E] não respondida.

Gabarito oficial: alternativa [A].

Comentários do autor:

🕱 *Todas as assertivas estão corretas, pois reproduzem o texto do art. 18, II, "b", "c" e "h", da LC nº 75/1993, respectivamente.*

(MPT – 13º Concurso) No exercício de suas atribuições, o membro do Ministério Público da União poderá:

I – ter acesso incondicional a qualquer banco de dados de caráter público ou relativo a serviço de relevância pública;

II – requisitar informações e documentos a entidades privadas, sendo que, na hipótese de usá-los de forma indevida, poderá ser responsabilizado civil e criminalmente, e eventual ação penal poderá ser proposta também pelo ofendido, subsidiariamente, na forma da lei processual penal;

III – notificar testemunhas e requisitar sua condução coercitiva, no caso de ausência, ainda que por motivo de força maior, considerando-se a relevância social das investigações ministeriais.

Analisando-se as asserções acima, pode-se afirmar que:

[A] todas estão corretas;

[B] todas estão incorretas;

[C] apenas as de números II e III estão incorretas;

[D] apenas a de número III está incorreta;

[E] não respondida.

Gabarito oficial: alternativa [D].

Comentários do autor:

🕱 *As assertivas I e II estão corretas, visto que correspondem ao inciso VIII e ao inciso IV c/c o § 1º e o inciso I, respectivamente, do art. 8º da LC nº 75/1993.*

🕱 *A assertiva III está incorreta, pois a condução coercitiva de testemunha só é determinada em virtude de ausência injustificada nos termos do art. 8º da LC nº 75/1993.*

O Ministério Público do Trabalho | 167

(MPT – 12º Concurso) São atribuições do Ministério Público do Trabalho:

I – recorrer das decisões da Justiça do Trabalho, quando entender necessário, tanto nos processos em que for parte, como naqueles em que oficiar como fiscal da lei, bem como pedir revisão dos Enunciados da Súmula de Jurisprudência do Tribunal Superior do Trabalho;

II – propor as ações cabíveis para declaração de nulidade de cláusula de contrato, acordo coletivo ou convenção coletiva que viole as liberdades individuais ou coletivas ou os direitos individuais indisponíveis dos trabalhadores;

III – propor as ações necessárias à defesa dos direitos e interesses de crianças e adolescentes, quando inexistente representante legal e de indígenas, quando integrados à sociedade, sempre e quando os direitos eventualmente existentes decorram das relações de trabalho.

Analisando-se as asserções, pode-se afirmar que:

[A] todas estão incorretas;

[B] apenas a de número III está correta;

[C] apenas a de número I está correta;

[D] apenas as de número I e II estão corretas;

[E] não respondida.

Gabarito oficial: alternativa [D].

Comentários do autor:

✵ *Para responder à presente questão, é importante analisarmos o que dispõem os incisos IV, V e VI, do art. 83 da LC nº 75/1993. As assertivas I e II estão corretas, correspondendo ao que prescreve a lei. Entretanto, a assertiva III apresenta as seguintes incorreções: a defesa dos direitos das crianças e dos adolescentes e dos índios é sem condicionantes, ou seja, não está condicionada a defesa dos direitos das crianças e dos adolescentes, por parte do MPT, à inexistência dos representantes legais, e nem, no caso dos indígenas, que eles estejam integrados à sociedade.*

(MPT – 12º Concurso) Quanto ao Colégio de Procuradores, no âmbito do Ministério Público do Trabalho, assinale a alternativa **INCORRETA**:

[A] eleger, dentre os Subprocuradores-Gerais do Trabalho e mediante voto plurinominal, facultativo e secreto, quatro membros do Conselho Superior do Ministério Público do Trabalho;

[B] eleger, dentre os integrantes da Instituição, os Coordenadores e Vice-Coordenadores das Coordenadorias Nacionais temáticas das metas institucionais prioritárias;

[C] elaborar, mediante voto plurinominal, facultativo e secreto, a lista sêxtupla para a composição do Tribunal Superior do Trabalho, sendo elegíveis os membros do Ministério Público do Trabalho com mais de dez anos de carreira, tendo mais de trinta e cinco e menos de sessenta e cinco anos;

[D] elaborar, mediante voto plurinominal, facultativo e secreto, a lista sêxtupla para os Tribunais Regionais do Trabalho, dentre os Procuradores com mais de dez anos de carreira;

[E] não respondida.

168 | MPT – preparando-se para o concurso de Procurador do Trabalho

Gabarito oficial: alternativa [B].

Comentários do autor:

✯ *As atribuições do Colégio de Procuradores estão elencadas no art. 94 da LC nº 75/1993. Nesse contexto, a alternativa "A" está correta, pois reproduz o texto do inciso IV do mencionado dispositivo legal.*

✯ *A alternativa "B" está incorreta, pois não consta, dentre as atribuições do colégio de Procuradores, a escolha, dentre os integrantes da Instituição, dos Coordenadores e Vice-Coordenadores das Coordenadorias Nacionais, temáticas das metas institucionais prioritárias, o que é atribuição do Procurador Geral do Trabalho.*

✯ *A alternativa "C" está correta, de acordo com o inciso II do art. 94 da LC nº 75/1993.*

✯ *A alternativa "D" está em consonância com o inciso III do art. 94 da LC nº 75/1993.*

(MPT – 12º Concurso) Os conflitos de atribuição entre os órgãos do Ministério Público do Trabalho são decididos:

[A] pela Câmara de Coordenação e Revisão do Ministério Público do Trabalho e, em grau de recurso, pelo Procurador-Geral do Trabalho;

[B] pela Câmara de Coordenação e Revisão do Ministério Público do Trabalho e, em grau de recurso, pelo Conselho Superior do Ministério Público do Trabalho;

[C] pelo Conselho Superior do Ministério Público do Trabalho e, em grau de recurso, pela Coordenadoria de Recursos Judiciais da Procuradoria Geral do Trabalho;

[D] pelo Corregedor-Geral do Ministério Público do Trabalho e, em grau de recurso, pelo Corregedor Nacional do Ministério Público da União;

[E] não respondida.

Gabarito oficial: alternativa [A].

Comentários do autor:

✯ *Os conflitos de atribuição entre os órgãos do Ministério Público do Trabalho são decididos pela Câmara de Coordenação e Revisão (CCR) do Ministério Público do Trabalho, nos termos do art. 103, inciso VI, da LC nº 75/1993. Em grau de recurso, os conflitos de atribuição são dirimidos pelo PGT (art. 91, VII, da LC nº 75/1993). Correta a assertiva "A".*

(MPT – 12º Concurso) São prerrogativas institucionais dos Membros do Ministério Público do Trabalho:

[A] usar vestes talares nos Tribunais Superiores;

[B] ter ingresso e trânsito livres em recinto público e privado, em qualquer situação;

[C] a prioridade permanente em qualquer serviço de transporte ou comunicação, público ou privado, no território nacional, independentemente de autorização judicial;

[D] sentar-se no mesmo plano e imediatamente à direita dos juízes singulares ou presidentes dos órgãos judiciários perante os quais oficiem.

[E] não respondida.

Gabarito oficial: alternativa [D].

Comentários do autor:

✯ *A alternativa "A" está errada, pois é prerrogativa institucional do membro do Ministério Público do Trabalho usar vestes talares, não havendo restrição à sua utilização apenas nos Tribunais Superiores, nos exatos termos do art. 18, I, "b", da LC nº 75/1993.*

✯ *A alternativa "B" está incorreta, pois o ingresso e o trânsito livres em recinto público e privado estão condicionados ao serviço, respeitada a garantia constitucional da inviolabilidade do domicílio, consoante o art. 18, I, "c", da LC nº 75/1993.*

✯ *A alternativa "C" está equivocada, uma vez que a prioridade em qualquer serviço de transporte ou comunicação, público ou privado, no território nacional, se dá apenas em razão de serviços de caráter urgente, não sendo permanente, conforme o art. 18, I, "d", da LC nº 75/1993.*

✯ *A alternativa "D" está correta, pois reproduz a prerrogativa prevista no art. 18, I, "a", da LC nº 75/1993.*

(MPT – 12º Concurso) Assinale a alternativa **INCORRETA**:

São prerrogativas processuais do Membro do Ministério Público do Trabalho:

[A] não ser indiciado em inquérito policial e, se no curso de investigação houver indício da prática de infração penal pelo Membro, a autoridade policial, civil ou militar, remeterá imediatamente os autos ao Procurador-Geral do Trabalho, que designará membro do Ministério Público para prosseguimento da apuração do fato;

[B] ser preso ou detido somente por ordem escrita do tribunal competente ou em razão de flagrante de crime inafiançável, caso em que a autoridade fará imediata comunicação àquele tribunal e ao Procurador-Geral da República, sob pena de responsabilidade;

[C] ser ouvido, como testemunha, em dia, hora e local previamente ajustados com o magistrado ou a autoridade competente;

[D] receber intimação pessoalmente nos autos em qualquer processo e graus de jurisdição nos feitos em que tiver que oficiar;

[E] não respondida.

Gabarito oficial: alternativa [A].

Comentários do autor:

✯ *As alternativas "B", "C" e "D" são verdadeiras, pois estão em consonância com o art. 18, II, alíneas "d", "g" e "h", da LC nº 75/1993.*

✯ *Entretanto, a assertiva de letra "A" está incorreta, pois, apesar do membro do MPT realmente não poder ser indiciado em inquérito policial, se no curso de investigação houver indício da prática de infração penal pelo Membro, a autoridade policial, civil ou militar, remeterá imediatamente os autos ao Procurador-Geral da República, que designará membro do Ministério Público para prosseguimento da apuração do fato, e não ao PGT, como disposto na assertiva, nos termos do art. 18, II, "f", c/c parágrafo único, da LC nº 75/1993.*

Título II

NOÇÕES GERAIS
DE DIREITOS HUMANOS

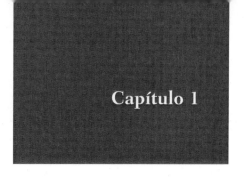

Capítulo 1

DIREITOS HUMANOS E DIREITOS FUNDAMENTAIS
Tiago Muniz Cavalcanti

Sumário: 1.1. Considerações iniciais • 1.2. Direitos humanos e direitos fundamentais • 1.2.1. A questão terminológica – Conceito – Relação entre ambos • 1.2.1.1. Sinônimos • 1.2.1.2. Concepção material não positivista • 1.2.1.3. Concepção formal moderada (hiperonímia) • 1.2.1.4. Concepção formal dogmática • 1.3. Direitos, garantias e remédios • 1.4. Características e classificação dos direitos humanos • 1.4.1. Características • 1.4.2. Classificação dos direitos humanos – As diversas dimensões • 1.4.2.1. Considerações prévias • 1.4.2.2. Geração e dimensão: a questão terminológica • 1.4.2.3. A primeira dimensão: direitos civis e políticos • 1.4.2.4. A segunda dimensão: direitos sociais, econômicos e culturais • 1.4.2.5. A terceira dimensão: direitos de solidariedade • 1.4.2.6. As demais dimensões • 1.5. A eficácia horizontal dos direitos humanos • 1.6. Questões resolvidas e comentadas

1.1. CONSIDERAÇÕES INICIAIS

O estudo que faremos no presente Título não tem a pretensão de analisar com profundidade toda a Teoria geral dos Direitos Humanos. Longe de esgotar o tema, a intenção dos autores restringe-se à abordagem dos principais assuntos, conceitos e correntes de pensamento necessários ao que se propõe o livro: a aprovação no concurso de membro do Ministério Público do Trabalho, finalidade precípua da obra.

Com efeito, de modo a facilitar a compreensão e diminuir sensivelmente a dispersão dos leitores durante o estudo, optamos por utilizar uma linguagem simples e objetiva, através de uma abordagem sucinta dos principais temas, com reais possibilidades de serem exigidos nas provas objetiva e subjetiva-dissertativa.

Vamos estudar.

1.2. DIREITOS HUMANOS E DIREITOS FUNDAMENTAIS

1.2.1. A questão terminológica – Conceito – Relação entre ambos

Antes de iniciarmos o estudo dos direitos humanos, cumpre-nos registrar a existência de uma discussão normativa, doutrinária e jurisprudencial sobre a terminologia utilizada para designar os direitos básicos do homem. De acordo com José Adércio Leite Sampaio, tal discussão tem duas razões: confusão e hiperonímia.

Os direitos basilares dos seres humanos possuem uma vasta gama de designações de conteúdo semelhante, senão idêntico. Citamos, a título de exemplo, as expressões direitos naturais, direitos públicos subjetivos, direitos individuais, direitos inatos, direitos originários, direitos morais, liberdades fundamentais, liberdades públicas, garantias fundamentais e direitos humanos. Em verdade, cada uma dessas designações nasceram em momentos históricos distintos e referem-se a direitos que, apesar de seus destinatários serem o mesmo, o ser humano, possuem peculiaridades específicas e não se confundem.

A celeuma ganha maiores proporções quando posta em xeque a conceituação e a relação existente entre direitos humanos – *human rights* – e direitos fundamentais – *basic rights*. Foram incontáveis os renomados autores que se debruçaram sobre o tema, resultando em inúmeras correntes de pensamento que fixam a exata compreensão do assunto sob análise. Quatro merecem destaque.

1.2.1.1. Sinônimos

Há quem use *direitos humanos* e *direitos fundamentais* indistintamente, como sinônimos que nomeiam os direitos essenciais às pessoas humanas, assegurando inexistir diferenças entre as expressões (MAGALHÃES, 2000, p. 15). Paulo Bonavides (1998, p. 16), apesar de reconhecer uma leve variação entre as designações, afirma ser aceitável sua utilização indiferentemente, pois quem diz direitos humanos, diz direitos fundamentais, e quem diz estes diz aqueles.

Não obstante, na essência, podemos dizer que as expressões possuem terminologias distintas e não se confundem. A própria Constituição Federal se utiliza de ambas, em passagens diferentes, ora se referindo aos "direitos e garantias fundamentais" (Título II), ora apontando a prevalência dos "direitos humanos" como princípio a reger as relações internacionais (art. 4º, II). A opção do legislador constituinte originário por terminologias distintas tem razão de ser, pois direitos humanos e direitos fundamentais não são sinônimos.

Se as expressões não se confundem, qual a diferença entre elas, então? Há alguma relação que as aproxima mutuamente? Três principais correntes de pensamento tentam responder a tais questionamentos. Vamos a elas.

1.2.1.2. Concepção material não positivista

Para esta concepção, os direitos fundamentais seriam os direitos dependentes de positivação em determinado regramento Estatal, atendendo às necessidades próprias de uma determinada época, em específico contexto histórico-social. Assim, o conceito de determinados direitos fundamentais podem ter sua acepção modificada, de acordo com sua (in)evolução em paralelo com as transformações sociais.

Os direitos humanos, por sua vez, seriam inerentes à condição humana, próprios dessa natureza, havendo uma constituição moral preexistente. É dizer, para esta corrente, que existem necessidades humanas superiores que transcendem o direito posto, aproximando-se do conceito dos direitos naturais. Portanto, para o jusnaturalismo, o homem, por essa simples condição ou natureza, é titular de direitos preexistentes a qualquer contexto histórico ou social, denominados direitos humanos.

As críticas são muitas, com razões.

Primeiro, porque há uma enorme subjetividade quanto às necessidades do ser humano. Nas palavras de José Adércio Leite Sampaio, "são diferentes as visões que temos sobre o que é mais 'importante' ou 'fundamental' para nós". Continua, o autor, fazendo questionamentos: "Mas quem entre nós decide quais são esses valores ou o que é relevante: todos nós? De que forma? Serão, como postulavam os jusnaturalistas, auto-evidentes?". Por óbvio, esta corrente não admite que essa tarefa de identificar os direitos humanos seja feita pelo legislador, pois, se assim o fosse, estaríamos diante de expressões sinônimas.

Ademais, esta concepção atrofia a extensão do significado de direitos humanos, na medida em que exclui de sua abrangência todos os direitos decorrentes da evolução histórica, social, política e econômica. Portanto, alertamos aos operadores do Direito do Trabalho, em especial aos candidatos ao cargo de Procurador do Trabalho, que, para esta corrente, os direitos trabalhistas não seriam espécies de direitos humanos, porquanto nascidos em determinado contexto histórico e social: juntamente com o surgimento do modo de produção capitalista.

1.2.1.3. Concepção formal moderada (hiperonímia)

De acordo com esta teoria, com a qual, particularmente, concordamos, os direitos fundamentais estão positivados no direito estatal vigente, ou seja, jurídico-institucionalmente garantidos e limitados espaço-temporalmente (CANOTILHO, 2002, p. 369).

J. J. Canotilho ensina que os direitos consagrados e reconhecidos no direito constitucional vigente podem ser *direitos fundamentais formalmente constitucionais*, quando enunciados e protegidos por normas com valor constitucional formal (normas que têm a forma constitucional), ou *direitos fundamentais materialmente constitucionais*, referindo-se àqueles direitos fundamentais constantes das leis e das regras aplicáveis de direito internacional, desde que compatíveis com o sistema constitucional.

Os direitos humanos, por sua vez, devem ser concebidos como espécie do gênero fundamental. É dizer, de acordo com essa concepção, que o destinatário dos direitos humanos é exclusivamente a pessoa humana. Com efeito, assim como a vida e a liberdade, os direitos trabalhistas ganham a roupagem de direitos humanos fundamentais, porquanto titularizáveis tão somente pelo ser humano.

O direito ao nome, à imagem e à propriedade, em diverso diapasão, apesar da característica fundamental decorrente do amparo constitucional, não são direitos humanos. Isso porque tais direitos podem ser titularizados por pessoa jurídica, não assumindo tal natureza por lhe faltar a essencialidade aos seres humanos.

Observem os leitores que o direito à honra pode, ou não, ser considerado como direito humano, de acordo com a hiponímia daquele direito. Explico: a honra subjetiva (interna), considerada como o sentimento próprio da dignidade moral, deve ser concebida como um direito humano, tendo em vista que apenas a pessoa natural pode ser titular desse direito; a honra objetiva (externa), por outro lado, não é considerada um direito humano, tendo em vista que seu conceito está relacionado à reputação social, podendo ser titularizada por pessoa jurídica.

Concepção formal moderada (hiperonímia)

Direitos fundamentais (gênero):
direitos consagrados e reconhecidos no Direito interno vigente,
seja com expresso comando constitucional (formalmente constitucionais)
ou previstos em leis e regras de Direito Internacional (materialmente constitucionais),
quando compatíveis com o sistema constitucional.

Direitos humanos (espécie):
são os direitos fundamentais
titularizáveis apenas pelos seres humanos.

1.2.1.4. Concepção formal dogmática

Por ser majoritária, esta linha de pensamento deve ser do conhecimento dos candidatos a concursos públicos. Aqui, o elemento diferenciador entre os direitos humanos e fundamentais é estritamente formal. Enquanto estes são os direitos do ser humano reconhecidos e positivados no sistema constitucional interno do Estado, aqueles dizem respeito aos direitos previstos em instrumentos internacionais.

Para Ingo Wolfgang Sarlet (2004), direitos humanos são solenemente proclamados nos documentos de direito internacional, por refletirem posições jurídicas universalmente reconhecidas ao ser humano em caráter supranacional, ou seja, independentemente do direito interno estatal.

Carlos Henrique Bezerra Leite (2011) também é adepto desta teoria:

> Os "direitos humanos", por serem universais, estão reconhecidos tanto na Declaração Universal de 1948 quanto nos costumes, nos princípios jurídicos e nos tratados internacionais. Já os "direitos fundamentais" estão positivados nos ordenamentos internos de cada Estado, especialmente nas suas Constituições. Vale dizer, nem todo direito fundamental pode ser considerado um direito humano, assim como nem todo direito humano pode ser considerado um direito fundamental. Exemplifique-se com o direito à vida que, nos termos do art. 5º, *caput*, da Constituição brasileira de 1988, é um direito fundamental no Brasil, mas é sabido que, em alguns ordenamentos jurídicos, existe a pena de morte, o que demonstra que, em alguns Países, o direito à vida não é fundamental, embora seja reconhecido como um direito humano no plano internacional.

Devemos reconhecer que o legislador constituinte originário observou essa distinção ao classificar os direitos básicos no texto da Carta Magna. Ao nominar o Título II, a Constituição Federal reconheceu como fundamentais os direitos e garantias nela positivados, ao mesmo tempo em que rotulou como humanos os direitos prevalentes que regem o País em suas relações internacionais (art. 4º, II).

Ademais, à luz do art. 5º, § 3º, da Constituição Federal de 1988, adquirem fundamentalidade os direitos humanos previstos em normas internacionais que ingressam em nosso ordenamento jurídico com aprovação, em cada Casa do Congresso Nacional, em dois turnos, por três quintos dos votos dos respectivos membros. De acordo com Carlos Henrique Bezerra Leite, por essa razão alguns autores optam por empregar o termo "direitos humanos fundamentais", como Sérgio Rezende de Barros e Alexandre de Moraes.

Ingo Wolfgang Sarlet (2006) os distingue, ainda, dos "direitos do homem". Para o renomado constitucionalista, os direitos do homem dizem respeito aos direitos naturais, possuindo conteúdo marcadamente jusnaturalista, pois referem-se a uma fase anterior ao reconhecimento dos direitos no âmbito do direito positivo interno e internacional.

Apesar de majoritária, a teoria também é merecedora de críticas, principalmente em razão de sua formalidade extrema: o único critério diferenciador dos direitos em apreço restringe-se ao aparato normativo que os preveem, internacionais (direitos humanos) ou internos (direitos fundamentais).

Teoria formal dogmática		
Direitos fundamentais	**Direitos humanos**	**Direitos do homem**
Direitos reconhecidos e positivados no sistema constitucional interno do Estado.	*Direitos previstos em instrumentos internacionais.*	*Direitos preexistentes ao seu reconhecimento no âmbito do direito positivo interno e internacional.*

1.3. DIREITOS, GARANTIAS E REMÉDIOS

É importante que os candidatos alcancem a exata compreensão das terminologias "direitos fundamentais", "garantias fundamentais" e "remédios constitucionais". Em relação especificamente aos dois primeiros, há quem defenda inexistir qualquer distinção entre as expressões, tratando-as como sinônimos. Por que, então, a Constituição prevê, na capitulação do Título II, "Dos direitos e garantias fundamentais"? Se sinônimos fossem, bastaria, portanto, intitular "direitos fundamentais" ou "garantias fundamentais", sendo desnecessário, e até mesmo redundante, prever "direitos e garantias".

Na verdade, ao contrário daqueles que sustentam inexistir distinção entre as duas expressões, a Constituição Federal dispensou tratamento correto a essas duas distintas grandezas, em harmonia com sua correta conceituação. Os direitos não se confundem com as garantias, nem tampouco com os remédios.

Enquanto os direitos são vantagens que asseguram diretamente um bem da vida, estando prescritos em disposições constitucionais meramente declaratórias, as garantias têm como função precípua a defesa de um direito, revelando-se, portanto, um instrumento através do qual se assegura o exercício pleno e livre do bem da vida. De acordo com Rui Barbosa, são as disposições constitucionais assecuratórias que defendem os direitos e limitam o poder. Podemos citar a intimidade e a vida privada como exemplos de direitos fundamentais, e a inviolabilidade do domicílio como garantia fundamental correlata.

Nas palavras de Carlos Henrique Bezerra Leite (2011), "os direitos fundamentais compreendem a materialização dos direitos humanos em nosso País. Já as garantias fundamentais são os remédios destinados à proteção daqueles direitos". A garantia é, portanto, um direito com natureza instrumental.

Segundo Luís Roberto Barroso (2011), garantias são instituições, condições materiais ou procedimentos colocados à disposição dos titulares de direitos para promovê-los ou resguardá-los. De acordo com o autor,

> existem garantias *sociais* – ligadas à geração e à distribuição de riquezas –, *políticas* – associadas à separação de Poderes e a outros mecanismos essenciais à democracia e ao exercício da cidadania – e *jurídicas*, que consistem nos diferentes institutos e ações judiciais dedutíveis perante o Poder Judiciário.

Estas últimas são os também denominados remédios.

Assim, os remédios constitucionais são, portanto, garantias que envolvem a busca de um provimento judicial. Ou seja, os remédios constituem espécies do gênero garantia, revelando-se um instrumento processual com o objetivo primário de assegurar o exercício de um direito. São exemplos o *habeas corpus*, destinado à proteção da liberdade de locomoção, o mandado de segurança, para a proteção de direito líquido e certo, o *habeas data*, destinado ao acesso e eventual retificação das informações relativas à pessoa do impetrante, e a ação popular, cuja finalidade é proteger a *res publica*.

Direitos fundamentais	Garantias fundamentais	Remédios constitucionais
Em sua substância, garantem diretamente um bem da vida. Ex: vida, liberdade, intimidade, vida privada.	*Instrumento para a defesa do bem da vida. Ex: inviolabilidade de domicílio, proteção aos locais de culto e suas liturgias.*	*Instrumento processual com previsão constitucional, espécie do gênero garantia. Ex:* Habeas corpus e habeas data.

1.4. CARACTERÍSTICAS E CLASSIFICAÇÃO DOS DIREITOS HUMANOS

1.4.1. Características

Os direitos humanos, compreendidos como os direitos básicos do ser humano reconhecidos em documentos universais, possuem algumas características específicas e que devem ser do conhecimento dos candidatos. Algumas delas, mais destacadas, encontram previsão expressa nos próprios instrumentos internacionais, como é o caso da universalidade, da indivisibilidade e da interdependência, insertos no art. 5º, Parte I, da Declaração e Programa de Ação da Conferência Mundial sobre Direitos Humanos das Nações Unidas (Viena, 1993): "Todos os direitos humanos são universais, indivisíveis, interdependentes e inter-relacionados".

A universalidade reside, em poucas palavras, no fato de que a condição de ser humano é o único requisito para titularizar os direitos humanos, abrangendo todos os indivíduos em qualquer canto do planeta. Isso porque as necessidades vitais são idênticas a todos os seres humanos, independente de sua nacionalidade, sexo, raça ou credo.

A indivisibilidade e a interdependência são características intrinsecamente ligadas e sutilmente distintas. A primeira, apesar de possibilitar classificações para fins didáticos, informa que os direitos humanos possuem natureza única. Ou seja, embora todos saibam que os direitos humanos tiveram reconhecimento jurídico em momentos históricos distintos, a indivisibilidade impede a separação em blocos solitários e não relacionados.

A interdependência entre os direitos humanos talvez seja sua característica mais evidente. Ela traduz uma ideia de inter-relação e complementariedade entre os direitos vitais dos seres humanos, sendo inconcebível o pleno exercício dos direitos civis e políticos, quando esquecidos os direitos sociais, econômicos e culturais. Tome-se como exemplo o direito ao trabalho (social), essencial ao pleno exercício do direito à vida (individual).

Com efeito, os direitos humanos não podem ser visualizados, interpretados e implementados isoladamente, mas sim de forma conjunta, de modo que os direitos garantam mutuamente sua eficácia e plena realização. Carlos Henrique Bezerra Leite, referindo-se ao Programa Nacional de Direitos Humanos do Governo Fernando Henrique Cardoso, que privilegiou os direitos civis e deixou de contemplar de forma específica as demais dimensões, bem explica a ideia de complementariedade existente nos direitos de tal grandeza:

> Vê-se, assim, que programas de governo como o acima referido revelam indisfarçável preferência pelos direitos civis (ou de primeira dimensão), em detrimento dos direitos sociais (de segunda dimensão) e dos direitos metaindividuais (ou de terceira dimensão), o que, em última análise, pode implicar aumento da violência, exclusão e miséria, ao invés de reduzi-las. Isso, porque, à guisa de exemplo, não basta o governo investir apenas em armamento para as polícias, sob a alegação de combater a violência urbana e proteger a vida (CF, art. 5º, *caput*), se não investir na efetivação dos direitos sociais (CF, art. 6º) à segurança e ao trabalho, por meio de políticas públicas de geração de renda e combate à fome e ao desemprego.

Flávia Piovesan (2006) diz que essa unidade indivisível, interdenpendente e inter-relacionada possibilita a conjugação do catálogo de direitos civis e políticos com o catálogo de direitos sociais, econômicos e culturais.

Além da universalidade, indivisibilidade e interdependência, a doutrina costuma apontar, ainda, outras características específicas dos direitos humanos, tais como a imprescritibilidade, a inalienabilidade, a irrenunciabilidade, a inviolabilidade e a efetividade. Para facilitar a memorização, vamos relembrar as primeiras e estudar as demais, de forma sintética:

Características dos direitos humanos	
1. Universalidade	*Os direitos humanos alcançam todos os indivíduos, em todos os cantos do planeta, independentemente de sua nacionalidade ou características pessoais.*
2. Indivisibilidade	*Os direitos humanos possuem natureza única, não podendo ser visualizados em grupos ou segmentos estanques, apenas para fins didáticos.*
3. Interdependência	*Ideia de inter-relação e complementariedade entre os direitos vitais dos seres humanos.*

4. Imprescritibilidade	*Os direitos humanos são perenes, não se perdendo pelo decurso do tempo.*
5. Inalienabilidade	*Os direitos humanos são intransferíveis, seja a título gratuito ou oneroso.*
6. Irrenunciabilidade	*Os direitos humanos não podem ser objeto de renúncia. Atentem os leitores para o fato de que esta característica é bastante controversa, suscitando calorosos debates sobre a possibilidade de renúncia em casos específicos, como a eutanásia ativa e o suicídio.*
7. Inviolabilidade	*Os direitos humanos são invioláveis por normas ou atos do Estado ou de terceiros, sob pena de responsabilização.*
8. Efetividade	*Deve-se garantir não apenas a regulamentação de tais direitos, mas também a efetividade do seu exercício pleno, através, inclusive, de medidas coercitivas.*

1.4.2. Classificação dos direitos humanos – as diversas dimensões

1.4.2.1. Considerações prévias

Conforme estudamos há pouco, os direitos humanos são indivisíveis, possuindo natureza única. Com efeito, qualquer fracionamento ou divisão em grupos distintos será decorrente de classificações que levem em consideração características e/ou elementos idênticos ou semelhantes que os aproximam mutuamente, com fins exclusivamente didáticos.

A tradicional classificação dos direitos humanos leva em consideração, apenas, as fases do reconhecimento desses direitos ao longo da história da humanidade, dividindo-os em três compartimentos distintos que serão objeto de estudo aprofundado: direitos individuais (primeira geração ou dimensão), direitos sociais (segunda geração ou dimensão) e direitos metaindividuais (terceira geração ou dimensão).

A doutrina costuma apontar o jurista tcheco Karel Vasak como idealizador da tríade divisão dos direitos humanos, quando apresentou, em 1979, no Instituto Internacional de Direitos do Homem em Estrasburgo, uma classificação em "gerações" em que buscava demonstrar a evolução desses direitos. De acordo com a tese do jurista, as gerações guardam estrita relação com as expressões liberdade, igualdade e fraternidade, da Revolução Francesa: a primeira geração, dos direitos civis e políticos, encontra fundamento na liberdade (*liberté*); a segunda geração, dos direitos econômicos, sociais e culturais, baseia-se na ideia de igualdade (*égalité*); a terceira geração, dos direitos de solidariedade, encontraria na fraternidade (*fraternité*) sua bandeira.

1.4.2.2. Geração e dimensão: a questão terminológica

Ao contrário de grande parte dos autores tradicionais, e seguindo os passos da doutrina contemporânea, optaremos, durante o nosso estudo, por utilizar a expressão "dimensão" para nos referirmos aos grupos de direitos humanos reconhecidos e positivados em distintos momentos históricos e sociais ao longo dos últimos séculos.

Concordamos com a parte dos autores que visualizam na expressão "geração de direitos" uma falsa ideia de substituição. Ou seja, na onda geracional dos direitos humanos, o reconhecimento e a positivação de uma geração de direitos substituiriam por completo a geração imediatamente anterior, sendo aquela olvidada quando do advento de uma nova geração futura.

Na verdade, no entanto, a concepção contemporânea dos direitos humanos firma o axioma de que esses grupos são complementares e todos os direitos são indissociáveis, indivisíveis e universais, motivo pelo qual a doutrina moderna tem utilizado a terminologia dimensão, por não traduzir a pseudo noção de sucessão geracional. Ao revés, o surgimento e reconhecimento de uma nova dimensão não faz desaparecer os direitos do grupo anterior, possibilitando-lhes, mais das vezes, uma real evolução. É nesse sentido o entendimento de Willis Santiago Guerra Filho, citado na obra de Carlos Henrique Bezerra Leite: "o direito individual de propriedade, num contexto em que se reconhece a segunda dimensão dos direitos fundamentais, só pode ser exercido observando-se sua função social, e com o aparecimento da terceira dimensão, observando-se igualmente sua função ambiental".

> **DICA DE PROVA:** Na prova escrita, não há problema na utilização da terminologia geração, desde que o candidato faça pequena referência às críticas da expressão, demonstrando ter conhecimento do entendimento contemporâneo da doutrina nacional e estrangeira.

1.4.2.3. A primeira dimensão: direitos civis e políticos

Nascidos com forte inspiração nos ideiais liberais dos iluministas, os direitos da primeira dimensão ganharam reconhecimento com as revoluções burguesas francesa e norte-americana do final do século XVII, tendo como finalidade precípua proteger os indivíduos dos arbítrios do Estado, outrora possuidor da potestade absoluta, ilimitada.

Os direitos desta dimensão, também denominados direitos individuais, limitam os poderes do Estado sob uma nova ótica contratualista, pautada por ideias liberais. Conferem ao particular a prerrogativa de ver respeitada sua individualidade, sem qualquer intervenção restritiva de terceiros, exigem uma contraprestação negativa Estatal e geram, portanto, uma ideia ínsita de liberdade individual. Com efeito, estes direitos têm a liberdade como palavra-chave e símbolo de toda a dimensão.

Internamente, os direitos de primeira dimensão dividem-se em direitos civis e políticos. Os primeiros (civis) asseguram a plena autonomia da personalidade do indivíduo, de acordo com suas próprias vontades e livres convicções. São exemplos de direitos civis: a vida, a propriedade, a nacionalidade, a intimidade, a privacidade, a honra, a liberdade em sua acepção restritiva, além da liberdade de profissão, de expressão, de consciência e religião.

Os direitos políticos reafirmam os valores democráticos e de cidadania política. Em nosso ordenamento constitucional, são direitos dessa natureza o sufrágio universal e todos os demais direitos decorrentes da democracia participativa, como o plebiscito, o referendo, a iniciativa popular e o ajuizamento de ação popular.

Não é demais lembrar que, por expressa previsão constitucional (art. 60, § 4º, IV), os direitos e garantias individuais constituem-se cláusulas pétreas, não podendo, portanto, ser objeto de involução por emenda constitucional. Veremos, mais adiante, que, inobstante a referência constitucional cingir-se aos direitos e garantias individuais, não é possível ao legislador constituinte derivado abolir ou sequer restringir quaisquer direitos de natureza fundamental, sejam individuais ou sociais.

Direitos de primeira dimensão	
1.	São os direitos civis e políticos.
2.	Conferem uma prestação positiva ao titular (o indivíduo).
3.	Exigem uma prestação negativa de terceiros.
4.	Geram uma ideia de liberdade.
5.	Consagram a individualidade do titular.

1.4.2.4. A segunda dimensão: direitos sociais, econômicos e culturais

Os direitos de segunda dimensão nasceram a partir das transformações econômicas e sociais ocorridas no século XIX, proporcionadas pelo recente modo de produção capitalista surgido com a Revolução Industrial e seus efeitos nefastos na classe operária da época. Os direitos sociais, econômicos e culturais (apenas sociais em sentido amplo) representam o ideal de inclusão social, de modo a proporcionar a todos os seres humanos um patamar mínimo de cidadania e dignidade. Traduzem, portanto, uma noção de igualdade, ensejando um equilíbrio com a liberdade decorrente dos direitos de primeira dimensão.

Com efeito, em vistas à modificação das condições sociais oriundas do individualismo exacerbado, a sociedade reconheceu a necessidade de criar um sistema jurídico adequado à nova civilização, positivando-se direitos compatíveis com a mudança das relações interpessoais até então vigentes. O reconhecimento desses direitos e o consequente processo de constitucionalização dos direitos sociais teve início com as Constituições Mexicana de 1917 e de Weimar de 1919 (Alemanha), além da Declaração de Direitos dos Povos da Rússia de 1918, pautada por ideais marxistas.

Internamente, os direitos de segunda dimensão subdividem-se em sociais, econômicos e culturais. Os direitos sociais, em sua acepção restritiva, são aqueles que possibilitam ao titular um patamar mínimo civilizatório, necessários, portanto, à sua inserção no seio social. São bons exemplos de direitos sociais: a educação, a alimentação, a saúde e a proteção à maternidade.

Intrinsecamente a esses, os direitos econômicos garantem um mínimo de segurança material que possibilite ao titular ter acesso aos demais direitos de idêntica natureza fundamental. Estão insertos nesta subclassificação todos os direitos trabalhistas, necessários ao atendimento das necessidades básicas do trabalhador e seus dependentes: salário, previdência, repouso, greve etc.

Os direitos culturais, por sua vez, garantem o respeito e o fomento dos costumes, da língua, das artes, enfim, da cultura comunitária dos povos.

Como visto, é bastante tênue a diferença entre os direitos sociais, econômicos e culturais, havendo situações em que o mesmo direito pode inserir-se em quaisquer das subespécies. Nas palavras de José Adércio Leite Sampaio (2010), são

> linhas pouco nítidas entre os três irmãos, pois alguns direitos ocupam mais de um corpo. O direito à educação, listado como direito social estrito senso, é também econômico na educação profissional, técnica e mesmo em geral, como instrumento de geração e repartição de riquezas, e é cultural como causa e consequência.

Convém registrar, por oportuno, que os direitos de segunda dimensão são alvo de constante crítica por parte da doutrina reacionária, em especial no direito norte-americano. Em breve síntese, podemos dizer que as críticas restringem-se ao fato de que a efetividade dos direitos sociais depende de recursos econômicos e políticas públicas.

De acordo com o mesmo autor,

> elas "as críticas" nos dizem que direitos submetidos a condicionamentos fáticos, especialmente de natureza econômico-financeira, não podem ser chamados de *direitos* ("objeção deontológica"), já que não são passíveis de questionamentos judiciais ou, pelo menos, não podem ser postulados perante o Judiciário ("objeção institucional"). Ou que, mesmo admitindo-se sua natureza jurídica, não podem ser direitos fundamentais, constitucionais ou humanos, de um lado, por se referirem mais a aspectos negociais ou de transações dependentes de contextos específicos ("objeção particularista"), estando, por via de consequência, submetidos às decisões da maioria política, apta democraticamente a aferir o equilíbrio de forças e de disponibilidade de recursos em cada momento ("objeção majoritária" ou "democrática") [...]

No entanto, a nós nos parece que tais críticas dizem respeito à difícil exequibilidade integral dos direitos sociais, jamais ao seu fundamento ou à sua natureza. Noberto Bobbio (2004) fala em dificuldade de ordem operacional, afirmando que "o mais forte argumento adotado pelos reacionários de todos os Países contra os direitos do homem, particularmente contra os direitos sociais, não é a sua falta de fundamento, mas a sua inexequibilidade".

Direitos de segunda dimensão	
1.	São os direitos sociais, econômicos e culturais.
2.	Possibilitam ao titular exigir uma prestação positiva por terceiros.
3.	Exigem do devedor uma prestação positiva.
4.	Geram uma ideia de igualdade.
5.	Conferem um patamar mínimo civilizatório.

1.4.2.5. A terceira dimensão: direitos de solidariedade

Os direitos de terceira dimensão, também denominados direitos de solidariedade, fraternidade ou metaindividuais, surgiram após a Grande Guerra, com o processo contínuo de descolonização. Nasceram, portanto, com uma forte carga de humanismo, em uma época de superexploração das nações subdesenvolvidas por nações ricas.

Esses direitos são titularizados não mais pelo ser humano individualmente considerado, mas por toda a humanidade. São direitos que geram uma ideia de solidariedade universal e fraternidade planetária, de modo a proporcionar um mundo melhor para as gerações atual e futura.

Afirma-se, aqui, a noção de desenvolvimento sustentável, em sua vertente ambiental, assegurando um meio ambiente ecologicamente equilibrado através do uso razoável dos recursos da terra e a preservação das espécies e dos *habitats* naturais. Além do aspecto estritamente ambiental, os direitos de terceira dimensão englobam ainda os demais fatores que contribuem para um verdadeiro desenvolvimento planetário, como a paz mundial, a comunicação, o patrimônio da humanidade e o respeito às minorias étnicas, religiosas, linguísticas e raciais.

1.4.2.6. As demais dimensões

Não há consenso entre os estudiosos sobre a real existência de outras dimensões dos direitos humanos, havendo quem sustente já ter emergido uma novel fase geracional, como Paulo Bonavides, para quem os direitos de quarta dimensão nascem como resposta ao neoliberalismo político. Segundo o autor, em resposta aos efeitos nefastos da globalização econômica, essa quarta dimensão de direitos humanos tem por finalidade garantir a efetiva participação cidadã, alargando as fronteiras democráticas. A democracia é o símbolo dessa fase dimensional.

Outros autores veem na quarta dimensão a proteção aos direitos decorrentes dos avanços científicos e tecnológicos e o direito à informação.

Por fim, há, ainda, quem entenda existir a quinta dimensão dos direitos humanos. Aqui, mais ainda, não há consenso entre os estudiosos sobre os direitos desta fase geracional, havendo múltiplas interpretações. Uns dizem que são direitos à compaixão, ao amor sob todas as suas formas; outros, os direitos que surgem com o avanço da cibernética; além de alguns que sugerem uma releitura do direito à paz, merecedor de maior visibilidade.

O certo é que a cizânia entre os autores acerca da existência de outras dimensões dos direitos humanos é tormentosa. Particularmente, entendemos que os direitos tradicionalmente apontados como de quarta e quinta dimensões são simplesmente desdobramentos dos direitos de terceira dimensão, ainda carentes de evolução, reconhecimento jurídico e implementação.

1.5. A EFICÁCIA HORIZONTAL DOS DIREITOS HUMANOS

Como é cediço, os direitos humanos nasceram como um instrumento protetivo dos cidadãos em face dos arbítrios do Estado. A consequência lógica dessa premissa vincula a aplicabilidade desses direitos em uma relação vertical entre Estado e indivíduo, de modo a proteger as liberdades individuais de eventuais interferências do Poder Público.

Não obstante, a evolução das relações sociais exigiu um redimensionamento da eficácia de tais direitos. A partir do fenômeno denominado "constitucionalização do direito civil", e a consequente mitigação da autonomia privada em prol da proteção dos direitos fundamentais, exsurgiu no mundo contemporâneo a teoria da eficácia horizontal dos direitos humanos.

É dizer, nos termos dessa teoria, também denominada de eficácia privada ou eficácia em relação a terceiros, que os direitos humanos fundamentais têm, como destinatários, os particulares (*erga omnes*), sejam pessoas físicas ou jurídicas, vinculando-os diretamente. É que os direitos humanos fundamentais produzem eficácia imediata e irrestrita, encontrando incidência diretamente nas relações privadas, tendo em vista que o texto constitucional não sugeriu qualquer restrição à eficácia dos direitos de tal grandeza.

De fato, não mais resiste qualquer interpretação restritiva da eficácia dos direitos humanos fundamentais, pois a verdadeira preservação de tais direitos somente ocorre se for assegurado o respeito sob qualquer ângulo, seja vertical, vinculando o Estado, seja horizontal, vinculando particulares.

No âmago da eficácia horizontal, o Ministro Gilmar Ferreira Mendes destaca que há um redimensionamento da posição do Estado, antes como adversário, agora como guardião dos direitos humanos fundamentais. Com efeito, a negativa da eficácia de tais direitos em sua posição horizontal, além de ir de encontro à preservação do Estado Democrático de Direito, poderia fazer emergir a responsabilidade estatal pela omissão em seu papel de garantir a efetividade dos direitos humanos fundamentais.

Devemos registrar que a vinculação dos direitos humanos nas relações privadas nasceu a partir das relações de trabalho, com as sucessivas reivindicações obreiras por melhores condições de vida e dignidade. A relação jurídica desigual entre capital e trabalho foi o campo propício para fazer surgir a necessidade de haver um redimensionamento da eficácia dos direitos humanos, vinculando não apenas o Estado, mas também particulares – no caso, os empregadores –, de modo a conferir efetividade aos preceitos constitucionais.

Atualmente já se fala que a eficácia dos direitos humanos fundamentais entre particulares desiguais, como é o caso do empregado e do empregador, não seria horizontal, mas diagonal. Isso porque, mais das vezes (na verdade, quase sempre), o empregador demonstra possuir poderes desproporcionais, colocando-o em uma posição jurídica e social superior ao trabalhador.

1.6. QUESTÕES RESOLVIDAS E COMENTADAS

(MPT – 17º Concurso) Assinale a alternativa **INCORRETA**:

[A] A Declaração do Milênio das Nações Unidas reforça o dever dos Estados de administrar os desafios globais de forma solidária, em um modo que distribua custos e responsabilidades, de acordo com os princípios básicos da igualdade e justiça social. Aqueles que sofrem, ou menos beneficiados, merecem ajuda daqueles que mais se beneficiam.

[B] Direitos de primeira geração são direitos que resultaram da influência do socialismo, voltados ao bem-estar social, como o direito ao trabalho, à saúde e à educação.

[C] Os direitos sociais destinam-se a propiciar aos indivíduos a participação no bem-estar social, apresentando uma dimensão positiva, que enseja o dever do Estado de propiciar estes direitos, não apenas de abster-se de intervir.

[D] Consoante a Declaração das Nações Unidas dos Direitos dos Povos Indígenas, os indivíduos e povos indígenas têm o direito de desfrutar plenamente de todos os direitos estabelecidos no direito trabalhista internacional e nacional aplicável.

[E] Não respondida.

Gabarito oficial: alternativa [B].

Comentários do autor:

✭ *A solidariedade é valor fundamental, essencial para as relações internacionais no século XXI. Nos termos da Declaração, os problemas mundiais devem ser enfrentados de modo a que os custos e as responsabilidades sejam distribuídos com justiça, de acordo com os princípios fundamentais da equidade e da justiça social. Os que sofrem, ou os que se beneficiam menos, merecem a ajuda dos que se beneficiam mais. Correta a alternativa "A".*

✭ *Ao contrário do que sugere a alternativa "B", os direitos individuais nasceram com forte inspiração nos ideais liberais dos iluministas, ganhando reconhecimento com as revoluções burguesas francesa e norte-americana do final do século XVII. Têm, como objetivo primário, a proteção dos indivíduos em face dos arbítrios do Estado, outrora possuidor da potestade absoluta, ilimitada.*

✭ *De fato, conforme bem dispõe a alternativa "C", os direitos sociais representam o ideal de inclusão social, de modo a proporcionar a todos os seres humanos um patamar mínimo de cidadania e dignidade. O papel do Estado, aqui, não se resume a respeitar os direitos do cidadão, mas a proporcionar sua efetividade.*

✭ *Por fim, a alternativa "D" reproduz fielmente o item 1 do art. 17 da Declaração das Nações Unidas sobre os Direitos dos Povos Indígenas.*

(MPT – 15º Concurso) Assinale a alternativa **INCORRETA**:

[A] o primeiro documento escrito que procurou conter os poderes do monarca surge na Inglaterra, em 1215, a saber, a Magna Carta outorgada por João Sem-Terra;

[B] os direitos humanos fundamentais surgem para estabelecer os limites do poder de atuação positiva do Estado, impondo uma atuação negativa, obrigação de não fazer, estabelecendo direitos e deveres para toda a sociedade;

[C] o forte movimento social alavancado pela ausência de proteção da dignidade humana gerou a constitucionalização dos Direitos do Homem, além dos direitos individuais, coletivos e políticos;

[D] o desenvolvimento econômico apresentado ao longo do século XIX, na Europa, acarretou a imediata melhoria socioeconômica do indivíduo;

[E] não respondida.

Gabarito oficial: alternativa [D].

Comentários do autor:

✭ *De fato, a Magna Carta é um documento de 1215 que teve por objetivo primário limitar o poder absoluto dos monarcas ingleses. Segundo a Carta, o Rei deveria julgar os súditos conforme a lei, e não de acordo com a sua vontade, motivo pelo qual é a este documento jurídico que os processualistas costumam remeter o surgimento do princípio do devido processo legal. Correta a alternativa "A".*

✭ *Conforme bem dispõe a alternativa "B", os direitos fundamentais nascem com forte inspiração nos ideais liberais iluministas, ganhando reconhecimento com as revoluções burguesas francesa e norte-americana do final do século XVII. Esses direitos tinham como finalidade precípua proteger os indivíduos dos arbítrios do Estado, outrora possuidor da potestade absoluta, ilimitada. Em seu nascedouro, os direitos fundamentais conferiam ao particular a prerrogativa de ver respeitada sua individualidade, sem qualquer intervenção restritiva de terceiros, exigindo, portanto, uma contraprestação negativa Estatal.*

✫ *Já estudamos que o modo de produção capitalista surgido com a Revolução Industrial trouxe consigo efeitos nefastos à classe operária da época, fazendo eclodir fortes movimentos sociais ávidos por transformações na realidade econômica e social até então vigente. Surgem, então, os direitos sociais, representativos do ideal de inclusão social, com a finalidade precípua de proporcionar a todos os seres humanos um patamar mínimo de cidadania e dignidade. A partir de então, a sociedade reconheceu a necessidade de criar um sistema jurídico adequado à nova civilização, positivando-se direitos do homem compatíveis com a mudança das relações inter-pessoais até então vigentes. Correta, portanto, a alternativa "C" e incorreta a alternativa "D".*

(MPT – 14º Concurso) No estudo dos direitos humanos fundamentais, existe cizânia dou-trinária em torno da utilização da expressão "geração", para indicar o processo de con-solidação desses direitos, sendo que alguns preferem utilizar "dimensão". Examine as assertivas a seguir e selecione o argumento que, efetivamente, dá suporte à doutrina que defende a necessidade de substituição de uma expressão por outra.

[A] os direitos humanos fundamentais são direitos naturais e, como tais, imutáveis, de maneira que o vocábulo "geração" faz alusão a uma historicidade inexistente nessa modalidade de direitos, enquanto "dimensão" refere-se a aspectos relevantes de um todo, que simplesmente se destacam de acordo com o grau de desenvolvimen-to da sociedade;

[B] o termo "geração" conduz à ideia equivocada de que os direitos humanos funda-mentais se substituem ao longo do tempo, enquanto "dimensão" melhor reflete o processo gradativo de complementaridade, pelo qual não há alternância, mas sim expansão, cumulação e fortalecimento;

[C] a ideia de "geração" leva ao entendimento de que o processo de afirmação dos di-reitos humanos fundamentais é linear e não comporta retrocessos, enquanto a de "dimensão" melhor expressa o caminho tortuoso desse processo, de acordo com as relações de forças existentes nas sociedades;

[D] o termo "geração" sugere uma eficácia restrita dos direitos humanos fundamentais, meramente vertical, ao passo que "dimensão" indica eficácia mais ampla, também horizontal;

[E] não respondida.

Gabarito oficial: alternativa [B].

Comentários do autor:

✫ *Tendo em vista que as alternativas são excludentes e versam sobre idêntica temática, optamos por respondê-las conjuntamente, nos termos que seguem. Conforme estudamos no tópico Ge-ração e dimensão: a questão terminológica, ao qual remetemos os leitores, parte dos autores visualizam na expressão "geração de direitos" uma falsa ideia de substituição. Ou seja, na onda geracional dos direitos humanos, o reconhecimento e a positivação de uma geração de direitos substituiria por completo a geração imediatamente anterior, sendo olvidada quando do advento de uma nova geração futura, o que, convenhamos, revela-se grave equívoco, em vistas às características de complementariedade, indivisibilidade e universalidade dos direitos humanos fundamentais. Assim, a alternativa "B" reflete a ideia contida em tal premissa.*

(MPT – 14º Concurso) Sobre o sistema de promoção e proteção dos direitos humanos, assinale a alternativa **INCORRETA**:

[A]   Apesar de a Declaração Universal de Direitos Humanos da ONU prever em seu texto direitos civis e políticos ao lado dos direitos sociais, econômicos e culturais, foram aprovados dois pactos internacionais distintos, o que acabou criando embaraços para os defensores da indivisibilidade dos direitos humanos, especialmente num contexto de guerra fria;

[B]   a Declaração Universal de Direitos Humanos de 1948 da ONU não constitui, sob o ponto de vista formal, instrumento jurídico vinculante, em termos gerais, embora, no aspecto material, venha sendo utilizada como importante elemento de interpretação dos tratados e convenções internacionais e como fonte de inspiração para a aprovação e interpretação das normas internas dos Estados;

[C]   a separação dos direitos civis e políticos, de um lado, e dos direitos sociais, econômicos e culturais, de outro, levou a doutrina a abandonar a tese da interdependência entre essas duas categorias de direitos;

[D]   o Pacto de Direitos Civis e Políticos da ONU consagra alguns valores alusivos à dignidade da pessoa do trabalhador como a proibição de escravidão, de servidão e de trabalhos forçados, além de garantir o direito de fundar sindicatos;

[E]   não respondida.

Gabarito oficial: alternativa [C].

Comentário do autor:

☆ *As alternativas "A" e "C" discorrem sobre a bipolaridade pós-guerra no tema afeto aos direitos humanos. A existência de dois pactos distintos bem reflete o resultado da conjuntura política da guerra fria: enquanto os Estados Unidos deram ênfase aos direitos civis e políticos, marcadamente liberais, a União Soviética exaltava os direitos sociais, econômicos e culturais, herança histórica do socialismo. No entanto, o reconhecimento internacional em planos distintos não se traduz na quebra da indivisibilidade e interdependência ínsitas aos direitos de tal grandeza. Correta a alternativa "A" e incorreta a alternativa "C", portanto.*

☆ *De fato, como bem aponta a alternativa "B", a Declaração Universal dos Direitos Humanos de 1948 foi proclamada através de uma resolução da Assembleia Geral da ONU, possuindo natureza jurídica de mero ato administrativo interno da Organização Internacional, juridicamente não vinculante. No entanto, hodiernamente, é firme o entendimento de que seus dispositivos são juridicamente obrigatórios, porquanto positivados no direito interno de muitos países, além de se constituírem normas consuetudinárias imperativas de direito internacional (jus cogens).*

☆ *O Pacto Internacional sobre Direitos Civis e Políticos prevê uma gama de direitos individuais que protegem a liberdade humana sob todas as suas formas. Com efeito, apesar de centrar-se nos direitos estritamente individuais, o instrumento internacional prevê determinados direitos aos trabalhadores que assegurem a plena liberdade física e associativa, como a vedação à escravidão, à servidão e ao trabalho forçado (art. 8º), bem como o direito de "construir" sindicatos (art. 22). Correta, portanto, a alternativa "D".*

Capítulo 2

OS DIREITOS HUMANOS
E O ORDENAMENTO JURÍDICO BRASILEIRO
Tiago Muniz Cavalcanti

Sumário: 2.1. Direitos fundamentais como cláusulas pétreas • 2.1.1. Os limites do poder constituinte de reforma • 2.1.2. Linhas argumentativas • 2.1.2.1. A dignidade humana como núcleo essencial dos direitos fundamentais • 2.1.2.2. A vedação ao retrocesso social • 2.1.2.3. Equivalência jurídica entre os direitos de natureza fundamental • 2.1.3. Diretriz jurídica evolutiva • 2.1.4. Análise das Emendas aos arts. 6º e 7º da Constituição • 2.2. O chamado bloco de constitucionalidade • 2.3. Incorporação dos tratados de direitos humanos ao ordenamento jurídico brasileiro • 2.4. Questões resolvidas e comentadas

2.1. DIREITOS FUNDAMENTAIS COMO CLÁUSULAS PÉTREAS

2.1.1. Os limites do poder constituinte de reforma

A Constituição Federal de 1988 estabelece três espécies de limitações ao poder constituinte de reforma: a formal, as circunstanciais e as materiais.

A limitação formal, ou procedimental, reside no quórum qualificado previsto para a aprovação de Emendas à Constituição, nos termos do § 2º do art. 60 do texto constitucional: a proposta será discutida e votada em cada Casa do Congresso Nacional, em dois turnos, considerando-se aprovada se obtiver, em ambos, três quintos dos votos dos respectivos membros.

Aliás, é exatamente a limitação formal que confere à Constituição Federal de 1988 a característica de rígida, tendo em vista que suas regras só podem ser modificadas por processo legislativo especial. Convenhamos, no entanto, que, apesar de formalmente rígida, a nossa Constituição de 1988 é sociologicamente flexível, dada a enorme quantidade de modificações no seu texto desde a sua promulgação (até o momento, 72 Emendas Constitucionais e 6 Emendas Constitucionais de Revisão, o que resulta, em média, em uma alteração a cada período de quatro meses).

Os limites circunstanciais ao poder constituinte derivado dizem respeito à vedação da alteração do texto constitucional durante a vigência de estado de sítio, de estado de defesa e de intervenção federal (art. 60, § 1º, da CF/1988).

Por fim, as limitações materiais são as denominadas cláusulas pétreas, concebidas como as regras constitucionais que não podem sofrer alteração prejudicial por parte do poder constituinte derivado, nos termos do art. 60, § 4º, da CF/1988, *in verbis*:

§ 4º. Não será objeto de deliberação a proposta de emenda tendente a abolir:

I – a forma federativa de Estado;

II – o voto direto, secreto, universal e periódico;

III – a separação dos Poderes;

IV – os direitos e garantias individuais.

Merece registro, por oportuno, a existência de outras cláusulas pétreas explícitas e implícitas no texto constitucional. À guisa de exemplo, podemos citar o próprio Ministério Público, que, nos termos do art. 127, *caput*, da CF/1988, é tratado como uma instituição permanente, deixando claro ao poder reformador a vedação à supressão daquele órgão, ou mesmo a modificação significativa de suas atribuições, de modo a descaracterizar seu perfil constitucional. Trata-se, portanto, de uma cláusula pétrea explícita não constante do rol enumerado pelo § 4º do art. 60.

Quanto às cláusulas pétreas implícitas, são matérias que, inobstante não sejam enunciadas expressamente pela Constituição, de igual forma não podem ser objeto de modificação negativa pelo poder constituinte derivado em decorrência dos princípios e do sistema constitucional em vigor. Lembramos, a título de exemplo, das regras constitucionais relativas à organização do Estado, da própria rigidez procedimental para a alteração do texto constitucional e, bem como, dos direitos sociais, como passaremos a expor no tópico seguinte.

2.1.2. Linhas argumentativas

Como vimos, o art. 60, § 4º, IV, da Constituição Federal estabelece limites ao exercício do poder constituinte derivado no que se refere à alterabilidade dos direitos fundamentais, havendo explícita vedação a modificações que porventura suprimam ou diminuam o alcance dos direitos e garantias de expressão individual.

No entanto, conforme passaremos a expor, em nosso entendimento, compartilhado com grande parte da doutrina constitucionalista pátria, o constituinte originário disse menos do que pretendia, pois os direitos sociais também constituem cláusula pétrea. Os fundamentos são vários, mas as principais linhas argumentativas agarram-se ao princípio da dignidade humana como núcleo essencial dos direitos fundamentais, à vedação ao retrocesso social, também denominado princípio da progressividade, ou ainda à fundamentalidade material dos direitos sociais.

2.1.2.1. A dignidade humana como núcleo essencial dos direitos fundamentais

Como é cediço, a dignidade humana é o valor axiológico perseguido pelo sistema dos direitos humanos fundamentais, integrando o eixo valorativo absoluto da proteção constitucional. Assim, para a corrente argumentativa sob análise, todos os direitos materialmente fundamentais protetivos desse princípio-valor, sejam individuais ou sociais, merecem idêntica proteção em face de eventuais alterações constitucionais trágicas.

Para Luís Roberto Barroso (2011),

> [...] é a partir do núcleo essencial do princípio da dignidade da pessoa humana que se irradiam todos os direitos materialmente fundamentais, que devem receber proteção máxima, independentemente de sua posição formal, da geração a que pertencem e do tipo de prestação a que dão ensejo. Diante disso, a moderna doutrina constitucional, sem desprezar o aspecto didático da classificação tradicional em gerações ou dimensões de direitos, procura justificar a exigibilidade de determinadas prestações e a intangibilidade de determinados direitos pelo poder reformador *na sua essencialidade para assegurar uma vida digna.*

O argumento é brilhante, afinal não se pode falar em dignidade sem que sejam assegurados à pessoa humana os direitos sociais consagrados no mínimo existencial e constitucionalmente tutelados, como o direito à educação, à saúde e ao trabalho. Com efeito, sempre que se falar em eventual reforma prejudicial aos direitos sociais, a bandeira da dignidade humana deve ser hasteada e tremulada.

2.1.2.2. A vedação ao retrocesso social

A ideia da vedação ao retrocesso significa, em poucas palavras, impedir que conquistas de positivação jurídica relativas a direitos sociais fundamentais sejam suprimidas ou diminuídas por medidas que possam, de qualquer modo, desfavorecer o progresso e o avanço social. O princípio, que ganhou de J. J. Gomes Canotilho a denominação de *proibição de evolução reacionária,* confere aos direitos fundamentais, com ênfase nos sociais, uma certa estabilidade nas disposições constitucionais, proibindo-se o Poder Público de alterar prejudicialmente tais conquistas sociais.

Pode-se dizer, em verdade, que a vedação ao retrocesso social confere uma segurança jurídica aos direitos de tal grandeza, estabelecendo uma proibição à diminuição ou supressão do patamar mínimo de direitos dispostos na Carta Política.

No âmbito internacional, é pacífica a existência do princípio da vedação ao retrocesso social, havendo, inclusive, expresso amparo no Pacto Internacional Sobre Direitos Econômicos, Sociais e Culturais:

> Artigo 2º
>
> 1. Cada Estado-Parte do presente Pacto compromete-se a adotar medidas, tanto por esforço próprio como pela assistência e cooperação internacionais, principalmente nos planos econômico e técnico, até o máximo de seus recursos disponíveis, que visem a assegurar, **progressivamente**, por todos os meios apropriados, o pleno exercício dos direitos reconhecidos no presente Pacto, incluindo, em particular, a adoção de medidas legislativas.

No âmago do direito interno, uma leitura sistêmica e teleológica de diversos dispositivos constitucionais faz acreditar que a vedação ao retrocesso social também é princípio norteador do direito constitucional. À guisa de exemplo, lembramos a cidadania e a dignidade da pessoa humana como fundamentos da República Federativa do Brasil (art. 1º, II e III), a erradicação da pobreza e da marginalização e a redução das desigualdades sociais e regionais como objetivos fundamentais da República (art. 3º, III), a prevalência dos direitos humanos como princípio a reger o País em suas relações internacionais (art. 4º, II), a segurança jurídica como garantia fundamental (art. 5º, XXXVI), além dos arts. 6º, 7º, *caput*, 170, *caput*, 193 etc.

Especificamente no que concerne aos direitos trabalhistas, espécies dos direitos sociais, há expressa previsão constitucional quanto à progressividade de tais direitos no *caput* do art. 7º, que prevê uma cláusula de abertura a outros direitos de idêntica natureza que visem à melhoria da condição social da pessoa trabalhadora.

Com efeito, se a própria Constituição consagra o princípio da vedação ao retrocesso social, não se pode conceber uma leitura restritiva do art. 60, § 4º, IV, devendo o intérprete proceder à necessária integração dos direitos sociais, os quais devem estar livres da supressão ou mitigação.

O Supremo Tribunal Federal, no julgamento da ADIn nº 1.946-DF, reconheceu ser indesejado qualquer retrocesso constitucional em matéria afeta a direitos sociais. Assim, a Suprema Corte entendeu ser inaplicável o teto previdenciário ao benefício relativo ao salário-maternidade, reconhecendo que os direitos sociais não podem ser objeto de modificação que consubstancie retrocesso social.

2.1.2.3. Equivalência jurídica entre os direitos de natureza fundamental

Conforme estudamos alhures, o fracionamento ou a divisão dos direitos fundamentais em grupos distintos decorre exclusivamente de classificações que levam em consideração características e/ou elementos idênticos ou semelhantes que os aproximam mutuamente, com fins exclusivamente didáticos. A ideia de complementariedade dos direitos dessa natureza impede que se dê distinta valoração jurídica a qualquer dos grupos, individuais ou sociais.

E a melhor interpretação do art. 60, § 4º, IV, da CF deve ser pautada por técnicas hermenêuticas afetas à máxima efetividade dos direitos de grandeza fundamental. Não pode o operador jurídico realizar uma interpretação literal restritiva das características de tais direitos, olvidando-se por completo do laço complementar dos direitos fundamentais.

Ora, não se poderia conceber, jamais, qualquer proeminência dos direitos individuais em detrimento dos direitos sociais. Não há como se imaginar o direito à vida sem os correlatos direitos à saúde e ao trabalho, o direito à propriedade sem a função social, ou mesmo o direito à liberdade de profissão à míngua do direito à educação.

É nesse sentido o entendimento da saudosa amiga e professora Lúcia Teixeira da Costa Oliveira disponibilizado em suas aulas: "...os direitos sociais fundamentais têm uma característica de complementariedade instrumental para assegurar a efetividade transindividual do exercício dos direitos de primeira geração".

A eminente Juíza conclui:

> A enumeração constitucional é do conteúdo fundamental, não estabelecendo qualquer graduação valorativa entre as várias gerações de direito com equivalência jurídica. [...] Deste modo, o conteúdo pétreo constitucional fundamental tem uma cláusula aberta para a identificação do seu conteúdo, ao qual aderem todas as gerações de direitos fundamentais que venham a ser positivados dentro do sistema constitucional.

2.1.3. Diretriz jurídica evolutiva

É de bem exortar aos leitores que a inserção dos direitos fundamentais no conteúdo pétreo constitucional não representa óbice à atuação do poder constituinte derivado, mas apenas uma diretriz jurídica de evolução de tais direitos. Garante-se, destarte, a vedação ao retrocesso do leque de direitos de grandeza fundamental. A proibição é da alteração prejudicial, não da modificação evolutiva de direitos.

Portanto, a cláusula pétrea inserta no art. 60, § 4º, IV, da CF reconhece a necessidade de um constante redimensionamento evolutivo do sistema constitucional de consagração de direitos fundamentais.

2.1.4. Análise das Emendas aos arts. 6º e 7º da Constituição

A tabela a seguir tem a finalidade de realizar uma sintética análise das Emendas Constitucionais que alteraram os arts. 6º e 7º da Constituição Federal, os quais preveem direitos sociais.

Vejamos, em ordem cronológica:

EC	Texto anterior	Texto posterior	Justificativa
20/1998	Art. 7º, XII – salário-família para os seus dependentes.	Art. 7º, XII – salário-família pago em razão do dependente do trabalhador de baixa renda, nos termos da lei.	Preservação do equilíbrio financeiro e atuarial da Previdência Social. Há quem sustente ter ocorrido retrocesso social.
20/1998	Art. 7º, XXXIII – proibição de trabalho noturno, perigoso ou insalubre aos menores de dezoito e de qualquer trabalho a menores de quatorze anos, salvo na condição de aprendiz.	Art. 7º, XXXIII – proibição de trabalho noturno, perigoso ou insalubre a menores de dezoito e de qualquer trabalho a menores de dezesseis anos, salvo na condição de aprendiz, a partir de quatorze anos.	Adequação à Convenção nº 138 da OIT. A alteração trouxe evolução de direitos, em harmonia com a doutrina da proteção integral da criança e do adolescente.
26/2000	Art. 6º. São direitos sociais a educação, a saúde, o trabalho, o lazer, a segurança, a previdência social, a proteção à maternidade e à infância, a assistência aos desamparados, na forma desta Constituição.	Art. 6º. São direitos sociais a educação, a saúde, o trabalho, a moradia, o lazer, a segurança, a previdência social, a proteção à maternidade e à infância, a assistência aos desamparados, na forma desta Constituição.	Reconhecimento da moradia como direito social, ampliando o leque de direitos fundamentais.

EC	Texto anterior	Texto posterior	Justificativa
28/2000	Art. 7º, XXIX – ação, quanto a créditos resultantes das relações de trabalho, com prazo prescricional de: a) cinco anos para o trabalhador urbano, até o limite de dois anos após a extinção do contrato; b) até dois anos após a extinção do contrato, para o trabalhador rural.	Art. 7º, XXIX – ação, quanto aos créditos resultantes das relações de trabalho, com prazo prescricional de 5 anos para os trabalhadores urbanos e rurais, até o limite de dois anos após a extinção do contrato de trabalho.	A prescrição não é considerada um direito trabalhista, somente podendo considerar-se lesiva a alteração que inviabilize o acesso à tutela jurisdicional, o que não ocorreu.
53/2006	Art. 7º, XXV – assistência gratuita aos filhos e dependentes desde o nascimento até seis anos de idade em creches e pré-escolas.	Art. 7º, XXV – assistência gratuita aos filhos e dependentes desde o nascimento até cinco (cinco) anos de idade em creches e pré-escolas.	Adequação às Diretrizes e Bases da Educação Nacional, que antecipou o início do ensino fundamental obrigatório para os seis anos de idade.
64/2010	Art. 6º. São direitos sociais a educação, a saúde, o trabalho, a moradia, o lazer, a segurança, a previdência social, a proteção à maternidade e à infância, a assistência aos desamparados, na forma desta Constituição.	Art. 6º. São direitos sociais a educação, a saúde, a alimentação, o trabalho, a moradia, o lazer, a segurança, a previdência social, a proteção à maternidade e à infância, a assistência aos desamparados, na forma desta Constituição.	Reconhecimento da alimentação como direito social, ampliando o leque de direitos fundamentais.

2.2. O CHAMADO BLOCO DE CONSTITUCIONALIDADE

Com origem na doutrina administrativa francesa, *bloc de constitucionnalité*, o denominado "bloco de constitucionalidade", traduz-se numa interpretação extensiva do conceito de constituição, ampliando o rol dos direitos fundamentais. Cuida-se de encarar a Constituição como um sistema aberto a regras e princípios compatíveis com a sua identidade, ou seja, visualizá-la como uma unidade cujas disposições não estão todas em seu texto escrito.

Com estudaremos no tópico seguinte, sobre a incorporação dos tratados de direitos humanos ao ordenamento constitucional, há tese forte na doutrina no sentido de que o § 2º do art. 5º da CF/1988, ao dispor que os direitos e garantias expressos na Constituição não excluem outros decorrentes do regime e dos princípios por ela adotados, ou dos tratados internacionais em que a República Federativa do Brasil seja parte, admite sua incorporação com *status* constitucional, resultando na ampliação do bloco de constitucionalidade.

No entanto, como veremos, o assunto não era pacífico. Até o advento da Emenda Constitucional nº 45/2004, muito se discutia sobre a concepção do bloco de constitucionalidade.

Apesar de não introduzir explicitamente a expressão, a referida Emenda a consagrou através do acréscimo do § 3º do art. 5º da CF/1988, segundo o qual os tratados e convenções internacionais sobre direitos humanos que forem aprovados, em cada Casa do Congresso Nacional, em dois turnos, por três quintos dos votos dos respectivos membros, serão equivalentes às emendas constitucionais.

2.3. INCORPORAÇÃO DOS TRATADOS DE DIREITOS HUMANOS AO ORDENA-MENTO JURÍDICO BRASILEIRO

O estudo sobre a incorporação dos tratados de direitos humanos ao ordenamento jurídico pátrio deve ser realizado à luz de dois períodos distintos: antes e depois da Emenda Constitucional nº 45/2004.

Em sua redação original, o constituinte foi omisso quanto ao tratamento dispensado aos tratados internacionais quando do seu ingresso no ordenamento jurídico brasileiro. Ademais, a ausência de qualquer distinção entre os tratados de direitos humanos e os demais tratados de cunho comercial fez surgir na doutrina e na jurisprudência profundas discussões sobre o tema, o que se estende até os dias atuais, conforme veremos mais adiante.

De início, precisamos delimitar o estudo. Primeiramente, temos que analisar o tratamento dispensado aos tratados internacionais tradicionais e, somente depois, estudaremos especificamente a incorporação dos tratados de direitos humanos.

Com relação aos tratados tradicionais, a evidência de sua natureza infraconstitucional advém do art. 102, III, *b*, do texto constitucional, que atribui ao Supremo Tribunal Federal a competência para julgar, mediante recurso extraordinário, as causas decididas em única ou última instância, quando a decisão recorrida *declarar a inconstitucionalidade de tratado* ou lei federal.

Esse mesmo dispositivo constitucional é invocado pelos juristas que defendem a concepção, majoritária, de que os tratados internacionais e as leis federais apresentam idêntica hierarquia jurídica. Em 1977, o Supremo Tribunal Federal, no julgamento do Recurso Extraordinário nº 80.004, firmou entendimento nesse exato sentido, ao concluir pela primazia da lei ordinária posterior sobre o tratado internacional.

Vejamos a Ementa da histórica decisão:

> CONVENÇÃO DE GENEBRA – LEI UNIFORME SOBRE LETRAS DE CÂMBIO E NOTAS PROMISSÓRIAS – AVAL APOSTO A NOTA PROMISSÓRIA NÃO REGISTRADA NO PRAZO LEGAL – IMPOSSIBILIDADE DE SER O AVALISTA ACIONADO, MESMO PELAS VIAS OR-DINÁRIAS – VALIDADE DO DECRETO-LEI Nº 427, DE 22.1.1969. Embora a Convenção de Genebra que previu uma Lei Uniforme sobre Letras de Câmbio e Notas Promissórias tenha aplicabilidade no direito interno brasileiro, não se sobrepõe ela às leis do país, disso decorrendo a constitucionalidade e consequente validade do Decreto-lei nº 427/1969, que institui o registro obrigatório da nota promissória em repartição fazendária, sob pena de nulidade do título. Sendo o aval um instituto do direito cambiário, inexistente será ele se reconhecida a nulidade do título cambial a que foi aposto. Recurso extraordinário conhecido e provido. (RE 80.004/SE – Relator Ministro Xavier de Albuquerque – j. em 1º.6.1977 – Tribunal Pleno – *DJ* de 29.12.1977 – *DJ* 19.5.1978 – *Ementário* 01083-02/915 – *RTJ* 83-03/809).

Desde aquela longínqua data, a Corte Suprema vem acolhendo a equiparação dos tratados internacionais comuns às leis ordinárias federais, considerando absolutamente possível, portanto, a aplicação, *in casu*, da tradicional regra de revogação das leis: a lei posterior revoga a anterior quando expressamente o declare, quando seja com ela incompatível ou quando regule inteiramente a matéria de que tratava a lei anterior (art. 2º, § 1º, da Lei de Introdução às normas do Direito Brasileiro – antiga LICC).

Importa registrar, no entanto, que parte significativa dos juristas reconhecem nos tratados internacionais a existência de uma hierarquia infraconstitucional, mas supralegal. Enquanto a infraconstitucionalidade decorre do já mencionado art. 102, III, *b*, da CF/1988, a supralegalidade encontra amparo no art. 27 da Convenção de Viena: "Uma parte não pode invocar as disposições de seu direito interno para justificar o inadimplemento de um tratado (...)".

Ademais, para os adeptos da teoria da supralegalidade, admitir a revogação de tratados internacionais dos quais o país é signatário importa em desprestigiar o princípio da boa-fé internacional, em específico no que concerne ao seu desdobramento no *pacta sunt servanda*.

A discussão fica ainda maior quando os tratados versam sobre direitos humanos. Nesse caso, destacam-se quatro correntes doutrinárias sobre a hierarquia dos tratados de direitos humanos: a supraconstitucionalidade, a constitucionalidade, a supralegalidade e a simples legalidade.

Sem aprofundar os argumentos suscitados por cada uma dessas correntes de pensamento, devemos esclarecer que o Supremo Tribunal Federal sempre reconheceu o *status* de lei ordinária para os tratados de direitos humanos, colocando-os em patamar inferior à Constituição e adotando, portanto, a teoria da simples legalidade. É o que se extrai, à guisa de exemplo, do julgamento do HC 72.131-RJ. Nas suas razões de voto, o Ministro Celso de Mello afirmou que

> inexiste, na perspectiva do modelo constitucional vigente no Brasil, qualquer precedência ou primazia hierárquico-normativa dos tratados ou convenções internacionais sobre o direito positivo interno, sobretudo em face das cláusulas inscritas no texto da Constituição da República, eis que a ordem normativa externa não se superpõe, em hipótese alguma, ao que prescreve a Lei Fundamental da República. [...] A circunstância do Brasil haver aderido ao Pacto de São José da Costa Rica – cuja posição, no plano da hierarquia das fontes jurídicas, situa-se no mesmo nível de eficácia e autoridade das leis ordinárias internas – não impede que o Congresso Nacional, em tema de prisão civil por dívida, aprove legislação comum instituidora desse meio excepcional de coerção processual. [...]

Por sua forte possibilidade de evolução no âmago doutrinário e jurisprudencial, além de representar a visão vanguardista de grande parte dos Procuradores do Trabalho, a teoria da hierarquia constitucional deve ser do conhecimento dos candidatos. Para os adeptos dessa corrente de pensamento, dentre os quais se incluem os brilhantes Ingo Wolfgang Sarlet, Flávia Piovesan, J. J. Gomes Canotilho e José Afonso da Silva, a Constituição Federal atribui aos tratados internacionais de direitos humanos uma natureza especial e diferenciada ao prescrever que "os direitos e garantias expressos na Constituição não excluem outros decorrentes do regime e dos princípios por ela adotados, ou dos tratados internacionais em que a República Federativa do Brasil seja parte" (art. 5º, § 2º).

Tal cláusula constitucional representaria um autorreconhecimento de incompletude, possibilitando, portanto, sua integração mediante os direitos internacionais. É dizer, os direitos constantes nos tratados internacionais complementariam a carta de direitos e garantias prevista no texto constitucional.

Nas palavras de Flávia Piovesan (1997), "enquanto os demais tratados internacionais têm força hierárquica infraconstitucional, os direitos enunciados em tratados internacionais de proteção dos direitos humanos apresentam valor de norma constitucional". Citando Canotilho, a eminente jurista afirma que a paridade hierárquico-normativa deve ser rejeitada, pelo menos nos casos de convenções de conteúdo materialmente constitucional.

Ainda de acordo com a constitucionalista, enquanto os tratados internacionais comuns buscam o equilíbrio e a reciprocidade de relações entre os Estados-partes, os tratados internacionais de direitos humanos transcendem os meros compromissos recíprocos entre os Estados pactuantes, objetivando a salvaguarda dos direitos do ser humano.

Com a finalidade de pôr fim à polêmica doutrinária e jurisprudencial, o legislador constituinte derivado, em 30 de dezembro de 2004, incluiu o § 3º no art. 5º do texto constitucional, que assim dispõe: "os tratados e convenções internacionais sobre direitos humanos que forem aprovados, em cada Casa do Congresso Nacional, em dois turnos, por três quintos dos votos dos respectivos membros, serão equivalentes às emendas constitucionais".

Com efeito, a partir da Emenda Constitucional nº 45/2004, todos os tratados internacionais de proteção dos direitos humanos incorporados ao ordenamento jurídico pátrio em estrita observância ao quórum qualificado passariam a ter *status* de norma constitucional. Merece registro, por oportuno, que a primeira norma internacional ratificada nesses termos foi a Convenção das Nações Unidas sobre os Direitos das Pessoas com Deficiência, cujo prepósito é o de promover, proteger e assegurar o desfrute pleno e equitativo de todos os direitos humanos e liberdades fundamentais por parte de todas as pessoas com deficiência, além de promover o respeito pela sua inerente dignidade.

No entanto, o que, *prima facie*, parece ser o fim das controvérsias, revela-se, em verdade, apenas uma solução parcial dos debates. Isso porque permanece a discussão sobre a hierarquia dos tratados de direitos humanos ratificados antes da EC nº 45, havendo dúvidas a respeito da natureza e eficácia desses instrumentos.

Aqueles que asseguravam isonomia de hierarquia entre os tratados de direitos humanos e a legislação infraconstitucional veem na EC nº 45, em específico no novel § 3º do art. 5º da CF/1988, um reconhecimento do legislador derivado do sentido de que, inobservado o quórum qualificado, não há que se falar em *status* constitucional.

Em diverso diapasão, interpretando a mudança sob ângulo distinto, os adeptos da teoria da hierarquia constitucional observam o § 3º como um reconhecimento legislativo da essência especial e diferenciada dos tratados internacionais sobre direitos humanos. Para esses, tais tratados sempre equivaleram às emendas constitucionais, tendo havido apenas e tão somente uma positivação do entendimento doutrinário, de modo a reforçar tal natureza.

De fato, devemos reconhecer que é irrazoável e desproporcional dizer que os tratados internacionais de direitos humanos ratificados anteriormente à EC nº 45, por não terem observado o quórum das emendas, ganham força e roupagem de lei federal, enquanto os posteriores poderão adquirir hierarquia constitucional.

Flávia Piovesan (1997), acredita que

> o novo dispositivo do art. 5º, § 3º, vem a reconhecer de modo explícito a natureza materialmente constitucional dos tratados de direitos humanos, reforçando, desse modo, a existência de um regime jurídico misto, que distingue os tratados de direitos humanos dos tratados tradicionais de cunho comercial. Isto é, ainda que fossem aprovados pelo elevado quórum de três quintos dos votos dos membros de cada Casa do Congresso Nacional, os tratados comerciais não passariam a ter *status* formal de norma constitucional tão somente pelo procedimento de sua aprovação.

Assim, para os adeptos dessa teoria, com o advento da novel regra, surgem duas distintas categorias de tratados internacionais de proteção de direitos humanos: os materialmente constitucionais (sem quórum qualificado) e os material e formalmente constitucionais (com quórum qualificado).

Em síntese, a distinção restringe-se à possibilidade da denúncia por parte do Estado. Flávia Piovesan (1997) esclarece:

> Diversamente dos tratados materialmente constitucionais, os tratados material e formalmente constitucionais não podem ser objeto de denúncia. Isto porque os direitos neles enunciados receberam assento no Texto Constitucional, não apenas pela matéria que veiculam, mas pelo grau de legitimidade popular contemplado pelo especial e dificultoso processo de sua aprovação, concernente à maioria de três quintos dos votos dos membros, em cada Casa do Congresso Nacional, em dois turnos de votação. Ora, se tais direitos internacionais passaram a compor o quadro constitucional, não só no campo material, mas também no formal, não há como admitir que um ato isolado e solitário do Poder Executivo subtraia tais direitos do patrimônio popular [...].

E continua, concluindo que

> os tratados de direitos humanos materialmente constitucionais são suscetíveis de denúncia, em virtude das peculiaridades do regime de direito internacional público, sendo de rigor a democratização do processo de denúncia, com a necessária participação do Legislativo. Já os tratados de direitos humanos material e formalmente constitucionais são insuscetíveis de denúncia.

Em arremate, merece registro que o Supremo Tribunal Federal vem, paulatinamente, modificando o entendimento de outrora e, portanto, privilegiando alguns tratados de direitos humanos, como ocorreu em recente julgamento sobre a questão do depositário infiel, ocasião em que a Corte Suprema entendeu que o Pacto de São José da Costa Rica tem força de norma constitucional.

2.4. QUESTÕES RESOLVIDAS E COMENTADAS

(MPT – 17º Concurso) Sobre a restrição de direitos humanos e direitos fundamentais, é **CORRETO** afirmar que:

[A] No Brasil, a Constituição da República não admite a restrição de direitos fundamentais, os quais constituem cláusulas pétreas.

[B] Não é possível haver restrição de direitos nem de garantias fundamentais por meio de legislação infraconstitucional, mesmo que a norma Constitucional remeta a regulamentação da matéria ao legislador ordinário.

[C] Excepcionalmente, a Constituição da República admite a restrição de direitos e garantias fundamentais que ela própria consagra, em razão de interesses superiores.

[D] Os direitos humanos devem ser aplicados integralmente pelos países signatários dos respectivos Tratados internacionais, não sendo admissível falar-se em "ressalvas" restritivas a suas cláusulas.

[E] Não respondida.

Gabarito oficial: alternativa [C].

Comentários do autor:

✯ *De fato, os direitos fundamentais constituem, sim, cláusulas pétreas, conforme afirma a alternativa "A". Sobre esse tema, remetemos os leitores ao tópico Direitos fundamentais como cláusulas pétreas, em que discorremos detalhadamente sobre o assunto. No entanto, tal fato não os torna absolutamente livres de eventuais e pontuais restrições, quando em cotejo com bens jurídicos de idêntica grandeza. Nesses casos de aparente choque de direitos fundamentais, deve o operador jurídico se valer de critérios de razoabilidade e proporcionalidade, de modo a proteger o núcleo essencial de ambos. O estudo constitucional proposto por Robert Alexy (2011) direciona a máxima da proporcionalidade em três vertentes, representadas pela adequação, necessidade e proporcionalidade em sentido estrito, que irão balizar a conduta do operador jurídico quando do conflito de direitos fundamentais. Em breve síntese, a adequação seria a compatibilidade entre meio e fim; a necessidade seria a inexistência de outros meios para atingir-se o fim pretendido; e, por sua vez, a proporcionalidade em sentido estrito seria a ponderação casuística da valoração que cada direito mereça receber.*

✯ *De acordo com a tradicional classificação de José Afonso da Silva (2013) quanto à eficácia das normas constitucionais, essas dividem-se em normas de eficácia plena, limitada e contida. As primeiras produzem a plenitude dos seus efeitos independentemente de regulamentação infraconstitucional. Revestem-se de todos os elementos necessários à sua executoriedade, tornando possível sua aplicação de maneira direta, imediata e integral. As normas de eficácia limitada, por sua vez, dependem da integração da lei infraconstitucional para produzir efeitos. Tome-se como exemplo o direito fundamental de greve dos servidores públicos, cuja aplicabilidade é mediata, porquanto depende de regulamentação infraconstitucional. Por fim, as normas constitucionais de eficácia contida, relativa ou restringível, são aquelas que produzem a plenitude dos seus efeitos, mas podem ter o seu alcance restringido em decorrência da existência, na própria norma, de cláusula expressa nesse sentido, admitindo-se a redutibilidade. À guisa de exemplo, lembramos o art. 5º, LVIII, da Constituição, segundo o qual o civilmente identificado não será submetido a identificação criminal, salvo nas hipóteses previstas em lei. E a Lei nº 12.037/2009 restringiu aquela norma constitucional. Incorreta, portanto, a alternativa "B".*

✯ *Como vimos, é possível ocorrer, em casos excepcionais, a restrição de direitos fundamentais, desde que bens jurídicos de idêntica grandeza estejam em jogo. Nesse sentido, torna-se verídica a afirmação contida na alternativa "C".*

✯ *Por fim, ao contrário do que sugere a alternativa "D", a maioria dos tratados internacionais de direitos humanos admite se falar em ressalvas quando da ocasião de sua ratificação, desde que as ressalvas não sejam incompatíveis com a finalidade do tratado.*

200 | MPT – preparando-se para o concurso de Procurador do Trabalho

(MPT – 17º Concurso) Sobre o chamado, doutrinariamente, "bloco de constitucionalidade", é **CORRETO** dizer que:

[A] A Emenda Constitucional nº 45/2004 introduziu expressamente a concepção de "bloco de constitucionalidade" no Texto Constitucional, ao acrescentar ao art. 5º da Constituição da República que os tratados e convenções internacionais sobre direitos humanos que forem aprovados, por três quintos dos votos dos respectivos membros, serão equivalentes às emendas constitucionais.

[B] Embora o texto original da Constituição da República ensejasse alguma discussão, sua consagração adveio com a Emenda Constitucional nº 45/2004, segundo a qual os tratados e convenções internacionais sobre direitos humanos que forem aprovados, em cada Casa do Congresso Nacional, em dois turnos, por três quintos dos votos dos respectivos membros, serão equivalentes às emendas constitucionais.

[C] Apesar das várias e sucessivas Emendas Constitucionais, o Brasil não adota a doutrina do "bloco de constitucionalidade", por se tratar de realidade constitucional especificamente europeia, inadequada ao constitucionalismo pátrio.

[D] O "bloco de constitucionalidade" consiste na junção dos direitos fundamentais e do sistema de garantias, que formam uma complexidade coesa (um único bloco), independentemente de existir ou não normas periféricas à Constituição, conquanto de mesma hierarquia normativa.

[E] Não respondida.

Gabarito oficial: alternativa [B].

Comentários do autor:

✰ *A Emenda Constitucional 45/2004, apesar de não introduzir expressamente a expressão **bloco de constitucionalidade**, consagra-a através da previsão do § 3º do art. 5º da Constituição Federal, segundo a qual os tratados e convenções internacionais sobre direitos humanos que forem aprovados, em cada Casa do Congresso Nacional, em dois turnos, por três quintos dos votos dos respectivos membros, serão equivalentes às emendas constitucionais. Portanto, estão incorretas as alternativas "A" e "C", e correta a alternativa "B".*

✰ *A alternativa "D", por sua vez, contém conceito errôneo a respeito do tema. Na verdade, o bloco de constitucionalidade exige, sim, a existência de normas periféricas à Constituição compatíveis com a sua identidade, como uma unidade cujas disposições não estão todas em seu texto escrito.*

(MPT – 15º Concurso) Considerando a relação da norma internacional com o ordenamento jurídico interno, avalie as proposições seguintes:

I – as Convenções oriundas da Organização Internacional do Trabalho exigem, de acordo com a sua Constituição, que os Estados membros submetam as convenções às autoridades competentes, de acordo com o seu ordenamento jurídico doméstico, sendo esta obrigação meramente formal tendo em vista a soberania estatal;

II – os tratados e convenções internacionais são fontes formais de direito internacional, operando efeitos para o ordenamento jurídico interno dos países que os ratificarem;

III – a Emenda Constitucional nº 45 estabeleceu um sistema jurídico misto de incorporação dos tratados: para os tratados de direitos humanos que, ao serem aprovados, pelas duas casas do Congresso Nacional, em dois turnos, por 3/5 dos votos dos respectivos membros, terão a mesma eficácia de emenda constitucional; para os demais tratados, independentemente do sistema de aprovação, serão incorporados equiparando-se à lei ordinária.

De acordo com as assertivas acima, é **CORRETO** afirmar que:

[A] apenas as alternativas II e III estão corretas;

[B] todas as alternativas estão corretas;

[C] todas as alternativas estão incorretas;

[D] apenas a alternativa III está correta;

[E] não respondida.

Gabarito oficial: alternativa [B].

Comentários do autor:

☆ *O item I encontra amparo no art. 19, item 5, "b", da Constituição da Organização Internacional do Trabalho, que assim dispõe: "cada um dos Estados-Membros compromete-se a submeter, dentro do prazo de um ano, a partir do encerramento da sessão da Conferência (ou, quando, em razão de circunstâncias excepcionais, tal não for possível, logo que o seja, sem nunca exceder o prazo de 18 meses após o referido encerramento), a convenção à autoridade ou autoridades em cuja competência entre a matéria, a fim de que estas a transformem em lei ou tomem medidas de outra natureza". Assim, de fato, trata-se de uma obrigação formal a que se submete cada um dos Estados-Membros.*

☆ *O tratado internacional é um acordo internacional concluído entre Estados em forma escrita e regulado pelo Direito Internacional consubstanciado em um único instrumento ou em dois ou mais instrumentos conexos, qualquer que seja a sua designação específica (Convenção de Viena de 1969, sobre o Direito dos Tratados). A convenção, por sua vez, são tratados multilaterais com características normativas. Como bem dispõe o item II, os tratados e as convenções são considerados fontes formais do direito internacional, porquanto veículos de exteriorização das normas positivadas, operando efeitos no ordenamento jurídico dos Estados que os ratificarem.*

☆ *Por fim, conforme já estudamos, a Emenda Constitucional nº 45/2004 acrescentou o § 3º ao art. 5º da CF/1988, segundo o qual os tratados e convenções internacionais sobre direitos humanos que forem aprovados, em cada Casa do Congresso Nacional, em dois turnos, por três quintos dos votos dos respectivos membros, serão equivalentes às emendas constitucionais. Correto, portanto, o item III.*

(MPT – 14º Concurso) De acordo com a jurisprudência do Supremo Tribunal Federal referente à incorporação dos tratados internacionais sobre direitos humanos no ordenamento jurídico brasileiro, analise as assertivas abaixo:

I – Prevalece a tese da constitucionalização dos tratados ratificados após a promulgação da Constituição de 1988, por força da abertura do rol dos direitos e garantias fundamentais a outros direitos previstos nos tratados internacionais em que a República do Brasil seja parte.

II - Há decisões do STF que aceitam a tese da constitucionalização dos tratados sobre direitos humanos incorporados ao nosso ordenamento jurídico antes da Constituição de 1988.

III - Após a Emenda Constitucional nº 45, de 2004, a constitucionalização dos tratados internacionais sobre direitos humanos depende, no aspecto formal, da observância do procedimento previsto para aprovação de emenda à Constituição.

Assinale a alternativa **CORRETA**:

[A] apenas o item II é incorreto;

[B] apenas o item I é incorreto;

[C] apenas o item III é incorreto;

[D] todas são incorretas;

[E] não respondida.

Gabarito oficial: alternativa [B].

Comentários do autor:

✯ *As decisões do Supremo Tribunal Federal no sentido da constitucionalização dos tratados de direitos humanos, antes e depois da promulgação da Constituição Federal de 1988, são esparsas. Em verdade, conforme já estudamos, o tema sempre foi objeto de grandes debates doutrinários e jurisprudenciais, não sendo uniforme o entendimento da Suprema Corte. Devemos reconhecer, no entanto, que sua jurisprudência sempre se inclinou pela tese da simples legalidade dos tratados de direitos humanos, mormente pela ausência de previsão constitucional expressa acerca do tratamento especial. Com efeito, está incorreto o item I, e correto o item II.*

✯ *Já estudamos que a Emenda Constitucional nº 45/2004 acrescentou o § 3º ao art. 5º da CF/1988, segundo o qual os tratados e convenções internacionais sobre direitos humanos que forem aprovados, em cada Casa do Congresso Nacional, em dois turnos, por três quintos dos votos dos respectivos membros, serão equivalentes às emendas constitucionais. Correto, portanto, o item III.*

Capítulo 3

PROTEÇÃO INTERNACIONAL DOS DIREITOS HUMANOS
Jeibson dos Santos Justiniano

Sumário: 3.1. Precedentes do direito internacional dos direitos humanos • 3.2. Consolidação do direito internacional dos direitos humanos • 3.3. Declaração Universal dos Direitos Humanos: fundamentos – Disposições normativas – Natureza jurídica • 3.4. Universalismo *versus* relativismo cultural • 3.5. Sistemas internacionais (global e regional) de proteção dos direitos humanos • 3.5.1. Sistema global de proteção de direitos humanos • 3.5.1.1. Sistema de proteção geral • 3.5.1.2. Sistema de proteção especial • 3.5.1.3. Princípio da subsidiariedade • 3.5.1.4. PIDCP – Pacto Internacional sobre os Direitos Civis e Políticos • 3.5.1.5. PIDESC – Pacto Internacional de Direitos Econômicos, Sociais e Culturais • 3.5.1.6. Considerações adicionais ao Sistema da ONU • 3.5.2. Sistema Interamericano de proteção de Direitos Humanos • 3.5.2.1. Comissão Interamericana de Direitos Humanos • 3.5.2.2. Corte Interamericana de Direitos Humanos • 3.6. Questões resolvidas e comentadas

A proteção internacional de direitos humanos decorre de um processo histórico de avanços e retrocessos, no qual instituições e diplomas normativos foram criados visando a evitar o cometimento de atrocidades contra a humanidade e gravíssimas violações de direitos humanos. Nesse sentido, o Prof. Fabio K. Comparato (2001) declara que:

> A Guerra Mundial de 1939 a 1945 costuma ser apresentada como a consequência da falta de solução, na Conferência Internacional de Versalhes, às questões suscitadas pela Primeira Guerra Mundial e, portanto, de certa forma, como as retomadas das hostilidades, interrompidas em 1918. Essa interpretação é plausível, mas deixa na sombra o fato de que o conflito bélico deflagrado na madrugada de 1º de setembro de 1939, com a invasão da Polônia pelas forças armadas da Alemanha nazista, diferiu profundamente da guerra de 1914 a 1918. [...]

> Diferiu não tanto pelo maior número de países envolvidos e a duração mais prolongada do conflito – seis anos, a partir das primeiras declarações oficiais de guerra, sem contar, portanto, a ocupação da Manchúria pelo Japão, em 1932, e a da Etiópia pela Itália, em 1935 –, quanto pela descomunal cifra de vítimas. Calcula-se que 60 milhões de pessoas foram mortas durante a Segunda Guerra Mundial, a maior parte delas civis, ou seja, seis vezes mais do que no conflito do começo do século, em que as vítimas, em sua quase totalidade, eram militares. Além disso, enquanto a guerra do início do século provocou o surgimento de cerca de 4 milhões de refugiados, com a cessação das hostilidades na Europa, em maio de 1945, contavam-se mais de 40 milhões de pessoas deslocadas, de modo forçado ou voluntário, dos países onde viviam em meados de 1939.

> Mas, sobretudo, a qualidade ou índole das duas guerras mundiais foi bem distinta. A de 1914-1918 desenrolou-se, apesar da maior capacidade de destruição dos meios empregados (so-

bretudo com a introdução dos tanques e aviões de combate), na linha clássica das conflagrações anteriores, pelas quais os Estados procuravam alcançar conquistas territoriais, sem escravizar ou aniquilar os povos inimigos. A Segunda Guerra Mundial, diferentemente, foi deflagrada com base em proclamados projetos de subjugação de povos considerados inferiores, lembrando os episódios de conquista das Américas a partir dos descobrimentos. Ademais, o ato final da tragédia – o lançamento da bomba atômica em Hiroshima e Nagasaki, em 6 e 9 de agosto de 1945, respectivamente – soou como um prenúncio de apocalipse: o homem acabara de adquirir o poder de destruir toda a vida na face da Terra. As consciências se abriram, enfim, para o fato de que a sobrevivência da humanidade exigia a colaboração de todos os povos na reorganização das relações internacionais, com base no respeito incondicional à dignidade humana.

Vê-se, assim, que o direito internacional não poderia mais apenas abranger as preocupações das relações jurídicas entre Estados e organismos internacionais. Na verdade, busca-se uma nova concepção da comunidade internacional, na qual o centro das atenções deve ser sempre o homem, pois apenas assim atrocidades já vivenciadas pela humanidade, como as duas grandes guerras mundiais, podem ser evitadas.

3.1. PRECEDENTES DO DIREITO INTERNACIONAL DOS DIREITOS HUMANOS

Os precedentes do movimento internacional de direitos humanos são aqueles eventos que constituem o embrião do processo de internacionalização e universalização dos referidos direitos, em especial: o direito humanitário, a Liga das Nações e a Organização Internacional do Trabalho. Nesse ponto, oportunas são as lições de Fábio Konder Comparato (2001) acerca da importância desses institutos de Direito Internacional para o processo de internacionalização dos direitos humanos:

> Estes institutos rompem, assim, o conceito tradicional que concebia o Direito Internacional apenas como a lei da comunidade internacional dos Estados e que sustentava ser o Estado o único sujeito de Direito Internacional. Rompem ainda com a noção de soberania nacional absoluta, na medida em que admitem intervenções no plano nacional, em prol da proteção dos direitos humanos.

> Prenunciava-se o fim da era em que a forma pela qual o Estado tratava seus nacionais era concebida como um problema de jurisdição doméstica, restrito ao domínio reservado do Estado, decorrência de sua soberania, autonomia e liberdade. Aos poucos, emerge a ideia de que o indivíduo é não apenas objeto, mas também sujeito de direito internacional. A partir desta perspectiva, começa a se consolidar a capacidade processual internacional dos indivíduos, bem como a concepção de que os direitos humanos não mais se limitam à exclusiva jurisdição doméstica, mas constituem interesse internacional.

O direito humanitário corresponde ao direito de guerras, ou melhor, à Lei de Guerras. Configura-se na primeira manifestação de que, mesmo diante de um conflito armado, há limites, no plano internacional, aos Estados.

A Liga das Nações, criada com o Tratado de Versalhes de 1919 e extinta com a deflagração da Segunda Guerra Mundial, tinha por objetivo a união dos Estados em busca da paz mundial. Sua criação reforça a ideia de relativização da soberania dos Estados.

A Organização Internacional do Trabalho (OIT) também foi criada pelo Tratado de Versalhes, com a missão de propor condições dignas de trabalho e bem-estar.

Conclui-se, assim, que – quer em conjunto, quer em separado – esses institutos foram a base para a internacionalização dos direitos humanos.

3.2. CONSOLIDAÇÃO DO DIREITO INTERNACIONAL DE DIREITOS HUMANOS

A real consolidação do direito internacional dos direitos humanos ocorre após a Segunda Guerra Mundial, tratando-se, portanto, de um fenômeno do pós-guerra, cujo desenvolvimento pode ser atribuído às violações de direitos humanos vivenciadas na Segunda Guerra Mundial. Assim, surgiu um sentimento de que parte dessas atrocidades poderia ser evitada se existisse um efetivo sistema de proteção internacional de direitos humanos.

As teses de que os Estados deveriam ter uma soberania absoluta e sem limites cederam lugar à seguinte afirmação, por parte dos doutrinadores:

> a soberania estatal não é um princípio absoluto, mas deve estar sujeita a certas limitações em prol dos direitos humanos. Os direitos humanos tornam-se uma legítima preocupação internacional com o fim da Segunda Guerra Mundial, com a criação das Nações Unidas, com a adoção da Declaração Universal dos Direitos Humanos pela Assembleia Geral da ONU, em 1948 e, como consequência, passam a ocupar um espaço central na agenda das instituições internacionais. No período do pós-guerra, os indivíduos tornam-se foco de atenção internacional. A estrutura do contemporâneo Direito Internacional dos Direitos Humanos começa a se consolidar. Não mais poder-se-ia afirmar, no fim do século XX, que o Estado pode tratar de seus cidadãos da forma que quiser, não sofrendo qualquer responsabilização na arena internacional. Não mais poder-se-ia afirmar no plano internacional *that king can do no wrong*. (PIOVESAN, 1997)

Neste contexto, o Tribunal de Nuremberg, em 1945-1946, significou um evento muito importante para a afirmação do processo de internacionalização dos direitos humanos. O objetivo do Tribunal de Nuremberg foi submeter os alemães a julgamento como criminosos de guerra, tendo como base o costume internacional de respeito aos direitos humanos. Podemos afirmar, sem sombra de dúvidas, que a principal consequência do Tribunal de Nuremberg para a consolidação do movimento internacional de proteção dos direitos humanos foi colocar o indivíduo como sujeito de direito internacional e ter relativizado o conceito de soberania nacional, uma vez que não poderiam os alemães alegar que não cometeram crime por estarem amparados pela legislação doméstica do Estado Alemão.

Após a Segunda Guerra Mundial, houve um consenso universal para o fato de que a sobrevivência da humanidade exigia a compreensão e a colaboração de todos os Estados na reorganização das relações internacionais. Diante disso, as nações aperceberam-se de que era premente a criação de um órgão internacional para a prevenção e a contenção das guerras. Depois da Primeira Guerra Mundial, ocorrida entre 1914 e 1918, as nações vencedoras decidiram pela criação de uma organização internacional denominada **Liga das Nações**, que não prosperou sendo dissolvida em 1946.

A Segunda Guerra Mundial trouxe à tona a necessidade de um órgão internacional de controle efetivo da paz mundial. Assim, representantes de 50 países, reunidos entre os dias 25 de abril a 26 de junho de 1945 na cidade de São Francisco, Califórnia, redigiram a Carta das Nações Unidas. E em 24 de outubro de 1945 estava oficialmente criada a Organização das Nações Unidas (ONU), tendo por objetivos principais:

a) a manutenção da paz e a segurança internacionais;

b) o incremento de relações amistosas entre as nações; e

c) a cooperação internacional para a solução de problemas mundiais de ordem social, econômica e cultural, incentivando o respeito aos direitos e às liberdades individuais.

A ONU compõe-se de seis órgãos especiais (Carta das Nações Unidas, art. 7º): a Assembleia Geral; o Conselho de Segurança; o Conselho Econômico e Social; o Conselho de Tutela; a Corte Internacional de Justiça; e uma Secretaria.

O movimento de internacionalização dos direitos humanos tem sua consolidação com a adoção da Carta das Nações Unidas de 1945, pois com esse instrumento a promoção dos direitos humanos foi elevada a objetivo da ONU. A importância da Carta da ONU como instrumento de consolidação do processo de internacionalização é muito bem retratada a seguir:

> A Carta das Nações Unidas de 1945 consolida o movimento de internacionalização dos direitos humanos, a partir da elevação da promoção desses direitos ao propósito e objetivo da Organização das Nações Unidas. Definitivamente, a relação de um Estado com seus nacionais passa a ser uma problemática internacional, objeto de instituições internacionais e do Direito Internacional, bastando, para tanto, examinar os arts. 1º (3), 13, 55 e 56 da Carta das Nações Unidas.
>
> Nos termos do art. 1º (3), fica estabelecido que um dos propósitos das Nações Unidas é alcançar a cooperação internacional para a solução de problemas econômicos, sociais, culturais ou de caráter humanitário e encorajar o respeito aos direitos humanos e liberdades fundamentais para todos, sem distinção de raça, sexo, língua ou religião.
>
> Neste sentido, cabe à Assembleia Geral iniciar estudos e fazer recomendações, com o propósito de promover a cooperação internacional para a solução de problemas econômicos, sociais, culturais ou de caráter humanitário e encorajar o respeito aos direitos humanos e às liberdades fundamentais para todos, sem distinção de raça, sexo, língua ou religião, em conformidade com o art. 13 da Carta. Também ao Conselho Econômico e Social cabe fazer recomendações, com o propósito de promover o respeito e a observância dos Direitos Humanos e das liberdades fundamentais, bem como preparar projetos de Convenções Internacionais para este fim, nos termos do art. 62 da Carta da ONU.
>
> O art. 55 reforça o objetivo de promoção dos Direitos Humanos, quando determina: 'Com vistas à criação de condições de estabilidade e bem estar, necessárias para a pacífica e amistosa relação entre as Nações, e baseada nos princípios da igualdade dos direitos e da autodeterminação dos povos, as Nações Unidas promoverão o respeito universal e a observância dos Direitos Humanos e liberdades fundamentais para todos, sem distinção de raça, sexo, língua ou religião'. O art. 56 reafirma o dever de todos os membros das Nações Unidas em exercer ações conjugadas ou separadas, em cooperação com a própria organização, para o alcance dos propósitos lançados no art. 55. (BRIGAGÃO, 2012)

Outro instrumento importante para a consolidação do processo de internacionalização e universalização dos direitos humanos foi a adoção, pela Assembleia Geral das Nações Unidas em 1948, sob a forma de resolução, da Declaração Universal dos Direitos Humanos como a interpretação autorizada da expressão "direitos humanos e liberdades fundamentais" constante da Carta da ONU.

3.3. DECLARAÇÃO UNIVERSAL DOS DIREITOS HUMANOS: FUNDAMENTOS – DISPOSIÇÕES NORMATIVAS – NATUREZA JURÍDICA

A **Carta das Nações Unidas** (1945) determina a importância da defesa, da promoção e do respeito aos **direitos humanos** e às **liberdades fundamentais**. Todavia, a Carta da ONU não definiu o conteúdo de tais expressões, deixando-as completamente em aberto.

A **Declaração Universal dos Direitos Humanos (DUDH)**, de 10 de dezembro de 1948, definiu com precisão o elenco dos "direitos humanos e liberdades fundamentais". Assim, a Declaração Universal é concebida como a **interpretação autorizada** dos arts. 1º (3) e 55 da Carta da ONU.

O seu preâmbulo dá conta do sentimento que dominava aquele momento histórico na medida em que reconhece a **dignidade** inerente a todas as pessoas, titulares de **direitos iguais e inalienáveis**. Desse modo, o resgate da dignidade humana é o sentido maior da referida Declaração, uma vez que a condição de ser humano é suficiente para a preservação da dignidade e dos direitos que enumera. Essa Declaração, portanto, é uma reação, uma manifestação histórica contra as atrocidades cometidas na Segunda Guerra Mundial, apontando o devido e necessário respeito aos direitos humanos, entendidos como universais. A DUDH tem duas importantes características: a **amplitude** e a **universalidade**. A primeira, compreende um conjunto de direitos e faculdades sem as quais um ser humano não pode desenvolver sua personalidade física, moral e intelectual. A segunda, é aplicável a todas as pessoas, de todos os países, raças, religiões, sexos, seja qual for o regime político dos territórios nos quais incide e as peculiaridades culturais das nações.

A Declaração Universal dos Direitos Humanos objetiva instituir uma comunidade internacional que respeita a dignidade humana, ao consagrar valores básicos universais. Desse modo, a dignidade humana é o fundamento dos direitos humanos.

Em seu teor, a Declaração relaciona, em seu texto, direitos civis e políticos (os chamados direitos de primeira geração, que traduzem o valor da **liberdade**), como direitos sociais, econômicos e culturais (denominados direitos de segunda geração, que traduzem o valor da **igualdade**), e contempla, ainda, a **fraternidade** como valor universal (os chamados direitos de terceira geração, que compreendem o direito à paz, ao meio ambiente, ao desenvolvimento, à comunicação etc.). E, nesse ponto, inaugura a DUDH algo inédito na sociedade internacional, combinando, num mesmo documento jurídico, os discursos liberal e social da cidadania.

A concepção contemporânea de direitos humanos pode ser caracterizada como uma unidade **interdependente** e **indivisível**. Assim, todos os direitos humanos constituem um complexo **integral, único** e **indivisível**. Vê-se, com isso, que o discurso da intensa dicotomia entre o direito à liberdade e o direito à igualdade possui caráter retórico, pois tanto os direitos individuais quanto os direitos sociais são decorrentes dessa unidade de indivisibilidade e interpendência, não podendo haver qualquer hierarquia ou precedência de uma categoria em detrimento de outra.

Como bem assevera Flávia Piovesan (1997, p. 146), "ao conjugar o valor da liberdade com o valor da igualdade, a Declaração demarca a concepção contemporânea de direitos humanos, pela qual esses direitos passam a ser concebidos como uma unidade interdependente e indivisível".

Dalmo de Abreu Dallari (1991, p. 179) expõe que a Declaração Universal exibe características muito próprias, conforme a transcrição a seguir:

> [...] o exame dos artigos da Declaração revela que ela consagrou três objetivos fundamentais: a certeza dos direitos, exigindo que haja uma fixação prévia e clara dos direitos e deveres, para que os indivíduos possam gozar dos direitos ou sofrer imposições; a segurança dos direitos, impondo uma série de normas tendentes a garantir que, em qualquer circunstância, os direitos fundamen-

tais serão respeitados; a possibilidade dos direitos, exigindo que se procure assegurar a todos os indivíduos os meios necessários à fruição dos direitos, não se permanecendo no formalismo cínico e mentiroso da afirmação de igualdade de direitos onde grande parte do povo vive em condições subumanas.

A Declaração Universal dos Direitos Humanos está dividida formalmente da seguinte maneira: direitos civis e políticos (arts. 3º a 21), e direitos sociais, econômicos e culturais (arts. 22 a 28).

Os direitos humanos são todos essencialmente complementares e em constante dinâmica de interação. Essas complementaridade e interdependência decorrem do disposto da Declaração de Viena (1993), nos termos do seu art. 5º:

> Artigo 5º. Todos os Direitos Humanos são universais, indivisíveis, interdependentes e inter-relacionados. A comunidade internacional deve considerar os Direitos Humanos, globalmente, de forma justa e equitativa, no mesmo pé e com igual ênfase. Embora se deva ter sempre presente o significado das especificidades nacionais e regionais e os diversos antecedentes históricos, culturais e religiosos, compete aos Estados, independentemente dos seus sistemas políticos, econômicos e culturais, promover e proteger todos os Direitos Humanos e liberdades fundamentais.

Quanto ao valor jurídico da Declaração de 1948, ela não se constitui num tratado e não pretende ser um instrumento legal ou que contenha obrigação legal. A DUDH tem forma de resolução, ou seja, não tem força de lei. Na verdade, o objetivo da Declaração Universal dos Direitos é o reconhecimento universal dos direitos humanos, nos termos do seu preâmbulo, *in verbis*:

> Considerando que os Estados membros se comprometeram a promover, em cooperação com a Organização das Nações Unidas, **o respeito universal** e efetivo dos direitos do Homem e das liberdades fundamentais;

> Considerando que uma concepção comum destes direitos e liberdades é da mais alta importância para dar plena satisfação a tal compromisso:

> A Assembleia Geral proclama a presente Declaração Universal dos Direitos Humanos como ideal comum a ser atingido por todos os povos e todas as nações, a fim de que todos os indivíduos e todos os órgãos da sociedade, tendo-a constantemente no espírito, se esforcem, pelo ensino e pela educação, por desenvolver o respeito desses direitos e liberdades e por promover, por medidas progressivas de ordem nacional e internacional, **o seu reconhecimento e a sua aplicação universais e efetivos tanto entre as populações** dos próprios Estados membros como entre as dos territórios colocados sob a sua jurisdição. (*grifo nosso*).

Ora, a busca dessa universalidade não poderia ser alcançada caso a DUDH tivesse a natureza jurídica de tratado de direitos humanos, pois com essa roupagem jurídica alcançaria apenas os Estados signatários da norma internacional.

Todavia, há discussão sobre a natureza jurídica da Declaração, assim como sobre seu valor jurídico. Carlos Weis (1999, p. 69) ressalta que ela não decorre do surgimento de direitos subjetivos aos cidadãos, nem obrigações internacionais aos Estados, uma vez tratar-se de recomendação. Contudo, afirma que contribuiu pelo fato de ter influenciado vários textos constitucionais, refletindo e dando origem a diversos tratados internacionais.

Flávia Piovesan (1997, p. 146) destaca que "a Declaração Universal não é um tratado. Foi adotada pela Assembleia Geral das Nações Unidas sob a forma de resolução, que, por sua vez, não apresenta força de lei".

Fábio Konder Comparato (2001, p. 226-7), por sua vez, expõe que "...tecnicamente, a Declaração Universal do Homem é uma recomendação, que a Assembleia Geral das Nações Unidas faz aos seus membros (Carta das Nações Unidas), art. 10".

Além disso, a Declaração Universal de 1948 tem sido reconhecida como a interpretação autorizada da expressão "direitos humanos", constante da Carta das Nações Unidas. Exatamente por isso, tem caráter vinculante e obrigatório para os Estados das Nações Unidas.

Doutrina abalizada de direito internacional dos direitos humanos também considera a DUDH como costume internacional e princípio geral de direito, pois a Declaração de 1948 é invocada de forma generalizada como regra dotada de *jus cogens*. Tal invocação pode ser observada na incorporação de suas disposições pelas Constituições dos Estados, na adoção pela ONU de diversas resoluções determinando a obediência de suas disposições e na prolação de decisões das cortes internas fundamentando-se nos seus preceitos.

Entretanto, sob o enfoque estritamente legalista, a DUDH, em si mesma, não apresenta força jurídica obrigatória e vinculante, já que assume a forma de declaração e não de tratado. Exatamente por causa desse aspecto formal, a ONU buscou o Processo de "juridicização" da DUDH, concluído em 1966, em Nova York, com a adoção do Pacto Internacional sobre os Direitos Civis e Políticos (PIDCP) e do Pacto Internacional dos Direitos Econômicos, Sociais e Culturais (PIDESC). Esses três documentos constituem a **Carta Internacional dos Direitos Humanos** (*International Bill of Rights*).

3.4. UNIVERSALISMO *VERSUS* RELATIVISMO CULTURAL

O **universalismo** pode ser compreendido como o movimento internacional que busca definir padrões mínimos de proteção de direitos humanos, independentemente dos aspectos culturais de localidade e de sua população ou nação. O ideário de universalização dos direitos humanos tem como pressuposto a **flexibilização** dos conceitos de **soberania nacional** e de **jurisdição doméstica**.

Com a Declaração Universal dos Direitos Humanos de 1948, a comunidade internacional, por meio de suas normas e órgãos, difundiu a doutrina da cultura dos direitos humanos, cabendo aos Estados a conformação, através de seu direito interno e de suas instituições, com o Direito Internacional de Direitos Humanos.

O relativismo cultural está conceitualmente arraigado ao pluralismo cultural, no qual a definição dos direitos depende da cultura e da realidade de determinada sociedade, devidamente situada no tempo e no espaço. Esse pluralismo impede a formação de uma moral universal. Podemos citar, como exemplo de diferenças culturais, as práticas da clitorectomia e mutilação feminina permitidas por muitas sociedades não ocidentais.

É evidente que o direito à cultura é um direito fundamental, conforme preceitua a própria Declaração Universal dos Direitos Humanos. Entretanto, o respeito à diversidade cultural jamais poderá servir como escudo para violações a direitos humanos. Essa visão universalista não destruirá a diversidade cultural, apenas não permitirá que graves casos de violações de direitos humanos ocorram, com fundamento no relativismo cultural.

A Declaração de Viena de 1993 reforça a corrente universalista, ao destacar que é obrigação dos Estados, independentemente de seu sistema político, econômico e cultural, promover e proteger todos os direitos humanos e liberdades fundamentais, consoante os termos do seu art. 5º:

> Artigo 5º
>
> Todos os Direitos Humanos são universais, indivisíveis, interdependentes e inter-relacionados. A comunidade internacional deve considerar os Direitos Humanos, globalmente, de forma justa e equitativa, no mesmo pé e com igual ênfase. Embora se deva ter sempre presente o significado das especificidades nacionais e regionais e os diversos antecedentes históricos, culturais e religiosos, compete aos Estados, independentemente dos seus sistemas políticos, econômicos e culturais, promover e proteger todos os Direitos Humanos e liberdades fundamentais.

Assim, conclui-se que a intervenção da comunidade internacional há de ser aceita pelos Estados, subsidiariamente, em face da emergência de uma cultura que objetiva fixar padrões mínimos de preservação e proteção dos direitos humanos.

3.5. SISTEMAS INTERNACIONAIS (GLOBAL E REGIONAL) DE PROTEÇÃO DOS DIREITOS HUMANOS

A proteção internacional de direitos humanos é realizada por dois sistemas: o sistema global (ONU) e os sistemas regionais (interamericano, europeu, africano etc.).

No presente capítulo, serão abordados apenas os sistemas global e o interamericano, pois estes são os cobrados nos editais de concursos públicos, em especial para o Ministério Público do Trabalho.

3.5.1. Sistema global de proteção de direitos humanos

A Carta Internacional dos Direitos Humanos é a base normativa do Sistema global de proteção Internacional dos Direitos Humanos, também conhecido como Sistema da ONU, que está dividido em dois subsistemas: o **Sistema de proteção geral** e o **Sistema de proteção especial**.

3.5.1.1. Sistema de proteção geral

As normas de proteção geral são destinadas a todos os indivíduos, genérica e abstratamente. Podem ser citados, como exemplos de normas de alcance geral, o Pacto Internacional sobre os Direitos Civis e Políticos e o Pacto Internacional de Direitos Econômicos, Sociais e Culturais.

> **ATENÇÃO**: Todo indivíduo é destinatário da proteção das normas de alcance geral, não necessitando de nenhuma qualidade especial para ser alcançado pelo âmbito de um determinado sistema de proteção geral.

3.5.1.2. Sistema de proteção especial

As normas de proteção especial são destinadas a indivíduos ou grupos específicos, tais como: mulheres, idosos, pessoas com deficiência, refugiados, crianças, entre outros. Dentre as normas especiais do sistema global da ONU, destacam-se a Convenção contra a Tortura e outros Tratamentos ou Penas Cruéis, Desumanos e Degradantes, a Convenção para a Eliminação da Discriminação contra a Mulher, a Convenção para a Eliminação de todas as formas de Discriminação Racial e a Convenção sobre os Direitos da Criança.

> **ATENÇÃO:** Os sistemas de proteção especiais tutelam os indivíduos em situações de vulnerabilidade.

3.5.1.3. Princípio da subsidiariedade

O princípio da subsidiariedade determina que a responsabilização do Estado no domínio internacional é possível somente quando as instituições nacionais se mostram falhas ou omissas na tarefa de proteção dos direitos humanos.

Desse modo, a sistemática internacional é sempre **adicional** e **subsidiária**. Ao Estado cabe sempre a responsabilidade primária.

O Direito Internacional dos Direitos Humanos não pretende substituir o sistema nacional. Na verdade, situa-se como direito paralelo e suplementar ao direito interno. Além disso, busca estabelecer, na órbita internacional, os parâmetros protetivos mínimos no que tange ao respeito e à observância dos direitos humanos fundamentais.

3.5.1.4. PIDCP – Pacto Internacional sobre os Direitos Civis e Políticos

É importante destacar que o Pacto Internacional sobre os Direitos Civis e Políticos repete e detalha direitos constantes na Declaração Universal dos Direitos Humanos, todavia avança em certos pontos, inclusive abrigando novos direitos e garantias não previstos na Declaração. Flávia Piovesan (1997, p. 167) declara, nesse sentido:

> Constata-se que o Pacto abriga novos direitos e garantias não incluídos na Declaração Universal, tais como o direito de não ser preso em razão de descumprimento de obrigação contratual (art. 11); o direito da criança ao nome e à nacionalidade (art. 24); a proteção dos direitos de minorias à identidade cultural, religiosa e linguística (art. 27); a proibição da propaganda de guerra ou de incitamento da intolerância étnica ou racial (art. 20); o direito à autodeterminação (art. 1º), dentre outros. Esta gama de direitos, insiste-se, não se vê incluída na Declaração Universal.

O Pacto Internacional sobre os Direitos Civis e Políticos (PIDCP) contém, segundo suas próprias disposições, direitos de aplicabilidade imediata, devendo ser assegurados pelos Estados-parte por meio dos seguintes mecanismos de monitoramento: sistemática dos relatórios encaminhados pelos Estados-partes e sistemática das comunicações interestatais.

A **sistemática dos relatórios**, apesar de hodiernamente ser considerada um mecanismo que não permite que o Estado-parte seja efetivamente responsabilizado na instância internacional, tem em sua gênese uma ideia revolucionária, uma vez que os Estados passam a ter que prestar informações às instâncias internacionais de proteção dos direitos humanos acerca do respeito ou não aos referidos direitos. Os Estados signatários do PIDCP encaminham os relatórios ao **Comitê de Direitos Humanos** anualmente e sempre que solicitado por este órgão da Organização das Nações Unidas.

A **sistemática das comunicações interestatais**, por sua vez, é opcional. O Estado-parte do PIDCP só se submete a este mecanismo de monitoramento se assinar uma declaração em separado (cláusula facultativa). Além disso, as comunicações interestatais só podem ser admitidas se ambos os Estados envolvidos aceitarem a sistemática em questão.

O mecanismo das comunicações interestatais só pode ser utilizado se forem atendidos os seguintes **pressupostos**: fracasso das negociações bilaterais entre os Estados envolvidos e esgotamento dos recursos internos. O objetivo da referida sistemática é que os Estados envolvidos (denunciante e denunciado) cheguem a uma solução amistosa, proposta pelo **Comitê de Direitos Humanos**.

Com relação ao mecanismo das **petições individuais** (*international accountability*) para implementação e monitoramento do PIDCP, é necessário que o Estado-parte assine o Protocolo Facultativo ao Pacto Internacional sobre os Direitos Civis e Políticos. Com a adesão, qualquer indivíduo, grupo de indivíduos, ou entes, pode(m) denunciar violações de direitos civis e políticos constantes do PIDCP ao **Comitê de Direitos Humanos**, que decidirá acerca da violação ou não aos direitos civis e políticos ali elencados. Flávia Piovesan (1997, p. 169-71) assim se posiciona acerca do Protocolo Facultativo:

> [...] a importância do Protocolo está em habilitar o Comitê de Direitos Humanos a receber e examinar petições encaminhadas por indivíduos, que aleguem serem vítimas de violação de direitos enunciados pelo Pacto dos Direitos Civis e Políticos.

A decisão do Comitê **não** detém força obrigatória ou vinculante e nem tampouco qualquer sanção é prevista na hipótese de o Estado não lhe conferir cumprimento. A condenação do Estado enseja consequências apenas no plano político, mediante o chamado *power of embarrassment*, que pode causar **constrangimento político e moral** ao Estado violador.

Os requisitos de admissibilidade para denunciar violações de direitos humanos, por meio de uma petição individual, ao **Comitê de Direitos Humanos** são: o esgotamento prévio dos recursos internos, e a inexistência de litispendência internacional.

Na **sistemática de petições**, embora a comunicação seja de caráter individual, o Comitê de Direitos Humanos recentemente concluiu que as comunicações podem ser encaminhadas por organizações ou terceiras pessoas, que representem o indivíduo vítima da violação. A questão da nacionalidade não é o vínculo exigido para o seu exercício. O vínculo necessário diz respeito à relação entre o reclamante e o dano ou violação dos direitos humanos que denuncia.

O procedimento do mecanismo das petições individuais deverá observar o prazo de 6 meses. O **Comitê de Direitos Humanos** solicitará do Estado denunciado explicações e esclarecimentos sobre o caso. Após o "contraditório", o Comitê, em caso de violação ao PIDCP, determinará a obrigação do Estado em reparar a violação cometida e em adotar medidas necessárias a prover a estrita observância do Pacto. Essa decisão constará no **Relatório Anual** do Comitê e, como já mencionado, **não** detém força obrigatória e vinculante.

3.5.1.5. PIDESC – Pacto Internacional de Direitos Econômicos, Sociais e Culturais

Os direitos econômicos, sociais e culturais que constam no PIDESC, na linguagem do próprio Pacto, apresentam aplicação "progressiva". Em virtude disso, a implementação desses direitos está condicionada à atuação do Estado até o máximo de seus recursos disponíveis.

Nesse sentido, uma corrente neoliberal afirma que os direitos sociais, ou de segunda geração ou dimensão, por dependerem de medidas concretas dos Estados, apresentam questionamentos no que tange ao seu caráter jurídico e à sua acionabilidade, ou seja, os direitos sociais, os quais necessitam de prestações positivas, não são acionáveis.

Todavia, é certo que esta ideia de não acionabilidade dos direitos humanos de segunda geração é meramente ideológica e não científica, pois tanto as obrigações decorrentes do Pacto Internacional sobre os Direitos Civis e Políticos, quanto as do Pacto Internacional dos Direitos Econômicos, Sociais e Culturais são tanto de natureza negativa, como positiva. A título de exemplo, podemos citar o direito de votar e ser votado (primeira geração), o qual apresenta uma dimensão negativa, quando se exige do Estado e de terceiros uma abstenção no sentido de permitir o livre exercício do voto pelo cidadão, e também uma dimensão positiva, quando o Estado deve criar e fazer funcionar uma Justiça Eleitoral, com o objetivo de realizar as eleições. Assim, podemos afirmar que todo direito humano tem um "custo" por parte do Estado, independente de ser de primeira ou segunda dimensão.

O PIDESC apresenta como mecanismo de monitoramento somente a **sistemática de relatórios**. Os Estados-parte devem apresentar esses relatórios ao **Comitê sobre Direitos Econômicos, Socias e Culturais**, órgão criado pelo Conselho Econômico e Social da ONU, que devem expressar os fatores e as dificuldades no processo de implementação dos direitos do PIDESC.

Quando da assinatura do pacto, ocorrido em 1966, em Nova Iorque, não existia nenhum outro mecanismo de monitoramento acerca da implementação dos direitos sociais, econômicos e culturais. Diante disso, a Convenção de Viena de 1993 fez algumas recomendações no tocante ao aprimoramento das sistemáticas de monitoramento do PIDESC, quais sejam: recomendou a incorporação do direito de petição, mediante adoção de protocolo adicional/facultativo; e a adoção de sistemática de indicadores. Tendo tal Protocolo Facultativo instituído a sistemática das petições individuais, das medidas de urgência (*interim measures*), das comunicações interestatais e das investigações *in loco* em caso de graves e sistemáticas violações a direitos sociais por um Estado-parte.

O PIDESC estabelece a obrigação dos Estados de reconhecer e progressivamente implementar os direitos nele enunciados.

3.5.1.6. Considerações adicionais ao Sistema da ONU

Os mecanismos e as medidas de monitoramento do Sistema Global de Proteção Internacional dos Direitos Humanos não apresentam caráter jurisdicional. As decisões dos órgãos da ONU, responsáveis pelo monitoramento das obrigações dos pactos, são apenas de cunho recomendatório, e não têm natureza jurídica sancionatória.

Por tudo isso, é preciso reforçar o sistema sancionatório da ONU, pois o único órgão jurisdicional do Sistema Global é o Tribunal Penal Internacional, criado em 1998 pelo Estatuto de Roma, porém de natureza estritamente penal.

3.5.2. Sistema Interamericano de proteção de Direitos Humanos

Os sistemas global das Nações Unidas e o regional de proteção de direitos humanos não são dicotômicos. Na verdade, os diversos sistemas de proteção de direitos humanos são complementares e adicionais, constituindo um complexo universo de instrumentos internacionais.

Aos indivíduos cabe a escolha do aparato mais favorável diante de um caso concreto de violação de direitos humanos, o que permite sua maior proteção e o que conta com o mecanismo de monitoramento do cumprimento dos tratados de direitos humanos mais eficaz e mais efetivo. Enfim, os diversos sistemas interagem em benefício dos indivíduos protegidos.

. O **sistema interamericano**, por sua vez, consiste em dois regimes: um baseado na **Convenção Americana** e outro baseado na **Carta da Organização dos Estados Americanos**.

A Convenção Americana de Direitos Humanos (o **Pacto de San Jose da Costa Rica**) não enuncia, de forma específica, qualquer direito social, cultural e econômico, limitando-se a determinar aos Estados que alcancem, progressivamente, a plena realização desses direitos, mediante a adoção de medidas legislativas e outras que se mostrem apropriadas. O Pacto de San Jose da Costa Rica elenca apenas direitos civis e políticos.

No Brasil, a Convenção Americana entrou em vigência com a promulgação do Decreto nº 678, de 6 de novembro de 1992. Posteriormente, em 1988, a Assembleia Geral da OEA adotou um Protocolo Adicional à Convenção, concernente aos direitos sociais, econômicos e culturais (**Protocolo de San Salvador**), que entrou em vigor, no Estado Brasileiro, com a promulgação do Decreto nº 3.321, de 30 de dezembro de 1999.

3.5.2.1. Comissão Interamericana de Direitos Humanos

A principal missão da Comissão Interamericana de Direitos Humanos é promover a observância e a proteção dos direitos humanos na América. A competência da Comissão abrange **todos os Estados-partes da Convenção Americana**, em relação aos direitos humanos nela consagrados, bem como alcança todos os **Estados-membros da Organização dos Estados Americanos**, em relação aos direitos consagrados na Declaração Americana de 1948.

A Comissão tem a incumbência de fazer recomendações aos governos dos Estados-partes, solicitando a adoção de medidas adequadas à proteção dos direitos humanos previstos na Convenção Americana. Outrossim, a Comissão Interamericana de Direitos Humanos prepara estudos e relatórios que se mostrem necessários ao cumprimento pelos Estados-partes dos direitos consagrados no **Pacto de San Jose da Costa Rica**.

A Comissão também pode solicitar aos governos informações relativas às medidas por eles adotadas concernentes à efetiva aplicação da Convenção e submeter um relatório anual acerca do cumprimento ou não dos preceitos da Convenção Americana à Assembleia Geral da Organização dos Estados Americanos. Todas essas atribuições constam no art. 41 da Convenção Americana:

> Artigo 41º.
>
> A Comissão tem a função principal de promover a observância e a defesa dos direitos humanos e, no exercício do seu mandato, tem as seguintes funções e atribuições:
>
> a) estimular a consciência dos direitos humanos nos povos da América;
>
> b) formular recomendações aos governos dos Estados membros, quando o considerar conveniente, no sentido de que adotem medidas progressivas em prol dos direitos humanos no âmbito de suas leis internas e seus preceitos constitucionais, bem como disposições apropriadas para promover o devido respeito a esses direitos;
>
> c) preparar os estudos ou relatórios que considerar convenientes para o desempenho de suas funções;
>
> d) solicitar aos governos dos Estados-membros que lhe proporcionem informações sobre as medidas que adotarem em matéria de direitos humanos;
>
> e) atender às consultas que, por meio da Secretaria-Geral da Organização dos Estados Americanos, lhe formularem os Estados-membros sobre questões relacionadas com os direitos humanos e, dentro de suas possibilidades, prestar-lhes o assessoramento que eles lhe solicitarem;
>
> f) atuar com respeito às petições e outras comunicações, no exercício de sua autoridade, de conformidade com o disposto nos arts. 44º a 51º desta Convenção; e
>
> g) apresentar um relatório anual à Assembleia Geral da Organização dos Estados Americanos.

É também competência da Comissão examinar as comunicações, encaminhadas por indivíduos ou grupos de indivíduos, ou ainda entidade não governamental (**sistemática das petições individuais**), que contenham denúncia de violação a direito consagrado pela Convenção, por Estado que dela seja parte, nos termos do art. 44 do Pacto de San Jose da Costa Rica, *in verbis*:

> Artigo 44º.
>
> Qualquer pessoa ou grupo de pessoas, ou entidade não governamental legalmente reconhecida em um ou mais Estados membros da Organização, pode apresentar à Comissão petições que contenham denúncias ou queixas de violação desta Convenção por um Estado-Parte.

Os **requisitos de admissibilidade** para que a petição inicial do indivíduo seja conhecida são, entre outros: o prévio esgotamento dos recursos internos, salvo no caso de injustificada demora processual ou no caso de a legislação doméstica não prover o devido processo legal; e a inexistência de litispendência internacional. Vejamos os dispositivos da Convenção Americana acerca dos pressupostos processuais para o conhecimento das petições individuais:

> Artigo 46º.
>
> 1. Para que uma petição ou comunicação apresentada de acordo com os arts. 44º ou 45º seja admitida pela Comissão, será necessário:
>
> a) que hajam sido interpostos e esgotados os recursos da jurisdição interna, de acordo com os princípios de direito internacional geralmente reconhecidos;
>
> b) que seja apresentada dentro do prazo de seis meses, a partir da data em que o presumido prejudicado em seus direitos tenha sido notificado da decisão definitiva;

c) que a matéria da petição ou comunicação não esteja pendente de outro processo de solução internacional; e

d) que, no caso do art. 44º, a petição contenha o nome, a nacionalidade, a profissão, o domicílio e a assinatura da pessoa ou pessoas ou do representante legal da entidade que submeter a petição.

2. As disposições das alíneas "a" e "b" do inciso 1 deste artigo não se aplicarão quando:

a) não existir, na legislação interna do Estado de que se tratar, o devido processo legal para a proteção do direito ou direitos que se alegue tenham sido violados;

b) não se houver permitido ao presumido prejudicado em seus direitos o acesso aos recursos da jurisdição interna, ou houver sido ele impedido de esgotá-los; e,

c) houver demora injustificada na decisão sobre os mencionados recursos.

Percebemos que, pelo inciso 2 do artigo supratranscrito, os requisitos de esgotamento dos recursos da jurisdição interna e a interposição no prazo de 6 (seis) meses da intimação da decisão definitiva deixam de ser exigidos quando no Estado denunciado não houver garantia do devido processo legal; no caso concreto, não se tiver permitido à vítima ou a seus representantes acesso aos recursos de jurisdição interna; ou, houver demora injustificada para a prolação da decisão interna.

> *ATENÇÃO:* A sistemática das petições individuais, no Sistema Interamericano de direitos humanos, não decorre de declaração de cláusula facultativa ou de adesão a um protocolo facultativo. A submissão ao monitoramento das petições individuais decorre da própria assinatura da Convenção Americana de Direitos Humanos (Pacto de San Jose da Costa Rica). Entretanto, diferentemente, os Estados-partes são submetidos às sistemáticas das petições individuais dos Pactos de Direitos Civis e Políticos e de Direitos Econômicos, Sociais e Culturais do Sistema Global de Direitos Humanos apenas caso celebrem os Protocolos Facultativos dos respectivos pactos.

Em termos de processo, a Comissão se empenhará em buscar uma **solução amistosa** entre as partes (indivíduo denunciante e Estado-parte denunciado), encaminhando um **relatório** ao Estado-parte, contendo fatos e conclusões e, se for o caso, recomendações.

A Comissão Interamericana de Direitos Humanos concede um prazo de 3 meses para que o Estado denunciado confira cumprimento às recomendações feitas. E, caso o Estado denunciado não cumpra as determinações e recomendações da Comissão, esta submeterá o caso à Corte Interamericana, órgão jurisdicional desse sistema regional.

Quanto ao sistema das comunicações interestatais (um Estado alegando que outro cometeu violação a direito previsto na Convenção), está previsto sob a forma de cláusula facultativa, ou seja, ambos os Estados devem ter feito declaração expressa reconhecendo a competência da Comissão para tanto. Ainda, a este mecanismo, também se apresenta a necessidade dos requisitos de admissibilidade de esgotamento dos recursos da jurisdição interna e de inexistência de litispendência internacional, entre outros, nos termos do art. 44 da Convenção Americana, retrotranscrito.

3.5.2.2. Corte Interamericana de Direitos Humanos

A Corte Interamericana é o **órgão jurisdicional** do sistema regional, composta por sete juízes de Estados-membros da OEA, eleitos a título pessoal pelos Estados-partes da Convenção. Vejamos dispositivos da Convenção Americana acerca da composição da Corte:

> Artigo 52º.
>
> 1. A Corte compor-se-á de sete juízes, nacionais dos Estados-membros da Organização, eleitos a título pessoal dentre juristas da mais alta autoridade moral, de reconhecida competência em matéria de direitos humanos, que reúnam as condições requeridas para o exercício das mais elevadas funções judiciais, de acordo com a lei do Estado do qual sejam nacionais, ou do Estado que os propuser como candidatos.
>
> 2. Não deve haver dois juízes da mesma nacionalidade.

A Corte tem **competências consultiva e contenciosa**. Quanto à **competência consultiva** diz respeito à interpretação das disposições da Convenção Americana, assim como das disposições de tratados concernentes à proteção dos direitos humanos nos Estados americanos. A **contenciosa**, por sua vez, refere-se à solução de controvérsias que se apresentam acerca da interpretação ou aplicação da própria Convenção.

Na esfera **consultiva**, qualquer membro da Organização dos Estados Americanos – parte ou não da Convenção – pode solicitar o parecer da Corte relativamente à interpretação da Convenção ou de qualquer outro tratado relativo à proteção dos direitos humanos nos Estados americanos. A Corte ainda pode opinar sobre a compatibilidade dos preceitos da legislação doméstica em face dos instrumentos internacionais.

No **plano contencioso**, a competência da Corte para julgamento de casos é limitada aos Estados-partes da Convenção que reconheçam tal jurisdição expressamente (**cláusula facultativa**). Quanto ao plano jurisdicional, apenas a Comissão Interamericana e os Estados podem submeter um caso à Corte, não estando prevista a legitimação do indivíduo. O indivíduo só poderá peticionar diretamente à Comissão Interamericana de Direitos Humanos.

A Corte possui jurisdição para examinar casos que envolvam a denúncia de que um Estado-parte violou direito protegido pela Convenção Americana – Pacto de San Jose da Costa Rica. Esse órgão jurisdicional pode determinar a adoção de medidas que se façam necessárias à restauração do direito violado e pode, ainda, condenar o Estado a pagar uma justa compensação à vítima (**título executivo judicial**).

O Brasil reconheceu, por meio do Decreto Legislativo nº 89, de 3 de dezembro de 1998, a jurisdição conteciosa da Corte Interamericana de Direitos Humanos.

3.6. QUESTÕES RESOLVIDAS E COMENTADAS

(MPT – 16º Concurso) Assinale a alternativa **CORRETA**:

[A] Nos termos da Convenção Americana, o indivíduo, a Comissão Interamericana e os Estados-partes podem submeter um caso à Corte Interamericana de Direitos Humanos.

[B] De acordo com o Direito Internacional, a responsabilidade pelas violações de direitos humanos na hipótese do Brasil é da União, e das suas Unidades Federativas (Estados) os quais dispõe de personalidade jurídica na ordem internacional.

[C] Na hipótese de violação dos direitos humanos é permitido ao Procurador-Geral da República requerer ao Supremo Tribunal Federal o deslocamento da competência do caso para instâncias federais, em qualquer fase do processo.

[D] É exclusivamente sobre a União que recai a responsabilidade internacional na hipótese de violação de tratado de proteção de direitos humanos.

[E] Não respondida.

Gabarito oficial: alternativa [D].

Comentários do autor:

✯ *Com relação ao plano jurisdicional da Corte Interamericana de Direitos Humanos, apenas a Comissão Interamericana e os Estados podem submeter um caso à Corte, não estando prevista a legitimação do indivíduo. O indivíduo só poder peticionar diretamente à Comissão Interamericana de Direitos Humanos. Assim, incorreta a alternativa "A".*

✯ *A União é pessoa jurídica de direito público interno, entidade federativa autônoma em relação aos Estados-membros, Municípios e Distrito Federal, possuindo competências administrativas e legislativas determinadas constitucionalmente. Há de se compreender que a União não se confunde com a República Federativa do Brasil (Estado Federal), uma vez que a integra. Ressalta-se que, é por meio da União que a República Federativa do Brasil se apresenta nas suas relações internacionais, vale dizer, é a União quem representa o nosso Estado Federal perante os outros Estados soberanos. Acrescente-se que a União somente representa o Estado Federal nos atos de Direito Internacional, pois quem pratica efetivamente os atos de Direito Internacional é a República Federativa do Brasil, juridicamente representada por um órgão da União, que é o Presidente da República. A União, pessoa jurídica de direito público interno, somente é uma das entidades que forma esse todo, o Estado Federal, e que, por determinação constitucional (art. 21, I, da CF) tem a competência exclusiva de representá-lo nas suas relações internacionais. O próprio Pacto de San Jose da Costa Rica dispõe que a responsabilidade do respeito e promoção dos Direitos Humanos é do Estado Federal. Art. 28º, 2:*

> *"Artigo 28º – Cláusula federal*
>
> *1. Quando se tratar de um Estado-Parte constituído como Estado federal, o governo nacional do aludido Estado-Parte cumprirá todas as disposições da presente Convenção, relacionadas com as matérias sobre as quais exerce competência legislativa e judicial.*
>
> ***2. No tocante às disposições relativas às matérias que correspondem à competência das entidades componentes da federação, o governo nacional deve tomar imediatamente as medidas pertinentes, em conformidade com sua constituição e suas leis, a fim de que as autoridades competentes das referidas entidades possam adotar as disposições cabíveis para o cumprimento desta Convenção.***
>
> *3. Quando dois ou mais Estados-Partes decidirem constituir entre eles uma federação ou outro tipo de associação, diligenciarão no sentido de que o pacto comunitário respectivo contenha as disposições necessárias para que continuem sendo efetivas no novo Estado assim organizado as normas da presente Convenção. (grifo nosso).*

Vê-se, assim, que está incorreta a alternativa "B" e correta a alternativa "D".

Por fim, a alternativa "C" está errada, pois, nos termos do § 5º do art. 109 da Constituição Federal, o pedido de deslocamento de competência, no caso de violação de direitos humanos, é feito pelo Procurador-Geral da República perante o Superior Tribunal de Justiça, e não diante do Supremo Tribunal Federal.

(MPT – 16º Concurso) Assinale a alternativa **INCORRETA**:

Sobre os mecanismos de implementação dos Direitos Humanos no âmbito da Organização dos Estados Americanos, pode-se afirmar:

[A] Após a Segunda Guerra Mundial surgiu a necessidade de reorganizar o sistema interamericano de relações, quando se realizou a primeira Conferência Internacional de Estados Americanos.

[B] Na Conferência de Bogotá foi elaborada a Carta da Organização dos Estados Americanos, tendo como principal função promover a observância e a proteção dos direitos humanos na América.

[C] O sistema interamericano de proteção dos direitos humanos tem como principal instrumento a Convenção Americana de Direitos Humanos, que estabelece a Comissão Interamericana de Direitos Humanos e a Corte Interamericana.

[D] A competência da Comissão Interamericana de Direitos Humanos alcança todos os Estados-partes da Convenção Americana, em relação aos direitos humanos nela consagrados. Alcança ainda todos os Estados-membros da Organização dos Estados Americanos, em relação aos direitos consagrados na Declaração Americana de 1948.

[E] Não respondida.

Gabarito oficial: alternativa [B].

Comentários do autor:

A redação da alternativa "A" está bastante confusa. É verdade que, após a Segunda Guerra Mundial, surgiu a necessidade de se reorganizar o sistema interamericano de relações. Esse sistema já existia desde 1890, quando, nesse momento, foi realizada a Primeira Conferência Internacional de Estados Americanos. E, assim, na Conferência de Bogotá, realizada no ano de 1948, redigiu-se a Carta da Organização dos Estados Americanos. Acontece que o texto da referida alternativa passa a ideia de que após a Segunda Guerra Mundial foi realizada a Primeira Conferência Internacional dos Estados Americanos, o que a torna incorreta. Todavia, o gabarito oficial a considera como correta.

Em 30 de abril de 1948, 21 nações se encontraram em Bogotá, Colômbia, para adotar a Carta da Organização dos Estados Americanos (OEA). Aquele documento afirmava o compromisso dos países signatários com os interesses comuns e o respeito pela soberania de cada nação. Isso que dizer que, no início da OEA, não existia a preocupação com a proteção dos direitos humanos na América. Vê-se, assim, que está errada a alternativa "B".

O Sistema Interamericano de Direitos Humanos tem como principal instrumento o Pacto de San Jose da Costa Rica (Convenção Americana de Direitos Humanos). Esta Convenção estabelece dois órgãos de monitoramento: a Comissão Interamericana e a Corte Interamericana de Direitos Humanos. Correta a alternativa "C".

220 | MPT – preparando-se para o concurso de Procurador do Trabalho

✵ *A competência da Comissão abrange todos os Estados-partes da Convenção Americana, em relação aos direitos humanos nela consagrados, bem como também alcança todos os Estados-membros da Organização dos Estados Americanos, em relação aos direitos consagrados na Declaração Americana de 1948. Assim, está certa a alternativa "D".*

(MPT – 14º Concurso) Sobre o sistema de promoção e proteção dos direitos humanos, assinale a alternativa **INCORRETA**:

[A] apesar de a Declaração Universal de Direitos Humanos da ONU prever em seu texto direitos civis e políticos ao lado dos direitos sociais, econômicos e culturais, foram aprovados dois pactos internacionais distintos, o que acabou criando embaraços para os defensores da indivisibilidade dos direitos humanos, especialmente num contexto de guerra fria;

[B] a Declaração Universal de Direitos Humanos de 1948 da ONU não constitui, sob o ponto de vista formal, instrumento jurídico vinculante, em termos gerais, embora, no aspecto material, venha sendo utilizada como importante elemento de interpretação dos tratados e convenções internacionais e como fonte de inspiração para a aprovação e interpretação das normas internas dos Estados;

[C] a separação dos direitos civis e políticos, de um lado, e dos direitos sociais, econômicos e culturais, de outro, levou a doutrina a abandonar a tese da interdependência entre essas duas categorias de direitos;

[D] o Pacto de Direitos Civis e Políticos da ONU consagra alguns valores alusivos à dignidade da pessoa do trabalhador, como a proibição de escravidão, de servidão e de trabalhos forçados, além de garantir o direito de fundar sindicatos;

[E] não respondida.

Gabarito oficial: alternativa [C].

Comentários do autor:

✵ *A Declaração Universal de Direitos Humanos realmente prevê, em seu texto, direitos civis e políticos (arts. 3º a 21), e direitos sociais, econômicos e culturais (arts. 22 a 28).*

✵ *Todavia, sob o enfoque estritamente legalista, a DUDH, em si mesma, não apresenta força jurídica obrigatória e vinculante, já que assume a forma de declaração, e não de tratado. Exatamente por causa desse aspecto formal, a ONU buscou o Processo de "juridicização" da DUDH, concluído em 1966, em Nova York, com a adoção do Pacto Internacional sobre os Direitos Civis e Políticos (PIDCP) e do Pacto Internacional dos Direitos Econômicos, Sociais e Culturais (PIDESC). Esses três documentos formam a Carta Internacional dos Direitos Humanos (International Bill of Rights). Diante disso, percebe-se que as alternativas "A" e "B" estão corretas.*

✵ *A separação dos direitos civis e políticos, de um lado, e dos direitos sociais, econômicos e culturais, de outro, por meio da adoção, respectivamente, do Pacto Internacional sobre os Direitos Civis e Políticos (PIDCP) e do Pacto Internacional dos Direitos Econômicos, Sociais e Culturais (PIDESC), não levou a doutrina a abandonar a tese da interdependência entre essas duas categorias de direitos. Na verdade, a Declaração de Viena de 1993, em seu art. 5º, ratificou essa interdependência dos direitos humanos. Nesse sentido, incorreta a alternativa "C".*

Proteção internacional dos direitos humanos | 221

✯ *O Pacto Internacional sobre os Direitos Civis e Políticos (PIDCP) realmente prevê a proibição de escravidão, de servidão e de trabalhos forçados, no art. 8º. Além disso, o PIDCP garante, no art. 22, o direito à fundação de sindicatos. Correta a alternativa "D."*

(MPT – 13º Concurso) Assinale a alternativa **INCORRETA**:

[A]   criada após a 1ª Guerra Mundial, a Organização Internacional do Trabalho contribuiu para o processo de internacionalização dos direitos humanos e tem por finalidade promover padrões internacionais de condições de trabalho e bem estar;

[B]   sob a ótica normativa internacional, apenas os direitos civis e políticos são autenticamente direitos fundamentais, porque os direitos sociais não são passíveis de serem acionados perante tribunais;

[C]   os direitos humanos tradicionalmente conhecidos como de segunda geração correspondem aos direitos sociais, econômicos e culturais, que traduzem o valor da igualdade;

[D]   sob um enfoque estritamente jurídico-formal, a Declaração Universal dos Direitos Humanos de 1948 não possui força jurídica vinculante, por não se revestir da natureza jurídica de tratado;

[E]   não respondida.

Gabarito oficial: alternativa [B].

Comentários do autor:

✯ *A Organização Internacional do Trabalho foi criada em 1919 pelo Tratado de Versalhes, ou seja, realmente depois da 1ª Guerra Mundial. Tem como objetivo promover condições dignas de trabalho e de bem-estar. Situação interessante observar que a OIT não tem como finalidade somente fixar condições de trabalho. Essa instituição internacional também se preocupa com o bem-estar em geral, como, por exemplo, quando adotou uma Convenção (nº 169) que se preocupa com a autonomia das Comunidades Indígenas e Tribais. Assim, correta a alternativa "A".*

✯ *A alternativa "B" deve ser a eleita pelo candidato, pois transmite a ideia equivocada de que os direitos individuais (civis e políticos) são autenticamente fundamentais por serem de fácil implementação, não necessitando de medidas positivas para serem observados, de que são direitos sem custo para os Estados (direitos de prestações negativas). Os direitos sociais, por sua vez, não seriam passíveis de ser acionáveis nos juízos e tribunais, uma vez que demandam prestações positivas dos Estados e só podem ser implementados progressivamente dentro dos seus limites orçamentários. De acordo com essa ótica, os direitos sociais, por demandarem custos, seriam uma categoria inferior de direitos fundamentais. Tudo isso representa um discurso meramente retórico. Todo direito fundamental tem um custo. Vejamos: o direito de votar e ser votado (direito político, direito de primeira geração ou dimensão), para ser observado requer, sim, uma abstenção do Estado no sentido deste não impedir que o cidadão atenda aos requisitos de votar ou de ser votado. Todavia, representa um custo enorme para o Estado, pois para o cidadão votar tem que ser criado e mantido todo um aparato administrativo para a realização das eleições. Assim, esse direito político necessita, para o seu regular exercício, de medidas positivas por parte do Estado. Por tudo isto, está incorreta a alternativa "B".*

✯ *Os direitos econômicos, sociais e culturais são os direitos de segunda geração ou dimensão dos direitos humanos. Traduzem o valor* ***igualdade****, exatamente por demandarem, em sua essência, medidas positivas por parte do Estado, a fim de que possam ser observados. Correta a alternativa "C".*

✯ *Conforme visto no texto doutrinário, a Declaração Universal de Direitos Humanos de 1948, sob o ponto de vista estritamente formal, tem a natureza jurídica de* ***resolução****, não se revestindo de obrigatoriedade e nem vinculação jurídica por parte dos Estados. Correta a alternativa "D".*

(MPT – 13º Concurso) Em relação aos mecanismos de proteção dos direitos humanos, é **INCORRETO** afirmar que:

[A] a Comissão de Direitos Humanos das Nações Unidas, a par de fixar parâmetros mínimos para a proteção dos direitos humanos, elaborando projetos para várias convenções internacionais, também aprecia casos específicos de violações a direitos humanos;

[B] o sistema interamericano tem como principal instrumento a Convenção Americana de Direitos Humanos, que estabelece a Comissão Interamericana e a Corte Interamericana de Direitos Humanos;

[C] não é da competência da Comissão Interamericana de Direitos Humanos examinar as comunicações, encaminhadas por indivíduos ou entidades não governamentais, que contenham denúncia de violação a direito consagrado pela Convenção Americana, por Estado que dela seja parte;

[D] a Corte Interamericana de Direitos Humanos possui competência consultiva e contenciosa;

[E] não respondida.

Gabarito oficial: alternativa [C].

Comentários do autor:

✯ *Realmente a Comissão de Direitos Humanos das Nações Unidas influenciou no estabelecimento de parâmetros internacionais para os direitos humanos e trabalhou para o reforço e a efetivação desses direitos, inclusive colaborando na redação, em 1948, da Declaração Universal dos Direitos Humanos. A Comissão de Direitos Humanos também apreciava casos de violações de direitos humanos, dispondo, dentre os procedimentos especiais à sua disposição, as missões de investigação. Assim, estava correta a alternativa "A", à época da realização da prova objetiva do 13º concurso.*

✯ *Acontece que, em 15 de março de 2006, a ONU aprovou a criação de uma nova organização de Direitos Humanos, que sucedeu a Comissão de Direitos Humanos: o Conselho dos Direitos Humanos, formado por 47 países, enquanto a Comissão de Direitos Humanos contava com 53 países membros. O Conselho dos Direitos Humanos tem base em Genebra, tendo como principal finalidade aconselhar a Assembleia Geral das Nações Unidas sobre situações em que os direitos humanos são violados.*

✯ *A alternativa "B" está devidamente correta, uma vez que realmente o Sistema Interamericano é baseado no Pacto de San Jose da Costa Rica (Convenção Americana de Direitos Humanos). Esta Convenção estabelece dois órgãos de monitoramento: a Comissão Interamericana e a Corte Interamericana de Direitos Humanos.*

☆ *A alternativa "C" está errada, pois é da competência da Comissão Interamericana de Direitos Humanos examinar as comunicações, encaminhadas por indivíduos ou grupos de indivíduos, ou ainda entidade não governamental (sistemática das petições individuais), que contenham denúncia de violação a direito consagrado pela Convenção, por Estado que dela seja parte, nos termos do art. 44 do Pacto de San Jose da Costa Rica.*

☆ *Por fim, a Corte Interamericana de Direitos Humanos realmente tem competências consultiva e contenciosa. A competência consultiva diz respeito à interpretação das disposições da Convenção Americana, assim como das disposições de tratados concernentes à proteção dos direitos humanos nos Estados americanos. A contenciosa, por sua vez, refere-se à solução de controvérsias que se apresentam acerca da interpretação ou aplicação da própria Convenção. Vê-se, assim, que está correta a alternativa "D".*

(MPT - 13º Concurso) Em relação ao sistema de proteção dos direitos humanos no Brasil:

I – o Estado brasileiro não reconhece a competência jurisdicional da Corte Interamericana de Direitos Humanos;

II – o sistema de proteção internacional dos direitos humanos é adicional e subsidiário, somente podendo ser invocado se o Estado brasileiro se mostrar omisso ou falho na tarefa de proteção dos direitos fundamentais;

III – a incorporação do sistema internacional de proteção dos direitos fundamentais pelo Estado brasileiro é consequência do processo de abertura democrática, que tem seu marco jurídico na Constituição Federal de 1988;

IV – o direito constitucional brasileiro apenas reconhece os direitos fundamentais previstos em tratados internacionais que reproduzam direito assegurado pela própria Constituição Federal.

De acordo com as assertivas acima, pode-se afirmar que:

[A] apenas as de número II e III estão corretas;

[B] todas estão corretas;

[C] todas estão incorretas;

[D] apenas as de número I, II e III estão corretas;

[E] não respondida.

Gabarito oficial: alternativa [A].

Comentários do autor:

☆ *A assertiva I está errada, visto que o Estado brasileiro já reconheceu a competência jurisdicional da Corte Interamericana de Direitos Humanos, por meio do Decreto Legislativo nº 89, de 3 de dezembro de 1998.*

☆ *O sistema internacional de proteção de direitos humanos é fundamentado no princípio da subsidiariedade, ou seja, só cabe a responsabilização do Estado no domínio internacional quando as instituições nacionais se mostram falhas ou omissas na tarefa de proteção dos direitos humanos. Desse modo, a sistemática internacional é sempre adicional e subsidiária. Ao Estado cabe sempre a responsabilidade primária. Desse modo, está correta a assertiva II.*

☆ *Com relação à assertiva III, procede a afirmação de que a incorporação do sistema internacional de proteção dos direitos fundamentais pelo Estado brasileiro tem como marco a Constituição Federal de 1988.*

☆ *Por fim, o item IV está errado, pois os §§ 2º e 3º do art. 5º da CF/1988 demonstram que o Direito Constitucional Pátrio permite que outros direitos humanos, além dos previstos no texto constitucional, sejam incorporados pelo Estado brasileiro.*

Título III

DIREITO INDIVIDUAL DO TRABALHO

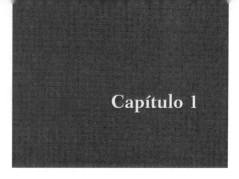

Capítulo 1

TRABALHO ESCRAVO CONTEMPORÂNEO
Tiago Muniz Cavalcanti

Sumário: 1.1. Conceito • 1.2. Aliciamento e transporte de trabalhadores • 1.3. Responsabilização criminal • 1.4. Responsabilidade civil: dano moral, dano existencial e dano social • 1.5. Prescrição • 1.6. Cadastro Nacional de Empregadores Escravagistas • 1.7. Proposta de Emenda Constitucional nº 438/2001 • 1.8. Normas internacionais de proteção • 1.9. Tráfico de pessoas • 1.9.1. Conceito • 1.9.2. O enfrentamento do problema e o papel do MPT • 1.10. Princípios constitucionais violados – Atuação do Ministério Público do Trabalho • 1.11. Proibição que pessoa condenada pela exploração de mão de obra escrava seja homenageada na denominação de bens públicos • 1.12. Questões resolvidas e comentadas • *Anexo* – AÇÃO CIVIL PÚBLICA – TRABALHO ESCRAVO

1.1. CONCEITO

Base do sistema produtivo pelas mais distintas civilizações ao longo da história da humanidade, a escravidão sempre foi estudada sob uma concepção por demais restrita, ou seja, como exploração do trabalho humano por meio da força, do castigo corporal, da absoluta restrição de liberdade, da sujeição pessoal do homem pelo homem.

Em nosso país, a relação escravagista foi executada desde o período colonial, por intermédio da mão de obra indígena e africana, até o final do século XIX, quando então ocorreu a assinatura da Lei Áurea, em 13 de maio de 1888. Na verdade, o fim da escravidão atendeu a exigências econômicas do sistema capitalista recém-industrializado, tendo-se em vista a necessidade iminente de mercado consumidor dos produtos industriais e, portanto, de mão de obra assalariada.

Com efeito, a abolição oficial da escravidão não significou sua redenção. Ao revés, o Brasil ainda é, nos dias atuais, um *país escravocrata*, porquanto em suas terras permanece existindo a chamada *escravidão moderna*.

O *trabalho escravo contemporâneo* deve ser concebido, em linhas gerais, como a exploração da mão de obra em condições ofensivas à *dignidade* do trabalhador, por meio do uso e descarte de seres humanos: o limite necessário para garantir o lucro máximo. Cuida-se da superexploração gananciosa do homem da forma mais indigna possível.

Portanto, pode-se dizer que, à luz do aspecto estritamente econômico, o trabalho escravo revela-se algo bastante lucrativo, porquanto traz consigo uma ideia de um grau máximo de mais valia. Com isso, alarga o abismo econômico existente entre o trabalhador e seu patrão, além de fulminar a função social inerente ao trabalho, consubstanciada na inserção social da pessoa trabalhadora.

As hipóteses de *caracterização* do trabalho escravo contemporâneo encontram-se expressamente previstas no art. 149 do Código Penal brasileiro, que tipifica o crime de redução à condição análoga à de escravo, *in verbis*:

> Art. 149. Reduzir alguém a condição análoga à de escravo, quer submetendo-o a trabalhos forçados ou a jornada exaustiva, quer sujeitando-o a condições degradantes de trabalho, quer restringindo, por qualquer meio, sua locomoção em razão de dívida contraída com o empregador ou preposto:
>
> Pena – reclusão, de dois a oito anos, e multa, além da pena correspondente à violência.
>
> § 1º. Nas mesmas penas incorre quem:
>
> I – cerceia o uso de qualquer meio de transporte por parte do trabalhador, com o fim de retê-lo no local de trabalho;
>
> II – mantém vigilância ostensiva no local de trabalho ou se apodera de documentos ou objetos pessoais do trabalhador, com o fim de retê-lo no local de trabalho.
>
> § 2º. A pena é aumentada de metade, se o crime é cometido:
>
> I – contra criança ou adolescente;
>
> II – por motivo de preconceito de raça, cor, etnia, religião ou origem.

São quatro *modos de execução*, todos previstos no prefalado dispositivo legal: 1) trabalhos forçados; 2) trabalho em jornada exaustiva; 3) trabalho em condições degradantes; e 4) trabalho com restrição de locomoção em razão de dívidas.

Nessa esteira, à guisa de uma análise superficial das hipóteses de caracterização, percebe-se nitidamente que os elementos de identificação do trabalho escravo moderno são mais perspicazes e sutis do que aqueles tomados no conceito clássico de *escravidão histórica*. Os *trabalhos forçados* a que se refere o art. 149 do Código Penal não exigem a utilização de tortura e instrumentos restritivos da liberdade do trabalhador, conforme práticas usuais de outrora. Basta que exsurja a sujeição pessoal no lugar da subordinação jurídica, através de regras paralelas de autotutela provenientes da disparidade socioeconômica entre o trabalhador e o escravocrata moderno.

Nesse exato sentido, segue recente decisão do Supremo Tribunal Federal que admitiu o recebimento da denúncia, *in verbis*:

> PENAL – REDUÇÃO A CONDIÇÃO ANÁLOGA À DE ESCRAVO – ESCRAVIDÃO MODERNA – DESNECESSIDADE DE COAÇÃO DIRETA CONTRA A LIBERDADE DE IR E VIR – DENÚNCIA RECEBIDA. Para configuração do crime do art. 149 do Código Penal, não é necessário que se prove a coação física da liberdade de ir e vir ou mesmo o cerceamento da liberdade de locomoção, bastando a submissão da vítima "a trabalhos forçados ou a jornada exaustiva" ou "a condições degradantes de trabalho", condutas alternativas previstas no tipo penal. A "escravidão moderna" é mais sutil do que a do século XIX e o cerceamento da liberdade pode decorrer de diversos constrangimentos econômicos e não necessariamente físicos. Priva-se alguém de sua

liberdade e de sua dignidade tratando-o como coisa e não como pessoa humana, o que pode ser feito não só mediante coação, mas também pela violação intensa e persistente de seus direitos básicos, inclusive do direito ao trabalho digno. A violação do direito ao trabalho digno impacta a capacidade da vítima de realizar escolhas segundo a sua livre determinação. Isso também significa "reduzir alguém a condição análoga à de escravo". Não é qualquer violação dos direitos trabalhistas que configura trabalho escravo. Se a violação aos direitos do trabalho é intensa e persistente, se atinge níveis gritantes e se os trabalhadores são submetidos a trabalhos forçados, jornadas exaustivas ou a condições degradantes de trabalho, é possível, em tese, o enquadramento no crime do art. 149 do Código Penal, pois os trabalhadores estão recebendo o tratamento análogo ao de escravos, sendo privados de sua liberdade e de sua dignidade. Denúncia recebida pela presença dos requisitos legais. (INQ 3.412/AL – Relatora Ministra Rosa Weber)

O excesso da jornada de trabalho em padrões desproporcionais e desarrazoados também é nota caracterizadora do trabalho escravo, porquanto agride a higidez física, psíquica e social do trabalhador. No entanto, a norma é omissa quanto à definição do termo *jornada exaustiva*, tornando-o um *conceito jurídico indeterminado*.

Não faltam teses sobre o assunto, merecendo destaque, até pela finalidade do presente estudo, a Orientação nº 3 da Coordenadoria Nacional de Erradicação do Trabalho Escravo – CONAETE – do Ministério Público do Trabalho:

> Jornada de trabalho exaustiva é a que, por circunstâncias de intensidade, frequência, desgaste ou outras, cause prejuízos à saúde física ou mental do trabalhador, agradindo sua dignidade, e decorra de situação de sujeição que, por qualquer razão, torne irrelevante a sua vontade.

Como se pode perceber, a orientação da CONAETE traz *critérios abstratos* para se aferir o que vem a ser, na prática, jornada exaustiva. Apesar de facilitar o trabalho do operador jurídico, faltam, ainda, critérios objetivos para a definição do termo.

Em nosso entendimento, a omissão legal em disciplinar especificamente o conceito de *jornada exaustiva* merece integração através de técnicas hermenêuticas pautadas por uma interpretação sistêmica das regras constitucionais e celetistas que versam sobre duração do trabalho. Portanto, o operador jurídico deve observar o *padrão ordinário* de oito horas diárias e quarenta e quatro semanais (art. 7º, XIII, da CF) e o *limite legal de duas horas suplementares diárias* por razões excepcionais (art. 59 da CLT). A união dessas regras define o conceito de *jornada máxima diária*, ou seja, *não exaustiva*.

Com efeito, a agressão ao limite legal de dez horas diárias, somada à *ordinarização do sobrelabor*, caracteriza, por si somente, trabalho em condições indignas e, portanto, análogas à de escravo.

A imposição de *condições degradantes* de trabalho é elemento quase sempre presente nas situações fáticas encontradas pelos órgãos fiscalizadores e enquadradas como trabalho escravo. Mais das vezes, a degradação do padrão de execução do trabalho está relacionada à precariedade nas áreas de vivência, instalações sanitárias, alojamentos e locais para o preparo e armazenamento dos alimentos, como também se expressa através da falta de fornecimento de água potável, do padrão alimentar negativo e da falta de higiene no local de trabalho. A degradação também pode se fazer presente quando da negligência do empregador em relação à atenuação dos riscos inerentes às condições de execução do trabalho, através, por exemplo, do não fornecimento dos equipamentos de proteção individual.

A CONAETE também orientou sobre o tema:

Orientação nº 4:

Condições degradantes de trabalho são as que configuram desprezo à dignidade da pessoa humana, pelo descumprimento dos direitos fundamentais do trabalhador, em especial os referentes a higiene, saúde, segurança, moradia, repouso, alimentação ou outros relacionados a direitos da personalidade, decorrentes de situação de sujeição que, por qualquer razão, torne irrelevante a vontade do trabalhador.

É certo que a triste realidade da escravização está mais ligada à *área rural*. Isso porque, além de fugir aos olhos dos órgãos públicos fiscalizadores, a contratação rural em locais de difícil acesso agrava sobremaneira a distorção socioeconômica entre as partes contratantes, resultado da conjunção de diversos fatores, como, por exemplo, a desqualificação da mão de obra, a despovoação do ambiente, a inexistência de atuação sindical e a dificuldade de acesso ao aparato jurídico estatal.

Engana-se, no entanto, quem imagina que tal prática deplorável de privar os trabalhadores das mínimas condições humanas de execução do trabalho esteja restrita às áreas mais longínquas e distantes, nos mais diversos rincões deste país continental. A escravidão atual está, inclusive, em *regiões urbanas* ou *áreas rurais ricas* e próximas a grandes centros, o que foi reconhecido nos seguintes arestos:

RELAÇÃO DE EMPREGO – CONDIÇÕES DE TRABALHO DESUMANAS E DEGRADANTES CONFIGURANDO O CRIME DE REDUÇÃO À CONDIÇÃO ANÁLOGA À DE ESCRAVO – AUTO DE INFRAÇÃO DO MINISTÉRIO DO TRABALHO E EMPREGO – SUBSISTÊNCIA. – É inadmissível que, em pleno século XXI, empresa agrícola localizada em uma das regiões mais ricas do Estado da Bahia, onde ocorre o plantio e o cultivo de soja, contrate empregados, sujeitando-os a condições de trabalho desumanas e degradantes, alojando-os em barracas de zinco, de chão batido, sem camas, muito menos instalações sanitárias ou refeitórios. Tal conduta, além de violar preceitos internacionais, como a Declaração Universal dos Direitos Humanos, que estabelece, no art. 23, que "toda a pessoa tem direito ao trabalho, à livre escolha do trabalho, a condições equitativas e satisfatórias de trabalho", ofende princípios fundamentais da Carta Magna consistentes na dignidade da pessoa humana, no valor social do trabalho e na proibição de trabalho desumano ou degradante (incisos III e IV do art. 1º e inciso III do art. 5º). (TRT – 5ª R. – RO 00715-2006-661-05-00-8 – (Ac. 19282/07) – Segunda Turma – Relatora Desembargadora Dalila Andrade – *DJBA* de 7.8.2007)

JORNADA DE TRABALHO EXCESSIVA – SUBMISSÃO DOS EMPREGADOS A CONDIÇÕES ANÁLOGAS À DE ESCRAVO – CONFIGURAÇÃO. – "Apelação defensiva. Crime de redução à condição análoga à de escravo. Art. 149, *caput*, do Código Penal. Prova. Pedido de absolvição. Descabimento. Parece fora de nossa realidade, pelo menos aqui no Estado do Rio Grande do Sul, que ainda haja trabalho escravo. Quase cento e vinte anos depois da abolição da escravatura, através da Lei Áurea, assinada pela Princesa Isabel, em 13 de maio de 1888, soa quase como uma mentira falar em trabalhador em regime de escravidão. Contudo, não foi isso que revelou a realidade dos autos. O conjunto probatório comprovou que o denunciado efetivamente submeteu as vítimas, seus empregados, a jornadas exaustivas de trabalho, bem como restringiu a liberdade de locomoção dos mesmos e, inclusive agrediu fisicamente uma delas, condutas essas que servem para caracterizar o delito previsto no art. 149, *caput*, do Código Penal, devendo ser mantida a condenação. [...]" (TJRS – ACr 70018104836 – 1ª C.Crim. – Relator Des. Marco Antônio Ribeiro de Oliveira – *DJRS* de 1º.10.2007)

A negativa dos direitos trabalhistas atrelada à degradação salarial também pode evidenciar o trabalho escravo. Tome-se como exemplo a não assinatura da Carteira de Trabalho e a ausência de pagamento ou a insuficiência retributiva que, somados a outros elementos representativos da *indignidade no trabalho*, caracterizam a relação escravagista.

A *restrição de locomoção* como forma de escravização merece especial atenção do operador jurídico. Isso porque, ao revés do que se poderia imaginar, não se exige aprisionamento em seu conceito mais restrito, na medida em que o próprio Código Penal, nos incisos I e II do § 1º do art. 149, equipara à restrição de locomoção a vigilância ostensiva no local de trabalho, a retenção de documentos ou objetos pessoais do trabalhador, o cerceamento do transporte do trabalhador e, finalmente, a servidão por dívida. Em verdade, mais das vezes, todas essas situações hipotéticas estão entrelaçadas no caso concreto.

Ademais, tenha-se que a prática do empregador de efetuar o pagamento somente por meio de bens *in natura* sofre restrições constitucionais (princípio da disponibilidade salarial exclusiva do obreiro) e legais (art. 462, § 2º e § 3º, da CLT). Todavia, a escravidão por dívida, ou *truck system*, constitui prática corriqueira nas mais variadas regiões deste país continental, onde o empregador retém o salário do empregado (integral ou parcialmente) em razão de dívidas com ele contraídas através da venda inflacionada de produtos pessoais, alimentícios, ferramentas e equipamentos de proteção, ou ainda da cobrança injusta e desproporcional de moradia.

1.2. ALICIAMENTO E TRANSPORTE DE TRABALHADORES

A caracterização da contemporânea forma de escravidão ocorre, via de regra, por meio da retirada do trabalhador do seu local de origem, através do *aliciamento* pelo empregador com promessas enganosas no que diz respeito ao salário e às condições de trabalho. No entanto, chegando ao local da prestação dos serviços, o obreiro fica confinado em lugar ermo e tem a sua liberdade individual diminuída ou até mesmo suprimida, reduzindo-se sua condição a algo análogo à escravatura.

Destarte, torna-se deveras importante o fomento de políticas públicas direcionadas ao *desenvolvimento regional* no ponto de partida dos trabalhadores aliciados, por meio do incentivo social e econômico local. Somente mediante a busca do pleno emprego nas *localidades de origem* desses trabalhadores é que se pode evitar a migração regional para fins de servidão.

1.3. RESPONSABILIZAÇÃO CRIMINAL

O empregador escravagista, titular da propriedade utilizada para fins de trabalho escravo, será responsabilizado civil e penalmente. No que diz respeito à *responsabilidade criminal* do empregador, o art. 149 do Código Penal prevê pena de reclusão, de dois a oito anos, e multa, além da pena correspondente à violência. Equipara, inclusive, para fins de responsabilização penal, aquele que intermedeia a contratação ou que vigia o local de permanência para evitar eventuais fugas dos trabalhadores.

Trata-se de um crime permanente em que o agente cria condições adversas para que a vítima não possa manifestar sua vontade. A respeito dessa, a vontade do ofendido, é necessário registrar sua absoluta irrelevância para fins de tipificação do crime sob análise. Ainda que a vítima consinta com as condições adversas à plena liberdade física ou social, revela-se interesse preponderante do Estado Democrático de Direito a punição do sujeito ativo do crime.

É bom que se diga, ademais, que a vulnerabilidade social da vítima pode contribuir para esse consentimento espontâneo às condições sub-humanas. Cuida-se de um "falso querer", construído sob os pilares da necessidade econômica decorrente da pobreza e da exclusão social.

Quanto à competência para processar e julgar o crime de redução à condição análoga à de escravo, tipificado no art. 149 do Código Penal, muito já se discutiu a respeito. Prevalece, hoje, o entendimento da *competência da Justiça Federal* para a análise da matéria, tendo-se em vista que o tipo penal possui características de crime contra a organização do trabalho, além de ensejar graves violações a direitos humanos.

Nesse sentido, o *Supremo Tribunal Federal*, no julgamento do RE 398.041 (Relator Ministro Joaquim Barbosa), *fixou a competência da Justiça Federal* para julgar o crime tipificado no art. 149 do Código Penal:

> [...] quaisquer condutas que violem não só o sistema de órgãos e instituições que preservam, coletivamente, os direitos e deveres dos trabalhadores, mas também o homem trabalhador, atingindo-o nas esferas em que a Constituição lhe confere proteção máxima, enquadram-se na categoria dos crimes contra a organização do trabalho, se praticadas no contexto de relações de trabalho.

Essa característica também foi ratificada no voto do Ministro Carlos Ayres Britto, que registrou a *ambivalência* do crime em comento, atentando tanto contra a organização do trabalho quanto contra as liberdades individuais. "Devido a esse caráter bidimensional, é válido optar pela Justiça Federal", conclui o Ministro.

Portanto, em se tratando de crime federal, encontra-se no espectro de atribuições do Ministério Público Federal atuar como detentor da ação penal pública. E, sendo certo que a Justiça do Trabalho não detém competência criminal, à luz do entendimento sedimentado do Supremo Tribunal Federal, afasta-se do Ministério Público do Trabalho a legitimidade para a ação de responsabilização penal dos infratores.

1.4. RESPONSABILIDADE CIVIL: DANO MORAL, DANO EXISTENCIAL E DANO SOCIAL

A *responsabilidade civil do empregador* deve ser entendida em sentido amplo, de modo a abranger todas as verbas trabalhistas impagas, inclusive seguro-desemprego, além das indenizações individual e coletiva.

Tratando-se de trabalho escravo, o dano moral revela-se *ipso facto*, não exigindo, portanto, dilação probatória das evidentes repercussões negativas suportadas pelo obreiro. Nesse sentido, manifesta-se a jurisprudência pátria:

> DANO MORAL – TRABALHO EM CONDIÇÕES ANÁLOGAS À ESCRAVIDÃO – INDENIZAÇÃO – DIREITO ASSEGURADO. Dano moral. Trabalho em regime análogo ao de escravidão. Configuração. Reparação indenizatória devida. O trabalho em condições análogas às de escravo, assim considerado o trabalho em que não respeitados os direitos mínimos para o resguardo da dignidade do trabalhador, configura dano moral, a teor do preceituado no art. 5º, X, da CF, sendo desnecessária a demonstração do efetivo prejuízo em decorrência da conduta do empregador. (TRT – 4ª R. – RO 0013400-35.2009.5.04.0841 – Relator Des. Milton Varela Dutra – *DJe* de 4.6.2010)

INDENIZAÇÃO POR DANOS MORAIS. A dignidade da pessoa humana é princípio constitucional e fundamento da República Federativa do Brasil. Tanto o dano moral quanto a culpa patronal restam sobejamente comprovados quando evidenciada a sujeição do empregado a condições precaríssimas de trabalho, chegando a ser caracterizada, pelo órgão de fiscalização do trabalho, a sujeição do laborista à condição análoga à de escravo. Devida a indenização respectiva, nos termos da sentença ora mantida. (TRT – 3ª R. – RO 44100-64.2009.5.03.0083 – Relator Juiz Conv. Fernando Luiz G. Rios Neto – *DJe* de 9.11.2011)

É importante registrar que parcela da doutrina e da jurisprudência vem reconhecendo uma novel vertente da lesão imaterial: o *dano existencial*, entendido como a agressão ao direito do homem a uma *existência digna*.

Em nossa opinião, aqueles que entendem existir diferença entre dano existencial e dano moral fazem uma interpretação restritiva desta última lesão, restringindo-a a sinônimo de dor, angústia, tristeza ou depressão. Em verdade, o dano moral deve ser concebido, em atual, como um dano à *dignidade* do indivíduo, por meio da violação ao conjunto de bens que forma sua personalidade. Dessa forma, numa concepção avançada do dano moral, estaria abrangida sua expressão mais repugnante: o *dano moral existencial*.

Parcela da jurisprudência vem reconhecendo o dano existencial. Vejamos notícia eletrônica publicada no sítio do Tribunal Regional do Trabalho da 4ª Região:

Justiça do Trabalho gaúcha condena rede de supermercados Walmart por dano existencial

A 1ª Turma do Tribunal Regional do Trabalho da 4ª Região (RS) condenou a rede de supermercados Walmart a indenizar em R$ 24,7 mil uma trabalhadora que sofreu dano existencial ao ter sido submetida a jornadas de trabalho com duração entre 12 e 13 horas diárias, com intervalo de apenas 30 minutos e uma folga semanal, durante mais de oito anos. Para os desembargadores do TRT4, a jornada excessiva causou danos ao convívio familiar, à saúde e aos projetos de vida da empregada, gerando prejuízo à sua existência.

A decisão reforma sentença da juíza Lina Gorczevski, da Vara do Trabalho de Alvorada. Ao julgar o caso em primeira instância, a magistrada argumentou que a submissão à jornada bastante extensa durante o contrato de trabalho não gera, por si só, dano moral existencial. A juíza ressaltou, na sentença, que o cumprimento de jornada superior ao contratado gera direito à reparação apenas na esfera patrimonial. Por isso, negou a pretensão da trabalhadora neste aspecto.

Descontente com a decisão, a reclamante interpôs recurso ao TRT4. Ela sustentou que a reclamada prejudica a saúde física e mental dos seus empregados, tanto no Brasil como no exterior, ao exigir o cumprimento de jornadas excessivas de trabalho, sem pagamento de horas extras. Segundo a defesa da trabalhadora, ficou demonstrado que a duração do trabalho contrariou previsão constitucional do direito ao lazer, ao convívio social com a família, à saúde e à dignidade, dentre outras garantias fundamentais.

Ao analisar o recurso, o relator do acórdão na 1ª Turma, desembargador José Felipe Ledur, explicou que o dano existencial, segundo o jurista Hidemberg Alves da Frota, é uma espécie de dano imaterial que se apresenta sob duas formas: o dano ao projeto de vida, que afeta o desenvolvimento pessoal, profissional e familiar, influenciando nas escolhas e no destino da pessoa, e o dano à vida de relações, que prejudica o conjunto de relações interpessoais nos mais diversos ambientes e contextos.

Nas relações de trabalho, ressaltou o julgador, o dano existencial ocorre quando o trabalhador sofre prejuízo na sua vida fora do serviço, em razão de condutas ilícitas praticadas pelo empregador. "O trabalho prestado em jornadas que excedem habitualmente o limite legal de duas horas extras diárias, tido como parâmetro tolerável, representa afronta aos direitos fundamentais e aviltamento da trabalhadora", afirmou o magistrado. Conforme o desembargador, ao submeter a trabalhadora por vários anos a jornadas excessivas, a reclamada "em conduta que revela ilicitude", converteu o extraordinário em ordinário, interferindo indevidamente na esfera existencial da sua empregada, fato que dispensa demonstração. Seu proceder contraria decisão jurídico-objetiva de valor que emana dos direitos fundamentais do trabalho. (2.4.2012 – 15:28)

Eis o teor da ementa do referido acórdão:

> DANO EXISTENCIAL – JORNADA EXTRA EXCEDENTE DO LIMITE LEGAL DE TOLE-RÂNCIA – DIREITOS FUNDAMENTAIS. O dano existencial é uma espécie de dano imaterial, mediante o qual, no caso das relações de trabalho, o trabalhador sofre danos/limitações em relação à sua vida fora do ambiente de trabalho em razão de condutas ilícitas praticadas pelo tomador do trabalho. Havendo a prestação habitual de trabalho em jornadas extras excedentes do limite legal relativo à quantidade de horas extras, resta configurado dano à existência, dada a violação de direitos fundamentais do trabalho que integram decisão jurídico-objetiva adotada pela Constituição. Do princípio fundamental da dignidade da pessoa humana decorre o direito ao livre desenvolvimento da personalidade do trabalhador, nele integrado o direito ao desenvolvimento profissional, o que exige condições dignas de trabalho e observância dos direitos fundamentais também pelos empregadores (eficácia horizontal dos direitos fundamentais). Recurso provido.

Nessa perspectiva, o trabalho escravo contemporâneo revela-se uma das mais indignas formas de dano existencial praticado contra o indivíduo.

Na esfera coletiva, o desrespeito ao regramento justrabalhista pode ensejar o dano social, também conhecido como *dano moral coletivo*. Podemos conceituá-lo como a violação extrapatrimonial com repercussões difusas, por meio do desregramento jurídico, fazendo exsurgir um sentimento de *indignação coletiva*. Ora, se até a pessoa jurídica é passível de dano moral (Súmula nº 227 do STJ), fácil a conclusão de que o abalo na esfera moral da coletividade, afetando valores coletivos, exige reparação. No âmago das relações trabalhistas, podemos citar, como exemplo de dano coletivo, o trabalho escravo contemporâneo.

Nessa esteira, no que diz respeito especificamente ao reconhecimento do *dano social*, vem sendo imperiosa a atuação repressiva do Ministério Público do Trabalho através do ajuizamento de ações coletivas com finalidades, além de inibitórias, indenizatórias, sempre com o escopo mais notável de proporcionar aos resgatados todos os direitos sociotrabalhistas devidos, além de buscar justa indenização coletiva que atenda aos *elementos punitivo e pedagógico*.

Nesse contexto, revela-se importante o papel preservacionista exercido pelo Poder Judiciário através da imposição de multas que atendam à finalidade difuso-pedagógica, de modo que haja uma *repercussão extraprocessual e paradigmática da indenização coletiva*. E o Judiciário não tem se furtado da relevante função social, mostrando-se firme a jurisprudência no sentido de reconhecer o dano coletivo:

> AÇÃO CIVIL PÚBLICA – CONDIÇÕES DE TRABALHO DEGRADANTES E DESUMANAS – DANOS MORAIS COLETIVOS. Nas lições de Francisco Milton Araújo Júnior, "o dano moral pode afetar o indivíduo e, concomitantemente, a coletividade, haja vista que os valores éticos do indivíduo podem ser amplificados para a órbita coletiva. Xisto Tiago de Medeiros Neto comenta que "não apenas o indivíduo, isoladamente, é dotado de determinado padrão ético, mas também o são os grupos sociais, ou seja, as coletividades, titulares de direitos transindividuais. [...]. Nessa perspectiva, verifica-se que o trabalho em condições análogas às de escravo afeta individualmente os valores do obreiro e propicia negativas repercussões psicológicas em cada uma

das vítimas, como também, concomitantemente, afeta valores difusos, a teor do art. 81, parágrafo único, inciso I, da Lei nº 8.078/1990, haja vista ao fato de que o trabalho em condição análoga à de escravo atinge objeto indivisível e sujeitos indeterminados, na medida em que viola os preceitos constitucionais, como os princípios fundamentais da dignidade da pessoa humana (art. 1º, III) e dos valores sociais do trabalho (art. 1º, IV), de modo que não se pode declinar ou quantificar o número de pessoas que sentirá o abalo psicológico, a sensação de angústia, desprezo, infelicidade ou impotência em razão da violação das garantias constitucionais causada pela barbárie do trabalho escravo" (In: "Dano moral decorrente do trabalho em condição análoga à de escravo: âmbito individual e coletivo". *Revista do TST*, Brasília, v. 72, n. 3, set/dez 2006, p. 99). (TRT – 3ª R. – RO 110/2011-101-03-00.0 – Relator Des. Jorge Berg de Mendonça – *DJe* de 28.10.2011, p. 283)

RECURSO DE REVISTA – DANO MORAL COLETIVO REDUÇÃO DE TRABALHADOR À CONDIÇÃO ANÁLOGA À DE ESCRAVO – REINCIDÊNCIA DAS EMPRESAS – VALOR DA REPARAÇÃO. O Tribunal local, com base nos fatos e nas provas da causa, concluiu que as empresas reclamadas mantinham em suas dependências trabalhadores em condições análogas à de escravo e já haviam sido condenadas pelo mesmo motivo em ação coletiva anterior. Com efeito, a reprovável conduta perpetrada pelos recorrentes culmina por atingir e afrontar diretamente a dignidade da pessoa humana e a honra objetiva e subjetiva dos empregados sujeitos a tais condições degradantes de trabalho, bem como, reflexamente, afeta todo o sistema protetivo trabalhista e os valores sociais e morais do trabalho, protegidos pelo art. 1º da Constituição Federal. O valor da reparação moral coletiva deve ser fixado em compatibilidade com a violência moral sofrida pelos empregados, as condições pessoais e econômicas dos envolvidos e a gravidade da lesão aos direitos fundamentais da pessoa humana, da honra e da integridade psicológica e íntima, sempre observando os princípios da razoabilidade e proporcionalidade. Na hipótese, ante as peculiaridades do caso, a capacidade econômica e a reincidência dos recorrentes, deve ser mantido o *quantum* indenizatório fixado pela instância ordinária. Intactas as normas legais apontadas. Recurso de revista não conhecido. (TST – RR 1780/2003-117-08-00.2 – Relator Ministro Luiz Philippe Vieira de Mello Filho – *DJe* de 27.8.2010, p. 643)

1.5. PRESCRIÇÃO

A prescrição pode ser definida como a *perda da pretensão pelo decurso do tempo*. É, pois, a perda da exigibilidade de um direito pela inércia do seu titular.

Ocorre, no entanto, que não podemos falar em "inércia" no caso de alguém submetido à escravidão. Em tal situação, o trabalhador encontra-se *impossibilitado* de exigir judicialmente a reparação das lesões em razão da *restrição de liberdade*, ainda que indireta. Ou seja, a "inércia" decorre da impossibilidade momentânea do manejo da ação judicial, não podendo, portanto, o trabalhador escravizado ser prejudicado pelo decurso do tempo em que esteve sem liberdade.

À guisa de amparo jurídico, invoca-se o art. 198, I, do Código Civil, aplicado de forma supletiva no particular. De acordo com o referido dispositivo, *não corre prescrição contra os absolutamente incapazes*, dentre os quais os que, mesmo que por *causa transitória (escravidão)* não puderem exprimir sua vontade (art. 3º, III). Portanto, podemos concluir, sem qualquer receio, que *não corre qualquer prazo prescricional enquanto durar o período em que o trabalhador se encontrar reduzido a condições análogas à de escravo*. Com efeito, após resgatado (termo *a quo* do prazo prescricional), a ação judicial deverá abranger todos os direitos trabalhistas, previdenciários e indenizatórios decorrentes da integralidade do período que perdurou a escravidão, não havendo que se falar em *prescrição quinquenal*.

1.6. CADASTRO NACIONAL DE EMPREGADORES ESCRAVAGISTAS

Merece registro a importante inclusão do nome do empregador na "lista suja" criada pela *Portaria nº 540/2004 do Ministério do Trabalho e Emprego*, onde consta o rol de empregadores vinculados à prática deplorável de trabalho escravo. As pessoas físicas e jurídicas que integram essa vergonhosa lista, periodicamente atualizada pelo Ministério do Trabalho e Emprego, são impedidas de obter determinados incentivos fiscais.

Mais das vezes, os empregadores ali nominados questionam judicialmente a *legalidade do cadastro*, cujo principal argumento seria a inexistência de sentença penal condenatória transitada em julgado, ferindo, portanto, o princípio constitucional da presunção de inocência.

Sem adentrar no âmago da discussão sobre a competência para o processamento e julgamento da ação ajuizada pelos empregadores, tendo em vista que foge ao escopo do presente estudo, mas já sinalizando nosso entendimento pela competência material da Justiça do Trabalho, não se pode admitir subsistente a tese levantada pelos escravagistas modernos. Isso porque o *princípio da presunção de inocência restringe-se à esfera penal*, não se estendendo ao íntimo administrativo.

Ainda que se admitisse sua aplicabilidade em outras searas do Direito, o argumento invocado não resiste se cotejado com os demais *direitos fundamentais em jogo*. O interesse da sociedade em ver rechaçada e expurgada a prática da escravidão, a garantia da ampla defesa no âmbito administrativo, a autonomia da responsabilidade administrativa em relação à criminal e, em arremate, o amparo jurídico constitucional e legal (art. 21, XXIV, CF c/c art. 913 da CLT) superpõem-se à presunção de inocência invocada pelos empregadores, de duvidosa aplicabilidade à esfera administrativa, repita-se.

Ademais, em nome da *concorrência leal*, não se poderia admitir que a concessão de créditos fiscais fosse realizada de forma indistinta para os empregadores que respeitam integralmente a legislação socioambiental-trabalhista e os escravagistas, que agridem o direito humano absoluto e inderrogável de não ser submetido à escravidão.

1.7. PROPOSTA DE EMENDA CONSTITUCIONAL Nº 438/2001

Merece destaque a Proposta de Emenda Constitucional nº 438/2001, que visa à *expropriação de terras* em caso de exploração do trabalho escravo, diante da alteração do art. 243 da Carta Magna, que passaria a ter a seguinte redação:

> Art. 243. As glebas de qualquer região do País onde forem localizadas culturas ilegais de plantas psicotrópicas ou a *exploração de trabalho escravo* serão imediatamente expropriadas e especificamente destinadas à reforma agrária, com o assentamento prioritário aos colonos que já trabalhavam na respectiva gleba, sem qualquer indenização ao proprietário e sem prejuízo de outras sanções previstas em lei.

> Parágrafo único. Todo e qualquer bem de valor econômico apreendido em decorrência do tráfico ilícito de entorpecentes e drogas afins e da *exploração de trabalho escravo* será confiscado e se reverterá, conforme o caso, em benefício de instituições e pessoal especializado no tratamento e recuperação de viciados, no assentamento dos colonos que foram escravizados, no aparelha-

mento e custeio de atividades de fiscalização, controle, prevenção e repressão ao crime de tráfico ou do trabalho escravo.

Cuida-se, pois, de uma *sanção econômica* imposta ao escravagista moderno consubstanciada no *perdimento da propriedade* em que houver agressão ao trabalho livre, decente e seguro, porquanto não atingida sua função social.

A Proposta de Emenda Constitucional encontra fundamento, inclusive, na feição humana do moderno conceito de *desenvolvimento sustentável*. Ou seja, a sustentabilidade do desenvolvimento deve ser aferida através do crescimento econômico pautado por políticas *ambientais*, mas também por políticas *sociais e de concorrência leal*. Portanto, se não houver respeito aos valores sociais e à dignidade da pessoa do trabalhador, não há como se falar em desenvolvimento sustentável.

Apesar de existir forte adesão da sociedade civil e dos entes públicos de proteção social, com enfoque no *parquet* Trabalhista, a PEC nº 438/2001 caminha a passos lentos em nossa casa legislativa central. A razão da omissão congressista encontra-se, possivelmente, nas *pessoas dos empregadores escravagistas*, mais das vezes grandes empresários e políticos de projeção nacional, integrantes da denominada "bancada ruralista", uma frente parlamentar que atua em defesa dos proprietários rurais. Recentemente, inclusive, o Supremo Tribunal Federal recebeu denúncia contra o Senador João Ribeiro pela prática do crime tipificado no art. 149 do Código Penal. Vejamos a Ementa do Acórdão:

> INQUÉRITO – DENÚNCIA – ALICIAMENTO DE TRABALHADORES (ART. 207, § 1º, CP) – FRUSTRAÇÃO DE DIREITO ASSEGURADO PELA LEGISLAÇÃO TRABALHISTA MAJORADO (ART. 203, § 1º, I, E § 2º, CP) – REDUÇÃO A CONDIÇÃO ANÁLOGA À DE ESCRAVO (ART. 149) – INDEPENDÊNCIA DE INSTÂNCIAS – JUÍZO DE PROBABILIDADE CONFIGURADO – DENÚNCIA RECEBIDA. 1. O art. 395 do CPP só permite a rejeição da denúncia quando for manifestamente inepta, faltar pressuposto processual ou condição para o exercício da ação penal, ou, ainda, faltar justa causa para o exercício da ação penal, situações que não se configuram na hipótese. 2. A persecução penal relativa à suposta prática dos crimes previstos nos arts. 207, § 1º (aliciamento de trabalhadores), 203, § 1º, I, e § 2º (frustração de direito assegurado pela legislação trabalhista majorado), e 149 (redução a condição análoga à de escravo) do Código Penal, independe do prévio desfecho dos processos trabalhistas em curso, ante a independência de instâncias. 3. A orientação jurisprudencial relativa ao delito de sonegação tributária é inaplicável à situação, porquanto a redução ou supressão de tributo é elemento típico do crime do art. 1º da Lei nº 8.137/1990, o mesmo não ocorrendo com relação aos delitos apontados na denúncia. 4. Os argumentos de fato suscitados pelo denunciado, como a temporariedade do vínculo de trabalho, a inexistência da servidão por dívida ou de qualquer coação, dentre outros, não merecem análise nesta sede de cognição sumária, que se limita a apurar a existência de justa causa, esta configurada pelas inúmeras provas colhidas pelo Ministério Público Federal. 5. Os elementos de prova acostados à denúncia são capazes de conduzir a um juízo de probabilidade a respeito da ocorrência do fato típico, antijurídico e culpável, bem como de sua autoria. 6. Denúncia recebida.

A pressão da opinião pública em torno do tema teve recentes reflexos no Poder Legislativo. A Câmara dos Deputados aprovou, por esmagadora maioria, a Proposta de Emenda à Constituição que permite a expropriação de imóveis urbanos e rurais onde houver exploração do trabalho escravo, destinando-os à reforma agrária ou a programas de habitação popular.

Aos *olhos vanguardistas do Ministério Público do Trabalho*, a punição do escravocrata contemporâneo e a inibição da conduta ilegal somente seriam efetivadas através da expropriação de terras.

1.8. NORMAS INTERNACIONAIS DE PROTEÇÃO

No *plano internacional*, o trabalho escravo configura uma das mais graves violações ao sistema trabalhista, merecendo destaque a Declaração Universal dos Direitos Humanos, de 1948, que estabelece, em seu artigo IV, que "ninguém será mantido em escravidão ou servidão; a escravidão e o tráfico de escravos serão proibidos em todas as suas formas"; e as Convenções 29 e 105 da *Organização Internacional do Trabalho* que, por sua vez, integram, ao lado das 87, 98, 100, 111, 138 e 182, o rol das Convenções Fundamentais da OIT.

Apesar de a primeira das Convenções, datada de 1930, utilizar as expressões *trabalho forçado* e *trabalho obrigatório* como sinônimas para designar todo trabalho ou serviço exigido de um indivíduo sob ameaça de qualquer penalidade e para o qual ele não se ofereceu de espontânea vontade, este não é o entendimento atual da Organização Internacional do Trabalho. Como visto alhures, hodiernamente, caracteriza-se o trabalho como escravo mesmo quando o trabalhador tenha anuído às *falsas propostas* do empregador ou quando houver um nítido *vício do consentimento*, porquanto sua necessidade econômica não o torna livre e apto a discutir as condições de execução do trabalho, viciando contratação.

A Organização Internacional do Trabalho reconhece as várias facetas do trabalho escravo, tendo estabelecido, inclusive, o Programa Especial de Ação Contra o Trabalho Forçado com o objetivo de canalizar esforços frente a este grave problema social. Juntamente com trabalhadores, empregadores, sociedade civil organizada e outras organizações internacionais, a OIT busca a erradicação dessa mazela social através de *medidas preventivas*, como projetos para viabilizar a reinserção dos trabalhadores resgatados e melhorar as condições sociais e econômicas nas comunidades de origem das *vítimas de tráfico*.

No que concerne, especificamente, a esta última vertente do trabalho escravo, merece registro o *Protocolo de Palermo* (2000), assinado pelo governo brasileiro. Isso porque, além das prefaladas formas de escravização, exsurge o trabalho para fins de exploração, inclusive sexual. Trata-se de um dos mais nefastos modos de execução, porquanto, em regra, envolve violência física e psíquica às vítimas, em sua grande maioria, mulheres e crianças.

1.9. TRÁFICO DE PESSOAS

1.9.1. Conceito

A definição atualmente aceita para o tráfico de pessoas aponta a expressão como o recrutamento, o transporte, a transferência, o alojamento ou o acolhimento de pessoas, recorrendo à ameaça, ao uso da força ou a outras formas de coação, ao rapto, à fraude, ao engano, ao abuso de autoridade ou à situação de vulnerabilidade, à entrega ou aceitação de pagamentos ou benefícios para obter o consentimento de uma pessoa que tenha autoridade sobre a outra para fins de exploração sexual, ao trabalho ou serviços forçados, à escravatura ou a práticas similares à escravatura, à servidão ou à remoção de órgãos (Protocolo de Palermo).

Para facilitar o estudo, analisaremos separadamente as expressões contidas no conceito de tráfico de pessoas fornecido pelo referido instrumento internacional:

• Recrutamento, transporte, transferência, alojamento ou acolhimento de pessoas:

O tipo legal tem por finalidade enquadrar todos aqueles que concorrem para o ato ilícito, deixando evidente a pluralidade de condutas na prática do crime, desde o recrutamento (agenciamento/negociação/contratação), o transporte (deslocamento/locomoção), a transferência (compra/troca), até o alojamento ou acolhimento (guarda/ocultação/aprisionamento) da pessoa traficada.

• Ameaça, uso da força, outras formas de coação, rapto, fraude, engano, abuso de autoridade, situação de vulnerabilidade, entrega ou aceitação de pagamentos ou benefícios para obter o consentimento de uma pessoa que tenha autoridade sobre a outra:

O conceito sob análise mostra também a diversidade de métodos para a consecução do objetivo final: são instrumentos ardis de que se utilizam os exploradores com a finalidade primária e mais notável de persuadir a vítima de forma direta ou por meio de terceiros que sobre ela tenham autoridade, como no caso dos pais ou tutores. O consentimento da vítima é irrelevante, porquanto obtida sob malogro.

• Fins de exploração sexual, trabalho ou serviços forçados, escravatura ou práticas similares à escravatura, servidão ou remoção de órgãos:

Trata-se da finalidade de exploração, em seu conceito genérico. Aqui, necessário enfatizar que a definição legal não esgota todas as finalidades do crime, tendo em vista que, além daqueles expressamente previstos no Protocolo, podemos citar, à guisa de exemplo, o casamento forçado, a adoção ilegal, o tráfico de drogas e entorpecentes, a submissão a pesquisas ou procedimentos médicos na condição de cobaia humana, a inserção em grupos de guerrilheiros, dentre outros fins perseguidos pelo traficante.

Dentre todas, o trabalho em sentido amplo, sem dúvidas, sempre foi a principal finalidade do tráfico de pessoas, tendo como principais vítimas, no plano internacional, mulheres e crianças para fins de prostituição e exploração sexual, sob quaisquer de suas formas: turismo sexual, pornografia, pedofilia etc. Em sua grande maioria, as vítimas são civilmente incapazes ou socialmente vulneráveis, ou seja, carentes da resistência necessária à não concretização do ilícito.

Ainda sob o prisma internacional, devemos destacar que, atualmente, o Brasil não é, como muitos pensam, um país de emigração, mas destinatário do tráfico de pessoas para fins de exploração, prostituição e escravatura. Mais das vezes, as vítimas são recrutadas ou aliciadas nos territórios dos países vizinhos menos favorecidos, como Bolívia, Peru e Paraguai, além de outros países pobres da América Central.

A vulnerabilidade social também é nota caracterizadora do tráfico de pessoas no plano interno, dentro do território brasileiro, cuja finalidade principal é a exploração para a escravatura ou práticas similares. Em tais casos, apesar de haver uma leve alteração do perfil da vítima – não mais mulheres e crianças, mas homens jovens –, o desfavorecimento econômico quase sempre está presente.

A vulnerabilidade cultural também favorece o tráfico. Tome-se como exemplo o homossexualismo reprimido na comunidade de origem, deixando a pessoa em formação vulnerável ao tráfico de seres humanos. No ponto de destino, o travesti tem tolhida sua liberdade física, moral ou psicológica, tornando-se vítima da exploração sexual.

1.9.2. O enfrentamento do problema e o papel do MPT

O combate ao tráfico de seres humanos deve ser visualizado sob três prismas: a prevenção, a atenção à vítima e a persecução cível e criminal.

A **prevenção** deve ocorrer, precipuamente, através da garantia de acesso a direitos estruturais na comunidade de origem das vítimas em potencial do tráfico de pessoas. Devem ser garantidos não apenas os direitos econômicos em sentido estrito, mas todos os direitos fundamentais sociais, culturais e não discriminatórios que viabilizem a formação de seres humanos completos, livres da incapacidade social, que é nota caracterizadora da grande maioria das vítimas.

Neste momento prévio, o Ministério Público do Trabalho deve colaborar com o ente público, com os demais órgãos públicos e com a sociedade civil organizada no sentido de implementar as medidas sociais nas mais diversas áreas que fomentem o desenvolvimento sustentável em sua vertente humana e cultural.

Ainda nesta fase preventiva, outros fatores revelam-se significativamente valiosos. A sociedade deve reconhecer a existência do problema na realidade social, inserindo-o na temática do dia a dia e enfrentando-o de forma coletiva. Deve haver um estudo social apto a viabilizar a identificação das comunidades onde se situam os grupos mais vulneráveis, a fim de possibilitar o trabalho conjunto na implementação de políticas públicas fornecedoras dos direitos faltantes à região. Por fim, faz-se mister a melhoria da infraestrutura governamental que torne viável a realização de campanhas de conscientização, a captação de denúncias e a presença estatal nos locais de ocorrência do ilícito.

O segundo aspecto do enfrentamento do tráfico de pessoas repousa na **atenção à vítima**, a qual também chamamos de prevenção secundária. Nesta fase, o respeito aos seus direitos fundamentais, o apoio afetivo às suas necessidades e a proteção à sua intimidade e identidade evitarão sua reinserção na cadeia ilícita. Podemos citar, como exemplo do apoio econômico às vítimas, o recebimento do seguro-desemprego em casos de resgate de trabalho escravo, bem como o necessário engajamento dos órgãos públicos, inclusive do Ministério Público do Trabalho, no sentido de viabilizar a inclusão e a reinclusão desses trabalhadores no mercado produtivo, assegurando-lhes o direito fundamental social do trabalho.

O viés derradeiro do combate ao tráfico de pessoas é a **persecução criminal e cível**. São as medidas repressivas e punitivas em face dos beneficiários da conduta ilícita, desde a responsabilização penal até a condenação em indenizações de natureza estritamente civil ou trabalhista. Devemos registrar que o Ministério Público do Trabalho pode, sim, colaborar com a persecução penal dos autores dos crimes diretos e correlatos, mediante a atuação interinstitucional em cooperação com a troca de informações e outras medidas coordenadas.

No entanto, devemos reconhecer que, atualmente, o Ministério Público do Trabalho tem concentrado sua principal atuação no viés repressivo trabalhista. A atuação institucional no combate ao tráfico de pessoas ocorre através das vias judicial e extrajudicial, mediante a adoção de medidas inibitórias e indenizatórias, nos planos individual e coletivo.

> **ATENÇÃO!** O tráfico de pessoas não se confunde com a simples migração humana, concebida como a movimentação de pessoas de um lugar para outro, mediante respectiva alteração da região de domicílio, seja no âmbito interno do Estado (dentro de um mesmo país) ou internacional (de um país para outro). A migração, definitiva ou temporária, pode ser espontânea (voluntária), quando há prévio planejamento por motivos econômicos, culturais, religiosos etc., ou forçada, quando a necessidade decorre de motivo alheio à vontade do indivíduo, como no caso de desastres naturais. Com efeito, são fenômenos distintos, e não se confundem.

1.10. PRINCÍPIOS CONSTITUCIONAIS VIOLADOS – ATUAÇÃO DO MINISTÉRIO PÚBLICO DO TRABALHO

A escravização do ser humano revela-se agressão que ultrapassa as barreiras estritamente jurídicas, passando a afrontar preceitos com forte *carga axiológica*. Isso porque discorrer sobre trabalho escravo significa se debruçar sobre os princípios erigidos no texto constitucional como pilares do Estado Democrático de Direito, princípios esses com forte cunho valorativo e detentores de *força normativa própria* sempre que houver demanda social a justificar.

À guisa de exemplo, destacam-se, na Constituição: a proteção à dignidade da pessoa humana (art. 1º, III); a cidadania (art. 1º, II); os valores sociais do trabalho e da livre iniciativa (art. 1º, IV); a vida, a liberdade, a igualdade e a segurança (art. 5º, *caput*); a construção de uma sociedade livre, justa e solidária (art. 3º, I); a erradicação da pobreza e a redução das desigualdades sociais (art. 3º, III); a promoção do bem de todos (art. 3º, IV); a prevalência dos direitos humanos (art. 4º, II); a não submissão à tortura ou a tratamento desumano ou degradante (art. 5º, III); a intimidade, a vida privada, a honra e a imagem (art. 5º, X); a liberdade de exercício de trabalho, ofício ou profissão (art. 5º, XIII); a liberdade de locomoção (art. 5º, XV); a função social da propriedade (art. 5º, XXIII); a proibição de trabalhos forçados (art. 5º, XLVII, *c*); a valorização do trabalho humano e a justiça social (art. 170, *caput*).

Com efeito, restando gravemente violado o ordenamento constitucional, impõe-se a *atuação do Ministério Público* como instituição responsável pela defesa da ordem jurídica, do regime democrático e dos interesses sociais e individuais indisponíveis.

A gravidade do tema sob análise fez que o Ministério Público do Trabalho criasse, em setembro de 2002, uma coordenadoria específica, a CONAETE (Coordenadoria Nacional de Erradicação do Trabalho Escravo), com a finalidade de promover *estratégias de âmbito nacional para uniformizar a atuação* ministerial no combate ao trabalho em condições análogas à de escravo.

A atuação do Ministério Público do Trabalho não se exaure nas *medidas repressivas* já mencionadas – ações coletivas judiciais com finalidades inibitórias e indenizatórias individual e coletiva, buscando a responsabilização civil e trabalhista do empregador. Suas atividades abrangem a importante *atuação preventiva extrajudicial*, mediante a interlocução com a sociedade civil organizada (realização de audiências públicas, participação em fóruns e seminários específicos, promoção de campanhas educativas e busca da reinserção do trabalhador resgatado no mercado produtivo).

Em arremate, é importante registrar que os *direitos sociais exigem uma atuação positiva estatal*. Não apenas na *regulamentação*, mas também (e em especial) na *implementação*. E é exatamente nessa fase que o Ministério Público do Trabalho deve envidar esforços para participar do planejamento e da efetivação das políticas públicas voltadas à implementação dos direitos sociais, por meio da articulação com os órgãos públicos envolvidos.

1.11. PROIBIÇÃO QUE PESSOA CONDENADA PELA EXPLORAÇÃO DE MÃO DE OBRA ESCRAVA SEJA HOMENAGEADA NA DENOMINAÇÃO DE BENS PÚBLICOS

Importante que os leitores tenham conhecimento do teor da novel legislação que alterou o art. 1º da Lei nº 6.454/1977, a qual dispõe sobre a denominação de logradouros, obras, serviços e monumentos públicos. Nos termos da Lei nº 12.781/2013, o referido artigo passa a vigorar com a seguinte redação:

> Art. 1º. É proibido, em todo o território nacional, atribuir nome de pessoa viva ou que tenha se notabilizado pela defesa ou exploração de mão de obra escrava, em qualquer modalidade, a bem público, de qualquer natureza, pertencente à União ou às pessoas jurídicas da administração indireta.

1.12. QUESTÕES RESOLVIDAS E COMENTADAS

(MPT – 17º Concurso) Leia e analise os itens abaixo:

I – Nos termos da Convenção nº 29 da Organização Internacional do Trabalho, o trabalho forçado ou compulsório é o trabalho ou serviço exigido de um indivíduo sob ameaça de alguma sanção e para o qual não se ofereceu voluntariamente.

II – No trabalho executado em área rural, as empresas devem disponibilizar nas frentes de trabalho instalações sanitárias fixas ou móveis, compostas de vasos sanitários e lavatórios, proporcionalmente ao respectivo número de trabalhadores.

III – Quando houver permanência de trabalhadores no estabelecimento empresarial, por períodos entre as jornadas de trabalho, é obrigatória a construção de alojamentos individuais, que devem ser mantidos em condições adequadas de conservação, asseio e higiene.

IV – Quando não admitem o trabalho escravo ou afirmam ignorar sua existência, os proprietários dos imóveis em que é flagrado o trabalho escravo não podem ser responsabilizados pelos direitos trabalhistas dos trabalhadores em ação civil pública movida pelo Ministério Público do Trabalho, embora tenham se beneficiado do trabalho por eles prestado.

Marque a alternativa **CORRETA**:

[A] todas as assertivas estão incorretas;

[B] apenas as assertivas I e IV estão corretas;

[C] apenas as assertivas I, II e III estão corretas;

[D] apenas as assertivas I e II estão corretas;

[E] não respondida.

Gabarito oficial: alternativa [D].

Comentário do autor:

✯ *A assertiva I reproduz, corretamente, o conceito previsto no art. 2º, item 1, da Convenção nº 29 da OIT, in verbis: "Para fins desta Convenção, a expressão 'trabalho forçado ou obrigatório' compreenderá todo trabalho ou serviço exigido de uma pessoa sob a ameaça de sanção e para o qual não se tenha oferecido espontaneamente".*

✯ *Também corretamente, a assertiva II discorre sobre a necessidade de disponibilização de instalações sanitárias dotadas de vasos sanitários e lavatórios em número proporcional ao quantitativo de trabalhadores, nos termos do item 31.23.3 da Norma Regulamentadora nº 31, que dispõe sobre segurança e saúde no trabalho na agricultura, pecuária, silvicultura, exploração florestal e aquicultura.*

✯ *A assertiva III, por sua vez, traz informação equivocada. Quando houver permanência de trabalhadores no estabelecimento empresarial, por períodos entre as jornadas de trabalho, é obrigatória a construção de alojamentos em condições adequadas de conservação, asseio e higiene, os quais não serão necessariamente individuais, sendo vedada, em qualquer hipótese, a utilização da mesma unidade residencial por mais de uma família (item 31.23.1 da NR-31 c/c art. 458, § 4º, da CLT).*

✯ *Conforme estudamos, o empregador escravagista titular da propriedade utilizada para fins de trabalho escravo será responsabilizado sempre que houver se beneficiado da força de trabalho em condições indignas, independentemente da sua expressa anuência. Incorreta, portanto, a assertiva IV.*

(MPT – 14º Concurso) Trabalhadores foram atraídos por falsas promessas para laborarem em outro estado da federação. Durante o período (alguns por 5 meses, outros por 14 meses) em que permaneceram no local da prestação de serviços, cerceados da liberdade de ir e vir, os trabalhadores operaram em condições degradantes, sem pagamento dos salários. Diante desses fatos, podemos afirmar que:

I – Trata-se de hipótese de rescisão indireta e, por essa razão, o empregado resgatado com mais de um ano de serviço deverá receber, a título de verbas rescisórias: salários de todo período; aviso prévio; gratificações natalinas; férias vencidas e proporcionais, acrescidas do terço constitucional; FGTS de todo o período, acrescido da indenização de 40%.

II – Por caracterizar justa causa cometida pelo empregador, o empregado libertado com menos de um ano de serviço terá direito apenas a receber a título de verbas rescisórias: salários de todo período; aviso prévio; 13º salário proporcional; FGTS de todo o período, acrescido da indenização de 40%.

III – Alguns trabalhadores afirmaram que, no ato da contratação, consentiram com o deslocamento até o local da prestação de serviços. Para esses, não estão presentes os elementos caracterizadores do trabalho em condição análoga à de escravo.

IV – O trabalhador identificado como submetido a regime de trabalho em condições análogas à de escravo, em decorrência de ação de fiscalização do grupo móvel, será dessa situação resgatado e terá direito a seis parcelas de seguro-desemprego no valor de um salário mínimo cada.

Assinale a alternativa **CORRETA:**

[A] apenas uma das assertivas está correta;

[B] apenas duas das assertivas estão corretas;

[C] apenas três das assertivas estão corretas;

[D] todas as assertivas estão corretas;

[E] não respondida.

Gabarito oficial: alternativa [A].

Comentários do autor

✳ *O item I prevê, corretamente, as verbas rescisórias devidas ao trabalhador reduzido a condição análoga à de escravo, o que inocorre com o item II, na medida em que tal assertiva não traz as férias proporcionais devidas ao trabalhador resgatado de tais gravosas condições.*

✳ *Já foi objeto de estudo que, hodiernamente, **caracteriza-se como relação empregatícia ilícita o trabalho escravo, ainda que o trabalhador tenha anuído às falsas propostas do empregador** ou quando houver um nítido vício do consentimento, porquanto sua necessidade econômica não o torna livre e apto a discutir as condições de execução do trabalho, viciando a contratação. Incorreto o item III.*

✳ *De acordo com o art. 2º-C da Lei nº 7.998/1990, "o trabalhador que vier a ser identificado como submetido a regime de trabalho forçado ou reduzido a condição análoga à de escravo, em decorrência de ação de fiscalização do Ministério do Trabalho e Emprego, será dessa situação resgatado e terá direito à percepção de **três parcelas** de seguro-desemprego no valor de um salário mínimo cada". Incorreto, portanto, o item IV.*

ANEXO

AÇÃO CIVIL PÚBLICA – TRABALHO ESCRAVO

• *Tiago Muniz Cavalcanti*

EXCELENTÍSSIMO(A) SENHOR(A) DOUTOR(A) JUIZ(A) FEDERAL DO TRABALHO DA (...) VARA DO TRABALHO DE LÁBREA/AM

O **MINISTÉRIO PÚBLICO DO TRABALHO – PROCURADORIA REGIONAL DO TRABALHO DA 11ª REGIÃO,** por meio do Procurador do Trabalho signatário, vem, respeitosamente, à presença de Vossa Excelência, com fundamento nos arts. 114, 127 e 129, III, todos da Constituição Federal; arts. 6º, VII, *a* e *d*, e 83, I e II, da Lei Complementar nº 75/1993 e na Lei nº 7.347/1985, com as alterações introduzidas pela Lei nº 8.078/1990, ajuizar a presente

AÇÃO CIVIL PÚBLICA
COM PEDIDO DE ANTECIPAÇÃO DOS EFEITOS DA TUTELA JURISDICIONAL

em face de **A. A. (FAZENDA T. B.),** brasileiro, divorciado, empresário, portador da Carteira de Identidade nº (...), CPF (...), residente e domiciliado na (...), pelos fundamentos fáticos e jurídicos que seguem.

1. DOS FATOS

1.1. Da Fiscalização

Consoante os autos do Inquérito Civil em anexo, realizou-se operação conjunta de combate ao trabalho escravo (MPT, MTE e Polícia Federal) no dia 30 de junho de 2011, nas dependências da Fazenda T. B., de propriedade do réu A. A.

De acordo com o Relatório de Inspeção, a operação teve origem em denúncia realizada pela esposa de um dos trabalhadores vitimados, a qual acompanhou integralmente a diligência, com a finalidade de levar o grupo móvel ao local do alojamento. Integraram o grupo a Excelentíssima Procuradora do Trabalho, Dra. Renata Nunes Fonseca, os Ilustríssimos Auditores Fiscais do Trabalho, Srs. Manoel Quintela e Andrea Medianeira, além dos agentes da Polícia Federal, Srs. Ernane e Valdemar.

O local da diligência era a Fazenda T. B., de propriedade do réu A. A., cerca de 160 km de Rio Branco, na cidade de Lábrea/AM. A fiscalização teve início no local do alojamento dos trabalhadores, há aproximadamente 12 km da sede da Fazenda, tendo sido necessário **arrombar o cadeado** de acesso ao ramal que levava ao alojamento.

Desde a chegada do grupo, foi, de logo, possível visualizar o trabalho em **condições degradantes**. Havia 8 (oito) trabalhadores, sendo 7 (sete) homens e 1 (uma) mulher, instalados em **barracos de lona**, em clareira aberta pelos próprios trabalhadores no **meio da mata amazônica**, distantes **23 km da rodovia mais próxima**.

Indagados, os trabalhadores informaram que foram contratados para aplicar veneno e depois para cortar palanques para a Fazenda T. B., sem qualquer tipo de equipamento de proteção individual. Registre-se que, no relatório, a Excelentíssima Procuradora do Trabalho consignou **inexistir qualquer equipamento de proteção individual** no local da diligência, presumindo-se verdadeiras as informações prestadas pelos trabalhadores prejudicados.

Ainda de acordo com o referido relatório, coube ao Sr. Lourival R. S., esposo da denunciante, a responsabilidade de **captar os trabalhadores** para o serviço, intermediando a relação de trabalho com a Fazenda T. B. Espécie de líder, o referido senhor ficava com a missão de buscar os mantimentos dos trabalhadores, mediando, ainda, o pagamento da diária de R$ 35,00 (trinta e cinco reais).

Os **barracões** em que dormiam os trabalhadores consistiam em **armações de paus, cobertas de lona preta**, com cerca de **5 (cinco) metros quadrados**, com todas as **laterais abertas**, e redes destinadas para o sono. Havia uma mulher no alojamento, responsável por preparar a comida em **fogão à lenha, improvisado no chão batido**, em um dos barracões. Não havia local para realização da refeições, nem tampouco para o armazenamento dos alimentos, que ficavam dispostos juntamente com os pertences dos trabalhadores.

Não havia qualquer instalação sanitária. Os trabalhadores faziam suas **necessidades fisiológicas no meio da mata**, sendo possível a visualização de pedaços de papel higiênico por todo o local.

Não havia água filtrada, utilizando-se os trabalhadores da água retirada de um açude próximo ao barracão. Ali, em água que **não se apresentava límpida**, os trabalhadores tomavam banho, lavavam as roupas e utensílios domésticos e usavam para cozinhar os alimentos, além de consumi-la diretamente. Na ocasião, à míngua dos instrumentos necessários à sobrevivência, **a água utilizada para consumo era armazenada em um recipiente que anteriormente continha veneno!**

De acordo com o relato dos trabalhadores, o **pagamento** do serviço estava **atrasado há um mês**, tendo sido informado ao Sr. Lourival que não haveria o pagamento pelo serviço de aplicação do veneno e extração dos 202 palanques e 60 estacas.

Em vistas à evidente condição degradante de trabalho, **os trabalhadores foram resgatados**, alguns deixados na entrada do Ramal e outros levados a Rio Branco nas viaturas oficiais.

Na sede da Fazenda, após negados os fatos pelo capataz Marcos e pelo encarregado "Neguinho", os quais alegaram desconhecer por completo qualquer relação com os trabalhadores, requisitou-se a apresentação de um caderno de anotações que se encontrava no escritório da Fazenda. Lavrado o auto pelos Ilmos. Auditores, foi possível verificar anotações referentes ao pagamento do Sr. Lourival e de outros "empreiteiros". Em uma das folhas, havia anotado o desconto referente a gastos do Sr. Lourival com corrente, óleo, gasolina, caixa de limatão e outros instrumentos, bem como estacas ainda faltantes. Verificou-se, ainda, anotação do valor devido a título de aplicação de veneno e extração de 200 palanques e 60 estacas, as quais ainda não haviam sido entregues, bem como outros gastos do Sr. Lourival.

Após a realização da referida fiscalização, na sede do Ministério Público do Trabalho, em Rio Branco/AC, compareceram os trabalhadores resgatados, o contador da Fazenda e o encarregado José A. S., conhecido por "Neguinho". Com a assistência da SRTE/AC, realizou-se o pagamento de, aproximadamente, R$ 300,00 (trezentos reais) para cada um dos trabalhadores resgatados, valor que já havia sido repassado ao encarregado "Neguinho" pela administração da Fazenda.

Na ocasião, foram colhidos os depoimentos de todos os presentes. Eis, na íntegra, a prova oral produzida na sessão administrativa:

Depoimento do Sr. S. S. S., portador do RG n° (...): *"Que, em fevereiro de 2011, foi contratado pelo Sr. Lourival, empreiteiro da fazenda, para fazer aplicação de defensivos agrícolas nos pastos*; Que foi contratado para receber uma diária de R$ 35,00; Que o pagamento se dava todo final de mês; Que o empreiteiro não lhe falou por quanto tempo ia durar a prestação dos serviços; *Que não lhe forneceram nenhum tipo de Equipamento de Proteção Individual; Que manuseava o agrotóxico sem luvas protetivas e sem uso de máscaras*; Assim que foi contratado, começou a laborar na Fazenda N. E., e, tão logo o serviço fora finalizado, começou a trabalhar na Fazenda T. B.; Que nunca viu o proprietário das fazendas, mas afirma tratar-se do Sr. A., o qual é dono de ambas; Que ouviu falar que o proprietário das fazendas reside em São Paulo; *Que sua CTPS não era anotada*; Afirma que laborava oito horas diárias, de segunda a sábado, com duas horas de intervalo intrajornada; Que, algumas vezes, a sua jornada excedia às 8 horas diárias; Que, em regra, não trabalhava aos domingos; *Afirma que, assim que foi contratado, residiu no curral da Fazenda N. E., dividindo o espaço com bezerros, bois e cavalos; Que morou três meses no curral, juntamente, com mais oito trabalhadores; Que o curral era muito sujo; Quando foi trabalhar na Fazenda T. B. alega que morava num barracão de lona, de chão de terra batida; Que não tinha instalações sanitárias em ambas fazendas, o que lhe obrigava a fazer suas necessidades fisiológicas no mato*; Que a água que consumia na Fazenda N. E. vinha de um poço; Que a água não era tratada e tinha um aspecto sujo; Que essa água era utilizada para o consumo, banho e preparo das refeições; *Em T. B. a água vinha de um açude; Que essa água era completamente suja, que também era utilizada para o consumo, banho e preparo das refeições; Que, no início, essa água também era dividida com o gado."* (original sem grifo)

Depoimento do Sr. M. R. B. F., portador do RG n° (...): *"Que ficou sabendo que a Fazenda N. E. estava precisando de trabalhadores e, como estava sem emprego, foi falar com o Sr. Lourival, que é o chefe de equipe, o qual formalizou a sua contratação; **Que não anotaram sua CTPS; Que foi contratado, no dia 14 de janeiro de 2011, para fazer aplicação de agrotóxicos no pasto; Que não usava Equipamento de Proteção Individual; Alega que não usava EPI porque não lhe forneceram; Que costumava sentir constantes dores de cabeça e tonturas**; Assim que foi contratado, afirma que começou a laborar na Fazenda N. E. e depois foi para a Fazenda T. B.; Que nunca viu o proprietário das fazendas, mas alega ser um só e que mora em São Paulo; Afirma que trabalhava das 7:00 às 11:00 horas, e das 13:00 às 17:00 horas, de segunda a sábado; Que não trabalhava aos domingos; Que* *quando trabalhava na Fazenda N. E., ele e mais oito trabalhadores residiam num curral;* **Que o curral era sujo e fedia; Quando começou a trabalhar na Fazenda T. B., passou a residir num barraco de lona de chão batido; Esse barraco também era dividido com oito trabalhadores;** *Que na T. B. a água era retirada de um açude, e na N. E. a água vinha de um poço;* **Que a água do açude era muito suja; Que essa água era utilizada para o consumo, banho e preparo das refeições; Que não havia nenhuma instalação sanitária em ambas fazendas, o que lhe obrigava a fazer suas necessidades fisiológicas no mato."** (*original sem grifo*)

Depoimento do Sr. J. S. N., portador do RG nº (...): **"Que foi contratado pelo Sr. Lourival, que é o empreiteiro da fazenda;** *Que começou a trabalhar na Fazenda N. E. no dia 1º de fevereiro de 2011;* **Que fazia aplicação de agrotóxico nos pastos; Que não usava equipamento de proteção individual; Que a fazenda não lhe fornecia EPIs e, como ganhava pouco, não tinha condições de comprá-los; Que costumava sentir dores de cabeça quando inalava o veneno; Que não anotaram sua CTPS;** *Que ouviu falar que as fazendas são de propriedade de uma mesma pessoa; Afirma que trabalhava das 7:00 às 11:00 horas, e das 13:00 às 17:00 horas, de segunda a sábado; Que não trabalhava aos domingos;* **Que quando trabalhava na Fazenda N. E., ele e mais oito trabalhadores residiam num curral; Que o curral era sujo; Que havia animais no curral;** *Que havia uma mulher no grupo, mas não dividia o curral com os demais; Que ela ficava em outro alojamento;* **Quando começou a trabalhar na Fazenda T. B., passou a residir num barraco de lona de chão batido; Que a trabalhadora Marta também dividia o barraco com os outros trabalhadores; Que essa trabalhadora não era companheira de nenhum dos trabalhadores;** *Que na T. B., logo no início, a água era retirada de um igarapé, e, posteriormente, de um açude; Que ambas águas eram sujas, mas a do açude era barrenta e consumida pelo gado; na N. E. a água vinha de um poço; Que a água do poço era limpa; Que essa água era utilizada para o consumo próprio, banho e preparo das refeições;* **Que não havia nenhuma instalação sanitária em ambas fazendas, o que lhe obrigava a fazer suas necessidades fisiológicas no mato. Que o empreiteiro fornecia-lhe a alimentação, cujo valor era descontado no final do mês pelo próprio Sr. Lourival;** *Que foi contratado para receber uma diária de R$ 35,00, que era paga no final do mês já descontado o valor gasto com a alimentação; Que quando foi contratado não sabia que o trabalho seria nessas condições".* (*original sem grifo*)

Depoimento do Sr. **LOURIVAL R. S.**, portador do RG nº (...): **"Que, em agosto ou setembro de 2010, foi contratado pelo Sr. Rogério, que é o gerente;** *Inicialmente, foi contratado para serrar estacas na Fazenda N. E.; Que ele e mais duas pessoas realizavam o serviço, mas somente ele fora contratado pelo Sr. Rogério; Segundo afirma, os outros dois trabalhadores foram contratados por ele mesmo a fim de o ajudarem na lida;* **Que o Sr. Rogério, gerente da fazenda, fazia o pagamento para o depoente, e este, depois de descontar as despesas que o grupo tinha com alimentação, dividia o restante do dinheiro em partes iguais; Depois de ter finalizado esse serviço, o Sr. Rogério determinou que o depoente fizesse aplicação de defensivos agrícolas no pasto da N. E., o que tornou necessária a contratação de mais trabalhadores;** *Desse modo, foram contratados mais 5 (cinco) trabalhadores; Que receberia R$ 140,00 por alqueire de terra; Que, em aproximadamente 40 dias fez 80 alqueires; Que quando foi receber o pagamento foi-lhe pago apenas R$ 130,00 por alqueire, o que perfez um montante de R$ 10.400,00; Desse valor, o depoente descontou a quantia de R$ 3.600,00 que teria sido gasta com a alimentação que era fornecida aos trabalhadores, a qual foi comprada num mercado localizado em Nova Califórnia; Alega que o mercado é de propriedade do Sr. Naia; Que os produtos alimentícios eram comprados fiado nesse mercado e pago no final do mês; Afirma que está devendo, aproximadamente, R$ 2.000,00 a este mercado; Que do restante, pagava as diárias dos trabalhadores, que eram no valor de*

R$ 35,00; *Afirma o depoente que não descontava dos trabalhadores a despesa que tinha com a alimentação; Segundo o depoente, depois de pagas todas as diárias, o que sobrava ficava para si;* **Que a fazenda não forneceu EPI aos trabalhadores; Que o depoente chegou a solicitar tais equipamentos para o Sr. Neguinho, o que substituía o Sr. Rogério em suas ausências, mas seu pedido nunca fora atendido;** *Que depois de ter finalizado esse serviço, alega o depoente que teria feito aplicação de veneno em mais 60 alqueires da Fazenda N. E., cuja forma de pagamento e rateio foi da mesma forma narrada acima;* **Que depois o grupo foi para a Fazenda T. B. também fazer aplicação de agrotóxico; Que teria feito aplicação em 15 alqueires de terras;** *Que o Sr. Marcos teria lhe dito para parar de fazer a aplicação de veneno; Que o Marcos teria ligado para o gerente da fazenda, Sr. Rogério, o qual se encontrava em São Paulo, e teria colocado o depoente na linha para falar com ele; Foi quando o Sr. Rogério determinou que o grupo parasse de fazer a aplicação de veneno no pasto e fosse cortar madeira; Que o Sr. Marcos é contratado da fazenda para fazer serviços gerais;* **Que o grupo não recebeu pelo trabalho realizado nos 15 alqueires de terras; Que o pagamento não fora efetuado porque o Sr. Neguinho, sucessor do Sr. Rogério, começou a exigir, por ordem da Patrícia, filha do proprietário da fazenda, que o depoente emitisse uma nota fiscal da Prefeitura de Acrelândia relativa a todos os serviços anteriormente prestados;** *Segundo o depoente a nota daria, aproximadamente, R$ 2.500,00 de imposto, o que inviabilizava sua emissão porque alega que não tinha condições financeiras de arcar com o pagamento do imposto cobrado pela prefeitura; Após aquela ordem, o depoente e mais sete trabalhadores começaram a tirar 47 mourões, ainda, dentro da T. B., no mesmo acampamento onde ficaram para fazer a aplicação do agrotóxico; Depois, andaram mais adiante, em outras terras, onde formaram um outro acampamento, lugar em que extraíram mais 155 mourões; Que teriam sido levados a esse lugar pelo Sr. Luis, por meio de um trator; Que o Sr. Luis também é contratado da T. B.;* **Que usava motosserra para cortar a madeira; Afirma o depoente que a fazenda fornecia corrente, limatão para amolar a corrente, gasolina, óleo queimado para lubrificar a corrente, cujos valores eram descontados do pagamento;** *Que não sabe informar se no lugar onde retiraram os 155 mourões pertence a propriedade da T. B., mas afirma que recebeu ordem do Sr. Rogério para tirar madeira daquela localidade; Afirma, ainda, que esta não foi a primeira vez, pois, em 2009, foi contratado pelo Sr. Joaquim para tirar madeiras daquelas terras; Que o Sr. Joaquim era o gerente anterior ao Sr. Rogério; Assevera o depoente que a Fazenda também exigiu nota fiscal para fazer o pagamento das madeiras que foram retiradas; Também pelos mesmos motivos não emitiu a nota fiscal exigida porque não tinha condições de arcar com o pagamento dos impostos; Alega que teria direito a receber, aproximadamente, a quantia bruta de R$ 7.500,00, que, após efetuado os descontos com as despesas da motosserra, receberia a quantia líquida de uns R$ 6.000,00, a ser dividido com os outros após pagar a despesa com o mercado;* **Como não recebeu o pagamento, alega que tem uma dívida de R$ 2.300,00 com o mercado de Nova Califórnia, onde comprava os alimentos; Afirma que tem uns dois meses que o grupo não recebe nenhum dinheiro da fazenda; Que não passavam fome, porque comprava fiado no mercado de Nova Califórnia;** *Alega, ainda, que os acampamentos da T. B. ficavam, aproximadamente, 12 km da sua sede; Que do Ramal da Mococa até o Ramal da T. B. são 11 km;* **Como a fazenda não lhes forneciam transporte, quando tinham que sair da fazenda os trabalhadores andavam a pé 23 km;** *Que o transporte era oferecido apenas para os trabalhadores efetivos da fazenda, uma vez por mês, da sua sede até Nova Califórnia".*

Depoimento da Sra. M. F. S., portadora do RG nº (...): *"Que foi contratada pelo filho do Sr. Lourival; Que começou a trabalhar na Fazenda N. E. antes da páscoa, aproximadamente em abril de 2011;* **Que foi contratada para preparar as refeições do grupo;** *Que* *recibia uma diária no valor de R$ 30,00; Que o pagamento era feito no final do mês; Que não era descontado nenhum valor referente à alimentação oferecida do total das diárias que recebia;* **Que era a única mulher do grupo; Que dividia o mesmo alojamento com os homens; Que não mantém nenhum relacionamento afetivo com nenhum dos outros trabalhadores; Que na Fazenda N. E. ela e os demais trabalhadores residiam num curral; Que era uma edificação de madeira com telha de barro e chão de terra batida; Que o curral era sujo e fedia, pois havia vários animais, como cavalo, bezerro, bois e vacas;** *Que retiravam a água do poço; Que a água do poço era muito suja; Que essa água era utilizada para o consumo próprio, preparo das refeições e banho; Que depois da N. E., foram para a fazenda T. B., onde ficaram alojados num barraco próximo a um igarapé de onde retiravam a água para consumo; Por último, ficaram alojados num barraco além da T. B., cuja água era retirada de um açude.* **Que nesses dois últimos alojamentos, a água que consumiam era muito suja, pois também era dividida com o gado; Que os barracões eram feito de lona e chão de terra batida; Que a fazenda não havia instalação sanitária; Que os acampamentos sempre ficavam em locais de difícil acesso, o que dificultava as saídas da fazenda;** *Por esta razão, alega a depoente que saía da fazenda somente no final do mês." (original sem grifo)*

Depoimento do Sr. M. A. F. B., portador do RG nº (...): *"***Que, no dia 14 de janeiro de 2011, foi contratado pelo Sr. Lourival para fazer aplicação de agrotóxico nos pastos da Fazenda N. E.; Que o Sr. Lourival era o chefe do grupo e realizava o mesmo trabalho que os demais; Que não usava equipamento de proteção individual, porque a fazenda não lhe fornecia; Que não anotaram sua CTPS;** *Afirma que trabalhava das 7:00 às 11:00 horas, e das 13:00 às 17:00 horas, de segunda a sexta; Que aos sábados trabalhava até às 12 horas; Alega que muitos trabalhadores laboravam o dia todo nos dias de sábado; Que não trabalhava aos domingos;* **Que quando trabalhava na Fazenda N. E., ele e mais oito trabalhadores residiam num curral; Que o curral era de madeira com telha de barro e chão de terra batida; Que havia animais no curral;** *Que várias vezes os trabalhadores dormiam com os animais dentro do curral;* **Que havia uma mulher no grupo; Que ela também dividia o curral com os demais; Quando começou a trabalhar na Fazenda T. B., passou a residir num barraco de lona de chão batido; Que também fazia aplicação de veneno; Que na T. B., no primeiro alojamento, a água era retirada de um igarapé, e, no segundo, de um açude; Que ambas águas eram sujas, mas a do açude era barrenta;** *na N. E. a água vinha de um poço; Que a água do poço era limpa, mas não era tratada; Que todas essas águas eram utilizadas para o consumo próprio, banho e preparo das refeições; Que não havia nenhuma instalação sanitária em ambas fazendas, o que lhe obrigava a fazer suas necessidades fisiológicas no mato. Que o Sr. Lourival fornecia-lhe a alimentação, cujo valor não era descontado do total das diárias que tinha direito a receber no final do mês; Que foi contratado para receber uma diária de R$ 35,00, que era paga no final do mês; Que faz uns dois meses que não recebe as diárias;* **Que o Sr. Lourival cobrava da fazenda, mas esta não efetuava o pagamento;** *Segundo o depoente, o pagamento atrasou porque a fazenda começou a exigir uma nota, e o Sr. Lourival não tinha condições de pagar a nota." (original sem grifo)*

Depoimento do Sr. R. A. S.: **"Que, no começo de setembro de 2010, foi contratado pelo Sr. Lourival para serrar estaca na Fazenda N. E.; Que o Sr. Lourival pegava o serviço da fazenda, recebia o pagamento e, depois pagava as diárias dos trabalhadores; Que o Sr. Lourival era o chefe do grupo, mas realizava o mesmo trabalho que os demais; Após esse serviço, o depoente afirma que começou a fazer aplicação de veneno na Fazenda N. E.; Que não usava equipamento de proteção individual, porque a fazenda não lhe fornecia e não tinha dinheiro para comprar um; Que não anotaram sua CTPS;** *Afirma que tra-*

balhava das 7:00 às 11:00 horas, e das 13:00 às 17:00 horas, de segunda a sexta; Que aos sábados trabalhava até às 12:00 horas; **Que não trabalhava aos domingos; Que quando trabalhava na Fazenda N. E., ele e mais oito trabalhadores residiam num curral; Que o curral era de madeira com telha de barro e chão de terra batida; Que havia animais no curral; Que várias vezes os trabalhadores dormiam com os animais dentro do curral;** Que os animais ficavam presos; Quando começou a trabalhar na Fazenda T. B., passou a residir num barraco de lona de chão batido; **Que também fazia aplicação de veneno; Que na T. B., no primeiro alojamento, a água era retirada de um igarapé, e, no segundo, de um açude; Que ambas águas eram sujas, mas a do açude era barrenta; Que a água do igarapé era ruim porque o agrotóxico escorria do pasto e água ficava suja de veneno;** na N. E. a água vinha de um poço; Que a água do poço era limpa, mas não era tratada; Que todas essas águas eram utilizadas para o consumo próprio, banho e preparo das refeições; **Que não havia nenhuma instalação sanitária em ambas fazendas, o que lhe obrigava a fazer suas necessidades fisiológicas no mato.** Que o Sr. Lourival fornecia-lhe a alimentação, cujo valor não era descontado do total das diárias que tinha direito a receber no final do mês; Que foi contratado para receber uma diária de R$ 35,00, que era paga no final do mês; **Que faz uns dois meses que não recebe as diárias; Que o Sr. Lourival cobrava da fazenda, mas esta não efetuava o pagamento;** Segundo o depoente, o pagamento atrasou porque a fazenda começou a exigir uma nota fiscal, e o Sr. Lourival não tinha condições de pagar a nota." (original sem grifo)

Depoimento do Sr. J. S. S.: "Que é filho do Senhor Lourival e passou a prestar serviço com ele no dia 04 de outubro de 2010; **Que sua atividade consistia em semear capim na Fazenda T. B.;** Que na Fazenda T. B. ficou morando numa casinha; que o Sr. Lourival pagava para ele; Que o valor era variável; Que o Sr. Lourival era o chefe do grupo, mas realizava o mesmo trabalho que os demais; que não lembra quando os outros trabalhadores foram contratados; **Que não usava equipamento de proteção individual; Que não anotaram sua CTPS;** Que trabalhava das 7:00 às 11:00 horas, e das 13:00 às 17:00 horas, de segunda a sexta; Que aos sábados trabalhava até às 12:00 horas; Que não trabalhava aos domingos; **Que quando trabalhava na Fazenda N. E., isso tem uns cinco meses, aplicava veneno; que nesse período ele com os outros trabalhadores residiam num curral; Que o curral era cercado de "talba" (madeira) com telha de brasilite e o chão de "talba"; Que havia animais no curral** (bezerro, cavalo), mas os animais ficavam presos; Que várias vezes os trabalhadores dormiam com os animais dentro do curral; Faz uns três meses que passou a morar num barraco de lona; Que foi contratado para passar veneno; **Que antes de semear capim foi contratado para tirar madeira, mas não acharam madeira e foram semear capim; que depois de semear capim foram serrar madeira e depois passar veneno; que depois voltou a tirar madeira de novo, tudo sob ordem do Sr. Rogério que mandava lá para o Sr. A.;** Que quando estava no barraco de lona, a água era retirada de um açude; que a água era suja; que tem uns 20 dias que eles furaram um poço; lá a água era limpa; que a água era colocada num garrafão de veneno; que aquela água era usada para fazer comida e beber; **Que não havia nenhuma instalação sanitária, que fazia suas necessidades fisiológicas no mato.** Que o Sr. Lourival ou ele próprio ia comprar alimentação, que o valor não era descontado do total das diárias; **Que o Sr. Lourival cobrava da fazenda, mas esta não efetuava o pagamento;** Segundo o depoente, o pagamento atrasou porque a fazenda começou a exigir uma nota." (original sem grifo)

Depoimento do Sr. J. A. S.: "**Que trabalha para o Sr. A. desde 1988;** Que em maio de 2002 veio para o Acre para trabalhar de mecânico para o Sr. A. na Fazenda T. B.; Que na função de encarregado está há cerca três meses; **que antes o gerente era o Sr. Rogério,** mas ele adoeceu e ficou a Sra. Elaine, esposa do Rogério; Que não chega há três meses que *ele está encarregado; Que quando assumiu já havia esse problema do Sr. Lourival para ser resolvido; que o Sr. Lourival toda vida viveu ali dentro e os filhos dele foram criados ali; Que o Sr. Lourival conhece bem a região; Que quando virou encarregado ficou sabendo que o Sr. Lourival estava no barraco de lona; Que ficou sabendo que era devido ao Sr. Lourival o dinheiro da aplicação do veneno e dos palanques através das anotações do caderno que tinham sido feitas por um rapaz de nome Marcos, que trabalha na fazenda; Que efetuou o pagamento hoje do valor do veneno; Que exigiu nota do IBAMA do Sr. Lourival para pagar os palanques que ele tinha tirado porque uma hora bate fiscalização ali e não vai ter documento para apresentar.* (original sem grifo)

Com efeito, diante dos elementos probatórios colhidos nos autos do procedimento administrativo em epígrafe, **não resta dúvidas ao Ministério Público do Trabalho tratar-se de trabalho escravo, na acepção mais perversa da palavra**, em vistas à grave violação a direitos humanos. Vejamos:

a) **aliciamento** de trabalhadores e **intermediação ilegal** de mão de obra;

b) **alojamento no meio da mata**, em um **barraco improvisado, sem paredes**, coberto de **lona de plástico preto, sem separação por sexo**;

c) os obreiros bebiam **água de igarapé, suja**, não recomendada para consumo humano;

d) os **alimentos** eram trazidos pelo "gato" e **preparados de forma** muito **precária**;

e) os trabalhadores **não tinham equipamento de proteção individual**;

f) não fornecimento gratuito aos trabalhadores de equipamentos de proteção individual e de materiais de primeiros socorros;

g) ausência de realização de exames médicos admissionais, periódicos ou demissionais;

h) **inadimplência salarial**;

i) **cerceamento**, ainda que parcial, **da liberdade de ir e vir**;

j) **ausência de registro** dos trabalhadores;

l) **ausência** de regular pagamento **de salários e** de depósitos **do FGTS**.

1.2. Do vínculo empregatício

De fato, segundo se extrai dos autos em anexo, os trabalhadores foram contratados/aliciados por Lourival R. S. ("gato"), em nome do réu, no Município de Lábrea/AM. Todavia, nos termos do relatório fiscal, o vínculo mantido entre o "gato" e o empregador, A. A., não passa, em verdade, de mera simulação para mascarar os vínculos empregatícios mantidos entre o réu e os trabalhadores.

Com efeito, exsurge do relatório de fiscalização anexo que os trabalhadores laboravam nas atividades de **corte do pasto, aplicação de agrotóxicos, desmatamento, construção e reparação de cercas**, além de outras **atividades essenciais ao empreendimento rural**, sempre **de forma pessoal, não eventual, onerosa e sob subordinação jurídica**, havendo o **direcionamento e controle das tarefas por parte do preposto** chamado Rogério, que agia **a serviço do réu**, proprietário rural que, de fato, se favorecia economicamente de todo trabalho.

Com efeito, resta evidente o vínculo empregatício entre os trabalhadores encontrados em atividade laboral durante a operação e o proprietário da Fazenda T. B., Sr. A. A., seja pela configuração dos principais pressupostos da relação de emprego, conforme consta do art. 3º da CLT (subordinação, não eventualidade, onerosidade e pessoalidade), seja pela identificação de que se favorece, diretamente, com o resultado do trabalho produzido (art. 1º da CLT). Senão vejamos.

As atividades de corte do pasto, aplicação de agrotóxicos, desmatamentos, construção e reparação de cercas, dentre outras, refletem diretamente em proveito da atividade agropastoril desenvolvida na Fazenda T. B. É de bem exortar que tais atividades eram prestadas de forma pessoal pelos trabalhadores vitimados há mais de cinco a seis meses, exsurgindo a característica da intermitência.

A contratação indireta de empregados, por meio do gato, é mera simulação que tem por finalidade mascarar o vínculo entre o proprietário rural e os trabalhadores incumbidos da realização destas tarefas.

Isto porque as atividades são desenvolvidas em caráter permanente e desempenhadas apenas pelos rurícolas contratados especialmente para a realização das tarefas, objeto da contratação, o que caracteriza a **pessoalidade**; o trabalho é **não eventual**, já que as tarefas e atividades desempenhadas por eles são intermitentes, necessárias ao efetivo cumprimento da atividade finalística do empreendimento; a **subordinação jurídica** também restou caracterizada, pois referidos trabalhadores recebem determinações específicas de como, onde e quando devem realizar suas tarefas, havendo o direcionamento e o controle do trabalho por parte do Sr. Rogério, que se porta e age como um capataz, a serviço do proprietário rural e, assim, exerce as prerrogativas clássicas do gestor, pois contrata, demite e assalaria. Sempre através do "gato", de forma a mascarar a relação de emprego e, em consequência, fraudar direitos trabalhistas.

Além disso, conquanto os vínculos empregatícios não fossem formalizados e o pagamento dos salários não fosse honrado de forma integral, os contratos verbais firmados entre o proprietário rural e empregados eram **onerosos**, porque havia promessa de pagamento pela atividade desenvolvida à base de diárias.

Plenamente caracterizado, portanto, o vínculo empregatício mantido entre o réu, A. A., e os trabalhadores atingidos pela fiscalização trabalhista.

Decerto, os fatos acima narrados comprovam a responsabilidade do demandado pelas irregularidades trabalhistas praticadas na mencionada propriedade rural, ensejando a propositura da presente ação civil pública.

2. DA COMPETÊNCIA DESSE MM. JUÍZO E DA LEGITIMIDADE DO MINISTÉRIO PÚBLICO DO TRABALHO PARA A PRESENTE AÇÃO

Competente para apreciar a presente ação é a Vara do Trabalho de Lábrea/AM, uma vez que o fato danoso ocorreu na zona rural deste município, atraindo a incidência do disposto no art. 2º, *caput*, da Lei nº 7.347/1985, *in verbis*:

> *"Art. 2º. As ações previstas nesta Lei serão propostas no foro do local onde ocorrer o dano, cujo juízo terá competência funcional para processar e julgar a causa".*

Também o disposto no art. 93, I, da Lei nº 8.078/1990, aponta para este entendimento:

> *"Art. 93. Ressalvada a competência da Justiça Federal, é competente para a causa a justiça local:*
>
> *I – no foro do lugar onde ocorreu ou deva ocorrer o dano, quando de âmbito local;"*

Ademais, a tutela jurisdicional perseguida pela presente ação civil pública possui natureza eminentemente inibitória, visando a prevenir a prática ilícita ou sua reiteração.

A inibitória funciona, basicamente, através de uma decisão ou sentença que impõe um não fazer a conduta ilícita, seja ela de natureza comissiva ou omissiva, sob pena de multa, o que permite identificar o substrato normativo processual no art. 461 do Código de Processo Civil e art. 84 do Código de Defesa do Consumidor, em vistas ao caráter mandamental do provimento jurisdicional perseguido.

A tutela inibitória tem a finalidade precípua de impedir a prática, a continuação ou repetição do ilícito. Com efeito, a presente ação civil pública busca evitar que os ilícitos sociais e trabalhistas se perpetuem ou se repitam, com inadmissíveis prejuízos à coletividade de trabalhadores do réu. Além, por óbvio, do pedido constante em condenação dos réus ao pagamento de indenização pelo dano moral individual e coletivo, o que se enquadra no teor do art. 81, II e III, da Lei nº 8.078/1990.

Com efeito, seguindo esta linha de raciocínio, Raimundo Simão de Melo leciona o seguinte:

Quanto aos interesses ou direitos individuais homogêneos, muitas são as hipóteses possíveis de identificação, sendo certo que aque, ao contrário dos interesses difusos e coletivos, a pretensão é uma obrigação de pagar, ou seja, o que se busca em juízo é uma indenização concreta a favor dos titulares individuais dos direitos violados. Naqueles – isso facilita bastante a identificação – a pretensão é uma obrigação de fazer ou não fazer, cumulada, conforme o caso, com uma indenização de caráter genérico, reversível ao FAT (Fundo de Amparo ao Trabalhador). (Ação Civil Pública na Justiça do Trabalho. 2. ed. São Paulo: LTr, 2004, p. 32-3)

Ora, a legitimidade do *parquet* para atuar na defesa dos interesses coletivos *lato sensu* advém diretamente dos arts. 127 e 129, III, da Constituição da República, que dispõe:

Art. 127. O Ministério Público é instituição permanente, essencial à função jurisdicional do Estado, incumbindo-lhe a defesa da ordem jurídica, do regime democrático e dos interesses sociais e individuais indisponíveis. (...)

Art. 129. São funções institucionais do Ministério Público: (...)

III – promover o inquérito civil e a ação civil pública, para a proteção do patrimônio público e social, do meio ambiente e de outros interesses difusos e coletivos.

Os supracitados dispositivos constitucionais demonstram a legitimidade do Ministério Público para atuar na defesa de interesses coletivos *lato sensu*, abrangidos, portanto, os direitos individuais homogêneos, os coletivos e os difusos.

Nesse sentido, transcreve-se o Enunciado nº 76, aprovado na 1ª Jornada de Direito Material e Processual na Justiça do Trabalho:

76. AÇÃO CIVIL PÚBLICA. REPARAÇÃO DE DANO MORAL COLETIVO. TRABALHO FORÇADO OU EM CONDIÇÕES DEGRADANTES. LEGITIMIDADE DO MINISTÉRIO PÚBLICO DO TRABALHO.

I – Alegada a utilização de mão de obra obtida de forma ilegal e aviltante, sujeitando o trabalhador a condições degradantes de trabalho, a trabalho forçado ou a jornada exaustiva, cabe Ação Civil Pública de reparação por dano moral coletivo.

II – Legitimidade do Ministério Público do Trabalho para o ajuizamento da ação civil pública na tutela de interesses coletivos e difusos, uma vez que a referida prática põe em risco, coletivamente, trabalhadores indefinidamente considerados.

Enfim, registre-se que, mesmo em relação aos direitos individuais homogêneos, já é pacífico no Supremo Tribunal Federal quanto à legitimidade do Ministério Público do Trabalho para defendê-los por meio do ajuizamento de ação civil pública, consoante se vê na seguinte decisão:

RECURSO EXTRAORDINÁRIO. AGRAVO REGIMENTAL. AÇÃO CIVIL PÚBLICA. LEGITIMIDADE ATIVA. MINISTÉRIO PÚBLICO. DEFESA DE DIREITOS INDIVIDUAIS HOMOGÊNEOS NA ESFERA TRABALHISTA. 1. Assentada a premissa de que a lide em apreço versa sobre direitos individuais homogêneos, para dela divergir é necessário o reexame das circunstâncias fáticas que envolvem o ato impugnado por meio da presente ação civil pública, providência vedada em sede de recurso extraordinário pela Súmula STF nº 279. 2. Os precedentes mencionados na decisão agravada (RREE 213.015 e 163.231) revelam-se perfeitamente aplicáveis ao caso, pois neles, independentemente da questão de fato apreciada, fixou-se tese jurídica no sentido da legitimidade do Ministério Público ajuizar ação civil pública na defesa de interesses individuais homogêneos na esfera trabalhista, contrária à orientação adotada pelo TST acerca da matéria em debate. 3. Agravo regimental improvido. (RE-AgR 394180/CE, 2ª T., (Ac. Unânime), Relator Ministro Ellen Gracie, DJ de 10.12.2004, p. 00047)

254 | MPT – PREPARANDO-SE PARA O CONCURSO DE PROCURADOR DO TRABALHO

Desse modo, demonstrada está a competência desse MM. Juízo, bem como a legitimidade do *parquet* para o ajuizamento da ação em tela.

3. DOS DIREITOS LESADOS

3.1. Do trabalho em condições degradantes/análogas às de escravo

Nosso ordenamento jurídico constitucional, reconhecendo a pessoa humana como elemento central dentro do Direito, bem como o valor inestimável do trabalho humano, além de sua importância social e econômica na produção de bens e serviços e consequente desenvolvimento econômico e social, erigiu o trabalho e a dignidade humana como pilares do Estado Democrático de Direito (CF, art. 1º, III e IV), proclamando na ordem econômica a valorização do trabalho (CF, art. 170). Ademais, o constituinte originário enfatizou que a *"ordem social tem como base o primado do trabalho, e como objetivo o bem-estar e a justiça sociais"* (CF, art. 193).

Nesse mesmo sentido, dispõe a Declaração Universal dos Direitos do Homem: *"Todos os seres humanos nascem livres e iguais em dignidade e em direitos. Dotados de razão e de consciência, devem agir uns para com os outros em espírito de fraternidade"* (art.1º); *"Todos são iguais perante a lei e, sem distinção, têm igual proteção da lei. Todos têm direito à proteção igual contra qualquer discriminação que viole a presente Declaração e contra qualquer incitamento a tal discriminação"* (art. 7º); *"Ninguém sofrerá intromissões arbitrárias na sua vida privada, na sua família, no seu domicílio e na sua correspondência, ataques à sua honra e reputação. Contra tais intromissões ou ataques toda a pessoa tem direito à proteção da lei"* (art. 12).

Nem mesmo em períodos de exceção os cidadãos são privados de suas dignidades. O tratamento do ser humano de forma digna não pode ser coarctado, sobretudo por atitudes ilegais e imorais, de inegável sujeição pessoal.

Não podem encontrar guarida no Judiciário práticas dessa natureza, ainda que efetivadas sob o pálio do princípio da livre iniciativa, pois, se hierarquia existe entre os princípios gerais da Atividade Econômica, no topo dessa ordem está o da valorização do trabalho humano, disposto em primeiro plano no art. 170 da CF/1988, *in fine*, com o fito de *"assegurar a todos existência digna, conforme os ditames da justiça social".*

Especificamente no que concerne às condições degradantes de trabalho, assim dispõe o art. 149 do Código Penal Brasileiro com redação dada pela Lei nº 10.803/2003:

> Art. 149. *Reduzir alguém a condição análoga à de escravo, quer submetendo-o a trabalhos forçados ou a jornada exaustiva, quer sujeitando-o a condições degradantes de trabalho, quer restringindo, por qualquer meio, sua locomoção em razão de dívida contraída com o empregador ou preposto:*
>
> *Pena – reclusão, de dois a oito anos, e multa, além da pena correspondente à violência.*
>
> § 1º. *Nas mesmas penas incorre quem:*
>
> I – *cerceia o uso de qualquer meio de transporte por parte do trabalhador, com o fim de retê-lo no local de trabalho;*
>
> II – *mantém vigilância ostensiva no local de trabalho ou se apodera de documentos ou objetos pessoais do trabalhador, com o fim de retê-lo no local de trabalho.*
>
> § 2º. *A pena é aumentada de metade, se o crime é cometido:*
>
> I – *contra criança ou adolescente;*
>
> II – *por motivo de preconceito de raça, cor, etnia, religião ou origem.*

Com efeito, o aliciamento de trabalhadores somado às condições degradantes de trabalho, além do cerceamento, ainda que parcial, do direito de ir e vir, é situação corrente encontrada no Brasil para caracterizar o trabalho em condições análogas à de escravo, conforme descrito no citado dispositivo legal.

No mais das vezes, o trabalhador provém de lugar distante, sendo aliciado por um "gato" por meio de promessas enganosas no que diz respeito ao salário e às condições de trabalho.

Chegando no local da prestação de serviços, o obreiro fica confinado em lugar ermo e tem a sua liberdade individual diminuída ou até mesmo suprimida, reduzindo-se à condição análoga à de escravo. Há, *in casu*, grave lesão aos regramentos básicos do Direito do Trabalho contemporâneo.

3.2. Notas caracterizadoras do trabalho degradante em condições análogas às de escravo na Fazenda T. B.

3.2.1. Do aliciamento e da intermediação

De fato, segundo se extrai dos autos em anexo, os trabalhadores foram contratados/aliciados por Lourival R. S. ("gato"), em nome do réu, no Município de Lábrea/AM. Todavia, à guisa de uma minuciosa análise dos elementos probatórios produzidos nos autos do procedimento administrativo no âmago do MPT, o vínculo mantido entre o "gato" e o empregador, A. A., não passa, em verdade, de mera simulação para mascarar os vínculos empregatícios mantidos entre o réu e os trabalhadores.

Com efeito, exsurge do relatório de fiscalização anexo que os trabalhadores laboravam nas atividades de corte do pasto, aplicação de agrotóxicos, construção e reparação de cercas, além de outras atividades, de forma pessoal, não eventual, onerosa e sob subordinação jurídica, havendo o direcionamento e controle das tarefas por parte do preposto chamado Rogério, que agia a serviço do réu, proprietário rural que se favoreceu economicamente de todo trabalho.

Ressalte-se que as cópias das anotações registrando o endividamento dos trabalhadores eram feitas em folhas de caderno (doc. em anexo).

Desta forma, está clara a intermediação de mão de obra ilegal. No caso, as atividades desenvolvidas pelos trabalhadores não poderiam ser intermediadas ou terceirizadas, já que se tratam de atividades essenciais (fins) à atividade rural, impondo-se, destarte, o reconhecimento da nulidade do "contrato de empreitada", nos termos do art. 9º da CLT, e o consequente reconhecimento dos vínculos empregatícios dos trabalhadores com o réu.

3.2.2. Dos alojamentos não condizentes com a dignidade humana, desprovidos de instalações sanitárias, e sem distinção por sexo

Os trabalhadores foram encontrados vivendo sob condições precárias e degradantes, à míngua de lugar próprio para a satisfação das necessidades fisiológicas, e sequer tendo água potável para o consumo. Além do mais, não havia distinção por sexo nas instalações inspecionadas.

Com efeito, de acordo com a fiscalização do trabalho:

"(...) Os barracões em que dormiam os trabalhadores consistiam em armações de paus, cobertas de lona preta, com cerca de 5 (cinco) metros quadrados, com todas as laterais abertas. Os trabalhadores dormiam em redes. Havia uma mulher no alojamento, a qual era responsável por cozinhar. A comida era preparada em fogão à lenha, improvisado no chão batido, em um dos barracões. Não havia local para realização da refeições. Ressalta-se que os mantimentos ficavam dispostos juntamente com os pertences dos trabalhadores."

"Não havia latrina, o que obrigava os trabalhadores a fazerem suas necessidades fisiológicas no meio da mata. Havia por todo canto pedaços de papel higiênico."

"Não havia água filtrada. A água utilizada era retirada de um açude próximo ao barracão e não se apresentava límpida. Ali os trabalhadores tomavam banho, lavavam as roupas e utensílios domésticos e retiravam a água que seria usada para cozinhar os alimentos e para beber. Os trabalhadores informaram que há alguns dias haviam cavado um poço para retirar água mais limpa. Verifique que os trabalhadores estavam utilizando um recipiente que anteriormente continha veneno para armazenar água que seria utilizada para consumo."

Registrem-se, quanto às condições de trabalho, os seguintes depoimentos:

Depoimento do Sr. S. S. S., portador do RG nº (...): *"(...) Afirma que, assim que foi contratado, residiu no curral da Fazenda N. E., dividindo o espaço com bezerros, bois e cavalos; Que morou três meses no curral, juntamente, com mais oito trabalhadores; Que o curral era muito sujo; Quando foi trabalhar na Fazenda T. B. alega que morava num barracão de lona, de chão de terra batida; Que não tinha instalações sanitárias em ambas fazendas, o que lhe obrigava a fazer suas necessidades fisiológicas no mato; Que a água que consumia na Fazenda N. E. vinha de um poço; Que a água não era tratada e tinha um aspecto sujo; Que essa água era utilizada para o consumo, banho e preparo das refeições; Em T. B. a água vinha de um açude; Que essa água era completamente suja, que também era utilizada para o consumo, banho e preparo das refeições; Que, no início, essa água também era dividida com o gado."*

Depoimento do Sr. M. R. B. F., portador do RG nº (...): *"(...) Que quando trabalhava na Fazenda N. E., ele e mais oito trabalhadores residiam num curral; Que o curral era sujo e fedia; Quando começou a trabalhar na Fazenda T. B., passou a residir num barraco de lona de chão batido; Esse barraco também era dividido com oito trabalhadores; Que na T. B. a água era retirada de um açude, e na N. E. a água vinha de um poço; Que a água do açude era muito suja; Que essa água era utilizada para o consumo, banho e preparo das refeições; Que não havia nenhuma instalação sanitária em ambas fazendas, o que lhe obrigava a fazer suas necessidades fisiológicas no mato."*

Depoimento do Sr. J. S. N., portador do RG nº (...): *"(...) Que quando trabalhava na Fazenda N. E., ele e mais oito trabalhadores residiam num curral; Que o curral era sujo; Que havia animais no curral; Que havia uma mulher no grupo, mas não dividia o curral com os demais; Que ela ficava em outro alojamento; Quando começou a trabalhar na Fazenda T. B., passou a residir num barraco de lona de chão batido; Que a trabalhadora Marta também dividia o barraco com os outros trabalhadores; Que essa trabalhadora não era companheira de nenhum dos trabalhadores; Que na T. B., logo no início, a água era retirada de um igarapé, e, posteriormente, de um açude; Que ambas águas eram sujas, mas a do açude era barrenta e consumida pelo gado; na N. E. a água vinha de um poço; Que a água do poço era limpa; Que essa água era utilizada para o consumo próprio, banho e preparo das refeições; Que não havia nenhuma instalação sanitária em ambas fazendas, o que lhe obrigava a fazer suas necessidades fisiológicas no mato (...)".*

Depoimento da Sra. M. F. S., portadora do RG nº (...): *"(...) Que era a única mulher do grupo; Que dividia o mesmo alojamento com os homens; Que não mantém nenhum relacionamento afetivo com nenhum dos outros trabalhadores; Que na Fazenda N. E. ela e os demais trabalhadores residiam num curral; Que era uma edificação de madeira com telha de barro e chão de terra batida; Que o curral era sujo e fedia, pois havia vários animais, como cavalo, bezerro, bois e vacas; Que retiravam a água do poço; Que a água do poço era muito suja; Que essa água era utilizada para o consumo próprio, preparo das refeições e banho; Que depois da N. E., foram para a fazenda T. B., onde ficaram alojados num barraco próximo a um igarapé de onde retiravam a água para consumo; Por último, ficaram alojados num barraco além da T. B., cuja água era retirada de um açude. Que nesses dois últimos alojamentos, a água que consumiam era muito suja, pois também era dividida com o gado; Que os barracões eram feito de lona e chão de terra batida; Que a fazenda não havia instalação sanitária (...)"*

Depoimento do Sr. M. A. F. B., portador do RG nº (...): *"(...) Que quando trabalhava na Fazenda N. E., ele e mais oito trabalhadores residiam num curral; Que o curral era de madeira com telha de barro e chão de terra batida; Que havia animais no curral; Que várias vezes os trabalhadores dormiam com os animais dentro do curral; Que havia uma mulher no grupo; Que ela também dividia o curral com os demais; Quando começou a trabalhar na Fazenda T. B., passou a residir num barraco de lona de chão batido; Que também fazia aplicação de veneno; Que na T. B., no primeiro alojamento, a água era retirada de um igarapé, e, no segundo, de um açude; Que ambas águas eram sujas, mas a do açude era barrenta; na N. E. a água vinha de um poço; Que a água do poço era limpa, mas não era tratada; Que todas essas águas eram utilizadas para o consumo próprio, banho e preparo das refeições; Que não havia nenhuma instalação sanitária em ambas fazendas, o que lhe obrigava a fazer suas necessidades fisiológicas no mato (...)"*

Depoimento do Sr. R. A. S.: *"(...) Que quando trabalhava na Fazenda N. E., ele e mais oito trabalhadores residiam num curral; Que o curral era de madeira com telha de barro e chão de terra batida; Que havia animais no curral; Que várias vezes os trabalhadores dormiam com os animais dentro do curral; Que os animais ficavam presos; Quando começou a trabalhar na Fazenda T. B., passou a residir num barraco de lona de chão batido; Que também fazia aplicação de veneno; Que na T. B., no primeiro alojamento, a água era retirada de um igarapé, e, no segundo, de um açude; Que ambas águas eram sujas, mas a do açude era barrenta; Que a água do igarapé era ruim porque o agrotóxico escorria do pasto e água ficava suja de veneno; na N. E. a água vinha de um poço; Que a água do poço era limpa, mas não era tratada; Que todas essas águas eram utilizadas para o consumo próprio, banho e preparo das refeições; Que não havia nenhuma instalação sanitária em ambas fazendas, o que lhe obrigava a fazer suas necessidades fisiológicas no mato (...)"*

Depoimento do Sr. J. S. S.: *"(...) que nesse período ele com os outros trabalhadores residiam num curral; Que o curral era cercado de "talba" (madeira) com telha de brasilite e o chão de 'talba'; Que havia animais no curral (bezerro, cavalo), mas os animais ficavam presos; Que várias vezes os trabalhadores dormiam com os animais dentro do curral; Faz uns três meses que passou a morar num barraco de lona; (...) Que quando estava no barraco de lona, a água era retirada de um açude; que a água era suja; que tem uns 20 dias que eles furaram um poço; lá a água era limpa; que a água era colocada num garrafão de veneno; que aquela água era usada para fazer comida e beber; Que não havia nenhuma instalação sanitária, que fazia suas necessidades fisiológicas no mato (...)"*

Pois bem. No ponto específico em análise, os comandos normativos da NR-31, itens 23.1, 23.3, 23.5, 23.9 e 23.10, estabelecem o seguinte:

31.23. Áreas de Vivência

31.23.1. *O empregador rural ou equiparado deve disponibilizar aos trabalhadores áreas de* vivência compostas de:

a) instalações sanitárias;

b) locais para refeição;

c) alojamentos, quando houver permanência de trabalhadores no estabelecimento nos períodos entre as jornadas de trabalho;

d) local adequado para preparo de alimentos;

e) lavanderias. (...)

31.23.3. Instalações Sanitárias

31.23.3.1. *As instalações sanitárias devem ser constituídas de:*

a) lavatório na proporção de uma unidade para cada grupo de vinte trabalhadores ou fração;

b) vaso sanitário na proporção de uma unidade para cada grupo de vinte trabalhadores ou fração;

c) mictório na proporção de uma unidade para cada grupo de dez trabalhadores ou fração;

d) chuveiro na proporção de uma unidade para cada grupo de dez trabalhadores ou fração.

31.23.3.1.1. *No mictório tipo calha, cada segmento de sessenta centímetros deve corresponder a um mictório tipo cuba.*

31.23.3.2. *As instalações sanitárias devem:*

a) ter portas de acesso que impeçam o devassamento e ser construídas de modo a manter o resguardo conveniente;

b) ser separadas por sexo;

c) estar situadas em locais de fácil e seguro acesso;

d) dispor de água limpa e papel higiênico;

e) estar ligadas a sistema de esgoto, fossa séptica ou sistema equivalente;

f) possuir recipiente para coleta de lixo.

31.23.3.3. *A água para banho deve ser disponibilizada em conformidade com os usos e costumes da região ou na forma estabelecida em convenção ou acordo coletivo.*

31.23.3.4. *Nas frentes de trabalho, devem ser disponibilizadas instalações sanitárias fixas ou móveis compostas de vasos sanitários e lavatórios, na proporção de um conjunto para cada grupo de quarenta trabalhadores ou fração, atendidos os requisitos do item 31.23.3.2, sendo permitida a utilização de fossa seca. (...)*

31.23.5. *Alojamentos*

31.23.5.1. *Os alojamentos devem:*

a) ter camas com colchão, separadas por no mínimo um metro, sendo permitido o uso de beliches, limitados a duas camas na mesma vertical, com espaço livre mínimo de cento e dez centímetros acima do colchão;

b) ter armários individuais para guarda de objetos pessoais;

c) ter portas e janelas capazes de oferecer boas condições de vedação e segurança;

d) ter recipientes para coleta de lixo;

e) ser separados por sexo.

31.23.5.2. *O empregador rural ou equiparado deve proibir a utilização de fogões, fogareiros ou similares no interior dos alojamentos.*

31.23.5.3. *O empregador deve fornecer roupas de cama adequadas às condições climáticas locais.*

31.23.5.4. *As camas poderão ser substituídas por redes, de acordo com o costume local, obedecendo o espaçamento mínimo de um metro entre as mesmas.*

31.23.5.5. *É vedada a permanência de pessoas com doenças infectocontagiosas no interior do alojamento. (...)*

31.23.9. *O empregador rural ou equiparado deve disponibilizar água potável e fresca em quantidade suficiente nos locais de trabalho.*

31.23.10. *A água potável deve ser disponibilizada em condições higiênicas, sendo proibida a utilização de copos coletivos.*

Desse modo, impõe-se que o réu seja condenado a fornecer área de vivência com alojamentos separados por sexo, instalações sanitárias e água potável adequadas aos trabalhadores, nos termos da aludida NR da Portaria nº 3.214/1978 do Ministério do Trabalho e Emprego.

3.2.3. Das refeições preparadas de modo impróprio

A ação fiscal revelou que os alimentos eram comprados pelo "gato" e preparados de forma precária, sem quaisquer condições de higiene, contrariando o disposto na NR-31, itens 23.4, 23.6 e 23.7, *in verbis*:

31.23.4. *Locais para refeição*

31.23.4.1. *Os locais para refeição devem atender aos seguintes requisitos:*

a) boas condições de higiene e conforto;

b) capacidade para atender a todos os trabalhadores;

c) água limpa para higienização;

d) mesas com tampos lisos e laváveis;

e) assentos em número suficiente;

f) água potável, em condições higiênicas;

g) depósitos de lixo, com tampas.

31.23.4.2. *Em todo estabelecimento rural deve haver local ou recipiente para a guarda e conservação de refeições, em condições higiênicas, independentemente do número de trabalhadores.*

31.23.4.3. *Nas frentes de trabalho devem ser disponibilizados abrigos, fixos ou móveis, que protejam os trabalhadores contra as intempéries, durante as refeições. (...)*

31.23.6. *Locais para preparo de refeições*

31.23.6.1. *Os locais para preparo de refeições devem ser dotados de lavatórios, sistema de coleta de lixo e instalações sanitárias exclusivas para o pessoal que manipula alimentos.*

31.23.6.2. *Os locais para preparo de refeições não podem ter ligação direta com os alojamentos.*

31.23.7. *Lavanderias*

31.23.7.1. *As lavanderias devem ser instaladas em local coberto, ventilado e adequado para que os trabalhadores alojados possam cuidar das roupas de uso pessoal.*

31.23.7.2. *As lavanderias devem ser dotadas de tanques individuais ou coletivos e água limpa. (...)*

Desse modo, há que se condenar o réu a fornecer lavanderia, local adequado para preparo e conservação das refeições, inclusive nas frentes de trabalho.

3.2.4. Não fornecimento gratuito aos trabalhadores de equipamentos de proteção individual e de materiais de primeiros socorros

Na hipótese presente, restou evidente que os equipamentos de proteção individual (EPIs) não eram fornecidos pelo empregador aos trabalhadores, devendo ser ressaltado que no desenvolvimento de derrubada de árvores no interior da floresta, corte do pasto, aplicação de agrotóxicos e demais atividades correlatas, os trabalhadores estavam expostos às intempéries e a animais peçonhentos e perigosos, o que acentua a possibilidade de acidentes de trabalho.

Além do mais, havia empregado que trabalhava como operador de motosserra, sem, entretanto, utilizar os respectivos equipamentos de proteção individual exigidos e, tampouco, sem qualquer treinamento para o correto manuseio do perigoso instrumento de corte.

Corroboram com a constatação da fiscalização os depoimentos do trabalhadores, sendo desnecessário retranscrevê-los novamente.

Ora, o regramento consolidado (art. 2º) estabelece claramente que o fornecimento do instrumento necessário à operacionalização da atividade do empregado, essencial à atividade econômica da empresa, é dever exclusivo desta. Caso contrário, o empregador estará transferindo o risco de seu negócio ao empregado, o que, longe de descaracterizar o vínculo de emprego, configura, sim, violação a dever decorrente do contrato de trabalho.

A NR-31, em seus itens 20.1, 20.1.1, 20.1.2, 20.1.3, estipula que:

31.20.1. É obrigatório o fornecimento aos trabalhadores, gratuitamente, de equipamentos de proteção individual (EPI), nas seguintes circunstâncias:

a) sempre que as medidas de proteção coletiva forem tecnicamente comprovadas inviáveis ou quando não oferecerem completa proteção contra os riscos decorrentes do trabalho;

b) enquanto as medidas de proteção coletiva estiverem sendo implantadas;

c) para atender situações de emergência.

31.20.1.1. Os equipamentos de proteção individual devem ser adequados aos riscos e mantidos em perfeito estado de conservação e funcionamento.

31.20.1.2. O empregador deve exigir que os trabalhadores utilizem os EPIs.

31.20.1.3. Cabe ao empregador orientar o empregado sobre o uso do EPI.

Ademais, restou violado, ainda, o item 31.5.1 da NR-31, Portaria nº 3.214/1978, pois não houve o fornecimento de kit de primeiros socorros.

31.5.1.3.6. Todo estabelecimento rural, deverá estar equipado com material necessário à prestação de primeiros socorros, considerando-se as características da atividade desenvolvida.

31.5.1.3.7. Sempre que no estabelecimento rural houver dez ou mais trabalhadores o material referido no subitem anterior ficará sob cuidado da pessoa treinada para esse fim.

31.5.1.3.8. O empregador deve garantir remoção do acidentado em caso de urgência, sem ônus para o trabalhador.

Desse modo, deve o demandado ser condenado a fornecer gratuitamente os equipamentos de proteção individual, bem como ser condenado a fornecer os materiais necessários à prestação de primeiros socorros.

3.2.5. Ausência de promoção de treinamento aos operadores de motosserra para que estes pudessem utilizar, com segurança, as máquinas que operam

Não há, nos autos, qualquer elemento probatório no que concerne ao treinamento dos operadores de motosserra. Portanto, deve o réu ser condenado a promover, a todos os operadores de motosserra, treinamento para utilização segura da máquina, treinamento este com carga horária não inferior a oito horas.

3.2.6. Ausência de realização de exames médicos admissionais

A inspeção do trabalho revelou que não houve a realização de exames médicos admissionais, periódicos ou demissionais. Ademais, pelas condições em que eram prestados os serviços pelos trabalhadores, resta evidente que o réu não cumpriu as obrigações impostas pelo PPRA – Programa de Proteção de Riscos Ambientais – e, PCMSO – Programa de Controle Médico e Saúde Ocupacional.

Restou, pois, vulnerado o disposto na NR-31, itens 5.1.3.1, 5.1.3.2 e 6.6, da Portaria nº 3.214/1978 do Ministério do Trabalho e Emprego, já que tais dispositivos regulamentares assim dispõem:

31.5.1.3.1. O empregador rural ou equiparado deve garantir a realização de exames médicos, obedecendo aos prazos e periodicidade previstos nas alíneas abaixo:

a) exame médico admissional, que deve ser realizado antes que o trabalhador assuma suas atividades;

b) exame médico periódico, que deve ser realizado anualmente, salvo o disposto em acordo ou convenção coletiva de trabalho, resguardado o critério médico;

c) exame médico de retorno ao trabalho, que deve ser realizado no primeiro dia do retorno à atividade do trabalhador ausente por período superior a trinta dias devido a qualquer doença ou acidente;

d) exame médico de mudança de função, que deve ser realizado antes da data do início do exercício na nova função, desde que haja a exposição do trabalhador a risco específico diferente daquele a que estava exposto;

e) exame médico demissional, que deve ser realizado até a data da homologação, desde que o último exame médico ocupacional tenha sido realizado há mais de noventa dias, salvo o disposto em acordo ou convenção coletiva de trabalho, resguardado o critério médico.

31.5.1.3.2. *Os exames médicos compreendem a avaliação clínica e exames complementares, quando necessários em função dos riscos a que o trabalhador estiver exposto.*

Desse modo, deve o réu ser condenado ao cumprimento de tais obrigações.

3.2.7. Restrição, ainda que parcial, da liberdade de ir e vir

Evidente a limitação física na liberdade de ir e vir dos trabalhadores, que viviam numa mata ciliar, situada em um dos trechos de mata nativa da fazenda, na qual há animais selvagens. A aludida fazenda fica na zona rural do Município de Lábrea. Além disso, a situação ainda mais se agrava pelo fato de o acesso ser dificultoso, bem como pelo fato de que os trabalhadores não recebiam regular pagamento de salário, mas somente a falsa expectativa em recebê-lo, o que os forçava a continuar a prestação dos serviços.

Como se observa, a restrição da liberdade de ir e vir, ainda que parcial, restou caracterizada, uma vez que se manifesta pelo isolamento dos trabalhadores, haja vista a dificuldade de acesso à fazenda, e a ausência de regular pagamento de salários.

3.2.8. Da ausência de registro dos trabalhadores

A fiscalização apurou que os trabalhadores encontrados em atividade não tinham sido registrados, seja em suas CTPSs, seja por meio de livro, ficha ou sistema eletrônico competente, em desobediência ao art. 41 da CLT.

Assim verbera o *caput* do mencionado dispositivo consolidado:

Art. 41. Em todas as atividades será obrigatório para o empregador o registro dos respectivos trabalhadores, podendo ser adotados livros, fichas ou sistema eletrônico, conforme instruções a serem expedidas pelo Ministério do Trabalho.

Note-se que o réu não efetuou o registro dos empregados, conforme determina o art. 41, *caput*, transcrito (fl. 17). Caracterizadas, assim, as irregularidades praticadas pelo requerido, negando-se aos trabalhadores direitos mínimos previstos na CLT e demais normas de proteção ao trabalho.

Em consequência, impõe-se a condenação do réu a efetuar o registro da CTPS de seus empregados, nos termos do art. 29 da Consolidação das Leis do Trabalho.

3.2.9. Da ausência de regular e tempestivo pagamento de salários e dos depósitos do FGTS

Mais uma vez, cotejando os fatos relatados, verifica-se a ocorrência de lesão aos direitos dos trabalhadores, qual seja: não efetuar, tempestivamente, o pagamento mensal dos salários, malferindo o § 1º do art. 459 da CLT. Além do mais, a fiscalização constatou não haver depósitos do FGTS em prol dos trabalhadores.

Preceitua o § 1º do art. 459 da CLT:

§ 1º. Quando o pagamento houver sido estipulado por mês, deverá ser efetuado, o mais tardar, até o quinto dia do mês subsequente ao vencido.

Por sua vez, o art. 15 da Lei nº 8.036/1990 assim dispõe:

Art. 15. Para os fins previstos nesta Lei, todos os empregadores ficam obrigados a depositar, até o dia 7 (sete) de cada mês, em conta bancária vinculada, a importância correspondente

262 | MPT – preparando-se para o concurso de Procurador do Trabalho

a 8% (oito por cento) da remuneração paga ou devida, no mês anterior, a cada trabalhador, incluídas na remuneração as parcelas de que tratam os arts. 457 e 458 da CLT e a gratificação de Natal a que se refere a Lei nº 4.090, de 13 de julho de 1962, com as modificações da Lei nº 4.749, de 12 de agosto de 1965.

No tocante à ausência de pagamento de salário, relatou a fiscalização que havia mora aproximada de um mês, o que restou incontroverso, em razão do pagamento realizado na presença dos órgãos públicos fiscalizadores no dia seguinte ao resgate.

Assim, deve o demandado ser condenado na obrigação de efetuar o pagamento dos salários de seus empregados, no mais tardar, até o quinto dia do mês subsequente ao vencido, bem como na obrigação de efetuar os depósitos do FGTS até o dia 7 (sete) de cada mês.

3.2.10. Do dano moral individual

Outrora reconhecido pela doutrina tradicional como sinônimo de dor, angústia, tristeza ou depressão, o dano moral deve ser concebido, em atual, como um dano à dignidade do indivíduo, através da violação de seu direito da personalidade. No caso *sub examine*, o dano revela-se *ipso facto*, não sendo necessária a comprovação das repercussões negativas do ato ilícito praticado, em vistas à gravidade das lesões proporcionadas aos trabalhadores resgatados.

A situação degradante a que estavam submetidos os trabalhadores vitimados, por si somente, enseja a reparação do dano moral suportado pelos prejudicados, através de uma justa indenização compensatória em pecúnia. Com efeito, requer o Ministério Público do Trabalho sejam os trabalhadores resgatados indenizados pelo dano moral por eles suportados, no valor mínimo de **R$ 10.000,00 (dez mil reais) para cada um**, conforme arbitrado por Vossa Excelência.

4. DO DANO MORAL COLETIVO

Como é cediço, o dano moral coletivo corresponde a uma injusta lesão à esfera moral da coletividade, tratando-se de um dano genérico de que foi alvo toda a coletividade de trabalhadores do réu, bem como a própria sociedade, porquanto restaram **gravemente violados o ordenamento jurídico pátrio e a ordem social**.

A sociedade cansou-se da sensação de impunidade, gerada pelo descrédito no ordenamento jurídico violado, face à reiteração de condutas ilícitas que prejudicam a paz social. Razão pela qual se impõe a reparação pelo dano genérico (dano moral difuso ou coletivo) com a finalidade de, a um só tempo, recompor o ordenamento jurídico lesado e restabelecer a ordem social.

No caso em concreto, há lesões a interesses de necessidade social, consubstanciadas na violação de regras sociais e trabalhistas, constitucionais e infraconstitucionais, protetoras do trabalho livre, seguro e decente.

A doutrina e a jusrisprudência têm caminhado nesse exato sentido.

As lições doutrinárias indicam que a sociedade é sim titular de um patrimônio moral que pode ser abalado por atos contrários à lei e à moral que deve presidir as relações sociais. Modernamente, admite-se a possibilidade de reparação de danos que tenham a potencialidade de lesar toda uma coletividade.

Carlos Alberto Bittar Filho (in "Do dano moral coletivo no atual contexto jurídico brasileiro". *Revista Direito do Consumidor*. São Paulo: Revista do Tribunais nº 12, out/dez, 1994. Destaques do MPT) leciona:

> *"(...) assim como cada indivíduo tem sua carga de valores, também **a comunidade, por ser um conjunto de indivíduos, tem uma dimensão ética**. Mas é essencial que se assevere que a citada amplificação desatrela os valores coletivos das pessoas integrantes da comunidade quando individualmente consideradas".*

"Os valores coletivos, pois, dizem respeito à comunidade como um todo, independentemente de suas partes. Trata-se, destarte, de valores do corpo, valores esses que não se confundem com o de cada pessoa, de cada célula, de cada elemento da coletividade. Tais valores têm um caráter nitidamente indivisível".

*"(...) **o dano moral coletivo é a injusta lesão da esfera moral de uma dada comunidade, ou seja, é a violação antijurídica de um determinado círculo de valores coletivos.** Quando se fala em dano moral coletivo, está-se fazendo menção ao fato de que o patrimônio valorativo de uma certa comunidade (maior ou menor), idealmente considerada, foi agredido de uma maneira absolutamente injustificável do ponto de vista jurídico... **Como se dá na seara do dano moral individual, aqui também não há que se cogitar de prova de culpa, devendo-se responsabilizar o agente pelo simples fato da violação...**"* (original sem grifo)

Esse autor destaca, ainda, a necessidade de fortalecimento, no direito brasileiro, do espírito coletivo, afirmando que a ação civil pública, neste particular, atua como *"poderoso instrumento de superação do individualismo".*

Do ponto de vista da jurisprudência, também não revela nenhuma novidade a questão do dano moral coletivo.

Assim ocorreu na decisão proferida no processo TRT-RO-5309/2002, cujo Relator foi o Juiz LUIS JOSÉ DE JESUS RIBEIRO, e que tem a seguinte ementa:

> *DANO MORAL COLETIVO – POSSIBILIDADE. Uma vez configurado que a ré violou direito transindividual de ordem coletiva, infringindo normas de ordem pública que regem a saúde, segurança, higiene e meio ambiente do trabalho e do trabalhador, é devida a indenização por dano moral coletivo, pois tal atitude da ré abala o sentimento de dignidade, falta de apreço e consideração, tendo reflexos na coletividade e causando grandes prejuízos à sociedade (TRT, 8ª Região, RO 5309/2002, Relator Juiz Luis de José Jesus Ribeiro, j. em 17.12.2002).*

Da mesma forma, a decisão abaixo:

> *AÇÃO CIVIL PÚBLICA – INDENIZAÇÃO POR DANO À COLETIVIDADE. Para que o Poder Judiciário se justifique, diante da necessidade social da justiça célere e eficaz, é imprescindível que os próprios juízes sejam capazes de "crescer", erguendo-se à altura dessas novas e prementes aspirações, que saibam, portanto, tornar-se eles mesmos protetores dos novos direitos "difusos", "coletivos" e "fragmentados", tão característicos e importantes da nossa civilização de massa, além dos tradicionais direitos individuais" (Mauro Cappelletti). Importa no dever de indenizar por dano causado à coletividade, o empregador que submete trabalhadores à condição degradante de escravo (TRT, 8ª Região, Acórdão nº 00276-2002-114-08-005, 1ª T/RO 861/2003, Relatora Juíza Maria Valquíria Norat Coelho, j. em 1º.4.2003)*

O dano moral coletivo desponta como sendo a violação em dimensão transindividual dos direitos da personalidade. Se o particular sofre dor psíquica ou passa por situação vexatória, **a coletividade, vítima de dano moral, sofre de desapreço, descrença em relação ao poder público e à ordem jurídica.** Padece a coletividade de intranquilidade, de insegurança.

A vergonha, o embaraço, o constrangimento que os cidadãos minimamente conscientes sentem diante de tais práticas por empregadores rurais também já foi expressa em Acórdão do TRT/8ª Região, de lavra da Juíza Suzy Cavalcante Koury, mantendo mais uma condenação de fazendeiro ao pagamento de dano moral coletivo:

> *TRABALHO EM CONDIÇÕES SUBUMANAS. DANO MORAL COLETIVO PROVADO. INDENIZAÇÃO DEVIDA. Uma vez provadas as irregularidades constatadas pela Delegacia Regional do Trabalho e consubstanciadas em Autos de Infração aos quais é atribuída fé pública (art. 364 do CPC), como também pelo próprio depoimento da testemunha do*

*recorrente, é devida indenização por dano moral coletivo, vez que **a só notícia da existência de trabalho escravo ou em condições subumanas no Estado do Pará e no Brasil faz com que todos os cidadãos se envergonhem e sofram abalo moral, que deve ser reparado**, com o principal objetivo de inibir condutas semelhantes. Recurso improvido. (TRT, 8ª Região, Ac. 1ª T/RO 4453/2003, Recorrente: Lázaro José Veloso (Fazenda São Luiz), Recorrido: MPT, j. em 30.9.2003) (grifo nosso)*

É destacável a repulsa que o TRT/8ª Região demonstra acerca de casos tais:

*"(...) **o trabalho escravo no século XXI avilta toda a coletividade**, pois **ignora toda a evolução da humanidade**, sendo vedado pela Constituição Federal de 1988 em seu art. 5º, inciso III.*

*De fato, a só notícia da existência de trabalho escravo no Estado do Pará e no Brasil faz com que **todos os cidadãos se envergonhem e sofram abalo moral**, que deve ser reparado, com o principal objetivo de inibir condutas semelhantes. (...)*

*Aqui **o que se busca é reparar o dano causado à coletividade pelo fato de o recorrente, em pleno século XXI, manter trabalhadores em condições subumanas**, enquanto que as multas administrativas cominadas encontram previsão legal e são devidas em razão do descumprimento de disposições não só da CLT, como também das Normas Regulamentares Rurais de Saúde, Higiene e Segurança (...)." (trecho do Ac. 1ª T/RO 4453/2003, acima referido) (grifo nosso)*

Recentemente, a decisão do TRT/8ª Região reformou sentença proferida pela M.M. Vara do Trabalho de Conceição do Araguaia majorando para **UM MILHÃO DE REAIS** uma indenização a título de dano moral coletivo por uma fazenda estar usando trabalho forçado, cujo relator foi o renomado Juiz Geogenor de Souza Franco Filho.

Assim, acompanhando visão mais socializante do direito, a doutrina e a jurisprudência já se demonstram sensíveis à questão do dano moral coletivo.

No que se refere ao resguardo aos direitos mínimos dos trabalhadores para que as irregularidades não se repitam e quanto à punição do empregador, a ser suportada por seu patrimônio, a provocação ao Estado-Juiz está sendo feita pelo Ministério Público do Trabalho.

O que espera a sociedade diante do desrespeito ao ser humano é que o Judiciário Trabalhista continue adotando postura técnico-jurídica de vanguarda no acolhimento dos pleitos formulados na presente ACP, e, acima de tudo, harmônica com os interesses da coletividade em ver cessar a prática do não fornecimento dos vestuários exigidos.

Dessa feita, impõe-se a reparação por meio de indenização por dano moral coletivo. E, portanto, através do exercício da Ação Civil Pública, pretende o Ministério Público do Trabalho a definição da responsabilidade por ato ilícito que causou danos morais a interesses difusos e/ou coletivos. A questão está assim definida pelo art. 1º da Lei nº 7.347/1985:

Art. 1º. Regem-se pelas disposições desta lei, sem prejuízo da ação popular, as ações de responsabilidade por danos morais e patrimoniais causados: (...)

IV – a qualquer outro interesse difuso ou coletivo.

Busca-se aqui, pois, a reparação do dano moral coletivo emergente da conduta ilícita da ré.

Destarte, os danos morais causados à coletividade devem ser reparados mediante a condenação ao pagamento de uma prestação pecuniária, cujo valor sirva, de um lado, para desestimular as violações ao ordenamento jurídico; de outro, contribuir para prover o Estado dos meios materiais necessários ao combate a essa espécie de violação da ordem jurídica; e, bem como, para propiciar a reconstituição dos bens lesados, conforme previsto no art. 13 da Lei nº 7.347/1985.

No caso de interesses difusos e coletivos na área trabalhista, esse fundo é o FAT – Fundo de Amparo ao Trabalhador – que, instituído pela Lei nº 7.998/1990, custeia o pagamento do seguro-desemprego (art. 10) e o financiamento de políticas públicas que visem à redução dos níveis de desemprego, o que propicia, de forma adequada, a reparação dos danos sofridos pelos trabalhadores, aqui incluídos os desempregados que buscam uma colocação no mercado.

Diante desses parâmetros, cumpre estipular o valor da prestação pecuniária que a ré deve ser condenada a adimplir.

Esse valor, a juízo do Ministério Público do Trabalho, deve corresponder a **R$ 500.000,00 (quinhentos mil reais)**. Trata-se de indenização simbólica se cotejada com a capacidade econômica do réu (ruralista proprietário de duas fazendas que possuem, inclusive, heliponto) e bem como à extensão do dano causado, além do caráter punitivo e pedagógico inerente à indenização perseguida.

Com efeito, requer o Ministério Público do Trabalho a fixação de indenização pela lesão a direitos metaindividuais sociais e trabalhistas no patamar de **R$ 500.000,00 (quinhentos mil reais)**, em vistas à capacidade econômica do réu, à extensão do dano e à característica punitivo-pedagógica da indenização, ao fito de recompor a lesão emergente da violação aos preceitos constitucionais e infraconstitucionais sociais e trabalhistas, revertendo-se a importância às comunidades diretamente lesadas (Enunciado nº 12 da 1ª Jornada de Direito Material e Processual na Justiça do Trabalho) ou revertidos ao FAT (Fundo de Amparo ao Trabalhador) ou entidade indicada pelo Ministério Público do Trabalho

5. DOS PEDIDOS LIMINARES – CAUTELARES E ANTECIPATÓRIOS

O pedido liminar tem esteio no art. 12 da Lei nº 7.347/1985, que autoriza ao juiz concedê-lo, com ou sem justificação prévia, nos próprios autos da ação civil pública.

Entende o Ministério Público do Trabalho, em razão da importância dos interesses tutelados por essa via, que tal medida poderá ter o alcance mais amplo possível, abarcando tanto provimentos de natureza cautelar (preventiva), quanto provimentos de natureza antecipatória de tutela (satisfativa). Isso se deve ao fato de que a tutela jurisdicional dos direitos metaindividuais deve ter a máxima efetividade possível, posto que são direitos indisponíveis, garantidos expressamente pela Constituição Federal.

Pelo exposto e, em decorrência do expresso nos arts. 19 e 21 da Lei nº 7.347/1985, são aplicáveis à medida liminar, prevista no art. 12 da referida Lei, os mandamentos contidos no art. 84, § 3º, da Lei nº 8.078/1990, e nos arts. 273, 461 e 798 do Código de Processo Civil. Além disso, cumpre ressaltar que, com a reforma do Código de Processo Civil, restou expressamente prevista no § 7º do art. 273 a fungibilidade das medidas de natureza antecipatórias e cautelares.

No caso em tela, verifica-se o preenchimento de todos os requisitos necessários ao deferimento das medidas cautelares.

O *fumus boni iuris* traduz-se pelos fatos acima narrados e pela cópia do anexo relatório elaborado pela fiscalização do trabalho, que goza de presunção de veracidade, os quais demonstram os atos ilícitos praticados pelos demandados.

Na situação em apreço, resta igualmente caracterizado o *periculum in mora*, já que a não concessão imediata dos provimentos pretendidos pode representar dificuldade ou impossibilidade de ressarcimento dos prejuízos causados.

Portanto, caracterizado o *fumus boni iuris* e o *periculum in mora* para a concessão dos pleitos cautelares.

Ademais, a tutela perseguida pela presente ação civil pública justifica-se na necessidade de o Judiciário Trabalhista exercer um papel preservacionista, e não apenas reparador. Com efeito, é de bem exortar que, no particular, estão presentes todos os requisitos que ensejam o deferimento de tutela antecipada.

Os elementos do procedimento investigatório instruído pelo Ministério Público do Trabalho revelam que há **prova inequívoca** (art. 273, *caput,* do CPC,) do trabalho em condições degradantes.

Quanto ao requisito da **verossimilhança** (CPC, art. 273, *caput*), esta decorre da existência das provas inequívocas já mencionadas e da notória fraude à lei consubstanciada pelas condutas ilícitas do réu da presente demanda, consoante pormenorizadamente exposto algures.

De outra parte, há **fundado receio de dano irreparável ou de difícil reparação** (CPC, art. 273, inciso I). Isto porque, o receio do perigo, em face da morosidade da prestação judicial alcançar a destempo o objetivo colimado pelo processo, qual seja, a paz social, seriamente ameaçada com a situação de abandona que o réu proporciona aos seus trabalhadores.

No caso, destaca-se, primeiramente, a premência de garantir-se a todos os trabalhadores do réu condições mínimas de saúde e trabalho, a fim de proporcionar-lhes salários e DIGNIDADE, sob pena de condená-los sumariamente à miséria.

Assim, nos termos do art. 12 da Lei nº 7.347/1985, requer-se, inicialmente, a concessão de medida liminar *inaudita altera pars* a fim de:

5.1. Decretar a quebra do sigilo bancário do requerido, oficiando-se, com urgência, ao Banco Central do Brasil, para que informe todas as modalidades de contas bancárias (conta corrente, conta-aplicação financeira, conta poupança etc.) em nome de A. A., CPF (...);

5.2. Determinar, neste mesmo ato, o bloqueio *on line* de valores nas referidas contas bancárias em nome do requerido, no valor de R$ 500.000,00 (quinhentos mil reais), a fim de assegurar o integral pagamento do dano moral coletivo a ser revertido às comunidades diretamente lesadas (Enunciado nº 12 da 1ª Jornada de Direito Material e Processual na Justiça do Trabalho) ou revertidos ao FAT (Fundo de Amparo ao Trabalhador) ou entidade indicada pelo Ministério Público do Trabalho;

5.3. Na hipótese de insuficiência da medida anterior, determinar a indisponibilidade dos bens móveis e imóveis do acionado, necessários para a integral satisfação das verbas indenizatórias (dano moral individual e coletivo), efetuando-se, respectivamente, o competente depósito judicial com a intimação do depositário nos termos do art. 148 e seguintes do CPC, e a averbação de cláusula de inalienabilidade no registro competente (arts. 167, II, 11 e 247, ambos da Lei nº 6.015/1973);

5.4. Caso insuficiente a medida anterior, decretar a quebra do sigilo fiscal do réu, oficiando-se, com urgência às Secretarias da Receita Federal no Amazonas e no Acre, para que informem todos os bens móveis e imóveis em nome do requerido;

5.5. Que sejam impostas ao réu, sob pena de **multa diária e por trabalhador no valor de R$ 5.000,00 (cinco mil reais)**, reversível às comunidades diretamente lesadas (Enunciado nº 12 da 1ª Jornada de Direito Material e Processual na Justiça do Trabalho) ou revertidos ao FAT (Fundo de Amparo ao Trabalhador) ou entidade indicada pelo Ministério Público do Trabalho, as obrigações consistentes em:

    5.5.1. assegurar, a todos os seus empregados, o direito constitucional fundamental de ir e vir;

    5.5.2. abster-se de contratar trabalhadores rurais por meio de pessoa interposta, como intermediários de mão de obra ("gatos"), cooperativas de mão de obra, ou empresas de locação de mão de obra;

    5.5.3. observar, quando da contratação de trabalhadores em outras localidades, que não às contíguas à região em que é sediada sua empresa ou propriedade, os procedimentos previstos na Instrução Normativa Intersecretarial nº 1, de 24 de março de 1994, do Ministério do Trabalho e Emprego, mormente no que pertine à comprovação da contratação regular, que implica, necessariamente, a assinatura das CTPS dos trabalhadores no local da contratação; a assinatura de contrato escrito, que discipline a duração do trabalho, salário, alojamento, alimentação e condições de retorno à localidade de origem do trabalhador; o transporte regular dos trabalhadores contratados, de preferência em ônibus comerciais normais; comunicação, através de ofício, à Delegacia Regional do Trabalho e Emprego competente e para o Sindicato de Trabalhadores Rurais do local de origem e de destino dos trabalhadores recrutados;

5.5.4. assegurar condições de retorno ao local de origem de trabalhadores recrutados fora do local de execução do trabalho;

5.5.5. utilizar-se somente de mão de obra contratada e devidamente registrada na forma dos arts. 2° e 3° da Lei n° 5.889/1973, combinados com os arts. 29 e 41 da CLT, ou respeitadas as disposições contidas no instrumento normativo aplicável à espécie;

5.5.6. caso o trabalhador não possua CTPS, em razão de não ter os documentos civis necessários, o réu deverá proceder ao devido registro e ao cumprimento das obrigações contidas no item anterior, excetuando-se quanto àquelas onde se exija o número do documento laboral, que deverá ser feito posteriormente, mas, com efeito retroativo à data da contratação;

5.5.7. garantir aos trabalhadores contratados todos os direitos imanentes ao vínculo empregatício, em especial pagamento pontual e integral do salário; repousos remunerados, inclusive férias; gratificação natalina (13° salário); aviso prévio;

5.5.8. prestar salário contra recibo assinado pelo empregado ou mediante comprovante de depósito em conta bancária, aberta para esse fim em nome de cada empregado, com o consentimento deste, em estabelecimento de crédito próximo ao local de trabalho, nos exatos termos do art. 464 da CLT;

5.5.9. pagar salário igual ou superior ao mínimo legal vigente, mesmo aos empregados que recebem remuneração variável, consoante estatuído nos incisos IV e VII do art. 7° da Constituição da República Federativa do Brasil, promulgada em 5 de outubro de 1988;

5.5.10. abster-se de considerar alimentação e habitação como salário "in natura" além dos limites legais e de proceder a descontos sem a expressa autorização do empregado, consoante art. 9° da Lei n° 5.889/1973;

5.5.11. abster-se de efetuar qualquer desconto nos salários do empregado, inclusive de ferramentas, equipamentos e utensílios empregados para o trabalho, salvo quando o desconto resultar de adiantamentos, de dispositivos de lei ou do contrato coletivo;

5.5.12. adimplir integral e tempestivamente as verbas rescisórias legalmente devidas ao empregado, elaborando corretamente o termo de rescisão do contrato de trabalho quanto às parcelas, que deverão ser pagas no ato de homologação da rescisão, consoante art. 477 e parágrafos da CLT;

5.5.13. fornecer, gratuitamente, materiais necessários à prestação de primeiros socorros, na forma disciplinada no item 31.5.1.3.6, além de, na hipótese de o número de empregados ser igual ou superior a dez, designar pessoa treinada para o manuseio deles, na forma do item 31.5.1.3.7, também da NR-31 da Portaria n° 3.214/1978;

5.5.14. providenciar a realização de exame médico admissional, periódico, de retorno ao trabalho, de mudança de função e demissional de seus empregados, na forma disciplinada no item 31.5.1.3.1 da NR-31 da Portaria n° 3.214/1978;

5.5.15. fornecer, gratuitamente, equipamentos de proteção individual (EPIs) a seus empregados, adequados aos riscos e em perfeito estado de conservação e funcionamento, atendendo aos termos do item 31.20 da NR-31 da Portaria n° 3.214/1978, em especial: máscaras, protetores auriculares, chapéu, luvas, camisa de manga longa, botas impermeáveis com cano longo ou com perneiras; providenciando a substituição sempre que necessário, orientando e fiscalizando a respectiva utilização;

5.5.16. promover, a todos os operadores de motosserra, treinamento para utilização segura da máquina, treinamento este com carga horária não inferior a oito horas;

5.5.17. fornecer água potável e fresca em quantidade suficiente nos locais de trabalho, além de disponibilizá-la em condições higiênicas, sendo proibida a utilização de copos coletivos, nos termos dos itens 31.23.9 e 31.23.10 da NR-31 da Portaria nº 3.214/1978;

5.5.18. oferecer alojamentos que atendam ao disposto no itens 31.23.2 e 31.23.5 da NR-31, quando houver permanência de trabalhadores no estabelecimento nos períodos entre as jornadas de trabalho, garantindo serviços de privadas por meios de sistema de esgoto, fossas sépticas ou sistema equivalente (item 31.23.3.2, "e", da NR-31, Portaria nº 3.214/1978) e local adequado para preparo de alimentos e lavanderias (item 31.23.1, c/c itens 31.23.6 e 31.23.7 da NR-31, da Portaria nº 3.214/1978), além da separação por sexo;

5.5.19. disponibilizar aos trabalhadores áreas de vivência compostas de: instalações sanitárias e locais para refeição, que atendam aos itens 31.23.2, 31.23.3 e 31.23.4, respectivamente da NR-31, da Portaria nº 3.214/1978;

5.5.20. efetuar os depósitos mensais relativos ao FGTS na conta vinculada dos seus empregados, observando os ditames da Lei nº 8.036/1990, sobretudo o disposto em seu art. 15;

5.5.21. efetuar o depósito da multa de 40% do FGTS, nas hipóteses, valores e forma prescritos no art. 18 da Lei nº 8.036/1990;

5.5.22. exibir ao Auditor-Fiscal, quando exigidos, quaisquer documentos que digam respeito ao fiel cumprimento das normas de proteção do trabalho, bem como prestar ao Auditor-Fiscal os esclarecimentos necessários ao desempenho de suas atribuições legais, nos termos do art. 630, § 3º, da CLT.

6. DOS PEDIDOS DEFINITIVOS

Diante de todo o exposto, nos termos esposados na fundamentação supra, requer o Ministério Público do Trabalho:

6.1. a confirmação, em definitivo, da decisão liminar;

6.2. o acolhimento integral dos pedidos formulados na presente ação civil pública, ou seja, a condenação do réu quanto ao postulado nos **subitens 5.5.1 a 5.5.22** do tópico anterior;

6.3. a condenação do réu no pagamento de indenização pelo dano moral suportado pelos trabalhadores vitimados, no valor mínimo de **R$ 10.000,00 (dez mil reais) para cada um**, conforme arbitrado por Vossa Excelência;

6.4. a condenação do réu no pagamento de **R$ 500.000,00 (quinhentos mil reais)** a título de indenização por dano moral coletivo, corrigido monetariamente até o efetivo recolhimento em favor das comunidades diretamente lesadas (Enunciado nº 12 da 1ª Jornada de Direito Material e Processual na Justiça do Trabalho) ou revertidos ao FAT (Fundo de Amparo ao Trabalhador) ou entidade indicada pelo Ministério Público do Trabalho.

7. DOS REQUERIMENTOS FINAIS

Requer, ainda, o Ministério Público do Trabalho:

7.1. a condenação do réu ao pagamento das custas processuais;

7.2. a intimação pessoal dos atos e prazos processuais atinentes à espécie, segundo o art. 18, II, *h*, da Lei Complementar nº 75/1993;

7.3. a produção de todos os meios de prova em direito admitidos, especialmente prova testemunhal, pericial, depoimento pessoal do réu, sob pena de confissão, e quaisquer outras provas que se façam necessárias no curso do processo.

Atribui-se à causa, para fins de alçada, o valor de R$ 640.000,00 (seiscentos e quarenta mil reais).

Termos nos quais,

pede e espera deferimento.

Manaus, 30 de janeiro de 2012.

TIAGO MUNIZ CAVALCANTI
Procurador do Trabalho
PRT 11ª Região

Capítulo 2

TRABALHO DA CRIANÇA E DO ADOLESCENTE
Tiago Muniz Cavalcanti

Sumário: 2.1. Doutrina da proteção integral • 2.2. Trabalho infantil • 2.3. Trabalho do adolescente • 2.4. Conselhos Tutelares • 2.5. Normas internacionais • 2.6. Exploração sexual de crianças e adolescentes • 2.7. Trabalho educativo, estágio e aprendizagem • 2.8. Autorizações judiciais • 2.9. Atletas mirins • 2.10. Utilização da designação *menor* • 2.11. Questões resolvidas e comentadas • *Anexo* – AÇÃO CIVIL PÚBLICA – TRABALHO INFANTIL DOMÉSTICO – VIOLÊNCIA SEXUAL – INDENIZAÇÃO POR DANOS MORAIS

2.1. DOUTRINA DA PROTEÇÃO INTEGRAL

A doutrina da *proteção integral* pode ser definida como o aparato normativo constitucional e infraconstitucional que confere à criança, ao adolescente e ao jovem prioridade no acesso aos direitos de natureza fundamental essenciais ao seu pleno desenvolvimento físico, psíquico, intelectual, espiritual, moral e social.

A Constituição Federal prevê expressamente a *proteção à infância como direito social* em seu art. 6º, *caput*. Em seguida, em dispositivos específicos, enuncia ser "dever da família, da sociedade e do Estado assegurar à criança, ao adolescente e ao jovem, com absoluta prioridade, o direito à vida, à saúde, à alimentação, à educação, ao lazer, à profissionalização, à cultura, à dignidade, ao respeito, à liberdade e à convivência familiar e comunitária, além de colocá-los a salvo de toda forma de negligência, discriminação, exploração, violência, crueldade e opressão". (art. 227, *caput*)

À luz do referido dispositivo constitucional, percebemos claramente quem são os *sujeitos de deveres* da proteção integral assegurada na ordem jurídica pátria: a *família*, a *sociedade* e o *Estado*. São, pois, os três agentes responsáveis por assegurar o pleno acesso aos direitos fundamentais necessários à formação pessoal, profissional e social dos sujeitos de direitos.

Com efeito, os legisladores dos constituintes originário e derivado, preocupados com o pleno desenvolvimento da criança, do adolescente e do jovem, impuseram a *união de esforços dos principais atores sociais* – família, sociedade e Estado – de modo a proporcionar-lhes, prioritariamente, todos os direitos fundamentais necessários para a perfeita formação da pessoa com tenra idade.

O *arcabouço constitucional* da prioridade absoluta estende-se, inclusive, à garantia da inimputabilidade dos menores de 18 (dezoito) anos, assegurando-lhes o direito de serem regidos por uma legislação especial. (art. 228, *caput*)

O princípio ganha *contornos infraconstitucionais* no Estatuto da Criança e do Adolescente, que, em seus arts. 1º, 3º e 4º, adota expressamente a doutrina da proteção integral e da prioridade absoluta, reproduzindo os dispositivos constitucionais afetos ao tema. Vejamos o que dispõem tais artigos:

> Art. 1º. Esta Lei dispõe sobre a proteção integral à criança e ao adolescente. [...]
>
> Art. 3º. A criança e o adolescente gozam de todos os direitos fundamentais inerentes à pessoa humana, sem prejuízo da proteção integral de que trata esta Lei, assegurando-se-lhes, por lei ou por outros meios, todas as oportunidades e facilidades, a fim de lhes facultar o desenvolvimento físico, mental, moral, espiritual e social, em condições de liberdade e de dignidade.
>
> Art. 4º. É dever da família, da comunidade, da sociedade em geral e do poder público assegurar, com absoluta prioridade, a efetivação dos direitos referentes à vida, à saúde, à alimentação, à educação, ao esporte, ao lazer, à profissionalização, à cultura, à dignidade, ao respeito, à liberdade e à convivência familiar e comunitária.
>
> Parágrafo único. A garantia de prioridade compreende:
>
> a) primazia de receber proteção e socorro em quaisquer circunstâncias;
>
> b) precedência de atendimento nos serviços públicos ou de relevância pública;
>
> c) preferência na formulação e na execução das políticas sociais públicas;
>
> d) destinação privilegiada de recursos públicos nas áreas relacionadas com a proteção à infância e à juventude.

Nos padrões nacionais, de acordo com o próprio ECA (art. 2º), considera-se *criança* a pessoa com até 12 (doze) anos incompletos, e *adolescente* quando sua idade for entre 12 (doze) e 18 (dezoito) anos incompletos.

O princípio da proteção integral encontra reforço no âmago das *vedações trabalhistas*, que serão objeto de estudo nos itens que seguem.

2.2. TRABALHO INFANTIL

Para as relações trabalhistas, o *trabalho infantil* é aquele prestado pela criança ou pelo adolescente com idade inferior a 16 anos, salvo na condição de aprendiz, a partir dos 14 anos, conforme expressa dicção constitucional (art. 7º, XXXIII). A exploração do trabalho infantil revela-se grave afronta aos preceitos valorativos constitucionais voltados à proteção do *desenvolvimento físico, psíquico, moral* e *social* da pessoa com tenra idade.

O elemento fático-jurídico da onerosidade, ínsito a qualquer contrato de trabalho, é prescindível para a *caracterização* do trabalho infantil. Isso não significa que, mais das vezes, em decorrência do subdesenvolvimento pátrio e da desigualdade social que assola o país, o trabalho das crianças e dos adolescentes com idade inferior a 16 anos vise, sim, ao próprio sustento e da respectiva família, à míngua de um patamar mínimo de cidadania. Em regra, são trabalhos degradantes e mal remunerados que ocorrem tanto na área urbana como na área rural.

Com efeito, percebe-se que o trabalho de crianças e adolescentes em descompasso com o ordenamento jurídico pátrio caracteriza-se como *trabalho proibido*, porquanto a vedação legal restringe-se aos sujeitos do contrato de trabalho.

Diferencia-se, nesse ponto, do denominado *trabalho ilícito*, cujo *objeto, em si, encontra vedação legal* ou revela-se contrário aos bons costumes. Nesse caso, a ofensa ao ordenamento jurídico é tão grave que sequer se reconhece o valor da relação trabalhista, não se admitindo a produção de qualquer efeito compensatório ou indenizatório do trabalho realizado. Os efeitos retroativos da declaração de nulidade encontram amparo na ilicitude do próprio objeto, que ofende o ordenamento jurídico e a legislação penal.

A jurisprudência tratou de afastar qualquer efeito decorrente do trabalho ilícito. Nesse sentido, a *OJ nº 199 da SDI-I* do TST:

> JOGO DO BICHO – CONTRATO DE TRABALHO – NULIDADE – OBJETO ILÍCITO. É nulo o contrato de trabalho celebrado para o desempenho de atividade inerente à prática do jogo do bicho, ante a ilicitude de seu objeto, o que subtrai o requisito de validade para a formação do ato jurídico.

A ênfase protetiva trabalhista quanto às *nulidades decorrentes da contratação proibida*, por sua vez, está relacionada à vedação do trabalho infantil, porquanto não possui qualquer aptidão de evolução pessoal, profissional ou social da pessoa em formação. Cuida-se de *contratação inválida*, operando a *nulidade plena*. Porém, como a invalidação decorre da proteção integral, devem ser *reconhecidos todos os efeitos jurídicos* da contratação, assegurando-se à criança e ao adolescente com idade inferior a 16 anos todos os *direitos trabalhistas, indenizatórios e previdenciários*. Inclusive, neste último aspecto, há quem entenda que o trabalho nessa faixa etária deve ser tomado como equivalente ao **penoso**, justificando a contribuição especial e a contagem nessa qualidade para futura aposentação (entendimento da saudosa Juíza do Trabalho da 6ª Região, Dra. Lúcia Teixeira da Costa Oliveira).

Possibilitar a retroatividade dos efeitos da decretação da nulidade, de modo a suplantar os direitos trabalhistas decorrentes da contratação proibida, seria imaginar a *irresponsabilidade do empregador*, admitindo-se o *enriquecimento sem causa* do explorador e de terceiros beneficiados pelo trabalho infantil. Ademais, não há como voltar no tempo de modo a reverter os danos suportados pelos trabalhadores com pouca idade.

Em síntese, podemos concluir que a teoria civilista da nulidade (com efeitos retroativos) somente se aplica aos casos de trabalho ilícito, cujo objeto, em si, encontra vedação legal expressa. Quanto ao trabalho proibido, a invalidação seria direcionada para a *cessação do ato*, ganhando, portanto, contornos específicos trabalhistas (efeitos *ex nunc*, ou seja, não retroativos). Os motivos, como visto, são: 1) agressão ao *princípio da proteção integral*, que existe para proteger o trabalhador de pouca idade, nunca para agravar os efeitos nefastos de sua exploração; 2) a retroatividade dos efeitos representaria uma *premiação ao infrator*; 3) *impossibilidade de retorno ao status quo ante*, sendo impossível o empregado reaver sua força de trabalho; e 4) a *irreversibilidade das lesões* à higidez biopsicossocial da criança.

Merece registro o fato de alguns autores não reconhecerem a *natureza salarial das verbas trabalhistas* decorrentes da contratação proibida, mas assegurarem uma compensação na forma de indenização. Nos dias atuais, felizmente, são raras as vozes na doutrina e na jurisprudência que não reconhecem todos os direitos decorrentes do trabalho infantil, inclusive a *anotação na Carteira de Trabalho*.

Nesse sentido, trazemos as seguintes decisões:

APOSENTADORIA POR TEMPO DE SERVIÇO – TRABALHADOR RURAL – MENOR DE 14 ANOS – ART. 7º, XXXIII, DA CF. Trabalho realizado em regime de economia familiar. Comprovação através de documentos do pai do autor. Divergência jurisprudencial demonstrada. Entendimento do art. 255 e parágrafos, do regimento interno desta Corte. A norma constitucional insculpida no art. 7º, XXXIII, da CF, tem caráter protecionista, visando a coibir o trabalho infantil, não podendo servir, porém, de restrição aos direitos do trabalhador no que concerne à contagem de tempo de serviço para fins previdenciários. Tendo sido o trabalho realizado pelo menor a partir de 12 anos de idade, há que se reconhecer o período comprovado para fins de aposentadoria. É entendimento firmado neste Tribunal que as atividades desenvolvidas em regime de economia familiar podem ser comprovadas através de documentos em nome do pai de família, que conta com a colaboração efetiva da esposa e filhos no trabalho rural. (STJ – REsp 541.103/RS – 5ª T. – Relator Ministro Jorge Scartezzini – *DJU* de 1º.7.2004)

TRABALHADOR MENOR DE QUATORZE ANOS – RELAÇÃO DE EMPREGO – PRINCÍPIOS DA PRIMAZIA DA REALIDADE E DA PROTEÇÃO. Seria incompatível com os princípios da primazia da realidade e da proteção negar, por completo, eficácia jurídica ao contrato celebrado entre as Partes, em razão da menoridade do Reclamante. No Direito do Trabalho, a nulidade do contrato pode não acarretar negação plena dos efeitos jurídicos do ato. É o que acontece com a contratação sem concurso pela Administração Pública. Declara-se a nulidade do ato, sem prejuízo da obrigação de pagar os salários dos dias trabalhados (Orientação Jurisprudencial nº 85 da SBDI-I). Assim, a tutela jurisdicional prestada pela Justiça do Trabalho obsta o enriquecimento sem causa, valorizando a força de trabalho despendida, considerada a impossibilidade de restabelecimento do estado anterior. (RR 449878-10.1998.5.03.5555 – j. em 20.3.2002 – Relatora Ministra Maria Cristina Irigoyen Peduzzi – 3ª Turma – *DJ* de 19.4.2002)

Ademais, importa registrar que os direitos indenizatórios devem assegurar *reparações extrapatrimoniais individual e coletiva*, sendo desnecessário fazer prova do dano suportado pela criança ou adolescente, na medida em que a lesão se revela *ipso facto*. É dizer, a simples exploração do trabalho infantil já traz consigo forte *impacto negativo aos menores, tanto no desenvolvimento físico*, porquanto exposto a riscos incompatíveis com a idade, *como psíquico*, uma vez que são privados de sua formação educacional plena, *e social*, tendo em vista a privação do convívio e das brincadeiras inerentes à idade. Com efeito, como já mencionado, não se exige dilação probatória para restar caracterizado o dano moral. Nesse exato sentido:

TRABALHO INFANTIL – DANOS MORAIS – INDENIZAÇÃO. Por certo que o Poder Judiciário não pode fechar os olhos à realidade do trabalho infantil. A prova colhida nos autos evidencia que o reclamado valeu-se do trabalho dos menores, sem ao menos garantir-lhes as mínimas condições dignas. Não se duvida que o "trabalho dignifica o homem", como diz o dito popular tão conhecido. Todavia, no caso de crianças, o trabalho deve ser, sim, repudiado e condenável. Crianças devem ter direito a uma formação digna e sadia, em um ambiente também saudável e fraterno. Claro que há todo um contexto social de subdesenvolvimento e de franca desigualdade por trás de tudo isso, de modo que não se pode culpar a uns e a outros por tal realidade, mas a todos. Assim, o fato de que a criança vive em condições miseráveis, criada em uma família miserável, em meio à ignorância e à degradação do ser humano em seu estado mais grave, não pode servir de desculpa para que a criança seja posta a trabalhar "para não cair na marginalidade", para "ocupar a mente de forma produtiva e não se envolver com drogas e outras formas de perversão". Não. A criança tem direito à própria infância, e a se pensar da forma acima, estar-se-ia provocando uma verdadeira inversão dos valores, que em verdadeiro círculo vicioso, geraria ainda mais perversidade. Recurso conhecido e parcialmente provido. (TRT – 10ª R. – RO 00365-2008-111-10-00-7 – 2ª T. – Relator Juiz Gilberto Augusto Leitão Martins – j. em 11.2.2009)

Além das verbas trabalhistas, indenizatórias e previdenciárias, a responsabilidade do explorador pode gerar, inclusive, *penalidade criminal* quando a realidade fática da exploração do trabalho infantil ocorrer juntamente com *violência física*. Por óbvio, a responsabilização criminal dos responsáveis foge das atribuições do Ministério Público do Trabalho, estando inserta no espectro de atuação do Ministério Público estadual. O mesmo se diga em relação à eventual responsabilização civil dos pais, cuja ação de destituição do pátrio poder deverá ser ajuizada pelo Promotor de Justiça no âmago da Justiça Comum.

É possível falar, ainda, em *responsabilização do poder público* quando restar comprovada sua negligência na implementação de políticas públicas voltadas para a formação integral da criança e do adolescente e de combate ao trabalho em tais condições gravosas. Tratando-se de responsabilidade estatal por ato omissivo, é mister restar demonstrada, em concreto, a culpa do ente público, nos moldes do texto constitucional.

Sobre esse ponto específico, consta a *Orientação nº 4* da Coordenadoria Nacional de Combate à Exploração do Trabalho de Crianças e Adolescentes:

> Políticas Públicas para prevenção e erradicação do Trabalho Infantil. Legitimação do Ministério Público do Trabalho para atuação. Pode ser ajuizada perante a Justiça do Trabalho ação civil pública pleiteando a elaboração e execução de políticas públicas voltadas à prevenção e erradicação do trabalho infantil. Aplicação do art. 83, III, da Lei Complementar nº 75/1993 e art. 114, I, da Constituição da República.

2.3. TRABALHO DO ADOLESCENTE

Como visto, o princípio da proteção integral estende-se, inclusive, ao adolescente e ao jovem. Nessa esteira, numa exata compreensão da coerência do texto constitucional, há expressa vedação ao menor de 18 anos no que diz respeito ao trabalho em *gravosas condições de execução* (art. 7º, XXXIII). O trabalho noturno, insalubre e perigoso é considerado proibido à pessoa em formação entre 16 e 18 anos, porquanto lhes representa risco diferenciado ao pleno desenvolvimento fisiológico.

Excedidos os limites da contratação do trabalho do adolescente, a proibição legal não gera a nulificação do contrato, mas apenas a *retirada da pactuação extraordinária irregular*, sendo-lhe, no entanto, *assegurados todos os efeitos e direitos trabalhistas decorrentes*, inclusive em relação aos adicionais respectivos.

Quanto à *vedação ao trabalho penoso*, apesar do silêncio constitucional, o Estatuto da Criança e do Adolescente, em simetria com os princípios constitucionais, cuidou de fazê-lo de forma expressa (art. 67, II).

Os limites à contratação estendem-se, inclusive, à proibição do trabalho realizado em *locais prejudiciais* à sua formação, ao seu desenvolvimento físico, psíquico, moral e social, além daquele realizado em horários e locais que não permitam a *frequência à escola* (arts. 403, parágrafo único, e 405, ambos da CLT, e 67, IV, do ECA).

Não se pode olvidar, ainda, a *vedação à realização de sobrejornada* aos menores de 18 (dezoito) anos. Isso porque a execução de serviços extraordinários lhes traria irreversíveis prejuízos aos estudos, além de representar *indesejáveis desgastes físicos e psíquicos*, incompatíveis com sua especial condição em formação.

Em arremate, merece registro o art. 440 da CLT, que traz regra específica no trato prescricional trabalhista: "Contra os menores de 18 (dezoito) anos não corre nenhum prazo de prescrição". Portanto, a despeito das regras civilistas, a menoridade revela-se *causa impeditiva da prescrição trabalhista*.

2.4. CONSELHOS TUTELARES

O Estatuto da Criança e do Adolescente criou a figura do chamado *Conselho Tutelar*, definido pela Lei como *órgão permanente e autônomo, não jurisdicional*, encarregado pela sociedade de zelar pelo cumprimento dos direitos da criança e do adolescente.

Dentre suas várias atribuições, destacam-se, no que concerne especificamente ao tema sob análise, requisitar serviços públicos nas áreas de saúde, educação, serviço social, previdência, *trabalho* e segurança, além de atender e aconselhar os pais ou responsável, obrigando-lhes a matricular o filho ou pupilo e acompanhar sua frequência e aproveitamento escolar (art. 136, II e III, *a*, c/c art. 129, V).

Em cada município, haverá pelo menos um Conselho Tutelar composto de *cinco membros*, escolhidos pela comunidade local para mandato de *quatro anos*, sendo permitida *uma recondução* (art. 132 do ECA), devendo residir no município respectivo, ter mais de vinte e um anos, além de reconhecida *idoneidade moral* (art. 133 do ECA).

Sem necessidade de maiores reflexões sobre esse ponto específico do programa, remetemos os interessados a uma leitura atenta dos arts. 131 a 140 do Estatuto da Criança e do Adolescente.

2.5. NORMAS INTERNACIONAIS

Apesar da dificuldade de se encontrar uma sintética e completa definição do que vem a ser *direitos humanos*, atrevemo-nos a conceituá-los como aqueles direitos de *grandeza fundamental*, reconhecidos no texto constitucional ou em normas internacionais, titularizados exclusivamente pelo *ser humano*, e que viabilizam um padrão mínimo de *dignidade*.

No plano internacional, os instrumentos de proteção a esses direitos podem ser divididos em dois distintos sistemas: *homogêneo*, cujo destinatário é a universalidade de seres humanos, indistintamente; e *heterogêneo*, que se destina a tutelar grupos seletos merecedores de especial atenção, como o são as crianças e os adolescentes. Por óbvio, esses sistemas de proteção não são excludentes, mas complementares, de modo que os operadores jurídicos lhes devem outorgar idêntica importância.

No *sistema homogêneo*, merece destaque a *Declaração Universal dos Direitos Humanos de 1948*, que conferiu especial proteção social às crianças, independentemente do fato de serem concebidas dentro ou fora do matrimônio, o que, em vistas à sociedade patriarcal da época, mostrava-se uma norma à frente do seu tempo.

O *sistema heterogêneo* de proteção aos direitos humanos considera as crianças, por motivos óbvios, merecedoras de especial atenção dos instrumentos internacionais. Vários são os exemplos, com destaque para a *Declaração de Genebra de 1924*, a *Declaração dos Direitos da Criança de 1959*, a *Convenção Sobre os Direitos da Criança de 1989*, a *Convenção Ibero-Americana dos Direitos dos Jovens de 2005*, além das Convenções da Organização Internacional do Trabalho, que serão objeto de análise mais detalhada em razão da finalidade específica relacionada às atividades trabalhistas.

Em todo o mundo, estima-se que há mais de *200 milhões de crianças trabalhadoras*, privadas de uma educação formadora e dos demais direitos e liberdades fundamentais. Mais da metade, de acordo com dados estatísticos da *Organização Internacional do Trabalho*, está exposta às piores formas de trabalho infantil e a riscos de ordem física, mental, social e moral.

Nos últimos anos, felizmente, a sociedade internacional presenciou uma queda no número de crianças trabalhadoras, o que é devido, em grande parte, a uma forte atuação da Organização Internacional do Trabalho através, inclusive, de uma gama de instrumentos normativos de âmbito internacional, com destaque para as *Convenções nᵒˢ 138 e 182*. Como todo instrumento que versa sobre os direitos humanos, as Convenções da OIT estabelecem os *normas mínimas* de proteção no sentido de que o Estado e a sociedade se organizem de maneira a torná-las uma realidade no ordenamento jurídico interno e na vida social.

A primeira delas estabelece que a *idade mínima de admissão no emprego* não deverá ser inferior à idade em que cessa a *obrigação escolar*, ou, em todo caso, a *quinze anos*. A própria Convenção, no entanto, relativiza tal fixação, dispondo que os membros signatários cuja *economia e sistemas educacionais não estejam suficientemente desenvolvidos* poderão, mediante prévia consulta às organizações de empregadores e de trabalhadores interessadas, se tais organizações existirem, especificar, inicialmente, uma idade mínima de *quatorze anos* (art. 2º, itens 3 e 4).

Por sua vez, a *Convenção nº 182 da Organização Internacional do Trabalho*, regulamentada pelo Decreto nº 6.481/2008, dispõe sobre a proibição e a ação imediata para eliminação das *piores formas de trabalho infantil*. A Convenção, em suas linhas introdutórias, reconhece que o trabalho das crianças é, em grande medida, provocado pela pobreza, e que a solução a longo prazo reside no crescimento econômico sustentado, que conduz ao progresso social, sobretudo à diminuição da pobreza e à educação universal. Para os seus efeitos, o termo *criança* aplica-se a toda pessoa menor de 18 anos (art. 2º).

Como a Convenção em análise demanda especial atenção do leitor-candidato, entendemos prudente e sensato reproduzirmos, na íntegra, a extensão do conceito de *piores formas de trabalho infantil*, para os seus efeitos (art. 3º):

> a) todas as formas de *escravidão* ou práticas análogas à escravidão, tais como a venda e tráfico de crianças, a servidão por dívidas e a condição de servo, e o trabalho forçado ou obrigatório, inclusive o recrutamento forçado ou obrigatório de crianças para serem utilizadas em conflitos armados;
>
> b) a utilização, o recrutamento ou a oferta de crianças para a *prostituição*, a produção de pornografia ou atuações pornográficas;
>
> c) a utilização, recrutamento ou a oferta de crianças para a realização de *atividades ilícitas*, em particular a produção e o tráfico de entorpecentes, tais como definidos nos tratados internacionais pertinentes; e,
>
> d) o trabalho que, por sua natureza ou pelas condições em que é realizado, é suscetível de prejudicar *a saúde, a segurança ou a moral* das crianças.

A aprovação unânime da citada Convenção na Conferência Internacional do Trabalho, em 1999, é um *caso singular* na história da Organização Internacional do Trabalho. O mesmo se diga em relação à forte adesão dos Estados-membros, com cerca de 95% de todos os países que compõem a organização. O grande número de Estados signatários e o significativo avanço na redução do trabalho infantil fizeram com que a OIT estabelecesse um objetivo ambicioso: eliminar todas as piores formas de trabalho infantil em uma década.

No entanto, o terceiro Informe Global da OIT trouxe um panorama relativamente distinto dos resultados positivos de outrora. Apesar de continuar diminuindo, houve uma *redução no ritmo de erradicação do trabalho infantil*, o que pode estar vinculado a fatores diversos, dentre os quais a *recessão econômica global*. Em épocas de crise financeira, os governos optam por utilizá-la como justificativa para o corte de gastos em áreas sociais essenciais.

A Organização Internacional do Trabalho estima que o *custo total* para eliminar o trabalho infantil é bastante *inferior aos benefícios econômicos* concedidos pelos governos para salvar instituições financeiras durante o período de crise econômica. Cuida-se de uma questão de *prioridade e vontade política distorcidas*.

Não obstante, apesar dos recentes resultados não tão satisfatórios, o objetivo inicial de erradicação das piores formas de trabalho infantil num futuro breve permanece sólido, de modo que a OIT vem exigindo dos *governos que cumpram os compromissos assumidos* e acelerem as ações para que todas as crianças recebam a educação necessária para se tornarem *adultos produtivos e com empregos decentes*.

2.6. EXPLORAÇÃO SEXUAL DE CRIANÇAS E ADOLESCENTES

Uma das piores formas de trabalho infantil (art. 3º da Convenção nº 182 da OIT), a exploração sexual é uma espécie de violência que ocorre através da utilização de crianças e adolescentes para fins sexuais mediada por lucro, objetos de valor ou outros elementos de troca, fazendo exsurgir uma relação de mercantilização. Normalmente, envolve rede de aliciadores, agenciadores, facilitadores e demais pessoas que se beneficiam financeiramente da exploração sexual. Em tais casos, a atuação do Ministério Público do Trabalho possui natureza preventiva, pedagógica e repressivo-punitiva em face dos agressores e eventuais intermediários.

Devemos registrar, no entanto, que a exploração sexual não se confunde com o abuso, espécie também perversa do gênero "violência sexual". No abuso, o ato sexual não se consuma por meio do dinheiro ou de objetos retributivos, mas através da força física, da ameaça ou da sedução, normalmente envolvendo pessoas conhecidas ou da própria família da vítima. Tais casos, em razão da inexistência da característica remuneratória, fogem por completo do espectro de atribuições do *parquet* trabalhista.

Eis as orientações da Coordinfância sobre o tema:

> *ORIENTAÇÃO Nº 05* • EXPLORAÇÃO SEXUAL COMERCIAL DE CRIANÇAS E ADOLESCENTES – RELAÇÃO DE TRABALHO ILÍCITA E DEGRADANTE – RESPONSABILIZAÇÃO POR DANO MORAL. A exploração sexual comercial de crianças e adolescentes é relação de trabalho ilícita e degradante e constitui, na forma da Convenção nº 182 da OIT e do Decreto nº 6.481/2008, uma das piores formas de trabalho infantil, que ofende não somente a direitos individuais do lesado, mas também e, fundamentalmente, aos interesses difusos de toda a sociedade brasileira. Constitui-se como grave violação da dignidade da pessoa humana e do patrimônio ético-moral da sociedade, autorizando a celebração de Termos de Ajuste de Conduta e propositura de Ações Civis Públicas, pelo Ministério Público do Trabalho, para ressarcimento do dano individual indisponível e metaindividual dela decorrente.

ORIENTAÇÃO Nº 06 • EXPLORAÇÃO SEXUAL COMERCIAL DE CRIANÇAS E ADOLES-CENTES – RESPONSABILIDADE DOS EXPLORADORES. O cliente e/ou o tomador dos serviços sexuais prestados por crianças e adolescentes, bem como o respectivo intermediador e quaisquer pessoas que venham a favorecer tais práticas, são responsáveis solidariamente por todos os danos, materiais e morais, individuais e coletivos, decorrentes de sua conduta lesiva, nos termos do art. 942, parágrafo único, do Código Civil, art. 4º, II, do Decreto nº 6.481/2008, sobre piores formas de trabalho infantil, c/c art. 8º da Consolidação das Leis do Trabalho.

ORIENTAÇÃO Nº 07 • EXPLORAÇÃO SEXUAL COMERCIAL DE CRIANÇAS E ADOLESCEN-TES – LEGITIMIDADE DO MINISTÉRIO PÚBLICO DO TRABALHO. Nos termos dos arts. 114, I; 127 e 129 da CF/1988, do art. 83, V, da LC nº 75/1993 e do art. 1º da Lei nº 7.347/1985, cabe ao Ministério Público do Trabalho a investigação e o ajuizamento de ações em relação às questões decorrentes do trabalho sexual ilícito de crianças e adolescentes junto à Justiça do Trabalho.

2.7. TRABALHO EDUCATIVO, ESTÁGIO E APRENDIZAGEM

O *trabalho educativo* encontra definição legal no art. 68, § 1º, do Estatuto da Criança e do Adolescente, sendo entendido como a atividade laboral em que as *exigências pedagógicas* relativas ao desenvolvimento pessoal e social do educando *prevalecem sobre o aspecto produtivo*. Cuida-se, portanto, de um método auxiliar à formação educacional do jovem, de modo que o caráter pedagógico prevaleça sobre quaisquer finalidades produtivas, *não gerando vínculo de emprego*.

Ademais, de acordo com o art. 68, *caput*, o trabalho educativo será realizado por meio de um *programa social*, sob responsabilidade de entidade governamental ou não governamental sem fins lucrativos, que deverá assegurar ao adolescente que dele participe condições de capacitação para o exercício de atividade regular remunerada.

Por óbvio que a ausência de vínculo empregatício exige a presença da *prevalência do caráter educacional*, de maneira que, diante de qualquer desvio de finalidade nessa especial forma de contratação far-se-á a leitura dos elementos fático-jurídicos da relação de emprego nos moldes da CLT.

Quanto ao *estágio* e à *aprendizagem*, optamos por elaborar uma tabela sintética com suas principais características, de modo a facilitar o aprendizado.

	Estágio	Aprendizagem
Conceito	**Ato educativo escolar supervisionado**, desenvolvido no ambiente de trabalho, que visa à preparação para o trabalho produtivo de educandos que estejam frequentando o ensino regular em instituições de educação superior, de educação profissional, de ensino médio, da educação especial e dos anos finais do ensino fundamental, na modalidade profissional da educação de jovens e adultos.	Contrato de trabalho especial, ajustado por escrito e por prazo determinado, em que o empregador se compromete a assegurar ao maior de 14 (quatorze) e menor de 24 (vinte e quatro) anos inscrito em programa de aprendizagem **formação técnico-profissional metódica**, compatível com o seu desenvolvimento físico, moral e psicológico, e o aprendiz, a executar com zelo e diligência as tarefas necessárias a essa formação.

	Estágio	Aprendizagem
Requisitos	a) Matrícula e frequência regular do educando em curso de educação superior, de educação profissional, de ensino médio, da educação especial e nos anos finais do ensino fundamental, na modalidade profissional da educação de jovens e adultos e atestados pela instituição de ensino; b) celebração de termo de compromisso entre o educando, a parte concedente do estágio e a instituição de ensino; c) compatibilidade entre as atividades desenvolvidas no estágio e aquelas previstas no termo de compromisso; d) acompanhamento efetivo pelo professor orientador da instituição de ensino e por supervisor da parte concedente, comprovado por vistos nos relatórios periódicos e por menção de aprovação final.	a) Anotação na Carteira de Trabalho e Previdência Social; b) matrícula e frequência do aprendiz na escola, caso não haja concluído o ensino médio (nas localidades onde não houver oferta de ensino médio, a contratação do aprendiz poderá ocorrer sem a frequência à escola, desde que ele já tenha concluído o ensino fundamental); c) inscrição em programa de aprendizagem desenvolvido sob orientação de entidade qualificada em formação técnico-profissional metódica.
Sujeitos da relação	a) Estagiário ou Educando (adolescentes ou jovens com idade superior a 16 anos que estejam cursando a educação superior, educação profissional, ensino médio, educação especial ou nos anos finais do ensino fundamental, na modalidade profissional da educação de jovens e adultos); b) Instituição de ensino; c) concedente do estágio (pessoas jurídicas de Direito privado e órgãos da administração pública direta, autárquica e fundacional de qualquer dos Poderes da União, dos Estados, do Distrito Federal e dos Municípios, bem como profissionais liberais de nível superior devidamente registrados em seus respectivos conselhos de fiscalização profissional); d) Agentes de integração públicos ou privados (auxiliares no processo de aperfeiçoamento do instituto do estágio).	a) Aprendiz (toda pessoa que tenha entre 14 e 24 anos, à exceção dos deficientes, que não se submetem à limitação etária); b) empregador (empresa ou entidade sem fins lucrativos); c) Serviços Nacionais de Aprendizagem (SENAC, SENAI, SENAT, SENAR etc.) ou, supletivamente, Escolas Técnicas de Educação ou entidades registradas no Conselho Municipal dos Direitos da Criança e do Adolescente.
Jornada	a) 4 (quatro) horas diárias e 20 (vinte) horas semanais, no caso de estudantes de educação especial e dos anos finais do ensino fundamental, na modalidade profissional de educação de jovens e adultos; b) 6 (seis) horas diárias e 30 (trinta) horas semanais, no caso de estudantes do ensino superior, da educação profissional de nível médio e do ensino médio regular;	A duração do trabalho do aprendiz não excederá de seis horas diárias, sendo vedadas a prorrogação e a compensação de jornada. Esse limite poderá ser de até oito horas diárias para os aprendizes que já tiverem completado o ensino fundamental, se nelas forem computadas as horas destinadas à aprendizagem teórica.

Trabalho da criança e do adolescente | 281

	Estágio	Aprendizagem
Jornada *(cont.)*	c) 40 (quarenta) horas semanais no caso de estágio relativo a cursos que alternam teoria e prática, nos períodos em que não estão programadas aulas presenciais, desde que isso esteja previsto no projeto pedagógico do curso e da instituição de ensino. (*) Nos períodos de avaliação, a carga horária do estágio será reduzida pelo menos à metade, segundo estipulado no termo de compromisso, para garantir o bom desempenho do estudante.	
Duração	Não poderá exceder a 2 (dois) anos, exceto quando se tratar de estagiário com deficiência.	Não poderá ser estipulado por mais de 2 (dois) anos, exceto quando se tratar de aprendiz com deficiência.
Direitos	a) Bolsa ou outra forma de contraprestação, além de auxílio-transporte, na hipótese de estágio não obrigatório; b) recesso de 30 (trinta) dias sempre que o estágio tenha duração igual ou superior a 1 (um) ano; c) facultativamente, inscrição e contribuição no Regime Geral de Previdência Social.	a) Anotação da CTPS; b) salário mínimo hora, salvo condição mais favorável; c) certificado de qualificação profissional; d) todos os direitos trabalhistas e previdenciários decorrentes da relação de emprego; e) atividade compatível com sua formação; f) horário compatível com seus estudos.
Extinção	a) No seu termo final (até dois anos), exceto quando se tratar de estagiário com deficiência; b) a qualquer tempo.	a) No seu termo final (até 2 anos), exceto quando se tratar de aprendiz com deficiência; b) quando o aprendiz completar 24 anos, exceto no caso de deficiente; c) desempenho insuficiente ou inadaptação do aprendiz; d) falta disciplinar grave; e) ausência injustificada à escola que implique a perda do ano letivo; f) a pedido do aprendiz.
Principais diferenças	a) Não gera vínculo empregatício; b) formalizado através de termo de compromisso; c) não confere direitos trabalhistas; d) natureza de ato educativo-escolar supervisionado.	a) Gera vínculo empregatício; b) formalizado através de contrato de trabalho e anotação na CTPS; c) confere todos os direitos trabalhistas; d) natureza de contrato de trabalho com objetivos de formação técnico-profissional.

	Estágio	Aprendizagem
Limites	Número máximo de estagiários: a) de 1 (um) a 5 (cinco) empregados: 1 (um) estagiário; b) de 6 (seis) a 10 (dez) empregados: até 2 (dois) estagiários; c) de 11 (onze) a 25 (vinte e cinco) empregados: até 5 (cinco) estagiários; d) acima de 25 (vinte e cinco) empregados: até 20% (vinte por cento) de estagiários. (*) Não se aplica aos estágios de nível superior e de nível médio profissional.	5% (cinco por cento), no mínimo, e 15% (quinze por cento), no máximo, dos trabalhadores existentes em cada estabelecimento, cujas funções demandem formação profissional.

Eis as orientações sobre o tema:

ORIENTAÇÃO Nº 03 • APRENDIZAGEM NAS SOCIEDADES DE ECONOMIA MISTA E EMPRESAS PÚBLICAS – OBRIGATORIEDADE – ART. 173 DA CF/1988 C/C ARTS. 429 E SS. DA CLT. No âmbito das sociedades de economia mista e empresas públicas, a contratação de aprendizes é obrigatória, por força do contido no art. 173 da CF 88 e no art. 429 e ss. da CLT, cumulado com o art. 16 do Decreto nº 5.580/2005, devendo a contratação obedecer a processo seletivo prévio, na forma do art. 37 da mesma Constituição.

ORIENTAÇÃO Nº 17 • ESTÁGIO – EDUCAÇÃO BÁSICA – ENSINO MÉDIO NÃO PROFISSIONALIZANTE – CONSTITUCIONALIDADE. O Estágio é ato educativo escolar supervisionado que visa à preparação para o trabalho produtivo do educando. A profissionalização não se restringe à qualificação para uma profissão específica, alcançando, também, o preparo básico para o mundo do trabalho. A educação visa ao pleno desenvolvimento da pessoa, seu preparo para a cidadania e sua qualificação para o trabalho. Diante de tais premissas, têm-se como constitucionais as previsões normativas que autorizam o estágio na educação básica, na etapa de ensino médio não profissionalizante. Inteligência dos arts. 205, 214, IV, e 227, *caput*, da Constituição Federal combinados com os arts. 4º, 53 e 69 do Estatuto da Criança e do Adolescente – ECA; arts. 1º, 2º e 82 da Lei de Diretrizes e Bases da Educação Nacional – LDB; arts. 1º e 9º da Lei nº 11.788/2008 e, ainda, a Resolução do CNE/CEB nº 1, de 21 de janeiro de 2004.

ORIENTAÇÃO Nº 18 • ESTÁGIO – EDUCAÇÃO BÁSICA – ENSINO MÉDIO NÃO PROFISSIONALIZANTE – REQUISITOS. A validade do estágio na educação básica, na etapa de ensino médio não profissionalizante, pressupõe a observância dos seguintes requisitos: a) formais: previsão no projeto pedagógico da instituição de ensino e no planejamento curricular do respectivo curso; celebração de termo de parceria entre a instituição de ensino e a entidade concedente; matrícula e frequência regular e comprovada em curso de ensino médio público ou particular; celebração de termo de compromisso entre a unidade concedente, a instituição de ensino e o estagiário vinculado ao termo de parceria; e contratação de seguro de acidentes pessoais, cuja apólice seja compatível com valores de mercado; b) cronológicos: idade mínima de 16 anos; compatibilidade da jornada, da carga horária semanal, da duração e do horário de estágio com a jornada escolar; coincidência entre o recesso do estágio e as férias escolares; jornada máxima de 6 horas e carga horária semanal máxima de 30 horas; e, duração máxima do estágio de 2 (dois) anos ou coincidente com a duração do curso; no entanto, considerando possíveis prejuízos ao aprendizado, exposição a riscos e desgaste da saúde física e mental do adolescente, é recomendável a adoção de jornada máxima de 4 h; c) físicos: designação de supervisores de estágio pela instituição de ensino em proporção que permita a efetiva supervisão do estágio; observância do número máximo de estagiários conforme número de empregados; e meio ambiente de trabalho seguro e salubre; d) materiais: adequação das atividades do estágio ao projeto pedagógico da instituição de ensino; capacidade de o estágio proporcionar preparação para o mundo do trabalho; acompanhamento e avaliação por parte de supervisor designado pela instituição de ensino; preparo do aluno, pela instituição de ensino, para que este apresente condições mínimas de competência pessoal, social e profissional, que lhe permita a obtenção de resultados positivos desse ato educativo; e, gratuidade quanto a quaisquer cobranças decorrentes da contratação do estagiário.

2.8. AUTORIZAÇÕES JUDICIAIS

Em data recente, a Secretaria de Inspeção do Trabalho do Ministério do Trabalho e Emprego realizou um minucioso estudo sobre os *registros de trabalho* de crianças e adolescentes através de *autorizações judiciais*, com base na Relação Anual de Informações Sociais (RAIS). De acordo com o documento, no período compreendido entre 2005 e 2010, mais de *30 (trinta) mil decisões judiciais* (inconstitucionais) autorizaram, em todo o país, o registro trabalhista de crianças e adolescentes com idade inferior a 16 anos.

Essas autorizações específicas apontam como *substrato jurídico* e social o *texto celetista*, que possibilita ao Juiz de Menores observar se a ocupação do menor é indispensável à própria subsistência ou à de seus pais, avós ou irmãos (art. 406, II, da CLT).

Não restam dúvidas, no entanto, sobre a *inconstitucionalidade* de tais autorizações judiciais.

Primeiro, porque é bastante *duvidosa a competência do juízo da infância e da juventude* para a análise do caso, à luz da ampliação da competência da Justiça do Trabalho trazida pela Emenda Constitucional nº 45/2004. Tratando-se de *relação de trabalho* em seu sentido amplo, compete ao magistrado trabalhista o processamento e julgamento da matéria. Inclusive, à guisa de minuciosa análise do Estatuto da Criança e do Adolescente, norma especial e posterior à CLT, dentre as atribuições da Justiça da Infância e da Juventude enumeradas taxativamente nos arts. 148 e 149, não se inclui a concessão de autorização para o trabalho de crianças e adolescentes.

Ademais, os *fundamentos da regra celetista* que disciplina a possibilidade destas autorizações específicas à necessidade econômica de autossubsistência do menor e seus familiares *não foram recepcionados pelo sistema constitucional*. Ora, já vimos que o princípio da proteção integral ou da prioridade absoluta impõe à família, à sociedade e ao Estado o dever de assegurar à criança, ao adolescente e ao jovem o direito à vida, à saúde, à alimentação, à educação, ao lazer, à profissionalização, à cultura, à dignidade, ao respeito, à liberdade e à convivência familiar e comunitária, além de colocá-los a salvo de toda forma de negligência, discriminação, exploração, violência, crueldade e opressão.

Se há omissão desses atores sociais em seu dever constitucional de assegurar à criança, ao adolescente e ao jovem os mais importantes direitos fundamentais de modo a lhes possibilitar um *pleno desenvolvimento biopsicossocial*, esse fato não pode amparar decisões judiciais autorizatórias do trabalho infantil.

Em síntese, o que ocorre é o seguinte: *o juiz* da infância e da juventude (de competência material duvidosa), com base na *omissão estatal* em proporcionar às crianças e aos adolescentes os direitos básicos de alimentação, educação, saúde e dignidade, utiliza-se deste fundamento para autorizar o trabalho infantil com o objetivo de possibilitar a autossubsistência econômica dessas pessoas em formação.

Em outras palavras, ao invés de atacar o problema na origem, exigindo dos atores sociais responsáveis, família, sociedade e Estado, as medidas necessárias para viabilizar a efetividade do texto constitucional, proporcionando à criança e ao adolescente os direitos fundamentais compatíveis com o seu desenvolvimento pessoal, o *Estado-juiz autoriza,* contra legem, *o registro profissional dessas pessoas com tenra idade,* colocando-os à margem dos direitos e garantias fundamentais e, pior, expondo-os aos mais diversos riscos de discriminação, exploração, violência, crueldade e opressão. Cuida-se de uma triste realidade: *o próprio Estado autoriza o trabalho infantil,* em detrimento de oportunidades mínimas.

Diante desse quadro cruel e pungente, o Ministério Público do Trabalho, o Ministério do Trabalho e Emprego, a Organização Internacional do Trabalho e o Fórum Nacional de Prevenção e Erradicação do Trabalho Infantil provocaram o Conselho Nacional de Justiça (CNJ), solicitando-lhe um papel ativo no combate às autorizações judiciais para o trabalho, através da regulamentação, realização de seminários, congressos e encontros voltados à sensibilização de magistrados quanto à inconstitucionalidade das autorizações e prejudicialidade aos direitos das crianças e dos adolescentes.

Em resposta, a Corregedoria do CNJ sinalizou que requisitará informações a todos os Tribunais de Justiça do Brasil sobre autorizações judiciais de trabalho infanto-juvenil.

Por fim, é importante que os candidatos tenham conhecimento da *Orientação nº 1* da Coordenadoria Nacional de Combate à Exploração do Trabalho de Crianças e Adolescentes:

> AUTORIZAÇÕES JUDICIAIS PARA O TRABALHO ANTES DA IDADE MÍNIMA – INVALIDADE POR VÍCIO DE INCONSTITUCIONALIDADE – INAPLICABILIDADE DOS ARTS. 405 E 406 DA CLT – INAPLICABILIDADE DO ART. 149 DA CLT COMO AUTORIZAÇÃO PARA O TRABALHO DE CRIANÇAS E ADOLESCENTES. I – Salvo na hipótese do art. 8º, item I da Convenção nº 138 da OIT, as autorizações para o trabalho antes da idade mínima carecem de respaldo constitucional e legal. A regra constitucional insculpida no art. 7º, inciso XXIII, que dispõe sobre a idade mínima para o trabalho é peremptória, exigindo aplicação imediata. II – As disposições contidas nos arts. 405 e 406 da CLT não mais subsistem na Ordem Jurídica, uma vez que não foram recepcionadas pela Ordem Constitucional de 1988, a qual elevou à dignidade de princípio constitucional os postulados da proteção integral e prioridade absoluta (art. 227), proibindo qualquer trabalho para menores de 16 anos, salvo na condição de aprendiz, a partir dos 14. III – A autorização a que se refere o art. 149, inciso II, do Estatuto da Criança e do Adolescente, não envolve trabalho, mas a simples participação de criança e de adolescente em espetáculo público e seu ensaio e em certame de beleza.

2.9. ATLETAS MIRINS

A morte do adolescente Wendel Junior Venâncio da Silva, de 14 anos, durante teste de futebol no Clube de Regatas Vasco da Gama, em 9 de fevereiro de 2012, trouxe grande *repercussão midiática* a uma antiga luta da Coordenadoria Nacional de Combate à Exploração do Trabalho de Crianças e Adolescentes: a *proteção dos atletas mirins.*

A atuação específica do Ministério Público do Trabalho decorre do descumprimento generalizado de vários preceitos legais referentes aos direitos das crianças e dos adolescentes no *ambiente de formação profissional de futebol*, em desrespeito ao extenso aparato normativo que tutela os direitos dos atletas mirins.

A possibilidade de realizar o sonho de *ascensão social* através do futebol profissional, somada à falta de oportunidade de um futuro promissor em outras áreas em razão da privação da educação básica, conduz um grande número de crianças e adolescentes a se submeter a *condições inadequadas e degradantes*, afastando-se da formação desportiva e se aproximando do trabalho infantil, na acepção mais perversa da palavra.

Mais das vezes, as irregularidades encontradas pelos órgãos fiscalizadores dizem respeito, em regra, à idade mínima, à necessária assistência educacional, psicológica, médica e odontológica, assim como alimentação, transporte e convivência familiar, à manutenção de alojamento e instalações desportivas adequados, sobretudo em matéria de alimentação, higiene, segurança e salubridade, além de, ainda, ao ajuste do tempo destinado à efetiva atividade de formação do atleta, não superior a 4 (quatro) horas por dia, aos horários do currículo escolar ou de curso profissionalizante, além de propiciar-lhe a matrícula escolar, com exigência de frequência e satisfatório aproveitamento (art. 29, § 2º, II, da Lei Pelé, Lei nº 9.615, de 24 de março de 1998).

Quanto à *idade mínima*, já foi objeto de estudo a vedação de qualquer modalidade de trabalho para pessoas menores de 14 anos, por força de expressa dicção constitucional (proibição de qualquer trabalho a menores de dezesseis anos, salvo na condição de aprendiz, a partir de quatorze anos – art. 7º, XXXIII). Com efeito, as crianças e os adolescentes com idade inferior a 14 anos não podem praticar o *esporte de rendimento* (com finalidade de obter resultados), mas tão somente o *desporto educacional e de participação*. Isso, por motivos óbvios: inevitáveis e irreversíveis prejuízos ao desenvolvimento físico, intelectual e emocional das crianças e dos adolescentes com pouca idade.

No entanto, é comum verificar-se, na prática, o *desvirtuamento* dos ensinamentos conforme as possibilidades físicas e motoras do adolescente. Afasta-se a aprendizagem, exsurgindo o *rendimento esportivo de pré-seleção*, inadequado ao *desenvolvimento biopsíquico* da pessoa com pouca idade.

Quanto à *formalização do contrato de formação desportiva*, essa deverá ser representada ou assistida exclusivamente pelos *representantes legais*, sendo expressamente vedado o gerenciamento de carreira de atleta em formação com idade inferior a 18 anos (art. 27-C, VI, da Lei Pelé), a fim de que não se tornem simples mercadorias, vendidas ainda crianças para reverter a situação de pobreza familiar. Tal contratação do atleta não profissional em formação, maior de quatorze e menor de vinte anos de idade, poderá prever auxílio financeiro sob a forma de bolsa de aprendizagem livremente pactuada mediante contrato formal, não gerando vínculo empregatício entre as partes.

Ponto importante, garantidor do pleno desenvolvimento intelectual do adolescente, é que a contratação nas condições de aprendizagem profissional de atleta de futebol, sem que exsurja o vínculo de emprego, exige, necessariamente, a *matrícula e garantia de condições de frequência e rendimento escolar* para o atleta. Ou seja, é requisito legal a assiduidade escolar, inclusive com rendimentos satisfatórios, ao contrato de formação desportiva, sob pena de invalidação e consequente caracterização do trabalho infantil, podendo ser enquadrado, inclusive, em suas piores formas.

O legislador sabiamente valorizou a formação desportiva sem olvidar o correlato *desenvolvimento acadêmico*. Para tanto, impôs ao clube a responsabilidade de fornecer o meio de transporte adequado para a frequência à escola, além da obrigação de acompanhar continuadamente o aproveitamento escolar dos atletas mirins, adotando as providências necessárias em caso de rendimento insatisfatório (art. 29, § 2º, "c", da Lei Pelé).

Quanto aos *alojamentos*, à luz de uma interpretação conforme o princípio constitucional da proteção integral, devem ser considerados como *medida excepcional*, cabível apenas quando os pais ou responsáveis legais residirem em localidade que não permita o deslocamento diário do adolescente. Isso porque o internato em alojamentos afasta o adolescente do *seio familiar e do convívio social*, privando-o da convivência comunitária tradicional, com possíveis consequências negativas em sua esfera psíquica.

De acordo com o texto legal, a entidade formadora de atleta deve manter alojamento e instalações desportivas adequados, sobretudo em matéria de *alimentação, higiene, segurança e salubridade*. À míngua de regulamentação específica em relação aos padrões mínimos de conforto, higiene e segurança, o Ministério Público do Trabalho, provocado a atuar em casos concretos, passou a firmar Termos de Ajuste de Conduta com os clubes, disciplinando-os expressamente.

Ainda no que concerne aos alojamentos, não é de agora que a Organização Internacional do Trabalho envida esforços para que o acesso ao esporte seja oferecido no *local de residência dos jovens*, sem necessidade de migração. Em verdade, o Programa Internacional para Eliminação do Trabalho Infantil da Organização Internacional do Trabalho defende mudanças imediatas e profundas nas divisões de base de atletas mais jovens, a fim de evitar casos graves de violência física, psíquica e social contra crianças e adolescentes. Em arremate, necessário se faz que os leitores-candidatos conheçam o teor das *orientações específicas* da Coordenadoria Nacional de Combate à Exploração do Trabalho de Crianças e Adolescentes:

ORIENTAÇÃO Nº 8 • ATLETAS – APRENDIZAGEM – RELAÇÃO DE TRABALHO – LEGITIMIDADE DO MPT. Ainda que a Lei Pelé mencione que a aprendizagem profissional no futebol do atleta se dará sem vínculo empregatício, está preservada a legitimidade do MPT, pois a natureza da relação jurídica entre atleta e entidade formadora é de trabalho.

ORIENTAÇÃO Nº 9 • ATLETAS – APRENDIZAGEM – FORMALIZAÇÃO DO CONTRATO DE APRENDIZAGEM – OBRIGATORIEDADE – REMUNERAÇÃO MÍNIMA. É obrigatória a celebração de contrato de formação profissional previsto no art. 29, § 4º, da Lei nº 9.615/1998 (Lei Pelé). A liberdade das partes restringe-se à negociação do valor da bolsa (remuneração) correspondente, que não poderá ser inferior ao salário-mínimo hora.

ORIENTAÇÃO Nº 10 • ATLETA – APRENDIZAGEM – DURAÇÃO MÍNIMA DO CONTRATO. Na falta de norma específica no bojo da Lei Pelé, deve ser garantida duração mínima ao contrato de formação profissional, pois se trata de uma modalidade de contrato a prazo (analogia à Aprendizagem da CLT). Além disso, a fixação de prazo mínimo é necessária para frear o fenômeno de "descartabilidade" dos atletas, que prejudica seus direitos fundamentais. Seis (6) meses é o tempo mínimo de duração a ser admitido para não prejudicar o desenvolvimento da atividade (nesse período já se pode avaliar o potencial do atleta) e garantir minimamente os direitos dos adolescentes, especialmente o direito à educação.

ORIENTAÇÃO Nº 11 • ATLETAS – APRENDIZAGEM – TESTES PARA ADMISSÃO EM PROGRAMAS DE FORMAÇÃO PROFISSIONAL – GRATUIDADE. Não poderá ser instituída qualquer cobrança com respeito aos testes aplicados a atletas, sob pena de ofensa ao princípio segundo o qual os riscos da atividade econômica correm por conta do empregador.

ORIENTAÇÃO Nº 12 • ATLETAS – APRENDIZAGEM – TESTES. CONDIÇÕES MÍNIMAS. Durante a realização dos testes prévios à admissão de atletas aprendizes, deverão ser observadas as seguintes regras, concebidas para evitar que atletas permaneçam longos períodos treinando na informalidade sob a justificativa de estarem "em teste", bem como para combater os prejuízos, notadamente aqueles decorrentes da ausência escolar que padecem esses adolescentes: a) duração não superior a uma semana; b) autorização específica dos responsáveis legais, vedada a autorização de agentes; c) registro em "livro de testes" a ser instituído pela entidade formadora; d) comprovação de prévia matrícula e frequência escolar; e) realização de exame médico prévio e específico.

ORIENTAÇÃO Nº 13 • ATLETAS – APRENDIZAGEM – IDADE MÍNIMA: 14 ANOS. A idade mínima admissível para a aprendizagem profissional de atletas é 14 anos, de acordo com a interpretação sistemática dos art. 29, §§ 3º e 4º, da Lei Pelé (LP) com os art. 227, *caput*, e 7º, inciso XXXIII, da Constituição Federal. Antes dessa idade o atleta pode praticar esportes apenas sob a modalidade de *desporto educacional*, prevista no art. 3º, inciso I, da LP, sem quaisquer restrições à liberdade de prática desportiva.

ORIENTAÇÃO Nº 14 • ATLETAS – APRENDIZAGEM – ALOJAMENTO – RESPONSABILIDADE DA ENTIDADE DE FORMAÇÃO. I – Não será permitido que o atleta adolescente seja alojado em repúblicas, hotéis, pensões ou similares que não estejam sob controle da entidade de formação profissional. II – Em qualquer caso, tanto nos alojamentos próprios dos clubes ou de terceiros, deverão ser asseguradas alimentação e condições adequadas de higiene e segurança, entre outras previstas na legislação aplicável.

ORIENTAÇÃO Nº 15 • ATLETAS – APRENDIZAGEM – PPRA E PCMSO – OBRIGATORIEDADE. Aplica-se a NR-4 às entidades de formação profissional, que deverão implementar Programa de Controle Médico de Saúde Ocupacional e o Programa de Prevenção de Riscos Ambientais para os atletas adolescentes, em consonância com os arts. 7º, XXI, e 227, ambos da Constituição Federal.

ORIENTAÇÃO Nº 16 • ATLETAS – APRENDIZAGEM – REPRESENTAÇÃO – LIMITES. I – São nulas quaisquer modalidades de contratos de agenciamento esportivo para atletas com idade inferior a 14 anos. II – A partir de 14 anos, é obrigatória a representação ou assistência dos responsáveis legais em todos os atos jurídicos praticados pelos atletas, vedada a transferência contratual de direitos inerentes ao poder familiar a agentes ou terceiros.

2.10. UTILIZAÇÃO DA DESIGNAÇÃO *MENOR*

Por fim, alertamos os leitores, sobretudo os candidatos a concursos, em relação à não utilização do termo *menor* constantemente propagado por operadores jurídicos e pela própria legislação pátria (CLT, Código Civil e Código Penal). Isso porque, atualmente, a melhor doutrina orienta pela utilização dos termos *criança* e *adolescente*, evitando-se a designação *menor* pelo fato de que esta remete ao *Código de Menores* de 1979, e carrega consigo, portanto, a ideia de *situação irregular*, de *marginalização*. Com efeito, da mesma forma que a presente obra, os leitores que se tornarem candidatos a concursos não devem se valer do referido termo em suas respostas às questões subjetiva, prática e oral.

2.11. QUESTÕES RESOLVIDAS E COMENTADAS

(MPT - 17º Concurso) Leia e analise os itens abaixo:

I - Para efeitos trabalhistas, são relativamente incapazes os adolescentes entre 16 e 18 anos, totalmente incapazes os menores de 16 anos, exceto como aprendiz a partir dos 14 anos, e capazes os maiores de 18 anos. Essa regra tem exceções em diplomas especiais como, por exemplo, a idade mínima de 21 anos para a função de vigilante, prevista na Lei nº 7.102/1983.

II - O empregado com idade entre 16 e 18 anos não precisa de assistência para firmar contrato de trabalho, porque a emissão da CTPS pressupõe a apresentação de declaração expressa dos pais ou responsáveis; também pode assinar recibos sem assistência, inclusive o de quitação final do contrato de trabalho.

III - O limite de 24 anos de idade para a celebração de contrato de aprendizagem não se aplica à pessoa com deficiência.

IV - No contrato de estágio há limitação do número de horas em 6 (seis) diárias e 30 (trinta) semanais para estudantes de educação especial e dos últimos anos de ensino fundamental, na modalidade profissional de educação de jovens e adultos, de ensino superior, educação profissional e ensino médio. Também há previsão de recesso anual remunerado de 30 (trinta) dias, ou proporcional, se o estagiário não tiver trabalhado um ano.

Marque a alternativa **CORRETA**:

[A] apenas as assertivas I e IV estão corretas;

[B] apenas a assertiva IV está correta;

[C] apenas as assertivas I e III estão corretas;

[D] todas as assertivas estão corretas;

[E] não respondida.

Gabarito oficial: alternativa [C].

Comentários do autor:

✯ *O item I encontra amparo no art. 7º, XXXIII, da CF, segundo o qual é vedado o trabalho noturno, perigoso ou insalubre a menores de dezoito, e qualquer trabalho a menores de dezesseis anos, salvo na condição de aprendiz, a partir de quatorze anos. Algumas exceções à regra têm a finalidade de ampliar o rol de proteção ao adolescente, salvaguardando sua higidez física, psíquica e social, em prol de um desenvolvimento pleno. Dentre as hipóteses excepcionais, pode-se citar o disposto no inciso II do art. 16 da Lei nº 7.102/1983: "Art. 16. Para o exercício da profissão, o vigilante preencherá os seguintes requisitos: (...) II – ter idade mínima de 21 (vinte e um) anos.".*

✯ *O item II vai de encontro ao art. 439 da CLT, que autoriza o adolescente a firmar recibo pelo pagamento dos salários. Somente em se tratando de rescisão do contrato de trabalho, no entanto, é vedado ao menor de 18 (dezoito) anos dar, sem assistência dos seus responsáveis legais, quitação ao empregador pelo recebimento da indenização que lhe for devida.*

✯ *O item III reproduz corretamente o disposto no art. 428, § 5º, da CLT.*

✯ *Diferentemente do que prevê o item IV, é de 4 (quatro) horas diárias e 20 (vinte) horas semanais a limitação da duração do estágio no caso de estudantes de educação especial e dos anos finais do ensino fundamental, na modalidade profissional de educação de jovens e adultos (inteligência do art. 10, I, da Lei nº 11.788/2008). Ademais, ao contrário do que dá a entender o item em comento, nem sempre o recesso anual será remunerado, mas tão somente quando o estagiário receber bolsa ou outra forma de contraprestação (art. 13, § 1º, Lei nº 11.788/2008).*

(MPT – 16º Concurso) Leia e analise os itens abaixo:

I – O contrato de aprendizagem compromete o empregador a assegurar formação técnico-profissional metódica, compatível com o desenvolvimento físico, moral e psicológico do aprendiz.

II – O estágio visa ao aprendizado de competências próprias da atividade profissional e à contextualização curricular de educandos que estejam frequentando o ensino regular em instituições de educação superior, de educação profissional, de ensino médio, da educação especial e dos anos finais do ensino fundamental, na modalidade profissional da educação de jovens e adultos.

III – Os agentes de integração, públicos e privados, não podem cobrar qualquer valor dos estudantes, a título de remuneração pelos serviços de: identificação de oportunidades de estágio; ajustes das condições de realização do estágio; acompanhamento administrativo; encaminhamento de negociação de seguros contra acidentes pessoais e cadastramento dos estudantes, salvo se ostentarem condições econômicas para arcar com tais custos.

Marque a alternativa **CORRETA**:

[A] todos os itens são corretos;

[B] apenas os itens I e II são corretos;

[C] apenas os itens I e III são corretos;

[D] apenas os itens II e III são corretos;

[E] não respondida.

Gabarito oficial: alternativa [B].

Comentários do autor

✯ *O item I está de acordo com o art. 428, caput, da CLT, já exaustivamente estudado em tópico próprio.*

✯ *O item II reproduz, corretamente, o art. 1º da Lei nº 11.788/2008.*

✯ *De acordo com o art. 5º, § 2º, da Lei nº 11.788/2008, é vedada aos agentes de integração a **cobrança de qualquer valor dos estudantes**, a título de remuneração pelos serviços que lhe competem. Com efeito, ao contrário do que sugere o item III, a norma não faz qualquer ressalva à referida proibição.*

(MPT – 16º Concurso) Analise os itens abaixo que têm por fundamento o Estatuto da Criança e do Adolescente:

I – É dever da família, da comunidade, da sociedade em geral e do poder público assegurar, com absoluta prioridade, a efetivação dos direitos da criança e do adolescente referentes à vida, à saúde, à alimentação, à educação, ao esporte, ao lazer, à profissionalização, à cultura, à dignidade, ao respeito, à liberdade e à convivência familiar e comunitária.

II – A garantia de prioridade, prevista na Constituição da República e no Estatuto da Criança e do Adolescente, compreende a primazia de receber proteção e socorro em quaisquer circunstâncias; a precedência de atendimento nos serviços públicos ou de relevância pública; a preferência na formulação e na execução das políticas sociais públicas; a destinação privilegiada de recursos públicos nas áreas relacionadas com a proteção à infância e à juventude.

III – O Conselho Tutelar é órgão permanente e autônomo, não jurisdicional, encarregado pela sociedade de zelar pelo cumprimento dos direitos da criança e do adolescente, sendo que dentre as suas atribuições está a de promover a execução de suas decisões, podendo para tanto requisitar os serviços públicos, dentre outras, nas áreas de previdência e trabalho.

Marque a alternativa **CORRETA**:

[A] apenas o item I é correto;

[B] todos os itens são corretos;

[C] apenas os itens I e III são corretos;

[D] todos os itens são incorretos;

[E] não respondida.

Gabarito oficial: alternativa [B].

Comentários do autor

☆ *O item I reproduz o* caput *do art. 4º do Estatuto da Criança e do Adolescente, que confere ênfase infraconstitucional ao princípio da prioridade absoluta ou da primazia de atendimento.*

☆ *O item II reproduz o disposto no art. 4º, parágrafo único, do ECA. Merece registro que a prioridade absoluta conferida pela CF e pelo ECA à criança e ao adolescente tem por finalidade precípua possibilitar seu desenvolvimento físico, intelectual e moral de forma equilibrada.*

☆ *O item III, por sua vez, traz corretamente o conceito do Conselho Tutelar (art. 131 do ECA), cuja principal função é zelar pela observância dos direitos fundamentais da criança e do adolescente. Para tanto, o Conselho possui atribuições específicas enumeradas, de forma exemplificativa, no art. 136 do ECA.*

(MPT – 15º Concurso) Assinale a alternativa **INCORRETA**:

[A] a validade do contrato de aprendizagem pressupõe anotação na Carteira de Trabalho e Previdência Social, matrícula e frequência do aprendiz na escola, caso não haja concluído o ensino médio, e inscrição em programa de aprendizagem desenvolvido sob orientação de entidade qualificada em formação técnico-profissional metódica;

Trabalho da criança e do adolescente | 291

[B] a inobservância dos requisitos legais necessários à configuração do estágio ou de qualquer obrigação contida no termo de compromisso caracteriza vínculo de emprego do educando com a parte concedente do estágio para todos os efeitos da legislação trabalhista e previdenciária;

[C] em nenhuma hipótese, a duração do estágio na mesma parte concedente, e do contrato de aprendizagem, poderá ultrapassar 2 (dois) anos;

[D] é assegurado ao estagiário, sempre que o estágio tenha duração igual ou superior a 1 (um) ano, período de recesso de 30 (trinta) dias, a ser gozado preferencialmente durante suas férias escolares;

[E] não respondida.

Gabarito oficial: alternativa [C].

Comentários do autor

✲ *A alternativa "A" reproduz, com precisão, os requisitos do contrato de aprendizagem, já estudados nas questões anteriores e que serão objeto de análise detalhada em capítulo próprio.*

✲ *A alternativa "B" está de acordo com o § 2º do art. 3º da Lei nº 11.788/2008. Já foi objeto de estudo que, quando se tratar de estagiário ou aprendiz com deficiência, há regra exceptiva que afasta o limite temporal (arts. 11 da Lei nº 11.788/2008 e 428, § 3º, da CLT).*

✲ *Incorreta, portanto, a alternativa "C".*

✲ *Alternativa "D" de acordo com o caput do art. 13 da Lei nº 11.788/2008.*

(MPT – 14º Concurso) Assinale a alternativa **CORRETA**:

I – Será nulo o contrato de trabalho ou de locação de serviços realizados com índios que vivem em grupos desconhecidos.

II – O contrato de aprendizagem é contrato de trabalho especial, por prazo determinado de dois anos, prorrogáveis somente para os aprendizes portadores de deficiência, cuja idade máxima de 24 anos não se aplica.

III – A anotação na Carteira de Trabalho e Previdência constitui o único pressuposto para a validade do contrato de aprendizagem.

IV– O aprendiz terá direito ao depósito do FGTS, com alíquota reduzida de 2% (dois por cento) da sua remuneração paga ou devida.

[A] somente as assertivas I, II e III estão corretas;

[B] somente as assertivas I, III e IV estão corretas;

[C] somente as assertivas I e IV estão corretas;

[D] somente as assertivas II e IV estão corretas;

[E] não respondida.

Gabarito oficial: alternativa [C].

Comentários do autor:

✲ *De acordo com o art. 8º, caput, do Estatuto do Índio (Lei nº 6.001/1973), são **nulos** os atos praticados entre o índio não integrado e qualquer pessoa estranha à comunidade indígena quando não tenha havido assistência do órgão tutelar competente. Correto, portanto, o item I.*

MPT – preparando-se para o concurso de Procurador do Trabalho

✯ *Nos termos da CLT, contrato de aprendizagem é o **contrato de trabalho especial** (art. 428, caput), ajustado por escrito e que não poderá ser estipulado por mais de 2 (dois) anos, exceto quando se tratar de aprendiz com deficiência (§ 3º), cuja idade máxima de 24 anos não se lhe aplica (§ 5º). Chamamos a atenção dos candidatos para duas observações: 1) não se deve falar em "prazo determinado de dois anos, prorrogáveis somente para os aprendizes portadores de deficiência", conforme consignado na questão, na medida em que, para eles, **não se aplica o limite legal** de dois anos, podendo ser formalizado por prazo superior; 2) À época da questão (14º Concurso para Procurador do Trabalho), aplicada em dezembro de 2007, o limite legal de dois anos estendia-se aos aprendizes deficientes, tendo em vista que a atual redação do § 3º do art. 428 foi dada pela Lei nº 11.788 de 25 de setembro de 2008.*

✯ *São **requisitos** para a validade do contrato de aprendizagem: a) **Anotação** na Carteira de Trabalho e Previdência Social; b) **Matrícula e frequência** do aprendiz na escola, caso não haja concluído o ensino médio (nas localidades onde não houver oferta de ensino médio, a contratação do aprendiz poderá ocorrer sem a frequência à escola, desde que ele já tenha concluído o ensino fundamental); e c) **Inscrição em programa de aprendizagem** desenvolvido sob orientação de entidade qualificada em formação técnico-profissional metódica. Com efeito, a anotação na CTPS é apenas um dos pressupostos à validade do contrato de trabalho especial. Incorreto, portanto, o item III.*

✯ *O item IV reproduz o teor do art. 15, § 7º, da Lei nº 8.036/1990.*

ANEXO

AÇÃO CIVIL PÚBLICA – TRABALHO INFANTIL DOMÉSTICO – VIOLÊNCIA SEXUAL – INDENIZAÇÃO POR DANOS MORAIS

Afonso de Paula Pinheiro Rocha

EXCELENTÍSSIMO(A) SENHOR(A) JUIZ(A) TITULAR DA ___ VARA DO TRABALHO DE MANAUS – AM

O **MINISTÉRIO PÚBLICO DO TRABALHO**, por meio do Procurador do Trabalho que ao final assina, lotado na Procuradoria Regional do Trabalho da 11ª Região, com sede nesta capital à Rua Pará, nº 885, Edifício José Frota II, 6º andar, São Geraldo, CEP 69.053-070, vem, perante Vossa Excelência, no exercício das atribuições que lhe são conferidas pelos arts. 127 e 129, III, da Constituição Federal, pela Lei nº 7.347/1985 e pelo art. 83, III, da Lei Complementar nº 75/1993, ajuizar a presente

AÇÃO CIVIL PÚBLICA
COM PEDIDO DE ANTECIPAÇÃO DA TUTELA

em face de: a) **C. L. M.,** brasileira, solteira, residente na (...), Manaus/AM; b) **S. T. F. M.,** brasileiro, solteiro, RG nº (...), residente na (...); pelas razões de fato e de direito abaixo expostos.

1. SÍNTESE FÁTICA

Conforme amplamente noticiado na mídia escrita e televisiva deste Estado, no dia 27 de abril de 2011, a Polícia Civil do Amazonas estava à procura do senhor S. T. F. M., denunciado por estupro de duas adolescentes que trabalhavam como babás de seus três filhos na residência de sua ex-companheira, a senhora C. L. M.

Assim, em consequência da publicação das notícias a este respeito, foi instaurado na Procuradoria Regional do Trabalho da 11ª Região, no dia 20 de maio de 2011, o Inquérito Civil de nº (...), visando verificar o cometimento, pela Sra. C. L. M. e seu companheiro, S. T. F. M., da conduta de exploração de trabalho doméstico infantil, em face das menores de idade LU. C. O. (17 anos) e LA. C. O. (13 anos).

Solicitadas informações à autoridade policial que investiga o caso, foram remetidas as peças informativas do inquérito policial, contendo informações sobre o ocorrido.

Consta dos autos do IC nº (...) documentos que comprovam que a adolescente de 17 anos filmou o ora réu, despido, em atos obscenos, beijando e tocando as partes íntimas de sua irmã de apenas 13 anos de idade.

De posse das imagens, a adolescente de 17 anos procurou a Polícia Militar, junto com sua genitora, e, ato contínuo, acompanhada pelo 2º Tenente PM Carlos Eduardo Esteves Vedor, dirigiu-se até a residência da senhora C. a fim de encontrar sua irmã LA. e apreender uma arma calibre .22.

Dos depoimentos inclusos no Inquérito Policial, restou incontroverso que é prática corriqueira dos réus o acolhimento de menores para trabalharem em sua residência como babás e empregadas domésticas. Além disso, as duas menores LA. e LU. sofreram abusos de natureza sexual e intimidação moral.

Tal prática viola as normas mais comezinhas dos direitos da criança e do adolescente, resultando em malferimento dos preceitos constitucionais que cristalizam a doutrina da proteção integral.

Ademais, também foram violadas pelos réus as normas protetivas da legislação trabalhista, vez que, consoante as provas documentais, nenhum direito trabalhista foi assegurado às vítimas dos atos aqui relatados.

As menores executavam trabalhos como lavar roupas, lavar louças, varrer a casa, enfim, todas as atividades domésticas, além de cuidar dos filhos dos réus, sem que lhes fossem assegurados seus direitos trabalhistas.

Os depoimentos colhidos durante a instrução do Inquérito Policial nº (...) não deixam dúvidas quanto à gravidade dos atos cometidos em relação às menores LA. C. O. (13 anos) e LU. C. O. (17 anos), a saber, abusos sexuais, ameaças e exploração de trabalho infantil doméstico, bem como a gravíssima ofensa aos Direitos Humanos e à ordem jurídica, seja em âmbito internacional, seja em sede constitucional ou em relação à legislação trabalhista.

Assim, após trazer a lume todos os depoimentos relevantes ao caso, os quais estão confirmados nos documentos juntados nos autos do IP nº (...), observa-se que a atuação deste Órgão Ministerial impõe-se em razão das gravíssimas violações aos direitos fundamentais sociais, verificadas *in casu*.

Deste modo, cabe a este *parquet* ajuizar a presente ação no escopo de conseguir a condenação dos Réus ao cumprimento da obrigação de não mais utilizar de trabalho infantil doméstico, abster-se de recrutar, transportar, alojar ou acolher qualquer pessoa, em especial qualquer criança ou adolescente, recorrendo à fraude, ao engano, ou à situação de vulnerabilidade, para trabalho ou serviços domésticos ou servidão, bem como buscar o pagamento das verbas trabalhistas, indenização por danos morais individuais e coletivos suficientes para reparar a **VIOLENTA AFRONTA AOS DIREITOS HUMANOS**.

2. DAS PROVAS DECORRENTES DO INQUÉRITO POLICIAL

Como forma de aclarar a situação à que estavam submetidas as vítimas, bem como para demonstrar as patentes infrações à ordem juslaboral e aos valores básicos sociais relacionados ao trabalho das menores, destacamos algumas passagens de depoimentos prestados perante a autoridade policial (documentos anexos à inicial):

2.1. Depoimento do réu Sr. S. T. F. M., em 28.4.2011:

"Perguntado quem empregou as menores LU. e LA.? Respondeu que foi C.; Perguntado com qual finalidade? Respondeu que cuidar das crianças, mas só LU. foi contratada e não LA.; Perguntado qual era o vínculo de LA. com a casa? Respondeu que a pedido de LU., até outra moça chegar para ajudar nos serviços; Perguntado se essa ajuda de LA. também configuraria uma relação ou vínculo de trabalho? Respondeu que sim, muito embora não tivesse remuneração e sim uma simples ajuda de custo para ir à escola."

2.2. Depoimento da Sra. C. L. M., em 25.4.2011:

"Que LU. e LA. trabalham em sua casa cuidando de suas três crianças."

2.3. Depoimento da Sra. C. L. M., em 3.5.2011:

"Que antes da vinda de LU. e LA. quem efetuava serviços domésticos e cuidava de seus filhos era sua mãe e outras pessoas e essas pessoas eram M. (8 meses), F. (1 mês) R. (1 mês) – filha de L. (1 ano e meio – 2 anos) L. (6 meses), S. (8 meses), T. (1 semana), que T. tinha 16-17 anos quando trabalhou na casa de Declarante, S. 16-17 anos e F., 16 anos."

2.4. Conclusões da Representação para Prisão Preventiva do Réu e do Relatório de Inquérito Policial nº (...) – DEPCA:

Da representação feita pela prisão preventiva do réu, verifica-se que as menores estavam submetidas a situações de assédio sexual constante.

Além disso, em diversas ocasiões, o réu forçou atos libidinosos com as menores e chegou a intimidá-las apresentando arma de fogo no local da residência e ameaçando-as de morte.

O efeito lesivo e projeção coletiva da conduta ficaram demonstrados com o depoimento dos réus de que várias menores estiveram em grande rotatividade, trabalhando como domésticas na casa dos réus e sujeitas aos mesmos abusos.

Direitos básicos fundamentais como a assinatura da carteira de trabalho foram negados, não foi feito qualquer recolhimento previdenciário e, particularmente em relação à menor LA. recebia apenas um vale transporte estudantil, apesar de trabalhar em conjunto com a irmã.

Complementando a forma de abuso no ambiente de trabalho, dos depoimentos, verifica-se que as menores recebiam até mesmo medicamentos que desconheciam a finalidade.

3. DO DIREITO – NORMAS JURÍDICAS VIOLADAS – COMBATE AO TRABALHO-INFANTIL DOMÉSTICO

As causas de pedir próxima e remota da presente ação civil pública são: a *exploração de trabalho infantil doméstico* e a violação das normas de proteção juslaboral e direitos básicos.

O trabalho infantil doméstico é assim considerado o trabalho de crianças e adolescentes, menores de 18 anos, realizado no domicílio de terceiros, remunerado ou não, consistente, em geral, em fazer faxina na casa, lavar, passar, cozinhar e cuidar dos filhos dos donos da casa.

Consoante a lição da Ministra do TST, Dra. Kátia Magalhães Arruda (*in Revista do Tribunal Regional do Trabalho da 3ª Região, Belo Horizonte, v. 45, n. 75, p. 199-206, jan./jun. 2007*), verifica-se o quanto nocivo é o trabalho doméstico infantil e que o mesmo pode vir a ser caracterizado como uma das piores formas de trabalho infantil nos termos da Convenção 182 da OIT:

> Outro aspecto importante a ressaltar é que o trabalho infantil sempre refletiu um abuso de seres mais frágeis.
>
> Não é necessário deter altos conhecimentos em psicologia para saber que uma menina de 12 anos não tem o mesmo perfil e segurança que uma mulher de 21 anos, sendo alvo fácil do desconhecimento de seus direitos, de chantagens, de coação moral, dentre outras formas de exercício arbitrário do poder de seu empregador, submetendo-se até a limites em sua liberdade de locomoção e expressão. [...]
>
> O trabalho doméstico é permitido a adolescentes a partir de 16 anos, podendo ser enquadrado, dependendo das condições em que é desenvolvido (com utilização de objetos cortantes ou produtos cáusticos, por exemplo), no conceito de piores formas de trabalho infantil, seguindo a Convenção nº 182 da OIT, ratificada pelo Governo brasileiro em 2000.

Inegável, portanto, que o trabalho exercido pelas menores, especialmente diante das condições concretas verificadas, amolda-se ao conceito de piores formas de trabalho infantil, não só pelo exercício de trabalho doméstico, mas pelo exercício de um trabalho doméstico onde ocorria exploração sexual pelo empregador.

Cumpre elencar ainda as normas e os princípios constitucionais que ao sentir do Ministério Público, órgão legitimado para a defesa da ordem jurídica, do regime democrático e dos interesses sociais e individuais indisponíveis, foram brutalmente vilipendiados pela conduta praticada pelos réus, senão vejamos.

3.1. Normas constitucionais violadas

Nossa Carta Magna, em seu inciso III do art. 1º estabelece que a República Federativa do Brasil tem como um de seus fundamentos "*a dignidade da pessoa humana*".

A **dignidade da pessoa humana** é conceituada pelo jurista Ingo Wolfgang Sarlet como correspondente à qualidade intrínseca e distintiva de cada ser humano que o faz merecedor do mesmo respeito e consideração por parte do Estado e da comunidade, implicando, neste sentido, um complexo de direitos e deveres fundamentais que assegurem a pessoa tanto contra todo e qualquer ato de cunho degradante e desumano, como venham a lhe garantir as condições existenciais mínimas para uma vida saudável, além de propiciar e promover a sua participação ativa e corresponsável nos destinos da própria existência e da vida em comunhão com os demais seres humanos.

Já o *caput* do art. 5ª da Carta Maior estabelece que todos são iguais perante a lei, sem distinção de qualquer natureza, garantindo-se aos brasileiro e aos estrangeiros [...], a inviolabilidade do direito à [...] liberdade [...], à segurança [...], ao passo que o seu inciso III preceitua que "ninguém será submetido a tortura nem a tratamento desumano ou degradante".

Perceba-se que a dignidade humana das menores foi aniquilada ao serem assediadas e abusadas sexualmente mediante coação e ameaças no ambiente de trabalho. Qual seria o conceito de dignidade da pessoa humana empregado pelo réu S. ao obrigar as vítimas a manter relações sexuais consigo, enquanto cuidavam de seus próprios filhos?

O inciso X do mesmo art. 5º preceitua que "são invioláveis a intimidade, a vida privada, a honra e a imagem das pessoas, assegurado o direito à indenização pelo dano material ou moral decorrente de sua violação".

De fato, a segunda ré, a Sra. C., omitiu-se perante as reiteradas ofensas à integridade física, moral e psicológica das menores de idade, sendo responsável, no mínimo por sua passividade, já que tinha pleno conhecimento dos fatos e possuía meios hábeis para coibir as agressões, no entanto, não o fez.

Também, o art. 7º, inciso XXXIII, da Constituição Federal prevê a "proibição de trabalho noturno, perigoso e insalubre a menores de dezoito e qualquer trabalho a menores de dezesseis anos, salvo na condição de aprendiz, a partir de quatorze anos". Assim sendo, a menor de 13 anos, LA., sequer poderia estar trabalhando como babá dos filhos dos réus.

Já o parágrafo único (com a redação dada pela EC nº 72/2013) do supracitado artigo dispõe que: "São assegurados à categoria dos trabalhadores domésticos os direitos previstos nos incisos IV, VI, VII, VIII, X, XIII, XV, XVI, XVII, XIX, XXI, XXII, XXIV, XXVI, XXX, XXXI e XXXIII e, atendidas as condições estabelecidas em lei e observada a simplificação do cumprimento das obrigações tributárias, principais e acessórias, decorrentes da relação de trabalho e suas peculiaridades, os previstos nos incisos I, II, III, IX, XII, XVIII, XXV e XXVIII, bem como a sua integração à previdência social.".

O art. 227, *caput*, da CF, determina que "é **dever da família, da sociedade e do Estado** assegurar à criança, ao adolescente e ao jovem, com absoluta prioridade, o direito à vida, à saúde, à alimentação, à educação, ao lazer, à profissionalização, à cultura, à dignidade, ao respeito, à liberdade e à convivência familiar e comunitária, além de colocá-los a salvo de toda forma de negligência, discriminação, exploração, violência, crueldade e opressão".

O § 4º do mesmo dispositivo também estabelece que "a lei punirá severamente o abuso, a violência e a exploração sexual da criança e do adolescente". Diversos os dispositivos de nossa Constituição Federal foram violados e se espera a punição categórica por tal violação.

3.2. Normas infraconstitucionais violadas

O *caput* e parágrafo único do art. 403 da CLT dispõem que é "proibido qualquer trabalho a menores de dezesseis anos de idade, salvo na condição de aprendiz, a partir dos quatorze anos" e "o trabalho do menor não poderá ser realizado em locais prejudiciais à sua formação, ao seu desenvolvimento físico, psíquico, moral e social e em horários e locais que não permitam a frequência à escola".

Já o art. 434 da CLT dispõe que *"os infratores das disposições deste capítulo ficam sujeitos à multa de valor igual a 1 (um) salário mínimo regional (...)"*.

O art. 2º da Lei nº 8.069/90 (Estatuto da Criança e do Adolescente) preceitua que *"considera-se criança, para os efeitos desta Lei, a pessoa até doze anos de idade incompletos, e adolescente aquela entre doze e dezoito anos de idade"*.

Também o seu art. 4º estabelece que é dever da família, da comunidade, da sociedade em geral e do poder público assegurar, **com absoluta prioridade**, a efetivação dos direitos referentes à vida, à saúde, à alimentação [...], à dignidade, ao respeito, à liberdade [...].

Outrossim, o art. 5º do referido diploma legal estabelece que "nenhuma criança ou adolescente será objeto de qualquer forma de negligência, discriminação, exploração, violência, crueldade e opressão, punido na forma da lei qualquer atentado, por ação ou omissão, aos seus direitos fundamentais".

Neste sentido, o art. 15 desse diploma legal preceitua que "a criança e o adolescente têm direito à liberdade, ao respeito e à dignidade como pessoas humanas em processo de desenvolvimento e como sujeitos de direitos civis, humanos e sociais garantidos na Constituição e nas leis".

Seu art. 17 também dispõe acerca do "**direito ao respeito que consiste na inviolabilidade da integridade física, psíquica e moral da criança e do adolescente**, abrangendo a preservação da imagem, da identidade, da autonomia, dos valores, ideias e crenças, dos espaços e objetos pessoais".

Já seu art. 18 preceitua que "é dever de todos velar pela dignidade da criança e do adolescente, pondo-os a salvo de qualquer tratamento desumano, violento, aterrorizante, vexatório ou constrangedor".

O *caput* do seu art. 201, inclusive inciso V, preceitua que "compete ao Ministério Público promover o inquérito civil e a ação civil pública para a proteção dos interesses individuais, difusos ou coletivos relativos à infância e à adolescência, inclusive os definidos no art. 220, § 3º, inciso II, da Constituição Federal", bem como (*caput* e VI) "instaurar procedimentos administrativos" e (X) "representar ao juízo visando à aplicação de penalidade por infrações cometidas contra as normas de proteção à infância e à juventude, sem prejuízo da promoção da **responsabilidade civil** e penal do infrator, quando cabível".

Logo, sendo a unidade familiar composta por todas as pessoas físicas adultas que moram em uma mesma residência, devem estar no polo passivo desta ação o Sr. S. e a Sra. C. Outro não é o entendimento da melhor jurisprudência trabalhista, conforme se vê nos acórdãos a seguir transcritos, cujas cópias seguem anexas:

RELAÇÃO DE EMPREGO – DOMÉSTICO TITULAR DA DÍVIDA. *Na relação de emprego de natureza doméstica, a teor da Lei n° 5.859/1972, o empregado presta serviço à pessoa ou à família, no âmbito residencial destas, sem distinção a respeito do destinatário dos serviços. A dívida trabalhista não é exclusiva do membro da família que contrata o empregado, mas de toda a família, no seu todo e em suas partes. Na relação de trabalho doméstico, a teor da Lei n° 5.859/1972, o empregado presta serviço à pessoa ou à família, no âmbito residencial destas, sem distinção a respeito do destinatário dos serviços. A dívida trabalhista não é exclusiva do membro da família que contrata o empregado, mas de toda a família, no seu todo e em suas partes.* (Tribunal Regional do Trabalho da 3ª Região, 01726-2003-104-03-00-8-AP, agravantes: Zachia Dib Tréssia e outro, agravados: (1) Ronaldy Ascenção Balbino Caxito, (2) Anísio Tréssia Filho)

Correto o pedido de vínculo empregatício com o neto de pessoa idosa que, apesar de pagar o salário com sua aposentadoria, não tem mais condições físicas e psíquicas de administrar seus próprios proventos. A situação fática que se apresenta é a de empregado doméstico que cuida de pessoa (senhora idosa) *mas é contratada e recebe salários diretamente de outra pessoa (neto), não se podendo falar no caso em ilegitimidade de parte; pacífico o entendimento que no caso de empregado doméstico qualquer pessoa da residência ou do mesmo círculo familiar que se beneficiou do referido trabalho – direta ou indiretamente – pode ser acionada como empregadora. Recurso da reclamante que se dá provimento.* (Tribunal Regional do Trabalho da 2ª Região, Acórdão n° 20050643007, N° de Pauta: 002, PROCESSO TRT/SP n° 02551200406302001, Recurso Ordinário em Rito Sumaríssimo 63ª VT de São Paulo, Recorrente: Mary Ferreira dos Santos, Recorrido: Sérgio Loreto de França)

Portanto, com base na farta fundamentação retrocitada, erigida a partir dos fatos noticiados no item 2 desta peça, os pedidos que serão formulados no último item desta se impõem como medida de **justiça** *e* **afirmação do Estado Democrático de Direito**, *já que a Carta Magna do nosso país determina no seu art. 1º, que "a República Federativa do Brasil, formada pela união indissolúvel dos Estados e Municípios e do Distrito Federal, constitui-se em Estado Democrático de Direito e tem como fundamentos: [...] III – a dignidade da pessoa humana", princípio este que foi violentamente afrontado, desconsiderado, mormente quanto às vítimas LU. e LA. pelo Sr. S., com a participação, ainda que por omissão, da segunda ré, Sra. C.*

4. DO DANO MORAL COLETIVO

Impõe-se afirmar que todas as ofensas, abusos, explorações e violações (**violências!**) cometidas pelos Réus em relação às menores LU. e LA., sejam por atos comissivos ou omissivos, devem ocasionar reparações pelos danos patrimoniais individuais morais e materiais e pelo dano moral coletivo, já que vários dispositivos do nosso ordenamento jurídico – em âmbito internacional, constitucional e infraconstitucional – e a consciência coletiva nacional foram ultrajados e violentamente agredidos.

Os fatos narrados nesta peça exordial, devidamente comprovados pelos documentos anexos, demonstram que ocorreu uma gravíssima violação aos Direitos Humanos, em especial à dignidade da pessoa humana, fundamento do Estado Brasileiro, além do total desprezo pela legislação trabalhista.

Estas condutas, ofenderam violentamente não só as adolescentes, de forma individual, mas **toda sociedade brasileira**, que assumiu um compromisso em âmbito internacional e também através das suas normas constitucionais e infraconstitucionais, de resguardar a dignidade de todos os seres humanos que nela residem, em especial, das **crianças e adolescentes**.

Portanto, todos os atos cometidos por S., com a participação, ainda que por omissão, de sua ex-companheira, a Sra. C., que resultaram em violações físicas, psicológicas e morais de extrema magnitude nas vítimas, geraram, também, reflexos em âmbito coletivo, ou seja, na sociedade.

É exatamente esta violação aos preceitos mais basilares de uma sociedade que se pressupõe observar o mandamento constitucional da absoluta prioridade no tratamento de crianças e adolescentes que demanda a imposição de sanção patrimonial, sendo a ação civil pública, instrumento adequado para se buscar a reparação e punição dos danos morais causados à sociedade, além da condenação dos réus à obrigação de fazer no sentido de não mais cometer as irregularidades verificadas no Inquérito Civil nº 305/2011.

Desta forma, requer-se a imposição de condenação solidária aos réus em danos morais coletivos em *valor a ser arbitrado pelo Exmo. Juízo, não inferior a R$ 30.000,00 (trinta mil) reais*, considerando a natureza do dano, sua projeção e a condição de empregadores domésticos dos réus.

Nos termos do art. 13 da Lei nº 7.347/1985, o valor a que se refere a condenação ora pretendida deve ser revertido a um fundo destinado à reconstituição dos bens lesados. Como se tratam de direitos difusos e coletivos trabalhistas, entende o Ministério Público do Trabalho que o mais adequado é o Fundo de Amparo ao Trabalhador (FAT).

Consigne-se que, além do dano moral coletivo, o ordenamento jurídico no art. 83, V da Lei Complementar nº 75/1993 estabelece que "compete ao Ministério Público do Trabalho o exercício das seguintes atribuições junto aos órgãos da Justiça do Trabalho" propondo "as ações necessárias à defesa dos direitos e interesses dos menores, incapazes e índios, decorrentes das relações de trabalho".

Desta forma, seria possível ao Ministério Público pleitear cumulativamente o reconhecimento do vínculo empregatício em face das duas menores vitimadas e os direitos de cunho patrimonial dali consectários.

Contudo, considerando-se que tais menores possuem representante legal e que os direitos de cunho patrimonial podem ser pleiteados em reclamação própria, bem como que a prescrição trabalhista não corre contra os menores de 18 anos (art. 440 da CLT), deixa o Ministério Público do Trabalho, nesta oportunidade, de pleitear as verbas tipicamente trabalhistas.

Entretanto, dada a magnitude da lesão, bem como a natureza de ofensa a direitos indisponíveis da personalidade sofridas pelas vítimas menores em relação de trabalho, requer-se a condenação dos réus em danos morais individuais a serem revertidos para as vítimas, sem prejuízo de eventual ação autônoma de indenização que venham a propor.

Assim, requer-se a condenação dos réus em indenização por danos morais a ser revertido e repartido entre as vítimas em **valor a ser arbitrado pelo Exmo. Juízo, não inferior a R$ 30.000,00 (trinta mil) reais.**

5. DO CABIMENTO DA ANTECIPAÇÃO DE TUTELA – NECESSIDADE DE TUTELA INIBITÓRIA PRÓ-FUTURO

Examinando o arcabouço legal em que se inserem as normas de proteção aos direitos coletivos e difusos, verifica-se que o art. 12, *caput*, da Lei nº 7.347/1985, autoriza o juiz a conceder mandado liminar, com ou sem justificação prévia, na ação civil pública.

Em complementação, os arts. 19 e 21 desse diploma autorizam a aplicação subsidiária do Código de Processo Civil e do Código de Defesa do Consumidor, respectivamente, à ação civil pública. A medida liminar prevista na Lei de Ação Civil Pública não tem caráter cautelar, configurando-se em típica hipótese de antecipação de tutela, devendo estar presentes para o deferimento, por conseguinte, os requisitos do art. 273 do CPC.

Por sua vez, prescreve o art. 461 do Código de Processo Civil que "na ação que tenha por objeto o cumprimento de obrigação de fazer ou não fazer, o juiz concederá a tutela específica da obrigação ou, se procedente o pedido, determinará providências que assegurem o resultado prático equivalente ao do adimplemento.[...] § 3º Sendo **relevante o fundamento da demanda** e **havendo justificado receio de ineficácia do provimento final**, é lícito ao juiz conceder a tutela liminarmente ou mediante justificação prévia, citado o réu".

Veja que no presente caso esses requisitos estão claramente preenchidos, posto que os fatos que ensejaram a atuação deste Órgão Ministerial estão fartamente comprovados e são muito graves. Daí se concluir que está plenamente demonstrada a **relevância do fundamento**, já que os réus devem ser, imediatamente, instados a não mais se utilizar de trabalho infantil doméstico.

Por outro lado, o fundado receio de dano irreparável ou de difícil reparação reside na possibilidade de resistência dos réus em cumprir a lei, o que também determina que seja antecipada a tutela, determinando-se que os réus não mais contratem crianças ou adolescentes para laborar em suas residências, como empregadas domésticas.

Saliente-se que das provas verificadas, já ocorreu grande rotatividade de menores no trabalho doméstico na referida residência, provenientes de cidades do interior, o que demonstra, ao menos, a possibilidade de recorrência do ilícito.

Existindo a probabilidade de efeito futuro negativo, faz-se necessária a tutela inibitória, que tem como fundamento legal os **arts. 461 do CPC e 84 do CDC**. Tais normas foram desenhadas a partir da tomada de consciência de que o processo está submetido aos **princípios da efetividade e do acesso justo à jurisdição** e de que, portanto, deve acarretar uma **tutela adequada, rápida e eficiente** para as pretensões nele veiculadas.

Assim, requer este Órgão Ministerial o deferimento da tutela antecipada, sem justificação prévia, para se determinar que os réus, abstenham-se:

a) de utilizar de trabalho infantil doméstico, entendendo-se este como o labor de crianças e adolescentes até 18 (dezoito) anos de idade, sob pena de pagamento de multa diária no valor de R$ 1.000,00 (um mil reais), por cada empregada(o) encontrado em situação irregular, até a cessação do vínculo de emprego;

b) de recrutar, transportar, alojar ou acolher qualquer pessoa, em especial qualquer criança ou adolescente advinda do interior do Estado do Amazonas ou de qualquer outra localidade, recorrendo à fraude, ao engano, ou à situação de vulnerabilidade, para exploração de sua mão de obra, sob pena de pagamento de multa diária no valor de R$ 1.000,00 (um mil reais), por cada empregada (o) encontrado em situação irregular, até a cessação do vínculo de emprego.

6. DOS PEDIDOS

Face ao exposto, requer o Ministério Público do Trabalho:

6.1. A procedência dos pedidos formulados na presente ação, confirmando-se a tutela antecipada, acaso deferida, ou para que os Réus sejam condenados nas obrigações de fazer:

a) absterem-se de utilizar de trabalho infantil doméstico, entendendo-se este como o labor de crianças e adolescentes até 18 (dezoito) anos de idade, sob pena de multa diária no valor de R$ 1.000,00 (um mil reais), por cada empregada (o) encontrado em situação irregular, calculada desde o início da prestação de serviços até a cessação do vínculo de emprego;

b) absterem-se de recrutar, transportar, alojar ou acolher qualquer pessoa, em especial qualquer criança advinda do interior do Estado do Amazonas ou de qualquer outra localidade, recorrendo à fraude, ao engano, ou à situação de vulnerabilidade, para exploração de sua mão de obra ou serviços forçados, escravatura ou práticas similares à escravatura ou servidão, sob pena de pagamento de multa diária no valor de R$ 1.000,00 (um mil reais), por cada empregada (o) encontrado em situação irregular, até a cessação do vínculo de emprego.

6.2. A condenação dos Réus a pagarem, solidariamente, uma indenização, pelos danos morais coletivos, em valor mínimo de R$ 30.000,00 (trinta mil reais), a serem revertidos para o FAT – Fundo de Amparo ao Trabalhador, nos termos do art. 13 da Lei nº 7.347/1985.

6.3. A condenação dos Réus a pagarem, solidariamente, uma indenização, por danos morais, em valor mínimo de R$ 30.000,00 (trinta mil reais), a ser revertida e repartida em favor das vítimas.

7. REQUERIMENTOS PROCESSUAIS FINAIS

Por fim, ainda requer o Ministério Público do Trabalho:

a) preliminarmente, **seja determinado que o presente processo tramite em segredo de justiça**. Este requerimento justifica-se dada a natureza das violações verificadas e para a preservação das vítimas. Não obstante o caso já tenha sido amplamente noticiado na mídia, acredita o Ministério Público, por tratarem-se de violações à liberdade sexual de vítimas menores, que é relevante que não haja uma reiteração da cobertura da imprensa em face da presente ação civil pública, fazendo com que as adolescentes tenham que reviver o trauma;

b) a citação dos réus para, querendo, contestar a presente ação civil pública, sob pena de revelia;

c) a produção de todos os meios de prova em direito admitidos;

d) a observância da intimação pessoal do Ministério Público do Trabalho dos atos processuais, nos termos do art. 18, II, "h", da Lei Complementar nº 75/1993 e do art. 236, § 2º, do CPC;

Dá-se a causa o valor de R$ 60.000,00.

Termos em que, serena e confiantemente,

pede e espera deferimento.

Manaus/AM, 14 de maio de 2012.

AFONSO DE PAULA PINHEIRO ROCHA

Procurador do Trabalho

MPT / PRT – 11ª Região

DOCUMENTOS:

1. Cópias do IC (...): Elementos de instrução do inquérito civil contendo: a) matérias jornalísticas; b) elementos do Inquérito Policial; e c) termos de audiência perante o Ministério Público.

Capítulo 3

FRAUDES RELACIONADAS AO TRABALHO

Maurício Ferreira Brito
Tiago Muniz Cavalcanti

Sumário: 3.1. "Pejotização" • 3.2. Colusão e lide simulada • 3.3. Cooperativa • 3.4. Cabos eleitorais (art. 100 da Lei nº 9.504/1997) • 3.5. Brasileiro que trabalha no exterior e trabalho do estrangeiro • 3.6. Trabalho em embaixadas, consulados e organismos internacionais • 3.7. Terceirização de serviços: noções fundamentais e jurisprudência atual • 3.7.1. Conceito • 3.7.2. Terceirização lícita e intermediação de mão de obra • 3.7.3. Atividade-meio *x* atividade-fim • 3.7.4. Consequências antissociais • 3.7.5. Responsabilidade do tomador: consequência jurídica • 3.7.5.1. Terceirização ilícita: intermediação de mão de obra • 3.7.5.2. Terceirização lícita • 3.8. Jornada de trabalho • 3.8.1. Jornada móvel e variável • 3.8.2. Jornada dos motoristas (Lei nº 12.619/2012) • 3.8.3. A polêmica jornada 12x36 • 3.8.4. Registro eletrônico de ponto • 3.9. Agências de empregos – Cobrança de valores • 3.10. Correspondentes bancários • 3.11. Projetos do MPT: alta tensão e carga pesada • 3.12. Súmulas e Orientações Jurisprudenciais • 3.13. Questões resolvidas e comentadas • *Anexo* – AÇÃO CIVIL PÚBLICA – FRAUDES NAS RELAÇÕES DE EMPREGO – PEJOTIZAÇÃO

3.1. "PEJOTIZAÇÃO"

• *Maurício Ferreira Brito*

Antes de se iniciar os estudos sobre as fraudes relacionadas ao trabalho, imperioso faz-se rememorar os requisitos (ou elementos fático-jurídicos) necessários à caracterização da relação de emprego. Não será realizado um estudo aprofundado dos elementos fático-jurídicos ensejadores da relação de emprego, pois foge ao objeto do estudo. Revisar-se-á, portanto, brevemente:

a) *pessoa física* – o empregado, necessariamente, é pessoa física, haja vista que a energia do trabalho é indissociável do ser humano. Desta forma, a pessoa jurídica jamais poderá ser empregada. Admite-se, contudo, que uma pessoa jurídica seja prestadora de serviços. Esse elemento é crucial ao se investigar a "pejotização", como será demonstrado ao longo do tópico.

b) *pessoalidade* – a relação de emprego é *intuitu personae* em relação ao empregado. Quando um empregador contrata um trabalhador, ele escolhe aquela pessoa, de forma específica, para exercer a atividade. O empregado, portanto, não pode ser substituído por outrem, salvo em casos eventuais e com autorização do empregador.

c) *onerosidade* – ambas as partes, na relação de emprego, assumem ônus. O empregado busca, como contraprestação, o salário e o empregador despende seu capital para receber a força de trabalho do empregado. Na relação de trabalho, por exemplo, se aceita o trabalho voluntário – que não é relação de emprego.

d) *não eventualidade* – algumas teorias tentam explicar essa não eventualidade: i) continuidade – trabalho sem interrupção, mais forte que o habitual, de segunda a sábado; ii) evento – é aquele trabalho que não tem previsão de que vá se repetir de maneira ordinária; iii) inserção nos fins do empreendimento – o trabalho é engajado nas atividades ordinárias, corriqueiras, da empresa, sem se fazer a distinção se é atividade fim ou meio; iv) fixação jurídica – o empregado é juridicamente fixado ao empregador. Para a caracterização da não eventualidade, as 3 (três) últimas teorias são conjugadas.

e) *subordinação jurídica* – o empregado disponibiliza sua energia de trabalho ao empregador para que ele dê ordens e desenvolva a sua atividade empresarial. Não é uma subordinação pessoal, mas sim com relação à forma de trabalhar, de como o trabalho será feito, ou seja, subordinação direta e objetiva. Não se trata, destarte, de subordinação econômica, pois o empregado também pode ter outras fontes de renda. A subordinação, muitas vezes, também não é técnica, porquanto o empregado já deve apresentar o conhecimento antes da celebração do vínculo, como regra. Ressalte-se que, ante a complexidade das relações de trabalho, hoje se tem difundido cada vez mais o conceito de subordinação estrutural, pela inserção do trabalhador na estrutura e dinâmica da tomadora de serviços, ainda que não haja a subordinação direta e objetiva.

Os requisitos ou elementos fático-jurídicos ora elencados, caso constatados em uma relação jurídica, configuram uma relação de emprego, de forma cogente.

Portanto, o empregador, ao manter uma relação com uma empresa para uma locação de serviços ou de obra, não poderá fazer constar esses elementos no vínculo, sob pena de restar caracterizada uma relação de emprego, travestida de outra etimologia, caso típico de fraude. Ainda que exista um instrumento contratual denominando o vínculo de "prestação de serviços", ante o aspecto do "contrato-realidade", será assinalada a relação de emprego.

Nesse sentido é a posição do C. TST, em julgamento recente sobre a "pejotização":

> AGRAVO DE INSTRUMENTO – RECURSO DE REVISTA. 1) NEGATIVA DE PRESTAÇÃO JURISDICIONAL. 2) EMBARGOS DE DECLARAÇÃO PROTELATÓRIOS – MULTA. 3) VERBAS RESCISÓRIAS. 4) RECONHECIMENTO DE VÍNCULO DE EMPREGO – TRABALHO EMPREGATÍCIO DISSIMULADO EM PESSOA JURÍDICA – FENÔMENO DA "PEJOTIZAÇÃO" – PREVALÊNCIA DO IMPÉRIO DA CONSTITUIÇÃO DA REPÚBLICA (ART. 7º, CF/1988) – MATÉRIA FÁTICA – SÚMULA 126/TST. A Constituição da República busca garantir, como pilar estruturante do Estado Democrático de Direito, a pessoa humana e sua dignidade (art. 1º, *caput* e III, CF), fazendo-o, entre outros meios, mediante a valorização do trabalho e do emprego (art. 1º, IV, *in fine*; Capítulo II do Título II; art. 170, *caput* e VIII; art. 193), da subordinação da propriedade à sua função social (art. 5º, XXIII) e da busca do bem-estar e da justiça sociais (Preâmbulo; art. 3º, I, III e IV, *ab initio*; art. 170, *caput*; art. 193). Com sabedoria, incentiva a generalização da relação empregatícia no meio socioeconômico, por reconhecer ser esta modalidade de vínculo o patamar mais alto e seguro de contratação do trabalho humano na

FRAUDES RELACIONADAS AO TRABALHO | 303

competitiva sociedade capitalista, referindo-se sugestivamente a *trabalhadores urbanos e rurais* quando normatiza direitos tipicamente empregatícios (art. 7º, *caput* e seus 34 incisos). Nessa medida incorporou a Constituição os clássicos incentivos e presunção trabalhistas atávicos ao Direito do Trabalho e que tornam excetivos modelos e fórmulas não empregatícias de contratação do labor pelas empresas (Súmula nº 212, TST). São excepcionais, portanto, fórmulas que tangenciem a relação de emprego, solapem a fruição de direitos sociais fundamentais e se anteponham ao império do Texto Máximo da República Brasileira. Sejam criativas ou toscas, tais fórmulas têm de ser suficientemente provadas, não podendo prevalecer caso não estampem, *na substância*, a real ausência dos elementos da relação de emprego (*caput* dos arts. 2º e 3º da CLT). A criação de pessoa jurídica, desse modo (usualmente apelidada de *pejotização*), seja por meio da fórmula do art. 593 do Código Civil, seja por meio da fórmula do art. 129 da Lei Tributária nº 11.196/2005, não produz qualquer repercussão na área trabalhista, *caso não envolva efetivo, real e indubitável trabalhador autônomo*. Configurada a subordinação do prestador de serviços, em qualquer de suas dimensões (a *tradicional*, pela intensidade de ordens; a *objetiva*, pela vinculação do labor aos fins empresariais; ou a *subordinação estrutural*, pela inserção significativa do obreiro na estrutura e dinâmica da entidade tomadora de serviços), reconhece-se o vínculo empregatício com o empregador dissimulado, restaurando-se o império da Constituição da República e do Direito do Trabalho. Por tais fundamentos, que se somam aos bem lançados pelo consistente acórdão regional, não há como se alterar a decisão recorrida. Agravo de instrumento desprovido. (Processo AIRR – 981-61.2010.5.10.0006 – j. em 29.10.2012 – Relator Ministro Mauricio Godinho Delgado – 3ª Turma – *DEJT* de 31.10.2012)

> **DICA DE PROVA:** sempre que na prova houver uma questão sobre fraude relacionada ao trabalho, o candidato deverá fazer a análise de todos os elementos fático-jurídicos ensejadores da relação de emprego para caracterizar/descaracterizar a relação.

Um caso que teve grande destaque sobre "pejotização" e foi julgado pelo C. TST no ano de 2008 foi o que reconheceu o vínculo empregatício da jornalista Claudia Cordeiro Cruz com a TV Globo, descaracterizando a locação de serviços.

Na ocasião, a jornalista trabalhou para a TV Globo por um período superior a 10 (dez) anos, sem anotação da carteira de trabalho, e a empregadora condicionou a contratação à constituição de pessoa jurídica, quando a jornalista criou a C3 Produções Artísticas e Jornalísticas Ltda.

E qual seria a "vantagem", para o empregador, da "pejotização"?

Ao burlar a relação de emprego, o patrão deixa de anotar a carteira de trabalho, recolher INSS, FGTS, não precisa pagar férias, décimo-terceiro salário, reflexos, não é obrigado a conceder aviso prévio etc.

O empregador descompromissado busca então, corriqueiramente, descaracterizar a relação de emprego. Uma das formas de se fazer isso é por meio da "pejotização".

Em diversos ramos da economia/profissional constata-se essa fraude, merecendo destaque, em especial, 2 (dois) segmentos: médicos e jornalistas.

Para muitos médicos e jornalistas, que possuem altos salários, chega a ser interessante a constituição de pessoa jurídica para a contratação da prestação de serviços ao invés de caracterização de uma relação de emprego, haja vista que o imposto de renda que a pessoa jurídica tem de recolher possui uma alíquota muito menor do que a alíquota do imposto de renda da pessoa física.

Confira-se o posicionamento de Rodrigo de Lacerda Carelli (2010, p. 142):

> Após as tentativas fracassadas de destruir o Direito do Trabalho pela fuga por intermédio de figuras como cooperativas, trabalho temporário e outras, atualmente, vivemos a moda da contratação de trabalhadores subordinados por meio de pessoa jurídica.
>
> A empresa, ao admitir o trabalhador, oferece (ou impõe) a criação de uma empresa, em geral de responsabilidade limitada, a qual é contratada para realização de serviços pessoais pelo trabalhador. É fraude comezinha, que, às vezes, até atrai o trabalhador com salário mediano, eis que a carga tributária da pessoa jurídica é bem menos maléfica que a correspondente da pessoa física.

Ocorre que os profissionais que possuem altos salários e têm interesse nesse tipo de vínculo, ao estimular e fomentar a "pejotização", acabam por penalizar toda uma categoria e também precarizar as relações de trabalho.

O Ministério Público do Trabalho, muito mais do que perseguir a descaracterização das fraudes às relações de emprego, deverá agir também em busca de um caráter pedagógico em desfavor desse empregador.

Entende o autor, respeitando posicionamentos em sentido contrário, que o Ministério Público do Trabalho deverá buscar: a) a descaracterização do vínculo fraudulento; b) a tutela inibitória para que o empregador não aja mais de forma ilícita, sob pena de multa; c) a indenização por dano moral coletivo com valor de, no mínimo, todo o proveito econômico que o empregador apurou com a fraude. Com efeito, se o empregador não tiver prejuízo econômico ao agir com meio fraudulento, ele estará se valendo da própria torpeza, e a conduta ilícita compensará juridicamente e também financeiramente, ocasionando concorrência desleal com o empregador que cumpre a lei, fato com o qual o Ministério Público do Trabalho não poderá compactuar.

Dessa forma estar-se-á realizando os valores sociais e constitucionais de construção de uma sociedade livre, justa e solidária, promovendo-se o bem de todos e respeitando-se a dignidade da pessoa humana trabalhadora.

3.2. COLUSÃO E LIDE SIMULADA

A lide simulada pode ser entendida como o ato de se utilizar da Justiça do Trabalho como órgão homologador das rescisões dos contratos laborais com o fim de obter a quitação de todos os direitos trabalhistas. Embora seja uma prática corriqueira, caracteriza ilícito penal, além de ser ato atentatório à dignidade da Justiça.

Com a lide simulada, os fraudadores buscam as seguintes vantagens:

a) obter quitação plena, geral e irrestrita dos extintos contratos de trabalho, com a avença dos efeitos da coisa julgada material, impedindo qualquer discussão futura acerca da relação de emprego havida entre as partes;

b) conseguir uma quitação do vínculo com pagamento abaixo do efetivamente devido, de forma parcelada, por meio de acordo na Justiça do Trabalho, haja vista que o valor acordado quase sempre diz respeito às verbas rescisórias não quitadas no prazo e na forma estabelecida no art. 477 da Consolidação das Leis do Trabalho;

FRAUDES RELACIONADAS AO TRABALHO | 305

c) aproveitar-se da necessidade financeira dos ex-empregados, que na primeira audiência na Justiça do Trabalho chegam desamparados, desempregados, e se veem na necessidade de aceitar acordos extremamente lesivos a seus interesses;

d) evitar que se chegue ao conhecimento do sindicato da categoria profissional as lesões aos direitos dos trabalhadores, sobretudo os previstos em instrumentos coletivos, que nem sempre são de conhecimento de toda a categoria.

O ordenamento jurídico trabalhista nacional não prevê a Justiça do trabalho como órgão homologador de rescisões contratuais, papel que deveria ser exercido pelos sindicatos profissionais.

Sobre o assunto, o art. 477 da Consolidação das Leis do Trabalho dispõe que:

> Art. 477. É assegurado a todo empregado, não existindo prazo estipulado para a terminação do respectivo contrato, e quando não haja ele dado motivo para cessação das relações de trabalho, o direito de haver do empregador uma indenização, paga na base da maior remuneração que tenha percebido na mesma empresa.
>
> § 1º. O pedido de demissão ou recibo de quitação de rescisão do contrato de trabalho, firmado por empregado com mais de um ano de serviço, só será válido quando feito com a assistência do respectivo Sindicato ou perante a autoridade do Ministério do Trabalho. [...]
>
> § 6º. O pagamento das parcelas constantes do instrumento de rescisão ou recibo de quitação deverá ser efetuado nos seguintes prazos:
>
> a) até o primeiro dia útil imediato ao término do contrato; ou
>
> b) até o décimo dia, contado da data da notificação da demissão, quando da ausência do aviso prévio, indenização do mesmo ou dispensa de seu cumprimento.

A lei é clara ao determinar que o pagamento da rescisão do contrato de trabalho a que o empregado faz jus será feito no ato da homologação da rescisão do contrato de trabalho e não na data da primeira audiência da reclamação trabalhista ou ação de consignação em pagamento na Justiça do Trabalho.

Os empregados que possuam mais de 1 (um) ano de serviço devem ter suas rescisões homologadas perante o respectivo sindicato ou no Ministério do Trabalho (Superintendência Regional do Trabalho e Emprego).

Quando o empregador se recusa a pagar as verbas rescisórias e ajuíza uma ação de consignação em pagamento ou obriga o empregado a ajuizar uma reclamação trabalhista, está incorrendo em falta, buscando sonegar direitos trabalhistas do empregado e também contribuições previdenciárias.

Dessa forma, a conduta do empregador que assim age transcende a relação individual travada com determinado empregado, ocasionando uma lesão ao interesse público primário e coletivo, haja vista que afeta toda uma coletividade de trabalhadores e a dignidade da Justiça.

Com efeito, ao proceder por esta quadra, os empregadores que fraudam sobrecarregam mais ainda a Justiça do Trabalho, trazendo prejuízo a todos aqueles que, legitimamente, necessitam dos serviços prestados por esse ramo especializado do Poder Judiciário.

Não se pode, portanto, tolerar essa situação e/ou aceitá-la, embora muitas vezes o próprio empregado não saiba que está sendo vítima de uma fraude, sob pena de permitir a precarização das relações de trabalho e abrir espaço para novas e outras infrações.

Caso o Ministério Público do Trabalho consiga identificar plenamente a lesão coletiva realizada, deverá tutelar uma proteção futura para um número indeterminado de pessoas que estão sujeitas a sofrer os mesmos danos.

Como obrigações de fazer e não fazer poderá o Ministério Público do Trabalho almejar que a empregador: a) deixe de contratar e/ou de indicar advogados para seus empregados ou para os empregados das empresas de que sejam sócios; b) submeter ao sindicato profissional ou à autoridade do Ministério do Trabalho o Termo de Rescisão de Contrato de Trabalho dos trabalhadores com mais de 1 (um) ano de serviço, para fins de homologação, na forma prevista no art. 477, § 1º, da Consolidação das Leis do Trabalho; c) abster-se de utilizar a Justiça do Trabalho como órgão meramente homologador de rescisões de contrato de trabalho por meio de lides simuladas.

Poderá o Ministério Público do Trabalho pedir, ainda, a responsabilidade não penal decorrente de ato ilícito com uma **condenação em dinheiro** (Lei nº 7.347/1985, art. 3º), levando-se em conta a natureza do ato ilícito, a gravidade da lesão e o comprometimento do bem jurídico violado.

Depois de ajuizada a ação civil pública ou celebrado termo de ajuste de conduta, deverá o membro do Ministério Público do Trabalho continuar a investigar as ações individuais posteriormente ajuizadas na Justiça do Trabalho que tenham como parte aquele empregador para apurar uma possível prática de fraude, na medida em que as empresas, na maior parte das vezes, continuam em pleno funcionamento.

Não raro, os próprios representantes da empresa "indicam" e "contratam" advogado para o empregado se utilizar da Justiça do Trabalho nas lides simuladas.

Nesse caso, configurado está o patrocínio infiel, crime previsto pelo Código Penal brasileiro, além de desrespeito ao Estatuto dos Advogados, motivo pelo qual deverá ser dada ciência à Ordem dos Advogados para adoção das providências cabíveis.

Estudar-se-á, agora, outro tipo de fraude: a colusão.

Colusão deriva de conluio, arranjo, que, no âmbito do direito do trabalho e das fraudes às relações de trabalho, significa a combinação entre duas ou mais pessoas, geralmente empregado e empregador, com o objetivo de fraudar direitos de uma terceira pessoa ou até mesmo a ordem jurídica.

> **ATENÇÃO:** a diferença primordial entre lide simulada e colusão é que, na primeira, existe uma vontade unilateral, do empregador, para fraudar direitos. No conluio, como visto, há uma reunião de vontades, geralmente do empregado e do empregador, com a finalidade de fraudar direitos.

Segue um exemplo de colusão.

O empregado de determinada empresa, em conluio com o empregador, ajuiza uma reclamação trabalhista com pedido de um valor muito alto, supostamente devido a título de indenização por dano moral.

Na primeira audiência na Justiça do Trabalho, o empregador faz um acordo no valor de R$ 10.000.000,00 (dez milhões de reais) a título de dano moral, que segue homologado pelo juiz do trabalho e ganha o manto de coisa julgada.

Ocorre que, no exemplo citado, imagine-se que não chegou sequer a existir esse ato que caracterizou o suposto dano moral. Descobriu-se que buscava o empregador, na verdade, dilapidar seu patrimônio e frustrar os direitos dos outros 500 (quinhentos) trabalhadores da empresa, por meio de conluio com o seu diretor e braço direito na reclamação trabalhista.

Percebe-se, portanto, que no conluio, diferentemente da lide simulada, existe uma combinação de vontades para fraudar direito alheio ou a ordem jurídica. Na lide simulada o empregado é simplesmente uma vítima do empregador que deseja fracassar o recebimento das verbas rescisórias e/ou de outros direitos trabalhistas e encargos sociais.

Veja-se recente julgado do Tribunal Superior do Trabalho que se aproxima do exemplo trazido:

> RECURSO ORDINÁRIO – AÇÃO RESCISÓRIA – ACORDO HOMOLOGADO PARA FRAU-DAR O ERÁRIO PÚBLICO – COLUSÃO EVIDENCIADA. Ao contrário do que afirma a recorrente, o acordo firmado e homologado abrangeu crédito discutível, de alta monta, com evidente interesse em lesar o erário público para favorecer a parte. Entendendo-se que o acordo deva decorrer de concessões mútuas para a solução do litígio, não se justifica, na hipótese, a transação perpetrada entre a ré e os dirigentes da Fundação, em conchavo com familiares e advogados. Comprovou-se que ao acordo não precedeu a análise do conselho curador da Fundação, como determinado no Estatuto. Ademais disso, há depoimentos que não podem ser descartados, no sentido de que foi feita reunião prévia à audiência em que se firmou o ajuste, no intuito de discutir os valores que seriam transacionados, com a presença da Secretária de Finanças da fundação (irmã da ré), da ex-presidente e deputada (também irmã da ré), da presidente da fundação à época, da diretora financeira (que atuou como preposta no acordo) – todos sabedores da necessidade de dotação orçamentária – relevante indício a reforçar a conclusão do julgado recorrido. Toda a conduta verificada – que deu ensejo à propositura das três ações rescisórias aqui reunidas – confirma o intuito de consolidar um crédito trabalhista excessivo, em detrimento do interesse público, de modo que a decisão recorrida que julgou procedente a pretensão rescisória, rescindindo a sentença homologatória do acordo, nos moldes da Orientação Jurisprudencial nº 94 da SBDI-II/TST, deve ser mantida. Recurso ordinário da ré a que se nega provimento. (RO 9500-59.2007.5.06.0000 – j. em 27.11.2012 – Relator Ministro Pedro Paulo Manus – Subseção II Especializada em Dissídios Individuais – *DEJT* de 30.11.2012)

O C. TST, em abril de 2012, na Orientação Jurisprudencial nº 158 da SDI-II, firmou o entendimento de que, na hipótese de colusão, não deve ser aplicada a multa por litigância de má-fé:

> OJ Nº 158 – SDI-II • AÇÃO RESCISÓRIA – DECLARAÇÃO DE NULIDADE DE DECISÃO HOMOLOGATÓRIA DE ACORDO EM RAZÃO DE COLUSÃO (ART. 485, III, DO CPC) – MULTA POR LITIGÂNCIA DE MÁ-FÉ – IMPOSSIBILIDADE. A declaração de nulidade de decisão homologatória de acordo, em razão da colusão entre as partes (art. 485, III, do CPC), é sanção suficiente em relação ao procedimento adotado, não havendo que ser aplicada a multa por litigância de má-fé.

Com todo o respeito que merece o colendo Tribunal Superior do Trabalho, entende o autor que a simples declaração de nulidade é apenas consequência jurídica, e não representa nenhuma sanção à colusão. Deveria, portanto, no mínimo, ser aplicada multa por litigância de má-fé a quem se valesse do Poder Judiciário com o intuito fraudulento.

Por fim, ressalte-se que o Ministério Público do Trabalho tem legitimidade para atuar na hipótese de colusão entre as partes, na dicção da Súmula 100, inciso VI, do C. TST: "Na hipótese de colusão das partes, o prazo decadencial da ação rescisória somente começa a fluir para o Ministério Público, que não interveio no processo principal, a partir do momento em que tem ciência da fraude".

3.3. COOPERATIVA

A Lei nº 5.764/1971, que define a Política Nacional de Cooperativismo, institui o regime jurídico das sociedades cooperativas e dá outras providências, em seu art. 4ª define as cooperativas da seguinte maneira: "As cooperativas são sociedades de pessoas, com forma e natureza jurídica próprias, de natureza civil, não sujeitas à falência, constituídas para prestar serviços aos associados".

A leitura do art. 3º da Lei nº 5.764/1971, por sua vez, aperfeiçoa tal definição, na medida em que traz características da sociedade cooperativa. Confira-se: "Celebram contrato de sociedade cooperativa as pessoas que reciprocamente se obrigam a contribuir com bens ou serviços para o exercício de uma atividade econômica, de proveito comum, sem objetivo de lucro".

Por meio de ambos os dispositivos ora transcritos, pode-se observar as principais peculiaridades do cooperativismo:

a) os cooperativados buscam essa associação para a realização de uma finalidade em comum, portanto, trata-se de adesão voluntária;

b) a prestação de assistência aos associados;

c) a finalidade não lucrativa.

É necessária, também, a existência da *affectio societatis*, ou seja, da participação dos cooperativados nas decisões da cooperativa – gestão democrática –, fato que muito destoa a relação entre cooperativa e associado da relação entre empregador e empregado, onde há verdadeira subordinação jurídica.

Por fim, como característica extremamente relevante de uma verdadeira cooperativa de trabalho, pode-se mencionar a *dupla qualidade dos associados* que, segundo André Cremonesi (2009, p. 27):

> Consiste no fato de que o cooperado tem dupla qualidade em relação à cooperativa de trabalho, à qual está associado, a saber: é o prestador dos serviços e o beneficiário desses mesmos serviços.
>
> Com efeito, na medida em que haja prestação de serviços por um trabalhador cooperado, ele mesmo é quem deve beneficiar-se desse ato.
>
> Imaginar ao contrário, ou seja, que o trabalhador cooperado é o prestador dos serviços, mas deles não se beneficia leva-nos à conclusão inarredável de que terceiros estranhos à cooperativa é que se beneficiam do seu labor.
>
> Tal ocorre especificamente quando os serviços são prestados para terceiros, no caso, para as empresas tomadoras dos mesmos.

No bojo das investigações sobre fraudes às relações de trabalho por intermédio de cooperativas, o Ministério Público do Trabalho, quase que na totalidade das vezes, conclui que não houve a criação voluntária da cooperativa, nem a adesão voluntária daquele associado, muito menos a gestão democrática.

Na maior parte das vezes ocorre uma espécie de coação, quando o trabalhador é obrigado a fazer parte (filiar-se) da cooperativa para conseguir trabalhar. Situação análoga ocorre também com a "pejotização", em que o trabalhador tem que ter uma pessoa jurídica para conseguir o trabalho.

Trata-se, destarte, de mais um artifício usado com o objetivo de fraudar direitos decorrentes de uma relação de emprego, o que se chama de "fraudocooperativa".

Essas cooperativas são muito comuns na área de saúde, conforme será ilustrado no exemplo abaixo.

Um hospital dispensou todos os médicos cirurgiões e contratou uma cooperativa de médicos cirurgiões para atender ao hospital.

"Por uma ironia do destino", todos os médicos dessa nova cooperativa são os profissionais que foram dispensados e já trabalhavam no hospital. Todos foram obrigados, pela diretoria do hospital, a se filiar à cooperativa para conseguir continuar trabalhando no hospital.

Todavia, agora, nenhum médico cirurgião daquele hospital possui vínculo de emprego em virtude da fraude perpetrada...

O dispositivo legal que supostamente embasaria a cooperativa fraudulenta é o parágrafo único do art. 442 da CLT, o qual dispõe que "qualquer que seja o ramo de atividade da sociedade cooperativa, não existe vínculo empregatício entre ela e seus associados, nem entre estes e os tomadores de serviços daquela". Em tese, e como desejam os fraudadores, bastaria que se criasse uma sociedade com o nome de "cooperativa" para que estivesse descaracterizado o vínculo de emprego.

Em tópico anterior já foram vistos os requisitos/elementos fático-jurídicos da relação de emprego, bem como as características de uma cooperativa lícita. De posse de todas essas informações e, à luz do **princípio da primazia da realidade**, deve ser feita uma análise acurada para saber se está ocorrendo uma relação de emprego por meio de uma falsa intermediação de mão de obra ou se, na verdade, está ocorrendo um cooperativismo lícito.

Os "cooperativados", no exemplo trazido, nada mais são do que empregados, conforme o art. 3º da CLT: "Considera-se empregado toda pessoa física que prestar serviços de natureza não eventual a empregador, sob dependência deste e mediante salário".

Deverá o vínculo de emprego ser reconhecido, portanto, com a tomadora de serviços. Nesse sentido, tem decidido reiteradamente o C. TST:

> AGRAVO DE INSTRUMENTO – RECURSO DE REVISTA – DESCABIMENTO. 1. CONTRATAÇÃO DE TRABALHADOR POR EMPRESA INTERPOSTA – COOPERATIVA – FRAUDE – RECONHECIMENTO DE RELAÇÃO DE EMPREGO DIRETAMENTE COM O TOMADOR DE SERVIÇOS. Decisão regional que acolhe a compreensão da Súmula nº 331, I, desta Corte, não desafia recurso de revista nos termos da Súmula nº 333/TST e do art. 896, § 4º, da CLT. 2. HORAS EXTRAS – RECURSO DESFUNDAMENTADO. Revela-se desfundamentado o recurso, quando as alegações ofertadas não atacam os fundamentos lançados no acórdão (Súmula TST nº 422). Agravo de instrumento conhecido e desprovido. (AIRR 46440-06.2008.5.01.0007 – j. em 20.4.2010 – Relator Ministro Alberto Luiz Bresciani de Fontan Pereira – 3ª Turma – *DEJT* de 7.5.2010)

> AGRAVO DE INSTRUMENTO EM RECURSO DE REVISTA – ADICIONAL DE INSALUBRIDADE – GRAU MÁXIMO – LIMPEZA DE BANHEIROS. Agravo de instrumento a que se dá provimento, para determinar o processamento do recurso de revista, porquanto demonstrada

a alegada contrariedade à Orientação Jurisprudencial nº 4 da SBDI-I do Tribunal Superior do Trabalho. RECURSO DE REVISTA – COOPERATIVA – VÍNCULO DE EMPREGO. A Corte Regional, soberana na análise do conjunto fático-probatório, registrou que as provas testemunhal e documental demonstram a existência de vínculo de emprego com as segunda e terceira reclamadas, empresas do mesmo grupo econômico, porquanto ficou caracterizada a fraude aos direitos trabalhistas, e que a cooperativa figurou como mera intermediadora de mão de obra. Assim, concluiu que não são aplicáveis, no presente caso, a Lei nº 5.764/1971 e o art. 442, parágrafo único, da Consolidação das Leis do Trabalho, o que faz incidir o disposto do art. 9º também da CLT. Dessa forma, para que este Tribunal Superior pudesse concluir de forma contrária, como pretendem as reclamadas, seria necessário o reexame dos fatos e das provas; procedimento inviável nesta fase recursal, nos termos da Súmula nº 126 desta Corte Superior. ADICIONAL DE INSALUBRIDADE – GRAU MÁXIMO – LIMPEZA DE BANHEIROS. A Orientação Jurisprudencial nº 4 da SBDI-I desta Corte Superior consagra o entendimento de que os serviços de limpeza desenvolvidos no âmbito residencial ou comercial não configuram trabalho insalubre, ainda que o contrário tenha sido afirmado em laudo pericial, porquanto não se amolda ao conceito de "lixo urbano" previsto nos Anexos 13 e 14 da Norma Regulamentadora nº 15 do Ministério do Trabalho. Recurso de revista de que se conhece parcialmente e a que se dá provimento. (RR 28040-03.2003.5.04.0017 – j. em 5.5.2010 – Relator Ministro Pedro Paulo Manus – 7ª Turma – *DEJT* de 14.5.2010)

3.4. CABOS ELEITORAIS (ART. 100 DA LEI Nº 9.504/1997)

Foi noticiado na página eletrônica do Tribunal Superior do Trabalho, em 22.10.2012, que "Cerca de três milhões de pessoas trabalham no país em época de campanha eleitoral, entre jornalistas, pesquisadores, motoristas, cabos eleitorais, telefonistas, copeiras e outros profissionais das mais diversas áreas (...)".

Esse elevado número, por si só, demonstra o tamanho da relevância econômica e para o mundo do trabalho de uma eleição.

De um lado existem profissionais gabaritados, como alguns famosos publicitários, que ganham muito mais dinheiro do que em qualquer outra época do ano e, por outro, diversos profissionais, como os cabos eleitorais, que possuem na maioria das vezes contratos verbais onde sequer existe uma garantia de que terminadas as eleições os valores acertados serão efetivamente pagos.

No meio desse cenário, o art. 100 da Lei nº 9.504/1997, Código Eleitoral, dispõe que esse tipo de atividade não gera vínculo, ficando os direitos do trabalhador condicionados a contratos de prestação de serviços.

Muito embora a lei seja clara no sentido de que não há vínculo de emprego para o cabo eleitoral, e também nesse sentido esteja posicionada a jurisprudência, ainda assim todo trabalhador tem de ter sua dignidade assegurada e o seu trabalho valorizado. Muitas vezes os cabos eleitorais recebem apenas uma refeição para uma jornada exaustiva como único pagamento, o que não é aceitável dentro de um Estado Democrático de Direito.

Uma maneira inicial para que o prestador de serviços tenha, ao menos, alguma garantia de que receberá pelos seus serviços é a celebração de um contrato de natureza cível, em que seja estipulada a tarefa contratada, a duração do serviço e a forma de contraprestação.

Apenas o cumprimento desse contrato cível já seria um alento para quem se viu pela norma privado de direitos trabalhistas como férias, 13º salário, verbas rescisórias etc.

Importante deixar consignado que a matéria atinente à saúde e segurança do trabalhador transcende a natureza do vínculo de trabalho, se relação de emprego ou não. Em outras palavras, existindo vínculo, seja ele de trabalho ou não, o tomador dos serviços tem de assegurar a saúde e segurança do trabalhador. Exemplo: uma pessoa que distribui panfletos de candidato eleitoral tem que ter assegurada a ingestão de líquidos, o uso de banheiros, a proteção ao calor.

Segue, a propósito, trecho de notícia veiculada na página eletrônica do Tribunal Superior do Trabalho em 22.10.2012:

> A Justiça do Trabalho tem julgado diversos pedidos de vínculo de emprego que acabam não sendo reconhecidos. A situação que prevalece é a configuração de relação de trabalho, o que não gera o direito a verbas como férias, 13º salário e outros benefícios garantidos pela Consolidação das Leis do Trabalho (CLT). Mas mesmo não havendo o vínculo de emprego, com assinatura da carteira de trabalho, os prestadores de serviço têm sua integridade física assegurada bem como o direito à remuneração, entre outros. Até mesmo indenizações por dano moral podem ser pleiteadas quando necessário.

Dessa forma, malgrado não se reconheça que o cabo eleitoral é um empregado, deve ser assegurada uma remuneração justa, condições de trabalho dignas, jornada compatível com as limitações físicas, sociais e biológicas, e também toda a proteção à saúde e segurança desse trabalhador.

A Justiça do Trabalho condenou o ex-governador do Distrito Federal, Joaquim Roriz, a indenizar, no valor de R$ 85.000,00 (oitenta e cinco mil reais) por danos materiais e morais, um cabo eleitoral que ficou cego do olho esquerdo após ser atingido por uma bandeira durante uma briga com partidos adversários, nas eleições de 1998 (AIRR – 4685-03.2010.5.10.0000). O C. TST não conheceu o recurso interposto pelo ex-governador, sob relatoria da Ministra Rosa Weber (atualmente no Supremo Tribunal Federal).

Entendeu-se, na oportunidade, que aqueles que contratam esse tipo de serviço, ainda que não empregatício, devem contribuir para que incidentes não ocorram, tendo em vista a boa-fé objetiva que cerca toda relação contratual, antes, durante e após a extinção do liame.

Discute-se muito acerca da constitucionalidade do art. 100 da Lei nº 9.504/1997, haja vista que o art. 22, I, da CF/1988 atribuiu à União a competência privativa para legislar sobre direito eleitoral e do trabalho; bem como ao fato de o art. 7º da CF/1988 não vedar a regulamentação de trabalho eventual.

Por fim, há quem defenda até mesmo não se tratar de competência da Justiça do Trabalho a definição sobre a natureza do vínculo do cabo eleitoral, haja vista que não se trata de relação de emprego, mas sim de prestação de serviços.

Independentemente da posição que se adote, se constitucional ou não o dispositivo que prevê o trabalho do cabo eleitoral ou se a competência é ou não da Justiça do Trabalho, deve-se assegurar um patamar civilizatório mínimo para esse trabalhador, ainda que não se reconheça a relação de emprego.

3.5. BRASILEIRO QUE TRABALHA NO EXTERIOR E TRABALHO DO ESTRANGEIRO

Diversas questões palpitantes permeiam a temática do trabalho do estrangeiro no Brasil, como o debate acerca da lei aplicável ao vínculo de emprego, se a do país de origem ou a brasileira.

A Convenção de Direito Internacional Privado – Código de Bustamante – adota o princípio da *lex loci executionis*, ou seja, aplica-se a lei do local onde o trabalho é desenvolvido, não a do local da contratação. Assim eram resolvidos conflitos atinentes à contratação de trabalhadores contratados em um país e transferidos para outro. Aplicava-se o princípio da territorialidade.

A Lei brasileira nº 7.064/1982 previu a *lex loci executionis* mas trouxe uma exceção para os trabalhadores da área de engenharia em prol da lei mais favorável, isto é, para esses trabalhadores aplicar-se-ia a norma mais favorável.

A Súmula nº 207 do C. TST, nesse sentido, consubstanciou entendimento de que a relação jurídica deveria ser regida pelas leis vigentes no país da prestação do serviço, todavia a Súmula foi cancelada em abril de 2012 (RR-219000-93.2000.5.01.0019), pois, conforme noticiado na página eletrônica do Tribunal Superior do Trabalho, em 4 de agosto de 2012:

> A súmula, editada em 1985, adotava o princípio da *lex loci executionis* que diz ser a relação jurídica trabalhista regida pelas leis vigentes no país da prestação de serviço e não por aquelas do local da contratação. Mas o Tribunal há muito vinha estendendo a todas as categorias profissionais a aplicação da Lei nº 7.064/1982 que garantia somente aos empregados de empresas de engenharia no exterior, o direito à norma trabalhista mais benéfica (seja do país de contratação ou de prestação de serviço).

Por esse caminho também foi a alteração do art. 1º da Lei nº 7.064/1982 pela Lei nº 11.962/2009, que estendeu a norma mais benéfica a todas as categorias. Hoje prevalece, portanto, o princípio da norma mais benéfica ao invés do princípio da territorialidade.

Pontue-se que, para as relações empregatícias marítimas, diferentemente, existe diretriz própria, regendo-se pela lei do pavilhão do navio, que tende a ser, normalmente, a do país de domicílio do armador/empregador.

Quando um estrangeiro vem trabalhar no Brasil, ele passa a ter os mesmos direitos trabalhistas do trabalhador brasileiro: 13º salário, férias de 30 (trinta) dias, FGTS etc. Caso o estrangeiro encontre-se em situação irregular no país, ainda assim terá assegurado os seus direitos trabalhistas, haja vista que, na hipótese, trata-se de trabalho proibido e não ilícito.

Há de se registrar, por amor ao debate, opiniões no sentido de que:

> O princípio da igualdade de tratamento, no qual se baseia a interpretação acima citada, aplica-se, segundo a norma constitucional, "aos brasileiros e estrangeiros residentes no Brasil" (art. 5º, I). Assim, a norma isonômica de direitos só vale para estrangeiros que já estejam no Brasil, com situação jurídica regular, com estatuto de residente, e não aos que venham em imigração voluntária e clandestina, ou, como mais comumente ocorre, sejam trazidos por empresas. Também não vale para cidadãos de outros países em suas terras de origem.
>
> Desta forma, o art. 352 da Consolidação das Leis do Trabalho, que impõe a manutenção de no mínimo 2/3 (dois terços) de trabalhadores brasileiros em cada empresa, bem como os dispositivos seguintes do mesmo capítulo, dentre elas a proibição de salário inferior a trabalhadores

nacionais do que aquele praticado ao estrangeiro na mesma função, estão ainda em vigor no ordenamento jurídico brasileiro. Aqui não se está deixando de tratar de forma isonômica trabalhadores brasileiros e estrangeiros, mas sim protegendo esses primeiros de uma contratação de estrangeiros que venham para ocupação dos postos de trabalho existentes no país. Por certo, a Constituição Federal é a carta política da nação brasileira, não tendo a pretensão de ser uma declaração de direitos humanos universais. (CARELLI, 2007)

Existem diversas exigências legais para a permanência de trabalhadores estrangeiros no país. A Lei nº 6.815/1980, regulamentada pelo Decreto nº 86.715/1981, definiu a situação jurídica desses trabalhadores e criou o Conselho Nacional de Imigração (CNIg), órgão vinculado ao Ministério do Trabalho e Emprego. Esse órgão estabelece e orienta a concessão de trabalho para estrangeiros, ao passo que o Ministério das Relações Exteriores emite a autorização consular registrada no passaporte, o popular "visto".

Veja-se, nesse diapasão, o art. 48 da Lei nº 6.815/1980:

> Art. 48. Salvo o disposto no § 1º do art. 21, a admissão de estrangeiro a serviço de entidade pública ou privada, ou a matrícula em estabelecimento de ensino de qualquer grau, só se efetivará se o mesmo estiver devidamente registrado (art. 30).
>
> Parágrafo único. As entidades, a que se refere este artigo remeterão ao Ministério da Justiça, que dará conhecimento ao Ministério do Trabalho, quando for o caso, os dados de identificação do estrangeiro admitido ou matriculado e comunicarão, à medida que ocorrer, o término do contrato de trabalho, sua rescisão ou prorrogação, bem como a suspensão ou cancelamento da matrícula e a conclusão do curso.

O art. 21, *caput* e parágrafos, da Lei nº 6.815/1980 faculta ao natural de país limítrofe, domiciliado em cidade contígua ao território nacional estudar e trabalhar nos municípios fronteiriços, permitindo-se a entrada mediante simples prova de identidade. É vedado, contudo, o estabelecimento como firma individual e o exercício de cargos de gestão de sociedade comercial ou civil.

No que tange à contratação de trabalhador brasileiro por empresa estrangeira para trabalhar no exterior, é imprescindível autorização do Ministério do Trabalho e Emprego, e a empresa estrangeira também é obrigada a custear as despesas de viagem de ida e volta do trabalhador ao exterior, assim como dos seus dependentes, e seguro de vida e seguros de acidentes pessoais a favor do trabalhador.

A permanência do trabalhador brasileiro no exterior também não poderá ser ajustada por período superior a 3 (três) anos, salvo na hipótese de gozo de férias anuais no Brasil, acompanhado de seus dependentes, com as despesas de viagem pagas pela empresa estrangeira.

Finalmente, o aliciamento de trabalhador residente no Brasil para trabalhar no exterior, fora da disciplina da Lei nº 7.064/1982, caracterizará o crime de recrutar trabalhadores, mediante fraude, com o fim de levá-los para território estrangeiro, previsto no art. 206 do Código Penal brasileiro, cuja pena é de um a três anos de detenção e multa.

Algumas outras situações relacionadas ao trabalho do estrangeiro merecem ser dissertadas.

A primeira é que o requisito primordial para a admissão do trabalhador estrangeiro no Brasil é que ele não ocupe vaga que poderá ser preenchida por trabalhador brasileiro. Não se quer, portanto, importar mão de obra que não seja qualificada.

Por mais que soe até mesmo óbvio o requisito anteriormente disposto, cada vez mais o Ministério Público do Trabalho se depara com situações onde existem dezenas, até mesmo centenas de trabalhadores sem qualificação alguma, trazidos de países distantes, para trabalhar em nosso país. Isso ocorre em virtude do *dumping* social e ante o baixo custo da mão de obra em alguns países.

A Resolução Normativa nº 99, de 12.12.2002, do Conselho Nacional de Imigração, estabelece que o candidato a emprego, como visto temporário, deverá comprovar um dos seguintes requisitos: I – escolaridade mínima de nove anos e experiência de dois anos em ocupação que não exija nível superior; ou II – experiência de um ano no exercício de profissão de nível superior, contando esse prazo da conclusão do curso de graduação que o habilitou a esse exercício; ou III – conclusão de curso de pós-graduação, com no mínimo 360 horas, ou de mestrado ou grau superior compatível com a atividade que irá desempenhar; ou IV – experiência de três anos no exercício de profissão, cuja atividade artística ou cultural independa de formação escolar.

No que tange ao serviço público, o art. 37 da CF/1988, em sua redação original, vedava o acesso do estrangeiro ao serviço público, mas a redação foi alterada pela Emenda Constitucional nº 19/1998.

Hoje o art. 207, § 1º, da CF/1988 dispõe que os estrangeiros poderão atuar como professor, técnico e cientista, e a Lei nº 8.112/1990 positiva que poderão ocupar cargos em universidades e instituições de pesquisa científica e tecnológicas federais (art. 5º, § 3º).

No que toca às vedações, o art. 176, § 1º, da CF/1988 proíbe o estrangeiro de atuar diretamente na pesquisa e lavra de recursos minerais e aproveitamento dos potenciais de energia hidráulica, salvo como sócio de empresa constituída sob as leis brasileiras e que tenham sede e administração no país.

Também o art. 222 da CF/1988 limita a propriedade de empresa jornalística e de radiodifusão sonora e de sons e imagens a brasileiros natos ou naturalizados há mais de dez anos, ou de pessoas jurídicas constituídas sob as leis brasileiras e que tenham sede no país.

O art. 12, § 3º, da CF/1988 dispõe que são privativos de brasileiro nato os cargos: a) de Presidente e Vice-Presidente da República; b) de Presidente da Câmara dos Deputados; c) de Presidente do Senado Federal; d) de Ministro do Supremo Tribunal Federal; e) da carreira diplomática; f) de oficial das Forças Armadas; g) de Ministro de Estado da Defesa.

Já o art. 14, § 2º, da CF/1988 proíbe o alistamento eleitoral de estrangeiro e o § 3º, inciso I, do mesmo artigo proíbe a capacidade eleitoral passiva.

Existe ainda uma limitação profissional aos estrangeiros para a profissão de químicos que, consoante art. 325, § 2º, CLT, só será permitido quando o diploma for obtido em escola nacional ou na hipótese de haver reciprocidade para reconhecimento dos diplomas obtidos no exterior. Ressalte-se que o número de químicos estrangeiros não poderá ser superior a 1/3 do quadro de pessoal.

Por fim, o Código Brasileiro de Aeronáutica, Lei nº 7.565/1986, prevê que a profissão é privativa de brasileiro, com as seguintes ressalvas, conforme seus arts. 156 a 158:

a) exercício de função não remunerada a bordo de aeronave de serviço aéreo privado;

b) comissários no serviço aéreo internacional em número que não exceda 1/3 dos que estiverem a bordo, a menos que haja acordo bilateral e reciprocidade;

c) em caráter provisório, por no máximo 6 (seis) meses, instrutores, quando não houver tripulantes brasileiros qualificados.

3.6. TRABALHO EM EMBAIXADAS, CONSULADOS E ORGANISMOS INTERNACIONAIS

O trabalhador de embaixadas e consulados sujeita-se às normas trabalhistas do país em que presta serviços. Não obstante, não pode esse mesmo trabalhador valer-se do direito fundamental/constitucional de ação em nosso país.

O tema ganha importância – e o problema começa – na hora de executar o crédito reconhecido, haja vista que os bens dos Estados estrangeiros são impenhoráveis.

Endoprocessualmente a forma jurídica possível para satisfação do crédito seria a remessa de carta rogatória, que não se coaduna com a celeridade do processo do trabalho, além de ser inviável economicamente, na maior parte das vezes, para o trabalhador, pois a formação e remessa de uma carta rogatória possui custo financeiro elevado.

Qual seria a outra solução viável para a satisfação do crédito judicialmente reconhecido no Brasil dos trabalhadores em embaixadas e consulados internacionais?

Sugere-se que o Juiz do Trabalho faça a comunicação ao Ministério das Relações Exteriores para, administrativamente, tentar a obtenção do crédito junto às embaixadas para pagamento da dívida. Trata-se de expediente de índole administrativa célere e que se coaduna plenamente com a terceira onda de acesso à justiça, onde se busca uma justiça de resultados.

Quanto aos empregados de organizações ou organismos internacionais, como a Organização das Nações Unidas – ONU, o direito internacional garante a imunidade jurisdicional absoluta, motivo pelo qual a Justiça do Trabalho sequer pode julgar as lides existentes, a não ser que o ente renuncie de forma expressa à imunidade.

Nessa mesma diretriz, a Orientação Jurisprudencial nº 416 da SDI-I do C. TST estabeleceu que:

> As organizações ou organismos internacionais gozam de imunidade absoluta de jurisdição quando amparados por norma internacional incorporada ao ordenamento jurídico brasileiro, não se lhes aplicando a regra do Direito Consuetudinário relativa à natureza dos atos praticados. Excepcionalmente, prevalecerá a jurisdição brasileira na hipótese de renúncia expressa à cláusula de imunidade jurisdicional.

De fato, os organismos internacionais possuem natureza supranacional, com personalidade jurídica própria, e são criados por normas de direito internacional que geralmente lhes asseguram imunidade jurisdicional tanto na fase cognitiva como na de execução.

Todavia, esse entendimento adotado no direito internacional traz como reflexo tolher o direito do trabalhador de acesso ao sistema jurisdicional do país em que trabalha para ter que se submeter ao tribunal do organismo internacional. Não por outra razão o C. TST está estudando a possibilidade de rever a Orientação Jurisprudencial nº 416 da SDI-I do C. TST, conforme noticiado no *Informativo 34*:

IMUNIDADE DE JURISDIÇÃO – ORGANIZAÇÃO OU ORGANISMO INTERNACIONAL – ORIENTAÇÃO JURISPRUDENCIAL Nº 416 DA SBDI-I – MATÉRIA SUSPENSA PARA APRE- CIAÇÃO DO TRIBUNAL PLENO. A SBDI-I, em sua composição plena, decidiu, por unanimi- dade, suspender a proclamação do resultado do julgamento do processo em que se discute se as organizações ou os organismos internacionais gozam de imunidade absoluta de jurisdição e, nos termos do art. 158, § 1º, do RITST, remeter os autos ao Tribunal Pleno para revisão, se for o caso, da Orientação Jurisprudencial nº 416 da SBDI-I. Na hipótese, os Ministros Luiz Philippe Vieira de Mello Filho, relator, Dora Maria da Costa, Antônio José de Barros Levenhagen, João Batista Brito Pereira, Renato de Lacerda Paiva, Lelio Bentes Corrêa e Aloysio Corrêa da Veiga votaram no sentido de não conhecer do recurso de embargos, ao passo que os Ministros Ives Gandra Martins Filho, Alberto Luiz Bresciani de Fontan Pereira, Augusto César Leite de Carvalho, José Roberto Freire Pimenta, Delaíde Miranda Arantes, Maria Cristina Irigoyen Peduzzi e João Oreste Dalazen conheciam dos embargos por divergência jurisprudencial, inclinando-se a decidir contrariamen- te à Orientação Jurisprudencial nº 416 da SBDI-I. (TST – E-RR-61600-41.2003.5.23.0005, SBDI-I – Relator Ministro Luiz Philippe Vieira de Mello Filho – 13.12.2012)

Conclui-se que é preciso buscar alguma forma de satisfação do crédito trabalhista, por- quanto a imunidade jurisdicional de organismos internacionais gera um efeito negativo para trabalhadores, que ficam desprotegidos, pois, quando for o caso, recorrem a tribunais admi- nistrativos dos próprios organismos, que são localizados, em regra, na Europa ou nos Estados Unidos, fato que, por si só, inviabiliza o acesso ao trabalhador brasileiro.

3.7. TERCEIRIZAÇÃO DE SERVIÇOS: NOÇÕES FUNDAMENTAIS E JURISPRU- DÊNCIA ATUAL

• *Tiago Muniz Cavalcanti*

3.7.1. Conceito

Na terceirização, há uma *delegação* a terceiros de *serviços secundários* desvinculados da atividade-fim do tomador, no intuito de se obter, ao final, uma otimização na produtividade empresarial. Cuida-se de um *modo trilateral* diametralmente distinto do modelo empregatí- cio clássico.

Maurício Godinho Delgado assim o conceitua (2010, p. 428):

> Para o Direito do Trabalho terceirização é o fenômeno pelo qual se dissocia a relação econômi- ca de trabalho da relação justrabalhista que lhe seria correspondente. Por tal fenômeno insere-se o trabalhador no processo produtivo do tomador de serviços sem que se estendam a este os laços justrabalhistas, que se preservam fixados com uma entidade interveniente. A terceirização pro- voca uma relação trilateral em face da contratação de força de trabalho no mercado capitalista: o obreiro, prestador de serviços, que realiza suas atividades materiais e intelectuais junto à empresa tomadora de serviços; a empresa terceirizante, que contrata este obreiro, firmando com ele os vín- culos jurídicos trabalhistas pertinentes; a empresa tomadora de serviços, que recebe a prestação de labor, mas não assume a posição clássica de empregadora desse trabalhador envolvido.

A terceirização apresenta-se, assim, como um modo de gestão da atividade produtiva, através da qual o tomador transfere parte de seus serviços para outras empresas, possibili- tando-lhes, em consequência, uma preocupação intensa com as atividades que constituem o *objetivo central* do seu empreendimento.

3.7.2. Terceirização lícita e intermediação de mão de obra

Nos moldes propugnados pelo Tribunal Superior do Trabalho, possibilita-se a uma empresa terceirizar parte de sua produção, desde que tais serviços não se vinculem diretamente à atividade-fim da empresa contratante. Nesse sentido, o item III da Súmula nº 331:

> III – Não forma vínculo de emprego com o tomador a contratação de serviços de vigilância (Lei nº 7.102, de 20.6.1983), de conservação e limpeza, bem como a de serviços especializados ligados à atividade-meio do tomador, desde que inexistente a pessoalidade e subordinação direta.

Com efeito, o primeiro critério diferenciador entre a terceirização lícita e a intermediação de mão de obra recai exatamente na distinção entre *atividade-meio* (periférica, secundária) e *atividade-fim* (essencial para a consecução dos objetivos centrais do empreendimento). Nesse contexto, é possível traçar alguns elementos compatíveis com a licitude da terceirização: manutenção da *subordinação jurídica* com o real empregador, por meio do controle e direcionamento das atividades pela empresa fornecedora dos serviços; prestação de *serviços especializados*, através do reconhecido *know-how* por parte da empresa prestadora; e utilização de *meios próprios* para a execução das atividades contratadas.

No entanto, mais das vezes, em nosso país há uma *utilização desvirtuada* do instituto, estando ausentes os requisitos ora mencionados. Exsurge a denominada *intermediação de mão de obra*, caracterizada pelo simples fornecimento de trabalhadores por parte de uma determinada empresa a outra, eximindo-se esta das obrigações trabalhistas e previdenciárias, como se o trabalho fosse uma simples *mercadoria*. A terceirização ilícita acarreta a *precarização* das relações de trabalho, em agressão à moderna noção de trabalho livre, seguro e digno.

3.7.3. Atividade-meio *x* atividade-fim

Conforme visto, a jurisprudência pátria admite que uma empresa terceirize parte de sua produção, exigindo-se, apenas, que tais serviços não se vinculem diretamente à atividade-fim da empresa contratante. Em suma, o cerne da questão gira em torno do enquadramento dos serviços terceirizados na atividade-fim ou atividade-meio, ficando à mercê da *amplitude da conceituação* desses termos pela jurisprudência.

Para Jorge Luiz Souto Maior (2004), "o critério jurídico adotado, no entanto, não foi feliz". Explica o renomado jurista:

> Primeiro porque, para diferenciar a terceirização lícita da ilícita, partiu-se de um pressuposto muitas vezes não demonstrável, qual seja, a diferença entre atividade-fim e atividade-meio. É plenamente inseguro tentar definir o que vem a ser uma e outra. O serviço de limpeza, por exemplo, normalmente apontado como atividade-meio, em se tratando de um hospital, seria realmente uma atividade-meio?

De fato, torna-se bastante tormentosa a diferenciação do conceito de *atividade-meio* e *atividade-fim*, não sendo incomuns situações de extrema divergência doutrinária e jurisprudencial no particular.

Sobre essa dificuldade de conceituação, assim se manifesta o magistrado trabalhista Zéu Palmeira Sobrinho, em sua obra *Terceirização e Reestruturação Produtiva* (2008):

> A dificuldade da separação meio e fim torna-se evidente dentro da fragmentação de atos do trabalhador inerentes ao momento da produção. Assim, segundo o TST, o sapateiro que estivesse afiando seus instrumentos de trabalho não estaria naquele momento praticando uma atividade-fim. A inconsistência do critério sugere, ainda, que a sua caracterização depende do arbítrio maior da empresa contratante, principalmente do modo como ela se autodefine em relação ao objeto de sua atividade econômica. Nesse sentido, pelo parâmetro jurisprudencial, não seria atividade-fim o trabalho da costureira que, ao prestar serviços em sua própria residência, entrega a sua produção para uma empresa que se autodefine como simples fornecedora de roupas para lojistas; por outro lado, segundo ainda as mesmas diretrizes, haveria atividade-fim se a tal empresa passasse a se autodefinir como fabricante. A premissa meio e fim torna-se ainda inconsistente à medida que não atende a generalidade dos casos. Portanto, é falho o parâmetro do TST que se baseia na cisão das atividades, posto que o mesmo não leva em conta a importância do complexo de atos articulados durante a execução do trabalho. Existem, como se viu, exemplos de que a "atividade-meio", conquanto não pareça se reportar à finalidade do serviço, torna-se indispensável à consecução da atividade do empregador. A insuficiência do "critério jurídico" cristalizado na jurisprudência trabalhista é incompatível com a plástica realidade do setor produtivo.

Portanto, o critério adotado pela jurisprudência para caracterização da licitude da terceirização gera dúvidas razoáveis quanto ao real enquadramento fático de determinadas atividades da empresa, variando de acordo com a extensão de suas definições.

Em verdade, a *jurisprudência sedimentada* através do Enunciado de Súmula nº 331 do TST mostra-se *flexível* na aceitação do instituto sob análise. A amplitude e a indeterminação do conceito de *atividade-meio* abrem as portas do ordenamento jurídico pátrio para as exceções, dentre as quais se insere a terceirização, trazendo consigo inevitáveis prejuízos aos trabalhadores que prestam serviços em tais condições, conforme passaremos a analisar em tópico próprio.

3.7.4. Consequências antissociais

Estudos demonstram que essa técnica de gestão empresarial tem trazido *consequências antissociais* para os trabalhadores, de que são exemplos a perda do salário e os demais benefícios profissionais da categoria predominante, a redução do número de postos de trabalho, a ausência de políticas de treinamento, elevando os riscos acidentários, a inexistência de organização sindical efetiva e, ainda, a discriminação em relação aos empregados terceirizados.

A terceirização de mão de obra viabiliza a concepção de trabalho como mercadoria, colidindo com os preceitos assecuratórios do trabalho livre, seguro e decente. É oportuno reavivar que a Declaração de Filadélfia, de 1944, que tratou dos fins e objetivos da Organização Internacional do Trabalho (OIT), assim como dos princípios que deveriam inspirar a política de seus membros, elencou como um deles o princípio basilar de que o *trabalho não é uma mercadoria*.

Destarte, não são incomuns na doutrina vozes no sentido contrário à terceirização de serviços, restringindo-se sobremaneira as hipóteses de licitude. Nesse sentido, merece registro o entendimento de *corrente moderna* da doutrina acerca do tema em enfoque, já cristalizado no Enunciado nº 10 da 1ª Jornada de Direito Material e Processual na Justiça do Trabalho, em 23.11.2007, promovida pela Associação Nacional dos Magistrados na Justiça do Trabalho (ANAMATRA), em conjunto com o Tribunal Superior do Trabalho (TST), a Escola Nacional de Formação e Aperfeiçoamento de Magistrados (ENAMAT) e com o apoio do Conselho Nacional das Escolas de Magistraturas do Trabalho (CONEMATRA):

> *10.* TERCEIRIZAÇÃO – LIMITES – RESPONSABILIDADE SOLIDÁRIA. A terceirização somente será admitida na prestação de serviços especializados, de caráter transitório, desvinculados das necessidades permanentes da empresa, mantendo-se, de todo modo, a responsabilidade solidária entre as empresas.

Até então minoritária, a tese exposta restringe, ainda mais, a possibilidade de terceirização da mão de obra, aumentando, inclusive, a responsabilidade da tomadora dos serviços pelo desvirtuamento do instituto. A tese merece aplausos do ponto de vista social porque, como visto, a terceirização traz consigo inevitáveis consequências antissociais aos trabalhadores.

3.7.5. Responsabilidade do tomador: consequência jurídica

3.7.5.1. *Terceirização ilícita: intermediação de mão de obra*

Tratando-se de ato vedado pelo ordenamento jurídico pátrio, deve ser declarada a nulidade do vínculo com a empresa intermediadora de mão de obra e o reconhecimento do contrato de emprego *diretamente com o tomador* (empregador oculto), assegurando-se todas as normas e vantagens atinentes à respectiva categoria profissional do trabalhador.

Ademais, merece registro que, de acordo com a inteligência do art. 942, parágrafo único, do Código Civil, aplicado de forma subsidiária, ambos os coautores da ofensa lesiva aos direitos trabalhistas e previdenciários do obreiro serão *solidariamente responsáveis* pela reparação.

A exceção ocorre quando a *administração pública* for a tomadora dos serviços. Aqui, há regra constitucional específica que se revela óbice intransponível ao reconhecimento do vínculo de emprego diretamente com o tomador dos serviços: o *princípio do concurso público* previsto no art. 37, II, da Carta Magna. É nesse sentido o entendimento sumulado do Tribunal Superior do Trabalho (331, II): "A contratação irregular de trabalhador, mediante empresa interposta, não gera vínculo de emprego com os órgãos da Administração Pública direta, indireta ou fundacional" (art. 37, II, da CF/1988).

Não obstante a impossibilidade de reconhecimento do vínculo decorrente da formalidade admissional exigida pelo texto constitucional, permanece a regra geral de *responsabilidade solidária* em se tratando de terceirizações ilícitas, inclusive quando o tomador for ente público. Isso porque a responsabilidade solidária do ente público não decorre do reconhecimento do vínculo, mas da *fraude perpetrada* (art. 942 do CC). Nesse sentido:

> RECURSO DE REVISTA – TERCEIRIZAÇÃO IRREGULAR – FRAUDE – PRESTAÇÃO DE SERVIÇOS AO TOMADOR – ENTE PÚBLICO – CONTRATO NULO – EFEITOS. – Consoante a jurisprudência desta Corte, a contratação irregular de trabalhador, por meio de empresa interposta, não gera vínculo de emprego com órgão da administração pública direta, indireta ou fundacional, em face ao óbice contido no art. 37, II e § 2º, da Constituição Federal. No caso, o Tribunal Regional consignou que houve fraude na contratação do reclamante e embora tenha afastado a condição de cooperada, não reconheceu a existência de vínculo de emprego diretamente com o terceiro reclamado em respeito ao comando constitucional previsto no art. 37, II, da CF/1988. Verifica-se na espécie que foi reconhecida a terceirização de mão de obra mediante fraude na contratação do recla-

mante e se impôs a responsabilidade solidária do Município de Mauá pelos créditos trabalhistas do empregado. Com efeito, o reconhecimento da fraude na terceirização importa em reconhecimento de responsabilidade solidária entre as partes (Cooperativa e Município), ainda que, em relação a este, apenas fossem devidas as verbas previstas na Súmula nº 363. Isso porque diante da terceirização ilícita, impõe-se a responsabilidade solidária do tomador dos serviços, em razão da constatação de fraude na terceirização (art. 942, parágrafo único, do CC e Súmula nº 126). Esclareça-se que a responsabilidade solidária não depende do reconhecimento do vínculo de emprego, sendo ela decorrência direta da fraude perpetrada contra os direitos trabalhistas do reclamante, encontrando respaldo no art. 9º da CLT. Recurso de revista não conhecido. (TST – RR 18500-44.2008.5.02.0361 – Relator Ministro Guilherme Augusto Caputo Bastos – *DJe* de 24.2.2012)

Ademais, merece registro que a jurisprudência vem evoluindo no sentido de *ponderar os princípios* que regem a administração com a dignidade da pessoa trabalhadora e o valor social do trabalho. Assim, a recente Orientação Jurisprudencial nº 383 da SDI-I do Tribunal Superior do Trabalho reconhece ao empregado terceirizado idênticos direitos assegurados àqueles contratados pelo ente tomador dos serviços, numa *diretriz isonômica*. Vejamos, na íntegra, o texto da referida OJ:

A contratação irregular de trabalhador, mediante empresa interposta, não gera vínculo de emprego com ente da Administração Pública, não afastando, contudo, pelo princípio da isonomia, o direito dos empregados terceirizados às mesmas verbas trabalhistas legais e normativas asseguradas àqueles contratados pelo tomador dos serviços, desde que presente a igualdade de funções. Aplicação analógica do art. 12, "a", da Lei nº 6.019, de 3.1.1974.

3.7.5.2. Terceirização lícita

Tratando-se de terceirização autorizada pelo ordenamento jurídico, sedimentou o Tribunal Superior do Trabalho entendimento no sentido de conferir *responsabilidade subsidiária* ao tomador dos serviços, porquanto *omisso no seu dever de bem eleger e fiscalizar* a execução do contrato (arts. 186 e 927 do Código Civil).

Nesse sentido, estabelece o item IV da Súmula nº 331: "O inadimplemento das obrigações trabalhistas, por parte do empregador, implica a responsabilidade subsidiária do tomador de serviços quanto àquelas obrigações, desde que haja participado da relação processual e conste também do título executivo judicial.".

Vale destacar que a responsabilidade subsidiária alcança *todas as verbas* devidas pelo empregador principal, não havendo que se falar na exclusão de multas ou quaisquer outras parcelas. Colacionam-se, a título de exemplo, os seguintes arestos:

RESPONSABILIDADE SUBSIDIÁRIA – LIMITES DA CONDENAÇÃO – VERBAS RESCISÓRIAS – MULTA DO ART. 477 DA CLT. De acordo com a jurisprudência remansosa desta Corte, o reconhecimento da responsabilidade subsidiária faz com que o tomador de serviços se torne responsável pelo adimplemento de todas as verbas da condenação, inclusive quanto às multas dos arts. 467 e 477 da CLT, hipótese em que a decisão turmária encontra-se em consonância com a jurisprudência desta Corte. Recurso de Embargos conhecido e desprovido. (E-ED-RR 118300-19.2006.5.20.0004 – j. em 18.2.2010 – Relatora Ministra: Maria de Assis Calsing – Subseção I Especializada em Dissídios Individuais – *DEJT* de 26.2.2010)

RESPONSABILIDADE SUBSIDIÁRIA – ENTE DA ADMINISTRAÇÃO PÚBLICA – LEI Nº 8.666/1993 – MULTA DE 40% SOBRE O SALDO DO FGTS E MULTA PREVISTA NO ART. 477

DA CLT. Incluindo-se a multa de 40% sobre o saldo do FGTS e a multa prevista no art. 477 da CLT entre as verbas inadimplidas pela prestadora, e não havendo nenhuma ressalva na Súmula nº 331 desta Corte sobre o alcance da responsabilidade ali inscrita, as referidas parcelas se inserem na responsabilidade subsidiária prevista nessa súmula. (RR 88700-80.2007.5.06.0141 – j. em 10.2.2010 – Relator Ministro João Batista Brito Pereira – 5ª Turma – *DEJT* de 19.2.2010)

No mesmo diapasão, o item VI da Súmula nº 331 do Tribunal Superior do Trabalho determina: "A responsabilidade subsidiária do tomador de serviços abrange todas as verbas decorrentes da condenação referentes ao período da prestação laboral.".

A questão fica controvertida quando se discute a responsabilização do ente público em situações de terceirização lícita. As recentes discussões sobre essa temática específica serão estudadas no capítulo "Trabalho na Administração Pública", de autoria do colega Paulo Isan.

3.8. JORNADA DE TRABALHO

Por jornada de trabalho pode-se compreender o lapso temporal diário em que o empregado está à disposição do empregador em virtude do contrato de trabalho. Deixe-se consignado: jornada é limite temporal diário.

Um aspecto muito relevante e que será destacado ao longo do tópico é a umbilical relação entre jornada de trabalho e saúde do trabalhador, essencial para a compreensão dos *hard cases* trazidos.

Com efeito, as normas que limitam a duração do trabalho possuem caráter de saúde pública, as quais consubstanciam o direito constitucional do trabalhador à redução dos riscos inerentes ao trabalho por meio de normas de saúde, higiene e segurança.

Sabe-se que o cansaço e a exaustão física são fatores que aumentam o risco de acidentes de trabalho, motivo pelo qual se faz imprescindível, para um ambiente de trabalho sadio, a limitação da jornada do trabalhador.

No aspecto social, ressalte-se que a limitação da jornada é essencial para que o trabalhador tenha outras atividades fora do trabalho, como atividade física, e que possa dedicar energia à sua família e ao lazer.

Economicamente, é salutar a limitação da duração da jornada, pois se trata de medida efetiva de combate a desemprego e de fomento à economia, porquanto o trabalhador gasta dinheiro e movimenta a economia no momento em que está fora do trabalho.

Três são os principais critérios para cálculo de extensão da jornada: a) o do tempo efetivamente laborado; b) o do tempo à disposição no centro de trabalho e; c) o do tempo despendido no deslocamento residência-trabalho-residência, além do somatório anterior.

Existem, ainda, outros dois critérios específicos que se somam a esses critérios gerais, aplicáveis a certas categorias: a) o do tempo de prontidão – ou horas de prontidão; e b) o do tempo de sobreaviso – ou horas de sobreaviso.

A Consolidação das Leis do Trabalho, em seu art. 4º, utiliza, como regra geral, o critério de que o componente da jornada é o tempo à disposição do empregador no centro de trabalho, independente de ocorrer ou não a efetiva prestação de serviços.

MPT – preparando-se para o concurso de Procurador do Trabalho

A jornada de trabalho, juntamente com o salário e o contrato de emprego, formam o bloco mais importante e complexo do direito do trabalho, como amplamente estudado nas cadeiras de Direito do Trabalho nas faculdades do país e nos manuais existentes.

Nesse momento, deixar-se-á de examinar os demais meandros da jornada de trabalho, pois foge ao objeto desta obra.

Estudar-se-á, agora, apenas alguns *hard cases* que fazem parte do dia a dia de um membro do Ministério Público do Trabalho e que devem ser conhecidos pelos aspirantes ao cargo de Procurador do Trabalho.

3.8.1. Jornada móvel e variável

Por jornada móvel e variável pode-se compreender aquela em que o empregador não estipula a jornada diária do trabalhador e que, até o limite constitucional estabelecido, de oito horas diárias, a remuneração será feita de acordo com a hora normal de trabalho, ou seja, sem o pagamento de jornada extraordinária. Ressalte-se que o pagamento do salário ocorre de acordo com a quantidade de horas trabalhadas, podendo o trabalhador receber um salário diferente a cada mês.

Exemplo: Nossos amigos Caio e Tício, que já são acostumados com o direito penal, trabalham em uma empresa que adota a jornada móvel e variável. Na segunda-feira trabalham das 7 às 12 horas e das 14 às 18 horas; na terça das 9 às 13 horas e das 15 às 19 horas; na quarta-feira das 12 às 16 horas e das 17 às 21 horas... e assim sucessivamente.

O exemplo citado não está completo, pois, se não bastasse, e para piorar ainda a situação, não necessariamente o empregado trabalha 8 (oito) horas por dia.

Observe-se novamente o exemplo: Caio e Tício trabalharam segunda-feira das 7 às 11 horas; na terça das 11 às 14 horas; na quarta-feira das 8 às 11 horas e das 12 às 16 horas. Essa é a "genuína" jornada móvel variável: absurdo, não é mesmo?

A jornada móvel variável impede que o trabalhador tenha qualquer atividade, haja vista que dentro de uma mesma semana existem oscilações no que toca ao horário de início e término das atividades, e também implica em estar o empregado muito além das 8 (oito) horas de trabalho diárias à disposição da empresa.

O trabalhador sujeito a essa jornada tem um intervalo intra-jornada irregular. Caso o intervalo seja concedido, a cada dia de trabalho, em um horário diferente, impossibilita o empregado de, por exemplo, ter refeições em horários regulares. Em outra hipótese, na de a empresa conceder o intervalo sempre dentro do mesmo horário, pode ser que não seja cumprida a função do intervalo de reposição da energia, pois pode o empregado ter iniciado sua jornada há pouco tempo ou esteja próximo de encerrá-la.

Em agosto do ano de 2012, o C. TST confirmou decisão que julgou inválida a cláusula contratual da Arcos Dourados Comércio de Alimentos Ltda. – maior franquia da rede *McDonald's* do país – que estabeleceu a jornada móvel e variável para um de seus empregados e, por conseguinte, determinou o pagamento de diferenças salariais com base na jornada semanal de 44 horas. Veja-se, a propósito, trecho do acordão:

[...] DIFERENÇAS SALARIAIS – JORNADA MÓVEL E VARIÁVEL. INVALIDADE. Conforme consignado pelo Tribunal Regional, foi pactuada com a reclamante uma remuneração por hora trabalhada, na qual a mesma estaria sujeita a uma jornada móvel e variável, recebendo remuneração apenas. Neste caso, há uma transferência do risco do empreendimento, pois a reclamante irá trabalhar e receber de acordo com a necessidade e interesses da empresa, ficando à disposição da reclamada durante as 44 horas semanais, mesmo podendo vir a laborar por apenas 8 horas. Os dispositivos relativos à jornada de trabalho são de ordem pública, e sua violação fere o disposto no art. 9º da CLT. Portanto, correto o Regional ao entender como inválida a cláusula contratual que estabeleceu a jornada de trabalho da reclamante como móvel e variável. Precedentes desta Corte.

[...] DIFERENÇAS SALARIAIS – JORNADA MÓVEL E VARIÁVEL – INVALIDADE.

[...] Embora se possa ajustar salário-hora de modo a possibilitar pagamento mensal até mesmo inferior ao mínimo legal ou convencional, não se pode fixá-lo com o objetivo de se exigir aleatoriamente do empregado uma jornada maior ou menor, conforme as necessidades do empreendimento de modo que ele fique vinculado a uma jornada de oito horas, mas que pode ser reduzida a bel prazer do empregador, tendo em vista que o contrato é comutativo exigindo o conhecimento dos contratantes de antemão quanto à extensão das suas prestações.

A jornada pode ser inferior a oito horas, mas há de ser pré-fixada. Não se pode descurar, também, que o legislador houve por bem considerar como jornada não só o período de efetivo trabalho, mas também aquele em que o empregado fica à disposição do empregador (art. 4º da CLT).

Ainda que assim não fosse, para que a reclamante perdesse o direito ao restante da remuneração, conforme estabelecido na mencionada cláusula contratual, deveria haver a prova do requerimento da dispensa do restante da jornada pelo empregado, com autorização expressa da empresa, não havendo nenhuma prova neste sentido nos autos.

A adoção do sistema previsto na citada cláusula II do contrato de trabalho da autora é contrária à legislação vigente, na medida em que ainda que o art. 58-A da CLT admita o trabalho por tempo parcial, com salários proporcionais, traz a limitação a 25 horas semanais, o que significa que não é possível a contratação de empregado para jornada que varia entre 8 e 44 horas na semana, com pagamento proporcional ao tempo trabalhado.

Ora, tal procedimento estabelece critério de fixação salarial não existente no mundo jurídico, colocando a demandante, ainda, à disposição da reclamada por um mínimo de oito horas podendo-se chegar até a 44 horas semanais, de acordo com o bel prazer deste para ser convocada quando ela necessitar da mão de obra, sendo prejudicada na disponibilidade do seu tempo, ainda que as escalas sejam conhecidas nos últimos dias do mês anterior, conforme depoimento da reclamante (f. 402).

Nesta perspectiva, não há como revestir de legalidade a conduta empresária, sendo inegável que a citada forma de contratação repassa para o empregado o risco do empreendimento, circunstância vedada pelos arts. 2º e 9º da CLT. (RR 1000-77.2010.5.03.0001)

Como se constata pela leitura do trecho do acórdão trazido, ainda que haja uma contratação por salário-hora, o empregado tem direito a ter uma jornada padronizada e semanal ante a necessidade de que não haja uma redução nominal do salário e que o empregado não fique permanente à disposição do empregador. Ilegal, portanto, a jornada móvel e variável.

3.8.2. Jornada dos motoristas (Lei nº 12.619/2012)

A Lei nº 12.619/2012 originou-se de uma ampla negociação entre empregados e empregadores mediada pelo Ministério Público do Trabalho, onde se pode destacar a brilhante atuação do Procurador do Trabalho Paulo Douglas Almeida de Moraes.

Essa lei trouxe regramento para a limitação da jornada de trabalho dos motoristas transportadores de cargas e pessoas, sejam esses profissionais empregados ou autônomos.

Eis o teor do art. 2º, inciso V, da Lei nº 12.619/2012:

> Art. 2º. São direitos dos motoristas profissionais, além daqueles previstos no Capítulo II do Título II e no Capítulo II do Título VIII da Constituição Federal: [...]
>
> V – jornada de trabalho e tempo de direção controlados de maneira fidedigna pelo empregador, que poderá valer-se de anotação em diário de bordo, papeleta ou ficha de trabalho externo, nos termos do § 3º do art. 74 da Consolidação das Leis do Trabalho – CLT, aprovada pelo Decreto-lei nº 5.452, de 1º de maio de 1943, ou de meios eletrônicos idôneos instalados nos veículos, a critério do empregador.

Percebe-se, inicialmente, que o dispositivo regulamenta a limitação da jornada de trabalho e do tempo de direção. O tempo de direção, conforme o art. 67-A, § 4º, do CTB, é "o período em que o condutor estiver efetivamente ao volante de um veículo em curso entre a origem e o seu destino". Como a lei estabelece limitação à jornada e ao tempo de direção, ela alcança o motorista empregado e o autônomo.

Diversos outros dispositivos foram incorporados ao ordenamento jurídico trabalhista nacional em virtude da Lei nº 12.619/2012, que acrescentou os arts. 235-A a 235-H da CLT.

Pode-se destacar dentre esses dispositivos o art. 235-C, que define a jornada diária de trabalho do motorista profissional como a estabelecida na Constituição Federal ou mediante instrumentos de acordos ou convenção coletiva de trabalho, admitindo-se a prorrogação da jornada de trabalho por até 2 (duas) horas extraordinárias (§ 1º), e assegurou o intervalo mínimo de 1 (uma) hora para refeição, além de 11 (onze) horas a cada 24 (vinte e quatro) horas e descanso semanal de 35 (trinta e cinco) horas.

O art. 235-D, por sua vez, traz o regramento das viagens de longa distância, compreendendo aquelas em que o motorista profissional permanece fora da base da empresa, matriz ou filial e de sua residência por mais de 24 (vinte e quatro) horas, devendo-se observar intervalo mínimo de 30 (trinta) minutos de descanso para cada 4 (quatro) horas de tempo ininterrupto de direção, podendo ser fracionados o tempo de direção e o intervalo de descanso, desde que não contempladas as 4 (quatro) horas ininterruptas de direção (art. 235-D, I, da CLT).

Determinou-se também, na viagem de longa duração, o repouso diário do motorista obrigatoriamente com o veículo estacionado, podendo ser feito em cabine leito do veículo ou em alojamento do empregador, do contratante do transporte, do embarcador ou do destinatário, ou em hotel, ressalvada a hipótese da direção em dupla de motoristas (art. 235-D, III, da CLT).

Por fim, dispositivo polêmico é o que permite que convenção e acordo coletivo prevejam a jornada especial de 12 (doze) horas de trabalho por 36 (trinta e seis) horas de descanso para o motorista, em razão da especificidade do transporte, da sazonalidade ou da característica que o justifique (art. 235-F da CLT).

Com efeito, não é razoável que em uma profissão como a de motorista seja possível que se tolere uma jornada de 12 (doze) horas seguidas, levando-se em consideração o risco à saúde e segurança desse trabalhador e da população, principalmente que transita nas estradas.

Ante o ineditismo da lei, na medida em que antes do seu advento os motoristas de cargas e pessoas estavam à margem da legislação no que toca à proteção da duração do trabalho, ainda existem muitas discussões sobre a aplicação da lei que necessitam de maior maturação jurídica.

Como exemplo, pode-se citar que, no final do ano de 2012, o Conselho Nacional de Trânsito – CONTRAN editou a Resolução nº 417/2012, que adiou por até seis meses a fiscalização de trânsito da Lei nº 12.619/2012, motivo pelo qual o Ministério Público do Trabalho conseguiu, judicialmente, provimento jurisdicional que suspendeu a referida resolução e autorizou a Polícia Rodoviária Federal a fiscalizar o cumprimento da lei, inclusive multando os motoristas que a desrespeitem.

De fato, não é razoável postergar a aplicação de norma profilática da saúde do trabalhador que muito avanço trouxe para o motorista e para a sociedade.

3.8.3. A polêmica jornada 12x36

A jornada de trabalho 12x36 consiste em um regime que implica em doze horas de trabalho por trinta e seis de descanso. Como se observará, existe uma série de argumentos favoráveis e contrários à possibilidade jurídica desse tipo de jornada, sendo que o C. TST já se posicionou pela legalidade.

De um lado, argumenta-se que a jornada 12x36 seria a que melhor se adequaria para uma série de profissões, como a de vigilante e a dos profissionais de saúde quando trabalham em regime de plantão.

Sustenta-se, também, que seria benéfica para o empregado, na medida em que respeitar-se-ia o limite semanal constitucional de duração do trabalho – semanal –, e que o empregado teria também assegurados o direito ao descanso e ao lazer.

Nesse sentido, o C. TST, por meio da Súmula nº 444, estipulou que a jornada de trabalho na escala 12 por 36 é possível, em caráter excepcional, desde que prevista em lei ou ajustada coletivamente, assegurada a remuneração em dobro dos feriados trabalhados. Veja-se:

> JORNADA DE TRABALHO – NORMA COLETIVA – LEI – ESCALA DE 12 POR 36 – VALIDADE. É válida, em caráter excepcional, a jornada de doze horas de trabalho por trinta e seis de descanso, prevista em lei ou ajustada exclusivamente mediante acordo coletivo de trabalho ou convenção coletiva de trabalho, assegurada a remuneração em dobro dos feriados trabalhados. O empregado não tem direito ao pagamento de adicional referente ao labor prestado na décima primeira e décima segunda horas.

Registre-se que o próprio TST, recentemente, entendeu ilegal a jornada em atividades insalubres sem prévia submissão ao Ministério do Trabalho e Emprego da análise da prorrogação da jornada. Confira-se:

> REGIME DE TRABALHO 12x36 – EMPREGADOS OCUPADOS EM SERVIÇO DE PORTARIA – ATIVIDADE INSALUBRE. É nula norma inserta em acordo homologado nos autos de dissídio coletivo, em que se estipula a dispensa da licença prévia da autoridade competente em matéria de higiene do trabalho para a prorrogação da jornada em atividade insalubre. Incompatibilidade com o disposto no art. 60 da CLT, norma de ordem pública, respeitante à higidez física e mental do trabalhador, não passível de flexibilização por meio de negociação coletiva. (...)
>
> CLÁUSULA 22, § 3º – REGIME DE TRABALHO 12x36 – EMPREGADOS OCUPADOS EM SERVIÇO DE PORTARIA – ATIVIDADE INSALUBRE. Nos termos do acórdão de fls. 466/467-verso, o Tribunal Regional homologou o § 3º da cláusula 22 (Regime de Trabalho 12x36 – Empregados Ocupados em Serviço de Portaria), constante do acordo de fls. 392/409, celebrado

nos autos do presente dissídio coletivo de natureza econômica, diretamente entre o Suscitante (Sindicato dos Empregados em Estabelecimentos Hípicos de Porto Alegre) e o Jockey Club do Rio Grande do Sul, do seguinte teor:

"CLÁUSULA 22 – REGIME DE TRABALHO 12X36 – EMPREGADOS OCUPADOS EM SERVIÇO DE PORTARIA

O Jockey Club do Rio Grande do Sul fica autorizado a manter regime especial de trabalho de seus empregados ocupados em serviços de vigia, zeladoria e portaria, adotando jornada diária de 12 (doze) horas, seguida de período de descanso correspondente a 36 (trinta e seis) horas, proporcionando o cumprimento pelo trabalhador de jornada mensal inferior a máxima legalmente estabelecida. (...)

PARÁGRAFO TERCEIRO

O regime adotado será válido inclusive em atividades insalubres, independentemente da autorização a que alude o art. 60 da Consolidação das Leis do Trabalho" (fl. 397).

Nas razões do recurso ordinário, o Ministério Público do Trabalho alega que a dispensa da licença prévia da autoridade competente em matéria de higiene do trabalho para a prorrogação da jornada em atividade insalubre, a que se refere o § 3º da cláusula em destaque, *"atenta contra os direitos relacionados à dignidade, higidez física, mental e a segurança do trabalhador"* (fls. 477). De outro lado, ressalta o cancelamento da Súmula nº 349 desta Corte e indica violação do art. 7º, XXII, da Constituição Federal.

No art. 60 da CLT, norma de ordem pública, respeitante à higidez física e mental do trabalhador, dispõe-se que, nas atividades insalubres, *"quaisquer prorrogações só poderão ser acordadas mediante licença prévia das autoridades competentes em matéria de higiene do trabalho."*

Assim, a dispensa da licença prévia da autoridade competente em matéria de higiene do trabalho para a prorrogação da jornada em atividade insalubre, conforme previsto no § 3º da cláusula 22 do acordo de fls. 392/409, homologado nos autos deste dissídio coletivo, contraria o referido dispositivo da CLT, razão por que é nula essa estipulação.

No mesmo sentido, recente precedente desta Seção Especializada:

"RECURSO ORDINÁRIO INTERPOSTO PELO MINISTÉRIO PÚBLICO DO TRABALHO – ACORDO COLETIVO DE TRABALHO – HOMOLOGAÇÃO – COMPENSAÇÃO DE HORÁRIO – ATIVIDADE INSALUBRE – INVALIDADE DA CLÁUSULA.

Conquanto o inciso XIII do art. 7º da Constituição da República possibilite a flexibilização da jornada laboral, o inciso XXII desse mesmo dispositivo impõe a redução dos riscos inerentes ao trabalho, por meio de normas de saúde, higiene e segurança. Nesse contexto, embora seja possível se estabelecer compensação de horário por meio de norma coletiva, nas atividades insalubres a validade da negociação coletiva depende de inspeção e permissão prévias da autoridade competente em matéria de higiene do trabalho, exatamente como previsto no art. 60 da CLT, por tratar-se de norma de ordem pública, que objetiva garantir a higiene, saúde e segurança do trabalho. Recurso ordinário conhecido e provido." (TST – RO 159900-71.2009.5.04.0000 – . j. em 15.5.2012 – Relator Ministro Walmir Oliveira da Costa – Seção Especializada em Dissídios Coletivos – DEJT de 25.5.2012).

Acresce que foi cancelada a Súmula nº 349 desta Corte, em que se validava a dispensa da exigência prevista no art. 60 da CLT, por meio de acordo ou convenção coletivos de trabalho (Res. 174/2011, *DEJT* de 27, 30 e 31.5.2011).

Diante do exposto, dou provimento ao recurso ordinário para excluir da decisão normativa recorrida o parágrafo 3º da cláusula 22 (acordo de fls. 392/409). (TST-RO-360700-18.2009.5.04.0000)

O C. TST entendeu também que a jornada 12x36 não pode ser instituída por acordo individual de trabalho. Na oportunidade, decidiu-se que o art. 7º, XIII, da CF/1988 autoriza a compensação de horários e a redução da jornada mediante acordo ou convenção coletiva apenas, fundamento pelo qual o empregador deveria pagar horas extras além da 8ª diária e da 44ª semanal (RR – 109300-05.2007.5.02.0313).

Finalmente, os que advogam no sentido contrário à possibilidade da jornada 12x36 aduzem que: a) a Constituição da República não aceita uma jornada ordinária que ultrapasse o limite de 8 (oito) horas diárias; b) que o empregado que labora no regime de 12x36 horas, na prática, não descansa nas 36 horas destinadas para essa finalidade, pois geralmente possui uma outra atividade, seja ela formal ou informal.

3.8.4. Registro eletrônico de ponto

De acordo com o art. 74, § 2º, da Consolidação das Leis do Trabalho, as empresas que possuem até 10 (dez) empregados estão isentas da obrigatoriedade de utilização de qualquer sistema de controle de jornada. As que possuem 10 (dez) ou mais empregados devem se valer de um dos dois sistemas de controle de jornada existentes: o manual ou o mecânico.

A Portaria nº 1.510/2009 do Ministério do Trabalho e Emprego, que teve o início da sua vigência postergado por diversas vezes, estabeleceu o chamado registro eletrônico de ponto, no qual o trabalhador recebe um recibo do papel em que consta o registro de entrada/saída da empresa.

Há que se assinalar, de antemão, que não se findou o sistema de registro manual. Pelo contrário, a utilização do sistema eletrônico é opcional. Geralmente o empregador opta pelo sistema de controle eletrônico quando a empresa tem um número tão elevado de empregados que o controle de jornada manual se torna mais custoso do que o eletrônico, portanto, as empresas que geralmente se utilizam do controle eletrônico de jornada possuem condições econômicas para isso.

Os ambientalistas criticavam o novo sistema de controle de jornada, com emissão de recibo para o trabalhador, no sentido de que a quantidade de papel utilizada seria prejudicial ao meio ambiente. Ocorre que a emissão do recibo ao trabalhador trará uma enorme garantia e segurança para o empregado que se vê privado do seu direito a horas extras ante a dificuldade de prova que, geralmente, na Justiça, é feita por meio de testemunhas.

Ademais, o papel utilizado é 100% reciclável e com fibras retiradas de madeira originada de reflorestamento de eucaliptos ou pinus, setores que geram empregos.

As empresas alegavam que o aparelho que faz esse controle de jornada com emissão de recibo também teria um custo elevadíssimo, mas, hoje, sabe-se que o mercado produz aparelhos de diversos modelos, inclusive com custos semelhantes aos antigos.

A Portaria nº 1.510/2009 não exige que o trabalhador guarde o comprovante recebido; apenas determina que será impresso o recibo e retirado pelo trabalhador. Todavia, a guarda do documento tem importante carga probatória em eventual litígio contra o empregador. Ademais, facilita a conferência mensal das horas extras recebidas pelo próprio empregado em cotejo com o recibo de salário.

Com efeito, de posse da documentação fornecida pelo próprio trabalhador serão dispensáveis eventuais testemunhas, fato que trará grande celeridade ao processo do trabalho, haja vista que muitas vezes ocorre a mora processual em virtude de, por exemplo, não comparecimento de testemunhas. Sem mencionar que serão evitadas discussões e debates no processo e haverá maior segurança para o magistrado julgar.

Por fim, a anotação correta da jornada é uma garantia também do próprio empregador, que terá como elidir completamente, se for o caso, eventual pedido de horas extraordinárias não quitadas.

3.9. AGÊNCIAS DE EMPREGOS – COBRANÇA DE VALORES

Existe uma Convenção da Organização Internacional do Trabalho, a número 181, sobre agência de empregos, que logo em seu art. 1º traz uma importante definição:

> Para os efeitos da presente Convenção, a expressão "agência de emprego privada" designa qualquer pessoa singular ou coletiva, independente das autoridades públicas, que preste um ou mais dos seguintes serviços referentes ao mercado de trabalho:
>
> a) Serviços que visam a aproximação entre ofertas e procuras de emprego, sem que a agência de emprego privada se torne parte nas relações de trabalho que daí possam decorrer;
>
> b) Serviços que consistem em empregar trabalhadores com o fim de os pôr à disposição de uma terceira pessoa, singular ou coletiva (adiante designada "empresa utilizadora"), que determina as suas tarefas e supervisiona a sua execução;
>
> c) Outros serviços relacionados com a procura de empregos que sejam determinados pela autoridade competente após consulta das organizações de empregadores e de trabalhadores mais representativas, tais como o fornecimento de informações, sem que no entanto visem aproximar uma oferta e uma procura de emprego específicas.

Já o art. 7º, 1, da mesma Convenção dispõe que "as agências de emprego privadas não devem impor aos trabalhadores, direta ou indiretamente, no todo ou em parte, o pagamento de honorários ou outros encargos".

A fraude mais comum no que toca às agências de emprego é a cobrança de taxas por ofertar a possibilidade de emprego ao trabalhador. Em algumas ocasiões essa taxa é cobrada no momento da contratação e, em outras, quando o trabalhador não tem condições de pagar antes de ser contratado, a taxa é cobrada por meio de um desconto salarial, geralmente feito no(s) primeiro(s) mês(es) de trabalho.

Agências desse jaez tentam se valer da vulnerabilidade ante a precisão do emprego por parte do trabalhador, que poderá se encontrar até mesmo em situação de desespero, privado de necessidades mais básicas suas e de seus familiares.

Segundo o art. 6º da CF/1988, o trabalho é um direito social, e o direito ao trabalho não pode ser considerado uma mercadoria, suscetível de comercialização.

Ademais, o art. 7º, inciso X, da CF/1988 prevê o princípio da intangibilidade salarial, mais um fundamento para se coibir o desconto salarial para pagamento de agência de emprego.

Por fim, o art. 18 da Lei nº 6.019/1974, sobre trabalho temporário, que pode ser aplicada analogicamente ao caso, estabelece que "é vedado à empresa de trabalho temporário cobrar do trabalhador qualquer importância, mesmo a título de mediação, podendo apenas efetuar os descontos previstos em lei".

Nesse sentido pode-se destacar a excelente atuação do Procurador do Trabalho Bruno Augusto Ament, noticiada na página eletrônica da Procuradoria Regional do Trabalho da 15ª Região – Campinas:

> Um acordo judicial entre o Ministério Público do Trabalho e a agência de empregos Centrotec, da cidade de Itapeva (SP), possibilitará a devolução aos trabalhadores dos valores cobrados de forma indevida pelo encaminhamento a vagas de trabalho.
>
> A agência foi processada na justiça do trabalho de Itapeva pelo MPT, que ingressou com ação civil pública ao apurar que a empresa cobrava taxas de candidatos a vagas de emprego para manutenção de cadastro e após a admissão do trabalhador. Assim que as pessoas cadastradas preenchiam tais vagas, a agência cobrava um valor, proporcional ao salário recebido, que poderia ser parcelado.
>
> Na ação, o procurador Bruno Augusto Ament utilizou-se da Constituição Federal, da CLT, de normas internacionais, como a Convenção 181 da OIT (Organização Internacional do Trabalho), e fez uma analogia à Lei 6.019/1974, que regula a atividade de empresas de trabalho temporário, para fundamentar a tese de que a prática representa uma cobrança ilegal e abusiva.
>
> Segundo a Convenção nº 181 da OIT, "as agências de emprego privadas não devem impor aos trabalhadores, direta ou indiretamente, no todo ou em parte, o pagamento de honorários ou outros encargos". Já o disposto no art. nº 18 da Lei 6.019, que foi aplicado por analogia na ação, prevê que "é vedado à empresa de trabalho temporário cobrar do trabalhador qualquer importância, mesmo a título de mediação, podendo apenas efetuar os descontos previstos em lei".
>
> "A agência aufere seus lucros comercializando vagas existentes no mercado de trabalho, cobrando dos desempregados e candidatos a emprego uma taxa para encaminhamento às entrevistas. E, pior, após serem admitidos no emprego os candidatos têm que pagar uma mensalidade à agência, mensalidade esta que se não for paga é descontada no contracheque do empregado com juros de 2% ao mês. Pior ainda, se os empregados recém admitidos não pagarem sua "dívida" com a agência são protestados e executados. Os trabalhadores que se submetem a esta condição, certamente premidos pela necessidade urgente e muitas vezes desesperadora de subsistência, estão se vendo obrigados a onerar-se economicamente para poder exercer um direito social constitucionalmente assegurado. Portanto, está a empresa claramente comercializando a mercadoria "trabalho alheio", conduta que se choca frontalmente com princípios constitucionais, em especial o de proteção à dignidade do trabalhador e do trabalho como valor social", afirma o procurador. (disponível em http://www.prt15.mpt.gov.br/site/noticias.php?mat_id=12766)

Deverá, portanto, o Ministério Público do Trabalho atuar contra a cobrança de quaisquer tipos de valores por parte de agências de empregos, zelando pelo valor social do trabalho e resguardando o alicerce axiológico de que o trabalho não é uma mercadoria.

3.10. CORRESPONDENTES BANCÁRIOS

A Resolução nº 3.954/2011 do Banco Central do Brasil/Conselho Monetário Nacional (BACEN) dispõe sobre a contratação de correspondentes bancários no país.

São considerados correspondentes bancários sociedades empresariais e associações, bem como os prestadores de serviços notariais e de registros, instituições financeiras e demais instituições que integram o Sistema Financeiro Nacional e que atuam por conta e sob as diretrizes da instituição contratante, a qual assume a inteira responsabilidade pelo atendimento prestado aos clientes e usuários por meio do contratado, à qual cabe garantir a integridade, a confiabilidade, a segurança e o sigilo das transações realizadas por meio do contratado, bem como o cumprimento da legislação e da regulamentação relativa a essas transações.

Na prática, quase toda empresa pode ser correspondente bancário, fato que coaduna com a realidade atual, em que proliferam locais onde se podem fazer serviços bancários (farmácias, padarias etc.) em detrimento ao crescimento das agências bancárias no país e contratação de bancários.

O objeto do contrato de correspondente bancário é o atendimento e fornecimento de produtos e serviços de responsabilidade da instituição contratante a seus clientes e usuários. Destaque-se: a) recepção e encaminhamento de proposta de abertura de contas de depósito à vista, a prazo e de poupança; b) realização de pagamentos e transferências eletrônicas; c) pagamentos de qualquer outra natureza, desde que haja contrato conveniado com a contratante; d) realização de operações de câmbio etc.

Como se constata por uma análise perfunctória do contrato de correspondente bancário, o objeto do contrato é nitidamente a atividade-fim de uma instituição bancária.

Por essa razão, a CONAFRET aprovou a Orientação nº 2, *in verbis*:

> CORRESPONDENTES BANCÁRIOS. A Resolução nº 3.110 do Banco Central é ilegal, pois contraria os arts. 2º e 3º da Consolidação das Leis do Trabalho, permitindo a terceirização da atividade fim do estabelecimento bancário e o entendimento posto pelo Enunciado nº 331 do Tribunal Superior do Trabalho. A Resolução nº 3.110 do Banco Central é, ainda, material e formalmente inconstitucional, em confronto com o princípio do valor social do trabalho e por ser a matéria sujeita à competência legislativa privativa da União. Quando realizado o contrato pelas entidades públicas e privadas, configura-se terceirização ilícita em relação a ambas e, ainda, em relação àquelas, violação da exigência constitucional do concurso público.

Percebe-se que o Ministério Público do Trabalho há tempos já reconhece como fraude trabalhista a terceirização das atividades finalísticas do setor bancário por meio de correspondentes.

Além da terceirização ilícita, a Resolução BACEN/CMN nº 3.954/2011 usurpa a competência da União para legislar sobre direito do trabalho (art. 22, I, da CF/1988) e também viola a exigência de Lei Complementar para legislar sobre financeiro nacional (art. 192 da CF/1988).

Deve, portanto, o membro do Ministério Público do Trabalho, ante os fundamentos aqui expostos, combater a precarização das relações de trabalho perpetrada por meio dos contratos de correspondentes bancários.

3.11. PROJETOS DO MPT: *ALTA TENSÃO* E *CARGA PESADA*

Em busca de uma atuação cada vez mais eficiente, em respeito aos ditames do art. 37, *caput*, da Constituição da República, o Ministério Público do Trabalho busca uma atuação cada vez mais articulada por meio de Projetos.

Um desses projetos que se sobressai na temática de fraudes às relações de emprego é o "Ministério Público do Trabalho e o Combate à Terceirização Ilícita no Setor Elétrico", que foi abreviado para "Alta Tensão".

O objetivo desse projeto é a realização de um conjunto de ações voltadas a estimular a correta formalização de trabalhadores terceirizados que atuam em atividades consideradas fins das empresas do setor elétrico em todo o país, de maneira a impedir a precarização dos vínculos.

Malgrado o art. 25, § 1º, da Lei nº 8.987/1995 autorize a concessionária do setor elétrico a contratar terceiros para o desenvolvimento de atividades inerentes, acessórias ou complementares ao serviço concedido, não se pode compreender que a norma autoriza a terceirização no setor elétrico para qualquer atividade, sob pena de se falar mais do que a lei pretendia.

Um exemplo de serviço que comumente é terceirizado, e onde sempre ocorre acidentes, é o da manutenção de rede de distribuição de energia elétrica, e que se constitui em atividade finalística da empresa, não sendo possível, portanto, sua terceirização.

Advirta-se, nesse sentido, que o art. 25, § 1º, da Lei nº 8.987/1995 autoriza a terceirização para o desenvolvimento de atividades inerentes, "acessórias" ou "complementares".

Esse projeto tem caráter nacional e abrange as Procuradorias Regionais do Trabalho e Procuradorias do Trabalho nos Municípios. Compreende a forma de atuação desse projeto a organização de forças-tarefas e a utilização dos instrumentos jurídicos inerentes à função ministerial: TAC, ação civil pública etc.

Merece realce a atuação do Ministério Público do Trabalho em Rondônia, que conseguiu provimento jurisdicional já no âmbito do C. TST, em setembro de 2012, que condenou a Centrais Elétricas de Rondônia S.A. (Ceron) ao pagamento de R$ 50 mil por dano moral coletivo por ter contratado profissionais para execução de atividade-fim da empresa, por meio de terceirização, sem ter realizado concurso público. Avultou-se, na ocasião, o serviço de manutenção de redes, que não poderia ter sido terceirizado (RR 43400.71.2008.5.14.0001).

Já o projeto *Ministério Público do Trabalho e os trabalhadores avulsos nos entrepostos de abastecimento do Brasil e nos armazéns gerais,* que foi abreviado para o título *Carga Pesada,* tem como finalidade a realização de um conjunto de ações voltadas a estimular a formalização e a consequente inclusão dos trabalhadores avulsos em entrepostos nacionais de abastecimentos e nos armazéns gerais, como forma de promover a igualdade de oportunidades entre estes e o trabalhador com vínculo de emprego permanente.

Historicamente, os trabalhadores avulsos dos portos secos não receberam qualquer proteção jurídica, sendo excluídos e marginalizados juridicamente.

Dessa forma, busca o Ministério Público do Trabalho, por meio desse projeto, a efetivação do art. 7º, XXXIV, da CF/1988, que prevê a igualdade de direitos entre os trabalhadores com vínculo de emprego permanente e o avulso.

Observe-se que a Lei nº 12.023/2009 disciplinou o trabalho avulso na movimentação de mercadorias no porto e deixou, por esta quadra, de excluir completamente da tutela jurídica os trabalhadores dos portos secos, mas infelizmente ainda carece de efetividade nacional o diploma em comento, devendo o Ministério Público do Trabalho atuar firmemente.

Não por outra razão, o objetivo do Projeto *Carga Pesada* é a promoção da formalização e da inclusão social dos trabalhadores avulsos em entrepostos de abastecimento em todo o país e nos Armazéns Gerais.

3.12. SÚMULAS E ORIENTAÇÕES JURISPRUDENCIAIS

- SÚMULA TST Nº 12 • ANOTAÇÕES – EMPREGADOR. CARTEIRA PROFISSIONAL – *JURE ET DE JURE. JURIS TANTUM*. As anotações apostas pelo empregador na Carteira Profissional do empregado não geram presunção *jure et de jure*, mas apenas *juris tantum*.

- SÚMULA TST Nº 331 • CONTRATO DE PRESTAÇÃO DE SERVIÇOS – LEGALIDADE. I – A contratação de trabalhadores por empresa interposta é ilegal, formando-se o vínculo diretamente com o tomador dos serviços, salvo no caso de trabalho temporário (Lei nº 6.019, de 3.1.1974). II – A contratação irregular de trabalhador, mediante empresa interposta, não gera vínculo de emprego com os órgãos da Administração Pública direta, indireta ou fundacional (art. 37, II, da CF/1988). III – Não forma vínculo de emprego com o tomador a contratação de serviços de vigilância (Lei nº 7.102, de 20.6.1983) e de conservação e limpeza, bem como a de serviços especializados ligados à atividade-meio do tomador, desde que inexistente a pessoalidade e a subordinação direta. IV – O inadimplemento das obrigações trabalhistas, por parte do empregador, implica a responsabilidade subsidiária do tomador de serviços quanto àquelas obrigações, desde que haja participado da relação processual e conste também do título executivo judicial. V – Os entes integrantes da Administração Pública direta e indireta respondem subsidiariamente, nas mesmas condições do item IV, caso evidenciada a sua conduta culposa no cumprimento das obrigações da Lei nº 8.666/1993, especialmente na fiscalização do cumprimento das obrigações contratuais e legais da prestadora de serviço como empregadora. A aludida responsabilidade não decorre de mero inadimplemento das obrigações trabalhistas assumidas pela empresa regularmente contratada. VI – A responsabilidade subsidiária do tomador de serviços abrange todas as verbas decorrentes da condenação referentes ao período da prestação laboral.

- OJ SDI-I Nº 82 • AVISO PRÉVIO – BAIXA NA CTPS. A data de saída a ser anotada na CTPS deve corresponder à do término do prazo do aviso prévio, ainda que indenizado.

- OJ SDI-I Nº 185 • CONTRATO DE TRABALHO COM A ASSOCIAÇÃO DE PAIS E MESTRES – APM – INEXISTÊNCIA DE RESPONSABILIDADE SOLIDÁRIA OU SUBSIDIÁRIA DO ESTADO. O Estado-Membro não é responsável subsidiária ou solidariamente com a Associação de Pais e Mestres pelos encargos trabalhistas dos empregados contratados por esta última, que deverão ser suportados integral e exclusivamente pelo real empregador.

- OJ SDI-I Nº 191 • CONTRATO DE EMPREITADA – DONO DA OBRA DE CONSTRUÇÃO CIVIL – RESPONSABILIDADE. Diante da inexistência de previsão legal específica, o contrato de empreitada de construção civil entre o dono da obra e o empreiteiro não enseja responsabilidade solidária ou subsidiária nas obrigações trabalhistas contraídas pelo empreiteiro, salvo sendo o dono da obra uma empresa construtora ou incorporadora.

- OJ SDI-I Nº 321 • VÍNCULO EMPREGATÍCIO COM A ADMINISTRAÇÃO PÚBLICA – PERÍODO ANTERIOR À CF/1988. Salvo os casos de trabalho temporário e de serviço de vigilância, previstos nas Leis nºˢ 6.019, de 3.1.1974, e 7.102, de 20.6.1983, é ilegal a contratação de trabalhadores por empresa interposta, formando-se o vínculo empregatício diretamente com o tomador dos serviços, inclusive ente público, em relação ao período anterior à vigência da CF/1988.

- OJ SDI-I Nº 383 • TERCEIRIZAÇÃO – EMPREGADOS DA EMPRESA PRESTADORA DE SERVIÇOS E DA TOMADORA – ISONOMIA – ART. 12, "A", DA LEI Nº 6.019, DE 3.1.1974. A contratação irregular de trabalhador, mediante empresa interposta, não gera vínculo de emprego com ente da Administração Pública, não afastando, contudo, pelo princípio da isonomia, o direito dos empregados terceirizados às mesmas verbas trabalhistas legais e normativas asseguradas àqueles contratados pelo tomador dos serviços, desde que presente a igualdade de funções. Aplicação analógica do art. 12, "a", da Lei nº 6.019, de 3.1.1974.

- ◆ OJ SBDI-II Nº 158 • AÇÃO RESCISÓRIA – DECLARAÇÃO DE NULIDADE DE DECISÃO HOMOLOGATÓRIA DE ACORDO EM RAZÃO DE COLUSÃO (ART. 485, III, DO CPC) – MULTA POR LITIGÂNCIA DE MÁ-FÉ – IMPOSSIBILIDADE. A declaração de nulidade de decisão homologatória de acordo, em razão da colusão entre as partes (art. 485, III, do CPC), é sanção suficiente em relação ao procedimento adotado, não havendo que ser aplicada a multa por litigância de má-fé.

3.13. QUESTÕES RESOLVIDAS E COMENTADAS

(MPT – 15º Concurso) Analise as assertivas abaixo:

I – a relação empregatícia e a figura do empregado surgem como resultado da combinação de elementos fático-jurídicos que são: a) prestação de trabalho por pessoa física a um tomador qualquer; b) prestação efetuada com pessoalidade pelo trabalhador; c) prestação efetuada com não eventualidade; d) efetuada sob subordinação ao tomador dos serviços; e) prestação de trabalho efetuada com onerosidade;

II – não haverá distinções relativas à espécie de emprego e à condição de trabalhador, nem entre o trabalho intelectual, técnico e manual;

III – não há distinção entre o trabalho realizado no estabelecimento do empregador e o executado no domicílio do empregado, desde que estejam presentes os elementos caracterizadores da relação de emprego;

IV – dentre as condições legais para admissão como mãe social, inclui-se a idade mínima de 21 (vinte e um) anos.

Assinale a alternativa **CORRETA**:

[A]   todas as assertivas estão corretas;

[B]   apenas as assertivas I e II estão corretas;

[C]   apenas as assertivas II e III estão corretas;

[D]   apenas a assertiva IV está incorreta;

[E]   não respondida.

Gabarito oficial: alternativa [D].

Comentários do autor:

Como é cediço, cinco são os elementos fático-jurídicos caracterizadores da relação de emprego, nos moldes propugnados pelo art. 3º da CLT:

1) trabalho prestado por pessoa natural (afasta-se da pessoa jurídica a relação de emprego, na medida em que os bens jurídicos tutelados pelo direito do trabalho – vida, saúde, dignidade etc. – importam à pessoa física);

2) pessoalidade em relação ao empregado (trata-se do caráter infungível da pessoa do trabalhador, de modo intuitu personae, *sem possibilidade de substituição);*

3) não eventualidade dos serviços prestados (é a prestação de serviços de forma repetida nas atividades permanentes do empregador);

4) subordinação jurídica (principal elemento diferenciador do vínculo empregatício para a relação de trabalho autônomo: não se trata de dependência subjetiva ou técnica, traduzindo-se numa vertente jurídica de origem contratual, na medida da pactuação da força laborativa pelo empregador);

5) onerosidade (à força de trabalho corresponde uma contrapartida econômica em benefício do obreiro: cuida-se da intenção contraprestativa conferida pelas partes ao contrato de emprego).

Há, ainda, quem considere a alteridade como elemento fático-jurídico ínsito ao contrato de trabalho, na medida em que os riscos econômicos da atividade produtiva recaem exclusivamente na figura do empregador.

☆ *Correto, portanto, o item I.*

☆ *O item II transcreve a literalidade do art. 3º, parágrafo único, da CLT.*

☆ *O item III transcrevia o texto literal do art. 6º da CLT. Tendo em vista a nova redação trazida pela recente Lei nº 12.551/2011, revela-se prudente sua reprodução para conhecimento dos candidatos:*

Art. 6º. Não se distingue entre o trabalho realizado no estabelecimento do empregador, o executado no domicílio do empregado e o realizado à distância, desde que estejam caracterizados os pressupostos da relação de emprego.

Parágrafo único. Os meios telemáticos e informatizados de comando, controle e supervisão se equiparam, para fins de subordinação jurídica, aos meios pessoais e diretos de comando, controle e supervisão do trabalho alheio.

☆ *De acordo com o art. 9º, "a", da Lei nº 7.644/1987, é condição para admissão como mãe social a idade mínima de 25 (vinte e cinco) anos. Item IV incorreto, portanto.*

(MPT – 14º Concurso) Segundo a jurisprudência do Tribunal Superior do Trabalho, são fatores que indicam a existência de fraude trabalhista, ou seja, de mera intermediação de mão de obra:

I – determinação pela tomadora do modo, tempo e forma que o trabalho deve ser realizado;

II – indicação pela tomadora da quantidade de trabalhadores e quais funções deverão ser preenchidas pela empresa prestadora;

III – saber-fazer específico (*know-how*) da empresa prestadora de serviços, com utilização de meios materiais próprios para a execução do contrato;

IV – repasse da atividade central da empresa tomadora à prestadora de serviços.

Assinale a alternativa **CORRETA**:

[A] somente as assertivas I, II e III estão corretas;

[B] somente as assertivas I, III e IV estão corretas;

[C] somente as assertivas I, II, e IV estão corretas;

[D] somente as assertivas II, III e IV estão corretas;

[E] não respondida.

Gabarito oficial: alternativa [C].

Comentários do autor:

✫ *Conforme estudado, nos moldes propugnados pelo TST, possibilita-se a uma empresa terceirizar parte de sua produção, desde que tais serviços não se vinculem diretamente à atividade-fim da empresa contratante. Dessa forma, permite-se a transferência de parcelas dos serviços da empresa tomadora, desde que voltados às atividades-meio, desvinculadas do objeto central do empreendimento econômico. À luz do entendimento sedimentado pelo TST no Enunciado de Súmula nº 331, III, exige-se, ademais, que a pessoalidade e a subordinação jurídica permaneçam com a real empregadora, a empresa prestadora dos serviços. Desse modo, tornam-se errôneas as assertivas I e II, porquanto representam ingerências por parte do tomador dos serviços. De igual modo, o item IV sugere a terceirização da atividade central da empresa, o que, como visto, não é admitido pelo ordenamento jurídico pátrio.*

✫ *Por fim, a prefalada súmula possibilita a delegação de serviços especializados, traduzindo-se no saber-fazer específico (know-how) da empresa prestadora de serviços, com utilização de meios materiais próprios para a execução do contrato, nos exatos moldes previstos no item III.*

ANEXO

AÇÃO CIVIL PÚBLICA – FRAUDES NAS RELAÇÕES DE EMPREGO – PEJOTIZAÇÃO
• Tiago Muniz Cavalcanti

EXCELENTÍSSIMO SENHOR DOUTOR JUIZ DO TRABALHO DA ____ª VARA DO TRABALHO DE MANAUS/AM

O MINISTÉRIO PÚBLICO DO TRABALHO, através da Procuradoria Regional do Trabalho da 11ª Região, neste ato representado pelo Procurador do Trabalho signatário, com base nos arts. 127 e 129, inciso III, da Constituição da República; no art. 83, inciso III, da Lei Complementar nº 75/1993; nos arts. 1º, inciso IV e art. 21 da Lei nº 7.347/1985; nos arts. 82, inciso I e 91 da Lei nº 8.078/1990; e, ainda, no art. 3º da Consolidação das Leis do Trabalho, vem, respeitosamente, à presença de Vossa Excelência, ajuizar a presente

AÇÃO CIVIL PÚBLICA
COM PEDIDO DE ANTECIPAÇÃO DOS EFEITOS DA TUTELA JURISDICIONAL

em face de **T. B. LTDA.,** inscrita no CNPJ sob o número (...), com sede na (...), pelos fundamentos fáticos e jurídicos que seguem.

1. DOS FATOS

Desde 17 de outubro de 2008, tramita no Ministério Público do Trabalho procedimento administrativo de Inquérito Civil onde se investiga, em breve síntese, fraude à relação de emprego consubstanciada na terceirização de serviços ligados à atividade-fim da empresa reclamada, mormente através do instituto da **pejotização**.

Os elementos probatórios colhidos nos autos do procedimento administrativo confirmam que a empresa ré se utiliza de pessoas jurídicas para a prestação de serviços de transporte, essencial ao efetivo cumprimento da atividade finalística da reclamada, uma transportadora. Ademais, conforme se verá adiante, as atividades de transportes são realizadas com a presença de todos os elementos fático-jurídicos da relação de emprego.

Requisitada ação fiscalizatória à Superintendência Regional do Trabalho e Emprego no Amazonas, SRTE/AM, a Ilma. Auditora-Fiscal do Trabalho, Andréa Dantas Santos, constatou, *in loco*, a fraude perpetrada pela reclamada, elaborando relatório bastante elucidativo da irregularidade aferida na inspeção.

Vejamos trechos do referido Relatório de Fiscalização:

"(...) fiscalizamos, na referida sociedade empresária, a prestação de serviços nas operações de frete, coleta, entrega e manobra realizada pelos motoristas e ajudantes, contratados, por meio de pessoas jurídicas interpostas (PJ's – transportadoras contratadas), e constatamos que o fornecimento de mão de obra ocorre em fraude à CLT, porque os serviços prestados pelos motoristas e ajudantes, nas operações em tela, estão inseridos na dinâmica empresarial da tomadora, com pessoalidade, onerosidade, subordinação jurídica e habitualidade. Nesse contexto, o vínculo empregatício se forma, diretamente, entre os empregados terceirizados e a verdadeira empregadora – T. B. LTDA."

"Então, a T. B. LTDA. manteve os empregados motoristas e ajudantes, terceirizados, no período de 2002 a 2009, sem o registro competente, em sistema manual, mecânico ou eletrônico, porque se utilizou dos contratos de prestação de serviços de transportes para não assumir sua obrigação, como empregadora, de registrar esses empregados em documento competente (registros de empregados)." (...)

*"**Constatamos que os motoristas e ajudantes, terceirizados, são, de fato, empregados da T. B. LTDA., porque executam serviços na atividade-fim da tomadora, estão inseridos na dinâmica empresarial da mesma, com pessoalidade, habitualidade, onerosidade e subordinação jurídica. (...)**"*

Em síntese, Excelência, da análise da ação fiscal, restou evidenciado que **a empresa se utiliza de terceirizações ilícitas e pejotização, em fraude à legislação trabalhista vigente**. Ademais, ressaltou-se, ainda, existência de tratamento não isonômico entre os empregados efetivos e os terceirizados.

Inobstante a ação fiscal ter sido concluída em junho de 2010, a conduta irregular é contemporânea e atual nas dependências da empresa investigada, consoante fazem prova os contratos de prestação de serviços de transportes em anexo. Mister registrar que **a prática irregular é incontroversa**, porquanto a própria empresa reclamada, em sessão administrativa ocorrida em 28.9.2011, sob a presidência deste Procurador do Trabalho signatário, confessa a contratação nos moldes registrados no Relatório de Fiscalização, mas se recusa a adequar sua conduta alegando falta de tempo hábil para a contratação de todos os funcionários.

Com efeito, verificado o descumprimento da legislação trabalhista, após esgotadas as possibilidades de solução extrajudicial da controvérsia sob análise, não restou outra alternativa ao Ministério Público do Trabalho senão o ajuizamento da presente ação coletiva.

2. DA LEGITIMIDADE DO MINISTÉRIO PÚBLICO DO TRABALHO

Com o advento da *Lex Mater* de 1988, o Ministério Público foi erigido à condição de instituição permanente, independente, essencial à função jurisdicional do Estado, incumbindo-lhe a defesa da ordem jurídica, do regime democrático e dos interesses sociais e individuais indisponíveis (art. 127 da CR/1988).

Para a defesa dos interesses sociais e coletivos, o constituinte originário legitimou o Ministério Público para o ajuizamento de ação civil pública (art. 129, inciso III), sendo certo que, no plano infraconstitucional, o art. 5º da Lei nº 7.347/1985 é expresso quanto à legitimidade do Ministério Público para o encetamento daquela ação.

A Lei Complementar nº 75/1993, por seu turno, legitimou o Ministério Público do Trabalho para o ajuizamento de ação civil pública visando à tutela de direitos difusos e coletivos decorrentes da relação de trabalho. O art. 83, inciso III, estabelece cabimento *"quando desrespeitados os direitos sociais constitucionalmente garantidos"*, que, no caso em apreço, estão sendo frontalmente violados.

Assim, impende concluir pela legitimidade deste Órgão Ministerial Especializado para o ajuizamento de ação civil pública na Justiça do Trabalho, visando à tutela de quaisquer modalidades de direitos e interesses decorrentes da relação de trabalho.

3. DO DIREITO

3.1. Da Atividade Econômica da Ré

A T. B. Ltda. tem por objeto social a atividade de transporte de carga intermunicipal, interestadual e internacional, abrangendo logística com carga, descarga, movimentação, estocagem e conferência de mercadorias dentro e fora dos terminais da sociedade, além da exploração das atividades de navegação mercante, modalidades de apoio marítimo e apoio portuário, cabotagem e longo-curso, em embarcações de sua propriedade ou de terceiros.

Apesar de ter excluído as operações de coleta, entregas, cargas e descargas na distribuição de mercadorias do seu objeto social, a Ilma. Auditora-Fiscal do Trabalho registrou, no Relatório de Fiscalização, que "a T. B. LTDA.possui, em sua estrutura física e hierárquica/operacional, o centro de custo Coleta e Distribuição, no qual essas atividades são executadas, por seus empregados efetivos e pelos empregados arregimentados pelas PJ's, de acordo com as folhas de pagamento analíticas de novembro/09 do referido centro de custo, verificação física e análise da movimentação de carga".

Portanto, **a empresa reclamada possui como área de atuação principal o setor de transporte de cargas em geral, atividade-fim do empreendimento econômico, entendida esta como essencial para a consecução dos objetivos sociais da empresa, envolvendo, também, aquelas ditas como acessórias, mas de caráter permanente.**

Eis o conceito de "atividade-fim", conforme leciona o Exmo. Ministro Mauricio Godinho Delgado:

> *Atividades-fim podem ser conceituadas como as funções e tarefas empresariais e laborais que se ajustam ao núcleo da dinâmica empresarial do tomador dos serviços, compondo a essência dessa dinâmica e contribuindo inclusive para a definição de seu posicionamento e classificação no contexto empresarial e econômico. São, portanto, atividades nucleares e definitórias da essência da dinâmica empresarial do tomador dos serviços.*

Como é cediço, o C. Tribunal Superior do Trabalho já possui entendimento sedimentado quanto à impossibilidade de terceirização na atividade-fim do empreendimento, consoante o Enunciado de Súmula nº 331, III, *in verbis*:

> *III – Não forma vínculo de emprego com o tomador a contratação de serviços de vigilância (Lei nº 7.102, de 20.6.1983) e de conservação e limpeza, bem como a de serviços especializados ligados à atividade-meio do tomador, desde que inexistente a pessoalidade e a subordinação direta.*

Enquanto a atividade-fim possui relação direta com o núcleo da dinâmica empresarial, ou seja, com os serviços que transparecem a essência da atuação do ente empresarial tomador de serviços, as atividades-meio, conforme esclarece Delgado,

(...) são aquelas funções e tarefas empresariais e laborais que não se ajustam ao núcleo da dinâmica empresarial do tomador de serviços, nem compõem a essência dessa dinâmica ou contribuem para a definição de seu posicionamento no contexto empresarial econômico mais amplo. São, portanto, atividades periféricas à essência da dinâmica empresarial do tomador de serviços. (...) São também outras atividades meramente instrumentais, de estrito apoio logístico ao empreendimento (...).

Note-se, ainda, que a Súmula nº 331 do C. TST tem o cuidado de esclarecer o fato de que a licitude da terceirização exige a inexistência da pessoalidade e da subordinação direta entre o trabalhador terceirizado e o tomador de serviços, de modo que tais elementos fático-jurídicos da relação de emprego devem, necessariamente, estar mantidos perante a empresa terceirizante, real empregadora.

Não obstante, em frontal agressão ao ordenamento jurídico pátrio, a ré contrata motoristas para prestação de serviços de transportes, que, repita-se, integram sua atividade-fim, através de contratos de prestação autônoma de serviços, exigindo-se-lhes a formalização através de pessoas jurídicas, de modo a mascarar a relação de emprego e, em consequência, fraudar a legislação trabalhista.

3.2. Dos Elementos Fático-Jurídicos. Do Vínculo de Emprego.

Como é cediço, os elementos fático-jurídicos da relação de emprego são extraídos do art. 3º, *caput*, da CLT: "Considera-se empregado toda pessoa física que prestar serviços de natureza não eventual a empregador, sob a dependência deste e mediante salário". Assim, para caracterizar o vínculo empregatício, faz-se mister a prestação dos serviços por pessoa física, de forma pessoal, não eventual, onerosa e mediante subordinação jurídica.

No caso em apreço, todos os elementos fático-jurídicos da relação de emprego encontram-se presentes, conforme muito bem consignou o Relatório de Fiscalização em anexo. Vejamos:

Pessoalidade:

Os motoristas e ajudantes que prestam serviços à T. B. LTDA., por meio das PJ's, ficam à disposição daquela, para execução das manobras com caminhões, fretes e carregamentos. Além do mais, os responsáveis pelas PJ's afirmam que o pessoal (motorista e ajudante) que constava das folhas de pagamento analíticas só prestavam serviços para a T. B. LTDA., e os empregados terceirizados declararam prestar serviços, somente, para a T. B. LTDA.

Verificamos que os motoristas e ajudantes arregimentados pela PJ's, permanecem trabalhando, após a ruptura do contrato de trabalho, para a T. B. LTDA., sem vínculo empregatício formalizado com as PJ's; ou são recontratados por outra PJ.

Assim, os motoristas e ajudantes, arregimentados pelas PJ's e alguns empresários individuais e sócios dessas PJ's trabalham continuamente para T. B. LTDA., no serviço diário e habitual, que constitui a dinâmica empresarial da tomadora, de acordo com as planilhas individualizadas "vínculo empregatício com a T. B. LTDA." e análise da movimentação da carga.

Portanto, Excelência, inexistindo possibilidade de substituição do motorista responsável pela prestação dos serviços de transportes e considerando, ademais, a exclusividade dessa prestação, transparece aos olhos, às escâncaras, a pessoalidade apta a ensejar o vínculo de emprego.

Não eventualidade:

Verificamos a prestação de serviços diária e habitual executada pelos empregados terceirizados incumbidos das operações frete, coleta, entrega ou manobra, por meio da análise das notas fiscais, ordens de pagamento e ordens de serviços. Assim, os serviços prestados pelos motoristas e ajudantes, arregimentados pelas PJ's, dão-se com subordinação jurídica direta e habitualidade, pois estão inseridos na atividade-fim da tomadora, em sua dinâmica empresarial, ocorrem, assim, de modo contínuo, sem interrupção, diariamente.

Enfim, constatamos que as PJ's celebraram os contratos de prestação de serviços desde 2002, e prestam serviços para a T. B. LTDA., há anos, de modo ininterrupto (mês a mês), conforme análise das notas fiscais, da movimentação da carga e dos referidos contratos.

Ainda que a CLT não exija a prestação contínua para caracterização da eventualidade, os serviços de transporte de cargas realizados pelos trabalhadores "pessoas jurídicas" mantinham tal característica. Mais: a permanência do serviço ao longo do tempo afasta por completo a eventualidade.

Onerosidade:

Os trabalhadores motoristas e ajudantes prestam serviços, com subordinação jurídica direta, habitualidade e pessoalidade à T. B. LTDA., na execução das operações de fretem coleta, entrega e manobra, nas dependências internas desta e nas suas clientes, assim, dependem economicamente da T. B. LTDA., que os remunera, por meio das PJ's intermediadoras de mão de obra.

A onerosidade significa dizer que na relação de emprego há prestações e contraprestações recíprocas entre as partes, economicamente mensuráveis. Assim, em contrapartida à força de trabalho prestada ou colocada à disposição do empregador pelo obreiro, resultará no pagamento de um salário.

Ora, Excelência, percebe-se que não são necessários maiores esforços para se concluir pela presença de tal elemento no caso sob análise.

Subordinação jurídica:

(…), na entrada das portarias da Administração e da Carga da T. B. LTDA., encontramos alguns empregados motoristas e ajudantes, arregimentadas pelas PJ's, os quais nos declararam, em síntese, que prestavam serviços contínuos na T. B. LTDA.; que recebiam ordens de serviços, provindas da T. B. LTDA.; que, dentro do depósito da T. B. LTDA., estava o resto do pessoal e de onde saíam os caminhões das PJ's, para cumprimento das referidas ordens de serviços; que alguns "donos de caminhões" eram agregados das PJ's.

Nesse dia, no depósito e no porto da T. B. LTDA., encontramos os empregados das PJ's trabalhando, lado a lado, com os empregados da T. B. LTDA. Os empregados da T. B. LTDA. eram os responsáveis pela manobra da carga dentro do depósito (galpão fechado), entrega da carga na plataforma (onde estão os caminhões das PJ's) e pelo comando das operações, por meio de ordens de serviços; já, os empregados, arregimentados pelas PJ's, se incumbem de colocar a carga dentro dos caminhões das PJ's, ficar à disposição da T. B. LTDA., para cumprimento das ordens de serviços provindas do setor operacional da tomadora, e executar as operações de frete, coleta, entrega e manobra.

Os empregados da T. B. LTDA. motoristas e ajudantes, embora não trabalhem dentro do mesmo caminhão com os empregados das PJ's, prestam os mesmos serviços, nos mesmos setores operacionais, em que laboram os empregados, arregimentados pelas PJ's, (…). Os empregados da T. B. LTDA. e das PJ's estão sob a subordinação jurídica direta da T. B. LTDA., por meio de seus empregados encarregados dessas operações (…).

Assim, a T. B. LTDA. organiza, administra e controla a prestação pessoal dos serviços executados pelos motoristas e ajudantes, intermediados pelas PJ's, que estão inseridos na dinâmica empresarial, contribuindo para a definição de seu posicionamento e classificação (da T. B. LTDA.) no contexto empresarial econômico. (sem grifos no original)

A subordinação jurídica é o requisito de maior importância para caracterização da relação de emprego. Significa dizer que o empregado está obrigado a acolher o poder de direção do empregador no modo de realização da prestação dos serviços. Há uma limitação da autonomia da vontade do empregado com o objetivo de transferir ao empregador o poder de decisão e direção sobre a função que o mesmo exercerá.

No caso em apreço, a subordinação jurídica também restou caracterizada, pois os trabalhadores recebem determinações específicas de como, onde e quando devem realizar suas tarefas, havendo o direcionamento e o controle do trabalho por parte do empregador ou seus prepostos.

Pessoa física:

Nesto ponto específico, exsurge a grande fraude para mascarar a relação de emprego no particular. Isto porque os contratos de prestação de serviços de transporte de cargas são firmados com pessoas jurídicas, de forma a suplantar o elemento fático-jurídico em análise. Cuida-se da chamada pejotização, prática através da qual os empregados obedecem aos seus empregadores e se estabelecem como pessoas jurídicas, com a finalidade exclusiva de fraudar a relação de emprego, afastando-se os direitos trabalhistas decorrentes da relação.

No próximo subitem, passaremos a discorrer, com maiores pormenores, sobre a inaplicabilidade da Lei nº 11.442/2007 e a ocorrência do fenômeno da "pejotização".

3.3. Da Inaplicabilidade da Lei nº 11.442/2007. Da Pejotização.

O caso em análise não merece tratamento de trabalhador autônomo, em vistas à presença dos elementos fático-jurídicos da relação de emprego, conforme visto algures, e, ainda, em razão da inaplicabilidade da Lei nº 11.442/2007. Passamos a explicar.

Conforme preceitua a doutrinadora Alice Monteiro de Barros:

O trabalhador autônomo, por faltar-lhe o pressuposto da subordinação jurídica, está fora da égide do Direito do Trabalho. No trabalho autônomo, o prestador de serviços atua como patrão de si mesmo, sem submissão aos poderes de comando do empregador, e, portanto, não está inserido no círculo diretivo e disciplinar de uma organização empresarial. O trabalhador autônomo conserva a liberdade de iniciativa, competindo-lhe gerir sua própria atividade e, em consequência, suportar os riscos daí advindos.

A conceituação de trabalhador autônomo pode ser extraída, também, do seguinte julgado:

"É trabalhador autônomo aquele que, contratado por tarefa, presta serviço de motoqueiro entregador, com liberdade para definir quando e onde trabalhar. Autodeterminação que repele a noção de subordinação própria e indispensável à configuração de vínculo de emprego com o tomador de serviço". (TRT – 4ª Região – RO-00395.001/97-8-Ac. – 6ª T. – j. em 6.12.2001 – Relator Juiz Milton Varela Dutra – *Revista LTr* 66-08/994)

No caso em apreço, *não há que se falar, conforme visto, de autodeterminação. Ao revés,* **há presença marcante da subordinação jurídica ínsita a qualquer contrato de emprego.**

Ademais, Excelência, o Relatório de Fiscalização registrou que "as carretas puxadas pelos empregados motoristas, arregimentados pelas PJ's, são de propriedade da própria T. B. LTDA., conforme declaração do Sr. R. H. e a análise da movimentação da carga". Com efeito, não se pode invocar a aplicabilidade da Lei nº 11.442/2007, porquanto incompatíveis os elementos fáticos com o seu art. 2º, § 1º:

§ 1.º O TAC deverá:

I – comprovar ser proprietário, coproprietário ou arrendatário de, pelo menos, 1 (um) veículo automotor de carga, registrado em seu nome no órgão de trânsito, como veículo de aluguel;

II – comprovar ter experiência de, pelo menos, 3 (três) anos na atividade, ou ter sido aprovado em curso específico.

Ainda que os motoristas fossem proprietários dos veículos utilizados para a prestação dos serviços de transporte de cargas, tal fato não seria óbice ao reconhecimento do vínculo de emprego, porquanto presentes todos os elementos fático-jurídicos. *Poderia, sim, haver um pacto anexo ao contrato de trabalho, através de contrato de aluguel do referido veículo.*

No entanto, optou a empresa por fraudar a legislação trabalhista, na medida em que os motoristas responsáveis pelo transporte de cargas estão inseridos no processo produtivo da atividade econômica da reclamada, desempenhando atividades imprescindíveis à consecução do empreendimento empresarial, por meio de pessoas jurídicas. A hipótese atrai a aplicação do art. 9º da CLT, convergindo para o entendimento de que há vínculo de emprego, nos exatos lindes do art. 3º da CLT.

As consequências para os empregadores têm figuração positiva, porquanto se diminuem os encargos sociais. A valorização exacerbada do capital e das posições de mercado, somada ao incessante apelo ao consumismo globalizado, faz com que o empregador não assegure direitos oriundos da lei, tais como FGTS, gratificação natalina, produtividade, férias, jornada de trabalho, INSS, entre outros direitos trabalhistas decorrentes do vínculo de emprego.

Assim, o trabalhador sofre uma série de tensões e frustrações que podem culminar com o aparecimento de problemas sociais e morais causados por esta violência ao trabalhadores chamada pejotização e a consequente falta de amparo às regras celetistas.

Afasta-se, portanto, a hipótese de transportador autônomo de cargas, exsurgindo o fenômeno da pejotização.

3.4. Do Princípio da Primazia da Realidade

O caso em apreço invoca a força normativa do princípio da primazia da realidade, o qual impõe seja conferida maior importância à realidade fática dos acontecimentos do que à formalidade presente nos contratos. *In casu*, deve-se tratar com maior relevância a realidade dos fatos comprovadores da existência da relação de emprego, em detrimento da mera disposição contratual em contrário.

Deste modo, é visível que a empresa Reclamada vem se utilizando de ardil para desvirtuar as relações de emprego, esquivar-se de seus deveres como empregadora, bem como transferir os riscos da atividade econômica ao empregado, disfarçado de trabalhador autônomo de cargas.

3.5. Da Violação ao Ordenamento Jurídico. Da Jurisprudência Pátria.

Nosso ordenamento jurídico constitucional, reconhecendo a pessoa humana como elemento central dentro do Direito, bem como o valor inestimável do trabalho humano, além de sua importância social e econômica na produção de bens e serviços e consequente desenvolvimento econômico e social, erigiu o trabalho e a dignidade humana como pilares do Estado Democrático de Direito (CF, art. 1º, III e IV), proclamando na ordem econômica a valorização do trabalho (CF, art. 170). Ademais, o constituinte originário enfatizou que "a ordem social tem como base o primado do trabalho, e como objetivo, o bem-estar e a justiça sociais" (CF, art. 193).

Nesse mesmo sentido, dispõe a Declaração Universal dos Direitos do Homem: "*Todos os seres humanos nascem livres e iguais em dignidade e em direitos. Dotados de razão e consciência, devem agir uns para com os outros em espírito de fraternidade*" (art.1º); "*Todos são iguais perante a lei e, sem distinção, têm igual proteção da lei. Todos têm direito à proteção contra qualquer discriminação que viole a presente Declaração e contra qualquer incitamento a tal discriminação*" (art. 7º); "*Ninguém sofrerá intromissões arbitrárias na sua vida privada, na sua família, no seu domicílio e na sua correspondência, ataques à sua honra e reputação. Contra tais intromissões ou ataques toda pessoa tem direito à proteção da lei*" (art. 12).

Nem mesmo em períodos de exceção os cidadãos são privados de suas dignidades. O tratamento do ser humano de forma digna não pode ser coarctado, sobretudo por atitudes ilegais e imorais, de inegável sujeição pessoal.

Não podem encontrar guarida no Judiciário práticas dessa natureza, ainda que efetivadas sob o pálio do princípio da livre iniciativa, pois, se a hierarquia existe entre os princípios gerais da Atividade Econômica, no topo dessa ordem está o da valorização do trabalho humano, disposto em primeiro plano no art. 170, *in fine,* da CF/1988, com o fito de "*assegurar a todos existência digna, conforme os ditames da justiça social*".

A jurisprudência pátria tem, sim, rechaçado práticas dessa natureza. Vejamos:

RECURSO DE REVISTA – VÍNCULO DE EMPREGO – MOTORISTA DE CAMINHÃO – TRANSPORTE – PRODUTOS DA RECLAMADA – *A Corte de origem, forte nos arts. 2º e 3º da CLT, formou seu convencimento, no sentido da existência de vínculo de emprego, a partir da análise do conjunto probatório, que reputou indicativo da presença dos requisitos da relação laboral, com destaque à subordinação jurídica, à pessoalidade e à não eventualidadade. Violação dos arts. 2º e 3º da CLT não configurada. Arestos inespecíficos (Súmula nº 296, I, do TST). Revista não conhecida, no tópico.* ***MULTA DO ART. 477 DA CLT – VÍNCULO DE EMPREGO – CONTROVÉRSIA –*** *O fato gerador da multa prevista no art. 477, § 8º, da CLT é a não observância do prazo para o pagamento das verbas rescisórias objeto do § 6º do mesmo preceito, ressalvada a hipótese em que o empregado der causa à mora. Revista conhecida e não provida, no aspecto.* (TST – RR 550/2007-014-17-00.3 – Relatora Ministra Rosa Maria Weber – *DJe* de 23.4.2010 – p. 604)

RECURSO DE REVISTA – VÍNCULO EMPREGATÍCIO – MOTORISTA DE CAMINHÃO. *I – A única tese a observar a sistemática do art. 896 da CLT é a arguição de dissenso com aresto transcrito na revista, o qual é manifestamente inespecífico, pois, além de se reportar a cláusula normativa para infirmar a existência de relação empregatícia, acresce que o caminhoneiro podia ser substituído por outra pessoa e possuía liberdade na recusa e contratação de serviços, premissas ausentes no contexto fático emoldurado no acórdão recorrido. II – Não bastasse a inespecificidade do precedente, é certo ter a demanda adquirido nítidos contornos fático-probatórios, pois para concluir pela ausência dos elementos constitutivos da relação empregatícia, necessário seria revolver o acervo probatório, atividade sabidamente refratária ao âmbito de cognição do TST (Súmula nº 126). III – Recurso não conhecido.* ***MULTA DO ARTIGO 477, § 8º, DA CLT – VÍNCULO DE EMPREGO RECONHECIDO EM JUÍZO –*** *I – Da interpretação sistemática e teleológica da norma do § 6º do art. 477 da CLT extrai-se a conclusão de o legislador ter instituído a multa do § 8º para o caso de as verbas rescisórias devidas ao empregado serem incontroversas, cujo pagamento não seja efetuado nos prazos contemplados no § 6º daquele artigo, salvo eventual mora que lhe seja atribuída. II – Em outras palavras, a multa do § 8º pressupõe a regularidade do contrato de emprego e a inexistência de controvérsia sobre a natureza da sua dissolução e respectivas parcelas constantes do instrumento de rescisão contratual ou recibo de quitação. III – Sobrevindo intensa dissensão sobre a natureza da relação jurídica mantida entre reclamante e reclamado, se de emprego ou de trabalho autônomo, a sua solução por via judicial elimina o pressuposto da incidência da multa do § 8º, consubstanciada na higidez formal do contrato de emprego e na constatação de serem incontroversas as verbas devidas ao empregado, oriundas da natureza da dissolução contratual. IV – Para a hipótese em que o vínculo de emprego só é reconhecido judicialmente, a multa do § 8º do art. 477 da CLT há de ser aplicada, pelo estreito paralelismo de situações, na esteira do que prescreve o inciso II do art. 273 do CPC, sobre a caracterização do abuso do direito de defesa ou o manifesto propósito protelatório do réu. V – Reportando-se a fundamentação da decisão impugnada, constata-se que o reconhecimento do vínculo de emprego demandou ampla atividade cognitiva do Tribunal de origem ao rés do contexto probatório, impondo-se a rejeição da referida multa. VI – É que, no particular, agiganta-se a certeza de que as pretensas verbas trabalhistas então pleiteadas e afinal deferidas eram até então controvertidas, não se podendo por isso cogitar da responsabilidade patronal pelo seu não pagamento à época da dissolução de relação jurídica que formalmente não era de emprego e sim de trabalho autônomo, não se mostrando por isso mesmo pertinente a ressalva da mora do suposto empregador. VII – Recurso conhecido e provido.* (TST – RR 44000-93.2008.5.04.0026 – Relator Ministro Antônio José de Barros Levenhagen – *DJe* de 4.2.2011 – p. 1.527)

RECURSO ORDINÁRIO DA RECLAMADA – VÍNCULO DE EMPREGO – CONTRA-TO DE TRABALHO E TRABALHADOR AUTÔNOMO. Motorista proprietário de caminhão de transporte de cargas que presta serviços a transportadora. A distinção entre o trabalho autônomo e a relação de emprego exsurge da autonomia e da liberdade, as quais são exclusivas do trabalhador autônomo. A autonomia, para fins de vínculo de emprego, pode ser caracterizada pelo desenvolvimento do negócio às suas expensas e risco, enquanto o empregado é definido, principalmente, por estar subordinado ao empregador. Comprovado que o pagamento era efetuado de acordo com os fretes realizados e que a manutenção do caminhão era suportada pelo motorista, que não tinha a obrigatoriedade de comparecer diariamente à reclamada, podendo, inclusive, se fazer substituir por outro, não há falar em subordinação, elemento principal que distingue o trabalho assalariado. Vínculo de emprego não caracterizado. Recurso provido. (TRT – 4ª R. – RO 01361.010/00-2 – 2ª T. – Relatora Juíza Vanda Krindges Marques – j. em 14.5.2003)

***COISA JULGADA.** A eficácia da coisa julgada, que torna imutável o acordo homologado por sentença nesta Justiça Especializada, não pode ser afastada, como pretendido pelo reclamante, de molde que resta obstado o conhecimento do pedido de reconhecimento de vínculo de emprego relativamente ao período anterior a 17.12.1993, uma vez que já foi objeto de pronunciamento judicial (CLT, art. 836), devendo, assim, com relação a ele, ser extinto o processo sem julgamento do mérito. **CARÊNCIA DE AÇÃO** – As recorrentes são parte legítima para figurar no polo passivo da relação processual, uma vez que indicadas pelo autor como integrantes do mesmo grupo econômico e, nessa condição, participantes da relação jurídica material de trabalho objeto da demanda. **PROVA TESTEMUNHAL – CONTRADITA** – Não afasta a credibilidade dos depoimentos das testemunhas, nem as tornam suspeitas, o fato de terem litigado contra as demandadas, à luz do disposto no art. 829 da Consolidação das Leis do Trabalho. Aplica-se, ainda, o entendimento cristalizado no Enunciado nº 357 do Tribunal Superior do Trabalho, segundo o qual, o simples fato de estar litigando ou ter litigado contra o mesmo empregador, não torna suspeita a testemunha. **VÍNCULO DE EMPREGO – TRANSPORTADOR DE CARGA** – Nada obstante os aspectos meramente formais revelados pelos documentos a respeito da contratação do autor na condição de transportador rodoviário autônomo de cargas, por intermédio de sua firma individual, a presença de subordinação jurídica, pessoalidade, não eventualidade, e onerosidade, atraem a caracterização da existência do vínculo de emprego, de acordo com o disposto no art. 3º da CLT. **VALOR DO SALÁRIO** – É o empregador quem, em última análise, assume os riscos da atividade econômica, devendo, assim, arcar com os custos de seu empreendimento. Nesse sentido, o valor pago a título de "frete" remunerava apenas o trabalho prestado pelo reclamante, afigurando-se ilegal atribuir a este a responsabilidade pelos gastos com a manutenção do caminhão utilizado para a execução do trabalho. **TRANSFERÊNCIA DO REGISTRO DE PROPRIEDADE DO VEÍCULO – COMPETÊNCIA DA JUSTIÇA DO TRABALHO** – Rejeitada a arguição de incompetência da Justiça do Trabalho para apreciar e julgar o pedido de transferência do registro de propriedade do veículo, na medida em que, conforme alegação expendida na petição inicial, trata-se de obrigação ajustada pelas partes como forma de pagamento das parcelas rescisórias. **MULTA DO ART. 477 DA CLT** – O argumento de que controvertida a relação de emprego e, assim, o direito à percepção das parcelas rescisórias, não afasta a incidência da multa do art. 477 da CLT. A decisão, quando acolhe a pretensão do reclamante ao reconhecimento a existência de vínculo de emprego e às parcelas rescisórias, reveste-se de conteúdo declaratório e condenatório, pois reconhece a lesão a direito preexistente e impõe a devida reparação, e não, constitutivo. Nesse sentido, não tendo sido pagas as parcelas rescisórias no prazo legal é devida a multa pela incidência do art. 477, § 8º, da CLT. **FGTS – CORREÇÃO MONE-**

TÁRIA – As parcelas devidas a título de FGTS encontram, na Lei nº 8.036/1990, norma específica a delinear a correção monetária aplicável aos valores em atraso. A especificidade afasta o critério genérico, impondo-se a observância dos índices divulgados pelo agente gestor, Caixa Econômica Federal. (TRT – 4ª R. – RO 00642.030/00-6 – 6ª T. – Relatora Juíza Rosane Serafini Casa Nova – j. em 3.11.2003)

4. DO DANO MORAL COLETIVO

O dano moral coletivo corresponde a uma injusta lesão à esfera moral da coletividade, tratando-se de um dano genérico de que foi alvo toda a coletividade de trabalhadores da ré, bem como a própria sociedade, porquanto restaram violados o ordenamento jurídico pátrio e a ordem social.

A sociedade cansou-se da sensação de impunidade, gerada pelo descrédito no ordenamento jurídico violado, face à reiteração de condutas ilícitas que prejudicam a paz social. Razão pela qual se impõe a reparação pelo dano genérico (dano moral difuso ou coletivo) com a finalidade de, a um só tempo, recompor o ordenamento jurídico lesado e restabelecer a ordem social.

No caso em concreto, há lesões a interesses de necessidade social, consubstanciadas na violação de regras sociais e trabalhistas, constitucionais e infraconstitucionais, protetoras da relação de emprego.

A doutrina e a jusrisprudência têm caminhado nesse exato sentido.

As lições doutrinárias indicam que a sociedade é sim titular de um patrimônio moral que pode ser abalado por atos contrários à lei e à moral que deve presidir as relações sociais. Modernamente, admite-se a possibilidade de reparação de danos que tenham a potencialidade de lesar toda uma coletividade.

Carlos Alberto Bittar Filho leciona:

*(...) assim como cada indivíduo tem sua carga de valores, também **a comunidade, por ser um conjunto de indivíduos, tem uma dimensão ética**. Mas é essencial que se assevere que a citada amplificação desatrela os valores coletivos das pessoas integrantes da comunidade quando individualmente consideradas.*

Os valores coletivos, pois, dizem respeito à comunidade como um todo, independentemente de suas partes. Trata-se, destarte, de valores do corpo, valores esses que não se confundem com o de cada pessoa, de cada célula, de cada elemento da coletividade. Tais valores têm um caráter nitidamente indivisível.

*(...) **o dano moral coletivo é a injusta lesão da esfera moral de uma dada comunidade, ou seja, é a violação antijurídica de um determinado círculo de valores coletivos.** Quando se fala em dano moral coletivo, está-se fazendo menção ao fato de que o patrimônio valorativo de uma certa comunidade (maior ou menor), idealmente considerada, foi agredido de uma maneira absolutamente injustificável do ponto de vista jurídico... **Como se dá na seara do dano moral individual, aqui também não há que se cogitar de prova de culpa, devendo-se responsabilizar o agente pelo simples fato da violação...** (original sem grifo)* (in "Do dano moral coletivo no atual contexto jurídico brasileiro". *Revista Direito do Consumidor*. São Paulo: Revista do Tribunais nº 12, out./dez. 1994. Destaques do MPT).

Esse autor destaca, ainda, a necessidade de fortalecimento, no direito brasileiro, do espírito coletivo, afirmando que a ação civil pública, neste particular, atua como *"poderoso instrumento de superação do individualismo"*.

Do ponto de vista da jurisprudência, também não revela nenhuma novidade a questão do dano moral coletivo.

Assim ocorreu na decisão proferida no processo TRT-RO-5309/2002, cujo Relator foi o Juiz Luis José de Jesus Ribeiro, e que tem a seguinte ementa:

DANO MORAL COLETIVO – POSSIBILIDADE – Uma vez configurado que a ré violou direito transindividual de ordem coletiva, infringindo normas de ordem pública que regem a saúde, segurança, higiene e meio ambiente do trabalho e do trabalhador, é devida a indenização por dano moral coletivo, pois tal atitude da ré abala o sentimento de dignidade, falta de apreço e consideração, tendo reflexos na coletividade e causando grandes prejuízos à sociedade. (TRT – 8ª R. – RO 5309/2002 – Relator Juiz Luis de José Jesus Ribeiro – j. em 17.12.2002).

Da mesma forma, a decisão abaixo:

AÇÃO CIVIL PÚBLICA – INDENIZAÇÃO POR DANO À COLETIVIDADE – Para que o Poder Judiciário se justifique, diante da necessidade social da justiça célere e eficaz, é imprescindível que os próprios juízes sejam capazes de "crescer", erguendo-se à altura dessas novas e prementes aspirações, que saibam, portanto, tornar-se eles mesmos protetores dos novos direitos "difusos", "coletivos" e "fragmentados", tão característicos e importantes da nossa civilização de massa, além dos tradicionais direitos individuais" (Mauro Cappelletti). Importa no dever de indenizar por dano causado à coletividade, o empregador que submete trabalhadores à condição degradante de escravo. (TRT – 8ª R. – Acórdão nº 00276-2002-114-08-005 – 1ª T/RO 861/2003 – Relator Juíza Maria Valquíria Norat Coelho, j. em 1º.4.2003)

O dano moral coletivo desponta como sendo a violação em dimensão transindividual dos direitos da personalidade. Se o particular sofre dor psíquica ou passa por situação vexatória, **a coletividade, vítima de dano moral, sofre de desapreço, descrença em relação ao poder público e à ordem jurídica.** Padece a coletividade de intranquilidade, de insegurança.

Assim, acompanhando visão mais socializante do direito, a doutrina e a jurisprudência já se demonstram sensíveis à questão do dano moral coletivo.

No que se refere ao resguardo aos direitos mínimos dos trabalhadores para que as irregularidades não se repitam e quanto à punição do empregador, a ser suportada por seu patrimônio, a provocação ao Estado-Juiz está sendo feita pelo Ministério Público do Trabalho.

O que espera a sociedade diante do desrespeito ao ser humano é que o Judiciário Trabalhista continue adotando postura técnico-jurídica de vanguarda no acolhimento dos pleitos formulados na presente ACP, e, acima de tudo, harmônica com os interesses da coletividade em ver cessar a prática do não fornecimento dos vestuários exigidos.

Dessa feita, impõe-se a reparação através de indenização por dano moral coletivo. E, portanto, através do exercício da Ação Civil Pública, pretende o Ministério Público do Trabalho a definição da responsabilidade por ato ilícito que causou danos morais a interesses difusos e/ou coletivos. A questão está assim definida pelo art. 1º da Lei nº 7.347/1985:

Art. 1º. Regem-se pelas disposições desta lei, sem prejuízo da ação popular, as ações de responsabilidade por danos morais e patrimoniais causados: (...)

IV – a qualquer outro interesse difuso ou coletivo.

Busca-se aqui, pois, a reparação do *dano moral coletivo* emergente da conduta ilícita da ré.

Destarte, os danos morais causados à coletividade devem ser reparados mediante a condenação ao pagamento de uma prestação pecuniária, cujo valor sirva, de um lado, para desestimular as violações ao ordenamento jurídico; de outro, contribuir para prover o Estado dos meios materiais necessários ao combate a essa espécie de violação da ordem jurídica; e, bem como, para propiciar a *reconstituição dos bens lesados*, conforme previsto no art. 13 da Lei nº 7.347/1985.

No caso de interesses difusos e coletivos na área trabalhista, esse fundo é o FAT – Fundo de Amparo ao Trabalhador – que, instituído pela Lei nº 7.998/1990, custeia o pagamento do seguro-desem-

346 | MPT – preparando-se para o concurso de Procurador do Trabalho

prego (art. 10) e o financiamento de políticas públicas que visem à redução dos níveis de desemprego, o que propicia, de forma adequada, a reparação dos danos sofridos pelos trabalhadores, aqui incluídos os desempregados que buscam uma colocação no mercado.

Diante desses parâmetros, cumpre estipular o valor da prestação pecuniária que a ré deve ser condenada a adimplir.

Esse valor, a juízo do Ministério Público do Trabalho, deve corresponder a **R$ 200.000,00 (duzentos mil reais)**. Trata-se de indenização simbólica se cotejada com a capacidade econômica da reclamada e bem como à extensão do dano causado, além do caráter punitivo e pedagógico inerente à indenização perseguida.

Com efeito, requer o Ministério Público do Trabalho a fixação de indenização pela lesão a direitos metaindividuais sociais e trabalhistas no patamar de R$ 200.000,00 (duzentos mil reais), em vistas à capacidade econômica da ré, à extensão do dano e à característica punitivo-pedagógica da indenização, ao fito de recompor a lesão emergente da violação aos preceitos constitucionais e infraconstitucionais sociais e trabalhistas, revertendo-se a importância às comunidades diretamente lesadas (Enunciado nº 12 da 1ª Jornada de Direito Material e Processual na Justiça do Trabalho) ou revertidos ao FAT (Fundo de Amparo ao Trabalhador) ou entidade indicada pelo Ministério Público do Trabalho.

5. DO PEDIDO DE CONCESSÃO DE LIMINAR

A tutela perseguida pela presente ação civil pública justifica-se na necessidade de o Judiciário Trabalhista exercer um papel preservacionista, e não apenas reparador. Com efeito, cumpre fixar que a liminar prevista no art. 12 da Lei nº 7.347/1985 não possui natureza cautelar, tratando-se de típica hipótese de antecipação de tutela e, portanto, devem estar presentes os requisitos exigidos no art. 273 do Código de Processo Civil.

No particular, estão presentes todos os requisitos que ensejam o deferimento de tutela antecipada. Os elementos do procedimento investigatório instruído pelo Ministério Público do Trabalho, em cotejo com os documentos ora apresentados, revelam que há **prova inequívoca** (art. 273, *caput*, do CPC) da contratação irregular.

Quanto ao requisito da **verossimilhança** (art. 273, *caput)*, esta decorre da existência de provas inequívocas já mencionadas e da notória fraude à lei consubstanciada pelas condutas ilícitas da ré da presente demanda, consoante pormenorizadamente exposto algures.

De outra parte, há **fundado receio de dano irreparável ou de difícil reparação** (CPC, art. 273, inciso I). Isto porque, o receio do perigo, em face da morosidade da prestação judicial alcançar a destempo o objetivo colimado pelo processo, qual seja, a paz social, seriamente ameaçada com a pejotização imposta pela empresa.

Assim, nos termos do art. 12 da Lei nº 7347/85, requer-se, inicialmente, a concessão de medida liminar *inaudita altera pars* a fim de que sejam impostas à ré, sob pena de **multa diária e por trabalhador no valor R$ 5.000,00 (cinco mil reais)**, reversível às comunidades diretamente lesadas (Enunciado nº 12 da 1ª Jornada de Direito Material e Processual na Justiça do Trabalho) ou revertidos ao FAT (Fundo de Amparo ao Trabalhador) ou entidade indicada pelo Ministério Público do Trabalho, as obrigações consistentes em:

a) abster de utilizar trabalhadores, contratados por intermédio de pessoa jurídica, em contratos de "gestão empresarial" ou de "parceria" ou em contrato qualificado de civil de qualquer natureza, quando presentes na prestação de serviços de tais trabalhadores os elementos da relação de emprego, previstos nos arts. 2º e 3º da CLT;

b) abster-se de terceirizar ou delegar a terceiros a execução de sua atividade-fim;

c) efetuar o registro na Carteira de Trabalho e Previdência Social do contrato de trabalho de todos os trabalhadores necessários para prestar os serviços de transporte e de apoio ao carregamento e descarregamento de veículos nos diversos clientes, efetuando, ainda, os respectivos registros em livros, fichas ou sistema eletrônico, nos termos dos arts. 29, 40 e 41 da CLT.

6. DO PEDIDO DEFINITIVO

Diante de todo o exposto, nos termos esposados na fundamentação supra, requer o Ministério Público do Trabalho:

a) aconfirmação, em definitivo, da decisão liminar;

b) oacolhimento integral dos pedidos formulados na presente ação civil pública, ou seja, a condenação da ré quanto ao postulado no item **5** do tópico anterior;

c) a condenação da ré no pagamento de **R$ 200.000,00 (duzentos mil reais)** a título de indenização por dano moral coletivo, corrigido monetariamente até o efetivo recolhimento em favor das comunidades diretamente lesadas (Enunciado nº 12 da 1ª Jornada de Direito Material e Processual na Justiça do Trabalho) ou revertidos ao FAT (Fundo de Amparo ao Trabalhador) ou entidade indicada pelo Ministério Público do Trabalho.

7. DOS REQUERIMENTOS FINAIS

Requer, ainda, o Ministério Público do Trabalho:

a) a condenação da ré ao pagamento das custas processuais;

b) a intimação pessoal dos atos e prazos processuais atinentes à espécie, segundo o art. 18, II, *h*, da Lei Complementar nº 75/1993;

c) a produção de todos os meios de prova em direito admitidos, especialmente prova testemunhal, pericial, depoimento pessoal, sob pena de confissão, e quaisquer outras provas que se façam necessárias no curso do processo.

Atribui-se à causa, para fins de alçada, o valor de R$ 200.000,00 (duzentos mil reais).

Termos nos quais,

pede e espera deferimento.

Manaus, 2 de fevereiro de 2012.

TIAGO MUNIZ CAVALCANTI
Procurador do Trabalho
PRT 11ª Região

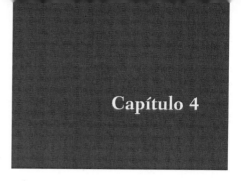

Capítulo 4

RELAÇÕES DE TRABALHO NA ADMINISTRAÇÃO PÚBLICA
Paulo Isan Coimbra da Silva Júnior

Sumário: 4.1. Introdução • 4.2. A Justiça do Trabalho e as relações de trabalho na Administração Pública • 4.3. Regimes jurídicos de trabalho na Administração Pública • 4.3.1. Regime Jurídico Único • 4.4. Concurso público: acesso aos cargos e empregos públicos • 4.4.1. Os estrangeiros • 4.4.2. Situação jurídica do candidato aprovado • 4.5. Trabalho temporário • 4.5.1. Administração indireta de direito privado • 4.5.1.1. Contratação direta • 4.5.1.2. Contratação de empresa de trabalho temporário • 4.5.2. Administração direta, autárquica e fundacional • 4.5.2.1. Requisitos de validade • 4.5.2.2. Exceção ao concurso público • 4.6. Cargos em comissão • 4.7. Provimento • 4.8. Estabilidade do servidor público celetista • 4.9. Estágio na Administração Pública • 4.10. Terceirização ilícita no âmbito da Administração Pública • 4.10.1. Parâmetros para reconhecimento de ilicitude da terceirização • 4.11. Responsabilidade patrimonial da Administração Pública: ADC nº 16 do STF • 4.12. Ministério Público do Trabalho • 4.12.1. Coordenadoria Nacional de Combate às Irregularidades Trabalhistas na Administração Pública • 4.12.2. Projetos Estratégicos • 4.13. Súmulas e Orientações Jurisprudenciais • 4.14. Questão resolvida e comentada • *Anexo 1* – NOTIFICAÇÃO RECOMENDATÓRIA – TERCEIRIZAÇÃO – ENTE PÚBLICO • *Anexo 2* – PARECER EM RECURSO ORDINÁRIO – RESPONSABILIDADE SUBSIDIÁRIA DO ENTE PÚBLICO • *Anexo 3* – TERMO DE AJUSTE DE CONDUTA – TERCEIRIZAÇÃO – ENTE PÚBLICO

4.1. INTRODUÇÃO

O Estado *lato sensu* é uma ficção, é uma convenção; o que existe são pessoas investidas de poder (em parcela maior ou menor) para agir em nome dessa entidade. Tais pessoas exercem atividade física e intelectual para animar o Estado, para movimentar a Administração Pública.

Fixada essa premissa é possível falar de trabalho na administração pública; entretanto, como se trata de um fenômeno plural, carregado de nuances decorrentes do tamanho da parcela de poder de que cada indivíduo isolado ou conjuntamente detém, parece mais adequado falar em relações de trabalho na administração pública.

Essas relações laborais são juridicamente reguladas e estão submetidas a regimes normativos diferenciados, a depender do grau de responsabilidade (nível político, administrativo-burocrático, atividade instrumental não burocrática), natureza jurídica do ente público tomador do serviço (regime de direito público ou privado) e tipo de vínculo (vínculo direto por meio de concurso, nomeação para cargo em comissão, contratação por empresa interposta). De qualquer forma é importante reiterar que as relações de trabalho no âmbito da administração pública estão submetidas ao império do direito.

Em que pese isso, ocorrem frequentes violações à ordem jurídico-trabalhista perpetradas pelas entidades componentes da Administração Pública brasileira. Dentre as violações mais graves estão: a admissão para cargos e empregos públicos sem a prévia e necessária realização de concurso público; a terceirização ilícita de atividades e serviços públicos; ausência de fiscalização pelo ente público do cumprimento das obrigações trabalhistas por suas prestadoras de serviços; meio ambiente laboral precário; desvirtuamento dos cargos comissionados e do regime de trabalho temporário.

Muitas são as questões; e o objetivo deste trabalho é justamente apresentar uma visão geral acerca dessas problemáticas.

4.2. A JUSTIÇA DO TRABALHO E AS RELAÇÕES DE TRABALHO NA ADMINISTRAÇÃO PÚBLICA

Tema fundamental no que concerne às irregularidades trabalhistas na administração é a definição de quais agentes públicos têm suas relações laborativas sujeitas à jurisdição da Justiça do Trabalho. Dois eventos são fundamentais para compreender o atual estado de coisas: a alteração da redação do art. 114 da Constituição Federal pela Emenda Constitucional nº 45/2004; e a decisão liminar proferida nos autos da Ação Direta de Inconstitucionalidade nº 3.395.

Tradicionalmente, entendia-se que estavam excluídos da jurisdição trabalhista os servidores públicos, restringindo-se a Justiça do Trabalho ao julgamento dos conflitos decorrentes da relação de emprego. Essa interpretação inicial fundamentava-se na incidência do art. 7º, "c" e "d", da CLT, que excetua de sua aplicação os "funcionários públicos" e os "servidores de autarquias paraestatais" com regime análogo ao dos funcionários públicos.

É correto afirmar que perdurou até recentemente o entendimento de que os conflitos envolvendo entes públicos e servidores submetidos ao regime estatutário estariam sujeitos à Justiça comum federal ou estadual; enquanto a resolução de conflitos laborais entre ente público e seus servidores sujeitos ao regime celetista seriam de competência da Justiça do Trabalho.

Essa cisão tornou-se mais clara com a imposição, pela Constituição Federal de 1988, de um regime jurídico único. De forma geral, as relações laborais dos servidores da administração direta e autárquica passaram a ser reguladas por estatutos, ou seja, ficaram submetidas ao regime jurídico-administrativo. Já as relações laborais das empresas públicas e sociedades de economia mista foram submetidas, de forma exclusiva, ao regime próprio da iniciativa privada, ou seja, os agentes públicos ficaram sob o regime de emprego público.

Ilustrativas desse contexto são as Súmulas nos 97 e 137 do Superior Tribunal de Justiça:

> *Súmula nº 97* • Compete à Justiça do Trabalho processar e julgar reclamação de servidor público relativamente a vantagens trabalhistas anteriores à instituição do regime jurídico único. (3.3.1994 – *DJ* de 10.3.1994)

> *Súmula nº 137* • Compete à Justiça Comum Estadual processar e julgar ação de servidor público municipal, pleiteando direitos relativos ao vínculo estatutário. (11.5.1995 – *DJ* de 22.5.1995)

Esse estado de coisas foi substancialmente alterado com a denominada "Reforma do Judiciário", promovida pela Emenda Constitucional nº 45/2004. Essa emenda modificou a redação do art. 114 da Constituição Federal de 1988, o qual trata da competência da Justiça do Trabalho, permitindo a interpretação de que as relações de trabalho como um todo, incluindo as relações de trabalho no interior da Administração Pública, estariam sujeitas à jurisdição especializada trabalhista.

Assim, de acordo com a interpretação dada ao dispositivo constitucional alterado, a Justiça do Trabalho seria competente para julgar os conflitos laborativos envolvendo os servidores ocupantes de cargo público (efetivo ou em comissão) ou os servidores temporários da Administração Pública direta autárquica e fundacional dos três níveis da federação. E, de fato, essa interpretação foi largamente assumida pela magistratura trabalhista e pelo Ministério Público do Trabalho, levando ao processamento de diversos conflitos envolvendo servidores com vínculo jurídico-administrativo e a administração pública.

Não obstante isso, o Supremo Tribunal Federal suspendeu liminarmente, no bojo da ADIn nº 3.395 ajuizada pela AJUFE, qualquer interpretação dada ao inciso I do art. 114 da Constituição Federal, com a redação dada pela Emenda Constitucional nº 45/2004, que atribua à Justiça do Trabalho competência para julgar causas entre o Poder público e seus servidores vinculados por típica relação de ordem estatutária ou de caráter jurídico-administrativo.

A liminar foi deferida com efeito *ex tunc* pelo Presidente da Corte à época, Ministro Nelson Jobim, e posteriormente referendada pelo Plenário. Registre-se que até a presente data a ADIn nº 3.395 não foi julgada em caráter definitivo.

Hoje tramitam no Congresso Nacional Propostas de Emenda à Constituição versando sobre a extensão da competência material da Justiça do Trabalho para julgar os dissídios envolvendo o Poder Público e seus servidores. Exemplo disto é a PEC nº 294/2008, que atribui à Justiça Especializada a competência para apreciar as causas decorrentes da contratação irregular pela administração pública.

Com a limitação da competência da Justiça do trabalho, houve redução de espaço no combate às irregularidades trabalhistas envolvendo o Poder Público no âmbito dessa Justiça Especializada (ainda que momentaneamente). Essa redução foi particularmente sentida, pois atingiu questões nas quais se avançou significativamente no cumprimento dos mandamentos constitucionais e legais relativos ao concurso para cargos públicos de provimento efetivo, ao provimento e à criação de cargos em comissão e ao regime de trabalho temporário.

Em que pese à aludida redução, é fato que o espaço de atuação do Ministério Público do Trabalho e a respectiva competência da Justiça Laboral para a análise de questões envolvendo servidores públicos ainda é considerável, mesmo ante a administração pública direta, autárquica e fundacional. Basta mencionar o meio ambiente de trabalho e os casos de terceirização. Além disso, a sujeição das empresas públicas e das sociedades de economia mista à Justiça do Trabalho permanece plena.

Em síntese, os trabalhadores vinculados ao Poder Público por vínculo estatutário ou de caráter jurídico-administrativo estão apenas parcialmente sujeitos à jurisdição trabalhista, como nos casos envolvendo meio ambiente de trabalho (Súmula nº 736 do STF); enquanto os trabalhadores vinculados por liame celetista dispõem de ampla possibilidade de tutela pela Justiça do Trabalho.

4.3. REGIMES JURÍDICOS DE TRABALHO NA ADMINISTRAÇÃO PÚBLICA

As instituições públicas são animadas por seres humanos, os quais são denominados de agentes públicos. Já se tornou clássica a classificação desses agentes em três grupos: agentes políticos; particulares em colaboração com o Estado (agentes honoríficos, agentes delegados e agentes credenciados); e agentes administrativos. Tal classificação tem por critérios básicos o grau de poder e responsabilidade.

Os agentes políticos são aqueles investidos das mais elevadas atribuições relativamente à condução das questões políticas, e da administração superior do Estado. Tais atribuições decorrem diretamente da Constituição. Em razão de suas elevadas atribuições, os agentes políticos submetem-se a regime jurídico diferenciado com acentuadas prerrogativas e vedações. Estão incluídos nessa categoria os membros do Poder executivo (chefe do Executivo: presidente e vice-presidente, governador e vice-governador, prefeito e vice-prefeito – e seus auxiliares diretos: ministros de Estado e secretários estaduais, distritais e municipais), do Judiciário (magistrados), do Legislativo (senadores, deputados federais, distritais e estaduais e vereadores), bem como os membros do Ministério Público.

Esses agentes estão sujeitos a um regime jurídico-político no qual a aferição do escorreito cumprimento das atribuições relativas aos cargos é realizada nas instâncias superiores do Estado, ficando sob a responsabilidade dessas mesmas instâncias a resolução dos conflitos decorrentes.

Os particulares em colaboração com o Estado exercem, eventualmente, funções públicas sem estar, política ou profissionalmente, vinculados ao Estado. Dividem-se em agentes honoríficos, credenciados e delegados.

Os agentes honoríficos são aqueles convocados, designados ou nomeados transitoriamente para o exercício de uma função pública momentânea. Exemplo clássico são os jurados e mesários das eleições.

Os agentes credenciados são aqueles que recebem a incumbência de representar a Administração Pública em determinado evento ou na prática de determinada atividade, mediante remuneração.

Já a categoria de agentes delegados, por sua vez, caracteriza-se pelos particulares (pessoas físicas ou jurídicas) que atuam em colaboração com a administração pública, que têm a responsabilidade pela execução de determinada atividade, obra ou serviço público e o realizam em nome próprio, por sua conta e risco, mas segundo as normas do Estado e sob a permanente fiscalização do delegante. Ao se referir a essa categoria de agentes públicos, Celso Antônio Bandeira de Mello (2012, p. 255) defende que: "[...] é composta por sujeitos que, sem perderem sua qualidade de particular – portanto, de pessoas alheias à intimidade do aparelho estatal (com exceção única dos recrutados para serviço militar) –, exercem função pública, ainda que às vezes apenas em caráter episódico".

Dentre esses particulares em colaboração com a Administração estão os concessionários e permissionários de serviços públicos, tradutores públicos, cartorários etc.

Via de regra, a relação entre os agentes delegados e o Poder Público é regulada por contrato administrativo nos moldes preconizados pela Lei nº 8.666/1993; observe-se, entretanto, que não há impeditivo para que os agentes delegados contratem empregados, se necessário, à consecução da função pública.

Por fim, há a categoria dos agentes administrativos. Essa categoria é constituída por aqueles que, submetidos à hierarquia, vinculam-se à administração de forma profissional e remunerada. Nas palavras de Celso Antônio Bandeira de Mello (2012, p. 254):

> São os que entretêm com o Estado e com as pessoas jurídicas de Direito Público da Administração indireta relação de trabalho de natureza profissional e caráter não eventual sob vínculo de dependência.

Na categoria dos agentes administrativos ou servidores públicos *lato sensu* estão:

- ✓ os servidores públicos em sentido estrito, assim compreendidos aqueles que, ocupantes de cargos efetivos ou comissionados, têm suas relações laborais com a administração regulamentadas por normas de direito público, denominadas estatutárias;

- ✓ os empregados públicos, assim entendidos aqueles que têm suas relações laborais com a Administração Pública reguladas por normas próprias da iniciativa privada, como a Consolidação das Leis do Trabalho e outros diplomas relacionados;

- ✓ os temporários, por sua vez, são aqueles recrutados transitoriamente, na forma do art. 37, IX, da Constituição Federal para atender necessidade temporária de excepcional interesse público.

Há incontestáveis diferenças entre os regimes jurídicos dos agentes administrativos ou servidores públicos *lato sensu;* todavia esses regimes apresentam pontos de convergência decorrentes do Estado Democrático de Direito e da gestão pública, os quais levam à aplicação de normas e princípios constitucionais às três modalidades de vínculo com a administração.

4.3.1. Regime Jurídico Único

A Constituição de 1988, com o claro objetivo de organizar a administração pública, determinou a fixação de regime jurídico único para os servidores da administração direta, autárquica e fundacional.

O art. 39, *caput*, do texto constitucional, em sua redação original, dispôs que: "A União, os Estados, o Distrito Federal e os Municípios instituirão, no âmbito de sua competência, regime jurídico único e planos de carreira para os servidores da administração pública direta, das autarquias e das fundações públicas".

No bojo do que se denominou reforma administrativa engendrou-se a existência de dois regimes funcionais dentro da administração direta. Helder Santos Amorim (2009, p. 67) relata que:

> [...] faria necessária, na concepção originária do plano de reforma, a existência de dois regimes jurídicos funcionais dentro do Estado: (1) um regime de Direito Público, destinado aos servidores estatutários, estáveis em seus cargos, inerentes às carreiras estratégicas, as denominadas *carreiras de Estado;* e (2) um regime de Direito Privado (CLT), destinado a empregados públicos não detentores de estabilidade, atribuídos de funções burocráticas intermediárias, não passíveis de terceirização, mas também não adequadas a um regime estatutário.

Levada a reforma adiante, por meio da Emenda Constitucional nº 19/1998, verificou-se a supressão da obrigatoriedade de regime jurídico único, passando o *caput* do art. 39 da Constituição a vigorar com a seguinte redação: "Art. 39. A União, os Estados, o Distrito Federal e os Municípios instituirão conselho de política de administração e remuneração de pessoal, integrado por servidores designados pelos respectivos Poderes"..

Ocorre que, fora ajuizada a Ação direta de inconstitucionalidade nº 2.135-MC, na qual se obteve a concessão liminar para suspender a eficácia do art. 39, *caput*, com a redação que lhe foi dada pela Emenda Constitucional nº 19/1998. Observe-se que o Acórdão foi publicado em 7.3.2008, mas até a presente data não há decisão final.

A decisão fundamenta-se em inconstitucionalidade formal, como se percebe da leitura do excerto a seguir:

> A matéria votada em destaque na Câmara dos Deputados no DVS 9 não foi aprovada em primeiro turno, pois obteve apenas 298 votos, e não os 308 necessários. Manteve-se, assim, o então vigente *caput* do art. 39, que tratava do regime jurídico único, incompatível com a figura do emprego público. O deslocamento do texto do § 2º do art. 39, nos termos do substitutivo aprovado, para o *caput* desse mesmo dispositivo, representou, assim, uma tentativa de superar a não aprovação do DVS 9 e evitar a permanência do regime jurídico único previsto na redação original suprimida, circunstância que permitiu a implementação do contrato de emprego público ainda que à revelia da regra constitucional que exige o quórum de 3/5 para aprovação de qualquer mudança constitucional. Pedido de medida cautelar deferido, dessa forma, quanto ao *caput* do art. 39 da CF, ressalvandose, em decorrência dos efeitos *ex nunc* da decisão, a subsistência, até o julgamento definitivo da ação, da validade dos atos anteriormente praticados com base em legislações eventualmente editadas durante a vigência do dispositivo ora suspenso. [...] Vícios formais e materiais dos demais dispositivos constitucionais impugnados, todos oriundos da EC 19/1998, aparentemente inexistentes ante a constatação de que as mudanças de redação promovidas no curso do processo legislativo não alteraram substancialmente o sentido das proposições ao final aprovadas e de que não há direito adquirido à manutenção de regime jurídico anterior. (ADIn nº 2.135MC – Relator p/ o acórdão Ministro Ellen Gracie – j. em 2.8.2007 – Plenário – *DJe* de 7.3.2008)

É digno de nota que a decisão liminar do Supremo Tribunal Federal foi concedida com efeito *ex nunc* e ressaltou a subsistência da legislação editada com base na emenda declarada suspensa. Essa decisão tem consequência direta sobre a Lei nº 9.962/2000, que disciplina o regime de emprego público do pessoal da administração federal direta, autárquica e fundacional. É possível encontrar, portanto, empregados públicos – admitidos com base na Lei nº 9.962/2000 – trabalhando ao lado de servidores estatutários na administração federal.

Dessa forma, a rigor, o regime jurídico único não é único no âmbito da União.

4.4. CONCURSO PÚBLICO: ACESSO AOS CARGOS E EMPREGOS PÚBLICOS

O recrutamento de pessoal pelo Poder Público de forma impessoal, pública e em condições igualitárias é fundamental para que um regime seja considerado republicano.

Na esteira desse pensamento a Constituição Federal de 1988 fixou como regra a prévia aprovação em concurso público de provas ou provas e títulos para investidura em cargo público de provimento efetivo ou em empregos públicos. Diga-se que o acesso aos cargos públicos mediante concurso público é princípio constitucional explícito desde a Constituição de 1934 (art. 168).

Com a redação que lhe foi dada pela EC nº 19/1998, o art. 37, II, da Lei Fundamental vigente estabelece que:

> Art. 37. [...]
>
> II – a investidura em cargo ou emprego público depende de aprovação prévia em concurso público de provas ou de provas e títulos, de acordo com a natureza e a complexidade do cargo ou emprego, na forma prevista em lei, ressalvadas as nomeações para cargo em comissão declarado em lei de livre nomeação e exoneração;

Nesse diapasão o Poder Público brasileiro está obrigado, em seus diferentes níveis e esferas, a realizar concurso público para o provimento de seus cargos efetivos ou empregos públicos.

Essa é a regra, reconhecida pacificamente pela jurisprudência do Supremo Tribunal Federal, como se pode concluir a partir do seguinte excerto:

> A acessibilidade aos cargos públicos a todos os brasileiros, nos termos da lei e mediante concurso público é princípio constitucional explícito, desde 1934, art. 168. [...] Pela vigente ordem constitucional, em regra, o acesso aos empregos públicos opera-se mediante concurso público, que pode não ser de igual conteúdo, mas há de ser público. As autarquias, empresas públicas ou sociedades de economia mista estão sujeitas à regra, que envolve a administração direta, indireta ou fundacional, de qualquer dos poderes da União, dos Estados, do Distrito Federal e dos Municípios. Sociedade de economia mista destinada a explorar atividade econômica está igualmente sujeita a esse princípio, que não colide com o expresso no art. 173, § 1º. Exceções ao princípio, se existem, estão na própria Constituição. (MS 21.322 – Relator Ministro Paulo Brossard – j. em 3.12.1992 – Plenário – *DJ* de 23.4.1993)

Há importantes cargos que não estão sujeitos à regra do concurso público para seu provimento. Cite-se aqui o cargo de Presidente da República e de parlamentar, os quais se dão por eleição. Há também os cargos em comissão, os quais, quando assim definidos em lei, são providos sem necessidade de concurso, cuja análise será aprofundada adiante.

O concurso público é um instrumento de seleção de pessoas para ingresso no serviço público. Para que sirva efetivamente aos desideratos republicanos, este instrumento reveste-se de caraterísticas próprias.

Primeiramente, o concurso público é etapa prévia à investidura no cargo público de provimento efetivo, sendo inadmissível sua realização *a posteriori* com caráter ratificatório. No Julgamento da ADIn nº 1.203, o Supremo Tribunal Federal confirmou a anterioridade do concurso, rejeitando duramente postura diversa. No acórdão lê-se que:

> O sistema de direito constitucional positivo vigente no Brasil revela-se incompatível com quaisquer prescrições normativas que, estabelecendo a inversão da fórmula proclamada pelo art. 37, II, da Carta Federal, consagrem a esdrúxula figura do concurso público *a posteriori*. (ADIn 1.203-MC – Relator Ministro Celso de Mello – j. em 16.2.1995 – Plenário – *DJ* de 19.2.1995)

O concurso é marcado também pela ampla publicidade. A abertura de oportunidade de ingresso na administração pública deve ser divulgada de forma a atingir o maior número possível de pessoas.

O ato que torna público o início do processo é a publicação do edital de abertura em diários oficiais ou veículos congêneres, por meio físico e eletrônico. É fato que, por vezes, a publicação do edital em diário oficial pode mostrar-se insuficiente, recomendando-se a afixação de cópia do ato em locais públicos e a divulgação nos meios de comunicação de massa; todavia, com o crescente interesse nas carreiras públicas, os avanços dos meios de comunicação e a profissionalização dos cursos preparatórios para concursos, é cada vez mais improvável a ocorrência de concursos públicos com inobservância do princípio da publicidade.

Observe-se que a publicidade perpassa por todas as fases do concurso. Fixação e alterações de datas de provas e modificação de banca examinadora, por exemplo, devem ser comunicadas de forma ampla. Alguns atos, no entanto, terão seu nível de publicidade reduzida para a preservação da intimidade. Esse é o caso das perícias realizadas com os concorrentes às vagas reservadas às pessoas com deficiência.

> CONSTITUCIONAL – ADMINISTRATIVO – CONCURSO PÚBLICO – PROVA FÍSICA – ALTERAÇÃO NO EDITAL – PRINCÍPIOS DA RAZOABILIDADE E DA PUBLICIDADE. Alterações no edital do concurso para agente penitenciário, na parte que disciplinou o exercício abdominal, para sanar erro material, mediante uma *errata* publicada dias antes da realização da prova física no Diário Oficial do Estado. Desnecessária a sua veiculação em jornais de grande circulação. A divulgação no Diário Oficial é suficiente *per se* para dar publicidade a um ato administrativo. A administração pode, a qualquer tempo, corrigir seus atos e, no presente caso, garantiu aos candidatos prazo razoável para o conhecimento prévio do exercício a ser realizado. (RE 390.939 – Relator Ministro Ellen Gracie – j. em 16.8.2005 – Segunda Turma – *DJ* de 9.9.2005)

Outra característica do concurso público a ser ressaltada é o tratamento igualitário. Nessa seleção pública não se admite a diferenciação injustificada entre os concorrentes/candidatos.

O próprio texto constitucional, nos §§ 2º e 3º do art. 12, veda tratamento diferenciado entre brasileiros natos e naturalizados quanto ao acesso a cargo público, salientando como exceções (portanto, insuscetíveis de ampliação) os cargos ali elencados, dentre os quais o de presidente e vice-presidente da República.

A jurisprudência constitucional brasileira registra, como critério violador do princípio da igualdade, a utilização de exercício de função pública como título em concurso público (ADIn nº 3.443 – Relator Ministro Carlos Velloso, j. em 8.9.2005 – Plenário – *DJ* de 23.9.2005). De outra parte, a jurisprudência entende que não violam o princípio da isonomia a limitação de idade, a fixação de altura mínima e a realização de exames físicos e psicotécnicos, quando relacionados à natureza e às atribuições inerentes ao cargo público a ser provido.

Em aparente atrito com a igualdade, há a reserva de vagas para as pessoas com deficiência determinada pelo art. 37, VIII, da Constituição Federal. Tal medida alinha-se ao que se generalizou denominar "ação afirmativa", modalidade de política pública voltada a promover a igualdade em sua dimensão material. Em estudo específico sobre o tema, Silva Junior (2010) expõe que:

> O ordenamento jurídico brasileiro prevê ações afirmativas sensíveis às condições peculiares de pessoas socialmente identificadas com deficiência física, sensorial ou mental [...]. No que tange ao acesso das pessoas com deficiência aos cargos e empregos públicos, o inciso VIII do art. 37 da Constituição Federal dispõe que "a lei reservará percentual dos cargos e empregos públicos para pessoas portadoras de deficiência e definirá os critérios de sua admissão". No âmbito da administração federal, a Lei nº 8.112/1990 fixou o percentual entre 5% a 20%. Destaque-se que, nesta hipótese, deve-se observar a obrigatoriedade de aprovação prévia em concurso público como requisito indispensável à assunção lícita de cargo ou emprego público (art. 37, II, da Constituição Federal); o que se pretende com a medida exposta aqui é facilitar o acesso das pessoas com deficiência aos cargos e empregos públicos, mas isto não significa a dispensa do concurso público.

Na esteira desse pensamento, em que pese à busca pela igualdade material, a reserva de vagas não afasta o princípio do concurso público. No mesmo sentido, decisão proferida no julgamento pelo Supremo Tribunal Federal do Agravo regimental no Mandado de Injunção nº 153 (MI 153-AgR – Relator Ministro Paulo Brossard – j. em 14.3.1990 – Plenário – *DJ* de 30.3.1990).

O concurso público é regido evidentemente pelo princípio da legalidade em sua formulação básica (art. 5º, II, da Constituição de 1988: "ninguém será obrigado a fazer ou deixar de fazer alguma coisa senão em virtude de lei"); o que significa que a administração pública não poderá veicular em seus editais obrigações não previstas em lei.

Aliás, é da observância do princípio da legalidade que o edital de concurso extrai o poder de obrigar candidatos e administração pública (RE 480.129 – Relator Ministro Marco Aurélio – j. em 30.6.2009 – Primeira Turma – *DJe* de 23.10.2009; e Vide: RE 290.346 – Relator Ministro Ilmar Galvão – j. em 29.5.2001 – Primeira Turma – *DJ* de 29.6.2001).

Na jurisprudência, é possível encontrar diversas discussões acerca de critérios previstos em editais de concurso público, como exemplificam as ementas dos julgamentos nos quais se debateu a legalidade da fixação de altura mínima e limites de idade.

> Constitucional – Administrativo – Concurso público – Policial militar – Altura mínima – Previsão legal – Inexistência – Somente lei formal pode impor condições para o preenchimento de cargos, empregos ou funções públicas – Precedentes. (AI 723.748-AgR – Relator Ministro Eros Grau – j. em 30.9.2008 – Segunda Turma – *DJe* de 7.11.2008)

> Pode a lei, desde que o faça de modo razoável, estabelecer limites mínimo e máximo de idade para ingresso em funções, emprego e cargos públicos. Interpretação harmônica dos arts. 7º, XXX, 37, I, 39, § 2º. O limite de idade, no caso, para inscrição em concurso público e ingresso na carreira do Ministério Público do Estado de Mato Grosso – vinte e cinco anos e quarenta e cinco anos – é razoável, portanto não ofensivo à Constituição, art. 7º, XXX, *ex vi* do art. 39, § 2º. Precedentes do STF: RMS 21.033/DF, *RTJ* 135/958; RMS 21.046; RE 156.404/BA; RE 157.863/DF; RE 136.237/AC; RE 146.934/PR. A exigência de experiência profissional prevista apenas em edital importa em ofensa constitucional. (RE 558.833-AgR – Relator Ministro Ellen Gracie – j. em 8.9.2009 – Segunda Turma – *DJe* de 25.9.2009)

Ponto sensível no que concerne à legalidade em concurso público diz respeito à exigência de exame psicotécnico. Embora a questão já esteja sumulada pelo Supremo Tribunal Federal (Súmula nº 686: "Só por lei se pode sujeitar a exame psicotécnico a habilitação de candidato a cargo público"), aspectos como objetividade e publicidade do exame são frequentemente discutidos em juízo. Em consonância com o que foi dito anteriormente a se tratar da publicidade, a avaliação psicotécnica deve ser publicizada de forma restrita, mas publicizada. O candidato deve ter acesso à avaliação. Ao lado disso, essa avaliação necessariamente deve se valer de critérios objetivos com respaldo científico (RE 417.019-AgR – Relator Ministro Sepúlveda Pertence – j. em 14.8.2007 – Primeira Turma – *DJ* de 14.9.2007; AI 517.278-AgR – Relator Ministro Marco Aurélio – j. em 19.10.2010 – Primeira Turma – *DJe* de 29.11.2010; AI 595.541-AgR – Relator Ministro Joaquim Barbosa – j. em 16.6.2009 – Segunda Turma – *DJe* de 7.8.2009; AI 711.570-AgR – Relator Ministro Cármen Lúcia – j. em 3.2.2009 – Primeira Turma – *DJe* de 13.3.2009; AI 634.306-AgR – Relator Ministro Gilmar Mendes – j. em 26.2.2008 – Segunda Turma – *DJe* de 18.4-2008; AI 625.617-AgR – Relator Ministro Celso de Mello – j. em 19.6.2007 – Segunda Turma – *DJ* de 3.8.2007).

Outro ponto sensível relacionado ao concurso público é o questionamento dos critérios de correção das provas e a formulação das questões. A jurisprudência entende – via de regra – pela impossibilidade de interferência judicial no que concerne à formulação das questões e à avaliação das respostas. Isso se justifica em razão do princípio da separação dos poderes. Nessa situação, o magistrado não está autorizado a substituir a avaliação do membro da banca pela sua, sob pena de invadir o mérito da atividade administrativa específica e tornar-se membro casuístico da banca, na prática; entretanto, por razão de legalidade, é possível fazer confronto das questões formuladas e do conteúdo programático previsto no edital. Repita-se: o edital obriga o candidato e a administração. Na medida em que houve a estipulação do conteúdo no edital, os examinados não podem extrapolá-lo (RE 434.708 – Relator Ministro Sepúlveda Pertence – j. em 21.6.2005 – Primeira Turma – *DJ* de 9.9.2005; AO 1.395-ED – Relator Ministro Dias Toffoli – j. em 24.6.2010 – Plenário – *DJe* de 22.10.2010; RE 440.335 AgR – Relator Ministro Eros Grau – j. em 17.6.2008 – Segunda Turma – *DJe* de 1º.8.2008).

O concurso público pauta-se também na razoabilidade. Além de guardar pertinência com as atribuições e demais especificidades do cargo, os elementos considerados na seleção devem se mostrar razoáveis.

É possível coletar exemplo de violação à razoabilidade na aferição de pontuação conferida a determinados títulos. No confronto entre titulação "tempo de serviço" e titulação "pós--graduação", o Supremo Tribunal Federal entendeu que:

> Discrepa da razoabilidade norteadora dos atos da administração pública o fato de o edital de concurso emprestar ao tempo de serviço público pontuação superior a títulos referentes a pós--graduação. (RE 205.535 AgR – Relator Ministro Marco Aurélio – j. em 22.5.1998 – Segunda Turma – *DJ* de 14.8.1998)

Vislumbrou-se concretamente violação ao princípio da razoabilidade a eleição, como critério de desempate, de tempo anterior na titularidade do serviço para o qual se realiza o concurso público (ADIn 3.522 – Relator Ministro Marco Aurélio – j. em 24.11.2005; ADIn 4.178-REF-MC – Relator Ministro Cezar Peluso – j. em 4.2.2010 – Plenário – *DJe* de 7.5.2010).

4.4.1. Os estrangeiros

A Constituição Federal possibilita o acesso de estrangeiros à administração pública brasileira. O art. 37, I, parte final, da Constituição estabelece que os cargos, empregos e funções públicas são acessíveis aos estrangeiros nos termos da lei; entretanto alguns pontos devem ser discutidos.

Primeiramente, em relação aos naturalizados. Uma vez adquirida a nacionalidade brasileira nos termos do art. 12, II, "a" e "b", da Constituição e da Lei nº 818/1949, não há que se falar em estrangeiro; sendo vedada qualquer forma de discriminação entre brasileiros natos e naturalizados (art. 12, § 2º), ressalvadas aquelas distinções fixadas pelo próprio texto constitucional, mais especificamente no art. 12, § 3º, que dispõe:

> § 3º. São privativos de brasileiro nato os cargos:
>
> I – de Presidente e Vice-Presidente da República;
>
> II – de Presidente da Câmara dos Deputados;
>
> III – de Presidente do Senado Federal;
>
> IV – de Ministro do Supremo Tribunal Federal;

V – da carreira diplomática;

VI – de oficial das Forças Armadas.

Observe-se que dos cargos listados, apenas são acessíveis por meio de concurso público os cargos da carreira diplomática e os cargos de oficial das forças armadas. Os demais são providos por eleição (I a III) e por investidura complexa (IV).

No que concerne aos estrangeiros propriamente ditos, o acesso aos cargos, empregos e funções públicas está condicionado à edição de lei pelos entes da federação. Assim, a norma constante do art. 37, I, da Constituição não é autoaplicável, necessitando de regulamentação por lei. Nesse sentido já se posicionou o Supremo Tribunal Federal reiteradas vezes. Exemplo disso é a decisão cuja ementa está transcrita a seguir:

> ESTRANGEIRO – ACESSO AO SERVIÇO PÚBLICO – ART. 37, I, DA CF/1988. O Supremo Tribunal Federal fixou entendimento no sentido de que o art. 37, I, da Constituição do Brasil [redação após a EC nº 19/1998], consubstancia, relativamente ao acesso aos cargos públicos por estrangeiros, preceito constitucional dotado de eficácia limitada, dependendo de regulamentação para produzir efeitos, sendo assim, não autoaplicável. (RE 544.655-AgR – Relator Ministro Eros Grau – j. em 9.9.2008 – Segunda Turma – *DJe* de 10.10.2008)

A situação dos Portugueses pode ser diferente, em tese ante a quase nacionalidade que a Constituição brasileira conferiu no art. 12, § 1º, da Constituição. Como a própria jurisprudência do Supremo Tribunal Federal definiu, a atribuição ao cidadão português dos direitos inerentes ao brasileiro não é imediata.

No julgamento do pedido de extradição nº 890 ficou assentado que:

> A norma inscrita no art. 12, § 1º, da CR – que contempla, em seu texto, hipótese excepcional de quase nacionalidade – não opera de modo imediato, seja quanto ao seu conteúdo eficacial, seja no que se refere a todas as consequências jurídicas que dela derivam, pois, para incidir, além de supor o pronunciamento aquiescente do Estado brasileiro, fundado em sua própria soberania, depende, ainda, de requerimento do súdito português interessado, a quem se impõe, para tal efeito, a obrigação de preencher os requisitos estipulados pela Convenção sobre Igualdade de Direitos e Deveres entre brasileiros e portugueses. (Ext 890 – Relator Ministro Celso de Mello – j. em 5.8.2004 – Primeira Turma – *DJ* de 28.10.2004)

Observe-se que a Convenção sobre Igualdade de Direitos e Deveres entre Brasileiros e Portugueses vigorou até 2001, quando foi substituído pelo Tratado de Amizade, Cooperação e Consulta entre a República Federativa do Brasil e a República Portuguesa. Esse tratado foi incorporado ao ordenamento jurídico brasileiro com sua promulgação pelo Decreto nº 3.927/2001. Em que pese a sucessão de instrumentos internacionais, o gozo dos direitos próprios da cidadania depende do preenchimento dos requisitos especificados no tratado, principalmente no art. 15, que assim estabelece:

> Art. 15. O estatuto de igualdade será atribuído mediante decisão do Ministério da Justiça, no Brasil, e do Ministério da Administração Interna, em Portugal, aos brasileiros e portugueses que o requeiram, desde que civilmente capazes e com residência habitual no país em que ele é requerido.

Uma vez preenchidos os requisitos pelo cidadão português, ele assume o *status* jurídico de brasileiro naturalizado, podendo ocupar os diversos cargos, empregos ou funções na estrutura do Estado brasileiro, excetuando-se os cargos elencados no art. 12, § 3º, da Constituição brasileira.

360 | MPT – preparando-se para o concurso de Procurador do Trabalho

Destaque-se, ainda, que a integração regional vivenciada na América do Sul produziu instrumentos normativos significativos voltados às relações de trabalho. São exemplos: o Protocolo de Cooperação e Assistência Jurisdicional em Matéria Civil, Comercial, Trabalhista e Administrativa, promulgado no Brasil pelo Decreto nº 2.067/1996; e a Declaração Sociolaboral do Mercosul. Em que pese este fato, o acesso aos cargos, empregos e funções públicas brasileiros não está – ao menos momentaneamente – aberto aos cidadãos dos demais estados-membros ou associados ao bloco.

4.4.2. Situação jurídica do candidato aprovado

A jurisprudência brasileira por anos entendeu que o candidato aprovado tinha mera expectativa de direito à nomeação no período de vigência do concurso, configurando-se direito subjetivo somente em situações de preterição. Aliás, a súmula nº 15 do Supremo Tribunal Federal estatui que: "Dentro do prazo de validade do concurso, o candidato aprovado tem o direito à nomeação, quando o cargo for preenchido sem observância da classificação".

Essa posição foi reformulada e passou-se a reconhecer o direito subjetivo à nomeação do candidato aprovado em concurso dentro do número de vagas indicadas no edital.

É evidente que, durante o prazo de validade do concurso público, fato superveniente pode justificar a recusa à nomeação de cargos vagos.

Ilustrativa dessa evolução jurisprudencial é a decisão transcrita a seguir:

> Os candidatos aprovados em concurso público têm direito subjetivo à nomeação para a posse que vier a ser dada nos cargos vagos existentes ou nos que vierem a vagar no prazo de validade do concurso. A recusa da administração pública em prover cargos vagos quando existentes candidatos aprovados em concurso público deve ser motivada, e esta motivação é suscetível de apreciação pelo Poder Judiciário. (RE 227.480 – Relator p/ o ac. Ministro Cármen Lúcia – j. em 16.9.2008 – Primeira Turma – *DJe* de 21.8.2009)

Diante da jurisprudência agora pacificada nos tribunais superiores, generalizou-se a utilização nos editais exclusivamente de "cadastros de reserva", ou seja, os editais não mais fixam o número de vagas; o que imunizaria a administração de decisões judiciais determinando a nomeação.

Há casos, no entanto, em que se reconhece o direito à nomeação mesmo na hipótese de cadastro de reserva. Relatam-se aqui exemplos coletados da jurisprudência do Superior Tribunal de Justiça:

a) em decisão relatada pelo Ministro Teori Zavascki, a Primeira Turma decidiu que candidato aprovado em primeiro lugar no concurso tem direito à nomeação, mesmo com o edital não prevendo número certo de vagas (AgRg no RMS 33.426/RS – Relator Ministro Teori Albino Zavascki – Primeira Turma – j. em 23.8.2011 – *DJe* de 30.8.2011);

b) em decisão da Segunda Turma, com acórdão redigido pelo Ministro Mauro Campbell, a Corte entendeu que a criação de vaga gera direito subjetivo à nomeação de candidato aprovado em cadastro de reserva (RMS 36.553/MA – Relator Ministro Mauro Campbell Marques – Segunda Turma – j. em 2.8.2012 – *DJe* de 9.8.2012).

4.5. TRABALHO TEMPORÁRIO

Ao se discutir a utilização de trabalho temporário pelo Poder Público deve-se perquirir de antemão sua natureza jurídica. Isso porque, se for entidade de direito público, submete-se ao art. 37, IX, da Constituição; se, todavia, for entidade de direito privado, submete-se ao regime próprio da iniciativa privada (art. 173, § 1ª, II, da Constituição).

4.5.1. Administração indireta de direito privado

Por mandamento constitucional, as empresas públicas e as sociedades de economia mista submetem-se ao mesmo regime obrigacional trabalhista das entidades propriamente privadas, evidentemente com as derrogações ínsitas à sua condição de componente da administração pública. Em razão disso, a contratação de trabalho temporário dar-se-á com observância da Consolidação das Leis do Trabalho e da Lei nº 6.019/1974, podendo-se vislumbrar a contratação direta pela empresa governamental ou por meio de empresa de trabalho temporário.

4.5.1.1. Contratação direta

A CLT admite como hipóteses válidas de contratação por prazo determinado:

a) serviços cuja natureza ou transitoriedade justifique a predeterminação do prazo (art. 443, § 2º, "a");

b) atividades empresariais de caráter transitório;

c) contrato de experiência.

Assim como qualquer entidade de direito privado, as empresas governamentais estão autorizadas a contratar pessoal direta e temporariamente nas estritas situações ora expostas. A contratação, apesar de direta e temporária, não é imediata. Enquanto componentes da administração pública indireta, as empresas públicas e sociedades de economia mista submetem-se à regra do concurso público. Isso significa que mesmo para a contratação temporária é imprescindível a prévia aprovação em concurso público.

4.5.1.2. Contratação de empresa de trabalho temporário

Além da possibilidade de contratação direta, as empresas governamentais têm a possibilidade de contratar empresa de trabalho temporário nos moldes preconizados na Lei nº 6.019/1974, desde que observados os requisitos formais e as hipóteses de cabimento:

a) necessidade transitória de substituição de pessoal regular e permanente da empresa tomadora;

b) necessidade resultante de acréscimo extraordinário de serviços da empresa tomadora.

Como salienta Delgado (2010, p. 434), essas duas hipóteses não se diferenciam substancialmente das hipóteses celetistas, de modo que as mesmas necessidades empresariais previstas na Lei nº 6.019/1974 podem ser atendidas por empregador submetido a contrato por tempo determinado (art. 443 da CLT).

A nota de diferenciação entre o regime da CLT e o da Lei nº 6.019/1974 é que neste último há a presença de pessoal interposta (empresa prestadora ou de trabalho temporário). Assim, têm-se três sujeitos na relação de trabalho temporário: o trabalhador, o tomador e a prestadora. Rigorosamente é uma situação de terceirização. O tomador contrata a empresa prestadora de "serviço temporário".

As empresas públicas e as sociedades de economia submetem-se ao regime de licitação conforme o art. 37, XXI, da Constituição e a Lei nº 8.666/1993. Dessa maneira, para ser considerada válida a contratação de empresa para prestação de trabalho temporário, deve-se observar as normas relativas à licitação, além dos requisitos estabelecidos na Lei nº 6.019/1974.

4.5.2. Administração direta, autárquica e fundacional

As pessoas jurídicas de direito público estão constitucionalmente autorizadas a admitir pessoal temporariamente. O art. 37, IX, da Constituição, dispõe que: "a lei estabelecerá os casos de contratação por tempo determinado para atender a necessidade temporária de excepcional interesse público".

4.5.2.1. Requisitos de validade

A lei de que trata a Constituição não é a CLT ou a Lei nº 6.019/1974. Cada Ente federativo editará seu próprio instrumento normativo, observando os requisitos constitucionais de válida contratação:

a) O estabelecimento dos casos de contratação em lei *stricto sensu*: no plano federal o art. 37, IX, da Constituição é regulamentado pela Lei nº 8.745/1993, a qual explícita como casos de contratação temporária em sua redação atual: I – assistência a situações de calamidade pública; II – assistência a emergências em saúde pública; III – realização de recenseamentos e outras pesquisas de natureza estatística efetuadas pelo Instituto Brasileiro de Geografia e Estatística – IBGE; IV – admissão de professor substituto e professor visitante; V – admissão de professor e pesquisador visitante estrangeiro; dentre outras.

b) A predeterminação da duração do contrato: no intuito de evitar desvirtuamento com perpetuação do contratado, é indispensável a definição de prazo máximo de duração do contrato, bem como a limitação de eventuais prorrogações.

Exemplificativamente, o art. 4º, II, e parágrafo único, I, da Lei nº 8.745/1993 estabelece que o contrato durará 1 (um) ano, admitindo-se prorrogação desde que o período máximo (soma do tempo do contrato e da prorrogação) não supere 2 (dois) anos.

c) Atendimento de necessidade temporária e de excepcional interesse público: deve-se analisar se a contratação visa a atender uma necessidade realmente excepcional e temporária, pois, caso contrário, estará descaracterizada a contratação temporária.

Nesse sentido, o seguinte julgado:

> Servidor público – Contratação temporária excepcional (CF, art. 37, IX) – Inconstitucionalidade de sua aplicação para a admissão de servidores para funções burocráticas ordinárias e permanentes. (ADIn nº 2.987 – Relator Ministro Sepúlveda Pertence – j. em 19.2.2004 – Plenário – *DJ* de 2.4.2004)

4.5.2.2. Exceção ao concurso público

Quando preenchidos os requisitos de validade ora expostos, a hipótese de contratação temporária prevista no art. 37, IX, da Constituição é uma exceção à regra do concurso público, inclusive reconhecida pela jurisprudência do Supremo Tribunal Federal, conforme julgado a seguir:

> A regra é a admissão de servidor público mediante concurso público: CF, art. 37, II. As duas exceções à regra são para os cargos em comissão referidos no inciso II do art. 37 e a contratação de pessoal por tempo determinado para atender a necessidade temporária de excepcional interesse público. CF, art. 37, IX. Nessa hipótese, deverão ser atendidas as seguintes condições: a) previsão em lei dos cargos; b) tempo determinado; c) necessidade temporária de interesse público; d) interesse público excepcional. (ADIn nº 2.229 – Relator Ministro Carlos Velloso – j. em 9.6.2004 – Plenário – *DJ* de 25.6.2004)

Uma vez ausentes os requisitos, restará desvirtuado o regime, importando em violação ao art. 37, II, da Carta da República. Nesse contexto, por força do art. 37, § 2º, o vínculo é reputado nulo; o trabalhador faz jus apenas ao saldo de salário e ao Fundo de Garantia por Tempo de Serviço do período; e o gestor responsável fica sujeito à responsabilização por improbidade administrativa.

> Após a Constituição do Brasil de 1988, é nula a contratação para a investidura em cargo ou emprego público sem prévia aprovação em concurso público. Tal contratação não gera efeitos trabalhistas, salvo o pagamento do saldo de salários dos dias efetivamente trabalhados, sob pena de enriquecimento sem causa do Poder Público. Precedentes. A regra constitucional que submete as empresas públicas e sociedades de economia mista ao regime jurídico próprio das empresas privadas [...] não elide a aplicação, a esses entes, do preceituado no art. 37, II, da CF/1988, que se refere à investidura em cargo ou emprego público. (AI 680.939-AgR – Relator Ministro Eros Grau – j. em 27.11.2007 – Segunda Turma – *DJe* de 1º.2.2008)

No mesmo sentido: AI 612.687-AgR – Relator Ministro Dias Toffoli – j. em 9.11.2010 – Primeira Turma – *DJe* de 9.3.2011; AI 751.870-AgR – Relator Ministro Cármen Lúcia – j. em 25.8.2009 – Primeira Turma – *DJe* de 29.10.2009; AI 668.430-AgR – Relator Ministro Ricardo Lewandowski – j. em 25.8.2009 – Primeira Turma – *DJe* de 25.9.2009; AI 743.712-AgR – Relator Ministro Celso de Mello – j. em 2.6.2009 – Segunda Turma – *DJe* de 1º.7.2009.

4.6. CARGOS EM COMISSÃO

Outra exceção ao concurso público são os cargos em comissão ou comissionados. O art. 37, II, da Constituição, com a redação conferida pela Emenda nº 19/1998, dispõe que:

> II – a investidura em cargo ou emprego público depende de aprovação prévia em concurso público de provas ou de provas e títulos, de acordo com a natureza e a complexidade do cargo ou

emprego, na forma prevista em lei, ressalvadas as nomeações para cargo em comissão declarado em lei de livre nomeação e exoneração;

Primeiro ponto a ser destacado é que o legislador não tem plena liberdade para definir todo e qualquer cargo como comissionado. O inciso V do mesmo art. 37 é claro ao determinar que essa espécie de cargo destina-se às atribuições de direção, chefia e assessoramento superior.

Desse destaque, duas inferências são razoáveis:

a) inadmissível entidade pública constituída exclusivamente ou majoritariamente por ocupantes de cargos comissionados. Ilustrativo o seguinte julgado do Supremo Tribunal Federal:

> Cabe ao Poder Judiciário verificar a regularidade dos atos normativos e de administração do poder público em relação às causas, aos motivos e à finalidade que os ensejam. Pelo princípio da proporcionalidade, há que ser guardada correlação entre o número de cargos efetivos e em comissão, de maneira que exista estrutura para atuação do Poder Legislativo local. (RE 365.368-AgR – Relator Ministro Ricardo Lewandowski – j. em 22.5.2007 – Primeira Turma – *DJ* de 29.6.2007)

b) inadmissível a existência de cargo em comissão destituído das atribuições de direção, chefia e assessoramento superior. Aqui outro julgado do Supremo Tribunal Federal:

> Ofende o disposto no art. 37, II, da CF norma que cria cargos em comissão cujas atribuições não se harmonizam com o princípio da livre nomeação e exoneração, que informa a investidura em comissão. Necessidade de demonstração efetiva, pelo legislador estadual, da adequação da norma aos fins pretendidos, de modo a justificar a exceção à regra do concurso público para a investidura em cargo público. Precedentes. Ação julgada procedente. (ADIn nº 3.233 – Relator Ministro Joaquim Barbosa – j. em 10.5.2007 – Plenário – *DJ* de 14.9.2007)

> LEI ESTADUAL QUE CRIA CARGOS EM COMISSÃO – VIOLAÇÃO AO ART. 37, II E V, DA CONSTITUIÇÃO. Os cargos em comissão criados pela Lei nº 1.939/1998, do Estado de Mato Grosso do Sul, possuem atribuições meramente técnicas e que, portanto, não possuem o caráter de assessoramento, chefia ou direção exigido para tais cargos, nos termos do art. 37, V, da CF. Ação julgada procedente. (ADIn nº 3.706 – Relator Ministro Gilmar Mendes – j. em 15.10.2007 – Plenário – *DJ* de 5.10.2007)

Outro ponto a ser destacado é a liberdade quanto ao provimento. Embora no texto constitucional esteja consignada a expressão "livre nomeação", há parâmetros constitucionais que restringem as possibilidades do gestor.

O estrangeiro, por exemplo, está impedido de ingressar no serviço público enquanto não editada lei regulamentando a matéria.

A moralidade administrativa é parâmetro de severa limitação de acesso aos cargos comissionados.

No que concerne ao nepotismo, a Súmula Vinculante nº 13 do Supremo Tribunal Federal estatui que:

> A nomeação de cônjuge, companheiro, ou parente, em linha reta, colateral ou por afinidade, até o 3º grau, inclusive, da autoridade nomeante ou de servidor da mesma pessoa jurídica, investido em cargo de direção, chefia ou assessoramento, para o exercício de cargo em comissão ou de confiança, ou, ainda, de função gratificada na administração pública direta e indireta, em qualquer dos Poderes da União, dos Estados, do Distrito Federal e dos Municípios, compreendido o ajuste mediante designações recíprocas, viola a Constituição Federal.

RELAÇÕES DE TRABALHO NA ADMINISTRAÇÃO PÚBLICA | 365

Note-se que a proibição de acesso a funções e cargos públicos aos inelegíveis (Lei da Ficha Limpa) é uma tendência na administração pública brasileira. O Conselho Nacional de Justiça aprovou a Resolução nº 156, de 8 de agosto de 2012, que **proíbe a designação para função de confiança ou a nomeação para cargo em comissão de pessoa que tenha praticado os atos que especifica, tipificados como causa de inelegibilidade prevista na legislação eleitoral.**

4.7. PROVIMENTO

No atual modelo constitucional, o provimento originário (entende-se como provimento originário o estabelecimento de vínculo inicial entre o servidor e a administração pública) de cargos públicos dar-se-á mediante nomeação. Na hipótese de cargo de provimento efetivo, essa nomeação é precedida da necessária aprovação em concurso público. Aliás, em respeito ao art. 37, II, da Constituição Federal, formas de provimento originário que fogem à regra da nomeação são consideradas ilícitas.

Da mesma maneira, mostra-se incompatível com a sistemática constitucional a possibilidade de que pessoas estranhas à determinada carreira (sejam essas pessoas vinculadas ou não à administração pública) tenham acesso aos postos mais elevados desta carreira. Aqui se trata de provimento derivado de cargos públicos, o qual se dá – via de regra – por promoção.

A jurisprudência é repleta de exemplos de repúdio às tentativas de subversão do mandamento constitucional relativo ao acesso aos cargos e às carreiras públicas, conforme se percebe na Súmula nº 685 do Supremo Tribunal Federal e nas ementas a seguir elencadas.

> *Súmula nº 685* • É inconstitucional toda modalidade de provimento que propicie ao servidor investir-se, sem prévia aprovação em concurso público destinado ao seu provimento, em cargo que não integra a carreira na qual anteriormente investido.

> Ao exigir, no art. 37, II, que o ingresso em carreira só se fará mediante concurso público de provas ou de provas e títulos, o legislador constituinte baniu das formas de investidura admitidas, a redistribuição e a transferência. Legítima a atuação da administração pública, nos termos da Súmula nº 473, que, uma vez verificada a violação à norma da CF no ato de redistribuição efetuado, cuidou logo de anulá-lo, sem que esse procedimento tenha importado em afronta a direito adquirido. (RE 163.712 – Relator Ministro Ilmar Galvão – j. em 10.5.1996 – Primeira Turma – *DJ* de 6.9.1996)

> Provimento derivado de cargos. Inconstitucionalidade. Ofensa ao disposto no art. 37, II, da CF [...]. São inconstitucionais os artigos da Lei nº 13.778/2006, do Estado do Ceará que [...] ensejaram o provimento derivado de cargos. Dispositivos legais impugnados que afrontam o comando do art. 37, II, da CF, o qual exige a realização de concurso público para provimento de cargos na administração estatal. Embora sob o rótulo de reestruturação da carreira na secretaria da Fazenda, procedeu-se, na realidade, à instituição de cargos públicos, cujo provimento deve obedecer aos ditames constitucionais. (ADIn nº 3.857 – Relator Ministro Ricardo Lewandowski – j. em 18.12.2008 – Plenário – *DJe* de 27.2.2009)

> A Constituição de 1988 instituiu o concurso público como forma de acesso aos cargos públicos. CF, art. 37, II. Pedido de desconstituição de ato administrativo que deferiu, mediante concurso interno, a progressão de servidores públicos. Acontece que, à época dos fatos – 1987 a 1992 –, o entendimento a respeito do tema não era pacífico, certo que, apenas em 17.2.1993, é que o Supremo Tribunal Federal suspendeu, com efeito *ex nunc*, a eficácia do art. 8º, III; art. 10, parágrafo único; art. 13, § 4º; art. 17 e art. 33, IV, da Lei nº 8.112, de 1990, dispositivos esses que foram

declarados inconstitucionais em 27.8.1998: ADIn nº 837/DF, Relator o Ministro Moreira Alves, *DJ* de 25.6.1999. Os princípios da boa-fé e da segurança jurídica autorizam a adoção do efeito *ex nunc* para a decisão que decreta a inconstitucionalidade. Ademais, os prejuízos que adviriam para a administração seriam maiores que eventuais vantagens do desfazimento dos atos administrativos. (RE 442.683 – Relator Ministro Carlos Velloso – j. em 13.12.2005 – Segunda Turma – *DJ* de 24.3.2006)

Note-se que, além da tutela aos princípios constitucionais da moralidade e da impessoalidade, o repúdio aos provimentos irregulares gera o efeito positivo de valorização das carreiras públicas e contribui para a formação de ambiente favorável à profissionalização do serviço público.

4.8. ESTABILIDADE DO SERVIDOR PÚBLICO CELETISTA

Para garantir a continuidade do serviço público e a estabilidade das relações de trabalho no âmbito da administração, ficou estabelecida a garantia de estabilidade ao servidor nomeado para cargo de provimento efetivo em virtude de concurso público (art. 41 da Constituição). Pergunta-se, frequentemente, se essa garantia abrange os empregados públicos.

Em razão da submissão ao regime trabalhista típico da iniciativa privada (art. 173, § 1º, II, da Constituição), empresas públicas e sociedades de economia mista teriam ampla possibilidade de promover a denúncia vazia do contrato de trabalho de seus empregados; entretanto, a doutrina alerta às derrogações que o regime privado sofre quando aplicado às empresas estatais.

Bastante elucidativas as palavras de Celso Antônio Bandeira de Mello (2012, p. 289), para quem:

> Assim como a contratação de pessoal nas empresas públicas e sociedades de economia mista sofre o condicionamento aludido (concurso público), também não é livre o desligamento de seus empregados. Cumpre que haja razões prestantes e demonstráveis para efetuá-lo, já que seus administradores não gerem negócio particular, onde propondera o princípio da autonomia da vontade, mas conduzem assuntos de interesse de toda a coletividade, cuja gestão sempre reclama adstrição à finalidade legal preestabelecida, exigindo, pois, transparência, respeito à isonomia e fundamentação satisfatória para os atos praticados. Daí que a despedida de empregado demanda apuração regular de suas insuficiências ou faltas, com direito à defesa e, no caso de providências amplas de enxugamento de pessoal, prévia divulgação que presidirão as dispensas, afim de que se possa conferir a impessoalidade das medidas concretamente tomadas.

A jurisprudência dominante no âmbito do Tribunal Superior do Trabalho, todavia, é no sentido da desnecessidade de motivação da dispensa de empregado público componente da administração indireta de direito privado, exceto da Empresa Brasileira de Correios e Telégrafos, em razão de sua equiparação à Fazenda Pública. Nesse caminho, dispõe a Orientação Jurisprudencial nº 247 da Seção de Dissídio Individual I:

> OJ *nº 247* • SERVIDOR PÚBLICO – CELETISTA CONCURSADO – DESPEDIDA IMOTIVADA – EMPRESA PÚBLICA OU SOCIEDADE DE ECONOMIA MISTA – POSSIBILIDADE. I – A despedida de empregados de empresa pública e de sociedade de economia mista, mesmo admitidos por concurso público, independe de ato motivado para sua validade; II – A validade do ato de despedida do empregado da Empresa Brasileira de Correios e Telégrafos (ECT) está condicionada à motivação, por gozar a empresa do mesmo tratamento destinado à Fazenda Pública em

relação à imunidade tributária e à execução por precatório, além das prerrogativas de foro, prazos e custas processuais. *(alterada pela Resolução nº 143/2007).*

Mais abrangente, a Súmula nº 390 estabelece:

Súmula TST nº 390 • ESTABILIDADE – ART. 41 DA CF/1988 – CELETISTA – ADMINISTRA-ÇÃO DIRETA, AUTÁRQUICA OU FUNDACIONAL – APLICABILIDADE – EMPREGADO DE EMPRESA PÚBLICA E SOCIEDADE DE ECONOMIA MISTA – INAPLICÁVEL (conversão das Orientações Jurisprudenciais nᵒˢ 229 e 265 da SBDI-I e da Orientação Jurisprudencial nº 22 da SBDI-II – Resolução nº 129/2005, *DJ* de 20, 22 e 25.4.2005). I – O servidor público celetista da administração direta, autárquica ou fundacional é beneficiário da estabilidade prevista no art. 41 da CF/1988. (ex-OJs nº 265 da SBDI-I, inserida em 27.9.2002; e nº 22 da SBDI-II, inserida em 20.9.2000). II – Ao empregado de empresa pública ou de sociedade de economia mista, ainda que admitido mediante aprovação em concurso público, não é garantida a estabilidade prevista no art. 41 da CF/1988. (ex-OJ nº 229 da SBDI-I, inserida em 20.6.2001).

Destaque-se que, não obstante esse posicionamento majoritário, a Segunda Turma do Tribunal Superior do Trabalho, em 12 de dezembro de 2012, negando seguimento a recurso da Caixa Econômica Federal, manteve decisão do Tribunal Regional do Trabalho da 15ª Região (Campinas/SP), que considerou irregular a dispensa de empregado demitido 90 dias após tomar posse. No caso, o Tribunal Regional considerou que não fora demonstrada a motivação no ato, sendo inviável a dispensa aleatória e imotivada do empregado da empresa pública (a decisão foi proferida nos autos do Processo nº 49800-43.2004.5.15.0089 e pende de publicação).

Por derradeiro, cumpre destacar que, em 20 de março de 2013, por maioria de votos, o Plenário do Supremo Tribunal Federal deu provimento parcial ao Recurso Extraordinário nº 589.998, para assentar que é obrigatória a motivação da dispensa unilateral de empregado por empresa pública e sociedade de economia mista tanto da União, quanto dos estados, do Distrito Federal e dos municípios.

Além disso, o colegiado reconheceu, expressamente, a inaplicabilidade do instituto da estabilidade no emprego aos trabalhadores de empresas públicas e sociedades de economia mista. Segundo os ministros, esse direito é assegurado pelo art. 41 da Constituição Federal aos servidores públicos estatutários.

Com esse entendimento, a jurisprudência do C. Tribunal Superior do Trabalho, cristalizada na OJ nº 247, I, e na Súmula nº 390, I, que, respectivamente, afirma a desnecessidade de motivação da dispensa dos empregados públicos (exceção feita apenas aos Correios), bem como reconhece a estabilidade do art. 41 da CF aos empregados celetistas da Administração Direta, deve sofrer alteração.

Apesar do julgado analisado pela Suprema Corte ser relativo a um caso da Empresa Brasileira dos Correios e Telégrafos (EBCT), tudo indica que as conclusões dos ministros referem-se às empresas públicas e às sociedades de economia mista de um modo geral, o que poderá ser confirmado com a publicação do respectivo acórdão.

4.9. ESTÁGIO NA ADMINISTRAÇÃO PÚBLICA

O estágio é um ato educativo escolar e, nos termos do art. 1º, *caput*, da Lei nº 11.788/2008, "[...] visa à preparação para o trabalho produtivo de educando [...]".

O contrato de estágio apresenta os requisitos necessários à configuração de emprego, devendo, a princípio, incidir sobre esta relação as normas tutelares protetivas próprias do vínculo empregatício; entretanto há uma exclusão legal de incidência constante do *caput* do art. 3º da Lei nº 11.788/2008. Evidente que na causa desaa exclusão está o incentivo à contratação de estagiários.

De outro lado, é importante ressaltar que essa exclusão não é absoluta, estando condicionada à estrita observância dos requisitos fixados em lei.

Henrique Correia (2009, p. 120 ss.) delineia dois grupos de requisitos de validade da relação de estágios, os requisitos formais e os materiais. Dentre os formais elenca: a) matrícula e frequência escolares atestadas pela instituição de ensino; e b) termo de compromisso entre estagiário (educando), parte concedente e instituição de ensino. Como requisitos materiais lista: a) compatibilidade entre as atividades desenvolvidas no estágio e aquelas previstas no termo de compromisso; e b) acompanhamento efetivo pelo professor orientador da instituição de ensino e por supervisor da parte concedente.

A inobservância de quaisquer dos requisitos desvirtua a relação de estágio, configurando fraude. Em situação de desvirtuamento por incidência do art. 9º da CLT e do art. 3º, § 2º, da Lei nº 11.788/2008, forma-se vínculo empregatício direto entre o "educando" e a parte concedente de estágio.

A administração pública direta e indireta (de direito público ou privado) pode oferecer estágio e, consequentemente, podem figurar como parte concedente no contrato de estágio. Aliás, o art. 9º da Lei nº 11.788/2008 é explícito quanto a essa possibilidade.

Em um contexto republicano, a Administração Pública deve observar condições adicionais na formalização dos contratos de estágio. Em respeito aos princípios constitucionais da publicidade, impessoalidade, igualdade e moralidade, o ente público deve (1) tornar pública sua intenção de contratar estagiários e (2) promover processo seletivo para recrutamento dos estagiários.

A condição adicional de tornar pública sua intenção de contratar estagiários visa a permitir que as instituições de ensino interessadas possam se habilitar junto ao ente público, possibilitando, assim, a celebração do convênio de que trata o art. 8º da Lei nº 11.788/2008.

Tal publicidade deve ser o mais ampla possível, envolvendo publicação de editais e/ou comunicação às secretarias de educação, aos conselhos de educação e/ou diretamente às instituições de ensino (universidades e escolas).

Ao lado das medidas de publicidade, a Administração Pública deve realizar processo seletivo para a efetivação do contrato de estágio. Nesse diapasão, os alunos das instituições de ensino conveniadas interessados no estágio devem ser submetidos, necessariamente, a processo seletivo pautado em critérios objetivos.

O Supremo Tribunal Federal, inclusive, já se pronunciou quanto à inconstitucionalidade de lei que vedava o processo seletivo para a contratação de estagiários, como se pode ler na ementa do acórdão que julgou a ADIn nº 3.795, transcrita a seguir:

> Ação Direta de Inconstitucionalidade – Art. 4º da Lei nº 3.769, de 26 de janeiro de 2006, que veda a realização de processo seletivo para o recrutamento de estagiários pelos órgãos e entidades do Poder Público do Distrito Federal – Violação aos princípios da igualdade (art. 5º, *caput*) e da impessoalidade (*caput* do art. 37). (ADIn nº 3.795 – Relator Ministro Ayres Britto – j. em 24.2.2011 – Plenário – *DJe* de 24.5.2011)

RELAÇÕES DE TRABALHO NA ADMINISTRAÇÃO PÚBLICA | 369

Diferentemente do que ocorre na iniciativa privada, os desvirtuamentos no âmbito da Administração Pública não geram vínculo empregatício ante a imposição constitucional de nulidade do ato que afronta o art. 37, II, da Constituição Federal de 1988. Essa é a posição do Tribunal Superior do Trabalho externada na Orientação Jurisprudencial nº 366 da Seção de Dissídio Individual I, aqui transcrita:

> OJ Nº 366 • ESTAGIÁRIO – DESVIRTUAMENTO DO CONTRATO DE ESTÁGIO – RECONHECIMENTO DO VÍNCULO EMPREGATÍCIO COM A ADMINISTRAÇÃO PÚBLICA DIRETA OU INDIRETA – PERÍODO POSTERIOR À CONSTITUIÇÃO FEDERAL DE 1988 – IMPOSSIBILIDADE. Ainda que desvirtuada a finalidade do contrato de estágio celebrado na vigência da Constituição Federal de 1988, é inviável o reconhecimento do vínculo empregatício com ente da Administração Pública direta ou indireta, por força do art. 37, II, da CF/1988, bem como o deferimento de indenização pecuniária, exceto em relação às parcelas previstas na Súmula nº 363 do TST, se requeridas. (DJ de 20, 21 e 23.5.2008)

A impossibilidade de reconhecimento de vínculo não significa que o ato ilícito não está sujeito à sanção. Ausente qualquer dos seis requisitos específicos de validade do contrato de estágio, patente está o seu desvirtuamento. Nesse contexto, a relação deve cessar imediatamente, dando-se início à responsabilização dos agentes públicos que concorreram para a ilegalidade. É possível afirmar, inclusive, que o desvirtuamento do contrato de estágio na esfera pública potencialmente pode ser qualificado como ato de improbidade administrativa nos termos da Lei nº 8.492/1992 (art. 11) por violação de princípios constitucionais como moralidade e impessoalidade.

Por fim, é evidente que – a depender do quadro fático – sobrevenha a responsabilização penal dos sujeitos envolvidos com o desvirtuamento do estágio, cogitando de crimes como prevaricação, corrupção ativa e passiva ou usurpação de função pública.

4.10. TERCEIRIZAÇÃO ILÍCITA NO ÂMBITO DA ADMINISTRAÇÃO PÚBLICA

A terceirização no âmbito da administração deve ser entendida como uma técnica de contratação de serviços auxiliares e de apoio à atividade estatal, que possibilite ao gestor público concentrar-se nas atividades e serviços principais da administração pública.

Essa possibilidade de repassar a terceiros, principalmente a entidades privadas, a execução da atividade de apoio à administração tem, como seu marco inicial no Brasil, a reforma administrativa definida no Decreto-lei nº 200/1967. No entanto, é inconteste que, já em um primeiro momento, a terceirização foi desvirtuada, servindo como artifício para contornar a recessão de pessoal efetivo ou mesmo dar vazão a práticas clientelistas (por exemplo, o apadrinhamento).

Após a reforma administrativa introduzida pela Emenda Constitucional nº 19/1998, a terceirização no serviço público ganhou novo fôlego. Assentada nas diretrizes da austeridade e eficiência, instalou-se uma nova cultura, chamada por Helder Santos Amorim (2009, p. 70) de Superterceirização. Tal cultura pauta-se, portanto, em um controle acirrado com os gastos com pessoal, objetivando flagrantemente a redução de número de servidores públicos.

Ocorre que, distanciando-se dos seus objetivos de austeridade e eficiência, essa prática trouxe repercussões extremamente negativas. Do ponto de vista das contas públicas, percebe-se o crescimento exponencial dos gastos com "as terceirizadas" fora da rubrica orçamentária de pessoal. Fato esse apontado em sucessivos relatórios do Tribunal de Contas da União – TCU. Nesse contexto é possível, inclusive, afirmar que há burla aos princípios de austeridade fiscal contidos na Lei Complementar nº 101/2000 (Lei de Responsabilidade Fiscal). Ao lado disso, no ponto da eficiência, verifica-se uma progressiva "desprofissionalização" da administração, com a eliminação de carreiras necessárias ao adequado exercício das atividades estatais em substituição por profissionais pouco qualificados e em frequente "rotação". Esse elemento fica evidente, sobretudo, nas situações de contratação de cooperativas e outras organizações sociais flagrantemente destituídas de qualquer expertise.

Do ponto de vista estritamente das relações de trabalho, os efeitos deletérios da terceirização são ainda maiores, uma vez que leva: à precarização das condições de trabalho; ao esfacelamento da organização sindical dos servidores; à discriminação entre os servidores públicos e os terceirizados; e à burla ao concurso público.

O que se percebe, então, é que a terceirização ocorrida fora das hipóteses juridicamente admitidas importa em violação aos valores republicanos fundamentais da legalidade, da moralidade, da impessoalidade e da eficiência, acarretando também a precarização das relações de trabalho, com aviltamento direto da dignidade do trabalhador.

4.10.1. Parâmetros para reconhecimento de ilicitude da terceirização

Antes de prosseguir, uma observação. Os critérios aqui ventilados voltam-se, especificamente, para a administração direta, autárquica e fundacional. No que concerne às empresas estatais, os parâmetros de licitude da terceirização encontram-se compilados na Súmula nº 331 do Tribunal Superior do Trabalho.

Primeiro parâmetro a ser destacado são as categorias funcionais abrangidas pelo plano de cargos, carreiras e salários. O Estado não pode repassar a terceiros, por constituir sua atividade-fim, as atividades inerentes às categorias funcionais (cargos, empregos e funções) abrangidas pelo plano de cargos e salários do ente público.

O Decreto nº 2.271/1997, que regulamenta a contratação de serviços pela Administração Pública Federal direta, autárquica e fundacional, explicita tal vedação ao estabelecer que:

> Art. 1º. No âmbito da Administração Pública Federal direta, autárquica e fundacional poderão ser objeto de execução indireta as atividades materiais acessórias, instrumentais ou complementares aos assuntos que constituem área de competência legal do órgão ou entidade.
>
> § 1º. As atividades de conservação, limpeza, segurança, vigilância, transportes, informática, copeiragem, recepção, reprografia, telecomunicações e manutenção de prédios, equipamentos e instalações serão, de preferência, objeto de execução indireta.
>
> § 2º. Não poderão ser objeto de execução indireta as atividades inerentes às categorias funcionais abrangidas pelo plano de cargos do órgão ou entidade, salvo expressa disposição legal em contrário ou quando se tratar de cargo extinto, total ou parcialmente, no âmbito do quadro geral de pessoal.

O conceito de serviço trazido pelo art. 6º, inciso II, da Lei nº 8.666/1993 (transcrito a seguir) também parametriza a legalidade da terceirização.

RELAÇÕES DE TRABALHO NA ADMINISTRAÇÃO PÚBLICA | 371

> Art. 6º. Para os fins desta Lei, considera-se: [...]
>
> II – Serviço – toda atividade destinada a obter determinada utilidade de interesse para a Administração, tais como: demolição, conserto, instalação, montagem, operação, conservação, reparação, adaptação, manutenção, transporte, locação de bens, publicidade, seguro ou trabalhos técnico-profissionais;

Esse dispositivo permite identificar a natureza dos serviços suscetíveis de terceirização, qual sejam atividades instrumentais não burocráticas.

Nesse contexto, a licitude da terceirização no âmbito da Administração Pública, observados como parâmetros o Decreto nº 2.271/1997 e o art. 6º, II, da Lei nº 8.666/1993, dá-se quando a atividade repassada a terceiro for instrumental, não burocrática e não abrangida pelas atribuições funcionais previstas nos planos de cargos, carreiras e salários.

4.11. RESPONSABILIDADE PATRIMONIAL DA ADMINISTRAÇÃO PÚBLICA: ADC Nº 16 DO STF

Efeito natural do desvirtuamento da terceirização é o reconhecimento direto do vínculo entre o empregado e o tomador de serviço. Isso, contudo, não se aplica à terceirização ilícita praticada pelo Poder Público após a Constituição de 1988.

O item II da Súmula nº 331 do Tribunal Superior do Trabalho reconhece claramente que: "A contratação irregular de trabalhador, mediante empresa interposta, não gera vínculo com os órgãos da Administração Pública direta, indireta ou fundacional (art. 37, II, da CF/1988)".

Não obstante a impossibilidade de estabelecimento de vínculo direto entre o trabalhador e a administração pública, resta a responsabilidade patrimonial desta última no que concerne ao cumprimento das obrigações trabalhistas decorrentes mesmo nas situações de terceirização lícita.

Faz-se necessária uma incursão nos principais eventos que conformaram a atual compreensão da extensão da responsabilidade trabalhista perante os empregados das empresas terceirizadas.

A Jurisprudência do Tribunal Superior do Trabalho publicou a Resolução nº 96/2000 (*DJ* de 18, 19 e 20.09.2000), alterando o item IV do então Enunciado (hoje Súmula) nº 331 para explicitar que a responsabilidade subsidiária ali prevista era aplicável aos entes públicos, nos seguintes termos:

> IV – O inadimplemento das obrigações trabalhistas, por parte do empregador, implica a responsabilidade subsidiária do tomador dos serviços, quanto àquelas obrigações, inclusive quanto aos órgãos da administração direta, das autarquias, das fundações públicas, das empresas públicas e das sociedades de economia mista, desde que hajam participado da relação processual e constem também do título executivo judicial (art. 71 da Lei nº 8.666/1993).

Registre-se que a alteração decorreu do acórdão prolatado no Incidente de Uniformização de Jurisprudência nº 297751/1996, como segue:

> INCIDENTE DE UNIFORMIZAÇÃO DE JURISPRUDÊNCIA – ENUNCIADO Nº 331, IV, DO TST • RESPONSABILIDADE SUBSIDIÁRIA – ADMINISTRAÇÃO PÚBLICA – ART. 71 DA LEI Nº 8.666/1993. Embora o art. 71 da Lei nº 8.666/1993 contemple a ausência de responsabilidade da Administração Pública pelo pagamento dos encargos trabalhistas, previdenciários, fiscais e co-

merciais resultantes da execução do contrato, é de se consignar que a aplicação do referido dispositivo somente se verifica na hipótese em que o contratado agiu dentro de regras e procedimentos normais de desenvolvimento de suas atividades, assim como de que o próprio órgão da administração que o contratou pautou-se nos estritos limites e padrões da normatividade pertinente. Com efeito, evidenciado, posteriormente, o descumprimento de obrigações, por parte do contratado, entre elas as relativas aos encargos trabalhistas, deve ser imposta à contratante a responsabilidade subsidiária. Realmente, nessa hipótese, não se pode deixar de lhe imputar, em decorrência desse seu comportamento omisso ou irregular, ao não fiscalizar o cumprimento das obrigações contratuais assumidas pelo contratado, em típica culpa *in vigilando*, a responsabilidade subsidiária e, consequentemente, seu dever de responder, igualmente, pelas consequências do inadimplemento do contrato. Admitir-se o contrário, seria menosprezar todo um arcabouço jurídico de proteção ao empregado e, mais do que isso, olvidar que a Administração Pública deve pautar seus atos não apenas atenta aos princípios da legalidade, da impessoalidade, mas sobretudo, pelo da moralidade pública, que não aceita e não pode aceitar, num contexto de evidente ação omissiva ou comissiva, geradora de prejuízos a terceiro, que possa estar ao largo de qualquer corresponsabilidade do ato administrativo que pratica. Registre-se, por outro lado, que o art. 37, § 6º, da Constituição federal consagra a responsabilidade objetiva da Administração, sob a modalidade de risco administrativo, estabelecendo, portanto, sua obrigação de indenizar sempre que cause danos a terceiros. Pouco importa que esse dano se origine diretamente da Administração, ou, indiretamente, de terceiro que ela contratou e executou a obra ou serviço, por força ou decorrência de ato administrativo.

Fato que a Súmula foi largamente utilizada, inclusive em situações distintas do precedente que fundamentou a alteração do item IV do verbete nº 331. O que se viu, em alguns casos, foi a responsabilização objetiva e direta da administração pelo inadimplemento das obrigações trabalhistas por suas terceirizadas, sem qualquer perquirição da efetiva fiscalização do contrato. Na prática, a responsabilidade decorrente da culpa *in vigilando* por falta de fiscalização do contrato transitou para responsabilidade objetiva. E, ante o simples inadimplemento, a responsabilidade subsidiária converteu-se em direta, sem benefício de ordem.

A aplicação indiscriminada do item IV da Súmula nº 331 teve como reação o ajuizamento, perante o Supremo Tribunal Federal, da Ação Declaratória de Constitucionalidade nº 16, sob o fundamento de que o Tribunal Superior do Trabalho declarou incidental e transversalmente a inconstitucionalidade do art. 71, § 1º, da Lei nº 8.666/1993, negando-lhe vigência.

O verbete da corte trabalhista também foi impugnado via reclamação. Com a edição da Súmula Vinculante nº 10, os entes públicos sustentaram afronta à cláusula de reserva de plenário, uma vez que as decisões sobre responsabilidade da administração não provinham do plenário ou do órgão especial.

No julgamento da ADC nº 16 ficou consignado na ementa que:

RESPONSABILIDADE CONTRATUAL. Subsidiária. Contrato com a administração pública. Inadimplência negocial do outro contraente. Transferência consequente e automática dos seus encargos trabalhistas, fiscais e comerciais, resultantes da execução do contrato, à administração. Impossibilidade jurídica. Consequência proibida pelo art., 71, § 1º, da Lei federal nº 8.666/1993. Constitucionalidade reconhecida dessa norma. Ação direta de constitucionalidade julgada, nesse sentido, procedente. Voto vencido. É constitucional a norma inscrita no art. 71, § 1º, da Lei federal nº 8.666, de 26 de junho de 1993, com a redação dada pela Lei nº 9.032, de 1995. (*DJ* de 3.12.2010)

Ao final, o Supremo Tribunal Federal deixou assentado que a declaração de responsabilidade subsidiária do tomador público perpassa necessariamente pela comprovação de sua omissão ou culpa na fiscalização do contrato.

Reestabelecida pelo Supremo Tribunal Federal a diretriz originária do item IV da Súmula nº 331 do Tribunal Superior do Trabalho, esse verbete foi reformulado pela Resolução nº 174/2011. Fora dada nova redação ao item IV (supressão do trecho "...inclusive quanto aos órgãos da administração direta, das autarquias, das fundações públicas, das empresas públicas e das sociedades de economia mista) e acrescidos os itens V e VI, assim redigidos:

> V – Os entes integrantes da Administração Pública direta e indireta respondem subsidiariamente, nas mesmas condições do item IV, caso evidenciada a sua conduta culposa no cumprimento das obrigações da Lei nº 8.666, de 21.6.1993, especialmente na fiscalização do cumprimento das obrigações contratuais e legais da prestadora de serviço como empregadora. A aludida responsabilidade não decorre de mero inadimplemento das obrigações trabalhistas assumidas pela empresa regularmente contratada.
>
> VI – A responsabilidade subsidiária do tomador de serviços abrange todas as verbas decorrentes da condenação referentes ao período da prestação laboral.

Com a nova redação dada à Súmula nº 331, restou esclarecida a natureza da responsabilidade do ente público tomador do serviço terceirizado (subsidiária decorrente de prova de culpa *in vigilando*) e a extensão da responsabilidade (todas as verbas trabalhistas decorrentes da condenação referentes ao período da prestação laboral ao ente público).

4.12. MINISTÉRIO PÚBLICO DO TRABALHO

O Ministério Público do Trabalho – MPT, no exercício de seu mister constitucional de defesa da ordem jurídico-trabalhista, depara-se frequentemente com violações perpetradas pelas entidades componentes da administração pública brasileira. Dentre as violações mais graves enfrentadas pelo *parquet* trabalhista estão: a admissão para cargos e empregos públicos sem a prévia e necessária realização de concurso público; a terceirização ilícita de atividades e serviços públicos; ausência de fiscalização pelo ente público do cumprimento das obrigações trabalhistas por suas prestadoras de serviços; meio ambiente laboral precário; desvirtuamento dos cargos comissionados e do regime de trabalho temporário.

4.12.1. Coordenadoria Nacional de Combate às Irregularidades Trabalhistas na Administração Pública

A frequência, a generalização e a gravidade das violações às normas que regem as relações de trabalho na Administração Pública levaram à criação, no âmbito do *parquet* trabalhista, da Coordenação Nacional de Combate às Irregularidades Trabalhistas na Administração Pública – CONAP.

O art. 1º do Regimento Interno dispõe que:

> Art. 1º. Incumbe à Coordenadoria Nacional de Combate às Irregularidades Trabalhistas na Administração Pública – CONAP definir estratégias coordenadas e integradas de política de atuação institucional, em consonância com o princípio da unidade, respeitada a independência funcional, especialmente:
>
> I – articular, em nível nacional, as ações das Procuradorias Regionais do Trabalho e demais órgãos de execução no combate às irregularidades trabalhistas na Administração Pública;

II – buscar o intercâmbio com o Conselho Superior do Ministério Público do Trabalho, a Câmara de Coordenação e Revisão CCR e a Corregedoria-Geral do Ministério Público do Trabalho em matéria relacionada à sua área de atuação;

III – fomentar a troca de experiências e discussões sobre o tema, visando à atuação uniforme e coordenada;

IV – agilizar a atuação institucional afeta à Coordenadoria mediante a sugestão de estratégias de atuação institucional;

V – Ampliar parcerias com órgãos governamentais e entidades da sociedade civil, visando ao fortalecimento e maior eficácia da sua atuação institucional;

VI – fomentar a promoção de eventos, tais como seminários, reuniões, oficinas, a fim de difundir a atuação ministerial no combate às irregularidades trabalhistas na Administração Pública;

VII – providenciar apoio logístico e institucional aos membros que atuam em face às irregularidades trabalhistas na Administração Pública.

No cumprimento de sua tarefa de articuladora das ações do Ministério Público do Trabalho, a CONAP promove, regularmente, duas reuniões nacionais nas quais são discutidas as estratégias de atuação e estudos envolvendo as questões trabalhistas no âmbito da administração pública. Além disso, são elaborados estudos e produzidos materiais sobre as diversas temáticas envolvendo o trabalho na administração pública.

4.12.2. Projetos Estratégicos

O planejamento estratégico realizado pelo ramo trabalhista do Ministério Público da União, aliás, fixou como objetivo estratégico da instituição o combate às irregularidades trabalhistas na administração pública, focando-se às ações no meio ambiente de trabalho e na terceirização. Ante essa decisão foram formatados três projetos; dois relacionados à terceirização: "Atividade-Fim" e "Terceirização sem Calote"; e um voltado ao meio ambiente de trabalho: "Saúde na Saúde".

O projeto Atividade-Fim visa a articular e fomentar as ações de combate à terceirização ilícita na administração pública, assim atendida aquela que alcança atividades públicas insuscetíveis de transferência a particulares (atividade-fim, própria da administração).

Ainda no que concerne à terceirização, tem-se o projeto Terceirização sem Calote, o qual visa a garantir o respeito aos direitos dos trabalhadores terceirizados. Aqui, o foco não é a discussão quanto à licitude ou ilicitude da terceirização efetivada pelo ente público, mas o estrito respeito aos direitos dos empregados das prestadoras de serviço.

Por fim, o projeto Saúde na Saúde tem por escopo a adoção de ações promocionais, investigativas e judiciais com vistas a garantir um meio ambiente de trabalho seguro e saudável nas unidades de saúde geridas pelo poder público.

4.13. SÚMULAS E ORIENTAÇÕES JURISPRUDENCIAIS

◆ *SÚMULA TST Nº 331* • CONTRATO DE PRESTAÇÃO DE SERVIÇOS – LEGALIDADE. I – A contratação de trabalhadores por empresa interposta é ilegal, formando-se o vínculo diretamente com o tomador dos serviços, salvo no caso de trabalho temporário (Lei nº 6.019, de 3.1.1974). II – A contratação irregular de trabalhador, mediante empresa interposta, não gera vínculo de emprego com os órgãos da Administração Pública direta, indireta ou fundacional (art. 37, II, da CF/1988). III – Não forma vínculo de emprego com o tomador a contratação de serviços de vigilância (Lei nº 7.102, de 20.6.1983) e de conservação e limpeza, bem como a de serviços especializados ligados à atividade-meio do tomador, desde que inexistente a pessoalidade e a subordinação direta. IV – O inadimplemento das obrigações trabalhistas, por parte do empregador, implica a responsabilidade subsidiária do tomador dos serviços quanto àquelas obrigações, desde que haja participado da relação processual e conste também do título executivo judicial. V – Os entes integrantes da Administração Pública direta e indireta respondem subsidiariamente, nas mesmas condições do item IV, caso evidenciada a sua conduta culposa no cumprimento das obrigações da Lei nº 8.666, de 21.6.1993, especialmente na fiscalização do cumprimento das obrigações contratuais e legais da prestadora de serviço como empregadora. A aludida responsabilidade não decorre de mero inadimplemento das obrigações trabalhistas assumidas pela empresa regularmente contratada. VI – A responsabilidade subsidiária do tomador de serviços abrange todas as verbas decorrentes da condenação referentes ao período da prestação laboral. *(Nova redação do item IV e inseridos os itens V e VI à redação – Resolução nº 174/2011, DEJT divulgado em 27, 30 e 31.5.2011)*

♦ *SÚMULA TST Nº 363* • CONTRATO NULO – EFEITOS. A contratação de servidor público, após a CF/1988, sem prévia aprovação em concurso público, encontra óbice no respectivo art. 37, II e § 2º, somente lhe conferindo direito ao pagamento da contraprestação pactuada, em relação ao número de horas trabalhadas, respeitado o valor da hora do salário mínimo, e dos valores referentes aos depósitos do FGTS. *(Nova redação – Resolução nº 121/2003, DJ de 19, 20 e 21.11.2003)*

♦ *SÚMULA TST Nº 390* • ESTABILIDADE – ART. 41 DA CF/1988 – CELETISTA – ADMINISTRAÇÃO DIRETA, AUTÁRQUICA OU FUNDACIONAL. APLICABILIDADE. EMPREGADO DE EMPRESA PÚBLICA E SOCIEDADE DE ECONOMIA MISTA – INAPLICÁVEL *(conversão das Orientações Jurisprudenciais nº 229 e 265 da SBDI-I e nº 22 da SBDI-II).* I – O servidor público celetista da administração direta, autárquica ou fundacional é beneficiário da estabilidade prevista no art. 41 da CF/1988. *(ex-OJs nº 265 da SBDI-I, inserida em 27.9.2002; e nº 22 da SBDI-II, inserida em 20.9.2000).* II – Ao empregado de empresa pública ou de sociedade de economia mista, ainda que admitido mediante aprovação em concurso público, não é garantida a estabilidade prevista no art. 41 da CF/1988. *(Ex-OJ nº 229 da SBDI-I, inserida em 20.6.2001) (Res. 129/2005, DJ de 20, 22 e 25.4.2005)*

♦ *SÚMULA TST Nº 430* • ADMINISTRAÇÃO PÚBLICA INDIRETA – CONTRATAÇÃO – AUSÊNCIA DE CONCURSO PÚBLICO – NULIDADE – ULTERIOR PRIVATIZAÇÃO – CONVALIDAÇÃO – INSUBSISTÊNCIA DO VÍCIO. Convalidam-se os efeitos do contrato de trabalho que, considerado nulo por ausência de concurso público, quando celebrado originalmente com ente da Administração Pública Indireta, continua a existir após a sua privatização. *(Resolução nº 177/2012, DEJT divulgado em 13, 14 e 15.2.2012)*

♦ *OJ SDI-I Nº 247* • SERVIDOR PÚBLICO – CELETISTA CONCURSADO – DESPEDIDA IMOTIVADA – EMPRESA PÚBLICA OU SOCIEDADE DE ECONOMIA MISTA – POSSIBILIDADE. I – A despedida de empregados de empresa pública e de sociedade de economia mista, mesmo admitidos por concurso público, independe de ato motivado para sua validade. II – A validade do ato de despedida do empregado da Empresa Brasileira de Correios e Telégrafos (ECT) está condicionada à motivação, por gozar a empresa do mesmo tratamento destinado à Fazenda Pública em relação à imunidade tributária e à execução por precatório, além das prerrogativas de foro, prazos e custas processuais. *(Alterada – Resolução nº 143/2007 – DJ de 13.11.2007)*

◆ *OJ SDI-I Nº 297* • EQUIPARAÇÃO SALARIAL – SERVIDOR PÚBLICO DA ADMINISTRAÇÃO DIRETA, AUTÁRQUICA E FUNDACIONAL – ART. 37, XIII, DA CF/1988. O art. 37, inciso XIII, da CF/1988, veda a equiparação de qualquer natureza para o efeito de remuneração do pessoal do serviço público, sendo juridicamente impossível a aplicação da norma infraconstitucional prevista no art. 461 da CLT quando se pleiteia equiparação salarial entre servidores públicos, independentemente de terem sido contratados pela CLT. *(DJ de 11.8.2003)*

◆ *OJ SDI-I Nº 321* • VÍNCULO EMPREGATÍCIO COM A ADMINISTRAÇÃO PÚBLICA – PERÍODO ANTERIOR À CF/1988. Salvo os casos de trabalho temporário e de serviço de vigilância, previstos nas Leis nᵒˢ 6.019, de 3.1.1974, e 7.102, de 20.6.1983, é ilegal a contratação de trabalhadores por empresa interposta, formando-se o vínculo empregatício diretamente com o tomador dos serviços, inclusive ente público, em relação ao período anterior à vigência da CF/1988. *(Nova redação – DJ de 20.4.2005)*

◆ *OJ SDI-I Nº 335* • CONTRATO NULO – ADMINISTRAÇÃO PÚBLICA – EFEITOS – CONHECIMENTO DO RECURSO POR VIOLAÇÃO DO ART. 37, II E § 2º, DA CF/1988. A nulidade da contratação sem concurso público, após a CF/1988, bem como a limitação de seus efeitos, somente poderá ser declarada por ofensa ao art. 37, II, se invocado concomitantemente o seu § 2º, todos da CF/1988. *(DJ de 4.5.2004)*

◆ *OJ SDI-I Nº 364* • ESTABILIDADE – ART. 19 DO ADCT – SERVIDOR PÚBLICO DE FUNDAÇÃO REGIDO PELA CLT. Fundação instituída por lei e que recebe dotação ou subvenção do Poder Público para realizar atividades de interesse do Estado, ainda que tenha personalidade jurídica de direito privado, ostenta natureza de fundação pública. Assim, seus servidores regidos pela CLT são beneficiários da estabilidade excepcional prevista no art. 19 do ADCT. *(DJ de 20, 21 e 23.5.2008)*

◆ *OJ SDI-I Nº 366* • ESTAGIÁRIO – DESVIRTUAMENTO DO CONTRATO DE ESTÁGIO – RECONHECIMENTO DO VÍNCULO EMPREGATÍCIO COM A ADMINISTRAÇÃO PÚBLICA DIRETA OU INDIRETA – PERÍODO POSTERIOR À CONSTITUIÇÃO FEDERAL DE 1988 – IMPOSSIBILIDADE. Ainda que desvirtuada a finalidade do contrato de estágio celebrado na vigência da Constituição Federal de 1988, é inviável o reconhecimento do vínculo empregatício com ente da Administração Pública direta ou indireta, por força do art. 37, II, da CF/1988, bem como o deferimento de indenização pecuniária, exceto em relação às parcelas previstas na Súmula nº 363 do TST, se requeridas. *(DJ de 20, 21 e 23.5.2008)*

4.14. QUESTÃO RESOLVIDA E COMENTADA

(MPT – 17º Concurso) De acordo com as normas legais e a jurisprudência uniformizada do Tribunal Superior do Trabalho sobre contrato de trabalho, assinale a alternativa **INCORRETA**:

[A] Quando a reintegração do empregado estável for desaconselhável, dado o grau de incompatibilidade resultante do dissídio, especialmente quando for o empregador pessoa física, o tribunal do trabalho poderá converter aquela obrigação em indenização por rescisão do contrato por prazo indeterminado, paga em dobro.

Relações de trabalho na Administração Pública | 377

[B] A transferência para o período diurno de trabalho implica a perda do direito ao adicional noturno.

[C] A contratação de servidor público, sem prévia aprovação em concurso público, encontra óbice no art. 37, II e § 2º da Constituição da República, somente lhe conferindo direito ao pagamento da contraprestação pactuada, em relação ao número de horas trabalhadas, respeitado o valor da hora do salário mínimo, e dos valores referentes aos depósitos e multa do FGTS.

[D] O empregado acusado de falta grave poderá ser suspenso de suas funções, mas a sua despedida só se tornará efetiva após o inquérito em que se verifique a procedência da acusação. A suspensão perdurará até a decisão final do processo. Reconhecida a inexistência de falta grave praticada pelo empregado, fica o empregador obrigado a readmiti-lo no serviço e a pagar-lhe os salários a que teria direito no período da suspensão.

[E] Não respondida.

Gabarito oficial: alternativa [C].

Comentários do autor:

✯ *A alternativa "A" está correta, reproduzindo a literalidade do art. 496 da CLT.*

✯ *A alternativa "B" reproduz o texto da Súmula nº 265 do C. TST quanto à possibilidade de supressão do adicional noturno no caso de alteração da jornada para o período diurno.*

✯ *A alternativa "C" está incorreta, pois não faz menção à contratação do servidor público APÓS A CONSTITUIÇÃO DE 1988, considerando nula, portanto, também contratações sem concurso anteriores à nova ordem constitucional. Observe-se que a exigência de concurso público veio com o texto de 1988, razão pela qual a nulidade deve ser relativa a esse período.*

✯ *A alternativa "D" está correta, nos exatos termos dos arts. 494 e 495 da CLT. Havendo prévia suspensão (OJ 137 SDI-II TST), a decisão que julga improcedente o inquérito transforma a suspensão em interrupção, tendo direito o empregado a reintegração, bem como os salários e demais vantagens do período. Sendo julgada procedente, o contrato será rescindido por justa causa, considerando como data da rescisão a data da suspensão ou da prolação da sentença, caso não tenha havido suspensão.*

ANEXO 1

NOTIFICAÇÃO RECOMENDATÓRIA – TERCEIRIZAÇÃO – ENTE PÚBLICO

• *Tiago Ranieri de Oliveira*

PROCEDIMENTO:

INQUIRIDO: Estado/Município

NOTIFICAÇÃO RECOMENDATÓRIA

O **Ministério Público do Trabalho** – Procuradoria Regional do Trabalho da 14ª Região – Procuradoria do Trabalho no Município de Rio Branco-AC, pelo Procurador do Trabalho abaixo assinado, no exercício das atribuições que lhe são conferidas pelo art. 129, VI, da Constituição Federal e pela Lei Orgânica do Ministério Público da União – Lei Complementar nº 75, de 20 de maio de 1993, particularmente a norma inserta no art. 6º, inciso XX, combinada com a do art. 84, *caput*, que autoriza o membro do Ministério Público da União a *"expedir recomendações, visando à melhoria dos serviços públicos e de relevância pública, bem como ao respeito, aos interesses, direitos e bens cuja defesa lhe cabe promover, fixando prazo razoável para a adoção das providências cabíveis".*

Considerando ser o Ministério Público *"instituição permanente, essencial à função jurisdicional do Estado, incumbindo-lhe a defesa da ordem jurídica, do regime democrático e dos interesses sociais e individuais indisponíveis"* (art. 127 da Constituição da República e arts. 1º e 5º, inciso I, da Lei Complementar nº 75/1993);

Considerando que a Constituição positiva como princípios fundamentais, dentre eles, a cidadania, a dignidade da pessoa humana e os valores sociais do trabalho, sendo este último alicerce para o alcance dos primeiros dois, conforme previsão expressa contida no art. 1º, incisos II, III e IV, da Constituição da República;

Considerando que o trabalho é direito social fundamental, conforme previsão expressa contida no art. 6º da Constituição da República, competindo à União organizar, manter e executar a inspeção do trabalho (art. 21, inciso XXIV);

Considerando que a Constituição positiva no seu art. 7º um rol de direitos que visa a melhoria da condição social do trabalhador, não admitindo patamares menores que os elencados e qualquer diminuição constitui afronta direta ao texto magno;

Considerando que a Constituição no seu art. 19, inciso III, veda a criação de distinções ou preferências entre si pela União, Estados, DF e Municípios para com os brasileiros, dentre eles, os trabalhadores, o que impede tratamento diferenciado entre trabalhadores terceirizados e os demais trabalhadores;

Considerando que a Constituição Federal, ao dispor sobre a ordem social no art. 193, erigiu o primado do trabalho como sendo a sua base e o bem-estar e a justiça sociais como seus objetivos;

Considerando que as contratações no seio da administração federal, estadual e municipal devem obedecer o que positiva a Lei nº 8.666/1993, ressalvados os casos especificados na legislação, conforme positiva o art. 37, inciso XXI, da Constituição Federal e que tais contratações quando atinentes a "mão de obra" devem se filtrar pelos princípios fundamentais, especificamente, pelos elencados nos parágrafos acima, sempre com a finalidade de extinguir qualquer tipo de precarização do trabalho, principalmente, para com os empregados terceirizados;

RELAÇÕES DE TRABALHO NA ADMINISTRAÇÃO PÚBLICA | 379

Considerando que a terceirização, regra geral, no Brasil, especificamente na Administração Pública é uma prática que visa à redução de custos em detrimento do aumento da qualidade do serviço especializado;

Considerando que a terceirização, ressalvadas as restritas hipóteses previstas na Súmula nº 331, do E. TST, é ilegal, e precária as relações de trabalho, sendo muitas vezes utilizada como meio de fraudar as relações de emprego, dessa forma, tem-se que, dentre os requisitos para a validade da relação triangular, pertinente à terceirização, é necessário haver a *não* subordinação e a *não* pessoalidade na prestação de serviços ao tomador;

Considerando que o Ministério do Planejamento, Orçamento e Gestão, com o intuito de regular as contratações no âmbito da Administração Pública Federal, especificamente, para os órgãos ou entidades integrantes do Sistema de Serviços Gerais – SISG, bem como, padronizar e resguardar o ente público de futuras condenações, o Ministério do Planejamento, Orçamento e Gestão elaborou Instruções Normativas (nos 2 e 3) no que tange a contratação dos serviços continuados ou não, dentre eles os terceirizados;

Considerando que tais instruções normativas servem como norte para o Estados e Municípios nos seus respectivos contratos de terceirização e que cabe ao *parquet* trabalhista na sua função de articulador da cidadania fomentar a elaboração/criação de decretos ou legislação específica junto aos Estados ou Municípios (pois a União cabe a legislação privativa de normas GERAIS de licitação – art. 22, inciso XXVII, da CF/1988);

RESOLVE:

RECOMENDAR ao Estado/Município que, em obediência a Lei nº 8.666/1993, bem como, tendo como parâmetro as Instruções Normativas nos 2 e 3 do MPOG, que estabeleça, a contar desta data, por meio de decreto ou legislação especifica, os seguintes requisitos no seus processos de licitação cujo objeto seja terceirização:

I – Do Instrumento Convocatório

Cláusula 1. Exigência de garantia, com validade de 3 (três) meses após o término da vigência contratual, devendo ser renovada a cada prorrogação efetivada no contrato, nos moldes do art. 56 da Lei nº 8.666, de 1993, para os serviços continuados com uso intensivo de mão de obra com dedicação exclusiva, com a previsão expressa de que a garantia somente será liberada ante a comprovação de que a empresa pagou todas as verbas rescisórias trabalhistas decorrentes da contratação, e que caso esse pagamento não ocorra até o fim do segundo mês após o encerramento da vigência contratual, a garantia será utilizada para o pagamento dessas verbas trabalhistas diretamente pela Administração;

Cláusula 2. Em razão da Súmula nº 331 do Tribunal Superior do Trabalho, o edital conterá as seguintes regras para a garantia do cumprimento das obrigações trabalhistas nas contratações de serviços continuados com dedicação exclusiva a mão de obra:

2.1. previsão de que os valores provisionados para o pagamento das férias, 13º salário e rescisão contratual dos trabalhadores da contratada serão depositados pela Administração em conta **vinculada específica**, conforme o disposto no anexo VII desta Instrução Normativa, que somente será liberada para o pagamento direto dessas verbas aos trabalhadores, nas seguintes condições:

a) parcial e anualmente, pelo valor correspondente aos 13os salários, quando devidos;

b) parcialmente, pelo valor correspondente às férias, e ao 1/3 de férias, quando dos gozos de férias dos empregados vinculados ao contrato;

c) parcialmente, pelo valor correspondente aos 13os salários proporcionais, férias proporcionais e à indenização compensatória, porventura devida sobre o FGTS, quando da demissão de empregado vinculado ao contrato;

d) ao final da vigência do contrato, para o pagamento das verbas rescisórias; e

e) o saldo restante, com a execução completa do contrato, após a comprovação, por parte da empresa, da quitação de todos os encargos trabalhistas e previdenciários relativos ao serviço contratado.

Cláusula 3. As provisões realizadas pela Administração contratante para o pagamento dos encargos trabalhistas em relação à mão de obra das empresas contratadas para prestar serviços de forma contínua, por meio de dedicação exclusiva de mão de obra, serão destacadas do valor mensal do contrato e depositados em conta vinculada em instituição bancária oficial, bloqueada para movimentação e aberta em nome da empresa.

3.1. A movimentação da conta vinculada será mediante autorização do órgão ou entidade contratante, exclusivamente para o pagamento dessas obrigações.

a) O montante do depósito vinculado será igual ao somatório dos valores das seguintes previsões: 13º salário; férias e abono de férias; adicional do FGTS para as rescisões sem justa causa; impacto sobre férias e 13º salário.

b) O órgão ou entidade contratante deverá firmar acordo de cooperação com instituição bancária oficial, que terá efeito subsidiário ao presente decreto ou legislação específica, determinando os termos para abertura da conta corrente vinculada.

c) A assinatura do contrato de prestação de serviços entre o contratante e a empresa vencedora do certame será precedida dos seguintes atos:

c.1) solicitação do contratante, mediante ofício, de abertura de conta corrente vinculada – bloqueada para movimentação –, no nome da empresa, conforme disposto no *caput* da cláusula 3;

c.2) assinatura, pela empresa a ser contratada, no ato da regularização da conta corrente vinculada, de termo específico da instituição financeira oficial que permita ao contratante ter acesso aos saldos e extratos, e vincule a movimentação dos valores depositados à autorização da Administração.

d) O saldo da conta vinculada será remunerado pelo índice da poupança ou outro definido no acordo de cooperação, desde que obtenha maior rentabilidade.

e) Os valores referentes às provisões de encargos trabalhistas mencionados no item 3.1, alínea "a", depositados em conta vinculada deixarão de compor o valor mensal a ser pago diretamente à empresa.

f) O montante de que trata o aviso prévio trabalhado, 23,33% da remuneração mensal, deverá ser integralmente depositado durante a primeira vigência do contrato.

g) Os editais deverão conter expressamente as regras previstas neste decreto/lei específica e um documento de autorização para criação da conta vinculada, que deverá ser assinado pela contratada.

h) A empresa contratada poderá solicitar a autorização do contratante para utilizar os valores da conta vinculada para o pagamento de eventuais indenizações trabalhistas dos empregados ocorridas durante a vigência do contrato.

i) Para a liberação dos recursos da conta vinculada, para o pagamento de eventuais indenizações trabalhistas dos empregados ocorridas durante a vigência do contrato, a empresa deverá apresentar ao contratante os documentos comprobatórios da ocorrência das obrigações trabalhistas e seus respectivos prazos de vencimento.

j) O contratante expedirá, após a confirmação da ocorrência da indenização trabalhista e a conferência dos cálculos, a autorização para a movimentação, encaminhada a referida autorização à instituição financeira oficial no prazo máximo de cinco dias úteis, a contar da data da apresentação dos documentos comprobatórios da empresa.

l) A autorização de que trata o item anterior deverá especificar que a movimentação será exclusiva para a transferência bancária para a conta corrente dos trabalhadores favorecidos.

m) A empresa deverá apresentar ao contratante, no prazo máximo de três dias, o comprovante das transferências bancárias realizadas para a quitação das obrigações trabalhistas.

n) O saldo remanescente da conta vinculada será liberado à empresa, no momento do encerramento do contrato, na presença do sindicato da categoria correspondente aos serviços contratados, após a comprovação da quitação de todos os encargos trabalhistas e previdenciários relativos ao serviço contratado.

o) Os valores provisionados para atendimento do item 3.2 serão discriminados.

Cláusula 4. A obrigação da contratada de, no momento da assinatura do contrato, autorizar a Administração contratante a fazer a retenção na fatura e o depósito direto dos valores devidos ao Fundo de Garantia do Tempo de Serviço – FGTS nas respectivas contas vinculadas dos trabalhadores da contratada, observada a legislação específica;

4.1. previsão de que o pagamento dos salários dos empregados pela empresa contratada deverá ocorrer via depósito bancário na conta do trabalhador, de modo a possibilitar a conferência do pagamento por parte da Administração;

4.2. a obrigação da contratada de, no momento da assinatura do contrato, autorizar a Administração contratante a fazer desconto na fatura e o pagamento direto dos salários e demais verbas trabalhistas aos trabalhadores, quando houver falha no cumprimento dessas obrigações por parte da contratada, até o momento da regularização, sem prejuízo das sanções cabíveis.

II – Acompanhamento e fiscalização dos contratos

Cláusula 5. O descumprimento total ou parcial das responsabilidades assumidas pela contratada, sobretudo quanto às obrigações e encargos sociais e trabalhistas, ensejará a aplicação de sanções administrativas, previstas no instrumento convocatório e na legislação vigente, podendo culminar em rescisão contratual, conforme disposto nos arts. 77 e 87 da Lei nº 8.666, de 1993.

5.1. Na fiscalização do cumprimento das obrigações trabalhistas e sociais nas contratações continuadas com dedicação exclusiva dos trabalhadores da contratada, exigir-se-á, dentre outras, as seguintes comprovações:

I) no caso de empresas regidas pela Consolidação das Leis do Trabalho:

a) a prova de regularidade para com a Seguridade Social, conforme dispõe o art. 195, § 3º da Constituição Federal, sob pena de rescisão contratual;

b) recolhimento do FGTS, referente ao mês anterior, caso a Administração não esteja realizando os depósitos diretamente, conforme estabelecido no instrumento convocatório;

c) pagamento de salários no prazo previsto em Lei, referente ao mês anterior;

d) fornecimento de vale-transporte e auxílio-alimentação, quando cabível;

e) pagamento do 13º salário;

f) concessão de férias e o correspondente ao pagamento do adicional de férias, na forma da Lei;

g) realização de exames admissionais e demissionais e periódicos, quando for o caso;

h) eventuais cursos de treinamento e reciclagem que forem exigidos por lei;

i) comprovação de encaminhamento ao Ministério do Trabalho e Emprego das informações trabalhistas exigidas pela legislação, tais como a RAIS e o CAGED;

j) cumprimento das obrigações contidas em convenção coletiva, acordo coletivo ou sentença normativa em dissídio coletivo de trabalho; e

k) cumprimento das demais obrigações dispostas na CLT em relação aos empregados vinculados ao contrato;

II) no caso de sociedades diversas, tais como as Organizações Sociais Civis de Interesse Público – OSCIPs e as Organizações – Sociais, será exigida a comprovação de atendimento e eventuais obrigações decorrentes da legislação que rege as respectivas organizações.

5.2. O descumprimento das obrigações trabalhistas ou a não manutenção das condições de habilitação pelo contratado deverá dar ensejo à rescisão contratual, sem prejuízo das demais sanções, sendo vedada a retenção de pagamento, se o contratado não incorrer em qualquer inexecução do serviço ou não o tiver prestado a contento.

5.3. A Administração poderá conceder um prazo para que a contratada regularize suas obrigações trabalhistas ou suas condições de habilitação, sob pena de rescisão contratual, quando não identificar má-fé ou a incapacidade de a empresa corrigir a situação.

5.4. Quando da rescisão contratual, o fiscal deve verificar o pagamento pela contratada das verbas rescisórias ou a comprovação de que os empregados serão realocados em outra atividade de prestação de serviços, sem que ocorra a interrupção do contrato de trabalho.

5.5. Até que a contratada comprove o disposto no *caput,* o órgão ou entidade contratante deverá reter a garantia prestada, podendo ainda utilizá-la para o pagamento direto aos trabalhadores no caso de a empresa não efetuar os pagamentos em até 2 (dois) meses do encerramento da vigência contratual, conforme previsto no instrumento convocatório e no referido decreto/legislação específica.

Cláusula 6. Fiscalização inicial (no momento em que a prestação de serviços é iniciada);

6.1. Elaborar planilha resumo de todo o contrato administrativo. Ela conterá todos os empregados terceirizados que prestam serviço no órgão, divididos por contrato, com as seguintes informações: nome completo, número de CPF, função exercida, salário, adicionais, gratificações, benefícios recebidos e sua quantidade (vale-transporte, auxílio-alimentação), horário de trabalho, férias, licenças, faltas, ocorrências e horas extras trabalhadas.

6.2. Conferir todas as anotações nas Carteiras de Trabalho e Previdência Social (CTPS) dos empregados, por amostragem, e verificar se elas coincidem com o informado pela empresa e pelo empregado. Atenção especial para a data de início do contrato de trabalho, a função exercida, a remuneração (importante esteja corretamente discriminada em salário-base, adicionais e gratificações) e todas as eventuais alterações dos contratos de trabalho.

6.3. O número de terceirizados ou função deve coincidir com o previsto no contrato administrativo.

6.4. O salário não pode ser inferior ao previsto no contrato administrativo e na Convenção Coletiva de Trabalho (CCT) da Categoria.

6.5. Consultar eventuais obrigações adicionais constantes na CCT para as empresas terceirizadas (por exemplo, se os empregados têm direito a auxílio-alimentação gratuito).

6.6. Verificar a existência de condições insalubres ou de periculosidade no local de trabalho, cuja presença levará ao pagamento dos respectivos adicionais aos empregados. Tais condições obrigam a empresa a fornecer determinados Equipamentos de Proteção Individual (EPIs).

6.7. Fiscalização Mensal (a ser feita antes do pagamento da fatura)

a) Elaborar planilha mensal que conterá os seguintes campos: nome completo do empregado, função exercida, dias efetivamente trabalhados, horas extras trabalhadas, férias, licenças, faltas, e ocorrências.

b) Verificar na planilha mensal o número de dias e horas trabalhados efetivamente. Exigir que a empresa apresente cópias das folhas de ponto dos empregados por ponto eletrônico ou meio que não seja padronizado (Súmula nº 338 do TST). Em caso de faltas ou horas trabalhadas a menor, deve ser feita glosa da fatura.

c) Exigir da empresa comprovantes de pagamento dos salários, vale-transporte e auxílio-alimentação dos empregados.

d) Realizar a retenção da contribuição previdenciária (11% do valor da fatura) e dos impostos incidentes sobre a prestação do serviço.

e) Realizar a retenção e o depósito do FGTS dos trabalhadores da contratada, caso exista autorização da empresa contratada, conforme definido no instrumento convocatório.

f) Exigir da empresa os recolhimentos do FGTS por meio dos seguintes documentos:

f1) cópia do Protocolo de Envio de Arquivos, emitido pela Conectividade Social (GFIP);

f2) cópia da Guia de Recolhimento do FGTS (GRF) com a autenticação mecânica ou acompanhada do comprovante de recolhimento bancário ou o comprovante emitido quando recolhimento for efetuado pela Internet;

f3) cópia da Relação dos Trabalhadores Constantes do Arquivo SEFIP (RE);

f4) cópia da Relação de Tomadores/Obras (RET).

g) Exigir da empresa os recolhimentos das contribuições ao INSS por meio de:

g1) cópia do Protocolo de Envio de Arquivos, emitido pela Conectividade Social (GFIP);

g2) cópia do Comprovante de Declaração à Previdência;

g3) cópia da Guia da Previdência Social (GPS) com a autenticação mecânica ou acompanhada do comprovante de recolhimento bancário ou o comprovante emitido, quando o recolhimento for efetuado pela Internet;

g4) cópia da Relação dos Trabalhadores Constantes do Arquivo SEFIP (RE);

g5) cópia da Relação de Tomadores/Obras (RET).

6.7.1. Consultar a situação da empresa junto ao SICAF.

6.7.2. Exigir a Certidão Negativa de Débito junto ao INSS (CND), a Certidão Negativa de Débitos de Tributos e Contribuições Federais e o Certificado de Regularidade do FGTS (CRF), sempre que expire o prazo de validade.

6.8. Fiscalização Diária – conferir, todos os dias, quais empregados terceirizados estão prestando serviços e em quais funções. Fazer o acompanhamento com a planilha mensal.

6.8.1. Verificar se os empregados estão cumprindo à risca a jornada de trabalho. Deve ser instaurada uma rotina para autorizar pedidos de realização de horas extras por terceirizados. Deve-se combinar com a empresa a forma de compensação de jornada.

6.8.2. Evitar ordens diretas aos terceirizados. As solicitações de serviços devem ser dirigidas ao preposto da empresa. Da mesma forma eventuais reclamações ou cobranças relacionadas aos empregados terceirizados.

6.8.3. Evitar toda e qualquer alteração na forma de prestação do serviço como a negociação de folgas ou a compensação de jornada. Essa conduta é exclusiva do empregador.

6.9. Fiscalização Especial – observar qual é a data-base da categoria prevista na Convenção Coletiva de Trabalho (CCT). Os reajustes dos empregados devem ser, obrigatoriamente, concedidos pela empresa no dia e percentual previstos (verificar a necessidade de proceder ao equilíbrio econômico-financeiro do contrato em caso de reajuste salarial).

6.9.1. Controle de férias e licenças dos empregados na planilha resumo.

6.9.2. A empresa deve respeitar as estabilidades provisórias de seus empregados (cipeiro, gestante e estabilidade acidentária).

III – Pagamento

Cláusula 7. O pagamento deverá ser efetuado mediante a apresentação de Nota Fiscal ou da Fatura pela contratada, que deverá conter o detalhamento dos serviços executados, conforme disposto no art. 73 da Lei nº 8.666, de 1993, observado os seguintes procedimentos:

7.1. A Nota Fiscal ou Fatura deverá ser obrigatoriamente acompanhada das seguintes comprovações:

a) do pagamento da remuneração e das contribuições sociais (Fundo de Garantia do Tempo de Serviço e Previdência Social), correspondentes ao mês da última nota fiscal ou fatura vencida, compatível com os empregados vinculados à execução contratual, nominalmente identificados, na forma do § 4º do art. 31 da Lei nº 8.212/1991, quando se tratar de mão de obra diretamente envolvida na execução dos serviços na contratação de serviços continuados;

b) da regularidade fiscal, constatada através de consulta *on-line* ao Sistema de cadastramento Unificado de Fornecedores – SICAF, ou na impossibilidade de acesso ao referido Sistema, mediante consulta aos sítios eletrônicos oficiais ou à documentação mencionada no art. 29 da Lei nº 8.666/1993; e

c) do cumprimento das obrigações trabalhistas, correspondentes à última nota fiscal ou fatura que tenha sido paga pela Administração.

7.2. O descumprimento das obrigações trabalhistas, previdenciárias e as relativas ao FGTS ensejará o pagamento em juízo dos valores em débito, sem prejuízo das sanções cabíveis.

7.3. O prazo para pagamento da Nota Fiscal/Fatura, devidamente atestada pela Administração, não deverá ser superior a 5 (cinco) dias úteis, contados da data de sua apresentação, na inexistência de outra regra contratual.

7.4. Na inexistência de outra regra contratual, quando da ocorrência de eventuais atrasos de pagamento provocados exclusivamente pela Administração, o valor devido deverá ser acrescido de atualização financeira, e sua apuração se fará desde a data de seu vencimento até a data do efetivo pagamento, em que os juros de mora serão calculados à taxa de 0,5% (meio por cento) ao mês, ou 6% (seis por cento) ao ano.

7.5. Na hipótese de pagamento de juros de mora e demais encargos por atraso, os autos devem ser instruídos com as justificativas e motivos, e ser submetidos à apreciação da autoridade superior competente, que adotará as providências para verificar se é ou não caso de apuração de responsabilidade, identificação dos envolvidos e imputação de ônus a quem deu causa.

7.6. A retenção ou glosa no pagamento, sem prejuízo das sanções cabíveis, só deverá ocorrer quando o contratado:

a) não produzir os resultados, deixar de executar, ou não executar com a qualidade mínima exigida as atividades contratadas; ou

b) deixar de utilizar materiais e recursos humanos exigidos para a execução do serviço, ou utilizá-los com qualidade ou quantidade inferior à demandada.

7.7. O pagamento pela Administração das verbas destinadas ao pagamento das férias e 13º dos trabalhadores da contratada poderá ocorrer em conta vinculada, conforme estiver previsto no instrumento convocatório.

No ensejo, concede-se o prazo de 90 (noventa) dias para que este ente estatal apresente perante este Órgão Ministerial minuta de decreto ou legislação específica que aborde os requisitos ventilados na referida notificação recomendatória;

O não atendimento aos termos desta Notificação Recomendatória implicará responsabilização de quem lhe der causa, ficando a destinatária sujeita às medidas administrativas e judiciais previstas na legislação pátria.

Tiago Ranieri de Oliveira
Procurador do Trabalho

ANEXO 2

PARECER EM RECURSO ORDINÁRIO – RESPONSABILIDADE SUBSI-DIÁRIA DO ENTE PÚBLICO

• *Afonso de Paula Pinheiro Rocha*

PROCESSO (...)
RECORRENTE: MUNICÍPIO DE (...)
RECORRIDO: S. R. C. E C. T. SERVIÇOS EM GERAL LTDA.

PARECER

EMENTA: RESPONSABILIDADE SUBSIDIÁRIA DO ENTE PÚBLICO – ADC 16 – ANÁLISE DO POSICIONAMENTO DO E. STF – IMPOSIÇÃO DE ÔNUS ARGUMENTATIVO E FUNDA-MENTAÇÃO PARA A CONSTRUÇÃO NO CASO CONCRETO DA RESPONSABILIDADE SUB-SIDIÁRIA DO ENTE PÚBLICO – AUSÊNCIA DE COMPROVAÇÃO DAS CAUTELAS E CUIDA-DOS ESPERADOS DA ADMINISTRAÇÃO – RESPONSABILIDADE CONFIGURADA NO CASO CONCRETO – NÃO PROVIMENTO.

1. RELATÓRIO

Trata-se de recurso ordinário pretendendo a reforma da r. sentença que condenou o ente público de forma subsidiária em verbas trabalhistas, com base na Súmula nº 331 do C. TST.

Inconformado, o Município de (...), em seu recurso, sustenta: a) a incompetência da Justiça do Trabalho para conhecer de um contrato de prestação de serviços entre a cooperativa ré e o Ente Público; b) que o reclamante carece do direito de ação e que ele, recorrente, é parte ilegítima, por inexistir relação de emprego; e c) a nulidade da contratação da reclamante pelo Município, por afrontar o disposto no art. 37, inciso II e § 2º, da Constituição Federal, e consoante o disposto na Súmula nº 363 do E. TST.

A parte reclamante e reclamada não apresentaram contrarrazões.

Após encaminhados ao Egrégio Tribunal Regional do Trabalho, os autos vieram a este Órgão Ministerial para emissão de Parecer.

É o relatório.

2. CONHECIMENTO

O Recurso interposto é próprio (CLT, art. 895, I), tempestivo, isento de preparo (Decreto-lei nº 779/1969, art. 1º, IV, e art. 790-A da CLT, introduzido pela Lei nº 10.537/2002), e regularmente subscrito. Assim, o Ministério Público do Trabalho oficia pelo conhecimento do apelo, vez que presentes os pressupostos de admissibilidade.

3. MÉRITO

3.1. COMPETÊNCIA ABSOLUTA DA JUSTIÇA DO TRABALHO

A competência se define pela natureza da pretensão deduzida em juízo, e se a petição inicial traz a afirmação abstrata da existência de uma relação de trabalho, a competência se define tão somente por isto, sem necessidade de aferição concreta da existência ou não da relação de trabalho. Esta existência vai depender de prova, ou seja, do exame do mérito, e não passa pelo plano dos pressupostos processuais ou das condições para o exercício válido e regular do direito de ação.

Ademais, deve-se mencionar que, em virtude da Emenda Constitucional nº 45, de 30.12.2004, a competência da Justiça do Trabalho sofreu uma significativa ampliação, abrangendo também os dissídios individuais em que se discuta relação de trabalho, mesmo com a Administração Pública Direta (art. 114, inciso I, da CF/1988).

Assim, dúvidas não restam quanto aos fatos narrados conduzirem à irregularidade da contratação a formação de vínculo com a referida cooperativa reclamada e a responsabilidade subsidiária do tomador do serviço, o ente público, razão pela qual deve ser mantida a competência da Justiça do Trabalho.

3.2. PRELIMINAR DE ILEGITIMIDADE PASSIVA *AD CAUSAM* E DE CARÊNCIA DO DIREITO DE AÇÃO

Suscita-as o ente público, ao argumento de que não haveria configuração do vínculo empregatício com o autor. As preliminares, contudo, não se sustentam.

Com efeito, a aferição da legitimidade *ad causam* dá-se apenas a partir da análise das afirmações feitas na inicial. Ora, no caso em apreço, o reclamante apontou o Município como sendo o beneficiário dos seus serviços, postulando, por isso, a condenação subsidiária do Ente Público, o que é suficiente para caracterizar a legitimidade passiva deste.

Saber acerca da real existência ou não de vínculo empregatício é questão de mérito, não se confundindo com a condição da ação ora examinada.

Por outro lado, não há que se falar em carência do direito de ação, uma vez que, apontado o réu como devedor subsidiário dos créditos que o autor entende fazer jus, demonstrada está a legitimidade ativa, e o interesse em recorrer ao Poder Judiciário.

Oficia, portanto, o Ministério Público do Trabalho pela rejeição das preliminares ora analisadas.

3.3. CONSIDERAÇÕES PRELIMINARES – ADC Nº 16 – CONSTITUCIONALIDADE DO ART. 71, § 1º, DA LEI Nº 8.666/1993 – RESPONSABILIDADE SUBSIDIÁRIA DO ENTE PÚBLICO

Em recente julgamento da ADC nº 16, o Supremo Tribunal Federal pronunciou a constitucionalidade do § 1º do art. 71 da Lei nº 8.666/1993, segundo o qual "*a inadimplência do contratado, com referência aos encargos trabalhistas, fiscais e comerciais não transfere à Administração Pública a responsabilidade por seu pagamento (...)*", exigindo da Justiça do Trabalho que a imputação de responsabilidade subsidiária ao Poder Público somente ocorra diante da constatação efetiva de culpa da administração pública por inadimplemento do seu dever de bem licitar e fiscalizar a execução do contrato de prestação de serviços, em cada caso concreto.

Observe-se que do noticiado pelo próprio Tribunal, o foco dos debates dos ministros foi se existe ou não uma vedação peremptória a qualquer responsabilização do ente público ou se seria necessário fundamentar a responsabilização em outros dispositivos pela Justiça do Trabalho. Vencedora a segunda corrente de entendimento.

O Procurador ora oficiente faz a seguinte interpretação da decisão proferida pelo Excelso STF: o resultado da ADC nº 16 é imputar um ônus argumentativo à Justiça do Trabalho.

Com efeito, a utilização da Súmula nº 331 do C. TST era feita de forma ampla na Justiça Laboral. Tão efetivo o entendimento e sua aplicabilidade nas situações práticas, ela se tornou uma forma de abreviar as discussões jurídicas, tendo em vista que sua invocação era como que um representante de toda a evolução jurisprudencial da Justiça do Trabalho sobre o fenômeno da terceirização, desde os idos do antigo Enunciado nº 256 do C. TST.

Observe-se que todas as razões jurídicas que se acumularam temporalmente e fundamentaram a construção do que se consolidou na atual Súmula nº 331 do C. TST restam incólumes, especialmente os fundamentos principiológicos de moralidade administrativa e preservação da dignidade do labor humano.

Assim, entendo que a preocupação do Supremo não foi tanto com a conclusão jurídica da Súmula nº 331, que importa na responsabilidade subsidiária, mas com a praxe forense trabalhista, que estava cada vez mais limitando-se a indicar a súmula. De fato, um dos deveres da jurisdição é a fundamentação e a mera subsunção à um entendimento sumular, sem maiores considerações sobre o caso concreto, podem vir a malferir o princípio da fundamentação.

Desta forma, há de se relembrar a construção jurídica e dispositivos pertinentes que configuram a ideia de uma responsabilização subsidiária:

Argumento 1) O escopo de incidência do art. 71 da Lei nº 8.666/1993 não permite concluir que a Administração Pública está indene de qualquer responsabilidade. A norma em questão está incluída na disciplina legal da execução contratual e volta-se às partes contratantes, ou seja: Administração Pública e particular prestador de serviços. O empregado, resguardado pela legislação trabalhista, é terceiro nesta avença.

A proibição da norma versa sobra a impossibilidade de alocação diferenciada de responsabilidades entre a Administração e o Prestador de Serviços, vedando que, por disposição contratual, a Administração assuma tais ônus.

Logo, a tutela do terceiro, no caso o trabalhador, não é o foco de incidência normativa.

Argumento 2) Adotar uma interpretação absolutista do referido artigo, redundaria em incorrer na Teoria da Irresponsabilidade do Estado, o que seria um verdadeiro anacronismo consoante a jurisprudência e a doutrina administrativista pátria.

Com efeito, o já famoso art. 71, deve ser interpretado conforme a Constituição Federal, notadamente o disciplinado pelo § 6º do art. 37 da Constituição da República, sendo que a responsabilidade civil do Estado é objetiva.

Ademais, observa-se que admitir hipótese contrária, seria imaginar que se a sociedade como um todo pode beneficiar-se da responsabilização objetiva do estado e o trabalhador, que também é parte da sociedade, não poderia beneficiar-se da mesma responsabilização.

Argumento 3) O dever de probidade, moralidade e atuação eficiente da Administração não se esgota com o procedimento licitatório. Ademais, se uma empresa contratada falha com suas obrigações trabalhistas é plenamente possível, por exemplo, que tenha ocorrido um erro de orçamentação nas planilhas de mão de obra, ou que a proposta que tenha sido feita fosse manifestamente inexequível e tivesse a administração adotado uma análise mais criteriosa do proposto pela licitante.

Destaca-se que há, nesse ponto, a configuração da lesão ao trabalhador, refletida nessa ideia de culpa *in eligendo*. Ou seja, é ônus da Administração demonstrar que a licitação e a orçamentação do contrato estavam plenamente adequados.

Observe-se que o dever de eficiência preconizado no texto constitucional não é só um dever de economicidade em face dos cofres públicos, é antes também um dever de atuação conforme os valores sociais fundamentais.

Se a administração pública vai ao Mercado de Serviços e contrata uma empresa, deve pautar sua conduta também pelos princípios que regem a ordem econômica, notadamente o do valor social do trabalho.

Argumento 4) Interpretar o art. 71, como negando aprioristicamente e peremptoriamente qualquer possibilidade de ônus à Administração Pública é notadamente criar um desestímulo à fiscalização dos contratos e negar a essencialidade de proteção da dignidade humana.

O efeito consequencial é que os entes e gestores de contratos da Administração não terão que ter a previdência que se espera.

Observe-se que em tais contratos, o famoso regime jurídico administrativo aporta para a Administração poderes muito maiores do que os particulares possuem em suas relações bilaterais.

Se é facultado esta grande gama de poderes à Administração era de se esperar que a mesma adotasse cláusulas contratuais e procedimentos de fiscalização de contratos que lhe permitissem identificar antecipadamente o momento em que as empresas prestadoras de serviços viriam a romper com as obrigações trabalhistas.

Logo, surge a segunda lesão ao trabalhador, espelhada numa ideia de culpa *in vigilando*.

Diante do exposto, é opinião do Procurador ora oficiante que embora se fale em "culpas" *in vigilando* e *in eligendo*. Estas não são, na verdade, culpas no sentido estrito da palavra, pois a responsabilidade da Administração é objetiva.

Na verdade, são muito mais critérios de aferição de um nexo de causalidade entre a conduta da administração e a lesão sofrida pelo trabalhador, consubstanciada na inadimplência de uma empresa contratada.

Logo, somente se afastaria a responsabilidade objetiva do ente Público com o afastamento do nexo causal, o que somente seria possível com a comprovação de que todos os procedimentos de escolha (licitação, orçamentação, planilhas etc.) estavam adequados e que durante toda a vigência do contrato, os mecanismos de controle e fiscalização foram previstos e exercidos adequadamente.

Com efeito, provando esta retidão de conduta (que é o que se espera da administração), seria possível afastar o nexo causal e aí sim poderia ser pensada a incidência do art. 71 como obstaculo à responsabilização do ente público.

Ultrapassada a questão da possibilidade de responsabilização, cumpre perceber que a medida de tal responsabilização é o dano sofrido pelo trabalhador, razão pela qual redunda na hipótese de responsabilidade subsidiária, que nada mais é do que como uma mudança de *locus* jurídico. O débito incorrido pela empresa em face do trabalhador se mantém inalterado, o que ocorre é uma mudança da responsabilidade pelo adimplemento em virtude da responsabilidade constitucional da administração.

Por fim, cumpre observar dois aspectos importantes correlacionados à matéria que usualmente são aventados como obstáculos à responsabilização subsidiária:

A) em nenhum momento o raciocínio aqui apresentado teve que recorrer à declaração de inconstitucionalidade do art. 71, pelo que não há ofensa ao decidido na ADC nº 16. Em verdade, o raciocínio afirmou a constitucionalidade e deu-lhe interpretação conforme a Constituição Federal e os valores sociais do trabalho.

B) em nenhum momento o raciocínio aqui apresentado teve que se valer da aplicação isolada da Súmula nº 331 do C. TST, razão pela qual, nem mesmo o debate jurídico sobre a adequação da mesma frente à cláusula de reserva de plenário gera obstáculo ao reconhecimento da possibilidade de imputação de responsabilidade ao ente público.

3.4. ANÁLISE DO CASO CONCRETO

Das provas carreadas aos autos, tem-se certo a existência do instituto da "terceirização de mão de obra", de forma que labor prestado pela reclamante ocorreu em prol do ente público, o qual deveria ter procedido com mais cautela na eleição e fiscalização dos trabalhos desenvolvidos pela cooperativa contratada, que por sua vez, foi considerada como irregular.

Tal situação, por si só, já demonstra que o ente público não agiu com a diligência adequada na escolha de entidade que, inevitavelmente, passaria a exercer uma atividade pública.

Observe-se, ainda, que em nenhum momento o ente público demonstra com segurança que o procedimento de licitação foi adequado e que durante a vigência do contrato, adotou todos os mecanismos de fiscalização adequados.

Diante da negligência do órgão tomador em exigir da cooperativa irregular, verdadeira empresa prestadora de serviços, a prova de sua capacidade econômica, fiscalizando devidamente a execução do contrato, assevera-se que é correta a condenação subsidiária do ente público litisconsorte na reclamatória.

4. CONCLUSÃO

Diante do exposto, manifesta-se o Ministério Público do Trabalho pelo conhecimento do recurso, **rejeição** das preliminares arguidas e **não provimento** do recurso.

É o parecer.

Manaus/AM, 6 de maio de 2011.

Afonso de Paula Pinheiro Rocha
Procurador do Trabalho
MPT / PRT 11ª REGIÃO

ANEXO 3
TERMO DE AJUSTE DE CONDUTA – TERCEIRIZAÇÃO – ENTE PÚBLICO
• *Tiago Ranieri de Oliveira*

INQUÉRITO CIVIL Nº (...)

TERMO DE AJUSTE DE CONDUTA

O Município/Estado, neste ato representado pelo Sr Governador/Prefeito, doravante denominado *AJUSTANTE*, firma, pelo presente instrumento, nos autos do IC (...), **TERMO DE AJUSTE DE CONDUTA**, nos termos do art. 5º, § 6º, da Lei nº 7.347/1985, perante o *MINISTÉRIO PÚBLICO DO TRABALHO*, por intermédio da Procuradoria do Trabalho no Município de Rio Branco/AC, representado neste ato pelo Procurador do Trabalho, Dr. TIAGO RANIERI DE OLIVEIRA, comprometendo-se, o AJUSTANTE, a expedir decreto ou elaborar legislação específica no prazo de 120 dias, com os seguinte texto, elencando os respectivos requisitos:

I – DO INSTRUMENTO CONVOCATÓRIO

Cláusula 1. Exigência de garantia, com validade de 3 (três) meses após o término da vigência contratual, devendo ser renovada a cada prorrogação efetivada no contrato, nos moldes do art. 56 da Lei nº 8.666, de 1993, para os serviços continuados com uso intensivo de mão de obra com dedicação exclusiva, com a previsão expressa de que a garantia somente será liberada ante a comprovação de que a empresa pagou todas as verbas rescisórias trabalhistas decorrentes da contratação, e que caso esse pagamento não ocorra até o fim do segundo mês após o encerramento da vigência contratual, a garantia será utilizada para o pagamento dessas verbas trabalhistas diretamente pela administração.

Cláusula 2. Em razão da Súmula nº 331 do Tribunal Superior do Trabalho, o edital poderá conter ainda as seguintes regras para a garantia do cumprimento das obrigações trabalhistas nas contratações de serviços continuados com dedicação exclusiva a mão de obra:

2.1. previsão de que os valores provisionados para o pagamento das férias, 13º salário e rescisão contratual dos trabalhadores da contratada serão depositados pela Administração em conta vinculada específica, que somente será liberada para o pagamento direto dessas verbas aos trabalhadores, nas seguintes condições:

a) parcial e anualmente, pelo valor correspondente aos 13ᵒˢ salários, quando devidos;

b) parcialmente, pelo valor correspondente às férias e ao 1/3 de férias, quando dos gozos de férias dos empregados vinculados ao contrato;

c) parcialmente, pelo valor correspondente aos 13ᵒˢ salários proporcionais, férias proporcionais e à indenização compensatória, porventura devida sobre o FGTS, quando da demissão de empregado vinculado ao contrato;

d) ao final da vigência do contrato, para o pagamento das verbas rescisórias; e

e) o saldo restante, com a execução completa do contrato, após a comprovação, por parte da empresa, da quitação de todos os – encargos trabalhistas e previdenciários relativos ao serviço contratado.

Cláusula 3. As provisões realizadas pela Administração contratante para o pagamento dos encargos trabalhistas em relação à mão de obra das empresas contratadas para prestar serviços de forma contínua, por meio de dedicação exclusiva de mão de obra, serão destacadas do valor mensal do contrato e depositados em conta vinculada em instituição bancária oficial, bloqueada para movimentação e aberta em nome da empresa.

3.1. A movimentação da conta vinculada será mediante autorização do órgão ou entidade contratante, exclusivamente para o pagamento dessas obrigações.

a) O montante do depósito vinculado será igual ao somatório dos valores das seguintes previsões: 13º salário; férias e abono de férias; adicional do FGTS para as rescisões sem justa causa; impacto sobre férias e 13º salário.

b) O órgão ou entidade contratante deverá firmar acordo de cooperação com instituição bancária oficial, que terá efeito subsidiário à presente instrução normativa, determinando os termos para abertura da conta corrente vinculada.

c) A assinatura do contrato de prestação de serviços entre o contratante e a empresa vencedora do certame será precedida dos seguintes atos:

c1) solicitação do contratante, mediante ofício, de abertura de conta corrente vinculada, bloqueada para movimentação, no nome da empresa, conforme disposto no *caput* da cláusula 3;

c2) assinatura, pela empresa a ser contratada, no ato da regularização da conta corrente vinculada, de termo específico da instituição financeira oficial que permita ao contratante ter acesso aos saldos e extratos, e vincule a movimentação dos valores depositados à autorização da Administração.

d) O saldo da conta vinculada será remunerado pelo índice da poupança ou outro definido no acordo de cooperação, desde que obtenha maior rentabilidade.

e) Os valores referentes às provisões de encargos trabalhistas mencionados no item 3.1, "a", depositados em conta vinculada deixarão de compor o valor mensal a ser pago diretamente à empresa.

f) O montante de que trata o aviso prévio trabalhado, 23,33% da remuneração mensal, deverá ser integralmente depositado durante a primeira vigência do contrato.

g) Os editais deverão conter expressamente as regras previstas neste anexo e um documento de autorização para criação da conta vinculada, que deverá ser assinado pela contratada, nos termos do art.19-A desta Instrução Normativa.

h) A empresa contratada poderá solicitar a autorização do contratante para utilizar os valores da conta vinculada para o pagamento de eventuais indenizações trabalhistas dos empregados ocorridas durante a vigência do contrato.

i) Para a liberação dos recursos da conta vinculada, para o pagamento de eventuais indenizações trabalhistas dos empregados ocorridas durante vigência do contrato, a empresa deverá apresentar ao contratante os documentos comprobatórios da ocorrência das obrigações trabalhistas e seus respectivos prazos de vencimento.

j) O contratante expedirá, após a confirmação da ocorrência da indenização trabalhista e a conferência dos cálculos, a autorização para a movimentação, encaminhada a referida autorização à instituição financeira oficial no prazo máximo de cinco dias úteis, a contar da data da apresentação dos documentos comprobatórios da empresa.

l) A autorização de que trata o item anterior deverá especificar que a movimentação será exclusiva para a transferência bancária para a conta corrente dos trabalhadores favorecidos.

m) A empresa deverá apresentar ao contratante, no prazo máximo de três dias, o comprovante das transferências bancárias realizadas para a quitação das obrigações trabalhistas.

n) O saldo remanescente da conta vinculada será liberado à empresa, no momento do encerramento do contrato, na presença do sindicato da categoria correspondente aos serviços contratados, após a comprovação da quitação de todos os encargos trabalhistas e previdenciários relativos ao serviço contratado.

o) Os valores provisionados para atendimento do item 3.2 serão discriminados.

Cláusula 4. A obrigação da contratada de, no momento da assinatura do contrato, autorizar a Administração contratante a fazer a retenção na fatura e o depósito direto dos valores devidos ao Fundo de Garantia do Tempo de Serviço – FGTS nas respectivas contas vinculadas dos trabalhadores da contratada, observada a legislação específica;

4.1. previsão de que o pagamento dos salários dos empregados pela empresa contratada deverá ocorrer via depósito bancário na conta do trabalhador, de modo a possibilitar a conferência do pagamento por parte da Administração;

4.2. a obrigação da contratada de, no momento da assinatura do contrato, autorizar a Administração contratante a fazer desconto na fatura e o pagamento direto dos salários e demais verbas trabalhistas aos trabalhadores, quando houver falha no cumprimento dessas obrigações por parte da contratada, até o momento da regularização, sem prejuízo das sanções cabíveis.

II – ACOMPANHAMENTO E FISCALIZAÇÃO DOS CONTRATOS

Cláusula 5. O descumprimento total ou parcial das responsabilidades assumidas pela contratada, sobretudo quanto às obrigações e encargos sociais e trabalhistas, ensejará a aplicação de sanções administrativas, previstas no instrumento convocatório e na legislação vigente, podendo culminar em rescisão contratual, conforme disposto nos arts. 77 e 87 da Lei nº 8.666, de 1993.

5.1. Na fiscalização do cumprimento das obrigações trabalhistas e sociais nas contratações continuadas com dedicação exclusiva dos trabalhadores da contratada, exigir-se-à, dentre outras, as seguintes comprovações:

I – no caso de empresas regidas pela Consolidação das Leis do Trabalho:

a) a prova de regularidade para com a Seguridade Social, conforme dispõe o art. 195, § 3º, da Constituição Federal, sob pena de rescisão contratual;

b) recolhimento do FGTS, referente ao mês anterior, caso a Administração não esteja realizando os depósitos diretamente, conforme estabelecido no instrumento convocatório;

c) pagamento de salários no prazo previsto em Lei, referente ao mês anterior;

d) fornecimento de vale-transporte e auxílio-alimentação, quando cabível;

e) pagamento do 13º salário;

f) concessão de férias e o correspondente ao pagamento do adicional de férias, na forma da Lei;

g) realização de exames admissionais e demissionais e periódicos, quando for o caso;

h) eventuais cursos de treinamento e reciclagem que forem exigidos por lei;

i) comprovação de encaminhamento ao Ministério do Trabalho e Emprego das informações trabalhistas exigidas pela legislação, tais como a RAIS e o CAGED;

j) cumprimento das obrigações contidas em convenção coletiva, acordo coletivo ou sentença normativa em dissídio coletivo de trabalho; e

k) cumprimento das demais obrigações dispostas na CLT em relação aos empregados vinculados ao contrato.

II – no caso de cooperativas:

a) recolhimento da contribuição previdenciária do INSS em relação à parcela de responsabilidade do cooperado;

b) recolhimento da contribuição previdenciária em relação à parcela de responsabilidade da Cooperativa;

c) comprovante de distribuição de sobras e produção;

d) comprovante da aplicação do FATES – Fundo Assistência Técnica Educacional e Social;

e) comprovante da aplicação em Fundo de reserva;

f) comprovação de criação do fundo para pagamento do 13º salário e férias; e

g) eventuais obrigações decorrentes da legislação que rege as sociedades cooperativas.

III – no caso de sociedades diversas, tais como as Organizações Sociais Civis de Interesse Público – OSCIPs – e as Organizações Sociais, será exigida a comprovação de atendimento e eventuais obrigações decorrentes da legislação que rege as respectivas organizações.

5.2. O descumprimento das obrigações trabalhistas ou a não manutenção das condições de habilitação pelo contratado deverá dar ensejo à rescisão contratual, sem prejuízo das demais sanções, sendo vedada a retenção de pagamento, se o contratado não incorrer em qualquer inexecução do serviço ou não o tiver prestado a contento.

5.3. A Administração poderá conceder um prazo para que a contratada regularize suas obrigações trabalhistas ou suas condições de habilitação, sob pena de rescisão contratual, quando não identificar má-fé ou a incapacidade da empresa corrigir a situação.

5.4. Quando da rescisão contratual, o fiscal deve verificar o pagamento pela contratada das verbas rescisórias ou a comprovação de que os empregados serão realocados em outra atividade de prestação de serviços, sem que ocorra a interrupção do contrato de trabalho.

5.5. Até que a contratada comprove o disposto no *caput*, o órgão ou entidade contratante deverá reter a garantia prestada, podendo ainda utilizá-la para o pagamento direto aos trabalhadores no caso da empresa não efetuar os pagamentos em até 2 (dois) meses do encerramento da vigência contratual, conforme previsto no instrumento convocatório e no art. 19-A, inciso IV desta Instrução Normativa;

Cláusula 6. Fiscalização inicial (no momento em que a prestação de serviços é iniciada);

6.1. Elaborar planilha resumo de todo o contrato administrativo. Ela conterá todos os empregados terceirizados que prestam serviço no órgão, divididos por contrato, com as seguintes informações: nome completo, número de CPF, função exercida, salário, adicionais, gratificações, benefícios recebidos e sua quantidade (vale-transporte, auxílio-alimentação), horário de trabalho, férias, licenças, faltas, ocorrências e horas extras trabalhadas.

6.2. Conferir todas as anotações nas Carteiras de Trabalho e Previdência Social (CTPS) dos empregados, por amostragem, e verificar se elas coincidem com o informado pela empresa e pelo empregado. Atenção especial para a data de início do contrato de trabalho, a função exercida, a remuneração (importante esteja corretamente discriminada em salário-base, adicionais e gratificações) e todas as eventuais alterações dos contratos de trabalho.

6.3. O número de terceirizados ou função deve coincidir com o previsto no contrato administrativo.

6.4. O salário não pode ser inferior ao previsto no contrato administrativo e na Convenção Coletiva de Trabalho (CCT) da Categoria.

6.5. Consultar eventuais obrigações adicionais constantes na CCT para as empresas terceirizadas (por exemplo, se os empregados têm direito a auxílio-alimentação gratuito).

6.6. Verificar a existência de condições insalubres ou de periculosidade no local de trabalho, cuja presença levará ao pagamento dos respectivos adicionais aos empregados. Tais condições obrigam a empresa a fornecer determinados Equipamentos de Proteção Individual (EPIs).

6.7. Fiscalização Mensal

6.7.1. Elaborar planilha mensal que conterá os seguintes campos: nome completo do empregado, função exercida, dias efetivamente trabalhados, horas extras trabalhadas, férias, licenças, faltas, ocorrências.

6.7.2. Verificar na planilha mensal o número de dias e horas trabalhados efetivamente. Exigir que a empresa apresente cópias das folhas de ponto dos empregados por ponto eletrônico ou meio que não seja padronizado (Súmula TST nº 338). Em caso de faltas ou horas trabalhadas a menor, deve ser feita glosa da fatura.

6.7.3. Exigir da empresa comprovantes de pagamento dos salários, vales-transportes e auxílio-alimentação dos empregados.

6.7.4. Realizar a retenção da contribuição previdenciária (11% do valor da fatura) e dos impostos incidentes sobre a prestação do serviço.

6.7.5. Realizar a retenção e o depósito do FGTS dos trabalhadores da contratada, caso exista autorização da empresa contratada, conforme definido no instrumento convocatório.

6.7.6. Exigir da empresa os recolhimentos do FGTS por meio dos seguintes documentos:

a) cópia do Protocolo de Envio de Arquivos, emitido pela Conectividade Social (GFIP);

b) cópia da Guia de Recolhimento do FGTS (GRF) com a autenticação mecânica ou acompanhada do comprovante de recolhimento bancário ou o comprovante emitido, quando o recolhimento for efetuado pela Internet;

c) cópia da Relação dos Trabalhadores Constantes do Arquivo SEFIP (RE);

d) cópia da Relação de Tomadores/Obras (RET).

6.7.7. Exigir da empresa os recolhimentos das contribuições ao INSS por meio de:

a) cópia do Protocolo de Envio de Arquivos, emitido pela Conectividade Social (GFIP);

b) cópia do Comprovante de Declaração à Previdência;

c) cópia da Guia da Previdência Social (GPS) com a autenticação mecânica ou acompanhada do comprovante de recolhimento bancário ou o comprovante emitido quando recolhimento for efetuado pela Internet;

d) cópia da Relação dos Trabalhadores Constantes do Arquivo SEFIP (RE);

e) cópia da Relação de Tomadores/Obras (RET).

6.7.8. Consultar a situação da empresa junto ao SICAF.

6.7.9. Exigir a Certidão Negativa de Débito junto ao INSS (CND), a Certidão Negativa de Débitos de Tributos e Contribuições Federais e o Certificado de Regularidade do FGTS (CRF), sempre que expire o prazo de validade.

6.8. Fiscalização Diária – conferir, todos os dias, quais empregados terceirizados estão prestando serviços e em quais funções. Fazer o acompanhamento com a planilha mensal.

6.8.1. Verificar se os empregados estão cumprindo à risca a jornada de trabalho. Deve ser instaurada uma rotina para autorizar pedidos de realização de horas extras por terceirizados. Deve-se combinar com a empresa a forma de compensação de jornada.

6.8.2. Evitar ordens diretas aos terceirizados. As solicitações de serviços devem ser dirigidas ao preposto da empresa. Da mesma forma eventuais reclamações ou cobranças relacionadas aos empregados terceirizados.

6.8.3. Evitar toda e qualquer alteração na forma de prestação do serviço como a negociação de folgas ou a compensação de jornada. Essa conduta é exclusiva do empregador.

6.9. Fiscalização Especial – observar qual é a data-base da categoria prevista na Convenção Coletiva de Trabalho (CCT). Os reajustes dos empregados devem ser, obrigatoriamente, concedidos pela empresa no dia e percentual previstos (verificar a necessidade de proceder ao equilíbrio econômico-financeiro do contrato em caso de reajuste salarial).

6.9.1. Controle de férias e licenças dos empregados na planilha resumo.

6.9.2. A empresa deve respeitar as estabilidades provisórias de seus empregados (cipeiro, gestante e estabilidade acidentária).

III – PAGAMENTO

Cláusula 7. O pagamento deverá ser efetuado mediante a apresentação de Nota Fiscal ou da Fatura pela contratada, que deverá conter o detalhamento dos serviços executados, conforme disposto no art. 73 da Lei nº 8.666, de 1993, observado o disposto no art. 35 desta Instrução Normativa e os seguintes procedimentos:

7.1. A Nota Fiscal ou Fatura deverá ser obrigatoriamente acompanhada das seguintes comprovações:

a) do pagamento da remuneração e das contribuições sociais (Fundo de Garantia do Tempo de Serviço e Previdência Social), correspondentes ao mês da última nota fiscal ou fatura vencida, compatível com os empregados vinculados à execução contratual, nominalmente identificados, na forma do § 4º do art. 31 da Lei nº 8.212/1991, quando se tratar de mão de obra diretamente envolvida na execução dos serviços na contratação de serviços continuados;

b) da regularidade fiscal, constatada através de consulta *on-line* ao Sistema de cadastramento Unificado de Fornecedores – SICAF, ou na impossibilidade de acesso ao referido Sistema, mediante consulta aos sítios eletrônicos oficiais ou à documentação mencionada no art. 29 da Lei nº 8.666/1993; e

c) do cumprimento das obrigações trabalhistas, correspondentes à última nota fiscal ou fatura que tenha sido paga pela Administração.

7.2. O descumprimento das obrigações trabalhistas, previdenciárias e as relativas ao FGTS ensejará o pagamento em juízo dos valores em débito, sem prejuízo das sanções cabíveis.

7.3. O prazo para pagamento da Nota Fiscal/Fatura, devidamente atestada pela Administração, não deverá ser superior a 5 (cinco) dias úteis, contados da data de sua apresentação, na inexistência de outra regra contratual.

7.4. Na inexistência de outra regra contratual, quando da ocorrência de eventuais atrasos de pagamento provocados exclusivamente pela Administração, o valor devido deverá ser acrescido de atualização financeira, e sua apuração se fará desde a data de seu vencimento até a data do efetivo pagamento, em que os juros de mora serão calculados à taxa de 0,5% (meio por cento) ao mês, ou 6% (seis por cento) ao ano.

7.5. Na hipótese de pagamento de juros de mora e demais encargos por atraso, os autos devem ser instruídos com as justificativas e motivos, e ser submetidos à apreciação da autoridade superior competente, que adotará as providências para verificar se é ou não caso de apuração de responsabilidade, identificação dos envolvidos e imputação de ônus a quem deu causa.

7.6. A retenção ou glosa no pagamento, sem prejuízo das sanções cabíveis, só deverá ocorrer quando o contratado:

a) não produzir os resultados, deixar de executar, ou não executar com a qualidade mínima exigida as atividades contratadas; ou

b) deixar de utilizar materiais e recursos humanos exigidos para a execução do serviço, ou utilizá-los com qualidade ou quantidade inferior à demandada.

7.7. O pagamento pela Administração das verbas destinadas ao pagamento das férias e 13º dos trabalhadores da contratada poderá ocorrer em conta vinculada, conforme estiver previsto no instrumento convocatório.

O **descumprimento** de quaisquer das cláusulas precedentes **sujeita** o ajustante e seus sócios, solidariamente, ao pagamento de **multa principal** no valor de R$ 100.000,00 (cem mil reais), **acrescida** de R$ 1.000,00 (mil reais) por empregado lesado e/ou encontrado em situação irregular incidindo a cada cláusula descumprida, sem prejuízo da execução das obrigações de fazer e não fazer, estipuladas neste Termo de Ajuste.

As multas serão atualizadas pelo índice oficial de correção dos débitos trabalhistas e reversíveis ao Fundo de Amparo ao Trabalhador (FAT), nos termos dos arts. 5º, § 6º, e 13 da Lei nº 7.347/1985, podendo ser substituída por obrigações alternativas (dar ou fazer), a critério do Ministério Público do Trabalho.

O ajustante fica constituído em mora a partir da constatação do descumprimento do presente Termo de Ajuste de Conduta, por meio de fiscalização promovida pela Superintendência Regional do Trabalho e Emprego no Estado do Acre, pelo próprio Ministério Público do Trabalho ou de qualquer outra forma legalmente admitida, bem com pelo simples decurso do prazo estipulado nas cláusulas em que fixados os mesmos de forma expressa sem que haja a devida comprovação do cumprimento das obrigações assumidas, independentemente de qualquer ato notificatório. Os recursos administrativos interpostos perante o Ministério do Trabalho e Emprego não elidem a mora da ajustante.

As partes reconhecem ao presente instrumento eficácia e força de título executivo extrajudicial, conforme disposto no art. 5º, § 6º, da Lei nº 7.347/1985 e no art. 876 da CLT, ciente a ajustante de que o descumprimento do presente Termo de Ajuste de Conduta ensejará a execução forçada perante a Justiça do Trabalho relativamente às obrigações de fazer, não fazer e pagar, conforme arts. 876 e 877-A da CLT.

O presente Termo de Ajuste de Conduta é firmado por prazo indeterminado, com vigência imediata a partir de sua assinatura, ficando assegurada a ambas as partes a revisão de suas cláusulas a qualquer tempo.

A cobrança da multa pactuada não desobriga a ajustante do cumprimento das demais obrigações contidas no presente instrumento.

O presente Termo de Ajuste de Conduta fica sujeito à incidência dos arts. 10 e 448 da CLT, em relação ao primeiro ajustante.

O presente Termo de Ajuste de Conduta não dá quitação quanto aos danos morais coletivos, nem obsta eventual direito individual.

Por estarem as partes plenamente ajustadas, firmam o presente Termo de Ajuste de Conduta em 3 (três) vias de igual teor, para que possam produzir os efeitos legais.

Rio Branco/AC, (...) de 2011.

Procurador do Trabalho

Ajustante

Capítulo 5

MEIO AMBIENTE DE TRABALHO
Maurício Ferreira Brito

Sumário: 5.1. Conceito de meio ambiente e de meio ambiente de trabalho • 5.2. Meio ambiente de trabalho como direito fundamental do trabalhador • 5.3. Dimensão coletiva dos danos ambientais no local de trabalho • 5.4. A lógica da precaução e não da monetização do risco • 5.5. Proteção legal • 5.6. Insalubridade e periculosidade • 5.7. Trabalho em condições prejudiciais à saúde e à segurança – relações entre o direito do trabalho e o direito previdenciário • 5.8. Acidente do trabalho e doenças ocupacionais: caracterização e responsabilidade jurídica • 5.9. Normas Regulamentadoras (NRs) do Ministério do Trabalho e Emprego sobre segurança e saúde do trabalho urbano e rural (Portaria nº 3.214/1978) • 5.10. Comissão Interna de Prevenção de Acidentes (CIPA) – Serviço Especializado em Engenharia de Segurança e em Medicina do Trabalho (SESMT) – Programa de Controle Médico da Saúde Ocupacional (PCMSO) – Programa de Prevenção de Riscos Ambientais (PPRA) • 5.11. Súmulas e Orientações Jurisprudenciais • 5.12. Questões resolvidas e comentadas • *Anexo* – AÇÃO CIVIL PÚBLICA – MEIO AMBIENTE DO TRABALHO – NORMAS DE SAÚDE E SEGURANÇA – TRABALHADORES QUE PRESTAM SERVIÇOS EM ÁREAS INDÍGENAS

5.1. CONCEITO DE MEIO AMBIENTE E DE MEIO AMBIENTE DE TRABALHO

O meio ambiente de trabalho está umbilicalmente ligado à proteção à saúde do trabalhador no local do trabalho. Portanto, quando se fala em meio ambiente de trabalho equilibrado, está a se tratar, na verdade, de um trabalhador sadio.

Não se pode esquecer, também, que o meio ambiente de trabalho é uma nuance do meio ambiente geral, direito fundamental de terceira dimensão, integrando o rol dos direitos fundamentais.

Existe uma definição legal de meio ambiente na Lei nº 6.938/1981, Lei da Política Nacional do Meio Ambiente, segundo a qual o meio ambiente é "o conjunto de condições, leis, influências e interações de ordem física, química e biológica, que permite, abriga e rege a vida em todas as suas formas" (art. 3º, I).

Visto o conceito legal de meio ambiente e sabendo-se que o meio ambiente de trabalho insere-se na caracterização ora exposta, o que vem a ser, então, o meio ambiente de trabalho?

Segundo Raimundo Simão de Melo (2010, p. 30-1), em seu *Direito Ambiental do Trabalho e a Saúde do Trabalhador*, citando Celso Antonio Pacheco Fiorillo:

É o local onde as pessoas desempenham suas atividades laborais, sejam remuneradas ou não, cujo equilíbrio está baseado na salubridade do meio na ausência de agentes que comprometam a incolumidade física e mental do trabalhador, independentemente da condição que ostente (homem ou mulher, maior ou menor de idade, celetista, servidor público ou autônomos etc.).

A primeira coisa que o leitor, sobretudo o "concurseiro", tem que visualizar, a partir da definição trazida, é a seguinte: o meio ambiente é um direito preponderantemente difuso, correto? Dessa forma, ele abarca todo trabalhador, não importando a natureza do vínculo – se contratado, estatutário, estagiário ou temporário –, o meio ambiente de trabalho não possui adjetivos, ou seja, independe da condição que o trabalhador ostente.

Vamos tentar ilustrar.

Imagine-se um hospital onde trabalham aproximadamente 500 (quinhentas) pessoas. Chamaremos esse hospital de "Santa Casa dos Concurseiros".

Na "Santa Casa dos Concurseiros" certamente haverá pessoas empregadas com contrato de trabalho por tempo indeterminado – "empregados comuns".

Provavelmente as pessoas que trabalham no serviço de limpeza e segurança, dentro do hospital, são terceirizadas, ou seja, possuem vínculo empregatício com uma terceira pessoa, malgrado prestem serviços ao hospital.

Ainda no mesmo hospital pode ser que trabalhem estudantes de medicina, com relação tipicamente educacional – estágio. Idealizem, também, que existam contratados de forma temporária, ante o surto de dengue que está ocorrendo na localidade.

Se não bastasse a dengue, outra triste situação está ocorrendo dentro da nossa "Santa Casa dos Concurseiros": esse hospital está com uma bactéria que, infelizmente, assola todos os setores do estabelecimento.

O meio ambiente de trabalho, como um todo, oferece até mesmo risco à vida dos trabalhadores (e pacientes "concurseiros" etc.).

Há como "segregar" esse meio ambiente de trabalho? Existe como se tutelar o direito "apenas" do empregado contratado pela CLT e deixar de tornar o ambiente sadio para todos?

Não há como.

Percebe-se, pelo exemplo trazido, com supedâneo na conceituação de Raimundo Simão de Melo, que o meio ambiente sadio (ou não) é para todos.

Veja-se, nesse sentido, as lições de Sandro D'Amato Nogueira (2008, p. 127) sobre o meio ambiente de trabalho hospitalar:

> Toda equipe hospitalar tem a responsabilidade de aplicar a prevenção a riscos e acidentes no local de trabalho, devendo a diretoria cobrar firmemente de todos a implementação de programas de prevenção de acidentes na área da saúde. Quando um acidente ou um incidente acontece, não se sabe o número exato de pessoas que podem ser atingidas, como pacientes, visitantes, prestadores de serviços, médicos, entre outros. Deste modo, ninguém pode ficar "de fora" desta preocupação.

A propósito, essa é também a inteligência da Súmula nº 736 do Supremo Tribunal Federal sobre a competência da Justiça do Trabalho em meio ambiente de trabalho: "Compete à Justiça do Trabalho julgar as ações que tenham como causa de pedir o descumprimento de normas trabalhistas relativas à segurança, higiene e saúde dos trabalhadores".

O alicerce do entendimento consubstanciado no Enunciado da Súmula é que o meio ambiente de trabalho é difuso e, portanto, não há como dividir o meio ambiente dos trabalhadores em função da natureza do vínculo mantido.

> **DICA DE PROVA:** Meio ambiente de trabalho, em regra, é um direito difuso, que açambarca todo trabalhador, independentemente da natureza do vínculo, fundamento pelo qual, à luz da Súmula nº 736 do Supremo Tribunal Federal, é da Justiça do Trabalho a competência para as ações que tenham como causa de pedir o descumprimento de normas trabalhistas relativas à segurança, à higiene e à saúde dos trabalhadores.

5.2. MEIO AMBIENTE DE TRABALHO COMO DIREITO FUNDAMENTAL DO TRABALHADOR

Os direitos de terceira dimensão, dentre eles o meio ambiente, caracterizam-se pela titularidade coletiva – um dano ao meio ambiente de trabalho, ainda que parcial, tem o condão de atingir toda uma coletividade de trabalhadores –, motivo pelo qual também são denominados direitos de solidariedade ou fraternidade.

O meio ambiente de trabalho é uma das formas de exteriorização do meio ambiente como um todo (art. 200, VIII, da CF/1988), o qual, por sua vez, é formalmente um direito fundamental.

Destarte, pode-se concluir que o meio ambiente de trabalho é também, formalmente, um direito fundamental no ordenamento jurídico brasileiro.

Constituindo-se em direito fundamental, possui a dupla natureza inerente aos direitos fundamentais. Conforme as lições de André Ramos Tavares (2008, p. 462):

> A denominada "dupla natureza" dos direitos fundamentais procura reconhecer tanto sua função de direitos subjetivos como também de princípios objetivos na ordem constitucional.

> Podem-se assinalar como consequências decorrentes da concepção objetiva dos direitos fundamentais a sua "eficácia irradiante" e a "teoria dos deveres estatais de proteção".

Deve o Estado, portanto, respeitar o meio ambiente do trabalho e, ao mesmo tempo, proporcionar o meio ambiente de trabalho equilibrado. Não apenas o Estado, mas também os particulares têm esse dever, sobretudo os empregadores, ante à eficácia horizontal dos direitos fundamentais.

Materialmente, trata-se de um direito humano fundamental de terceira dimensão, que tem o homem como centro axiológico, devendo-se buscar, assim, o respeito à dignidade humana e, por conseguinte, do ser humano que trabalha.

Com efeito, o meio ambiente de trabalho sadio e seguro é um dos mais valorosos e fundamentais direitos da pessoa trabalhadora, que, se desrespeitado, atinge toda a coletividade em seu interesse primário.

Curiosamente, se agredido, o meio ambiente também afeta o interesse público secundário da sociedade, que custeia a previdência e a assistência social por meio de tributos.

A ampla degradação desse direito humano fundamental, no ordenamento jurídico brasileiro, é prevista como crime (art. 149 do Código Penal) e enquadrada como situação análoga à de escravo. Nesse sentido, salutar é a lição de José Claudio Monteiro de Brito Filho (2004, p. 80):

> É preciso, entretanto, enunciar mais concretamente o trabalho em condições degradantes. Tomando por base sua caracterização, como exposta por Luis Camargo linhas atrás, como aquele em que se pode identificar péssimas condições de trabalho e de remuneração, pode-se dizer que trabalho em condições degradantes é aquele em que há a falta de algumas garantias mínimas de saúde e segurança, além da ausência de condições mínimas de trabalho, de moradia, higiene, respeito e alimentação. Tudo devendo ser garantido – o que deve ser esclarecido, embora pareça claro, em conjunto: ou seja, e em contrário, a falta de um desses elementos impõe o reconhecimento do trabalho em condições degradantes.

Um meio ambiente de trabalho indigno prejudica a saúde e a segurança do trabalhador e dos que, porventura, transitem naquele ambiente de trabalho, fato que ocasiona adoecimento, acidente, e põe em risco até mesmo a vida do ser humano.

Dessa forma, é patente a fundamentalidade além da formal, mas também material, do meio ambiente de trabalho, para a consecução da dignidade da pessoa humana que trabalha.

5.3. DIMENSÃO COLETIVA DOS DANOS AMBIENTAIS NO LOCAL DE TRABALHO

O direito ambiental do trabalho, difuso por natureza, não se fundamenta em eventual situação subjetiva individual do trabalhador. Pelo contrário, é um direito fundamental que merece a proteção dos particulares, da sociedade civil organizada e do Estado, ou seja, é dever de todos. Nesse sentido é o *caput* do art. 225 da CF/1988: "Todos têm direito ao meio ambiente ecologicamente equilibrado, bem de uso comum do povo e essencial à sadia qualidade de vida, impondo-se ao Poder Público e à coletividade o dever de defendê-lo e preservá- lo para as presentes e futuras gerações.".

O ambiente de trabalho degradado, ainda que em apenas um setor do empregador, torna o ambiente inóspito para todos os trabalhadores que utilizam aquele ambiente e, ressalte-se, para os que eventualmente possam se valer daquelas instalações – daí a necessidade de se manejar a tutela inibitória para o futuro.

Nesse passo, o ambiente de trabalho torna-se inadequado e degradante para todos os que dele perfilham. Existe uma transgressão coletiva ao meio ambiente de trabalho que tem a capacidade de atingir todos os trabalhadores.

Deixe-se consignado que as consequências dessa degradação, ao final, após o adoecimento do trabalhador, configurando-se em acidente de trabalho, serão suportadas também pela sociedade, que assume esse risco social.

Um exemplo ajudará a demonstrar a dimensão coletiva do dano ambiental do trabalho.

A fazenda "Caio e Tício Agropecuária" (o Caio e o Tício migraram para o direito do trabalho) tem 30 (trinta) alojamentos de trabalhadores.

Vinte e nove alojamentos funcionam adequadamente, em respeito ao ordenamento jurídico, principalmente às Normas Regulamentadoras do Ministério do Trabalho e Emprego no que toca à saúde, à segurança e às condições de conforto no ambiente de trabalho.

Visualize-se, agora, que apenas 1 (um) desses "alojamentos" – será descaracterizado o alojamento, motivo das aspas – seja feito de lona, não tenha água potável, banheiro e cozinha, que a comida consumida pelos trabalhadores seja azeda, a fiação elétrica esteja exposta, com risco de choque, e que nesse "alojamento" habitem 5 (cinco) trabalhadores, de duas famílias distintas, dos 300 (trezentos) trabalhadores da "Caio e Tício Agropecuária".

Duas perguntas devem ser feitas: a) seria esse "alojamento" local de trabalho?; b) esse dano ambiental seria difuso? Fundamente.

De forma sintética, pode-se responder que o "alojamento" é o local de trabalho e o dano ambiental é difuso.

Nesse diapasão, vale a pena transcrever, mais uma vez, as lições de Raimundo Simão de Melo (2010, p. 31):

> [...] o meio ambiente do trabalho não se restringe ao local de trabalho estrito do trabalhador. Ele abrange o local de trabalho, os instrumentos de trabalho, o modo da execução das tarefas e a maneira como o trabalhador é tratado pelo empregador ou tomador de serviço e pelos próprios colegas de trabalho. Por exemplo, quando falamos em assédio moral no trabalho, estamos nos referindo ao meio ambiente do trabalho, pois um ambiente onde os trabalhadores são maltratados, humilhados, perseguidos, ridicularizados, submetidos a exigências de tarefas abaixo ou acima da sua qualificação profissional, de tarefas inúteis ou ao cumprimento de metas impossíveis de atingimento, naturalmente haverá uma deterioração das condições de trabalho, com adoecimento do ambiente e dos trabalhadores, com extensão até para o ambiente familiar. Portanto, o conceito de meio ambiente do trabalho deve levar em conta a pessoa do trabalhador e tudo que o cerca.

Visto o pensamento apresentado, fica claro que o "alojamento" é meio ambiente de trabalho e que o dano em apenas 1 (um) dos alojamentos é coletivo, social, ainda que naquele alojamento habitem menos de 2% (dois por cento) dos trabalhadores da "Caio e Tício Agropecuária".

O ultraje por existir trabalhador que habite em "alojamento" na situação descrita, por ser social, já seria suficiente para caracterizar uma dimensão coletiva do dano. Todos os trabalhadores e todas as pessoas repudiam essa situação. Trabalhadores nessa condição atingem os outros e até as respectivas famílias. Daí a necessidade também da reparação coletiva.

A título de arremate final, registre-se que essa reparação coletiva ocorre sem prejuízo da reparação imediata e por danos individuais, sejam eles morais, materiais e/ou estéticos.

5.4. A LÓGICA DA PRECAUÇÃO E NÃO DA MONETIZAÇÃO DO RISCO

A Constituição da República prevê em seu art. 7º, inciso XXII, a redução dos riscos inerentes ao trabalho, por meio de normas de saúde, higiene e segurança. Está positivada também a salvaguarda do meio ambiente de trabalho no art. 200, VIII, da CF/1988.

Fazendo-se um mero cotejo entre ambos os dispositivos, chega-se a uma conclusão: está consagrada constitucionalmente a redução dos riscos à saúde no meio ambiente em que a pessoa humana trabalha.

E de outra forma não poderia ser.

O meio ambiente e a saúde e segurança do trabalhador são direitos humanos fundamentais. Por se tratar de direitos dessa natureza, devem observar o princípio da preservação total, pois, em caso de lesão ao bem jurídico tutelado, não poderá haver a reparação integral para o *status* anterior. Daí a necessidade primordial de não lesão dos direitos humanos fundamentais.

O leitor poderá constatar que diversas normas de proteção ao trabalho têm total relação com a tutela preventiva do meio ambiente de trabalho, ainda que não esteja escrito, textualmente, que há essa relação.

Exemplos constitucionais: a limitação da jornada de trabalho (art. 7º, XIII, da CF/1988); remuneração superior para o trabalho noturno (art. 7º, IX, da CF/1988); adicional para atividades penosas, perigosas ou insalubres (art. 7º, XXIII, da CF/1988). Todos esses dispositivos são profiláticos no que toca ao meio ambiente de trabalho.

Essa é, portanto, a lógica da prevenção/precaução do meio ambiente de trabalho.

> **DICA DE PROVA:** O meio ambiente de trabalho deve proporcionar a saúde e a segurança do trabalhador, intrínsecos à vida sadia do ser humano, seu bem mais precioso. Nesse sentido, a atuação preponderante do Ministério Público do Trabalho é a preventiva.

Percebe-se que, em algumas hipóteses, como na do ambiente insalubre e/ou perigoso, existe o pagamento de um adicional por aquele risco que o trabalhador está submetido.

Ainda assim, é imperioso deixar registrado que a atuação precípua do Ministério Público do Trabalho, à luz dos fundamentos ora expostos, está voltada a eliminar a periculosidade/insalubridade do meio ambiente de trabalho, na linha da prevenção.

Muitas vezes, essa atuação não chega a ser "popular" entre os trabalhadores, haja vista que existe uma falsa cultura de que "é bom" receber o pagamento dos adicionais por atividades expostas ao risco.

Pode-se compreender, por esta senda, que o Ministério Público do Trabalho, como sempre ressaltado, busca o cumprimento da lei, e não a defesa dos interesses do trabalhador, do empresário ou de quem quer que seja. Muitas vezes, o que ocorre é que o interesse público primário tutelado pelo Ministério Público do Trabalho coincide com a vontade de algum dos interessados no conflito. Mas, repise-se: o Ministério Público do Trabalho resguarda o interesse público primário, consubstanciado no cumprimento da lei.

Para que seja, ao máximo, frisada pelo leitor essa lógica de prevenção e de não monetização do risco, é importante rememorar alguns princípios de direito ambiental, também aplicáveis ao direito ambiental do trabalho.

Princípio da prevenção – princípio basilar do direito ambiental, pelo qual devem ser adotadas medidas tendentes a evitar riscos ao meio ambiente – também do trabalho. Exemplo: art. 7º, XXII, da CF/1988.

Precaução – este princípio se aproxima muito do princípio da prevenção. Consoante o princípio da precaução, ainda que não se tenha a certeza do risco, mas ante a possibilidade de irreversibilidade do dano e a essencialidade do bem jurídico tutelado, devem ser adotadas medidas para se evitar eventual dano, ainda que os riscos potenciais não tenham sido identificados. Exemplo: art. 225, § 1º, da CF/1988.

Poluidor-pagador – com este princípio busca-se, além da prevenção do dano ambiental, também a sua reparação integral em caso de dano. Desse princípio decorre que será dada prioridade à reparação específica, e não à indenização; bem como que a responsabilidade do poluidor é objetiva e solidária entre todos os causadores do dano.

5.5. PROTEÇÃO LEGAL

A proteção ao meio ambiente de trabalho está inserida em dispositivos de várias ordens: constitucional, legal, infralegal e internacional.

Na Constituição da República pode-se destacar, inicialmente, o art. 7º, inciso XXII, que, expressamente, assegurou o direito à redução dos riscos inerentes ao trabalho por meio de normas de saúde, higiene e segurança.

Ainda dentro do art. 7º da Constituição da República merecem menção os incisos XXII, XXIII e XXVIII, os quais compõem o que parte da doutrina denomina de tutela do meio ambiente de trabalho por meio da prevenção e não da reparação.

Nesse sentido é a lição de Edwar Abreu Gonçalves (2011, p. 35):

> Acerca de como a temática da Segurança e Saúde no Trabalho é tratada em nossa Carta Magna, convém destacar que desde a promulgação da Constituição Federal brasileira, em 5.10.1988, a proteção jurídica à segurança e saúde no trabalho ganhou *status* Constitucional, especialmente porque o art. 7º da nossa Lei Fundamental, ao tratar dos direitos elementares dos trabalhadores urbanos e rurais brasileiros, assegurou-lhes, dentre outros, a redução dos riscos inerentes ao trabalho, por meio de normas de segurança e saúde no trabalho. Dito mandamento Constitucional veio realçar e reforçar a proteção jurídica da segurança e dos trabalhadores brasileiros; sendo possível afirmar que as normas preventivas existentes ganharam, a partir de então, um "verniz" constitucional. A propósito, o art. 7º, de nossa Carta Política, enumera os direitos fundamentais dos trabalhadores urbanos e rurais, por meio de trinta e quatro incisos; sendo que, desses, há quatro diretamente relacionados à proteção jurídica da segurança e saúde no trabalho.

Os adicionais de insalubridade e periculosidade, previstos no inciso XXIII da CF/1988 também não deixam de ter total relação com o meio ambiente de trabalho hígido, haja vista que traz uma compensação para o trabalhador e um desestímulo ao empregador que mantém o meio ambiente de trabalho nessas condições.

Ante a importância da matéria, o meio ambiente de trabalho também foi tema de diversos dispositivos e diplomas no plano internacional.

Inicialmente, cabe destacar que o Tratado de *Versailles*, quando criou a Organização Internacional do Trabalho – OIT, incluiu, entre as suas atribuições, a proteção contra acidentes de trabalhos e doenças profissionais, devendo os riscos ser eliminados, neutralizados ou reduzidos por medidas apropriadas de engenharia de segurança e de medicina do trabalho.

Dezenas de Convenções da OIT disciplinam a matéria. Pode-se destacar, dentre elas, a Convenção nº 155, que versa sobre a segurança e a saúde dos trabalhadores, bem como sobre o meio ambiente de trabalho. Esta Convenção foi ratificada e promulgada pelo Decreto nº 1.254, de 29 setembro de 1994, no Brasil.

A Consolidação das Leis do Trabalho, no seu Título II, Capítulo V, arts. 154 e seguintes, trata da segurança e da medicina do trabalho. O art. 200 da CLT, por sua vez, atribuiu ao Ministério do Trabalho e Emprego – MTE – a atribuição para fixar disposições complementares sobre medicina e segurança do trabalho – as Normas Regulamentares.

Por fim, a Portaria MTE nº 3.214/1978 aprovou as normas Regulamentares de observância obrigatória para as empresas privadas, públicas, bem como para os órgãos da Administração direta e indireta de todos os Poderes, desde que possuam empregados regidos pela CLT.

5.6. INSALUBRIDADE E PERICULOSIDADE

A Constituição da República, em seu art. 7º, inciso XXIII, prevê o adicional de insalubridade, que tem regulamentação nos arts. 189 e seguintes da CLT.

Consoante o art. 192 da CLT:

> Art. 192. O exercício de trabalho em condições insalubres, acima dos limites de tolerância estabelecidos pelo Ministério do Trabalho, assegura a percepção do adicional respectivamente de 40% (quarenta por cento), 20% (vinte por cento) e 10% (dez por cento) do salário mínimo da região, segundo se classifiquem nos graus máximo, médio e mínimo.

Há um entendimento recente de que a disposição do art. 192 da CLT, mais precisamente quanto ao cálculo do adicional de insalubridade com base no salário mínimo, não foi recepcionada pela Constituição da República de 1988. Essa posição está consubstanciada no art. 7º, inciso IV, da CF/1988, que veda a vinculação do salário-mínimo para qualquer fim.

Nesse sentido, o Supremo Tribunal Federal aprovou a Súmula Vinculante nº 4: "salvo os casos previstos na Constituição, o salário mínimo não pode ser usado como indexador de base de cálculo de vantagem de servidor público ou de empregado, nem ser substituído por decisão judicial".

Como fica, então, a base de cálculo do adicional de insalubridade?

Sabe-se que a finalidade do art. 7º, inciso IV, da CF/1988, ao impedir a indexação ao salário mínimo, é fazer com que não ocorram pressões para que haja reajustes baixos do salário mínimo. Por essa razão, o STF (RE nº 565.714, Relatora Ministra Cármen Lúcia, *DJ* de 8.8.2008) decidiu que deve ser pago o adicional de insalubridade com o salário mínimo como base de cálculo até que surja nova lei fixando critérios de alteração. Agiu com acerto o STF, haja vista que a jurisprudência não poderia simplesmente alterar a base de cálculo do adicional de insalubridade.

Ressalte-se que a técnica adotada pelo C. STF foi a declaração de inconstitucionalidade sem pronúncia de nulidade, pela qual, malgrado a norma tenha sido declarada inconstitucional, continua a reger as relações obrigacionais, em face da impossibilidade de o Poder Judiciário substituir o legislador para definir critério diferente.

Mas, o C. TST, por maioria do seu Tribunal Pleno, decidiu, em junho de 2008, cancelar a OJ da SBDI-I nº 2, a Súmula nº 17 e alterou a Súmula nº 228, firmando o entendimento de que o adicional seria calculado sobre o salário básico, à exceção de critério mais vantajoso estabelecido em norma coletiva. Valeu-se, portanto, analogicamente, do art. 193 da CLT, que trata do adicional de periculosidade.

Todavia, em face dessa decisão, fora ajuizada reclamação no STF, que decidiu, de forma liminar, que o adicional de insalubridade deve continuar tendo como base de cálculo o salário mínimo, enquanto não deixar de existir a inconstitucionalidade por meio da edição de nova lei ou convenção coletiva. Suspendeu-se, portanto, a Súmula n° 228 do C. TST. Eis a decisão proferida pelo Ministro Gilmar Mendes em 15.7.2008, na Medida Cautelar em Reclamação 6.266-0/DF:

> À primeira vista, a pretensão do reclamante afigura-se plausível no sentido de que a decisão reclamada teria afrontado a Súmula Vinculante n° 4 desta Corte:
>
> "Salvo nos casos previstos na Constituição, o salário mínimo não pode ser usado como indexador de base de cálculo de vantagem de servidor público ou de empregado, nem ser substituído por decisão judicial".
>
> Com efeito, no julgamento que deu origem à mencionada Súmula Vinculante n° 4 (RE 565.714/SP – Relator Ministro Cármen Lúcia – Sessão de 30.4.2008 – *Informativo* 510/STF), esta Corte entendeu que o adicional de insalubridade deve continuar sendo calculado com base no salário mínimo, enquanto não superada a inconstitucionalidade por meio de lei ou convenção coletiva.
>
> Desta forma, com base no que ficou decidido no RE 565.714/SP e fixado na Súmula Vinculante n° 4, este Tribunal entendeu que não é possível a substituição do salário mínimo, seja como base de cálculo, seja como indexador, antes da edição de lei ou celebração de convenção coletiva que regule o adicional de insalubridade.
>
> Logo, à primeira vista, a nova redação estabelecida para a Súmula n° 228/TST revela aplicação indevida da Súmula Vinculante n° 4, porquanto permite a substituição do salário mínimo pelo salário básico no cálculo do adicional de insalubridade sem base normativa.
>
> Ante o exposto, defiro a medida liminar para suspender a aplicação da Súmula n° 228/TST na parte em que permite a utilização do salário básico para calcular o adicional de insalubridade.

ATENÇÃO: o candidato deverá estar atento às possíveis mudanças jurisprudenciais sobre a base de cálculo do adicional de insalubridade, sem descurar de demonstrar o conhecimento da divergência jurisprudencial sobre o tema em eventual questão discursiva.

Atividade insalubre, segundo o art. 189 da CLT, é aquela que, "por sua natureza, condições ou métodos de trabalho, exponham os empregados a agentes nocivos à saúde, acima dos limites de tolerância fixados em razão da natureza e da intensidade do agente e do tempo de exposição aos seus efeitos".

Em seguida, o art. 190 da CLT estipula que cabe ao Ministério do Trabalho e Emprego aprovar o quadro das atividades e operações insalubres e adotar normas sobre os critérios de caracterização da insalubridade, os limites de tolerância aos agentes agressivos, meios de proteção e o tempo máximo de exposição do empregado a esses agentes.

A Norma Regulamentadora NR-15 do Ministério do Trabalho indica quais os agentes químicos, físicos e biológicos prejudiciais à saúde do empregado, bem como os limites de tolerância possíveis.

Ressalte-se que a Súmula n° 460 do Supremo Tribunal Federal determina que, para efeito do adicional de insalubridade, a perícia judicial, em reclamação trabalhista, não dispensa o enquadramento da atividade entre as insalubres, que é ato da competência do Ministério do Trabalho. Nesse mesmo sentido é a Orientação Jurisprudencial n° 4 da SDI-I do C. TST.

O art. 191 da CLT, por outro lado, dispõe que a eliminação ou a neutralização da insalubridade ocorrerá com a adoção de medidas que conservem o ambiente de trabalho dentro dos limites de tolerância ou com a utilização de equipamentos de proteção individual ao trabalhador que diminuam a intensidade do agente agressivo a limites de tolerância.

Como se observa, a CLT caminha no mesmo sentido da Constituição da República ao priorizar a neutralização ou eliminação da insalubridade, ou seja, a atuação preventiva.

Nesse mesmo sentido, versa a Súmula nº 248 do C. TST, a qual firmou o entendimento de que a reclassificação ou a descaracterização da insalubridade, por ato da autoridade competente, repercute na satisfação do adicional, sem ofensa a direito adquirido ou ao princípio da irredutibilidade salarial.

Em setembro de 2012 o C. TST firmou o atual juízo da OJ nº 173 da SDI-I, segundo a qual é indevido o adicional de insalubridade ao trabalhador em atividade a céu aberto, por sujeição à radiação solar, ausente previsão legal. Na mesma OJ está contido que tem direito ao adicional de insalubridade o trabalhador que exerce atividade exposto ao calor acima dos limites de tolerância, inclusive em ambiente externo com carga solar, nas condições previstas no anexo 3 da NR-15 da Portaria MTE nº 3.214/1978. Confira-se:

> *OJ SDI-I Nº 173* • ADICIONAL DE INSALUBRIDADE – ATIVIDADE A CÉU ABERTO – EXPOSIÇÃO AO SOL E AO CALOR. I – Ausente previsão legal, indevido o adicional de insalubridade ao trabalhador em atividade a céu aberto, por sujeição à radiação solar (art. 195 da CLT e Anexo 7 da NR-15 da Portaria MTE nº 3.214/1978). II – Tem direito ao adicional de insalubridade o trabalhador que exerce atividade exposto ao calor acima dos limites de tolerância, inclusive em ambiente externo com carga solar, nas condições previstas no Anexo 3 da NR-15 da Portaria nº 3.214/1978 do MTE.

Os dois incisos da Orientação Jurisprudencial que, numa análise rarefeita, mostram-se antagônicos, são, na verdade, complementares.

O inciso I consubstancia o entendimento de que não existe o direito abstrato ao adicional de insalubridade para o trabalhador que exerce suas atividades a céu aberto apenas por sujeição à radiação solar. Cita-se, inclusive, o art. 195 da CLT, o qual dispõe que é imprescindível a perícia para que se tenha direito ao adicional de insalubridade.

Já o inciso II é claro ao determinar que, caso haja a exposição à radiação solar acima dos limites de tolerância, nas condições previstas no Anexo 3 da NR-15 da Portaria MTE nº 3.214/1978, é possível a concessão do adicional de insalubridade. É preciso, portanto, a perícia para que se constate a insalubridade.

Por fim, a Súmula nº 289 do C. TST consagra que o simples fornecimento do aparelho de proteção pelo empregador não o exime do pagamento do adicional de insalubridade, cabendo-lhe tomar as medidas que conduzam à diminuição ou eliminação da nocividade, entre as quais as relativas ao uso efetivo do equipamento pelo empregado.

Sobre a periculosidade, conforme o art. 193 da CLT "são consideradas atividades ou operações perigosas, na forma da regulamentação aprovada pelo Ministério do Trabalho e Emprego, aquelas que, por sua natureza ou métodos de trabalho, impliquem risco acentuado em virtude de exposição permanente do trabalhador a: *I* – inflamáveis, explosivos ou energia elétrica; *II* – roubos ou outras espécies de violência física nas atividades profissionais de segurança pessoal ou patrimonial".

A segunda hipótese, de roubo ou outras espécies de violência física nas atividades profissionais de segurança pessoal ou patrimonial, foi incluída já no final do ano de 2012 pela Lei nº 12.740/2012.

Antes dessa nova mudança legislativa o C. TST já havia se manifestado diversas vezes no sentido de que o vigilante não teria direito ao recebimento do adicional de periculosidade em face da ausência de previsão legal no art. 193 da CLT (entre outros julgamentos, o TST--RR 28600-09.2006.5.02.0303 – 3ª Turma – Relator Alberto Luiz Bresciani de Fontan Pereira – Publicação 30.11.2012).

> **ATENÇÃO**: Esse entendimento do C. TST de que o vigilante não teria direito ao recebimento do adicional de periculosidade em face da ausência de previsão legal, após a modificação legal do art. 193 da CLT pela Lei nº 12.740/2012, certamente será revisto. O candidato deverá acompanhar a atualização.

Permite o § 3º do mesmo art. 193 da CLT que sejam descontados ou compensados do adicional outros da mesma natureza eventualmente já concedidos ao vigilante por meio de acordo coletivo.

Já o § 1º do art. 193 da CLT estipula ainda que o trabalho em condições de periculosidade assegura ao empregado um adicional de 30% (trinta por cento) sobre o salário, sem os acréscimos resultantes de gratificações, prêmios ou participações nos lucros da empresa. Saliente-se que o empregado poderá optar pelo adicional de insalubridade que porventura lhe seja devido (art. 193, § 2º, da CLT).

Embora o § 2º do art. 193 da Consolidação das Leis do Trabalho seja cogente ao positivar que o empregado pode optar pelo adicional de insalubridade que lhe seja devido, há uma corrente que entende como devidos ambos os adicionais, cumulativamente, haja vista que os fatos geradores são cumulativos e autônomos.

Como exemplo bem atual pode-se citar um vigilante que exerça suas atividades laborais em um ambiente com alto ruído.

Nesse sentido tem-se a lição de Sebastião Geraldo de Oliveira (2008, p. 373-4):

> Entendemos, portanto, que o trabalhador terá direito a receber tantos adicionais de insalubridade quantos forem os agentes a que estiver exposto, tomando-se por base cada anexo da NR-15 da Portaria nº 3.214/1978 do Ministério do Trabalho. Esse posicionamento, além do amplo respaldo jurídico, permite um combate mais eficaz às agressões, porquanto estimula o empregador a melhorar o ambiente de trabalho com o propósito de reduzir os custos. [...]

> Discute-se, também a possibilidade de cumulação do adicional de insalubridade com o de periculosidade. Pelas mesmas razões expostas, somos também favoráveis. Aponta-se como obstáculo à soma dos dois adicionais a previsão do art. 193, § 2º, da CLT: "O empregado poderá optar pelo adicional de insalubridade que porventura lhe seja devido". O dispositivo legal indica que os dois adicionais são incompatíveis, podendo o empregado optar por aquele que lhe for mais favorável. Entretanto, após a ratificação e vigência nacional da Convenção nº 155 da OIT, entendemos que esse parágrafo foi tacitamente revogado diante da determinação de que sejam considerados os riscos para a saúde decorrentes da exposição simultânea a diversas substâncias ou agentes (art. 11, "b").

Essa restrição desestimula que o empregador empreenda esforços para neutralizar a insalubridade ou a periculosidade, *"monetizando"* a saúde do trabalhador e alcançando completamente a contramão do texto constitucional.

Interessante destacar que para os empregados do setor elétrico a Súmula nº 361 do C. TST impõe o pagamento integral do adicional de periculosidade, ainda que haja exposição intermitente, haja vista que a lei não estabeleceu o pagamento proporcional.

A Orientação Jurisprudencial nº 347 da SDI-I do C. TST afirma ser devido o adicional de periculosidade aos cabistas, instaladores e reparadores de linhas e aparelhos de empresas de telefonia, desde que, no exercício de suas funções, fiquem expostos a condições de risco equivalentes às do trabalho exercido em contato com o sistema elétrico de potência.

É interessante chamar a atenção para a situação do motorista que acompanha o abastecimento de veículo.

Caso ele apenas acompanhe o abastecimento, o C. TST vem entendendo que não tem direito ao adicional de periculosidade. Entretanto, caso ele também realize o abastecimento do veículo que dirige, tem direito ao adicional de periculosidade. Confira-se:

> ADICIONAL DE PERICULOSIDADE – MOTORISTA QUE ACOMPANHA ABASTECIMENTO DE CAMINHÃO DENTRO DA ÁREA DE RISCO – INDEVIDO – ATIVIDADE NÃO CONSIDERADA PERIGOSA PELA NR-16 DO MTE. É indevido o adicional de periculosidade ao motorista que ingressa na área de risco ao simplesmente acompanhar o abastecimento do caminhão por ele dirigido, não se admitindo interpretação extensiva da NR-16 do MTE para considerar tal atividade perigosa. Com esse entendimento, a SBDI-I, por maioria, vencidos os Ministros Augusto César Leite de Carvalho, relator, Luiz Philippe Vieira de Mello Filho, Alberto Luiz Bresciani de Fontan Pereira, José Roberto Freire Pimenta e Delaíde Miranda Arantes, conheceu dos embargos, por divergência jurisprudencial e, no mérito, deu-lhes provimento, para restabelecer o acórdão do Regional, que julgou improcedente o pedido de adicional de periculosidade. (TST-E-ED-RR-5100-49.2005.5.15.0120, SBDI-I – Relator Ministro Augusto César Leite de Carvalho – red. p/ acórdão Ministro Maria Cristina Irogoyen Peduzzi – 23.8.2012 – *Informativo* 19 do C. TST)

> ADICIONAL DE PERICULOSIDADE – MOTORISTA – ABASTECIMENTO DO VEÍCULO E ACOMPANHAMENTO DO ABASTECIMENTO REALIZADO POR OUTREM – EXPOSIÇÃO A INFLAMÁVEIS. Possui direito ao adicional de periculosidade o motorista responsável pelo abastecimento do veículo, por um período de tempo não eventual ou esporádico. O referido adicional será indevido, entretanto, se o motorista somente acompanhar o abastecimento realizado por outrem. *In casu*, o reclamante permanecia em área de risco, abastecendo ou acompanhando o abastecimento do veículo, duas a três vezes por semana, por dez a quinze minutos. Concluiu o relator, com base no Quadro 3 do Anexo 2 da NR-16 do MTE, que, na hipótese em que o empregado abastece o automóvel, a exposição ao risco decorre das próprias atividades por ele desenvolvidas, já que está em contato direto com inflamáveis, de forma não eventual ou esporádica. Por outro lado, no caso em que o motorista se atém a acompanhar o abastecimento do veículo, prevalece, também com base no Quadro 3 do Anexo 2 da NR-16 do MT, o mesmo fundamento que levou esta Corte a pacificar entendimento no sentido de ser indevido adicional de periculosidade aos tripulantes que permaneçam no interior da aeronave durante o seu abastecimento. Com esse posicionamento, a SBDI-I, por unanimidade, conheceu dos embargos por divergência jurisprudencial e, no mérito, por maioria, deu-lhes parcial provimento para restringir a condenação ao pagamento do adicional de periculosidade àqueles períodos em que o próprio reclamante abastecia o seu veículo, – excluídos os momentos em que ele apenas acompanhava o abastecimento, conforme se apurar em sede de execução. Vencidos, em parte, os Ministros Ives Gandra Martins

Filho e Aloysio Corrêa da Veiga, que davam provimento integral aos embargos, e, totalmente, os Ministros José Roberto Freire Pimenta, Augusto César Leite de Carvalho e Delaíde Miranda Arantes, que negavam provimento ao recurso. (TST-E-RR-123300-19.2005.5.15.0054, SBDI-I – Relator Ministro Renato de Lacerda Paiva – 25.10.2012 – *Informativo* 27 do C. TST)

Finalmente, é devido o adicional de periculosidade àqueles que mantêm contato permanente com radiações ionizantes ou substancias radioativas. Essa regulamentação ocorreu por meio de portaria do Ministério do Trabalho expedida por força de delegação legislativa (art. 200, VI, da CLT).

Para arrematar o tópico, deve-se deixar escrito que o texto constitucional veda o trabalho noturno, perigoso ou insalubre a menor de 18 anos (arts. 7º, XXXIII, da CF/1988 e 405, I, da CLT).

5.7. TRABALHO EM CONDIÇÕES PREJUDICIAIS À SAÚDE E À SEGURANÇA – RELAÇÕES ENTRE O DIREITO DO TRABALHO E O DIREITO PREVIDENCIÁRIO

O trabalhador em condições prejudiciais à saúde ou à segurança, além do direito à redução dos riscos e, enquanto durar a situação, do recebimento dos adicionais legais, também tem direito a uma aposentadoria especial.

Com efeito, além do tempo dedicado ao trabalho, caso o empregado comprove que houve a exposição a agentes nocivos químicos, físicos ou biológicos, terá direito à aposentadoria especial, precisando comprovar o período de 15, 20 ou 25 anos de trabalho nessas condições.

Existem ainda uma série de outros requisitos para a aposentadoria especial, como tempo mínimo de contribuição e período de carência, destacando-se que os inscritos a partir de 25 de julho de 1991 devem ter, pelo menos, 180 (cento e oitenta) contribuições mensais.

Para fins previdenciários, a prova da exposição aos agentes prejudiciais será feita por meio do formulário denominado Perfil Profissiográfico Previdenciário – PPP, o qual deve ser preenchido pela empresa com base no Laudo Técnico de Condições Ambientais de Trabalho (LTCAT), firmado por médico do trabalho, engenheiro de segurança do trabalho ou ambos.

O PPP é um documento de direito previdenciário e de direito do trabalho da mais alta importância. Nele estão importantes dados administrativos, ambientais e resultados de monitoração biológica durante todo o período de exercício das atividades. O empregador, em caso de rescisão do contrato de trabalho, tem o dever de fornecer cópia autêntica do PPP ao trabalhador.

Finalmente, caso a empresa não mantenha o laudo atualizado ou o documento seja feito em desacordo com o parecer técnico, será multada.

5.8. ACIDENTE DO TRABALHO E DOENÇAS OCUPACIONAIS: CARACTERIZAÇÃO E RESPONSABILIDADE JURÍDICA

A definição de acidente de trabalho, consoante o *caput* do art. 19 da Lei nº 8.213/1991:

> É o que ocorre pelo exercício do trabalho a serviço da empresa ou pelo exercício do trabalho dos segurados referidos no inciso VII do art. 11 desta Lei, provocando lesão corporal ou perturbação funcional que cause a morte ou a perda ou redução, permanente ou temporária, da capacidade para o trabalho.

Os acidentes de trabalho, ou doenças do trabalho em sentido lato, são um gênero que engloba a doença profissional e a doença do trabalho em sentido estrito.

A doença profissional, conforme o art. 20, inciso I, da Lei nº 8.213/1991, "é a produzida ou desencadeada pelo exercício do trabalho peculiar a determinada atividade e constante da respectiva relação elaborada pelo Ministério do Trabalho e Previdência Social".

Já a doença do trabalho é a adquirida ou desencadeada em função de condições especiais em que o trabalho é realizado e com ele se relacione diretamente, constante da relação legal mencionada (art. 20, II, da Lei nº 8.213/1991).

O mesmo art. 20 da Lei nº 8.213/1991 no § 1º descaracteriza algumas situações como doenças do trabalho: a) a doença degenerativa; b) a inerente a grupo etário; c) a que não produza incapacidade laborativa; d) a doença endêmica adquirida por segurado habitante de região em que ela se desenvolva, salvo comprovação de que é resultante de exposição ou contato direto determinado pela natureza do trabalho.

Por fim, e em caso excepcional, constatando-se que a doença não incluída na relação aqui disposta resultou de condições especiais em que o trabalho é executado e com ele se relaciona diretamente, a Previdência Social deve considerá-la acidente de trabalho (art. 20, § 2º, da Lei nº 8.213/1991), assim como a perícia médica do INSS também considerará caracterizada a natureza acidentária da incapacidade quando constatar ocorrência de nexo técnico epidemiológico entre o trabalho e o agravo, decorrente da relação entre a atividade da empresa e a entidade mórbida motivadora da incapacidade elencada na CID – Classificação Internacional de Doenças (art. 21-A da Lei nº 8.213/1991).

Gustavo Filipe Barbosa Garcia (2009, p. 142) assim discorre sobre o nexo técnico epidemiológico:

> [...] presente o nexo técnico epidemiológico (entre o trabalho e o agravo), passa a existir a presunção relativa de que a doença tem natureza ocupacional.
>
> Com isso, presente o referido nexo técnico epidemiológico, não mais cabe ao empregado (segurado) provar ou demonstrar que a doença foi produzida ou desencadeada pelo exercício do trabalho peculiar a determinada atividade, ou que a doença foi adquirida ou desencadeada em função de condições especiais em que o trabalho é realizado e com ele se relacione diretamente. Trata-se de presunção relativa (*juris tantum*), pois a ausência de natureza ocupacional pode ser demonstrada pela empresa, na forma do § 2º do art. 21-A da Lei nº 8.213/1991, acima transcrito, bem como no art. 337, §§ 7º a 13, do Regulamento da Previdência Social, acrescentados pelo Decreto nº 6.042/2007.

Embora o art. 21-A da Lei nº 8.213/1991 tenha sido inserido no ano de 2006, não deixa de ser uma evolução recente para o segurado trabalhador, haja vista que, muitas vezes, a empresa recusa-se a reconhecer a natureza acidentária da incapacidade e, na hipótese, a própria Previdência Social poderá fazer esse reconhecimento, fato que trará importantes implicações na relação de emprego.

Infelizmente, a Justiça do Trabalho, muitas vezes, destitui completamente a capacidade probatória da perícia realizada no INSS, devendo o trabalhador passar por uma nova e ampla cognição judicial, com nova perícia.

São equiparados a acidente de trabalho, segundo o art. 21 da Lei nº 8.213/1991: a) o acidente ligado ao trabalho que, embora não tenha sido a causa única, haja contribuído diretamente para a morte do segurado, para a redução ou perda da sua capacidade para o trabalho, ou produzido lesão que exija atenção médica para a sua recuperação; b) o acidente sofrido pelo segurado no local e no horário de trabalho, em consequência de ato de agressão, sabotagem ou terrorismo praticado por terceiro ou companheiro de trabalho; ofensa física intencional, inclusive de terceiro, por motivo de disputa relacionada ao trabalho; o ato de imprudência, de negligência ou de imperícia de terceiro ou de companheiro de trabalho; o ato de pessoa privada do uso da razão; o desabamento, a inundação, o incêndio e outros casos fortuitos ou decorrentes de força maior; c) a doença proveniente de contaminação acidental do empregado no exercício de sua atividade; d) o acidente sofrido pelo segurado ainda que fora do local e horário de trabalho na execução de ordem ou na realização de serviço sob a autoridade da empresa; na prestação espontânea de qualquer serviço à empresa para lhe evitar prejuízo ou proporcionar proveito; em viagem a serviço da empresa, inclusive para estudo quando financiada por esta dentro de seus planos para melhor capacitação da mão de obra, independentemente do meio de locomoção utilizado, inclusive veículo de propriedade do segurado; no percurso da residência para o local de trabalho ou deste para aquela, qualquer que seja o meio de locomoção, inclusive veículo de propriedade do segurado.

Vale a pena fazer uma pequena consideração sobre o acidente de trajeto nesse momento.

O art. 21, IV, "d", da Lei nº 8.213/1991 equipara a acidente de trabalho o acidente sofrido pelo segurado, ainda que fora do local e horário de trabalho, no percurso da residência para o local de trabalho ou deste para aquela, qualquer que seja o meio de locomoção, inclusive veículo de propriedade do segurado/trabalhador.

É razoável que se tolere pequenos desvios nesse trajeto residência-local de trabalho para fins de apuração do nexo causal, desde que compatíveis com o referido trajeto.

Caso o empregado esteja se valendo de um caminho que não tem relação com o residência-trabalho, entendemos que também não existe nexo causal com o trabalho.

E sobre a responsabilidade civil do empregador?

Vejamos como a jurisprudência tem entendido:

> RECURSO DE REVISTA – DANO MORAL – ACIDENTE DE TRAJETO – CASO FORTUITO E FORÇA MAIOR – ATROPELAMENTO DE UM ANIMAL – NÃO VERIFICADA A CULPA TAMPOUCO A RESPONSABILIDADE OBJETIVA DO EMPREGADOR. No caso em exame, a causa do acidente, que ocorreu em trajeto trabalho-casa, está totalmente divorciada do trabalho executado pelo empregado, e não estava sob o controle da reclamada evitá-lo, pelo que indevida a indenização pleiteada. Com efeito, o acidente de trabalho típico é aquele que ocorre nas dependências da empresa, sendo necessária muita cautela para imputar ao empregador a culpa por eventuais prejuízos que venham a ocorrer no trajeto previsto no art. 21, IV, "d", da Lei nº 8.213/1991. **Verifica-se que na lei previdenciária o conceito de acidente de trabalho é mais amplo, e está relacionado à prevenção, enquanto que o conceito de indenização previsto no Código Civil demanda a demonstração inequívoca do nexo de causalidade.** Consequentemente, *nem todo acidente de trajeto pode ser considerado acidente de trabalho.* Considerando que o empregador não tinha como evitar o acidente, e não tendo o TRT registrado que a ferramenta de trabalho utilizada tenha apresentado qualquer falha técnica, não há se falar em ausência do dever geral de cautela. Ausentes a culpa bem como o dever geral de cautela. Recurso de revista conhecido e provido. (RR 43600-15.2007.5.14.0001 – Relator Ministro Horácio Raymundo de Senna Pires – j. em 24.3.2010 – 3ª Turma – *DEJT* de 23.4.2010)

INDENIZAÇÃO POR DANOS MORAIS E MATERIAIS – INEXISTÊNCIA DE CULPA OU DOLO DA RECLAMADA – RESPONSABILIDADE OBJETIVA – IMPOSSIBILIDADE. 1. Tendo o Regional deferido ao Reclamante o pagamento de indenização por danos morais e materiais decorrentes de acidente de trabalho, ao fundamento de que, independentemente de culpa da Reclamada, a sua responsabilização seria objetiva, de se acolher o pleito recursal. 2. Isso porque a responsabilidade objetiva configura-se, em tese, apenas quando a atividade desenvolvida pelo autor do dano vier a causar ao trabalhador um ônus maior do que os demais membros da coletividade (parágrafo único do art. 927 do CC). 3. Como o Empregado, no caso, *foi vitimado por um acidente automobilístico quando retornava de sua atividade,* não há de se falar em responsabilidade fundada no risco da atividade, tal como prevista na citada norma. Primeiro, porque ao tempo do acidente (23.2.1980), referido dispositivo legal não vigia, não sendo possível, à toda evidência, dar-lhe incidência retroativa (CF, art. 5º, XXXVI). Segundo, porque não estava **o Reclamante, no momento do acidente, em situação de risco superior a qualquer outro cidadão.** Logo, para que pudesse haver a responsabilização do empregador pelo dano, haveria a necessidade de inequívoca prova de culpa, o que inocorreu. Recurso de revista parcialmente conhecido e provido. (RR 9956100-94.2006.5.09.0069 – Relatora Ministra Maria Doralice Novaes – j. em 3.3.2010 – 7ª Turma – *DEJT* de 12.3.2010)

ACIDENTE DE TRAJETO – TRANSPORTE FORNECIDO PELO EMPREGADOR – RESPONSABILIDADE OBJETIVA. O *caput* do art. 7º da Lei Maior é claro ao referir que os direitos trabalhistas ali previstos somam-se a outros que visem à melhoria da condição social dos trabalhadores. Além disso, aplicáveis ao direito do trabalho as regras do direito comum, na forma do art. 8º, parágrafo único, da CLT. **O empregador que assume o transporte do empregado ao local de trabalho,** à luz dos arts. 734, 735 e 736 do CC, aplicáveis ao Direito do Trabalho por força do art. 8º da CLT, é **responsável objetivamente** por eventual acidente ocorrido no trajeto, ainda que por culpa de terceiro. **Apesar de aparentemente gratuito, o transporte dos empregados pelo empregador atende a interesse do negócio, ao viabilizar a presença da mão de obra no local de serviço, com pontualidade e regularidade, não ensejando qualquer razão para modificar a responsabilidade do transportador.** Gustavo Tepedino, Heloisa Helena Barboza e Maria Celina de Moraes lecionam que – somente deve ser considerado transporte gratuito (ou benévolo) aquele totalmente desinteressado, não ensejando qualquer retribuição pecuniária, fundado na amizade ou cortesia, sem que haja qualquer prestação correspondente (*Código Civil Interpretado,* vol. II, Renovar, 2006, p. 535). Enfocando o art. 734 do Código Civil – adotado pela Corte Regional como fundamento – tem-se que até bagagens são protegidas pela responsabilidade objetiva do transportador, quiçá um trabalhador que é transportado para o local onde prestará sua mão de obra, em benefício do empregador, que pelo art. 2º da CLT, assume os riscos do empreendimento. Assim, razoável a interpretação conferida pela Corte Regional, ao aplicar, analogicamente, as disposições acerca do contrato de transporte, o qual se insere no contrato de trabalho, a ele aderindo, a atrair o disposto na Súmula nº 221/TST. Revista não conhecida, no tema. (RR 900-35.2006.5.18.0102 – Relatora Ministra Rosa Maria Weber Candiota da Rosa – j. em 22.4.2009 – 3ª Turma – *DEJT* de 15.5.2009)

Ressalte-se que, caso o empregador não arque com suas obrigações previdenciárias, ele deverá também indenizar o trabalhador em valor equivalente ao do benefício previdenciário a que teria direito.

Finalmente, e na dicção do art. 22 da Lei nº 8.213/1991, a empresa deverá comunicar o acidente de trabalho à Previdência Social até o 1º dia útil seguinte ao da ocorrência e, em caso de morte, de imediato, à autoridade competente, sob pena de multa variável entre o limite mínimo e o limite máximo do salário-de-contribuição, sucessivamente aumentada nas reincidências, aplicada e cobrada pela Previdência Social.

O acidentado ou seus dependentes têm direito de receber cópia da comunicação, assim como o sindicato correspondente a sua categoria.

Caso a empresa se recuse a fazer a comunicação, o próprio acidentado poderá fazê-lo, assim como os seus dependentes, a entidade sindical competente, o médico que o assistiu ou qualquer autoridade pública, não prevalecendo nestes casos o prazo previsto no art. 22 da Lei nº 8.213/1991.

Infelizmente, o Brasil ocupa um lugar de destaque no tema acidente de trabalho, ante a grande quantidade de infortúnios que ocorre no país.

Como se observará no decorrer deste tópico, isso não se deve, contudo, à legislação nacional com relação à matéria, porquanto o trabalhador brasileiro tem direito à reparação integral em caso de dano e o empregador, total responsabilidade, inclusive com relação à previdência social em ação regressiva.

O art. 7º, inciso XXVIII, da CF/1988 assegura aos trabalhadores urbanos e rurais o seguro contra acidentes de trabalho, a cargo do empregador, sem excluir a indenização a que está obrigado, quando incorrer em dolo ou culpa.

O art. 118 da Lei nº 8.213/1991 assegura que o empregado tem direito à garantia provisória de emprego por período mínimo de 12 meses após a cessação do auxílio-doença ao empregado acidentado. O candidato a concurso público deve ter muita atenção com esse artigo, pois é sempre cobrado em provas. Muitas vezes a "pegadinha" que se faz é trocar o "auxílio-doença" por "auxílio-acidente", que são benefícios previdenciários distintos.

Sobre esse artigo, o C. TST possui a Súmula nº 378, que foi modificada recentemente e passou a incluir o inciso III, onde restou consubstanciando entendimento já firmado na jurisprudência das Cortes Trabalhistas de que ao empregado contratado por prazo determinado também se aplica o art. 118 da Lei nº 8.213/1991 em caso de acidente de trabalho. Veja-se:

> *SÚMULA Nº 378 DO TST* • ESTABILIDADE PROVISÓRIA – ACIDENTE DE TRABALHO – ART. 118 DA LEI Nº 8.213/1991. I – É constitucional o art. 118 da Lei nº 8.213/1991 que assegura o direito à estabilidade provisória por período de 12 meses após a cessação do auxílio-doença ao empregado acidentado. (ex-OJ nº 105 da SBDI-I – inserida em 1º.10.1997). II – São pressupostos para a concessão da estabilidade o afastamento superior a 15 dias e a consequente percepção do auxílio-doença acidentário, salvo se constatada, após a despedida, doença profissional que guarde relação de causalidade com a execução do contrato de emprego. (primeira parte – ex-OJ nº 230 da SBDI-I – inserida em 20.6.2001). III – O empregado submetido a contrato de trabalho por tempo determinado goza da garantia provisória de emprego, decorrente de acidente de trabalho, prevista no art. 118 da Lei nº 8.213/1991.

Um dos temas mais palpitantes de todo o direito do trabalho é a responsabilidade civil do empregador em caso de acidente de trabalho.

Sobre o tema, existem diversas correntes.

Uma primeira corrente aponta que a responsabilidade civil do empregador seria subjetiva, condicionada à demonstração da culpabilidade (dolo ou culpa). Aplicar-se-ia ao caso, portanto, o art. 186 do Código Civil.

Outra posição que merece destaque é a da responsabilização civil subjetiva com culpa presumida. Para os defensores dessa corrente, em face da hipossuficiência do empregado, assim como na relação de consumo, e ante a corriqueira escassez de recursos técnico-fi-

414 | MPT – PREPARANDO-SE PARA O CONCURSO DE PROCURADOR DO TRABALHO

nanceiros para comprovação da culpabilidade do empregador, deveria ocorrer a responsabilização civil subjetiva com culpa presumida, invertendo-se o ônus da prova. Seria uma aplicação dos arts. 6º, VIII, do Código de Proteção e Defesa do Consumidor, c/c o art. 8º, parágrafo único, da CLT.

As mesmas razões fáticas que levaram ao surgimento da teoria da culpa presumida no âmbito do direito do consumidor também existiriam no direito acidentário do trabalho: a) dificuldade da vítima em comprovar as causas do acidente; b) culpas anônimas ou pouco visíveis dificultam a demonstração da intencionalidade; além de: c) jornadas exaustivas; d) pressão dos superiores hierárquicos; e) desvio de função; f) treinamento inadequado.

Por essa forma, o princípio da inversão do ônus da prova, positivado no Código de Defesa do Consumidor, tende a ganhar espaço nas ações decorrentes de acidente de trabalho.

Deixe-se registrado que essa teoria tem a simpatia de alguns por se tratar de uma intermediária entre os defensores da responsabilidade objetiva e da responsabilidade subjetiva.

Há, ainda, uma terceira posição, de quem defende a responsabilidade civil objetiva, aplicando-se o art. 927, parágrafo único, do Código Civil, desde que a atividade produza risco aos seus empregados ante a própria natureza. É a chamada teoria do risco criado.

Esse posição é a que vem ganhando destaque no C. TST, conforme noticiado nos *Informativos* 32 e 34 da jurisprudência daquela Corte, ainda que o acidente tenha ocorrido na vigência do Código Civil de 1916:

> ACIDENTE DO TRABALHO – RESPONSABILIDADE CIVIL OBJETIVA – CONFIGURAÇÃO – MOTOCICLISTA – ATIVIDADE DE RISCO. A SBDI-I, por unanimidade, conheceu dos embargos, por divergência jurisprudencial, e, no mérito, por maioria, negou-lhes provimento, mantendo a decisão da 8ª Turma, que reconhecera a responsabilidade objetiva da empregadora, intermediadora de mão de obra junto a concessionária de energia elétrica, no caso em que o trabalhador, no desempenho da função de oficial eletricista, foi vítima de acidente do trabalho no trânsito, sofrendo amputação da perna direita, decorrente da colisão entre sua motocicleta e outro automóvel. Na espécie, além de o infortúnio ter ocorrido durante o expediente, restou consignado que o veículo de propriedade da vítima era utilizado para a prestação dos serviços de corte e religação de energia elétrica em unidades consumidoras de baixa tensão, em virtude do contrato de locação firmado com a empregadora, restando demonstrado, portanto, o nexo de causalidade entre o dano sofrido e o trabalho realizado. Ademais, a condução de motocicleta configura-se atividade de risco, na medida em que os condutores desse tipo de veículo estão mais sujeitos a acidentes, com consequências mais nocivas, distanciando-se, portanto, das condições dos demais motoristas. Noutro giro, ainda que o risco, a que se refere parágrafo único do art. 927 do Código Civil, esteja relacionado à natureza da "atividade normalmente desenvolvida pelo autor do dano", a interpretação teleológica do referido dispositivo, aliada à concepção histórica da responsabilidade objetiva, permitiria concluir que o conceito de atividade de risco deve advir do ofício concretamente desempenhado pelo trabalhador, e da exposição acima dos níveis considerados normais a que submetido, ainda que o empreendimento não contenha, por si só, elementos de risco. Finalmente, não há falar em inaplicabilidade do art. 927, parágrafo único, do CC aos casos anteriores à entrada em vigor do Código Civil, pois a teoria do risco em atividade perigosa não foi inaugurada com a nova codificação civilista, mas, ao contrário, é fruto da interpretação sistêmica do arcabouço histórico, legal e doutrinário sobre o tema. Vencidos os Ministros Ives Gandra Martins Filho, relator, e Brito Pereira. (TST-E-ED-RR-81100-64.2005.5.04.0551, SBDI-I – Relator Ministro Ives Gandra Martins Filho, red. p/ acórdão Ministro João Oreste Dalazen – 29.11.2012)

ACIDENTE DO TRABALHO OCORRIDO NA VIGÊNCIA DO CÓDIGO CIVIL DE 1916 – RESPONSABILIDADE OBJETIVA PREVISTA NO ART. 927, PARÁGRAFO ÚNICO, DO CÓDIGO CIVIL DE 2002 – APLICAÇÃO. A teoria da responsabilidade objetiva, consagrada no art. 927, parágrafo único, do Código Civil de 2002, aplica-se aos casos em que o acidente do trabalho, fato gerador do falecimento do empregado durante o desempenho de atividade de risco em rede elétrica, ocorreu na vigência do Código Civil de 1916. Mesmo antes da nova codificação civilista, o ordenamento jurídico brasileiro já contemplava a responsabilidade objetiva, seja por leis esparsas, a exemplo do Decreto nº 2.881/1912, da Lei nº 8.213/1991 e do Código de Defesa do Consumidor (Lei nº 8.078/1990), seja por meio da jurisprudência, conforme revela a Súmula nº 341 do STF, segundo a qual "é presumida a culpa do patrão ou comitente pelo ato culposo do empregado ou preposto". Ademais, o próprio art. 2º da CLT sempre autorizou a aplicação da culpa presumida no âmbito do Direito do Trabalho, ao estabelecer que recai sobre o empregador os riscos da atividade econômica. Assim, não se pode dizer que o Código Civil de 2002 trouxe uma absoluta inovação legislativa, a impedir a sua aplicação retroativa, mas apenas condensou entendimento jurisprudencial e doutrinário há muito consagrado sobre a teoria do risco. Com esse entendimento, a SBDI-I, em sua composição plena, conheceu, por maioria, dos embargos, por divergência jurisprudencial, e, no mérito, também por maioria, negou-lhes provimento. Vencidos, no conhecimento, os Ministros Horácio Raymundo de Senna Pires e Aloysio Corrêa da Veiga, e, no mérito, os Ministros Brito Pereira, relator, Antônio José de Barros Levenhagen, Ives Gandra Martins Filho, Maria Cristina Irigoyen Peduzzi e Renato de Lacerda Paiva, os quais entendiam que a aplicação retroativa do parágrafo único do art. 927 do CC é vedada com base nos arts. 6º da LICC e 5º, XXXVI, da CF. (TST-E-ED-RR-40400- 84.2005.5.15.0116, SBDI-I – Relator Ministro Brito Pereira, red. p/ acórdão Ministro Augusto César Leite de Carvalho – 13.12.2012)

Um argumento favorável a essa tese é a de que o empregador, em face do princípio da alteridade, assume os riscos da atividade econômica, não o empregado, independentemente do proveito econômico. Para essa teoria, portanto, bastaria a comprovação do nexo causal entre o risco criado e o dano ocorrido ao empregado para a responsabilização do empregador.

Uma teoria que vem ganhando força na doutrina é a teoria da árvore das causas. Conforme lições de Cláudio Brandão (2009):

> A doutrina tem apontado como instrumento eficaz, sobretudo no que se refere à prevenção, a utilização do método denominado "árvore das causas", que abandona a análise fragmentada em derredor das circunstâncias que o ocasionaram e busca desvendar o papel desempenhado pelas variações e pelas tentativas de recuperação das perturbações que afetaram o curso da tarefa normal.
>
> Toma como base o relato objetivo e detalhado de tudo quanto se relacionar com o evento em si, a partir da lesão produzida, identificando, de forma retroativa, os fatos, construindo-se sob a forma de diagrama a rede de antecedentes que representará o encadeamento de causas que provocaram direta ou indiretamente a lesão.

Por essa teoria o trabalho desenvolvido por uma pessoa pode ser decomposto em indivíduo, tarefa, material e meio de trabalho. A investigação ocorre nas modificações ocorridas em cada um dos elementos para se chegar a uma conclusão sobre o que ocasionou o acidente de trabalho.

Na hipótese de terceirização, independentemente da teoria que se adote, a responsabilização da tomadora é sempre solidária no que toca a meio ambiente de trabalho. Com efeito, é ela quem controla e tem domínio do meio ambiente, motivo pelo qual é, quase sempre, a autora do dano – vide art. 942 do Código Civil. A Norma Regulamentadora NR-5, itens 5.47 e 5.48, também traz expressamente a colaboração quanto ao meio ambiente da empresa contratada e da contratante para prevenção de acidentes do trabalho. Por fim, a Lei nº 8.213/1991, em seu art. 19, conceitua o acidente de trabalho como o que ocorre pelo exercício do trabalho a serviço da empresa ou pelo exercício do trabalho dos segurados do inciso VII, art. 11, da mesma lei.

> **DICA DE PROVA:** em eventual prova objetiva, prestar muita atenção ao enunciado da questão para ver o que está sendo pedido. Em caso de dúvida, colocar o que o C. TST vem entendendo que, como visto, é a corrente objetiva. Em eventual prova dissertativa, colocar as correntes existentes, a posição que vem ganhando destaque na jurisprudência e, se o candidato achar conveniente, se posicionar.

Por fim, para que se chegue a uma solução sobre como custear o ônus dos riscos da atividade que possibilitem acidente, uma possível solução seria a socialização dos riscos, conforme lições de Sebastião Geraldo Oliveira (2008, p. 127):

> Pelo que foi exposto, é provável que a técnica da socialização dos riscos, por intermédio do mecanismo inteligente do seguro de responsabilidade civil, contratado por todos que exploram alguma atividade, venha a ser o ponto de equilíbrio para acomodar os diversos interesses, sem ônus excessivos para ninguém.
>
> Como enfatizou a rainha Elizabeth I, há mais de três séculos: "Com o seguro, o dano é um fardo que pesa levemente sobre um grande número de pessoas, em vez de insuportavelmente sobre um pequeno número".

5.9. NORMAS REGULAMENTADORAS (NRs) DO MINISTÉRIO DO TRABALHO E EMPREGO SOBRE SEGURANÇA E SAÚDE DO TRABALHO URBANO E RURAL (PORTARIA Nº 3.214/1978)

Percebe-se uma tendência em nosso ordenamento jurídico como um todo de descodificação e deslegalização das normas.

Veja-se que, no âmbito do Direito Civil, por exemplo, existem hoje várias normas além do Código Civil que disciplinam matérias específicas: Bem de família, Defesa do Consumidor, Estatuto da Criança e do Adolescente. E em muitos desses casos a própria Constituição foi quem determinou o início dessa descodificação.

No que toca ao campo das relações de trabalho e do meio ambiente de trabalho, a Constituição da República, em seu art. 7º, autoriza a edição de normas que visem à redução dos riscos ambientais.

A Consolidação das Leis do Trabalho, em seu art. 200, respalda também ao Ministério do Trabalho estabelecer normas complementares, especialmente tendo em vista as peculiaridades de cada atividade ou setor de trabalho, sobretudo no que concerne à saúde e à segurança do trabalho.

A Portaria nº 3.214, de 8 de junho de 1978, do Ministério do Trabalho, aprovou as Normas Regulamentadoras (NRs) do Capítulo V, Título II, da Consolidação das Leis do Trabalho, relativas a Segurança e Medicina do Trabalho.

Hoje existem 36 (trinta e seis) Normas Regulamentadoras anexas à Portaria nº 3.214/1978.

O conhecimento dessas Normas Regulamentadoras é de fundamental importância para a atuação técnica na seara do meio ambiente de trabalho. Para o trabalhador, é importante para que possa melhor exercer a sua cidadania. Para os empregadores, para melhor exercício de sua atividade empresarial.

Ressalte-se que no 17º Concurso Público para Provimento de Cargos de Procurador do Trabalho constou expressamente no Espelho de Correção o conhecimento das Normas Regulamentadoras do Ministério do Trabalho, assim como em algumas questões da primeira prova, objetiva, conforme poderá se observar ao final do capítulo.

Confira-se trecho do Espelho de Correção da terceira prova:

16. Adequação dos alojamentos. Cama nos dormitórios. Obrigatoriedade e impossibilidade de invocação de costumes locais (NR-18; itens 18.4.2.10.2; 18.4.2.10.3; 18.4.2.10.4; 18.4.2.10.5; 18.4.2.10.5; 18.4.2.10.6). Meio ambiente. Norma de ordem pública. Inafastabilidade. Impossibilidade. Prova constatada em fiscalização da SRTE. Validade dos autos de infração. Fé-pública do Auditor Fiscal do Trabalho. Presunção de legitimidade e veracidade e imperatividade dos atos administrativos. Ausência de vício. Inaplicabilidade de confissão ficta ao MPT. Obrigação de fazer. Cominação de prazo e astreintes.

17. Reelaboração do PCMAT. Trabalho em caldeiras e em altura. O PCMAT deve prever as medidas de proteção de todas as fases da obra previamente ao início de cada fase. Validade dos autos de infração. Fé-pública do Auditor Fiscal do Trabalho. Presunção de legitimidade e veracidade e imperatividade dos atos administrativos. Ausência de vício. Laudo válido. Desnecessidade de perícia (inteligência do art. 195 da CLT c/c art. 334, inciso III, e 420, inciso II, do CPC). (NR-18 – item 18.3.4, "b", "c", "d"). Poder de diligência do Juízo (art. 765 da CLT). Obrigação de fazer. Cominação de prazo e astreintes. Um dos fundamentos do refazimento do PCMAT é que não houve previsão das proteções para trabalho em altura e, independentemente da fase em que está a obra, tem-se que prever todas as proteções que serão necessárias para a construção.

Ou seja, além de toda a necessidade e benefício do conhecimento das Normas Regulamentares, elas estão sendo cobradas no concurso público, fato que por si só justifica o seu estudo.

Para os "concurseiros" mais temerosos que buscam o cargo de Procurador do Trabalho, pode-se afirmar que não se espera que o candidato tenha o domínio pleno dos itens de todas as Normas Regulamentares do Ministério do Trabalho, mas, por outro, não se tolera o desconhecimento das regras básicas previstas nas Normas Regulamentares.

Ademais, ainda que não seja cobrado expressamente o conhecimento de Normas Regulamentadoras em provas subjetivas, no concurso do Ministério Público do Trabalho ou até mesmo no da magistratura, o candidato apenas enriquece a sua resposta ao mostrar um conhecimento mais técnico e apurado da matéria.

A seguir, para que o leitor tenha uma ideia mais aprofundada, sem o objetivo de esgotar a matéria, será apresentado um panorama geral das Normas Regulamentadoras.

A Norma Regulamentadora NR-1 estabelece o campo de aplicação de todas as Normas Regulamentadoras de Segurança e Medicina do Trabalho Urbano.

A NR-1, logo no item 1.1., dispõe que:

As Normas Regulamentadoras – NR, relativas à segurança e medicina do trabalho, são de observância obrigatória pelas empresas privadas e públicas e pelos órgãos públicos da administração direta e indireta, bem como pelos órgãos dos Poderes Legislativo e Judiciário, que possuem empregados regidos pela Consolidação das Leis do Trabalho – CLT.

A NR-2, que estabelece as situações em que as empresas deverão solicitar ao Ministério do Trabalho a realização de inspeção prévia em seus estabelecimentos, bem como a forma de sua realização (art. 160 da CLT), dispõe que todo estabelecimento, antes de iniciar suas atividades, deverá solicitar aprovação de suas instalações ao órgão regional do Ministério do Trabalho e Emprego, que emitirá o CAI – Certificado de Aprovação de Instalações. Caso não seja possível a inspeção prévia, a empresa apresentará declaração, conforme modelo preestabelecido.

De acordo ainda com a referida Norma Regulamentadora, nova inspeção deverá ser feita quando ocorrer modificação substancial nas instalações, inclusive equipamentos, que a empresa fica obrigada a comunicar.

O objetivo dessa inspeção prévia e da declaração de instalações é assegurar que o novo estabelecimento inicie suas atividades livre de riscos – uma segurança para empregado, empregador e toda a sociedade. O estabelecimento que não atender a tais disposições fica sujeito ao impedimento de seu funcionamento (art. 160 da CLT).

Nesse diapasão, mais uma vez vale a pena trazer à tona as lições de Gustavo Filipe Barbosa Garcia (2009, p. 29):

> A inspeção prévia e a declaração de instalações constituem os elementos capazes de assegurar que o novo estabelecimento inicie suas atividades livres de riscos de acidentes e/ou doenças do trabalho. Desse modo, o estabelecimento que não atender a tais disposições, fica sujeito ao impedimento de seu funcionamento, conforme estabelece o art. 160 da CLT, até que seja cumprida a exigência do referido dispositivo legal.

Em seguida, a Norma Regulamentadora NR-3 estabelece as situações em que as empresas sujeitam-se a sofrer paralisações de seus serviços, máquinas ou equipamentos, bem como os procedimentos a serem observados, pela fiscalização trabalhista, na adoção de tais medidas punitivas no tocante à Segurança e Medicina do Trabalho – o art. 161 da CLT, de forma específica, serve de alicerce para essa Norma Regulamentadora.

De acordo com a NR-3, o Delegado Regional do Trabalho (atualmente Superintendente Regional do Trabalho) poderá interditar/embargar o estabelecimento/obra, as máquinas ou equipamentos, setor de serviços, se demonstrarem grave e iminente risco para o trabalhador, mediante laudo técnico, e/ou exigir providências a serem adotadas para prevenção de acidentes do trabalho e doenças profissionais.

Essa Norma Regulamentadora busca tutelar, portanto, muito mais do que proteção individual do trabalho, mas proteção coletiva em todo o ambiente de trabalho, chegando até mesmo a paralisar a atividade empresarial.

E mais: durante a paralisação dos serviços, decorrente de interdição ou embargo, os empregados receberão os salários como se estivessem em efetivo exercício.

As Normas Regulamentadoras NR-4, NR-5 e NR-7, que regulamentam: a) os Serviços Especializados em Engenharia de Segurança e em Medicina do Trabalho; b) a CIPA – Comissão Interna de Prevenção de Acidentes; c) os Programa de Controle Médico de Saúde Ocupacional – PCMSO, serão comentadas no próximo tópico.

Além da proteção coletiva, as Normas Regulamentadoras também cuidaram dos Equipamentos de Proteção Individual na NR-6, além da previsão dos arts. 166 e 167 da CLT.

Dessa forma, as empresas são obrigadas a fornecer aos seus empregados, gratuitamente, equipamentos de proteção individual, destinados a proteger a saúde e a integridade física do trabalhador.

E não basta apenas fornecer qualquer equipamento, pois todo equipamento deve ter o CA – Certificado de Aprovação expedido pelo Ministério do Trabalho e Emprego.

Além de fornecer equipamento de proteção adequado ao risco da atividade com Certificado de Aprovação do Ministério do Trabalho e Emprego, deve ainda o empregador: a) exigir seu uso; b) orientar e treinar o trabalhador sobre o uso adequado, guarda e conservação; c) substituir o Equipamento de Proteção Individual imediatamente quando danificado ou extraviado; d) responsabilizar-se pela higienização e manutenção periódica dos equipamentos de proteção individuais; e, por fim, e) comunicar ao Ministério do Trabalho qualquer irregularidade observada.

Mas, como o equipamento é destinado e fornecido ao empregado, ele também tem importantes obrigações, não menos importantes que a do empregador, podendo também sofrer penalidades caso descumpra as suas obrigações: a) usar o Equipamento de Proteção Individual apenas para a finalidade a que se destina; b) responsabilizar-se pela guarda e conservação do Equipamento de Proteção Individual; c) comunicar ao empregador qualquer alteração que o torne impróprio para uso; e d) cumprir as determinações do empregador sobre o seu uso adequado.

As edificações no ambiente de trabalho, segundo a Norma Regulamentadora NR-8 e os arts. 170 a 174 da CLT, devem obedecer a requisitos técnicos que garantam plena segurança aos que nela trabalham.

Os locais de trabalho deverão ter, no mínimo, 3 metros de pé direito – altura livre do piso ao teto. Contudo, esse mínimo poderá ser reduzido desde que atendidas as condições de iluminação e conforto térmico compatíveis com a natureza do trabalho, sujeitando-se tal redução ao controle do órgão competente em matéria de medicina e segurança do trabalho.

No que concerne ao piso dos locais de trabalho, não podem apresentar saliências nem depressões que prejudiquem a circulação de pessoas ou a movimentação de materiais, chamando a atenção para o fato de que as aberturas nos pisos e paredes serão protegidas de forma que impeçam a queda de pessoas ou objetos.

Além da edificação adequada, a iluminação (NR-17 e art. 175 da CLT) também deverá ser adequada, natural ou artificial, apropriada à natureza daquela atividade. A iluminação deverá ser uniformemente distribuída, geral e difusa, a fim de evitar ofuscamento, reflexos incômodos, sombras e contrastes excessivos.

A Norma Regulamentadora NR-17, por sua vez, cuida da ergonomia e visa a estabelecer parâmetros que permitam a adaptação das condições de trabalho às condições psicofisiológicas dos trabalhadores, de modo a proporcionar um máximo de conforto, segurança e desempenho eficiente, estando o respaldo legal da NR previsto nos arts. 198 e 199 da CLT.

As instalações elétricas estão disciplinadas nos arts. 179 a 181 da CLT e possuem regulamentação na NR-10. Ressalte-se que muitos acidentes de trabalho ocorrem em virtude de instalações elétricas inadequadas, que resultam em incêndios, choques e meio ambiente degradado. Cabe ao Ministério do Trabalho dispor sobre as condições de segurança e as medidas especiais a serem observadas relativamente a instalações elétricas, em qualquer das fases de produção, transmissão, distribuição ou consumo de energia.

Nesse sentido, somente um profissional qualificado pode instalar, operar, inspecionar ou reparar instalações elétricas, e os que trabalharem em serviços de eletricidade ou instalações elétricas devem estar familiarizados com os métodos de socorro a acidentados por choque elétrico.

Um dos grandes problemas do setor elétrico, também, é a terceirização. É ululante a necessidade – muito além da legal – de profissional qualificado para operar instalações elétricas, o que muitas vezes não ocorre na terceirização dos serviços.

Finalmente, a NR-10 estabelece os requisitos e condições mínimas, objetivando a implementação de medidas de controle e sistemas preventivos, de forma a garantir a segurança e a saúde dos trabalhadores que, direta ou indiretamente, interajam em instalações elétricas e em serviços com eletricidade.

No que tange à movimentação, à armazenagem e ao manuseio de materiais, a Consolidação das Leis do Trabalho também não foi omissa. Nos arts. 182 e 183 da CLT foi estabelecido o respaldo legal do assunto, o qual foi devidamente disciplinado na NR-11.

Segundo a NR-11, cabe ao Ministério do Trabalho estabelecer normas sobre: a) as precauções de segurança na movimentação de materiais nos locais de trabalho, os equipamentos a serem obrigatoriamente utilizados e as condições especiais a que estão sujeitas a operação e a manutenção desses equipamentos, inclusive exigências de pessoal habilitado; b) as exigências similares relativas ao manuseio e à armazenagem de materiais, inclusive quanto às condições de segurança e higiene relativas aos recipientes e locais de armazenagem e os equipamentos de proteção individual; c) a obrigatoriedade de indicação de carga máxima permitida nos equipamentos de transporte, dos avisos de proibição de fumar e de advertência quanto à natureza perigosa ou nociva à saúde das substâncias em movimentação ou em depósito, bem como das recomendações de primeiros socorros e de atendimento médico e símbolo de perigo, segundo padronização internacional, nos rótulos dos materiais ou substâncias armazenados ou transportados.

Importante destacar, também, que as disposições relativas ao transporte de materiais aplicam-se, no que couber, ao transporte de pessoas nos locais de trabalho, e que as pessoas que trabalharem na movimentação de materiais devem estar familiarizadas com os métodos racionais de levantamento de cargas.

Sobre as máquinas e equipamentos, tema completamente relacionado à proteção coletiva do trabalho, a previsão legal está nos arts. 184 e 185 da CLT, e a Regulamentação, na NR-12, que estabelece as medidas prevencionistas de segurança e higiene do trabalho a serem adotadas pelas empresas em relação à instalação, à operação e à manutenção de máquinas e equipamentos, visando à prevenção de acidentes do trabalho.

No que toca às caldeiras, aos fornos e aos recipientes de pressão, as Normas Regulamentadoras NR-13 e NR-14, assim como os arts. 187 e 188 da CLT, dispõem que as caldeiras, equipamentos e recipientes em geral, quando operam sob pressão, deverão dispor de válvulas e outros dispositivos de segurança que evitem seja ultrapassada a pressão interna de trabalho compatível com a sua resistência (art. 187 da CLT), sendo que as caldeiras deverão periodicamente ser submetidas a inspeções de segurança, por engenheiro ou empresa especializada, inscritos no Ministério do Trabalho.

5.10. COMISSÃO INTERNA DE PREVENÇÃO DE ACIDENTES (CIPA) – SERVIÇO ESPECIALIZADO EM ENGENHARIA DE SEGURANÇA E EM MEDICINA DO TRABALHO (SESMT) – PROGRAMA DE CONTROLE MÉDICO DA SAÚDE OCUPACIONAL (PCMSO) – PROGRAMA DE PREVENÇÃO DE RISCOS AMBIENTAIS (PPRA)

Todos os órgãos e programas objeto deste tópico possuem como objetivo a prevenção à saúde e à segurança no meio ambiente de trabalho, sobretudo do trabalhador.

Segundo o art. 163 da CLT, será obrigatória a constituição de Comissão Interna de Prevenção de Acidentes (CIPA), em conformidade com instruções expedidas pelo Ministério do Trabalho, nos estabelecimentos ou locais de obra nelas especificadas. E o Ministério do Trabalho regulamentará as atribuições, a composição e o funcionamento das CIPAs.

Todas as empresas privadas, públicas, sociedades de economia mista, órgãos da administração direta e indireta, instituições beneficentes, cooperativas, associações recreativas, e qualquer outra que admita trabalhadores como empregados, desde que possuam empregados celetistas, dependendo do grau de risco da empresa, e contem com o número mínimo de 20 (vinte) empregados, são obrigadas a manter a CIPA.

A CIPA será composta de representantes da empresa e dos empregados, de acordo com os critérios que vierem a ser adotados na regulamentação do Ministério do Trabalho, sendo que os representantes dos empregadores, titulares e suplentes, serão por eles designados. Por outro lado, os representantes dos empregados, titulares e suplentes, serão eleitos em escrutínio secreto, do qual participem, independentemente de filiação sindical, exclusivamente os empregados interessados (art. 164 da CLT).

Após eleitos, os membros do CIPA terão mandatos com duração de 1 (um) ano, permitida uma reeleição, e o empregador designará, anualmente, dentre os seus representantes, o Presidente da CIPA, e os empregados elegerão, dentre eles, o Vice-Presidente. É vedada a dispensa arbitrária ou sem justa causa do empregado eleito para cargo de direção de Comissões Internas de Prevenção de Acidentes – inclusive suplentes – desde o registro de sua candidatura até um ano após o final de seu mandato.

As demais regras sobre a CIPA estão previstas na Norma Regulamentadora NR-5, da Portaria nº 3.214/1978 do Ministério do Trabalho.

O objetivo primordial da CIPA é a prevenção de acidentes e doenças decorrentes do trabalho, de modo a tornar compatível o ambiente de trabalho permanentemente com a preservação da vida e da dignidade do ser humano que trabalha.

Dentre as atribuições da CIPA, pode-se destacar:

a) identificar eventuais riscos do processo laboral, bem como elaborar um mapa desses riscos, com participação do maior número de trabalhadores com assessoria do SESMT, onde houver;

b) elaborar um plano que possibilite a ação preventiva na solução de problemas de segurança e saúde no trabalho;

c) realização periódica de verificações nos ambientes e condições de trabalho visando à identificação de situações que venham a trazer riscos para a segurança e a saúde dos trabalhadores;

d) realizar, a cada reunião, avaliação do cumprimento das metas fixadas em seu plano de trabalho e discutir as situações de risco que foram identificadas;

e) divulgar aos trabalhadores informações relativas à segurança;

f) requisitar à empresa as cópias das Comunicações de Acidente de Trabalho emitidas.

Por fim, deixe-se registrado que, no âmbito rural, existe a CIPATR – Comissão Interna de Acidentes no Trabalho Rural –, conforme NR-31 do MTE.

Nesse mesmo prisma, as empresas, de acordo com as normas expedidas pelo Ministério do Trabalho e Emprego, estão obrigadas a manter serviços especializados em segurança e medicina do trabalho (art. 162 da CLT), com a finalidade de promover a saúde e proteger a integridade do trabalhador no local do trabalho.

As regras sobre os Serviços Especializados em Segurança e Medicina do Trabalho – SESMT – encontram-se disciplinadas na Norma Regulamentar NR-5 da Portaria 3.214/1978, do Ministério do Trabalho e Emprego.

Para que seja feito o correto dimensionamento do SESMT, deve ser observado o grau de risco da atividade principal da empresa e o número total de empregados existentes no estabelecimento.

No âmbito rural existe a SESMTR.

Os SESMTs serão compostos por médico do trabalho, engenheiro de segurança do trabalho, técnico de segurança do trabalho, enfermeiro do trabalho e auxiliar de enfermagem do trabalho.

Os profissionais do SESMT atuarão visando à redução e até à eliminação de riscos no ambiente de trabalho, bem como na conscientização sobre as normas de segurança e importância do uso dos EPIs, com a finalidade da redução de acidentes e riscos no ambiente de trabalho. Cabe também a eles registrar todos os acidentes de trabalho e doenças ocupacionais detectados, mês a mês, fazendo um histórico de cada trabalhador acidentado/doente.

Existe o controle obrigatório da saúde do empregado, por conta do empregador, constituindo-se obrigatório exame médico na admissão, demissão (ou dispensa) e, também, periodicamente. O Ministério do Trabalho, na NR-7, estabelece, de acordo com o risco da atividade e o tempo de exposição, a periodicidade dos exames médicos.

Os exames devem incluir: avaliação clínica, abrangendo anamnese ocupacional, exame físico e mental e exames complementares.

Para cada exame médico realizado, o médico deve emitir o Atestado de Saúde Ocupacional (ASO), em 2 (duas) vias. Uma deve ficar arquivada na ficha funcional do trabalhador, no local de trabalho, à disposição da fiscalização do trabalho. A outra via deverá ser entregue ao trabalhador, mediante recibo na primeira via.

Os dados obtidos nos exames médicos, inclusive a avaliação clínica e exames complementares, as conclusões e as medidas aplicadas, deverão ser registrados em prontuário clínico individual, o qual ficará sob responsabilidade do médico-coordenador do PCMSO.

É obrigatória a notificação das doenças profissionais e das produzidas em virtude das condições especiais de trabalho, comprovadas ou objeto de suspeita, em conformidade com as instruções expedidas pelo Ministério do Trabalho.

Caso constatada a ocorrência ou o agravamento de doença profissional, ou sendo verificadas alterações que revelem qualquer disfunção no organismo do trabalhador, mesmo sem sintomatologia, cabe ao médico coordenador ou encarregado solicitar a emissão de Comunicação de Acidente de Trabalho e indicar o afastamento do trabalhador da exposição ao risco. Deverá, ainda, ser feito o encaminhamento do trabalhador à Previdência Social para estabelecimento do nexo causal, avaliação da incapacidade e definição da conduta previdenciária em relação ao trabalho.

Ressalte-se que é obrigação do empregador manter, no estabelecimento, o material necessário à prestação dos primeiros socorros médicos, de acordo com o risco da atividade, e que também é obrigatória a notificação de doenças profissionais e das produzidas em virtude de condições especiais de trabalho.

Todos os empregadores e instituições que admitam empregados devem instituir o Programa de Controle Médico de Saúde Ocupacional – PCMSO –, com o objetivo de promoção e preservação da saúde do conjunto dos seus trabalhadores.

Por meio do seu caráter preventivo, o PCMSO buscará o rastreamento e o diagnóstico precoce dos agravos à saúde relacionados ao trabalho, inclusive de natureza subclínica, além da constatação da existência de casos de doenças profissionais ou danos irreversíveis à saúde dos trabalhadores.

O Programa de Prevenção de Riscos Ambientais – PPRA – tem a sua regulamentação na NR-9 do MTE. A referida Norma Regulamentadora, no item 9.1.1, dispõe que é obrigatório a todos os empregadores e instituições que admitam trabalhadores como empregados o PPRA, visando à preservação da saúde e da integridade dos trabalhadores, por meio da antecipação, do reconhecimento, da avaliação e do consequente controle de ocorrência de riscos ambientais existentes e que venham a existir no ambiente de trabalho.

A própria etimologia desse Programa traz a total relação com o princípio da prevenção em direito ambiental, por meio do qual são tomadas atitudes profiláticas com base em riscos que podem ser previstos e específicos.

O PPRA, como não poderia deixar de ser, segundo o item 9.1.3 da mesma NR, é parte integrante do conjunto mais amplo de iniciativas da empresa no campo da preservação da saúde e da integridade dos trabalhadores, devendo estar articulado com as outras Normas Regulamentadoras, em especial com o Programa de Controle Médico da Saúde Ocupacional.

5.11. SÚMULAS E ORIENTAÇÕES JURISPRUDENCIAIS

- ◆ *SÚMULA STF Nº 460* • Para efeito do adicional de insalubridade, a perícia judicial, em reclamação trabalhista, não dispensa o enquadramento da atividade entre as insalubres, que é ato da competência do Ministro do Trabalho e Previdência Social.

- ◆ *SÚMULA TST Nº 39* • PERICULOSIDADE. Os empregados que operam em bomba de gasolina têm direito ao adicional de periculosidade (Lei nº 2.573, de 15.8.1955).

- *SÚMULA TST Nº 46* • ACIDENTE DE TRABALHO. As faltas ou ausências decorrentes de acidente do trabalho não são consideradas para os efeitos de duração de férias e cálculo da gratificação natalina.

- *SÚMULA TST Nº 47* • INSALUBRIDADE. O trabalho executado em condições insalubres, em caráter intermitente, não afasta, só por essa circunstância, o direito à percepção do respectivo adicional.

- *SÚMULA TST Nº 70* • ADICIONAL DE PERICULOSIDADE. O adicional de periculosidade não incide sobre os triênios pagos pela Petrobras.

- *SÚMULA TST Nº 80* • INSALUBRIDADE. A eliminação da insalubridade mediante fornecimento de aparelhos protetores aprovados pelo órgão competente do Poder Executivo exclui a percepção do respectivo adicional.

- *SÚMULA TST Nº 132* • ADICIONAL DE PERICULOSIDADE. INTEGRAÇÃO. I – O adicional de periculosidade, pago em caráter permanente, integra o cálculo de indenização e de horas extras. II – Durante as horas de sobreaviso, o empregado não se encontra em condições de risco, razão pela qual é incabível a integração do adicional de periculosidade sobre as mencionadas horas.

- *SÚMULA TST Nº 139* • ADICIONAL DE INSALUBRIDADE. Enquanto percebido, o adicional de insalubridade integra a remuneração para todos os efeitos legais.

- *SÚMULA TST Nº 191* • ADICIONAL – PERICULOSIDADE – INCIDÊNCIA. O adicional de periculosidade incide apenas sobre o salário básico e não sobre este acrescido de outros adicionais. Em relação aos eletricitários, o cálculo do adicional de periculosidade deverá ser efetuado sobre a totalidade das parcelas de natureza salarial.

- *SÚMULA TST Nº 248* • ADICIONAL DE INSALUBRIDADE – DIREITO ADQUIRIDO. A reclassificação ou a descaracterização da insalubridade, por ato da autoridade competente, repercute na satisfação do respectivo adicional, sem ofensa a direito adquirido ou ao princípio da irredutibilidade salarial.

- *SÚMULA TST Nº 289* • INSALUBRIDADE. ADICIONAL. FORNECIMENTO DO APARELHO DE PROTEÇÃO. EFEITO. O simples fornecimento do aparelho de proteção pelo empregador não o exime do pagamento do adicional de insalubridade. Cabe-lhe tomar as medidas que conduzam à diminuição ou eliminação da nocividade, entre as quais as relativas ao uso efetivo do equipamento pelo empregado.

- *SÚMULA TST Nº 293* • ADICIONAL DE INSALUBRIDADE – CAUSA DE PEDIR – AGENTE NOCIVO DIVERSO DO APONTADO NA INICIAL. A verificação mediante perícia de prestação de serviços em condições nocivas, considerado agente insalubre diverso do apontado na inicial, não prejudica o pedido de adicional de insalubridade.

- *SÚMULA TST Nº 361* • ADICIONAL DE PERICULOSIDADE – ELETRICITÁRIOS – EXPOSIÇÃO INTERMITENTE. O trabalho exercido em condições perigosas, embora de forma intermitente, dá direito ao empregado a receber o adicional de periculosidade de forma integral, porque a Lei nº 7.369, de 20.9.1985, não estabeleceu nenhuma proporcionalidade em relação ao seu pagamento.

- *SÚMULA TST Nº 364* • ADICIONAL DE PERICULOSIDADE – EXPOSIÇÃO EVENTUAL, PERMANENTE E INTERMITENTE. Tem direito ao adicional de periculosidade o empregado exposto permanentemente ou que, de forma intermitente, sujeita-se a condições de risco. Indevido, apenas, quando o contato dá-se de forma eventual, assim considerado o fortuito, ou o que, sendo habitual, dá-se por tempo extremamente reduzido.

- *SÚMULA TST Nº 378* • ESTABILIDADE PROVISÓRIA – ACIDENTE DE TRABALHO – ART. 118 DA LEI Nº 8.213/1991. I – É constitucional o art. 118 da Lei nº 8.213/1991 que assegura o direito à estabilidade provisória por período de 12 meses após a cessação do auxílio-doença ao empregado acidentado. II – São pressupostos para a concessão da estabilidade o afastamento superior a 15 dias e a consequente percepção do auxílio-doença acidentário, salvo se constatada, após a despedida, doença profissional que guarde relação de causalidade com a execução do contrato de emprego. III – O empregado submetido a contrato de trabalho por tempo determinado goza da garantia provisória de emprego, decorrente de acidente de trabalho, prevista no art. 118 da Lei nº 8.213/1991.

♦ *OJ SDI-I Nº 4* • ADICIONAL DE INSALUBRIDADE – LIXO URBANO. I – Não basta a constatação da insalubridade por meio de laudo pericial para que o empregado tenha direito ao respectivo adicional, sendo necessária a classificação da atividade insalubre na relação oficial elaborada pelo Ministério do Trabalho. II – A limpeza em residências e escritórios e a respectiva coleta de lixo não podem ser consideradas atividades insalubres, ainda que constatadas por laudo pericial, porque não se encontram dentre as classificadas como lixo urbano na Portaria do Ministério do Trabalho.

♦ *OJ SDI-I Nº 103* • ADICIONAL DE INSALUBRIDADE – REPOUSO SEMANAL E FERIADOS. O adicional de insalubridade já remunera os dias de repouso semanal e feriados.

♦ *OJ SDI-I Nº 171* • ADICIONAL DE INSALUBRIDADE – ÓLEOS MINERAIS – SENTIDO DO TERMO "MANIPULAÇÃO". Para efeito de concessão de adicional de insalubridade não há distinção entre fabricação e manuseio de óleos minerais – Portaria nº 3.214 do Ministério do Trabalho, NR-15, Anexo XIII.

♦ *OJ SDI-I Nº 172* • ADICIONAL DE INSALUBRIDADE OU PERICULOSIDADE – CONDENAÇÃO – INSERÇÃO EM FOLHA DE PAGAMENTO. Condenada ao pagamento do adicional de insalubridade ou periculosidade, a empresa deverá inserir, mês a mês e enquanto o trabalho for executado sob essas condições, o valor correspondente em folha de pagamento.

♦ *OJ SDI-I Nº 173* • ADICIONAL DE INSALUBRIDADE – ATIVIDADE A CÉU ABERTO – EXPOSIÇÃO AO SOL E AO CALOR. I – Ausente previsão legal, indevido o adicional de insalubridade ao trabalhador em atividade a céu aberto, por sujeição à radiação solar (art. 195 da CLT e Anexo 7 da NR-15 da Portaria nº 3.214/1978 do MTE). II – Tem direito ao adicional de insalubridade o trabalhador que exerce atividade exposto ao calor acima dos limites de tolerância, inclusive em ambiente externo com carga solar, nas condições previstas no Anexo 3 da NR-15 da Portaria nº 3.214/1978 do MTE.

♦ *OJ SDI-I Nº 278* • ADICIONAL DE INSALUBRIDADE. PERÍCIA – LOCAL DE TRABALHO DESATIVADO. A realização de perícia é obrigatória para a verificação de insalubridade. Quando não for possível sua realização, como em caso de fechamento da empresa, poderá o julgador utilizar-se de outros meios de prova.

♦ *OJ SDI-I Nº 279* • ADICIONAL DE PERICULOSIDADE – ELETRICITÁRIOS – BASE DE CÁLCULO – LEI Nº 7.369/1985, ART. 1º – INTERPRETAÇÃO. O adicional de periculosidade dos eletricitários deverá ser calculado sobre o conjunto de parcelas de natureza salarial.

♦ *OJ SDI-I Nº 324* • ADICIONAL DE PERICULOSIDADE – SISTEMA ELÉTRICO DE POTÊNCIA – DECRETO Nº 93.412/1986, ART. 2º, § 1º. É assegurado o adicional de periculosidade apenas aos empregados que trabalham em sistema elétrico de potência em condições de risco, ou que o façam com equipamentos e instalações elétricas similares, que ofereçam risco equivalente, ainda que em unidade consumidora de energia elétrica.

♦ *OJ SDI-I Nº 345* • ADICIONAL DE PERICULOSIDADE – RADIAÇÃO IONIZANTE OU SUBSTÂNCIA RADIOATIVA – DEVIDO. A exposição do empregado à radiação ionizante ou à substância radioativa enseja a percepção do adicional de periculosidade, pois a regulamentação ministerial (Portarias do Ministério do Trabalho nᵒˢ 3.393, de 17.12.1987, e 518, de 7.4.2003), ao reputar perigosa a atividade, reveste-se de plena eficácia, porquanto expedida por força de delegação legislativa contida no art. 200, *caput*, e inciso VI, da CLT. No período de 12.12.2002 a 6.4.2003, enquanto vigeu a Portaria nᵒ 496 do Ministério do Trabalho, o empregado faz jus ao adicional de insalubridade.

- ◆ *OJ SDI-I Nᵒ 347* • ADICIONAL DE PERICULOSIDADE – SISTEMA ELÉTRICO DE POTÊNCIA – LEI Nᵒ 7.369, DE 20.9.1985, REGULAMENTADA PELO DECRETO Nᵒ 93.412, DE 14.10.1986 – EXTENSÃO DO DIREITO AOS CABISTAS, INSTALADORES E REPARADORES DE LINHAS E APARELHOS EM EMPRESA DE TELEFONIA. É devido o adicional de periculosidade aos empregados cabistas, instaladores e reparadores de linhas e aparelhos de empresas de telefonia, desde que, no exercício de suas funções, fiquem expostos a condições de risco equivalente ao do trabalho exercido em contato com sistema elétrico de potência.

- ◆ *OJ SDI-I Nᵒ 385* • ADICIONAL DE PERICULOSIDADE – DEVIDO – ARMAZENAMENTO DE LÍQUIDO INFLAMÁVEL NO PRÉDIO – CONSTRUÇÃO VERTICAL. É devido o pagamento do adicional de periculosidade ao empregado que desenvolve suas atividades em edifício (construção vertical), seja em pavimento igual ou distinto daquele onde estão instalados tanques para armazenamento de líquido inflamável, em quantidade acima do limite legal, considerando-se como área de risco toda a área interna da construção vertical.

- ◆ *OJ SDI-I Nᵒ 406* • ADICIONAL DE PERICULOSIDADE – PAGAMENTO ESPONTÂNEO – CARACTERIZAÇÃO DE FATO INCONTROVERSO – DESNECESSÁRIA A PERÍCIA DE QUE TRATA O ART. 195 DA CLT. O pagamento de adicional de periculosidade efetuado por mera liberalidade da empresa, ainda que de forma proporcional ao tempo de exposição ao risco ou em percentual inferior ao máximo legalmente previsto, dispensa a realização da prova técnica exigida pelo art. 195 da CLT, pois torna incontroversa a existência do trabalho em condições perigosas.

5.12. QUESTÕES RESOLVIDAS E COMENTADAS

(**MPT – 17ᵒ Concurso**) Em matéria de meio ambiente do trabalho, segurança e saúde no trabalho, examine as assertivas abaixo:

I – Segundo o entendimento do Supremo Tribunal Federal, os materiais e substâncias empregados, manipulados ou transportados nos locais de trabalho, quando perigosos ou nocivos à saúde, devem conter, no rótulo, sua composição, recomendações de socorro imediato e o símbolo de perigo correspondente, segundo a padronização internacional. Os estabelecimentos que mantenham atividades com os mencionados materiais afixarão, nos setores de trabalho atingidos, avisos ou cartazes, com advertência quanto aos materiais e substâncias perigosos ou nocivos à saúde.

II – Segundo a jurisprudência uniformizada do Tribunal Superior do Trabalho, é devido o pagamento do adicional de periculosidade ao empregado que desenvolve suas atividades em edifício (construção vertical), desde que em pavimento igual àquele onde estão instalados tanques para armazenamento de líquido inflamável, em quantidade acima do limite legal.

III – Segundo a jurisprudência uniformizada do Tribunal Superior do Trabalho, o pagamento de adicional de periculosidade efetuado por mera liberalidade da empresa, ainda que de forma proporcional ao tempo de exposição ao risco ou em percentual inferior ao máximo legalmente previsto, dispensa a realização da prova técnica exigida pelo art. 195 da CLT, pois torna incontroversa a existência do trabalho em condições perigosas.

Com base na leitura das proposições acima, marque a resposta **CORRETA**:

[A] apenas as assertivas I e II estão corretas;

[B] apenas as assertivas II e III estão corretas;

[C] todas as assertivas estão corretas;

[D] apenas as assertivas I e III estão corretas;

[E] não respondida.

Gabarito oficial: alternativa [D].

Comentários do autor:

✯ *O item I corresponde ao art. 197 da CLT.*

✯ *Quanto ao item II, a OJ Nº 385 da SDI-I do C. TST dispõe que: "É devido o pagamento do adicional de periculosidade ao empregado que desenvolve suas atividades em edifício (construção vertical), seja em pavimento igual ou distinto daquele onde estão instalados tanques para armazenamento de líquido inflamável, em quantidade acima do limite legal, considerando-se como área de risco toda a área interna da construção vertical". Portanto, incorreta.*

✯ *Com relação ao item III, a OJ nº 406 da SDI-I do C. TST informa que "O pagamento de adicional de periculosidade efetuado por mera liberalidade da empresa, ainda que de forma proporcional ao tempo de exposição ao risco ou em percentual inferior ao máximo legalmente previsto, dispensa a realização da prova técnica exigida pelo art. 195 da CLT, pois torna incontroversa a existência do trabalho em condições perigosas". Correto o item III.*

(MPT – 17º Concurso) Leia e analise as assertivas a seguir:

I – A exposição de empregado à radiação ionizante ou à substância radioativa enseja a percepção de adicional de periculosidade, nos termos da jurisprudência uniformizada do Tribunal Superior do Trabalho, a partir da interpretação da Norma Regulamentadora relativa ao trabalho em operações perigosas.

II – A exemplo da norma contida na Convenção nº 155 da Organização Internacional do Trabalho, há Normas Regulamentadoras prevendo, expressamente, o direito de recusa do empregado em prestar serviços, quando as condições de trabalho forem inseguras.

III – Na construção civil, com vistas a evitar acidentes de trabalho, a Norma Regulamentadora nº 18 estabelece um conjunto detalhado de ações que devem ser implementadas pelas empresas para proporcionar condições seguras de trabalho aos empregados, sem prejuízo da adoção das medidas relativas às condições e meio ambiente do trabalho determinadas pela legislação federal, estadual, municipal e negociações coletivas de trabalho.

IV – A jurisprudência uniformizada do Tribunal Superior do Trabalho reconhece o direito dos empregados que operam bomba de abastecimento de gasolina ao adicional de insalubridade, devido à exposição ao benzeno.

Marque a alternativa **CORRETA**:

[A] apenas as assertivas I, II e III são corretas;

[B] apenas as assertivas I e IV são corretas;

[C] apenas as assertivas II e IV são corretas;

[D] apenas as assertivas II e III estão corretas;

[E] não respondida.

Gabarito oficial: alternativa [A].

Comentários do autor:

✪ *O item I reproduz o entendimento consubstanciado na OJ nº 345 da SDI-I do Tribunal Superior do Trabalho.*

Algumas Normas Regulamentadoras preveem o direito de recusa do empregado em trabalhar, quando houver risco à saúde e segurança. O item 10.14.1 da NR-10, sobre Segurança em Instalações e Serviços em Eletricidade, dispõe que "Os trabalhadores devem interromper suas tarefas exercendo o direito de recusa, sempre que constatarem evidências de riscos graves e iminentes para sua segurança e saúde ou a de outras pessoas, comunicando imediatamente o fato a seu superior hierárquico, que diligenciará as medidas cabíveis." Já o item 35.2.2., da NR-35, que regula o Trabalho em Altura, prevê que:

"Cabe aos trabalhadores:

a) cumprir as disposições legais e regulamentares sobre trabalho em altura, inclusive os procedimentos expedidos pelo empregador;

b) colaborar com o empregador na implementação das disposições contidas nesta Norma;

c) interromper suas atividades exercendo o direito de recusa, sempre que constatarem evidências de riscos graves e iminentes para sua segurança e saúde ou a de outras pessoas, comunicando imediatamente o fato a seu superior hierárquico, que diligenciará as medidas cabíveis;

d) zelar pela sua segurança e saúde e a de outras pessoas que possam ser afetadas por suas ações ou omissões no trabalho."

✪ *Por sua vez, o art. 13 da Convenção nº 155 da OIT determina que: "De conformidade com a prática e as condições nacionais, deverá proteger-se de consequências injustificadas a todo trabalhador que julgar necessário interromper uma situação de trabalho por acreditar, por motivos razoáveis, que esta envolve um perigo iminente e grave para sua vida ou sua saúde.". Pelas razões aqui expostas, correto o item II.*

✪ *A Norma Regulamentadora NR-18 do Ministério do Trabalho, no item 18.1.1., positiva que a Norma "estabelece diretrizes de ordem administrativa, de planejamento e de organização, que objetivam a implementação de medidas de controle e sistemas preventivos de segurança nos processos, nas condições e no meio ambiente de trabalho na Indústria da Construção". Por sua vez, o item 18.1.4. da NR-18 aduz que "A observância do estabelecido nesta NR não desobriga os empregadores do cumprimento das disposições relativas às condições e meio am-*

MEIO AMBIENTE DE TRABALHO | 429

biente de trabalho, determinadas na legislação federal, estadual e/ou municipal, e em outras estabelecidas em negociações coletivas de trabalho.". Correto, assim, o inciso III da questão.

✼ Já o inciso IV mostra-se incorreto, haja vista que o Enunciado da Súmula nº 39 do C. TST determina que "Os empregados que operam em bomba de gasolina têm direito ao adicional de periculosidade".

(MPT – 17º concurso) Assinale a alternativa **CORRETA**:

[A] Os dados obtidos nos exames médicos dos empregados, incluindo avaliação clínica e exames complementares, deverão ser registrados em prontuário clínico individual, que ficará sob a responsabilidade do médico do trabalho da empresa, e entregue ao empregado por ocasião da rescisão do contrato de trabalho.

[B] A elaboração do Programa de Prevenção de Riscos Ambientais – PPRA é atribuição exclusiva dos profissionais do Serviço Especializado em Engenharia de Segurança e Medicina do Trabalho – SESMT das empresas.

[C] O dimensionamento do Serviço Especializado em Engenharia de Segurança e Medicina do Trabalho – SESMT depende da gradação dos riscos da atividade econômica da empresa e do número de empregados próprios da empresa, já que a assistência do SESMT não se estende aos empregados das empresas contratadas, que são obrigadas a manter SESMT próprio.

[D] O exame médico demissional será obrigatoriamente realizado até a data da homologação da rescisão contratual, exceto se o último exame médico ocupacional houver sido realizado em período de tempo próximo à data da despedida, definido de acordo com o grau de risco da atividade empresarial.

[E] Não respondida.

Gabarito oficial: alternativa [D].

Comentários do autor:

✼ A alternativa "A" está incorreta à guisa do item 7.4.5. da NR-7: "Os dados obtidos nos exames médicos, incluindo avaliação clínica e exames complementares, as conclusões e as medidas aplicadas deverão ser registrados em prontuário clínico individual, que ficará sob a responsabilidade do médico-coordenador do PCMSO."

✼ Já a alternativa "B" está errada, pois, à luz do item 9.1.3.1.1 da NR-9, "A elaboração, implementação, acompanhamento e avaliação do PPRA poderão ser feitas pelo Serviço Especializado em Engenharia de Segurança e em Medicina do Trabalho – SESMT ou por pessoa ou equipe de pessoas que, a critério do empregador, sejam capazes de desenvolver o disposto nesta NR.".

✼ Com relação à alternativa "C", o itens 4.2. e 4.5.3. da NR-4 são claros ao demonstrar que a assistência do SESMT estende-se aos empregados das empresas contratadas.

✼ Já o item "D" corresponde ao item 7.4.3.5. da NR-7: "No exame médico demissional, será obrigatoriamente realizada até a data da homologação, desde que o último exame médico ocupacional tenha sido realizado há mais de: 135 (centro e trinta e cinco) dias para as empresas de grau de risco 1 e 2, segundo o Quadro I da NR-4; 90 (noventa) dias para as empresas de grau de risco 3 e 4, segundo o Quadro I da NR-4.".

(MPT – 14º concurso) Assinale a alternativa **CORRETA:**

I – Conforme entendimento uniforme do Tribunal Superior do Trabalho, o fornecimento do aparelho de proteção pelo empregador o exime do pagamento do adicional de insalubridade.

II – Ao empregador é vedado exigir a remoção individual pelo empregado de peso superior a cinquenta quilos, como também, a empregar mulher em serviço que demande emprego de força muscular superior a vinte quilos para o trabalho contínuo, ou vinte e cinco, para o trabalho ocasional.

III – Segundo entendimento uniforme do Tribunal Superior do Trabalho, o trabalho executado, em condições insalubres, em caráter intermitente, não afasta, só por essa circunstância, o direito à percepção do respectivo adicional.

IV – Constitui ato faltoso do empregado a recusa injustificada à observância das instruções recebidas nos treinamentos oferecidos pelo Programa de Prevenção de Riscos Ambientais.

[A]   somente as assertivas I e II estão corretas;

[B]   somente as assertivas I, III e IV estão corretas;

[C]   somente as assertivas II, III e IV estão corretas;

[D]   somente as assertivas III e IV estão corretas;

[E]   não respondida.

Gabarito oficial: alternativa [D].

Comentários do autor:

✫ *O item I vai de encontro ao entendimento do Tribunal Superior do Trabalho sedimentado no Enunciado de Súmula nº 289.*

✫ *Assim dispõe o art. 198 da CLT: "É de 60 kg (sessenta quilogramas) o peso máximo que um empregado pode remover individualmente, ressalvadas as disposições especiais relativas ao do menor e da mulher". Incorreto, portanto, o item II.*

✫ *O item III reproduz o entendimento do Tribunal Superior do Trabalho sedimentado no Enunciado de Súmula nº 47.*

✫ *O item IV está de acordo com o art. 158, I e parágrafo único, da CLT. Vejamos:*

Art. 158. Cabe aos empregados: I – observar as normas de segurança e medicina do trabalho, inclusive as instruções de que trata o item II do artigo anterior; II – colaborar com a empresa na aplicação dos dispositivos deste Capítulo. Parágrafo único. Constitui ato faltoso do empregado a recusa injustificada: a) à observância das instruções expedidas pelo empregador na forma do item II do artigo anterior; b) ao uso dos equipamentos de proteção individual fornecidos pela empresa.

ANEXO

AÇÃO CIVIL PÚBLICA – MEIO AMBIENTE DO TRABALHO – NORMAS DE SAÚDE E SEGURANÇA – TRABALHADORES QUE PRESTAM SERVIÇOS EM ÁREAS INDÍGENAS

• *Cesar Henrique Kluge*

EXCELENTÍSSIMO SENHOR DOUTOR JUIZ DA __ª VARA DO TRABALHO DE BOA VISTA/RR

PROCESSO Nº

O **MINISTÉRIO PÚBLICO DO TRABALHO** – **Procuradoria do Trabalho no Município de Boa Vista – RR**, com sede na Rua Franco de Carvalho, 352, Bairro São Francisco, CEP 69305-120, por meio do Procurador abaixo assinado, vem, respeitosamente, perante V. Exa., com fundamento nos arts. 127, *caput*, e 129, III, da Constituição Federal; arts. 6º, VII, "a" e "d" e 83, I e III, da Lei Complementar nº 75/1993, bem como na Lei nº 7.347/1985, com os acréscimos introduzidos pela Lei nº 8.078/1990, ajuizar a presente

AÇÃO CIVIL PÚBLICA
com pedido liminar (*inaudita altera pars*)

em face de **M. E. C.**, CNPJ (...), localizada na (...); e

UNIÃO, pessoa jurídica de direito público interno, devendo ser citada na pessoa do Procurador Chefe no Estado de Roraima, na Rua (...), pelas razões de fato e de direito a seguir apresentadas:

Inicialmente, destaca-se que a presente ação visa a compelir a **M. E. C.**, real empregadora dos profissionais de saúde indígena, bem como a **UNIÃO**, solidária ou subsidiariamente, através da SECRETARIA ESPECIAL DE SAÚDE INDÍGENA (SESAI), com sede na Esplanada dos Ministérios, Bloco G, Edifício Sede – 4º andar, Brasília/DF, e dos Distritos Sanitários Especiais Indígenas – DSEI-Yanomami e DSEI-Leste Roraima, órgãos pertencentes ao MINISTÉRIO DA SAÚDE, **a cumprir e fiscalizar o cumprimento das normas de saúde, medicina e segurança, nos locais de trabalho dos obreiros que prestam serviços de saúde em áreas indígenas**.

A presente demanda não tem como objetivo questionar a terceirização ilícita existente entre as rés, uma vez que tal questão já foi judicializada pelo Ministério Público Federal, conforme se verifica da ação civil pública e da decisão liminar proferida pela Justiça Federal, em anexo (Processo...).

I – DOS FATOS

A saúde indígena em nosso estado, como no restante do país, é organizada sob um modelo de atenção diferenciada, baseada em subsistema do SUS referenciada ao Distrito Sanitário Especial Indígena (DSEI) que, por sua vez, é organizado por base territorial definida por critérios étnicos, geográficos e de acesso aos serviços.

No território do Estado de Roraima há dois DSEI´s a saber: DSEI Leste (34 polos-base) e DSEI Yanomami (37 polos-base), cujas informações pormenorizadas constam da ação civil pública ajuizada pelo Ministério Público Federal (anexo).

432 | MPT – PREPARANDO-SE PARA O CONCURSO DE PROCURADOR DO TRABALHO

Saliente-se que são nesses polos-base, que totalizam 71 no Estado de Roraima, que ocorrem a prestação de serviços de saúde aos indígenas e onde a equipe profissional fica alojada.

No âmbito do Ministério Público do Trabalho da 11ª Região – Procuradoria do Trabalho no Município de Boa Vista, tramita o Inquérito Civil (...), instaurado para averiguar a ocorrência de irregularidades trabalhistas, notadamente com relação ao atraso salarial e ao meio ambiente de trabalho.

No curso das investigações, além da mora salarial e da irregularidade no pagamento do adicional de insalubridade, constatou-se a existência de afronta direta as normas de segurança e saúde do trabalhador.

Realizada a inspeção num dos melhores, senão o melhor, polo-base existente no Estado, as condições precárias não apenas do ambiente laboral, mas também dos alojamentos dos profissionais da saúde foram evidentes, o que pode ser observado no relatório de inspeção anexo.

II – DO DIREITO

2.1. Saúde indígena

O diploma legal da saúde indígena no Brasil recebe capítulos específicos desde 1999, quando da entrada em vigência da Lei nº 9.836 (Lei Arouca) que instituiu o Subsistema de Atenção à Saúde do Índio integrado ao SUS; também pelo Decreto nº 3.156/1999, que dispôs sobre as condições para a prestação de assistência à saúde dos povos indígenas; pela Portaria do Ministério da Saúde nº 1.163/1999, que cria o fator de incentivo para assistência ambulatorial, hospitalar e de apoio diagnóstico à população indígena; e pela Portaria MS nº 2.656/2007, que dispôs sobre as responsabilidades na prestação da atenção à saúde dos povos indígenas, regulamentando, ainda, os Incentivos de Atenção Básica e Especializada aos Povos Indígenas (IAB-PI e IAE-PI).

Vale destacar que, apesar da responsabilidade principal da saúde indígena ser da União, os recursos do IAB-PI eram repassados aos municípios onde existem povos indígenas, desde 2001, para que estes contratassem as Equipes Multidisciplinares de Saúde Indígenas – EMSIs, sendo sistema gerido pelos DSEIs de cada Estado.

Mais recentemente, este arcabouço legal recebeu o Decreto presidencial de nº 7.336, de 19.10.2010, já revogado pelo Decreto nº 7.530 de 21.7.2011, que retirara a atenção à Saúde do Índio do Departamento de Saúde Indígena (DESAI) vinculado à Fundação Nacional de Saúde (FUNASA) e o elevara à Secretaria Especial de Saúde Indígena (SESAI) diretamente ligada ao Ministério da Saúde, com atribuição de coordenar o processo de gestão do Subsistema. Mantivera o modelo geopolítico de execução através dos DSEIs nos Estados, e uma das mudanças oferecidas por esta elevação de *status* foi a autonomia administrativa e financeira dos DSEIs, facilitando a ordenação de despesas, inclusive de contratos, e acelerando a execução das ações.

Ocorre que, o referido Decreto (7.336/2010) determinara que a FUNASA efetivasse a transição da gestão do Subsistema de Atenção à Saúde Indígena para a SESAI/MS num período de 180 dias, com término previsto para o dia 19 de abril de 2011 (dia do Índio), além de assegurar todo o apoio necessário às ações visando a evitar prejuízos das ações e dos serviços prestados aos povos indígenas, o que exatamente ocorre em Roraima, em razão da transição não ter sido realizada de forma adequada. *In verbis*:

Art. 6º. O Ministério da Saúde e a FUNASA terão o prazo de cento e oitenta dias para efetivar a transição da gestão do Subsistema de Atenção à Saúde Indígena para o Ministério da Saúde.

§ 1º. Caberá à FUNASA assegurar todo o apoio necessário para que a transição das ações de atenção à saúde indígena, incluindo as ações de saneamento ambiental, para o Ministério da Saúde, ocorra sem prejuízo das ações e dos serviços prestados aos povos indígenas.

§ 2º. Caberá ao Ministro de Estado da Saúde adotar todas as providências para o cumprimento do disposto neste artigo.

O Decreto n° 7.530, exarado em 21 de julho de 2011, revoga o Decreto de n° 7.336/2010, e, em seu art. 6°, estende o prazo final da transição até 31 de dezembro de 2011, mantendo a transferência da gestão do Subsistema de Saúde do Índio da FUNASA à SESAI. Embora o Decreto em vigor estenda o prazo de transição do art. 6°, visando conferir condições administrativas adequadas à transição, por outro lado, estendeu também os desacertos administrativos entre órgãos do poder executivo – no caso, FUNASA e a SESAI –, o que levou ao agravamento da situação já caótica em que se encontra a saúde indígena em Roraima. Não bastasse, ainda revogou as determinações contidas nos §§ 1° e 2° do art. 6°,do Decreto 7.336/2010, colacionados acima, de que caberia a FUNASA assegurar todo o apoio necessário para que a transição ocorresse sem prejuízos às ações e serviços de saúde prestados aos índios. Ou seja, de acordo com o Decreto em vigor (7.530/2011), a FUNASA não tem mais qualquer obrigação de apoio no processo de transição, já tão demorado em prejuízo à assistência de saúde destinada aos índios em Roraima.

A saúde indígena deve ocorrer, por força dos princípios do SUS e das normas que o regulam, por equipes multidisciplinares contratadas especificamente para o atendimento eminentemente preventivo e curativo, através da atenção básica de baixa complexidade, às populações indígenas a partir de postos de saúde localizados, geralmente, no interior das próprias aldeias. Exames e intervenções médicas de média e alta complexidades devem ser realizadas em unidades clínicas ou hospitalares conveniados ao SUS espalhados pelo Estado, sempre, referenciando-se à unidade mais próxima da região onde situadas as aldeias indígenas e sob acompanhamento de um destes profissionais.

Como se vê, a presença na aldeia de profissionais treinados em atuação junto à populações indígenas de responsabilidade do DSEI, está também na base operacional do sistema sem o qual não consegue funcionar.

2.2. Direito fundamental ao meio ambiente de trabalho equilibrado

A atual Carta Política elegeu como fundamentos da República Federativa do Brasil, *os valores sociais do trabalho e a dignidade da pessoa humana* (art. 1°, incisos III e IV). A norma de maior hierarquia no ordenamento jurídico pátrio ressalvou, de forma expressa, a importância do trabalho humano, dispondo que o mesmo deverá ser desenvolvido com respeito a dignidade do trabalhador, que não pode ser tratado como mera mercadoria ou instrumento de produção de riquezas.

As disposições da Carta Magna deverão nortear e orientar todo o ordenamento jurídico pátrio. Com isso, fica completamente inviabilizado qualquer texto legal e muito menos conduta empresária que possa atentar contra os fundamentos da República.

No Capítulo dos Diretos Sociais, a Carta Magna asseverou o seguinte:

Art. 7°. São direitos dos trabalhadores urbanos e rurais, além de outros que visem à melhoria de sua condição social: (...)

XXII – redução dos riscos inerentes ao trabalho, por meio de normas de saúde, higiene e segurança;

O legislador constituinte foi inovador ao estatuir como direito dos trabalhadores a redução dos riscos inerentes ao trabalho, na sua origem, ou seja, não sendo necessário que a higidez física do obreiro seja afetada, para somente então incidir as normas de proteção. A preocupação do legislador é eminentemente preventiva, e não apenas reparativa.

Não se pode deixar de ressaltar que a garantia constitucional possui, por escopo, proteger a vida do trabalhador, seu maior bem jurídico, considerada como inviolável pela atual Carta Magna.

A obrigação de reduzir os riscos inerentes ao trabalho do empregador (art. 2° da CLT) e, nos casos de relação triangular de trabalho, como terceirização, convênios, entre outros, do tomador de serviços, encontra-se explicitada com todas as letras no Capítulo da Segurança e da Medicina do Trabalho, art. 157, inciso I, da Consolidação das Leis do Trabalho, vejamos:

Art. 157. Cabe às empresas:

I – cumprir e fazer cumprir as normas de segurança e medicina do trabalho;

Disposição semelhante encontramos na Lei nº 8.213/1991, que instituiu os Planos de Benefícios da Previdência Social, vejamos:

Art. 19. Acidente do trabalho é o que ocorre pelo exercício do trabalho a serviço da empresa ou pelo exercício do trabalho dos segurados referidos no inciso VII do art. 11 desta Lei, provocando lesão corporal ou perturbação funcional que cause a morte ou a perda ou redução, permanente ou temporária, da capacidade para o trabalho.

§ 1º. **A empresa é responsável pela adoção e uso das medidas coletivas e individuais de proteção e segurança da saúde do trabalhador;** (*grifo nosso*)

Além disso, a atual Constituição Federal também foi inovadora quando assegurou a **todos** o direito ao meio ambiente saudável e seguro. Vejamos a norma:

Capítulo VI – Do Meio Ambiente

Art. 225. Todos têm direito ao meio ambiente ecologicamente equilibrado, bem de uso comum do povo e essencial à sadia qualidade de vida, impondo-se ao Poder Público e à coletividade o dever de defendê-lo e preservá-lo para as presentes e futuras gerações.

No Capítulo da saúde, quando definiu a competência e atribuições do SUS – Sistema Único de Saúde –, o legislador constituinte teve a preocupação de deixar expressamente destacada a existência do meio ambiente do trabalho, a real e efetiva necessidade de protegê-lo, vejamos:

Art. 200. Ao sistema único de saúde compete, além de outras atribuições, nos termos da lei: (...)

VIII – colaborar na proteção do meio ambiente, nele compreendido o do trabalho.

No plano internacional, as garantias mínimas do direito do trabalho cada vez mais estão identificadas com a Teoria dos Direitos Humanos. Em suma, os direitos humanos devem ser compreendidos como uma gama de posições jurídicas necessárias para consagrar a dignidade da pessoa humana.

Nessa linha, a Declaração Universal dos Direitos Humanos de 1948, que tem força de direito costumeiro internacional, estabelece que "Todas as pessoas nascem livres e iguais em dignidade e direitos. São dotadas de razão e consciência e devem agir em relação umas às outras com espírito de fraternidade" (art. I). Também estabelece que "Toda pessoa tem direito à vida, à liberdade e à segurança pessoal" (art. III). E, ainda, consagra como direito humano do trabalhador, dentre outros, **'o direito' a condições justas e favoráveis de trabalho"** (art. XXIII, 1((*grifo nosso*).

No mesmo sentido, o Pacto Internacional dos Direitos Econômicos, Sociais e Culturais de 1966, ratificado pelo Brasil, prevê "*o direito de toda pessoa de gozar de condições de trabalho justas e favoráveis*" (art. 7º, *caput*), que assegurem especialmente "*condições de trabalho seguras e higiênicas*" (art. 7º, "b"). Prevê, ainda, o "*direito de toda pessoa de desfrutar o mais elevado nível de saúde física e* mental" (art. 12, I), devendo haver, para tanto, "*a melhoria de todos os aspectos de higiene do trabalho e do meio ambiente*" (art. 12, 2, "b").

Por sua vez, o Protocolo de San Salvador de 1988 (Protocolo Adicional ao Pacto de San José da Costa Rica de 1969) prevê como direito humano do trabalhador:

Art. 7. Condições justas, equitativas e satisfatórias de trabalho. (...)

e) segurança e higiene no trabalho; (...)

g) limitação razoável das horas de trabalho, tanto diárias quanto semanais. **As jornadas serão de menor duração quando se tratar de trabalhos perigosos, insalubres ou noturnos.** (...)

Art. 10. Direito à saúde. (...)

Art. 11. Direito ao meio ambiente sadio.

A Organização Internacional do Trabalho – OIT, adotando adequada política de proteção à saúde, aprovou a Convenção nº 155/1981, ratificada pelo Brasil, que determinou a definição e execução de uma política nacional que vise: **"prevenir os acidentes e os danos para a saúde que sejam consequência do trabalho, guardem relação com a atividade profissional ou sobrevenham durante o trabalho**, reduzindo ao mínimo, na medida do possível, as causas dos riscos inerentes ao meio ambiente do trabalho" (art. 4º, 2); "levar **em consideração os riscos para a saúde decorrentes da exposição simultânea a diversas substâncias ou agentes** "(art. 11, "b"). (*grifos nossos*)

Quando se fala em meio ambiente (nele incluído o do trabalho), não se pode perder de vista o PRINCÍPIO DA PREVENÇÃO, uma vez que os danos causados geralmente são irreversíveis. É o caso do acidente de trabalho, por exemplo, em que as lesões ou morte jamais retornam ao estado anterior.

O megaprincípio da prevenção está presente em todos os princípios da Declaração do Rio de Janeiro sobre Meio Ambiente e Desenvolvimento (ECO 92), como, por exemplo, o Princípio 4, que enuncia que "*a proteção ambiental construirá parte integrante do processo de desenvolvimento*".

Como se observa, o direito a um meio ambiente do trabalho sadio e equilibrado é direito humano do cidadão trabalhador e, portanto, é universal, indisponível, inviolável, imprescritível, inalienável e irrenunciável.

2.2.1. Condições mínimas de trabalho: incidência das Normas Regulamentadoras (NRs) do Ministério do Trabalho e Emprego

O art. 200 da Consolidação das Leis do Trabalho, com a redação dada pela Lei nº 6.514, de 22.12.1977, estabelece que:

Art. 200. Cabe ao Ministério do Trabalho estabelecer disposições complementares às normas de que trata este Capítulo, tendo em vista as peculiaridades de cada atividade ou setor de trabalho, especialmente sobre:

I – medidas de prevenção de acidentes e os equipamentos de proteção individual em obras de construção, demolição ou reparos;

II – depósitos, armazenagem e manuseio de combustíveis, inflamáveis e explosivos, bem como trânsito e permanência nas áreas respectivas;

III – trabalho em escavações, túneis, galerias, minas e pedreiras, sobretudo quanto à prevenção de explosões, incêndios, desmoronamentos e soterramentos, eliminação de poeiras, gases etc. e facilidades de rápida saída dos empregados;

IV – proteção contra incêndio em geral e as medidas preventivas adequadas, com exigências ao especial revestimento de portas e paredes, construção de paredes contra--fogo, diques e outros anteparos, assim como garantia geral de fácil circulação, corredores de acesso e saídas amplas e protegidas, com suficiente sinalização;

V – proteção contra insolação, calor, frio, umidade e ventos, sobretudo no trabalho a céu aberto, com provisão, quanto a este, de água potável, alojamento profilaxia de endemias;

VI – proteção do trabalhador exposto a substâncias químicas nocivas, radiações ionizantes e não ionizantes, ruídos, vibrações e trepidações ou pressões anormais ao ambiente de trabalho, com especificação das medidas cabíveis para eliminação ou atenuação desses efeitos limites máximos quanto ao tempo de exposição, à intensidade da ação ou de seus efeitos sobre o organismo do trabalhador, exames médicos obrigatórios, limites de idade controle permanente dos locais de trabalho e das demais exigências que se façam necessárias;

VII – higiene nos locais de trabalho, com discriminação das exigências, instalações sanitárias, com separação de sexos, chuveiros, lavatórios, vestiários e armários individuais, refeitórios ou condições de conforto por ocasião das refeições, fornecimento de água potável, condições de limpeza dos locais de trabalho e modo de sua execução, tratamento de resíduos industriais;

VIII – emprego das cores nos locais de trabalho, inclusive nas sinalizações de perigo.

Parágrafo único – Tratando-se de radiações ionizantes e explosivos, as normas a que se referem este artigo serão expedidas de acordo com as resoluções a respeito adotadas pelo órgão técnico.

Dentro das atribuições legais que lhe foram conferidas, o Ministério do Trabalho e Emprego expediu diversas Normas Regulamentadoras, com o intuito de orientar os empregadores e tomadores de serviço a respeito das condições mínimas necessárias para se garantir a saúde, segurança e higiene do trabalhador.

As Normas Regulamentadoras (NRs), portanto, regulamentam e fornecem orientações sobre **procedimentos obrigatórios** relacionados à segurança e medicina do trabalho, que devem ser cumpridos pelas empresas e, como veremos logo mais, também pela Administração Pública.

São elaboradas e modificadas por comissões tripartites específicas compostas por representantes do governo, empregadores e empregados.

No presente caso, conforme relatado na exposição fática (item I), é patente o desrespeito a algumas normas de segurança e saúde do trabalhador, dentre as quais se destacam a **NR-15 (atividades e operações insalubres), anexo 14 (agentes biológicos); NR-24 (condições sanitárias e de conforto nos locais de trabalho) e NR-32 (segurança e saúde no trabalho em serviços de saúde).**

A título meramente exemplificativo, destacam-se os seguintes itens das normas regulamentadoras retromencionadas, que merecem maior atenção e observância por parte do empregador e do tomador de serviços:

a) Norma Regulamentadora NR-24 (sanitários, alojamento e água potável):

24.1.2. As áreas destinadas aos **sanitários** deverão atender às dimensões mínimas essenciais. O órgão regional competente em Segurança e Medicina do Trabalho poderá, à vista de perícia local, exigir alterações de metragem que atendam ao mínimo de conforto exigível. É considerada satisfatória a metragem de 1 metro quadrado, para cada sanitário, por 20 operários em atividade.

24.1.2.1. As instalações sanitárias deverão ser separadas por sexo.

24.1.3. Os locais onde se encontrarem instalações sanitárias deverão ser submetidos a processo permanente de higienização, de sorte que sejam mantidos limpos e desprovidos de quaisquer odores, durante toda a jornada de trabalho.

24.1.4. Os vasos sanitários deverão ser sifonados e possuir caixa de descarga automática externa de ferro fundido, material plástico ou fibrocimento.

24.1.5. Os chuveiros poderão ser de metal ou de plástico e deverão ser comandados por registros de metal a meia altura na parede; (...)

24.1.11. Os banheiros, dotados de chuveiros, deverão:

a) ser mantidos em estado de conservação, asseio e higiene;

b) ser instalados em local adequado;

c) dispor de água quente, a critério da autoridade competente em matéria de Segurança e Medicina do Trabalho;

d) ter portas de acesso que impeçam o devassamento, ou ser construídos de modo a manter o resguardo conveniente;

e) ter piso e paredes revestidos de material resistente, liso, impermeável e lavável. (...)

24.1.13. Não serão permitidos aparelhos sanitários que apresentem defeitos ou soluções de continuidade que possam acarretar infiltrações ou acidentes. (...)

24.1.16. Nas regiões onde não haja serviço de esgoto, deverá ser assegurado aos empregados um serviço de privadas, seja por meio de fossas adequadas, seja por outro processo que não afete a saúde pública, mantidas as exigências legais. (...)

24.1.22. Os locais destinados às instalações sanitárias serão providos de uma rede de iluminação, cuja fiação deverá ser protegida por eletrodutos. (...)

24.1.24. A rede hidráulica será abastecida por caixa d'água elevada, a qual deverá ter altura suficiente para permitir bom funcionamento nas tomadas de água e contar com reserva para combate a incêndio de acordo com posturas locais.

24.1.24.1. Serão previstos 60 litros diários de água por trabalhador para o consumo nas instalações sanitárias. (...)

24.5.1.1. **Alojamento** é o local destinado ao repouso dos operários. (...)

24.5.2.1. A capacidade máxima de cada dormitório será de 100 (cem) operários.

24.5.2.2. Os dormitórios deverão ter áreas mínimas dimensionadas de acordo com os módulos (camas/armários) adotados e capazes de atender ao efeito a ser alojado, conforme o Quadro I.

Nº de Operários	Tipos de cama e área respectiva (m2)	Área de circulação lateral à cama (m2)	Área de armário lateral à cama (m2)	Área total (m2)
1	Simples			
	1,9 x 0,7 = 1,33	1,45 x 0,6 = 0,87	0,6 x 0,45 = 0,27	2,47
2	Dupla			
	1,9 x 0,7 = 1,33	1,45 x 0,6 = 0,87	0,6 x 0,45 = 0,27	2,47

Obs.: Serão permitidas o máximo de 2 (duas) camas na mesma vertical.

24.5.5. Os alojamentos deverão ter área de circulação interna, nos dormitórios, com a largura mínima de 1,00 metro.

24.5.6. O pé-direito dos alojamentos deverá obedecer às seguintes dimensões mínimas.

a) 2,6m para camas simples;

b) 3,0m para camas duplas.

24.5.7. As paredes dos alojamentos poderão ser construídas em alvenaria de tijolo comum, em concreto ou em madeira.

24.5.8. Os pisos dos alojamentos deverão ser impermeáveis, laváveis e de acabamento áspero. Deverão impedir a entrada de umidade e emanações no alojamento. Não deverão apresentar ressaltos e saliências, sendo o acabamento compatível com as condições mínimas de conforto térmico e higiene.

24.5.9. A cobertura dos alojamentos deverá ter estrutura de madeira ou metálica, as telhas poderão ser de barro ou de fibrocimento, e não haverá forro.

24.5.9.1. O ponto do telhado deverá ser de 1:4, independentemente do tipo de telha usada.

24.5.10. As portas dos alojamentos deverão ser metálicas ou de madeira, abrindo para fora, medindo no mínimo 1,00m x 2,10m para cada 100 operários.

24.5.11. Existindo corredor, este terá, no mínimo, uma porta em cada extremidade, abrindo para fora.

24.5.12. As janelas dos alojamentos deverão ser de madeira ou de ferro, de 0,60 m x 0,60 m, no mínimo.

24.5.12.1. A parte inferior do caixilho deverá se situar, no mínimo, no plano da cama superior (caso de camas duplas) e à altura de 1,60 m do piso no caso de camas simples.

24.5.13. A ligação do alojamento com o sanitário será feita através de portas, com mínimo de 0,80 m x 2,10 m.

24.5.14. Todo alojamento será provido de uma rede de iluminação, cuja fiação deverá ser protegida por eletrodutos.

24.5.15. Deverá ser mantido um iluminamento mínimo de 100 lux, podendo ser instaladas lâmpadas incandescentes de 100W/8,00 m² de área com pé-direito de 3 (três) metros máximo, ou outro tipo de luminária que produza o mesmo efeito.

24.5.16. Nos alojamentos deverão ser instalados bebedouros de acordo com o item 24.6.1.

24.5.17. As pinturas das paredes, portas e janelas, móveis e utensílios, deverão obedecer ao seguinte:

a) alvenaria – tinta de base plástica;

b) ferro – tinta a óleo;

c) madeira – tinta especial retardante à ação do fogo.

24.5.18. As camas poderão ser de estrutura metálica ou de madeira, oferecendo perfeita rigidez.

24.5.19. A altura livre das camas duplas deverá ser de, no mínimo, 1,10m contados do nível superior do colchão da cama de baixo, ao nível inferior da longarina da cama de cima.

24.5.19.1. As camas superiores deverão ter proteção lateral e altura livre, mínima, de 1,10 m do teto do alojamento.

24.5.19.2. O acesso à cama superior deverá ser fixo e parte integrante da estrutura da mesma.

24.5.19.3. Os estrados das camas superiores deverão ser fechados na parte inferior.

24.5.20. Deverão ser colocadas caixas metálicas com areia, para serem usadas como cinzeiros.

24.5.21. Os armários dos alojamentos poderão ser de aço ou de madeira, individuais, e deverão ter as seguintes dimensões mínimas: 0,60m de frente x 0,45m de fundo x 0,90m de altura. (...)

24.5.26. Não será permitido ventilação em dormitório, feita somente de modo indireto. (...)

24.5.28. Nos alojamentos deverão ser obedecidas as seguintes instruções gerais de uso:

a) todo quarto ou instalação deverá ser conservado limpo e todos eles serão pulverizados de 30 em 30 dias;

b) os sanitários deverão ser desinfetados diariamente;

c) o lixo deverá ser retirado diariamente e depositado em local adequado;

d) é proibida, nos dormitórios, a instalação para eletrodomésticos e o uso de fogareiro ou similares. (...)

24.7.1. Em todos os locais de trabalho deverá ser fornecida aos trabalhadores **água potável**, em condições higiênicas, sendo proibido o uso de recipientes coletivos. Onde houver rede de abastecimento de água, deverão existir bebedouros de jato inclinado e guarda protetora, proibida sua instalação em pias ou lavatórios, e na proporção de 1 (um) bebedouro para cada 50 (cinquenta) empregados.

24.7.1.1. As empresas devem garantir, nos locais de trabalho, suprimento de água potável e fresca em quantidade superior a 1/4 (um quarto) de litro (250ml) por hora/homem trabalho.

24.7.1.2. Quando não for possível obter água potável corrente, essa deverá ser fornecida em recipientes portáteis hermeticamente fechados de material adequado e construídos de maneira a permitir fácil limpeza.

24.7.2. A água não potável para uso no local de trabalho ficará separada e deve ser afixado aviso de advertência da sua não potabilidade.

24.7.3. Os poços e as fontes de água potável serão protegidos contra a contaminação.

24.7.5. Os locais de trabalho serão mantidos em estado de higiene compatível com o gênero de atividade. O serviço de limpeza será realizado, sempre que possível, fora do horário de trabalho e por processo que reduza ao mínimo o levantamento de poeiras.

b) Norma Regulamentadora NR-32

Inicialmente, cumpre registrar que, segundo a própria norma regulamentadora (item 32.1.2) *entende-se por serviços de saúde qualquer edificação destinada à prestação de assistência à saúde da população, e todas as ações de promoção, recuperação, assistência, pesquisa e ensino em saúde em qualquer nível de complexidade.*

Verifica-se, portanto, que os locais nos quais é prestada a assistência à saúde indígena enquadram-se como estabelecimentos de saúde a exigir a observância da norma regulamentadora em questão. Quanto aos itens, destacamento, exemplificativamente, os seguintes:

32.2.4.3. Todo local onde exista possibilidade de exposição ao agente biológico deve ter lavatório exclusivo para higiene das mãos provido de água corrente, sabonete líquido, toalha descartável e lixeira provida de sistema de abertura sem contato manual.

32.2.4.3.1. Os quartos ou enfermarias destinados ao isolamento de pacientes portadores de doenças infecto-contagiosas devem conter lavatório em seu interior.

32.2.4.3.2. O uso de luvas não substitui o processo de lavagem das mãos, o que deve ocorrer, no mínimo, antes e depois do uso das mesmas.

32.2.4.4. Os trabalhadores com feridas ou lesões nos membros superiores só podem iniciar suas atividades após avaliação médica obrigatória com emissão de documento de liberação para o trabalho.

32.2.4.5. O empregador deve vedar:

a) a utilização de pias de trabalho para fins diversos dos previstos;

b) o ato de fumar, o uso de adornos e o manuseio de lentes de contato nos postos de trabalho;

c) o consumo de alimentos e bebidas nos postos de trabalho;

d) a guarda de alimentos em locais não destinados para este fim;

e) o uso de calçados abertos.

32.2.4.6. Todos trabalhadores com possibilidade de exposição a agentes biológicos devem utilizar vestimenta de trabalho adequada e em condições de conforto.

32.2.4.6.1. A vestimenta deve ser fornecida sem ônus para o empregado.

32.2.4.6.2. Os trabalhadores não devem deixar o local de trabalho com os equipamentos de proteção individual e as vestimentas utilizadas em suas atividades laborais.

32.2.4.6.3. O empregador deve providenciar locais apropriados para fornecimento de vestimentas limpas e para deposição das usadas. (...)

32.2.4.7. Os Equipamentos de Proteção Individual – EPI, descartáveis ou não, deverão estar à disposição em número suficiente nos postos de trabalho, de forma que seja garantido o imediato fornecimento ou reposição.

32.2.4.8. O empregador deve:

a) garantir a conservação e a higienização dos materiais e instrumentos de trabalho;

b) providenciar recipientes e meios de transporte adequados para materiais infectantes, fluidos e tecidos orgânicos.

32.2.4.9.1. A capacitação deve ser adaptada à evolução do conhecimento e à identificação de novos riscos biológicos e deve incluir:

a) os dados disponíveis sobre riscos potenciais para a saúde;

b) medidas de controle que minimizem a exposição aos agentes;

c) normas e procedimentos de higiene;

d) utilização de equipamentos de proteção coletiva, individual e vestimentas de trabalho;

e) medidas para a prevenção de acidentes e incidentes;

f) medidas a serem adotadas pelos trabalhadores no caso de ocorrência de incidentes e acidentes.

32.2.4.9.2. O empregador deve comprovar para a inspeção do trabalho a realização da capacitação através de documentos que informem a data, o horário, a carga horária, o conteúdo ministrado, o nome e a formação ou capacitação profissional do instrutor e dos trabalhadores envolvidos.

32.2.4.10. Em todo local onde exista a possibilidade de exposição a agentes biológicos, devem ser fornecidas aos trabalhadores instruções escritas, em linguagem acessível, das rotinas realizadas no local de trabalho e medidas de prevenção de acidentes e de doenças relacionadas ao trabalho.

32.2.4.10.1. As instruções devem ser entregues ao trabalhador, mediante recibo, devendo este ficar à disposição da inspeção do trabalho. (...)

32.2.4.16.2. O empregador deve assegurar, aos trabalhadores dos serviços de saúde, a capacitação prevista no subitem 32.2.4.16.1. (...)

32.2.4.17.1. A todo trabalhador dos serviços de saúde deve ser fornecido, gratuitamente, programa de imunização ativa contra tétano, difteria, hepatite B e os estabelecidos no PCMSO. (...)

32.5.1. Cabe ao empregador capacitar, inicialmente e de forma continuada, os trabalhadores nos seguintes assuntos:

a) segregação, acondicionamento e transporte dos resíduos;

b) definições, classificação e potencial de risco dos resíduos;

c) sistema de gerenciamento adotado internamente no estabelecimento;

d) formas de reduzir a geração de resíduos;

e) conhecimento das responsabilidades e de tarefas;

f) reconhecimento dos símbolos de identificação das classes de resíduos;

g) conhecimento sobre a utilização dos veículos de coleta;

h) orientações quanto ao uso de Equipamentos de Proteção Individual – EPIs. (...)

32.7.1. A lavanderia deve possuir duas áreas distintas, sendo uma considerada suja e outra limpa, devendo ocorrer na primeira o recebimento, classificação, pesagem e lavagem de roupas, e na segunda a manipulação das roupas lavadas.

32.7.2. Independente do porte da lavanderia, as máquinas de lavar devem ser de porta dupla ou de barreira, em que a roupa utilizada é inserida pela porta situada na área suja, por um operador e, após lavada, retirada na área limpa, por outro operador.

32.7.2.1. A comunicação entre as duas áreas somente é permitida por meio de visores ou intercomunicadores.

32.7.3. A calandra deve ter:

a) termômetro para cada câmara de aquecimento, indicando a temperatura das calhas ou do cilindro aquecido;

b) termostato;

c) dispositivo de proteção que impeça a inserção de segmentos corporais dos trabalhadores junto aos cilindros ou partes móveis da máquina.

32.7.4. As máquinas de lavar, centrífugas e secadoras devem ser dotadas de dispositivos eletromecânicos que interrompam seu funcionamento quando da abertura de seus compartimentos. (...)

32.8.1. Os trabalhadores que realizam a limpeza dos serviços de saúde devem ser capacitados, inicialmente e de forma continuada, quanto aos princípios de higiene pessoal, risco biológico, risco químico, sinalização, rotulagem, EPI, EPC e procedimentos em situações de emergência.

32.8.1.1. A comprovação da capacitação deve ser mantida no local de trabalho, à disposição da inspeção do trabalho.

32.8.2. Para as atividades de limpeza e conservação, cabe ao empregador, no mínimo:

a) providenciar carro funcional destinado à guarda e transporte dos materiais e produtos indispensáveis à realização das atividades;

b) providenciar materiais e utensílios de limpeza que preservem a integridade física do trabalhador;

c) proibir a varrição seca nas áreas internas;

d) proibir o uso de adornos.

32.8.3. As empresas de limpeza e conservação que atuam nos serviços de saúde devem cumprir, no mínimo, o disposto nos itens 32.8.1 e 32.8.2. (...)

32.10.1. Os serviços de saúde devem:

a) atender as condições de conforto relativas aos níveis de ruído previstas na NB 95 da ABNT;

b) **atender as condições de iluminação conforme NB 57 da ABNT;**

c) **atender as condições de conforto térmico previstas na RDC 50/02 da ANVISA;**

d) manter os ambientes de trabalho em condições de limpeza e conservação.

É oportuno destacar que, conforme alíneas "a" e "b" do item 32.10.1 da Norma Regulamentadora 32, os serviços de saúde devem atender as condições de iluminação e conforto térmico, de acordo com normas da ABNT e ANVISA, respectivamente.

Ocorre que, em fiscalização *in loco* constatou-se que além dos ambientes não obedecerem a tais orientações, foi informado que é muito frequente o corte de energia pelos próprios indígenas, o que compromete não apenas a iluminação e conforto térmico dos trabalhadores, mas também a própria guarda e conservação dos medicamentos, notadamente das VACINAS!

Diante de tal quadro, é necessário que o empregador e o tomador de serviços disponibilizem GERADOR DE ENERGIA elétrica suficiente para fornecimento de energia ao local, garantindo assim a saúde e segurança dos trabalhadores e até mesmo dos pacientes.

2.2.2. Aplicabilidade das Normas Regulamentadoras (NRs) do MTE ao meio ambiente de trabalho da Administração Pública

Caso se sustente que o local de trabalho é espaço da Administração Pública Federal, vale ressaltar que o meio ambiente do trabalho compreende um conjunto de fatores físicos, climáticos ou quaisquer outros que interligados, ou não, estão presentes e envolvem o local de trabalho do indivíduo.

Merece destaque o ensinamento de Celso Antônio Pacheco Fiorillo, in *Curso de Direito Ambiental Brasileiro* (4. ed. São Paulo: Saraiva, 2003. p. 22-3), segundo o qual o meio ambiente do trabalho "é o local onde as pessoas desempenham suas atividades laborais, remuneradas ou não, cujo equilíbrio está baseado na salubridade do meio e na ausência de agentes que comprometam a incolumidade físico-psíquica dos trabalhadores, independente da condição que ostentem (homens ou mulheres, maiores ou menores de idade, celetistas, servidores públicos, autônomos etc.)".

A Constituição Federal traz uma série de normas-regras e normas-princípios que tutelam o trabalho humano em seu sentido amplo. O art. 1º elege o "valor social do trabalho" (II) e a "dignidade da pessoa humana" (III) como fundamentos da República. O art. 6º elenca a saúde, o trabalho e a segurança como direitos sociais fundamentais. E, em se tratando da ordem econômica e social, os arts. 170 e 193 da Constituição Federal preceituam que ela deverá estar baseada no primado do trabalho.

O tema também é disposto no art. 225, da Lei Maior, nos seguintes termos: "Todos têm direito ao meio ambiente ecologicamente equilibrado, bem de uso comum do povo e essencial à sadia qualidade de vida, impondo-se ao Poder Público e à coletividade o dever de defendê-lo e preservá-lo para as presentes e futuras gerações".

No que pertine ao meio ambiente do trabalho, o art. 7º, inciso XXII, da CF é mais específico, assegurando aos trabalhadores urbanos e rurais a "redução dos riscos inerentes ao trabalho, por meio de normas de saúde, higiene e segurança". Este direito também é aplicado aos servidores ocupantes de cargos públicos, conforme preceitua o art. 39, § 3º, da CF, *in verbis*:

"§ 3º **Aplica-se aos servidores ocupantes de cargo público o disposto no art. 7º,** IV, VII, VIII, IX, XII, XIII, XV, XVI, XVII, XVIII, XIX, XX, **XXII** e XXX, podendo a lei estabelecer requisitos diferenciados de admissão quando a natureza do cargo o exigir." (negritos ausentes no original)

Portanto, pela interpretação do art. 7º, XXII, e do art. 39, § 3º, da CF, observa-se que "a redução dos riscos inerentes ao trabalho, por meio de normas de saúde, higiene e segurança" é direito tanto dos trabalhadores celetistas quanto dos servidores públicos estatutários.

Em verdade, o meio ambiente de trabalho sadio e hígido é direito de todos os trabalhadores, independentemente do regime jurídico a que estejam sujeitos. A Declaração Universal dos Direitos Humanos assegura, em seu artigo XXIII, 1, que "toda pessoa tem direito ao trabalho, à livre escolha do emprego, a condições justas e favoráveis de trabalho e à proteção contra o desemprego".

O ambiente de trabalho seguro constitui direito fundamental dos trabalhadores. As normas a ele aplicáveis são dotadas de força absoluta e asseguram aos trabalhadores direitos indisponíveis, ante o caráter social que reveste o interesse público que as inspira. Não podem sofrer derrogação nem mesmo pela via negocial coletiva. O interesse público está presente quando se trata de meio ambiente de trabalho, cujo alcance ultrapassa o interesse meramente individual de cada trabalhador envolvido, embora seja ele o destinatário imediato da aplicação da norma.

Por se tratar de direito difuso, insere-se no rol dos direitos fundamentais de terceira geração, e, por tal perspectiva, ou mesmo porque concretizam o princípio da dignidade da pessoa humana ou da igualdade material dos indivíduos, é dotado de eficácia e exigibilidade plenas.

O meio ambiente de trabalho é dotado de eficácia horizontal, ou seja, vincula as relações político-jurídico privadas (trabalhador e tomador de serviços), cuja exigibilidade judicial (justiciabilidade) se concretiza por meio de instrumentos ou remédios processuais também assegurados na Constituição, dentre os quais, o mais utilizado de forma eficaz, a ação civil pública, remédio utilizado pelo Ministério Público e pelas entidades legitimadas a defender os interesses da coletividade e classes que representam.

As normas de saúde, higiene e segurança não são prerrogativas exclusivas de qualquer regime jurídico de trabalho (celetista, estatutário ou temporário), porquanto são desdobramentos dos direitos fundamentais ao meio ambiente sadio (art. 225 da CF) e à saúde (art. 196 da CF), aplicados às relações de trabalho. Não por outra razão o art. 200, VIII, da CF incumbiu ao Sistema Único de Saúde "colaborar na proteção do meio ambiente, nele compreendido o do trabalho".

Com efeito, o direito à saúde é garantido mediante "políticas sociais e econômicas que visem à redução do risco de doença e de outros agravos"(art. 196 da CF). A redução de tais riscos no meio ambiente do trabalho dar-se-á com a implementação das normas regulamentadoras (NRs) expedidas pelo Ministério do Trabalho e Emprego, que o faz com base no art. 21, XXIV, da CF. Portanto, o cumprimento das NRs concretiza o direito fundamental ao meio ambiente de trabalhado sadio, como expressão do interesse público primário pertinente à saúde.

Outro fundamento para a aplicação das normas de saúde e segurança no trabalho aos servidores públicos está no fato de que a Administração Pública, direta ou indireta, pode admitir trabalhadores sob qualquer regime jurídico, quer público-estatutário, quer público-celetista.

Assim, diante dos princípios da igualdade perante a lei e da isonomia de tratamentos, a atual e corriqueira coexistência de trabalhadores de diferentes regimes jurídicos (servidores públicos, celetistas, terceirizados, temporários, entre outros) prestando serviços no mesmo ambiente de trabalho exige que lhes sejam assegurados direitos idênticos quanto à proteção ao meio ambiente, à saúde e à segurança laborais.

Nem poderia ser diferente, haja vista o caráter indivisível da proteção ao meio ambiente laboral. Em matéria de saúde e segurança dos trabalhadores, qualquer um destes, sejam estatuários ou celetistas, entre outros, pode sofrer riscos à sua integridade física ou à saúde mental. E, nestes casos, é vedado o tratamento desigual, por força do comando constitucional expresso no *caput* do art. 5º, devendo-se preservar, pois, a dignidade humana do servidor público (art. 1º, III, da Constituição Federal).

Por isso, a Administração Pública necessita adotar medidas que contemplem a assistência integral à saúde de seus trabalhadores e colaboradores. A promoção de formas decentes de trabalho demanda a presença de boas condições de higiene, saúde e segurança no ambiente laboral. Para tanto, são necessárias a vigilância dos ambientes, processos laborais e sistemas de informação; a realização de exames admissionais e periódicos; a assistência para realização de diagnóstico, tratamento, reabilitação e a constituição de comissões de saúde por local de trabalho.

Deve ainda a Administração Pública estar organizada de modo a reconhecer a magnitude dos acidentes e doenças relacionadas ao trabalho e identificar os fatores de risco dos processos e ambientes laborais, para então estabelecer as medidas de eliminação, redução ou controle dos mesmos, garantindo, assim, a assistência à saúde de todos que laboram em suas repartições.

Vê-se, então, que a concreção do direito à dignidade dos trabalhadores exige que a Administração adote um conjunto de medidas preventivas tendentes a reduzir e eliminar os danos às integridades física, psíquica e moral daqueles, o que será realizado com a adoção das Normas Regulamentadoras expedidas pelo Ministério do Trabalho e Emprego.

As provas carreadas aos autos demonstram, de forma translúcida, que a União não assegura as Normas Regulamentadoras nos estabelecimentos de saúde situados nas terras indígenas, sujeitando os tralhadores e até mesmo e a população indígena a um meio ambiente de trabalho degradante.

444 | MPT – preparando-se para o concurso de Procurador do Trabalho

2.2.3. Meio ambiente e condições mínimas de trabalho: responsabilidade do prestador e tomador de serviços

No caso em tela, há trabalhadores contratados pela primeira ré (C.), sob a égide do regime celetista, que laboram em áreas indígenas, sabidamente administradas pela União, através da SECRETARIA ESPECIAL DE SAÚDE INDÍGENA (SESAI).

Ora, tratando-se de meio ambiente de trabalho, **que por sua natureza é indivisível**, não apenas o real empregador, mas também o próprio tomador de serviços, devem garantir aos trabalhadores um local equilibrado e saudável, com respeito as normas de saúde, segurança e higiene.

Não há como negar, portanto, que ambas as rés são responsáveis, SOLIDARIAMENTE, em proporcionar a estes trabalhadores um meio ambiente de trabalho hígido e seguro, por meio do cumprimento das Normas Regulamentadoras. Nesse diapasão, preceitua o item 1.1 da NR-1, a saber:

> 1.1. **As Normas Regulamentadoras – NR, relativas à segurança e medicina do trabalho, *são de observância obrigatória* pelas empresas privadas e públicas e *pelos órgãos públicos da administração direta* e indireta, bem como pelos órgãos dos Poderes Legislativo e Judiciário, que possuam empregados regidos pela Consolidação das Leis do Trabalho – CLT.** (*grifos ausentes no original*)

Ademais, cumpre ressaltar que a Norma Regulamentadora NR-4 estabelece que a tomadora dos serviços deve estender seus serviços de segurança e medicina do trabalho aos empregados da prestadora (itens 4.5.2 e 4.20).

2.3. Pagamento do salário até o 5º dia útil

Dentre as irregularidades verificadas nos autos do inquérito civil que tramita nesta Procuradoria do Trabalho, tem-se o **atraso salarial,** que, infelizmente, ocorreu algumas vezes, tendo, inclusive, acarretado recente movimento paredista, que foi noticiado na imprensa escrita.

O salário é uma das obrigações cardeais do contrato de trabalho, pois constitui a contraprestação devida pelo empregador em virtude da força de trabalho do empregado. E é justamente por estar vinculado à própria sobrevivência do trabalhador que a constituição e as leis o colocam a salvo de toda sorte de ações que objetivem fraudar ou impedir a sua percepção e fruição, **sendo inadmissível a sua retenção ou o seu atraso.**

Nesse contexto é que o art. 459, § 1º, da CLT estabelece:

> Art. 459. O pagamento do salário, qualquer que seja a modalidade do trabalho, não deve ser estipulado por período superior a 1 (um) mês, salvo no que concerne a comissões, percentagens e gratificações.
>
> § 1º. Quando o pagamento houver sido estipulado por mês, deverá ser efetuado, o mais tardar, até o quinto dia útil do mês subsequente ao vencido.

Embora exista expressa disposição legal, as reclamadas não tem observado o prazo previsto em lei para pagamento do salário, razão pela qual o Ministério Público do Trabalho postula TUTELA INIBITÓRIA, visando evitar a reincidência na conduta ilícita, consistente na obrigação das rés em pagar os salários de seus trabalhadores **até o quinto dia útil do mês subsequente ao trabalhado, sob pena de multa diária de R$ 1.000,00 por trabalhador em situação irregular,** a ser revertida ao Fundo de Amparo ao Trabalhador (FAT).

2.4. Adicional de insalubridade

De acordo com a Norma Regulamentadora NR-15, anexo 14, a situação vivenciada pelos trabalhadores na saúde indígena é, sem dúvida, INSALUBRE, ensejando o pagamento do respectivo adicional de insalubridade.

A dúvida existente é se trata-se de insalubridade em grau médio ou máximo, conforme anexo 14, pois a primeira ré, quando a saúde indígena era de responsabilidade da FUNASA, pagava a seus empregados o adicional de insalubridade no importe de 40% (grau máximo), sendo que a partir do momento em que a saúde indígena passou a ser de responsabilidade da SESAI, além de deixar de quitar o respectivo adicional de insalubridade em alguns meses, passou a pagar o importe de 20%.

Abaixo o anexo 14 da Norma Regulamentadora NR-15, que trata do tema:

NR-15 – ATIVIDADES E OPERAÇÕES INSALUBRES

ANEXO Nº 14 *(Aprovado pela Portaria SSST nº 12, de 12 de novembro de 1979)*

AGENTES BIOLÓGICOS

Relação das atividades que envolvem agentes biológicos, cuja insalubridade é caracterizada pela avaliação qualitativa.

Insalubridade de grau máximo

Trabalho ou operações, em contato permanente com:

— pacientes em isolamento por doenças infecto-contagiosas, bem como objetos de seu uso, não previamente esterilizados;

— carnes, glândulas, vísceras, sangue, ossos, couros, pelos e dejeções de animais portadores de doenças infecto-contagiosas (carbunculose, brucelose, tuberculose);

— esgotos (galerias e tanques); e

— lixo urbano (coleta e industrialização).

Insalubridade de grau médio

Trabalhos e operações em contato permanente com pacientes, animais ou com material infecto-contagiante, em:

— hospitais, serviços de emergência, enfermarias, ambulatórios, postos de vacinação e outros estabelecimentos destinados aos cuidados da saúde humana (aplica-se unicamente ao pessoal que tenha contato com os pacientes, bem como aos que manuseiam objetos de uso desses pacientes, não previamente esterilizados);

— hospitais, ambulatórios, postos de vacinação e outros estabelecimentos destinados ao atendimento e tratamento de animais (aplica-se apenas ao pessoal que tenha contato com tais animais);

— contato em laboratórios, com animais destinados ao preparo de soro, vacinas e outros produtos;

— laboratórios de análise clínica e histopatologia (aplica-se tão só ao pessoal técnico);

— gabinetes de autópsias, de anatomia e histoanatomopatologia (aplica-se somente ao pessoal técnico);

— cemitérios (exumação de corpos);

— estábulos e cavalariças; e

— resíduos de animais deteriorados.

Dentro desse contexto, busca-se a condenação das reclamadas ao pagamento do adicional de insalubridade no grau, máximo ou médio, que vier a ser apurado em regular perícia ou definido por V. Exa. após exame e enquadramento da NR-15, anexo 14, incluindo-se a quitação dos meses em que não realizado o pagamento, observada apenas eventual prescrição quinquenal incidente na hipótese.

2.5. Legitimidade do Ministério Público do Trabalho

De acordo com o art. 127 da Constituição Federal incumbe ao Ministério Público *a defesa da ordem jurídica, do regime democrático e dos interesses sociais indisponíveis.*

O art. 129, inciso II, fixa como função institucional do Ministério Público *zelar pelo efetivo respeito dos Poderes Públicos e dos serviços de relevância pública aos direitos assegurados nesta Constituição,*

446 | MPT – preparando-se para o concurso de Procurador do Trabalho

promovendo as medidas necessárias a sua garantia. Já o inciso III, do mesmo artigo, dispõe ser função institucional do *parquet promover o inquérito civil e a ação civil pública, para a proteção do patrimônio público e social, do meio ambiente e de outros interesses difusos e coletivos.*

No mesmo caminho, a Lei Complementar nº 75, de 20 de maio de 1993, em seu art. 6º, inciso VII, dispõe que compete ao Ministério Público da União, promover o inquérito civil e a ação civil pública para a) a proteção dos direitos constitucionais; b) a proteção do patrimônio público e social; c) a proteção de outros interesses individuais indisponíveis, homogêneos, sociais, difusos e coletivos.

Logo em seguida, no mesmo dispositivo, o inciso XIV, está posto que poderá *"promover outras ações necessárias ao exercício de suas funções institucionais, em defesa da ordem jurídica, do regime democrático e dos interesses sociais e individuais indisponíveis, especialmente quanto: a) ao Estado de Direito e às instituições democráticas; (...) c) à ordem social.*

No que tange a atribuição específica do Ministério Público do Trabalho, outrossim, sem excluir as disposições anteriores – obviamente, posto que ramo do Ministério Público da União – dispõe o art. 83 da Lei Complementar nº 75/1993 que *Compete ao Ministério Público do Trabalho o **exercício das seguintes atribuições junto aos órgãos da Justiça do Trabalho**: I – promover as ações que lhes sejam atribuídas pela Constituição Federal e pelas leis trabalhistas; (...) III – promover a ação civil pública no âmbito da Justiça do Trabalho, para defesa de interesses coletivos, quando desrespeitados os direitos sociais constitucionalmente garantidos.*

O art. 84 da mesma Lei Complementar, que trata da Lei Orgânica do Ministério Público, expressamente reza que *incumbe ao Ministério Público do Trabalho, no âmbito das suas atribuições, exercer as funções institucionais previstas nos Capítulos I, II, III e IV do Título I.*

Ora, o presente caso, no qual se discute o meio ambiente de trabalho, há patente violação dos direitos difusos e coletivos de todos aqueles trabalhadores, contratados pela M. E. C., para prestarem serviços de saúde em áreas indígenas, com clara ofensa a legislação trabalhista.

Dentro desse contexto, patente a legitimação do Ministério Público do Trabalho, à luz dos arts. 127 e 129 da Constituição Federal de 1988 e da LC nº 75/1993, para propor a presente Ação Civil Pública.

2.6. Competência da Justiça do Trabalho

Tratando-se de demanda envolvendo trabalhadores contratados sob a égide do regime celetista, indiscutível a competência da Justiça do Trabalho para apreciar a presente demanda, conforme disposto no art. 114, I, da Constituição Federal de 1988.

Quanto às condições e meio ambiente de trabalho, ainda que estivéssemos diante de servidores estatutários, o que não é o caso, apenas por amor ao debate, afirmarmos que a competência para apreciar demandas envolvendo meio ambiente de trabalho seria dessa Justiça Especializada, conforme Súmula nº 736 do Supremo Tribunal Federal:

> *Compete à Justiça do Trabalho julgar as ações que tenham como causa de pedir o descumprimento de normas trabalhistas relativas à segurança, higiene e saúde dos trabalhadores.*

A Suprema Corte, também em matéria de observância das normas de saúde, higiene e segurança do trabalho, assim se pronunciou em recente julgado, transcrito a seguir, por oportuno:

> *CONSTITUCIONAL – RECLAMAÇÃO – ADIn Nº 3.395-MC – AÇÃO CIVIL PÚBLICA PROPOSTA NA JUSTIÇA DO TRABALHO, PARA IMPOR AO PODER PÚBLICO PIAUIENSE A OBSERVÂNCIA DAS NORMAS DE SAÚDE, HIGIENE E SEGURANÇA DO TRABALHO NO ÂMBITO DO INSTITUTO MÉDICO LEGAL – IMPROCEDÊNCIA. Alegação de desrespeito ao decidido na ADIn nº 3.395-MC não verificada, porquanto a ação civil pública em foco tem por objeto exigir o cumprimento, pelo Poder Público piauiense, das normas trabalhistas relativas à higiene, segurança e saúde dos trabalhadores.*

Reclamação improcedente. Prejudicado o agravo Regimental interposto. (Recl. nº 3.303-1/ PI – Relator Ministro Carlos Britto, Plenário do STF – unân. – j. em 19.11.2007)

Recentemente, mais precisamente em 1º de fevereiro de 2012, a Suprema Corte foi chamada a se manifestar novamente sobre o tema, em sede de reclamação constitucional, ficando corroborado o entendimento ora apresentado quanto a competência da Justiça do Trabalho para analisar demandas envolvendo **meio ambiente de trabalho** de servidores públicos estatutários e empregados públicos, sem que isso possa representar ofensa ao decidido na ADIn nº 3.395.

É relevante destacar trecho da mencionada decisão, da lavra do Exmo. Ministro **RICARDO LEWANDOWSKI:**

> *No caso em exame, contudo, a referida Ação Civil Pública "tem por finalidade exigir do Poder Público amazonense o cumprimento de normas relativas à higiene, saúde e segurança dos trabalhadores e, portanto, não se volta à discussão em torno de qualquer direito que decorra do regime jurídico-administrativo, mas sim, de típico direito social trabalhista, de alcance coletivo geral, pouco importando a eventual diversidade dos regimes jurídicos dos trabalhadores abrangidos na situação discutida, haja vista que, todos eles, indistintamente, estão submetidos às mesmas condições de trabalho". Como se observa, parece-me que não se discute a validade, a existência ou a eficácia das relações entre servidores e o poder público, porém normas relativas à saúde, higiene e segurança do trabalho, o que não afastaria a incidência da Súmula nº 736 do STF, in verbis: "COMPETE À JUSTIÇA DO TRABALHO JULGAR AS AÇÕES QUE TENHAM COMO CAUSA DE PEDIR O DESCUMPRIMENTO DE NORMAS TRABALHISTAS RELATIVAS À SEGURANÇA, HIGIENE E SAÚDE DOS TRABALHADORES". Por essas razões, indefiro o pedido liminar.* (Recl. 13.113 MC/AM – Medida Cautelar na Reclamação – Relator Ministro Ricardo Lewandowski – j. em 1º.2.2012)

Além disso, interessante mencionar decisão do E. Tribunal Regional do Trabalho da 14ª Região (Rondônia), demonstrando que as Cortes Trabalhistas tem seguido o entendimento da Suprema Corte:

> *AÇÃO CIVIL PÚBLICA – NORMAS DE SEGURANÇA E MEDICINA DO TRABALHO – COMPETÊNCIA DA JUSTIÇA DO TRABALHO. Restando evidenciado que o objeto da ação civil pública diz respeito às condições de segurança, higiene, saúde dos trabalhadores e medicina do trabalho, mesmo no âmbito do Corpo de Bombeiros Militar do Estado de Rondônia, a competência para julgá-la é da Justiça do Trabalho. Inteligência da Súmula STF nº 736. Recursos oficial e voluntários desprovidos.* (TRT – 14ª Região, Processo nº 01167.2006.004.14.00-0 – Relator Juíza Socorro Miranda – *DETRT14* nº 60, em 14.11.2007)

Como se vê, por qualquer ângulo que se analise a questão, competente, portanto, é a JUSTIÇA DO TRABALHO para apreciação e julgamento da presente demanda.

2.7. Responsabilidade solidária e subsidiária da União (SESAI)

Não há como deixar de reconhecer, no mínimo, a **responsabilidade subsidiária do tomador,** caso o real empregador não satisfaça as condições mínimas para assegurar um meio ambiente de trabalho equilibrado e saudável.

Até porque se a responsabilidade subsidiária no caso de não pagamento de verbas trabalhistas é reconhecida uniformemente pela jurisprudência da mais alta corte trabalhista, **o que se dirá da responsabilidade inerente a garantia da saúde e segurança do trabalhador!**

A título de ilustração, reconhecendo a responsabilidade subsidiária do ente público, colacionam-se os seguintes julgados:

> *AGRAVO DE INSTRUMENTO – RECURSO DE REVISTA. 1. CONVÊNIO FIRMADO PARA PRESTAÇÃO DE SERVIÇOS. 2. TERCEIRIZAÇÃO TRABALHISTA – ENTIDA-*

DES ESTATAIS – RESPONSABILIDADE EM CASO DE CULPA IN VIGILANDO NO QUE TANGE AO CUMPRIMENTO DA LEGISLAÇÃO TRABALHISTA E PREVIDEN-CIÁRIA POR PARTE DA EMPRESA TERCEIRIZANTE CONTRATADA – COMPATIBI-LIDADE COM O ART. 71 DA LEI DE LICITAÇÕES – INCIDÊNCIA DOS ARTS. 159 DO CCB/1916, 186 E 927, CAPUT, DO CCB/2002. 3. ALCANCE DA RESPONSABILIDADE SUBSIDIÁRIA. DECISÃO DENEGATÓRIA. MANUTENÇÃO. A mera inadimplência da empresa terceirizante quanto às verbas trabalhistas e previdenciárias devidas ao trabalha-dor terceirizado não transfere a responsabilidade por tais verbas para a entidade estatal tomadora de serviços, a teor do disposto no art. 71 da Lei nº 8.666/1993 (Lei de Licitações), cuja constitucionalidade foi declarada pelo Supremo Tribunal Federal na ADC nº 16-DF. Entretanto, a interpretação sistemática desse dispositivo, em conjunto com os demais pre-ceitos que regem a matéria (arts. 58, III, e 67 da Lei nº 8.666/1993; 159 do CCB/1916, 186 e 927, caput, *do CCB/2002, observados os respectivos períodos de vigência), revela que a norma nele inscrita, ao isentar a Administração Pública das obrigações trabalhistas decor-rentes dos contratos de prestação de serviços por ela celebrados, não alcança os casos em que o ente público tomador não cumpre sua obrigação de fiscalizar a execução do contrato pelo prestador. Nesse quadro, a inadimplência da obrigação fiscalizatória da entidade es-tatal tomadora de serviços no tocante ao preciso cumprimento das obrigações trabalhistas e previdenciárias da empresa prestadora de serviços gera sua responsabilidade subsidiária, em face de sua culpa* in vigilando, *a teor da regra responsabilizatória incidente sobre qual-quer pessoa física ou jurídica que, por ato ou omissão culposos, cause prejuízos a alguém. Evidenciando-se essa culpa* in vigilando *nos autos, incide a responsabilidade subsidiária, de natureza subjetiva, prevista nos preceitos legais especificados.* **No mesmo sentido, o no-vel inciso V da Súmula nº 331/TST.** *Sendo assim, não há como assegurar o processamento do recurso de revista quando o agravo de instrumento interposto não desconstitui as razões expendidas na decisão denegatória que, assim, subsiste pelos seus próprios fundamentos. Agravo de instrumento desprovido.* (AIRR 1555700-11.2009.5.09 – Relator Ministro Mau-ricio Godinho Delgado – 6ª Turma – j. em 15.2.2012 – *DEJT* de 24.12.2012)

RESPONSABILIDADE SUBSIDIÁRIA – CONVÊNIO FIRMADO COM ENTE PÚBLICO. 1. Ressalvado o posicionamento pessoal do Relator, é entendimento desta Corte superior que a celebração de convênio, tal como o que se deu entre a Fundação Nacional de Saúde e o Ins-tituto Recicla Brasil – visando ao desempenho conjunto para a implementação de programas contidos no Subsistema de Atenção à Saúde Indígena – enseja a incidência da Súmula nº 331, IV, do Tribunal Superior do Trabalho. 2. Verifica-se que nem mesmo as recentes alterações promovidas no texto da Súmula nº 331 desta Corte superior tem o condão de modificar esse entendimento, na medida em que, consoante os termos do item V, "os entes integrantes da Administração Pública direta e indireta respondem subsidiariamente, nas mesmas condições do item IV, caso evidenciada a sua conduta culposa no cumprimento das obrigações da Lei nº 8.666, de 21.6.1993, especialmente na fiscalização do cumprimento das obrigações contratu-ais e legais da prestadora de serviço como empregadora". 3. Uma vez caracterizada a omissão do ente público quanto ao dever legal de fiscalizar o conveniado no cumprimento de suas obrigações trabalhistas, resulta imperioso o reconhecimento da sua condição de responsável subsidiário. 4. Recurso de revista conhecido e provido. (RR 98100-94.2007.5.10.0016 – Rela-tor Lelio Bentes Corrêa – 1ª Turma – j. em 14.9.2011 – *DEJT* de 23.9.2011)

RESPONSABILIDADE SUBSIDIÁRIA – FUNASA – CONVÊNIO – ATIVIDADE ASSIS-TENCIAL – APLICAÇÃO DA SÚMULA 331, ITEM IV, DO TST. O entendimento reiterado desta Corte é no sentido de que o convênio celebrado entre a associação de direito privado e a administração pública destinado a ações e serviços de saúde voltados para o atendimento das populações indígenas configura a terceirização de serviços, implicando a responsabilidade subsidiária do ente público, a teor do item IV da Súmula nº 331 do TST. Recurso de Revista de que se conhece e a que se dá provimento. (TST-RR-100700-33.2007.5.10.0002 – Relator Ministro João Batista Brito Pereira – 5ª Turma – *DJU* de 5.8.2011)

RECURSO DE REVISTA – RESPONSABILIDADE TRABALHISTA SUBSIDIÁRIA DA FUNDAÇÃO – CONVÊNIO – SERVIÇOS DE ASSISTÊNCIA MÉDICA. A FUNASA, ao celebrar convênio com entidade privada sem fins lucrativos, visando à prestação de serviços de saúde à população indígena, figura como verdadeira tomadora de serviços. Isso porque, ao firmar os citados convênios, como na hipótese dos autos, o ente público transfere a terceiros a realização de serviços de sua competência, em vez de prestá-los diretamente, por intermédio de servidores regularmente contratados. Assim, independentemente da regularidade do procedimento, é inegável que o trabalho desenvolvido pelos empregados da entidade conveniada reverte também em prol do ente público. Portanto, este deve responder subsidiariamente pelos direitos trabalhistas sonegados àqueles empregados, nos exatos termos do item IV da Súmula nº 331 deste Tribunal. Recurso de revista de que se conhece e a que se dá provimento. (TST-RR-103500-86.2007.5.10.0017 – Relator Ministro Pedro Paulo Manus – 7ª Turma – *DJU* de 8.10.2010)

RECURSO DE REVISTA. 1. CONVÊNIO. RESPONSABILIDADE SUBSIDIÁRIA. CONFIGURAÇÃO. Ainda que firmado convênio com o objetivo de fomentar a atuação na área da saúde, remanesce o dever do ente público de fiscalizar a sua execução, sob pena de incorrer nas culpas in eligendo e in vigilando, que geram os efeitos consagrados na Súmula nº 331, item IV, do TST. Recurso de revista conhecido e provido. 2. INTERVALO INTRA-JORNADA. A Corte de origem não analisou a questão sob a ótica de violação do art. 74, § 2º, da CLT e da Súmula nº 338, I, do TST, haja vista que nesse ponto o recurso ordinário da reclamante sequer foi conhecido. Nesse aspecto, incide o óbice da Súmula nº 297 do TST. Recurso de revista não conhecido. (TST-RR-101800-81.2007.5.10.0015 – Relator Ministro Dora Maria da Costa – 8ª Turma – *DJU* de 18.3.2011)

*RECURSO DE REVISTA – RESPONSABILIDADE SUBSIDIÁRIA – CONVÊNIO – ADMINISTRAÇÃO PÚBLICA – ATIVIDADE ESSENCIAL DO ESTADO – SÚMULA Nº 331, IV, DO TST. A responsabilização subsidiária do ente público decorre do fato de a associação conveniada executar atividade essencial do Estado, qual seja, promover programa de atendimento à **saúde indígena** de Brasília. Caracterizada a triangulação da prestação de serviços própria da figura da terceirização, impõe-se a responsabilização do tomador dos serviços, nos termos da Súmula nº 331, item IV, do TST. Recurso de revista conhecido e provido.* (RR – 1320/2007-005-10-00.9 – Relatora Ministra Maria Cristina Irigoyen Peduzzi – j. em 28.10.2009 – 8ª Turma – *DEJT* de 3.11.2009)

Dessa forma, deve a União ser responsabilizada SOLIDARIAMENTE pela observância e fiscalização das normas de segurança e saúde dos trabalhadores (NRs) e SUBSIDIARIAMENTE por todos os pedidos postulados, sejam em relação as obrigações de fazer, inerentes ao meio ambiente de trabalho (caso não reconhecida a solidariedade no particular), sejam em relação as obrigações de pagar as verbas trabalhistas devidas e o dano moral coletivo a seguir postulado.

2.8. Dano moral coletivo

Com a evolução dos tempos e a intensificação dos fenômenos de massa, principalmente a partir da Revolução Industrial, o caráter meramente individual do direito cedeu lugar à outra concepção para se buscar a proteção de outros interesses que afetam uma parte ou toda a coletividade de pessoas. Surgiram, assim, os chamados direitos coletivos, que podem ser classificados em difusos, coletivos em sentido estrito e individuais homogêneos.

Ao reconhecer a existência de direitos coletivos, a ordem jurídica considera ser a coletividade titular de direitos ou interesses extrapatrimoniais, os quais são passíveis de tutela por meio do sistema processual apto a essa finalidade, definidor da chamada jurisdição civil coletiva, cujos fundamentos principais encontram-se gizados na Carta Constitucional de 1988 (art. 5º, XXXV e LV, e art. 129, III e § 1º), ordenando-se instrumentalmente com a interação das normas da Lei da Ação Civil Pública (art. 21) e da parte processual do Código de Defesa do Consumidor (arts. 90 e 117).

A ideia e o reconhecimento do dano moral coletivo (*lato sensu*) bem como a necessidade de sua reparação, constituem mais uma evolução nos contínuos desdobramentos do sistema de responsabilidade civil, significando ampliação do dano extrapatrimonial para o conceito não restrito ao mero sofrimento ou dor pessoal, porém extensivo a toda *modificação desvaliosa do espírito coletivo, ou seja,* **qualquer ofensa aos valores fundamentais compartilhados pela coletividade** *e que refletem o alcance da dignidade dos seus membros.*

O dano moral coletivo, portanto, é aquele que causa *injusta lesão à esfera moral da coletividade, constituindo uma violação antijurídica de um determinado círculo de valores coletivamente considerados.*

No caso em análise, restou incontroversa a ofensa ao DIREITO COLETIVO de todos os trabalhadores que tiveram sua segurança e saúde colocados em risco, bem como diversos direitos trabalhistas lesados.

Não há dúvida que a violação as normas de saúde e segurança, bem como a burla a legislação trabalhista, tratam-se de conduta ofensiva aos valores sociais, gerando um sentimento de revolta e de desapreço em toda a coletividade.

A ausência de reparação do dano moral coletivo, sem dúvida, resultaria em um estado de indignação, descrédito e desalento da coletividade para com o sistema político-jurídico, refletindo-se na sua segurança e tranquilidade, em comprometimento do próprio sentimento de cidadania.

Se a responsabilidade pela prática de dano moral coletivo ficasse restrita apenas à mera cessação da conduta danosa e ao pagamento dos direitos trabalhistas típicos, sem dúvida, seria compensador para o agente causador do dano.

Nesse passo, **necessária se faz a reparação pecuniária pelos danos aos interesses metaindividuais, de caráter punitivo e pedagógico**, de modo que seja incisivamente **desestimulada a prática de outros ilícitos como os ora denunciados**. O objetivo principal não é a mera reparação para o grupo ou coletividade lesada, mas sim o desestímulo, frise-se mais uma vez, a reincidência na conduta ilícita.

O reconhecimento e a efetiva reparação dos danos morais coletivos – na medida em que sanciona o ofensor (desestimulando novas lesões) e compensa os efeitos negativos decorrentes do desrespeito aos bens mais elevados do agrupamento social – constitui uma das formas de **alicerçar o ideal** de um **Estado Democrático de Direito**.

Vale salientar que da mesma forma que no dano moral de natureza individual, a responsabilidade do ofensor, em regra, independe da configuração da culpa, decorrendo, pois, do próprio fato da violação.

Ora, se o dano moral transindividual é perceptível em face da lesão causada, pois resulta em patente sofrimento, angústia, desconforto ou consideráveis prejuízos de ordem extrapatrimonial à coletividade, tem-se como certo que a *sua demonstração dispensa prova direta, sendo suficiente a verificação,* de per si, *do fato concretizado, que enseje imediata repulsa social, como no presente caso!*

Nesse sentido, a jurisprudência do C. Tribunal Superior do Trabalho:

> *INDENIZAÇÃO POR DANO MORAL COLETIVO. O fundamento adotado pelo Tribunal Regional para conceder a indenização por dano moral coletivo foi a mera ampliação do conceito de dano moral. O dano moral coletivo, entretanto, pressupõe um ilícito que enseje imediata repulsa social, para o que não se pode dispensar,* in casu, *a demonstração do nexo causal entre a conduta empresarial no cumprimento da norma e a lesão à coletividade. No presente caso, o Tribunal Regional dispensa esse requisito, cuja ausência encerra decisão*

por presunção de lesão. Recurso de Revista de que se conhece em parte e a que se dá provimento. (RR 7300-34.2007.5.17.0013 – Relator Ministro João Batista Brito Pereira – j. em 25.5.2011 – 5ª Turma – *DEJT* de 3.6.2011).

LISTA DISCRIMINATÓRIA – INDENIZAÇÃO POR DANO MORAL – CONFIGURAÇÃO. O Regional consigna que a lista discriminatória foi elaborada pela reclamada Employer, que a divulgou entre empresas a ela vinculadas. E ainda que, mesmo tendo seu nome incluído em tal lista, o reclamante conseguiu emprego. No que se refere ao fato de o reclamante ter conseguido colocação no mercado de trabalho, esse não é impeditivo ao deferimento da indenização por dano moral, uma vez que não se confundem o prejuízo material que aparentemente não sobreveio com o dano extrapatrimonial que resulta de dupla violação de direitos fundamentais: ao elaborar a lista discriminatória, a reclamada investiu contra o direito de acesso à justiça, reprimindo o seu exercício; ao observar a lista, visou inibir o direito constitucional ao trabalho, não importando se o reclamante logrou empregar-se fora dos limites dessa ação repressiva, que era conotativa apenas de abuso e retaliação. Recurso de revista conhecido e provido. (RR 52700-92.2003.5.09.0091 – Relator Ministro Augusto César Leite de Carvalho – j. em 10.8.2010 – 6ª Turma – *DEJT* de 10.9.2010).

RECURSO DE REVISTA – EMPRESA DE BANCO DE DADOS – OBTENÇÃO DE INFORMAÇÕES SOBRE ANTECEDENTES CRIMINAIS, TRABALHISTAS E CREDITÍCIAS RELATIVAS A EMPREGADOS OU CANDIDATOS A EMPREGO – DANO MORAL COLETIVO. I – Trata-se de discussão que envolve o direito de informação do empregador, diante da contratação pela empresa de serviços Innvestig, que vendia informações acerca de antecedentes criminais, trabalhistas e creditícias de candidatos a vagas de emprego, versus, o direito à intimidade. II – O constituinte de 1988 ao estabelecer um capítulo na Carta Magna, dedicado exclusivamente aos Direitos e Deveres Individuais e Coletivos, em nenhum momento conferiu a qualquer deles um caráter absoluto. E, não tendo conferido nenhuma hierarquia entre os direitos fundamentais, a solução a ser utilizada é a ponderação de interesses. III – Observa-se, pois, que a pesquisa de antecedentes criminais, trabalhistas e creditícias relativa a empregados ou candidatos a emprego revela-se discriminatória, configurando-se como verdadeiro abuso de poder e violação da intimidade das pessoas, tendo em vista a constatação de que a obtenção das informações era realizada a revelia dos candidatos. **IV – A Subseção I Especializada em Dissídios Individuais consagrou a tese de que, em se tratando de danos morais, e não materiais, a única prova que deve ser produzida é a do ato ilícito, se presentes os pressupostos legais para a caracterização da responsabilidade civil, quais sejam, a culpa e o nexo de causalidade, porquanto tal dano constitui, essencialmente, ofensa à dignidade humana (art. 1º, inciso III, da Constituição da República), sendo desnecessária a comprovação do resultado, porquanto o prejuízo é mero agravante do lesionamento íntimo.** *IV – Diante disso, tem-se que o ato da reclamada, ao contratar uma empresa para investigar os antecedentes criminais, trabalhistas e creditícias, viola o art. 5º, X, da Constituição Federal. Recurso de revista conhecido e provido.* (RR 9891800-65.2004.5.09.0014 – Relator Ministro Emmanoel Pereira – j. em 9.6.2010 – 5ª Turma – *DEJT* de 18.6.2010) *(grifo nosso).*

Em face de tais considerações, é que se postula a condenação da M. E. C. ao pagamento de uma indenização por danos morais coletivos no importe de R$ 1.000.000,00 (UM MILHÃO DE REAIS), tendo como parâmetro o valor médio da remuneração dos profissionais da saúde, o número de trabalhadores aproximado em situação irregular (1200), bem como a capacidade econômica da ré, multiplicados pelo número de meses aproximado da irregularidade (mínimo de 60 meses).

O valor postulado, considerando os parâmetros apontados, encontra-se em sintonia com o art. 5º, V, da CF/1988, o qual positiva o princípio da proporcionalidade, que deve ser observado na fixação da indenização por dano moral coletivo, e também em sintonia com o art. 944 do CC, cujo conteúdo normativo estabelece que a indenização se mede pela extensão do dano.

Por fim, o montante postulado será revertido para o FAT (Fundo de Amparo ao Trabalhador), nos termos do art. 11, V, da Lei nº 7.998/1990 ou para outro fundo que atenda ao disposto no art. 13 da Lei nº 7.347/1985 (Lei da Ação Civil Pública), a critério do Ministério Público do Trabalho.

2.9. Liminar

O art. 12 da Lei nº 7.347/1985 autoriza o Juízo, nos próprios autos da ação civil pública, determinar que cesse a conduta irregular, mediante concessão de liminar.

Assim, o legislador, sem primar pela técnica, autorizou a antecipação dos efeitos da tutela pretendida na ação civil pública, nos moldes de norma processual que foi, posteriormente, introduzida no Código de Processo Civil, art. 461.

O art. 461 do CPC, modificado pela Lei nº 8.952/1994, passou a permitir, genericamente, a antecipação dos efeitos da tutela específica de obrigação de fazer ou não fazer, dispondo a primeira parte do seu § 3º:

> Sendo relevante o fundamento da demanda e havendo justificado receio de ineficácia do provimento final, é lícito ao juiz conceder a tutela liminarmente ou mediante justificação prévia, citado o réu (...).

No presente caso, considerando que o pedido liminar versa, notadamente, sobre obrigações de fazer, necessário ressaltar a presença tanto dos requisitos exigidos no art. 461 do CPC, quais sejam, o relevante fundamento da demanda e justificado receio de ineficácia do provimento jurisdicional, aplicável ao Processo do Trabalho por força do art. 769 Consolidado.

Na hipótese em apreço, a relevância do fundamento e a plausibilidade do direito restam evidentes, pois o material probatório acostado aos autos demonstra clara violação as normas de saúde e segurança do trabalhador, bem como a dispositivos legais previstos na CLT.

O fundado receio de ineficácia do provimento final também está patente, uma vez que no campo da saúde e segurança deve sempre prevalecer o PRINCÍPIO DA PREVENÇÃO.

Ademais, ainda que se analisasse o pedido de tutela antecipada sob a ótica do art. 273 do CPC, apenas a título de amor ao debate, verifica-se que os elementos trazidos aos autos demonstram que as alegações são mais do que verossímeis, havendo provas inequívocas das irregularidades que vêm sendo perpetradas pelo réus, consubstanciadas nos documentos que estão acostados a esta exordial.

O dano irreparável, por sua vez, continuará ocorrendo, caso não haja o deferimento da liminar, com o continuado risco a saúde e segurança dos trabalhadores.

Caso o MM. Juízo entenda que a liminar prevista no art. 12 da Lei que regulamenta a Ação Civil Pública tem natureza cautelar, presente as condições específicas para a concessão da medida, consoante demonstrado pelas razões expendidas no presente tópico, quais sejam, o *fumus boni iuris* e o *periculum in mora*.

Frise-se, por oportuno, que ainda que este Juízo não confira à liminar a mesma natureza que os signatários, seria cabível a aplicação do art. 273, § 7º, do Código de Processo Civil c/c art. 769 Consolidado.

Destarte, a liminar requerida é medida que se impõe para restabelecer a ordem jurídica e cessar com a prática inconstitucional e ilegal perpetrada pela M. E. C. e pela UNIÃO.

III – PEDIDO LIMINAR

Posto isso, requer o Ministério Público do Trabalho, com fundamento no art. 12 da Lei nº 7.347/1985, a concessão de **LIMINAR *INAUDITA ALTERA PARTE*** para determinar o cumprimento, **PELAS RECLAMADAS**, das seguintes obrigações:

3.1. SOLIDARIAMENTE, ou ao menos, subsidiariamente (União), pela observância das **Norma Regulamentadora NR-24 do Ministério do Trabalho e Emprego (MTE)**, notadamente, os seguintes pontos:

*24.1.2. As áreas destinadas aos **sanitários** deverão atender às dimensões mínimas essenciais. O órgão regional competente em Segurança e Medicina do Trabalho poderá, à vista de perícia local, exigir alterações de metragem que atendam ao mínimo de conforto exigível. É considerada satisfatória a metragem de 1 metro quadrado, para cada sanitário, por 20 operários em atividade.*

24.1.2.1. As instalações sanitárias deverão ser separadas por sexo.

24.1.3. Os locais onde se encontrarem instalações sanitárias deverão ser submetidos a processo permanente de higienização, de sorte que sejam mantidos limpos e desprovidos de quaisquer odores, durante toda a jornada de trabalho.

24.1.4. Os vasos sanitários deverão ser sifonados e possuir caixa de descarga automática externa de ferro fundido, material plástico ou fibrocimento.

24.1.5. Os chuveiros poderão ser de metal ou de plástico, e deverão ser comandados por registros de metal a meia altura na parede; (...)

24.1.11. Os banheiros, dotados de chuveiros, deverão:

a) ser mantidos em estado de conservação, asseio e higiene;

b) ser instalados em local adequado;

c) dispor de água quente, a critério da autoridade competente em matéria de Segurança e Medicina do Trabalho;

d) ter portas de acesso que impeçam o devassamento, ou ser construídos de modo a manter o resguardo conveniente;

e) ter piso e paredes revestidos de material resistente, liso, impermeável e lavável. (...)

24.1.13. Não serão permitidos aparelhos sanitários que apresentem defeitos ou soluções de continuidade que possam acarretar infiltrações ou acidentes. (...)

24.1.16. Nas regiões onde não haja serviço de esgoto, deverá ser assegurado aos empregados um serviço de privadas, seja por meio de fossas adequadas, seja por outro processo que não afete a saúde pública, mantidas as exigências legais. (...)

24.1.22. Os locais destinados às instalações sanitárias serão providos de uma rede de iluminação, cuja fiação deverá ser protegida por eletrodutos. (...)

24.1.24. A rede hidráulica será abastecida por caixa d'água elevada, a qual deverá ter altura suficiente para permitir bom funcionamento nas tomadas de água e contar com reserva para combate a incêndio de acordo com posturas locais.

24.1.24.1. Serão previstos 60 litros diários de água por trabalhador para o consumo nas instalações sanitárias. (...)

*24.5.1.1. **Alojamento** é o local destinado ao repouso dos operários. (...)*

24.5.2.1. A capacidade máxima de cada dormitório será de 100 (cem) operários.

24.5.2.2. Os dormitórios deverão ter áreas mínimas dimensionadas de acordo com os módulos (camas/armários) adotados e capazes de atender ao efeito a ser alojado, conforme o Quadro I. (...)

24.5.5. Os alojamentos deverão ter área de circulação interna, nos dormitórios, com a largura mínima de 1,00 metro.

24.5.6. O pé-direito dos alojamentos deverá obedecer às seguintes dimensões mínimas.

a) 2,6m para camas simples;

b) 3,0m para camas duplas.

24.5.7. As paredes dos alojamentos poderão ser construídas em alvenaria de tijolo comum, em concreto ou em madeira.

24.5.8. Os pisos dos alojamentos deverão ser impermeáveis, laváveis e de acabamento áspero. Deverão impedir a entrada de umidade e emanações no alojamento. Não deverão apresentar ressaltos e saliências, sendo o acabamento compatível com as condições mínimas de conforto térmico e higiene.

24.5.9. A cobertura dos alojamentos deverá ter estrutura de madeira ou metálica, as telhas poderão ser de barro ou de fibrocimento, e não haverá forro.

24.5.9.1. O ponto do telhado deverá ser de 1:4, independentemente do tipo de telha usada.

24.5.10. As portas dos alojamentos deverão ser metálicas ou de madeira, abrindo para fora, medindo no mínimo 1,00m x 2,10m para cada 100 operários.

24.5.11. Existindo corredor, este terá, no mínimo, uma porta em cada extremidade, abrindo para fora.

24.5.12. As janelas dos alojamentos deverão ser de madeira ou de ferro, de 60cm x 60cm, no mínimo.

24.5.12.1. A parte inferior do caixilho deverá se situar, no mínimo, no plano da cama superior (caso de camas duplas) e à altura de 1,60 do piso no caso de camas simples.

24.5.13. A ligação do alojamento com o sanitário será feita através de portas, com mínimo de 0,80 m x 2,10 m.

24.5.14. Todo alojamento será provido de uma rede de iluminação, cuja fiação deverá ser protegida por eletrodutos.

24.5.15. Deverá ser mantido um iluminamento mínimo de 100 lux, podendo ser instaladas lâmpadas incandescentes de 100W/8,00 m² de área com pé-direito de 3 (três) metros máximo, ou outro tipo de luminária que produza o mesmo efeito.

24.5.16. Nos alojamentos deverão ser instalados bebedouros de acordo com o item 24.6.1.

24.5.17. As pinturas das paredes, portas e janelas, móveis e utensílios, deverão obedecer ao seguinte:

a) alvenaria – tinta de base plástica;

b) ferro – tinta a óleo;

c) madeira – tinta especial retardante à ação do fogo.

24.5.18. As camas poderão ser de estrutura metálica ou de madeira, oferecendo perfeita rigidez.

24.5.19. A altura livre das camas duplas deverá ser de, no mínimo, 1,10m contados do nível superior do colchão da cama de baixo, ao nível inferior da longarina da cama de cima.

24.5.19.1. As camas superiores deverão ter proteção lateral e altura livre, mínima, de 1,10 m do teto do alojamento.

24.5.19.2. O acesso à cama superior deverá ser fixo e parte integrante da estrutura da mesma.

24.5.19.3. Os estrados das camas superiores deverão ser fechados na parte inferior.

24.5.20. Deverão ser colocadas caixas metálicas com areia, para serem usadas como cinzeiros.

24.5.21. Os armários dos alojamentos poderão ser de aço ou de madeira, individuais, e deverão ter as seguintes dimensões mínimas: 0,60m de frente x 0,45m de fundo x 0,90m de altura. (...)

24.5.26. Não será permitido ventilação em dormitório, feita somente de modo indireto. (...)

24.5.28. Nos alojamentos deverão ser obedecidas as seguintes instruções gerais de uso:

a) todo quarto ou instalação deverá ser conservado limpo e todos eles serão pulverizados de 30 em 30 dias;

b) os sanitários deverão ser desinfetados diariamente;

c) o lixo deverá ser retirado diariamente e depositado em local adequado;

d) é proibida, nos dormitórios, a instalação para eletrodomésticos e o uso de fogareiro ou similares. (...)

*24.7.1. Em todos os locais de trabalho deverá ser fornecida aos trabalhadores **água potável**, em condições higiênicas, sendo proibido o uso de recipientes coletivos. Onde houver rede de abastecimento de água, deverão existir bebedouros de jato inclinado e guarda protetora, proibida sua instalação em pias ou lavatórios, e na proporção de 1 (um) bebedouro para cada 50 (cinquenta) empregados.*

24.7.1.1. As empresas devem garantir, nos locais de trabalho, suprimento de água potável e fresca em quantidade superior a 1/4 (um quarto) de litro (250ml) por hora/homem trabalho.

24.7.1.2. Quando não for possível obter água potável corrente, essa deverá ser fornecida em recipientes portáteis hermeticamente fechados de material adequado e construídos de maneira a permitir fácil limpeza.

24.7.2. A água não potável para uso no local de trabalho ficará separada e deve ser afixado aviso de advertência da sua nãopotabilidade.

24.7.3. Os poços e as fontes de água potável serão protegidos contra a contaminação. (...)

24.7.5. Os locais de trabalho serão mantidos em estado de higiene compatível com o gênero de atividade. O serviço de limpeza será realizado, sempre que possível, fora do horário de trabalho e por processo que reduza ao mínimo o levantamento de poeiras.

3.2. SOLIDARIAMENTE, ou ao menos, subsidiariamente (União), o cumprimento e respectiva fiscalização **da NR-32 do Ministério do Trabalho e Emprego (MTE)**, notadamente os seguintes pontos:

32.2.4.3. Todo local onde exista possibilidade de exposição ao agente biológico deve ter lavatório exclusivo para higiene das mãos provido de água corrente, sabonete líquido, toalha descartável e lixeira provida de sistema de abertura sem contato manual.

32.2.4.3.1. Os quartos ou enfermarias destinados ao isolamento de pacientes portadores de doenças infecto-contagiosas devem conter lavatório em seu interior.

32.2.4.3.2. O uso de luvas não substitui o processo de lavagem das mãos, o que deve ocorrer, no mínimo, antes e depois do uso das mesmas.

32.2.4.4. Os trabalhadores com feridas ou lesões nos membros superiores só podem iniciar suas atividades após avaliação médica obrigatória com emissão de documento de liberação para o trabalho.

32.2.4.5. O empregador deve vedar:

a) a utilização de pias de trabalho para fins diversos dos previstos;

b) o ato de fumar, o uso de adornos e o manuseio de lentes de contato nos postos de trabalho;

c) o consumo de alimentos e bebidas nos postos de trabalho;

d) a guarda de alimentos em locais não destinados para este fim;

e) o uso de calçados abertos.

32.2.4.6. Todos trabalhadores com possibilidade de exposição a agentes biológicos devem utilizar vestimenta de trabalho adequada e em condições de conforto.

32.2.4.6.1. A vestimenta deve ser fornecida sem ônus para o empregado.

32.2.4.6.2. Os trabalhadores não devem deixar o local de trabalho com os equipamentos de proteção individual e as vestimentas utilizadas em suas atividades laborais.

32.2.4.6.3. O empregador deve providenciar locais apropriados para fornecimento de vestimentas limpas e para deposição das usadas. (...)

32.2.4.7. Os Equipamentos de Proteção Individual – EPI, descartáveis ou não, deverão estar à disposição em número suficiente nos postos de trabalho, de forma que seja garantido o imediato fornecimento ou reposição.

32.2.4.8. O empregador deve:

a) garantir a conservação e a higienização dos materiais e instrumentos de trabalho;

b) providenciar recipientes e meios de transporte adequados para materiais infectantes, fluidos e tecidos orgânicos. (...)

32.2.4.9.1. A capacitação deve ser adaptada à evolução do conhecimento e à identificação de novos riscos biológicos e deve incluir:

a) os dados disponíveis sobre riscos potenciais para a saúde;

b) medidas de controle que minimizem a exposição aos agentes;

c) normas e procedimentos de higiene;

d) utilização de equipamentos de proteção coletiva, individual e vestimentas de trabalho;

e) medidas para a prevenção de acidentes e incidentes;

f) medidas a serem adotadas pelos trabalhadores no caso de ocorrência de incidentes e acidentes.

32.2.4.9.2. O empregador deve comprovar para a inspeção do trabalho a realização da capacitação através de documentos que informem a data, o horário, a carga horária, o conteúdo ministrado, o nome e a formação ou capacitação profissional do instrutor e dos trabalhadores envolvidos.

32.2.4.10. Em todo local onde exista a possibilidade de exposição a agentes biológicos, devem ser fornecidas aos trabalhadores instruções escritas, em linguagem acessível, das rotinas realizadas no local de trabalho e medidas de prevenção de acidentes e de doenças relacionadas ao trabalho.

32.2.4.10.1. As instruções devem ser entregues ao trabalhador, mediante recibo, devendo este ficar à disposição da inspeção do trabalho. (...)

32.2.4.16.2. O empregador deve assegurar, aos trabalhadores dos serviços de saúde, a capacitação prevista no subitem 32.2.4.16.1.

32.2.4.17.1. A todo trabalhador dos serviços de saúde deve ser fornecido, gratuitamente, programa de imunização ativa contra tétano, difteria, hepatite B e os estabelecidos no PCMSO. (...)

32.5.1. Cabe ao empregador capacitar, inicialmente e de forma continuada, os trabalhadores nos seguintes assuntos:

a) segregação, acondicionamento e transporte dos resíduos;

b) definições, classificação e potencial de risco dos resíduos;

c) sistema de gerenciamento adotado internamente no estabelecimento;

d) formas de reduzir a geração de resíduos;

e) conhecimento das responsabilidades e de tarefas;

f) reconhecimento dos símbolos de identificação das classes de resíduos;

g) conhecimento sobre a utilização dos veículos de coleta;

h) orientações quanto ao uso de Equipamentos de Proteção Individual – EPIs. (...)

32.7.1. A lavanderia deve possuir duas áreas distintas, sendo uma considerada suja e outra limpa, devendo ocorrer na primeira o recebimento, classificação, pesagem e lavagem de roupas, e na segunda a manipulação das roupas lavadas.

32.7.2. Independente do porte da lavanderia, as máquinas de lavar devem ser de porta dupla ou de barreira, em que a roupa utilizada é inserida pela porta situada na área suja, por um operador e, após lavada, retirada na área limpa, por outro operador.

32.7.2.1. A comunicação entre as duas áreas somente é permitida por meio de visores ou intercomunicadores.

32.7.3. A calandra deve ter:

a) termômetro para cada câmara de aquecimento, indicando a temperatura das calhas ou do cilindro aquecido;

b) termostato;

c) dispositivo de proteção que impeça a inserção de segmentos corporais dos trabalhadores junto aos cilindros ou partes móveis da máquina.

32.7.4. As máquinas de lavar, centrífugas e secadoras devem ser dotadas de dispositivos eletromecânicos que interrompam seu funcionamento quando da abertura de seus compartimentos. (...)

32.8.1. Os trabalhadores que realizam a limpeza dos serviços de saúde devem ser capacitados, inicialmente e de forma continuada, quanto aos princípios de higiene pessoal, risco biológico, risco químico, sinalização, rotulagem, EPI, EPC e procedimentos em situações de emergência.

32.8.1.1. A comprovação da capacitação deve ser mantida no local de trabalho, à disposição da inspeção do trabalho.

32.8.2. Para as atividades de limpeza e conservação, cabe ao empregador, no mínimo:

a) providenciar carro funcional destinado à guarda e transporte dos materiais e produtos indispensáveis à realização das atividades;

b) providenciar materiais e utensílios de limpeza que preservem a integridade física do trabalhador;

c) proibir a varrição seca nas áreas internas;

d) proibir o uso de adornos.

32.8.3. As empresas de limpeza e conservação que atuam nos serviços de saúde devem cumprir, no mínimo, o disposto nos itens 32.8.1 e 32.8.2. (...)

32.10.1. Os serviços de saúde devem:

a) atender as condições de conforto relativas aos níveis de ruído previstas na NB 95 da ABNT;

b) atender as condições de iluminação conforme NB 57 da ABNT;

c) atender as condições de conforto térmico previstas na RDC 50/02 da ANVISA;

d) manter os ambientes de trabalho em condições de limpeza e conservação.

3.3. A concessão de **gerador de energia elétrica**, para cada posto de atendimento (polo -base) onde são prestados os serviços de saúde à população indígena, para atender as condições de luminosidade e conforto térmico dos profissionais de saúde, bem como para garantir a validade e adequação dos medicamentos, principalmente das vacinas que são ministradas;

3.4. Pagamento dos salários até o quinto dia útil do mês vencido, conforme expressa determinação do art. 459, § 1º, da CLT, sob pena de multa diária de R$ 1.000,00 (hum mil reais), por trabalhador em situação irregular, a ser revertida ao FAT ou ou para outro fundo que atenda ao disposto no art. 13 da Lei nº 7.347/1985 (Lei da Ação Civil Pública), a critério do Ministério Público do Trabalho.

3.5. Pagamento do adicional de insalubridade, parcelas vencidas e vincendas, nos termos da fundamentação.

IV – DOS PEDIDOS DEFINITIVOS

Ante o exposto, requer o Ministério Público do Trabalho o acolhimento de todos os pedidos para que:

4.1. seja confirmada, em definitivo, a liminar ou tutela antecipada, na hipótese de deferimento;

4.2. seja reconhecida a responsabilidade subsidiária da União em relação a todos os pedidos, notadamente caso não reconhecida sua responsabilidade solidária com relação ao meio ambiente de trabalho, e também em relação ao pagamento do salário até o quinto dia útil ao vencido, bem como pelo pagamento do adicional de insalubridade;

4.3. sejam as reclamadas, a União de forma subsidiária, condenadas a pagar, a título de DANO MORAL COLETIVO, o valor de R$ 1.000.000,00 (UM MILHÃO DE REAIS), reversível ao Fundo de Amparo ao Trabalhador – FAT ou para outro fundo ou destinação social que atenda a finalidade do disposto no art. 13 da Lei nº 7.347/1985 (Lei da Ação Civil Pública), a critério do Ministério Público do Trabalho.

V – DOS REQUERIMENTOS FINAIS

Por fim, formula-se os seguintes requerimentos:

5.1. a citação dos réus para, querendo, apresentarem defesa, sob pena de revelia e confissão, prosseguindo o feito até decisão final;

5.2. a intimação pessoal do Ministério Público do Trabalho de todos os atos do processo com a remessa dos autos, com vista, à Procuradoria do Trabalho no Município de Boa Vista, de conformidade com o disposto nos arts. 18, II, "h", e 84, IV, da Lei Complementar nº 75/1993;

5.3. a produção de todas as provas em direito admitidas, especialmente os documentos que acompanham esta peça, o depoimento pessoal do segundo réu e dos prepostos dos primeiro e terceiro réus, sob pena de confissão, que fica requerido desde já.

Atribui-se à causa o valor de R$ 1.000.000,00 (um milhão de reais).

Nestes termos,

pede deferimento.

Boa Vista, 7 de maio de 2011.

Cesar Henrique Kluge
Procurador do Trabalho

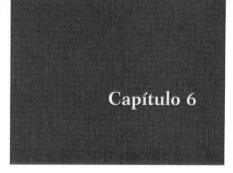

Capítulo 6

IGUALDADE DE OPORTUNIDADES E O COMBATE À DISCRIMINAÇÃO NO TRABALHO

Tiago Ranieri de Oliveira

Sumário: 6.1. Discriminação do trabalhador – Alcance do conceito de igualdade: igualdade material x igualdade formal x igualdade real • 6.1.1. O princípio da igualdade • 6.1.2. Conceito de discriminação • 6.1.3. Aspectos processuais • 6.2. Ações afirmativas • 6.3. Disposições constitucionais e leis trabalhistas antidiscriminatórias • 6.4. Dados sensíveis ou classificações suspeitas – Organizações de tendência, discriminações quanto ao sexo (penitenciárias femininas...) • 6.5. Discriminação institucional ou organizacional • 6.6. Discriminação direta, indireta e oculta • 6.7. Discriminação na admissão, na vigência e na terminação do contrato de trabalho • 6.7.1. Hipóteses de discriminação na admissão • 6.7.2. Hipóteses de discriminação na vigência do contrato de trabalho • 6.7.3. Hipóteses de discriminação no ato de dispensa (dispensas discriminatórias) • 6.8. Prova da discriminação: inversão do ônus – Prova indiciária e estatística • 6.9. Direitos da personalidade do trabalhador e a proteção constitucional à intimidade • 6.9.1. Intimidade e vida privada • 6.9.2. Direitos da personalidade – Conceito e classificações • 6.9.3. Proteção normativa • 6.9.4. Intimidade e vida privada na relação de trabalho: direito de propriedade x intimidade do trabalhador – Colisão de princípios constitucionais • 6.9.5. Análise de situações concretas • 6.9.5.1. Exame médico admissional • 6.9.5.2. Intimidade genética • 6.9.5.3. Exame *antidoping* • 6.9.5.4. Imposição de tratamentos • 6.9.5.5. Correspondências do empregado • 6.9.5.6. Gravação de telefone do empregado • 6.9.5.7. Monitoramento do endereço eletrônico • 6.9.5.8. Informações desabonadoras • 6.9.5.9. Revistas íntimas nos pertences • 6.9.5.10. Monitoramento da vida financeira • 6.10. Assédio moral e sexual na relação de trabalho • 6.10.1. Conceitos e outras denominações – Semelhanças e diferenças • 6.10.2. Características • 6.10.3. Proteção legal • 6.10.4. Classificação: assédio vertical – assédio horizontal – assédio misto • 6.10.5. Situações concretas • 6.10.6. Prova do assédio e dano moral • 6.10.7. Influência do perfil comportamental da vítima na caracterização do assédio sexual – Divergência • 6.10.8. Administração por estresse • 6.11. Proteção ao idoso (Lei nº 10.741/2003) • 6.12. Proteção às pessoas com deficiência e reabilitadas pela previdência social: inserção no trabalho, reserva legal de vagas e acessibilidade • 6.13. Projeto da coordenadoria nacional de promoção de igualdade de oportunidades e eliminação da discriminação no trabalho • 6.14. Súmulas, Orientações Jurisprudenciais e Enunciados diversos • 6.15. Questões resolvidas e comentadas • *Anexo* – AÇÃO CIVIL PÚBLICA – DISCRIMINAÇÃO POR MOTIVO DE SAÚDE

6.1. DISCRIMINAÇÃO DO TRABALHADOR – ALCANCE DO CONCEITO DE IGUALDADE: IGUALDADE MATERIAL *x* IGUALDADE FORMAL *x* IGUALDADE REAL

6.1.1. O princípio da igualdade

Quando se fala em discriminação, deve-se falar, inicialmente, no Princípio da Igualdade, que se constitui numa das bases de um verdadeiro Estado Democrático de Direito. Nesse contexto, há de se considerar que não existem duas pessoas absolutamente idênticas, de modo que a diferença se constitui numa regra em nossa sociedade. Tanto é assim que o Preâmbulo da nossa Constituição Federal expressamente declara a sociedade brasileira como fraterna, pluralista e sem preconceitos. Em suma: a diversidade é uma característica da própria democracia.

O conceito de *igualdade* é dado por três correntes doutrinárias: nominalista, idealista e realista.

A corrente nominalista defende que, como o mundo é desigual, só pode haver igualdade nominal. Se a diversidade é a regra, não haveria por que se almejar a igualdade. É uma corrente minoritária.

Já a corrente idealista prega a igualdade absoluta entre os seres humanos. Sustenta a necessidade de regras jurídicas que determinem a igualdade absoluta no âmbito social, o que terminaria por reduzir a desigualdade física, de menor amplitude. No entanto, esta corrente trata a igualdade de um ponto de vista meramente formal.

Finalmente, a corrente realista rege-se pelo primado da igualdade proporcional, segundo a qual as situações desiguais devem ser tratadas desigualmente. Considera que a igualdade absoluta é mero ideal. Trata-se da corrente predominante na doutrina, pois trata a igualdade do ponto de vista material, real ou substancial.

Adepto dessa corrente, Rui Barbosa já defendia que "a regra da igualdade não consiste senão em aquinhoar desigualmente aos desiguais, na medida em que se desigualam". Ou seja, há de se tratar diferentemente aqueles que apresentam diferenças a fim de se estabelecer um equilíbrio, uma igualdade de oportunidades, de tratamento.

Desse modo, o objetivo do Princípio da Igualdade é atingir a denominada igualdade material, real ou substancial, em contraposição à igualdade formal. Deve-se dar a todos a igualdade de oportunidades, ou seja, para que se atinja a igualdade real, de fato, se as pessoas são diferentes, temos que lhes oferecer tratamento diferente, na proporção das suas desigualdades, ainda que se tenha que distinguir para igualar (daí o fundamento para as ações afirmativas e o conceito de discriminação positiva ou inversa, a ser tratado posteriormente).

6.1.2. Conceito de discriminação

Discriminação é o ato de proceder à separação de coisas e/ou pessoas, distinguindo-as umas das outras, para que sejam consideradas de acordo com esta divisão.

No aspecto jurídico, discriminação é a conduta pela qual se nega à pessoa tratamento compatível com o padrão jurídico assentado para a situação concreta por ela vivenciada. Trata-se da exteriorização de um preconceito.

Em matéria de trabalho, discriminar é negar ao trabalhador a igualdade necessária que ele deve ter em matéria de aquisição e manutenção do emprego, pela criação de desigualdade entre as pessoas. Ou seja, quando se fala em discriminação no trabalho, fala-se em exteriorização de um preconceito de forma a obstar, destruir ou alterar a igualdade de oportunidades e de tratamento no mercado de trabalho. Destaque-se que a discriminação tem um campo fértil na relação de emprego, ante a hipossuficiência econômica do empregado e a subordinação jurídica inerente à prestação dos serviços (ao *modus operandi*).

Então, consoante se vê, o nosso sistema normativo é bastante aprimorado neste tema. O grande desafio não está no aprimoramento do nosso sistema normativo. A questão é muito mais de postura; exige mais sensibilidade do Poder Judiciário de valorar provas que não são contundentes e que devem ser levadas em consideração, tendo a prova indiciária papel fundamental nesta seara. Em outras situações, teremos que trabalhar com a inversão do ônus da prova, pois exigir do autor a prova da discriminação é simplesmente inviabilizar o acesso ao Poder Judiciário. Conclui-se que estamos muito bem servidos de legislação.

6.1.3. Aspectos processuais

Há alguns aspectos processuais que têm a ver com a atuação do MPT. Um deles diz respeito às discussões em torno da discriminação em relação a cláusulas de instrumentos normativos. É cediço que a LC nº 75/1993, art. 83, IV, confere ao MPT a atribuição de fiscalizar a legalidade de cláusulas de convenções e acordos normativos, cujo mecanismo processual adequado seria a Ação Anulatória (mas há uma tendência a substituir a Ação Anulatória, nestes casos, pela Ação Civil Pública). Então, é muito comum que, ao analisar o Acordo Coletivo ou a Convenção Coletiva do Trabalho, o MPT se depare com cláusulas discriminatórias, como prioridade de contratação de filhos de trabalhadores sindicalizados, piso salarial da categoria inferior para menores entre 16 e 18 anos (qualquer distinção remuneratória que tenha por base a idade do trabalhador tende a cair na vala da ilicitude) etc. Caso prático: em CCT as trabalhadoras teriam direito a abonar até 10 faltas ao serviço por ano para acompanhar filhos em consulta ao médico. É fácil compreender – embora não seja juridicamente aceitável – o motivo que levou à formulação dessa cláusula, pois isso tem raízes históricas e culturais, ante a ideia de que é sempre à mãe que incumbe a tarefa de acompanhar os filhos pequenos ao médico. Mas isso é uma visão ultrapassada e que pode até traduzir uma situação corriqueira comum, mas que não traduz a generalidade das situações, pois hoje pode se encontrar famílias onde essa tarefa é atribuída ao pai ou até mesmo famílias onde não há mãe. Ou, ainda, casal homossexual do sexo masculino. É juridicamente aceitável que um benefício seja atribuído exclusivamente a trabalhadores do sexo feminino? Se a mulher pode abonar falta ao serviço sob essa alegação, o homem também poderia fazê-lo. Essa cláusula é discriminatória, uma vez que utilizou o fator gênero como fator de *discrimen* (discriminação) numa situação que não apresenta uma justificativa razoável. A pergunta é: poderia o MPT ingressar em juízo com uma medida para estender aos trabalhadores do sexo masculino essa vantagem prevista na CCT? Estaria o Poder Judiciário autorizado a determinar essa extensão ou esbarraria na questão da autonomia negocial privada dos sindicatos, que dispõem da prerrogativa de pactuar livremente o conteúdo dos

462 | MPT – PREPARANDO-SE PARA O CONCURSO DE PROCURADOR DO TRABALHO

seus instrumentos normativos? Obviamente que essa liberdade dos sindicatos não é absoluta; se se pactua uma cláusula de conteúdo discriminatório, na pior das hipóteses, poderia haver em juízo a declaração da ilegalidade ou inconstitucionalidade dessa cláusula, só que não haveria interesse do MPT em anular uma vantagem que foi alcançada por trabalhadores de um determinado grupo (no caso, pelas mulheres) pela via da negociação coletiva; o que faria sentido seria estender ao grupo que não foi contemplado pela norma coletiva, mas que é igualmente merecedor da vantagem. Então, a declaração judicial da invalidade da cláusula não tem dificuldade do ponto de vista jurídico, mas a medida não é conveniente. O desafio que se impõe ao MPT é tentar estender a vantagem aos trabalhadores do sexo masculino. Que fundamentos poderiam ser utilizados pelo PJ para, suplantando a autonomia privada coletiva, determinar a extensão do benefício aos trabalhadores do sexo masculino?

Outro aspecto a ser tratado na atuação do MPT no combate à discriminação: as ações do MPT seguem uma lógica mais ou menos definida, delineada. Essa lógica se baseia em dois aspectos: ao se deparar com um quadro de irregularidade, normalmente o MPT atua para fazer cessar essa irregularidade; mais do que isso, atua para prevenir essa irregularidade, o que no Processo Civil moderno convencionou-se chamar de tutela inibitória. Praticamente em todas as ACPs propostas pelo MPT, em razão do caráter sucessivo da relação de trabalho, há pedidos voltados para o futuro: pedidos de imposição de fazer ou não fazer voltados para o futuro, a chamada tutela inibitória. E, paralelamente a isso, há na maioria dos casos – e não em todos – um pedido de natureza condenatória, punitiva, pecuniária, que se traduz na postulação do pagamento de indenizações em pecúnia sob o fundamento de dano moral coletivo ou dano extrapatrimonial coletivo. Os casos de atuação do MPT no combate à discriminação estão entre aqueles que comportam a formulação simultânea desses dois pedidos: de tutela inibitória (ou seja, para evitar a reiteração das condutas discriminatórias que estão sendo atacadas) e muitas vezes comporta, também, na maioria das vezes, a formulação de um pedido de condenação por dano moral coletivo, ou seja, o pedido de condenação de pagamento em pecúnia revertido a um fundo, tendo em vista que as condutas discriminatórias, em regra, violam direitos fundamentais dos cidadãos trabalhadores e, por via reflexa, acabam se voltando contra um acervo de valores que são cultuados por toda a sociedade.

Mas a Lei nº 9.029/1995 diz que o trabalhador alvo de dispensa discriminatória pode postular a reintegração ou compensação. O MPT vai formular o pedido de reintegração? Em regra, a preocupação do MPT não estará voltada para essa questão de caráter individual, cabendo a cada interessado, se julgar conveniente, postular junto ao PJ a sua reintegração. No caso da prova do 11º concurso, a questão assume outros contornos, tendo em vista a expressividade do número de componentes desse grupo: 60 trabalhadores. Então, seria o caso de acrescentar ao pedido de natureza inibitória e ao pedido de condenação de danos morais coletivos um pedido de tutela de interesses individuais homogêneos. Mas será que o examinador quer que o candidato formule o pedido na prova? Essa é uma dúvida que vem surgindo com frequência. Vai depender muito da hipótese. Um vetor essencial para orientar esta análise é avaliar o grau de disponibilidade desse interesse individual homogêneo, pois a legitimidade do MPT na tutela de interesses individuais homogêneos, no caso de direitos disponíveis, está condicionada à demonstração da relevância social. Isso consta da jurisprudência do STF. Em princípio, o MPT não deve se ocupar da tutela desses interesses, até mesmo porque, pelas circunstâncias em que a prova é realizada, dificilmente haveria tempo de se desenvolver um capítulo específico para justificar a formulação desses pedidos. Nesse caso específico de dispensa discriminatória de feição coletiva, há ainda um outro obstáculo: é que, voltando ao art. 4º da Lei nº 9.029/1995, existe a possibilidade de reintegração, mas que vimos se tratar de uma faculdade. Parece complicado o MPT avocar para si esse juízo de conveniência, exercer essa opção, de forma a parecer mais conveniente deixar aos interessados a formulação desse pedido específico. **Portanto, em regra – pois poderá haver situações excepcionais –, a atuação do MPT no combate à discriminação deve se centrar nestas duas vertentes: na perspectiva inibitória, no sentido de fazer cessar a prática e de impedir e prevenir a sua reiteração da conduta da empresa e, quando couber, na dedução de uma pretensão de natureza indenizatória, reversível a um fundo.**

Agora, um aspecto importante que está muito bem delineado na jurisprudência de alguns tribunais é o seguinte: às vezes, a constatação de uma única conduta discriminatória em relação a um único empregado pode justificar a atuação do MPT em perspectiva inibitória, e aí ninguém poderá dizer que nesse caso o MPT estará atuando na defesa de um interesse individual; é um pedido voltado à tutela de interesses difusos ou coletivos, mas que tem como causa de pedir a constatação de que um determinado trabalhador já foi efetivamente vitimado pela prática discriminatória. Assim, valendo-se desse fato como causa de pedir, o MPT pode postular a imposição de obrigações genéricas visando a prevenir a reiteração de novas condutas discriminatórias.

6.2. AÇÕES AFIRMATIVAS

Discriminação positiva, inversa ou reversa: adoção, em maior ou menor grau, de condutas, medidas e/ou condições para que as pessoas e grupos discriminados ("grupos vulneráveis") possam integrar-se à coletividade, assegurando a igualdade de oportunidades e de tratamento.

Ação afirmativa consiste na adoção de um conjunto de medidas legais e de políticas públicas que objetivam eliminar as diversas formas e tipos de discriminação que limitam oportunidades de determinados grupos sociais.

Trata-se de postura mais ativa, através, por exemplo, de políticas sociais dirigidas à diversidade; a discriminação positiva na reserva legal de mercado: imposição de cotas para contratação em empresas e para admissão no serviço público; cotas para o acesso ao ensino superior e o estabelecimento de vantagens fiscais.

> Ação afirmativa é um conjunto de medidas legais, modo de vida e políticas sociais que pretendem aliviar os tipos de discriminação que limitam oportunidades de determinados grupos sociais. Um esforço voluntário ou obrigatório, imposto pelo governo federal, estadual e municipal; instituições públicas e privadas, escolas para combater a discriminação e para promover a igualdade de oportunidades na educação e no acesso ao emprego. (SANTOS, 1999).

A ação afirmativa (Estados Unidos) ou discriminação positiva (Europa) é um conjunto de mecanismos de integração social, de políticas sociais, visando à concretização da igualdade material.

O objetivo é assegurar às pessoas pertencentes a grupos particularmente desfavorecidos uma posição idêntica à dos outros membros da sociedade, proporcionando assim uma igualdade no exercício de direitos.

Exemplos: art. 7º, inciso XX, da CF/1988 ("proteção do mercado de trabalho da mulher, mediante incentivos específicos, nos termos da lei"); Lei nº 10.244/2001 (revogou o art. 376 da CLT para permitir a realização de horas extraordinárias por mulheres); art. 390-E da CLT (instituído pela Lei nº 9.799/1999, fomentando a execução de projetos relativos ao incentivo do trabalho da mulher); art. 37, inciso VIII, da CF/1988 ("a lei reservará percentual dos cargos e empregos públicos para as pessoas portadoras de deficiência e definirá os critérios de sua admissão"); o art. 93, incisos I a IV, da Lei nº 8.213/1991 (estabelece cotas, no setor privado, para os beneficiários reabilitados e os portadores de deficiência) e § 1º (condiciona a dispensa imotivada destes trabalhadores à contratação de substituto em condição semelhante) e Lei nº 7.670/1988 (estendeu os benefícios de licença para tratamento de saúde, aposentadoria, reforma militar, pensão especial e auxílio-doença, além de levantamento dos depósitos do FGTS, aos portadores da Síndrome da Imunodeficiência Adquirida).

À guisa de exemplo prático, cita-se a seguinte notícia publicada no site do TST:

> A partir de 20.11.2012, todos os contratos de prestação de serviços no âmbito do Tribunal Superior do Trabalho (TST) deverão reservar 5% das vagas para profissionais afrodescendentes, conforme ato nesse sentido assinado pelo presidente da Corte, ministro João Oreste Dalazen, em homenagem ao Dia Nacional da Consciência Negra.
>
> Cabe ao Estado assegurar a essa parcela da população a efetivação da igualdade de oportunidades no mercado de trabalho, sobretudo no setor público, disse o ministro na exposição de motivos, lembrando que o ato segue as políticas públicas que vêm sendo implementadas pela União e pelos Estados exatamente nesse sentido.
>
> Para o ministro, a adoção de políticas afirmativas, como a reserva de vagas no mercado de trabalho, se justifica, uma vez que pesquisas pertinentes revelam que, ao longo da história, a população afrodescendente tem sido excluída de diversos cenários sociais.
>
> **Constituição.** O ministro lembrou que a Constituição Federal de 1988, em seu art. 1º, incisos II e IV, elegeu como fundamentos da República a cidadania e os valores sociais do trabalho, fundamentais para a redução de desigualdades sociais e promoção do bem de todos, sem preconceitos de origem, raça, sexo, cor, idade e quaisquer outras formas de discriminação.
>
> **Exigência.** Pelo ato, todos editais de licitação para a contratação de empresas de prestação de serviços continuados e terceirizados, no âmbito do TST, deverão trazer cláusula prevendo a exigência de que no mínimo 5% das vagas contratadas sejam de profissionais afrodescendentes. A exigência aplica-se também nos casos de dispensa ou inexigibilidade de licitação, para todos os contratos que envolvam mais de dez trabalhadores vinculados.

6.3. DISPOSIÇÕES CONSTITUCIONAIS E LEIS TRABALHISTAS ANTIDISCRI-MINATÓRIAS

À luz da Carta da ONU (arts. 1º [3] e 55), os Estados assumiram o compromisso de assegurar o respeito universal e efetivo aos direitos humanos e às liberdades fundamentais. E a definição desses direitos e liberdades fundamentais veio a ser explicitada com precisão pela Declaração Universal dos Direitos Humanos, firmada no âmbito da ONU no ano de 1948, que em diversos de seus artigos trata de normas que visam à proteção contra qualquer discriminação.

Também é possível vislumbrarmos essa preocupação com a igualdade e proteção contra qualquer discriminação no *Pacto Internacional sobre os Direitos Civis e Políticos* e no *Pacto*

Internacional dos Direitos Econômicos, Sociais e Culturais, este último já voltando-se à proteção dos trabalhadores, ao prever o direito de toda pessoa de gozar de condições de trabalho justas e favoráveis.

Ainda versando sobre discriminação no âmbito do sistema global de proteção internacional dos direitos humanos, podemos citar a *Convenção sobre a Eliminação de Todas as Formas de Discriminação Racial* e a *Convenção sobre a Eliminação de Todas as Formas de Discriminação contra a Mulher*, que, da mesma forma que os Pactos ora citados, foram ratificadas pelo Brasil.

Finalmente, no âmbito da Organização Internacional do Trabalho, também foram firmadas as Convenções nos 100 e 111, que, ao versarem sobre a igualdade de remuneração de homens e mulheres por trabalho de igual valor, bem como sobre a discriminação em matéria de emprego e profissão, respectivamente, desenvolvem um dos princípios e direitos fundamentais no trabalho explicitados na *Declaração da OIT sobre os Princípios e Direitos Fundamentais no Trabalho*, qual seja: o da eliminação da discriminação em matéria de emprego e ocupação.

A Convenção nº 111 da OIT (sobre a *Discriminação em Matéria de Emprego e Profissão*) é a mais importante das convenções da OIT sobre o tema da discriminação. A Convenção nº 100 (relativa à *Igualdade de Remuneração entre a Mão de Obra Masculina e a Mão de Obra Feminina em Trabalho de Valor Igual)*, por sua vez, trata da não discriminação em matéria de remuneração, revelando-se igualmente importante. Mas há um documento da OIT que não é propriamente uma Convenção e que é muito citado ultimamente e também trata desse assunto: a *Declaração da OIT sobre os Princípios e Direitos Fundamentais no Trabalho*, de 1998 (elenca os princípios e direitos fundamentais no trabalho na visão da OIT), e a *Eliminação de Discriminação em Matéria de Emprego e Ocupação* compõem este rol.

Uma característica desse documento é que todos os membros da OIT, independentemente de terem subscrito as convenções específicas sobre essas matérias, têm, de acordo com essa Declaração, o dever de cumprir ou encarar essas matérias como fundamentais, e este compromisso deriva do simples fato deles serem integrantes da OIT. Por exemplo: não consta desse rol a questão do cumprimento das normas de saúde e segurança; um Estado que eventualmente não tenha subscrito a Convenção nº 155, que trata dessa temática, não estará obrigado a observar as disposições dessa Convenção; mas o que está escrito na Declaração é que, em relação aos pontos nela previstos, pouco importa se o Estado subscreveu convenções relativas a essas questões, devendo encarar o tema como um princípio ou direito fundamental em matéria laboral. Isso demonstra a extrema relevância desses 4 temas apontados como fundamentais por esse documento.

A Convenção nº 111, que retrata a visão da OIT sobre o fenômeno da discriminação, está incorporada ao Direito brasileiro devido a sua ratificação, e tem influência decisiva sobre a aplicação de outras normas do direito interno, especificamente da Lei nº 9.099/1995. Então, a incorporação dessa convenção tem reflexos práticos importantíssimos.

É importante destacar o item 1 do art. 1º, que traz o conceito de discriminação para a OIT. Na alínea "a", a Convenção traz um rol exemplificativo de condutas que podem configurar discriminação (fatores de *discrimen*), conforme deixa claro a alínea "b". Assim, é possível no cotidiano das relações laborais que surjam situações outras que venham a configurar uma modalidade de discriminação ilegítima.

Outro aspecto relevante é que a alínea "a" fala em "distinção, exclusão ou preferência que tenha por efeito", ou seja, o que importa para a OIT é o resultado danoso que possa resultar dessa distinção, exclusão ou preferência, ainda quando o ato configurador da distinção, exclusão ou preferência não tenha sido praticado de maneira consciente, ou seja, a OIT não exige para a configuração da discriminação o elemento subjetivo específico do autor da conduta discriminatória. Não há necessidade de perquirir se o agente que praticou determinada conduta discriminatória tinha ou não a intenção de discriminar, porque reputa-se discriminatória "toda distinção, exclusão ou preferência que tenha por efeito", ou seja, que acarrete determinado resultado, ainda que esse resultado não tenha sido o almejado pelo autor da conduta. Isso é uma referência que não se encontra nos livros, mas que se configura numa premissa em que se funda uma distinção importantíssima sobre os conceitos de discriminação direta e indireta.

Na CF/1988, temos um arcabouço principiológico mais que suficiente para legitimar o Procurador do Trabalho a atuar na repressão de condutas discriminatórias, a iniciar pelo seu art. 1º, quando erige como fundamento da República Federativa do Brasil a cidadania, a dignidade da pessoa humana e os valores sociais do trabalho; o princípio da dignidade da pessoa humana consta como princípio normativo básico da Constituição para a interpretação das normas civis e trabalhistas. No art. 3º, pelo menos 3 incisos nos auxiliam nessa matéria: I, III e IV. No art. 5º, inciso II, temos a sede normativa do princípio da isonomia. No art. 7º, precisamos dedicar atenção a 3 incisos: XX, XXX e XXXI. Há ainda o inciso XXXII, normalmente apontado também como norma antidiscriminatória. O art. 170, quase sempre invocado de maneira conjugada com o art. 1º, invocação essa muito comum na área trabalhista. Esse raciocínio parte da premissa de que hoje o princípio da dignidade da pessoa humana constitui o valor fundante do ordenamento jurídico brasileiro, fundamento axiológico de todo o nosso ordenamento jurídico, de modo a ser conjugado com os valores do art. 170.

No âmbito infraconstitucional, temos a Lei nº 9.029/1995, que em seu art. 1º ensaia uma definição do que seria discriminação e faz referência a alguns critérios que podem acarretar desequiparações ilegítimas ou discriminações ilícitas. Destaque-se que esse rol é meramente exemplificativo.

Na CLT também encontramos normas de conteúdo antidiscriminatório, como os arts. 373-A e 461. E descendo do plano estritamente legal, temos a Portaria MTE nº 41/2007, que também trata da discriminação em seu art. 1º.

Exemplos de Leis:

- Decreto-lei nº 2.848/1940 (Código Penal): art. 140, § 3º (injúria): causa de aumento da pena em razão da utilização de elementos referentes a raça, cor, etnia, religião, origem ou a condição de pessoa idosa ou portadora de deficiência.

- Lei nº 7.716/1989: define os crimes resultantes de preconceitos de raça ou de cor.

- Lei nº 7.853/1989: dispõe sobre o apoio às pessoas portadoras de deficiência, sua integração social nas áreas de educação, saúde, formação profissional e do trabalho, recursos humanos, edificações; institui a tutela jurisdicional de interesses coletivos e difusos dessas pessoas; disciplina a atuação do Ministério Público e cria a Coordenadoria Nacional para a Integração da Pessoa Portadora de Deficiência – CORDE (hoje integrada à Secretaria de Direitos Humanos do Ministério da Justiça, Lei nº 9.649/1998).

- Lei nº 8.213/1991: art. 93, *caput*, incisos I a IV e § 1º: institui cota para os beneficiários reabilitados ou pessoas portadoras de deficiência, nas empresas com 100 (cem) ou mais empregados, condicionando a dispensa imotivada desses trabalhadores à contratação de substituto de condição semelhante.

- Lei nº 8.742/1993: art. 20, dispõe sobre o benefício da prestação continuada, garantindo ao portador de deficiência carente e incapacitado para a vida independente e para o trabalho um salário mínimo mensal.

- Lei nº 8.842/1994 (Plano Nacional do Idoso): dispõe que o idoso não deve sofrer discriminação de qualquer natureza (art. 1º, inciso III); que as áreas do trabalho e previdência social devem garantir mecanismos que impeçam a discriminação do idoso quanto à sua participação no mercado de trabalho, no setor público e privado (art. 10, inciso IV, alínea "a"); priorizar o atendimento do idoso nos benefícios previdenciários (art. 10, inciso IV, alínea "b") e que à área de justiça cabe promover e defender os direitos da pessoa idosa e zelar pela aplicação das normas sobre o idoso, determinando ações para evitar abusos e lesões a seus direitos (art. 10, inciso VI, alíneas "a" e "b").

- Lei nº 9.029/1995: proíbe a exigência de atestados de gravidez e esterilização e outras práticas discriminatórias (v. arts. 1º a 4º).

- Lei nº 9.394/1996: estabelece diretrizes e bases de educação nacional; define educação, habilitação profissional e tratamento especial a pessoas portadoras de deficiência e superdotados. Parcialmente regulamentada pelo Decreto nº 5.154/2004.

- Lei nº 9.799/1999: insere na Consolidação das Leis do Trabalho regras sobre o acesso da mulher ao mercado de trabalho e direitos à empregada gestante (v. arts. 373-A, 390-B, 390-C, 390-E, 392 e 392-A, da CLT).

- Lei nº 9.867/1999: dispõe sobre a criação e o funcionamento de cooperativas sociais, nelas incluídas aquelas formadas por portadores de deficiência, dependentes químicos, egressos do sistema prisional, condenados a penas alternativas à detenção e adolescentes em idade adequada ao trabalho, que se encontrem em difícil situação econômica, visando à integração social desses cidadãos.

- Lei nº 10.098/2000: estabelece normas gerais e critérios básicos para a promoção da acessibilidade das pessoas portadoras de deficiência ou com mobilidade reduzida.

- Lei nº 10.741/2003 (Estatuto do Idoso): dispõe que nenhum idoso será objeto de qualquer tipo de negligência, discriminação, violência, crueldade ou opressão; e todo atentado aos seus direitos, por ação ou omissão, será punido na forma da lei (art. 4º, *caput*); e que, na admissão do idoso em qualquer trabalho ou emprego, é vedada a discriminação e a fixação de limite máximo de idade, inclusive para concursos, ressalvados os casos em que a natureza do cargo o exigir (art. 27, *caput*). Nos arts. 73 e seguintes, trata-se das atribuições do Ministério Público.

- Decreto nº 3.298/1999: regulamenta a Lei nº 7.853/1989, que dispõe sobre a Política Nacional para a Integração da Pessoa Portadora de Deficiência, consolida normas de proteção e dá outras providências.

Base normativa a ser adotada como regra nesta matéria: Convenção nº 111 da OIT (sobre Discriminação em Matéria de Emprego e Profissão) + legislação ordinária (extravagante ou consolidada, conforme o caso, isso vai variar) + portaria do Ministério do Trabalho.

6.4. DADOS SENSÍVEIS OU CLASSIFICAÇÕES SUSPEITAS – ORGANIZAÇÕES DE TENDÊNCIA, DISCRIMINAÇÕES QUANTO AO SEXO (PENITENCIÁRIAS FEMININAS...)

Neste ponto é bom lembrar uma expressão lembrada com frequência pela doutrina constitucionalista nacional, que aparece ora como "dados sensíveis", ora como "classificações (aparentemente) suspeitas": são critérios de determinados aspectos que, quando utilizados como fatores de *discrimen*, conduzem em regra a discriminações ilegítimas, a desequiparações ilegítimas: é o caso da raça, do sexo, da cor e da idade. Esses critérios são rotulados pela doutrina como sensíveis, pois, via de regra, a sua utilização como fator de *discrimen* conduz, em regra, a discriminações ilegítimas. As classificações que tomam por base esses critérios são também chamadas pela doutrina como "classificações (aparentemente) suspeitas".

No entanto, não é correto afirmar que a utilização de um desses fatores, sempre e invariavelmente, acarretará numa discriminação ilegítima. Isso é apenas uma regra confirmada por importantes exceções. Exemplo: o gênero (masculino ou feminino) é apontado como um dado sensível, ou seja, um critério que, via de regra, conduz a discriminações não toleradas pelo Direito. No entanto, em situações excepcionais, pode haver desequiparações legítimas com base no sexo, como a hipótese em que uma empresa multinacional abre processo seletivo para promoção de gerente em sua filial em Jihad, mas restrito a empregados do sexo masculino. A postura empresarial encerra discriminação legítima ou ilegítima? Se estivéssemos presos à ideia de que o fator sexo não pode ser utilizado de forma absoluta como fator de *discrimen*, concluiríamos que a postura da empresa seria ilegítima. Contudo, a questão muda de figura a partir do momento em que se leva em consideração que no mundo árabe a mulher, por força de questões de cunho religioso, não está autorizada a trabalhar. Então, sem questionar a capacidade da mulher para exercer cargos de comando, a empresa é refém de determinados costumes que, se não observados, podem vir a comprometer a sua participação no mercado empresarial, de modo que haveria, aqui, uma justificativa relevante, plausível, razoável, racionalmente demonstrável, que autoriza a utilização do fator gênero como critério de discriminação nesse caso.

Sobre o tema do conteúdo jurídico do princípio da igualdade, há uma obra clássica do Prof. Celso Antônio Bandeira de Mello (2011), que traz um exemplo muito interessante que demonstra a possibilidade de utilização do fator gênero como elemento de *discrimen*. Ele cita o caso de uma penitenciária feminina que se via na contingência de contratar pessoal para lá trabalhar. Dependendo da natureza da função que esteja sendo colocada à disposição de novos empregados, pode ou não haver justificativa para a não admissão de trabalhadores do sexo masculino, como a função de serviços gerais para a limpeza das celas. Para não atingir o pudor das presidiárias, parece razoável não permitir o ingresso de trabalhadores masculinos nas celas. Mas se fosse para o exercício de funções administrativas, não haveria razoabilidade para tanto, pois não se travaria contato direto com as presidiárias. Assim, em algumas situações, teremos que analisar a natureza das funções colocadas à disposição dos trabalhadores para saber se é justificável restringir o acesso ao trabalho com base em fator gênero ou qualquer outro dado sensível, e esse exemplo da penitenciária feminina ilustra bem esta situação.

Um tema bastante importante é o relativo às contratações de trabalhadores pelas denominadas "organizações de tendência", que são entidades empregadoras que, em sua própria natureza, possuem determinada linha de orientação, que pode ser ideológica, filosófica ou religiosa. É o caso dos partidos políticos, dos sindicatos, dos colégios religiosos, das associações de classe etc. Existe uma discussão sobre os critérios que podem ser utilizados por essas organizações para a contratação de novos empregados. O que tem sido sustentado é que tudo dependerá da análise da natureza da função que está sendo oferecida ou da função para a qual se estará admitindo o novo empregado. Vamos tomar por exemplo a figura dos colégios religiosos: poderia um colégio que professa a religião evangélica restringir o acesso ao posto de professor de orientação religiosa apenas aos candidatos que provassem ser seguidores da mesma religião? Ou, na eventualidade do colégio recusar um candidato por ele ser de outra religião, haveria uma discriminação ilegítima capaz de justificar uma atuação do MPT? Parece que não, pois na análise da natureza da função, é fundamental que o professor comungue da mesma linha religiosa da disciplina que vai ministrar. Mas a questão muda de figura quando se tem em mira não mais uma função estratégica como a de professor de educação religiosa, mas outra, como a de serviços gerais, por exemplo, ante o grau de vinculação mínimo dessa função com a linha religiosa seguida pela escola.

Em suma: nas organizações de tendência, em situações excepcionais, dependendo da natureza da função que está sendo oferecida ou recusada a um trabalhador, será possível restringir a universalidade de acesso aos postos de trabalho. Obviamente que em relação àquelas funções que não guardarem uma relação direta ou mais próxima com a linha ideológica, religiosa ou filosófica seguida pela organização, aí deverá prevalecer a ideia de acesso amplo e irrestrito aos postos de trabalho.

Na legislação brasileira há exemplos de previsões que consagram essa ideia de que o juízo de valor sobre a legalidade ou ilegalidade de um ato de discriminação depende da análise do caso concreto. O Estatuto do Idoso, no art. 27, traz a previsão de vedação à discriminação e à fixação de limite máximo de idade, salvo quando a natureza do cargo o exigir. Assim, a necessidade de se perquirir da análise do caso concreto não é uma questão meramente doutrinária. Isso com um propósito muito claro: assegurar que a igualdade não se apresente meramente num plano formal, mas também seja concretizada no plano material.

Na seara dos concursos públicos, há muita discussão em torno deste tema, principalmente em relação a editais de algumas carreiras, como altura mínima do candidato. A Súmula nº 683 do STF trata do limite de idade para concurso público que, em regra, não pode ocorrer, mas em algumas situações é justificável. Essa súmula é anterior ao Estatuto do Idoso, que só confirma esta orientação, que já vinha sendo sustentada pelo Supremo. Mas há duas questões aqui que devem ser analisadas: a primeira é se existe ou não justificativa razoável para a adoção de um dado sensível como fator de *discrimen*, e já vimos que em algumas situações isso será possível. O segundo aspecto é que, em se tratando de concurso público, esse requisito – a utilização desse fator de *discrimen* aparentemente suspeito – somente será admitido se houver previsão legal neste sentido, de modo que não pode o administrador, no uso da sua discricionaridade, fixar um fator de *discrimen* a partir de um dado sensível ou de uma classificação suspeita. Neste caso, *v. g.*, da altura mínima nos concursos da polícia, além da questão da razoabilidade – saber se a distinção que está sendo proposta guarda relação com a natureza das funções que serão exercidas pelo candidato aprovado –, tem-se que perquirir sempre se essa exigência consta ou não da lei que regula a carreira em questão; em se tratando de exigência prevista no edital sem respaldo legal, a jurisprudência do STF é pacífica no sentido de rechaçar essa exigência. Em relação à questão da altura mínima para o exercício de determinada função (precedentes: RE 148.095 e 176.081).

Não bastasse a vasta jurisprudência do STF sobre o tema, não podemos olvidar a disposição do art. 5º, inciso XIII, da CF/1988, que consagra o direito ao livre exercício de qualquer trabalho, ofício ou profissão, que é uma cláusula de reserva legal, de modo que o administrador não pode atuar no vácuo do legislador.

Então, nem sempre é uma tarefa fácil verificar se a adoção de um determinado fator de *discrimen* acarreta ou não uma discriminação legítima; tudo vai depender da análise das circunstâncias que permeiam o caso concreto. Só que a doutrina propõe uma espécie de método para o exame destas situações. E é importante, numa prova subjetiva, trazer esse aporte doutrinário. O STF vem denominando o princípio da proporcionalidade do devido processo legal substantivo ou material. Segundo a doutrina brasileira, e aqui com forte influência do direito constitucional alemão, o princípio da razoabilidade é a ferramenta de que dispõe o intérprete ou aplicador do direito para aferir se determinado fator de *discrimen* acarreta uma modalidade legítima ou ilegítima de discriminação. É importante que o candidato vá para a prova com um raciocínio já formulado sobre esse princípio no formato que a doutrina brasileira vem aplicando. O professor se refere, aqui, à lição de Luis Roberto Barroso, que divide o princípio da proporcionalidade em 3 subprincípios: o **princípio da adequação**, o **princípio da necessidade ou exigibilidade** (também caracterizado pela chamada vedação ao excesso) e o **princípio da proporcionalidade em sentido estrito**. A verdade é que, na hora de averiguar se determinado fator de *discrimen* é legítimo ou não, a doutrina propõe que o intérprete ou aplicador do direito submeta esse fator ao exame de razoabilidade ou proporcionalidade, que é realizado em três etapas sucessivas, correspondentes a cada um desses subprincípios: 1) a etapa da adequação; 2) a etapa da necessidade ou exigibilidade; e 3) a análise da proporcionalidade em sentido estrito.

Um caso concreto comporta a aplicação desse aporte doutrinário: o Banco Central do Brasil, que tem unidades espalhadas em várias cidades, foi alvo de dois assaltos milionários, um deles ocorrido na cidade de Fortaleza. Nesse caso, ficou comprovada a participação de servidores terceirizados (o BACEN mantém vigilantes em seu quadro e também se utiliza dos serviços terceirizados de vigilância). A partir desse episódio, o BACEN resolveu fortalecer a sua política de segurança patrimonial para evitar novas ocorrências como essa, adotando a estratégia de uniformizar a sua política de segurança em relação às empresas terceirizadas. Uma das primeiras medidas foi uniformizar as exigências constantes dos editais de licitação utilizados para a contratação dessas empresas de segurança, a fim de que a empresa apresentasse, dentre outros documentos exigidos pela legislação, certidões negativas comprovando que os trabalhadores que iriam trabalhar nas dependências do BACEN não portassem restrições de crédito. Por um lapso da administração local do banco em Recife, uma empresa vencedora deixou de apresentar essas certidões e o contrato ficou sendo executado e, após dois anos, a auditoria constatou o fato. Determinou, então, que o BACEN instasse a empresa a apresentar, em 60 dias, as certidões dos trabalhadores, sob pena de o contrato ser rescindido por descumprimento de um dos itens do edital de licitação, podendo haver o afastamento dos trabalhadores com certidão positiva, cabendo a substituição deles. No decorrer do prazo de 60 dias dado à empresa, o MPT foi instado para evitar que os trabalhadores não fossem obrigados a apresentar essas certidões. Dada a urgência do caso, o MPT tentou convencer o setor jurídico do banco no sentido de que aquela exigência não era tolerável porque não era

IGUALDADE DE OPORTUNIDADES E O COMBATE À DISCRIMINAÇÃO NO TRABALHO | 471

só discriminatória, mas também de conteúdo invasivo à privacidade, uma vez que os vigilantes não estariam obrigados a levar ao conhecimento do banco informações sobre a sua vida privada, sobre a sua situação financeira. O processo se encontra hoje em grau de Recurso de Revista. O que se tentou demonstrar é que a exigência de certidões de restrições creditícias não goza de respaldo legal, nem mesmo em relação aos vigilantes, configurando-se numa postura invasiva do empregador, não tolerável pelo Direito brasileiro. É óbvio que o BACEN exerce uma atividade peculiar ante o enorme numerário que movimenta, mas que embora o propósito de fortalecer o sistema de segurança seja legítimo, não se adotou uma estratégia adequada. E para demonstrar que essa estratégia era inadequada e que não havia uma justificativa razoável para embasar a exigência contratual apresentada à empresa terceirizada, o MPT recorreu ao princípio da proporcionalidade, tal qual ele vem sendo trabalhado pela doutrina brasileira, e submeteu essa exigência de apresentação de certidões negativas creditícias a cada uma dessas etapas que a doutrina propõe ao princípio da proporcionalidade.

A medida adotada pelo banco não passava pela primeira etapa do teste de razoabilidade, que é a etapa de adequação. Examina-se que exigir a apresentação de certidões negativas de restrições creditícias é uma medida adequada em relação ao propósito do BACEN a fim de fortalecer o seu sistema de segurança. Afirma o MPT que essa exigência contratual não passa sequer pelo primeiro teste, pois o banco desejava fortalecer a sua política de segurança, e a iniciativa de proscrever pessoas detentoras de restrição de crédito não isentará o banco do risco de desfalques patrimoniais. Impedir que pessoas com restrição creditícia trabalhem no BACEN assegura que não ocorrerão outros crimes semelhantes? Não, porque, em regra, quem promove ações criminosas, como a ocorrida na unidade do BACEN em Fortaleza, não é um oportunista pai de família endividado; não é o cidadão trabalhador; por trás dessas grandiosas investidas figuram complexas organizações criminosas, capazes, se necessário, de aliciar pessoas limpas e acima de qualquer suspeita para servirem de agentes facilitadores de seus intentos criminosos. É possível, por outro lado, que alguém acumule dívidas e mais dívidas no mundo da informalidade sem jamais ter seu nome inscrito nos cadastros de restrição ao crédito, como os que fazem empréstimos com agiotas. De acordo com o raciocínio que dá suporte à exigência formalizada pelo BACEN, a pessoa detentora desse perfil representaria grave ameaça ao patrimônio da instituição, mas nem por isso seria privada da oportunidade de prestar serviço para aquela autarquia federal. Tais argumentos comprovam que, longe de assegurar o fim almejado pelo BACEN (neutralização do risco de ocorrência de desfalques patrimoniais), a exigência sob análise (apresentação de certidões negativas de restrições creditícias) se mostra falha e absolutamente ineficaz, pois não era compatível, não era adequada ao objetivo que impulsionava o banco a agir desta forma. É óbvio que o banco precisava fortalecer o seu sistema de segurança; só que para que isso fosse admitido validamente, ele teria que se valer de uma providência adequada, e o MPT tentou demonstrar que a providência eleita (impedir que pessoas com restrição creditícia trabalhassem no banco) não era a medida que levaria o banco a alcançar o objetivo de reduzir os riscos de ocorrência de investidas criminosas contra o seu patrimônio. Então, de acordo com o raciocínio desenvolvido pelo MPT neste caso, essa exigência não passaria sequer na primeira etapa do teste da razoabilidade, que é a etapa da adequação.

Mas o MPT avançou neste raciocínio, dizendo que se fosse o caso de se avançar à segunda etapa do teste de razoabilidade, que é a etapa da exigibilidade ou necessidade, a medida sob análise também não resistiria, uma vez que existem soluções alternativas bem menos danosas aos direitos fundamentais dos trabalhadores terceirizados que permitiriam ao BACEN a consecução do objetivo de reduzir os riscos de ocorrência de investidas criminosas contra o seu patrimônio.

Então, veja, na primeira etapa o que se precisa perquirir é a compatibilidade da medida que está sendo implementada com o objetivo que se quer alcançar. No segundo momento, o foco se desloca para outro aspecto, é saber se a medida almejada levará ao objetivo que se persegue; mas será que não existe outra medida menos danosa, menos atentatória a direitos fundamentais que permita o alcance do mesmo resultado? E aí a conclusão que se sustenta na petição é que sim. Ainda que o MPT conclua que era adequada aos propósitos do banco a ideia de impedir o trabalho de vigilantes com restrição creditícia, essa medida não seria tolerável, porque não há dúvida de que existiriam outras alternativas menos gravosas que poderiam ser utilizadas pelo banco e que o levariam a atingir idêntico objetivo, como investir em tecnologia ou reforçar o quadro próprio de segurança. Na verdade, essa postura do BACEN traduz uma postura de acomodação; ao invés de se valer de outras alternativas, optou-se por uma solução que acaba por atentar contra direitos fundamentais daqueles trabalhadores terceirizados: o direito à intimidade, por exemplo, uma vez que ninguém é obrigado a dar publicidade a fatos sobre a sua situação financeira, particular. Alguém diria que não se trata de dado indevassável, porque está nas mãos dos serviços de proteção ao crédito; mas, ainda que se admitisse esse argumento, o fato é que, além de invasiva, essa medida proposta pelo banco é discriminatória, na medida em que pretende estabelecer a conclusão de que quem, por alguma razão, contrai dívidas e tem o seu nome inscrito num cadastro de proteção ao crédito é uma ameaça em potencial ao patrimônio de uma instituição financeira. O MPT rechaça veementemente essa ideia de que alguém seja considerado criminoso em potencial simplesmente pelo fato de ter o seu nome inscrito num cadastro de proteção ao crédito; são muitas e variadas as razões que podem levar alguém a contrair uma dívida e ter seu nome inscrito num cadastro desses. Nós vivemos num país de endividados, e o homem de bem, o cidadão honesto, que jamais se prestaria à prática de um crime pode ter situações momentâneas de desorganização financeira que o levem a ter seu nome inscrito num cadastro de inadimplentes. Extrair daí uma presunção de que ele é um criminoso em potencial é algo que não deve ser tolerado, ainda mais partindo da administração pública, ressaltando aqui a natureza autárquica do BACEN.

Aplicando-se, aqui, uma espécie de regra da eventualidade, o MPT ainda tentou demonstrar que essa exigência não passaria no teste da proporcionalidade em sentido estrito. Ainda que se entenda que uma medida que viola direito fundamental é adequada a um fim maior que justifique essa violação; ainda que se entenda que essa medida é necessária e exigível porque não há medida menos gravosa que leve ao mesmo resultado, é preciso ainda se perquirir, de acordo com a doutrina, um terceiro aspecto: é saber se os proveitos que o resultado positivo que a adoção dessa medida traz superam os prejuízos que essa mesma medida acarreta. Então, é colocar na balança os proveitos; é uma medida violadora a direito fundamental, mas que está sendo tolerada circunstancialmente porque é justificada por um motivo maior. Ainda que ela seja exigível e necessária, o que ela me traz de positivo supera o que ela me traz de negativo? É este juízo de ponderação que tem de ser feito nesta terceira etapa do teste de razoabilidade. E aqui o MPT procurou demonstrar que, também nesta terceira etapa, a exigência imposta pelo banco não seria aprovada; ela não resistiria ao teste da proporcionalidade em sentido estrito porque seria potencialmente muito grande o número de trabalhadores que poderiam ser privados de acesso ao mercado de trabalho simplesmente pelo fato de serem detentores de restrições creditícias. Sem falar que essa medida poderia levar a injustiças graves ante a grande frequência com que as pessoas têm inscrito indevidamente seus nomes nos cadastros de restrição ao crédito. Então, essa medida do banco assume o risco, ainda, de privar do acesso ao posto de vigilante alguém que tivesse sido indevidamente inscrito no cadastro de inadimplentes. Com base nessas considerações, o MPT tentou demonstrar ao PJ que não era razoável a exigência contratual que o BACEN tinha imposto às suas empresas terceirizadas com o propósito de fortalecer a sua política de segurança. Em momento algum se nega a necessidade de aprimoramento do sistema de segurança do banco. O que se questiona é a estratégia, a medida eleita para se promover o resultado almejado. E aí, além de mostrar a falta de razoabilidade nesta exigência, demonstrou-se o caráter discriminatório. O MPT obteve ganho de causa no primeiro grau, mas essa decisão foi reformada em grau de recurso pelo TRT da 6ª Região, estando em âmbito de Recurso de Revista.

6.5. DISCRIMINAÇÃO INSTITUCIONAL OU ORGANIZACIONAL

A discriminação institucional tem caráter grupal, coletivo, e funciona como um acordo não verbalizado, de modo que os agentes, em diferentes contextos, atuam de maneira similar, ou seja, sempre na defesa dos interesses do grupo.

6.6. DISCRIMINAÇÃO DIRETA, INDIRETA E OCULTA

Discriminação direta é o tratamento desigual fundado em razões proibidas. A discriminação indireta é aquela aparentemente fundada em razões neutras, mas que produz um efeito prejudicial sobre determinado grupo. Já, na discriminação oculta, existe a intenção de discriminação direta, disfarçada sob outro motivo.

Discriminação direta é a adoção de disposições gerais que estabelecem distinções fundamentadas em critérios proibidos. É de fácil caracterização e percepção, pois se verifica a presença de um elemento subjetivo específico por parte do autor da discriminação, como a vedação expressa de contratação de negros, pessoas com deficiência, homossexuais; anúncios de emprego discriminatórios (idade, raça, cor, boa aparência ou religião); exigência da prática de determinada religião etc., sem a apresentação de qualquer razão técnica plausível para tal exigência. Em suma, a discriminação ocorre abertamente, com o sujeito ativo agredindo claramente o direito à igualdade e todas as normas que o sustentam.

Já a **discriminação indireta** é a adoção de disposições gerais aparentemente neutras, mas que, na realidade, criam desigualdades em relação a pessoas pertencentes a determinado grupo (discriminação dissimulada), como a adoção de critério meramente subjetivo (entrevista) para a seleção de candidatos a emprego, em que as pessoas altamente qualificadas deixam de ser contratadas por razões discriminatórias; a preterição em promoções funcionais por razões discriminatórias, entre outros. Portanto, é de cunho subjetivo (intencional). Nesse caso, verifica-se uma conduta velada, em que o empregador simula respeitar o direito à igualdade, mas, de forma encoberta, o descumpre. Como exemplo, podemos indicar a hipótese de exigência de boa aparência, em que a empresa só adota o comportamento discriminatório na hora do próprio recrutamento, sem anunciar a exigência previamente.

Finalmente, a **discriminação oculta**, oriunda do direito francês, caracteriza-se pela intencionalidade (não encontrada na discriminação indireta). A discriminação oculta, outrossim, é disfarçada pelo emprego de instrumentos aparentemente neutros, ocultando real intenção efetivamente discriminatória.

No entanto, como visto, a OIT tem um conceito próprio de discriminação indireta, que seria aquela decorrente de situações em que não há, por parte do autor da discriminação, um propósito deliberado de discriminar, mas a conduta praticada gera um resultado que pode ser considerado discriminatório. A discriminação, neste contexto, possuiria um cunho meramente comportamental. Então, a base conceitual para a defesa da ideia de discriminação indireta está justamente nesta expressão que consta da alínea "a" do item 1 da Convenção nº 111: "que tenha por efeito", ainda que esse efeito não tenha sido desejado pelo autor da conduta. Assim, a OIT não exige, para a configuração da discriminação, a demonstração do elemento subjetivo do autor dessa prática discriminatória; a OIT se preocupa com o resultado de determinada conduta, e sempre que essa conduta tenha por efeito a configuração de um quadro de desigualdade, de quebra do princípio da isonomia, aí se tem por configurada a discriminação indireta.

No Manual do Programa de Igualdade para Todos do MPT consta que, na doutrina norte-americana, esta noção de discriminação indireta tem sido tratada pela Teoria do Impacto Desproporcional sobre Grupos em Desvantagem. Quer dizer exatamente o que a noção de discriminação indireta da OIT pretende expressar. Dado também constante do Manual é que há um julgado do STF onde teria sido adotada a noção de discriminação indireta, ainda que não se faça alusão a essa teoria: **ADIn nº 1.946**. Por que afirma-se que o STF teria trilhado o raciocínio do impacto desproporcional em determinado grupo em desvantagem? Porque, se o STF viesse a proclamar a tese de que o excedente do teto do limite relativo ao benefício da licença-maternidade deveria recair sobre os empregadores e não sobre a Previdência, isso teria o efeito nefasto de criar um desestímulo à contratação de mulheres. Mas, de acordo com os elaboradores desse Manual, o STF teria trabalhado com essa teoria nesse precedente.

Distinção entre termos: como visto, consideramos a discriminação como sendo a exteriorização de um preconceito. Então, neste ponto, devemos fazer uma breve distinção entre racismo, estereótipo, preconceito e discriminação.

Racismo: é intuitiva a noção (todos nós conhecemos); é uma ideologia segundo a qual certas aparências físicas dos indivíduos determinam a maior superioridade de certos grupos sobre outros, como, por exemplo, a ideologia nazista, que defendia a superioridade da raça ariana e a inferioridade da raça judia.

Estereótipo: é uma característica, falsa ou verdadeira, que se imputa a alguém só pelo fato dessa pessoa pertencer a determinado grupo. Trata-se de alguns rótulos com que a sociedade costuma classificar certos grupos, como "baiano não gosta de trabalhar; carioca é povo malandro; mulher bonita é burra". A noção de estereótipo não está ligada a um pensamento individual de determinado sujeito, mas sim de uma certa associação que se encontra dispersa no seio da sociedade, no inconsciente coletivo, de modo que quando se fala num determinado grupo de pessoas, automaticamente se atrai uma determinada característica, um determinado adjetivo, uma qualificação para esse mesmo grupo, mas algo disperso no meio da sociedade e não algo que se passa no interior de determinado indivíduo ou de uma pessoa individualmente considerada.

Já o **preconceito** é um julgamento prévio que se faz em relação a alguém, com base no racismo ou no estereótipo. Mas, diferentemente do estereótipo, esse julgamento é feito de modo individual (se passa na esfera individual), influenciado ou não por um estereótipo.

Finalmente, a **discriminação** é a exteriorização ou materialização do preconceito, que pode decorrer tanto do racismo quanto do estereótipo. Então, discriminação é a exteriorização de algo que se passa no plano subjetivo, no caso, o preconceito, originado pelo racismo ou pelo estereótipo.

Na prática, a palavra preconceito foi consagrada como um julgamento negativo a respeito de uma pessoa ou de alguma coisa com base em critérios injustificados, tais como raça, sexo, idade etc. No entanto, embora condenável moralmente, esse julgamento não atenta contra direitos subjetivos, salvo quando se exterioriza, o que se dá na forma de discriminação.

A discriminação indireta é justamente aquela decorrente de situações em que não há, por parte do autor da discriminação, um propósito deliberado de discriminar, mas a conduta praticada tem por efeito, gera um resultado que pode ser considerado discriminatório. A direta, por sua vez, é aquela em que se verifica a presença de um elemento subjetivo específico por parte do autor da discriminação.

Mas, como já se disse, o conceito de discriminação por parte da OIT está bipartido em duas alíneas, em duas cláusulas. O que há de extremamente importante na alínea "b" do item 1 da Convenção nº 111 da OIT é que ela nada mais é que uma cláusula de abertura, redigida de maneira mais genérica, e que diz que também se considera discriminação "qualquer outra distinção, exclusão ou preferência que tenha por efeito...", o que nos leva a concluir que situações outras que não as contempladas na alínea "a" deste dispositivo podem vir a ser consideradas hipóteses de discriminação em matéria laboral, graças a esta cláusula de abertura. E aqui já se pode fazer um *link* para tornar clara a relevância prática da existência dessa cláusula de abertura. O *link* a ser feito é com a Lei nº 9.029/1995, que, no plano ordinário do direito brasileiro, trata da discriminação. É bem verdade que, ao longo da CLT, há outros dispositivos de conteúdo antidiscriminatório, também chamados de normas antidiscriminatórias, mas a lei que no plano ordinário trata especificamente desse tema é a Lei nº 9.029/1995. O art. 1º dessa lei apresenta também um conceito de discriminação, nos moldes do que consta da alínea "a" do item 1 da Convenção nº 111 da OIT. A diferença é que, na Lei nº 9.029/1995, não existe remissão do legislador a qualquer cláusula de abertura, como existe na referida Convenção. Isso tem levado alguns intérpretes desavisados, num juízo de mera análise literal do dispositivo, a sustentar que só configurariam hipóteses de discriminação em matéria laboral aquelas hipóteses definidas no art. 1º da Lei nº 9.029/1995, que não são exatamente as mesmas da citada alínea "a", mas são similares.

Porém, a existência dessa cláusula de abertura, associada ao fato dessa convenção internacional haver sido incorporada ao direito doméstico, não dá margem à interpretação restritiva pretendida por alguns. Ou seja, é fácil sustentar – e isso é largamente admitido pela jurisprudência, inclusive pelo TST – a possibilidade de se reconhecer caráter discriminatório a outras condutas praticadas pelo empregador e que não tomem por base esses fatores de *discrimen* utilizados no art. 1º da Lei nº 9.029/1995. Então, podemos sustentar com tranquilidade que o rol desse dispositivo não é exaustivo, mas meramente exemplificativo. Em abono a esse entendimento podemos invocar: a) o fato de que todo o arcabouço principiológico para o combate à discriminação se encontra na Constituição (a verdade é que nos arts. 1º, 3º e 5º há diversas normas que já seriam suficientes, com a densidade necessária para embasar a atuação do PJ na repressão de práticas discriminatórias; felizmente nós temos mais do que isso, pois temos normas específicas no plano ordinário; então a questão se resolveria facilmente pela atribuição de uma interpretação conforme à Constituição e à Lei nº 9.029/1995); b) além disso, temos a Convenção nº 111 da OIT, que possui essa cláusula de abertura. Há, portanto, um duplo fundamento para sustentar que o rol do art. 1º da Lei nº 9.029/1995 não é meramente exemplificativo. Hipótese não elencada na Lei nº 9.029/1995, em que a jurisprudência trabalhista reconhece o caráter discriminatório de determinada conduta patronal: demissão sem justa causa de empregado portador do vírus HIV ou outras doenças graves quando o trabalhador consegue demonstrar em juízo que o empregador tinha consciência do seu estado de saúde. A jurisprudência reconhece que é uma conduta discriminatória praticada a partir de um abuso de direito do chamado direito potestativo de dispensa do empregador. Se verificado o art. 1º da Lei nº 9.029/1995, veremos que não há qualquer referência à hipótese de dispensa do empregado portador do vírus HIV.

6.7. DISCRIMINAÇÃO NA ADMISSÃO, NA VIGÊNCIA E NA TERMINAÇÃO DO CONTRATO DE TRABALHO

6.7.1. Hipóteses de discriminação na admissão

Combate aos anúncios de emprego com conteúdo discriminatório. Como foi dito, o art. 373-A da CLT contém norma específica sobre esta proibição, de modo que, ao veicular anúncios de emprego, o empregador não pode inserir ou fazer inserir exigências de conteúdo discriminatório.

Modelo de atuação do MPT: o MPT chegou à conclusão de que esse tipo de problema não é daqueles que comportam uma atuação no varejo, pois, diariamente, são publicados nos diversos jornais do país centenas de anúncios de emprego, e o MPT não tem condição de se encarregar da fiscalização do conteúdo de cada publicação com conteúdo discriminatório, de modo que os principais jornais foram convidados a formalizar TAC, por intermédio dos quais se responsabilizaram a monitorar o conteúdo dos anúncios de emprego que lhes são encaminhados diariamente, sem prejuízo de uma atuação repressiva em face do empregador. Nos casos em que houve resistência, o MPT promoveu medidas judiciais contra alguns veículos de comunicação. No entanto, alguns setores do Judiciário Trabalhista entenderam que uma demanda proposta pelo MPT neste contexto extrapolaria a competência material da JT, uma vez que entre os veículos de comunicação e as pessoas potencialmente afetadas por aquelas publicações de cunho discriminatório não havia relação de trabalho que justificasse a competência material da Justiça do Trabalho.

Uma questão hoje muito debatida em relação aos anúncios discriminatórios diz respeito à exigência de boa aparência. A verdade é que um anúncio de emprego pode veicular conteúdo discriminatório por várias razões, como um anúncio que condiciona a contratação a uma idade máxima ou então ao sexo numa situação em que não é justificável tal distinção em razão do gênero. Mas há esta hipótese que é mais camuflada e mais difícil de identificar em que o anúncio veicula a exigência de boa aparência. Essa expressão fluida, sem um conteúdo semântico demarcado, não pode ser utilizada pelo empregador justamente pela indefinição do seu conteúdo semântico, pois acaba sendo uma grande válvula de escape para o empregador recusar candidatos que não lhe interessam por outros motivos ou que não se ajustam a outras exigências formuladas pela empresa. Inclusive há de se destacar que o Brasil acaba de ser responsabilizado pela OEA em razão da omissão do aparelho estatal brasileiro na repressão de uma conduta discriminatória sofrida por uma empregada doméstica: o anúncio de emprego veiculava a exigência de cor branca e uma pessoa de cor negra foi recusada; fez registro na polícia e tentou responsabilizar a dona de casa, mas o inquérito foi arquivado; a pessoa que lhe assistia teve a iniciativa de procurar a OEA e denunciou esta situação, taxando o aparato público brasileiro de omissão a práticas racistas neste caso, o que foi reconhecido pela OEA.

Exigência de apresentação de certidões negativas (de antecedentes criminais, de restrição de crédito, de ajuizamento de reclamações trabalhistas). A Orientação nº 8 da COORDIGUALDADE trata do tema, dizendo que é discriminatória qualquer exigência neste sentido. O caso do BACEN é peculiar, pois tratava de exigência contratual, e o debate era saber se a natureza peculiar do banco justificava ou não esse procedimento. Ressalvada essa situação especial do BACEN, o que acontece é que hoje temos uma prática generalizada por parte das empresas de pesquisar a vida financeira dos candidatos a emprego, ainda quando não exigem estas certidões, como a contratação de órgãos de proteção ao crédito para rastrear a situação financeira de potenciais clientes, empresas essas que acabam se utilizando desse acesso privilegiado às informações para promover uma devassa na vida particular dos candidatos a emprego. Mas dificilmente as empresas assumem, pois sabem da proibição e das consequências. Hoje, o MPT dispõe de uma ferramenta preciosa para identificar se uma determinada empresa está desvirtuando o canal de comunicação que ela tem com esses cadastros de inadimplentes para realizar a pesquisa não de clientes, mas de candidatos a emprego: foi realizado um convênio com esses órgãos para que o MPT possa verificar todos os CNPJs e CPFs pesquisados pelas empresas; cada empresa que possui contrato com esses órgãos possui uma senha de acesso à base de dados desse sistema e cada acesso é identificado; o MPT tem como levantar num determinado período de tempo (6 meses, basicamente) todos os CNPJs e CPFs que foram consultados na base de dados do órgão a partir da senha do empregador. Isso decorre de uma atuação da coordenadoria. A partir daí, cruzando esta relação de CPFs com a relação de trabalhadores que pleitearam emprego naquela determinada empresa e foram recusados, o membro tem como obter pelo menos um início de prova consistente para evidenciar a prática invasiva e discriminatória da empresa. Isso pode ser complementado com prova testemunhal, o que permite obter um retrato consistente da realidade para que o PJ possa tranquilamente reconhecer a ilicitude da conduta da empresa. Inclusive já há precedente do TST dizendo que não se pode condicionar a admissão no emprego ao fato de o candidato ter ou não restrição de crédito, pois ser detentor de dívida ou ter o nome negativado não autoriza qualquer ilação quanto à reputação ou idoneidade de alguém; no momento da contratação, o empregador deve se ater a aspectos que se refiram à forma de prestação de serviços e/ou à aptidão técnica ou profissional do candidato a emprego; tudo o que exorbite desta análise torna-se invasivo e pode levar a situações de discriminação.

É essencial se falar sobre a exigência de apresentação de certidão negativa de antecedentes criminais, tema sobre o qual já existe uma linha de entendimento que pode ser considerada majoritária dentro do MPT. Em relação a algumas profissões, o legislador teve o cuidado (reputou conveniente) de exigir a apresentação de antecedentes criminais como requisito para o exercício da profissão: a profissão de vigilante e a profissão de empregado doméstico. Em relação às demais profissões, não há qualquer previsão nesse sentido.

Alguns empregadores, alegando questão de segurança, de proteção ao patrimônio ou de integridade física aos demais empregados, têm sustentado a necessidade de apresentação de certidão negativa de antecedentes criminais. Em relação às profissões cuja lei regulamentadora prevê a exigência, a grande maioria dos membros do MPT tem tolerado a exigência por parte do empregador; não se tem questionado a constitucionalidade dessas leis; mas em relação às demais profissões, a posição da Instituição é a de não admitir tal exigência; e há dois argumentos basicamente explorados na defesa desse ponto de vista: a) o direito constitucional brasileiro veda as penas de caráter perpétuo (art. 5º, XLVII, "b"); a partir desta premissa se sustenta que tolerar que alguém depois de condenado e de cumprida a pena (ou seja, após quitar suas contas com o Estado) venha a sofrer um prejuízo (a recusa a um posto de trabalho) em razão de um fato criminoso cometido no passado seria o mesmo que reconhecer uma ultra-atividade dos efeitos da pena; em alguns casos, até a eternização dos efeitos da pena no tempo. Então, se trabalha a ideia da vedação às penas de caráter perpétuo. Inclusive porque no Direito Penal temos a figura da reabilitação: aquele que cumpre a sua pena e após o prazo de 5 anos não volta a delinquir tem aquela condenação extirpada da sua folha de antecedentes criminais, ou seja, aquele que cumpre o seu castigo não pode continuar a ser penalizado em relação a fatos cometidos no passado; b) é muito claro no sistema adotado pelo direito penal brasileiro que a imposição de sanções penais (reclusão, detenção etc.) tem um propósito, que não é puramente punitivo, mas sim de ressocialização daquele que é apenado. E não há como se conceber um processo completo de ressocialização que não passe pelo trabalho; na verdade, o trabalho é um grande aliado, é uma ferramenta imprescindível no processo de ressocialização do apenado; permitir que alguém seja recusado ou tenha uma oportunidade de trabalho recusada pelo fato de ter cometido um crime significa, na prática, dificultar – quando não inviabilizar – um processo efetivo de ressocialização, uma vez que não se concebe um processo completo de ressocialização sem a inserção daquela pessoa no mercado de trabalho. Então, conjugando esses dois argumentos (a vedação constitucional às penas perpétuas e a importância do trabalho como um elemento no processo de ressocialização do apenado, este de caráter ressocializante que assumiu o direito penal brasileiro), se tem entendido que, excetuadas aquelas profissões específicas cujas leis regulamentadoras preveem a apresentação de certidões negativas de antecedentes criminais, não é possível ao empregador nem exigir a apresentação dessas certidões, tampouco recusar um posto de trabalho a alguém sob a alegação de que a pessoa praticou um crime no passado.

O tema é polêmico, sobretudo porque, em relação a provimentos de postos de trabalho no serviço público, em várias situações há a exigência de apresentação de certidão negativa de antecedentes criminais; e os mais simplistas se valem deste aspecto para questionar o porquê de, em outras situações, outros empregadores não poderem se cercar do mesmo cuidado. São simplistas porque desconsideram que, em se tratando de um cargo público, sobretudo na magistratura e no MP, os futuros ocupantes desses cargos terão funções de alto impacto social e decidirão, de certa forma, a vida e o destino de outras pessoas, justificativa plausível para um cuidado mais exacerbado neste aspecto.

Em relação ao tema, também há precedente do TST (5ª Turma, do Estado do Paraná). O interessante é que para o TST teve especial importância no julgamento deste caso a alegação de violação à vida privada e a honra. Este argumento normalmente não é explorado nos artigos doutrinários escritos por Procuradores do Trabalho a respeito do tema; na verdade, houve uma inovação argumentativa aí que acabou tendo um peso preponderante na conclusão do TST.

Outro dado interessante é que o CNJ deu início, recentemente, a uma campanha de estímulo à contratação de egressos do sistema prisional.

Ainda em relação à admissão, há uma novidade legislativa que merece nossa atenção, relativa ao tempo de experiência profissional. A questão é saber se, no momento da contratação, o empregador pode estabelecer como requisito a existência de determinado tempo de experiência profissional. O art. 442-A da CLT foi inserido em 2008 para prever o máximo de 6 meses de experiência. Antes disso, discutia-se a validade ou não da exigência, mas o legislador deixou de lado essa discussão, permitindo a exigência de um tempo mínimo, desde que não extrapole 6 meses. Isso tem sido alvo de críticas por parte da alguns, questionando a constitucionalidade deste dispositivo.

Em relação à questão dos antecedentes criminais, ainda, há uma situação particularmente complexa envolvendo as empresas de transporte rodoviário de mercadorias. É uma questão muito debatida no seio da COORDIGUALDADE, e ainda sem solução. As empresas que fazem o transporte rodoviário de mercadorias operam num mercado em que praticamente não se transporta mercadoria que não esteja segurada, ou seja, além da figura das transportadoras, está presente nesse seguimento uma terceira pessoa: as seguradoras. A transportadora não aceitará transportar mercadoria que não esteja segurada. Ocorre que as seguradoras, objetivando minimizar seus riscos, têm exigido das transportadoras a apresentação de certidões criminais negativas dos motoristas que transportarão a mercadoria. Isso tem gerado sérios inconvenientes para os trabalhadores que atuam nesse seguimento. A dificuldade adicional é que a entidade responsável pela exigência discriminatória não é o empregador, mas um terceiro. Então, discute-se a possibilidade ou não de o MPT atuar em face diretamente das seguradoras de carga, que são as responsáveis por essa exigência. Não há uma definição sobre a estratégia que será adotada pela Instituição.

Finalmente, há uma discussão extremamente interessante suscitada por Otávio Calvet num artigo doutrinário intitulado "Discriminação na admissão: direito à integração", em que ele nos convida a refletir sobre os efeitos, as consequências jurídicas que podem advir de um ato de discriminação praticado na fase de admissão ao emprego. E ele parte de um paralelo com a situação da dispensa discriminatória, que iremos estudar mais adiante. Aquele que, dispensado de maneira discriminatória, consegue demonstrar judicialmente a existência dessa discriminação tem, nos termos do art. 4º da Lei nº 9.029/1995, a opção de ser reintegrado ou receber em dobro os salários do período de afastamento, ainda que não fosse detentor de nenhuma garantia provisória de emprego. Ficou pacificado na jurisprudência do TST que esse ato discriminatório, esse exercício abusivo do direito potestativo de dispensa agride um conjunto de normas, inclusive constitucionais; é um ato nulo de pleno direito porque viola os objetivos fundamentais da República Federativa do Brasil; então, sendo um ato nulo de pleno direito, ele não pode produzir qualquer efeito jurídico; assim, a reintegração, neste caso, se dá como um mecanismo de reversão das coisas ao chamado *status quo*, ao estado anterior; é para impedir que algum dos efeitos daquele ato discriminatório nulo prevaleça, se concretize, se eternize no tempo; então, é no momento da extinção daquele ato nulo de pleno direito que nasce para o trabalhador, alvo da dispensa discriminatória, o direito de ser reintegrado ainda que ele não seja detentor de nenhuma garantia de estabilidade provisória de emprego; é basicamente esse o raciocínio que se infere lá da construção jurisprudencial do TST. Em relação ao portador de HIV, a jurisprudência do TST é no sentido de que, provando o empregado que o empregador tinha conhecimento do seu estado de saúde, presume-se o caráter discriminatório da dispensa (vamos ver que há algumas exceções a essa situação). Nesses casos, é comum a alegação, quando o Judiciário determina a reintegração, de que essa solução estaria, por via transversa, criando uma hipótese de garantia provisória de emprego não contemplada na lei. O TST já enfrentou essa matéria por diversas vezes para, ao final, afirmar que não se trata de criar uma hipótese de garantia provisória de emprego não contemplada na legislação. Trata-se, simplesmente, de aplicar a teoria geral das nulidades dos atos jurídicos e impedir que aquele ato discriminatório violador de uma série de preceitos constitucionais produza algum efeito no mundo jurídico. Então, é com o propósito de recompor aquela situação que se determina a reintegração. Essa é a consequência jurídica que deriva do reconhecimento do caráter discriminatório de uma dispensa. Partindo dessa premissa, fazendo um paralelo com essa situação é que Otávio Calvet defende a tese de que aquele que é privado do acesso a um posto de trabalho em razão de uma postura discriminatória deveria ser alvo, também, de uma medida compensatória capaz de trazer aquela pessoa ao estado anterior. É aí que ele sustenta a existência de um "direito à integração", expressão que faz um paralelo com o instituto da reintegração, a que faz jus um empregado que é alvo de dispensa discriminatória. Em outras palavras, ele defende que aquele que teve uma oportunidade de trabalho recusada por motivo discriminatório poderia, pela via judicial, obter a condenação do empregador a contratá-lo compulsoriamente. O tema é extremamente polêmico, envolve uma análise do princípio constitucional da livre iniciativa, e pode parecer difícil, num primeiro momento, exigir que o Judiciário intervenha na organização empresarial a ponto de determinar que a empresa deve contratar uma pessoa que ela não desejava contratar, sem falar nos inconvenientes que acarretaria a permanência de tal pessoa não grata no ambiente da empresa.

Destaque-se que sempre que falamos de dispensa discriminatória, estamos falando, na verdade, do exercício abusivo do direito potestativo de dispensa. Isso atrai, necessariamente, a menção ao instituto do ABUSO DE DIREITO, previsto no art. 187 do CC.

Indenização pela perda de uma chance: vamos imaginar a hipótese de um trabalhador que vinha postulando uma vaga de emprego em várias empresas, realiza uma entrevista e toma conhecimento de que é o único dos candidatos a preencher todos os requisitos do edital de contratação. Ele conclui que será o contratado e deixa de buscar novas oportunidades, abre mão de outras ofertas ou mesmo chega a realizar despesas já se preparando para assumir aquele posto de trabalho que, por vias normais, seria seu, ante a ausência de fator que obstaculize. Passado um tempo é chamado pelo gerente porque é asiático, por exemplo, ou por qualquer outra justificativa de cunho discriminatório que não mereça relevância do ponto de vista jurídico. Nessa hipótese, esse trabalhador atingido por uma conduta discriminatória pode, alegando uma responsabilidade pré-contratual dessa pretensa empregadora, ingressar com uma reclamação trabalhista pleiteando reparação por danos materiais e morais.

6.7.2. Hipóteses de discriminação na vigência do contrato de trabalho

No curso da relação de emprego as hipóteses são muito mais restritas. Podemos citar: a) as questões de discriminação de caráter remuneratório, questão disciplinada na Convenção n° 100 da OIT, também ratificada pelo Brasil; b) a vedação de ascensão funcional a trabalhadores de determinado gênero ou então a empresa que retalia determinado grupo de empregados que resolveu se sindicalizar tardiamente, não demitindo, mas restringindo algum benefício; c) a hipótese, denominada no MPT, de assédio moral fundado em critérios discriminatórios (membro da CIPA que em razão dessa condição passa a ser discriminado e perseguido sistematicamente, até mesmo como forma de o empregador tentar forçá-lo ao pedido de demissão).

6.7.3. Hipóteses de discriminação no ato de dispensa (dispensas discriminatórias)

Vai configurar sempre o abuso do direito potestativo de dispensa, o que atrai a incidência do art. 187 do CC. O exemplo mais comum é o da dispensa discriminatória do portador de doença grave, lembrando que a maioria dos precedentes que temos sobre esse assunto refere-se aos portadores de HIV, mas é possível que o raciocínio se aplique aos portadores de outras patologias, como hepatite C ou qualquer outra doença infecto-contagiosa.

Há precedentes recentes (2008) em que o TST admitiu como válida a justificativa apresentada pelo empregador para dispensar o portador de HIV. Um condomínio estava passando por dificuldades e resolveu dispensar um grupo de empregados: porteiros, zeladores etc., e um deles era portador do vírus HIV e ingressou em juízo postulando sua reintegração sob o fundamento de que a doença era de conhecimento do empregador. A defesa conseguiu demonstrar que a motivação do ato de dispensa de todo o grupo era um processo de reorganização financeira, e que não houve nada direcionado ao empregado, não havendo como se presumir daí uma dispensa discriminatória. Assim, uma leitura desavisada dos precedentes pode levar à conclusão que toda dispensa de empregado portador de HIV é discriminatória quando o empregador tinha conhecimento do estado do empregado. Em princípio sim, presume-se discriminatória, exceto quando o empregador conseguir demonstrar em juízo que foi outra a motivação da dispensa (precedente de outubro de 2008).

Outra questão envolvendo discriminação, até mesmo em fase posterior ao desligamento, diz respeito à questão das listas discriminatórias (sujas ou negras). É aquela situação em que um empregador ou grupo de empregadores se reúne para formar uma base de dados de cunho negativo sobre determinados empregados com o propósito de orientar os demais a não contratá-los. A dificuldade em relação à atuação, nesse caso, está relacionada à dificuldade de comprovação da existência dessas listas.

Responsabilidade do empregador por ato discriminatório praticado por seus prepostos: Muitas vezes a conduta discriminatória não decorre da política institucional da empresa nem de uma decisão da alta gerência, mas é praticada por algum gestor com poder de mando em relação a algum subordinado ou mesmo a algum colega de igual hierarquia. Nesse caso, há responsabilidade objetiva do empregador em relação aos atos discriminatórios de seus prepostos, nos termos do art. 932, III, do CC, pois ao empregador incumbe zelar pela respeitabilidade, civilidade e decoro do ambiente de trabalho; são obrigações conexas do contrato de trabalho; se o empregador permite que um preposto seu pratique um ato de conteúdo racista, houve, no mínimo, omissão do empregador em tolerar a ocorrência daquele fato, de modo que responde objetivamente.

6.8. PROVA DA DISCRIMINAÇÃO: INVERSÃO DO ÔNUS – PROVA INDICIÁRIA E ESTATÍSTICA

Para a situação de discriminação indireta podem ser utilizados meios indiretos de prova, partindo-se para a inversão do ônus da prova para que se possa dar acesso à prestação jurisdicional. Um desses meios, especialmente para empresas com grande número de empregados, é verificar se a composição do quadro de pessoal é compatível com a diversidade étnica ou de gênero da população da localidade onde a empresa está instalada. E, para se conhecer a realidade dessa diversidade, o melhor instrumento disponível advém das informações estatísticas.

Não pode haver óbice à utilização da estatística, ciência multidisciplinar amplamente reconhecida, inclusive no Direito, sobretudo no processo coletivo, que, em muitos de seus aspectos, se contrapõe à teoria geral do Direito Processual, histórica e tradicionalmente enfocada sob uma ótica eminentemente individualista.

Nesse contexto, há de se recordar de uma lição básica segundo a qual, em direito, são admitidos todos os meios de prova moralmente legítimos, de modo que *a priori* não deveria haver qualquer resistência à admissão da estatística como meio de prova; o elenco dos meios de prova constante do CPC não é exaustivo, tanto que existe, no art. 332 do CPC, uma cláusula de abertura: "Todos os meios legais, bem como os moralmente legítimos, ainda que não especificados neste Código [...]".

Mais adiante, o próprio CPC prevê a aplicação, pelo juiz, das máximas da experiência (art. 335); e os conhecimentos de estatística aqui podem se enquadrar.

Também no Direito Comparado se vê que essa questão é amplamente discutida em outros países. Inclusive há, no âmbito da Comunidade Europeia, uma norma que orienta os membros daquela União a admitir a estatística como meio de prova da discriminação indireta (DIRETIVA nº 2000/43/CE).

Por último, as estatísticas devem ser consideradas, ao menos, prova indiciária, a ser cotejada com outros elementos de convicção que sejam amealhados no curso da instrução do processo, no uso da prerrogativa judicial de apreciação livre da prova, a partir da qual se pode chegar a um juízo de convencimento, por presunção judicial, que vem das regras de experiência.

Dificuldades na comprovação da discriminação: A par da admissibilidade da estatística como meio de prova, há dois aspectos que devem ser considerados sobre o tema: a) há espaço para a inversão do ônus da prova, que é a aplicação da teoria da aptidão para a produção da prova; é o que acontece, por exemplo, nesse caso de dispensa de empregado por ser portador do vírus HIV, em que a princípio se presume o caráter discriminatório, cabendo ao empregador a prova de que a dispensa foi orientada por outra motivação; b) relevância da prova indiciária. Exemplo: Determinada empresa sofreu fiscalização do MTE e 3 funcionários participaram de forma mais atuante na fiscalização, apontando as falhas existentes etc., e a empresa foi severamente autuada. No dia seguinte os 3 estavam demitidos e esse fato foi levado ao conhecimento da Auditora Fiscal, que tentou obter a readmissão daqueles trabalhadores, reportando-se ao MPT em razão do insucesso na sua empreitada. O MPT, então, convocou a empresa para uma reunião, que mais uma vez resistiu, afirmando que a dispensa decorreu de necessidade de redução de quadro, num processo que já estava em curso etc. Não tendo como contestar essa informação, o membro solicitou o extrato do CAGED na tentativa de verificar essa redução do quadro funcional e constatou a tendência inversa, pois a empresa vinha ampliando consideravelmente seu quadro de pessoal, sobretudo nos 2 meses anteriores à dispensa dos empregados. Esse dado, associado à contundência do depoimento da auditora, que relatava em detalhes os pormenores da fiscalização, ao juiz caberia conjugar estes elementos; não há uma prova cabal, mas a soma desses elementos traz uma certa consistência ao contexto probatório, e seria o caso de se considerar demonstrada a ocorrência de dispensa discriminatória. Mas, nesse caso, a empresa se comprometeu a regularizar a situação por TAC.

Assim, como foi dito antes, o desafio do combate à discriminação não está no aprimoramento das normas, mas na dificuldade de se comprovar a ocorrência do ilícito, que transfere a responsabilidade às mãos dos operadores do magistrado, do advogado, do membro do MP, que têm que atuar com criatividade, e do juiz, com sensibilidade para se libertar daquele dogma de que a conduta precisa estar cabalmente demonstrada. Se partirmos para exigir prova inconteste da discriminação, serão muito remotas as chances de efetiva condenação dos autores de condutas discriminatórias.

Aqui precisamos fazer um parênteses para tratar de um programa que existe no âmbito do MPT, encabeçado pela COORDIGUALDADE, que é o Programa de Promoção da Igualdade de Oportunidades para Todos. Foi idealizado tendo como objeto o setor bancário do Distrito Federal e que hoje, numa segunda etapa, se voltou para outro seguimento econômico: o dos supermercados. Discute-se no bojo deste programa basicamente a questão do gênero e a questão da raça. A partir de uma parceria com o IPEA, o MPT conseguiu traçar um diagnóstico do perfil étnico e de gênero do quadro de pessoal dos bancos privados do DF; foi aí que tudo começou. O IPEA havia realizado uma espécie de senso demográfico da população economicamente ativa de diversas unidades da federação. E chegou à seguinte constatação: a população economicamente ativa de Pernambuco (ou seja, o conjunto dos pernambucanos que estão em idade economicamente ativa, produzindo e engajados no mercado de trabalho de alguma forma) era composto por um percentual X de mulheres, um percentual Y de negros e um percentual Z de homens brancos. Quando confrontados com a composição do quadro de pessoal dos bancos dessa mesma unidade da Federação, o IPEA constatou que mulheres e negros não tinham um percentual de participação compatível com a expressividade da sua participação na população economicamente ativa. O estudo do IPEA mostrava, de maneira clara, que mulheres e negros, ainda hoje no país, não conseguem alcançar determinados nichos do mercado de trabalho, determinados postos de comando e, quando conseguem, em regra, os ocupam em desigualdade de condições em relação a homens brancos, principalmente no campo remuneratório. E, a partir dessas constatações, se elegeu como âmbito experimental de atuação o setor bancário do DF. Por meio dessa parceria, o IPEA realizou um aperfeiçoamento do censo que já havia sido feito no DF, traçou a composição racial e de gênero da população economicamente ativa do DF e depois confrontou esses dados com o mapeamento que foi feito com o quadro de pessoal de bancos do DF. Constatou-se uma discrepância enorme entre o grau de participação de mulheres e negros no quadro de pessoal dessas entidades e o percentual com que essas categorias apareciam na composição da população economicamente ativa.

O grande diferencial desse trabalho é que ele está baseado num contundente levantamento estatístico, coisa que não é muito comum de se ver nas ações judiciais que discutem a questão da discriminação nas relações de trabalho. Impactado com esse quadro de discrepância e extraindo dele a ideia de que mulheres e negros estavam sendo alvo de discriminação, ainda que não de maneira intencional, ou seja, esses dados estatísticos não nos permitiam concluir que havia por parte dos bancos uma intenção deliberada de excluir negros e mulheres, mas havia a constatação (e um dado inescusável) de que mulheres e negros não experimentavam as mesmas oportunidades que homens brancos em relação ao segmento bancário no DF, o acesso a postos de trabalho de destaque e igual remuneração de homens brancos. Então, o Dr. Otávio vislumbrou nesses dados a oportunidade de trabalhar a noção de discriminação indireta, que é sustentada pela OIT, justamente como esse conjunto de ações, não necessariamente deliberadas, mas que conduzem, que têm por efeito um quadro de desigualdades no acesso a oportunidades de trabalho. E, trabalhando a noção de discriminação indireta, instituiu um programa tentando chamar a atenção dos bancos (num primeiro momento, e agora para os supermercados) para a desconstrução desse quadro, dessa realidade. No caso dos bancos, as negociações não avançaram muito na esfera judicial e partiu-se, então, para o ajuizamento de ACPs perante a Justiça do Trabalho da 10ª Região – DF, especificamente; uma iniciativa de vanguarda e experimental que, apesar de não ter recebido a acolhida esperada (os pedidos não foram acolhidos), teve um impacto extremamente favorável em relação ao tratamento do tema, pois hoje existem vários foros onde a questão da composição ética racial do quadro de pessoal dos bancos vem sendo debatida. Os frutos são evidentes, mas não os esperados, pois o PJ não deduziu as pretensões aduzidas pelo MPT nessas ações.

Por que essas ações não prosperaram no Processo Judicial? Talvez a principal razão esteja no fato de o Poder Judiciário não ter se sentido à vontade para admitir a estatística como prova da ocorrência da discriminação. Sem aprofundar muito a discussão e sem assimilar a noção de discriminação indireta, parece que o Processo Judicial do DF aferrou-se ao fato de que, na visão dele, não havia evidências de que os bancos estariam discriminando mulheres e negros no acesso aos seus quadros, questão essa, no entanto, impertinente (não cabia na discussão que se tentou estabelecer), pois se todo o raciocínio sustentado nessas ações assentava-se na noção de discriminação indireta, isso equivale a dizer que o Processo Judicial não estaria obrigado a perquirir sobre a existência ou não da vontade deliberada dos bancos em promover a discriminação. A questão passaria ao largo da perquirição desse elemento subjetivo; caberia ao Processo Judicial se debruçar apenas sobre os resultados da política de contratação de pessoal que vem sendo adotada pelos bancos do DF, e esse resultado era sim aferível a partir do amplo levantamento estatístico feito pelo IPEA e que documentou as ações propostas pelo MPT. E aí um dado curioso para que percebamos o grau de vinculação do Dr. Otávio com esse programa: ele era o coordenador da COORDIGUALDADE e é sub-procurador-geral, de modo que precisou requisitar ao CSMPT autorização para atuar na primeira instância e de acordo com os critérios de repartição de atribuições estabelecido pela LC nº 75/1993, o sub-procurador apenas pode atuar perante o TST, necessitando de autorização do Conselho para atuar legitimamente perante outra instância judicial.

Outra questão relevante é o fato de o Processo Judicial haver recusado validade à estatística como meio de prova da ocorrência da discriminação indireta. Essa é uma questão já amplamente discutida em outros países. Inclusive há no âmbito da União Europeia uma norma que orienta os membros da União a admitir a estatística como meio de prova da discriminação indireta (DIRETIVA nº 2000/43/CE) e nos EUA também se admite.

A postura a ser defendida por um membro do MPT é justamente a de ser possível a utilização da estatística como meio de prova da discriminação. Parte dos argumentos constam do voto do Dr. Brasilino Santos, Juiz do TRT da 10ª Região, voto vencido no julgamento dos recursos interpostos pelo MPT nas ações civis públicas. Este discurso começa a partir da leitura do art. 332 do CPC, que trata dos meios de prova em geral, e neste momento todos devem se recordar de uma lição básica de que em direito são admitidos todos os meios de prova moralmente legítimos, de modo que *a priori* não deveria haver qualquer resistência à admissão da estatística como meio de prova; o elenco dos meios de prova constante do CPC não é exaustivo, tanto que existe no art. 332 do CPC uma cláusula de abertura.

O próprio CPC, mais adiante, no art. 335, prevê a aplicação, pelo juiz, das máximas da experiência, e os conhecimentos de estatísticas aqui podem se enquadrar.

Outrossim, hoje a estatística é reconhecida como ciência multidisciplinar, desfrutando de prestígio em vários aspectos. Ademais, as estatísticas que subsidiavam a ação do MPT são fruto de trabalho realizado por órgão público, e não um ente qualquer a quem se poderia solicitar a elaboração do estudo, o que deveria atrair algum peso para a prova.

Também no Direito Comparado se vê que essa questão é aceita sem maiores problemas.

Por último, ainda que não se admitisse a estatística como um meio de prova genuíno e suficiente para a demonstração cabal das alegações do MPT, que se admitisse esses elementos pelo menos como prova indiciária, a ser cotejada com outros elementos de convicção que fossem amealhados no curso da instrução do processo.

Então, com esses argumentos, lembrando ainda que o nosso sistema judicial confere ao magistrado a prerrogativa de apreciar livremente a prova, não se trata de recusar aprioristicamente validade à estatística como meio de prova; que se admitisse, deixando ao juiz a tarefa de avaliar se naquele caso concreto a estatística analisada serviria ou não à comprovação da tese esgrimida pelo autor. Mas o PJ recusou de imediato a validade da prova que se queria produzir, negando a possibilidade, em tese, de se provar a discriminação por intermédio de estatísticas, negando ao juiz a possibilidade de apreciar livremente a prova, o que em outros países é algo já ultrapassado.

Os pedidos eram basicamente no sentido de que os bancos, aproveitando-se da rotatividade natural do setor, ou seja, à medida que fossem promovendo novas dispensas, colhessem o ensejo dessas dispensas para uma espécie de ação afirmativa espontânea, providenciar a contratação de negros e mulheres, permitindo que eles pudessem ascender regularmente na carreira com base no seu mérito pessoal.

6.9. DIREITOS DA PERSONALIDADE DO TRABALHADOR E A PROTEÇÃO CONSTITUCIONAL À INTIMIDADE

6.9.1. Intimidade e vida privada

O art. 5º da CF/1988 garante o direito à vida privada e à intimidade, exteriorizando que são dois direitos distintos.

Todo indivíduo reserva parte de sua vida para si, é uma esfera que ele não quer dar acesso a ninguém, **intimidade** é o espaço da vida que a pessoa não dá acesso a ninguém. É aquela parte do mundo que a pessoa não quer ver exposta a quem quer que seja, nem mesmo a pessoas próximas. Essa é a ideia de intimidade.

Vida privada: a pessoa, no transcorrer da vida, estabelece várias relações de caráter afetivo, essas pessoas são escolhidas, são vínculos mais próximos, e os demais do mundo ficam excluídos, a vida privada é a preservação dessas relações mais próximas, afastando outros.

> **Exemplo 1:** Se alguém se apropria do diário de uma pessoa e lê, está invadindo a intimidade da pessoa. Visto que constitui um campo da vida que o indivíduo reservou para si, negando acesso até a pessoas próximas.

> **Exemplo 2:** E se alguém intercepta a correspondência de uma pessoa com seu namorado está invadindo a vida privada, porque se apossou de uma relação intersubjetiva entre uma pessoa e outra. Há pessoas mais reservadas que outras, quanto mais reservada é a pessoa mais ela elasteceu a esfera de sua vida privada.

A esfera de intimidade varia de indivíduo para indivíduo em função da pessoa.

> **Exemplo 3:** Violar correspondência pode acarretar violação de vida privada ou de intimidade. A esposa que abre a correspondência bancária do marido viola a intimidade. Se for uma correspondência do marido para a esposa e alguém a intercepta constitui-se também violação da vida privada.

Art. 5º, inciso X, da CF/1988: "são invioláveis a intimidade, a vida privada, a honra e a imagem das pessoas, assegurado o direito à indenização pelo dano material ou moral decorrente de sua violação".

Art. 21 do Código Civil: "A vida privada da pessoa natural é inviolável, e o juiz, a requerimento do interessado, adotará as providências necessárias para impedir ou fazer cessar ato contrário a esta norma".

O legislador constituinte erigiu a inviolabilidade dessas relações subjetivas e de trato íntimo (intimidade), bem como as demais relações humanas, incluindo as objetivas (vida privada), como direito fundamental do cidadão.

É assegurado o direito à preservação da intimidade, da vida privada, ou seja, do resguardo à indiscrição alheia. Trata-se de direito inviolável.

A invasão presencial ou virtual da vida privada da pessoa, de seu relacionamento familiar, do tipo de amizades e dos lugares que frequenta enseja a caracterização de dano a direito de personalidade.

Intimidade é a esfera secreta da vida do sujeito de direito. É a zona espiritual que deve ficar livre de intromissão estranha. São proibidos os controles visuais e auditivos não autorizados, assim como a revista íntima.

Destaque-se que não há regulamentação, no nosso país, sobre essa questão do controle audiovisual. Em outros países, como a Itália, há lei vetando qualquer controle audiovisual. Também existem países em que esse controle é autorizado.

Em termos doutrinários, alguns autores admitem o controle audiovisual, mas desde que exercido dentro de parâmetros razoáveis, que não violem a dignidade da pessoa humana do trabalhador. Nesse sentido, defende-se que o controle deve ser coletivo (não pode ser focado num único empregado, sob pena de ser caracterizada uma invasão de privacidade ou uma discriminação); com ciência dos empregados (todos têm que saber que estão sendo filmados); em lugares que não sejam relacionados à intimidade do empregado (por exemplo: não pode haver câmeras nos banheiros, em refeitórios, em cantinas, em lugares inerentes a lazer e a conversas íntimas) e, sempre que possível, com um respaldo do sindicato, até mesmo para fins de fiscalização de possíveis abusos.

Quem o indivíduo é e como pensa corresponde à sua intimidade; como vive e com quem se relaciona corresponde à sua vida privada. É cabível a tutela preventiva da invasão.

No âmbito do Direito do Trabalho, qualquer ato e/ou conduta da parte contratante (empregado ou empregador) que viole esse direito assegurado constitucionalmente pode acarretar o ressarcimento pelos eventuais danos materiais e morais advindos desse comportamento. É claro que damos mais ênfase ao abuso cometido pelo empregador porque estamos dentro da simetria(se é que ela existe neste caso!) poder diretivo x subordinação jurídica, e é esse poder diretivo que tem o potencial de descambar para o campo da arbitrariedade.

6.9.2. Direitos da personalidade – conceito e classificações

Os direitos da personalidade são considerados como a garantia mínima da pessoa humana para as suas atividades internas e para as suas projeções ou exteriorizações para a sociedade. Por isso, impõem à coletividade uma conduta negativa, evitando embaraço ao seu exercício.

Direitos da personalidade são aqueles que têm por objeto os atributos físicos, psíquicos e morais da pessoa em si e em suas projeções sociais, com o fim de proteger a essência e a existência do ser humano. A ideia que norteia sua disciplina é a de uma esfera extrapatrimonial do indivíduo, tutelada pela ordem jurídica, com respaldo em uma série de valores não redutíveis pecuniariamente, como a vida, a integridade física, a intimidade, a honra etc.

Alguns direitos da personalidade, se examinados em relação ao Estado (e não em contraposição a outros indivíduos), ingressam no campo das liberdades públicas, consagradas pelo Direito Constitucional. Porém, as noções são distintas quanto ao seu plano e seu conteúdo. Os direitos da personalidade situam-se acima do direito positivo, sendo considerados inerentes ao homem; as liberdades públicas, por sua vez, dependem necessariamente de positivação para assim serem consideradas. Quanto ao conteúdo, inserem-se em categorias transindividuais (econômicas e sociais, por exemplo), enquanto aqueles têm caráter individual.

Inicialmente, devemos nos reportar aos poderes do empregador. Por ser o titular da atividade econômica e assumir os riscos decorrentes da sorte de seu empreendimento (a chamada alteridade), a lei assegura ao empregador um conjunto de prerrogativas para que ele possa empreender a organização e a fiscalização da estrutura e da dinâmica empresariais. Trata-se dos poderes do empregador.

O principal poder do empregador é o diretivo ou de comando (ou poder organizativo), do qual decorrem o poder fiscalizatório, o poder regulamentar e o poder disciplinar.

O poder diretivo do empregador diz respeito não apenas à organização técnica, mas também à boa ordem na empresa, buscando assegurar um padrão mínimo de moralidade e de garantia pessoal.

O respeito ao direito à inviolabilidade da intimidade, da vida privada e da honra dos empregados é um desdobramento dessa garantia pessoal.

Dessa forma, o exercício do poder diretivo encontra limite na própria dignidade da pessoa humana do trabalhador (CF/1988, art. 1º, III).

Consoante se viu, tanto o poder diretivo como o poder fiscalizatório encontram limites. E esses limites estão naqueles direitos fundamentais da classe trabalhadora, que começam na dignidade da pessoa humana e nos valores sociais do trabalho, erigidos a fundamentos da República Federativa do Brasil (CF, art. 1º, incisos III e IV).

Também há o art. 6º, *caput*, da CF/1988 dizendo que o direito ao trabalho é um direito social, de ordem fundamental, integrando o rol dos chamados direitos humanos de segunda geração ou dimensão. E, dentro de uma interpretação sistêmica, buscando uma unidade constitucional, quando o constituinte fala em direito ao trabalho, deve-se entender essa expressão como direito ao trabalho digno, trabalho decente, na medida em que, com a CF/1988, a dignidade da pessoa humana foi alçada a fundamento da República Federativa do Brasil, deixando de ser um mero valor, finalidade ou princípio.

Finalmente, a CF/1988 também prevê a valorização do trabalho e da livre iniciativa como fundamentos da República Federativa do Brasil e princípios a reger a atividade econômica. E, quando se fala em valorização social do trabalho, se está tutelando a dignidade da pessoa do trabalhador.

Então temos várias normas principiológicas que impõem um limite ao exercício do poder diretivo e fiscalizatório do empregador. E esse limite se inicia quando se chega à própria dignidade do trabalhador.

E qual é a importância da CF/1988 dentro do contexto da dignidade da pessoa humana? Se analisarmos as Constituições republicanas anteriores à de 1988, perceberemos que a dignidade da pessoa humana sempre esteve atrelada aos direitos trabalhistas; sempre se assegurou que o homem tem que ter direito a uma remuneração que assegure condições dignas de vida para ele e sua família, na medida em que a maior parte das verbas contratuais trabalhistas tem natureza substancial, alimentar.

Com efeito, a partir do chamado constitucionalismo social (iniciado com a Constituição do México, em 1917, e depois com a Constituição da Alemanha, de 1919), iniciou-se a inclusão de direitos sociais trabalhistas no bojo constitucional, objetivando uma maior proteção ao trabalhador e sua família. Se formos analisar a história do constitucionalismo social brasileiro, sempre que se falava em direitos trabalhistas, atrelava-se a garantia de direitos trabalhistas à dignidade do trabalhador e de sua família.

Com a CF/1988, a dignidade deixou de ser um mero valor, finalidade ou princípio e foi alçada a fundamento da República Federativa do Brasil como Estado Democrático de Direito. Ou seja, a dignidade da pessoa humana, hoje, não está atrelada tão somente ao Direito do Trabalho, à proteção do trabalhador, resguardando a dignidade dele e de sua família. A dignidade da pessoa humana, hoje, é fundamento de todo o nosso sistema jurídico, de toda a estrutura constitucional. Então, quando se fala em dignidade da pessoa humana, hoje, não se fala apenas em Direito do trabalho, mas em todos os ramos do Direito; mas essa referência sempre foi muito forte no Direito do Trabalho. Tanto é assim que a CLT considera empregado pessoa física porque os valores a serem tutelados pelo Direito do trabalho estão atrelados, numa noção atual, à garantia da própria dignidade, que é um atributo peculiar à figura humana. Esse é o fundamento da lei. Esses direitos visam a dar dignidade, pelo menos hoje, já que, nos primórdios, trabalho vem de trabalhar e trabalhar vem de *tripaliare*, que significava torturar, antigo instrumento de tortura. Então, temos que, na Antiguidade, trabalho não era uma condição digna do homem livre, sendo destinado tão somente ao escravo. Aristóteles já dizia que, para o homem adquirir cultura, ele precisava ser rico e ocioso, e, para ser ocioso, alguém teria que trabalhar para ele: os escravos. Assim, no início o trabalho não era sinal de dignidade e hoje é um instrumento de concretização da dignidade. Então tudo isso está correlacionado ao direito do trabalho. Existem limites ao poder diretivo, mesmo porque nenhum direito é absoluto, nem o mais fundamental dos direitos fundamentais: o próprio direito à vida (pois em caso de guerra pode-se matar). Todos os direitos sofrem limites, e um dos pilares estabelecidos como fundamento da CF está embasado na dignidade da pessoa humana e no valor social do trabalho.

Espécies/Classificações

Os direitos personalíssimos não são enumeráveis, porém, entre os mais importantes, destacam-se:

◆ Vida:

O mais precioso direito do ser humano trata-se do direito à vida, e não sobre a vida, de modo que seu titular não pode cercear esse direito.

◆ Integridade física:

Sobre esse direito, apresenta o CC as seguintes disposições:

Princípio do consentimento informado (art. 15): o paciente tem o direito de saber qual é o tratamento ou a cirurgia recomendada pelo médico e quais são suas consequências, para que a opção seja feita com consciência. A responsabilidade do médico, assim, não é só quanto à técnica, mas também quanto à informação. Ex.: cirurgia de câncer de próstata que pode causar impotência. A escolha deve ser do paciente. Não havendo, entretanto, tempo de oitiva daquele que corre risco de morte ou, ainda, se ele está fora de consciência, o médico tem a obrigação de realizar o tratamento, independentemente de autorização, eximindo-se de responsabilidade.

◆ Limites à disposição do corpo:

Só pode haver a diminuição permanente da integridade física se houver exigência médica, por motivo de saúde física ou psíquica, o que abrange as cirurgias plásticas e as lipoaspirações. Nesse sentido, confira-se o Enunciado nº 6 do CJF: "Art. 13: A expressão 'exigência médica', contida no art. 13, refere-se tanto ao bem-estar físico quanto ao bem-estar psíquico do disponente.".

490 | MPT – preparando-se para o concurso de Procurador do Trabalho

Quanto às cirurgias de retirada de órgãos sexuais por transexuais, apesar de o tema ser polêmico, acredita-se que a melhor opinião é a de quem defende a sua possibilidade, nas condições ora elencadas: por exigência médica, dada a saúde psicológica do paciente.

A diminuição do corpo é permitida também para transplante, segundo as regras legais (órgãos duplos, tecidos regeneráveis de pessoas capazes – para incapazes, só medula óssea). A disposição do corpo, além de proibida quando há diminuição permanente da integridade física, não pode, ainda, ser contrária aos bons costumes (salvo exigência médica). Isso não abrange a prostituição, por exemplo, mas apenas o lenocínio, pois aquela é tolerada pela sociedade.

Após a morte, pode haver disposição do corpo para objetivos altruísticos ou científicos, gratuitamente, no todo ou em parte. Havendo suspeita de morte violenta em decorrência de crime, a lei obriga a realização de necropsia.

♦ Integridade psíquica:

O direito à integridade moral concerne à proteção conferida aos atributos psicológicos relativos à pessoa. Tutela, pois, a higidez psíquica da pessoa, sempre à luz da necessária dignidade humana.

Incluem-se nessa classificação o direito à liberdade, inclusive de pensamento, à intimidade, à privacidade, ao segredo e o direito referente à criação intelectual. O direito à liberdade é tratado no art. 5º da CF, sendo objeto de estudo do direito constitucional, motivo pelo qual deixará de ser abordado neste resumo.

♦ Direito às criações intelectuais:

Os direitos da personalidade no âmbito intelectual destinam-se à proteção conferida ao elemento criativo, típico da inteligência humana. São as criações, manifestações do intelecto, como a liberdade de pensamento e o direito ao invento, além do contundente exemplo do direito autoral (regulado pela Lei nº 9.610/1998) também abordado na CF – art. 5º, XXVII a XXIX e regulado, ainda, pela Lei nº 9.279/1996 (propriedade intelectual).

Nos direitos autorais, há duas classes de interesse: os morais e os patrimoniais. Os primeiros é que configuram efetivos direitos da personalidade e que, por isso, não se transmitem a nenhum título.

Direito de arena: é a proteção que se dá ao direito à imagem, em que a lei estabelece regras para a exibição e a reprodução de produções envolvendo a imagem. Em outras palavras, o direito de arena é o direito que as entidades de prática desportiva (os clubes) têm de negociar, autorizar ou não a fixação, transmissão ou retransmissão de imagem de eventos desportivos ou espetáculos de que participem; de acordo com o disposto no art. 42, §§ 1º e 2º, da Lei nº 9.615/1998.

Outras hipóteses de direitos da personalidade enquadrados no âmbito intelectual podem ser trazidas à baila, como por exemplo: a proteção da liberdade religiosa e sexual e a liberdade de pensamento.

A proteção de tais direitos se consubstanciará por meio de tutela preventiva (tutela específica – art. 461 do CPC) ou de ação de reparação de danos. Aliás, convém salientar a desnecessidade de prova do prejuízo para a indenização por violação a direito moral de autor, uma vez que o dano se considera ínsito na própria conduta lesiva (*in re ipsa*).

♦ **Direito à privacidade:**

Consiste no direito de obstar que a atividade de terceiro venha a conhecer, descobrir ou divulgar as particularidades de uma pessoa. São os aspectos amoroso, sexual, religioso, familiar e sentimental de uma pessoa. Estão contidos no direito à vida privada, o direito à intimidade e ao segredo (sigilo), compondo diferentes aspectos de um mesmo bem jurídico personalíssimo. É dizer: o direito à intimidade consiste em resguardar dos sentidos alheios as informações que dizem respeito, apenas, ao titular, ao passo que o direito ao segredo é fundado na não divulgação de fatos da vida de alguém.

Art. 5º, X, da CF. Relaciona-se à vida particular da pessoa natural. O direito à intimidade é uma de suas manifestações. Esse difere do direito à privacidade porque está ligado à não intrusão, ao direito de estar só; é um ambiente da vida privada mais profundo que a privacidade (nessa se insere a família). É como se a privacidade fosse um círculo grande que abrangesse o círculo, menor e concêntrico, da intimidade.

O elemento fundamental do direito à intimidade é a exigibilidade de respeito ao isolamento de cada ser humano, que não pretende abrir certos aspectos de sua vida a terceiros. O direito à privacidade é tratado no art. 21 do CC, que garante ao lesionado a adoção, pelo juiz, de providências necessárias para impedir ou estancar a violação à vida privada. Tal inviolabilidade é garantida somente às pessoas naturais.

♦ **Direito ao segredo:**

Seria um círculo, também concêntrico, intermediário entre a intimidade e a privacidade. Abrange três esferas: segredo das comunicações (correspondência, telefone e comunicação telegráfica); segredo doméstico (reservado aos recônditos do lar e da vida privada; relaciona-se também à inviolabilidade do domicílio); segredo profissional (protege-se a pessoa que revelou algum segredo a terceiro, por circunstância de sua atividade profissional).

Integridade moral

♦ **Direito à honra**:

Trata-se da necessária defesa da reputação da pessoa, abrangendo o seu bom nome e a fama de que desfruta na comunidade, bem como a proteção do seu sentimento interno de auto-estima.

Umbilicalmente associada à natureza humana, manifesta-se sob duas formas: (1) objetiva – reputação, bom nome e fama que a pessoa possui na sociedade; e (2) subjetiva – sentimento pessoal de estima, consciência da própria dignidade. Tem condição de liberdade pública, prevista no art. 5º, X, da CF.

Em resumo: a honra objetiva é o conceito externo, o que os outros pensam de uma pessoa; a honra subjetiva é sua estima pessoal, o que ela pensa de si própria.

O art. 17 do CC, apesar de tratar do uso do nome (em situações que exponham seu titular ao desprezo público, ainda que sem intenção), na verdade, tutela a honra.

◆ Direito à imagem:

Protege não só a forma plástica da pessoa natural, mas os seus reflexos, principalmente quando há violação, são sentidos mais no âmbito moral que no físico. É também um direito fundamental (art. 5º, X, da CF). O CC contém previsão (art. 20) de indenização para o caso de exposição ou utilização da imagem de uma pessoa quando houver proibição sua e lhe atingirem a honra ou se destinarem a fins comerciais.

Tratando-se de morto ou ausente, podem pedir a devida tutela o cônjuge, os ascendentes ou os descendentes. O desvio de finalidade do uso autorizado também caracteriza violação ao direito à imagem. Como se vê, esse direito admite cessão de uso, porém seus limites devem ser rigidamente fixados pela autorização expressa do seu titular.

◆ Direito ao nome:

Tutela o sinal exterior mais visível da pessoa natural. Compreende o prenome e o sobrenome (patronímico). Pode, ainda, ser integrado pelo pseudônimo (codinome), que é aquele escolhido pela própria pessoa para o exercício de uma atividade específica. Ainda que não o integre, goza da mesma proteção (desde que usado para atividade lícita), tutelando, assim, um verdadeiro direito à identidade pessoal.

Como já visto, por ser marca indelével do ser humano, o nome só pode ser alterado em situações específicas. É necessária a mudança em caso de alteração do estado de filiação (adoção, reconhecimento de paternidade) ou do próprio nome dos pais. É voluntária em caso de casamento e, ainda, dependendo de autorização judicial, quando é imotivada (1 ano após a maioridade), em caso de inclusão de pseudônimo, de substituição do prenome em razão de proteção à testemunha de crime, de facilitação de identidade no setor profissional, de erro de grafia e de exposição ao ridículo. A jurisprudência consagra, também, a hipótese de mudança de sexo.

O CC tutela o nome na medida em que proíbe o seu uso em propaganda comercial sem autorização (art. 18). Como dito antes, o art. 17, quando proíbe o emprego do nome de modo a expor seu titular ao desprezo público, protege, em verdade, a honra. Aquele outro dispositivo, de certa forma, também objetiva tutelar a honra.

◆ Direitos da personalidade e liberdade de imprensa:

Assegura a CF de 1988 (arts. 5º, IX, e 220, § 1º) a liberdade de imprensa, sem prévia censura, como consectário da própria liberdade de pensamento e de expressão (art. 5º, IV). Cuida-se, em mais palavras, do direito de livre manifestação de pensamento pela imprensa, assegurada a informação pelos seus variados e diversos órgãos. Na colisão de tais direitos, impõe-se o uso da técnica da ponderação de interesses (princípio da proporcionalidade).

6.9.3. Proteção normativa

Hoje, no Brasil, a posição da cidadania e da dignidade da pessoa humana como fundamentos da República (CF, art. 1º, II e III), juntamente com as garantias de igualdade material e formal consolidam uma cláusula geral da personalidade no ordenamento civil-constitucional. O novo Código Civil, por sua vez, reconheceu um estado atual de evolução da jurisprudência, sem pretender disciplinar exaustivamente a matéria.

6.9.4. Intimidade e vida privada na relação de trabalho: direito de propriedade *x* intimidade do trabalhador – Colisão de princípios constitucionais

O tema desemboca na eficácia horizontal dos direitos da personalidade, mormente na oposição dos direitos da personalidade em face do empregador.

Há uma rota de choque entre os direitos do empregado (intimidade do trabalhador) e do empregador (livre iniciativa/direito de propriedade), que também são assegurados pela CF.

Norma constitucional com natureza de regra: aquela com sentido mais objetivo – segue a lógica do **tudo ou nada**, ou respeita ou não respeita. Exemplo: trabalho a partir dos 16 anos.

Norma constitucional com natureza de princípio.

Norma constitucional com natureza de regra.

Conflito entre regras constitucionais – interpretação mais objetiva:

1 – regra constitucional anterior é revogada por regra constitucional posterior.

2 – e se a regra constitucional anterior é cláusula pétrea? A regra constitucional posterior é inconstitucional. Inválida.

3 – regra constitucional geral tem campo de validade extinto por regra especial. Exemplo: art. 37, II (regra), e art. 37, IX (contratação temporária – exceção)

Nunca se aplicam as duas juntas.

Metodologia interpretativa + objetiva		
Comportamentos lícitos ou ilícitos: binário		
Vida do empregado	*x*	Vida do empregador
Direito da personalidade	*x*	Poder diretivo, livre iniciativa, propriedade, livre concorrência
Princípios que favorecem o empregado	*x*	Princípios que favorecem o empregador
Postulados de otimização	*x*	Postulados de otimização
⇩		
Busca-se o equilíbrio na colisão de princípios		

Aplicação dos 2 princípios para a solução mais equilibrada. Ponderação, no caso concreto.

Conflito entre regras -> critério da validade, tudo ou nada.

Colisão de princípios -> critério da ponderação, considerando o caso concreto.

Colisão entre princípios

Norma constitucional com natureza de princípio.

Critério para a solução: ponderação. Não há exclusão de um princípio em virtude da aplicação do outro. Diferentemente do que ocorre no conflito de regras, em que a utilização de uma exclui a outra.

Os princípios não entram em choque, mas em colisão.

Art. 5º, LIV: critério para a ponderação não segue a regra do senso comum. Observa o disposto na Constituição – devido processo legal – *due process of law* – > garantia do estado justo.

Devido processo legal – agir com razoabilidade, olhando o caso concreto com uma lupa, para buscar a Justiça. A melhor solução vem pela ponderação:

1 – formal;

2 – substancial: obrigação de buscar justiça, obrigação de o Estado ser justo. Obrigação de o empregador ser justo (levar em conta os dados do caso concreto).

6.9.5. Análise de situações concretas

6.9.5.1. *Exame médico admissional*

Entra em cena a NR-7 – PCMSO (Programa de Controle Médico de Saúde Ocupacional). É o programa que o empregador cumpre nos exames a que submete periodicamente o empregado. Sempre há um médico responsável por examinar o candidato. Esse médico acessa a vida privada da pessoa, e estabelece um prontuário. Como é atividade meio, comporta terceirização.

O vínculo do médico é com o empregador, mas ele acessa a vida do empregado. Então o dever de sigilo dele é com o empregado. O empregador não pode ter acesso aos prontuários. O médico, deixando a função, deve repassar o prontuário ao outro médico, e não ao empregador.

6.9.5.2. *Intimidade genética*

A engenharia genética pode prever doenças. O empregador poderia utilizar-se disso para evitar a contratação? Não. O trabalho tem valor social, e a intimidade e a vida genética merecem ser preservadas como uma extensão da vida privada da pessoa. A invasão dessa intimidade deve ser evitada.

6.9.5.3. *Exame* antidoping

Veda-se. O empregador não tem o direito de saber se o empregado bebe ou usa drogas. Mas o *antidoping* tem viabilidade no caso da defesa de atividades de interesse público, como piloto, motorista, pois estarão sendo protegidos o patrimônio e a segurança da sociedade.

6.9.5.4. Imposição de tratamentos

Somente a Previdência Social tem este poder – art. 101 da Lei nº 8.213/1991.

6.9.5.5. Correspondências do empregado

Art. 5º, XII, da CF/1988.

Se recebe cartas em casa, não há como violar. Mas se recebe no local de trabalho, como numa plataforma, a literalidade leva à invalidade das comunicações de dados, apenas.

O art. 5º, XII, diz que é inviolável a correspondência, motivo pelo qual o empregador recebe e entrega sem violá-la.

Parece uma questão tranquila, mas nem sempre. A interpretação é de que interceptar corresponde a captar conversa, o que só pode se dar em tempo real, pois não é possível resgatar depois.

Posteriormente é possível apenas acessar o registro da ligação.

Sendo assim, tem-se que a conversa telefônica é a única que pode ser interceptada, pois se dá em tempo real. Possível, com ordem judicial, para a investigação criminal.

E se certo empregado for suspeito de planejar um ato terrorista?

Se alguém abrisse uma correspondência fora dos padrões tidos como normais que ele tivesse recebido, não haveria ato abusivo do empregador, pois haveria fundado receio.

O conflito poder diretivo *versus* vida privada envolve princípios que devem ser ponderados à luz do caso concreto.

6.9.5.6. Gravação de telefone do empregado

O art. 5º, XII, da CF/1988 veda.

Mas não se está tratando do telefone da casa dele, e sim do trabalho. Pode gravar, desde que o empregado seja previamente comunicado. Sem aviso: dano moral.

E conversas de trabalho, para aferir se o trabalho está sendo realizado?

Aqui, o empregador tem que diferenciar os telefonemas feitos e recebidos de forma particular (que não podem ser gravados), dos telefonemas do empregado no exercício do trabalho, no contato com clientes, mas desde que previamente comunicado.

Obs.: Não há óbice à vedação para a realização de telefonemas para assuntos particulares no trabalho. O empregador pode proibir.

6.9.5.7. Monitoramento do endereço eletrônico

Novamente aparece a colisão entre os princípios do poder diretivo e da intimidade – vida privada.

Há posições extremadas na doutrina e na jurisprudência.

O art. 5º, XII, da CF/1988 também prevê a inviolabilidade da comunicação de dados. Se formos nos apegar à literalidade deste preceito, não haveria a possibilidade de monitoramento.

Porém, estamos no campo das normas constitucionais com natureza de princípio. Se estão em colisão, devem ser ponderados.

Há distinção entre o e-mail pessoal do empregado e o e-mail corporativo.

— Pessoal

É próprio, intransponível para o empregador.

Regra 1 – havendo fundado receio de que o e-mail esteja sendo usado para repassar informações sigilosas da empresa, deve solicitar autorização judicial.

Regra 2 – o art. 5º, XII, da CF/1988 deve receber uma interpretação evolutiva para solicitar autorização judicial, mesmo que não seja interceptação para fins criminais.

Regra 3 – Também pode haver quebra nos casos de estado de necessidade, sacrificando um bem jurídico para salvar outro, como o caso de salvar a vida do próprio empregado.

— Corporativo

Para a execução do trabalho. Em tese, poderia ser monitorado. Diz-se em tese, porque é um instrumento de trabalho. Deve haver comunicação prévia ao empregado e ser uma prática de controle geral, abrangendo a todos os funcionários.

O MPT deve fomentar o preestabelecimento de regras, pois nesta seara não há regulamentação legal, típico do Estado de Direito.

É válida a normatização do empregador proibindo o uso da internet e do e-mail pessoal. No entanto, entra em cena o princípio da bagatela, se houver a consulta, uma única vez, por exemplo, para verificar o saldo bancário, a CLT veda o emprego de rigor excessivo no tratamento do empregado.

Com a modernidade, ficou turva a distinção entre a vida privada e o trabalho. Assim, o empregador pode vedar o uso, mas deve observar o princípio da bagatela. Não deve haver punição por atos insignificantes.

E se for enviada correspondência pessoal ao corporativo? O empregador não pode acessar. Cai na regra da inviolabilidade.

É ilícita, também, a vedação do empregador de comunicação do sindicato com os filiados por e-mail corporativo, pois é ofensivo à liberdade sindical.

O contrato de trabalho não é comutativo, como rezam os civilistas. O trabalhador recebe menos do que a riqueza que produz.

6.9.5.8. Informações desabonadoras

Na ótica do MPT, não se pode, com duplo fundamento, oferecer informações desabonadoras sobre o empregado:

1 – É vedado o fornecimento de informação desabonadora falsa;

2 – Também é proibida a divulgação de informação desabonadora, mesmo sendo verídica.

Art. 5º, LXXII, da CF/1988 – *habeas data* – somente para bancos de dados de caráter público. O empregador, portanto, não pode armazenar.

Art. 29, § 4º, da CLT: "É vedado ao empregador efetuar anotações desabonadoras à conduta do empregado em sua Carteira de Trabalho e Previdência Social.".

Preservação do direito à vida e à reconstrução da própria vida.

6.9.5.9. Revistas íntimas nos pertences

As revistas íntimas são tradicionalmente conceituadas como aquelas em que os trabalhadores têm o próprio corpo vistoriado, sendo até obrigados a tirar suas roupas ou parte delas para demonstrar que não estão saindo com qualquer bem do empregador.

Não obstante, no entendimento vanguardista da grande maioria dos membros do Ministério Público do Trabalho, são três as formas ilegais de revistar os trabalhadores, agredindo sua intimidade: revista íntima através de contato físico/corporal; revista íntima por contato visual; e revista íntima nos pertences dos trabalhadores.

Ou seja, o contato físico ou visual nos objetos pessoais dos trabalhadores (bolsas, mochilas etc.) inclui-se no conceito de revista íntima. Os fundamentos jurídicos são vários, merecendo destaque para o princípio constitucional da **presunção de inocência**, sendo vedado até mesmo ao Estado a invasão à intimidade do indivíduo, exceto no exercício do poder de polícia, em casos de fundada suspeita, e, ainda assim, por que cabe exclusivamente a ele assegurar a ordem e a segurança pública.

Outros direitos fundamentais também devem ser destacados para a solução da controvérsia: a dignidade da pessoa humana como pressuposto de validade de todo o ordenamento constitucional pátrio; a intimidade do trabalhador, que deve ser preservada durante o contrato de trabalho; e a função social como viés balizador do exercício da propriedade privada. Ademais, o ato de revistar os pertences dos trabalhadores e não fazê-lo nos clientes, consumidores ou visitantes agride frontalmente o princípio da igualdade. Ora, por que só os empregados? Qual a justificativa dessa discriminação? Talvez a resposta imediata esteja exatamente na coação econômica ínsita ao desequilíbrio de forças entre as partes pactuantes do contrato de trabalho.

A análise desse conjunto principiológico possibilita-nos concluir não ser necessária e tampouco proporcional a conduta do empregador de realizar revistas íntimas nos pertences dos trabalhadores.

É desnecessário porque há inúmeros outros meios menos ofensivos à dignidade dos trabalhadores, possíveis à vigilância e proteção da propriedade. Tome-se como exemplos a utilização de câmeras no ambiente de trabalho e nos acessos às dependências da empresa (entradas e saídas dos trabalhadores), a utilização de armários que diminuam o trânsito de bolsas e outros pertences dos trabalhadores no âmbito da empresa, além da utilização de portas com detectores de metais etc.

Também não se mostra razoável e proporcional supervalorizar a segurança patrimonial do empregador em detrimento de todos os princípios com forte carga axiológica aqui mencionados.

6.9.5.10. *Monitoramento da vida financeira*

O simples acesso pelo banco empregador às informações financeiras de seus empregados, sem autorização judicial, gera dano moral, sendo irrelevante o fato de ter havido ou não a divulgação dos dados sigilosos. Esse foi o entendimento da Subseção I do TST, Especializada em Dissídios Individuais (SBDI-I), que julgou improcedente recurso do banco Santander e manteve a condenação imposta pela Sexta Turma da Corte para indenizar uma empregada por danos morais. (RR 277700-48.2007.5.12.0007)

6.10. ASSÉDIO MORAL E SEXUAL NA RELAÇÃO DE TRABALHO

6.10.1. Conceitos e outras denominações – semelhanças e diferenças

Conceito de *assédio*: como gênero, assédio consiste no termo utilizado para designar toda conduta que cause constrangimento psicológico a uma pessoa, violando a sua dignidade psíquica; daí ser abusiva.

Espécies preponderantes de assédio: as duas espécies preponderantes de assédio são o **assédio moral** (a conduta do assédio moral viola a dignidade psíquica da pessoa) e o **assédio sexual** (além da dignidade psíquica, viola a liberdade sexual da pessoa: liberdade na escolha do parceiro e do momento da prática sexual). Resta evidente, também, que a conduta reiterada desses assédios viola a dignidade da pessoa humana.

O *assédio moral* é uma conduta abusiva, de natureza psicológica, que atenta contra a dignidade psíquica do indivíduo, de forma reiterada, tendo por efeito a sensação de exclusão do ambiente e do convívio social. Portanto, o assédio moral não é um fenômeno ínsito à relação de trabalho; é um fenômeno psicossocial, pois também pode ocorrer no âmbito das relações entre amigos e familiares.

O *assédio moral no trabalho* se constitui numa conduta abusiva, intencional, frequente e repetida, que ocorre no ambiente de trabalho e que visa a diminuir, humilhar, vexar, constranger, desqualificar e demolir psiquicamente um indivíduo ou grupo, degradando as suas condições de trabalho, atingindo a sua dignidade e colocando em risco a sua integridade pessoal e profissional.

> Por assédio moral em um local de trabalho temos que entender toda e qualquer conduta abusiva, manifestando-se sobretudo por comportamento, palavras, atos, gestos, escritos que possam trazer dano à personalidade, à dignidade ou à integridade física ou psíquica de uma pessoa, pôr em perigo seu emprego ou degradar o ambiente de trabalho. (HIRIGOYEN, 2011)

> Assédio moral (no ambiente do trabalho) se caracteriza por ser uma conduta abusiva, de natureza psicológica, que atenta contra a dignidade psíquica, de forma repetitiva e prolongada, e que expõe o trabalhador a situações humilhantes e constrangedoras, capazes de causar ofensa à

personalidade, à dignidade ou à integridade psíquica, e que tenha por efeito excluir a posição do empregado no emprego ou deteriorar o ambiente de trabalho, durante a jornada de trabalho e no exercício de suas funções." (NASCIMENTO, 2004, p. 922-30)

Destaque-se que assédio moral não é espécie de dano moral. Dano moral, muitas vezes, é o resultado do assédio moral. Se configurado assédio moral, com certeza vai gerar dano moral, pois pressupõe a violação à dignidade psíquica da vítima. Mas nem toda situação que gera dano moral é assédio moral. **É necessário que haja uma situação de cerco, uma sequência de atos, uma conduta repetitiva e prolongada no tempo (e não atos isolados, que podem levar à indenização por dano moral, mas não à caracterização de assédio moral)**. Ou seja, há situações episódicas que também culminam na violação da dignidade do trabalhador, mas que não configuram assédio moral.

Denominações: existem algumas denominações comuns de assédio moral. O assédio moral também é conhecido como *mobbing* (Itália, Alemanha e países escandinavos); *bullying* (Inglaterra); *harrassment* (Estados Unidos); *harcèlement moral* (França); *ijime* (Japão); *psicoterror laboral* ou *acoso moral* (em países de língua espanhola); *terror psicológico, coação moral, tortura psicológica* ou *humilhações no trabalho* (em países de língua portuguesa).

Requisitos essenciais para a configuração do assédio moral no ambiente de trabalho:

— conduta abusiva (porque extrapola os limites: no caso do empregador, extrapola os limites do poder diretivo; no caso de um próprio colega de trabalho, extrapola os princípios de lealdade e boa-fé contratual);

— de natureza psicológica (pois atenta contra a dignidade psíquica da vítima, causando-lhe constrangimento – por isso é uma modalidade de assédio – ou situações vexatórias);

— de forma reiterada e prolongada durante a jornada de trabalho (o assediador vai minando a dignidade psíquica da vítima);

— tendo por finalidade a exclusão (alijamento) da pessoa do meio ambiente de trabalho.

Para alguns autores, também seria requisito essencial à configuração do assédio moral no ambiente de trabalho a existência de efetivo dano psíquico-emocional (efetivo dano moral), mas o Ministério Público do Trabalho entende que não, pois é claro que quando o assediador pratica o assédio moral ele já vai gerar um dano à dignidade psíquica; mas se há efetivo dano ou não, para ele já é consequência, resultado; mas há quem entenda que a efetiva existência de dano psico-emocional na vítima é requisito do assédio moral.

Mas, a princípio, seria uma conduta abusiva (porque extrapola os limites: no caso do empregador, extrapola os limites do poder diretivo; no caso de colega de trabalho, extrapola os princípios de lealdade e boa-fé contratual), de natureza psicológica, atentatória à dignidade psíquica da vítima, causando-lhe constrangimento ou situações vexatórias, de forma reiterada e prolongada durante a jornada de trabalho, tendo por efeito a exclusão ou alijamento da vítima do meio ambiente do trabalho. Trata-se, repita-se, de uma conduta reiterada ao longo da jornada de trabalho.

Assédio sexual (além da dignidade psíquica, viola a liberdade sexual da pessoa: liberdade de escolha do parceiro e do momento da prática sexual). Resta evidente, também, que a conduta reiterada destes assédios viola a dignidade da pessoa humana.

Denominações: o assédio sexual (português) também é conhecido como *acoso sexual* (espanhol); *harcèlement sexuel* (francês); *sexual harassment* (inglês) e *molestie sessuali* (italiano).

Conceito: assédio sexual pode ser definido como sendo a conduta sexual abusiva e indesejada, concretizada através de manifestações verbais e/ou físicas, com a finalidade de prejudicar o desempenho laboral da vítima, causando-lhe constrangimento e intimidação, ou ainda a obtenção de favores de cunho sexual, prevalecendo-se o agente da sua condição de ascendência inerente ao exercício do emprego, cargo ou função.

O assédio sexual implica na violação de alguns direitos fundamentais, entre os quais, o direito à igualdade e à inviolabilidade da intimidade. Essa conduta sexual abusiva ofende as normas previstas nos arts. 5º, incisos I e X; e 7º, inciso XXX, da Constituição da República, além da dignidade da pessoa humana, enquanto fundamento do Estado Democrático de Direito.

O assédio sexual no trabalho vem sendo considerado, pela jurisprudência, como uma forma de discriminação ilícita, independentemente da intenção de discriminar.

O valor atingido pelo assédio sexual é a liberdade sexual, ou seja, a liberdade de escolha do parceiro e do momento, causando constrangimento e ofensa à dignidade do trabalhador.

Espécies de assédio sexual: não há como falar do conceito de assédio sexual sem antes falar das espécies. O assédio sexual pode ser de dois tipos:

— Assédio sexual por intimidação: caracteriza-se por incitações sexuais inoportunas ou de outras manifestações de cunho sexual, verbais e/ou físicas, com a finalidade de prejudicar o desempenho laboral da vítima ou criar uma situação ofensiva, hostil, de intimidação ou abuso no trabalho. A intenção é gerar constrangimento e alijamento da pessoa até que ela peça demissão, por exemplo, ou se desestruture emocionalmente numa disputa por promoção.

Trata-se de conduta sexual indesejada por quem a recebe e provocadora de efeitos prejudiciais ao desempenho laboral e ao estado geral de bem-estar.

Pode se manifestar pelo uso de palavras de natureza sexual, escritas ou verbais, que resultem hostis, humilhantes ou ofensivas, e por condutas físicas, também de caráter sexual, indesejadas e ofensivas para quem as receba.

— Assédio sexual por chantagem: traduz-se em comportamento do empregador ou de prepostos que, abusando da autoridade inerente à sua função ou condição, pressionam o empregado à obtenção de favores sexuais. Trata-se de ato do empregador, de um superior hierárquico ou de toda pessoa que, abusando da autoridade que lhe conferem suas funções, dá ordens, exerce pressão de qualquer natureza sobre um empregado, com o fim de obter favores sexuais, para si mesmo ou para terceiro. O assediador se vale de sua ascendência hierárquica e chantageia a vítima para obter dela favores sexuais.

É o chamado assédio sexual *quid pro quo* ("isto por aquilo": você me dá isto por aquilo), caracterizando-se por uma chantagem sexual relacionada ao emprego. Pressupõe o abuso de autoridade, ou seja, eu, me valendo da minha ascendência profissional, chantageio alguém para fins de obter favores sexuais. No assédio sexual por intimidação não: eu vou me utilizar de manifestações sexuais para causar constrangimentos, situações vexaminosas; às vezes até para forçar pedido de demissão; não necessariamente a fim de chantagear. Mas, nos dois casos, a conduta é abusiva (indesejada, repelida pela vítima) e de cunho sexual, seja através de gestos, palavras ou atos.

O Código Penal (art. 216-A, *caput*) tipificou apenas o *assédio sexual por chantagem*, estabelecendo como crime o ato de *"constranger alguém com o intuito de obter vantagem ou favorecimento sexual, prevalecendo-se o agente da sua condição de superior hierárquico ou ascendência inerentes ao exercício do emprego, cargo ou função"* (art. 216-A acrescido pela Lei nº 10.224/2001).

A ameaça meramente circunstancial, com motivos não relacionados diretamente ao emprego, não configura assédio sexual, tendo em vista que o ofensor não está se valendo de sua posição hierárquica, a qual é exigida pelo art. 216-A do Código Penal. Porém, nada obsta a reparação por danos morais, além de outras reparações cabíveis à espécie. É o caso do empregador ou preposto que sabe que uma empregada tem um caso extraconjugal e ameaça contar para o seu marido se ela não fizer sexo com ele (ameaça meramente circunstancial). Não é assédio sexual por chantagem, podendo configurar assédio moral em que o assediador se utiliza de cunho sexual para constranger a vítima. Ou então uma prática que gere dano a direito da personalidade, sem ser assédio sexual.

Sujeitos: há forte doutrina no sentido de que não ocorrerá assédio sem o exercício da subordinação hierárquica ou ascendência inerentes ao exercício de emprego, cargo ou função, posto que, nesta hipótese, qualquer eventual constrangimento ocorrerá por motivos circunstanciais, não ligados diretamente ao trabalho.

Para essa corrente, o Direito brasileiro não consagrou o ***assédio sexual ambiental***, caracterizado por atos de importunação praticados por colegas de trabalho do mesmo nível hierárquico. Nesses casos, entender-se-ia pela configuração de assédio moral, posto que o sexo seria mero pretexto para criar uma situação de constrangimento moral, destinada a diminuir ou desestabilizar a pessoa.

Todavia, também existe posicionamento doutrinário preconizando a possibilidade de assédio sexual, ainda que inexista hierarquia entre assediante e assediado (assédio sexual ambiental). Essa hierarquia ou ascendência somente seria imprescindível à configuração do tipo penal, não afastando a responsabilidade trabalhista e até mesmo cível pela prática do assédio sexual. O fato de assédio sexual por chantagem ser tipificado como crime e por intimidação não ser tipificado de forma alguma quer dizer que não há assédio sexual e que carregue reflexos trabalhistas e de natureza cível.

Em suma: há muitos autores respeitados que dizem que só há assédio sexual quando há a figura do chefe e do empregado (ou seja, uma relação de ascendência profissional). Mas, cuidado, pois temos isso no assédio sexual por chantagem, que foi tipificado criminalmente. Ocorre que, em tese, pode ocorrer o **assédio sexual ambiental**, ou seja, o assédio entre colegas de trabalho, em que não há hierarquia, através do assédio sexual por intimidação. Ou até mesmo por um chefe, mas que não incorra em favor sexual: ele vai dirigir essas incitações sexuais para alcançar um fim, como o pedido de demissão, ou outras coisas para causar constrangimento.

Quem defende, por exemplo, que o assédio sexual só se dá por chantagem, conforme o tipo criminal, diz que quando colegas de trabalho utilizam essas incitações sexuais não seria assédio sexual; seria um assédio moral horizontal, utilizando o sexo como circunstância. Mas, cuidado: não há assédio sexual por chantagem neste caso; mas poderia se enquadrar como assédio sexual por intimidação e configurar ainda assim o assédio sexual ambiental.

Por isso se vê que muitos livros conceituam assédio sexual à luz do assédio sexual por chantagem, fundamentado nessa relação de poder, de hierarquia. Então, comungando essas duas modalidades de assédio sexual, pode-se construir um conceito de assédio sexual.

O assédio sexual ambiental não é sinônimo de assédio sexual por intimidação. É o assédio em que não há hierarquia. Como o assédio sexual por chantagem pressupõe hierarquia, geralmente a forma de assédio sexual ambiental é por intimidação. O critério de classificação é distinto: é ambiental porque não há hierarquia entre colegas de trabalho; se não há como se prevalecer da sua autoridade, não pode ser por chantagem; então só pode ser por intimidação. Uma análise está vinculada à outra.

6.10.2. Características

Caraterísticas inerentes ao assédio moral no ambiente de trabalho: nas relações de trabalho, o assédio moral caracteriza-se pela exposição dos trabalhadores a situações humilhantes, vexatórias, constrangedoras, repetitivas e prolongadas durante a jornada de trabalho.

As constantes humilhações, a exposição do trabalhador ao ridículo, a supervisão excessiva, as críticas cegas, o empobrecimento das tarefas, a sonegação de informações indispensáveis à realização do trabalho, a exigência de prazos exíguos e insuficientes ao cumprimento de tarefas, as repetidas perseguições são notas características do assédio moral, estando sua prática, na maioria das vezes, vinculada a uma relação de poder.

Dessa forma, lideranças autoritárias, exposição pública de deficiências no desempenho profissional, trabalho incompatível com a competência do funcionário, ameaças e humilhações constantes, dificuldade na comunicação, brincadeiras de mau gosto, apelidos e xingamentos, ambientes hostis, funcionários isolados e ignorados, avaliação errônea do trabalho realizado, desvalorização de resultados, dramatização de erros e ameaças de transferência ou demissão são algumas das situações que caracterizam o assédio moral, ou seja, agressões psicológicas bastante comuns que causam constrangimentos, humilhações, agressões verbais, ameaças, ostracismo e isolamento. São atitudes que abalam o sistema psicológico e emocional das pessoas.

O fenômeno do assédio moral deteriora o meio ambiente de trabalho, acarretando a queda de produtividade e a ocorrência de acidentes e/ou doenças.

O assédio moral caracteriza-se pela frequência e a intencionalidade da conduta (ninguém pratica o assédio intencionalmente, não é isso; não há intenção de praticar o assédio; intencionalidade está no xingar, no ofender, sem saber que isso é assédio; o assediador quer produção ou que a vítima peça demissão), não se confundindo com uma desavença isolada ou esporádica no ambiente de trabalho, ou, ainda, com a meticulosa supervisão de chefe de personalidade exigente.

Caracterização inerente ao assédio sexual no ambiente de trabalho: para que reste configurado o assédio sexual, a jurisprudência destaca como elemento essencial que o comportamento seja incômodo e repelido pela vítima, posto que indesejado. Somente o repúdio manifesto a uma solicitação sexual ou a oposição declarada a uma atitude sexual ofensiva pode justificar a tutela judicial.

Não constitui assédio sexual o galanteio ou comentário respeitoso, ou mesmo o olhar de admiração, exercidos sem qualquer tipo de intimidação ou pressão hierárquica, posto que ausente a conduta coativa.

Outro aspecto que tem sido desprezado pela jurisprudência é a reiteração da prática do assédio, embora a sua etimologia pressuponha a repetição. Logo, assegura-se a possibilidade de o assédio sexual configurar-se pela prática de uma única conduta, desde que seja grave. Assim, em respeito à etimologia da palavra, haveria de se considerar a reiteração da conduta, mas a jurisprudência não a tem exigido, configurando-se uma exceção.

Efeitos: O assédio sexual pode acarretar a resolução do contrato de trabalho por culpa do empregador (rescisão indireta – art. 483, alíneas "c", "d", ou "e", da CLT), o qual responde objetivamente por ato de seus prepostos (arts. 932, inciso III, e 933 do Código Civil), sem prejuízo da composição dos danos morais sofridos pelo empregado.

Há entendimento doutrinário no sentido de que o empregador deve ser responsável solidariamente pela indenização por dano material ou moral, na hipótese de o assédio sexual ser cometido pelos seus prepostos, em face da culpa *in eligendo* e/ou *in vigilando*, ou seja, da má escolha ou da insuficiente fiscalização.

Para aqueles que entendem ser possível a ocorrência de assédio sexual entre colegas de trabalho (assédio sexual ambiental), ou seja, que a existência da subordinação ou ascendência não seria requisito indispensável à configuração do assédio sexual, mas tão somente à tipificação criminal, ao assediador-empregado caberia a resolução do seu contrato de trabalho (dispensa por justa causa – art. 482, alínea "b" ou "h", da CLT), além da possível responsabilização do empregador, com fundamento nos arts. 932, inciso III, e 933 do Código Civil.

Quanto a essa responsabilidade do empregador, existe posicionamento condicionando-a ao prévio conhecimento acerca da prática dessa conduta abusiva, como também lhe atribuindo natureza apenas subsidiária (por ser o titular do poder diretivo e assumir os riscos do empreendimento). O professor não concorda com o entendimento de que o empregador responde subjetivamente pelo ato de preposto, já que ele responde diretamente, de acordo com o art. 932 do CC.

6.10.3. Proteção legal

Constituição Federal

Art. 1º. A República Federativa do Brasil, formada pela união indissolúvel dos Estados e Municípios e do Distrito Federal, constitui-se em Estado Democrático de Direito e tem como fundamentos: [...]

III – a dignidade da pessoa humana;

IV – os valores sociais do trabalho e da livre iniciativa; [...]

Art. 3º. Constituem objetivos fundamentais da República Federativa do Brasil: [...]

IV – promover o bem de todos, sem preconceitos de origem, raça, sexo, cor, idade e quaisquer outras formas de discriminação.

Art. 4º. A República Federativa do Brasil rege-se nas suas relações internacionais pelos seguintes princípios: [...]

II – prevalência dos direitos humanos; [...]

Art. 5º. Todos são iguais perante a lei, sem distinção de qualquer natureza, garantindo-se aos brasileiros e aos estrangeiros residentes no País a inviolabilidade do direito à vida, à liberdade, à igualdade, à segurança e à propriedade, nos termos seguintes: [...]

II – ninguém será obrigado a fazer ou deixar de fazer alguma coisa senão em virtude de lei; [...]

V – é assegurado o direito de resposta, proporcional ao agravo, além da indenização por dano material, moral ou à imagem; [...]

X – são invioláveis a intimidade, a vida privada, a honra e a imagem das pessoas, assegurado o direito à indenização pelo dano material ou moral decorrente de sua violação; [...]

Art. 6º. São direitos sociais a educação, a saúde, o trabalho, a moradia, o lazer, a segurança, a previdência social, a proteção à maternidade e à infância, a assistência aos desamparados, na forma desta Constituição.

Art. 7º. São direitos dos trabalhadores urbanos e rurais, além de outros que visem à melhoria de sua condição social:

I – relação de emprego protegida contra despedida arbitrária ou sem justa causa, nos termos de lei complementar, que preverá indenização compensatória, dentre outros direitos; [...]

Art. 114. Compete à Justiça do Trabalho processar e julgar: [...]

VI – as ações de indenização por dano moral ou patrimonial, decorrentes da relação de trabalho; [...]

Art. 170. A ordem econômica, fundada na valorização do trabalho humano e na livre iniciativa, tem por fim assegurar a todos existência digna, conforme os ditames da justiça social, observados os seguintes princípios: [...]

III – função social da propriedade; [...]

VII – redução das desigualdades regionais e sociais; [...]

VIII – busca do pleno emprego; [...]

Art. 193. A ordem social tem como base o primado do trabalho, e como objetivo o bem-estar e a justiça sociais.

Consolidação das Leis do Trabalho

Art. 482. Constituem justa causa para rescisão do contrato de trabalho pelo empregador: [...]

b) incontinência de conduta ou mau procedimento; [...]

j) ato lesivo da honra ou da boa fama praticado no serviço contra qualquer pessoa, ou ofensas físicas, nas mesmas condições, salvo em caso de legítima defesa, próprias ou de outrem; [...]

Art. 483. O empregado poderá considerar rescindido o contrato e pleitear a devida indenização quando:

a) forem exigidos serviços superiores às suas forças, defesos por lei, contrários aos bons costumes, ou alheios ao contrato;

b) for tratado pelo empregador ou por seus superiores hierárquicos com rigor excessivo;

c) correr perigo manifesto de mal considerável;

d) não cumprir o empregador as obrigações do contrato;

e) praticar o empregador ou seus prepostos, contra ele ou pessoas de sua família, ato lesivo da honra e boa fama;

f) o empregador ou seus prepostos ofenderem-no fisicamente, salvo em caso de legítima defesa, própria ou de outrem;

g) o empregador reduzir o seu trabalho, sendo este por peça ou tarefa, de forma a afetar sensivelmente a importância dos salários.

Código Civil

Art. 11. Com exceção dos casos previstos em lei, os direitos da personalidade são intransmissíveis e irrenunciáveis, não podendo o seu exercício sofrer limitação voluntária.

Art. 12. Pode-se exigir que cesse a ameaça, ou a lesão, a direito da personalidade, e reclamar perdas e danos, sem prejuízo de outras sanções previstas em lei.

Parágrafo único. Em se tratando de morto, terá legitimação para requerer a medida prevista neste artigo o cônjuge sobrevivente, ou qualquer parente em linha reta, ou colateral até o quarto grau. [...]

Art. 20. Salvo se autorizadas, ou se necessárias à administração da justiça ou à manutenção da ordem pública, a divulgação de escritos, a transmissão da palavra, ou a publicação, a exposição ou a utilização da imagem de uma pessoa poderão ser proibidas, a seu requerimento e sem prejuízo da indenização que couber, se lhe atingirem a honra, a boa fama ou a respeitabilidade, ou se se destinarem a fins comerciais.

Parágrafo único. Em se tratando de morto ou de ausente, são partes legítimas para requerer essa proteção o cônjuge, os ascendentes ou os descendentes.

Art. 21. A vida privada da pessoa natural é inviolável, e o juiz, a requerimento do interessado, adotará as providências necessárias para impedir ou fazer cessar ato contrário a esta norma. [...]

Art. 186. Aquele que, por ação ou omissão voluntária, negligência ou imprudência, violar direito e causar dano a outrem, ainda que exclusivamente moral, comete ato ilícito.

Art. 187. Também comete ato ilícito o titular de um direito que, ao exercê-lo, excede manifestamente os limites impostos pelo seu fim econômico ou social, pela boa-fé ou pelos bons costumes. [...]

Art. 421. A liberdade de contratar será exercida em razão e nos limites da função social do contrato. [...]

Art. 927. Aquele que, por ato ilícito (arts. 186 e 187), causar dano a outrem, fica obrigado a repará-lo.

Parágrafo único. Haverá obrigação de reparar o dano, independentemente de culpa, nos casos especificados em lei, ou quando a atividade normalmente desenvolvida pelo autor do dano implicar, por sua natureza, risco para os direitos de outrem. [...]

Art. 932. São também responsáveis pela reparação civil: [...]

III – o empregador ou comitente, por seus empregados, serviçais e prepostos, no exercício do trabalho que lhes competir, ou em razão dele; [...]

Art. 933. As pessoas indicadas nos incisos I a V do artigo antecedente, ainda que não haja culpa de sua parte, responderão pelos atos praticados pelos terceiros ali referidos. [...]

Art. 942. Os bens do responsável pela ofensa ou violação do direito de outrem ficam sujeitos à reparação do dano causado; e, se a ofensa tiver mais de um autor, todos responderão solidariamente pela reparação.

Parágrafo único. São solidariamente responsáveis com os autores os coautores e as pessoas designadas no art. 932.

Código Penal

Maus-tratos

Art. 136. Expor a perigo a vida ou a saúde de pessoa sob sua autoridade, guarda ou vigilância, para fim de educação, ensino, tratamento ou custódia, quer privando a de alimentação ou cuidados indispensáveis, quer sujeitando-a a trabalho excessivo ou inadequado, quer abusando de meios de correção ou disciplina:

Pena – detenção, de dois meses a um ano, ou multa.

§ 1º. Se do fato resulta lesão corporal de natureza grave:

Pena – reclusão, de um a quatro anos.

§ 2º. Se resulta a morte:

Pena – reclusão, de quatro a doze anos.

§ 3º. Aumenta-se a pena de um terço, se o crime é praticado contra pessoa menor de 14 (catorze) anos. [...]

Calúnia

Art. 138. Caluniar alguém, imputando-lhe falsamente fato definido como crime:

Pena – detenção, de seis meses a dois anos, e multa.

§ 1º. Na mesma pena incorre quem, sabendo falsa a imputação, a propala ou divulga.

§ 2º. É punível a calúnia contra os mortos. [...]

Difamação

Art. 139. Difamar alguém, imputando-lhe fato ofensivo à sua reputação:

Pena – detenção, de três meses a um ano, e multa. [...]

Injúria

Art. 140. Injuriar alguém, ofendendo-lhe a dignidade ou o decoro:

Pena – detenção, de um a seis meses, ou multa.

§ 1º. O juiz pode deixar de aplicar a pena:

I – quando o ofendido, de forma reprovável, provocou diretamente a injúria;

II – no caso de retorsão imediata, que consista em outra injúria.

§ 2º. Se a injúria consiste em violência ou vias de fato, que, por sua natureza ou pelo meio empregado, se considerem aviltantes:

Pena – detenção, de três meses a um ano, e multa, além da pena correspondente à violência.

§ 3º. Se a injúria consiste na utilização de elementos referentes a raça, cor, etnia, religião, origem ou a condição de pessoa idosa ou portadora de deficiência:

Pena – reclusão de um a três anos e multa. [...]

Constrangimento ilegal

Art. 146. Constranger alguém, mediante violência ou grave ameaça, ou depois de lhe haver reduzido, por qualquer outro meio, a capacidade de resistência, a não fazer o que a lei permite, ou a fazer o que ela não manda:

Pena – detenção, de três meses a um ano, ou multa.

Leis afins

Lei nº 7.347/1985, art. 1º, inciso IV.

Lei Complementar nº 75/1993; art. 83, III.

Lei nº 9.029/1995.

6.10.4. Classificação: assédio vertical – assédio horizontal – assédio misto

Assédio moral interpessoal (entre duas pessoas, aquele comumente chamado de *assédio moral* ou assédio moral propriamente dito), que é o mais comum: há o assediador e o assediado.

O *assédio moral interpessoal* pode ser **vertical** (hipótese em que há uma hierarquia entre as figuras do assediador e do assediado – a vítima), dividindo-se em:

— *assédio moral vertical descendente* (o assediador é o superior hierárquico: empregador, chefe ou preposto).

— *assédio moral vertical ascendente* (o assediador é o subalterno ou o grupo de subordinados: sonega informação para o superior; desobedece as ordens para fazer com que o superior perca a capacidade de liderança etc.).

O *assédio moral interpessoal* também pode ser **horizontal** (hipótese em que não há hierarquia: assediador e assediado são colegas de trabalho).

Finalmente, o *assédio moral interpessoal* pode ser **misto** (a vítima sofre pelos dois lados: tanto vertical, como horizontal). Esta espécie de *assédio moral misto* exige a presença de, pelo menos, três sujeitos: o assediador vertical; o assediador horizontal e a vítima. Pode-se dizer, assim, que o assediado é atingido por "todos os lados": tanto vertical, como horizontal, situação esta que, por certo, em condições normais, torna-se insustentável em tempo reduzido.

O assédio moral interpessoal vertical descendente pode acarretar a resolução unilateral do contrato de trabalho por culpa do empregador (rescisão indireta), com fundamento no art. 483, alíneas "a", "b", "d" ou "e", da CLT.

No assédio moral interpessoal vertical ascendente, quando o superior hierárquico é vítima do assédio de subalterno, trata-se de hipótese de resolução unilateral do contrato de trabalho por culpa do empregado (dispensa por justa causa), com fulcro no art. 482, "k", da CLT ("ato lesivo da honra ou da boa fama ou ofensas físicas praticadas contra o empregador e superiores hierárquicos – em qualquer lugar, portanto –, salvo em caso de legítima defesa, própria ou de outrem").

No assédio moral interpessoal horizontal, praticado por empregado contra colega de trabalho, a hipótese é visivelmente de justa causa para a extinção do contrato de trabalho, com fundamento no art. 482, "j", da CLT ("ato lesivo da honra ou da boa fama praticado no serviço contra qualquer pessoa, ou ofensas físicas, nas mesmas condições, salvo em caso de legítima defesa, própria ou de outrem").

Assédio moral organizacional: que representa uma manifestação coletiva do assédio moral ou sua utilização como estratégia de gestão, também presente em nossa realidade laboral. Diz respeito a determinadas políticas de gestão de pessoal praticadas por algumas empresas e que levam ao surgimento de um ambiente de trabalho hostil e que acaba por lesar a saúde do trabalhador. Também o caracteriza a chamada gestão por estresse, gestão por injúria ou pela ameaça. Nessas empresas que trabalham por produção e exigem metas de seus empregados, uma das técnicas de pressão é ameaçar o empregado com "prendas" vexatórias para que ele produza mais; constitui-se numa política de gestão agressiva da empresa.

No assédio moral organizacional prepondera a utilização de maus-tratos e/ou métodos vexatórios ou constrangedores no ambiente de trabalho sob a égide das políticas empresariais adotadas na administração de metas. É a gestão por injúria, por estresse ou por medo, sendo alinhada pela captura da subjetividade do trabalhador, condicionando sua permanência no emprego sob constante coação e pressão para produzir.

508 | MPT – preparando-se para o concurso de Procurador do Trabalho

Essas situações são muito comuns em atividade intelectuais, o chamado trabalho imaterial, de natureza não descritível, ou seja, sem controle sistemático em função da variação individual, o que leva à adoção do assédio moral nos locais de trabalho como a ferramenta adequada (mas não válida, logicamente) para assegurar alta produtividade e excelentes resultados, como ocorre com os operadores de telemarketing, bancários e vendedores de produtos.

De acordo com o novo ordenamento jurídico, a responsabilidade civil do empregador por ato causado por empregado, no exercício do trabalho que lhes competir, ou em razão dele, deixou de ser uma hipótese de responsabilidade civil subjetiva, com presunção de culpa (Súmula nº 341 do STF), para se transformar em uma hipótese legal de responsabilidade civil objetiva (arts. 932, III, e 933 do Código Civil).

E essa responsabilidade é objetiva, independentemente de quem seja o sujeito vitimado pela conduta do empregado, pouco importando que seja um outro empregado ou um terceiro ao ambiente laboral (fornecedor, cliente, transeunte etc.), senão seria constituído um paradoxo: ele responde objetivamente perante terceiros e não responde assim perante seus próprios empregados, pois a ele cabe manter a ordem, no exercício do seu poder diretivo.

A prática do assédio moral viola os princípios da dignidade da pessoa humana e da valorização social do trabalho, princípios estruturantes da nossa República (CF/1988, art. 1º, incisos III e IV); atenta contra o objetivo fundamental da promoção do bem de todos, sem preconceitos de origem, raça, sexo, cor, idade e quaisquer outras formas de discriminação (CF/1988, art. 3º, inciso IV); e afronta o direito fundamental de ninguém ser submetido à tortura nem a tratamento desumano ou degradante (CF/1988, art. 5º, inciso III) e a garantia fundamental de inviolabilidade da intimidade, da vida privada, da honra e da imagem das pessoas (CF/1988, art. 5º, inciso X).

São afetas à área de atuação da COORDIGUALDADE do MPT as denúncias de assédio moral, desde que fundadas em discriminação (Orientação). Havia uma discussão no MPT sobre a atuação da COORDIGUALDADE ou CODEMAT, pois o assédio moral afeta o meio ambiente do trabalho e também está ligado ao direito da personalidade. Assim, a COORDIGUALDADE chegou à conclusão de que deve atuar quando o assédio moral se fundamenta em questões de discriminação (quando ficar clara a situação de alijamento). Mas, na vala comum, a atuação é da CODEMAT.

6.10.5. Situações concretas

O assédio moral pode se manifestar das mais variadas formas. A seguir, alguns exemplos (exemplos oriundos do Manual sobre Assédio Moral da COORDIGUALDADE/MPT 2008):

a) determinar o cumprimento de tarefas estranhas à função, impossíveis, ou em condições e prazos inexequíveis;

b) designar para a realização de funções triviais (serviços gerais, servir cafezinhos, tirar xérox, arquivar documentos etc.) o exercente de funções técnicas, especializadas, ou aquelas para as quais se exijam conhecimentos e/ou treinamentos específicos;

c) isolar a vítima, deixando-a sem comunicação com os demais colegas;

d) impedir a vítima de se expressar, restringindo-lhe o exercício do direito de livre opinião e manifestação das ideias;

e) tratar a vítima com rigor excessivo, de modo desrespeitoso ou irônico;

f) ridicularizar ou inferiorizar a vítima diante dos outros;

g) utilizar-se de palavras, gestos e atitudes que impliquem em desprezo ou humilhação à vítima;

h) fazer críticas ou comentários que subestimem os esforços ou a capacidade da vítima;

i) controle do tempo ou da quantidade de vezes para uso do banheiro;

j) vigilância acentuada e constante, especificamente sobre a vítima, no ambiente de trabalho;

k) divulgação de boatos, comentários maliciosos, atos imorais ou criminosos atribuídos, falsamente, à vítima, que atinjam a sua honra e dignidade, realizando, inclusive, neste caso, o ofensor as condutas tipificadas como crimes contra a honra no Código Penal, a saber calúnia, injúria e difamação;

l) transferir, injustificadamente, o local de trabalho, o turno ou horário, bem como a função da vítima, com o propósito de causar-lhe prejuízo, ocorrendo, geralmente, quando esta retorna ao trabalho após licença;

m) não atribuir tarefas ao empregado, obrigando-o a permanecer ocioso;

n) retirar os instrumentos de trabalho, sonegar informações indispensáveis ao desempenho das funções ou dificultar, por qualquer forma, a realização pela vítima de suas atividades;

o) perseguir o trabalhador que moveu ação trabalhista – quando ele não é sumariamente despedido – através de condutas como preterição em promoções, rebaixamento de funções etc.;

p) praticar atos humilhantes antecedendo a despedida, tais como trancar a sala onde trabalha o empregado, esvaziar as gavetas da mesa, fazer circular ou afixar documentos com repreensão pública;

q) determinar que o trabalhador exerça suas atividades em salas mal iluminadas, espaço exíguo ou com péssimas instalações;

r) ameaçar constantemente de despedida, ou de prática de algum mal ao trabalhador ou a sua família;

s) colocar em dúvida, reiteradamente e injustificadamente, o trabalho ou a capacidade do trabalhador;

t) tecer comentários maldosos e injuriosos sobre condições familiares, sociais, cor, raça, origem, características ou preferência sexual do trabalhador;

u) expor ao ridículo, através da imposição de utilização de fantasias, pagamento de prendas, entregas de "prêmios", inclusão do nome da vítima em lista de empregados incompetentes, ou de menor produtividade etc.;

v) muito comum é o assédio em circunstâncias em que o empregado goza de estabilidade ou de alguma garantia no emprego. Nesses casos, é perpetrado através da discriminação, rigor excessivo, provocações, inação forçada, serviços superiores às forças do trabalhador, vexatórios ou distintos daqueles relacionados com as suas funções;

w) exemplos de assédio moral no serviço público: em órgãos colegiados, quando é vedado o ingresso de colega, por inveja ou medo de confronto com pessoa melhor preparada culturalmente, através da utilização de expedientes para desacreditar o colega perante a comunidade científica (horizontal). Da mesma forma, servidor público que pretende afastar detentor de cargo comissionado ou função gratificada, desejados por ele, mediante o uso de comentários desairosos, falsas alegações, delações, e outros atos que visem desprestigiar o ocupante do posto desejado (vertical ascendente). Ainda, do ocupante de cargo em comissão, cuja escolha se deu por laços políticos, e não em função da sua capacidade, que se sente ameaçado por subordinado mais competente, utilizando-se de manobras visando desqualificar o trabalho deste último, com o intuito de afastá-lo da função ou setor (vertical descendente);

x) o assédio moral, muitas vezes, é sutil (já que a agressão aberta permite o revide e desmascara a estratégia insidiosa), quando, então, é praticado através de comunicação não verbal: olhares de desprezo, suspiros, erguer ombros, silêncio, ignorar a presença da vítima;

y) há, também, preferência por condutas como: zombaria, fofoca, ironias e sarcasmos, de mais fácil negação, em caso de reação do ofendido ("foi só uma brincadeira", "não é nada disso, você entendeu mal", "a senhora está vendo e/ou ouvindo coisas", "isso é paranoia sua", "ela é louca", "não fiz nada demais, ele (ela) é que era muito sensível");

z) condutas que ocorrem com maior frequência: gestos, humilhações, atitudes para inferiorizar, amedrontar, menosprezar, desprezar, ironizar, difamar, caluniar, ridicularizar. Ainda, risinhos, suspiros, piadas jocosas relacionadas ao sexo ou a alguma característica ou condição da vítima, ser indiferente à presença dela, estigmatizar, colocá-la em situações vexatórias, falar baixinho acerca dela, olhar e fingir que não vê, rir daquela que apresenta dificuldade, não cumprimentar, sugerir que peça demissão, dar tarefa sem sentido ou inútil, dirigir-se através de terceiros, tornar público algo íntimo da vítima.

Vejamos recente caso concreto julgado pelo TST, conforme notícia publicada no sítio oficial daquele Tribunal Superior:

> O Banco Santander (Brasil) S/A foi condenado ao pagamento de indenização por dano moral a uma empregada gaúcha que foi assediada moralmente pelos chefes, ao lhe cobrar metas excessivas, usando palavras e expressões constrangedoras e humilhantes. A Sétima Turma do Tribunal Superior do Trabalho considerou desproporcional o valor da indenização de R$ 20 mil, arbitrado pelo Tribunal Regional da 4ª Regional (RS) e o majorou para R$ 100 mil.

> Na reclamação, ajuizada em 2010, a empregada informou que foi dispensada sem justa causa, após 20 anos de trabalho na empresa. Afirmou que foi muito pressionada e humilhada nos últimos cinco anos, quando exerceu a função de gerente adjunto de agência, administrando carteira de clientes, vendendo serviços e produtos e participando de campanhas promocionais. Contou que as tarefas eram orientadas mediante metas a serem atingidas e determinadas pelo banco e que seus superiores exigiam o cumprimento dessas metas, sob pena de demissão, "nem que fosse necessário rodar bolsinha na esquina", destacou a trabalhadora.

Reconhecendo o assédio à bancária, o juízo condenou a empresa a pagar-lhe indenização por dano moral, no valor de R$ 300 mil. O Tribunal Regional confirmou o assédio, mas reduziu o valor da indenização para R$ 20 mil. Inconformada, a empregada recorreu ao TST, argumentando que se tratava de "ofensa gravíssima, com comprovados danos de ordem psicológica e culpa do empregador" e que a redução da indenização correspondia a mais de 90% do valor arbitrado em primeiro grau.

Ao examinar o recurso na Sétima Turma, a relatora ministra Delaíde Miranda Arantes observou que o Regional noticiou o assédio moral praticado pela empresa, "consistente no excesso da cobrança de resultados, pelo uso de e-mail, com mensagens periódicas informando a evolução das metas de cada empregado e inclusive, com ameaças verbais do preposto de demissão, por ocasião das reuniões coletivas ou individuais".

Assim, avaliando que o valor do primeiro grau foi exorbitante e que o do Tribunal Regional foi desproporcional, a relatora majorou a indenização para R$ 100 mil, esclarecendo que a jurisprudência do Tribunal "vem se direcionando no sentido de rever o valor fixado nas instâncias ordinárias a título de indenização apenas para reprimir valores estratosféricos ou excessivamente módicos", como foi o do caso.

O valor foi arbitrado levando-se em conta a gravidade do dano, a culpa do ofensor, a capacidade econômica das partes e o caráter pedagógico da condenação, bem como a reincidência do banco. "Há nesta Corte inúmeros precedentes envolvendo casos similares, em que foi caracterizado o assédio moral decorrente do abuso do poder diretivo, alguns deles envolvendo prática de situações vexatórias e humilhantes, além de pressão para o cumprimento de metas", destacou a relatora.

A decisão foi por maioria, ficando vencido o ministro Ives Gandra da Silva Martins Filho. (Processo: 506-65.2010.5.04.0332).

6.10.6. Prova do assédio e dano moral

A prova do assédio moral possui reconhecida dificuldade de sua produção exatamente em função de que a agressão decorrente dessa prática possui características próprias de ser oculta, invisível e silenciosa, ou seja, "atinge a personalidade e a dignidade do empregado; não se mostra visível como uma chaga ou uma lesão física e concreta no corpo da pessoa, pois a lesão se dá pela dor moral".

Os meios de prova admitidos para a comprovação do assédio moral são os expressamente previstos no CPC e na CLT, bem como os meios moralmente legítimos (art. 332 do CPC).

Evitando-se o vazio legislativo, deve ser aplicado, subsidiariamente, o CPC (art. 769 da CLT), desde que condicionado à não vulneração dos princípios peculiares do direito trabalhista.

O agressor, em regra, tende a negar a alegada agressão, cabendo ao agredido promover a prova por todos os meios legais e moralmente admitidos e legítimos, como documentos (bilhetes, mensagens eletrônicas, advertência por escrito, avisos, portarias, cartas e outras correspondências), testemunhas, confissão, perícia e interrogatório da parte.

A interceptação telefônica não pode ser determinada pelo Juiz do Trabalho, mas apenas como prova em investigação criminal e em instrução processual penal (art. 1º da Lei nº 9.296/1996), pelo juízo competente, *in casu*, o criminal.

O Juiz do Trabalho não poderá utilizar dessa determinação, ainda que seja para a verificação de crime (por exemplo, de discriminação), pois está afastada da autorização legal.

Pode o Procurador do Trabalho utilizar uma interceptação regular, adquirida em um processo penal, e transportá-la para o processo laboral a título de prova emprestada, evidentemente, desde que tenha sido regularmente adquirida no processo originário, com a autorização judicial competente e o devido respeito ao contraditório em ambos os processos (no penal e no trabalhista).

A gravação telefônica, conforme a aplicação subsidiária do art. 383 do CPC, pode ocorrer, podendo haver dois desfechos: o empregador aceitar a conformidade da reprodução, validando a prova apresentada; ou o empregador a rejeitar, impugnando-a, fazendo com que o juiz, obrigatoriamente, ordene arealização de exame pericial, quando então será constatada a autenticidade ou não da gravação.

Portanto, o membro do Ministério Público do Trabalho deve possuir o devido cuidado na produção de suas provas, principalmente quanto à comprovação do assédio moral. Caso venha ao procedimento administrativo ou processo judicial prova produzida sem as cautelas exigidas por lei, e se essa é a única forma de comprovar a ocorrência do assédio moral, deve-se buscar a sua prevalência, em face da aplicação do princípio da ponderação, em que serão sopesados os direitos colididos, prevalecendo o de maior peso e valor.

Ademais, nas ações inibitórias, típicas ações em que se busca impedir a prática, a continuação ou a repetição do ilícito, como nas hipóteses de assédio moral, o direito processual deve sofrer adequação dos seus institutos, com vista a buscar a efetividade de tais direitos.

No processo trabalhista vigora o princípio de que a prova deve ser feita por quem alega o fato, nos exatos termos do art. 818 da CLT combinado com o art. 333 do CPC.

O assédio moral pode ser provado pela prova indireta, que não se refere diretamente ao fato em si mas a outro, do qual, por trabalho do raciocínio dedutivo, se chega àquele, como, por exemplo, a testemunha ou o perito que descrevem a cena encontrada no ambiente de trabalho após um acidente ocorrido com algum trabalhador. Consiste na prova indiciária ou por presunção, também conhecida por prova artificial.

Vale observar que muitos juristas não a consideram meio de prova, mas o Código Civil de 2002, no art. 212, inciso IV, faz essa classificação. Outra questão relacionada à prova do assédio moral diz respeito à inversão do ônus da prova, pois, muitas vezes, "ante a impossibilidade de prova direta do dano moral", o autor não possui prova dessa prática, o que, conforme o caso, pode autorizar a mitigação do ônus da prova da referida lesão, cabendo ao réu (empregador) a produção da prova em sentido contrário, como autorizado pelo art. 6º, inciso VIII, do CDC, de aplicação subsidiária, desde que presente a verossimilhança das alegações (aparência de ser verdadeiro), pois a hipossuficiência do empregado já se encontra presumida, absolutamente.

No que se refere à inversão do ônus da prova, no campo do assédio moral, resta perfeitamente possível, ainda que existam correntes contrárias, pois há um alto grau de dificuldade para que o empregado consiga prova a seu favor, principalmente se for levado em consideração que as pessoas que testemunharam os fatos geralmente continuam sob a subordinação do empregador, além do que eventuais documentos, que poderiam ser utilizados como prova, são por esse produzidos, unilateralmente, que ainda os mantém sob a sua guarda.

Assim, reforça-se a possibilidade da inversão do ônus da prova, impondo ao agressor o ônus de provar a inexistência de conduta assediante e da possibilidade de existência do nexo de causalidade; até porque, diante do desequilíbrio social e econômico entre empregado e empregador, perfeitamente justificável é a inversão do ônus da prova.

Entende-se por dano moral a violação à honra, à moral, aos direitos subjetivos do trabalhador, configurando-se num dano de natureza não patrimonial, devendo ser indenizado mesmo que não provado prejuízo material, porquanto tem seus reflexos no âmbito psicológico da vítima, na sua dignidade, embora, muitas vezes, possa ter reflexos também de natureza patrimonial.

Nem todo dano moral, ou dano à personalidade do empregado, configura o *mobbing* que, de fato, é figura diversa. Cita-se como exemplo a hipótese de empregador que insulta empregado uma única vez diante dos colegas, o que não configurará, em tese, o assédio moral, mas pura e simplesmente um dano moral, um dano à personalidade do trabalhador.

O *mobbing* exige uma conduta reiterada, visando a causar prejuízo ao empregado, podendo acarretar um dano físico, emocional ou psíquico.

A pessoa que sofre dano moral tem direito a buscar reparação, cuja finalidade da indenização consubstancia-se em: a) compensação à vítima pelo mal sofrido, pela humilhação, pela violação ao seu direito de personalidade, física ou jurídica, compensação que pode ser, ou não, pecuniária ou cumulativa; b) uma punição ao ofensor; um castigo pela indevida conduta, violadora de direito alheio; e c) uma função didática, para que sirva de exemplo à sociedade, desestimulando outros a procederem da mesma forma, e ao próprio ofensor para que não repita o ato.

Quanto ao dano material, é aquele que afeta o patrimônio da vítima, pela perda ou deterioração de uma coisa economicamente apurável.

A reparação exigida pelo lesado pode ser a reconstituição do *status quo ante*, denominado pela doutrina como sanção direta, ou então a indenização, consistente no pagamento do valor em dinheiro, possibilitando à vítima adquirir outro bem semelhante ao danificado (sanção indireta).

O assédio moral pode, também, acarretar dano material, como a perda do emprego, gastos com tratamento médico e psicológico, ou seja, dano emergente e lucro cessante.

De acordo com a Constituição Federal, art. 5º, inciso V, "é assegurado o direito de resposta, proporcional ao agravo, além da indenização por dano material, moral ou à imagem".

Nos termos da Súmula nº 37 do STJ, "são cumuláveis as indenizações por dano material e dano moral oriundos do mesmo fato". Dessa forma, o empregado, além de poder pleitear as verbas rescisórias sob o fundamento de descumprimento, pelo empregador, dos deveres legais e contratuais (rescisão indireta, CLT, art. 483 e incisos), poderá pleitear indenização por dano material e moral.

Por outro lado, o empregador está autorizado a dispensar, por justa causa, o agressor, que pode ser colega ou superior hierárquico da vítima, com amparo no art. 482 da CLT.

Dano moral e assédio moral: A indenização a título de dano moral é assegurada pelo inciso X do art. 5º da CF, cuja dimensão leva em consideração a dignidade da pessoa humana, numa acepção em que se congrega o respeito à cidadania, à imagem, à honradez, e à autoestima, que são, também, valores inseridos como direitos fundamentais e, portanto, extrapolam os direitos constantes da rescisão contratual de cunho meramente trabalhista.

Sonia Mascaro Nascimento (2004) aduz que: "a) a exigência de dano psíquico, emocional ou psicológico é requisito para a configuração do assédio moral; b) é necessária a prova técnica do dano, que se daria por meio de laudo médico afirmando existir a doença advinda do trabalho; c) a vítima da conduta assediadora que não sofrer esse tipo específico de dano não ficará desprotegida, pois ainda poderá pleitear danos morais pela ofensa aos seus direitos de personalidade".

De outro modo entende Regina Célia Pezzuto Rufino (2011), para quem "[...] a ausência de efetiva comprovação do dano, na esfera psicológica da vítima, não resultará na ausência da respectiva penalização ao infrator, pois se o empregado tiver uma estrutura emocional bem preparada, o ato vexatório sofrido não deixará de ensejar a correspondente indenização".

6.10.7. Influência do perfil comportamental da vítima na caracterização do assédio sexual – Divergência

A liberdade sexual conquistada pelas mulheres, em alguns casos, acaba transformando-as em vítimas da própria libertação. O assédio sexual continua sendo um mistério, e por ser oculto, é interpretado de forma solitária por quem o sofreu. Em muitos casos, as mulheres acabam se culpando e adotam uma postura de "ré", questionando se as suas ações foram adequadas ou se agiram de maneira provocante, insinuante.

Devido ao histórico de preconceito e discriminação em que a mulher era vista como "portadora do pecado", a conduta feminina vem, durante séculos, sendo alvo de julgamentos valorativos-morais. Então pode ser considerado como atenuante do réu na acusação de assédio sexual o fato de as mulheres usarem roupas provocantes, justas ou curtas?

Segundo José Guilherme de Souza (1998, p. 24), a vitimologia estuda a participação da vítima na configuração de delitos. Em sentido estrito, ela tem, por objeto, o estudo da vítima e, em sentido amplo, ela abrange o estudo do comportamento da vítima e do criminoso, os vários e sucessivos desdobramentos envolvidos nessa relação, os reflexos sociais, psicológicos, legais e de várias outras espécies decorrentes dessa complexa teia de relações, as sanções legais, sociais ou emocionais acarretadas pelas condutas provocantes, a influência de todo esse complexo de fatores com o ordenamento jurídico vigente numa dada sociedade, num dado momento histórico.

No caso trabalhista, a influência do perfil comportamental da vítima na caracterização do assédio sexual será considerada no momento de fixação do valor do dano moral/da compensação, e não no juízo de valor para caracterizar a tipificação do assédio. Utilizando-se o art. 945 do Código Civil, chega-se a essa conclusão, vejamos:

> Art. 945. Se a vítima tiver concorrido culposamente para o evento danoso, a sua indenização será fixada tendo-se em conta a gravidade de sua culpa em confronto com a do autor do dano.

Com evidência, não há princípio mais elevado que o da dignidade humana, e com efeito, para uma mulher viver com dignidade na sociedade, significa que ela tenha, acima de tudo, "liberdade de escolha", ou seja, ter o poder de decidir sobre sua vida sexual, ter o direito de controlar seu próprio corpo, o que é fundamental para a mulher.

O assédio sexual, indiscutivelmente, é uma conduta ofensiva a esse Princípio Fundamental, pois anula a liberdade de escolha, coloca a vítima em uma situação de desigualdade, em que por medo de ser repreendida, acaba se submetendo ao assédio e, na maioria das vezes, sofre em silêncio.

6.10.8. Administração por estresse

A adoção de estratégias empresariais agressivas, baseadas no cumprimento de metas elevadas, aliadas à imposição de jornadas exaustivas, sob a constante ameaça da perda do emprego, com a submissão dos trabalhadores a intensa pressão psicológica, vem sendo classificada pela doutrina como "administração por estresse" ou assédio organizacional, técnica gerencial voltada exclusivamente à obtenção do lucro, em prejuízo da dignidade humana dos empregados, representando uma espécie de assédio moral coletivo, por afetar, indistintamente, um grupo de empregados, expondo-os a um meio-ambiente de trabalho degradado pelas constantes humilhações praticadas pelos superiores hierárquicos.

6.11. PROTEÇÃO AO IDOSO (LEI Nº 10.741/2003)

O século XXI tem início com um grande desafio ao mercado profissional: compreender e reavaliar o espaço destinado à força de trabalho disponível aos idosos.

Pode-se afirmar, com segurança, que no campo legislativo, o idoso no Brasil está muito bem protegido.

O idoso, como cidadão, já se encontra protegido pelo princípio estrutural da Carta Magna, que é o princípio da dignidade da pessoa humana. Logo, deve ele ser contemplado por todos os instrumentos asseguradores da dignidade humana aos brasileiros, sem distinção.

Como o idoso quase sempre não é tratado como cidadão, a realidade obrigou o constituinte a ser expressa no texto constitucional, estabelecendo os meios legais para que o idoso deixe de ser discriminado e receba o tratamento que lhe é devido.

O direito ao trabalho e à profissionalização é um direito fundamental do idoso, e como tal deve ser garantido.

A Constituição Federal de 1988 dispõe acerca do trabalho como um direito social e fundamental:

> Art. 1º. A República Federativa do Brasil, formada pela união indissolúvel dos Estados e Municípios e do Distrito Federal, constitui-se em Estado Democrático de Direito e tem como fundamento: [...]
>
> IV – os valores sociais do trabalho e da livre iniciativa.

Dispõe ainda com relação à pessoa idosa:

> Art. 230. A família, a sociedade e o Estado têm o dever de amparar as pessoas idosas, assegurando sua participação na comunidade, defendendo sua dignidade e bem-estar e garantindo-lhes o direito à vida.

§ 1º. Os programas de amparo aos idosos serão executados preferencialmente em seus lares.

§ 2º. Aos maiores de sessenta e cinco anos é garantida a gratuidade dos transportes coletivos urbanos.

Objetivando dar sequência às garantias constitucionais, o legislador ordinário instituiu e criou o Estatuto do Idoso, pela Lei nº 10.741/2003, que possui o condão de regular os direitos às pessoas com idade igual ou superior a 60 (sessenta) anos.

O Estatuto teve papel transformador na realidade social, pois garantiu ao idoso a facilitação ou sua continuação no mercado de trabalho. O Capítulo VI do Título II do Estatuto do Idoso tratou especificamente do direito da profissionalização e do trabalho do idoso. Em seu art. 26 garante: "O idoso tem direito ao exercício de atividade profissional, respeitadas suas condições físicas, intelectuais e psíquicas".

Assim, o Estado deve estabelecer garantias concretas para que o idoso seja inserido no mercado de trabalho.

O trabalho é a narrativa da vida e, também, é dignificante ao ser humano e faz com que o idoso sinta-se socialmente útil, mantendo-se sua integridade e valorização dentro da tessitura social.

De pronto, o constituinte vedou as discriminações nas relações de trabalho. O art. 7º, inciso XXX, da Carta Magna assim dispõe, *in verbis*:

Art. 7º. São direitos dos trabalhadores urbanos e rurais, além de outros que visem à melhoria de sua condição social:

XXX – proibição de diferença de salários, de exercício de funções e de critério de admissão por motivo de sexo, idade, cor ou estado civil;

Na legislação infraconstitucional, também há expressa previsão contra condutas discriminatórias ao idoso nas relações de trabalho. O art. 27, *caput*, da Lei nº 10.741/2003 preconiza:

Art. 27. Na admissão do idoso em qualquer trabalho ou emprego, é vedada a discriminação e a fixação de limite máximo de idade, inclusive para concursos, ressalvados os casos em que a natureza do cargo o exigir.

Embora a lei expressamente proíba tal conduta, é certo que os grupos etários mais velhos estão perdendo sua participação na população produtiva ativa.

Na busca pelo trabalho, o idoso ainda é vítima de muitos preconceitos. Um exemplo simples de ser constatado, são os anúncios em classificados dos jornais, onde as empresas, na maioria das vezes, delimitam idade, ignorando as garantias constitucionais contra essa prática, e também as potencialidades do idoso.

É inadmissível qualquer tipo de discriminação do idoso no mercado de trabalho, que deve ser objeto de repulsa e reação imediata. Para tanto, a intervenção estatal mostra-se indispensável, seja para oferecer meios de profissionalização, seja para oferecer incentivos para as empresas que admitam pessoas idosas em seus quadros de funcionários, seja pela intervenção do *parquet* trabalhista coibindo qualquer conduta discriminatória por meio dos instrumentos disponíveis.

O avanço da idade não deve representar um requisito para a saída do mercado de trabalho. A igualdade entre o trabalhador jovem e o trabalhador idoso somente é verificada, concretamente, se houver o atendimento, por parte do empregador, de determinadas circunstâncias especiais, que respeitem as condições físicas, intelectuais e psíquicas do idoso, sendo esta a razão do art. 26 do Estatuto. Portanto, aprioristicamente, não pode existir a exclusão do idoso ou preferência pelo trabalhador mais jovem.

O trabalhador idoso deve ser protegido de trabalhos penosos, insalubres ou em sobrejornada. As diferenças na relação laboral da pessoa idosa somente devem ser invocadas como forma de proteção, e não como forma de discriminação.

No entanto, o Estatuto do Idoso vai além de estabelecer simples vedação à discriminação.

Acerca do tema, José Afonso da Silva (1998) leciona:

> A idade tem sido motivo de discriminação, mormente no que tange às relações de emprego. Por um lado, recusa-se emprego a pessoas mais idosas, ou quando não, dão-se-lhes salários inferiores aos dois demais trabalhadores. Por outro lado, paga-se menos a jovens, embora para a execução de trabalho idêntico ao de homens feitos. A Constituição traz norma expressa proibindo diferença de salários, de exercício de funções e de critérios de admissão por motivo de idade (art. 7º, XXX). À vista desse texto, fica interditado estabelecer idade máxima para o ingresso no serviço, como tem ocorrido até agora.

Logo, a discriminação é conduta que deve ser abolida em qualquer relação de trabalho, mas sobretudo do idoso. O Estatuto do Idoso deva ser eficazmente aplicado no mundo dos fatos e do direito, gerando uma mudança de mentalidade na sociedade como um todo, ao enxergar no trabalhador idoso um trabalhador meritoriamente digno e produtivo.

O mercado de trabalho ainda não incorporou as competências desse segmento, e necessita potencializar essa condição oferecendo maiores possibilidades para os idosos desempenharem seus papéis como força de trabalho.

E pensando nisso, percebe-se já algumas iniciativas na área privada que visam à recolocação do idoso no mercado de trabalho. Grandes empresas já estão modificando suas políticas de recursos humanos para se adaptar às consequências do envelhecimento geral da população e às vantagens que os idosos oferecem.

Claro que ainda há muito a ser feito e concretizado nessa área, e estamos longe de atingir um patamar ideal para a garantia desse direito fundamental inerente a todo cidadão e, especialmente, ao idoso.

A rede *fast food* Bob's implementou o programa Melhor Idade, onde recruta funcionários aposentados para exercerem a função de anfitrião da loja e prestar atendimento personalizado ao consumidor.

Outros exemplos de empresas que aderiram à contratação de idosos são a rede de supermercados Sendas, o Grupo Pão de Açúcar e o Banco Santander, que realizou recentemente a contratação de funcionários dessa faixa etária para o pré-atendimento dos servidores da Prefeitura que chegam às agências bancárias.

As contratações de idosos começaram porque os profissionais idosos tinham baixo custo. Hoje, eles são procurados por serem detentores de conhecimento, terem custo de preparação baixo e experiências que podem transferir aos mais jovens, facilitando a esses condições de conquistar melhores posições.

Para isso, deve-se acabar com preconceitos, quebrar paradigmas, confiar na experiência dos profissionais e expressar os resultados satisfatórios.

As empresas também lucram com a contratação de idosos, porque, dependendo do tipo de função, eles agregam valor econômico ao negócio, são mais atenciosos com os clientes e, geralmente, criam relação de confiança junto a clientes e funcionários.

Se as empresas não seguirem a tendência de contratação de idosos, perderão conhecimentos preciosos e serão obrigadas a procurar pessoas capacitadas num mercado de trabalho muito mais restrito que o atual.

Utilizando os funcionários mais experientes como consultores, conselheiros ou chefes de projetos, as empresas manterão seus rendimentos e acumularão benefícios.

Assim, é cogente a necessidade de criação de um programa de recolocação profissional para idosos, uma vez que o trabalho para o idoso é uma forma de estimular o raciocínio, aumentar a autoestima, elevar sua renda para seu sustento próprio e de sua família e, sobretudo, de garantia da dignidade.

6.12. PROTEÇÃO ÀS PESSOAS COM DEFICIÊNCIA E REABILITADAS PELA PREVIDÊNCIA SOCIAL: INSERÇÃO NO TRABALHO, RESERVA LEGAL DE VAGAS E ACESSIBILIDADE

Dados do Censo do IBGE do ano de 2000 indicam a presença de, aproximadamente, 24,5 milhões de pessoas com deficiência na população brasileira, ou seja, algo em torno de 15% da população apresentava algum tipo de deficiência naquela época. Isso revela a importância da questão da inclusão social da pessoa com deficiência e justifica a atenção especial que o MPT dedica à defesa da causa nos dias atuais. Hoje, se trabalha com a perspectiva de que a inclusão no mercado de trabalho é uma ferramenta indispensável no processo de emancipação da pessoa com deficiência, de afirmação da sua dignidade, da sua cidadania. Então o MPT tem realmente um desafio muito grande de garantir a essas pessoas, através do labor, de oportunidades de emprego, uma vida mais digna.

A diversidade é um atributo da humanidade que lhe é inerente. Assim como existem pessoas brancas e negras, gordas e magras, existem pessoas com características físicas e comportamentais peculiares e isso tem que ser visto com naturalidade porque faz parte da riqueza que caracteriza o gênero humano. Duas ideias a serem desenvolvidas são: (I) a necessidade de superação destes paradigmas assistencialistas: o Estado tem, sim, compromisso com a subsistência material dessas pessoas. Mas, para assegurar essa subsistência já existem outros mecanismos: a LOAS já prevê a concessão de uma prestação material a pessoas com deficiência que atendam a certos requisitos, a chamada de benefício de prestação continuada. Quando se fala de assegurar postos de trabalho a essas pessoas, não se está tratando de um mecanismo voltado a assegurar a subsistência, pois isso fica reservado à assistência social; preocupa-se em assegurar a oportunidade para o desenvolvimento das potencialidades dessas pessoas; e (II) a existência de pessoas com deficiência deve ser encarada com naturalidade, como um aspecto da diversidade que caracteriza o gênero humano, ou seja, assim como existem outros fatores que diferenciam os seres humanos.

Há um aspecto histórico relevante e que merece ser pontuado: os legisladores costumam referir-se a dois tratamentos dados a pessoas com deficiência: repúdio (com sacrifícios dessas pessoas) ou culto como deuses. Mas a regra era o tratamento discriminatório, de repúdio.

A forma de encarar a pessoa com deficiência só sofre uma modificação no século XX, principalmente após a primeira guerra mundial. O que justifica o incremento dessa preocupação é o surgimento de uma legião de mutilados de guerra e um contingente de pessoas que precisava retomar o curso de sua vida e que precisava do trabalho como uma ferramenta para a continuação da sua vida de maneira digna e plena.

De que forma o Estado brasileiro vem tratando essa questão? A CF/1988, de maneira explícita, instou o Estado a tratar da pessoa com deficiência com mais atenção. Inspirada na CF/1988, a Lei nº 7.853/1989 definiu a política nacional da pessoa com deficiência. Talvez o mais importante seja a edição do decreto que a regulamentou, o Decreto nº 3.298/1999, que veio a dar efetividade às disposições da lei.

Nesse intervalo houve dois eventos importantes: a) a ratificação da Convenção nº 159 da OIT, em 1991, que trata especificamente da questão da reabilitação da pessoa com deficiência e sua inserção no mercado de trabalho; b) a edição da Lei nº 8.213/1991, que trouxe a previsão de um mecanismo de reserva de vagas na iniciativa privada, matéria posteriormente aprofundada pelo Decreto nº 3.298/1999.

Ainda na década de 1990, houve a ratificação pelo Brasil da Convenção da Guatemala, diploma de direito internacional muito conhecido e que trata da questão da pessoa com deficiência não com o foco voltado para a questão trabalhista, mas numa perspectiva mais ampla.

Já no ano de 2000, houve a edição de duas leis importantes: a Lei nº 10.048 (tratando do atendimento prioritário da pessoa com deficiência) e a nº 10.098 (tratando da questão da acessibilidade). Em 2004, foi editado o decreto regulamentador desta última: o Decreto nº 5.296, que, a pretexto de regulamentar essas leis, trouxe inovações importantes em relação à inclusão da pessoa com deficiência no mercado de trabalho, pois promoveu alterações significativas no Decreto anterior, o Decreto nº 3.298/1999, que tem a ver com a caracterização das diversas modalidades de deficiência.

Definição: a definição PPD não é a recomendada por militantes da causa e a utilizada pela comunidade internacional. A expressão em voga é PESSOAS COM DEFICIÊNCIA ou PCD. Na legislação interna está consagrada a expressão PPD, inclusive na CF, mas a expressão utilizada no âmbito internacional, inclusive encampada pelo CONAD – Conselho Nacional das Pessoas com Deficiência – é PCD (v. Parecer CONAD nº 193/2009). Outro dado que reforça o peso dessa nova terminologia é a ***Convenção sobre os Direitos das Pessoas com Deficiência***, aprovada em 2006 no âmbito da ONU e ratificada pelo Brasil já sob o procedimento da EC nº 45/2004 (*status* de norma constitucional). Destaque-se a mudança de enfoque no estabelecimento do conceito de pessoa com deficiência por parte da Convenção Internacional sobre os Direitos das Pessoas com Deficiência, demonstrado por Ricardo Tadeu Marques da Fonseca (2006) em artigo publicado na LTr. É uma ideia que se precisa levar para a prova porque demonstra um grande grau de atualização do candidato. Para essa convenção, "*pessoas com deficiência são aquelas que têm impedimentos de natureza física, intelectual ou sensorial, os quais, em interação com diversas barreiras, podem obstruir sua participação plena e efetiva na sociedade com as demais pessoas*".

É um conceito revolucionário porque apresenta uma nova forma de se enxergar a realidade dessas pessoas. Evidencia-se a percepção de que a deficiência está na sociedade, não nos atributos dos cidadãos que apresentem impedimentos físicos, mentais intelectuais ou sensoriais. Na medida em que as sociedades removam essas barreiras culturais, tecnológicas, físicas e atitudinais, as pessoas com impedimentos têm assegurada ou não a sua cidadania. Assim, o conceito de pessoa com deficiência incorporado pela Convenção, a partir da participação direta de pessoas com deficiência levadas por ONGs de todo o mundo, carrega forte relevância jurídica, porque incorpora na tipificação das deficiências, além dos aspectos físicos, sensoriais, intelectuais e mentais, a conjuntura social e cultural em que o cidadão com deficiência está inserido, vendo nestas o principal fator de cerceamento dos direitos humanos que lhe são inerentes.

Assim, por exemplo, a eliminação de barreiras arquitetônicas assegura o direito de ir e vir para as pessoas com deficiências físicas; a criação de meios alternativos de comunicação garante o direito de livre expressão para os surdos e cegos; os métodos de educação especial viabilizam o acesso ao conhecimento para qualquer pessoa com deficiência, mental ou sensorial. Quando essas medidas não são adotadas, excluem-se as pessoas com tais impedimentos, pondo-se a nu a incapacidade social de criar caminhos de acesso à realização plena dos direitos humanos. Quer-se, assim, transpor a ideia de que a responsabilidade pela exclusão da pessoa com deficiência se deve a ela ou a sua família, para que se compreenda que a sociedade também deve responsabilizar-se por oferecer instrumentos institucionais e tecnológicos para se abrirem às perspectivas de acolhimento e emancipação de todos.

Há de se registrar que, para efeito de mecanismo de reserva de vagas, tanto na iniciativa privada como no serviço público, não é toda e qualquer deficiência que é levada em consideração: muitas vezes temos uma determinada situação que, segundo os padrões da medicina, pode ser considerada como uma deficiência, mas que não se enquadra nas especificações que o Executivo Federal estabeleceu; existem, hoje, marcos científicos, técnicos, que balizam o enquadramento de uma determinada pessoa como potencial beneficiária do sistema de vagas, dessa benesse do Estado, dessa ação afirmativa.

Poderia um decreto definir critérios a serem observados na identificação das pessoas com deficiência merecedoras da ação afirmativa promovida pelo Estado brasileiro? Será que pela importância e complexidade do tema, esta não seria uma matéria de reserva legal? Este Procurador que subscreve está convencido, hoje, de que por depender do estabelecimento de critérios científicos, que muitas vezes mudam com o passar do tempo, a depender dos avanços da medicina, resultando na superação de determinadas limitações, essa razão justifica a necessidade de a matéria ser regulada por decreto e não por lei. A lei seria necessária para criar a reserva de vagas para a iniciativa privada a fim de promover essa ação afirmativa juntamente com o Estado, não podendo ser uma obrigação criada por decreto. Mas os desdobramentos, a forma de operacionalizar, constituem matéria que pode ser objeto de decreto regulamentador.

Mais importante do que a Lei, se faz necessária a análise do Decreto, que não trata exclusivamente da questão do acesso da pessoa ao mercado de trabalho, pois ele estabeleceu a Política Nacional da Pessoa com Deficiência, que é uma política que se desenvolve em várias vertentes: acesso ao trabalho, à saúde, ao esporte etc. Então, são apenas algumas disposições da lei e do decreto que tratam do tema. No Decreto nº 3.298/1999, tem início no art. 34, Capítulo VII, Seção IV, "Do acesso ao trabalho".

Este dispositivo diz que a finalidade primordial da política de emprego é a inserção da pessoa com deficiência no mercado de trabalho OU sua incorporação ao sistema produtivo mediante regime especial de trabalho protegido. Assim, além da inclusão da PCD no mercado de trabalho (o que se viabiliza por intermédio da reserva de vagas), há outras formas de inserção de PCD na dinâmica do mercado de trabalho que não o sistema de cotas, e uma dessas formas são as "oficinas de trabalho protegido". O art. 35 do Decreto nº 3.298/1999 fala da existência de duas modalidades de oficinas de trabalho protegido: a oficina protegida de produção e a oficina protegida terapêutica.

O art. 35 trata, ainda, de 3 modalidades de inclusão da PCD no mercado de trabalho: colocação competitiva, colocação seletiva e promoção do trabalho por conta própria. O mais importante é enfatizar o aspecto de que existem outras alternativas que não apenas o sistema de reserva de postos de trabalho para introduzir a PCD no mercado de trabalho, ainda que submetida a regime jurídico diferenciado.

Quanto à utilização da expressão "inserção social no mercado de trabalho" ou mesmo "processo de inserção social", é preciso ter cuidado, pois, hoje, há outra expressão preferida pelos militantes da causa ou especialistas no assunto, que é a noção de "inclusão social". Entende-se que **incluir** e **inserir**, embora na linguagem comum, possam se tomadas como palavras sinônimas, são palavras que traduzem acepções distintas: a inclusão seria um processo que não se esgota simplesmente em garantir o acesso da PCD ao convívio social; a inclusão incluiria uma etapa complementar, que seria um processo de mudança da própria sociedade, a forma de organização da sociedade, para acolher; exige uma postura pró-ativa da sociedade no momento de acolher a PCD ou oriunda de um grupo em desvantagem que está sendo inserido no grupo social; então, inserir seria simplesmente a noção de trazer para dentro do convívio social, mas isso não permitiria que se alcançasse o objetivo que está sendo perseguido se não houvesse uma postura da sociedade de se modificar e oferecer a esta pessoa que está sendo integrada condições efetivas de superação das limitações físicas, mentais ou sensoriais. Então, a expressão a ser utilizada é INCLUSÃO SOCIAL DA PCD, e não inserção, embora os diversos diplomas legislativos insistam em utilizar esta última. A PCD, quando dispõe da oportunidade, realmente tem condições de desenvolver suas potencialidades, desenvolver seus talentos e, em alguns casos, nos surpreender com resultados muito superiores aos que produzem pessoas que não têm esse tipo de restrição ou esse desafio a superar.

Outro dispositivo legal que não está no Decreto nº 3.298/1999, mas que também se constitui em outra modalidade de colocação da PCD no mercado de trabalho, diz respeito à dispensa de licitação para a contratação, pelo Poder Público, de associações de portadores de deficiência física (art. 24, XX, da Lei nº 8.666/1993). Tal dispensa se constitui numa modalidade de ação afirmativa, na medida em que o legislador estimula o surgimento dessas associações e fomenta a contratação delas, desde que atendidos os pressupostos legais. No Manual do MPT há referência a essa hipótese.

Caso concreto enfrentado pelo Ministério Público que revela o desvirtuamento desta previsão legal: a ECT durante algum tempo vinha se utilizando do expediente de contratar PCD por intermédio dessas licitações, mas as atividades que estavam sendo delegadas pela ECT eram atividades vinculadas à dinâmica essencial do empreendimento, ou seja, à atividade-fim dos Correios, e logicamente que isso não é possível, valendo, aqui, o raciocínio empreendido no estudo do instituto da terceirização; não é toda e qualquer atividade que é passível de delegação para um terceiro e, no caso da Agente de Postagem, isso fica ainda mais evidente onde a atividade de delegação fica restrita às atividades materiais de apoio, definidas no Decreto nº 200/1967. A pretexto de realizar uma ação de cunho social, o fato é que na prática houve um desvirtuamento dessa possibilidade de contratação sem licitação: se utilizou desse expediente para promover a terceirização de uma atividade-fim da empresa pública.

Reserva de vagas: O Brasil optou por um sistema adotado de maneira predominante no sistema comparado, visando à inclusão da PCD no mercado de trabalho: o da política de reserva obrigatória de vagas. Mas essa não é a única modalidade existente. E a obrigatoriedade de contratação aqui estipulada é apenas para as empresas com mais de 100 empregados, concentrando-se nas empresas consideradas de grande porte essa missão social de auxiliar o Estado no processo de inclusão social das PCD.

O nosso percentual, que é variável, não é também tão exorbitante quando comparado com outros países, principalmente os europeus, onde chega ao patamar de 7%.

É preciso compreender a razão de ser desse sistema de cotas. E aí enfatiza-se o aspecto de que essa política de ação afirmativa não tem caráter assistencialista; o Estado tem o compromisso de prover a subsistência material das pessoas com deficiência; para isso, existe na LOAS a previsão do benefício de prestação continuada; quando se fala em assegurar à PCD uma oportunidade no mercado de trabalho, procura-se assegurar a remuneração; é a oportunidade; é a possibilidade de desenvolvimento de seus talentos, das suas potencialidades. Então, a contratação da PCD deve ser vista como a contratação de qualquer outra pessoa, pois se espera da pessoa nessas condições os atributos ínsitos a qualquer empregado, logicamente com alguns pequenos temperamentos, nos casos de deficiências mais severas que exigem os "procedimentos especiais" ou "apoios especiais", previstos no art. 35, §§ 2º e 3º, do Decreto nº 3.298/1999. Tirando essa peculiaridade, no que diz respeito ao restante do contrato de trabalho, ele assume as mesmas obrigações dos demais trabalhadores. Então, ele tem que ser visualizado como um elemento produtivo, como qualquer outro elemento que está ali para agregar, somar no processo produtivo. Talvez a maior barreira a se superar nessa questão seja de natureza cultural: fazer o empregador compreender que não está fazendo favor ou medida de caridade, mas está assegurando uma oportunidade para que uma pessoa se integre ao processo produtivo da empresa e que possa contribuir de fato para a geração de riqueza; obviamente que, por ter suas limitações, os seus impedimentos, essa pessoa só poderá contribuir efetivamente para o desenvolvimento da empresa se ela tiver as condições materiais necessárias para isso: é aí que entram as figuras dos procedimentos e apoios especiais. A partir do momento que ela dispõe desse ferramental ela tem condição de contribuir para o desenvolvimento da empresa e para a geração de riqueza.

Como visto, nem em toda situação, aos olhos da medicina, considerada situação de deficiência legítima, o indivíduo será beneficiário do sistema de cotas. É aqui que entra a relevância do estudo do Decreto nº 3.298/1999, principalmente de seu art. 4º, que é o dispositivo que apresenta os critérios que devem orientar a identificação de quem são, de fato, as pessoas merecedoras ou beneficiárias da política de cotas. Esse dispositivo define 5 tipos de deficiências, mas na verdade uma delas (múltipla) é a associação de duas ou mais modalidades.

Pelo inciso II do art. 4º, a pessoa que apresenta o quadro de deficiência auditiva em apenas um dos ouvidos pode ser considerada, aos olhos da medicina, uma pessoa com deficiência, mas não faz jus aos benefícios da reserva legal, que apenas considera os que têm comprometimento de ambos os ouvidos. Há situações, portanto, que não foram consideradas pelo legislador como aptas a legitimar a inclusão nesse sistema de cotas. Não é arbitrariedade do legislador; devemos pressupor que a elaboração do decreto foi precedida de estudos técnicos e científicos, rigorosos e consistentes. Assim, na avaliação do legislador, algumas deficiências não são capazes de comprometer a igualdade de oportunidades. Presume-se, talvez que a pessoa, mesmo tendo um dos ouvidos comprometidos, escuta com outro, e que por esse motivo não vai encontrar as mesmas dificuldades de uma pessoa totalmente surda no processo de concorrência de disputa por um posto de trabalho. Em razão disso, mesmo tendo essa limitação, ela teria condição de, por conta própria, sem a ajuda dessa política de ação afirmativa, obter a sua colocação no mercado de trabalho. O autor acredita que seja esse o raciocínio que orienta essa eleição feita pelo legislador. Ainda que haja essa limitação, esse dado não é suficiente para comprometer a igualdade ou a capacidade daquela pessoa em concorrer com igualdade de condições a um posto de trabalho. Mas isso abre um espaço para uma série de discussões; muitas vezes alguém que não conhece a legislação e se julga beneficiário da reserva legal é surpreendido com o indeferimento da inscrição e impetra MS para o PJ dizer se a pessoa é beneficiária ou não da reserva legal.

Um caso que recebeu súmula do STJ diz respeito à visão monocular, que é aquela situação do indivíduo que enxerga apenas com um dos olhos. Segundo o art. 4º, III, do Decreto nº 3.298/1999, não é todo portador de visão monocular que faz jus ao benefício da reserva de vaga; geralmente, só é garantido àquele cujo olho sadio apresenta um grau de acuidade visual muito reduzido, e isso tem gerado intermináveis discussões judiciais. A Súmula nº 377 do STJ, editada no curso do ano de 2009, assegura que "O portador de visão monocular tem direito de concorrer, em concurso público, às vagas reservadas aos deficientes". Nesse caso, o STJ desconsiderou ou foi mais além do decreto, e considerou incluído no sistema de reserva pessoas que nele não se enquadravam. Inaugura-se um quadro de insegurança, pois deixa-se de prestigiar os critérios estabelecidos pelo legislador, e que se presume o estabelecimento com base em respaldo técnico e científico e, muitas vezes, não é dado ao judiciário o conhecimento dessas questões mais técnicas. Destaque-se que o STF também já concedeu RMS sobre a matéria. A edição dessa súmula e o pronunciamento do STF causaram uma certa revolta aos deficientes visuais totais (pessoas cegas); é possível que as pessoas com visão monocular tenham realmente dificuldades adicionais de se afirmar profissionalmente, mas o problema é que, no nosso sistema de cotas, a mesma vaga que poderia ser ocupada por um cego é a mesma que as empresas vão preferir destinar às pessoas com visão monocular. Assim, a partir do momento que se admite a inclusão de pessoas com visão monocular no sistema de cotas, fatalmente se estará preterindo nos postos de trabalho pessoas com grau de deficiência mais severo, pois as empresas vão preferir contratar as pessoas com visão monocular para essas vagas. Talvez exista uma possível injustiça no conteúdo dessa súmula. Parece que um avanço possível no nosso sistema seria estabelecer um sistema de cotas que reservasse um determinado percentual de postos de trabalho a cada tipo de deficiência, para que não haja essa concorrência entre as próprias pessoas com deficiência. Configura-se uma alternativa interessante para fugir desse clima de desconforto quando se quer ajudar essas pessoas. O segundo aspecto é que a súmula do STJ trata, especificamente, da reserva de vagas em concurso público, só que a edição da súmula provocou a mudança de comportamento entre vários membros do MPT, em procedimentos em que as empresas provaram que estavam cumprindo a cota com a contratação de pessoas com deficiência monocular, que antes do entendimento do STJ não era admissível, mesmo porque a súmula é restrita à contratação pela Administração Pública.

Lembre-se de que o sistema de cotas alcança, também, o reabilitado pela Previdência Social. É aquele que contraiu doença ocupacional ou sofreu algum acidente de trabalho, tem a sua capacidade laborativa reduzida e é submetido a um processo de reabilitação, que pode ser promovido pelo INSS ou por empresas privadas conveniadas com o INSS e sempre, ao final, deve haver uma certificação da Autarquia dizendo que ele concluiu com êxito o processo de reabilitação e se encontra apto a retomar suas atividades profissionais. Essa possibilidade está no art. 137 do Decreto nº 3.048/1999. Exemplo muito comum é o caso das pessoas portadoras da patologia LER/DORT, que podem e normalmente são submetidas a processo de reabilitação e uma vez reabilitadas poderiam ser contratadas para o preenchimento da cota, mas existe um preconceito muito grande em torno dessas pessoas, que incorre no pensamento de que, em razão dessa patologia, iriam se ausentar muitas vezes do trabalho, porque o processo de cura não seria definitivo. Então há uma resistência à contratação, de modo que determinadas empresas preferem contratar pessoas com deficiência leve a portadoras de LER/DORT.

O art. 36 do Decreto nº 3.298/1999 fala em pessoas portadoras de deficiência reabilitadas ou habilitadas. E, nesse sentido, existe uma linha de defesa adotada ultimamente pelas empresas instadas a cumprir a cota que não é aceita pelo MPT e pelo MTE, segundo a qual as empresas só estariam obrigadas a cumprir a cota se houvesse reabilitados profissionais ou pessoas com deficiência habilitadas, de modo que a falta de qualificação das PCDs as exoneraria dessa obrigatoriedade.

Realmente, falta a qualificação necessária a essas pessoas, mas isso não exonera as empresas do cumprimento da cota. Se não há, primeiro tem que demonstrar a inexistência naquela região; segundo, há de se exigir essa qualificação por parte das empresas como uma espécie de obrigação alternativa, no sentido de que enquanto a empresa estiver promovendo a qualificação das pessoas obrigadas à contratação, ela fica assegurada de que o MPT não a instará ao cumprimento da cota ou o MTE não a multará pelo descumprimento.

Forma de comprovação da condição de PCD ou reabilitada pela Previdência Social: não basta o indivíduo se julgar merecedor da política de cotas, devendo provar que se enquadra nos critérios estabelecidos na legislação de regência – o Decreto nº 3.298/1999. No caso das PCDs, essa comprovação é feita por intermédio de atestado médico expedido por médico do trabalho. No caso do beneficiário reabilitado, há a necessidade de apresentação do certificado ou qualquer outro documento da lavra do INSS que certifique a conclusão com êxito do processo de reabilitação. Mas, como alguns exames contêm dados que podem assumir uma característica sigilosa, pelo menos do ponto de vista da ética médica, tem-se recomendado que os procedimentos investigatórios sobre esse tema tramitem em regime de sigilo. Essa orientação consta não só do Manual do MPT, mas como orientação da COORDIGUALDADE. Mas o autor entende que o sigilo seria não em relação aos atestados médicos, mas aos prontuários médicos. E, é essa a orientação que tem prevalecido. Lembrando-se que mesmo na hipótese de sigilo médico, profissional ou qualquer que seja, não pode haver recusa de apresentação do documento ao MP; é uma prerrogativa da instituição que consta no § 2º do art. 8º da LC nº 75/1993.

Art. 93 da Lei nº 8.213/1991 – empregadores sujeitos à disposição deste artigo: as empresas sem fins lucrativos estariam obrigadas ao cumprimento deste dispositivo? No âmbito do MPT, o termo "empresa" deve ser tomado na sua concepção mais ampla como sendo "empregador", independentemente, portanto, de ter finalidade lucrativa. Também é o entendimento seguido pelo MTE. Mas é recorrente esse questionamento por parte das empresas não sujeitas a atividade lucrativa.

Como fica a aferição da cota referente às empresas integrantes de grupos econômicos, dos conglomerados de empresas? Inicialmente, há de se destacar que um ponto já superado pela jurisprudência é o de que a cota deve ser observada em relação a cada empresa, e não por estabelecimento. Ou seja, a regra é a aferição da cota por empresa, lembrando que, para o Direito do Trabalho, há uma distinção muito clara entre o que é empresa e o que é estabelecimento. Então pode acontecer de uma empresa com várias unidades, possuidora de um quadro de pessoal vasto (mais de mil empregados), num contexto de que nenhuma das unidades tenha mais de cem empregados, de modo que a empresa alegaria que não estaria obrigada ao cumprimento da cota porque em cada estabelecimento não teria o mínimo de empregados exigidos. Então, no caso de conglomerados de empresas, a regra é que seja aferida a cota por cada uma das empresas integrantes desse grupo econômico, mas nada impede que, em situações excepcionais, seja aferido o cumprimento da cota em relação a todo o grupo econômico; no entanto, nessa hipótese teremos que considerar, como base de cálculo para a fixação do número de postos de trabalho a serem providos, o somatório total dos quadros de pessoal das empresas integrantes do grupo econômico, mas a regra é a aferição por empresa.

O empregado com deficiência contratado por uma empresa prestadora de serviço que eventualmente esteja trabalhando em favor de um determinado tomador pode ser computado no momento da aferição do cumprimento da cota pela empresa tomadora de serviço? Não. Se ambas as empresas, prestadora e tomadora, têm mais de cem empregados, cada uma delas está obrigada ao cumprimento da cota de forma individual.

Cálculo da cota: podem surgir dúvidas em relação a empresas que desempenham atividades sazonais e que, em razão disso, têm uma variação muito expressiva em seu quadro de pessoal a depender da época do ano. Os manuais de atuação do MPT e do MTE ocupam-se dessa situação e propõem que se aplique por analogia a esse caso uma previsão que consta da NR-4, quando trata do dimensionamento do SESMT. Se estamos cogitando a aplicação analógica do dispositivo é porque, por óbvio, não há nenhuma previsão legal específica sobre essa questão. Nós nos socorremos dessa previsão porque o dimensionamento do SESMT varia também em função do número total de empregados de cada empresa, e na NR-4 contemplou-se essa hipótese de a empresa que apresentasse uma variação muito expressiva no seu quadro de pessoal, onde se admite que o cálculo seja feito com base na média aritmética dos últimos 12 meses. Ao invés de se utilizar o número total de empregados de determinado ano, faz-se uma média aritmética dos últimos 12 meses. É isso que tem sido preconizado pela fiscalização do trabalho e pelo MPT no momento de calcular essa cota em relação às empresas que desempenham atividades sazonais. Mas não é empresa que apresente qualquer variação; obviamente que as variações são naturais; não temos como fugir dessa realidade; essa solução criativa fica restrita àquelas empresas que desempenham atividades que possam efetivamente ser chamadas de sazonais e que têm uma variação intrínseca de funcionamento de um determinado segmento econômico. **Dúvida em relação às empresas de trabalho temporário**, que também costumam apresentar variação frequente no seu quadro de pessoal, agravada essa variação pelo fato de muitos de seus empregados serem contratados por períodos curtos, às vezes, por menos de 90 dias. Então há uma solução particular para esse caso: admite-se que a reserva legal de vagas não incida em relação a trabalhadores temporários contratados por menos de 90 dias, e que seja calculada apenas com relação a empregados contratados por prazo indeterminado ou por prazo determinado superior a 90 dias.

Como tratar as frações no cálculo da cota? A ideia que vigora neste campo é a de que, seja qual for o número fracionário, ele sempre dará lugar à contratação de mais uma pessoa com deficiência; isso consta dos manuais do MPT e do MTE e da Orientação nº 1/2004 da COORDIGUALDADE. Podemos elencar dois dispositivos em respaldo desse entendimento: art. 37, § 2º, do Decreto nº 3.298/1999 (aplicação do mesmo raciocínio em relação à cota da iniciativa privada) e art. 429, § 1º, da CLT (tomando de empréstimo uma norma da CLT, aplicável analogicamente). Não bastassem esses dois dispositivos, há um precedente do STF que consagra essa tese: **RE nº 227.299**, que teve uma discussão sobre concurso público.

O problema surge em relação à reserva de vaga no serviço público, nos concursos que oferecem número reduzido de vagas, como o que ofereça uma ou duas vagas. Se formos levar ao extremo esse entendimento de que o número fracionário sempre leva ao arredondamento, nesses casos de poucas vagas uma teria que, necessariamente, ser levada à concorrência entre pessoas com deficiência. O STF entendeu, por maioria, que nesse caso o arredondamento do percentual para assegurar a uma das duas vagas a PCDs equivaleria a assegurar 50% das vagas, o que contrariaria o propósito do legislador ao fazer essa previsão, lembrando que, no caso da Administração Pública Federal, o legislador estabeleceu que o percentual deve ser entre 5 e 20% (**MS nº 26.310 do STF**). Essa mesma dificuldade está presente no caso de concursos que ofereçam vaga única, pelas mesmas razões. Mas, ainda, há quem defenda que deveria ser garantida a participação das pessoas com deficiência para a hipótese de serem criados outros cargos posteriormente. Então, o edital ainda estaria jungido à previsão constitucional de reserva de vagas, de que deve ser assegurada a participação das pessoas com deficiência no concurso, mas, no ato da convocação, essas duas primeiras vagas seriam ocupadas pelos constantes das duas primeiras colocações na lista geral de convocação.

Imaginemos a situação de uma empresa com filiais em vários Estados da Federação. Como vimos, a aferição do quantitativo deve ser feita com base no número total de empregados da empresa, e não em relação ao número de empregados em cada estabelecimento. Na hora de alocar os novos contratados, cabe à empresa decidir onde fazer a lotação ou deve observar uma certa proporção em relação a cada estabelecimento? A lei não disciplina essa questão; o ideal seria que os órgãos de fiscalização dispusessem de mecanismos para exigir que a empresa, ao fazer a lotação dessas pessoas, procurasse contemplar todos os seus estabelecimentos, de forma a considerar as pessoas com deficiência que residam nos locais das filiais. Não há fundamento legal para isso, mas essa é a orientação firme das duas instituições: MPT e do MTE. Qual a razão para isso? Permitir a contratação de pessoas com deficiência que residem nos locais onde as filiais estão instaladas, pois, de outra forma, elas nunca teriam acesso aos quadros de empresas pelo cumprimento da cota legal. Inclusive, isso é objeto da Orientação nº 3 da COORDIGUALDADE. Mas a questão aqui é colocada em termos de orientação; o MPT não tem como exigir o cumprimento dessa orientação.

No caso de a empresa já estar cumprindo a cota, mas ter alguns empregados com o contrato de trabalho suspenso, admite-se que esses empregados continuem contando para o cumprimento da cota, com exceção do aposentado por invalidez, ante a menor probabilidade dele retomar o contrato. Isso consta do manual de atuação do MTE.

A questão da aptidão plena ou a polêmica sobre a possibilidade de exclusão ou não de determinadas atividades da base de cálculo da cota legal do art. 93 da Lei nº 8.213/1991: alguns segmentos econômicos (os sindicatos patronais, de uma maneira geral) têm levantado perante o Poder Judiciário a tese de que, em razão da especificidade de determinadas atividades econômicas, não seria possível o cumprimento da cota tal como ela estaria prevista no art. 93 da Lei nº 8.213/1991, havendo situações que justificariam uma relativização dessa exigência legal. Esse movimento tem ganhado muita força nos setores de vigilância e rodoviário (vigilantes e motoristas). Houve casos de categorias que conseguiram o beneplácito dos sindicatos profissionais para inserir em instrumento normativo cláusula que excepcionava do cálculo da cota os postos de trabalho relacionados a uma determinada função: uma empresa de ônibus tinha 600 motoristas e a CCT trouxe cláusula desconsiderando os ocupantes da função de motorista para efeitos de cumprimento da cota do art. 93 da Lei nº 8.213/1991, caso em que a convenção contraria o que está previsto na legislação heterônoma estatal, cláusulas essas sistematicamente impugnadas pelo MPT com relativo sucesso.

Muitas vezes, a questão chega ao PJ pela via inversa: a empresa está sendo fiscalizada e se utiliza dessa situação para tentar convencer o fiscal de que está cumprindo a cota, porque a partir do momento que se considera do cálculo as funções que ela alega não possuírem aptidão plena, a cota estaria sendo cumprida e a não concordância com a alegação faz com que a empresa recorra ao PJ, vindo a impressionar alguns juízes, atenuando o rigor legal.

A posição institucional do MPT é que não pode haver essa exclusão apriorística de uma determinada função da base de cálculo da cota. A Dra. Gugel ataca isso de maneira muito veemente em seu livro e reproduz o entendimento institucional do MPT: a de que não pode haver essa exclusão em abstrato, essa exclusão apriorística. É até possível que existam determinadas funções cujas especificidades impeçam pessoas com uma determinada deficiência de exercerem-na, mas isso terá que ser, necessariamente, aferido com a concessão da oportunidade e não através de um juízo antecipatório, generalizante e preconceituoso. Então é preciso que se dê oportunidade, inclusive para se considerar que entre duas pessoas que possuem a mesma deficiência, é possível que existam potencialidades e habilidades diferentes. Embora 99% das pessoas cegas não consigam executar uma determinada atividade, há a possibilidade de que exista alguém, uma exceção que confirma essa regra; é possível que justamente essa pessoa que constitui essa exceção tenha oportunidade de demonstrar suas potencialidades e de infirmar, desfazer, essa ideia preconceituosa que existe em relação à deficiência A ou B. Assim, não se pode invocar a questão da aptidão plena para excluir determinadas funções da base de cálculo da cota.

Diz o Manual do MPT que, em regra, considerar-se-á a pessoa com deficiência plenamente apta para o exercício de qualquer cargo ou função.

Há vários precedentes judiciais rechaçando essa alegação (acórdãos de TRTs), impedindo essa exclusão apriorística. A questão também é tratada na Orientação nº 6 da COORDIGUALDADE.

O caso dos vigilantes é ainda muito mais contundente, e, em relação a ele, há um parecer do CONAD, de leitura obrigatória. Um dos requisitos para o exercício da função é a participação em curso de formação de vigilantes, regulamentado por Portaria da Polícia Federal. Ocorre que a PF passou a não admitir que pessoas com deficiência participassem do curso, e isso estaria inviabilizando o exercício da própria profissão, uma vez que ninguém pode exercer a profissão sem realizar previamente o curso. Assim, o PRONAD foi provocado, ocasião em que foi realizado um estudo sobre a possibilidade ou não da participação das PCDs no curso de formação de vigilantes, do qual resultou um parecer: a) reconheceu o direito das pessoas com deficiência devidamente habilitadas; b) recomenda ao MJ/DPF a adoção de mecanismos no curso de forma a possibilitar a participação de pessoas com deficiência. É uma posição, inclusive, de censura, em que houve uma recomendação para a reformulação do curso para possibilitar a participação das pessoas com deficiência. Pode-se pensar que realmente, a depender da função, seja possível a exclusão, como a de vigilante, que exige vigor físico. Pode até ser, mas a postura do PRONAD é que esse juízo não pode ser antecipado, apriorístico, em tese; que se deixe, então, que a pessoa que tem uma perna amputada participe do curso de formação; lá no curso talvez ela realmente não consiga atender às exigências do curso; mas ela vai ser alijada do processo não em razão da sua deficiência, mas em razão da sua falta de capacitação, que é o mesmo que poderia se passar com alguém que não tivesse restrição alguma. O que se combate é esse juízo prévio, generalizante e preconceituoso de que alguém, apenas por ter alguma deficiência, não pode executar atividade A, B ou C. As pessoas devem ter a oportunidade de tentar demonstrar as suas potencialidades; não podemos privá-las da oportunidade de tentar demonstrar essa aptidão. É nisso que parece defensável tal entendimento do MPT e do PRONAD.

Ante o receio dessa tese receber acolhida no âmbito do PJ, a solução paliativa seria computar os cargos de vigilante para a definição do número de PCDs que a empresa deve contratar, mas no momento da contratação os cargos a serem contemplados seriam de outros setores que não apresentem os mesmos impedimentos.

Possibilidade de superposição ou não da cota de aprendizes e cota de pessoas com deficiência: o art. 429 da CLT estabeleceu também uma cota para a contratação de aprendizes; paralelamente a isso, temos a cota das pessoas com deficiência. As pessoas com deficiência podem ser contratadas como aprendizes; não há qualquer impedimento em relação a isso; apenas há algumas peculiaridades envolvendo a aprendizagem da pessoa com deficiência; uma delas é que às PCDs não se aplica a idade limite em relação aos aprendizes (art. 428, § 5º, da CLT). Em princípio, são cotas distintas que não se comunicam; são duas obrigações distintas que o empregador está obrigado a satisfazer: precisa contratar PCDs e precisa contratar aprendizes, ou seja, não há comunicação das cotas.

Já foi visto que hoje a maior dificuldade para a contratação de PCDs é a falta de qualificação dessas pessoas. Para muitos, uma alternativa para a solução desse problema seria que antes da efetiva contratação dessas pessoas como empregados, elas pudessem ter outras experiências no mercado de trabalho, e uma dessas possibilidades seria a aprendizagem para se tornar uma pessoa qualificada e no futuro conseguir uma vaga na cota de pessoas com deficiência. A partir desse raciocínio de que a aprendizagem poderia ser uma ponte interessante ou um veículo para a qualificação profissional da pessoa com deficiência é que começaram a surgir algumas ideias no sentido de permitir, em casos excepcionais, que a empresa que contratasse uma pessoa com deficiência como aprendiz pudesse computar a presença daquela pessoa na cota do art. 93 da Lei nº 8.213/1991. Essa não é a regra; a regra é a incomunicabilidade entre as duas cotas, a impossibilidade de superposição entre as duas cotas, pois são coisas distintas; mas em situações específicas tem-se tolerado; é uma espécie de acordo que a autoridade fiscal faz com o empregador, muitas vezes exigindo a contrapartida de contratação daquela pessoa como empregado na cota: contrate-a como aprendiz e durante o período de aprendizagem ela será considerada na sua cota e você não será penalizado, desde que você se comprometa a contratar essa pessoa no final do período de aprendizagem pela cota. É uma espécie de obrigação alternativa: a empresa não está cumprindo a obrigação principal de contratação da pessoa com deficiência, mas está promovendo a sua qualificação profissional. Há uma articulação do MTE e do MPT em alguns Estados. É um tema carente de amadurecimento, de modo que não há como cair em prova subjetiva. O importante é ter a noção de que não há vedação legal de a pessoa com deficiência ser contratada como aprendiz.

O grande desafio do dia a dia é cobrar das empresas o cumprimento da cota. Só que os problemas não se esgotam aí, pois há situações em que a empresa até cumpre a sua obrigação com relação à cota, mas o faz de forma abusiva, como a empresa que se restringe à contratação de uma pessoa com um único tipo de deficiência; não é isso que se persegue no dia a dia. Isso pode ser interpretado como uma atitude discriminatória, principalmente no caso da empresa que ainda não cumpriu a cota, daquela que demorou a cumprir ou daquela que cumpriu com muito esforço. Muitas vezes, existe o obstáculo da qualificação profissional, e isso é um dado incontestável, mas muitas vezes a questão depende da postura que a empresa assume no processo de contratação.

Outro abuso que pode ocorrer no cumprimento das cotas: a empresa contrata as pessoas com deficiência simplesmente para se livrar da obrigação legal de cumprimento da cota e coloca todos esses trabalhadores num setor, muitas vezes direcionado a pessoas com deficiência, mas sem o compromisso de incluir e estimular o progresso dessas pessoas. Isso pode ser caracterizado como um abuso e sujeitar a empresa a sofrer represálias por parte do MPT. Nesse sentido, no TRT da 9ª Região uma empresa foi condenada a pagar uma indenização por dano moral coletivo, mesmo após haver cumprido a cota, porque o MPT conseguiu provar que o processo de contratação foi muito demorado, e essa demora se deu a certas posturas discriminatórias assumidas pela empresa no período.

O que acontece com a empresa que não cumpre a cota? O MPT ingressa com ACP. Três questões interessantes:

A competência material da JT para apreciar o cumprimento dessa cota é um tema pacífico: o argumento central é o de que a cota está prevista na legislação previdenciária, não sendo propriamente uma norma de direito do trabalho, cabendo à Justiça Federal apreciar a demanda. Vários precedentes do TST assentam a competência material da JT em que se pleiteia o cumprimento da cota.

Legitimidade do MPT: também tema pacífico; vários precedentes no TST.

Possibilidade de condenação da empresa em indenização por dano moral coletivo: há precedentes de 4 TRTs condenando a empresa a pagar dano moral em razão da desídia, falta de interesse e negligência em cumprir a cota. O MPT não tem conseguido emplacar esse pedido em todos os casos, porque o PJ é ciente das dificuldades que cercam esse processo de contratação. Não é o simples fato de descumprir a cota que vai gerar o dever de indenizar; para que esse pedido ganhe força, o MPT precisa demonstrar que o não preenchimento da cota se deveu por uma postura negligente por parte do empregador, uma falta de compromisso na observância da questão da função social da empresa.

Em relação ao contrato de trabalho da pessoa com deficiência: o contrato não tem maiores especificidades; em quase tudo ele é idêntico ao dos demais trabalhadores. Em relação à jornada, eventualmente, pode haver uma jornada especial; não é regra, mas pode haver, dependendo do grau de severidade da deficiência; pode-se pensar até mesmo em redução de jornada para atender à necessidade de tratamento médico etc. Salvo isso, a regra é que a duração do trabalho seja a mesma. No tocante ao salário, a CF, art. 7º, proíbe qualquer distinção de salário. Em relação a vale-transporte também, exceto se o trabalhador for beneficiário de algum serviço público de transporte especial.

Possibilidade ou não de dispensa imotivada da pessoa com deficiência: a possibilidade legal está no § 1º do art. 93 da Lei nº 8.213/1991. Antes de promover a dispensa imotivada, o empregador precisa providenciar a contratação de trabalhador substituto em condição semelhante. Esta peculiaridade só se aplica ao contrato por prazo indeterminado ou ao contrato por prazo determinado superior a 90 dias. Mas este dispositivo não impede a dispensa por justa causa, nem exige qualquer formalidade quando a própria pessoa com deficiência pede demissão. Duas questões:

a) o § 1º do art. 93 da Lei nº 8.213/1991 prevê uma hipótese de garantia provisória de emprego? Não. Em alguns acórdãos do TST há a expressão de que esse dispositivo estabelece uma garantia indireta de emprego. Isso quer dizer que essa garantia não é instituída em favor da pessoa com deficiência; é nada mais do que um mecanismo de preservação da manutenção do preenchimento da cota. Exige-se a contratação prévia de um substituto de condição semelhante porque, via de regra, as empresas contratam o número exato que é exigido pela cota; se a empresa pudesse promover a sua dispensa de maneira livre, a demissão de um trabalhador implicaria automaticamente no descumprimento da cota, a partir daquele ato a empresa deixaria de estar quite com o cumprimento da cota. O que gera confusão é que, no caso de a empresa deixar de cumprir o disposto neste § 1º, a pessoa com deficiência tem direito à reintegração. A maior prova de que essa garantia não é instituída em favor dessa pessoa é que a reintegração só perdurará até o momento em que a empresa comprovar a contratação de outra pessoa com deficiência, demonstrando que está quite com o cumprimento da cota. E se a empresa obrigada a contratar 24 PCDs tem 27 e demitir 1, ela está obrigada a contratar substituto? Não, pois tal dispensa não vai acarretar o descumprimento da cota; isso está nos manuais do MPT e do MTE.

b) o que é o "substituto em condição semelhante"? Se eu demito um deficiente visual, eu tenho que contratar outro com a mesma modalidade de deficiência? Não, o TST já se pronunciou sobre essa matéria: a condição semelhante está no fato de ser pessoa com deficiência; não tem relação com o tipo de deficiência;

c) o substituto tem que executar exatamente a mesma função do demitido? Não, também há pronunciamento do TST nesse sentido (dezembro de 2008). O máximo que poderia ser dito é que se trata de uma garantia indireta de emprego, na medida em que, sem a contratação de substituto de condição semelhante, o trabalhador pode obter a sua reintegração até o cumprimento da obrigação.

Reserva de vagas no serviço público: Art. 37, VIII, da CF/1988, concretizado pela Lei nº 7.853/1989. Após um período de resistência, hoje, a maioria dos editais contempla a reserva de vagas, mas continua havendo problemas nesta seara. O MPT tem atribuição para atuar nos concursos públicos realizados pelas empresas públicas e sociedades de economia mista, pois as entidades integrantes da administração indireta têm o seu quadro de pessoal submetido ao regime celetista; sendo regime celetista, cabe ao MPT fiscalizar a legalidade dos concursos realizados por esses entes. E em relação a essas entidades da administração indireta, tem prevalecido o entendimento de que é necessária a observância do percentual estabelecido no art. 93 da Lei nº 8.213/1991, pois o art. 173, § 1º, da CF/1988 equipara essas entidades às demais da iniciativa privada em obrigações trabalhistas; em relação à administração direta, não tem qualquer aplicação: o cálculo não é feito com base no número total de empregados, mas sim é o percentual definido pela lei de cada ente público sobre o número de vagas ofertadas no concurso. Há quem defenda que as entidades da administração indireta estariam sujeitas simultaneamente à regra do art. 93 e à reserva de vagas nos editais de concurso público (aos dois percentuais, portanto). O autor não tem opinião formada sobre o tema. Mas a linha menos radical, preponderante, considera aplicável às entidades da administração indireta apenas o art. 93 da Lei nº 8.213/1991; inclusive é o posicionamento defendido no manual do MPT, com uma ressalva: exceto quando a legislação estadual ou municipal for mais favorável, prevendo uma reserva maior de vagas.

No âmbito da iniciativa privada, um dos argumentos alegados pelos defensores da tese da possibilidade de se excluir aprioristicamente do cálculo funções que exigem aptidão plena é o argumento de que haveria uma simetria na legislação, uma incongruência, porque, ao tratar da reserva no concurso público, o Decreto nº 3.298/1999 prevê a possibilidade de exclusão, mas a legislação aplicável à iniciativa privada seria silente nesse ponto; então, defendem que tem de ser aplicada à iniciativa privada a mesma lógica prevista no art. 38, inciso II, do Decreto nº 3.298/1999, por questão de simetria e coerência lógica do sistema. Mas essa questão é enfrentada pela colega Dra. Maria Aparecida Gugel no Parecer nº 72/2006, chegando ao ponto de suscitar a inconstitucionalidade do inciso II do art. 38 do Decreto nº 3.298/1999, o que enfraquece o argumento dos defensores da tese de que haveria necessidade de se conciliar os sistemas da administração pública e da iniciativa privada. A Dra. Gugel diz que essa simetria se alcança não com a instituição de uma regra de exclusão, mas com a exclusão do ordenamento jurídico brasileiro da previsão que cria para o serviço público essa exclusão apriorística, propondo a revogação do inciso II.

6.13. PROJETO DA COORDENADORIA NACIONAL DE PROMOÇÃO DE IGUALDADE DE OPORTUNIDADES E ELIMINAÇÃO DA DISCRIMINAÇÃO NO TRABALHO

Igualdade de oportunidades para todos

A Constituição Federal de 1988 tem como fundamento da República a promoção do bem de todos, sem preconceitos de origem, raça, sexo, cor, idade e quaisquer outras formas de discriminação. Proíbe a diferença de salários, de exercício de funções e critérios de admissão por motivo de sexo, idade, cor ou estado civil. Assim, como guardião da Constituição da República e das leis, o Ministério Público do Trabalho (MPT), em sua atuação, tem o dever de buscar promover a igualdade de oportunidades a todos os brasileiros, seja na admissão para o emprego, seja no curso do contrato ou no momento da demissão, visando a resguardar o pleno exercício da cidadania, haja vista que a discriminação no trabalho é uma forma de atentar contra os direitos humanos, a ordem jurídica e o próprio regime democrático.

Embora as formas de discriminação no trabalho não ocorram apenas em razão do gênero e da raça, havendo outras formas de discriminação a serem combatidas, a exemplo da discriminação em razão da idade, da orientação sexual ou de cunho religioso etc., o gênero e a raça são fatores determinantes para que grandes setores da população marginalizados alcancem ou não trabalhos decentes e tenham a possibilidade de lutar por um espaço de dignidade que lhes permita a opção de superar a pobreza.

Dessa forma, é importante elaborar estratégias coordenadas e integradas para combater efetivamente a discriminação contra mulheres e pessoas de raça negra no mercado de trabalho brasileiro, diminuindo a distância que ainda se nota entre as boas intenções e a materialização de políticas contra a discriminação.

Escopo do Projeto

Estabelecer estratégias de atuação do MPT na promoção da igualdade de oportunidades e atuar de forma a reduzir, significativamente, a discriminação de raça e gênero no mercado de trabalho brasileiro.

Objetivo geral

Atuação efetiva do MPT, extrajudicial ou judicialmente, no combate à discriminação racial e à discriminação de gênero, buscando a inserção e colocação isonômica dos trabalhadores vulneráveis no mercado de trabalho.

Objetivos específicos

Subsidiar as ações da Coordenadoria com a realização de um levantamento de dados estatísticos oficiais com vistas a mapear os focos onde as desigualdades de gênero e raça são recorrentes, definidos por segmento econômico e localidade.

Elaborar Plano de Ação elegendo as empresas mais representativas do setor econômico por localidade e como as ações serão executadas.

Atuar com "ações afirmativas" sobre as empresas que estejam adotando práticas discriminatórias para que seja promovida a chamada "discriminação positiva".

Observação: As ações deverão contemplar a diversidade de gênero e raça existente no contexto laboral da localidade onde se situam as empresas investigadas.

6.14. SÚMULAS, ORIENTAÇÕES JURISPRUDENCIAIS E ENUNCIADOS DIVERSOS

- *SÚMULA TST Nº 28* • INDENIZAÇÃO. No caso de se converter a reintegração em indenização dobrada, o direito aos salários é assegurado até a data da primeira decisão que determinou essa conversão.
- *ENUNCIADO Nº 22* • 1ª JORNADA DE DIREITO MATERIAL E PROCESSUAL NA JUSTIÇA DO TRABALHO – ART. 384 DA CLT – NORMA DE ORDEM PÚBLICA – RECEPÇÃO PELA CF DE 1988. Constitui norma de ordem pública que prestigia a prevenção de acidentes de trabalho (CF, art. 7º, XXII) e foi recepcionada pela Constituição Federal, em interpretação conforme (art. 5º, I, e 7º, XXX), para os trabalhadores de ambos os sexos.

6.15. QUESTÕES RESOLVIDAS E COMENTADAS

(MPT – 16º Concurso) Leia e analise os itens abaixo que têm por fundamento o Estatuto do Idoso:

I – A pessoa idosa, com idade igual ou superior a sessenta anos, tem direito ao exercício de atividade profissional, respeitadas suas condições físicas, intelectuais e psíquicas.

II – Na admissão da pessoa idosa em qualquer trabalho ou emprego, é vedada a discriminação e a fixação de limite máximo de idade, inclusive para concursos da administração pública indireta, como as empresas públicas e sociedades de economia mista.

III – A lei atribui ao Poder Público o dever de estimular e criar programas voltados para a profissionalização da pessoa idosa, aproveitando seus potenciais e habilidades para atividades regulares e remuneradas; estimular as empresas privadas para a admissão de pessoas idosas no trabalho e preparar os trabalhadores para a aposentadoria, com antecedência mínima de um ano.

Marque a alternativa **CORRETA**:

[A] apenas os itens II e III são corretos;

[B] apenas os itens I e II são corretos;

[C] apenas os itens I e III são corretos;

[D] todos os itens são corretos;

[E] não respondida.

Gabarito oficial: alternativa [C].

Comentários do autor:

✫ *De acordo com o art. 26 da Lei nº 10.741/2003 (Estatuto do Idoso), o "idoso tem direito ao exercício de atividade profissional, respeitadas suas condições físicas, intelectuais e psíquicas". A previsão legal tem por escopo evitar discriminações etárias no acesso, manutenção e desenlace do contrato de trabalho. Item I correto, portanto.*

✫ *Nos termos do art. 27 do mesmo diploma legal, "na admissão do idoso em qualquer trabalho ou emprego, é vedada a discriminação e a fixação de limite máximo de idade, inclusive para concursos, ressalvados os casos em que a natureza do cargo o exigir". A ressalva legal tem por finalidade garantir a higidez física e psíquica do próprio idoso, salvando-o de profissões que, em razão das gravosas condições de execução, possam representar riscos indesejáveis às pessoas com idade avançada. Incorreto o item II.*

✫ *Ainda, consoante o Estatuto do Idoso, o poder público criará e estimulará programas de profissionalização especializada para os idosos, aproveitando seus potenciais e habilidades para atividades regulares e remuneradas; preparação dos trabalhadores para a aposentadoria, com antecedência mínima de 1 (um) ano, por meio de estímulo a novos projetos sociais, conforme seus interesses, e de esclarecimento sobre os direitos sociais e de cidadania; estímulo às empresas privadas para admissão de idosos ao trabalho (art. 28, I, II e III, do Estatuto do Idoso). Correta a assertiva do item III.*

(MPT – 16º Concurso) Leia e analise os itens abaixo segundo a Convenção sobre os Direitos da Pessoa com Deficiência, da Organização das Nações Unidas:

I – A Convenção sobre os Direitos da Pessoa com Deficiência foi assinada pelo Brasil. Seguiu os trâmites estabelecidos na Constituição da República e teve seu texto aprovado com equivalência à emenda constitucional. Portanto, a definição de pessoa com deficiência é aquela de seu texto: "Pessoas com deficiência são aquelas que têm impedimentos de longo prazo de natureza física, mental, intelectual ou sensorial, os quais, em interação com diversas barreiras, podem obstruir sua participação plena e efetiva na sociedade em igualdade de condições com as demais pessoas".

II – Para viver com autonomia e participar plenamente de todos os aspectos da vida, deve ser assegurado à pessoa com deficiência o acesso, em igualdade de oportunidades com as demais pessoas, dentre outros direitos, à educação, à profissionalização, aos meios de transporte, aos espaços e edifícios de uso coletivo, incluídos os locais de trabalho.

III – A Convenção reconhece o direito de a pessoa com deficiência trabalhar, em condições de igualdade com as demais pessoas, incluindo iguais oportunidades e igual remuneração por trabalho de igual valor, condições seguras e salubres de trabalho, além de reparação de injustiças e proteção contra o assédio no trabalho.

Marque a alternativa **CORRETA**:

[A] todos os itens são corretos;

[B] apenas os itens I e II são corretos;

[C] apenas os itens I e III são corretos;

[D] todos os itens são incorretos;

[E] não respondida.

Gabarito oficial: alternativa [A].

Comentários do autor:

Como é cediço, a Emenda Constitucional nº 45/2004 trouxe consigo importantes alterações no sistema jurídico pátrio, dentre as quais merece destaque a mudança do status das normas internacionais com conteúdo de direitos humanos ratificadas pelo país (art. 5º, § 3º, da CF), mormente em se tratando de paradigmas universais que trazem em seu bojo requisitos mínimos a serem observados pelos países signatários.

A primeira norma ratificada pelo Brasil nesses termos foi a Convenção da Organização das Nações Unidas sobre os Direitos da Pessoa com Deficiência, que assegura à pessoa com deficiência o acesso, em igualdade de oportunidades com as demais pessoas, dentre outros direitos, à educação, à profissionalização, aos meios de transporte, aos espaços e edifícios de uso coletivo, inclusive escolas, residências, instalações médicas e local de trabalho (art. 9, item 1, "a").

Assegura-se à pessoa com deficiência, portanto, atendimento prioritário pelo Estado em cotejo com necessária participação privada, numa diretriz horizontal da efetividade dos direitos sociais.

Já foi estudado anteriormente que as ações afirmativas podem ser concebidas como medidas específicas e transitórias com o objetivo de eliminar desigualdades fáticas historicamente verificadas, garantindo a igualdade de oportunidade através de métodos compensatórios das perdas e/ou exclusões provocadas pela discriminação por quaisquer motivos.

Nessa diretriz, no âmago das discriminações positivas voltadas à inserção qualitativa da pessoa com deficiência no mercado de trabalho, ganham destaque os arts. 7º, XXXI, e 37, VIII, ambos do texto constitucional. No plano infraconstitucional, o art. 93 da Lei nº 8.213/1991 regulamenta o princípio do pleno emprego em sua feição de acesso isonômico, revelando-se uma medida afirmativa com o objetivo primário de promover a igualdade de oportunidades em seu sentido material.

O Ministério Público do Trabalho possui um projeto nacional denominado "Inclusão Legal", com a finalidade de promover a inclusão da pessoa com deficiência no mercado de trabalho.

O projeto visa a estabelecer estratégias uniformes de atuação ministerial, judicial e extrajudicialmente, de forma a proporcionar a colocação isonômica desse grupo de trabalhadores vulneráveis no mercado produtivo.

Nesse contexto de inclusão de pessoas com deficiência no mercado produtivo, merece registro a recente inovação legislativa que possibilita a pessoa com deficiência contratada como aprendiz acumular salário e benefício de prestação continuada (BPC) por até dois anos (Lei nº12.470/2011). Ainda de acordo com a novel legislação, mesmo se o trabalhador permanecer empregado, o benefício não é cancelado, mas apenas suspenso. Extinto o vínculo, o benefício poderá ser requerido, sem necessidade de realização de perícia médica ou reavaliação da deficiência e do grau de incapacidade.

Em arremate, merece registro que as ações afirmativas direcionadas para a inclusão da pessoa com deficiência no mercado de trabalho têm por objetivo final a reversão do padrão cultural segregador, proporcionando a inclusão social dessas pessoas que, além de suportar limites físicos ou intelectuais, são alvo de um histórico processo de exclusão social.

(MPT – 16º Concurso) Analise os itens abaixo:

I – O crime de assédio sexual foi introduzido no Código Penal, sendo seu conceito aplicável no âmbito das relações de trabalho. O crime consiste em constranger alguém com o intuito de obter vantagem ou favorecimento sexual, prevalecendo-se o agente de sua condição de superior hierárquico ou ascendência inerentes ao exercício de emprego, cargo ou função.

II – Não há previsão explícita de assédio sexual na CLT, mas este pode ser enquadrado como ilícito trabalhista, hipótese na qual o empregado poderá postular a rescisão indireta do contrato de trabalho, quando o empregador ou seus prepostos praticam contra ele ou pessoas de sua família, ato lesivo da honra e boa fama.

III – Não há previsão explícita de assédio sexual na CLT, mas pode ser enquadrado na hipótese: pelo empregador, na demissão por justa causa de empregado que pratica o ato, quando, o empregado incorre em incontinência de conduta ou mau procedimento e ato lesivo da honra ou da boa fama praticado no serviço contra qualquer pessoa.

Marque a alternativa **CORRETA**:

[A] todos os itens são corretos;

[B] apenas os itens I e II são corretos;

[C] apenas os itens I e III são corretos;

[D] apenas os itens II e III são corretos;

[E] não respondida.

Gabarito oficial: alternativa [A].

Comentários do autor:

✫ *O art. 216-A do Código Penal tipifica o crime de assédio sexual: "Constranger alguém com o intuito de obter vantagem ou favorecimento sexual, prevalecendo-se o agente da sua condição de superior hierárquico ou ascendência inerentes ao exercício de emprego, cargo ou função". À míngua de uma conceituação específica na legislação trabalhista, utiliza-se tal definição no âmago das relações laborais, conforme bem prevê o item I.*

✫ *Dispõe o art. 483, "e", da CLT que o empregado poderá considerar rescindido o contrato e pleitear a devida indenização quando praticar o empregador ou seus prepostos, contra ele ou pessoas de sua família, ato lesivo da honra e boa fama. Caracterizado o assédio sexual e, portanto, a falta grave do empregador, pode a vítima trabalhadora postular a rescisão indireta do contrato de trabalho. Correto, portanto, o item II.*

✫ *A assertiva contida no item III prevê o exercício do poder diretivo do empregador, através da rescisão motivada do assediador com amparo normativo no art. 482, "b", da CLT. Trata-se, em verdade de um "poder-dever", em vistas à responsabilidade do empregador em proporcionar um ambiente de trabalho sadio e adequado. Sua omissão no exercício do poder disciplinar o tornará conivente com a conduta ilícita perpetrada no local de trabalho.*

(MPT – 15º Concurso) Analise as assertivas abaixo:

I – A doutrina dominante admite a possibilidade de cumulação de indenizações por dano material, dano moral e dano estético, ainda que a lesão acidentária tenha sido a mesma;

II – Não constitui discriminação a constatação de distinções, exclusões ou preferências fundadas em qualificações exigidas para um determinado emprego.

III – O trabalhador readaptado em nova função, por motivo de deficiência física ou mental atestada pelo órgão competente da Previdência Social, não servirá de paradigma para fins de equiparação salarial;

IV – A empresa privada que possui 200 (duzentos) empregados está obrigada a preencher 3% (três por cento) dos seus cargos com beneficiários reabilitados ou pessoas portadoras de deficiência, habilitadas.

De acordo com as assertivas acima é **CORRETO** afirmar que:

[A] todas as assertivas estão corretas;

[B] apenas as assertivas I e IV estão corretas;

[C] apenas a assertiva IV está incorreta;

[D] apenas as assertivas II e III estão corretas;

[E] não respondida.

Gabarito oficial: alternativa [C].

Comentários do autor:

☆ *De acordo com o entendimento sedimentado na Súmula nº 387 do Superior Tribunal de Justiça, é possível a acumulação das indenizações de dano estético e moral. Correto, portanto, o item I.*

☆ *O item II reproduz a literalidade do art. 1º, item 2, da Convenção nº 111 da Organização Internacional do Trabalho.*

☆ *O item III encontra-se nos termos do art. 461 da CLT. Consoante dispõe o art. 93 da Lei nº 8.213/1991, "a empresa com 100 (cem) ou mais empregados está obrigada a preencher de 2% (dois por cento) a 5% (cinco por cento) dos seus cargos com beneficiários reabilitados ou pessoas com deficiência, habilitadas, na seguinte proporção:*

I – até 200 empregados 2%;

II – de 201 a 500 .... 3%;

III – de 501 a 1.000 .... 4%;

IV – de 1.001 em diante .... 5%."

☆ *Com efeito, a empresa privada que possui 200 (duzentos) empregados está obrigada a preencher 2% (dois por cento) dos seus cargos com beneficiários reabilitados ou pessoas com deficiência, habilitadas, conforme o art. 93, I, da Lei nº 8.213/1991, e não 3% como sugere o item IV.*

(MPT – 14º Concurso) Julgue as assertivas abaixo:

I – Os atos praticados pelo superior hierárquico para punir o subordinado, longe da presença de terceiros, não podem ser enquadrados como assédio moral, uma vez que traduzem as prerrogativas decorrentes do poder disciplinar para o melhor andamento da atividade empreendida.

II – O assédio sexual é mais amplo no âmbito dos efeitos trabalhistas do que em sua tipificação no Direito Penal brasileiro, pois este prevê o assédio sexual "por chantagem", não incluindo o assédio "por intimidação", além de não abranger o "assédio ascendente", praticado pelo inferior hierárquico.

III – Combate à discriminação no ato da contratação dos trabalhadores situa-se à margem das atribuições do Ministério Público do Trabalho, considerando inexistir, até então, contrato de trabalho formalizado.

IV – De acordo com as normas incorporadas ao nosso ordenamento jurídico, não constituem discriminações as distinções, exclusões ou preferências baseadas nas qualificações exigidas para um emprego determinado, as que se possam justificar em função da segurança do Estado e, finalmente, as que tenham o caráter de medidas de proteção ou assistência especial reconhecida como necessária por motivos como o sexo, a invalidez, os encargos de família ou o nível social ou cultural.

[A]   apenas os itens I e IV são corretos;

[B]   apenas os itens I e III são corretos;

[C]   apenas os itens II e IV são corretos;

[D]   todos os itens são incorretos;

[E]   não respondida.

Gabarito oficial: alternativa [C].

Comentários do autor:

✯ *O assédio moral pode ser concebido como o constrangimento do trabalhador por seus superiores hierárquicos ou colegas, através de atos repetitivos, possuindo como objetivo mais notável a degradação da relação de trabalho, atentando contra a dignidade da pessoa trabalhadora. Mais das vezes, o assédio moral traz consigo repercussões negativas à esfera física e psíquica do trabalhador, comprometendo, inclusive, sua carreira profissional. Importa registrar, até pela finalidade do presente estudo, que o combate ao assédio moral é meta prioritária do Ministério Público do Trabalho. Por meio de sua coordenadoria específica, iniciou-se, em junho de 2011, um projeto de âmbito nacional com a finalidade de combater o assédio moral nas relações de trabalho. Denominado "Assédio é Imoral", o ambicioso projeto tem como escopo estabelecer estratégias de atuação do MPT no esclarecimento dos atores sociais sobre as hipóteses configuradoras do assédio moral e dos instrumentos de seu combate, de forma a prevenir e reduzir o assédio moral no ambiente de trabalho, concentrando esforços nos setores econômicos onde, por experiência prática, há número elevado de denúncias registradas. Portanto, o poder disciplinar do empregador deve ser pautado por parâmetros éticos, morais e legais, encontrando limites nos direitos da personalidade do trabalhador. Nessa esteira, ainda que praticados longe da presença de terceiros, os atos utilizados pelo superior hierárquico para punir o empregado podem caracterizar assédio moral, mormente quando da reiteração da conduta conjugada com o simples intuito de aumentar a produção. Incorreto, portanto, o item I.*

✯ *Enquanto o assédio moral se caracteriza pelo exercício abusivo do poder empregatício, com lesões voltadas à dignidade da pessoa trabalhadora, o assédio sexual, por si somente, revela-se uma ilegalidade de plano, sendo tipificado como crime. No âmago das relações trabalhistas, podem surgir duas distintas modalidades de assédio sexual: por chantagem, cuja tipificação como crime encontra-se no art. 216-A do Código Penal, e por intimidação, também denominado "assédio ambiental". Ao contrário do primeiro, que se caracteriza pela imposição à prática de atos sexuais sob ameaças, ainda que veladas, esse último se destaca pela ocorrência de manifestações de ordem sexual que ensejam um ambiente inóspito no local de trabalho, acarretando constrangimentos indesejáveis à vítima. Ressalte-se que não existe qualquer restrição ao sujeito passivo (vítima) da ilegalidade, podendo ser do sexo masculino ou feminino, superior ou inferior hierárquico. Apesar de a grande maioria dos casos serem praticados em desfavor de mulheres subordinadas, é possível sua ocorrência contra homens e superiores hierárquicos, na modalidade intimidatória. Nesses casos, o poder hierárquico encontra-se mitigado pelo ambiente promíscuo e constrangedor criado pelo assediador, mais das vezes com o conhecimento e a chancela patronal. Correto o item II.*

✲ O combate à discriminação no âmago das relações de trabalho destaca-se no espectro de atribuições do Ministério Público do Trabalho, tanto que foi criada uma coordenadoria com finalidades específicas, a COORDIGUALDADE (Coordenadoria Nacional de Promoção de Igualdade de Oportunidades e Eliminação da Discriminação no Trabalho), cujo objetivo primário é o de definir estratégias coordenadas e integradas de política de atuação institucional. Por óbvio que o combate à discriminação ocorre antes, durante e após findo o contrato de trabalho, porquanto representam, em qualquer momento contratual, prática vedada pelo ordenamento jurídico pátrio, agredindo ao preceito valorativo constitucional da não discriminação. No plano pré-contratual, há forte atuação do Ministério Público do Trabalho no combate às discriminações, como, por exemplo, a promoção da inclusão de pessoas com deficiência no mercado de trabalho, nos moldes disciplinados pelo art. 93 da Lei nº 8.213/1991. Incorreta, portanto, a alternativa III.

✲ O item IV está de acordo com o teor da Convenção nº 111 da Organização Internacional do Trabalho, em especial os arts. 1º (2), 4º e 5º (2). Merece registro que a assertiva referente ao item IV aborda as chamadas "ações afirmativas", que são medidas específicas e transitórias com o objetivo de eliminar desigualdades fáticas historicamente verificadas, garantindo a igualdade de oportunidade através de métodos compensatórios das perdas e/ou exclusões provocadas pela discriminação por quaisquer motivos.

ANEXO
AÇÃO CIVIL PÚBLICA – DISCRIMINAÇÃO POR MOTIVO DE SAÚDE
• *Tiago Muniz Cavalcanti*

EXCELENTÍSSIMO SENHOR DOUTOR JUIZ DO TRABALHO DA [...]ª VARA DO TRABALHO DE MANAUS/AM

O **MINISTÉRIO PÚBLICO DO TRABALHO,** através da Procuradoria Regional do Trabalho da 11ª Região, neste ato representado pelo Procurador do Trabalho signatário, com base nos arts. 3º, IV, 5º, *caput*, 7º, XXX, 127 e 129, inciso III, da Constituição da República; no art. 83, inciso III, da Lei Complementar nº 75/1993; nos arts. 1º, IV e 21 da Lei nº 7.347/1985; nos arts. 82, I e 91 da Lei nº 8.078/1990; vem, respeitosamente, à presença de Vossa Excelência ajuizar a presente

AÇÃO CIVIL PÚBLICA
COM PEDIDO DE ANTECIPAÇÃO DOS EFEITOS DA TUTELA JURISDICIONAL

em face da **N. B. T. LTDA.,** empresa inscrita no CNPJ sob o número (...), com sede na (...), Manaus/AM, pelos fatos e fundamentos a seguir esposados.

1. DOS FATOS

Em decorrência de notícia veiculada na imprensa televisiva e escrita, informando a dispensa, nos dois últimos meses, de 46 (QUARENTA E SEIS) empregados com histórico de sucessivos afastamentos por lesões, com respectivo recebimento do benefício previdenciário (código 31 ou 91), este Procurador do Trabalho foi convidado para participar de reunião na sede da Superintendência Regional do Trabalho e Emprego no Estado do Amazonas, com a finalidade precípua de tentar solucionar, administrativamente, o conflito suscitado.

Às 14 horas do dia 28.11.2011, na referida reunião, 56 (cinquenta e seis) trabalhadores relataram exaustivamente a discriminação praticada contra os funcionários lesionados, mormente através de assédio moral, metas incompatíveis com a capacidade física dos trabalhadores naquelas especiais condições de saúde, desvios de função e, mais grave, recente demissão de vários trabalhadores doentes.

Às 16 horas daquele mesmo dia, houve reunião com a presença da reclamada, ocasião em que lhe foi proposta tentativa de solução extrajudicial através da reintegração de tais trabalhadores. Além do Ministério Público do Trabalho, por meio deste membro signatário, participaram da reunião e presenciaram as tratativas o Ministério do Trabalho e Emprego, nas pessoas do superintendente, Sr. Dermilson Carvalho das Chagas, do chefe da inspeção do trabalho, Sr. Francisco Edson Rebouças, e do chefe de seção de relações do trabalho, Sr. Francisco Rodrigues, o INSS, o sindicato profissional da categoria e três representantes dos trabalhadores.

À míngua de qualquer resposta da empresa reclamada, e em vistas ao evidente caráter emergencial da tutela ora perseguida, não restou outra alternativa a este órgão ministerial especializado, senão o ajuizamento da presente ação civil pública.

Pois bem.

De início, é de bem exortar a Vossa Excelência que a prática discriminatória a este grupo de trabalhadores é conduta antiga da empresa reclamada. Explico.

Em outubro de 2005, esta Procuradoria recebeu denúncia noticiando a prática de assédio moral através de perseguições, humilhações e ameaças de demissão por parte da empregadora reclamada, dando origem ao Inquérito Civil (...), em trâmite na Procuradoria Regional do Trabalho da 11ª Região.

Negados os fatos denunciados, a empresa anuiu à proposta de formalização de ato administrativo, assinando o Termo de Ajuste de Conduta nº (...), onde se compromete, dentre outras obrigações, a:

> **1. abster-se de fazer qualquer distinção, exclusão, limitação ou preferência em razão de** *origem, raça, sexo, peso, cor, altura, estado civil, orientação sexual, situação familiar, quantidade e idade dos filhos,* **estado de saúde,** *ajuizamento de ações na justiça, aparência física, religião ou qualquer outra forma de discriminação, de trabalhador potencialmente candidato ao preenchimento de vagas ofertadas pela empresa, exigindo apenas as informações estritamente relacionadas às atividades profissionais, exceto quando a natureza da atividade a ser exercida, pública e notoriamente, assim o exigir, respeitando os dispositivos legais apontados no item I, referente ao objeto deste Termo de Compromisso; (...)* **3.** *adotar idêntica conduta para fins de manutenção e ou extinção do contrato de trabalho; (...).* (original sem grifo)

Não obstante, a despeito da assinatura do referido ato administrativo, foram recebidas nesta Regional outras denúncias no sentido de que a empresa estaria discriminando trabalhadores em razão de seus afastamentos com recebimento do benefício previdenciário (auxílio-doença, código 31, ou auxílio-doença acidentário, código 91). Senão, vejamos trecho da denúncia recebida nesta Regional em 30.6.2009:

> *"(...) QUE* **afirmam estarem sofrendo discriminação por parte da empresa em razão de seus afastamentos legais (licença doença, licença por acidente de trabalho, LER etc.).** *Neste aspecto, sitam (sic) algumas situações que são impedidos de participarem: concursos internos oferecidos pela empresa, treinamentos, eventos em comemoração alusivas ao Dia dos Pais, Dia das Mães, Dia das Crianças etc.;"*
>
> *"QUE se acham discriminados, também, por a empresa identificar os trabalhadores afastados por meio de uniforme com tarja amarela, quando estes comparecem ao serviço médico da empresa (...)."* (original sem grifo)

Em sessão administrativa realizada no dia 25.2.2010, o Sr. A. C. N. S., um dos denunciantes, prestou maiores esclarecimentos sobre os fatos trazidos a conhecimento do Ministério Público do Trabalho. *In verbis*:

> *"Que trabalhou na N. ingressando em 1º.4.2004 e rescindindo seu contrato com a mesma em 15.1.2007 em virtude de redução de quadro, mas foi reintegrado judicialmente, na data de 1º.8.2007, em virtude de ter adquirido doença ocupacional; Que em 5.11.2009 foi novamente dispensado sem justa causa, apesar de entender que ainda deveria permanecer na empresa, pois seus exames médicos constatavam que ainda estava doente e, inclusive estava piorando;* **Que a empresa investigada discrimina todos os trabalhadores que voltam de licenças médicas justificadas,** *ou seja,* **que após os mesmos retornarem ao serviço depois da alta médica ficavam "de molho",** *em um espaço localizado no meio da produção onde os trabalhadores se reuniam e os trabalhadores que haviam retornado de licenças médicas ficavam todo a jornada de trabalho neste local sem fazer nenhum tipo de atividade; Que o inquirido ficou nesta situação 30 dias, mas que tal prática varia de 15 a 30 dias com relação aos demais trabalhadores (...)"* (original sem grifo)

A conduta ilícita foi confirmada pela Sra. A. R. C., testemunha ouvida nos autos do referido procedimento administrativo:

"*(...) Que se operou da mão direita em decorrência de doença ocupacional (DORT) no dia 25 de maio de 2010, tendo retornado ao serviço no dia 1º de setembro de 2010; Que, inobstante a estabilidade, foi demitida sem justa causa no mês seguinte ao retorno às atividades, sob a alegação de baixa performance; Que ainda não ingressou com reclama-ção trabalhista, mas pretende fazê-lo em breve; (...) Que há funcionários que retornam da licença médica e ficam no local de trabalho sem realizar qualquer tipo de atividade; (...) Que a própria depoente, quando do seu retorno, ficou cerca de uma semana sem local para trabalhar; Que após várias reclamações e reivindicações, a depoente foi des-locada para o posto da (...); Que tal setor era conhecido como "equipe dos quebrados"; Que os team leaders não costumavam chamar os funcionários da (...) para integrarem suas respectivas equipes, sob a alegação de que tais funcionários possuíam muitos problemas; Que havia possibilidade de realização de cursos e treinamentos, mas não costumavam ser chamados (...)*" (original sem grifo)

O descumprimento da obrigação estampada no Termo de Ajuste de Conduta firmado perante este órgão ministerial especializado deu ensejo à conversão da multa ali prevista pela seguinte obriga-ção de fazer, com finalidades preventivas de não repetição do ilícito:

"*CLÁUSULA: Promover campanhas de âmbito interno na empresa, estimulando o respeito mútuo entre superiores e subordinados, para que sejam coibidas e prevenidas todas as con-dutas discriminatórias por qualquer motivo contra os trabalhadores efetivos ou em poten-cial, bem como assédio moral. Tais campanhas devem ocorrer, ao menos 2 (duas) vezes por ano, no horário de trabalho dos empregados e mediante a apresentação de palestras, vídeos, cartazes, folders, cartilhas, manuais etc.*

PARÁGRAFO PRIMEIRO: Na ocasião das duas primeiras campanhas a ocorrerem nas dependências da empresa compromissária, haverá palestras ministradas por membros do Ministério Público do Trabalho, em data posteriormente acordada, devendo se fazer pre-sentes na ocasião superiores hierárquicos e os denominados team leaders.

PARÁGRAFO SEGUNDO. Na ocasião das duas primeiras campanhas, cujos palestrantes, dentre outros, serão membros do Ministério Público do Trabalho, a empresa se compromete a custear e disponibilizar cartilha elaborada pelo Ministério Público do Trabalho, em nú-mero equivalente ao total de funcionários da empresa."

Inobstante as tentativas deste órgão de solucionar o litígio pela via preventiva e admi-nistrativa, o caso ganhou graves proporções com a **DEMISSÃO SUMÁRIA DE 41 (QUARENTA E UM) DESSES TRABALHADORES NO ÚLTIMO MÊS DE NOVEMBRO E DE 5 (CINCO) TRABALHADORES NOS MESES ANTERIORES**, evidenciando uma **CONDUTA DISCRIMINATÓRIA** contra esse grupo de trabalhadores. Os quais, repise-se, possuem histórico de sucessivas licenças para tratamento de saúde.

Some-se a isso o fato de que **TODOS OS 56 (CINQUENTA E SEIS) TRABALHADO-RES PRESENTES NA REUNIÃO DA SRTE/AM, EM 28.11.2011 FORAM ENFÁTICOS AO AFIRMAR QUE SEMPRE SOFRERAM DISCRIMINAÇÃO NO AMBIENTE DE TRABALHO DA RECLAMADA**, citando-se os mesmos métodos anteriormente denunciados nesta Regional.

Com efeito, considerando que o ato administrativo firmado perante este órgão ministerial especializado, em específico no que concerne à referida obrigação negativa, não surtiu os efeitos desejados, ou-tra alternativa não resta ao Ministério Público do Trabalho, senão o ajuizamento da presente demanda coletiva.

2. DA LEGITIMIDADE DO MINISTÉRIO PÚBLICO DO TRABALHO

Com o advento da *Lex Mater* de 1988, o Ministério Público foi erigido à condição de ins-tituição permanente, independente, essencial à função jurisdicional do Estado, incumbindo-lhe a defesa da or-dem jurídica, do regime democrático e dos interesses sociais e individuais indisponíveis (art. 127 da CF/1988).

Para a defesa dos interesses sociais e coletivos, o constituinte originário legitimou o Ministério Público para o ajuizamento de ação civil pública (art.129, III), sendo certo que, no plano infra-constitucional, o art. 5º da Lei nº 7.347/1985 é expresso quanto à legitimidade do Ministério Público para o encetamento daquela ação.

A Lei Complementar nº 75/1993, por seu turno, legitimou o Ministério Público do Trabalho para o ajuizamento de ação civil pública visando à tutela de direitos difusos e coletivos decorrentes da relação de trabalho. O art. 83, III, estabelece cabimento *"quando desrespeitados os direitos sociais constitucionalmente garantidos"*, que, no caso em apreço, estão sendo frontalmente violados.

Assim, impende concluir pela legitimidade deste Órgão Ministerial Especializado para o ajuizamento de ação civil pública na Justiça do Trabalho, visando à tutela de quaisquer modalidades de direitos e interesses decorrentes da relação de trabalho. É de bem exortar, outrossim, que a expressão "direitos coletivos" deve ser tomada em sua acepção ampla, de maneira a abranger direitos difusos, coletivos em sentido estrito e individuais homogêneos, nos exatos lindes dos arts. 6º, VII, "d", e 84 da Lei Complementar suso mencionada.

3. DO OBJETIVO DA PRESENTE AÇÃO E DA NATUREZA INIBITÓRIA DO PROVIMENTO JURISDICIONAL PERSEGUIDO PELO MINISTÉRIO PÚBLICO DO TRABALHO

Em breve síntese, a finalidade da presente ação civil pública é demonstrar a dissonância da conduta atual e habitualmente praticada nas dependências da empresa reclamada com os direitos e princípios fundamentais aplicáveis à matéria, em especial com relação aos preceitos insculpidos na Constituição Federal (arts. 3º, IV; 5º, *caput*; e 7º, XXX), a partir dos quais se infere que é ilegal o ato de discriminar trabalhadores, seja no acesso ao mercado produtivo, durante a vigência do contrato de trabalho, ou ainda após o encerramento do vínculo de emprego.

Com efeito, a tutela jurisdicional perseguida pela presente ação civil pública possui natureza eminentemente inibitória, visando a prevenir a prática ilícita ou sua reiteração.

A inibitória funciona, basicamente, através de uma decisão ou sentença que impõe um não fazer a conduta ilícita, seja ela de natureza comissiva ou omissiva, sob pena de multa, o que permite identificar o substrato normativo processual no art. 461 do Código de Processo Civil e art. 84 do Código de Defesa do Consumidor, em vistas ao caráter mandamental do provimento jurisdicional perseguido.

A tutela inibitória tem a finalidade precípua de impedir a prática, a continuação ou repetição do ilícito. Com efeito, a presente ação civil pública busca evitar que os ilícitos sociais e trabalhistas se perpetuem ou se repitam, com inadmissíveis prejuízos à coletividade de trabalhadores da reclamada.

4. DO DIREITO

4.1. Da Discriminação

Consoante relatado alhures, a reclamada demitiu sumariamente 46 (QUARENTA E SEIS) trabalhadores com histórico de afastamentos para tratamento de saúde, mediante recebimento do respectivo benefício previdenciário (código 31 ou 91). Tal conduta, que a princípio ganha contornos legais com base no poder empregatício de rescindir de forma unilateral o contrato de trabalho, evidencia-se, em verdade, prática discriminatória contra um grupo de trabalhadores que sofrem cotidianamente perseguições em seu ambiente de trabalho.

Ora, Excelência, esses trabalhadores possuem histórico de afastamentos para tratamento de saúde, motivo que os tornam "personas non gratas", seja porque necessitam de sucessivas ausências para tratamento de saúde, seja por reivindicarem a origem acidentária no âmago do INSS, seja porque têm diminuída sua capacidade laborativa, seja porque precisam de um ambiente compatível com a readaptação inerente às condições de trabalho posteriores ao afastamento, seja porque possuem, nos casos acidentários, estabilidade.

544 | MPT – preparando-se para o concurso de Procurador do Trabalho

De acordo com os dados trazidos pela própria empresa, em sede de reunião ocorrida no último dia 28.11.2011 nas dependências da SRTE/AM, a reclamada possui cerca de 2.100 (dois mil e cem) trabalhadores em seu quadro funcional, dos quais aproximadamente 170 (cento e setenta) possuem histórico de afastamentos para tratamento de saúde. Esses números refletem que cerca de 8% (oito por cento) dos trabalhadores encontram-se em tais condições específicas.

No entanto, o recente processo demissional não acompanhou a proporção dos números supra. Os números demissionais são alarmantes e refletem o critério injustamente discriminatório do desenlace contratual promovido no mês de novembro. Isto porque 46 (QUARENTA E SEIS) trabalhadores lesionados foram sumariamente demitidos, evidenciando o ínsito caráter discriminatório no desenlace contratual, em vistas à desarrazoável proporção de empregados lesionados demitidos em data recente.

As estatísticas são cristalinas e fazem surgir o seguinte questionamento: **por que 46 (QUARENTA E SEIS) trabalhadores lesionados demitidos se apenas 8% do total de empregados da empresa encontram-se em tais condições especiais?** Ao Ministério Público do Trabalho não resta dúvidas: **trata-se de evidente discriminação no processo demissional da empresa.** A reclamada quer "limpar" seu quadro funcional, livrando-se dos trabalhadores *non gratos*, ainda que sejam bons funcionários, não possuam histórico de punições disciplinares e tenham vários anos de serviços prestados à empresa reclamada.

Como se percebe, o quadro retratado, além de gravíssimo e socialmente injusto, denota desrespeito à dignidade humana.

O direito de demitir do empregador deve ser pautado por parâmetros éticos e morais.

Os fatos narrados e documentados evidenciam que a ré discrimina os trabalhadores que foram afastados pelo INSS. Não pode o Judiciário ser conivente com a conduta ilícita. Deve coibi-la. Mais: deve puni-la exemplarmente!

4.2. Das Normas e Princípios Violados

Nosso ordenamento jurídico constitucional, reconhecendo a pessoa humana como elemento central dentro do Direito, bem como o valor inestimável do trabalho humano, além de sua importância social e econômica na produção de bens e serviços e consequente desenvolvimento econômico e social, erigiu o trabalho e a dignidade humana como pilares do Estado Democrático de Direito (CF, art. 1º, III e IV), proclamando na ordem econômica a valorização do trabalho (CF, art. 170). Ademais, o constituinte originário enfatizou que a "*ordem social tem como base o primado do trabalho, e como objetivo, o bem-estar e a justiça sociais*" (CF, art. 193).

Nesse mesmo sentido, dispõe a Declaração Universal dos Direitos do Homem: "*Todos os seres humanos nascem livres e iguais em dignidade e em direitos. Dotados de razão e consciência, devem agir uns para com os outros em espírito de fraternidade*" (art.1º); "*Todos são iguais perante a lei e, sem distinção, têm igual proteção da lei. Todos têm direito à proteção contra qualquer discriminação que viole a presente Declaração e contra qualquer incitamento a tal discriminação*" (art. 7º); "*Ninguém sofrerá intromissões arbitrárias na sua vida privada, na sua família, no seu domicílio e na sua correspondência, ataques à sua honra e reputação. Contra tais intromissões ou ataques toda pessoa tem direito à proteção da lei*" (art. 12).

Nem mesmo em períodos de exceção os cidadãos são privados de suas dignidades. O tratamento do ser humano de forma digna não pode ser coarctado, sobretudo por atitudes ilegais e imorais, de inegável caráter discriminatório e persecutório.

Não podem encontrar guarida no Judiciário práticas dessa natureza, ainda que efetivadas sob o pálio do princípio da livre iniciativa, pois, se a hierarquia existe entre os princípios gerais da Atividade Econômica, no topo dessa ordem está o da valorização do trabalho humano, disposto em primeiro plano no art. 170, *in fine*, da CF/1988, com o fito de "*assegurar a todos existência digna, conforme os ditames da justiça social*".

Por outro lado, tem-se que o Constituinte de 1988 elegeu como objetivo fundamental da República Federativa do Brasil a promoção do bem de todos, sem preconceitos de origem, raça, sexo, cor, idade e quaisquer outras formas de discriminação (art. 3º, IV), para, logo em seguida, dispor que "*a lei punirá qualquer discriminação atentatória dos direitos e liberdades fundamentais*" (art. 5º, XLI).

Diante disso, não há como fazer parecer moral e legal a conduta da reclamada, ao eleger para o desemprego trabalhadores que mais necessitam de reabilitação, em razão de alguma doença adquirida. Ao demitir sumariamente 46 (QUARENTA E SEIS) trabalhadores com histórico de lesões, várias delas adquiridas no exercício da própria função, a empresa usa e descarta seres humanos, olvidando- -se de sua responsabilidade social.

A demissão sumária dos 46 (QUARENTA E SEIS) trabalhadores apenas corrobora a conduta imoral e ilegal da empresa ao discriminar cotidianamente tais trabalhadores, consoante relatado nos autos do procedimento de inquérito civil em trâmite no Ministério Público do Trabalho e confirmado pelo extenso grupo de trabalhadores presentes na reunião convocada na sede da SRTE/AM.

O ato demissional atacado fere, ainda, o princípio da igualdade, consagrado no *caput* do art. 5º da Constituição, segundo o qual "*todos são iguais perante a lei, sem distinção de qualquer natureza*". Não só o mencionado dispositivo constitucional está sendo frontalmente violado, mas também a Convenção nº 111 da Organização Internacional do Trabalho, da qual é o Brasil signatário, incorporada ao direito doméstico por meio do Decreto Legislativo nº 104, de 24.11.1964, sendo ratificada em 26.11.1965, promulgada pelo Decreto nº 62.150, de 19.1.1968, e vigente desde 26.11.1966. Trata-se do principal instrumento normativo internacional que versa sobre o tema da discriminação no trabalho, inserido em nosso sistema jurídico, estando em pleno vigor. Do seu art. 1º, colhe-se a seguinte disposição:

> *Artigo 1º.*
>
> *1. Para os fins da presente convenção o termo "discriminação" compreende:*
>
> *a) Toda distinção, exclusão ou preferência fundada na raça, cor, sexo, religião, opinião política, ascendência nacional ou origem social, que tenha por efeito destruir ou alterar a igualdade de oportunidade ou de tratamento em matéria de emprego ou profissão.*
>
> *b) Qualquer outra distinção, exclusão ou preferência que tenha por efeito destruir ou alterar a igualdade de oportunidades ou tratamento em matéria de emprego ou profissão que poderá ser especificada pelo Membro interessado depois de consultadas as organizações representativas de empregadores e trabalhadores, quando estas existam, e outros organismos adequados.*

Conclui-se, assim, que o dever do empregador de respeitar a dignidade do empregado abarca o dever de igualdade de tratamento e de não discriminação no acesso ao emprego, na manutenção das condições de trabalho e no desenlace contratual.

Ademais, a Convenção nº 161 da OIT – Organização Internacional do Trabalho – no artigo 5º, alínea "g", prevê, como função dos serviços de saúde no trabalho, promover a adaptação do trabalho aos trabalhadores. É dizer, um dos princípios consagrados nas normas internacionais é o de que o trabalho deve adaptar-se ao homem e não o contrário.

A saúde e o trabalho são direitos sociais fundamentais, conforme previsão expressa contida no art. 6º da Constituição da República, competindo à União organizar, manter e executar a inspeção do trabalho (art. 21, inciso XXIV). Os fatos já delineados evidenciam o irregular exercício do poder diretivo da ré frente aos seus trabalhadores e notabilizam a irregularidade da conduta patronal rescisória.

Invoque-se, finalmente, a Lei nº 9.029/1995, que proíbe, em seu art. 1º, "*a adoção de qualquer prática discriminatória e limitativa para efeito de acesso à relação de emprego, **ou sua manutenção**, por motivo de sexo, origem, raça, cor, estado civil, situação familiar ou idade (...)*". E, no art. 4º, estabelece expressamente que:

> *O rompimento da relação de trabalho por ato discriminatório, nos moldes desta Lei, além do direito à reparação por dano moral, faculta ao empregado optar entre:*

I – a readmissão com ressarcimento integral de todo o período de afastamento, mediante pagamento das remunerações devidas, corrigidas monetariamente, acrescidas dos juros legais;

II – a percepção, em dobro, da remuneração do período de afastamento, corrigida monetariamente e acrescida dos juros legais.

A demissão discriminatória sob o fundamento de pleno exercício do poder diretivo demissional, ou mesmo pela justificativa de não cumprimento de metas e improdutividade após a manifestação de doença(s) ocupacional(is), é a forma encontrada pelo empregador, segundo o doutrinador André Luiz Souza Aguiar (*Assédio Moral: o direito à indenização pelos maus-tratos e humilhações sofridos no ambiente do trabalho*. São Paulo: LTr, 2006. p. 116), para se ver livre daquele trabalhador, que, por sua vez, encontra uma grande dificuldade em vincular a relação do seu afastamento com seu estado de saúde e comprovar o nexo causal entre o modo de produzir com o seu adoecimento.

Qualquer discriminação é injusta e repugnante, independentemente da espécie de preconceito que o motiva. Mas é mais grave quando, para além do "simples" preconceito, pretende-se alguma vantagem com ela. E no caso, a "vantagem" é a possibilidade de descartar seres humanos como máquinas quebradas, quando sai mais barato jogar fora do que consertar.

Vejamos o que pensa Arion Sayão Romita sobre o conteúdo ético do contrato de trabalho:

"A Constituição Federal aponta o primado do trabalho como base da ordem social (art. 193). Os valores sociais do trabalho, ao lado da dignidade da pessoa humana, representam um dos fundamentos do Estado democrático de direito em que se constitui o Brasil (CF, art. 1º, III e IV). A ordem econômica tem por fundamento a valorização do trabalho humano e por fim assegurar a todos existência digna, conforme aos ditames da justiça social (CF, art. 170). A Carta Magna realça, portanto, o conteúdo ético do trabalho humano. Ela não se limita a garantir o mínimo que assegura ao trabalhador benefícios de ordem material (art. 7º). De sua sistemática, depreende-se que os chamados direitos personalíssimos, subjetivos e imateriais (honra, decoro pessoal, boa fama etc.) devem também dispor de proteção na área trabalhista.

A execução de boa-fé constitui um dos princípios que regem o contrato de trabalho. Esse princípio se caracteriza por seu alto sentido moral e alcança ambos os sujeitos da relação – o empregado e o empregador. Exerce seu império sobre todas as fases do contrato, dominando a formação, a execução e também o término." (ROMITA, Arion Sayão. *Os Direitos Sociais na Constituição e Outros Estudos*. São Paulo: LTr, 1991. p. 137) (original sem grifo)

Também o contrato de trabalho, como os contratos em geral, é animado pelo princípio da boa-fé, que constitui dever de ambas as partes. A boa-fé, como se sabe, é o dever que se impõe às partes de agirem de acordo com determinados padrões socialmente reconhecidos de correção, lealdade e honestidade. Ao demitir 46 (QUARENTA E SEIS) trabalhadores com histórico de afastamentos para tratamento de saúde, de modo prejudicial à outra parte, a N. faltou com o seu dever de lealdade e boa-fé, incorrendo em abuso de direito.

O trabalho é elemento essencial à dignidade humana, instrumento de realização dos direitos fundamentais e elemento que caracteriza o Estado como Democrático de Direito. A conduta discriminatória precisa cessar. O ato demissional precisa ser declarado nulo.

4.3. Da Jurisprudência Pátria

O próprio Judiciário Trabalhista, já instado a se manifestar quanto à prática de atos discriminatórios, tem se posicionado no sentido de entender premente a reintegração ao emprego, consoante se pode observar dos arestos a seguir, que, nada obstante retratarem situação diversa, enfrentam os dispositivos legais aqui invocados:

AIDS – REINTEGRAÇÃO – DESPEDIDA ARBITRÁRIA E DISCRIMINATÓRIA – A aplicação da Lei nº 9.029/1995 de maneira analógica não tem o condão de atritar com as normas constitucionais garantidoras dos direitos "mínimos" dos trabalhadores, na medida em que, aqui, não se vislumbra simples despedida arbitrária, mas sim despedida arbitrária e discriminatória. Equivoca-se a Embargante ao considerar que a decisão turmária lesiona preceito de ordem constitucional, uma vez que este órgão julgador tão somente cuidou, e de forma bastante cautelosa, para que a Carta Magna deste país restasse devidamente observada e respeitada. Logo, tem-se que é a própria Constituição Federal que proíbe de maneira inequívoca, no caput *do seu art. 5º, qualquer espécie de discriminação. Depreende-se, pois, daí, que a supracitada norma também, alcança as relações de trabalho.* (TST – ED-RR 217.791/1995-3 – 2ª Turma – Relator Ministro Valdir Righetto – *DJU* de 22.5.1998).

EMPREGADA ACOMETIDA PELO VÍRUS HIV – DISPENSA LOGO APÓS CONHECIMENTO PELA EMPRESA DO ESTADO CLÍNICO DA OBREIRA – A despedida é obstativa, depois que manifestada a doença no organismo da empregada, pois a impede de usufruir dos benefícios previdenciários. Inteligência do art. 476 da CLT. É direito constitucional do trabalhador urbano e rural a relação de emprego protegida contra despedida arbitrária ou sem justa causa (art. 7º, inciso I, da CF/1988). Em caso de seguro doença ou auxílio enfermidade, dá-se a suspensão do contrato de trabalho e o empregado não pode ser despedido, considerado que é uma licença não remunerada após o 15º dia de interrupção do contrato de trabalho. Assim, é arbitraria a despedida do empregado enfermo que vê frustrado com esse ato o seu direito protegido por lei. (TRT 2ª R. – Ac. 7ª Turma 02960145695 – Relator Juiz Braz José Mollica – *DOESP* de 28.3.1996).

AIDS – DEMISSÃO – FUNCIONÁRIO PORTADOR DO VÍRUS DA "AIDS"- DISCRIMINAÇÃO – REINTEGRAÇÃO – Toda discriminação é sempre odiosa, tanto que o art. 5º da Constituição Federal de 1988 a proíbe. A saúde, também por força constitucional, é direito de todos. Assim, a dispensa imotivada do aidético, que em pouco mais de quatro meses implementaria o prazo de garantia de emprego, objeto de norma negociada, constitui triste exemplo de discriminação. A despedida implicaria, em última análise, na sua própria morte. A reintegração, in casu, podia ser feita por meio de cautelar inominada. (TRT 3ª R. – MS 76/93/SE – Relator Juiz Dárcio Guimarães de Andrade – *DJMG* de 17.3.1994).

RECURSO DE REVISTA – DANO MORAL – TRABALHADOR REINTEGRADO POR ORDEM JUDICIAL. O TRT afirma que, no caso dos autos, ficou demonstrado que o reclamante, reintegrado por ordem judicial, sofreu tratamento humilhante por parte do empregador, que sem justificativa plausível demorou dois meses para fornecer-lhe crachá e senha para trabalho no sistema, não obstante a reclamada fosse empresa de tecnologia. Afirmou que a atitude do empregador, ao dificultar a entrada do reclamante na empresa, bem como o desempenho de suas atividades após a reintegração, durante tempo prolongado, caracterizou o assédio, o desrespeito, bem como o descumprimento de ordem judicial de reintegração na função, com a manutenção do status quo ante. *Diante desse contexto fático, e ao contrário do que afirma a recorrente, deve se concluir pela comprovação da alegada dor moral (dano), bem como do nexo de causalidade entre o dano sofrido e a conduta ilícita da empregadora. Intactos, pois, os dispositivos de lei e da Constituição Federal mencionados pela recorrente. Recurso de revista de que não se conhece.* (RR 45800-73.2009.5.12.0035 – 5ª Turma – Relatora Ministra Kátia Magalhães Arruda – *DEJT* de 24.9.2010).

Com efeito, o Ministério Público do Trabalho requer seja a empresa reclamada condenada à obrigação de fazer, consubstanciada em reintegrar os trabalhadores demitidos por critérios discriminatórios, sob pena de multa e crime de desobediência.

4.4. Da Indenização por Dano Moral Individual

Outrora reconhecido pela doutrina tradicional como sinônimo de dor, angústia, tristeza ou depressão, o dano moral deve ser concebido, em atual, como um dano à dignidade do indivíduo, através da violação de seu direito da personalidade. No caso *sub examine*, o dano revela-se *ipsu facto*, não sendo necessária a comprovação das repercussões negativas do ato ilícito praticado.

O mero reconhecimento do ato discriminatório enseja a reparação do dano moral suportado pelos trabalhadores, através de uma justa indenização compensatória em pecúnica. Com efeito, requer o Ministério Público do Trabalho sejam os 46 (QUARENTA E SEIS) trabalhadores demitidos indenizados pelo dano moral por eles suportados, no valor mínimo de **R$ 10.000,00 (dez mil reais) para cada um**, conforme arbitrado por Vossa Excelência.

4.5. Do Dano Moral Coletivo

O dano moral coletivo corresponde a uma injusta lesão à esfera moral da coletividade, tratando-se de um dano genérico de que foi alvo toda a coletividade de trabalhadores do supermercado reclamado, bem como a própria sociedade, porquanto restaram violados o ordenamento jurídico pátrio e a ordem social.

A sociedade cansou-se da sensação de impunidade, gerada pelo descrédito no ordenamento jurídico violado, face à reiteração de condutas ilícitas que prejudicam a paz social. Razão pela qual se impõe a reparação pelo dano genérico (dano moral difuso ou coletivo) com a finalidade de, a um só tempo, recompor o ordenamento jurídico lesado e restabelecer a ordem social.

No caso em concreto, há lesões a interesses de necessidade social, consubstanciadas na violação de regras sociais e trabalhistas, constitucionais e infraconstitucionais, protetoras da não discriminação.

A doutrina e a jusrisprudência têm caminhado nesse exato sentido.

As lições doutrinárias indicam que a sociedade é sim titular de um patrimônio moral que pode ser abalado por atos contrários à lei e à moral que deve presidir as relações sociais. Modernamente, admite-se a possibilidade de reparação de danos que tenham a potencialidade de lesar toda uma coletividade.

Carlos Alberto Bittar Filho ("Do dano moral coletivo no atual contexto jurídico brasileiro". *Revista Direito do Consumidor*. São Paulo: Revista do Tribunais nº 12, out./dez. 1994. Destaques do MPT) leciona:

> *"(...) assim como cada indivíduo tem sua carga de valores, também **a comunidade, por ser um conjunto de indivíduos, tem uma dimensão ética**. Mas é essencial que se assevere que a citada amplificação desatrela os valores coletivos das pessoas integrantes da comunidade quando individualmente consideradas".*

> *"Os valores coletivos, pois, dizem respeito à comunidade como um todo, independentemente de suas partes. Trata-se, destarte, de valores do corpo, valores esses que não se confundem com o de cada pessoa, de cada célula, de cada elemento da coletividade. Tais valores têm um caráter nitidamente indivisível".*

> *"(...) **o dano moral coletivo é a injusta lesão da esfera moral de uma dada comunidade, ou seja, é a violação antijurídica de um determinado círculo de valores coletivos.** Quando se fala em dano moral coletivo, está-se fazendo menção ao fato de que o patrimônio valorativo de uma certa comunidade (maior ou menor), idealmente considerada, foi agredido de uma maneira absolutamente injustificável do ponto de vista jurídico... **Como se dá na seara do dano moral individual, aqui também não há que se cogitar de prova de culpa, devendo-se responsabilizar o agente pelo simples fato da violação...**"* (original sem grifo)

Esse autor destaca, ainda, a necessidade de fortalecimento, no direito brasileiro, do espírito coletivo, afirmando que a ação civil pública, neste particular, atua como *"poderoso instrumento de superação do individualismo"*.

Do ponto de vista da jurisprudência, também não revela nenhuma novidade a questão do dano moral coletivo.

Assim ocorreu na decisão proferida no processo TRT-RO-5309/2002, cujo Relator foi o Juiz Luis José de Jesus Ribeiro, e que tem a seguinte ementa:

> *DANO MORAL COLETIVO – POSSIBILIDADE – Uma vez configurado que a ré violou direito transindividual de ordem coletiva, infringindo normas de ordem pública que regem a saúde, segurança, higiene e meio ambiente do trabalho e do trabalhador, é devida a indenização por dano moral coletivo, pois tal atitude da ré abala o sentimento de dignidade, falta de apreço e consideração, tendo reflexos na coletividade e causando grandes prejuízos à sociedade.* (TRT – 8ª Região – RO 5309/2002 – Relator Juiz Luis de José Jesus Ribeiro – j. em 17.12.2002).

Da mesma forma, a decisão abaixo:

> *AÇÃO CIVIL PÚBLICA – INDENIZAÇÃO POR DANO À COLETIVIDADE – "Para que o Poder Judiciário se justifique, diante da necessidade social da justiça célere e eficaz, é imprescindível que os próprios juízes sejam capazes de 'crescer', erguendo-se à altura dessas novas e prementes aspirações, que saibam, portanto, tornar-se eles mesmos protetores dos novos direitos 'difusos', 'coletivos' e 'fragmentados', tão característicos e importantes da nossa civilização de massa, além dos tradicionais direitos individuais." (Mauro Cappelletti) Importa no dever de indenizar por dano causado à coletividade, o empregador que submete trabalhadores à condição degradante de escravo.* (TRT – 8ª Região – Acórdão nº 00276-2002-114-08-005 – 1ª T/RO 861/2003 – Relator Juíza Maria Valquíria Norat Coelho – j. em 1º.4.2003).

O dano moral coletivo desponta como sendo a violação em dimensão transindividual dos direitos da personalidade. Se o particular sofre dor psíquica ou passa por situação vexatória, **a coletividade, vítima de dano moral, sofre de desapreço, descrença em relação ao poder público e à ordem jurídica.** Padece a coletividade de intranquilidade e de insegurança.

Assim, acompanhando visão mais socializante do direito, a doutrina e a jurisprudência já se demonstram sensíveis à questão do dano moral coletivo.

No que se refere ao resguardo aos direitos mínimos dos trabalhadores para que as irregularidades não se repitam e quanto à punição do empregador, a ser suportada por seu patrimônio, a provocação ao Estado-Juiz está sendo feita pelo Ministério Público do Trabalho.

O que espera a sociedade diante do desrespeito ao ser humano é que o Judiciário Trabalhista continue adotando postura técnico-jurídica de vanguarda no acolhimento dos pleitos formulados na presente ACP, e, acima de tudo, harmônica com os interesses da coletividade em ver cessar a prática do não fornecimento dos vestuários exigidos.

Dessa feita, impõe-se a reparação através de indenização por dano moral coletivo. E, portanto, por meio do exercício da Ação Civil Pública, pretende o Ministério Público do Trabalho a definição da responsabilidade por ato ilícito que causou danos morais a interesses difusos e/ou coletivos. A questão está assim definida pelo art. 1º da Lei nº 7.347/1985:

> *Art. 1º. Regem-se pelas disposições desta lei, sem prejuízo da ação popular, as ações de responsabilidade por danos morais e patrimoniais causados: (...)*
>
> *IV – a qualquer outro interesse difuso ou coletivo.*

Busca-se aqui, pois, a reparação do *dano moral coletivo* emergente da conduta ilícita da ré.

Destarte, os danos morais causados à coletividade devem ser reparados mediante a condenação ao pagamento de uma prestação pecuniária, cujo valor sirva, de um lado, para desestimular as violações ao ordenamento jurídico; de outro, contribuir para prover o Estado dos meios materiais necessários ao

550 | MPT – PREPARANDO-SE PARA O CONCURSO DE PROCURADOR DO TRABALHO

combate a essa espécie de violação da ordem jurídica; e, bem como, para propiciar a *reconstituição dos bens lesados*, conforme previsto no art. 13 da Lei nº 7.347/1985.

No caso de interesses difusos e coletivos na área trabalhista, esse fundo é o FAT – Fundo de Amparo ao Trabalhador – que, instituído pela Lei nº 7.998/1990, custeia o pagamento do seguro-desemprego (art. 10) e o financiamento de políticas públicas que visem à redução dos níveis de desemprego, o que propicia, de forma adequada, a reparação dos danos sofridos pelos trabalhadores, aqui incluídos os desempregados que buscam uma colocação no mercado.

Diante desses parâmetros, cumpre estipular o valor da prestação pecuniária que a ré deve ser condenada a adimplir.

Esse valor, a juízo do Ministério Público do Trabalho, deve corresponder a **R$ 500.000,00 (quinhentos mil reais)**. Trata-se de indenização simbólica se cotejada com a capacidade econômica da reclamada e bem como à extensão do dano causado, além do caráter punitivo e pedagógico inerente à indenização perseguida.

Com efeito, requer o Ministério Público do Trabalho a fixação de indenização pela lesão a direitos metaindividuais sociais e trabalhistas no patamar de **R$ 500.000,00 (quinhentos mil reais)**, em vistas à capacidade econômica da ré, à extensão do dano e à característica punitivo-pedagógica da indenização, ao fito de recompor a lesão emergente da violação aos preceitos constitucionais e infraconstitucionais sociais e trabalhistas, revertendo-se a importância ao FAT.

5. DA ANTECIPAÇÃO DOS EFEITOS DA TUTELA JURISDICIONAL

A tutela perseguida pela presente ação civil pública justifica-se na necessidade de o Judiciário Trabalhista exercer um papel preservacionista, e não apenas reparador. Com efeito, cumpre fixar que a liminar prevista no art.12 da Lei nº 7.347/1985 não possui natureza cautelar, tratando-se de típica hipótese de antecipação de tutela e, portanto, devem estar presentes os requisitos exigidos no art. 273 do Código de Processo Civil.

No particular, estão presentes todos os requisitos que ensejam o deferimento de tutela antecipada. Os elementos do procedimento investigatório instruído pelo Ministério Público do Trabalho, em cotejo com os documentos ora apresentados, revelam que há **prova inequívoca** (art. 273, *caput*, do CPC) do desenlace contratual discriminatório.

Quanto ao requisito da **verossimilhança** (art. 273, *caput*), esta decorre da existência de provas inequívocas já mencionadas e da notória fraude à lei consubstanciada pelas condutas ilícitas da ré da presente demanda, consoante pormenorizadamente exposto algures.

De outra parte, há **fundado receio de dano irreparável ou de difícil reparação** (CPC, art. 273, inciso I). Isto porque, o receio do perigo, em face da morosidade da prestação judicial alcançar a destempo o objetivo colimado pelo processo, qual seja, a paz social, seriamente ameaçada com a demissão eivada de ilegalidade, imposta pela empresa.

No caso, destaca-se, primeiramente, a premência de garantir-se o emprego a todos os dispensados sob critério discriminatório e também à revelia dos princípios e normas tutelares da relação empregatícia, por meio de reintegração, a fim de proporcionar-lhes salários e DIGNIDADE, sob pena de condená-los sumariamente à miséria.

Não é demais afirmar que repousa no caráter alimentar dos salários, na urgência de sua percepção, na continuidade do emprego e na sobrevivência de trabalhadores indefesos o pedido liminar que se postula.

Assim, nos termos do art. 12 da Lei nº 7.347/1985, requer-se, inicialmente, a concessão de medida liminar *inaudita altera pars* a fim de que sejam imediatamente **REINTEGRADOS os 46 (QUARENTA E SEIS) trabalhadores listados em anexo aos seus postos originais de trabalho, com todos os**

salários e vantagens do período de afastamento, sob pena de multa diária de R$ 1.000,00 (mil reais) por trabalhador prejudicado, reversível ao FAT (Fundo de Amparo ao Trabalho), e crime de desobediência.

6. DOS PEDIDOS

Considerando todo o exposto, requer o Ministério Público do Trabalho:

6.1. Provisoriamente, em face da proteção jurídica demonstrada, a **REINTEGRAÇÃO** imediata de todos os trabalhadores dispensados de forma discriminatória, arrolados nos termos das rescisões em anexo, aos seus postos originais de trabalho, com todos os salários e vantagens do período de afastamento, sob pena de multa diária de R$ 1.000,00 (mil reais) por trabalhador prejudicado, reversível ao FAT (Fundo de Amparo ao Trabalho), e crime de desobediência;

6.2. Definitivamente:

6.2.1. Julgamento em definitivo da ação, confirmando-se a liminar deferida, dando-se por reintegrados os irregularmente demitidos;

6.2.2. Seja a ré condenada ao pagamento de indenização por dano moral individual sofrido pelos trabalhadores demitidos, alvos de discriminação, no patamar mínimo de **R$ 10.000,00 (dez mil reais)** para cada um deles, ou outro valor a ser arbitrado por Vossa Excelência;

6.2.3. Seja a ré condenada ao pagamento de **R$ 500.000,00 (quinhentos mil reais)**, a título de dano moral coletivo, reversíveis ao FAT – Fundo de Amparo ao Trabalhador.

6.2.4. Seja a ré condenada ao pagamento das custas do processo.

Protesta o Ministério Público do Trabalho pela produção de todas as provas admitidas em juízo, em especial testemunhal e documental.

Requer, ainda, a notificação da ré para, querendo, em audiência, manifestar-se como entender cabível e sob as penas da lei.

Em arremate, **requer a notificação do sindicato profissional da categoria para, querendo, integrar a lide como litisconsorte assistencial**.

Pugna pela observância das prerrogativas institucionais e processuais do Ministério Público. Indica, para tanto, o endereço apontado no rodapé desta peça inicial, para recebimento de intimação pessoal e nos autos.

Atribui-se à causa, para fins de alçada, o valor de R$ 960.000,00 (novecentos e sessenta mil reais).

Termos nos quais,

pede e espera deferimento.

Manaus, 29 de novembro de 2011.

Tiago Muniz Cavalcanti

Procurador do Trabalho

PRT 11ª Região

DOCUMENTOS:

Listagem com nome e data do aviso prévio dos trabalhadores demitidos;

Cópias de peças que instruem o inquérito civil [...];

Ata das reuniões na SRTE/AM;

TRCT's e documentos que comprovam o afastamento para tratamento de saúde dos trabalhadores demitidos.

Capítulo 7

TRABALHO PORTUÁRIO E AQUAVIÁRIO
Andrea da Rocha Carvalho Gondim

Sumário: 7.1. Trabalho portuário – Evolução legislativa – Lei de Modernização dos Portos • 7.2. Princípios do trabalho portuário • 7.3. Trabalhador portuário avulso e com vínculo empregatício • 7.4. Trabalhador portuário cadastrado e registrado – Acesso ao cadastro e registro • 7.5. Escala dos trabalhadores portuários • 7.6. Ingresso de novos trabalhadores ao sistema portuário • 7.7. Modalidades de trabalhadores portuários • 7.8. Multifuncionalidade • 7.9. Trabalho portuário exercido fora e dentro da área do porto organizado • 7.10. Meio ambiente do trabalho • 7.11. Enquadramento sindical • 7.12. Negociação coletiva • 7.13. Jurisprudência atualizada do TST sobre algumas questões envolvendo trabalhador portuário • 7.14. O Ministério Público do Trabalho e as principais formas de atuação na área portuária • 7.15. Trabalho aquaviário: marítimos, fluviários, mergulhadores, pescadores, práticos e agentes de manobra e docagem • 7.16. Súmulas e Orientações Jurisprudenciais • 7.17. Questões resolvidas e comentadas • *Anexo* – AÇÃO CIVIL PÚBLICA – SAÚDE E SEGURANÇA DO TRABALHADOR PORTUÁRIO

7.1. TRABALHO PORTUÁRIO – EVOLUÇÃO LEGISLATIVA – LEI DE MODERNIZAÇÃO DOS PORTOS

O trabalho portuário é aquele realizado em serviços afetos às operações portuárias na movimentação de cargas nos portos. Seu nascedouro se deu já na Idade Antiga, quando o homem buscou assegurar sua sobrevivência, fixando-se às margens de rios, lagos e mares, com o fim de suprir sua necessidade por alimentos e água, circunstância propícia ao surgimento da navegação.

O desenvolvimento da navegação, por seu turno, resultou em oportunidade de trabalho para os trabalhadores dos portos, uma vez que a tripulação do navio, após longo período embarcada, repassava o carregamento e o descarregamento das mercadorias a outros trabalhadores, com o fim de gozarem o merecido descanso. Dessa forma, os portos foram surgindo nas rotas comerciais, desenvolvendo a economia e criando a necessidade de trabalhadores especializados, regulados por normatização consuetudinária.

Antes de traçar a evolução legislativa brasileira acerca do trabalho portuário, é necessário traçar o panorama das normas no âmbito internacional. O trabalhador portuário possui direitos consagrados em Convenções e Recomendações da Organização Internacional do

Trabalho (OIT), a exemplo da *Convenção n° 137*, que dispõe sobre as Repercussões Sociais dos Novos Métodos de Manipulação de Cargas nos Portos, inserida no ordenamento jurídico pátrio pelo Decreto n° 1.574, de 31.7.1995. Essa Convenção fixou diretrizes visando à proteção do trabalhador portuário em face da automação, flexibilização e redução dos quadros de trabalho. Tais princípios devem ser preservados pelo ordenamento pátrio, por força do que dispõe a Constituição Federal, em seu art. 5°, § 2°, ao dispor que os direitos e garantias nela expressos não excluem outros decorrentes de tratados internacionais em que a República Federativa do Brasil seja parte.

Ainda no plano internacional, a Recomendação da OIT n° 145, de 1973, explicitou a preocupação daquela convenção com os efeitos nefastos da modernização dos portos na relação capital-trabalho. Nessa recomendação consta a definição do trabalhador portuário como aquele que se dedica de modo regular ao trabalho no porto e cuja principal fonte de renda anual provém desse trabalho, consagrando a ideia do porto para quem vive do porto.

No âmbito nacional, o modelo preconizado pela Consolidação das Leis Trabalhistas, arts. 254 a 292 prevaleceu até o advento da Lei de Modernização dos Portos (Lei n° 8.630/1993). Anteriormente, os sindicatos de trabalhadores avulsos exerciam total controle na distribuição do contingente necessário à realização das operações portuárias, funcionando ao mesmo tempo como intermediador de mão de obra e entidade representativa da categoria. Quem movimentava carga nos portos em terra era o pessoal da capatazia da Companhia Docas, e a bordo eram os estivadores recrutados pelo sindicato.

A partir de 1993, com o advento da Lei de Modernização dos Portos, foi alterado o sistema de administração dos portos e de gerenciamento de mão de obra avulsa que passou a ser realizada pelo Órgão Gestor de Mão de Obra (OGMO). A Lei n° 9.719/1998, por seu turno, dispunha sobre normas e condições gerais de proteção ao trabalho portuário, como prazo para pagamento dos trabalhadores, regras para manutenção do registro e intervalo interjornadas.

Em 6 de dezembro de 2012, a Medida Provisória (MP) n° 595 revogou total e expressamente a Lei n° 8.630/1993, e passou a dispor sobre a exploração direta e indireta, pela União, de portos e instalações portuárias e sobre as atividades desempenhadas pelos operadores portuários, dentre outras providências.

A Constituição Federal estabelece que, em caso de relevância e urgência, o Presidente da República poderá adotar medidas provisórias, com força de lei. A medida provisória perderá sua eficácia, desde a edição, se não for convertida em lei no prazo de sessenta dias, prorrogável, nos termos do § 7° do art. 62 da CF/1988, uma vez por igual período, devendo o Congresso Nacional disciplinar, por decreto legislativo, as relações jurídicas delas decorrentes (art. 62 da CF/1988).

Interessante observar que a referida medida provisória é de constitucionalidade duvidosa, haja vista que não obedeceu o requisito da urgência, previsto no art. 62 da CF, uma vez que essa matéria poderia ter siso objeto de regulamentação por lei ordinária. O Supremo Tribunal Federal possui julgados admitindo, em **caráter excepcional**, a possibilidade de controle de constitucionalidade quando a medida provisória não obedece aos requisitos de relevância e urgência (ADIn n°s 2.213, 1.647 e 1.753). A discussão acerca da inconstitucionalidade da MP n° 595 perdeu a relevância já que esta fora convertida, em 5 de junho de 2013, na Lei n° 12.815, após intensos debates na Câmara dos Deputados e no Senado Federal.

Assim, atualmente **o trabalho portuário é regulamentado pela Lei nº 12.815/2013**, que revogou expressamente a Lei nº 8.630/1993 e estabeleceu outras providências.

O trabalho portuário é aquele relacionado aos serviços relativos às operações portuárias, realizados a bordo das embarcações ou em terra, por trabalhadores portuários avulsos ou com vínculo empregatício.

> **IMPORTANTE:** A CF/88, em seu art. 7º, XXVIII, dispõe ser direito do trabalhador a proteção em face da automação, na forma da lei, sendo a Lei nº 12.815/2013 e a Convenção nº 137 da OIT exemplos de diplomas que fixam diretrizes visando à proteção do trabalhador em face da automação.

7.2. PRINCÍPIOS DO TRABALHO PORTUÁRIO

Os princípios, segundo sábia lição de Celso Antônio Bandeira de Mell (2004, p. 841-2), são mandamentos nucleares do sistema, verdadeiros alicerces dele, disposição fundamental que se irradia sobre diferentes normas compondo-lhes o espírito e servindo de critério para a sua exata compreensão e inteligência, exatamente por definir a lógica e a racionalidade do sistema normativo, no que lhe confere a tônica e lhe dá sentido harmônico.

No que tange especificamente aos princípios do Trabalho Portuário, a Lei de Modernização dos Portos fazia menção, em seu art. 9º, § 1º, sobre a obrigação de obediência do operador portuário aos preceitos da legalidade, moralidade e igualdade de oportunidade ou equidade. Ademais, estabelecia a necessidade de negociação coletiva (arts. 22, 28 e 29), a restrição do trabalho aos trabalhadores habilitados para o trabalho portuário (art. 18, III), a multifuncionalidade (art. 57) e a modernização (art. 57, *in fine*).

A Lei nº 12.815/2013, conhecida como a nova Lei dos Portos, reproduz a Lei nº 8.630/1993, dispondo, em seu art. 25, § 1º, sobre a obediência aos princípios da legalidade, impessoalidade, moralidade, publicidade e eficiência. Estabelece, igualmente, a necessidade de negociação coletiva (arts. 36, 42 e 43), a restrição do trabalho aos trabalhadores habilitados para o trabalho portuário (art. 32, III), a multifuncionalidade (art. 33, II, "b") e a modernização (art. 33, II, "a").

A Nova Lei dos Portos (Lei nº 12.815/2013) inova ao dispor sobre a necessidade de fixação de garantia de renda mínima inserida no item 2 do Artigo 2 da Convenção 137 da OIT, a ser observada em negociação coletiva, consoante o disposto em seu art. 43, parágrafo único.

a) Princípio negocial

A Lei nº 12.815/2013, arts. 32, parágrafo único, 36, 42 e 43, delega aos representantes dos trabalhadores e dos operadores portuários a normatização, via instrumento coletivo, dos aspectos inerentes ao trabalho portuário avulso, como a remuneração, a definição das funções, a composição dos ternos, a multifuncionalidade e as demais condições do trabalho avulso.[1]

---

1. No mesmo sentido, a Lei nº 8.630/1993, arts. 22, 28 e 29, e a MP nº 595/12, arts. 32, 38 e 39, delegavam aos representantes dos trabalhadores e dos operadores portuários a normatização, via instrumento coletivo, dos aspectos inerentes ao trabalho portuário avulso, como a remuneração, a definição das funções e a composição dos ternos.

Muito embora o art. 43 da Nova Lei dos Portos possa fazer crer que a tal possibilidade de negociação abranja todas as condições de trabalho avulso, é importante ressaltar que a negociação encontra limites nas normas de ordem pública, inderrogáveis pela vontade das partes.

Assim sendo, onde não houver norma de indisponibilidade absoluta, as partes poderão livremente pactuar condições de trabalho mais adequadas a cada localidade por meio de convenções coletivas de trabalho.

b) Princípio publicista

Muito embora as partes possam negociar sobre aspectos relevantes do trabalho portuário, não podem negociar sobre normas de interesse público, indisponível pela vontade das partes, como por exemplo a escalação obrigatória do trabalhador portuário avulso pelo OGMO e a implementação das normas de saúde e segurança do trabalho.

c) Princípio da restrição do trabalho

A Lei nº 8.630/1993 e a Convenção nº 137 da OIT, inserida no ordenamento brasileiro pelo Decreto nº 1.574/1995, já proibiam a execução de serviços portuários por trabalhador não integrante do sistema. Tal vedação foi ratificada com o advento da Lei nº 12.815/2013, art. 32, II, que impõe ao OGMO a obrigatoriedade de manter cadastro e registro de trabalhadores portuários avulsos.

A proibição se justifica pela necessidade de assegurar a qualificação do trabalhador portuário, como forma de prevenir acidentes de trabalho, além de reduzir os efeitos da precariedade do trabalho avulso.

d) Princípio da equidade

O acesso ao trabalho portuário avulso, aos cursos, à promoção ao registro e à execução do trabalho no porto deve ser isonômico, na forma do art. 32, IV e V da Nova Lei dos Portos.[2]

e) Princípio da multifuncionalidade

O art. 57 da Lei nº 8.630/1993 estabelecia que atividades ou tarefas que exigissem a mesma qualificação poderiam ser realizadas pelos trabalhadores habilitados, independentemente da categoria profissional a que pertençam.

O art. 33, II, "b" da Lei nº 12.815/2013 prevê como obrigação do OGMO a promoção do treinamento multifuncional do trabalhador portuário e do trabalhador portuário avulso.

Assim, as atividades ou tarefas que requeiram a mesma qualificação poderão ser realizadas pelos trabalhadores habilitados, independentemente da categoria profissional a que pertençam, estimulando o trabalho nas mais diversas fainas.

f) Princípio da modernização

Com a Lei nº 8.630/1993, mais conhecida como a Lei de Modernização dos Portos, houve uma ruptura com o sistema legal anterior, caracterizado pelo intervencionismo estatal e pelo monopólio dos sindicatos na intermediação da mão de obra avulsa. Nesse contexto é que surgiu o princípio da modernização.

O referido princípio foi contemplado na Nova Lei dos Portos, art. 3º, III, que expressamente dispõe como diretriz para a exploração dos portos organizados e instalações portuárias o estímulo à modernização.

---

2. No mesmo sentido era o art. 18, IV e V, da Lei nº 8.630/1993.

7.3. TRABALHADOR PORTUÁRIO AVULSO E COM VÍNCULO EMPREGATÍCIO

A definição de trabalhador portuário, utilizada pela Organização Internacional do Trabalho na Recomendação nº 145, considera trabalhador portuário a pessoa que se dedica de modo regular a um trabalho portuário e cuja principal fonte de renda anual provém desse trabalho, não excluindo a definição contida na legislação ou em práticas nacionais.

Como dito no tópico anterior, o direito brasileiro define o trabalho portuário como serviços relativos às operações portuárias, realizados a bordo das embarcações ou em terra, por trabalhadores portuários avulsos ou com vínculo empregatício, por prazo indeterminado, nas áreas dos portos organizados, consoante o disposto no art. 40 da Lei nº 12.815/2013.[3]

O Decreto nº 3.048/1999, art. 9º, VI, alínea "a", também define o trabalhador portuário avulso, nos seguintes termos:

> VI – como trabalhador avulso – aquele que, sindicalizado ou não, presta serviço de natureza urbana ou rural, a diversas empresas, sem vínculo empregatício, com a intermediação obrigatória do órgão gestor de mão de obra, nos termos da Lei nº 8.630, de 25 de fevereiro de 1993, ou do sindicato da categoria, assim considerados:
>
> a) o trabalhador que exerce atividade portuária de capatazia, estiva, conferência e conserto de carga, vigilância de embarcação e bloco;

Como se observa da leitura do dispositivo supra, o trabalhador avulso pode ser portuário e não portuário. Assim, a prestação de serviço de natureza urbana ou rural, a diversas empresas, sem vínculo empregatício, com intermediação do Órgão Gestor de Mão de Obra ou do sindicato da categoria profissional caracteriza o trabalho avulso. Quando realizado na área portuária, com a intermediação do Órgão Gestor de Mão de Obra, o trabalhador é avulso portuário (TPA).

A diferença entre o trabalhador portuário avulso e o trabalhador avulso não portuário reside no local da prestação de serviços (porto ou não) e em quem faz a intermediação de Mão de Obra (OGMO ou Sindicato), além da qualificação profissional que o TPA possui.

O trabalhador portuário avulso pode, ainda, ser cadastrado ou registrado. A contratação de trabalhadores portuários de capatazia, estiva, conferência de carga, conserto de carga e vigilância das embarcações com vínculo empregatício por prazo indeterminado será feita, exclusivamente, *dentre os trabalhadores avulsos registrados*, nos termos do art. 40, § 2º, da Lei nº 12.815/2013.

Assim, se o operador portuário utilizar empregados celetistas, esses devem ser contratados dentro do universo de trabalhadores avulsos registrados no Órgão Gestor de Mão de Obra, e, se utilizar trabalhadores avulsos, deve requisitá-los desse órgão (art. 32, II, da Lei nº 12.815/2013).

O OGMO deverá manter o registro do trabalhador portuário avulso que for cedido ao operador portuário para trabalhar em caráter permanente ou constituir ou se associar a cooperativa formada para se estabelecer como operador portuário, na forma do art. 29 da Lei nº 12.815/2013.

---

3. Nesse sentido era o art. 26 da Lei nº 8.630/1993.

> **DICA:** Primeiro, é escalado para trabalhar o trabalhador portuário avulso REGISTRADO, e depois, de forma supletiva, o CADASTRADO.

7.4. TRABALHADOR PORTUÁRIO CADASTRADO E REGISTRADO – ACESSO AO CADASTRO E REGISTRO

A Convenção nº 137 da OIT estabelece, em seu art. 3º, que serão estabelecidos e mantidos em dia registros para todas as categorias profissionais de portuários na forma determinada pela legislação ou práticas nacionais. Concede prioridade aos portuários matriculados na obtenção de trabalho nos portos.

A Lei nº 8.630/1993, nos arts. 54 e 55, seguindo a tendência da Convenção supracitada, assegurava a inscrição no *registro* de trabalhador portuário avulso àquele que, quando do seu advento, exercia essa atividade, matriculado até 31.12.1990, na forma da lei, junto aos órgãos competentes e desde que comprovadamente exercesse a atividade em caráter efetivo igualmente desde aquela data. Já a inscrição no *cadastro* era assegurada àqueles que, quando do advento da referida lei eram integrantes de força supletiva e que, matriculados, credenciados ou registrados, complementavam o trabalho dos efetivos.

A composição desse efetivo se dera com o Decreto nº 1.596/1995, que autorizara a realização de levantamento quantitativo de todos os trabalhadores em atividade nos portos do país.

A classificação do trabalhador portuário avulso em cadastrado ou registrado feita pela Lei de Modernização dos Portos substituiu a matrícula, espécie única, que levava a situações confusas. No regime anterior, eram necessárias a matrícula e a sindicalização para o trabalho. Contudo, não raras as vezes existiam trabalhadores matriculados e não sindicalizados e trabalhadores não matriculados e sindicalizados, gerando incertezas e conflitos.

O art. 28 da Lei nº 8.630/1993 estabelecia que a seleção e o registro do trabalhador portuário avulso eram feitos pelo OGMO, de acordo com as normas estabelecidas em contrato, convenção ou acordo coletivo de trabalho. De acordo com o art. 27 da lei supracitada, o ingresso no Registro do trabalhador portuário avulso dependia de prévia seleção e respectiva inscrição no Cadastro, obedecidas a disponibilidade de vagas e a *ordem cronológica de inscrição no cadastro*.

Com a nova sistemática da Lei nº 12.815/2013, seguiu-se o disposto na Lei de Modernização dos Portos, cabendo ao Órgão Gestor de Mão de Obra organizar e manter o cadastro de trabalhadores habilitados ao desempenho de suas atividades, bem como o registro dos trabalhadores portuários avulsos, sem intermediação do sindicato, ao menos no mundo do *dever ser*.[4]

A Nova Lei dos Portos, em seus arts. 41 e 42, estabelece o novo regramento sobre as regras de ingresso no registro e no cadastro:

> Art. 41. O órgão de gestão de mão de obra:
>
> I – organizará e manterá cadastro de trabalhadores portuários habilitados ao desempenho das atividades referidas no § 1º do art. 40; e

---

4. V. Lei nº 8.630, art. 27, *caput*, II e §2º.

TRABALHO PORTUVIÁRIO E AQUAVIÁRIO | 559

II – organizará e manterá o registro dos trabalhadores portuários avulsos.

§ 1º. A inscrição no cadastro do trabalhador portuário dependerá exclusivamente de prévia habilitação profissional do trabalhador interessado, mediante treinamento realizado em entidade indicada pelo órgão de gestão de mão de obra.

§ 2º. O ingresso no registro do trabalhador portuário avulso depende de prévia seleção e inscrição no cadastro de que trata o inciso I do *caput*, obedecidas a disponibilidade de vagas e a ordem cronológica de inscrição no cadastro.

§ 3º. A inscrição no cadastro e o registro do trabalhador portuário extinguem-se por morte ou cancelamento.

Art. 42. A seleção e o registro do trabalhador portuário avulso serão feitos pelo órgão de gestão de mão de obra avulsa, de acordo com as normas estabelecidas em contrato, convenção ou acordo coletivo de trabalho.

Desse modo, atualmente o ingresso no registro do trabalhador portuário avulso depende de prévia seleção e inscrição no cadastro, obedecidas a disponibilidade de vagas e a ordem cronológica de inscrição no cadastro. Por seu turno, a inscrição no cadastro do trabalhador portuário dependerá exclusivamente de prévia habilitação profissional do trabalhador interessado, mediante treinamento realizado em entidade indicada pelo OGMO.

> **IMPORTANTE:** Os registrados têm prioridade no momento da escalação no sistema rodiziário. Os cadastrados, por seu turno, só laboram quando o efetivo de registrados for insuficiente para atender à demanda de serviço requisitado ao Órgão Gestor de Mão de Obra, razão pela qual são chamados de força supletiva.

7.5. ESCALA DOS TRABALHADORES PORTUÁRIOS

A escalação rodiziária sofreu muita resistência pelos sindicatos, antigos detentores do poder de escalar os trabalhadores antes da Lei de Modernização dos Portos.

A Lei nº 9.719/1998 explicita, em seu art. 5º, que a escalação do trabalhador portuário avulso seria realizada pelo Órgão Gestor de Mão de Obra (OGMO), em sistema de rodízio, devendo escalar os trabalhadores portuários avulsos em locais próprios, sem qualquer vinculação com os sindicatos, como forma de garantir o livre acesso dos trabalhadores aos locais de chamada, garantindo a liberdade de oportunidade ao trabalho.

Na escalação, o OGMO deve observar o intervalo interjornada de onze horas, previsto no art. 8º da Lei nº 9.719/1998, com o fim de evitar a chamada *dobra* de serviço, que agride sobremaneira a saúde do trabalhador. O respeito ao intervalo mínimo interjornada também permite uma distribuição mais igualitária dos postos de trabalho, uma vez que confere maior amplitude ao rodízio.

7.6. INGRESSO DE NOVOS TRABALHADORES AO SISTEMA PORTUÁRIO

O ingresso de novos trabalhadores ao sistema portuário deve ocorrer via *seleção pública* realizada pelo Órgão Gestor de Mão de Obra, observados os requisitos do art. 41, §§ 1º e 2º, da Lei nº 12.815/2013. O art. 42 da citada lei dispõe que a seleção do trabalhador portuário avulso realizada pelo OGMO deve seguir os parâmetros traçados em norma coletiva, como se observa da literalidade dos artigos citados:

> Art. 41. O órgão de gestão de mão de obra:
>
> I – organizará e manterá cadastro de trabalhadores portuários habilitados ao desempenho das atividades referidas no § 1º do art. 40;
>
> II – organizará e manterá o registro dos trabalhadores portuários avulsos.
>
> § 1º A inscrição no cadastro do trabalhador portuário dependerá, exclusivamente, de prévia habilitação profissional do trabalhador interessado, mediante treinamento realizado em entidade indicada pelo órgão de gestão de mão de obra.
>
> § 2º O ingresso no registro do trabalhador portuário avulso depende de prévia seleção e respectiva inscrição no cadastro de que trata o inciso I deste artigo, obedecidas a disponibilidade de vagas e a ordem cronológica de inscrição no cadastro.
>
> § 3º A inscrição no cadastro e o registro do trabalhador portuário extingue-se por morte ou cancelamento.
>
> Art. 42. A seleção e o registro do trabalhador portuário avulso serão feitos pelo órgão de gestão de mão de obra avulsa, de acordo com as normas que forem estabelecidas em contrato, convenção ou acordo coletivo de trabalho.

Como se observa, os dispositivos acima são idênticos aos previstos na lei anterior, arts. 27 e 28, devendo o OGMO realizar seleção pública para o registro de novos trabalhadores no sistema, seguindo os parâmetros traçados em norma coletiva.

No caso, o que se busca resguardar é a igualdade de oportunidades para que toda pessoa que assim o desejar tenha a possibilidade de ingressar no trabalho portuário, *valorizando o direito à igualdade, ao trabalho e à busca do pleno emprego.*

7.7. MODALIDADES DE TRABALHADORES PORTUÁRIOS

O termo "trabalhador portuário avulso" designa a categoria profissional da qual fazem parte as seguintes modalidades de trabalhadores: capatazia, estiva, conferência de carga, conserto de carga, vigilância de embarcações e bloco.

O art. 40, § 1º, da Lei nº 12.815/2013 descreve as diversas atividades exercidas por esses trabalhadores,[5] senão vejamos:

> § 1º. Para os fins desta Lei, consideram-se:
>
> I – Capatazia: a atividade de movimentação de mercadorias nas instalações dentro do porto, compreendendo o recebimento, conferência, transporte interno, abertura de volumes para a conferência aduaneira, manipulação, arrumação e entrega, bem como o carregamento e descarga de embarcações, quando efetuados por aparelhamento portuário;
>
> II – Estiva: a atividade de movimentação de mercadorias nos conveses ou nos porões das embarcações principais ou auxiliares, incluindo o transbordo, arrumação, peação e despeação, bem como o carregamento e a descarga, quando realizados com equipamentos de bordo;

---

5. O art. 36, § 1º, da MP nº 595/2012 descreve as diversas atividades exercidas pelos trabalhadores portuários avulsos.

III – Conferência de carga: a contagem de volumes, anotação de suas características, procedência ou destino, verificação do estado das mercadorias, assistência à pesagem, conferência do manifesto, e demais serviços correlatos, nas operações de carregamento e descarga de embarcações;

IV – Conserto de carga: o reparo e restauração das embalagens de mercadorias, nas operações de carregamento e descarga de embarcações, reembalagem, marcação, remarcação, carimbagem, etiquetagem, abertura de volumes para vistoria e posterior recomposição;

V – Vigilância de embarcações: a atividade de fiscalização da entrada e saída de pessoas a bordo das embarcações atracadas ou fundeadas ao largo, bem como da movimentação de mercadorias nos portalós, rampas, porões, conveses, plataformas e em outros locais da embarcação;

VI – Bloco: a atividade de limpeza e conservação de embarcações mercantes e de seus tanques, incluindo batimento de ferrugem, pintura, reparos de pequena monta e serviços correlatos.

Embora a categoria profissional seja trabalhador portuário avulso, na prática, cada sindicato de trabalhadores representa uma modalidade, como a de estivador, por exemplo. Assim, pode-se observar o malferimento ao princípio da unicidade sindical previsto no art. 8º, II, da Constituição Federal, convivendo ainda na representação dos trabalhadores portuários avulsos, tendo em vista o costume arraigado de sindicatos representando cada uma dessas atividades.

7.8. MULTIFUNCIONALIDADE

A Lei de Modernização dos Portos, em seu art. 57, tratava sobre o regime da multifuncionalidade nos seguintes termos:

Art. 57. No prazo de cinco anos contados a partir da publicação desta lei, a prestação de serviços por trabalhadores portuários deve buscar, progressivamente, a multifuncionalidade do trabalho, visando adequá-lo aos modernos processos de manipulação de cargas e aumentar a sua produtividade.

§ 1º. Os contratos, as convenções e os acordos coletivos de trabalho deverão estabelecer os processos de implantação progressiva da multifuncionalidade do trabalho portuário de que trata o *caput* deste artigo.

§ 2º. Para os efeitos do disposto neste artigo a multifuncionalidade deve abranger as atividades de capatazia, estiva, conferência de carga, conserto de carga, vigilância de embarcações e bloco.

O legislador não impôs a multifuncionalidade, mas apenas a estimulou como forma de prevenir os efeitos da automação, uma vez que os trabalhadores estariam habilitados para exercer outras funções caso houvesse escassez na atividade para a qual é habilitado.

A Nova Lei dos Portos, art. 33, II, "b", estabelece como obrigação do OGMO promover a formação profissional e o treinamento multifuncional do trabalhador, sem contudo fixar qualquer prazo, ao contrário do que ocorria com a Lei nº 8.630/1993, que estabelecia o prazo de cinco anos, contados a partir de sua publicação, para que a prestação de serviços por trabalhadores portuários progressivamente buscasse a multifuncionalidade do trabalho.

A Nova Lei dos Portos diz que cabe ao OGMO promover o treinamento multifuncional do trabalhador portuário e do trabalhador portuário avulso, deixando claro que, tanto num caso quanto no outro, a multifuncionalidade poderá ser implantada.

> **IMPORTANTE:** O trabalhador portuário, desde que habilitado pelo OGMO, poderá prestar serviços em mais de uma atividade portuária, até porque, como já dito, a categoria é a de trabalhador portuário e as atividades é que se enquadram em capatazia, estiva, conferência de carga, conserto de carga, vigilância de embarcações e bloco. Com a multifuncionalidade, o trabalhador da capatazia, por exemplo, poderá concorrer à chamada para a atividade da estiva, desde que habilitado para tanto pelo OGMO como multifuncional.

7.9. TRABALHO PORTUÁRIO EXERCIDO FORA E DENTRO DA ÁREA DO PORTO ORGANIZADO

A relevância econômica da atividade portuária e sua importância para a segurança nacional fez com que a União reservasse para si o monopólio de sua exploração, com a possibilidade de concessão a terceiros, mediante prévio procedimento licitatório.

Desse modo, a Lei de Modernização dos Portos trazia a previsão de instalações portuárias de uso público, dentro da área do porto organizado, e de uso privativo,[6] dentro ou fora da área do porto organizado, podendo movimentar exclusivamente carga própria (uso Exclusivo) ou própria e de terceiros (uso Misto).

Ronaldo Fleury e Cristiano Paixão (2008, p. 42) sintetizaram as três situações em que havia operação portuária com terminal privativo da seguinte forma:

1. Terminal privativo situado *fora* da área do porto organizado, que começou a operar em prazo *posterior* à vigência da Lei nº 8.630/1993. Esse terminal está autorizado a contratar livremente sua mão de obra, mas, se desejar contratar trabalho avulso, terá que dirigir-se ao OGMO;

2. Terminal privativo situado *fora* da área do porto organizado, que no período anterior à vigência da Lei nº 8.630/1993 contratava mão de obra avulsa. Esse terminal está obrigado a manter a proporção entre a mão de obra avulsa e os trabalhadores contratados pela CLT;

3. Instalação portuária arrendada dentro da área do porto organizado. A esse terminal se aplica, na integralidade, o sistema da administração de mão de obra estipulado na Lei nº 8.630/1993 e na legislação posterior.

Segundo a Nova Lei dos Portos, em seu art. 1º, a exploração dos portos e instalações portuárias pela União pode se dar de forma direta ou indireta. A exploração indireta do porto organizado e das instalações portuárias nele localizadas ocorrerá mediante concessão e arrendamento de bem público. Em se tratando de exploração indireta das instalações portuárias localizadas fora da área do porto organizado, a exploração ocorrerá mediante autorização (art. 1º, §§ 1º e 2º), precedida de chamada e processo seletivo públicos, compreendendo as seguintes modalidades: I – terminal de uso privado; II – estação de transbordo de carga; III – instalação portuária pública de pequeno porte; e IV – instalação portuária de turismo, nos termos do art. 2º, IV a VII. A Nova Lei não diferenciou terminal privativo de uso misto ou exclusivo, como o fazia a Lei de Modernização dos Portos.

---

6. A MP nº 595/2012 menciona o termo terminal de uso privado como a instalação portuária explorada mediante autorização, localizada fora da área do porto organizado (art. 2º, IV), enquanto a Lei nº 8.630/1993 permite instalação de uso privativo dentro ou fora da área do porto, explorada por pessoa jurídica de direito público ou privado, utilizada na movimentação de passageiros ou na movimentação e armazenagem de mercadorias (art. 1º, V).

Sobre o assunto, o Tribunal Superior do Trabalho editou a súmula nº 309, consolidando o entendimento segundo o qual, em se tratando de terminais privativos destinados à navegação de cabotagem ou de longo curso, não é obrigatória a requisição de vigia portuário.

7.10. MEIO AMBIENTE DO TRABALHO

O ambiente portuário é particularmente arriscado, haja vista a intensa movimentação de cargas perigosas (explosivas, gases comprimidos ou liquefeitos, inflamáveis, oxidantes, venenosas, infecciosas, radioativas, corrosivas ou poluentes), o contato com agentes nocivos à saúde e o risco de lesão acentuado pelo grande volume de cargas manipuladas.

A legislação sobre meio ambiente do trabalho portuário está assentada na Convenção nº 157 da Organização Internacional do Trabalho, nas Leis nº 6.514/77 e 9.719/1998, e na Norma Regulamentadora NR-29 do Ministério do Trabalho e Emprego, que regula a proteção obrigatória contra acidentes e doenças profissionais, facilita os primeiros socorros a acidentados e visa a alcançar as melhores condições possíveis de segurança e saúde aos trabalhadores portuários, estipulando responsabilidades aos operadores portuários, ao Órgão Gestor de Mão de Obra (OGMO) e à autoridade portuária.

As disposições contidas na NR-29 aplicam-se aos trabalhadores portuários em operações tanto a bordo como em terra, assim como aos demais trabalhadores que exerçam atividades nos portos organizados e instalações portuárias de uso privativo e retroportuárias,[7] situadas dentro ou fora da área do porto organizado.

O OGMO é responsável por escalar os trabalhadores previamente treinados e capacitados para o trabalho, através dos cursos ministrados pela Marinha do Brasil, e por fornecer os equipamentos de proteção individual, devendo fiscalizar o seu uso. A escalação apenas de trabalhadores habilitados reduz sobremaneira o risco de acidentes de trabalho, razão pela qual o OGMO e o operador portuário devem zelar pela observância desta regra.

> **IMPORTANTE:** Questão sensível referente ao meio ambiente do trabalho portuário é o intervalo mínimo interjornadas, previsto na Lei nº 9.719/1998, art. 8º. O dispositivo citado prevê, na escalação diária do trabalhador portuário avulso, a observância do intervalo mínimo de onze horas consecutivas entre duas jornadas, salvo situações excepcionais, constantes de acordo ou convenção coletiva. A desobediência ao intervalo mínimo é conhecida como *dobra* de serviço, extremamente prejudicial à saúde do trabalhador portuário avulso, submetido a extremo esforço físico, calor ou frio, e precárias condições de funcionamento do maquinário. Todos esses fatores, combinados com a fadiga do trabalhador, potencializam os riscos de acidentes de trabalho.

---

7. É o terminal situado em zona contígua à de porto organizado ou instalação portuária, compreendida no perímetro de cinco quilômetros dos limites da zona primária, demarcada pela autoridade aduaneira local, no qual são executados os serviços de operação, sob controle aduaneiro, com carga de importação e exportação, embarcados em contêiner, reboque ou semirreboque.

7.11. ENQUADRAMENTO SINDICAL

Como já bem detalhado no item 7.6, o termo trabalhador portuário avulso designa a categoria profissional da qual fazem parte as seguintes modalidades de trabalhadores: capatazia, estiva, conferência de carga, conserto de carga, vigilância de embarcações e bloco.

Embora a categoria profissional seja trabalhador portuário avulso, na prática, cada sindicato de trabalhadores representa uma atividade, como a de estivador, por exemplo. No caso, há manifesta afronta ao princípio da unicidade sindical previsto no art. 8º, II, da Constituição Federal, uma vez que a categoria é a de trabalhador portuário avulso, e não de cada uma de suas atividades.

7.12. NEGOCIAÇÃO COLETIVA

Antes da Lei de Modernização dos Portos, havia pouco espaço para a negociação coletiva no setor portuário, com forte regulação estatal nesse particular.

A Lei nº 8.630/1993 inovou, remetendo à convenção e ao acordo coletivo pontos importantes do trabalho portuário, como por exemplo gestão da mão de obra do trabalho portuário avulso, seleção e o registro do trabalhador pelo OGMO, remuneração, definição das funções, composição dos ternos e demais condições de trabalho, contratação de trabalhadores a prazo indeterminado e processos de implantação progressiva da multifuncionalidade (arts. 22, 28, 29, 56, *caput*, e 57, § 1º).[8]

Oportuno frisar que o OGMO não faz parte da negociação coletiva, mas apenas o sindicato dos operadores portuários ou operador portuário e o sindicato dos trabalhadores portuários avulsos.

No mesmo sentido dispõe a Nova Lei dos Portos, arts. 32, parágrafo único, 36, 42 e 43, delega aos representantes dos trabalhadores e dos operadores portuários a normatização, via instrumento coletivo, dos aspectos inerentes ao trabalho portuário avulso, como a remuneração, a definição das funções, a composição dos ternos, a multifuncionalidade e as demais condições do trabalho avulso.[9]

Muito embora o art. 43 da Nova Lei dos Portos possa fazer crer que tal a possibilidade de negociação abranja todas as condições de trabalho avulso, é importante ressaltar que a negociação encontra limites nas normas de ordem pública, inderrogáveis pela vontade das partes.

Assim sendo, onde não houver norma de indisponibilidade absoluta, as partes poderão livremente pactuar condições de trabalho mais adequadas a cada localidade por meio de convenções coletivas de trabalho.

---

8. No mesmo sentido são os arts. 32, 38 e 39 da MP nº 595/2012.

9. No mesmo sentido, a Lei nº 8.630/1993, arts. 22, 28 e 29 e a MP nº 595/2012, arts. 32, 38 e 39, delegavam aos representantes dos trabalhadores e dos operadores portuários a normatização, via instrumento coletivo, dos aspectos inerentes ao trabalho portuário avulso, como a remuneração, a definição das funções e a composição dos ternos.

7.13. JURISPRUDÊNCIA ATUALIZADA DO TST SOBRE ALGUMAS QUESTÕES ENVOLVENDO TRABALHADOR PORTUÁRIO

7.13.1. A aposentadoria espontânea, da mesma forma que não extingue automaticamente o vínculo de emprego, também não cancela a inscrição dos trabalhadores avulsos perante o OGMO:

ARGUIÇÃO DE INCONSTITUCIONALIDADE – TRABALHADOR PORTUÁRIO AVULSO – ART. 27, § 3º, DA LEI Nº 8.630/1993 – APOSENTADORIA ESPONTÂNEA – MANUTENÇÃO DA INSCRIÇÃO JUNTO AO OGMO. O Tribunal Pleno decidiu, por maioria de votos, rejeitar a arguição de inconstitucionalidade do art. 27, §3º, da Lei nº 8.630/1993 e, conferindo-lhe interpretação conforme a Constituição Federal, declarar que a aposentadoria espontânea do trabalhador avulso não implica o cancelamento da inscrição no cadastro e registro do trabalhador portuário junto ao Órgão de Gestão de Mão de Obra – OGMO. Invocou-se, na hipótese, o princípio da isonomia, especificamente previsto no art. 7º, XXXIV, da CF, e os fundamentos adotados pelo STF ao declarar a inconstitucionalidade do §2º do art. 453 da CLT com relação aos empregados com vínculo de emprego permanente (ADIn nº 1.721/DF), para sustentar que os princípios constitucionais ali enumerados, a saber, o valor social do trabalho, a existência digna e a busca do pleno emprego e o primado do trabalho, alcançam igualmente os trabalhadores avulsos, de modo que a aposentadoria espontânea, da mesma forma que não extingue automaticamente o vínculo de emprego, também não cancela a inscrição dos trabalhadores avulsos perante o OGMO. Vencidos os Ministros Aloysio Corrêa da Veiga, Antônio José de Barros Levenhagen, Brito Pereira, Maria Cristina Irigoyen Peduzzi, Maria de Assis Calsing, Renato de Lacerda Paiva, Lelio Bentes Corrêa, Alberto Luiz Bresciani de Fontan Pereira, Dora Maria da Costa e João Oreste Dalazen, que não conferiam a interpretação conforme a Constituição. Vencido, ainda, por fundamento diverso, o Ministro Luiz Philippe Vieira de Mello Filho. (ArgInc-395400-83.2009.5.09.0322 – Tribunal Pleno – Relator Ministro Pedro Paulo Teixeira Manus, 15.10.2012)

7.13.2. Alteração do intervalo interjornada (art. 8º da Lei nº 9.719/1998):

De acordo com o art. 8º da Lei nº 9.719/1998, na escalação diária do trabalhador portuário avulso deverá sempre ser observado um intervalo mínimo de onze horas consecutivas entre duas jornadas, salvo em situações excepcionais, constantes de acordo ou convenção coletiva de trabalho. A lei, como se vê, comete às partes interessadas a autorregulação, em norma coletiva, da excepcionalidade, sem o que não será possível a redução do intervalo. Situação excepcional é aquela imprevista, que independe da vontade das partes, cujo alcance e prováveis consequências autorizam a adoção da redução. De outro lado, o intervalo para repouso obrigatório constitui preceito de ordem pública, indisponível às partes, e que violado importa nulidade do ajuste coletivo. Inválida, assim, a cláusula que, sem demonstração da situação excepcional a que alude a lei, reduz genericamente o intervalo interjornada dos trabalhadores portuários avulsos para seis horas. Recurso a que se dá provimento para declarar a nulidade da cláusula décima sexta da convenção coletiva de trabalho em discussão. (ROAA 541.541/2008-000-08-00.0 – Relator Márcio Eurico Vitral Amaro – j. em 9.11.2009 – Seção Especializada em Dissídios Coletivos – Publicação 20.11.2009)

7.13.3. Contratação de trabalhadores em capatazia por prazo indeterminado não registrados no OGMO (art. 26, parágrafo único, da Lei nº 8.630/1993):

O C. TST, interpretando o parágrafo único do art. 26 da Lei nº 8.630/1993, afirmou a licitude da contratação com vínculo empregatício e por tempo indeterminado de trabalhadores

566 | MPT – PREPARANDO-SE PARA O CONCURSO DE PROCURADOR DO TRABALHO

em capatazia, pelos operadores portuários, condicionada apenas à observância da prioridade daqueles portuários avulsos registrados e cadastrados, senão vejamos:

> O parágrafo único do art. 26 da Lei nº 8.630/1993, diversamente do *caput*, não relacionou a atividade de capatazia entre aquelas para cuja contratação por prazo indeterminado instituiu a reserva de mercado. O Tribunal Superior do Trabalho, no julgamento do Dissídio Coletivo de natureza jurídica (TST – DC-174.611/2006-000-00-00.5 – Relator Ministro Brito Pereira – *DJ* de 11.9.2007), interpretando o parágrafo único do art. 26 da Lei nº 8.630/1993, afirmou a licitude da contratação com vínculo empregatício e por tempo indeterminado de trabalhadores em capatazia, pelos operadores portuários, condicionada, apenas à observância da prioridade daqueles portuários avulsos registrados e cadastrados. E que, uma vez remanescendo vaga das oferecidas, poderá o operador portuário recrutar fora do sistema do OGMO. Portanto, o parágrafo único do art. 26 não garante exclusividade dos trabalhadores avulsos registrados e cadastrados para contratação por prazo indeterminado. HONORÁRIOS ADVOCATÍCIOS. A assistência judiciária no âmbito da Justiça do Trabalho se rege pelas disposições da Lei nº 5.584/1970, nos termos de seu art. 14. Trata-se de honorários contraprestativos da assistência judiciária, que somente beneficia à parte que atender, cumulativamente, aos seguintes requisitos: estar assistida por seu sindicato de classe, este ausente segundo manifesto do acórdão recorrido, e comprovar perceber mensalmente importância inferior ao dobro do salário mínimo legal ou encontrar-se em situação econômica que não lhe permita o custeio do processo sem prejuízo do sustento próprio ou de sua família. ASSISTÊNCIA JUDICIÁRIA GRATUITA. O Tribunal Regional, instância soberana no exame da prova, constatou o estado de miserabilidade dos reclamantes e por isso conferiu-lhes isenção das custas processuais fixadas. Logo os reclamantes não sofreram sucumbência nessa questão. Incabível o exame do tema. Recurso de Revista de que não se conhece. (RR 1245003420035170003 124500-34.2003.5.17.0003 – Relator João Batista Brito Pereira – j. em 19.8.2009 – 5ª Turma – Publicação 28.8.2009)

7.13.4. Possibilidade de fixação de adicional de risco portuário através de negociação coletiva:

> AGRAVO DE INSTRUMENTO – PORTUÁRIO – ADICIONAL DE RISCO – NEGOCIAÇÃO COLETIVA – POSSIBILIDADE – SALÁRIO COMPLESSIVO – INOCORRÊNCIA – NÃO PROVIMENTO. 1. Conforme o entendimento deste colendo Tribunal Superior, reputa-se válida a norma coletiva que prevê o pagamento aos portuários de parcela salarial ("adicional de risco") englobando adicionais diversos, sem que isso configure salário complessivo. 2. Precedentes de Turmas e da SBDI-I. 3. Incidência do art. 896, § 4º, da CLT e da Súmula nº 333. 4. Agravo de instrumento a que se nega provimento. (AIRR – 153440-27.2004.5.02.0444 – Relator Ministro Guilherme Augusto Caputo Bastos – j. em 5.5.2010 – 7ª Turma – Publicação 14.5.2010)

7.13.5. Desnecessidade de prévia submissão da demanda à Comissão paritária prevista pelo artigo 23 da lei 8.630/1993:

> EMBARGOS EM RECURSO DE REVISTA DO RECLAMADO – ACÓRDÃO PUBLICADO NA VIGÊNCIA DA LEI Nº 11.496/2007 – SUBMISSÃO DA DEMANDA À COMISSÃO PARITÁRIA PREVISTA PELO ART. 23 DA LEI Nº 8.630/1993 – CARÊNCIA DE AÇÃO – INEXISTÊNCIA. O art. 23 da Lei nº 8.630/1993 apenas se refere à constituição da comissão destinada à solução dos conflitos da categoria dos portuários, jamais estabelecendo como condição prévia para o ajuizamento de reclamação trabalhista a submissão das controvérsias àquela comissão, razão pela qual inviável cogitar-se de carência de ação ou de extinção do presente feito. Precedentes. Não bastassem esses fundamentos, tem-se notícia de que o Supremo Tribunal Federal, em autos da Ação Direta de Inconstitucionalidade nº STF-ADIn-2.139/DF, decidiu no sentido de conceder liminar na ação cautelar com o fito de garantir o livre acesso ao Judiciário, independentemente de instauração de demanda na Comissão de Conciliação Prévia (*Informativo* nº 476 do STF),

análoga às Comissões Paritárias antes referidas. Recurso de embargos conhecido e não provido. (E-RR – 184900-44.2006.5.09.0322 – Relator Ministro Horácio Raymundo de Senna Pires – j. em 6.5.2010 – Subseção I Especializada em Dissídios Individuais -Publicação 14.5.2010)

7.13.6. Declaração de nulidade da cláusula de convenção coletiva de trabalho que disciplina o processo de escolha dos trabalhadores portuários pelo sindicato:

O D. Ministério Público do Trabalho ajuizou a presente Ação Anulatória, pretendendo ver declarada a nulidade do inciso I e parágrafo segundo da Cláusula 6ª e das alíneas "a", "b" e "c" da Cláusula 13ª da Convenção Coletiva de Trabalho firmada pelos Réus.Sustenta que as Cláusulas consagram procedimento contrário à Lei nº 8.630/1993, ao transferir ao Sindicato dos Trabalhadores a escalação da mão de obra para a operação dos serviços de carga e descarga de embarcações no Porto de Itajaí, com risco da lisura do processo, já que não existe garantia de distribuição equitativa do trabalho, de modo a evitar-se qualquer forma de discriminação, na medida em que, alheio o OGMO ao sistema de escala, não tem como assegurar que não haja preterições de trabalhadores e simultaneidade na escalação.Recurso Ordinário em Ação Anulatória ao qual se dá provimento. (ROAA – 6576400-83.2002.5.12.0900 – Relator Ministro – José Luciano de Castilho Pereira – j. em 14.12.2006 – Seção Especializada em Dissídios Coletivos – Publicação 16.2.2007)

7.14. O MINISTÉRIO PÚBLICO DO TRABALHO E AS PRINCIPAIS FORMAS DE ATUAÇÃO NA ÁREA PORTUÁRIA

O Ministério Público é instituição permanente, essencial à função jurisdicional do Estado, incumbindo-lhe a defesa da ordem jurídica, do regime democrático e dos interesses sociais e individuais indisponíveis, nos termos do art. 127 da CF.

Compete ao Ministério Público do Trabalho, como ramo do Ministério Público da União, a defesa dos direitos difusos, coletivos e individuais indisponíveis dos trabalhadores, sendo sua obrigação, dentre outras atribuições junto aos órgãos da Justiça do Trabalho, promover a ação civil pública para defesa de interesses coletivos, quando desrespeitados os direitos sociais constitucionalmente garantidos, consoante o art. 83, *caput*, e inciso III, da Lei Complementar nº 75/1993.

A atuação do Ministério Público do Trabalho relacionada à temática específica da área portuária deu origem ao surgimento da Coordenadoria Nacional do Trabalho Portuário e Aquaviário (CONATPA), que objetiva a promoção da regularização das relações de trabalho nos setores portuário e aquaviário, implementando as legislações respectivas.

O *parquet* laboral busca garantir um meio ambiente do trabalho adequado, a liberdade de sindicalização, o combate à discriminação, a erradicação do trabalho infantil e em condições análogas à de escravo, observando as peculiaridades do trabalho portuário e aquaviário.

Tendo como base as especificidades do trabalho portuário e aquaviário, a ação da CONATPA busca garantir os direitos dos trabalhadores em face dos efeitos da automação, garantir a observância do direito ao trabalho com a democratização do acesso às oportunidades do trabalho avulso nos portos, combater a discriminação de trabalhadores não sindicalizados, a inclusão dos trabalhadores no mercado formal de trabalho nos portos públicos e privados, na pesca, nas navegações marítimas e fluvial, na indústria naval, nas plataformas marítimas de exploração de petróleo, nas atividades de mergulho profissional, e, assegurar aos trabalhadores brasileiros empregabilidade em embarcações estrangeiras que naveguem em águas nacionais.

Dentre as várias atuações da CONATPA, o Ministério Público do Trabalho, em seu papel de articulador social, lançou, em 2011, vídeo institucional após a realização de cinco forças-tarefas em estaleiros, embarcações e no porto da Manaus Moderna, além da cartilha ABC do Trabalho em Embarcações, no intuito de conscientizar os trabalhadores de seus direitos mais básicos, porém ainda descumpridos, como o direito à assinatura da Carteira de Trabalho, ainda quando a contratação seja feita por prazo determinado, direito à alimentação sadia e farta, à água potável, ao descanso, ao fornecimento e uso de equipamentos de proteção individual, ao uso de camarotes e banheiros adequados, dentre outros previstos na Norma Regulamentadora nº 30 do Ministério do Trabalho e Emprego.

Importante mencionar, ainda, a atuação inovadora do Ministério Público do Trabalho em face dos armadores e arrendatários de navios de cruzeiros que devem cumprir as normas relativas à contratação de brasileiros em embarcações de bandeira estrangeira que atuam no segmento turístico em águas jurisdicionais brasileiras. As operações de embarcações de turismo estrangeiras, a partir do 31º (trigésimo primeiro) dia em águas brasileiras, devem manter percentual mínimo de 25% de trabalhadores brasileiros e contratar esses trabalhadores de acordo com a legislação trabalhista brasileira, sendo vedado qualquer tipo de discriminação ou assédio. Em 2006, por força da atuação do MPT, o Conselho Nacional de Imigração do Ministério do Trabalho e Emprego (CNIg) aprovou as Resoluções Normativas nº 71 e 72, disciplinando a contratação de profissionais para trabalho a bordo de embarcação ou plataforma estrangeira.

Em relação aos pescadores, é imperioso salientar a atuação pró-ativa do Ministério Público do Trabalho no processo de habilitação do seguro desemprego da pesca, mais conhecido como seguro defeso, com o objetivo de preservar a evasão de recursos públicos e valorizar a categoria do pescador artesanal, garantindo a preservação do valor social do trabalho e da ordem jurídica.

Cumpre, por fim, observar que a atuação da CONATPA busca traçar homogeneidade em todo o Brasil em nome da unidade funcional, mas respeitando a independência dos membros do Ministério Público do Trabalho e as peculiaridades locais, uma vez que os problemas enfrentados nas regiões Sul e Sudeste podem diferir dos encontrados nas regiões Norte e Nordeste.

7.15. TRABALHO AQUAVIÁRIO: MARÍTIMOS; FLUVIÁRIOS; MERGULHADORES; PESCADORES; PRÁTICOS; E AGENTES DE MANOBRA E DOCAGEM

O trabalho aquaviário é o realizado a bordo de embarcações, sendo diferenciado em relação às demais profissões, uma vez que o seu ambiente pode ser confundido com a própria residência do trabalhador.

O confinamento priva o trabalhador do direito ao convívio social e familiar por longos períodos, e impede que seu descanso seja pleno, pois o trabalho exige prontidão, ainda nos momentos de descanso. Ademais, o trabalhador, diuturnamente, é submetido aos balanços e às trepidações, o que dificulta sobremaneira o direito pleno ao descanso, modernamente chamado de direito à desconexão do trabalho. Sobre o direito à desconexão, Christiana D'arc Damasceno de Oliveira (2010, p. 118) leciona:

Dito de outro modo, configura-se o direito à desconexão como o direito do trabalhador (teletrabalhador ou não) de permanecer desligado ou "desconectado" do polo patronal e da exigência de serviços em seus períodos de repouso, notadamente em virtude da possibilidade de interferências do tomador de serviços nesses de lapsos tempo diante das novas tecnologias.

Relaciona-se o direito à desconexão com os direitos fundamentais relativos às normas de saúde, higiene e segurança do trabalho descritas na Constituição Federal quanto à limitação da jornada, ao direito ao descanso, às férias, e à redução dos riscos de doenças e acidentes de trabalho (art. 7º, incisos XIII, XV, XVII e XXII, da CF), que demonstram a preocupação com a incolumidade física e psíquica, bem assim com a restauração da energia do trabalhador.

O Tribunal Superior do Trabalho, entretanto, consolidou o entendimento, através da Súmula nº 96, de que "a permanência do tripulante a bordo do navio, no período de repouso, além da jornada, não importa presunção de que esteja à disposição do empregador ou em regime de prorrogação de horário, circunstâncias que devem resultar provadas, dada a natureza do serviço". Dessa forma, entende o C. Tribunal que o repouso gozado a bordo da embarcação é válido, muito embora reste frustrada uma de suas finalidades, que é o convívio familiar e social.

Outra dificuldade relativa ao trabalho aquaviário é a mobilidade das embarcações que dificultam sobremaneira a fiscalização do local de trabalho. Além disso, na Região Norte é comum a figura dos *linhas de fora*, tripulantes que se passam por passageiros para a fiscalização do trabalho e não constam do cartão de tripulação de segurança (CTS).[10]

Em razão das peculiaridades do trabalho aquaviário, a Organização Internacional do Trabalho editou diversas convenções sobre o tema, merecendo destaque a Convenção nº 178, ratificada pelo Brasil através do Decreto nº 6.766/2009, que visa a estabelecer um sistema próprio de Inspeção do Trabalho voltado para a comunidade aquaviária. Ainda no plano internacional, a Organização Marítima Internacional (*IMO – International Maritime Organization*) concentra as principais normas que regulam os aspectos técnicos das embarcações.

No plano normativo interno, podemos destacar o art. 177 da CF/88; arts. 150 a 152, 231, 248 a 252, 368 a 371 da CLT; Lei nº 9.537/1997 (LESTA) regulamentada pelo Decreto nº 2.596/1998 (RELESTA); NR-30 e as Normas da Autoridade Marítima. Oportuno esclarecer que a Marinha do Brasil não fiscaliza o cumprimento das normas atinentes à saúde e à segurança do trabalhador, mas acompanha o tráfego marítimo, fluviário e lacustre, zelando pela salvaguarda da vida humana, seja essa a de um tripulante ou a de um passageiro.

Nesse contexto, podemos definir o trabalho aquaviário como aquele desenvolvido por pessoa com habilitação certificada pela autoridade marítima (no Brasil, a Marinha, através da Diretoria de Portos e Costas) para operar embarcações em caráter profissional. Segundo o art. 1º do Regulamento de Segurança do Tráfego Aquaviário em Águas sob Jurisdição nacional, regulamentado pelo Decreto nº 2.596/1998, os aquaviários constituem os seguintes grupos:

I – 1º Grupo – Marítimos: tripulantes que operam embarcações classificadas para navegação em mar aberto, apoio portuário e para a navegação interior nos canais, lagoas, baías, angras, enseadas e áreas marítimas consideradas abrigadas;

---

10. Toda embarcação ou plataforma, para sua operação segura, deverá ser guarnecida por um número mínimo de tripulantes, associado a uma distribuição qualitativa, denominado tripulação de segurança. A tripulação de segurança difere da lotação. Lotação é o número máximo de pessoas autorizadas a embarcar, incluindo tripulação de segurança, demais tripulantes, passageiros e profissionais não tripulantes. O Cartão de Tripulação de Segurança (CTS) é documento obrigatório para as embarcações cuja Arqueação Bruta seja maior de 10 (AB>10).

II – 2º Grupo – Fluviários: tripulantes que operam embarcações classificadas para a navegação interior nos lagos, rios e de apoio fluvial;

III – 3º Grupo – Pescadores: tripulantes que exercem atividades a bordo de embarcação de pesca;

IV – 4º Grupo – Mergulhadores: tripulantes ou profissionais não tripulantes com habilitação certificada pela autoridade marítima para exercer atribuições diretamente ligadas à operação da embarcação e prestar serviços eventuais a bordo às atividades subaquáticas;

V – 5º Grupo – Práticos: aquaviários não tripulantes que prestam serviços de praticagem embarcados;

VI – 6º Grupo – Agentes de Manobra e Docagem: aquaviários não tripulantes que manobram navios nas fainas em diques, estaleiros e carreiras.

> **IMPORTANTE:** O trabalhador deve portar a Caderneta de Inscrição e Registro (CIR), expedida pela Marinha do Brasil após aprovação em curso realizado pela Capitania dos Portos. A CIR, entretanto, não substituiu a CTPS, que deve ser assinada pelo armador.

A embarcação é qualquer construção, inclusive as plataformas flutuantes e, quando rebocadas, as fixas, sujeita à inscrição na Autoridade Marítima e suscetível de se locomover na água, por meios próprios ou não, transportando pessoas ou cargas. Como se percebe, as plataformas de petróleo *offshore*, isto é, flutuantes, estão abrangidas por esse conceito e, necessariamente, devem possuir tripulação composta de aquaviários.

Importante esclarecer que somente será tripulante o aquaviário que exerça atividades ligadas à operação da embarcação. Os aquaviários não tripulantes, por seu turno, são os que atuam a bordo, sem exercer atividade ligada à operação, como os mergulhadores, práticos e agentes de manobra e docagem.

> **DICA:** O Comandante (também denominado **Mestre, Arrais** ou **Patrão**) é o tripulante responsável pela operação e manutenção de embarcação, em condições de segurança, extensivas à carga, aos tripulantes e às demais pessoas a bordo, consoante art. 2º, IV, da Lei nº 9.537/1997.

Como já bem frisado no tópico anterior, os trabalhadores aquaviários ainda têm descumpridos direitos básicos, como o direito à assinatura da Carteira de Trabalho, seja a contratação por prazo determinado ou não, o direito à alimentação sadia e farta, à água potável, ao descanso, ao fornecimento e uso de equipamentos de proteção individual, ao uso de camarotes e banheiros adequados, dentre outros previstos na Norma Regulamentadora nº 30 do Ministério do Trabalho e Emprego. Tais irregularidades impõem a atuação do *parquet* Laboral como forma de garantir o valor social do trabalho e o trabalho decente

7.16. SÚMULAS E ORIENTAÇÕES JURISPRUDENCIAIS

♦ *SÚMULA TST Nº 96* • MARÍTIMO. A permanência do tripulante a bordo do navio, no período de repouso, além da jornada, não importa presunção de que esteja à disposição do empregador ou em regime de prorrogação de horário, circunstâncias que devem resultar provadas, dada a natureza do serviço.

♦ *SÚMULA TST Nº 309* • VIGIA PORTUÁRIO – TERMINAL PRIVATIVO – NÃO OBRIGATORIE-DADE DE REQUISIÇÃO. Tratando-se de terminais privativos destinados à navegação de cabotagem ou de longo curso, não é obrigatória a requisição de vigia portuário indicado por sindicato.

♦ *OJ-SDI-I Nº 60* • PORTUÁRIOS – HORA NOTURNA – HORAS EXTRAS (LEI Nº 4.860/1965, ARTS. 4º E 7º, § 5º). I – A hora noturna no regime de trabalho no porto, compreendida entre dezenove horas e sete horas do dia seguinte, é de sessenta minutos. II – Para o cálculo das horas extras prestadas pelos trabalhadores portuários, observar-se-á somente o salário básico percebido, excluídos os adicionais de risco e produtividade.

♦ *OJ-SDI-I Nº 316* • PORTUÁRIOS – ADICIONAL DE RISCO – LEI Nº 4.860/1965. O adicional de risco dos portuários, previsto no art. 14 da Lei nº 4.860/1965, deve ser proporcional ao tempo efetivo no serviço considerado sob risco e apenas concedido àqueles que prestam serviços na área portuária.

♦ *OJ-SDI-I Nº 391* • PORTUÁRIOS – SUBMISSÃO PRÉVIA DE DEMANDA A COMISSÃO PARITÁRIA – LEI Nº 8.630, DE 25.2.1993 – INEXIGIBILIDADE. A submissão prévia de demanda a comissão paritária, constituída nos termos do art. 23 da Lei nº 8.630, de 25.2.1993 (Lei dos Portos), não é pressuposto de constituição e desenvolvimento válido e regular do processo, ante a ausência de previsão em lei.

♦ *OJ-SDI-I Nº 402* • ADICIONAL DE RISCO – PORTUÁRIO – TERMINAL PRIVATIVO – ARTS. 14 E 19 DA LEI Nº 4.860, DE 26.11.1965 – INDEVIDO. O adicional de risco previsto no art. 14 da Lei nº 4.860, de 26.11.1965, aplica-se somente aos portuários que trabalham em portos organizados, não podendo ser conferido aos que operam terminal privativo.

7.17. QUESTÕES RESOLVIDAS E COMENTADAS

(MPT – 17º Concurso) Assinale a alternativa **INCORRETA**:

[A] O trabalhador avulso é um trabalhador eventual, que se ativa por curtos períodos de tempo a distintos tomadores, sem se fixar a nenhum deles, com a intermediação de um órgão de gestão de mão de obra. A anotação da CTPS do trabalhador avulso é feita pelo Órgão Gestor de Mão de Obra.

[B] No trabalho voluntário não há contraprestação do trabalho, o que não impede que sejam repassados valores de ressarcimento de despesas comprovadamente realizadas, como as despesas de deslocamento.

[C] O assédio moral organizacional extrapola a esfera de interesses do trabalhador assediado, exigindo a tutela coletiva para que a prática seja extirpada dos métodos de administração e gestão da empresa, para além da tutela das situações individuais.

[D] Para que o contrato de trabalho temporário seja válido é preciso que haja contrato escrito entre o empregado e a empresa de trabalho temporário, com duração de até três meses, prorrogáveis por mais três, além de haver contrato escrito, de natureza civil, entre as empresas prestadora e tomadora dos serviços, do qual conste o motivo da contratação.

[E] Não respondida.

Gabarito oficial: alternativa [A].

Comentários da autora:

✰ *O item "A" está incorreto porque o trabalhador avulso pode ser portuário e não portuário, sendo aquele intermediado pelo Órgão Gestor de Mão de Obra e este pelo Sindicato em atividades de movimentação de mercadorias em geral. No mesmo sentido é a Nova Lei dos Portos (Lei nº 12.815/2013), art. 32.*

✰ *O item "B" está de acordo com o art. 3º da Lei nº 9.608/1998.*

✰ *O item "C" contém a ideia de que o assédio moral organizacional é fruto das diretrizes da própria organização da empresa, e deve ser coibido através da tutela coletiva.*

✰ *O item "D" está de acordo com os arts. 9º a 11 da Lei nº 6.019/1974, que dispõe sobre o trabalho temporário.*

(MPT – 16º Concurso) Acerca do trabalho portuário, é correto afirmar:

I – Operação portuária é a de movimentação de passageiros ou a de movimentação ou armazenagem de mercadorias, destinados ou provenientes de transporte aquaviário, realizada no porto organizado por operadores portuários.

II – Porto organizado é a instalação construída e aparelhada para atender às necessidades da navegação, da movimentação de passageiros ou da movimentação e armazenagem de mercadorias, concedido ou explorado pela União, Estados, Municípios ou particular mediante autorização, cujo tráfego e operações portuárias estejam sob a jurisdição de uma autoridade portuária.

III – Instalação Portuária Pública de Pequeno Porte é a destinada às operações portuárias de movimentação de passageiros, de mercadorias ou ambas, destinados ou provenientes do transporte de navegação interior.

IV – Para que determinada empresa possa movimentar mercadorias destinadas ou provenientes do transporte aquaviário, é necessário que a mesma se prequalifique perante a Agência Nacional de Transportes Aquaviários (ANTAQ) e, em seguida, se cadastre perante a Autoridade Portuária do Porto onde pretende operar.

De acordo com as assertivas, é **CORRETO** afirmar:

[A] as alternativas I e III estão corretas;

[B] as alternativas II e IV estão corretas;

[C] as alternativas II e III estão corretas;

[D] todas estão corretas:

[E] não respondida.

Gabarito oficial: alternativa [A].

Comentários da autora:

✰ *O item I reproduz, corretamente, o conceito de* Operação Portuária *previsto no art. 1º, § 1º, II, da Lei nº 8.630/1993.*

✰ *A definição de* Porto Organizado *está prevista no art. 1º, § 1º, I, da Lei nº 8.630/1993: "o construído e aparelhado para atender às necessidades da navegação, da movimentação de passageiros ou da movimentação e armazenagem de mercadorias, concedido ou explorado pela* União, *cujo tráfego e operações portuárias estejam sob a jurisdição de uma autoridade portuária".* Incorreto, portanto, o item II, porquanto prevê, erroneamente, a concessão e exploração por Estados, Municípios e particulares mediante autorização. A Lei nº 12.815/2013 trata do assunto em seu art. 2º, I.

☆ *O item III reproduz, corretamente, o conceito de* Instalação Portuária Pública de Pequeno Porte, *previsto no art. 1º, § 1º, VII, da Lei nº 8.630/1993 e no art. 2º, IV, da Lei nº 12.815/2013.*

☆ *Ao contrário do que sugere o item IV, a movimentação de mercadorias prescinde de inscrição, autorização ou qualificação perante a* ANTAQ, *sendo necessária, apenas, a pré-qualificação do operador portuário efetuada junto à* Administração do Porto, *na forma de norma publicada pelo Conselho de Autoridade Portuária, com exigências claras e objetivas, nos termos do art. 9º, caput, da Lei nº 8.630/1993 e no art. 1º, § 1º, da Lei nº 12.815/2013.*

(MPT – 16º Concurso) Sobre o trabalho portuário e de acordo com a lei, analise as afirmativas abaixo transcritas:

I – Compete exclusivamente ao Órgão Gestor de Mão de Obra verificar a presença, no local de trabalho, dos trabalhadores avulsos constantes da escala diária.

II – A aposentadoria implica na extinção do cadastro e/ou registro do trabalhador portuário avulso junto ao Órgão Gestor de Mão de Obra.

III – A atividade de amarração de navios, por ser trabalho direcionado à movimentação de mercadorias e feito ao longo do cais, constitui atividade de capatazia.

IV – Na escalação dos trabalhadores portuários avulsos, o Órgão Gestor de Mão de Obra deverá observar o intervalo mínimo de 11 horas interjornadas, salvo em situações excepcionais devidamente regradas por norma coletiva.

De acordo com as assertivas, é **CORRETO** afirmar:

[A] apenas as alternativas I, III e IV estão corretas;

[B] apenas as alternativas I e III estão corretas;

[C] apenas as alternativas II e IV estão corretas;

[D] todas estão corretas;

[E] não respondida.

Gabarito oficial: alternativa [C].

Comentários da autora:

☆ *De acordo com o art. 6º da Lei nº 9.719/1998, "cabe ao operador portuário e ao órgão gestor de mão de obra verificar a presença, no local de trabalho, dos trabalhadores constantes da escala diária". Incorreto, portanto, o item I.*

☆ *Nos termos do art. 27, § 3º, da Lei nº 8.630/1993, "a inscrição no cadastro e o registro do trabalhador portuário extingue-se por morte, aposentadoria ou cancelamento". Correto o item II, portanto. Observe que, com o advento da Lei nº 12.815/2013, art. 41, § 3º, apenas a morte e o cancelamento extinguem a inscrição do trabalhador portuário avulso no OGMO.*

☆ *Já vimos que amarração de navios não é atividade portuária. Incorreto o item III.*

☆ *O item IV está de acordo com o art. 8º da Lei nº 9.719/1998.*

(MPT – 16º Concurso) Analise as seguintes assertivas sobre o trabalho aquaviário:

I – O comandante de uma embarcação, no exercício de suas funções e para garantir a segurança das pessoas, da embarcação e da carga transportada, pode ordenar a detenção de pessoa, se necessário com algemas, quando imprescindível para a manutenção da integridade física de terceiros, da embarcação ou da carga.

II – Nos termos da lei, os serviços de quarto nas máquinas, passadiço, vigilância e outros que, consoante parecer médico, possam prejudicar a saúde do tripulante serão executados por períodos não maiores e com intervalos não menores de seis horas.

III – As horas extraordinárias de trabalho dos aquaviários somente podem ser computadas em fração de trinta minutos, computando-se como tal período todo o labor que exceda em mais de cinco minutos.

IV – Considera-se pesca não comercial artesanal a praticada diretamente por pescador profissional, de forma autônoma ou em regime de economia familiar, com meios de produção próprios ou mediante contrato de parceria, desembarcado, podendo utilizar embarcações de pequeno porte.

De acordo com as assertivas, é **CORRETO** afirmar:

[A] apenas uma assertiva está correta;

[B] apenas duas assertivas estão corretas;

[C] todas as assertivas estão corretas;

[D] nenhuma assertiva está correta;

[E] não respondida.

Gabarito oficial: alternativa [A].

Comentários da autora:

✯ *O item I está de acordo com o art. 10, III, da Lei nº 9.537/1997.*

✯ *Nos termos do art. 248, § 2º, da CLT, os serviços de quarto nas máquinas, passadiço, vigilância e outros que, consoante parecer médico, possam prejudicar a saúde do tripulante, serão executados por períodos não maiores e com intervalos não menores de 4 (quatro) horas. Incorreto, portanto, o item II.*

✯ *Dispõe o art. 250, parágrafo único, da CLT que as horas extraordinárias de trabalho são indivisíveis, computando-se a fração de hora como hora inteira. Incorreto o item III.*

✯ *O item IV vai de encontro aos termos do art. 8º da Lei nº 11.959/2009 a seguir reproduzido:*

Art. 8º. Pesca, para os efeitos desta Lei, classifica-se como:

I – comercial:

a) artesanal: quando praticada diretamente por pescador profissional, de forma autônoma ou em regime de economia familiar, com meios de produção próprios ou mediante contrato de parceria, desembarcado, podendo utilizar embarcações de pequeno porte;

b) industrial: quando praticada por pessoa física ou jurídica e envolver pescadores profissionais, empregados ou em regime de parceria por cotas-partes, utilizando embarcações de pequeno, médio ou grande porte, com finalidade comercial;

II – não comercial:

a) científica: quando praticada por pessoa física ou jurídica, com a finalidade de pesquisa científica;

b) amadora: quando praticada por brasileiro ou estrangeiro, com equipamentos ou petrechos previstos em legislação específica, tendo por finalidade o lazer ou o desporto;

c) de subsistência: quando praticada com fins de consumo doméstico ou escambo sem fins de lucro e utilizando petrechos previstos em legislação específica.

(MPT – 15º Concurso) Analise as assertivas a seguir:

I – na hipótese de o trabalhador portuário avulso ser contratado por prazo indeterminado, por operador portuário, seu registro junto ao Órgão Gestor de Mão de Obra será cancelado;

II – os trabalhadores avulsos poderão se reunir em cooperativa para atuarem como operadores portuários, hipótese em que serão excluídos da escala rodiziária dos avulsos e terão cancelados os seus registros;

III – compete tanto ao operador portuário quanto ao Órgão Gestor de Mão de Obra a fiscalização da presença dos trabalhadores portuários avulsos efetivamente escalados, nos locais de trabalho.

Assinale a alternativa **CORRETA**:

[A] apenas uma assertiva está correta.

[B] apenas duas assertivas estão corretas.

[C] todas as assertivas estão corretas.

[D] nenhuma assertiva está correta.

[E] não respondida.

Gabarito oficial: alternativa [A].

Comentários da autora:

✯ *Assim dispõem os incisos I e II do art. 3º da Lei nº 9.719/1998: "O órgão gestor de mão de obra manterá o registro do trabalhador portuário avulso que: I – for cedido ao operador portuário para trabalhar em caráter permanente; II – constituir ou se associar a cooperativa formada para se estabelecer como operador portuário, na forma do art. 17 da Lei nº 8.630/1993". Portanto, enquanto pendente o vínculo de emprego ou a cooperativa, o registro será suspenso, e não cancelado. Incorretos, portanto, os itens I e II.*

✯ *O item III, por sua vez, reproduz corretamente a literalidade do art. 6º do mesmo diploma legal.*

(MPT – 15º Concurso) Assinale a alternativa **INCORRETA**:

[A] operação portuária é a movimentação de passageiros, a movimentação ou armazenagem de mercadorias, destinadas ou provenientes de transporte aquaviário, realizada no porto organizado por operador portuário;

[B] na hipótese de um trabalhador portuário avulso transgredir alguma norma disciplinar, compete ao órgão gestor de mão de obra, após ouvida a comissão paritária, aplicar, quando cabíveis, as penalidades previstas em lei, contrato, convenção ou acordo coletivo;

[C] a remuneração, a definição das funções, a composição das equipes e as demais condições de trabalho avulso serão objeto de negociação coletiva entre os sindicatos dos trabalhadores avulsos e dos operadores portuários;

[D] é dispensável a intervenção do operador portuário na movimentação de mercadorias líquidas a granel, ainda que ocorra em área do porto organizado;

[E] não respondida.

Gabarito oficial: alternativa [B].

Comentários da autora:

✭ *A alternativa "A" está de acordo com o art. 1º, § 1º, II, da Lei nº 8.630/1993.*

✭ *Consoante dispõe o art. 19, I, da Lei nº 8.630/1993, compete ao órgão de gestão de mão de obra do trabalho portuário avulso aplicar, quando couber, normas disciplinares previstas em lei, contrato, convenção ou acordo coletivo de trabalho, no caso de transgressão disciplinar, as seguintes penalidades: repreensão verbal ou por escrito; suspensão do registro pelo período de dez a trinta dias; cancelamento do registro. Com efeito, ao contrário do que menciona a alternativa "B", não se faz necessária a consulta à comissão paritária. A Nova Lei dos Portos disciplina a matéria em seu art. 33, I, "a", "b" e "c".*

✭ *A alternativa "C" reproduz corretamente o art. 43 da Lei nº 12.815/2013.*

✭ *A alternativa "D" está de acordo com o art. 28, II, da Lei nº 12.815/2013.*

(MPT – 15º Concurso) Acerca do trabalho portuário, é **CORRETO** afirmar:

[A] a atividade de amarração dos navios, nos portos organizados, deve ser feita por trabalhadores portuários avulsos de capatazia;

[B] a guarda portuária, que deve ser constituída e regulamentada pela autoridade portuária respectiva, tem por finalidade prover a vigilância e a segurança dos portos e não se confunde com o trabalho do vigia portuário;

[C] de acordo com o disposto na Convenção nº 137, da OIT, o operador portuário poderá contratar trabalhador portuário, por prazo indeterminado, que deverá ocorrer exclusivamente entre os obreiros já inscritos no órgão gestor de mão de obra;

[D] é vedada aos operadores portuários a utilização exclusiva de mão de obra contratada com vínculo empregatício, devendo requisitar percentual mínimo de trabalhadores avulsos. A proporção entre trabalhadores vinculados e avulsos será estabelecida de acordo com a quantidade da carga movimentada pelo respectivo operador portuário;

[E] não respondida.

Gabarito oficial: alternativa [B].

Comentários da autora:

✭ *Considerando a importância de o candidato ter conhecimento de cada uma das atividades do trabalhador portuário avulso, entendemos prudente reproduzir, na íntegra, o art. 40 da Lei nº 12.815/2013:*

Art. 40. O trabalho portuário de capatazia, estiva, conferência de carga, conserto de carga, bloco e vigilância de embarcações, nos portos organizados, será realizado por trabalhadores portuários com vínculo empregatício por prazo indeterminado e por trabalhadores portuários avulsos.

§ 1º. Para os fins desta Lei, consideram-se:

I – capatazia: atividade de movimentação de mercadorias nas instalações dentro do porto, compreendendo o recebimento, conferência, transporte interno, abertura de volumes para a conferência aduaneira, manipulação, arrumação e entrega, bem como o carregamento e descarga de embarcações, quando efetuados por aparelhamento portuário;

II – estiva: atividade de movimentação de mercadorias nos conveses ou nos porões das embarcações principais ou auxiliares, incluindo o transbordo, arrumação, peação e despeação, bem como o carregamento e a descarga, quando realizados com equipamentos de bordo;

III – conferência de carga: contagem de volumes, anotação de suas características, procedência ou destino, verificação do estado das mercadorias, assistência à pesagem, conferência do manifesto e demais serviços correlatos, nas operações de carregamento e descarga de embarcações;

IV – conserto de carga: reparo e restauração das embalagens de mercadorias, nas operações de carregamento e descarga de embarcações, reembalagem, marcação, remarcação, carimbagem, etiquetagem, abertura de volumes para vistoria e posterior recomposição;

V – vigilância de embarcações: atividade de fiscalização da entrada e saída de pessoas a bordo das embarcações atracadas ou fundeadas ao largo, bem como da movimentação de mercadorias nos portalós, rampas, porões, conveses, plataformas e em outros locais da embarcação; e

VI – bloco: atividade de limpeza e conservação de embarcações mercantes e de seus tanques, incluindo batimento de ferrugem, pintura, reparos de pequena monta e serviços correlatos.

Portanto, como se vê, amarração de navios não é atividade portuária. Incorreta a alternativa "A".

✩ *A alternativa "B" está de acordo com o art. 17, § 1º, XV, da Lei nº 12.815/2013, que assim dispõe:*

Art. 17. A administração do porto é exercida diretamente pela União, pela delegatária ou pela entidade concessionária do porto organizado.

§ 1º. Compete à administração do porto organizado, denominada autoridade portuária: (...)

XV – organizar a guarda portuária, em conformidade com a regulamentação expedida pelo poder concedente.

✩ *Ao contrário do que sugere a alternativa "C", a Convenção nº 137 da OIT não exige exclusividade na contratação de trabalhador portuário por prazo indeterminado dentre aqueles inscritos no OGMO, mas apenas uma prioridade. Inteligência dos arts. 2º e 3º da referida norma internacional.*

✩ *Por fim, a alternativa "D" traz afirmação incorreta. A disposição legal concernente à proporção entre trabalhadores com vínculo empregatício e portuários avulsos.*

(MPT – 14º Concurso) Analise as assertivas seguintes sobre o trabalho portuário avulso:

I – em havendo vagas disponíveis, a passagem do trabalhador portuário avulso cadastrado para o registro no órgão gestor de mão de obra deve ser regulamentada por contrato, acordo ou convenção coletiva, que estipulará a forma de seleção, sendo requisito obrigatório a antiguidade no cadastro, por força de lei;

II – o pagamento dos salários deve ser feito pelo órgão gestor de mão de obra diretamente aos trabalhadores, salvo aqueles relativos a férias e 13º salário, cujos valores percentuais devem ser repassados aos respectivos sindicatos, a quem compete o gerenciamento do respectivo fundo e o pagamento aos trabalhadores portuários avulsos quando do gozo de férias (remuneração das férias) e até o vigésimo dia do mês de novembro (13º salário);

III – é assegurado ao trabalhador portuário avulso registrado no órgão gestor de mão de obra o direito de concorrer à escala diária complementando a equipe de trabalho do quadro de cadastrados;

IV – o intervalo interjornadas mínimo de 11 horas é aplicável aos trabalhadores portuários avulsos, ainda que a jornada de trabalho seja de seis horas, salvo situações excepcionais.

Assinale a alternativa **CORRETA**:

[A] apenas uma alternativa está correta;

[B] duas alternativas estão corretas;

[C] três alternativas estão corretas;

[D] todas as alternativas estão corretas;

[E] não respondida.

Gabarito oficial: alternativa [B].

Comentários da autora:

☆ *De acordo com o art. 41, § 2º, da Lei nº 12.815/2013, o órgão de gestão de mão de obra organizará e manterá o registro dos trabalhadores portuários avulsos. O ingresso no registro do trabalhador portuário avulso depende de prévia seleção e respectiva inscrição no cadastro, obedecidas a disponibilidade de vagas e a ordem cronológica de inscrição no cadastro. O art. 42, por sua vez, dispõe que a seleção e o registro do trabalhador portuário avulso serão feitos pelo órgão de gestão de mão de obra avulsa, de acordo com as normas que forem estabelecidas em contrato, convenção ou acordo coletivo de trabalho. Com efeito, percebe-se que o item I faz uma junção correta dos prefalados dispositivos legais.*

☆ *Conforme dispõe o art. 2º, II, e § 2º, da Lei nº 9.719/1998, cabe ao órgão gestor de mão de obra efetuar o pagamento da remuneração pelos serviços executados e das parcelas referentes a décimo terceiro salário e férias* diretamente ao trabalhador portuário avulso, *depositando-as, separada e respectivamente, em contas individuais vinculadas, a serem abertas e movimentadas às suas expensas, especialmente para esse fim, em instituição bancária de sua livre escolha, sobre as quais deverão incidir rendimentos mensais com base nos parâmetros fixados para atualização dos saldos dos depósitos de poupança. Incorreto o item II.*

☆ *Consoante o art. 4º da Lei nº 9.719/1998, "é assegurado ao trabalhador portuário avulso* cadastrado *no órgão gestor de mão de obra o direito de concorrer à escala diária complementando a equipe de trabalho do quadro dos* registrados". *Portanto, o item III faz uma inversão proposital e errônea do dispositivo legal.*

☆ *O item IV está de acordo com o art. 8º da Lei nº 9.719/1998.*

ANEXO

AÇÃO CIVIL PÚBLICA – SAÚDE E SEGURANÇA DO TRABALHADOR PORTUÁRIO

- *Andrea da Rocha Carvalho Gondim*
- *Rosineide Mendonça Moura*

EXCELENTÍSSIMO(A) SENHOR(A) DOUTOR(A) JUIZ DO TRABALHO DA 4ª VARA DO TRABALHO DE MANAUS/AM

DISTRIBUIÇÃO POR DEPENDÊNCIA

AO PROCESSO Nº (...)

O **MINISTÉRIO PÚBLICO DO TRABALHO – PROCURADORIA REGIONAL DO TRABALHO DA 11ª REGIÃO**, instituição permanente, incumbida da defesa da ordem jurídica, do regime democrático e dos direitos sociais e individuais indisponíveis, situada rua Pará nº 885, Edifício José Frota II, 6º andar, bairro São Geraldo, nesta Capital, vem, respeitosamente, à presença de Vossa Excelência, propor **AÇÃO CIVIL PÚBLICA** em face de **C. C. N. LTDA**, CNPJ nº (...), localizada na Rua (...), pelo fatos e fundamentos a seguir expostos.

I – DA DISTRIBUIÇÃO POR DEPENDÊNCIA

Inicialmente, requer este Órgão Ministerial a distribuição do presente feito por dependência perante o Juízo da 4ª Vara do Trabalho de Manaus, diante da prevenção decorrente da Ação Cautelar Preparatória, movida pelo MPT em face do C. C. N. Ltda. no dia 22.10.2010, processo nº (...).

(...)

II – DOS FATOS

No dia 17 de outubro de 2010, conforme noticiado pela imprensa local e nacional, o Porto C., empresa demandada, foi alvo de um deslizamento de terras na área que abrangia seu estabelecimento, especificamente na área de circulação de embarque e desembarque de carretas e contêineres, no pátio do porto e na área de embarcações fluviais.

O quadro acima foi o motivo para este Órgão Ministerial, conjuntamente com o Ministério Público do Estado do Amazonas, no dia 22.10.2010, ter ajuizado AÇÃO CAUTELAR PREPARATÓRIA, com pedido de interdição das áreas afetadas, de forma liminar, além da realização de perícia para estabelecimento das causas do evento, bem como para avaliação das condições do ambiente de trabalho.

O pleito foi deferido pelo Juízo de primeiro grau. No entanto, a ré recorreu ao remédio heróico do Mandado de Segurança, conseguindo a revogação da liminar, no dia 24.10.2010, por decisão da Desembargadora Plantonista.

O Ministério Público pediu a reconsideração da revogação perante a Desembargadora Vice-Presidente, Juízo natural do feito atinente a pedidos liminares. Diante dos fundamentos do pedido, principalmente frente a novo laudo produzido pela Companhia de Recursos Minerais – CPRM, a interdição foi restaurada.

Contudo, teratologicamente, a ré utilizou-se de pedido de suspensão de segurança, endereçado à então Presidente do Tribunal, a mesma Desembargadora Plantonista que havia suspendido a interdição concedida pelo Juízo de Primeiro Grau, que se encontrava no exercício da Presidência em razão de viagens simultâneas da Presidente e Vice-Presidente do Tribunal.

Na linha de seu entendimento anterior, a Desembargadora novamente liberou a área, com restrições, a despeito de a suspensão de segurança ser remédio processual somente movível pelo Poder Público ou pelo Ministério Público, e nunca por particular, a exemplo do Porto C., pessoa jurídica de Direito Privado.

Ressalto, ainda, que o referido pedido de suspensão de segurança foi concedido sem que houvesse sequer segurança deferida. Aliás, a pessoa que se beneficiou da suspensão da segurança, no caso o Porto C., foi a mesma pessoa que requereu a segurança.

Ademais, a aludida decisão foi baseada em laudo produzido pelo próprio Porto C., sem a presença do Ministério Público do Trabalho ou do Ministério Público do Estado do Amazonas, ou seja, o relatório de vistoria do terreno, onde se assenta o estabelecimento da demandada, não foi elaborado sob o crivo do contraditório.

Sem embargo, o fato é que, apesar de a cautelar haver sido revogada no que toca à interdição, **remanesceu inabalado o pedido cautelar de antecipação de produção de prova, qual seja, a perícia para constatar as causas do acidente e, sobretudo, para análise da segurança no ambiente de trabalho, em resguardo da incolumidade física e vida dos trabalhadores** (art. 5º, *caput*, c/c o art. 7º, XXII, da CF/1988).

Tal perícia mostrava-se necessária, na medida em que 2 (dois) órgãos públicos (CPRM e IMPLURB), com competência para atuar na questão sob exame, condenaram o terreno onde funciona o Porto C., recomendando a suspensão imediata das atividades portuárias e a desocupação da área, sob pena de ocorrer uma nova tragédia, conforme documentos em anexo.

Nestes termos, a presente Ação Civil Pública é formulada no intuito de determinar as reais condições do ambiente de trabalho a que estão sendo submetidos os trabalhadores naquele Porto, bem como estabelecer medidas a serem adotadas com vistas a observância da NR-29, do MTE, e demais dispositivos relacionados à segurança do trabalho portuário, em homenagem ao direito fundamental ao meio ambiente saudável e seguro (art. 225, *caput*, c/c o art. 200, VIII, da CF/1988).

III – DO DIREITO

1. DA NECESSIDADE DE UTILIZAÇÃO DOS ATOS PRODUZIDOS NA AÇÃO CAUTELAR ANTECIPATÓRIA DE PROVA Nº (...)

A prova técnica produzida nos autos da Ação Cautelar nº (...) corrobora a necessidade de medidas a serem tomadas para garantir o meio ambiente de trabalho sem risco de danos aos trabalhadores, sendo imprescindível a utilização da prova emprestada, com vistas à celeridade processual.

É, portanto, inafastável o aproveitamento de todos os atos processuais produzidos nos autos da Ação Cautelar nº (...) e a concessão do pleito de nova produção de prova, como forma de garantir o direito de acesso à Justiça, também direito fundamental com sede constitucional, e que, no caso, assume maior envergadura, diante da tutela coletiva de que se cogita – segurança e vida dos trabalhadores.

Ante o exposto, faz-se necessário aproveitamento da prova pericial produzida nos autos da Ação Cautelar citada.

2. DO MEIO AMBIENTE DE TRABALHO SEGURO COMO DIREITO FUNDAMENTAL

A Constituição da República assegura que todos têm direito ao meio ambiente ecologicamente equilibrado, nele compreendido o do trabalho (art. 200, VIII, da CF/1988), sendo bem de uso comum do povo e essencial à sadia qualidade de vida (art. 225, *caput*, *da* CF/1988).

Ao tratar do tema, o Constituinte consagrou o PRINCÍPIO DA PREVENÇÃO/PRE-CAUÇÃO, determinando ao Poder Público e à coletividade o dever de defesa e preservação do meio ambiente para as presentes e futuras gerações.

A defesa e preservação do meio ambiente, segundo a própria Constituição da República, não se refere tão somente ao meio ambiente ecológico natural, mas também ao meio ambiente do trabalho, conforme disposto em seu art. 200, inciso VIII.

A doutrina tem sido veemente na defesa de que o direito insculpido no art. 225, *caput*, c/c art. 200, VIII, da CF/1988, é direito fundamental, nos termos do art. 5º, § 2º, também da Constituição da República.

A Consolidação das Leis do Trabalho, em capítulo dedicado à Segurança e Medicina do Trabalho, estabelece, entre outras obrigações, que cabe aos empregadores "cumprir e fazer cumprir as normas de segurança e medicina do trabalho" (art. 157, inciso I).

Para fazer valer as disposições constitucionais e legais supramencionadas, o Ministério do Trabalho, com fulcro no art. 200 da Consolidação das Leis do Trabalho, editou a Norma Regulamentadora nº 29, instituidora de normas de segurança e saúde no Trabalho Portuário. Essa normatização tem por objetivo regular a proteção obrigatória contra acidentes e doenças profissionais, facilitar os primeiros socorros a acidentados e alcançar as melhores condições possíveis de segurança e saúde aos trabalhadores portuários.

Na preservação da saúde e da segurança no meio ambiente do trabalho, a NR-29, do MTE, dispõe quanto às seguintes obrigações, dentre outras:

2.1. DOS EQUIPAMENTOS DE PROTEÇÃO INDIVIDUAL E COLETIVOS (EPIs E EPCs) DO PROGRAMA DE PREVENÇÃO DE RISCOS AMBIENTAIS (PPRA), DO PROGRAMA DE CONTROLE MÉDICO DE SAÚDE OCUPACIONAL (PCMSO) E DO SERVIÇO ESPECIALIZADO EM SEGURANÇA E SAÚDE DO TRABALHO PORTUÁRIO (SESSTP)

Visando um ambiente laboral hígido e adequado, recaem sobre o empregador a obrigação de manter Serviços Especializados em Engenharia de Segurança e em Medicina do Trabalho (SESMT), com a finalidade de promover a saúde e proteger a integridade do trabalhador no local de trabalho, bem como a elaboração de Programa de Controle Médico de Saúde Ocupacional (PCMSO), para a promoção e preservação da saúde do conjunto dos seus trabalhadores. Ademais, cabe-lhe elaborar e implementar Programa de Prevenção de Riscos (PPRA), visando à preservação da saúde e da integridade dos trabalhadores, através da antecipação, reconhecimento e controle da ocorrência de riscos ambientais existentes ou que venham a existir no ambiente de trabalho.

Sobre o assunto, estabelece a NR-29:

29.1.4.1. Compete aos operadores portuários, empregadores, tomadores de serviço e OGMO, conforme o caso:

a) cumprir e fazer cumprir esta NR no que tange à prevenção de riscos de acidentes do trabalho e doenças profissionais nos serviços portuários;

b) fornecer instalações, equipamentos, maquinários e acessórios em bom estado e condições de segurança, responsabilizando-se pelo correto uso;

c) zelar pelo cumprimento da norma de segurança e saúde nos trabalhos portuários e das demais normas regulamentadoras expedidas pela Portaria nº 3.214/1978 e alterações posteriores.

29.1.4.2. Compete ao OGMO ou ao empregador:

a) proporcionar a todos os trabalhadores formação sobre segurança, saúde e higiene ocupacional no trabalho portuário, conforme o previsto nesta NR;

b) responsabilizar-se pela compra, manutenção, distribuição, higienização, treinamento e zelo pelo uso correto dos equipamentos de proteção individual – EPI e equipamentos de proteção coletiva – EPC, observado o disposto na NR-6;

c) elaborar e implementar o Programa de Prevenção de Riscos Ambientais – PPRA – no ambiente de trabalho portuário, observado o disposto na NR-9;

d) elaborar e implementar o Programa de Controle Médico de Saúde Ocupacional – PCMSO, abrangendo todos os trabalhadores portuários, observado o disposto na NR-7. (...)

29.2.1.1. Todo porto organizado, instalação portuária de uso privativo e retroportuária deve dispor de um SESSTP, de acordo com o dimensionamento mínimo constante do Quadro I, mantido pelo OGMO ou empregadores, conforme o caso, atendendo a todas as categorias de trabalhadores (...).

Vê-se, portanto, que é da responsabilidade do empregador (Porto C.) orientar, prevenir e identificar antecipadamente situações de risco à saúde do empregado, bem como exigir o cumprimento das normas de segurança, na forma da legislação citada e do seu poder diretivo, instituindo e implementando o PPRA, o PCMSO e o SESSTP. Planos e serviços inexistentes quando da ocorrência do sinistro no Porto.

Além disso, deve disponibilizar EPIs e EPCs.

Ressalte-se, por ser imperioso, que não basta ao reclamado elaborar programas e projetos, mas a sua efetiva implementação e atualização. Desse modo, muito embora a parte ré possa demonstrar que tenha elaborado o PPRA após o evento, faz-se necessária a demonstração de sua implementação e constante atualização.

Assim, requer este Órgão Ministerial a condenação do reclamado na implementação e atualização do Programa de Prevenção de Riscos Ambientais (PPRA), do Programa de Controle Médico de Saúde Ocupacional (PCMSO) e do Serviço Especializado em Segurança e Saúde do Trabalhador Portuário – SESSTP, como também fornecer e promover instrução sobre o uso de Equipamentos de Proteção Individual e Coletivos.

2.2. DO PLANO DE CONTROLE DE EMERGÊNCIA (PCE) E DO PLANO DE AJUDA MÚTUA (PAM)

A empresa reclamada não possui Plano de Controle de Emergência (PCE) e Plano de Ajuda Mútua (PAM), tanto que o sinistro ocorreu sem que houvesse qualquer coordenação para conter a situação.

Sobre a matéria, dispõe a NR-29 que o empregador deve elaborar o PCE e o PAM:

29.1.6. Plano de Controle de Emergência – PCE e Plano de Ajuda Mútua – PAM.

29.1.6.1. Cabe à administração do porto, ao OGMO e aos empregadores a elaboração do PCE, contendo ações coordenadas a serem seguidas nas situações descritas neste subitem e compor com outras organizações o PAM (...).

29.1.6.3. No PCE e no PAM, deve constar o estabelecimento de uma periodicidade de treinamentos simulados, cabendo aos trabalhadores indicados comporem as equipes e efetiva participação.

Destaque-se que, de acordo com o laudo elaborado na Ação Cautelar, pelo perito F. P. A. R., apenas os trabalhadores envolvidos nas operações de recuperação do Porto receberam treinamento de segurança.

No entanto, treinamentos periódicos devem ser direcionados a todos os empregados que laboram no Porto, inclusive, com programação de simulados, como destacou o perito.

Assim, pede-se a condenação do réu na promoção de treinamentos periódicos (semestrais) e específicos em face do sinistro ocorrido com todos os empregados que laboram no Porto (empregados e terceirizados) e na elaboração e implementação do Plano de Controle de Emergência – PCE e do Plano de Ajuda Mútua – PAM (NR-29).

2.3. DA SINALIZAÇÃO DE SEGURANÇA

O Porto não dispõe de sistema de sinalização eficiente.

E a NR-29 dispõe que os locais de trabalho no Porto devem ser devidamente sinalizados:

29.3.12. Sinalização de segurança dos locais de trabalho portuários.

29.3.12.1. Os riscos nos locais de trabalho, tais como: faixa primária, embarcações, abertura de acesso aos porões, conveses, escadas, olhais, estações de força e depósitos de cargas devem ser sinalizados conforme NR-26 – Sinalização de Segurança.

29.3.12.2. Quando a natureza do obstáculo exigir, a sinalização incluirá iluminação adequada.

29.3.12.3. As vias de trânsito de veículos ou pessoas nos recintos e áreas portuárias, com especial atenção na faixa primária do porto, em plataformas, rampas, armazéns e pátios devem ser sinalizadas, aplicando-se o Código Nacional de Trânsito do Ministério da Justiça e NR – 26 Sinalização de Segurança no que couber.

Assim, não apenas a área em que ocorreu o sinistro deve ser sinalizada, mas todos os locais de trabalho portuários.

Pede-se, assim, que o réu seja condenado em efetuar a sinalização de segurança dos locais de trabalho do Porto.

2.4. DOS PRIMEIROS SOCORROS

De acordo com a NR-29, todo porto organizado "deve dispor de serviço de atendimento de urgência, próprio ou terceirizado, mantido pelo OGMO ou empregadores, possuindo equipamentos e pessoal habilitado a prestar os primeiros socorros e prover a rápida e adequada remoção de acidentado (29.5.1).

Logo, deve o reclamado ser condenado na obrigação de manter serviços de assistência médica, com veículos para remoção de trabalhadores acidentados à instalação hospitalar em caso de acidentes.

2.5. DA MANUTENÇÃO DO MONITORAMENTO DA ÁREA DO SINISTRO

O laudo pericial elaborado pelos peritos J. S. C. e M. L. S. M. A. aponta, ainda, a necessidade de monitoramento, inclusive, com a instalação de PIEZÔMETRO na área do aterro (fls. 219/220 dos autos da Ação Cautelar).

Nesse sentido, Excelência, os peritos, ao responderem o quesito de nº 10, a respeito do monitoramento das áreas recuperadas, consignaram que "Em se tratando de uma área que apresenta instabilidades naturais (geológicas e geomorfológicas) e sujeitas a fatores agravantes dessa condição, tais como pluviosidade, oscilação sazonal do nível do rio Negro, é necessário e conveniente que se desenvolva um trabalho de monitoramento" (fls. 219).

É reveladora, portanto, a constatação pelos peritos da necessidade do monitoramento da área em que ocorreu o sinistro, dada a INSTABILIDADE NATURAL do terreno em que foi construído o Porto C.

Logo, deve o réu ser condenado em manter o monitoramento da área em que está instalado o Porto, conforme laudo pericial, com a instalação de PIEZÔMETRO na área do aterro.

2.6. DA NECESSIDADE DE IMPLEMENTAÇÃO DO SISTEMA DE DRENAGEM

Os peritos apontaram para a necessidade de se adotar adequado sistema de drenagem, conforme laudo pericial de fls. 226 da Ação Cautelar.

Com efeito, no quesito apresentado pelo reclamado sobre a situação geológica e ambiental da área atingida (item 8, fls. 226), os peritos responderam que a condição ambiental atual revela deficiência do sistema de drenagem, de maneira que "**o escoamento superficial exerce grande impacto ao ambiente, fortemente influenciado pelo elevado volume de precipitação no período de chuva (…) e pelo declive da rampa. Se não canalizada convenientemente, esse volume de água provoca erosão e, consequentemente, o assoreamento do rio**".

Mais uma vez, Excelência, o laudo técnico comprova a necessidade de observância dos princípios da PRECAUÇÃO e da PREVENÇÃO.

Veja-se que a reclamada apenas elaborou o projeto de drenagem superficial (item 6, fls. 225). Mas, a garantia de segurança não se satisfaz apenas com a elaboração de projetos, mas sim com a sua efetiva implantação, o que ainda não ocorreu.

Desta forma, pede-se a condenação da reclamada na obrigação de implantar adequado sistema de drenagem.

3. DO PRINCÍPIO DA PRECAUÇÃO/PREVENÇÃO. DO LAUDO GEOLÓGICO E DA NECESSIDADE DE PERÍCIA COMPLEMENTAR

Não é novidade, para quem possui rudimentos de Direito, que o meio ambiente se divide em meio ambiente natural, artificial, cultural e do trabalho. Também não possui tom de novidade o conhecido binômio principiológico precaução *versus* prevenção.

A despeito de parcela minoritária da doutrina divergir acerca da existência ou não de tais princípios em apartado, fato é que a melhor doutrina e sua maioria esmagadora, bem como a jurisprudência pátria reconhecem a coexistência dos princípios em destaque. Ademais, a vinculação do Brasil à Declaração do Rio de Janeiro de 1992, especificamente ao seu PRINCÍPIO 15, esmaga qualquer dúvida que possa existir acerca da vigência de tal princípio em nosso ordenamento jurídico.

A Declaração do Rio de Janeiro de 1992 trata desse princípio ao prescrever que:

> *Para proteger o meio ambiente medidas de precaução devem ser largamente aplicadas pelos Estados segundo suas capacidades. Em caso de risco de danos graves e irreversíveis, a ausência de certeza científica absoluta não deve servir de pretexto para procrastinar a adoção de medidas visando a prevenir a degradação do meio ambiente do trabalho.*

Os princípios da precaução e prevenção têm sentido de previdência, de antecipação a danos ao meio ambiente, em qualquer de suas formas (natural, cultural, artificial e do trabalho). A diferenciação, entre eles, está no alcance e fulcro de cada um.

O princípio da prevenção é princípio base e mais largamente conhecido. Significa a necessidade de estudos de impactos ambientais e de tomada de medidas protetivas frente a atividades potencialmente causadoras de danos ambientais. Dito de outra forma, prega a análise das atividades para, casos potencialmente danosos, serem impedidas ou tomadas medidas protetivas. A ideia é sempre impedir o dano ambiental. O princípio é de manutenção, de que os danos devem ser evitados e não remediados.

O termo "precaução" veio justamente para enfatizar uma vertente principiológica mais protetiva. Também possui, como eixo central, a ideia de manutenção e de que prevenir é melhor do que remediar. Porém, enfatiza este último aspecto de manutenção do meio ambiente porque a atual situação é a única que pode ser garantida, sendo refratário às incertezas futuras.

Enquanto o princípio da prevenção possui assento na certeza científica para sua consecução, pregando a análise da atividade, e, portanto, de acordo com o que se conhece, para posterior tomada de medidas embargatórias ou protetivas, o princípio da precaução é um *plus* que tem sede justamente e inclusive numa possível lacuna do princípio da prevenção: o ambiente da incerteza científica.

A dúvida, o desconhecimento científico não podem servir de argumento para o prosseguimento da atividade potencialmente danosa ao meio ambiente. Este é o princípio da precaução, que acrescenta à necessidade de análise e tomada de medidas, de acordo com o atual estado da arte (prevenção), também o imperativo de atuação comedida diante do desconhecimento das reais consequências da atividade.

Decorre do princípio da precaução a necessidade, SEMPRE, de se atuar preventivamente, independentemente do conhecimento ou desconhecimento de possíveis danos, de análises ou pareceres anteriores. Isso porque as lesões ao meio ambiente, inclusive do trabalho, são quase sempre irreparáveis.

Em suma, cabe ao agente afastar qualquer dúvida sobre a questão. A sociedade não pode suportar o ônus da dúvida e de possível agressão decorrente da atividade do agente. Este deve suportar os riscos e ônus de sua própria atividade.

Não bastasse isso, o art. 7º, inciso XXII, também de nosso diploma constitucional, assegurou ao trabalhador o direito à redução dos riscos inerentes ao trabalho, por meio de normas de saúde, higiene e segurança que objetivem a prevenir os acidentes do trabalho e as enfermidades profissionais. Todos esses direitos estão insculpidos em normas infraconstitucionais, cuja finalidade é de SEMPRE preservar a saúde e a segurança do obreiro, assegurando-lhe uma vida digna e saudável.

A CLT, por exemplo, em seu art. 157, incisos I e II, impôs ao empregador o dever de cumprir as normas de segurança e medicina do trabalho, instruindo seus empregados, por meio de ordens de serviço, quanto às precauções a serem adotadas para evitar acidentes.

Não menos importante, cumpre salientar que, no âmbito internacional, a Convenção nº 155 da OIT, em seu art. 17, exige dos empregadores a garantia da segurança e da saúde dos trabalhadores nos locais de trabalho.

Como se observa, a Constituição Federal, as normas infraconstitucionais e as normas internacionais citadas têm uma única preocupação: PRESERVAR A SAÚDE E SEGURANÇA DO TRABALHADOR EM SEU AMBIENTE DE TRABALHO, atribuindo essa responsabilidade ao empregador.

A DIGNIDADE DA PESSOA HUMANA e O VALOR SOCIAL DO TRABALHO, que são fundamentos de nossa República Federativa, não podem ser PRETERIDOS em detrimento de um único objetivo: O LUCRO.

Não bastasse isso, a EXISTÊNCIA DIGNA, A FUNÇÃO SOCIAL DA PROPRIEDADE, A DEFESA DO MEIO AMBIENTE e, sobretudo, a BUSCA DO PLENO EMPREGO, são fundamentos e princípios que norteiam a atividade econômica em geral (art. 170 e incisos da CF/1988).

O laudo geológico elaborado pelos peritos J. S. C. e M. L. S. M. A. aponta que o sinistro ocorrido não decorreu apenas de causas naturais, mas também foi provocado pelo "uso inadequado da estrutura", uma vez que não considerou "os limites da capacidade de suporte de carga, que foi agravada por diversas outras questões construtivas, como as características do substrato, a ancoragem não adequada do maciço do aterro e a possível deficiência do sistema de drenagem na área construída" (fls. 229).

Ainda de acordo com a perícia técnica, na área em que está instalado o Porto somente foram encontrados indícios de ocorrência de camada rochosa por meio de sondagens geotécnicas que chegaram a 50 metros de profundidade, **donde se conclui que o Porto reclamado está instalado em uma área totalmente instável, não obstante as obras de engenharia já realizadas.**

Os peritos consignaram que **"o fantasma do risco de novo movimento sempre vai existir"** (fls. 229 dos autos da Ação Cautelar).

Para o perito F. P. A. R. "somente após as obras civis e avaliação geológica das mesmas, poderemos dar como seguro o retorno as atividades normais com liberação total de todas as áreas" (fls. 191),

Considerando, ainda, o que restou consignado pelos peritos J. S. C. e M. L. S. M. A., no sentido de que "a programação para conclusão das obras de recuperação é setembro/2011" (fls. 228), como também de que é necessário "o acompanhamento dos trabalhos em andamento no Porto C., de modo a garantir que os projetos analisados pelos peritos sejam cumpridos na sua integralidade, condição essencial para a validade das conclusões" (fls. 230), **é imperiosa a designação de uma nova perícia** a fim de aferir, após a conclusão das obras de engenharia implementadas pelo reclamado, se é possível a retomada regular das atividades do reclamado, sem riscos de danos à saúde e segurança dos trabalhadores que laboram para a empresa demandada, devendo ser mantidas as restrições anteriormente determinadas em despacho proferido pela Desembargadora Federal S. M. S. M.

A prevenção, por si só, é suficiente para embasar tal pedido, que se soma a precaução também existente, dada as conclusões a que chegaram os peritos.

Nesse sentido, manifesta-se Raimundo Simão de Melo:

(...) há casos de graves e iminentes riscos em que não se tem dúvidas quanto à potencialidade de acidentes; mas em outros, num primeira análise, o juiz pode não se convencer do perigo para a integridade física dos trabalhadores. Porém, como os danos à saúde são quase sempre irreversíveis o bom senso aconselha maior prudência do magistrado mediante priorização dos aspectos humanos e sociais em relação ao aspecto econômico. No caso, o que se protege é a pessoa, "valor fonte de todos os valores", pelo que, em momento algum se deve priorizar o aspecto econômico da atividade, como se tem visto em algumas decisões judiciais que, com fundamento no prejuízo a ser causado pela suspensão da atividade econômica, indeferem medidas de interdição de atividades e embargo de obras ou concedem segurança contra interdições administrativas feitas pelo Ministério do Trabalho e Emprego. (grifo nosso).

Desta forma, necessária a **REALIZAÇÃO DE PERÍCIA TÉCNICA**, após a conclusão das obras de engenharia que estão sendo implementadas, consoante disposto no art. 437, do CPC, aplicado subsidiariamente ao Processo do Trabalho, com ELABORAÇÃO DE LAUDO, às custas da empresa demandada, como também a **MANUNTENÇÃO das restrições anteriormente determinadas em despacho proferido pela Desembargadora Federal S. M. S. M., como forma de se verificar se o terreno encontra-se estável ou não, se o Porto poderá funcionar em sua plena capacidade, ou se será necessária nova interdição da área devido a ausência de segurança.**

4. DO DANO COLETIVO JÁ OCORRIDO – DANO MORAL COLETIVO

No caso em questão, está demonstrado que os trabalhadores que prestam serviços na empresa reclamada estão expostos a graves riscos à vida, à saúde e à integridade física, o que comove a sociedade como um todo, uma vez que esse desrespeito constitui-se não só em violação à ordem jurídica e ao Estado, mas também menoscaba o sentimento coletivo e social de que a saúde e a vida dos trabalhadores devem ser tratadas com dignidade.

A Constituição da República assegura que todos têm direito ao meio ambiente ecologicamente equilibrado, nele compreendido o do trabalho (art. 200, VIII, da CF/1988), sendo bem de uso comum do povo e essencial à sadia qualidade de vida (art. 225, *caput, da* CF/1988).

Ao tratar do tema, o Constituinte consagrou o PRINCÍPIO DA PREVENÇÃO, determinando ao Poder Público e à coletividade o dever de defesa e preservação do meio ambiente para as presentes e futuras gerações.

A defesa e preservação do meio ambiente, segundo a própria Constituição da República, não se refere tão somente ao meio ambiente ecológico natural, mas também ao meio ambiente do trabalho, conforme disposto em seu art. 200, inciso VIII.

Segundo Raimundo Simão de Melo, o "princípio da prevenção é considerado um megaprincípio ambiental, o princípio-mãe da ciência ambiental".

A Declaração do Rio de Janeiro de 1992 também trata desse princípio ao prescrever que:

Para proteger o meio ambiente medidas de precaução devem ser largamente aplicadas pelos Estados segundo suas capacidades. Em caso de risco de danos graves e irreversíveis, a ausência de certeza científica absoluta não deve servir de pretexto para procrastinar a adoção de medidas visando a prevenir a degradação do meio ambiente do trabalho.

Não bastasse isso, o art. 7º, inciso XXII, também de nosso diploma constitucional, assegurou ao trabalhador o direito à redução dos riscos inerentes ao trabalho, por meio de normas de saúde, higiene e segurança que objetivem a prevenir os acidentes do trabalho e as enfermidades profissionais. Todos esses direitos estão insculpidos em normas infraconstitucionais, cuja finalidade é de SEMPRE preservar a saúde e a segurança do obreiro, assegurando-lhe uma vida digna e saudável.

A CLT, por exemplo, em seu art. 157, incisos I e II, impôs ao empregador o dever de cumprir as normas de segurança e medicina do trabalho, instruindo seus empregados, por meio de ordens de serviço, quanto às precauções a serem adotadas para evitar acidentes.

Não menos importante, cumpre salientar que, no âmbito internacional, a Convenção nº 155 da OIT, em seu art. 17, exige dos empregadores a garantia da segurança e da saúde dos trabalhadores nos locais de trabalho – e, em seu art. 19, a necessidade de treinamento sobre segurança e higiene no trabalho, bem como informações adequadas para garantir a segurança e a saúde.

Como se observa, a Constituição Federal, as normas infraconstitucionais e as normas internacionais citadas têm uma única preocupação: PRESERVAR A SAÚDE E SEGURANÇA DO TRABA-LHADOR EM SEU AMBIENTE DE TRABALHO, atribuindo essa responsabilidade ao empregador.

No presente caso, o acidente ocorrido nas instalações do reclamado não teve apenas re-percussão trabalhista, mas também repercussão econômica e social, reacendendo, inclusive, discussões sobre formas de abastecimento para a cidade de Manaus que não sejam tão dependentes do Porto C.

O acidente também repercutiu sobre o meio ambiente natural, o que foi objeto de audiên-cia pública promovida pela Câmara Municipal de Vereadores desta cidade.

O acidente, em suma, repercutiu tanto na esfera local quanto na nacional, conforme no-ticiado na imprensa.

Como destacado na petição inicial da ação cautelar, o demandado possui cerca de 925 empregados, além dos trabalhadores de outras empresas que circulam na área em que ocorreu o acidente. **Todos** expostos a riscos de vida e da integridade física.

Portanto, ao violar as normas de proteção ao meio ambiente laboral, a empresa deman-dada não só atinge, direta e imediatamente, o HOMEM, a VIDA, a SAÚDE e a SEGURANÇA, como também atenta contra a EXISTÊNCIA DIGNA, a FUNÇÃO SOCIAL DA PROPRIEDADE, a DEFESA DO MEIO AM-BIENTE e, sobretudo, a BUSCA DO PLENO EMPREGO, fundamentos e princípios que norteiam a atividade econômica em geral (art. 170 e incisos da CF/1988).

Com efeito, tendo em vista a flagrante violação de normas e princípios constitucionais que visam a proteger o trabalhador e a regular a atividade econômica, por parte da empresa demandada, en-tende este Órgão Ministerial que restou configurado o dano moral coletivo, sendo imperiosa a sua reparação.

Atualmente, no Brasil, a Lei de Ação Civil Pública (Lei nº 7.347/1985) legitima a exigên-cia dessa reparação, ao prescrever, em seu art. 1º, que, *sem prejuízo da ação popular*, as ações de responsabili-dade por danos morais e patrimoniais, causados ao meio ambiente (inciso I) ou a qualquer outros interesses difusos e coletivos (inciso IV) serão regidas pelas suas disposições. (grifo não consta do original)

Nesse sentido, tem-se manifestado o Tribunal Superior do Trabalho e diversos Tribunais Regionais, *verbis*:

AGRAVO DE INSTRUMENTO – AÇÃO CIVIL PÚBLICA – DANO MORAL COLETI-VO – CARACTERIZAÇÃO. 1. O elemento que distingue uma ação coletiva, que visa a resguardar interesses homogêneos, da simples reunião de ações individuais é a existência de uma tese jurídica geral, referente a determinados fatos, que, se acolhida, possa benefi-ciar diversas pessoas. 2. Do quadro fático trazido à baila pelo acórdão regional, imutáveis neste âmbito recursal extraordinário, ante o óbice da Súmula nº 126/TST, depreende-se que os fatos narrados pelo Ministério Público viabilizam a adoção de uma tese jurídica geral, aplicável a toda uma coletividade de interessados e independente da análise da si-tuação individual e particular de cada pessoa. 3. Com base no contexto fático-probatório, o Tribunal Regional concluiu que o ato arbitrário do empregador constituiu inadmissível ingerência na organização sindical. Verificado o dano à coletividade, que tem a dignida-de e a honra abalada em face do ato infrator, cabe a reparação, cujo dever é do causador do dano. Agravo de Instrumento a que se nega provimento. (TST – AIRR 169/2005-221-06-40 – Relator GMMCP – *DJ* de 7.3.2008).

AGRAVO DE INSTRUMENTO – RECURSO DE REVISTA – AÇÃO CIVIL PÚBLICA – DANO MORAL COLETIVO – REPARAÇÃO – POSSIBILIDADE – ATO ATENTATÓRIO À DIGNIDADE DOS TRABALHADORES RURAIS DA REGIÃO. Não resta dúvida quanto à proteção que deve ser garantida aos interesses transindividuais, o que encontra-se expressamente delimitado no objetivo da ação civil pública, que busca garantir à sociedade o bem jurídico que deve ser tutelado. Trata-se de um direito coletivo, transindividual, de natureza indivisível, cujos titulares são os trabalhadores rurais da região de Minas Gerais ligados entre si com os recorrentes por uma relação jurídica base, ou seja, o dispêndio da força de trabalho em condições que aviltam a honra e a dignidade e na propriedade dos recorridos. Verificado o dano à coletividade, que tem a dignidade e a honra abalada em face do ato infrator, cabe a reparação, cujo dever é do causador do dano. O fato de ter sido constatada a melhoria da condição dos trabalhadores em nada altera o decidido, porque ao inverso da tutela inibitória que visa coibir a prática de atos futuros a indenização por danos morais visa reparar lesão ocorrida no passado, e que, de tão grave, ainda repercute no seio da coletividade. Incólumes os dispositivos de lei apontados como violados e inespecíficos os arestos é de se negar provimento ao agravo de instrumento. (TST – AIRR 561/2004-096-03-40 – Relator GMACV – *DJ* de 19.10.2007).

DANO MORAL COLETIVO – POSSIBILIDADE. Uma vez configurado que a ré violou direito transindividual de ordem coletiva, infringindo normas de ordem pública que regem a saúde, segurança, higiene e meio ambiente do trabalho e do trabalhador, é devida a indenização por dano moral coletivo, pois tal atitude da ré abala o sentimento de dignidade, falta de apreço e consideração, tendo reflexos na coletividade e causando grandes prejuízos à sociedade (TRT – 8ª Região – Acórdão TRT/1ªT/RO 5309/2002 – Relator Juiz Luis Ribeiro – j. em 17.12.2002 – *DOE/PA* de 19.12.2002).

AÇÃO CIVIL PÚBLICA – INDENIZAÇÃO POR DANO À COLETIVIDADE. Para que o Poder Judiciário se justifique, diante da necessidade social da justiça célere e eficaz, é imprescindível que os próprios juízes sejam capazes de "crescer", erguendo-se à altura dessas novas e prementes aspirações, que saibam, portanto, tornar-se eles mesmos protetores dos novos direitos "difusos", "coletivos" e "fragmentados", tão característicos e importantes da nossa civilização de massa, além dos tradicionais direitos individuais" (Mauro Cappelletti). Importa no dever de indenizar por dano causado à coletividade, o empregador que submete trabalhadores à condição degradante de escravo (TRT – 8ª Região – Acórdão nº 00276-2002-114-08-005 – 1ª T/RO 861/2003 – Relator Juíza Maria Valquíria Norat Coelho – j. em 1º.4.2003).

Com efeito, restando patente a ofensa às normas trabalhistas de segurança e medicina do trabalho, e, consequentemente, a valores sociais, que inclusive fundamentam a República Federativa do Brasil (art. 1º, III e IV, da CF/1988), não há dúvidas de que essa ofensa constitui-se em ato ilícito, devendo ser a empresa demandada, nos termos do art. 186 c/c o art. 927 do CC, responsabilizada a reparar o dano moral coletivo causado.

Destarte, **requer o Ministério Público do Trabalho o pagamento de indenização pelos danos morais coletivos, causados pela empresa demandada, no valor de R$ 500.000,00 (quinhentos mil reais)**, a ser depositado em Juízo, para que, no futuro, este Órgão Ministerial, com a aquiescência desse d. Órgão Judicante, possa dar-lhe a melhor destinação possível, tendente à reparar os danos cometidos.

O valor, ora pleiteado, é compatível com a finalidade pretendida nesta ação, já que as indenizações devem ser fixadas em patamares que deem efetividade a seu caráter pedagógico de desestímulo de condutas congêneres futuras e de adequação ao comportamento social, bem como considerando o porte econômico do reclamado.

Portanto, configurado que o réu violou direito transindividual de ordem coletiva, infringindo normas de ordem pública que regem a saúde, segurança, higiene e meio ambiente do trabalho e do trabalhador, é devida a indenização por dano moral coletivo.

Diante do exposto, requer o Ministério Público do Trabalho, seja o reclamado, Porto C., condenado no pagamento de indenização pelos danos morais coletivos, no valor de R$ 500.000,00 (quinhentos mil reais), a ser depositado em Juízo, para que, no futuro, este Órgão Ministerial, com a aquiescência desse d. Órgão Judicante, possa dar-lhe a melhor destinação possível, tendente à reparar os danos cometidos.

IV – DOS PEDIDOS

Por tudo o que foi constatado e comprovado documentalmente durante a inspeção ministerial, perícia judicial, depoimentos e fotos, fica clara e evidente a necessidade de adoção de medidas pelo reclamado, como forma de se garantir, preventivamente, a segurança dos trabalhadores que nele prestam serviços, como também a todo o ambiente de trabalho.

Ante o exposto requer o Ministério Público do Trabalho:

1. Seja distribuído o presente feito por dependência, perante o Juízo da 4ª Vara do Trabalho de Manaus, diante da prevenção decorrente da Ação Cautelar Preparatória, movida pelo MPT em face do C. C. N. Ltda, no dia 22.10.2010.

2. O aproveitamento de todos os atos já praticados nos autos da Ação Cautelar nº (...);

3. A determinação de REALIZAÇÃO DE PERÍCIA TÉCNICA, após a conclusão das obras de engenharia que vêm sendo implementadas pelo reclamado, **e a manutenção de todas as restrições anteriormente determinadas em despacho proferido pela Desembargadora Federal S. M. S. M.**

4. A condenação do reclamado nas seguintes obrigações:

4.1. Implementar e manter atualizados o Programa de Prevenção de Riscos Ambientais (PPRA), o Programa de Controle Médico de Saúde Ocupacional (PCMSO) e o Serviço Especializado em Segurança e Saúde do Trabalhador Portuário (SESSTP);

4.2. Fornecer e promover instrução sobre o uso de Equipamentos de Proteção Individual e coletivos;

4.3. Elaborar e implementar o Plano de Controle de Emergência (PCE) e o Plano de Ajuda Mútua (PAM) (NR-29);

4.4. Promover treinamentos periódicos (semestrais) e específicos em face do sinistro ocorrido com todos os empregados que laboram no Porto (empregados e terceirizados);

4.5. Efetuar a sinalização de segurança dos locais de trabalho portuários;

4.6. Manter serviços de assistência médica, com veículos para remoção de trabalhadores acidentados à instalação hospitalar em caso de acidentes;

4.7. Manter o monitoramento da área em que está instalado o Porto, conforme laudo pericial, com a instalação de PIEZÔMETRO na área do aterro;

4.8. Implantar adequado sistema de drenagem;

4.9. A fixação de multa de R$ 10.000,00 (dez mil reais), por obrigação descumprida, reversível ao FAT.

5. A condenação do reclamado no pagamento de indenização pelos danos morais coletivos, no valor de R$ 500.000,00 (quinhentos mil reais), a ser depositado em Juízo, para que, no futuro, este Órgão Ministerial, com a aquiescência desse d. Órgão Judicante, possa dar-lhe a melhor destinação possível, tendente à reparar os danos cometidos.

6. A citação da empresa C. C. N. Ltda., para, querendo, contestar o presente feito.

7. Seja observada a prerrogativa processual conferida ao Ministério Público do Trabalho na Lei Complementar nº 75/1993, em seu art. 18, II, letra "h", e em seu art. 84, IV), quanto à intimação pessoal de todos os atos do processo.

8. Requer, ainda, a produção de todos os meios de prova em direito admitidos, testemunhal, pericial, depoimento pessoal e quaisquer outras que se façam necessárias no curso do processo, notadamente a utilização da prova pericial produzida nos autos da Ação Cautelar n (...).

Dá-se à presente ação o valor de R$ 500.000,00 (quinhentos mil reais).

Termos em que pede e espera deferimento.

Manaus, 11 de maio de 2011.

ROSINEIDE MENDONÇA MOURA
Procuradora do Trabalho
ANDREA DA ROCHA C. GONDIM
Procuradora do Trabalho
Coordenadora da CONATPA no Estado do Amazonas

Título IV

DIREITO COLETIVO DO TRABALHO

Capítulo 1

NOÇÕES GERAIS DE DIREITO SINDICAL

Cesar Henrique Kluge

Sumário: 1.1. Liberdade sindical: conceito • 1.2. Liberdade sindical na ordem jurídica internacional • 1.3. Liberdade sindical na Constituição Federal de 1988 • 1.3.1. Registro sindical e não interferência estatal • 1.3.2. Unicidade sindical e base territorial mínima • 1.3.3. Contribuição sindical compulsória (imposto sindical) • 1.3.4. Sindicalização por categoria • 1.3.5. Liberdade de filiação e desfiliação • 1.4. Liberdade sindical como direitos humanos e fundamentais • 1.5. Entidades sindicais • 1.5.1. Criação das entidades sindicais: requisitos de existência e atuação – Registro sindical • 1.5.2. Desmembramento e extinção das entidades sindicais • 1.5.3. As centrais sindicais – Sistema sindical • 1.5.4. Dirigentes sindicais – Eleições – Garantias • 1.5.5. Fontes de custeio • 1.5.5.1. Contribuição sindical compulsória • 1.5.5.2. Contribuição confederativa • 1.5.5.3. Contribuição assistencial • 1.5.5.4. Mensalidade sindical (contribuição estatutária) • 1.5.5.5. Outras fontes de custeio • 1.5.5.5.1. Honorários advocatícios: substituição processual • 1.5.5.5.2. Contribuição patronal para melhoria de serviços prestados pelo sindicato profissional • 1.5.5.5.3. Contribuição patronal em favor de sindicato profissional • 1.5.5.5.4. Contribuição negocial • 1.5.6. Prestação de contas • 1.5.7. Condutas antissindicais • 1.6. Representação dos trabalhadores nas empresas (art. 11 da CF/1988) • 1.7. Súmulas e Orientações Jurisprudenciais • 1.8. Questões resolvidas e comentadas

O Direito Coletivo do Trabalho constitui o conjunto de normas, princípios e institutos que compõem e disciplinam as relações coletivas de trabalho.

Quanto à denominação, há doutrinadores que utilizam, como sinônimo ou mesmo em substituição, a expressão Direito Sindical.

Maurício Godinho Delgado afirma que Direito Coletivo do Trabalho trata-se de uma denominação de caráter objetivista, por realçar o conteúdo do segmento jurídico, enquanto Direito Sindical é uma denominação de caráter subjetivista, por dar enfoque a um dos sujeitos das relações coletivas de trabalho: o sindicato (DELGADO, 2008, p. 20).

Na opinião do mencionado jurista, atual ministro do C. Tribunal Superior do Trabalho, as denominações objetivistas, por se concentrarem na estrutura e no objeto do ramo jurídico, tendem a ser superiores tecnicamente às subjetivistas. Por essa razão, assim se manifesta quanto à sua preferência pela denominação Direito Coletivo do Trabalho (DELGADO, 2008, p. 20):

> A virtude da presente denominação está em sua adequada pertinência ao objeto referenciado: indica o segmento do Direito que regula condutas, dinâmicas e vínculos de caráter grupal, no plano justrabalhista. Embora o sindicato seja a mais importante entidade partícipe de tais condutas, vínculos e dinâmicas, pode não ser a única existente – a exemplo do que se passa em outras ordens jurídicas que admitem atuações coletivas laborais sem a presença sindical direta (ilustrativamente, a Itália).

José Cláudio Monteiro de Brito Filho (2007, p. 23-4) prefere a expressão "Direito Sindical" para se referir ao estudo das relações coletivas de trabalho, seja porque tal estudo constitui, na verdade, a análise das relações em que o sindicato se faz presente, seja porque considera o Direito Sindical um ramo autônomo da Ciência do Direito, não inserido dentro do Direito do Trabalho, isto é, não sendo um compartimento de uma determinada disciplina, autonomia esta que poderia ser "esquecida" na hipótese de utilização da denominação Direito Coletivo do Trabalho. Além disso, informa que a denominação "Direito Sindical" é utilizada pela Organização Internacional do Trabalho.

Apesar da divergência doutrinária quanto à denominação da disciplina que se ocupa das relações coletivas de trabalho, há uma pequena preponderância pela utilização de Direito Coletivo do Trabalho, deixando-se a expressão "Direito Sindical", via de regra, para o estudo das entidades sindicais. Na prática, muitas vezes, ambas as expressões são utilizadas como sinônimas, não gerando maiores efeitos concretos. Basta que o leitor tenha conhecimento da existência da discussão a respeito.

Atribuímos ao presente capítulo a denominação de "noções de direito sindical" em virtude de o estudo a ser agora desenvolvido estar focado em um dos sujeitos das relações coletivas, qual seja, o sindicato.

1.1. LIBERDADE SINDICAL: CONCEITO

A alteração do sistema produtivo provocada pela revolução industrial acarretou a concentração de grande número de trabalhadores nas fábricas. Tal fato, somado às condições precárias e exaustivas a que eram submetidos durante a jornada de trabalho, bem como à impossibilidade de cada trabalhador brigar, individualmente, pela melhoria das condições de trabalho, fez surgir uma consciência coletiva, no sentido de que somente a união dos trabalhadores conseguiria fazer frente à exploração até então praticada.

Como se vê, a associação dos trabalhadores com objetivos, problemas, condições de vida e de trabalho comuns surgiu da necessidade de se aumentar o poder de reinvindicação perante os empregadores, para defesa da dignidade obreira e busca de melhores condições de trabalho. Aliás, essa união foi fundamental para o próprio surgimento do Direito do Trabalho, resultante de diversas reivindicações e movimentos operários.

Além disso, a união desses trabalhadores daria origem, mais tarde, a uma modalidade específica de associação: os sindicatos.

Nesse contexto, a liberdade sindical pode ser conceituada como o direito dos trabalhadores e empregadores de constituir sindicatos e a eles se filiarem ou desfiliarem, no momento que acharem conveniente, sem prévia autorização e sem qualquer ingerência exterior em suas atividades.

Fábio Túlio Barroso (2010, p. 86) assim se manifesta quanto ao conceito do instituto em questão:

> A liberdade sindical deve ser entendida como a impossibilidade de qualquer agente estranho, alheio à entidade sindical, seja ele o Estado ou mesmo qualquer pessoa física ou jurídica privada, que possa mitigar ou limitar a criação, o exercício de suas atividades negociais, de filiação ou desfiliação, de representatividade ou de administração das entidades sindicais.

Vale ressaltar que a liberdade sindical pode ser vista sob dois ângulos, quais sejam: o individual e o coletivo.

A liberdade sindical individual consiste no direito de o trabalhador ou a empresa criar e filiar-se às entidades sindicais, com liberdade e sem interferência exterior, assim como no direito de exercer as atividades sindicais, que inclui a participação na vida eleitoral e administrativa da entidade de classe e abrange as garantias dos dirigentes sindicais. Trata-se, nesse caso, da liberdade sindical individual em seu aspecto positivo. Já a liberdade sindical individual, em sua faceta negativa, consiste na possibilidade de desfiliação e não participação na vida da entidade.

A liberdade sindical coletiva sai da perspectiva individual para se concentrar no ente coletivo criado. Nesse caminho, pode tanto se referir à liberdade de as entidades sindicais se filiarem ou desfiliarem às entidades de hierarquia superior (federação e confederação) ou mesmo a entidades internacionais (BARROSO, 2010, p. 88), assim como, e principalmente, no direito de auto-organização e auto-gestão dos sindicatos e de atuação livre na defesa dos interesses dos trabalhadores.

Aliás, esse direito de auto-organização é denominado pela doutrina de autonomia sindical. Por essa razão, a autonomia pode ser vista como uma das faces da liberdade sindical.

Dessa forma, a autonomia sindical nada mais é do que a liberdade de auto-organização das entidades sindicais, sem interferência estatal ou de qualquer outra pessoa física ou jurídica externa.

Interessante e bem elucidativas as lições de Alice Monteiro de Barros (2010, p. 1.240) a respeito da autonomia sindical:

> A autonomia sindical é uma espécie de liberdade sindical, sendo consagrada na Convenção Internacional nº 87, que a conceitua como o direito de o sindicato elaborar seus estatutos e regulamentos administrativos, de eleger livremente seus representantes, de organizar sua gestão e sua atividade e de formular seu programa de ação (art. 3º).
>
> A autonomia sindical é, portanto, o direito que têm os sindicatos de autodeterminação, de governar-se.

Quanto ao conteúdo da liberdade sindical, Alfredo Villavicenio Rios (2011, p. 25), ex-Vice Ministro do Trabalho do Peru, apresenta um quadro (v. página seguinte) que bem sintetiza a questão.

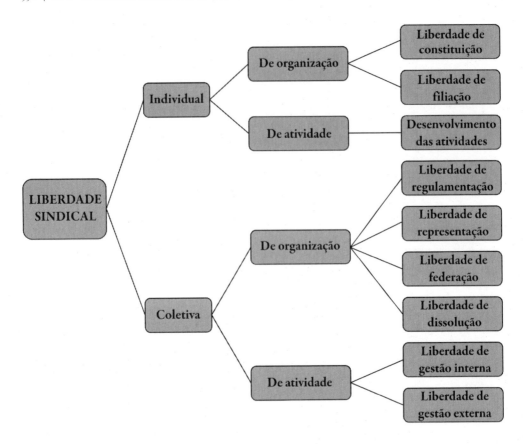

Além do conteúdo da liberdade sindical, interessante citar as cinco funções por ela desempenhadas. A primeira é a de equilíbrio, que representa a tentativa de compensar a diferença de forças entre o poder econômico e o trabalhador individualmente considerado. A segunda é a função de composição ou pacificação social dos conflitos decorrentes das relações de trabalho. A terceira é a função normativa, concretizada via normas coletivas que visam criar melhores condições de trabalho. A quarta função é a de coesão social e democracia material, tendo em vista que as entidades sindicais não representam apenas interesses econômicos, mas também interesses sociais. A quinta e última é a função de vigência real do direito do trabalho, considerando que os sindicatos passam a ser verdadeiros fiscais do cumprimento das normas trabalhistas (VILLAVICENCIO RIOS, 2011, p. 15-8).

1.2. LIBERDADE SINDICAL NA ORDEM JURÍDICA INTERNACIONAL

Apesar de a Organização Internacional do Trabalho ter sido criada em 1919, em 1944, à luz dos efeitos da Depressão e da Segunda Guerra Mundial, adotou a Declaração da Filadélfia como anexo de sua Constituição. Tais documentos (Constituição e a Declaração de Filadélfia) são considerados fundadores dos princípios da organização. A Declaração antecipou e serviu de modelo para a Carta das Nações Unidas e para a Declaração Universal dos Direitos Humanos.[1]

É possível verificar no anexo da Constituição da OIT, que declara os fins e objetivos da organização internacional do trabalho, mais especificamente em seu inciso I, uma primeira referência, ainda que de forma indireta, à liberdade sindical, uma vez que dentre os princípios fundamentais sobre os quais repousa a OIT foi apontada a liberdade de expressão e de associação como condição indispensável ao progresso ininterrupto.

A Declaração Universal dos Direitos Humanos, aprovada pela Assembleia Geral da ONU, em 10 de dezembro de 1948, já tratou de liberdade sindical de forma mais evidente, ao estabelecer em seu artigo XXIII, item 4, que "toda pessoa tem direito a organizar sindicatos e neles ingressar para proteção de seus interesses".

Os pactos internacionais de 1966, cuja principal finalidade foi dar força jurídica e vinculante aos preceitos da Declaração Universal, também consagraram em seu texto a liberdade sindical.

De um lado, o Pacto Internacional sobre Direitos Civis e Políticos estabeleceu em seu art. 22:

1. Toda pessoa terá o direito de associar-se livremente a outras, inclusive o direito de construir sindicatos e de a eles filiar-se, para a proteção de seus interesses.

2. O exercício desse direito estará sujeito apenas às restrições previstas em lei e que se façam necessárias, em uma sociedade democrática, no interesse da segurança nacional, da segurança e da ordem públicas, ou para proteger a saúde ou moral públicas ou os direitos e liberdades das demais pessoas. O presente artigo não impedirá que se submeta a restrições legais o exercício desse direito por membros das forças armadas e da polícia.

3. Nenhuma das disposições do presente artigo permitirá que Estados-Partes da Convenção de 1948 da Organização Internacional do Trabalho, relativa à liberdade sindical e à proteção do direito sindical, venham a adotar medidas legislativas que restrinjam – ou aplicar a lei de maneira a restringir – as garantias previstas na referida Convenção.

Por outro lado, o Pacto Internacional sobre os Direitos Econômicos, Sociais e Culturais, estabeleceu em seu art. 8º:

1. Os Estados-Partes do presente pacto comprometem-se a garantir:

a) o direito de toda pessoa de fundar com outros sindicatos e de filiar-se ao sindicato de sua escolha, sujeitando-se unicamente a organização interessada, com o objetivo de promover e de proteger seus interesses econômicos e sociais. O exercício desse direito só poderá ser objeto das restrições previstas em lei e que sejam necessárias, em uma sociedade democrática, no interesse da segurança nacional ou da ordem pública, ou para proteger os direitos e as liberdades alheias;

b) o direito dos sindicatos de formar federações ou confederações nacionais e o direito desta de formar organizações sindicais internacionais ou de filiar-se às mesmas;

c) o direito dos sindicatos de exercer livremente suas atividades, sem quaisquer limitações além daquelas previstas em lei e que sejam necessárias, em uma sociedade democrática, no interesse da segurança nacional ou da ordem pública, ou para proteger os direitos e as liberdades das demais pessoas;

d) o direito de greve, exercido de conformidade com as leis de cada país.

2. O presente artigo não impedirá que se submeta a restrições legais o exercício desses direitos pelos membros das forças armadas, da política ou da administração pública.

---

1. Disponível em: <http://www.oitbrasil.org.br/content/constituição-oit-e-declaração-de-filadélfia>. Acesso em 25.1.2013.

3. Nenhuma das disposições do presente artigo permitirá que os Estados-Partes da Convenção de 1948 da Organização Internacional do Trabalho, relativa à liberdade sindical e à proteção do direito sindical, venha a adotar medidas legislativas que restrinjam – ou a aplicar a lei de maneira a restringir – as garantias previstas na referida Convenção.

A Convenção Americana de Direitos Humanos, mais conhecida como Pacto de San José da Costa Rica, de 1969, em seu art. 16, garante a todas as pessoas o direito de associar-se livremente com fins ideológicos, religiosos, políticos, trabalhistas, sociais, culturais, desportivos ou de qualquer outra natureza. Apesar de não mencionar expressamente a liberdade sindical, não há como negar que a liberdade para fins ideológicos e trabalhistas tem intrínseca relação com a sindicalização. Não bastasse isso, o protocolo adicional à Convenção Americana sobre Direitos Humanos, conhecido como Protocolo de San Salvador, concluído em 1988 e promulgado no Brasil pelo Decreto nº 3.321, de 30 de dezembro de 1999, estabeleceu, expressamente, em seu art. 8º:

Artigo 8º – Direitos Sindicais

1. Os Estados-Membros garantirão:

a) o direito dos trabalhadores de organizar sindicatos e de filiar-se ao de sua escolha, para proteger e promover seus interesses. Como projeção desse direito, os Estados-Membros permitirão aos sindicatos formar federações e confederações nacionais e associar-se às já existentes, bem como formar organizações sindicais internacionais e associar-se à de sua escolha. Os Estados-Membros também permitirão que os sindicatos, federações e confederações funcionem livremente;

b) o direito de greve.

2. O exercício dos direitos enunciados acima só pode estar sujeito às limitações e restrições previstas pela lei, que sejam próprias de uma sociedade democráticas e necessárias para salvaguardar a ordem pública e proteger a saúde ou a moral públicas, e os direitos ou liberdades dos demais. Os membros das forças armadas e da polícia, bem como de outros serviços públicos essenciais, estarão sujeitos às limitações e restrições impostas pela lei.

3. Ninguém poderá ser obrigado a pertencer a um sindicato.

A Convenção nº 87 da OIT é a principal norma internacional referente à liberdade sindical e à proteção ao direito de sindicalização. Traz, em sua essência, quatro princípios básicos da liberdade sindical, que irradiam nas respectivas normas jurídicas do sistema sindical para conferir-lhes a tônica, a harmonia, o conteúdo e o espírito: o princípio da liberdade de fundação, de administração, de filiação e de atuação sindical.

Destarte, ao defender a liberdade sindical, referida norma internacional não exige ou impõe o pluralismo sindical em detrimento da unicidade. Na realidade, visa a consagrar a liberdade dos interessados em escolher a melhor forma de representação, sem dizer qual o modelo ideal. Se adotada a pluralidade ou a unicidade, que tal escolha seja dos próprios interessados, e não por imposição estatal.

Interessante registrar a observação lançada por Ricardo José Macedo de Britto Pereira (2007, p. 83) a respeito da visão da OIT sobre a relação entre unidade e pluralidade sindicais e a importância da figura do sindicato mais representativo:

O temperamento entre a unidade e a pluralidade sindicais ocorre por meio da figura do sindicato mais representativo, expressamente prevista nos arts. 3º e 5º da Constituição da OIT. Tal diferenciação não autoriza o esvaziamento das organizações sindicais que não obtiverem o reconhecimento como representativas. É necessário, ademais, que os critérios para definir a maior representatividade sejam objetivos, preestabelecidos e precisos. As vantagens devem ser restritas a alguns aspectos, como negociação coletiva, consulta às autoridades e designação de delegados junto a organismos internacionais. Em nenhum caso, devem influenciar na liberdade de escolha dos trabalhadores de filiação às entidades que julguem convenientes. As organizações não representativas não perdem o direito de ser porta-vozes de seus membros ou de representa-los em caso de reclamação individual.

Esse importante instrumento ainda não foi ratificado pelo Brasil, em virtude de o sistema sindical adotado pelo ordenamento jurídico pátrio conflitar, em alguns pontos, com a liberdade sindical defendida pela OIT, o que será melhor aprofundado quando do exame da liberdade sindical na Constituição de 1988.

Vale salientar, contudo, que as normas da OIT não ratificadas pelo Brasil podem ser utilizadas como fonte subsidiária do direito do trabalho, nos termos do art. 8º da Consolidação das Leis do Trabalho, e como relevante vetor interpretativo da legislação nacional.

Nessa linha de raciocínio, destacamos a Súmula nº 3 aprovada na 1ª Jornada de Direito Material e Processual na Justiça do Trabalho, promovida e realizada pelo Tribunal Superior do Trabalho, em 2007, nos seguintes termos:

3. FONTES DO DIREITO – NORMAS INTERNACIONAIS.

I – FONTES DO DIREITO DO TRABALHO – DIREITO COMPARADO – CONVENÇÕES DA OIT NÃO RATIFICADAS PELO BRASIL. O Direito Comparado, segundo o art. 8º da Consolidação das Leis do Trabalho, é fonte subsidiária do Direito do Trabalho. Assim, as Convenções da Organização Internacional do Trabalho não ratificadas pelo Brasil podem ser aplicadas como fontes do direito do trabalho, caso não haja norma de direito interno pátrio regulando a matéria.

II – FONTES DO DIREITO DO TRABALHO – DIREITO COMPARADO – CONVENÇÕES E RECOMENDAÇÕES DA OIT. O uso das normas internacionais, emanadas da Organização Internacional do Trabalho, constitui-se em importante ferramenta de efetivação do Direito Social e não se restringe à aplicação direta das Convenções ratificadas pelo país. As demais normas da OIT, como as Convenções não ratificadas e as Recomendações, assim como os relatórios dos seus peritos, devem servir como fonte de interpretação da lei nacional e como referência a reforçar decisões judiciais baseadas na legislação doméstica.

Pela relevância da Convenção nº 87 da OIT, pedimos *vênia* para transcrever os artigos que tratam especificamente da liberdade sindical e da proteção do direito de sindicalização:

PARTE I – LIBERDADE SINDICAL

Artigo 1

Todo Membro da Organização Internacional do Trabalho para quem esteja em vigor a presente Convenção se obriga a pôr em prática as seguintes disposições:

Artigo 2

Os trabalhadores e os empregadores, sem nenhuma distinção e sem autorização prévia, têm o direito de constituir as organizações que estimem convenientes, assim como o de filiar-se a estas organizações, com a única condição de observar os estatutos das mesmas.

Artigo 3

1. As organizações de trabalhadores e de empregadores têm o direito de redigir seus estatutos e regulamentos administrativos, o de eleger livremente seus representantes, o de organizar sua administração e suas atividades e o de formular seu programa de ação.

2. As autoridades públicas deverão abster-se de toda intervenção que tenha por objetivo limitar este direito ou entorpecer seu exercício legal.

Artigo 4

As organizações de trabalhadores e de empregadores não estão sujeitas a dissolução ou suspensão por via administrativa.

Artigo 5

As organizações de trabalhadores e de empregadores têm o direito de constituir federações e confederações, assim como de filiar-se às mesmas e toda organização, federação ou confederação tem o direito de filiar-se a organizações internacionais de trabalhadores e de empregadores.

Artigo 6

As disposições dos artigos 2, 3 e 4 desta Convenção aplicam-se às federações e confederações de organizações de trabalhadores e de empregadores.

Artigo 7

A aquisição da personalidade jurídica pelas organizações de trabalhadores e de empregadores, suas federações e confederações, não pode estar sujeita a condições cuja natureza limite a aplicação das disposições dos artigos 2, 3 e 4 desta Convenção.

Artigo 8

1. Ao exercer os direitos que lhes são reconhecidos na presente Convenção, os trabalhadores, os empregadores e suas organizações respectivas estão obrigados, assim como as demais pessoas ou coletividades organizadas, a respeitar a legalidade.

2. A legislação nacional não menoscabará nem será aplicada de forma que menoscabe as garantias previstas nesta Convenção

Artigo 9

1. A legislação nacional deverá determinar até que ponto aplicar-se-ão às forças armadas e à polícia as garantias previstas pela presente Convenção.

2. Conforme os princípios estabelecidos no § 8º do artigo 19 da Constituição da Organização Internacional do Trabalho, a ratificação desta Convenção por um membro não deverá considerar-se que menoscaba em modo algum as leis, sentenças, costumes ou acordos já existentes que concedam aos membros das forças armadas e da polícia, garantias prescritas na presente Convenção.

Artigo 10

Na presente Convenção, o termo organização significa toda organização de trabalhadores e de empregadores que tenha por objeto fomentar e defender os interesses dos trabalhadores e dos empregadores.

PARTE II – PROTEÇÃO DO DIREITO DE SINDICALIZAÇÃO

Artigo 11

Todo Membro da Organização Internacional do Trabalho para o qual esta Convenção esteja em vigor, obriga-se a adotar todas as medidas necessárias e apropriadas para garantir aos trabalhadores e aos empregadores o livre exercício do direito de sindicalização.

A tutela da liberdade sindical, no âmbito da OIT, é realizada por meio de dois órgãos: a Comissão de Investigação e de Conciliação em Matéria de Liberdade Sindical e o Comitê de Liberdade Sindical.

A Convenção nº 98 da OIT trata da aplicação dos princípios do direito de sindicalização e de negociação coletiva, trazendo importantes diretrizes relacionadas à proteção da liberdade sindical, inclusive no combate à ingerência indevida nas entidades sindicais, nos seguintes termos:

Artigo 1º

1. Os trabalhadores deverão gozar de proteção adequada contra quaisquer atos atentatórios à liberdade sindical em matéria de emprego.

2. Tal proteção deverá, particularmente, aplicar-se a atos destinados a:

a) subordinar o emprego de um trabalhador à condição de não se filiar a um sindicato ou de deixar de fazer parte de um sindicato;

b) dispensar um trabalhador ou prejudicá-lo, por qualquer modo, em virtude de sua filiação a um sindicato ou de sua participação em atividades sindicais, fora das horas de trabalho ou, com o consentimento do empregador, durante as mesmas horas.

Artigo 2º

1. Às organizações de trabalhadores e de empregadores deverão gozar de proteção adequada contra quaisquer atos de ingerência de umas em outras, quer diretamente, quer por meio de seus agentes ou membros, em formação, funcionamento e administração.

2. Serão particularmente identificados a atos de ingerência, nos termos do presente artigo, medidas destinadas a provocar a criação de organizações de trabalhadores dominadas por um empregador ou uma organização de empregados, ou a manter organizações de trabalhadores por meios financeiros ou outros, com o fim de colocar essas organizações sob o controle de um empregador ou de uma organização de empregadores.

Além disso, em 1998, foi adotada a Declaração da OIT sobre os Princípios e Direitos Fundamentais no Trabalho e seu Seguimento, que se trata de um documento que reafirma, de forma universal, o compromisso dos estados membros, e da comunidade internacional em geral, de respeitar, promover e aplicar de boa-fé os princípios fundamentais e direitos no trabalho, dentre os quais expressamente constou "a liberdade sindical e o reconhecimento efetivo do direito de negociação coletiva (item 2, "a")".

Por fim, a Convenção nº 151 e a Recomendação nº 159 da OIT, que foram promulgadas no Brasil em 2010, tratam do direito de sindicalização e relações de trabalho na Administração Pública.

1.3. LIBERDADE SINDICAL NA CONSTITUIÇÃO FEDERAL DE 1988

A Constituição da República Federativa do Brasil, promulgada em 1988, consagrou a liberdade sindical como direito fundamental, ao estabelecer expressamente, em seu título II, relativo aos direitos e garantias fundamentais, capítulo II, pertinente aos direitos sociais, o seguinte:

Art. 8º. É livre a associação profissional ou sindical, observado o seguinte:

I – a lei não poderá exigir autorização do Estado para a fundação de sindicato, ressalvado o registro no órgão competente, vedadas ao Poder Público a interferência e a intervenção na organização sindical;

II – é vedada a criação de mais de uma organização sindical, em qualquer grau, representativa de categoria profissional ou econômica, na mesma base territorial, que será definida pelos trabalhadores ou empregadores interessados, não podendo ser inferior à área de um Município;

III – ao sindicato cabe a defesa dos direitos e interesses coletivos ou individuais da categoria, inclusive em questões judiciais ou administrativas;

IV – a assembleia geral fixará a contribuição que, em se tratando de categoria profissional, será descontada em folha, para custeio do sistema confederativo da representação sindical respectiva, independentemente da contribuição prevista em lei;

V – ninguém será obrigado a filiar-se ou a manter-se filiado a sindicato;

VI – é obrigatória a participação dos sindicatos nas negociações coletivas de trabalho;

VII – o aposentado filiado tem direito a votar e ser votado nas organizações sindicais;

VIII – é vedada a dispensa do empregado sindicalizado a partir do registro da candidatura a cargo de direção ou representação sindical e, se eleito, ainda que suplente, até um ano após o final do mandato, salvo se cometer falta grave nos termos da lei.

Parágrafo único. As disposições deste artigo aplicam-se à organização de sindicatos rurais e de colônias de pescadores, atendidas as condições que a lei estabelecer.

Além da previsão específica do art. 8º, a liberdade sindical, por se tratar de uma forma específica de associação, também encontra seu fundamento de validade no art. 5º, XVII, da Lei Maior, que prevê a plena liberdade de associação para fins lícitos.

Passemos agora à análise das características da liberdade sindical à luz da Constituição Federal de 1988.

1.3.1. Registro sindical e não interferência estatal

O disposto no art. 8º, inciso I, consagra a liberdade sindical individual e coletiva de constituição, desvinculada de qualquer autorização estatal, ao estabelecer expressamente a impossibilidade de a lei exigir consentimento do Estado para a fundação do sindicato, exceção feita apenas ao registro no órgão competente.

Cumpre observar que a ressalva pertinente ao registro no órgão competente não é vista como ofensa à liberdade sindical.

Segundo a OIT, a exigência de registro, desde que não implique autorização prévia e não interfira no direito de trabalhadores e empregadores criarem e organizarem entidades, não configura ofensa à liberdade sindical, nos termos do art. 7º da Convenção nº 87.

No âmbito nacional, o E. Supremo Tribunal Federal assentou que a legitimidade dos sindicatos para representação de determinada categoria depende do registro no Ministério do Trabalho e Emprego, em observância ao princípio da unicidade sindical, consoante se observa da seguinte ementa:

CONSTITUCIONAL – AUSÊNCIA DE REGISTRO SINDICAL – OBSERVÂNCIA DO POSTULADO DA UNICIDADE SINDICAL. 1. É indispensável o registro sindical perante o Ministério do Trabalho e Emprego para a representação de determinada categoria, tendo em vista a necessidade de observância ao princípio da unicidade sindical. Precedente. 2. Agravo regimental. (AI 789.108-AgR – Relator Ministro Ellen Gracie – Segunda Turma – *DJe* de 28.10.2010)

José Cláudio Monteiro de Britto Filho (2007, p. 115), que já defendeu outrora que o registro sindical era uma limitação ao princípio da liberdade sindical, elucida o entendimento da Suprema Corte, ao afirmar que, atualmente, trata-se apenas de uma forma de aquisição de personalidade jurídica, nos seguintes termos:

Antes da Constituição Federal de 1988, ressalte-se, a situação era outra, considerando que o registro era concedido pelo Ministro do Trabalho, de forma discricionária, pelo que se poderia dizer que havia restrição à liberdade sindical.

NOÇÕES GERAIS DE DIREITO SINDICAL | 603

Hoje em dia não. O registro é, somente, forma de aquisição de personalidade e, se em alguns casos pode ser negado, isto ocorre ou por vício formal, que pode ser sanado, ou por desrespeito às restrições existentes à liberdade de organização (unicidade, base territorial mínima, sindicalização por categoria adequação ao sistema confederativo), pelo que não é ele, o registro, que atua como limitador, mas sim as restrições que devem ser observadas para que ele possa ser efetuado.

Como se vê, o registro sindical, que nos dias atuais é de competência do Ministério do Trabalho e Emprego (MTE), nada mais é do que uma formalidade exigida pela Constituição, que permite ao órgão responsável averiguar o respeito ao princípio da unicidade sindical.

O dispositivo constitucional em questão reconhece, ainda, a liberdade sindical coletiva de organização e atividade, ao vedar ao Poder Público qualquer interferência ou intervenção na organização sindical, garantindo, assim, a autonomia sindical em relação ao seu poder de regulamentação, representação, dissolução e gestão interna e externa.

1.3.2. Unicidade sindical e base territorial mínima

Se, por um lado, o inciso I reconhece a liberdade de constituição das entidades sindicais, o inciso II do art. 8º, da CF/1988 impõe uma clara limitação, ao vedar a criação de mais de uma organização sindical, em qualquer grau, na mesma base territorial.

Observe-se que a vedação abrange não apenas os sindicatos, entidades de base do sistema sindical, mas também as organizações de grau superior, como as federações e confederações.

Ao proibir a criação de mais de uma entidade sindical, representativa de uma categoria profissional ou econômica, na mesma base territorial, a Constituição Federal de 1988 adotou o princípio da unicidade sindical, ou seja, sindicato único, distanciando-se da liberdade sindical defendida pela OIT, por meio da Convenção nº 87, pela qual cabe aos interessados, e não ao Estado, decidir o modelo a ser adotado.

O modelo oposto ao da unicidade sindical é o da pluralidade, que significa a possibilidade de existência de mais de uma entidade representativa do mesmo grupo, em determinada base territorial.

De um lado, dentre os argumentos apresentados pela doutrina para a defesa da unicidade sindical, destacam-se: a unidade de interesses de determinada categoria; o sistema de maiorias; sindicatos fortes em razão de não provocar a fragmentação de forças; menores entraves para a produção de efeitos das normas coletivas a toda a categoria.

Por outro lado, dentre os argumentos apresentados para a defesa da pluralidade sindical, podem ser arrolados: respeito aos princípios da democracia e da liberdade sindical, incentivando a formação de sindicatos espontâneos; respeito à solidariedade e cooperação da natureza humana; fomento à prevalência do sindicato mais representativo; incentivo a uma postura mais ativa dos sindicatos em busca de filiados; predominância do sindicato legítimo em detrimento do sindicato legal.

Num ambiente onde é reconhecida a ampla liberdade sindical, nos moldes defendidos pela OIT, a pluralidade pode coexistir com a unidade sindical, que nada mais é que a existência de um único sindicato por vontade dos interessados, que se sentem bem representados pela entidade existente, não havendo motivos para dissolução e criação de outra organização sindical.

Como visto anteriormente, a OIT não impõe um modelo específico, ou seja, não determina que seja observada a pluralidade ou unidade sindical. Defende apenas que os interessados, e não o Estado, escolham o modelo que melhor atenda aos seus interesses.

> **ATENÇÃO:** Unicidade sindical não se confunde com unidade sindical. Enquanto a primeira é o modelo que adota o sindicato único por imposição do Estado, a unidade consiste na existência de uma única entidade sindical representando determinado grupo, em determinada base, por vontade livre dos interessados, trabalhadores e empregadores, e não por imposição estatal.

Com relação à base territorial mínima, estabelece o texto constitucional que será delimitada pelos interessados, não podendo, contudo, ser inferior à área de um município. Essa limitação mínima refere-se apenas às entidades de base, ou seja, aos sindicatos, uma vez que as federações têm base estadual e as confederações, base nacional.

Pode-se dizer que, no aspecto, a norma prevista na Lei Maior acarretou um avanço e um retrocesso. Avanço, pelo fato de a base territorial ser estipulada pelos interessados e não mais pelo Estado. Retrocesso, por ter ampliado a base territorial mínima prevista na CLT, de distrital para municipal, além de ainda ter seus limites impostos pelo Estado.

Dentro desse contexto, de unicidade e base territorial mínima, existindo, numa base territorial "A", um sindicato "A", que defende a categoria "A", não poderá ser criada nova entidade sindical, na mesma base territorial, para representar a mesma categoria econômica ou profissional, salvo as hipóteses permitidas de desmembramento da organização sindical, como nos casos de redução de base territorial, respeitado o limite mínimo (ex.: estadual para municipal) ou de categoria mais específica.

1.3.3. Contribuição sindical compulsória (imposto sindical)

A contribuição sindical compulsória, com fundamento no art. 8º, IV, da Constituição Federal e arts. 578 a 610 da Consolidação das Leis do Trabalho, trata-se de receita, recolhida uma única vez, anualmente, em favor do sistema sindical, cobrada de todos os trabalhadores de dada categoria, inclusive os não sindicalizados, ou seja, a receita tem indisfarçável natureza jurídica de tributo (art. 149 da CF e art. 217, I, do CTN), característica essa já reconhecida pelo E. Supremo Tribunal Federal.

Como se vê, o único requisito necessário para sua cobrança é o trabalhador pertencer a uma determinada categoria profissional.

Tendo em vista a existência de um tópico específico, mais a frente, sobre receita sindical, no qual discorreremos com maior profundidade a respeito das diversas espécies de arrecadação das entidades sindicais, dentre as quais se insere o imposto sindical, nos limitaremos, nesse momento, a tratar da relação dessa modalidade de receita com o princípio da liberdade sindical.

Ora, se o trabalhador é obrigado a recolher determinada contribuição em favor de uma entidade específica, por imposição estatal, e não por sua livre escolha, fica clara a violação ao princípio da liberdade sindical.

O imposto sindical tem relação direta com a unicidade sindical, e constitui um dos principais fundamentos utilizados notadamente pelos sindicatos mais antigos para a manutenção do sistema sindical atual e a não ratificação da Convenção nº 87 da OIT.

Infere-se, pois, que a existência da contribuição sindical compulsória constitui mais uma restrição ao princípio da liberdade sindical nos moldes defendidos pela Convenção nº 87 da OIT.

1.3.4. Sindicalização por categoria

A sindicalização por categoria, econômica ou profissional, expressamente prevista no art. 8º, II, da CF/1988, constitui a base do enquadramento sindical brasileiro.

Não é por outra razão que ao sindicato é atribuída a legitimidade para a defesa dos direitos e interesses coletivos ou individuais da CATEGORIA, inclusive em questões judiciais ou administrativas, nos exatos termos do inciso III do mesmo dispositivo constitucional.

Nos termos do art. 511 da CLT, a categoria corresponde a um grupo social de formação espontânea, cuja unidade é decorrente da solidariedade de interesses comuns das empresas que empreendem atividades idênticas, similares ou conexas (categoria econômica) ou decorrente da similitude das condições de vida derivadas do trabalho em comum, executado pelos empregados das empresas que realizam atividades idênticas, similares ou conexas (categoria profissional).

Verifica-se, portanto, que as categorias se formam conforme os critérios da identidade, similaridade e conexidade (atividades que se complementam).

As categorias, tanto econômicas como profissionais, são definidas, em regra, levando-se em consideração a atividade preponderante desenvolvida pelo empregador. Excepcionalmente, conforme previsão contida no art. 511, § 3º, da CLT, a definição da categoria levará em consideração a profissão ou atividade específica do empregado, o que recebe o nome de categoria profissional diferenciada.

A sindicalização por categoria, por levar em consideração traços comuns de profissão ou atividade, é também denominada de sindicalização homogênea. Se a união do grupo ocorrer em virtude da atividade desenvolvida pela empresa, recebe a denominação de sindicalização homogênea vertical. Agora, se a formação do grupo ocorrer de acordo com a profissão exercida (categoria diferenciada), independentemente da empresa em que trabalham ou do ramo de produção em que essas desenvolvem sua atividade, dar-se-á o nome de sindicalização homogênea horizontal.

Em contraposição à sindicalização homogênea, temos a sindicalização heterogênea, na qual a união é totalmente livre, surgindo por critérios de total conveniência, não se falando em categoria.

No Brasil, a regra é a sindicalização vertical, formando-se as categorias de acordo com o ramo de atividade principal desenvolvida pelo empregador, sendo considerada exceção a sindicalização horizontal.

A título de ilustração, segue interessante julgado corroborando a atividade preponderante do empregador como regra geral para o enquadramento sindical:

> RECURSO DE REVISTA. 1. VÍNCULO DE EMPREGO – ENQUADRAMENTO SINDICAL – BANCÁRIO – PARÂMETRO – ATIVIDADE PREPONDERANTE DO EMPREGADOR. A CLT (art. 511, § 2º) concebe categoria profissional como uma "expressão social elementar". E estabelece que ela é composta pela "similitude de condições de vida oriunda da profissão ou trabalho em comum, em situação de emprego na mesma atividade econômica ou em atividade econômica similares ou conexas". O ponto de agregação na categoria profissional é a similitude laborativa, em função da vinculação a empregadores que tenham atividades econômicas idênticas, similares ou conexas. A categoria profissional, regra geral, identifica-se, pois, não pelo preciso tipo de labor ou atividade que exerce o obreiro (e nem por sua exata profissão), mas pela vinculação a certo tipo de empregador. Na hipótese dos autos, tendo em vista que a egrégia Corte Regional expressamente constatou a efetiva prestação de serviços do Reclamante perante o primeiro Reclamado (BANCO SANTANDER S/A) **na condição de empregado** (premissa fática inconteste à luz da Súmula nº 126/TST), é inevitável seu enquadramento como bancário, conforme bem decidiu o egrégio Colegiado Regional. (RR 48000-65.2005.5.01.0046 – j. em 28.11.2012 – Relator Ministro Mauricio Godinho Delgado – 3ª Turma – *DEJT* de 30.11.2012)

A respeito do enquadramento como categoria profissional diferenciada, exceção à regra geral, destaca-se o seguinte aresto do C. Tribunal Superior do Trabalho:

> AGRAVO DE INSTRUMENTO EM RECURSO DE REVISTA – MOTOBOY – CATEGORIA DIFERENCIADA – LEI Nº 12.009, DE 29.7.2009 – REPRESENTAÇÃO SINDICAL. Com a edição da Lei nº 12.009, de 29 de julho de 2009, que regulamenta o exercício das atividades dos profissionais em transporte de passageiros, "mototaxista", em entrega de mercadorias e em serviço comunitário de rua, e "motoboy", com o uso de motocicleta, os motociclistas passaram a contar com estatuto profissional especial, passando, desta forma, a integrar categoria profissional diferenciada, na forma do art. 511, § 3º, da CLT. Agravo de instrumento não provido. (AIRR 155900-61.2009.5.15.0084 – j. em 12.12.2012 – Relatora Ministra Delaíde Miranda Arantes – 7ª Turma – *DEJT* de 19.12.2012)

Enfim, a sindicalização por categoria, adotada pela nossa Constituição em vigor, trata-se, na realidade, de mais uma restrição à ampla liberdade sindical defendida pela Convenção nº 87 da OIT, uma vez que, por imposição estatal, a representação dos trabalhadores e empregadores e a defesa de seus interesses está delimitada pelo enquadramento em determinada categoria, econômica ou profissional. Dessa forma, não há liberdade dos interessados em se reunir da melhor forma que lhes convém.

1.3.5. Liberdade de filiação e desfiliação

De acordo com o art. 8º, V, da Constituição da República Federativa do Brasil, ninguém é obrigado a se filiar ou manter-se filiado a um sindicato.

Aparentemente a liberdade de filiação foi adotada de forma ampla. Todavia, pode-se dizer que, embora se tenha liberdade para filiação ou desfiliação, ainda existem algumas restrições que, de forma indireta, interferem nesta liberdade.

Com a unicidade sindical, a liberdade de escolha dos trabalhadores e empregadores fica reduzida, pois se limita ao ingresso no único sindicato existente.

Da mesma forma, a manutenção da contribuição sindical compulsória limita o exercício da liberdade de filiação. Isso porque, para a liberdade de filiação/não filiação ser completa, seria necessário existir a liberdade de NÃO contribuição, que não foi garantida.

1.4. LIBERDADE SINDICAL COMO DIREITOS HUMANOS E FUNDAMENTAIS

Como bem observa José Cláudio Monteiro de Brito Filho (2007, p. 70-6), a união dos trabalhadores em associação, visando a tutelar seus interesses e melhorar suas condições de trabalho, passou por diferentes momentos.

Os doutrinadores, via de regra, reconhecem três fases para o direito de associação dos trabalhadores. Num primeiro momento, houve a proibição por parte do Estado, que via na reunião de obreiros uma ameaça à paz e à ordem social, bem como ao próprio poder estatal. Posteriormente, vencido pela luta dos trabalhadores que não desistiam de seu intento de unir esforços, o Estado passou a tolerar a associação de trabalhadores, ou seja, nem proibia, nem reconhecia como direito. Por fim, com a evolução da sociedade e do direito, o Estado passou a reconhecer a reunião de trabalhadores como direito, ora submetido ao controle e interferência estatal, ora com liberdade.

Com o advento da Declaração Universal dos Direitos Humanos, em 1948, essa associação de trabalhadores com objetivos comuns foi alçada, num contexto globalizado, à categoria de direitos humanos, sendo utilizada a expressão "direito de sindicalização" ou "liberdade sindical".

Esse reconhecimento internacional, por óbvio, não significou que apenas em 1948 a liberdade sindical teve seu merecido reconhecimento jurídico, pois sistemas jurídicos locais, apesar de minoria, como a Constituição Mexicana (1917), já lhe atribuíam o devido valor. Mas não há como negar que o reconhecimento por uma Declaração Universal da ONU foi um grande marco na evolução da sociedade.

A partir daí, como vimos nos tópicos anteriores, a liberdade sindical ganhou espaço em diversas normas internacionais, como os pactos de 1966 e, principalmente, na Convenção nº 87 da OIT.

Além de sua natureza jurídica relativa intrinsicamente ao valor liberdade, sua própria denominação poderia induzir ao seu enquadramento como direitos humanos de primeira dimensão. Ocorre que a liberdade sindical, como vimos anteriormente, tem seu aspecto coletivo e, nesse caso, pode ser vista como a reunião de trabalhadores buscando melhores condições de vida e de trabalho, lutando por prestações positivas, o que permitiria o enquadramento da liberdade sindical como direitos humanos de segunda dimensão. Não bastasse isso, a solidariedade existente entre os trabalhadores tangencia os direitos humanos de terceira dimensão.

Em suma, poderíamos enquadrar a liberdade sindical como direitos humanos das três dimensões. Na primeira (liberdade), tendo em vista o direito de SER livre para criar, organizar e se filiar ao sindicato. Na segunda (igualdade), em virtude do direito de TER direitos sociais e melhores condições de trabalho por meio das reivindicações coletivas. Na terceira (fraternidade), em razão do direito de DIVIDIR os interesses comuns e as melhores condições com todos os trabalhadores.

Aliás, oportuno registrar a reflexão lançada por George Marmelstein (2011, p. 60) a respeito do equívoco em se tentar classificar determinado direito nessa ou naquela dimensão:

> No entanto, continua-se incorrendo no erro de querer classificar determinados direitos como se eles fizessem parte de uma dimensão determinada, sem atentar para o aspecto da indivisibilidade e interdependência dos direitos fundamentais.
>
> O ideal é considerar que todos os direitos fundamentais podem ser analisados e compreendidos em múltiplas dimensões, ou seja, na dimensão individual-liberal (primeira dimensão), na dimensão social (segunda dimensão), na dimensão de solidariedade (terceira dimensão), na

dimensão democrática (quarta dimensão) e assim sucessivamente. Não há qualquer hierarquia entre essas dimensões. Na verdade, elas fazem parte de uma mesma realidade dinâmica. Essa é a única forma de salvar a teoria das dimensões dos direitos fundamentais.

No mesmo caminho, se posiciona Ricardo José Macedo de Britto Pereira (2007, p. 70), ao elucidar a previsão da liberdade sindical tanto no Pacto Internacional sobre Direitos Civil e Políticos (art. 22), como no Pacto Internacional sobre os Direitos Sociais, Econômicos e Culturais (art. 8º), ambos de 1966, e ressaltar a interação entre as dimensões de direitos humanos:

> A previsão do direito de liberdade sindical, em ambos os pactos, é sinal de que a separação dos direitos e os critérios que a determinam não se apresentam com muita clareza. São em vão os esforços de tentar atribuir uma estrutura ao direito de liberdade sindical que justifique seu enquadramento mais em uma que em outra categoria de direitos. A liberdade sindical é um direito de conteúdo complexo e seu exercício implica uma série de garantias. Jamais pode ser satisfeita sem o efetivo gozo de liberdades civis e políticas. Uma ação sindical não pode ser considerada em si mesma como legítima, desvinculada da capacidade dos membros da coletividade de interferir e participar na definição dessa ação. Por outro lado, é a ação coletiva em contextos específicos que permitirá a realização prática da efetiva liberdade no plano individual, tanto nos aspectos relacionados com a própria liberdade sindical, como nos demais. Ambas as dimensões se implicam mutuamente e o exercício do direito fundamental não se completa sem essa interação.

Enfim, em nosso sentir, é irrelevante o enquadramento do direito à liberdade sindical nessa ou naquela dimensão de direitos humanos. O que realmente importa é seu reconhecimento como direitos humanos, de modo a atrair todas as garantias inerentes a essa modalidade de direito.

A aceitação e a implantação da liberdade sindical no ordenamento jurídico interno de cada país ainda é um desafio a ser enfrentado, pois existem muitos países que não a admitem como direito fundamental.

No Brasil, como já estudado, a liberdade sindical é reconhecida expressamente como um direito material e formalmente fundamental.

Nesse sentido, Luciano Martinez (2013, p. 101-2), após falar sobre a fundamentalidade do direito na ótica forma e material, assim se manifesta a respeito da liberdade sindical no contexto jurídico brasileiro:

> Observada a categorização acima expendida, é possível afirmar que a liberdade sindical é um direito formal e materialmente fundamental na CF/1988 uma vez que, além de previsto expressamente nos arts. 8º, 9º, 10 e 37, VII e VIII, da referida Carta e de mencionado obliquamente em outros tantos dispositivos, tem conteúdo que fortemente se relaciona com os direitos naturais da pessoa humana. Apesar disso, o direito à liberdade sindical, como direito fundamental de conteúdo complexo e abrangente, está receptivo a uma permanente construção mediante aportes proporcionados pela abertura do catálogo a outros tantos direitos materialmente fundamentais, observado, evidentemente, o procedimento para tanto previsto na própria Constituição e o que seja considerado importante para a comunidade, segundo os sistemas-paradigmas que tenham valores sociais ao menos semelhantes.

1.5. ENTIDADES SINDICAIS

A organização sindical brasileira, prevista na Constituição Federal de 1988, adota o sistema confederativo, o que indica a existência de três categorias de entidades: sindicatos, federações e confederações.

O *sindicato*, considerado a entidade de base ou primeiro grau, constitui-se da união de pessoas, físicas ou jurídicas, com objetivos comuns, tendo por responsabilidade a representação e defesa dos interesses da categoria.

Trata-se de pessoa jurídica de direito privado, sendo uma espécie de associação, distinguindo-se das associações civis em geral (art. 44, I, do CC/2002) em virtude de suas prerrogativas e finalidades específicas.

As prerrogativas dos sindicatos estão elencadas no art. 513 da CLT nos seguintes termos:

a) representar, perante as autoridades administrativas e judiciárias os interesses gerais da respectiva categoria ou profissão liberal ou interesses individuais dos associados relativos a atividade ou profissão exercida;

b) celebrar contratos coletivos de trabalho;

c) eleger ou designar os representantes da respectiva categoria ou profissão liberal;

d) colaborar com o Estado, como órgãos técnicos e consultivos, no estudo e solução dos problemas que se relacionam com a respectiva categoria ou profissão liberal;

e) impor contribuições a todos aqueles que participam das categorias econômicas ou profissionais ou das profissões liberais representadas.

> **ATENÇÃO**: O parágrafo único do art. 513 da CLT prevê uma prerrogativa específica do sindicato profissional (empregados), não aplicável ao sindicato econômico (patronal), qual seja: a prerrogativa de fundar e manter agências de colocação.

O art. 514 consolidado, por sua vez, lista alguns deveres dos sindicatos da seguinte forma:

a) colaborar com os poderes públicos no desenvolvimento da solidariedade social;

b) manter serviços de assistência judiciária para os associados;

c) promover a conciliação nos dissídios de trabalho;

d) sempre que possível, e de acordo com as suas possibilidades, manter no seu quadro de pessoal, em convênio com entidades assistenciais ou por conta própria, um assistente social com as atribuições específicas de promover a cooperação operacional na empresa e a integração profissional na Classe.

> **ATENÇÃO**: O parágrafo único do art. 514 da CLT estabelece alguns deveres específicos dos sindicatos dos empregados, quais sejam: a) promover a fundação de cooperativas de consumo e de crédito; b) fundar e manter escolas de alfabetização e pré-vocacionais.

Com relação à estrutura interna, vale lembrar que, tendo em vista a liberdade sindical coletiva de organização, as entidades sindicais têm ampla autonomia para sua disposição, competindo-lhes estabelecer da melhor forma que lhes convém seus órgãos constitutivos.

Diante de tal quadro, os dispositivos celetistas que tratam da organização interna das entidades sindicais devem ser tidos como simples parâmetros, não sendo ilegais os estatutos que estabelecerem órgãos diversos daqueles previstos em lei.

Como bem observa José Cláudio Monteiro de Brito Filho (2007, p. 125), a única exceção em relação à estrutura interna trata-se da Assembleia Geral, órgão que tem previsão constitucional. Assim, referido órgão não pode ser suprimido pelo estatuto, embora possa ter seu papel e atribuições previstas nas regras internas da entidade.

A administração do sindicato será exercida por uma diretoria e por um conselho fiscal, eleitos esses órgãos pela Assembleia Geral, conforme art. 522 da CLT.

Assim, além da Assembleia Geral, o parâmetro de estrutura interna do sindicato apresentado pelo texto consolidado é composto da Diretoria e do Conselho Fiscal.

De acordo com o art. 534 da CLT, os sindicatos, quando em número não inferior a 5 (cinco), podem se organizar em *federação*, que terá abrangência estadual.

A *confederação*, de abrangência nacional, será constituída por, no mínimo, 3 (três) federações, e sua sede será localizada na capital da República (art. 535 da CLT).

A Consolidação das Leis do Trabalho apresenta um parâmetro para a estrutura interna das entidades de grau superior, federações e confederações, nos seguintes termos (art. 538 com a redação dada pela Lei nº 2.693, de 23.12.1955):

> Art. 538. A administração das federações e confederações será exercida pelos seguintes órgãos:
>
> a) Diretoria;
>
> b) Conselho de Representantes;
>
> c) Conselho Fiscal.

Os sindicatos, federações e confederações são as entidades sindicais legitimadas a representar os trabalhadores e empregadores nas negociações coletivas para criação de condições de trabalho, devendo ser observados as regras do art. 611, § 2º, e 617 da CLT.

1.5.1. Criação das entidades sindicais: requisitos de existência e atuação – Registro sindical

A criação do sindicato é livre, respeitadas apenas as restrições constitucionais, iniciando-se com a realização de uma Assembleia Geral da categoria, oportunidade esta em que será deliberada a fundação ou não da entidade.

Ato contínuo, caso o grupo decida pela criação do sindicato, por se tratar de uma pessoa jurídica de direito privado, deve-se proceder ao registro de seus atos constitutivos no cartório civil competente, ocasião em que será adquirida a personalidade jurídica. Aliás, há quem sustente, na doutrina e na jurisprudência, que o registro no cartório civil é o suficiente para legitimar a atuação sindical, atribuindo, inclusive, a personalidade sindical no intuito de usufruir das respectivas prerrogativas.

Diante da divergência existente em relação ao órgão competente para o registro sindical a que se refere a Constituição Federal (art. 8º, I), se o cartório civil ou o Ministério do Trabalho e Emprego, o E. Supremo Tribunal Federal pacificou a questão por meio da Súmula nº 677:

> INCUMBÊNCIA DO MINISTÉRIO DO TRABALHO – REGISTRO DAS ENTIDADES SINDICAIS E PRINCÍPIO DA UNICIDADE. Até que lei venha a dispor a respeito, incumbe ao Ministério do Trabalho proceder ao registro das entidades sindicais e zelar pela observância do princípio da unicidade.

Noutros termos, consoante jurisprudência pacífica do E. Supremo Tribunal Federal, apenas o registro no cartório civil não atribui ao sindicato a personalidade jurídica de entidade sindical (personalidade sindical), sendo necessário para tanto o registro no Ministério do Trabalho e Emprego.

Corroborando esse entendimento, pertinente ao registro da entidade sindical perante o Ministério do Trabalho e Emprego, colaciona-se o elucidativo e didático julgado do C. Tribunal Superior do Trabalho:

> SINDICATO – DISPUTA DE REPRESENTATIVIDADE SINDICAL – REGISTRO CIVIL – REGISTRO SINDICAL – UNICIDADE SINDICAL. 1. Em se tratando de representação sindical, há que se elucidar a dicotomia existente em torno da personalidade sindical e da personalidade jurídica. Sobre a personalidade jurídica, o Código Civil, no art. 45, dispõe que "começa a existência legal das pessoas jurídicas de direito privado com a inscrição do ato constitutivo no respectivo registro". Logo, as pessoas jurídicas de direito privado somente podem praticar atos da vida civil após adquirirem personalidade jurídica. A personalidade sindical, mediante a qual o sindicato está apto a exercer suas funções institucionais, esta somente é adquirida mediante o registro do sindicato no Ministério do Trabalho. Nesse diapasão, é de se observar que somente com a carta sindical é que o sindicato estará investido nos deveres e nas obrigações com relação à categoria representada na base territorial indicada. Portanto, é certo afirmar que a personalidade jurídica não se confunde com a personalidade sindical, sendo aquela o marco de existência da pessoa jurídica para os atos da vida civil, e esta o marco para o reconhecimento da representatividade sindical. 2. O art. 8º, inciso II, da Constituição da República, por sua vez, erigiu como princípio da organização sindical a unicidade sindical, de modo a coibir a existência de dois sindicatos representativos da categoria na mesma base territorial. O Supremo Tribunal Federal, intérprete soberano da Constituição da República, editou a Súmula nº 677, segundo a qual "até que lei venha a dispor a respeito, incumbe ao Ministério do Trabalho proceder ao registro das entidades sindicais e zelar pela observância do princípio da unicidade". Dessa forma, se é do Ministério do Trabalho a incumbência de zelar pela observância do princípio da unicidade e se a ele é dado proceder ao registro das entidades sindicais, é certo afirmar que a personalidade sindical somente é adquirida após o registro no Ministério do Trabalho, sendo representativo da categoria na base territorial determinada o sindicato que em primeiro obteve o dito registro. 3. Logo, havendo coexistência de sindicatos da categoria na mesma base territorial, a disputa pela representatividade sindical se resolve com a data do efetivo registro sindical. 4. No caso dos autos o Tribunal Regional deixou expressamente registrado que, conquanto o Sindicato dos Trabalhadores nas Indústrias de Confecção de Roupa Masculina, Feminina, Infanto Juvenil, Profissional e Unisex de Pacatuba tenha sido formalizado como pessoa jurídica em data posterior ao Sindicato dos Trabalhadores nas Indústrias de Confecção em Geral de Aquiraz, Barbalha, Caucaia, Horizonte, Pacajus, Pacatuba e Sobral – SINDCON, obteve o registro sindical junto ao Ministério do Trabalho dois anos antes que este. Assim, para efeitos de representatividade sindical e em observância ao princípio da unicidade sindical, tem-se que o Sindicato dos Trabalhadores nas Indústrias de Confecção de Roupa Masculina, Feminina, Infanto Juvenil, Profissional e Unisex de Pacatuba é o legítimo representante da categoria na base territorial. Recurso de Revista de que se conhece e a que se dá provimento. (RR 369400-05.2006.5.07.0032 – j. em 31.8.2011 – Relator Ministro João Batista Brito Pereira – 5ª Turma – *DEJT* de 16.9.2011)

Frise-se que, havendo dois sindicatos representativos da mesma categoria profissional, na mesma base territorial, a disputa pela representatividade se resolve com a data do efetivo registro sindical, em prol daquele que tiver o registro no MTE mais antigo. Aplica-se ao caso o princípio da anterioridade.

Como visto anteriormente, o registro perante o Ministério do Trabalho e Emprego não configura ofensa à liberdade sindical, uma vez que tem como finalidade averiguar o respeito ao princípio da unicidade sindical.

O procedimento administrativo para o registro sindical perante o Ministério do Trabalho e Emprego era regulamentado pela Portaria nº 186/2008 do Ministério do Trabalho e Emprego (MTE). Em 1º de março de 2013, contudo, foi publicada a Portaria nº 326, que passou a regulamentar o registro das entidades sindicais de primeiro grau.

> **ATENÇÃO:** A Portaria nº 326, de 1º de março de 2013, do Ministério do Trabalho e Emprego, cuja vigência ocorrerá 30 dias após a respectiva publicação, regulamenta apenas os registros das entidades sindicais de primeiro grau. Os procedimentos de pedidos de registro e de alteração estatutária das entidades de grau superior continuam a ser regidos pela Portaria nº 186, de 10 de abril de 2008 (art. 50 da Portaria nº 326).

Há que se destacar, também, a Portaria nº 984/2008 do MTE, que dispõe sobre o Cadastro de Entidades Sindicais Especiais – CESE, que não representam categorias profissionais ou econômicas, mas que representam os grupos mencionados no inciso VII e parágrafo único do art. 8º da Constituição Federal.

Cumpre mencionar que o Código Sindical não se confunde com o Registro Sindical! Isso porque se trata, na verdade, de simples cadastramento administrativo que visa à operacionalização burocrática do rateio da contribuição sindical, bem como à movimentação da respectiva conta corrente. O Código Sindical tem por finalidade identificar as entidades sindicais que participam do rateio da contribuição sindical compulsória nos termos do art. 589 da CLT, para fins de movimentação das contas correntes.

Nesse sentido, destaca-se o seguinte julgado do C. Tribunal Superior do Trabalho:

> RECURSO DE REVISTA – SINDICATO REGULARMENTE CONSTITUÍDO E REGISTRADO – AUSÊNCIA DE CÓDIGO SINDICAL – PARTICIPAÇÃO NO RATEIO DAS CONTRIBUIÇÕES SINDICAIS ASSEGURADA. Com a regularidade do registro de seus atos constitutivos no Cartório de Registro Civil de Pessoas Jurídicas e, ainda, com o registro junto ao Ministério do Trabalho, a entidade sindical é titular de direito líquido e certo ao código e ao consequente cadastro no Sistema de Arrecadação da Contribuição Sindical (SACS), para fins de arrecadação e movimentação das importâncias recolhidas a título de contribuição sindical. Firmada pela Constituição Federal de 1988, em seu art. 8º, I, que a não intervenção estatal nas instituições sindicais é a regra, com exceção apenas para o registro sindical, não é dado ao intérprete atribuir a um cadastro instituído por normas infralegais do Ministério do Trabalho e Emprego o condão de excepcionar a garantia constitucional. Recurso de revista conhecido e desprovido. (RR 172-88.2010.5.04.0701 – j. em 16.10.2012 – Redator Ministro Luiz Philippe Vieira de Mello Filho – 4ª Turma – *DEJT* de 7.12.2012)

1.5.2. Desmembramento e extinção das entidades sindicais

As categorias são, via de regra, organizadas segundo o princípio da especificidade, o que significa dizer que as atividades e profissões são reunidas pela identidade.

Há categorias, contudo, formadas não por atividades e profissões idênticas, mas sim por atividades ou profissões similares ou conexas. Não bastasse isso, o desenvolvimento econômico e tecnológico pode acarretar novas atividades econômicas e profissionais ou atividades mais específicas, justificando, muitas vezes, o desmembramento ou criação de novas categorias.

Dessa forma, o princípio da unicidade, assim como a sindicalização por categoria, não obstam o surgimento de novas entidades sindicais. Em outras palavras, com a liberdade sindical proclamada pela Carta de 1988, é lícita a criação de novos sindicatos, desde que observados os ditames constitucionais.

Infere-se, portanto, que a perda da representação pode se dar tanto pela redução da base territorial, respeitado o limite mínimo, como pelo desmembramento de categorias, o que ocorre quando são criadas categorias diferenciadas ou categorias específicas onde antes havia a reunião de atividades similares ou conexas. O que hoje é uma atividade similar amanhã poderá ser uma atividade específica reunida em categoria própria.

A título de ilustração, o seguinte julgado do C. Tribunal Superior do Trabalho:

> RECURSO DE REVISTA – ENTIDADE SINDICAL GENÉRICA – DESMEMBRAMENTO – CRIAÇÃO DE ENTIDADE SINDICAL ESPECÍFICA – POSSIBILIDADE – PRINCÍPIO DA UNICIDADE – VIOLAÇÃO – AUSÊNCIA. É garantia individual assegurada constitucionalmente o direito à liberdade de pensamento, à reunião pacífica, à liberdade associativa e à criação de associações de qualquer natureza, em conformidade com o disposto no art. 5º, IV, XVI, XVII, XVIII e XX, da Constituição da República. Além disso, o próprio art. 8º, *caput*, da Carta Magna assegura a livre associação profissional e sindical. Partindo desse ponto, o princípio da unicidade sindical, estabelecido no art. 8º, II, da Carta Magna, não é absoluto e não resguarda, incondicionalmente, a intangibilidade do sindicato mais antigo, sendo permitida a criação de novos sindicados por desmembramento da base territorial ou da categoria mais específica, nos termos dos arts. 570 e 571 da CLT. Dessa forma, é absolutamente legítima a criação de novo ente sindical representativo da categoria profissional mais específica em sua base territorial. Recurso de revista conhecido e provido. (RR 204800-95.2009.5.08.0205 – j. em 31.10.2012 – Relator Ministro Luiz Philippe Vieira de Mello Filho – 4ª Turma – *DEJT* de 9.11.2012)

Com relação à dissolução ou extinção das entidades sindicais, a doutrina ensina que pode ocorrer de forma voluntária, por vontade dos interessados, ou forçada, via judicial ou administrativa.

Como bem observa José Cláudio Monteiro de Brito Filho (2007, p. 120-1), no Brasil, antes da CF/1988, havia a possibilidade de dissolução forçada, via administrativa, com a cassação da carta de reconhecimento das entidades sindicais, conforme art. 553, "e", da CLT. Todavia, com a liberdade sindical reconhecida pela nova ordem constitucional, isso não é mais possível. Além disso, essa possibilidade é frontalmente contrária ao art. 4º da Convenção nº 87 da OIT, que estabelece que as organizações de trabalhadores e empregadores não estarão sujeitas a dissolução ou suspensão por autoridade administrativa.

Atualmente, vige apenas a dissolução voluntária ou a forçada judicial, esta com respaldo no art. 5º, XIX, da CF/1988, *in verbis*: "as associações só poderão ser compulsoriamente dissolvidas ou ter suas atividades suspensas por decisão judicial, exigindo-se, no primeiro caso, o trânsito em julgado".

Quanto ao destino do patrimônio da entidade sindical, no caso de dissolução, divergem os doutrinadores. A OIT, embora sustente que os bens devem ser destinados para a mesma

1.5.3. As centrais sindicais – Sistema sindical

O ordenamento jurídico brasileiro reconhece como entidade sindical apta a exercer as prerrogativas sindicais apenas aquelas integrantes do sistema confederativo, quais sejam, sindicatos, federações e confederações.

As centrais sindicais são tidas como órgão de cúpula do SISTEMA SINDICAL, integrado pelas entidades representativas da classe dos trabalhadores ou empregadores. Nesse caminho, pode-se dizer que o sistema sindical brasileiro é formado pelas centrais sindicais, confederações, federações e sindicatos.

Com o advento da Lei nº 11.648/2008, houve o reconhecimento formal das centrais sindicais, como entidades associativas de direito privado de representação geral dos trabalhadores, constituídas em âmbito nacional.

No art. 1º da Lei nº 11.648/2008 estão definidas as atribuições e prerrogativas das Centrais Sindicais, quais sejam:

> I – coordenar a representação dos trabalhadores por meio das organizações sindicais a ela filiadas; e
>
> II – participar de negociações em fóruns, colegiados de órgãos públicos e demais espaços de diálogo social que possuam composição tripartite, nos quais estejam em discussão assuntos de interesse geral dos trabalhadores.

Como não integram o sistema confederativo, o qual está submetido ao princípio da unicidade, bem como à sindicalização por categoria, as centrais sindicais não estão presas à organização sindical por ramo de atividade ou profissão. Tal se justifica pelo fato de que, como sua finalidade é defender interesses classistas, de maneira geral, não é coerente a constituição de uma organização limitada em termos de setor ou setores.

Outra consequência de não integrarem o sistema confederativo é a ausência das prerrogativas inerentes às entidades sindicais regularmente constituídas. Isto, contudo, não retira a importância das centrais, que em nosso ordenamento possuem grande força política. Logo, embora não tenham atuação sindical (firmar acordos, representação judicial e extrajudicial de seus membros etc.), possuem relevante atuação política.

Para o exercício das atribuições previstas no inciso II do *caput* do art. 1º, a central sindical deve preencher os seguintes requisitos:

> a) filiação de, no mínimo, 100 sindicatos, distribuídos nas 5 regiões do país;
>
> b) filiação em pelo menos 3 regiões de, no mínimo, 20 sindicatos em cada uma;
>
> c) filiação de sindicatos em, no mínimo, 5 setores da atividade econômica; e
>
> d) filiação de sindicatos que representem, no mínimo, 7% do total de empregados sindicalizados em âmbito nacional.

A aferição dos requisitos da representatividade será feita pelo Ministério do Trabalho e Emprego.

Além disso, como será visto no tópico pertinente à fonte de custeio das entidades sindicais, houve alteração na forma de divisão da contribuição sindical, com relação à parte dos trabalhadores, sendo, a partir do advento da Lei nº 11.648/2008, um percentual destinado às Centrais Sindicais.

1.5.4. Dirigentes sindicais – Eleições – Garantias

Os dirigentes sindicais são as pessoas eleitas pela categoria para representar a entidade responsável pela defesa dos interesses individuais e coletivos dos trabalhadores representados.

A Consolidação das Leis do Trabalho, no art. 543, § 4º, define quem é considerado representante legítimo dos sindicatos, ao estabelecer que "considera-se cargo de direção ou de representação sindical aquele cujo exercício ou indicação decorre de eleição prevista em lei".

Verifica-se, portanto, que apenas os representantes eleitos são considerados dirigentes sindicais, não sendo alcançadas em tal conceito as pessoas designadas ou indicadas pela própria entidade ou seus dirigentes para exercer alguma função.

Apesar de a CLT estabelecer que a eleição ocorrerá nos termos da lei, fato é que, diante da autonomia sindical consagrada pelo texto constitucional de 1988, o processo eleitoral deve ser previsto no estatuto da entidade.

Oportunas as palavras de Fábio Túlio Barroso (2010, p. 141):

> [...] Da mesma forma, como cabe ao estatuto do sindicato estabelecer suas regras internas, pela autonomia que possui, tampouco caberá ao legislador estabelecer como se dará o critério de eleição e de quanto tempo será o mandato dos dirigentes titulares e dos suplentes ou mesmo como se dará a estruturação dos cargos, cabendo aos próprios interessados, por normas estatutárias.
>
> Neste sentido, as regras previstas nos arts. 515 e 532 da CLT, além de outras que representem interferência ou intervenção do Poder Público, não foram recepcionadas pela Constituição, pois constituem um intervencionismo estatal na organização sindical, vedado pelo art. 8º, I, da norma ápice, podendo servir apenas como um paradigma a ser seguido pelas entidades, ao organizarem as suas estruturas internas de funcionamento.

Assim, a legislação eleitoral, dada sua origem pública e estatal, raramente deve ser aplicada ao procedimento eleitoral sindical, o qual deve ser regido primordialmente pelas normas estatutárias. Nada impede, contudo, que o próprio estatuto adote a legislação eleitoral como parâmetro.

Em virtude da autonomia e não interferência do Estado previstos na Lei Maior, o Poder Público deve intervir nas eleições sindicais excepcionalmente, apenas para preservar as liberdades sindicais e o regime democrático. Aliás, a Assembleia Geral, órgão máximo de deliberação da organização sindical, deveria funcionar como instância revisora da comissão eleitoral. Ocorre que, na prática, percebe-se uma preferência pela judicialização dos conflitos surgidos, o que demanda maior cuidado no exame dos casos concretos, para se evitar indevida ingerência estatal.

Pelas mesmas razões, entendemos que apenas casos excepcionais justificam a atuação judicial do Ministério Público do Trabalho no procedimento eleitoral das entidades sindicais, sendo mais razoável exercer seu mister principalmente, extrajudicialmente, pela via da

616 | MPT – PREPARANDO-SE PARA O CONCURSO DE PROCURADOR DO TRABALHO

mediação ou participação na formação da comissão eleitoral, indicando membros neutros e até estranhos à entidade para coordenar o processo. Somente quando imprescindível, como casos crônicos de representatividade e ofensa ao princípio democrático, o MPT deve atuar em questões de eleição sindical, respeitado sempre o princípio da independência funcional.

A intervenção do MPT, em matéria sindical, deve pautar-se pela gravidade da lesão supostamente perpetrada e pela impossibilidade dos próprios interessados em atuar eficazmente para resolvê-la.

Os delegados sindicais, por não serem eleitos, mas sim indicados pela direção da entidade sindical, não são considerados dirigentes sindicais, razão pela qual não fazem jus à garantia de emprego respectiva, conforme entendimento já consagrado pelo TST na OJ nº 369 da SBDI-I:

> ESTABILIDADE PROVISÓRIA – DELEGADO SINDICAL – INAPLICÁVEL. O delegado sindical não é beneficiário da estabilidade provisória prevista no art. 8º, VIII, da CF/1988, a qual é dirigida, exclusivamente, àqueles que exerçam ou ocupem cargos de direção nos sindicatos, submetidos a processo eletivo. (*DEJT* divulgado em 3, 4 e 5.12.2008).

Há que se observar, contudo, que, segundo a jurisprudência do C. Tribunal Superior do Trabalho, o membro eleito para integrar o Conselho de Representantes, nos termos do art. 538, § 4º, da CLT, ainda que receba o nome de delegado sindical, é considerado representante sindical, uma vez que é eleito para a função. Nesse sentido, destaca-se os seguinte aresto do TST:

> RECURSO DE EMBARGOS NÃO REGIDO PELA LEI Nº 11.496/2007 – ESTABILIDADE – SUPLENTE – DELEGADO SINDICAL – ELEITO – CONSELHO DE REPRESENTANTES DA FEDERAÇÃO. 1. O empregado eleito para compor o Conselho de Representantes junto à respectiva federação ou confederação, ainda que suplente, é detentor da estabilidade prevista no art. 543, § 3º, da CLT, porquanto, não obstante intitulado delegado sindical, difere daquele previsto no art. 523 da CLT e na Orientação Jurisprudencial 369 da SBDI-I exatamente porque estes últimos não são eleitos, mas indicados pela direção da entidade sindical. 2. O delegado sindical de que trata o art. 538, § 4º, da CLT é eleito para compor a administração das federações e confederações e por isso mostra-se alcançado pela proteção contra despedida sem justa causa. 3. É de se ressaltar que, no caso, o fato de ser suplente não impede a reintegração postulada, uma vez que os arts. 8º, VIII, da Constituição da República e 543, § 3º, da CLT conferem estabilidade provisória ao empregado sindicalizado eleito para o cargo de direção ou representação sindical, bem como para os seus suplentes. Recurso de embargos conhecido e provido. (E-ED-RR 125600-83.2003.5.10.0014 – j. em 22.3.2012 – Relatora Ministra Delaíde Miranda Arantes – Subseção I Especializada em Dissídios Individuais – *DEJT* de 3.4.2012)

A competência para a análise de questões relacionadas às eleições sindicais é da Justiça do Trabalho, nos exatos termos do art. 114, I e III, da Constituição Federal de 1988. Todavia, em virtude do julgamento da ADIn nº 3.395, tem-se reconhecido a incompetência da Justiça Laboral no que tange às eleições de dirigentes de sindicatos que representam servidores públicos estatutários, conforme se observa do seguinte julgado do TST:

> AGRAVO EM AGRAVO DE INSTRUMENTO EM RECURSO DE REVISTA – INCOMPETÊNCIA DA JUSTIÇA DO TRABALHO – AÇÃO DECLARATÓRIA – ELEIÇÃO SINDICAL – SINDICATO DE SERVIDORES FEDERAIS VINCULADOS AO REGIME JURÍDICO ÚNICO – LEI Nº 8.112/1991. A controvérsia diz respeito à eleição de dirigentes sindicais da categoria de servidores públicos regidos pela Lei nº 8.112/1991. A interpretação da regra de competência deve ser

realizada em conjunto com os incisos I e III do art. 114 da Constituição Federal. Portanto, ainda que se trate de eleição sindical, que num primeiro momento atrairia a competência da Justiça do Trabalho, o fato de os seus filiados serem servidores públicos estatutários exclui a citada competência, eis que eles têm uma relação de cunho administrativo e, não, celetista. Logo, dirimir a questão da eleição sindical de representantes de servidores públicos estatutários não pode ser feita nesta Justiça especializada. Agravo a que se nega provimento. (Ag-AIRR 63140-10.2007.5.04.0007 – j. em 7.12.2011 – Relator Ministro Pedro Paulo Manus – 7ª Turma – *DEJT* de 16.12.2011)

Considerando as atividades desenvolvidas pelos dirigentes sindicais que, no mais das vezes, podem conflitar com interesses do empregador, reconhece-se que tais representantes encontram-se em situação vulnerável, podendo ser alvo de retaliações ou atitudes que visem a prejudica-lo até mesmo com a perda do emprego.

Consequência disso, existem normas internacionais que buscam proteger os representantes dos trabalhadores para que possam bem exercer suas funções, como as Convenções nos 98 e 135, ambas da OIT. Tais instrumentos visam a limitar ou até mesmo impedir o empregador de dispensar o empregado, assim como evitar que tome alguma atitude para prejudicar o livre exercício da atividade sindical.

Ademais, o próprio ordenamento jurídico pátrio consagra garantias aos dirigentes sindicais, dentre as quais elencamos:

a) Inamovibilidade: caracteriza-se pela impossibilidade de o empregador alterar o local de trabalho, bem como a função exercida pelo trabalhador, de forma a impossibilitar o exercício das atividades sindicais, em prejuízo à liberdade sindical. Encontra amparo no art. 543, *caput*, da CLT. A aceitação da transferência pelo trabalhador ou mesmo o pedido por ele formulado, lhe acarretará a perda do mandato como dirigente sindical, nos termos do § 1º do art. 543 consolidado.

b) Garantia de emprego: trata-se de limitação ao poder potestativo do empregador, prevista no art. 8º, III, da CF/1988 e art. 543, § 3º, da CLT, consistindo na vedação de dispensa do empregado sindicalizado, desde o registro da candidatura ao cargo de dirigente sindical, até um ano após o final do mandato, caso eleito, salvo cometimento de falta grave, que deve ser apurada em ação específica denominada "inquérito para apuração de falta grave" (arts. 853 a 855 da CLT).

Vale salientar que tanto o E. Supremo Tribunal Federal como o C. Tribunal Superior do Trabalho possuem jurisprudência consolidada quanto à exigência do inquérito para apuração de falta grave para dispensa do empregado sindicalizado, consoante Súmulas nos 197 e 379, respectivamente.

De acordo com o posicionamento adotado pelo C. Tribunal Superior do Trabalho, a aquisição da garantia de emprego não é automática, demandando o preenchimento de determinado requisito, qual seja: a comunicação ao empregador na forma do art. 543, § 5º, da CLT (Súmula nº 369 do TST). Além disso, a mais alta Corte Trabalhista adota o posicionamento de que o registro da candidatura no período do aviso prévio não concede ao empregado a garantia de emprego (Súmula nº 369, V, do TST).

Por uma questão lógica, a extinção da atividade empresarial no âmbito da base territorial do sindicato não há que se falar em garantia de emprego, conforme entendimento cristalizado na Súmula nº 369, IV, do C. TST. No mesmo caminho, a garantia provisória de emprego não alcança o dirigente sindical eleito no curso do contrato de experiência.

O dirigente eleito de sindicato de categoria profissional diferenciada somente vai fazer jus à garantia de emprego se exercer na empresa atividade relativa à categoria profissional do sindicato para o qual foi eleito (Súmula nº 369, III, do TST).

De acordo com a jurisprudência do E. Supremo Tribunal Federal, a eleição de dirigente de sindicato ainda não registrado no Ministério do Trabalho e Emprego não afasta a estabilidade provisória prevista no art. 543, § 3º, da CLT:

> ESTABILIDADE SINDICAL PROVISÓRIA (CF, ART. 8º, VII). Reconhecimento da garantia aos diretores eleitos, na assembleia constitutiva da entidade sindical, desde, pelo menos, a data do pedido de registro no Ministério do Trabalho, o que não contraria a exigência deste, constante do art. 8º, I, da Constituição. 1. A constituição de um sindicato "posto culmine no registro no Ministério do Trabalho (STF, MI 144, 3.8.92, Pertence, *RTJ* 147/868)" a ele não se resume: não é um ato, mas um processo. 2. Da exigência do registro para o aperfeiçoamento da constituição do sindicato, não cabe inferir que só a partir dele estejam os seus dirigentes ao abrigo da estabilidade sindical: é "interpretação pedestre", que esvazia de eficácia aquela garantia constitucional, no momento talvez em que ela se apresenta mais necessária, a da fundação da entidade de classe. (RE 205107/MG – Relator Ministro Sepúlveda Pertence – j. em 6.8.1998 – Tribunal Pleno)

A 1ª Turma do C. Tribunal Superior do Trabalho, corroborando o entendimento da Suprema Corte, manifestou-se da seguinte forma:

> GARANTIA PROVISÓRIA – DIRIGENTE SINDICAL – SINDICATO AINDA NÃO REGISTRADO NO MINISTÉRIO DO TRABALHO E EMPREGO. 1. A necessidade de se outorgar proteção ao dirigente sindical impõe-se já no processo de criação do ente respectivo. É nessa fase que os trabalhadores em processo de organização encontram-se mais vulneráveis, não se admitindo que o empregador frustre a iniciativa obreira na origem. Não se pode, portanto, pretender vincular o início da garantia devida ao dirigente sindical a qualquer providência formal subsequente à deliberação da categoria de se organizar em sindicato – máxime o registro no Ministério do Trabalho e Emprego – providência de índole meramente administrativa, destinada a dar publicidade à constituição do novo ente sindical. Dessa forma, merece ser mantida a decisão recorrida, mediante a qual se reconheceu a garantia provisória no emprego a dirigente de ente sindical, mesmo antes da efetivação do registro do respectivo sindicato no Ministério do Trabalho. Entendimento consentâneo com a jurisprudência do Supremo Tribunal Federal. Precedentes desta Corte superior. 2. De outro lado, registrado pela Corte de origem que a reclamada foi comunicada do registro da candidatura e da eleição do reclamante a cargo de direção, constata-se que a decisão recorrida revela consonância com o entendimento sedimentado nesta Corte uniformizadora, nos termos da Súmula nº 369, I, desta Corte superior. 3. No tocante aos argumentos declinados pela reclamada acerca da juntada aos autos de "*liminar que não reconheceu o Sindicato apontado pelo Reclamante, o SINDEAMA, como sendo o sindicato da categoria*", bem como da afronta ao princípio da unicidade sindical em razão da existência de entidade sindical instituída anteriormente na base territorial da reclamada, com legitimidade para representar a mesma categoria profissional obreira, constata-se que o Tribunal Regional não se pronunciou a respeito das questões aduzidas pela reclamada, tampouco foi instado a se manifestar por meio da interposição dos indispensáveis embargos de declaração. Incide, no particular, o óbice erigido na Súmula nº 297, I, do Tribunal Superior do Trabalho. 4. Agravo de instrumento a que se nega provimento. (AIRR 33300-74.2009.5.11.0011 – j. em 12.12.2012 – Relator Ministro Lelio Bentes Corrêa – 1ª Turma – *DEJT* de 14.12.2012)

Caso não seja eleito, o empregado perderá a garantia a partir do momento da publicação do resultado da eleição.

c) Suspensão do contrato de trabalho: prevista no art. 543, § 2º, da CLT, trata-se da possibilidade do empregado sindicalizado se ausentar do serviço para o desempenho de suas funções. Nesse caso, o empregado será considerado em licença não remunerada, salvo ajuste entre as partes ou previsão em norma coletiva em sentido diverso.

Com relação à quantidade de dirigentes sindicais, o art. 522 da CLT estabelece que a diretoria deve ser composta, no mínimo, de 3 e, no máximo, de 7 membros eleitos pela Assembleia Geral. Tendo em vista a autonomia sindical consagrada pelo texto constitucional, tal dispositivo celetista não deveria ter sido recepcionado pela CF/1988, uma vez que a administração interna seria de responsabilidade dos estatutos das entidades.

Acontece que, como os dirigentes sindicais são detentores de garantia de emprego por expressa previsão constitucional (art. 8º, III) e legal (art. 543, § 3º, da CLT), os sindicatos começaram a eleger um número elevado de representantes, em descompasso com o princípio da razoabilidade e configurando abuso do exercício desse direito.

Por esta razão, o C. Tribunal Superior do Trabalho, manifestou-se pela recepção do art. 522 da CLT pela Constituição da República de 1988, conforme Súmula nº 369, II, *in verbis*:

> II – O art. 522 da CLT foi recepcionado pela Constituição Federal de 1988. Fica limitada, assim, a estabilidade a que alude o art. 543, § 3º, da CLT a sete dirigentes sindicais e igual número de suplentes.

Como se vê, de acordo com a mais alta corte trabalhista, o número de dirigentes sindicais alcançados pela garantia de emprego fica limitado a 7 dirigentes e seus respectivos suplentes, num total de 14 membros, o que não impede que a entidade eleja número superior.

Por derradeiro, cumpre mencionar a celeuma existente sobre a possibilidade de as garantias previstas para os representantes dos sindicatos profissionais serem estendidas aos representantes eleitos dos sindicatos patronais.

De acordo com a jurisprudência do C. TST, os dirigentes sindicais das entidades representativas dos interesses patronais não são alcançados pelas garantias previstas para os dirigentes de sindicatos profissionais, como se observa dos seguintes julgados:

> RECURSO DE REVISTA – ESTABILIDADE PROVISÓRIA – DIRIGENTE DE SINDICATO PATRONAL (alegação de violação dos arts. 5º, *caput*, e 8º, VIII, da Constituição Federal, 511, *caput*, e §§ 1º e 2º, 543, § 3º, da Consolidação das Leis do Trabalho, inaplicabilidade do art. 499 do texto consolidado e divergência jurisprudencial). A estabilidade provisória garantida pelo legislador tem por escopo garantir, ao trabalhador investido na função de dirigente de sindicato profissional, a proteção contra eventual ato do empregador, que inviabilize sua atuação na defesa dos interesses dos demais empregados. Infere-se, portanto, que a referida garantia não alcança o dirigente de sindicato patronal, eis que sua atuação não implica a busca de interesses adversos àqueles da categoria econômica representada. Recurso de revista não conhecido. (RR 30600-19.2006.5.15.0012 – j. em 1º.9.2010 – Relator Ministro Renato de Lacerda Paiva – 2ª Turma – *DEJT* de 10.9.2010)

> RECURSO DE REVISTA – EMPREGADO – DIRIGENTE SINDICAL – REPRESENTAÇÃO DE CATEGORIA ECONÔMICA – GARANTIA PROVISÓRIA DE EMPREGO. A garantia provisória de emprego, de que tratam os arts. 8º, VIII, da Constituição Federal, e 543, § 3º, da CLT, é uma garantia para a categoria que elegeu o trabalhador como dirigente sindical. Tem em vista possibilitar-lhe maior liberdade de atuação, impedindo a utilização da dispensa como meio de coação pelo empregador, que se visse atingido em seus interesses pela atividade desenvolvida pelo dirigente sindical. Nesse contexto, a garantia de emprego em questão não alcança o empre-

gado indicado pelo empregador para dirigente sindical de sindicato da categoria econômica, pois, nessa condição, os da categoria que o elegeu não se contrapõem, em princípio, aos interesses do empregador. E, ainda que haja divergência do empregador com a atuação do dirigente, tal fato não tem o poder de ampliar a garantia de emprego prevista na lei e na Constituição Federal, pois se trata de interesses da categoria econômica, e, não profissional. (RR 196800-40.2005.5.13.0001 – j. em 10.3.2010 – Relatora Ministra Kátia Magalhães Arruda – 5ª Turma – *DEJT* de 9.4.2010)

1.5.5. Fontes de custeio

As fontes de receita das entidades sindicais caracterizam-se pela arrecadação de qualquer forma lícita, desde que não possua a finalidade de lucro, uma vez que a entidade sindical é uma modalidade de associação, e esta se distingue das sociedades comerciais, notadamente, pela inexistência de caráter lucrativo.

A doutrina distingue quatro espécies de contribuições básicas para a respectiva entidade sindical, a saber: contribuição sindical compulsória, contribuição confederativa, contribuição assistencial e mensalidade sindical.

1.5.5.1. Contribuição sindical compulsória

A contribuição sindical compulsória, também denominada imposto sindical, está autorizada pelo art. 8º, IV, da CF/1988 e regulamentada nos arts. 578 a 610 da CLT. Trata-se de receita recolhida uma única vez, anualmente, em favor do sistema sindical, incidindo sobre TODOS os trabalhadores de dada categoria, inclusive os não sindicalizados, ou seja, a receita tem indisfarçável natureza jurídica de tributo (art. 149 da CF e art. 217, I, do CTN), característica essa já reconhecida pelo STF.

Inicialmente, o imposto sindical foi destinado a custear todo o sistema sindical confederativo (sindicatos, federações e confederações). Todavia, com o advento da Lei nº 11.648/2008, a contribuição sindical passou a custear as entidades de base, de grau superior (federações e confederações) e, no que tange à categoria profissional, as entidades de cúpula (centrais sindicais), financiando, pois, o sistema sindical.

Nos termos do art. 589, I, da CLT, com a redação dada pela Lei nº 11.648/2008, a contribuição sindical das entidades sindicais representativas das categorias econômicas será repartida da seguinte forma:

Entidade patronal	Percentual contribuição sindical				
Confederação	5%	Inexistente	5%	80%	Inexistente
Federação	15%	20%	80%	Inexistente	Inexistente
Sindicato	60%	60%	Inexistente	Inexistente	Inexistente
Conta Especial Emprego e Salário	20%	20%	20%	20%	100%

Como se vê, os percentuais de contribuição sindical podem sofrer alteração caso não exista determinada entidade naquela estrutura sindical. Assim, a título de ilustração, se não

NOÇÕES GERAIS DE DIREITO SINDICAL | 621

existir confederação, o percentual da federação sobe de 15% para 20% e, se não existir sindi-cato, representativo de determinada categoria, mas tão somente federação e confederação, o percentual da federação sobe para 80%.

Com relação à contribuição patronal, vale salientar, ainda, que somente é devida pelas empresas que possuam empregados, conforme decisão do C. TST transcrita a seguir:

> RECURSO DE REVISTA – CONTRIBUIÇÃO SINDICAL PATRONAL – FATO GERADOR – EMPRESA QUE NÃO TEM EMPREGADOS. Consoante o disposto no art. 580, inciso III, da CLT, a contribuição sindical será recolhida, de uma só vez, anualmente, e consistirá, para os empregadores, numa importância proporcional ao capital social da firma ou empresa, registrado nas respectivas Juntas Comerciais ou órgãos equivalentes, mediante a aplicação de alíquotas. Nesse contexto, tem-se que apenas os empregadores, ou seja, as empresas que tenham empregados em seus quadros, estão sujeitos à cobrança da contribuição sindical, e não todas as empresas integrantes de determinada categoria econômica. Recurso de revista a que se dá provimento. (RR 103800-72.2009.5.04.0008 – j. em 26.11.2012 – Relatora Ministra Kátia Magalhães Arruda – 6ª Turma – DEJT de 30.11.2012)

De acordo com o art. 589, II, da CLT, com a redação dada pela Lei nº 11.648/2008, a contribuição sindical das entidades sindicais representativas das categorias profissionais será repartida da seguinte forma:

Entidade profissional	Percentual contribuição sindical				
Confederação	5%	Inexistente	5%	80%	Inexistente
Federação	15%	20%	80%	Inexistente	Inexistente
Sindicato	60%	60%	Inexistente	Inexistente	Inexistente
Conta Especial Emprego e Salário	10%	10%	10%	20%	100%
Central sindical – indicada pelo sindicato – representatividade (ADIn nº 4.067)	10%	10%	10%	Não indicação	Inexistente

A lei (CLT) não poderá disciplinar como se dará a utilização dos recursos provenientes da contribuição sindical, sob pena de afronta à autonomia sindical consagrada no art. 8º da CF/1988. Prevalecem, pois, à luz da CF/1988, apenas os dispositivos da CLT que determinam o pagamento obrigatório por todos os integrantes da categoria, bem como aqueles que estabelecem os percentuais de repasse às entidades superiores.

Por essa razão se questiona a recepção do art. 592 da CLT, salvo naquilo que remete ao estatuto da entidade a previsão de aplicação da contribuição sindical. Na verdade, depois da Constituição Federal de 1988 (art. 8º), as alíneas do art. 592 devem ser usadas como vetor auxiliar para os estatutos das entidades sindicais.

Um dos argumentos mais utilizados para sustentar a manutenção do imposto sindical é o de que a suspensão abrupta da principal fonte de financiamento das entidades sindicais acarretará a fragilização das entidades, até com o fechamento de algumas.

Dentre os principais argumentos apresentados para se defender a extinção da contribuição compulsória tem-se:

✓ afronta a liberdade sindical prevista na Convenção nº 87 da OIT;

✓ a contribuição compulsória, em muitos casos, dependendo do número de integrantes da categoria e da média remuneratória, não consegue manter um sindicato;

✓ possibilidade de incentivar a criação de sindicatos de fachada, sem representatividade, apenas para recolher a contribuição obrigatória.

Com relação aos servidores públicos estatutários, há divergência em relação à possibilidade de cobrança da contribuição sindical compulsória.

Os defensores da impossibilidade de cobrança do imposto sindical dos servidores estatutários fundamentam sua tese nas seguintes alegações:

✓ não aplicação da CLT, na qual está prevista a contribuição, aos servidores públicos (art. 7º da CLT);

✓ impossibilidade de os sindicatos dos servidores públicos firmarem normas coletivas com cláusulas econômicas;

✓ com relação aos servidores federais, a Lei nº 8.112/1990, em seu art. 240, autoriza apenas o desconto em folha, sem ônus para a entidade sindical a que for filiado, do *valor das mensalidades e contribuições definidas em assembleia geral da categoria.*

Todavia, o E. Supremo Tribunal Federal já se posicionou pela possibilidade de cobrança dos servidores públicos:

> SINDICATO DE SERVIDORES PUBLICOS – Direito a contribuição sindical compulsoria (CLT, art. 578 ss.), recebida pela Constituição (art. 8º, IV, *in fine*), condicionado, porém, a satisfação do requisito da unicidade. 1. A Constituição de 1988, a vista do art. 8º, IV, *in fine*, recebeu o instituto da contribuição sindical compulsória, exigível, nos termos dos arts. 578 ss. CLT, de todos os integrantes da categoria, independentemente de sua filiação ao sindicato (cf. ADIn 1.076, Medida Cautelar, Pertence, 15.6.94). 2. Facultada a formação de sindicatos de servidores públicos (CF, art. 37, VI), não cabe exclui-los do regime da contribuição legal compulsória exigível dos membros da categoria (ADIn 962, 11.11.93, Galvão). 3. A admissibilidade da contribuição sindical imposta por lei é inseparável, no entanto, do sistema de unicidade (CF, art. 8º, II), do qual resultou, de sua vez, o imperativo de um organismo central de registro das entidades sindicais, que, a falta de outra solução legal, continua sendo o Ministério do Trabalho (MI 144, 3.8.92, Pertence). 4. Dada a controvérsia de fato sobre a existência, na mesma base territorial, de outras entidades sindicais da categoria que o impetrante congrega, não há como reconhecer-lhe, em mandado de segurança, o direito a exigir o desconto em seu favor da contribuição compulsória pretendida. (RMS 21758/DF – Relator Ministro Sepúlveda Pertence – j. em 20.9.1994 – Primeira Turma)

No mesmo caminho se posiciona o C. Superior Tribunal de Justiça, conforme julgados transcritos a seguir:

> PROCESSUAL CIVIL E ADMINISTRATIVA – CONTRIBUIÇÃO SINDICAL – RECOLHIMENTO – SERVIDORES PÚBLICOS – POSSIBILIDADE. 1. O Superior Tribunal de Justiça pacificou o entendimento de que a Contribuição Sindical, prevista nos arts. 578 e seguintes da CLT,

é devida por todos os trabalhadores de determinada categoria, independentemente de filiação sindical e da condição de servidor público celetista ou estatutário, excetuado, em relação a este, o inativo. 2. Agravo Regimental não provido. (AgRg no REsp 1281281/SP 2011/0212236-0 – Ministro Herman Benjamin – *DJe* de 22.5.2011).

RECURSO ORDINÁRIO EM MANDADO DE SEGURANÇA – TRIBUTÁRIO – CONTRIBUIÇÃO SINDICAL CONFEDERATIVA – CONTRIBUIÇÃO SINDICAL COMPULSÓRIA – DIFERENÇAS – INCIDÊNCIA DESSA ÚLTIMA PARA TODOS OS TRABALHADORES DE DETERMINADA CATEGORIA INDEPENDENTEMENTE DE FILIAÇÃO SINDICAL E DA CONDIÇÃO DE SERVIDOR PÚBLICO CELETISTA OU ESTATUTÁRIO. 1. A Carta Constitucional de 1988 trouxe, em seu art. 8º, IV, a previsão para a criação de duas contribuições sindicais distintas, a contribuição para o custeio do sistema confederativo (contribuição confederativa) e a contribuição prevista em lei (contribuição compulsória). 2. A contribuição confederativa é fixada mediante assembleia geral da associação profissional ou sindical e, na conformidade da jurisprudência do STF, tem caráter compulsório apenas para os filiados da entidade, não sendo tributo. Para essa contribuição aplica-se a Súmula nº 666/STF: "A contribuição confederativa de que trata o art. 8º, IV, da Constituição, só é exigível dos filiados ao sindicato respectivo". 3. Já a contribuição compulsória é fixada mediante lei por exigência constitucional e, por possuir natureza tributária parafiscal respaldada no art. 149, da CF/1988, é compulsória. Sua previsão legal está nos arts. 578 e ss. da CLT, que estabelece: a sua denominação ("imposto sindical"), a sua sujeição passiva ("é devida por todos aqueles que participarem de uma determinada categoria econômica ou profissional, ou de uma profissão liberal representada por entidade associativa"), a sua sujeição ativa ("em favor do sindicato representativo da mesma categoria ou profissão ou, inexistindo este, em favor da federação correspondente à mesma categoria econômica ou profissional") e demais critérios da hipótese de incidência. 4. O caso concreto versa sobre a contribuição compulsória ("imposto sindical" ou "contribuição prevista em lei") e não sobre a contribuição confederativa. Sendo assim, há que ser reconhecia a sujeição passiva de todos aqueles que participarem de uma determinada categoria econômica ou profissional, ou de uma profissão liberal representada por entidade associativa, ainda que servidores públicos e ainda que não filiados a entidade sindical. 5. Recurso ordinário em mandado de segurança não provido. (RMS 29280/MT – Ministro Mauro Campbell Marques – *DJe* de 2.2.2012)

O valor da contribuição corresponde a um dia de trabalho, a ser descontado, sem qualquer formalidade e sem necessidade de autorização expressa (art. 545 da CLT), no mês de março (art. 582 da CLT), em todos os vínculos que possua. Havendo mais de um vínculo, na mesma categoria, deverá contribuir de acordo com cada fonte geradora para o mesmo sindicato. Mais de um vínculo, em categorias distintas, para sindicatos distintos.

Quanto à forma de recolhimento, deve ser realizado desconto em folha pelo empregador e recolhido junto à Caixa Econômica Federal (depósito), conforme art. 586 da CLT.

1.5.5.2. Contribuição confederativa

A contribuição confederativa tem fundamento no art. 8º, IV, da CF/1988, devendo ser fixada em Assembleia Geral, destinando-se ao custeio do sistema confederativo da representação sindical do trabalhador.

A Assembleia Geral irá fixar a periodicidade, percentuais de repasse às entidades que pertencem ao sistema confederativo (sindicatos, federações e confederações), prazos etc., inexistindo qualquer dispositivo legal a respeito.

De acordo com a jurisprudência do E. Supremo Tribunal Federal, o dispositivo constitucional que trata da contribuição confederativa (art. 8º, IV) é autoaplicável, não dependendo de regulamentação legal para ser cobrada, conforme se observa da ementa transcrita a seguir:

> CONTRIBUIÇÃO CONFEDERATIVA – ART. 8º, IV, DA CONSTITUIÇÃO – AUTOAPLICABILIDADE. Consolidou-se o entendimento, nesta Primeira Turma, de que a contribuição prevista no art. 8º, IV, da Constituição, não depende, para ser cobrada, de lei integrativa. Precedentes: RREE 191.022, 198.092 e 189.443. Recurso extraordinário conhecido e provido. (RE 199019/SP – Relator Ministro Octavio Gallotti – j. em 31.3.1998 – Primeira Turma)

Com relação aos sindicatos rurais (art. 8º, parágrafo único, da CF/1988), a jurisprudência da Suprema Corte é no sentido de que é necessária lei regulamentadora para cobrança da contribuição confederativa. Nesse sentido:

> AGRAVO REGIMENTAL EM RECURSO EXTRAORDINÁRIO – CONSTITUCIONAL – SINDICATO RURAL – CONTRIBUIÇÃO CONFEDERATIVA – CF/1988, ART. 8º, IV – REGULAMENTAÇÃO – NECESSIDADE. Sindicato rural. Contribuição Confederativa. Exigibilidade. Necessidade de edição da lei regulamentadora prevista no parágrafo único do art. 8º da Constituição Federal. Precedente. Agravo regimental não provido. (RE 289075 AgR/SP – Relator Ministro Maurício Corrêa – j. em 26.6.2001 – Segunda Turma)

> SINDICATO RURAL – CONTRIBUIÇÃO CONFEDERATIVA PREVISTA NO ART. 8º, INCISO IV, DA CONSTITUIÇÃO – REGULAMENTAÇÃO EXIGIDA NO PARÁGRAFO ÚNICO DO REFERIDO DISPOSITIVO. Diferentemente do que ocorre aos demais sindicatos, a exigência da contribuição confederativa pelos sindicatos rurais somente se legitimará com a edição da lei regulamentadora prevista no parágrafo único do art. 8º da Carta. Recurso não conhecido. (RE 176639/SP – Relator Ministro Ilmar Galvão – j. em 25.3.1997 – Primeira Turma).

De acordo com o entendimento do E. Supremo Tribunal Federal, consolidado na Súmula nº 666, a contribuição confederativa somente é exigível dos trabalhadores filiados ao respectivo sindicato. Elucidando a questão, tem-se o seguinte julgado da Corte Suprema:

> RECURSO EXTRAORDINÁRIO. 2. Contribuição confederativa. Art. 8º, IV, da Constituição Federal. 3. Instituição por Assembleia Geral. 4. A contribuição confederativa, por não ser instituída por lei, não tem caráter tributário – art. 8º, IV, da CF – sendo obrigatória apenas para os filiados do sindicato. 5. Agravo regimental a que se nega provimento. (RE 171905 AgR/SP – Relator Ministro Néri da Silveira – Revisor Ministro Nelson Jobim – j. em 20.10.1997 – Segunda Turma)

No mesmo caminho, se posiciona o C. Tribunal Superior do Trabalho, conforme entendimento cristalizado no PN nº 119 do C. TST:

> CONTRIBUIÇÕES SINDICAIS – INOBSERVÂNCIA DE PRECEITOS CONSTITUCIONAIS. A Constituição da República, em seus arts. 5º, XX, e 8º, V, assegura o direito de livre associação e sindicalização. É ofensiva a essa modalidade de liberdade cláusula constante de acordo, convenção coletiva ou sentença normativa estabelecendo contribuição em favor de entidade sindical a título de taxa para custeio do sistema confederativo, assistencial, revigoramento ou fortalecimento sindical e outras da mesma espécie, obrigando trabalhadores não sindicalizados. Sendo nulas as estipulações que inobservem tal restrição, tornam-se passíveis de devolução os valores irregularmente descontados. (nova redação dada pela SDC em sessão de 2.6.1998 – homologação Res. 82/1998, *DJ* de 20.8.1998)

Noções gerais de direito sindical | 625

1.5.5.3. Contribuição assistencial

A contribuição assistencial, com fundamento no art. 513, alínea "e", da CLT, trata-se do valor, previsto em norma coletiva, cobrado com a finalidade de custear as atividades assistenciais do sindicato, notadamente os gastos com as negociações coletivas, greves e dissídios coletivos.

Em virtude de as atividades negociais, greves e dissídios coletivos beneficiarem toda a categoria, surge a discussão a respeito da possibilidade de cobrança da contribuição assistencial de todos os membros. Essa é a tese defendida pelas organizações sindicais.

Ocorre que, atualmente, tem prevalecido o entendimento segundo o qual, assim como a contribuição confederativa, a contribuição assistencial deve ser cobrada apenas dos trabalhadores filiados ao sindicato.

Nesse sentido, a Orientação nº 17 da Seção de Dissídios Coletivos do C. Tribunal Superior do Trabalho:

> *OJ nº 17 SDC* • CONTRIBUIÇÕES PARA ENTIDADES SINDICAIS – INCONSTITUCIONA-LIDADE DE SUA EXTENSÃO A NÃO ASSOCIADOS. As cláusulas coletivas que estabeleçam contribuição em favor de entidade sindical, a qualquer título, obrigando trabalhadores não sindicalizados, são ofensivas ao direito de livre associação e sindicalização, constitucionalmente assegurado, e, portanto, nulas, sendo passíveis de devolução, por via própria, os respectivos valores eventualmente descontados. (inserida em 25.5.1998)

Dentre os argumentos contrários ao desconto das constribuições assistenciais dos não filiados, são apresentados os seguintes:

- ✓ ofensa ao princípio da liberdade sindical;
- ✓ a norma coletiva não deve estabelecer esse tipo de cláusula, pois visa regular relação entre empregador e empregado, exclusivamente no que tange às condições de trabalho. Essa previsão deveria constar no estatuto da entidade;
- ✓ o art. 545 da CLT exige autorização expressa para o desconto, razão pela qual seria inválida a mera previsão do direito de oposição;
- ✓ diferentemente do que ocorre com a contribuição sindical (compulsória) não há exigência para que os valores sejam arrecados e RECOLHIDOS em conta da CEF ou BB, sendo a forma estabelecida pelo próprio sindicato, podendo o sindicato fazer o recolhimento em espécie na própria empresa, o que facilita desvirtuamentos.

Vale salientar que a tese predominante é contrária ao desconto da contribuição assistencial dos trabalhadores não sindicalizados, ainda que previsto em norma coletiva o direito de oposição, isto é, a possibilidade dos não sindicalizados se insurgirem contra a contribuição e evitar o desconto.

A título de ilustração, apresentamos o seguinte julgado do C. TST:

> RECURSO DE REVISTA – 1. AÇÃO DE CUMPRIMENTO DE CONVENÇÃO COLETIVA – CLÁUSULA DE INSTRUMENTO COLETIVO QUE PREVÊ A OBRIGATORIEDADE DA COBRANÇA DE CONTRIBUIÇÃO ASSISTENCIAL – EMPREGADOS NÃO FILIADOS AO SINDICATO. DIREITO DE OPOSIÇÃO – AOS DESCONTOS – INVALIDADE. Segundo entendimento consolidado desta Corte Superior, a instituição obrigatória da contribuição assistencial aos empregados não sindicalizados fere o princípio da liberdade sindical (Orientação Jurisprudencial nº 17 da SDC e Precedente Normativo nº 119). Por outro lado, em respeito à expressão negativa

desse direito fundamental, o art. 545 da CLT exige que o desconto das contribuições estipuladas pelas entidades sindicais seja devidamente autorizado pelos empregados não filiados, à exceção da contribuição sindical. Nesses termos, é inválida cláusula coletiva que prevê desconto obrigatório de contribuição assistencial de empregado não sindicalizado, ainda que a ele seja garantido o direito de oposição ao desconto. A denominada "cláusula de oposição" não tem o condão de validar a norma coletiva que assim dispõe, porquanto não atende ao requisito previsto no mencionado art. 545 da CLT, uma vez que equipara a omissão ou inércia do trabalhador à sua autorização ou concordância. Recurso de revista conhecido e provido. (RR 41600-10.2002.5.04.0611 – j. em 16.5.2012 – Relator Ministro Guilherme Augusto Caputo Bastos – 2ª Turma – *DEJT* de 25.5.2012)

Apesar do entendimento predominante, a corrente intermediária, que defende a possibilidade do desconto de todos os membros da categoria, desde que assegurado o exercício regular e razoável do direito de oposição dos não sindicalizados, tem boa aceitação no campo jurisprudencial de primeiro e segundo grau. Para colaborar com a reflexão sobre o tema, cita-se, como exemplo, o seguinte julgado:

CONVENÇÃO COLETIVA DE TRABALHO – IMPOSIÇÃO DE TAXA ASSISTENCIAL – LIVRE ASSOCIAÇÃO SINDICAL – OPOSIÇÃO PELOS EMPREGADOS – LICITUDE. Convenção Coletiva da categoria. Taxa de assistência prevista para fortalecimento sindical. Direito de oposição pelo empregado. Garantia de manifestação de vontade. Não ofende o direito à livre associação sindical a cobrança de taxa de assistência prevista em CCT, desde que haja possibilidade de oposição por parte dos empregados. (TRT – 17ª. R. – RO 1078.2007.012.17.00.3 – Relator Des. Carlos Henrique Bezerra Leite – *DJe* de 13.1.2009)

O E. Supremo Tribunal Federal não se manifesta nas questões referentes à contribuição assistencial por reconhecer seu caráter infraconstitucional, conforme ementas transcritas a seguir:

CONSTITUCIONAL – PROCESSUAL CIVIL – AGRAVO REGIMENTAL EM AGRAVO DE INSTRUMENTO – ANÁLISE DE CLÁUSULA INTEGRANTE DE ACORDO COLETIVO – OFENSA INDIRETA – CONTRIBUIÇÃO ASSISTENCIAL – EXIGIBILIDADE – MATÉRIA INFRACONSTITUCIONAL – SÚMULA Nº 666 DO STF. I – O acórdão recorrido decidiu a causa com base na interpretação de cláusula integrante de acordo coletivo de trabalho. A afronta à Constituição, se ocorrente, seria indireta. II – Esta Corte tem consignado o entendimento de que a discussão acerca da exigibilidade da contribuição assistencial situa-se no âmbito infraconstitucional. III – A contribuição confederativa de que trata o art. 8º, IV, da Constituição, só é exigível dos filiados ao sindicato respectivo. Incidência da Súmula nº 666 do STF. IV – Agravo regimental improvido. (AI 654603 AgR/BA – Relator Ministro Ricardo Lewandowski – j. em 20.5.2008 – Primeira Turma)

RECURSO EXTRAORDINÁRIO – AGRAVO REGIMENTAL – CONTRIBUIÇÕES DESTINADAS AO CUSTEIO DE SINDICATOS – EXIGIBILIDADE. 1. A contribuição assistencial visa a custear as atividades assistenciais dos sindicatos, principalmente no curso de negociações coletivas. A contribuição confederativa destina-se ao financiamento do sistema confederativo de representação sindical patronal ou obreira. Destas, somente a segunda encontra previsão na Constituição Federal (art. 8º, IV), que confere à assembleia geral a atribuição para criá-la. Este dispositivo constitucional garantiu a sobrevivência da contribuição sindical, prevista na CLT. 2. Questão pacificada nesta Corte, no sentido de que somente a contribuição sindical prevista na CLT, por ter caráter parafiscal, é exigível de toda a categoria independente de filiação. 3. Entendimento consolidado no sentido de que a discussão acerca da necessidade de expressa manifestação do empregado em relação ao desconto em folha da contribuição assistencial não tem porte constitucional, e, por isso, é insuscetível de análise em sede de recurso extraordinário. 4. Agravo regimental improvido. (RE 224885 AgR/RS – Relator Ministro Ellen Gracie)

A questão referente à cobrança da contribuição assistencial dos trabalhadores não sindicalizados é tão polêmica que chegou a ser submetida, em 2009, ao Comitê de Liberdade Sindical da OIT.

Diversas Centrais Sindicais apresentaram queixa, que foi autuada sob o nº 2.739, motivo pelo qual ficou conhecida como "caso 2.739". Dentre as alegações apresentadas, sustentaram conduta antissindical do Ministério Público do Trabalho pelo fato de a instituição ministerial combater a instituição da contribuição assistencial de todos os membros da categoria, sindicalizados ou não, em instrumentos normativos. Questionaram, ainda, o entendimento consolidado na Súmula nº 666 do STF e PN nº 119 do TST.

O Comitê de Liberdade Sindical manifestou-se pela possibilidade do desconto dos trabalhadores não filiados ao sindicato, mas beneficiados pelo acordo coletivo firmado, desde que o desconto seja previsto em acordos coletivos (OLIVEIRA NETO, 2012).

1.5.5.4. Mensalidade sindical (contribuição estatutária)

As mensalidades sindicais dos associados do sindicato constituem parcelas mensais pagas, de modo voluntário, pelos trabalhadores sindicalizados (caráter facultativo), visando a contribuir para a manutenção administrativa da organização e outras finalidades que possam estar previstas no estatuto.

1.5.5.5. Outras fontes de custeio

Além das receitas básicas estudadas nos tópicos anteriores, serão analisadas, agora, outras possíveis fontes de custeio das entidades sindicais.

1.5.5.5.1. Honorários advocatícios: substituição processual

De acordo com a Lei nº 5.584/1970 e a Súmula nº 219 do TST, na Justiça do Trabalho, os honorários advocatícios, nas causas envolvendo relação de emprego, apenas são devidos quando preenchidos dois requisitos: declaração de miserabilidade do trabalhador e assistência sindical.

Dessa forma, o sindicato, quando oferecer assistência jurídica, de forma individual ou coletiva, ao trabalhador que apresentar declaração de miserabilidade fará jus aos honorários advocatícios (art. 16 da Lei nº 5.584/1970).

No caso de substituição processual, a discussão que tomava conta do tema é se o sindicato, para fazer jus à verba honorária, precisaria comprovar a situação de miserabilidade dos substituídos.

O C. TST já havia se manifestado pela necessidade de comprovação da miserabilidade dos substituídos:

SUBSTITUTO PROCESSUAL – HONORÁRIOS ADVOCATÍCIOS – AUSÊNCIA DE DECLARAÇÃO DE POBREZA DOS SUBSTITUÍDOS. A substituição processual pelo sindicato tem previsão constitucional, decorrendo o pagamento de honorários de advogado, em favor do sindicato, da expressa menção do art. 16 da Lei nº 5.584/1970. Entretanto, não faz jus o Sindicato aos honorários advocatícios apenas em decorrência da substituição processual, devendo demonstrar os requisitos contidos no art. 14 da Lei nº 5.584/1970 c/c a Súmula nº 219 do C. TST, ou seja, a comprovação da percepção de salário inferior ao dobro do mínimo legal, ou encontrar-se o empregado em situação econômica que não lhe permita demandar sem prejuízo do próprio sustento ou da respectiva família. Ausente declaração de miserabilidade dos substituídos, não há que se falar em concessão de honorários advocatícios, ainda que atuando o Sindicato como substituto processual. Recurso de revista conhecido e provido. (RR 371300-05.2003.5.12.0027 – j. em 5.5.2010 – Relator Ministro Aloysio Corrêa da Veiga – 6ª Turma – *DEJT* de 14.5.2010)

RECURSO DE REVISTA – HONORÁRIOS ADVOCATÍCIOS- SINDICATO – ATUAÇÃO NA CONDIÇÃO DE SUBSTITUTO PROCESSUAL – CONDENAÇÃO – CABIMENTO. Assegurar a percepção de honorários ao sindicato, quando atua como substituto processual, é inserir o processo do trabalho na moderna teoria processual que, longe da concepção dogmática do período conceitual do processo guiado pelo liberalismo jurídico, quando exacerbava o individualismo processual fundado na exclusiva lesão a direito subjetivo, caminha para a coletivização das demandas, em face do reconhecimento das lesões a direitos ou interesses difusos, coletivos ou individuais homogêneos e, sobretudo, rompendo o individualismo processual, despersonalizar o processo. Por outro lado, não se há de falar em comprovação dos requisitos do art. 14 da Lei nº 5.584/1970, no processo de conhecimento, pois seria exigência material juridicamente incompatível com a substituição processual ampla assegurada pela jurisprudência. No entanto, por disciplina judiciária, curvo-me, com ressalva de entendimento, à reiterada jurisprudência da SBDI-I segundo a qual os honorários advocatícios podem ser objeto da condenação quando o sindicato foi substituto processual, desde que haja declaração nos autos de que os empregados substituídos não podem demandar sem prejuízo do próprio sustento ou de sua família, hipótese não configurada nos autos. Recurso de revista conhecido e desprovido. (RR 144000-85.2004.5.01.0039 – j. em 5.5.2010 – Relator Ministro Luiz Philippe Vieira de Mello Filho – 1ª Turma – *DEJT* de 14.5.2010)

Em maio de 2011, contudo, com a inserção do inciso III à Súmula nº 219, o C. Tribunal Superior do Trabalho pacificou a questão, adotando o posicionamento segundo o qual, na substituição processual, o sindicato faz jus aos honorários advocatícios, independentemente da comprovação da miserabilidade dos substituídos.

Não há dúvidas, portanto, que os honorários advocatícios são mais uma forma de receita das entidades sindicais.

1.5.5.5.2. *Contribuição patronal para melhoria de serviços prestados pelo sindicato profissional*

Uma questão que tem gerado polêmica é se pode o sindicato profissional ser destinatário de contribuições pagas pelos empregadores para melhoria dos serviços prestados pelo sindicato profissional, como serviços médicos e odontológicos.

A dúvida reside em saber se, nessa hipótese estaria ou não havendo ingerência indevida na entidade sindical profissional, por meio de eventual dependência financeira criada pelo empregador. Pergunta-se a razão pela qual o empregador não paga o benefício diretamente aos trabalhadores.

A Seção de Dissídios Coletivos do C. Tribunal Superior do Trabalho, por meio do voto condutor da lavra do Exmo. Ministro Walmir Oliveira da Costa, manifestou-se no sentido

Noções gerais de direito sindical | 629

de que nem todo repasse financeiro das empresas ao sindicato profissional configura prática antissindical, mas somente aquele tendente a subordinar a organização e atuação de um sindicato ao desígnio de outra entidade sindical ou de um determinado patrão.

Em virtude disso, entendeu que deve ficar comprovado o desvirtuamento dos valores para outras finalidade, ou que essa contribuição implique prejuízo à liberdade sindical, com a vedada sujeição da organização sindical ao controle pela entidade patronal, prova sem a qual não se configura a indevida ingerência. A seguir, a ementa do voto:

> CONTRIBUIÇÃO PATRONAL PARA MELHORIA DOS SERVIÇOS MÉDICO E ODONTO-LÓGICO PRESTADOS PELO SINDICATO PROFISSIONAL – ATO DE INGERÊNCIA NA OR-GANIZAÇÃO SINDICAL NÃO CONFIGURADO. 1. O Tribunal Regional de origem acolheu postulação do Ministério Público do Trabalho, decretando a nulidade da cláusula convencional que estipula contribuição da categoria patronal visando à melhoria dos serviços médico e odontológico prestados pelo sindicato profissional aos trabalhadores. O pedido de nulidade fundamentou-se na alegação de que a cláusula implicava ato de ingerência na organização sindical dos trabalhadores. 2. Consideram-se atos de ingerência, repelidos pelo art. 2º da Convenção nº 98 da OIT, aqueles que impliquem intervenção direta ou indireta na administração e desenvolvimento do sindicato e que lhe retire a independência de atuação. 3. Não se verifica, na cláusula impugnada, a alegada prática de ato de ingerência ou antissindical, hipótese vedada pelo art. 2º da norma internacional, uma vez que a assistência financeira patronal não se destina a manter a organização sindical dos trabalhadores, mas, exclusivamente, à melhoria dos serviços médico e odontológico prestados pelo sindicato profissional. 4. A cláusula em debate concede, ainda que de forma indireta, condição de trabalho benéfica ao trabalhador. Com efeito, o art. 514 da CLT não enumera dentre os deveres do sindicato a manutenção de serviços médico e odontológico, embora seja comum a entidade sindical prestar esse tipo de assistência aos integrantes da categoria. Assim, deixar de validar a cláusula convencional, que traz benefício à categoria profissional, poderá denotar cerceamento da liberdade de negociação e interferência indevida do Poder Judiciário na organização sindical vedada pelo art. 8º, I, da Constituição da República. A previsão convencional não reduziu direito previsto em lei ou conquista da categoria. Ao contrário, prestigia o direito do trabalhador à saúde, promovendo melhoria em sua condição social (arts. 6º e 7º, *caput*, da Constituição da República). Recurso ordinário conhecido e parcialmente provido. (TST – RO-36500-57.2009.5.17.0000 – Ministro Walmir Oliveira da Costa – SDC)

1.5.5.5.3. Contribuição patronal em favor de sindicato profissional

Se, por um lado, a contribuição para melhoria dos serviços sindicais pode ser considerada válida como visto no tópico anterior, a contribuição genérica (taxa permanente) ou para financiar a participação em negociação coletiva já não tem a mesma sorte, indicando a existência de indevida ingerência patronal nas entidades profissionais, em afronta aos termos da Convenção nº 98 da OIT.

Nesse caminho, os seguintes julgados do C. TST:

> AGRAVO DE INSTRUMENTO – CONVENÇÃO COLETIVA – CONTRIBUIÇÃO PATRONAL EM FAVOR DO SINDICATO PROFISSIONAL PELA PARTICIPAÇÃO EM NEGOCIAÇÃO COLETIVA – PRINCÍPIO DA NÃO INGERÊNCIA PATRONAL NAS ATIVIDADES DO SIN-DICATO PROFISSIONAL. 1. Estabelece o art. 2º da Convenção nº 98 da Organização Interna-

cional do Trabalho o princípio da não ingerência das organizações patronais nas organizações dos empregados e vice-versa. 2. Afigura-se inválida, portanto, cláusula mediante a qual se institui contribuição em favor do sindicato profissional a ser paga pela empresa, porquanto o custeio das suas atividades está diretamente relacionado com a organização, funcionamento e administração do ente sindical. Tal estipulação não encontra guarida no ordenamento jurídico pátrio, porquanto fere o princípio da não ingerência, erigido no referido instrumento internacional, ratificado pelo Brasil em 18.11.1952. Precedentes desta Corte superior. Agravo de instrumento não provido. (AIRR 71040-86.2006.5.02.0087 – j. em 3.11.2010 – Relator Ministro Lelio Bentes Corrêa – 1ª Turma – *DEJT* de 26.11.2010)

CONTRIBUIÇÃO PATRONAL INSTITUÍDA EM FAVOR DO SINDICATO PROFISSIONAL – PREVISÃO EM NORMA COLETIVA – INVALIDADE. 1. O Tribunal Regional negou provimento ao recurso ordinário interposto pelo Autor e confirmou a sentença, em que se julgou improcedente a pretensão ao pagamento do valor referente à "Taxa de Contribuição Permanente", instituída por norma coletiva, a ser paga pela empresa em favor do sindicato profissional. 2. A decisão regional, em que se julgou inválida a cláusula convencional mediante a qual se instituiu modalidade de contribuição patronal para custeio do sindicato profissional está de acordo com a jurisprudência desta Corte Superior. Precedentes. Logo, inviável o processamento do recurso de revista por divergência jurisprudencial, de acordo com o art. 896, § 4º, da CLT e com a Súmula nº 333 do TST. 3. Recurso de revista de que não se conhece. (RR 9102700-96.2006.5.09.0006 – j. em 2.5.2012 – Relator Ministro Fernando Eizo Ono – 4ª Turma – *DEJT* de 11.5.2012)

RECURSO ORDINÁRIO INTERPOSTO PELO SINDICATO PROFISSIONAL – AÇÃO ANULATÓRIA – CONTRIBUIÇÃO PATRONAL PARA CUSTEIO DE FESTA DOS TRABALHADORES – ATO DE INGERÊNCIA NA ORGANIZAÇÃO SINDICAL NÃO CONFIGURADO. 1. O Tribunal Regional de origem acolheu postulação do Ministério Público do Trabalho, decretando a nulidade da cláusula convencional que estipula contribuição da categoria patronal para financiar festa de confraternização de todos os integrantes da categoria profissional, em comemoração ao dia dos empregados em empresas de asseio e conservação. O pedido de nulidade fundamentou-se na alegação de que a cláusula implicava ato de ingerência na organização sindical dos trabalhadores. 2. Consideram-se atos de ingerência, repelido pelo art. 2º da Convenção 98 da OIT, aqueles que impliquem intervenção direta ou indireta na administração e desenvolvimento do sindicato e que lhe retire a independência de atuação. 3. Não se verifica, na cláusula impugnada, a alegada prática de ato de ingerência ou antissindical, hipótese tolhida pelo art. 2º da norma internacional, uma vez que, primeiro, o recurso financeiro patronal não se destina a manter a organização sindical dos trabalhadores, mas, exclusivamente, ao custeio de uma festividade específica e tradicional; e, segundo, não há, na hipótese, sinais de que esse custeio implique prejuízo à liberdade sindical, com a vedada sujeição da organização sindical profissional ao controle pela entidade patronal. Recurso ordinário conhecido e parcialmente provido. (RO – 16600-25.2008.5.17.0000 – j. em 9.5.2011 – Relator Ministro Walmir Oliveira da Costa – Seção Especializada em Dissídios Coletivos – *DEJT* de 27.5.2011)

Diante de tal quadro, esse tipo de contribuição não pode ser considerada uma forma válida de receita das organizações sindicais profissionais.

1.5.5.5.4. *Contribuição negocial*

A contribuição negocial, prevista no art. 7º da Lei nº 11.648/2008, seria utilizada para substituir todas as contribuições.

Na realidade, o reconhecimento formal das centrais sindicais foi realizado pela Lei nº 11.648/2008, mediante "a contrapartida", de ser implementada a contribuição negocial, em substituição à contribuição sindical e à contribuição assistencial.

Essa contribuição seria vinculada ao exercício efetivo da negociação coletiva e à aprovação em assembleia geral da categoria, devida por filiados e não filiados, e todo o valor arrecadado seria destinado ao sistema sindical, não havendo parcela para o poder público (conta salário e emprego).

Até o momento, contudo, não foi implementada referida contribuição negocial.

1.5.6. Prestação de contas

Se o sindicato tem liberdade para utilizar e aplicar sua receita, a exigência de prestação de contas pelo MPT ou outra entidade ofende a liberdade sindical?

Há quem sustente que, para haver plena autonomia e liberdade, em face do *caput* do art. 8º da CF/1988, é preciso que não se exija do sindicato a prestação de suas contas perante um órgão público, como por exemplo, o Tribunal de Conta da União.

Em razão desse entendimento, o art. 6º da Lei nº 11.648/2008 foi vetado pelo governo federal, destacando-se que a Constituição veda ao Poder Público a interferência e a intervenção na organização sindical, em face ao princípio da autonomia sindical, o qual sustenta a garantia de autogestão às organizações associativas e sindicais.

Em sentido oposto, há quem defenda a necessidade de prestação de contas da contribuição sindical compulsória ao Tribunal de Contas da União com relação a contribuição sindical, ante sua natureza tributária.

Ora, se a contribuição compulsória é feita, embora com permissão constitucional, às custas da liberdade sindical individual, qual a razão de se vedar ou deixar de exigir a prestação de contas, sob a alegação de violação da liberdade sindical coletiva, notadamente autonomia sindical?

Via de regra, o controle dos recursos caberá aos trabalhadores e empresários ou mesmo aos conselhos fiscais respectivos, que podem exigir a prestação de contas em assembleias. Entendemos que apenas, excepcionalmente, o Ministério Público do Trabalho deve atuar em casos de desvirtuamentos de receita, podendo ser solicitado até mesmo o afastamento dos dirigentes envolvidos.

1.5.7. Condutas antissindicais

A conduta antissindical consiste em qualquer ação, comissiva ou omissiva, dolosa ou culposa, que, de alguma forma, atente contra a liberdade sindical, seja ela em seu aspecto individual ou coletivo, positivo ou negativo.

A respeito da caracterização da conduta antissindical, merecem destaque as ponderações de Luciano Martinez (2013, p. 220):

> (...) para se falar em antissindicalidade é indispensável a evidência de uma lesão antijurídica imposta a um dos direitos de liberdade sindical e, cumulativamente, a inevidência de normas permissivas ou de causas de justificação para essa violação. A antissindicalidade se revelará, assim, na constatação de que a conduta ofensora de valores sindicais não está permitida nem justificada em nenhum lugar do ordenamento jurídico.

Dentre as condutas antissindicais mais usuais, tem-se a subordinação da contratação de um trabalhador à adesão ou não a um determinado sindicato ou mesmo sua desfiliação; a dispensa de dirigentes sindicais menosprezando a garantia de emprego de que são titulares; condutas retaliadoras, perpetradas por meio de discriminação quanto a função, transferências abusivas, medidas disciplinares injustificadas ou outros comportamentos que ocasionem prejuízo ao trabalhador em virtude de sua atividade sindical ou participação em greve.

Um interessante caso de evidente conduta antissindical foi a ação publicitária de entidades patronais com o *slogan*: "greve custa caro", com o claro objetivo de impedir o livre e regular exercício do direito de greve. A tentativa foi jogar toda a sociedade contra os trabalhadores com o fim de enfraquecer e até mesmo impedir o movimento paredista.

Na hipótese, o Ministério Público do Trabalho atuou enfaticamente, defendendo o direito fundamental de greve e combatendo a prática antissindical e o exercício abusivo do direito de informação das entidades patronais. Dentre os diversos pedidos realizados judicialmente, via ação civil pública, destacam-se a suspensão imediata da campanha "greve custa caro"; abstenção imediata de veiculação de qualquer propaganda, em qualquer meio de comunicação, contra o exercício do direito de greve; assegurar o direito de resposta da coletividade, representada pelo MPT, às custas dos réus, na mesma quantidade e pelo mesmo período, nos mesmos meios de comunicação.

As cláusulas de segurança sindical são aquelas previstas em instrumentos normativos para estimular a sindicalização. Dentre as diversas modalidades de cláusulas de segurança sindical, merecem destaque a *union shop* (obrigação dos empregados recém contratados de se inscreverem no sindicato sob pena de demissão), *closed shop* (não contratação de trabalhadores que não sejam filiados ao sindicatos); *agency shop* (obrigação de contribuir com o sindicato, sem o dever de filiação); *maintenance of membership* (aos empregados que se associarem voluntariamente ao sindicato são obrigados a continuar como associados durante o prazo fixado do convênio, como condição de permanecer no emprego).

No Brasil, as cláusulas de segurança sindical, exceção feita à *agency shop,* em princípio, podem ser vistas como uma prática antissindical, uma vez que atentam contra a liberdade sindical, pois acabam por forçar os trabalhadores a se filiarem aos sindicatos, além de resultar na adoção de práticas discriminatórias quando da contração ou manutenção do contrato de trabalho.

A Convenção nº 98 da OIT, visando a garantir o livre exercício da liberdade sindical, estabelece mecanismos de prevenção e reparação às práticas antissindicais. As medidas vão desde obrigações de fazer e não fazer, nulidade do ato praticado com retorno ao estado anterior, até indenizações por dano material e moral.

Nem sempre é fácil comprovar a prática antissindical, razão pela qual a inversão do ônus da prova é um mecanismo processual de fundamental importância. Por meio dela, transfere-se ao ofensor a demonstração de que os indícios existentes sobre a conduta antissindical são infundados e de que existe razoabilidade na postura adotada.

NOÇÕES GERAIS DE DIREITO SINDICAL | 633

O principal agente violador da liberdade sindical é o empregador e sua entidade representativa. O Estado, seja na condição de empregador, seja na de legislador, também pode se enquadrar como ofensor desse direito fundamental. Além disso, não há como negar que os próprios sindicatos profissionais, principalmente quando se sentem ameaçados em sua representatividade podem praticar condutas antissindicais, criando, por exemplo, obstáculos para a desfiliação.

1.6. REPRESENTAÇÃO DOS TRABALHADORES NAS EMPRESAS (ART. 11 DA CF/1988)

De acordo com o art. 11 da Constituição Federal "nas empresas de mais de duzentos empregados, é assegurada a eleição de um representante destes com a finalidade exclusiva de promover-lhes o entendimento direto com os empregadores".

O representante dos trabalhadores deve ser eleito, não podendo, portanto, ser designado diretamente pelo empregador. Sua principal função é promover o diálogo entre a empresa e os empregados, servindo como um canal de comunicação rápido e eficiente, com o objetivo de pacificar atuais conflitos e prevenir futuros, resolvendo questões do dia a dia.

O processo eleitoral deve vir disciplinado na norma coletiva, podendo ser utilizado o mesmo procedimento previsto para a escolha dos membros da CIPA. A eleição deverá ser realizada durante o expediente normal da empresa, respeitados os turnos.

A existência do representante dos trabalhadores nos moldes do dispositivo constitucional em comento não tem o condão de substituir o representante sindical, tampouco os membros da CIPA. Cada um tem suas atribuições que não se excluem, mas se complementam. Por esta razão, é recomendável que o representante dos trabalhadores eleito seja uma pessoa distinta daquela que já exerça a representação sindical ou atue como membro da CIPA, apesar de não existir impedimento legal para a cumulação das atribuições.

O prazo do mandato do representante eleito deve ser fixado na norma coletiva, podendo ser utilizado como parâmetro o período de um ano, como ocorre com a representação sindical e CIPA, com a possibilidade de uma reeleição (mandatos consecutivos), em obediência ao princípio democrático.

Com relação à garantia de emprego desse representante, inexiste previsão legal expressa. Todavia, não há como deixar de mencionar a Convenção 135 da OIT, que trata da proteção dos representantes dos trabalhadores.

O art. 1º dessa convenção internacional dispõe:

> Os representantes dos trabalhadores na empresa devem ser beneficiados com uma proteção eficiente contra quaisquer medidas que poderiam vir a prejudicá-los, inclusive o licenciamento, e que seriam motivadas por sua qualidade ou suas atividades como representantes dos trabalhadores, sua filiação sindical, ou participação em atividades sindicais, conquanto ajam de acordo com as leis, convenções coletivas ou outros arranjos convencionais vigorando.

E, segundo os termos do art. 3º da Convenção nº 135 da OIT, a expressão "representantes dos trabalhadores" engloba as pessoas reconhecidas como tais pela legislação ou prática nacionais, sejam:

a) representantes sindicais, a saber representantes nomeados ou eleitos por sindicatos;

b) ou representantes eleitos, a saber representantes livremente eleitos pelos trabalhadores da empresa, conforme as disposições da legislação nacional ou de convenções coletivas, e cujas funções não se estendam a atividades que sejam reconhecidas, nos países interessados, como dependendo das prerrogativas exclusivas dos sindicatos.

Diante de tais disposições normativas, não há como negar que os termos da Convenção nº 135 da OIT, ratificada pelo Brasil, sobre a proteção dos representantes dos trabalhadores, alcança o trabalhador eleito nos moldes do art. 11 da Constituição Federal.

Nesse caminho, as normas coletivas devem prever algum tipo de garantia, podendo ser utilizada como parâmetro aquela prevista para os dirigentes sindicais ou membros da CIPA.

O C. Tribunal Superior do Trabalho, caso seja demandado via dissídio coletivo, se posiciona por reconhecer a esse representante a garantia prevista para o dirigente sindical, aplicando, analogicamente, as garantias do art. 543 da CLT, consoante se observa do seguinte precedente normativo:

> PN Nº 86 • REPRESENTANTES DOS TRABALHADORES – ESTABILIDADE NO EMPREGO (positivo). Nas empresas com mais de 200 empregados é assegurada a eleição direta de um representante, com as garantias do art. 543, e seus parágrafos, da CLT.

Aliás, em suma, as normas coletivas são um instrumento extremamente relevante para a efetivação do art. 11 da CF/1988, devendo prever os detalhes da representação, tais como:

✓ quantidade de representantes e duração do mandato;

✓ regras gerais sobre as eleições, de modo a assegurar a livre escolha pelos empregados e a democracia do pleito, inclusive a disponibilização de espaços pelas empresas e permissão para os trabalhadores votarem livremente;

✓ garantias no emprego e condições para o livre desenvolvimento das atividades;

✓ regras gerais sobre o funcionamento do sistema na empresa.

Caso não haja previsão nos instrumentos coletivos, outra solução não resta senão a adoção das medidas judiciais cabíveis, que podem ser apresentadas pelos próprios sindicatos ou pelo próprio Ministério Público do Trabalho.

Apesar de o texto constitucional estabelecer a eleição de um representante para empresas com mais de 200 empregados, entendemos que esse número trata-se de um parâmetro mínimo, nada impedindo que empresas com quadro de pessoal inferior efetivem o comando constitucional insculpido no art. 11 da Carta Magna.

Caso as empresas possuam muito mais que 200 trabalhadores, é recomendável que seja eleito um representante para cada grupo de 200. Além disso, o número de trabalhadores que deve ser considerado para fins de cumprimento do comando constitucional é o número total de trabalhadores da empresa, e não por estabelecimento. Assim, se a empresa possuir 2 estabelecimentos com 100 empregados em cada, no total possui 200 empregados, sendo obrigada, portanto, a cumprir o disposto no art. 11 da Constituição Federal. Nesse caso, o representante eleito pode ser de qualquer de um dos dois estabelecimentos.

A pessoa eleita, embora deva ser empregado da empresa por expressa disposição constitucional, representará não apenas os efetivos empregados, mas todos os trabalhadores da empresa, incluindo, por exemplo, os estagiários e terceirizados. Nesse caminho, oportunas as lições de Fábio Túlio Barroso (2010, p. 167-8):

> A norma do art. 11 da Constituição, em combinação com o previsto na Convenção nº 135 da OIT, privilegiou a relação bilateral de trabalho, uma vez que os contratos atípicos se desenvolveram após a formalização destas normas. A realidade produtiva se modificou e as normas necessitam contemplar estas novas situações.
>
> Cabe assim estender aos demais prestadores de serviços da empresa com contratos atípicos de trabalho a representação aludida no art. 11 da Constituição, pois se trata de uma primazia da realidade, que, em combinação com a norma mais favorável, excede também qualquer hierarquia normativa para a realidade laboral, pois, de fato, existe uma relação de trabalho de qualquer prestador de serviço para a empresa contratada.

Não obstante o disposto no art. 11 da CF/1988, estabelecendo a representação de trabalhadores, até o momento, verifica-se a pouca efetivação desse comando constitucional.

O Ministério Público do Trabalho, por meio da Coordenadoria Nacional de Promoção da Liberdade Sindical (CONALIS), lançou, em 2010, projeto de implementação do art. 11 da Constituição Federal de 1988, denominado Projeto 200, por estar ciente e consciente da importância da representação de trabalhadores na empresa. Esse projeto, num primeiro momento, buscou o diálogo esclarecedor com as empresas para que essas, espontaneamente, efetivem a representação. Posteriormente, caso haja resistência no cumprimento da norma constitucional, as medidas judiciais poderão ser efetivadas, respeitada sempre a independência funcional.

1.7. SÚMULAS E ORIENTAÇÕES JURISPRUDENCIAIS

♦ *SÚMULA TST Nº 219* • HONORÁRIOS ADVOCATÍCIOS – HIPÓTESE DE CABIMENTO. *(Nova redação do item II e inserido o item III à redação) – [Res. 174/2011, DEJT divulgado em 27, 30 e 31.5.2011].* I – Na Justiça do Trabalho, a condenação ao pagamento de honorários advocatícios, nunca superiores a 15% (quinze por cento), não decorre pura e simplesmente da sucumbência, devendo a parte estar assistida por sindicato da categoria profissional e comprovar a percepção de salário inferior ao dobro do salário mínimo ou encontrar-se em situação econômica que não lhe permita demandar sem prejuízo do próprio sustento ou da respectiva família. *(ex-Súmula nº 219 – Res. 14/1985, DJ de 26.9.1985).* II – É cabível a condenação ao pagamento de honorários advocatícios em ação rescisória no processo trabalhista. III – São devidos os honorários advocatícios nas causas em que o ente sindical figure como substituto processual e nas lides que não derivem da relação de emprego.

♦ *SÚMULA TST Nº 369* • DIRIGENTE SINDICAL – ESTABILIDADE PROVISÓRIA. *(Redação do item I alterada na sessão do Tribunal Pleno realizada em 14.9.2012) – [Res. 185/2012 – DEJT divulgado em 25, 26 e 27.9.2012].* I – É assegurada a estabilidade provisória ao empregado dirigente sindical, ainda que a comunicação do registro da candidatura ou da eleição e da posse seja realizada fora do prazo previsto no art. 543, § 5º, da CLT, desde que a ciência ao empregador, por qualquer meio, ocorra na vigência do contrato de trabalho. II – O art. 522 da CLT foi recepcionado pela Constituição Federal de 1988. Fica limitada, assim, a estabilidade a que alude o art. 543, § 3º, da CLT a sete dirigentes sindicais e igual número de suplentes. III – O empregado de categoria diferenciada eleito dirigente sindical só goza de estabilidade se exercer na empresa atividade pertinente à categoria profissional do sindicato para o qual foi eleito dirigente. *(ex-OJ nº 145 da SBDI-I – inserida em 27.11.1998).* IV – Havendo extinção da atividade empresarial no âmbito da base territorial do sindicato, não há razão para subsistir a estabilidade. *(ex-OJ nº 86 da SBDI-I – inserida em 28.4.1997).*

V – O registro da candidatura do empregado a cargo de dirigente sindical durante o período de aviso prévio, ainda que indenizado, não lhe assegura a estabilidade, visto que inaplicável a regra do § 3º do art. 543 da Consolidação das Leis do Trabalho. *(ex-OJ nº 35 da SBDI-I – inserida em 14.3.1994).*

- *SÚMULA TST Nº 379* • DIRIGENTE SINDICAL. DESPEDIDA. FALTA GRAVE. INQUÉRITO JUDICIAL. NECESSIDADE. *(Conversão da Orientação Jurisprudencial nº 114 da SBDI-I) – [Res. 129/2005, DJ de 20, 22 e 25.4.2005].* O dirigente sindical somente poderá ser dispensado por falta grave mediante a apuração em inquérito judicial, inteligência dos arts. 494 e 543, § 3º, da CLT. *(ex-OJ nº 114 da SBDI-I – inserida em 20.11.1997).*

- *OJ-SDI-I Nº 121* • SUBSTITUIÇÃO PROCESSUAL – DIFERENÇA DO ADICIONAL DE INSALUBRIDADE – LEGITIMIDADE. *(Nova redação) – (DJ de 20.4.2005).* O sindicato tem legitimidade para atuar na qualidade de substituto processual para pleitear diferença de adicional de insalubridade.

- *OJ-SDI-I Nº 266* • ESTABILIDADE – DIRIGENTE SINDICAL – LIMITAÇÃO – ART. 522 DA CLT. *(Cancelada em decorrência da sua conversão na Súmula nº 369) (DJ de 20.4.2005).* O art. 522 da CLT, que limita a sete o número de dirigentes sindicais, foi recepcionado pela Constituição Federal de 1988.

- *OJ-SDI-I Nº 365* • ESTABILIDADE PROVISÓRIA – MEMBRO DE CONSELHO FISCAL DE SINDICATO – INEXISTÊNCIA. *(DJ de 20, 21 e 23.5.2008).* Membro de conselho fiscal de sindicato não tem direito à estabilidade prevista nos arts. 543, § 3º, da CLT e 8º, VIII, da CF/1988, porquanto não representa ou atua na defesa de direitos da categoria respectiva, tendo sua competência limitada à fiscalização da gestão financeira do sindicato (art. 522, § 2º, da CLT).

- *OJ-SDI-I Nº 369* • ESTABILIDADE PROVISÓRIA. DELEGADO SINDICAL. INAPLICÁVEL. *(DEJT divulgado em 3, 4 e 5.12.2008).* O delegado sindical não é beneficiário da estabilidade provisória prevista no art. 8º, VIII, da CF/1988, a qual é dirigida, exclusivamente, àqueles que exerçam ou ocupem cargos de direção nos sindicatos, submetidos a processo eletivo.

- *OJ-SDI-II Nº 65* • MANDADO DE SEGURANÇA – REINTEGRAÇÃO LIMINARMENTE CONCEDIDA – DIRIGENTE SINDICAL. *(Inserida em 20.9.2000).* Ressalvada a hipótese do art. 494 da CLT, não fere direito líquido e certo a determinação liminar de reintegração no emprego de dirigente sindical, em face da previsão do inciso X do art. 659 da CLT.

- *OJ-SDI-II Nº 137* • MANDADO DE SEGURANÇA – DIRIGENTE SINDICAL – ART. 494 DA CLT – APLICÁVEL. *(DJ de 4.5.2004).* Constitui direito líquido e certo do empregador a suspensão do empregado, ainda que detentor de estabilidade sindical, até a decisão final do inquérito em que se apure a falta grave a ele imputada, na forma do art. 494, *caput* e parágrafo único, da CLT.

- *OJ-SDC Nº 9* • ENQUADRAMENTO SINDICAL. INCOMPETÊNCIA MATERIAL DA JUSTIÇA DO TRABALHO. *(Inserida em 27.3.1998).* O dissídio coletivo não é meio próprio para o Sindicato vir a obter o reconhecimento de que a categoria que representa é diferenciada, pois esta matéria – enquadramento sindical – envolve a interpretação de norma genérica, notadamente do art. 577 da CLT.

- *OJ-SDC Nº 15* • SINDICATO – LEGITIMIDADE *AD PROCESSUM* – IMPRESCINDIBILIDADE DO REGISTRO NO MINISTÉRIO DO TRABALHO. *(Inserida em 27.3.1998).* A comprovação da legitimidade *ad processum* da entidade sindical se faz por seu registro no órgão competente do Ministério do Trabalho, mesmo após a promulgação da Constituição Federal de 1988.

- *OJ-SDC Nº 17* • CONTRIBUIÇÕES PARA ENTIDADES SINDICAIS – INCONSTITUCIONALIDADE DE SUA EXTENSÃO A NÃO ASSOCIADOS. *(Inserida em 25.5.1998).* As cláusulas coletivas que estabeleçam contribuição em favor de entidade sindical, a qualquer título, obrigando trabalhadores não sindicalizados, são ofensivas ao direito de livre associação e sindicalização, constitucionalmente assegurado, e, portanto, nulas, sendo passíveis de devolução, por via própria, os respectivos valores eventualmente descontados.

♦ *OJ-SDC Nº 20* • EMPREGADOS SINDICALIZADOS – ADMISSÃO PREFERENCIAL – CONDIÇÃO VIOLADORA DO ART. 8º, V, DA CF/1988. *(Inserido dispositivo) – [DEJT divulgado em 16, 17 e 18.11.2010].* Viola o art. 8º, V, da CF/1988 cláusula de instrumento normativo que estabelece a preferência, na contratação de mão de obra, do trabalhador sindicalizado sobre os demais.

♦ *OJ-SDC Nº 23* • LEGITIMIDADE *AD CAUSAM* – SINDICATO REPRESENTATIVO DE SEGMENTO PROFISSIONAL OU PATRONAL – IMPOSSIBILIDADE. *(Inserida em 25.5.1998).* A representação sindical abrange toda a categoria, não comportando separação fundada na maior ou menor dimensão de cada ramo ou empresa.

♦ *OJ-SDC Nº 35* • EDITAL DE CONVOCAÇÃO DA AGT – DISPOSIÇÃO ESTATUTÁRIA ESPECÍFICA – PRAZO MÍNIMO ENTRE A PUBLICAÇÃO E A REALIZAÇÃO DA ASSEMBLEIA – OBSERVÂNCIA OBRIGATÓRIA. *(Inserida em 7.12.1998).* Se os estatutos da entidade sindical contam com norma específica que estabeleça prazo mínimo entre a data de publicação do edital convocatório e a realização da assembleia correspondente, então a validade desta última depende da observância desse interregno.

♦ *SÚMULA STF Nº 197* • EMPREGADO COM REPRESENTAÇÃO SINDICAL – DESPEDIDA – INQUÉRITO EM QUE SE APURE FALTA GRAVE. O empregado com representação sindical só pode ser despedido mediante inquérito em que se apure falta grave.

1.8. QUESTÕES RESOLVIDAS E COMENTADAS

(MPT – 17º Concurso) Leia e analise os itens abaixo:

I – A liberdade sindical prevista na Constituição da República, manifesta-se nas dimensões coletiva e individual, mas apresenta restrições, como a impossibilidade de escolha de uma livre e voluntária representação sindical, tendo em vista a unicidade sindical vigente.

II – Conforme vêm entendendo o Supremo Tribunal Federal e o Tribunal Superior do Trabalho, com fundamento na Constituição da República, em havendo identidade de categoria de trabalhadores representados por dois distintos sindicatos na mesma base territorial, deve prevalecer a entidade que tem maior representatividade, com maior número de filiados.

III – A Constituição da República assegura ao aposentado o direito de votar nas organizações sindicais, mas não lhe permite o direito de ser votado.

IV – Para serem reconhecidas como entidades de representação geral dos trabalhadores as centrais sindicais precisam cumprir os requisitos de possuírem filiação de, no mínimo, 100 (cem) sindicatos distribuídos nas 5 (cinco) regiões do País; filiação em pelo menos 3 (três) regiões do País de, no mínimo, 20 (vinte) sindicatos em cada uma; filiação de sindicatos em, no mínimo, 5 (cinco) setores de atividade econômica; e filiação de sindicatos que representem, no mínimo, 7% (sete por cento) do total de empregados sindicalizados em âmbito nacional.

Marque a alternativa **CORRETA:**

[A] apenas as assertivas I e IV estão corretas;

[B] apenas a assertiva IV está correta;

[C] todas as assertivas estão incorretas;

[D] apenas as assertivas I, II e IV estão corretas;

[E] não respondida.

Gabarito oficial: alternativa [A].

Comentários do autor:

✩ *A assertiva I está correta, pois está plenamente de acordo com a liberdade sindical prevista no art. 8º da Constituição Federal, que se difere daquela defendida pela OIT por apresentar algumas restrições, como a unicidade sindical, a contribuição compulsória e a sindicalização por categoria.*

✩ *A assertiva II está incorreta, pois, segundo a jurisprudência do E. STF e TST, havendo dois sindicatos representativos da mesma categoria, na mesma base territorial, prevalece o mais antigo, aplicando-se, ao caso, o princípio da anterioridade e não a maior representatividade.*

✩ *O aposentado tem direito a votar e ser votado, conforme o art. 8º, VII, da CF/1988. Incorreta, pois, a assertiva III.*

✩ *A assertiva IV corresponde à literalidade do art. 2º da Lei nº 11.648/2008. Correta, portanto.*

(MPT – 17º Concurso) Assinale a alternativa **CORRETA:**

[A] Conforme jurisprudência uniformizada do Tribunal Superior do Trabalho, a empresa que tem empregado de categoria profissional diferenciada está sujeita às normas dos instrumentos coletivos desta categoria, ainda que distinta a categoria econômica da sua atividade preponderante e mesmo que não tenha sido representada no acordo ou convenção coletiva em questão.

[B] A Consolidação das Leis do Trabalho não prevê a possibilidade de extensão do instrumento normativo para fora das categorias nele representadas. Eventual interesse em extensão do conteúdo de um acordo ou convenção coletiva deverá observar as formalidades legais necessárias a um novo instrumento normativo.

[C] O empregado que participa da greve tem direito à remuneração dos dias de paralisação, em razão da garantia do direito de greve estabelecida no texto constitucional.

[D] É constitucional o art. 544 da Consolidação das Leis do Trabalho quando estabelece preferência ao empregado sindicalizado para a admissão nos trabalhos de empresas que explorem serviços públicos ou mantenham contrato com os poderes públicos.

[E] Não respondida.

Gabarito oficial: alternativa [B].

Comentários do autor:

✭ A alternativa "A" colide com o entendimento consagrado na Súmula n° 374 do C. TST, segundo a qual "Empregado integrante de categoria profissional diferenciada não tem o direito de haver de seu empregador vantagens previstas em instrumento coletivo no qual a empresa não foi representada por órgão de classe de sua categoria".

✭ A alternativa "B" está correta, pois a previsão legal é no sentido de as normas coletivas serem aplicadas às partes representadas na negociação. Não se deve confundir com a possibilidade de extensão de sentença normativa prevista no art. 868 da CLT.

✭ Nos termos do art. 7° da Lei n° 7.783/1989, a participação no movimento paredista suspende o contrato de trabalho, o que significa a ausência de pagamento de salário. Apenas se houver acordo entre as partes ou decisão judicial poderá haver a conversão em interrupção contratual. Incorreta, portanto, a alternativa "C".

✭ A alternativa "D" é incorreta, não apenas por ser discriminatória, mas também por violar o princípio da liberdade sindical.

(MPT – 17° Concurso) Leia e analise as assertivas a seguir:

I – Os interditos proibitórios utilizados pelas empresas durante as greves, no 1° grau de jurisdição da Justiça do Trabalho, são ações cíveis cujo objetivo legal é defender o direito de propriedade em face de atos de vandalismo e de piquetes, de qualquer natureza, dos trabalhadores.

II – O Ministério Público do Trabalho pode apurar situações de condutas antissindicais praticadas por empresas, sindicatos ou outros grupos, e, sequencialmente, propor ações no primeiro grau de jurisdição da Justiça do Trabalho, perante a qual pode postular, inclusive, reparação por danos morais coletivos e tutelas inibitórias.

III – Embora as Centrais Sindicais participem das grandes negociações econômicas nacionais, com entidades patronais e o Governo, elas não podem firmar Acordos Coletivos de Trabalho nem Convenções Coletivas de Trabalho, mas lhes é facultado o assessoramento e a presença de representantes por sindicatos.

IV – A "pulverização sindical" (como desmembramentos, cisões e fracionamentos) tem representado um subterfúgio ao princípio da unidade sindical, previsto na Constituição da República, haja vista que o Brasil não é signatário da Convenção n° 87 da Organização Internacional do Trabalho.

Da sequência acima, é **CORRETO** afirmar que:

[A]   apenas as assertivas I, III e IV estão incorretas;

[B]   apenas as assertivas I e IV estão incorretas;

[C]   apenas as assertivas II, III e IV estão corretas;

[D]   apenas as assertivas II e IV estão corretas;

[E]   não respondida.

Gabarito oficial: alternativa [B].

Comentários do autor:

✩ *O item I será analisado detalhadamente nos comentários às questões do Capítulo 3 – Greve, neste mesmo Título IV (v. pág. 693).*

✩ *A assertiva II está de acordo com as atribuições constitucionais e legais do Ministério Público, destacando-se que no combate às condutas antissindicais podem ser adotadas medidas preventivas e repressivas, dentre as quais se inserem as tutelas inibitórias e os pleitos indenizatórios.*

✩ *De fato, as centrais sindicais não fazem parte do sistema confederativo, não lhes sendo atribuídas as prerrogativas sindicais, dentre as quais se insere a pactuação coletiva. Todavia, nada lhes impede o assessoramento e representação. Correta, pois, a assertiva III.*

✩ *A assertiva IV está errada, pois o fracionamento e desmembramento sindical, mesmo num ambiente de unicidade sindical, não constitui um subterfúgio, desde que respeitadas as demais limitações previstas na Constituição. Além disso, a Constituição Federal consagra a unicidade sindical e não a unidade, essa última compreendida como o sindicato único por vontade dos trabalhadores.*

(MPT – 17º Concurso) Quanto à representação dos trabalhadores nas empresas, considerando a contextualização constitucional e as Convenções da Organização Internacional do Trabalho, está **CORRETA** a alternativa:

[A] A representação de trabalhadores, nas empresas, aplica-se apenas no caso de inexistência de sindicato representante da categoria, devendo a legislação ou a negociação estabelecer garantia de emprego e canais diretos de entendimento entre trabalhadores e empresas.

[B] A eleição dos trabalhadores representantes será levada a cabo pelos próprios obreiros interessados, em processo democrático de votação, em que a empresa não poderá ter nenhuma ingerência, nem tampouco os sindicatos poderão participar de qualquer ato relacionado à escolha pelos trabalhadores interessados, a fim de assegurar plenamente a independência neste tipo de representação.

[C] Quando uma empresa contar ao mesmo tempo com representantes sindicais e representantes eleitos, medidas adequadas deverão ser tomadas, cada vez que for necessário, para garantir que a presença de representantes eleitos não venha a ser utilizada para o enfraquecimento da situação dos sindicatos interessados ou de seus representantes e para incentivar a cooperação, relativa a todas as questões pertinentes, entre os representantes eleitos, por uma parte, e os sindicatos interessados e seus representantes, por outra parte.

[D] Segundo a Constituição da República, nas empresas de mais de 200 empregados, é assegurada a eleição de um representante destes com a finalidade exclusiva de promover-lhes o entendimento direto com os empregadores, porém, não poderão celebrar convenção coletiva de trabalho, salvo estabelecer acordos coletivos, restritos ao âmbito da empresa da representação respectiva.

[E] Não respondida.

Gabarito oficial: alternativa [C].

Noções gerais de direito sindical | 641

Comentários do autor:

✮ *A alternativa "A" está errada, pois a representação dos trabalhadores na empresa, nos termos do art. 11 da CF/1988, não está condicionada à inexistência de representação sindical. Trata-se de representação complementar àquela exercida pelos representantes sindicais, e com ela não se confunde. Pode conviver perfeita e harmonicamente com a representação sindical.*

✮ *A alternativa "B" está equivocada, pois nada impede que o sindicato participe do processo eleitoral. No mais das vezes, é a própria entidade sindical provocada a realizar a eleição do representante.*

✮ *A alternativa "C" está absolutamente correta. A representação prevista no art. 11 da CF/1988 e fundamentada na Convenção nº 135 da OIT não se confunde com a representação sindical, e com ela deve conviver harmonicamente e de forma complementar. Daí decorre a importância das normas coletivas estabelecerem o procedimento de escolha, garantias e atribuições do representante eleito, para evitar confusão e facilitar a atuação.*

✮ *A celebração de acordo coletivo continua sendo atividade exclusiva dos representantes sindicais, não sendo atribuição do representante eleito na forma do art. 11 da CF/1988. Errada, pois, a alternativa "D".*

(MPT – 17º Concurso) No referente às garantias dos dirigentes sindicais, é **INCORRETO** afirmar:

[A] Conforme jurisprudência uniformizada do Tribunal Superior do Trabalho, são estáveis os diretores, até o número de 7 (sete), e seus suplentes, os quais só podem ser despedidos por prática de falta grave, apurada em Inquérito Judicial na Justiça do Trabalho, modalidade de ação promovida pelo empregador em petição escrita.

[B] Segundo a Consolidação das Leis do Trabalho, os dirigentes sindicais têm direito à licença não remunerada, contudo, o pagamento dos salários pode ser assegurado em negociação coletiva ou os sindicatos podem arcar com os ônus financeiros do afastamento.

[C] A estabilidade no emprego não é garantida ao dirigente sindical, se não exercer na empresa atividade pertinente à categoria profissional do sindicato para o qual foi eleito dirigente, conforme jurisprudência uniformizada do Tribunal Superior do Trabalho.

[D] A estabilidade sindical tem início com a divulgação oficial, pelo sindicato, da relação nominal dos candidatos inscritos nas eleições, inteligência esta consubstanciada na jurisprudência uniformizada do Tribunal Superior do Trabalho.

[E] Não respondida.

Gabarito oficial: alternativa [D].

Comentários do autor:

✮ *A alternativa "A" está de acordo com a jurisprudência atualizada do C. TST consolidada na Súmula nº 369, II.*

✮ *A alternativa "B" está correta, nos termos do art. 543, § 2º, da CLT.*

642 | MPT – preparando-se para o concurso de Procurador do Trabalho

✭ *A alternativa "C" está correta, conforme previsto na Súmula n° 369, III, do TST.*

✭ *A alternativa "D" está incorreta, pois está em desacordo com o art. 543, § 5°, da CLT e Súmula n° 369, I, do TST.*

(MPT – 16° Concurso) Leia com atenção as assertivas abaixo e assinale a alternativa **CORRETA**:

I – O Brasil, como país democrático que é, adota o regime da liberdade sindical plena, nos moldes preconizados pela Organização Internacional do Trabalho.

II – No Brasil adotamos a liberdade sindical com controle das associações sindicais pelo Estado.

III – No Brasil adotamos um modelo sindical que tem por principal característica a supressão da luta de classes.

[A]   apenas as alternativas I e II são falsas;

[B]   apenas as alternativas II e III são falsas;

[C]   todas as alternativas são falsas;

[D]   apenas as alternativas I e II são verdadeiras;

[E]   não respondida.

Gabarito oficial: alternativa [C].

Comentários do autor:

✭ *Como vimos na questão anterior, o princípio da liberdade sindical tem assento no texto constitucional, o que ganha evidências com o fomento à negociação coletiva (art. 7°, XXVI) e à autonomia sindical (art. 8°, I). Não obstante, a Carta Magna ainda traz alguns institutos antidemocráticos que mitigam sobremaneira a plena liberdade sindical nos moldes propugnados pela Convenção n° 87 da OIT, de que são exemplos a unicidade sindical e a contribuição sindical compulsória, resquícios do modelo corporativista da Era Vargas. Com efeito, diante da incompatibilidade do texto constitucional com a plena liberdade sindical, o nosso país não é signatário daquele instrumento internacional. Nesse sentido, incorreta a assertiva I.*

✭ *A assertiva II também é falsa, porquanto incompatível com a autonomia sindical prevista no inciso I do art. 8° da CF/1988, que veda ao Poder Público indevidas ingerências na organização sindical.*

✭ *Por fim, ao revés do que sugere a assertiva III, o modelo sindical não suprime a luta de classes. Ao contrário: trata-se, em essência, do conflito entre a classe operária, por meio da representação profissional, e a classe do empresariado, por meio da representação patronal.*

(MPT – 16° Concurso) Assinale a alternativa **CORRETA**:

[A]   a possibilidade de o trabalhador se retirar ou ingressar dos quadros associativos da entidade sindical é conhecida como liberdade sindical negativa;

[B]   o Brasil adota a liberdade sindical com autorização do Estado para a criação de entidade sindical;

[C]   a liberdade sindical compreende a liberdade de administração, que compreende, entre outros aspectos, a democracia interna;

[D]   no Brasil, em razão da contribuição sindical compulsória, a sindicalização é obrigatória;

[E]   não respondida.

Gabarito oficial: alternativa [C].

Comentários do autor:

☆ *A liberdade sindical individual positiva ocorre quando um determinado empregado decide se filiar a um sindicato. A liberdade sindical negativa, por sua vez, perfaz-se quando o empregado decide desfiliar-se de determinada associação sindical. Nesse sentido, é incorreta a alternativa "A".*

☆ *Nos termos do inciso I do art. 8º da CF/1988, a lei não poderá exigir autorização estatal para a criação de sindicato. Incorreta a alternativa "B", portanto.*

☆ *A liberdade de administração sindical possui assento constitucional através do princípio da plena autonomia (art. 8º, I), abrangendo a autogestão (poder de elaborar normas internas), a autoadministração (campo próprio de atuação, tomando decisões desvinculadas de quaisquer interesses políticos) e o autogoverno (democracia interna, assegurando-se aos associados o direito de eleger seus representantes). Correta, portanto, a alternativa "C".*

☆ *Por fim, apesar de existirem alguns resquícios do modelo corporativista da Era Vargas, como a unidade sindical e a contribuição sindical compulsória, a Constituição Federal de 1988 consagrou a liberdade positiva e negativa de associação. Nos termos do inciso V do art. 8º, "ninguém será obrigado a filiar-se ou a manter-se filiado a sindicato". Isso posto, falsa a alternativa "D".*

(MPT – 16º Concurso) Leia as assertivas abaixo:

I   – a liberdade sindical coletiva compreende, dentre outros aspectos, a liberdade de exercício das funções e a liberdade de organização.

II   – no modelo sindical brasileiro a base territorial do sindicato é definida pelo Estado.

III – nos termos da jurisprudência sumulada do Supremo Tribunal Federal, a contribuição assistencial só é exigível dos filiados ao respectivo sindicato.

IV – conforme a legislação vigente, o exercício de atividade econômica pelo sindicato está vedado, salvo se ocorrer de forma indireta.

De acordo com os itens acima, pode-se afirmar que:

[A]   todas as assertivas são falsas;

[B]   as assertivas III e IV são falsas;

[C]   as assertivas I e II são falsas;

[D]   apenas as assertivas II e IV são falsas;

[E]   não respondida.

Gabarito oficial: alternativa [B].

Comentários do autor

- *A liberdade sindical compreende a autonomia sindical, abrangendo a autogestão (poder de elaborar normas internas), a autoadministração (campo próprio de atuação, tomando decisões desvinculadas de quaisquer interesses políticos) e o autogoverno (democracia interna, assegurando-se aos associados o direito de eleger seus representantes). Correta a assertiva I.*

- *Como é cediço, de acordo com o princípio da unicidade sindical, a base territorial mínima não pode ser inferior à área de um município (inciso II do art. 8º da CF/1988). Todavia, a fixação dessa base territorial é decisão da própria categoria, na dimensão coletiva do princípio da liberdade sindical. Dessa forma,* **ao contrário do que constou no gabarito oficial,** *que considerou certa a assertiva, não é correto dizer que o Estado é responsável pela definição da base territorial do sindicato. Nesse sentido, é falsa a assertiva II.*

- *A assertiva III foi motivo de vários recursos à Banca Examinadora. O gabarito oficial a considerou errada, tendo em vista que o entendimento do STF (Súmula nº 666) diz respeito à contribuição confederativa, e não à assistencial, conforme sugere a assertiva. No entanto, tal entendimento se estende, também, às contribuições assistenciais, de modo que só são exigíveis dos filiados ao sindicato respectivo, proporcionando uma conotação de veracidade ao teor da assertiva.*

- *Por fim, a alínea "d" do art. 521 da CLT estabelece a proibição do exercício de quaisquer atividades não compreendidas nas finalidades mencionadas no art. 511, inclusive as de caráter político-partidário. Assim, o sindicato só pode defender os interesses da categoria, administrativa ou judicialmente, ficando proibido de exercer qualquer atividade econômica, sem exceções. Incorreta a assertiva IV.*

(MPT - 15º Concurso) Assinale a alternativa **INCORRETA**:

[A] o princípio da liberdade sindical, tal como consagrado na Convenção nº 87 da OIT, é aplicado integralmente ao ordenamento jurídico doméstico;

[B] a estrutura sindical brasileira conjuga os princípios da unicidade, da autonomia e liberdade sindicais;

[C] o princípio da unicidade sindical não impede o desmembramento de sindicato, ainda que na mesma base territorial, desde que o novo sindicato constituído não tenha representatividade em área inferior à de um município;

[D] os princípios da autonomia e liberdade sindical, aplicáveis ao ordenamento jurídico doméstico, não autorizam os sindicatos a fixarem número de dirigentes acima do previsto legalmente, contemplados pela estabilidade;

[E] não respondida.

Gabarito oficial: alternativa [A].

Comentários do autor:

- *O princípio da liberdade sindical tem assento no texto constitucional, o que ganha evidências com o fomento à negociação coletiva (art. 7º, XXVI) e à autonomia sindical (art. 8º, I). Não obstante, a Carta Magna ainda traz alguns institutos antidemocráticos que mitigam sobremaneira a plena liberdade sindical nos moldes propugnados pela Convenção nº 87 da OIT, de que são exemplos a unicidade sindical e a contribuição sindical compulsória, resquícios do modelo corporativista da Era Vargas. Com efeito, diante da incompatibilidade do texto constitucional com a plena liberdade sindical, o nosso país não é signatário daquele instrumento internacional. Portanto, incorreta a assertiva "A", e correta a assertiva "B".*

☆ *A alternativa "C" está de acordo com os termos do inciso II do art. 8º da CF, que assim dita: "é vedada a criação de mais de uma organização sindical, em qualquer grau, representativa de categoria profissional ou econômica, na mesma base territorial, que será definida pelos trabalhadores ou empregadores interessados, não podendo ser inferior à área de um Município."*

☆ *A alternativa "D" está em consonância com o disposto na Súmula nº 369, II, do TST e com o que prevê o art. 522 da CLT.*

(MPT – 15º Concurso) Analise as proposições abaixo:

I – em face da jurisprudência consolidada do Supremo Tribunal Federal, o trabalhador eleito para cargo diretivo de entidade de classe antes da concessão, pelo Ministério do Trabalho e Emprego, de seu registro sindical, não detém estabilidade no emprego;

II – de acordo com a legislação em vigor, os membros do Conselho Fiscal do sindicato possuem estabilidade no emprego;

III – o dirigente sindical no exercício de seu mandato é afastado do trabalho, sem prejuízo do salário e demais vantagens do cargo.

Assinale a alternativa **CORRETA**:

[A]   apenas a proposição I é correta;

[B]   apenas a proposição II é correta;

[C]   apenas a proposição III é correta;

[D]   todas as proposições são corretas;

[E]   não respondida.

Gabarito oficial: alternativa [A].

Comentários do autor:

☆ *Apesar de o gabarito oficial considerá-la correta, a proposição I, data maxima venia, está incorreta. Isso porque, no tocante à estabilidade do dirigente sindical antes do registro sindical,* o Supremo Tribunal Federal reconhece a estabilidade aos diretores eleitos na assembleia constitutiva da entidade sindical desde a data do pedido de registro no Ministério do Trabalho, ou seja, antes mesmo da concessão do registro sindical. *Nesse sentido:*

ESTABILIDADE SINDICAL PROVISÓRIA (CF, art. 8º, VII). Reconhecimento da garantia aos diretores eleitos, na assembleia constitutiva da entidade sindical, desde, pelo menos, a data do pedido de registro no Ministério do Trabalho, o que não contraria a exigência deste, constante do art. 8º, I, da Constituição. 1. A constituição de um sindicato "posto culmine no registro no Ministério do Trabalho (STF, MI 144, 3.8.92, Pertence, *RTJ* 147/868)" a ele não se resume: não é um ato, mas um processo. 2. Da exigência do registro para o aperfeiçoamento da constituição do sindicato, não cabe inferir que só a partir dele estejam os seus dirigentes ao abrigo da estabilidade sindical: é "interpretação pedestre", que esvazia de eficácia aquela garantia constitucional, no momento talvez em que ela se apresenta mais necessária, a da fundação da entidade de classe. (RE 205107/MG – Relator Ministro Sepúlveda Pertence – j. em 6.8.1998 – Tribunal Pleno)

☆ *A proposição II está incorreta tendo-se em vista que, de acordo com a jurisprudência do Tribunal Superior do Trabalho, os membros do Conselho Fiscal do sindicato **não** possuem estabilidade no emprego. Inteligência da OJ nº 365 da SBDI-I.*

☆ *O item III vai contra o teor do art. 543, § 2º, da CLT, que estabelece, como regra, a suspensão do contrato do trabalho. Incorreta, portanto.*

(MPT – 15º Concurso) Quanto ao sistema contributivo, analise os itens abaixo:

I – a Contribuição Sindical tem natureza tributária, impondo-se o respectivo desconto a todos os trabalhadores;

II – a Contribuição Assistencial é devida apenas aos associados do sindicato nos termos da jurisprudência dominante do TST;

III – a Contribuição Confederativa tem como finalidade garantir o sustento do sindicato em razão dos gastos ocorridos no processo de negociação coletiva, nos termos da CLT, e é devida apenas pelos associados do sindicato, de acordo da jurisprudência dominante do TST.

Assinale a alternativa **CORRETA**:

[A] todas as assertivas estão corretas;

[B] apenas a assertiva II é incorreta;

[C] apenas as assertivas I e III são corretas;

[D] apenas a assertiva I é correta;

[E] não respondida.

Gabarito oficial: alternativa [D].

Comentários do autor:

☆ *Nos termos do art. 8º, IV, in fine, da CF, e da jurisprudência pacífica do E. STF, a contribuição sindical tem natureza tributária, impondo-se o respectivo desconto a todos os trabalhadores. Ademais, conforme o art. 578 da CLT, denominam-se "impostos sindicais" as contribuições devidas aos sindicatos que participem das categorias econômicas ou profissionais ou das profissões liberais representadas pelas referidas entidades. Dispõe ainda o art. 579 da CLT que a contribuição sindical é devida por todos aqueles que participarem de uma determinada categoria econômica ou profissional ou de uma profissão liberal em favor do sindicato representativo da mesma categoria ou profissão, ou inexistindo este, na conformidade do disposto no art. 591 da CLT. Correta a assertiva I.*

☆ *A assertiva II tenta levar o candidato a erro. Vejamos a sua redação: "A Contribuição Assistencial é devida apenas AOS associados do sindicato nos termos da jurisprudência dominante do TST". Na verdade, a contribuição em comento é devida pelos associados em favor do sindicato, com o escopo de financiar seus gastos em prol da categoria, nos termos do art. 513 da CLT.*

☆ *A finalidade precípua definida no item III da presente questão refere-se à contribuição assistencial (art. 513, "e", da CLT). Com relação à confederativa, seu objetivo primário é o custeio do sistema confederativo, nos termos do art. 8º, IV, da CF. Está, portanto, incorreta.*

(MPT – 15º Concurso) Segundo a Constituição da República, assinale a alternativa **CORRETA**:

[A] ao sindicato cabe a defesa dos direitos individuais dos associados, exclusivamente em questões judiciais;

[B] ao sindicato, e na sua ausência, à federação ou à confederação, cabe a defesa dos interesses da categoria, em ações judiciais, competindo aos sócios dessas entidades a intervenção assistencial;

[C] o sindicato, a federação e a confederação têm legitimidade concorrente para defender os direitos da categoria, em ações judiciais;

[D] ao sindicato cabe a defesa dos direitos e interesses coletivos ou individuais da categoria em questões administrativas;

[E] não respondida.

Gabarito oficial: alternativa [D].

Comentários do autor:

☆ *De acordo com o art. 8º, III, da CF, ao sindicato cabe a defesa dos direitos e interesses coletivos ou individuais da categoria, inclusive em questões **judiciais** ou **administrativas**. Portanto, incorreta a alternativa "A", e correta a alternativa "D", já que nesta não houve menção à exclusividade de questões administrativas.*

☆ *Para a tutela dos denominados direitos coletivos em sentido estrito (interesses da categoria), as entidades sindicais possuem legitimação autônoma, não havendo que se falar em intervenções assistenciais de terceiros sem interesse processual. Incorreta, portanto, a assertiva "B".*

☆ *Na estrutura sindical brasileira, a representação dos interesses das categorias econômicas ou profissionais não ocorre de forma concorrente. Em verdade, a representação encontra-se diretamente relacionada à amplitude territorial da abrangência dos interesses envolvidos. Assim, se os interesses tutelados estão adstritos à abrangência territorial de um determinado sindicato, este será o legítimo representante para a defesa dos direitos da categoria respectiva. Caso os interesses envolvidos extrapolem a abrangência territorial de um sindicato, a legitimidade perpassa para a federação ou confederação, de acordo com o caso concreto. Ademais, merece registro que as Federações e Confederações possuem representação supletiva nas negociações coletivas, sendo-lhes outorgado o encargo de assumir a direção dos entendimentos, quando da inexistência ou omissão do sindicato profissional (art. 617, § 1º, CLT). Incorreta a alternativa "C".*

(MPT – 15º Concurso) No Direito Coletivo do Trabalho brasileiro, a categoria diferenciada é aquela:

I – formada de empregados que exercem profissões ou funções diferenciadas por força de estatuto profissional especial ou de condições de vida singulares;

II – formada de empregadores que exercem atividades diferenciadas por força de estatuto especial ou de condições de vida singulares;

III – formada de empregados e de empregadores que exercem profissões ou atividades diferenciadas por força de estatuto especial ou de condições de vida singulares;

IV – formada por meio de deliberação de empregados e empregadores desejosos de se organizarem autonomamente.

Assinale a alternativa **CORRETA**:

[A]   apenas a assertiva I é correta;

[B]   apenas a assertiva III é correta;

[C]   apenas as assertivas II e IV são incorretas;

[D]   todas as assertivas são incorretas;

[E]   não respondida.

Gabarito oficial: alternativa [A].

Comentários do autor:

✫ *De acordo com o art. 511, § 3º, da CLT, a categoria diferenciada é aquela formada de empregados que exercem profissões ou funções diferenciadas por força de estatuto profissional especial ou de condições de vida singulares. Correta a alternativa "A", portanto.*

(MPT – 14º Concurso) Uma associação de trabalhadores formula pedido de registro sindical, com os documentos indispensáveis para a prática do ato, protocolado na Delegacia Regional do Trabalho onde se localiza a sede da entidade. Verificada a regularidade dos documentos pelo setor competente, o pedido de registro foi publicado no Diário Oficial da União. Houve impugnação por entidade sindical de mesmo grau, representatividade e base territorial coincidentes com as da requerente, acompanhada dos documentos necessários ao seu conhecimento, entre os quais o comprovante do registro sindical expedido pelo Ministério do Trabalho e Emprego.

De acordo com a situação descrita, analise as seguintes asserções, baseando-se em entendimento do Supremo Tribunal Federal.

I   – A autoridade do Ministério do Trabalho e Emprego concederá autorização à entidade que reunir as melhores condições para representar os integrantes da categoria, podendo, caso seja necessário, desconstituir registro anteriormente concedido à outra entidade sindical.

II – Prevalecerá na hipótese a anterioridade, ou seja, a entidade que anteriormente detiver o registro sindical.

III – O registro da associação requerente deve ser concedido, sem prejuízo do registro já concedido anteriormente, sob pena de intervenção do Estado nos sindicatos; as eventuais disputas intersindicais decorrentes da duplicidade devem ser resolvidas em juízo.

IV – O registro das entidades sindicais no Ministério do Trabalho e Emprego é compatível com a Constituição brasileira de 1988.

Assinale a opção **CORRETA**:

[A] é correta apenas a de número I;

[B] são corretas as de números II e IV;

[C] é correta apenas a de número III;

[D] é correta apenas a de número IV;

[E] não respondida.

Gabarito oficial: alternativa [B].

Comentários do autor:

✻ *O registro sindical rege-se pelo princípio da anterioridade. Assim, o Ministério do Trabalho e Emprego não faz nenhum juízo de valor acerca de qual entidade melhor representaria os interesses da categoria. Nesse sentido, correta a assertiva II, e incorreta a I.*

✻ *Ademais, o MTE é o órgão responsável pelo controle da anterioridade sindical. Com isso, não pode o MTE conceder o registro sindical a uma outra associação caso já exista registro para idêntica base territorial e para a mesma categoria. Vê-se, assim, que a assertiva III está incorreta.*

✻ *A Súmula nº 677 do STF expressa que incumbe ao MTE proceder ao registro sindical e zelar pela observância do princípio da unicidade. Além disso, a OJ nº 15 da SDC dispõe que a comprovação da legitimidade sindical para atuar em juízo se dá pelo registro sindical no Ministério do Trabalho e Emprego, mesmo após a publicação da Constituição Federal de 1988. Constata-se, assim, que é correta a assertiva IV.*

(MPT – 14º Concurso) Analise as assertivas abaixo sobre a garantia de emprego do dirigente sindical, tendo em conta a jurisprudência do Tribunal Superior do Trabalho:

I – O registro da candidatura a cargo de dirigente sindical no curso de eventual aviso prévio concedido pelo empregador implica a suspensão do término do contrato de trabalho inicialmente previsto.

II – O reconhecimento da estabilidade do dirigente de sindicato de categoria diferenciada depende, entre outras exigências, das atividades que o empregado exerce na empresa.

III – A comunicação pela entidade sindical do registro da candidatura a cargo sindical, no prazo de 24 horas, assim como da eventual eleição e posse, no mesmo prazo, é dispensável, pois sua ausência não prejudica a estabilidade do empregado, caso ele preencha os demais requisitos para o exercício do direito.

IV – Caso o empregado seja detentor de estabilidade sindical, a sua dispensa pelo empregador em razão de falta cometida durante o período de garantia do emprego, depende de apuração em inquérito judicial.

Assinale a opção **CORRETA**:

[A] apenas os itens I e II são corretos;

[B] apenas os itens II e IV são corretos;

[C] apenas os itens I e IV são corretos;

[D] todos os itens são incorretos

[E] não respondida.

Gabarito oficial: alternativa [B].

Comentários dos autores:

✴ *A Súmula nº 369, V, do Tribunal Superior do Trabalho dispõe que o registro da candidatura do empregado a cargo de dirigente sindical durante o período de aviso prévio, ainda que indenizado, não lhe assegura a estabilidade. Diante disso, incorreta a assertiva I.*

✴ *A Súmula nº 369, II, do Tribunal Superior do Trabalho estabelece que o empregado de categoria diferenciada eleito dirigente sindical só goza de estabilidade se exercer na empresa atividade pertinente à categoria profissional do sindicato para o qual foi eleito dirigente. Correta a assertiva II.*

✴ *De acordo com a Súmula nº 369, I, do Tribunal Superior do Trabalho é indispensável a comunicação, pela entidade sindical, ao empregador, na forma do § 5º do art. 543 da CLT. Incorreta, portanto, a assertiva III.*

✴ *O Supremo Tribunal Federal consagrou o entendimento na Súmula nº 197 no sentido de que o empregado com representação sindical só pode ser demitido mediante inquérito de apuração de falta grave. Ademais, nos termos da Súmula nº 379 do TST, o dirigente sindical somente poderá ser dispensado por falta grave mediante a apuração em inquérito judicial. Correta, portanto, a assertiva IV.*

(MPT – 14º Concurso) Analise as assertivas e marque a opção **CORRETA**:

I – O Brasil não ratificou a Convenção nº 87 da Organização Internacional do Trabalho sobre liberdade sindical; isso não impede, porém, que o Comitê de Liberdade Sindical do Conselho de Administração da OIT possa dar seguimento ao exame de eventual queixa baseada na violação em nosso país dos direitos previstos naquela Convenção internacional.

II – A Convenção nº 87 da OIT prevê expressamente o direito fundamental de greve como conteúdo essencial do direito de liberdade sindical.

III – A Convenção nº 98 da OIT consagra o modelo do foro sindical, de maneira exclusiva, no sentido de que estabelece proteção contra a prática de alguns atos antissindicais por parte dos empregadores ou seus representantes, sendo indiferente a eventuais práticas desleais por parte dos sindicatos dos empregados.

IV – A Convenção nº 98 da OIT proíbe a sindicalização e a negociação coletiva dos funcionários públicos dos Estados-membros.

[A] apenas a de número I é correta;

[B] apenas as de números II e IV são corretas;

[C] apenas a de número III é correta;

[D] todas são incorretas;

[E] não respondida.

Gabarito oficial: alternativa [A].

Comentários do autor:

✯ *A Organização Internacional do Trabalho aprovou a Convenção nº 87, que tem por objeto a liberdade sindical. O referido instrumento internacional foi ratificado por mais de 100 países, porém não o foi pelo Estado Brasileiro em razão da incompatibilidade com determinados dispositivos do texto constitucional. Entretanto, em 9 de junho de 1998, foi aprovada a Declaração da OIT sobre Princípios e Direitos Fundamentais no Trabalho, incluindo a Convenção nº 87 no seleto rol das Convenções Fundamentais. Destaca-se em seu item 2:*

"2. Declara que todos os Membros, ainda que não tenham ratificado as convenções aludidas, têm um compromisso derivado do fato de pertencer à Organização de respeitar, promover e tornar realidade, de boa-fé e de conformidade com a Constituição, os princípios relativos aos direitos fundamentais que são objeto dessas convenções, isto é:

a) a liberdade sindical e o reconhecimento efetivo do direito de negociação coletiva;

b) a eliminação de todas as formas de trabalho forçado ou obrigatório;

c) a abolição efetiva do trabalho infantil; e

d) a eliminação da discriminação em matéria de emprego e ocupação."

À guisa de uma leitura do item 2 da Declaração da OIT sobre Princípios e Direitos Fundamentais no Trabalho, percebe-se que, apesar de o Estado não ter ratificado quaisquer das convenções relacionadas aos princípios e direitos fundamentais, deve ter o compromisso de respeitar os princípios pelo simples fato de ser membro da OIT. Diante disso, de fato, é possível que o Comitê de Liberdade Sindical do Conselho de Administração da OIT possa dar seguimento ao exame de eventual queixa baseada na violação em nosso país dos direitos previstos na Convenção nº 87 da OIT. Correta a assertiva I.

✯ *A Convenção nº 87 da OIT não prevê, de forma expressa, o direito de greve como expressão do exercício da liberdade sindical. Incorreta a assertiva II.*

✯ *A proteção contra a prática de atos antissindicais encontra-se voltada não apenas aos atos dos empregadores, mas também das entidades sindicais patronais. Vê-se, assim, que a assertiva III é incorreta.*

✯ *O art. 6º da Convenção nº 98 da OIT afasta do seu campo de incidência a situação dos servidores públicos, de maneira que não pode ser interpretada de modo a prejudicar seus direitos ou seu estatuto. Como se vê, incorreta a assertiva IV.*

(MPT – 13º Concurso) São critérios de homogeneidade, ou seja, as dimensões dentro das quais as categorias profissionais ou econômicas são homogêneas e a associação é natural:

I – a identidade;

II – a similaridade;

III – a conexidade;

IV – a complementaridade.

Com base nas alternativas acima, pode-se afirmar que:

[A] a III está errada;

[B] somente a I e a III estão certas;

652 | MPT – PREPARANDO-SE PARA O CONCURSO DE PROCURADOR DO TRABALHO

[C] somente a I e a II estão certas;

[D] a III está certa e a IV está errada;

[E] não respondida.

Gabarito oficial: alternativa [D].

Comentários do autor:

✼ *O art. 511, § 4º, da CLT prevê que "os limites de identidade, similaridade ou conexidade fixam as dimensões dentro das quais a categoria econômica ou profissional é homogênea e a associação é natural". Então, constata-se que a complementaridade não é critério de homogeneidade. Correta a alternativa "D".*

(MPT – 13º Concurso) Assinale a alternativa **INCORRETA**:

[A] deve ser entendido como categoria profissional o agrupamento de trabalhadores que leva em consideração a similitude de condições de vida oriunda da profissão ou do trabalho em situação de emprego na mesma atividade econômica;

[B] deve ser entendido como categoria econômica, dentre outros, o agrupamento dos que empreendem atividades econômicas idênticas;

[C] deve ser entendida como categoria profissional diferenciada aquela que se forma de empregados que exerçam profissão diferenciada em consequência de condições de vida singulares;

[D] empregados que exerçam atividades semelhantes, desde que trabalhem para empregadores com a mesma atividade econômica, podem integrar categoria profissional diferenciada;

[E] não respondida.

Gabarito oficial: alternativa [D].

Comentários do autor:

✼ *A alternativa "A" está ampara pelo disposto no § 2º do art. 511 da CLT.*

✼ *A alternativa "B" também está correta, pois, nos termos do § 1º do art. 511 da CLT, percebemos que a identidade pode constituir o vínculo social básico para a formação da categoria econômica.*

✼ *Por fim, para a formação de categoria profissional diferenciada, nos termos do art. 511, § 3º, da CLT, é necessário o agrupamento de profissões ou funções diferenciadas por força de estatuto profissional especial ou em consequência de condições de vida singulares, e não atividades semelhantes. Correta, portanto, a alternativa "C", e inverídica a alternativa "D".*

(MPT – 13º Concurso) São prerrogativas do dirigente sindical:

I   – o direito de exercício da ação sindical;

II – o direito de não ser transferido para local que impeça a ação sindical;

III – o direito de suspender o contrato para o desempenho da ação sindical;

NOÇÕES GERAIS DE DIREITO SINDICAL | 653

IV – o direito de não ser dispensado desde o registro da candidatura, e se eleito, até um ano após o término do mandato, salvo se cometer falta grave, nos termos da lei.

De acordo com as assertivas acima, pode-se afirmar que:

[A]   todas estão certas;

[B]   a I e a III estão erradas;

[C]   a I e a IV estão erradas;

[D]   somente a I está errada;

[E]   não respondida.

Gabarito oficial: alternativa [A].

Comentários do autor:

✯ *A assertiva I está contemplada no* caput *do art. 543 da CLT, quando este dispositivo afirma que o dirigente sindical eleito não poderá ser impedido do exercício de suas funções. Correta a assertiva I.*

✯ *A assertiva II também está correta, uma vez que se coaduna com a inamovibilidade do dirigente sindical, disposto no* caput *do art. 543 da CLT.*

✯ *Ademais, o dirigente sindical tem o direito de suspender o contrato do trabalho. Correta a assertiva III, nos moldes do § 2º do art. 543 da CLT.*

✯ *Por fim, o § 3º do art. 543 da CLT estabelece o direito da estabilidade sindical, nos mesmos moldes do previsto na assertiva IV.*

Capítulo 2

NEGOCIAÇÃO COLETIVA
Jeibson dos Santos Justiniano

Sumário: 2.1. Negociação coletiva • 2.1.1. Conceito • 2.1.2. Princípios da negociação coletiva • 2.1.3. Normas coletivas em espécie: convenção coletiva de trabalho e acordo coletivo de trabalho • 2.1.4. Os limites da negociação coletiva • 2.1.4.1. Desregulamentação do trabalho • 2.1.4.2. Flexibilização dos direitos trabalhistas • 2.1.5. A flexibilização trabalhista na Constituição de 1988 • 2.1.6. A flexibilização trabalhista na jurisprudência • 2.2. O pluralismo jurídico e a autonomia privada coletiva • 2.3. Aferição da norma mais favorável: acordo coletivo de trabalho ou convenção coletiva de trabalho • 2.4. Condições de validade dos instrumentos coletivos • 2.5. Âmbito de aplicação dos instrumentos coletivos • 2.6. Súmulas e Orientações jurisprudenciais correlatas • 2.7. Questões resolvidas e comentadas

2.1. NEGOCIAÇÃO COLETIVA

2.1.1. Conceito

As entidades sindicais têm a obrigação de participar das negociações coletivas, que constituem uma das formas de solução dos conflitos coletivos de trabalho, nos quais os próprios atores sociais resolvem suas pendências ou os seus conflitos de interesses sem a interferência ou a intervenção de um terceiro, especialmente sem a participação do Estado.

Nesse sentido, o sindicato profissional, por meio da negociação coletiva, seja diretamente com a(s) empresa(s), ou com o sindicato dos empregadores, tem a possibilidade de criar normas jurídicas, que podem ser os acordos coletivos de trabalho e as convenções coletivas de trabalho.

Com efeito, podemos conceituar *negociação coletiva* como uma *forma autônoma de solução de conflitos*, pois, como visto anteriormente, não há a intervenção de terceiros na sua solução, ficando os próprios atores sociais envolvidos responsáveis pela *entabulação direta* de um acordo, resultante da autonomia privada coletiva de vontade.

A Convenção nº 154 da Organização Internacional do Trabalho, responsável pela criação de instrumentos de incentivo à negociação coletiva, assim dispõe, em seu art. 2º, acerca de sua conceituação:

Artigo 2

Para efeito da presente Convenção, a expressão "negociação coletiva" compreende todas as negociações que tenham lugar entre, de uma parte, um empregador, um grupo de empregadores ou uma organização ou várias organizações de empregadores, e, de outra parte, uma ou várias organizações de trabalhadores, com o fim de:

a) fixar as condições de trabalho e emprego; ou

b) regular as relações entre empregadores e trabalhadores; ou

c) regular as relações entre empregadores ou suas organizações e uma ou várias organizações de trabalhadores, ou alcançar todos estes objetivos de uma só vez.

Por sua vez, a Constituição Federal, no inciso VI do art. 8º, impõe a obrigatoriedade da participação dos sindicatos nas negociações coletivas e, no inciso XXVI do art. 7º, dá reconhecimento formal de validade às convenções coletivas de trabalho e aos acordos coletivos de trabalho.

Tecnicamente, a negociação coletiva corresponde às *tratativas preliminares* realizadas pelas partes, cujo produto final será uma norma coletiva: convenção ou acordo coletivo. Todavia, na prática, a expressão é utilizada como sinônimo do próprio instrumento coletivo.

2.1.2. Princípios da negociação coletiva

Na tentativa de examinarmos os limites da negociação coletiva, devemos discorrer, sinteticamente, sobre algumas nuances dos seus princípios norteadores.

Em primeiro lugar, destacamos o *princípio da boa-fé*, segundo o qual a negociação coletiva deve ser realizada sempre com o desiderato de solucionar o conflito coletivo de trabalho, não podendo ser adotadas práticas que intensifiquem ainda mais o conflito. Diante disso, na negociação coletiva exige-se a observância da ética e a lealdade entre as partes. Vejamos o que Stoll (2006, p. 29), em sua dissertação de mestrado, relata sobre o relevante princípio da boa-fé:

O princípio da boa-fé inclui-se entre os princípios gerais de Direito, sendo inerente aos atos jurídicos em geral e presumida a sua existência.

O princípio da boa-fé não se revela apenas na disposição da parte para negociar, analisar propostas adequadamente, formular e contrapor, devendo estar, também, no modo pelo qual o acordo e a convenção são redigidos, até a fiel execução do pactuado. O instrumento de negociação que enuncia as condições de trabalho não pode transformar-se em fonte de dissidência, devido a uma redação premeditadamente ambígua ou obscura quanto aos limites da obrigação pactuada. O Código Civil de 2002 passou a agasalhar o princípio da boa-fé no art. 113, *in verbis*: "Os negócios jurídicos devem ser interpretados conforme a boa-fé e os usos do lugar de sua celebração."

Referido princípio é, sobretudo, ético, e os princípios a serem investigados devem ter importância nesse plano. Na negociação coletiva produz-se a composição de interesses em um conflito não normatizado pela lei, e em tais circunstâncias, as partes negociadoras devem ter um comportamento ético adequado à vontade de conciliar e não de confrontar.

A negociação coletiva, baseada no princípio da boa-fé, revela-se um meio eficaz de pacificação de conflitos, pelo que, no âmbito da administração pública devem ser envidados esforços para que se concretize a fruição de tal direito, pelos funcionários públicos.

Na negociação coletiva tem guarida também o *princípio da razoabilidade,* uma vez que deve imperar entre as partes o bom-senso, a fim de que condições inexequíveis, ilegais ou arbitrárias não sejam ajustadas. Há, ainda, o *princípio da inescusabilidade da negociação,* no qual as partes não podem recusar-se a participar das negociações coletivas, por força do que determina o inciso VI do art. 8º da Constituição Federal.

Por fim, não podemos nos esquecer do *princípio do dever de informação,* segundo o qual as partes devem expor antecipadamente as condições e os interesses que almejam, a fim de que possam melhor refletir acerca da real situação das empresas e das condições de trabalho dos profissionais.

2.1.3. Normas coletivas em espécie: convenção coletiva de trabalho e acordo coletivo de trabalho

O art. 611, *caput,* da Consolidação das Leis do Trabalho expressamente assevera que *"convenção coletiva de trabalho* é o acordo de caráter normativo, pelo qual dois ou mais sindicatos representativos de categorias econômicas e profissionais estipulam condições de trabalho aplicáveis, no âmbito das respectivas representações, às relações individuais de trabalho".

O *acordo coletivo de trabalho,* nos termos do § 1º do art. 611 da CLT, corresponde ao instrumento normativo decorrente do entendimento direto entre uma ou mais empresas da correspondente categoria econômica com o sindicato da categoria profissional, no qual sejam estipuladas condições de trabalho. Note-se que, no caso dos acordos coletivos de trabalho, há, de um lado, o sindicato obreiro, e, do outro, uma ou mais empresas, não tendo participação o sindicato patronal.

A diferença entre *convenção coletiva de trabalho* e *acordo coletivo de trabalho* reside somente nas *partes contratantes* de cada instrumento, sendo certo que, do lado obreiro, sempre estará presente a entidade sindical respectiva; e, do lado patronal, estará o sindicato da categoria econômica nas convenções, ou uma ou mais empresas nos acordos coletivos de trabalho. Ressaltamos, todavia, que tanto a convenção quanto o acordo são normas coletivas autônomas, posto que são criadas pelos próprios atores sociais.

No que tange ao estabelecimento das condições ajustadas, convém alertar que, obrigatoriamente, só podem ser entabuladas aquelas que sejam decorrentes de *deliberação das assembleias gerais* respectivas, o mesmo ocorrendo com as medidas de *prorrogação e revisão,* que também exigem deliberação específica.

Nesse sentido, estabelece o art. 612 da CLT que a validade da norma depende da assembleia geral do sindicato especialmente convocada para esse fim, sendo exigido o comparecimento e a votação, em primeira convocação, de 2/3 dos associados; em segunda convocação, a fração será de 1/3 desses, ou de 1/8 para as entidades com mais de 5 mil associados.

Apesar de existir, ainda nos dias atuais, profunda discussão sobre a constitucionalidade do dispositivo em questão, prevalece, na doutrina e na jurisprudência, pátria a validade da exigência da realização da assembleia geral com o quórum que estabelece o dispositivo celetista em comento.

Quanto à eficácia da norma coletiva no tempo, houve recente alteração do entendimento sumulado do TST. Eis a nova redação da Súmula nº 277:

CONVENÇÃO COLETIVA DE TRABALHO OU ACORDO COLETIVO DE TRABALHO – EFICÁCIA – ULTRATIVIDADE. As cláusulas normativas dos acordos coletivos ou convenções coletivas integram os contratos individuais de trabalho e somente poderão ser modificadas ou suprimidas mediante negociação coletiva de trabalho.

2.1.4. Os limites da negociação coletiva

Antes de adentrarmos nessa temática tão relevante e pulsante do Direito Coletivo do Trabalho, é importante trazer alguns aspectos acerca de desregulamentação e flexibilização dos direitos trabalhistas.

2.1.4.1. Desregulamentação do trabalho

A desregulamentação dos direitos trabalhistas significa a supressão das regras protecionistas do Direito do Trabalho. Assim, *a desregulamentação expressa a vontade de abolição de todo arcabouço normativo estatal que salvaguarda os direitos sociojurídicos trabalhistas.*

Ao buscarmos os contornos desse nefasto movimento neoliberal de enfraquecimento do protecionismo estatal dos direitos trabalhistas, é de suma importância colacionarmos as lições do insigne jurista Mauro de Azevedo Menezes (2003, p. 263-4) acerca do conceito de desregulamentação do trabalho:

> Valendo-se de uma distinção de González Arzac, esclarece Eros Grau que desregular significa não dar ordenação à atividade econômica, ao passo que desregulamentar quer dizer deixar de fazê-lo mediante preceitos jurídicos. Ante tal lição, estaremos por certo analisando o fenômeno da desregulamentação trabalhista, seja qual for a terminologia utilizada pelos diversos autores citados; afinal nosso objetivo específico diz respeito aos aspectos normativos do Direito do trabalho.
>
> Em trabalho anterior, já nos posicionamos de forma a relacionar desregulamentação com a eliminação de normas reguladoras das relações de trabalho, em favor da liberdade do mercado. Em nosso entendimento, que ora reiteramos, a desregulamentação não comporta a mera atenuação ou quebra da rigidez de institutos, hipótese que caracterizaria, para nós, a flexibilização. Desregulamentação trabalhista representaria, pois, a efetiva supressão da norma protetora.
>
> Lyon-Caen qualifica a política de desregulamentação como a supressão de um instituto custoso para a liberdade do empresário que se encontre diante de um obstáculo à diminuição do seu ônus com o fator trabalho. Assinala, contudo, o jurista francês, que o termo *desregulamentação* não contém conotações precisas, porquanto sempre haverá regras a serem obedecidas, mesmo que tais regras emanem de contratos individuais de trabalho pactuados sem qualquer marco protetivo. Em semelhante abordagem, Floriano Vaz da Silva sustenta que a desregulamentação admite a redução dos direitos trabalhistas, com o objetivo de preservar a prosperidade ou a sobrevivência das empresas, assegurando a implementação de novas tecnologias, mediante a diminuição do custo da produção.
>
> Assumindo que a desregulamentação tem por meta conter a juridicização das relações de trabalho, Cássio Mesquita Barros emite a sua reflexão de acordo com a premissa da ligação do direito do trabalho ao mercado econômico. Para ele, a desregulamentação significa a "abolição de regras de direito do trabalho que estabeleçam dificuldades supérfluas à atividade econômica das empresas". Tomando como paradigma a experiência política do governo britânico de Margareth

Tatcher, o autor constata a predominância da eficácia do mercado sobre a proteção dos trabalhadores. E arremata dizendo que, em geral, a desregulamentação destina-se a abolir regras jurídicas trabalhistas de fonte estatal, para satisfazer as exigências econômicas.

Amauri Mascaro Nascimento, de sua parte, relata distintos modos de encarar a desregulamentação. Um deles constituiria certa forma de redução das leis trabalhistas ao mínimo ou a ausência, pura e simples, de proteção legal. Outro seria uma maneira de ampliação, no direito coletivo, da dimensão da liberdade sindical e da autonomia coletiva dos particulares. Ensaiando uma tentativa de conjugar os dois enfoques enunciados por Amauri Mascaro Nascimento, consta a posição de Ney Prado, em favor do enxugamento "ao máximo" da legislação do trabalho, "em todos os níveis", de forma a estimular e assegurar a prática da autonomia individual e coletiva, para democratizar as relações de trabalho.

As consequências da desregulamentação no cenário do Estado Democrático Social de Direito são violentíssimas, a ponto de colocar toda a evolução do Direito do Trabalho em processo de *retrocesso social*. Vejamos as colocações de Menezes (2003, p. 265-6) acerca dos resultados da desregulamentação:

> Seguramente, os resultados da desregulamentação contabilizam vitoriosos e derrotados. Os representantes do capital auferem não apenas um êxito ideológico, mas concretizam mudanças objetivas, em desfavor dos trabalhadores. Semelhante recuo do Estado social assume características dramáticas em países, como o Brasil, que ainda estão longe de alcançar os pressupostos de promoção de uma vida material digna para o seu povo. Além disso, consideramos temerário colocar em jogo o patrimônio de conquistas sociais dos trabalhadores, sem contar com segura expectativa de redução das taxas de desemprego. Em percuciente análise, Maurício Rands utiliza estudos relativos a 29 países da Organização para a Cooperação e Desenvolvimento Econômico (OCDE) para confrontar desregulamentação e expansão do emprego. Indagando se a intervenção estatal para garantir o patamar mínimo de direitos trabalhistas deve mesmo ser abolida para incrementar a empregabilidade, conclui que as leis desregulamentadoras não têm fomentado o emprego. Em outras palavras, chegou à evidência de que a manutenção de um padrão trabalhista protetivo do tipo rígido não corresponde necessariamente à elevação das taxas de desemprego. Cita o autor, ainda, que um relatório da entidade, publicado em março de 2001, indica ser indispensável o reforço simultâneo do capital humano e do capital social para viabilizar o bem-estar das pessoas e manter os laços de cooperação social. Isso desmente, categoricamente, a hipótese dos fundamentalistas de mercado ou liberais ortodoxos, de que os empregos possíveis exigem ausência de regulamentação estatal das relações de trabalho.

Percebe-se como foi oportuna a constatação do renomado autor, pois *infirma todo o discurso retórico de que o crescimento das taxas de emprego depende da desregulamentação do Direito do Trabalho.*

2.1.4.2. Flexibilização dos direitos trabalhistas

O conceito de *flexibilização dos direitos trabalhistas* pode ser visto como o *fenômeno socioeconômico* que busca o *abrandamento* das regras jurídicas que protegem as relações trabalhistas sob a égide do Direito do Trabalho. O jurista Mauro de Azevedo Menezes (2003, p. 266-7) destaca as seguintes causas da flexibilização dos direitos trabalhistas:

> As propostas de flexibilização de direitos trabalhistas expressam o reflexo do processo de ajustamento produtivo, em curso no seio da economia, por ocasião da chamada 3ª Revolução

Industrial. No plano das relações de produção, inegavelmente, operam-se profundas transformações que afetam diretamente o modo de organização da indústria contemporânea, afastada do padrão fordista, caracterizado pela utilização intensiva de trabalhadores numa mesma sede, sob critérios clássicos de subordinação, para desenvolver uma produção adaptada ao propósito de formação de estoques.

Hoje, o processo produtivo sofreu nítida descentralização e contingenciamento às metas do *just-in-time*, que condicionam o volume de bens produzidos à demanda, com o objetivo de otimizar o esforço industrial. É o modelo designado como toyotista, sintonizado com as novidades tecnológicas, para reestruturar a utilização do fator trabalho, enxugando a mão de obra ociosa, com a introdução de mecanismos de automação, e reorientando a forma de absorção dos trabalhadores ainda necessários.

Tudo isso sugere um novo padrão de contratação do trabalho, que atenda às conveniências econômicas, mediante a despersonalização da prestação laboral. Proliferam as novas formas de admissão de trabalho intermediado por outras empresas menores, distanciando o trabalhador do núcleo da indústria tomadora de serviços. Ganha grande impulso o trabalho autônomo, no sentido de diluir o vínculo direto do trabalhador com o novo modelo de indústria. Para os empregados que permanecem na empresa sob liames tradicionais, a noção de subordinação passa a ser reformulada, aparentemente concedendo-lhe maior autonomia, como forma de elevar os seus encargos. Surge a ideia do aproveitamento multifuncional dos empregados remanescentes, que passam a responsabilizar-se por tarefas antes desempenhadas por trabalhadores dispensados. E a justificativa desse fenômeno invoca singelamente um sinal dos tempos, sob a forma de imperativo de irresistíveis circunstâncias.

Na esteira das excelentes palavras de escol de Menezes (2003, p. 269-70), apresentamos suas considerações acerca do conceito de flexibilização das regras jurídicas de Direito do Trabalho:

> Em recente tentativa de aproximação conceitual, designávamos *flexibilização* como a atenuação das regras ditadas pelo Estado para regular as relações trabalhistas. Esclarecíamos, então, que tal debilitação do Direito do trabalho de fonte estatal pode ocorrer para: a) enfatizar negociações coletivas entre empregados e empregadores, ou; b) viabilizar o descumprimento das normas protetoras, a partir da quebra de sua rigidez.

> Na ampla perspectiva de Amauri Mascaro Nascimento, a flexibilização, além de ser por muitos considerada sinônima de desregulamentação, também costuma ser associada a uma nova visão do mercado de trabalho e, ainda, a uma política de redução da interferência do Estado nas relações de trabalho. Seja como for, o juslaboralista citado diz que a flexibilização "conduz à intensificação da atividade negocial sindical como meio de promover a consecução de objetivos de substituir um sistema legal rígido por um sistema negociado espontaneamente. Com esta observação concordamos em parte. Por certo, o exercício da autonomia negocial das partes sociais constitui um dos elementos constitutivos do processo de flexibilização. Não é o mais importante, todavia. A mera transferência da regulamentação trabalhista do domínio estatal para o terreno das relações coletivas entre capital e trabalho não resulta necessariamente no conteúdo distintivo da onda flexibilizatória, qual seja, a diminuição de normas protetivas do obreiro. Nossa crítica obtém o socorro das lições de Catharino, que, sem rodeios, qualifica a flexibilização em seu caráter jurídico-normativo trabalhista, caracterizado pelo fim de adequar o direito do trabalho ao sistema econômico neoliberal.

> Numa linha de resistência aos destinos da flexibilização, Floriano Vaz da Silva procura uma definição que reoriente o sentido da sua correspondente agenda. Diz ele, asseverando a dessemelhança entre os conceitos de desregulamentação e flexibilização: "Pela chamada flexibilização admite-se que, seja pela lei, seja pela negociação coletiva, alterem-se direitos que não sejam básicos e irrenunciáveis ao empregado, mediante compensação, ou que, em situações especiais,

havendo assistência sindical, modifiquem-se condições sociais de acordo com permissivos legais, constitucionais ou negociais, com a seguinte ressalva: a não eliminação de direitos essenciais do trabalhador, permitindo-se, portanto, a existência de condições diversificadas de trabalho com respeito aos princípios que norteiam a proteção ao emprego". Conceito como este também nos parece inexato, por abstrair o conteúdo essencialmente desprotetor que se verifica nas medidas flexibilizatórias.

Entendemos, outrossim, que uma definição sensível às peculiaridades do instituto provém de Pinho Pedreira, que escreve: "Flexibilidade é, sabidamente, o antônimo de rigidez. Significa, portanto, o afrouxamento ou a supressão dos constrangimentos que impõe o Direito do Trabalho aos empregados a fim de proteger os trabalhadores contra as consequências prejudiciais da sua inferioridade. Medidas no sentido da flexibilização passaram a ser exigidas, sobretudo pelos empresários, sob a alegação da necessidade de ajustar as normas sobre a relação de trabalho às necessidades e possibilidades de uma economia em depressão. As definições de flexibilidade coincidem no essencial: é ela a adaptação das normas jurídicas que regulam as relações de trabalho às novas circunstâncias do mercado de trabalho". Destaca também o autor a modalidade mediante a qual a flexibilização se escuda na faculdade de derrogação das normas de ordem pública social do direito do trabalho, mesmo *in pejus* (em prejuízo dos trabalhadores), mediante a gestão da autonomia coletiva.

Oportunas são ainda as considerações do procurador do Trabalho Silvio Beltramelli Neto (2008, p. 38-9) acerca do fenômeno da flexibilização no Brasil:

> Em termos de Brasil, Adilson Marques Gennari aponta o político e diplomata brasileiro Roberto de Oliveira Campos, pela obra *Além do Cotidiano*, datada de 1985, como responsável primeiro pelo início de um intenso debate sobre a necessidade de reformas do Estado, impulsionado pelas suas impressões acerca do movimento que vinha se desenrolando na Inglaterra de Thatcher e nos Estados Unidos de Reagan.
>
> A aplicação prática ampla do ideário neoliberalista em território brasileiro teve início por obra do governo de Fernando Collor de Mello, primeiro Presidente da República eleito por voto direto, em 1989, após o longo período da ditadura militar. Collor, ao tomar posse em 1990, lançando mão de uma ousada política de privatizações e liberalização econômica – essa tanto em relação aos fluxos de capitais, como quanto aos fluxos de mercadorias –, "tratou de implementar uma política econômica e uma política externa que seguia de perto as recomendações e diretrizes do chamado *consenso de Washington*".
>
> Fernando Henrique Cardoso, por dois mandatos consecutivos de quatro anos cada, a partir de 1995, fez intensificar e consolidar o processo de liberalização e privatização, passando a dar ênfase a uma política de estabilização financeira a curto prazo, aliada à centralidade de uma política econômica externa ancorada no aspecto cambial e também salarial (via desindexação), tornando, segundo Gennari, "toda política governamental refém dos ingressos do capital financeiro internacional".
>
> Em que pese, em 2002, ter sua ascensão ao poder acontecido a partir de um discurso de ruptura da situação anterior em proveito da prevalência do social, Luiz Inácio Lula da Silva, ao longo de seu mandato, iniciado em 2003, não parece, aos olhos dos analistas, ter concorrido para qualquer alteração das rotinas neoliberais implementadas por seus antecessores. Leda Maria Paulani indica três razões que autorizam afirmar que o governo Lula é neoliberal. São elas: a) a adesão incondicional à transformação do país em plataforma financeira internacional; b) as medidas (tais como a nova Lei de Falências e a privatização do Instituto de Resseguros do Brasil) voltadas à atração de investimentos pela via da melhora "do ambiente de negócios"; e c) intensificação da política social compensatória de renda em relação aos mais pobres (v. programas como o "Bolsa Escola") ao invés da criação de condições para a inclusão social.

Silvio Beltramelli Neto esclarece uma importante distinção conceitual entre *flexibilização das práticas produtivas* e *flexibilização do Direito do trabalho*. Para o autor, a flexibilização das práticas produtivas corresponde à alteração dos paradigmas acerca da organização e da gestão de tais práticas, causando muita influência *no modo como o trabalho é prestado na prática*. Com a produção massificada, a partir do trabalho especializado e repetitivo, efetivado com extensas jornadas, passou-se a dar lugar à produção de acordo com a demanda (*just-in-time*), começando a sobressair o trabalhador polivalente e mais criativo, chamado a cumprir seu mister ao tempo da demanda, trazendo, com isso, também maior economia com a sua contraprestação, o que, numa visão mais ampla, significa a exigência de um prestador mais qualificado, porém menos remunerado, ainda mais em tempos de desemprego estrutural.

Por outro lado, Beltramelli informa que a flexibilização do Direito do trabalho implica buscar menos rigor nas normas que regulam as relações de trabalho. Ao cuidar da flexibilização do Direito do Trabalho no Brasil, esclarece o autor que a flexibilização legal vem ocorrendo nas últimas décadas nos seguintes termos:

> A flexibilização pela via legislativa vem sendo implementada ao longo das últimas décadas por uma carga "avassaladora e destruidora de direitos", no mais das vezes apoiada na "falsa notícia de que a CLT é um texto antigo". Para citar os exemplos mais patentes, tem-se o FGTS (Lei nº 5.017/1966, substituída pela Lei nº 8.036/1990), facilitando a dispensa sem justa causa; o contrato temporário (Lei nº 7.019/1974) e o contrato provisório (Lei nº 9.601/2001), ambos elastecendo as hipóteses de contratação por tempo determinado; a terceirização dos serviços de segurança (Lei nº 7.102/1983), entre outros.

Ademais, ainda na esteira das lições de Beltramelli, infere-se que a flexibilização pelas *vias jurisprudencial* e *negocial*, além de guardar vinculação direta com a *via legislativa*, acaba, muitas das vezes, cruzando-se, principalmente quando os tribunais são chamados a se pronunciarem acerca das condições estipuladas em acordos coletivos e convenções coletivas.

Há autores que falam sobre **flexibilização condicionada** e **flexibilização incondicionada**. Nesta última, ocorre redução de proteção sem a contrapartida que importe melhoria da condição dos trabalhadores. Na **redução condicionada**, há uma troca de um direito ou de determinados benefícios por outros. A **flexibilização condicionada** é a verdadeira negociação que respeita o art. 7º, *caput* e o inciso XXVI, da Constituição da República, por assegurar melhorias nas condições sociais dos trabalhadores por meio de convenções e acordos coletivos.

A **flexibilização incondicionada** é tida como inconstitucional, por constituir-se apenas em uma forma de extinção de direitos e garantias trabalhistas, em afronta ao *caput* do art. 7º da Carta Constitucional de 1988.

Na verdade, podemos dizer que flexível o Direito do Trabalho sempre foi, pois a Constituição e a legislação infraconstitucional estabelecem apenas o patamar mínimo, permitindo a conquista de uma condição mais benéfica, ou seja, a melhoria das condições dos trabalhadores.

2.1.5. A flexibilização trabalhista na Constituição de 1988

Na Carta Constitucional de 1988, percebemos que a negociação coletiva tem previsão expressa nos seguintes incisos do art. 7º: *VI (redução salarial); XIII (compensação de jornada); e XIV (turno de revezamento)*. Todavia, a interpretação desses dispositivos não pode ocorrer de forma isolada, nem afastada dos limites previstos já no próprio *caput* do art. 7º da CF/1988: "são direitos dos trabalhadores urbanos e rurais, além de outros que visem à melhoria de sua condição social".

Nesse diapasão, ao tratarmos dos *limites constitucionais* que se impõem à negociação coletiva, é imperioso observarmos a linha de abordagem de Silvio Beltramelli Neto (2008, p. 51), no que tange ao alargamento dos direitos trabalhistas:

> Para aqueles que também enxergam uma modalidade de flexibilização no alargamento da gama de direitos concedidos ao empregado, o referido dispositivo reflete expresso prestígio pelo Poder Constituinte Originário a essa modalidade, na medida em que esses "outros direitos" citados podem advir tanto da produção normativa legislada quanto negociada (em escala individual ou coletiva), contanto que respeite a uma clara exigência: representar melhoria da condição social do trabalhador.

Beltramelli (2008, p. 79-80) também defende o entendimento de que a desregulamentação voltada para institutos trabalhistas, sem previsão legal, viola frontalmente as cláusulas pétreas, nos termos do art. 60, § 4º, inciso IV, da CF/1988. Vejamos:

> Já no que concerne à desregulamentação, espécie de flexibilização voltada à inexistência da previsão legal sobre alguns ou vários institutos previstos constitucionalmente e até infraconstitucionalmente – e que não representa melhoria de condições ao empregado –, não havendo nenhum permissivo constitucional expresso para tanto, vale a conclusão de que sua implementação agride frontalmente as cláusulas pétreas constitucionais (art. 60, IV), bem como os Princípios Constitucionais da Dignidade Humana e da Valorização Social do Trabalho, os quais, juntos, preservam os direitos fundamentais trabalhistas, limites materiais que são ao poder de emenda, sobretudo em se tratando dos direitos assegurados pelos incisos do art. 7º.

Quanto à flexibilização dos direitos trabalhistas, ou seja, a ideia de tornar as normas trabalhistas menos rigorosas, Beltramelli assim se posiciona:

> Resta, assim, analisar a flexibilização que visa tornar menos rígida a normatização trabalhista não pela desregulamentação pura e simples, mas pela aplicação diferenciada dos patamares legais, voltada à satisfação das peculiaridades de cada caso.
>
> A Constituição Federal ocupa-se dessas situações em três oportunidades, todas elas legitimamente fixadas pelo Poder Constituinte Originário, por ser incondicionado, ilimitado e autônomo.
>
> A primeira encontra-se no inciso VI, que positiva como direito do trabalhador urbano e rural o tradicional Princípio da Irredutibilidade Salarial, mas o relativiza, nestes termos: "irredutibilidade do salário, salvo o disposto em convenção ou acordo coletivo" (destacado). A segunda consta do inciso XIII: "duração do trabalho normal não superior a oito horas diárias e quarenta e quatro semanais, facultada a compensação de horários e a redução de jornada, mediante acordo ou convenção coletiva de trabalho" (destacado). Finalmente, a terceira surge do inciso XIV: "jornada de seis horas para o trabalho realizado em turnos ininterruptos de revezamento, salvo negociação coletiva" (destacado). Este, portanto, é o rol exaustivo de dispositivos constitucionais que expressamente preveem a possibilidade de alteração do parâmetro justrabalhista fixado para tais institutos: irredutibilidade de salários, compensação de jornada de trabalho e jornada de trabalho em turnos ininterruptos de revezamento.
>
> E afirma-se, peremptoriamente, tratar-se de rol exaustivo, embora emanem da jurisprudência, como se verá, opiniões divergentes.
>
> Tal afirmação baseia-se, a uma, em um motivo lógico, uma vez que, se houve a preocupação de expressamente fazer a permissão nos três únicos casos acima destacados, significa que a *mens*

legis não intenta a extensão da faculdade aos demais direitos, caso contrário o teria feito, como fez nas oportunidades analisadas.

A duas, porque não teria sentido algum fixar um sem número de direitos fundamentais sociais na Constituição, para depois permitir a alteração de seus parâmetros, de modo a retirar toda a "fundamentalidade" das concessões, atacando o rigor inerente a estes tipos de direitos.

Por fim, a três, porque uma interpretação neste sentido vai de encontro aos Princípios Constitucionais da Dignidade Humana e da Valorização Social do Trabalho e, por consequência, confronta todo o perfil solidarista da Carta Magna.

Sendo assim, é de se concluir que todos os demais direitos elencados nos outros trinta e um incisos do art. 7º, bem como aqueles assegurados nos arts. 8º, 9º, 10 e 11 estão absolutamente imunes a qualquer incidência desconforme com os seus exatos dizeres.

Cabe apontar, conquanto não seja o pertinente ao tema do trabalho, que a consideração anterior faz com que se possa colocar à prova a constitucionalidade de todas as manifestações de flexibilização do Direito do Trabalho pela via legislativa, já pontuadas anteriormente, como, por exemplo, o regime do FGTS e da dispensa arbitrária em face da proteção da relação de emprego no que concerne à despedida arbitrária e sem justa causa, disciplinada no inciso I do art. 7º da Carta Constitucional.

Dito isto, constatação visceral é o fato de que, nas únicas três possibilidades de flexibilização contempladas pelo constituinte, em todas elas a alteração dos parâmetros fixados só está autorizada pela via da negociação coletiva, fazendo com que possa prevalecer, assim, para aquelas situações, a autonomia coletiva da vontade, a qual, bem por isso, merece detida análise, pois, há que se concluir que, sem dúvida, a negociação coletiva tem, por força constitucional, o condão de se tornar o instrumento promotor quando o assunto é flexibilização do Direito do Trabalho.

Ora, irretocáveis são as palavras e as conclusões do jurista e colega procurador do trabalho Silvio Beltramelli Neto. Também compactuamos com o entendimento de que as únicas hipóteses passíveis de flexibilização são as três previstas na Constituição Federal de 1988, já declinadas anteriormente, com nota de excepcionalidade.

O inciso VI do art. 7º da Constituição Federal afirma que a **irredutibilidade salarial não é absoluta**, pois o salário pode ser reduzido mediante **negociação coletiva**. Questão intrigante é saber se a Lei nº 4.923/1965 está ou não em vigor. Vejamos o que preceitua a referida norma:

Art. 2º. A empresa que, em face de conjuntura econômica, devidamente comprovada, se encontrar em condições que recomendem, transitoriamente, a redução da jornada normal ou do número de dias do trabalho, poderá fazê-lo, mediante prévio acordo com a entidade sindical representativa dos seus empregados, homologado pela Delegacia Regional do Trabalho, por prazo certo, não excedente de 3 (três) meses, prorrogável, nas mesmas condições, se ainda indispensável, e sempre de modo que **a redução do salário mensal resultante não seja superior a 25% (vinte e cinco por cento) do salário contratual, respeitado o salário-mínimo regional e reduzidas proporcionalmente a remuneração e as gratificações de gerentes e diretores.**

§ 1º. Para o fim de deliberar sobre o acordo, a entidade sindical profissional convocará assembleia geral dos empregados diretamente interessados, sindicalizados ou não, que decidirão por maioria de votos, obedecidas as normas estatutárias.

§ 2º. **Não havendo acordo, poderá a empresa submeter o caso à Justiça do Trabalho**, por intermédio da Junta de Conciliação e Julgamento ou, em sua falta, do Juiz de Direito, com jurisdição na localidade. Da decisão de primeira instância caberá recurso ordinário, no prazo de 10 (dez) dias, para o Tribunal Regional do Trabalho da correspondente Região, sem efeito suspensivo.

§ 3º. A redução de que trata o artigo não é considerada alteração unilateral do contrato individual de trabalho para os efeitos do disposto no art. 468 da Consolidação das Leis do Trabalho. (Grifo nosso)

Vê-se, assim, que a Lei nº 4.923/1965 permite que o salário possa ser reduzido em duas hipóteses: por **decisão judicial** ou por **negociação coletiva**. A Lei teria dois limites: redução de até 25% do salário; e redução da jornada, concomitantemente.

Em nosso entender, ante a **taxatividade** da Carta Constitucional de 1988, não pode haver nenhuma outra hipótese de redução salarial que não seja por meio da **negociação coletiva**, ou seja, por meio do acordo coletivo do trabalho ou da convenção coletiva de trabalho.

Ademais, também entendemos que o art. 503 da CLT não foi recepcionado pela Constituição Federal de 1988. Assim dispõe o dispositivo celetista:

> Art. 503. É lícita, em caso de força maior ou prejuízos devidamente comprovados, a redução geral dos salários dos empregados da empresa, proporcionalmente aos salários de cada um, não podendo, entretanto, ser superior a 25% (vinte e cinco por cento), respeitado, em qualquer caso, o salário mínimo da região.
>
> Parágrafo único. Cessados os efeitos decorrentes do motivo de força maior, é garantido o restabelecimento dos salários reduzidos.

O dispositivo supratranscrito trata da possibilidade de redução salarial quando o empregador sofre prejuízos devidamente comprovados ou em caso de força maior. Percebe-se que as hipóteses permissivas do artigo celetista em comento não se coadunam com a condicionante exclusiva da Carta Constitucional para que ocorra a redução salarial, *in casu*, a **negociação coletiva**. Contudo, lamentavelmente há precedentes da maior Corte Trabalhista que dão guarida à validade e vigência do art. 503 da Consolidação das Leis do Trabalho, como por exemplo as ementas dos acórdãos infratranscritas:

> VARIG S.A. – AÇÃO DE CUMPRIMENTO – INADIMPLEMENTO DE DISPOSIÇÕES CONVENCIONAIS – PREJUÍZOS FINANCEIROS NOTÓRIOS – RECURSO DE REVISTA NÃO CONHECIDO POR INCIDÊNCIA DA SÚMULA Nº 422/TST. I – Trata-se de ação de cumprimento através da qual requereu o Sindicato-autor o imediato cumprimento das disposições convencionais ajustadas pelas partes: aumento salarial de 5,8%, reajuste do valor do vale refeição e fornecimento de cesta-básica. II – É inovatória a tese de que o art. 7º, VI, da Constituição teria derrogado o art. 503 da CLT e a Lei nº 4.923/1965, pois articulada somente na atual fase recursal. Inteligência da Súmula nº 297/TST. III – Ademais, constata-se o patente divórcio entre as razões de revista e o fundamento de decidir adotado pelo Regional. Isso porque, enquanto o acórdão recorrido considerou lícito o inadimplemento dos ajustes celebrados via negociação coletiva entre as partes em razão da existência de notórios prejuízos financeiros – **hipótese em que a lei autoriza, até mesmo, a redução salarial nos moldes do art. 503 da CLT** –, o recurso de revista vem todo pautado na assertiva de ocorrência de alteração contratual lesiva e redução salarial, circunstâncias não verificadas na espécie. IV – Assim, o recurso, quer à guisa de divergência jurisprudencial ou a título de violação de dispositivos de lei e da Constituição, não logra conhecimento, na esteira da Súmula nº 422 do TST. V – Recurso não conhecido. (RR 888002920055060004 88800-29.2005.5.06.0004 – Relator Antônio José de Barros Levenhagen – j. em 12.9.2007 – 4ª Turma – *DJ* de 28.9.2007)
>
> AGRAVO DE INSTRUMENTO EM RECURSO DE REVISTA – HORAS EXTRAS – INTERVALO INTRAJORNADA SUPRIMIDO – PREVISÃO EM INSTRUMENTO COLETIVO – INVALIDADE – ORIENTAÇÃO JURISPRUDENCIAL Nº 342 DA SBDI-I DO TST. Consoante diretriz

abraçada pela OJ 342 da SBDI-I do TST, é inválida cláusula de acordo ou convenção coletiva de trabalho contemplando a supressão ou redução do intervalo intrajornada, porque este constitui medida de higiene, saúde e segurança do trabalho, garantido por norma de ordem pública (art. 71 da CLT e art. 7º, XXII, da CF/1988), infenso à negociação coletiva. No caso, a Reclamada insiste na tese de que não são devidas as horas extras pelo intervalo intrajornada suprimido, sob o argumento de que apenas deu cumprimento à avença entabulada na convenção coletiva de trabalho da categoria. Embora comungue dessa argumentação, porque a Carta Magna autorizou a flexibilização, dentre outros direitos, dos salários, inclusive permitindo a redução, hipótese até então admissível apenas em caso de comprovada força maior (CLT, art. 503), o que evidencia a possibilidade ampla da negociação coletiva, a jurisprudência desta Corte segue no sentido da referida OJ nº 342, de modo que, por disciplina judiciária, curvo-me ao entendimento dominante, entendendo que o recurso de revista patronal encontra óbice na Súmula nº 333 do TST, considerando que o Regional julgou a demanda em perfeita sintonia com a jurisprudência desta Corte. Agravo de instrumento desprovido. (AIRR 379402420045040001 37940-24.2004.5.04.0001 – Relator Ives Gandra Martins Filho – j. em 28.2.2007 – 4ª Turma – *DJ* de 23.3.2007)

2.1.6. A flexibilização trabalhista na jurisprudência

Em nosso entender, a jurisprudência das Cortes Trabalhistas vem admitindo a flexibilização do Direito do Trabalho muito além daquilo que o poder constituinte originário almejou quando expressamente estabeleceu somente as três hipóteses previstas no texto constitucional.

Podemos observar que, em diversos julgados, as Cortes Trabalhistas admitem a flexibilização do direito do trabalho por via da negociação coletiva em muitas situações, enquadrando nos permissivos constitucionais diversos casos que, em tese, estariam fora de seu alcance.

Revela-se interessante a observação de Silvio Beltramelli Neto (2008, p. 97-100) de que o primeiro desafio da jurisprudência é observar se o Estado Brasileiro, pela via negocial, determina ou não situações taxativas para a flexibilização. Acrescenta, ainda, que a flexibilização não pode violar o princípio da *dignidade humana* no caso concreto, mesmo que se esteja diante de uma situação permissiva da negociação coletiva. Pondera também que é condição de validade da negociação coletiva o fato de que a vantagem trabalhista, reduzida ou suprimida, seja substituída mediante a concessão de uma *contrapartida*.

No particular, cumpre destacar a divergência jurisprudencial existente no que tange à possibilidade de elastecimento da jornada nos turnos ininterruptos de revezamento. Parte da jurisprudência entende que é possível estabelecer a jornada de oito horas diárias para os trabalhadores que laboram em turnos de revezamento, desde que haja uma *contraprestação* devida ao empregado:

> TURNO ININTERRUPTO DE REVEZAMENTO – FLEXIBILIZAÇÃO DA JORNADA DE TRABALHO – NEGOCIAÇÃO COLETIVA – VALIDADE. A ampliação da jornada especial reduzida prevista no inciso XIV do art. 7º da Constituição Federal é juridicamente válida apenas nas hipóteses em que ocorra efetiva negociação envolvendo o trabalho em turnos ininterruptos de revezamento, não mera renúncia à garantia constitucional. Pressupõe, portanto, um mínimo de comutatividade. Assim, inocorrendo uma autêntica negociação coletiva, inviável reconhecer como atendida a exigência prevista no mencionado dispositivo constitucional, restando devidas como extraordinárias as horas trabalhadas além da sexta diária. Recurso do reclamante a que se dá provimento, no particular. (TRT – 15ª R – 00098-2006-024-15-00-7/RO – Relator Exmo. Des. Fernando da Silva Borges – Publicado em 11.10.2007)

O Tribunal Superior do Trabalho, por outro lado, entende que a norma coletiva que elastece a jornada de turnos ininterruptos dos trabalhadores é válida, **não** demandando contraprestação em prol do trabalhador:

> HORAS EXTRAS – TURNOS ININTERRUPTOS DE REVEZAMENTO – JORNADA DE OITO HORAS – ACORDO COLETIVO – VALIDADE. O Tribunal Pleno desta Corte superior, julgando o Incidente de Uniformização de Jurisprudência suscitado no Processo nº TST-E- -RR-576.619/1999, no que se refere à flexibilização da jornada de trabalho em turnos ininterruptos de revezamento, converteu a Orientação Jurisprudencial nº 169 da SBDI-I na atual Súmula nº 423, cujo teor é o seguinte: "estabelecida jornada superior a seis horas e limitada a oito horas por meio de regular negociação coletiva, os empregados submetidos a turnos ininterruptos de revezamento não têm direito ao pagamento das 7ª e 8ª horas como extras". Na presente hipótese, tem-se por indevido o pagamento, como labor extraordinário, das 7ª e 8ª horas trabalhadas, haja vista a ausência, no acórdão prolatado pelo Tribunal Regional, de elementos que autorizem concluir pela invalidade formal ou substancial da norma coletiva por meio da qual se estabeleceu a jornada de oito horas diárias em sistema de turnos ininterruptos de revezamento, ainda que ausente a previsão de contraprestação das horas excedentes da sexta como extraordinárias. Recurso de revista conhecido e provido. (RR 326500-49.2006.5.15.0140 – j. em 21.3.2012 – Relator Ministro Lelio Bentes Corrêa – 1ª Turma – *DEJT* de 3.4.2012)

Com todo o respeito ao entendimento do Tribunal Superior do Trabalho, apesar de existir previsão constitucional no sentido de a negociação coletiva estabelecer jornada distinta daquela reduzida (6 horas), não podemos deixar de considerar os outros limites que devem nortear a flexibilização, notadamente o princípio da *dignidade da pessoa humana* (art. 1º, III, da CF/1988) e o princípio da *evolução dos direitos trabalhistas* (art. 7º, *caput*, da CF/1988). Além disso, devemos atentar para a ocorrência de efetiva negociação coletiva, na qual há concessão de ambas as partes para não cairmos na hipótese de simples *renúncia* de direitos, o que deve ser rechaçado.

Por fim, destacamos texto que bem resume a questão dos limites da flexibilização a ser enfrentada pela jurisprudência trabalhista (BELTRAMELLI NETO, 2008, p. 100):

> Finalmente, estando constitucionalmente autorizada a flexibilização que se submete a julgamento, e permanecendo preservada a dignidade do trabalhador, o Princípio Protetor, inerente ao Direito do Trabalho exige, como condição de validade da negociação coletiva, que a vantagem do trabalhador que tenha sido suprimida ou reduzida corresponda a conquista diretamente proporcional.
>
> Para tanto, é mister que o julgador proceda à análise do conjunto de concessões e renúncias que constam do instrumento negocial, novamente sendo levado a ponderar a natureza dos direitos e obrigações envolvidos e sua razoabilidade dentro do produto final do pacto que pretende reger a relação dos envolvidos.
>
> Neste ensejo, a jurisprudência vem demonstrando reconhecimento da necessidade de interpretação da validade de determinado sacrifício da categoria profissional, explicitada em norma coletiva, fazendo uso da Teoria do Conglobamento, já tratada alhures. Contudo, não é uníssona a aptidão desta teoria quando se estabelece conflito entre norma legislada e norma negociada.

2.2. O PLURALISMO JURÍDICO E A AUTONOMIA PRIVADA COLETIVA

Para finalizarmos este breve estudo de temas de direito coletivo do trabalho, devemos traçar algumas considerações acerca do denominado *pluralismo jurídico*.

A *autonomia privada coletiva* é exercida, nos termos do inciso XXVI, art. 7º, da Constituição Federal, por meio do reconhecimento das convenções coletivas de trabalho e dos acordos coletivos do trabalho. Ademais, com fundamento no art. 619 da Consolidação das Leis do Trabalho, dá-se prevalência à norma coletiva, resultado da negociação entre os atores sociais, de modo que as disposições de contrato individual que lhe contrariem serão consideradas nulas de pleno direito.

Ronaldo Lima dos Santos (2009, p. 127) conceitua a autonomia privada coletiva nos seguintes termos:

> Autonomia privada coletiva consiste, assim, no poder reconhecido aos grupos sociais de criar normas jurídicas para a tutela de interesses de uma coletividade, comunidade ou classe de pessoas globalmente consideradas, revelando-se como um instrumento de tutela de interesses coletivos pertinentes ao grupo globalmente considerado, que não se confundem com a mera soma de interesses individuais dos membros da coletividade nem com os interesses pertinentes a toda a sociedade.

A *natureza jurídica* da autonomia privada coletiva pode ser delineada como fato social, permitida pelo direito do trabalho, pela sua afirmação história no desenvolvimento da luta de classes. Ronaldo Lima dos Santos (2009, p. 144) destaca:

> A própria história do desenvolvimento do sindicalismo e, consequentemente, da autonomia privada coletiva dos trabalhadores, demonstra a sua natureza de ordenamento originário, uma vez que, até o seu reconhecimento, foi ela primeiramente proibida, depois tolerada e, por fim, reconhecida pelo Estado. No período de proibição, a realidade social dos trabalhadores e as doutrinas que vigoravam impediram seu sufocamento pelo Estado e determinaram a sua sobrevivência ainda que não reconhecida pelo ordenamento jurídico estatal.

A autonomia privada coletiva salvaguarda em seu conceito e em seus contornos a ideia de pluralismo jurídico. Ora, o Estado não é o único centro de positivação das fontes formais de direito, característica do monismo jurídico. Na verdade, *o ordenamento jurídico permite que os próprios atores sociais positivem as normas que regularão determinadas condições econômicas ou jurídicas referentes a uma certa categoria de trabalhadores e de empregadores.* Por fim, vejamos as palavras de Stoll (2006, p. 21) sobre pluralismo jurídico:

> O pluralismo contrapõe-se, assim, ao monismo jurídico, em que o Estado detém o monopólio da produção jurídica, concepção dominante a partir da Revolução Francesa, culminando no movimento em prol da codificação desencadeado no início do século XIX. O pluralismo pode ser denominado de neoliberalismo e tem sido a ideologia dominante no mundo ocidental, desde o término da Segunda Guerra Mundial. As constituições que o acolhem dão prioridade aos mecanismos de autocomposição para a solução dos problemas sociais.

2.3. AFERIÇÃO DA NORMA MAIS FAVORÁVEL: ACORDO COLETIVO DE TRABALHO OU CONVENÇÃO COLETIVA DE TRABALHO

Como é cediço, o princípio protetivo é decomposto em três regras: 1) de **interpretação**, corresponde ao *in dubio pro operario*; 2) de **aplicabilidade no espaço**, corresponde à **norma mais favorável**; 3) e de **aplicabilidade no tempo**, corresponde à **condição mais benéfica**.

Importa, neste momento, a análise da aplicação da norma mais favorável, quando existente uma convenção coletiva de trabalho e um acordo coletivo de trabalho aplicáveis aos empregados de uma determinada empresa, por exemplo. É válido ressaltar que a aferição da norma mais favorável, quando duas ou mais normas coletivas aplicam-se simultaneamente numa mesma relação de trabalho, é extremante complicada.

O art. 620 da CLT dispõe que as condições previstas em convenção coletiva de trabalho, se mais favoráveis, prevalecerão sobre as estipuladas em acordo coletivo de trabalho.

A questão é interessante, pois reside em se saber se existe hierarquia no direito do trabalho. A resposta é positiva, porém a hierarquia não é fixa, ela é dinâmica. A *pirâmide Kelseniana* poderá não ser aplicada no âmago do Direito do Trabalho, uma vez que as normas trabalhistas, quando mais favoráveis, e somente quando mais favoráveis, prevalecerão. Assim, a norma de hierarquia inferior poderá prevalecer sobre a norma de hierarquia superior.

Desse modo, quando existe a possibilidade de aplicação simultânea de um acordo coletivo de trabalho e de uma convenção coletiva de trabalho, dois entendimentos exsurgem, decorrentes de distintas interpretações do art. 620 da Consolidação das Leis do Trabalho. O primeiro entendimento é no sentido de ser aplicado o acordo coletivo de trabalho, pois ele é mais específico, é a **regra da especificidade**. Outra corrente informa que deve ser aplicado o instrumento normativo mais abrangente, que é a convenção coletiva de trabalho, quando mais favorável. Esse entendimento decorre da literalidade do referido artigo celetista, segundo o qual a convenção coletiva de trabalho, sempre que mais favorável, prevalecerá sobre o acordo coletivo de trabalho. Ou seja, podemos dizer que o art. 620 da CLT é a legalização do **princípio da norma mais favorável no âmbito das relações coletivas**.

Sobre o tema, três teorias tentam esclarecer a aplicação da norma mais favorável no direito coletivo do trabalho, quais sejam:

I – **Teoria da acumulação**: acumular é somar. O operador jurídico escolhe as partes melhores das normas, criando uma nova com o que há de melhor em cada parte de cada norma. Não é uma teoria aceita, pois não há equilíbrio.

II – **Teoria do conglobamento**: aqui, o operador do direito escolhe a melhor das normas, porém, em relação ao seu conjunto. Ele escolhe uma norma, que entende mais favorável, por inteiro.

III – **Teoria organicista ou do conglobamento orgânico**: é a teoria "mista". A escolha reside em instituto por instituto. O operador cria uma nova norma escolhendo os melhores institutos. A Lei nº 7.064/1982, no inciso II do art. 3º, assevera que deve ser aplicada essa teoria, nos seguintes termos:

> Art. 3º. A empresa responsável pelo contrato de trabalho do empregado transferido assegurar-lhe-á, independentemente da observância da legislação do local da execução dos serviços:
>
> I – os direitos previstos nesta Lei;
>
> II – a aplicação da legislação brasileira de proteção ao trabalho, naquilo que não for incompatível com o disposto nesta Lei, quando mais favorável do que a legislação territorial, no conjunto de normas e em relação a cada matéria.

O direito brasileiro oscila entre a segunda e a terceira teorias. O Tribunal Superior do Trabalho tem precedente que afasta o teor do art. 602 da CLT em prol da aplicação da teoria do conglobamento, *in verbis*:

> RECURSO DE REVISTA – AÇÃO CIVIL PÚBLICA – PISO SALARIAL – ACORDO COLETIVO E CONVENÇÃO COLETIVA DE TRABALHO – APLICAÇÃO DA NORMA MAIS FA-

VORÁVEL – JURISPRUDÊNCIA DO TST. A atual jurisprudência desta Corte Superior entende que não se pode, pela interpretação literal do art. 620 da CLT, simplesmente desconsiderar o acordo coletivo de trabalho em face da convenção coletiva, que é firmada no âmbito das respectivas categorias econômicas. Considera que, ante a flexibilização constitucionalmente garantida e pela aplicação da teoria do conglobamento, existindo conflito entre convenção e acordo coletivos de trabalho, devem prevalecer as normas do instrumento que, como um todo, se mostra mais benéfico para os trabalhadores. Nesse sentido, decidiu a Corte de origem pela inaplicabilidade, isolada, de norma constante da CCT dos trabalhadores nas indústrias de telecomunicações aos empregados da empresa Projefibra Telecomunicações Ltda., já abrangidos por ACT. Assim, estando a decisão regional em consonância com a jurisprudência atual desta Corte, não há falar em violação dos arts. 5º e 7º, V e VI, da CF e 444 e 620 da CLT, tampouco em dissenso pretoriano, a teor do art. 896, § 4º, da CLT e da Súmula nº 333 do TST. Recurso de revista não conhecido. (RR 237500-15.2009.5.09.0006 – j. em 18.12.2012 – Relatora Ministra Dora Maria da Costa – 8ª Turma – *DEJT* de 7.1.2013)

Na prática, ao aplicar a **teoria do conglobamento**, pega-se tudo o que está escrito no **acordo coletivo de trabalho** e compara-se com tudo o que está escrito na **convenção coletiva de trabalho**, levando em consideração o todo das duas normas coletivas, a fim de se descobrir qual é o melhor instrumento normativo coletivo e que deverá, portanto, ser aplicado.

2.4. CONDIÇÕES DE VALIDADE DOS INSTRUMENTOS COLETIVOS

O **acordo coletivo de trabalho** e a **convenção coletiva de trabalho** devem ter a **forma escrita**. O art. 613, parágrafo único, da CLT, assim dispõe:

> Parágrafo único. As Convenções e os Acordos serão celebrados por escrito, sem emendas nem rasuras, em tantas vias quantos forem os Sindicatos convenentes ou as empresas acordantes, além de uma destinada a registro.

Além disso, deve-se dar **publicidade** às normas coletivas. Veja o que assevera o art. 614, *caput*, da CLT:

> Art. 614. Os Sindicatos convenentes ou as empresas acordantes promoverão, conjunta ou separadamente, dentro de 8 (oito) dias da assinatura da Convenção ou Acordo, o depósito de uma via do mesmo, para fins de registro e arquivo, no Departamento Nacional do Trabalho, em se tratando de instrumento de caráter nacional ou interestadual, ou nos órgãos regionais do Ministério do Trabalho e Previdência Social, nos demais casos.

Verificamos, assim, que a publicidade dos instrumentos coletivos ocorre com o **depósito do instrumento coletivo no Ministério do Trabalho e Emprego**.

O **início da vigência** das normas coletivas ocorre três dias após a entrega dos instrumentos no Ministério do Trabalho e Emprego, nos termos do art. 614, § 1º, da CLT: "As Convenções e os Acordos entrarão em vigor 3 (três) dias após a data da entrega dos mesmos no órgão referido neste artigo.".

O **prazo máximo de duração** é de dois anos, consoante o disposto no art. 614, § 3º, da CLT: "Não será permitido estipular duração de Convenção ou Acordo superior a 2 (dois) anos.".

Apesar do prazo máximo de 2 (dois) anos, na prática, o que normalmente acontece é a vigência de 1 (um) ano dos acordos e convenções coletivos de trabalho. É importante destacar que não há a possibilidade de haver acordo coletivo de trabalho e convenção coletiva estipulando uma cláusula com um prazo de duração indeterminado. Exemplo: não é válida a cláusula de adicional de insalubridade por prazo indeterminado, pois o acessório segue o principal, não podendo a cláusula "andar sozinha sem um corpo próprio", sem acompanhar o todo, ou seja, o instrumento normativo.

O art. 613 da CLT estabelece o **conteúdo e o objeto** das normas coletivas. Vejamos o mencionado dispositivo:

> Art. 613. As Convenções e os Acordos deverão conter obrigatoriamente:
>
> I – designação dos Sindicatos convenentes ou dos Sindicatos e empresas acordantes;
>
> II – prazo de vigência;
>
> III – categorias ou classes de trabalhadores abrangidas pelos respectivos dispositivos;
>
> IV – condições ajustadas para reger as relações individuais de trabalho durante sua vigência;
>
> V – normas para a conciliação das divergências surgidas entre os convenentes por motivos da aplicação de seus dispositivos;
>
> VI – disposições sobre o processo de sua prorrogação e de revisão total ou parcial de seus dispositivos;
>
> VII – direitos e deveres dos empregados e empresas;
>
> VIII – penalidades para os Sindicatos convenentes, os empregados e as empresas em caso de violação de seus dispositivos.

Dessa forma, objeto é aquilo que vai fazer parte do **acordo coletivo do trabalho** e da **convenção coletiva do trabalho**. O conteúdo dos ACT e das CCT pode ser dividido em duas categorias: as **regras jurídicas** e as **cláusulas contratuais**.

As **regras jurídicas** são as regras aplicadas por aqueles que fazem o ACT e a CCT. É tudo o que é direcionado para aqueles responsáveis pela elaboração da própria norma coletiva. Pode ser citada, como exemplo, a regra em que o sindicato fica obrigado a apresentar ao empregador uma lista dos empregados que são associados do sindicato, para efetuar o desconto da mensalidade sindical.

As **cláusulas contratuais** são aquelas cujo conteúdo, mandamento ou objeto são direcionados aos verdadeiros destinatários das normas coletivas, ou seja, aos empregados e aos empregadores. Pode ser citado como exemplo as disposições referentes a aviso prévio, horas extras, enfim, os direitos trabalhistas em si.

Também é necessária a realização de uma **assembleia geral** específica com os associados da entidade sindical, a fim de autorizar os sindicatos a celebrar convenções ou acordos coletivos, nos termos do art. 612 da CLT:

> Art. 612. Os Sindicatos só poderão celebrar Convenções ou Acordos Coletivos de Trabalho, por deliberação de Assembleia Geral especialmente convocada para esse fim, consoante o disposto nos respectivos Estatutos, dependendo a validade da mesma do comparecimento e votação, em primeira convocação, de 2/3 (dois terços) dos associados da entidade, se se tratar de Convenção, e dos interessados, no caso de Acordo e, em segunda, de 1/3 (um terço) dos membros.

Em primeira convocação, é necessário 2/3 dos **associados** para a feitura da CCT e 2/3 dos **interessados** para o ACT. Em segunda convocação, é necessário 1/3 dos membros, tanto para CCT quanto ACT.

A base territorial é o local onde haverá a incidência (a aplicação) das normas coletivas. Para aplicação do instrumento coletivo deve haver a coincidência de bases territoriais entre o sindicato profissional e o sindicato patronal. Exemplo: vamos supor que foi firmada uma CCT entre o sindicato dos empregados que atuam no Amazonas, no Pará e em Roraima e entre o sindicato dos empregadores que atuam no Amazonas, em Rondônia e no Acre. Uma CCT com essa abrangência só terá efetividade para as relações de trabalho para as respectivas categorias do Estado do Amazonas.

2.5. ÂMBITO DE APLICAÇÃO DOS INSTRUMENTOS COLETIVOS

O âmbito de aplicação da convenção coletiva de trabalho é amplo, alcançando todos os representados pelos sindicatos envolvidos, isto é, obrigará a todos os integrantes da categoria, atingindo tanto os associados como os não associados dos sindicatos, que contrataram coletivamente. Uma convenção coletiva de trabalho celebrada entre o sindicato dos trabalhadores rodoviários urbanos e o sindicato dos empregadores (cuja atividade econômica preponderante seja a de transporte rodoviário urbano) será aplicada em todas as empresas cuja atividade econômica seja esta e a todos os empregadores de transporte rodoviário urbano, ressalvadas as categorias profissionais diferenciadas, uma vez que essas não se enquadram no âmbito de representação do sindicato que negociou.

Contudo, aos trabalhadores das categorias profissionais diferenciadas serão aplicadas as normas coletivas elaboradas com a participação dos sindicatos das categorias profissionais diferenciadas respectivas, independentemente da área econômica na qual se insira a empresa para a qual trabalham.

Vejamos o que dispõe a Súmula nº 374 do Tribunal Superior do Trabalho:

> NORMA COLETIVA – CATEGORIA DIFERENCIADA – ABRANGÊNCIA. Empregado integrante de categoria profissional diferenciada não tem o direito de haver de seu empregador vantagens previstas em instrumento coletivo no qual a empresa não foi representada por órgão de classe de sua categoria.

Pela leitura da súmula ora transcrita, verifica-se que o TST entende que, para o empregado de categoria profissional diferenciada ser beneficiado pela norma coletiva de sua categoria, é preciso que a empresa faça parte da contratação diretamente ou representada pela sua entidade sindical respectiva.

É lamentável esse posicionamento, uma vez que, quase sempre, quando há apenas um empregado de categoria profissional na empresa, essa acaba não negociando em nome desse único empregado. Assim, quem acaba se prejudicando é o empregado da categoria profissional diferenciada, pois ele ficará sem norma coletiva, de forma que seu contrato será regido basicamente pelas normas de ordem pública existentes em nosso ordenamento, e as normas individuais, que podem ser acordadas pela livre vontade das partes, desde que isso não cause prejuízo e decorra de acordo bilateral, conforme o art. 468 da CLT.

No que tange ao **acordo coletivo de trabalho**, seu campo de aplicação é bem mais restrito do que na convenção coletiva de trabalho, alcançando apenas as empresas que participaram da contratação, bem como os empregados dessas empresas que fazem parte da categoria do sindicato profissional que atuou na contratação. As regras do acordo coletivo de trabalho, assim como ocorre na convenção coletiva de trabalho, também serão estendidas aos trabalhadores associados ou não associados ao sindicato que foi sujeito no acordo coletivo de trabalho.

2.6. SÚMULAS E ORIENTAÇÕES JURISPRUDENCIAIS CORRELATAS

♦ *SÚMULA TST Nº 277* • CONVENÇÃO COLETIVA DE TRABALHO OU ACORDO COLETIVO DE TRABALHO – EFICÁCIA – ULTRATIVIDADE. As cláusulas normativas dos acordos coletivos ou convenções coletivas integram os contratos individuais de trabalho e somente poderão ser modificadas ou suprimidas mediante negociação coletiva de trabalho.

♦ *SÚMULA TST Nº 374* • NORMA COLETIVA – CATEGORIA DIFERENCIADA – ABRANGÊNCIA. Empregado integrante de categoria profissional diferenciada não tem o direito de haver de seu empregador vantagens previstas em instrumento coletivo no qual a empresa não foi representada por órgão de classe de sua categoria.

♦ *SÚMULA TST Nº 423* • TURNO ININTERRUPTO DE REVEZAMENTO – FIXAÇÃO DE JORNADA DE TRABALHO MEDIANTE NEGOCIAÇÃO COLETIVA – VALIDADE. Estabelecida jornada superior a seis horas e limitada a oito horas por meio de regular negociação coletiva, os empregados submetidos a turnos ininterruptos de revezamento não tem direito ao pagamento da 7ª e 8ª horas como extras.

♦ *SÚMULA TST Nº 437* • INTERVALO INTRAJORNADA PARA REPOUSO E ALIMENTAÇÃO – APLICAÇÃO DO ART. 71 DA CLT. I – Após a edição da Lei nº 8.923/1994, a não concessão ou a concessão parcial do intervalo intrajornada mínimo, para repouso e alimentação, a empregados urbanos e rurais, implica o pagamento total do período correspondente, e não apenas daquele suprimido, com acréscimo de, no mínimo, 50% sobre o valor da remuneração da hora normal de trabalho (art. 71 da CLT), sem prejuízo do cômputo da efetiva jornada de labor para efeito de remuneração. II – É inválida cláusula de acordo ou convenção coletiva de trabalho contemplando a supressão ou redução do intervalo intrajornada porque este constitui medida de higiene, saúde e segurança do trabalho, garantido por norma de ordem pública (art. 71 da CLT e art. 7º, XXII, da CF/1988), infenso à negociação coletiva. III – Possui natureza salarial a parcela prevista no art. 71, § 4º, da CLT, com redação introduzida pela Lei nº 8.923, de 27 de julho de 1994, quando não concedido ou reduzido pelo empregador o intervalo mínimo intrajornada para repouso e alimentação, repercutindo, assim, no cálculo de outras parcelas salariais. IV – Ultrapassada habitualmente a jornada de seis horas de trabalho, é devido o gozo do intervalo intrajornada mínimo de uma hora, obrigando o empregador a remunerar o período para descanso e alimentação não usufruído como extra, acrescido do respectivo adicional, na forma prevista no art. 71, *caput* e § 4º, da CLT.

♦ *SÚMULA TST Nº 444* • JORNADA DE TRABALHO – NORMA COLETIVA – LEI – ESCALA DE 12 POR 36 – VALIDADE. É valida, em caráter excepcional, a jornada de doze horas de trabalho por trinta e seis de descanso, prevista em lei ou ajustada exclusivamente mediante acordo coletivo de trabalho ou convenção coletiva de trabalho, assegurada a remuneração em dobro dos feriados trabalhados. O empregado não tem direito ao pagamento de adicional referente ao labor prestado na décima primeira e décima segunda horas.

♦ *OJ-SDI-I Nº 322* • ACORDO COLETIVO DE TRABALHO – CLÁUSULA DE TERMO ADITIVO PRORROGANDO O ACORDO PARA PRAZO INDETERMINADO – INVÁLIDA. Nos termos do art. 614, § 3º, da CLT, é de 2 anos o prazo máximo de vigência dos acordos e das convenções coletivas. Assim sendo, é inválida, naquilo que ultrapassa o prazo total de 2 anos, a cláusula de termo aditivo que prorroga a vigência do instrumento coletivo originário por prazo indeterminado.

- *OJ-SDI-I Nº 372* • MINUTOS QUE ANTECEDEM E SUCEDEM A JORNADA DE TRABALHO – LEI Nº 10.243, DE 19.6.2001 – NORMA COLETIVA – FLEXIBILIZAÇÃO – IMPOSSIBILIDADE. A partir da vigência da Lei nº 10.243, de 19.6.2001, que acrescentou o § 1º ao art. 58 da CLT, não mais prevalece cláusula prevista em convenção ou acordo coletivo que elastece o limite de 5 minutos que antecedem e sucedem a jornada de trabalho para fins de apuração das horas extras.

- *OJ-SDC Nº 22* • LEGITIMIDADE *AD CAUSAM* DO SINDICATO – CORRESPONDÊNCIA ENTRE AS ATIVIDADES EXERCIDAS PELOS SETORES PROFISSIONAL E ECONÔMICO ENVOLVI-DOS NO CONFLITO – NECESSIDADE. É necessária a correspondência entre as atividades exerci-das pelos setores profissional e econômico, a fim de legitimar os envolvidos no conflito a ser solucio-nado pela via do dissídio coletivo.

- *OJ-SDC Nº 23* • LEGITIMIDADE *AD CAUSAM* – SINDICATO REPRESENTATIVO DE SEG-MENTO PROFISSIONAL OU PATRONAL – IMPOSSIBILIDADE. A representação sindical abrange toda a categoria, não comportando separação fundada na maior ou menor dimensão de cada ramo ou empresa.

- *OJ-SDC Nº 26* • SALÁRIO NORMATIVO. MENOR EMPREGADO. ART. 7º, XXX, DA CF/1988. VIOLAÇÃO. Os empregados menores não podem ser discriminados em cláusula que fixa salário mínimo profissional para a categoria.

- *OJ-SDC Nº 30* • ESTABILIDADE DA GESTANTE – RENÚNCIA OU TRANSAÇÃO DE DIREITOS CONSTITUCIONAIS – IMPOSSIBILIDADE. Nos termos do art. 10, II, "a", do ADCT, a proteção à maternidade foi erigida à hierarquia constitucional, pois retirou do âmbito do direito potestativo do empregador a possibilidade de despedir arbitrariamente a empregada em estado gravídico. Portan-to, a teor do art. 9º da CLT, torna-se nula de pleno direito a cláusula que estabelece a possibilidade de renúncia ou transação, pela gestante, das garantias referentes à manutenção do emprego e salário.

2.7. QUESTÕES RESOLVIDAS E COMENTADAS

(MPT – 14º Concurso) Assinale a alternativa **INCORRETA**.

[A] A negociação coletiva pode ter por finalidade fixar condições individuais de traba-lho e estabelecer as condições para o relacionamento entre aqueles que se engajam nas relações coletivas de trabalho.

[B] A negociação coletiva não se confunde com a convenção e o acordo coletivo de trabalho.

[C] Os princípios da razoabilidade, do dever de informação e do respeito à finalidade da negociação são princípios da negociação coletiva.

[D] Segundo a jurisprudência do Tribunal Superior do Trabalho, não é possível a rea-lização de acordo coletivo de trabalho ou convenção coletiva de trabalho sem a participação do sindicato.

[E] Não respondida.

Gabarito oficial: alternativa [D].

Negociação coletiva | 675

Comentários do autor:

✶ *A questão exige do candidato o conhecimento sobre o entendimento do Tribunal Superior do Trabalho em relação à recepção do art. 617 da CLT pelo texto constitucional. À luz de uma interpretação meramente gramatical do referido dispositivo, em cotejo com o art. 8º, VI, do texto constitucional, que impõe a obrigatoriedade da participação dos sindicatos nas negociações coletivas de trabalho, há quem sustente a não recepção do art. 617 da CLT. No entanto, o Tribunal Superior do Trabalho vem reconhecendo a constitucionalidade do art. 617 da CLT, de modo a autorizar os interessados a prosseguirem diretamente na negociação coletiva até o final, quando omissos os entes sindicais respectivos. A razão é simples: a regra legal fomenta a negociação coletiva, afastando toda e qualquer possibilidade de inviabilização do pacto coletivo em razão de indevida resistência política por parte da diretoria sindical. Nesse sentido:*

EMBARGOS DECLARATÓRIOS – ART. 617/CLT – ACORDO CELEBRADO DIRETAMENTE COM OS EMPREGADOS EM FACE DA RECUSA DO SINDICATO À NEGOCIAÇÃO. O inciso VI do art. 8º da CF, ao estabelecer a obrigatoriedade da participação dos sindicatos nas negociações coletivas de trabalho, e o inciso XXVI do art. 7º, também da Carta Magna, ao consagrar o reconhecimento das convenções e acordos coletivos de trabalho, não retiram a vigência e a eficácia do art. 617 da CLT, o qual faculta aos empregados prosseguir diretamente na negociação coletiva com seus empregadores, caso o sindicato que os representa e a federação à qual esse é filiado não assumirem a direção dos entendimentos, situação que, precisamente, caracterizou-se nesta hipótese. Isto porque o referido artigo consolidado não contraria ou contradiz os dispositivos constitucionais citados. Embargos declaratórios acolhidos para prestar esclarecimento. (TST – EDROAD 61333 – SSDC – Relator Ministro Rider Nogueira de Brito – DJU de 21.5.2004)

✶ *Incorreta, portanto, a alternativa "D".*

(MPT – 12º Concurso) Sobre negociação e normas coletivas de trabalho, observe as assertivas abaixo e, consoante o entendimento jurisprudencial dominante no Tribunal Superior do Trabalho, assinale a alternativa **CORRETA**:

I – Em respeito a comando constitucional vigente, não podem os empregados menores ser discriminados em cláusula que fixa salário mínimo profissional para a categoria.

II – É necessária, como condição de validade, a homologação, por Tribunal Trabalhista ou por Delegacia Regional do Trabalho, de acordo coletivo de trabalho e, também, de convenção coletiva de trabalho, em caso de celebração extrajudicial.

III – Por força de dispositivo celetista, bem como de disposição constitucional, ambos em plena vigência, é completamente nula a cláusula de norma coletiva que estabelece a possibilidade de renúncia ou transação, pela gestante, das garantias referentes à manutenção de emprego, função e salário.

[A] nenhuma das assertivas está correta;

[B] apenas uma das assertivas está correta;

[C] apenas duas das assertivas estão corretas;

[D] todas as assertivas estão corretas.

[E] não respondida.

Gabarito oficial: alternativa [B].

Comentários do autor:

✭ *A OJ nº 26 do SDC consagra que "os empregados menores não podem ser discriminados em cláusula que fixa salário mínimo profissional para a categoria". Nesse sentido, correta a assertiva I.*

✭ *Nos termos do* caput *do art. 614 da CLT, há menção de que as partes devem depositar uma via do ACT (Acordo Coletivo de Trabalho), para fins de registro e arquivo, na Superintendência Regional do Trabalho e, em caso de instrumento de caráter interestadual ou nacional, o depósito deve ser feito no Ministério do Trabalho e Emprego. Ademais, está disposto no § 1º do artigo em comento, que os ACTs entram em vigor três dias após o depósito nos moldes aqui mencionados. Assim, não é necessária a homologação de norma coletiva por Tribunal Regional do Trabalho ou Delegacia Regional do Trabalho. Incorreta a assertiva II.*

✭ *A assertiva III apresenta apenas um detalhe que destoa do conteúdo da OJ nº 30 do SDC. Enquanto a assertiva em comento dispõe que é completamente nula a cláusula de norma coletiva que estabelece a possibilidade de renúncia ou transação, pela gestante, das garantias referentes à manutenção de emprego, função e salário, a OJ nº 30 apenas restringe a emprego e salário. O motivo é simples: mais das vezes há a necessidade de alteração da função em razão do estado gravídico, de modo a garantir à empregada uma gestação segura e saudável. Assim, está incorreta a assertiva III.*

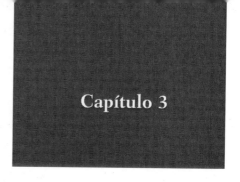

GREVE
Tiago Muniz Cavalcanti

Sumário: 3.1. Modalidades – Greves em serviços essenciais • 3.2. Interesses tutelados – Vedação a ingerências estatais ou de terceiros • 3.3. Efeitos • 3.4. Greve de servidores • 3.5. Direito ao trabalho • 3.6. Interdito proibitório • 3.7. Análise crítica à lei de greve – Abordagem sob a perspectiva do saudoso jurista uruguaio Oscar Ermida Uriarte – Greves atípicas • 3.8. *Lock-out* e *lock-in* • 3.8.1. Princípio da equivalência dos contratantes coletivos • 3.8.2. *Lock-out* • 3.8.3. *Lock-in* • 3.9. Súmulas e Orientações Jurisprudenciais • 3.10. Questões resolvidas e comentadas

3.1. MODALIDADES – GREVES EM SERVIÇOS ESSENCIAIS

Outrora concebida como *ilícito social*, a greve passou a ser hodiernamente reconhecida nas mais diversas constituições ocidentais e declarações internacionais. O direito de greve revela-se o principal instrumento de conflito coletivo de que se dispõem os trabalhadores, tendo sido, inclusive, elevado à categoria de *direito fundamental* (art. 9º, *caput*, da Constituição Federal).

Cuida-se de uma manifestação da autotutela coletiva acolhida pela ordem jurídica, encontrando substrato principiológico na *liberdade sindical*. Portanto, a greve é um instrumento de exercício coletivo que traz em seu bojo forte elemento coercitivo no sentido de tangenciar as reivindicações da categoria profissional ao seu efetivo atendimento.

À guisa de uma conceituação legal, a greve se caracteriza como a suspensão *coletiva*, *temporária* e *pacífica*, total ou parcial, de prestação pessoal de serviços a empregador, com finalidades específicas fixadas pelo sindicato e ratificadas pela categoria em assembleia geral convocada para tal finalidade (arts. 2º e 4º da Lei nº 7.783/1989).

Os *requisitos* mínimos para que o exercício do direito de greve não seja considerado abusivo varia de acordo com a essencialidade ou não da atividade paralisada.

Vejamos as previsões dispostas na Lei nº 7.783/1989:

Atividades produtivas estritamente privadas (identificadas pelo não enquadramento como essenciais)	Atividades essenciais (concebidas como aquelas que, não atendidas, colocam em perigo iminente a sobrevivência, a saúde ou a segurança da população, ou seja, imprescindíveis para a vida social)
a) que haja suspensão coletiva da prestação pessoal de serviços (art. 2º);	a) que haja suspensão coletiva da prestação pessoal de serviços (art. 2º);
b) que essa suspensão seja temporária e pacífica (art. 2º);	b) que essa suspensão seja temporária e pacífica (art. 2º);
c) que haja prévia tentativa frustrada de negociação coletiva (art. 3º, *caput*);	c) que haja prévia tentativa frustrada de negociação coletiva (art. 3º, *caput*);
d) que seja conferida ampla publicidade na sua formação, através da comunicação da paralisação à entidade patronal correspondente ou diretamente aos empregadores interessados, com antecedência mínima de 48 (quarenta e oito) horas (art. 3º, parágrafo único);	d) que seja conferida ampla publicidade na sua formação, através da comunicação da paralisação aos empregadores e aos usuários com antecedência mínima de 72 (setenta e duas) horas (art. 13);
e) atendimento às formalidades de convocação e ao quórum para a deliberação, nos moldes do Estatuto do sindicato profissional (art. 4º, § 1º);	e) atendimento às formalidades de convocação e ao quórum para a deliberação, nos moldes do Estatuto do sindicato profissional (art. 4º, § 1º);
f) que a persuasão e o aliciamento de trabalhadores sejam feitos através de meios pacíficos, sem violar ou constranger os direitos e garantias fundamentais de terceiros (art. 6º, I e § 1º);	f) que a persuasão e o aliciamento de trabalhadores sejam feitos através de meios pacíficos, sem violar ou constranger os direitos e garantias fundamentais de terceiros (art. 6º, I e § 1º);
g) que não haja manutenção da paralisação após a celebração de acordo, convenção ou decisão da Justiça do Trabalho (art. 14, *caput*), exceto quando tenha por objetivo exigir o cumprimento de cláusula ou condição, ou seja motivada pela superveniência de fato novo ou acontecimento imprevisto (art. 14, parágrafo único, incisos I e II).	g) que não haja manutenção da paralisação após a celebração de acordo, convenção ou decisão da Justiça do Trabalho (art. 14, *caput*), exceto quando tenha por objetivo exigir o cumprimento de cláusula ou condição, ou seja motivada pela superveniência de fato novo ou acontecimento imprevisto (art. 14, parágrafo único, incisos I e II);
	h) que os sindicatos, os empregadores e os trabalhadores garantam a prestação dos serviços indispensáveis ao atendimento das necessidades inadiáveis da comunidade (art. 11, *caput*).

Merece registro, no entanto, que o Tribunal Superior do Trabalho afastou o requisito da deliberação em assembleia específica (art. 4º da Lei nº 7.783/1989), quando houver *manifesta adesão* da greve pelos empregados envolvidos. Eis a decisão:

> DC – EXIGÊNCIA DE APROVAÇÃO DA GREVE POR ASSEMBLEIA (ART. 4º DA LEI Nº 7.783/1989) – INOBSERVÂNCIA – ABUSIVIDADE DO MOVIMENTO PAREDISTA – NÃO CONFIGURAÇÃO. REQUISITO SUPRIDO PELA AMPLA ADESÃO E PARTICIPAÇÃO DOS TRABALHADORES. A despeito da inexistência de prova da ocorrência de assembleia geral regular, se os elementos dos autos permitirem a convicção de ter havido aprovação da greve pelos empregados envolvidos, considera-se suprida a formalidade prevista no art. 4º da Lei nº 7.783/1989, razão pela qual a inobservância do referido requisito não caracteriza a abusividade do movimento paredista. Com esse entendimento, a SDC, por unanimidade, conheceu do recurso ordinário e, no mérito, por voto prevalente da Presidência, negou-lhe provimento. Vencidos os Ministros Walmir Oliveira da Costa, Fernando Eizo Ono e Márcio Eurico Vitral Amaral, que davam provimento ao apelo para declarar a abusividade da greve. (TST – RODC-2017400-02.2009.5.02.0000, SDC – Relator Ministro Mauricio Godinho Delgado – 12.3.2012)

Ainda em relação aos pressupostos da legalidade do movimento paredista, como visto, os requisitos para a deflagração não abusiva da greve em *atividades essenciais* exigem peculiaridades específicas, tornando mais restrito o exercício do direito nessas atividades. Isso se justifica em face da existência de *bens jurídicos e sociais que transcendem a plena liberdade coletiva dos trabalhadores.* Envolvem, portanto, valores sociais equivalentes ou superiores ao direito de greve.

Por óbvio, no entanto, a obrigação legal de manutenção dos serviços indispensáveis que atendam às necessidades inadiáveis da comunidade não significa a impossibilidade do exercício do direito de greve, mas tão somente uma *restrição* através da necessidade de prestação de *serviços emergenciais.*

Tendo em vista que o objeto do presente livro é facilitar a compreensão, por parte dos candidatos, dos assuntos abordados, e considerando que os concursos públicos costumam exigir o conhecimento das atividades essenciais, entendemos prudente listá-las nos moldes do art. 10 da Lei de Greve:

Atividades essenciais

a) tratamento e abastecimento de água; produção e distribuição de energia elétrica, gás e combustíveis;

b) assistência médica e hospitalar;

c) distribuição e comercialização de medicamentos e alimentos;

d) funerários;

e) transporte coletivo;

f) captação e tratamento de esgoto e lixo;

g) telecomunicações;

h) guarda, uso e controle de substâncias radioativas, equipamentos e materiais nucleares;

i) processamento de dados ligados a serviços essenciais;

j) controle de tráfego aéreo;

l) compensação bancária.

Muito se discute, ademais, se o rol legal é taxativo ou exemplificativo. Embora haja reconhecidas vozes que sustentem a taxatividade das atividades essenciais previstas na Lei de Greve, inclusive decisões do próprio Tribunal Superior do Trabalho, ousamos dizer que a lista trazida no art. 10 do referido diploma é *meramente exemplificativa*, podendo, portanto, existir atividades ali não listadas que sejam, da mesma forma, imprescindíveis para a continuidade da vida social, de modo que eventual negativa da prestação de tais serviços poderia proporcionar indesejáveis e graves riscos à sobrevivência, à saúde ou à segurança da população.

Tomem-se como exemplos os *serviços públicos* que, por sua própria natureza, devem ser considerados essenciais, na acepção mais restrita da palavra. Inimaginável, portanto, a existência de serviços públicos não essenciais. Se assim o fossem, perderiam a característica publicística.

Ademais, há situações fáticas em que podemos vislumbrar atividades que, apesar de estritamente privadas, podem gerar, em *determinadas condições sociais*, iminente perigo à sobrevivência, à saúde ou à segurança da população local. Citamos como exemplo determinada indústria têxtil da qual toda a vida econômica da região é dependente, porquanto emprega, de forma direta, grande contingente da população local. O restante do comércio da região, de idêntica forma, encontra-se vinculado à produção têxtil da indústria, de modo que eventual paralisação da atividade econômica ensejaria forte impacto negativo em toda a sociedade local, levando riscos à vida social daquelas pessoas.

No exemplo citado, revela-se imperioso que sejam assegurados os requisitos específicos necessários para a declaração de regularidade da greve em atividades essenciais, conforme estudado algures (comunicação prévia de 72 horas e manutenção dos serviços indispensáveis ao atendimento das necessidades inadiáveis da comunidade)? Haveria interesse social difuso apto a ensejar a imediata atuação do Ministério Público do Trabalho? É possível, portanto, imaginar a atividade como de características essenciais?

Não é forçoso imaginar que as respostas sejam positivas. Ora, apesar de a essencialidade da atividade poder ter traços objetivos, somente em concreto o Tribunal terá subsídios necessários para enquadrar a atividade como essencial ou não, à guisa de *minuciosa análise do impacto da greve na vida social.*

O próprio *Supremo Tribunal Federal*, nos fundamentos jurídicos de decisão concedida em sede de mandado de injunção, ratificou a tese ora defendida, ao expor entendimento que a listagem das atividades essenciais previstas na Lei de Greve não se revela taxativa, mas, sim, um *rol exemplificativo tendente à evolução casuística.* Vejamos trecho da decisão:

> 4.3. Em razão dos imperativos da continuidade dos serviços públicos, contudo, não se pode afastar que, de acordo com as peculiaridades de cada caso concreto e mediante solicitação de entidade ou órgão legítimo, seja facultado ao tribunal competente impor a observância a regime de greve mais severo em razão de tratar-se de "serviços ou atividades essenciais", nos termos do regime fixado pelos arts. 9º a 11 da Lei nº 7.783/1989. Isso ocorre porque não se pode deixar de cogitar dos riscos decorrentes das possibilidades de que a regulação dos serviços públicos que tenham características afins a esses "serviços ou atividades essenciais" seja menos severa que a disciplina dispensada aos serviços privados ditos "essenciais". 4.4. *O sistema de judicialização do direito de greve dos servidores públicos civis está aberto para que outras atividades sejam submetidas a idêntico regime. Pela complexidade e variedade dos serviços públicos e atividades estratégicas típicas do Estado, há outros serviços públicos, cuja essencialidade não está contemplada pelo*

rol dos arts. 9° a 11 da Lei n° 7.783/1989. Para os fins desta decisão, a enunciação do regime fixado pelos arts. 9° a 11 da Lei n° 7.783/1989 é apenas exemplificativa (numerus apertus). (STF – MI 670/ES – Pleno – Relator Ministro Maurício Corrêa – *DJe* de 31.10.2008) (Grifo nosso)

3.2. INTERESSES TUTELADOS – VEDAÇÃO A INGERÊNCIAS ESTATAIS OU DE TERCEIROS

A *discricionariedade coletiva obreira* abraça, ainda, os *interesses* que devam defender por meio do exercício do direito de greve (art. 9°, *caput*, da CF c/c art. 1°, da Lei n° 7.783/1989). Com efeito, tratando-se de um instrumento exclusivamente sindical, à luz do texto constitucional, não pode haver qualquer tipo de ingerência normativa estatal de forma a restringir ou reduzir os motivos da deflagração. Da mesma forma, à luz das técnicas hermenêuticas afetas à eficácia horizontal dos direitos fundamentais, não é possível ao empregador restringir a atuação paredista, permanecendo *intangível a atuação discricionária coletiva*, quaisquer que sejam os interesses tutelados.

Portanto, cumpre exclusivamente aos trabalhadores, através de sua expressão coletiva, decidir sobre o objetivo da greve e os interesses por este instrumento tutelados, sejam de natureza profissional, econômica, ambiental, política ou social.

São os interesses tutelados pelos trabalhadores que conferem suporte às classificações das greves, conforme, portanto, a finalidade perseguida pela categoria. Muito embora as modalidades de greve que fogem aos interesses estritamente econômicos e profissionais encontrem, ainda, *indevida resistência doutrinária e jurisprudencial*, é certo que a Constituição Federal outorgou, exclusivamente aos trabalhadores, em texto claro, a discricionariedade dos interesses que devam defender por meio do exercício do direito de greve.

Com efeito, as *greves políticas* como instrumento de pressão em face do Estado, as *greves ambientais* que objetivam melhorar as condições de saúde, higiene e segurança no trabalho, além das *greves de solidariedade* deflagradas por categorias indiretamente atingidas pelas reivindicações encontram amparo legal e constitucional, sendo de possível ocorrência prática.

No entanto, infelizmente, a jurisprudência ainda se mostra bastante conservadora no trato da matéria. Recentemente, o Tribunal Superior do Trabalho ratificou sua posição em declarar a abusividade do movimento paredista, em razão de seus fins não econômicos. Vejamos:

Sindicato dos trabalhadores do Metrô-SP é multado em R$ 50 mil por greve em 2006

(Publicada pelo Tribunal Superior do Trabalho em 17.10.2011 – Postado por Relações do Trabalho em 18.10.2011 às 10:00)

O Sindicato dos Trabalhadores em Empresas de Transportes Metroviários de São Paulo terá que pagar R$ 50 mil de multa em consequência de uma paralisação de 24h realizada em 2006. A maioria dos ministros da Seção Especializada em Dissídios Coletivos (SDC) do Tribunal Superior do Trabalho concluiu que a greve foi abusiva, mas reduziu de R$ 100 mil para R$ 50 mil o valor da multa por descumprimento de determinação judicial – no caso, a decisão do Tribunal Regional do Trabalho da 2ª Região (SP) que impôs limites mínimos de circulação das linhas do metrô em diferentes horários. O relator na SDC foi o ministro Fernando Eizo Ono.

Na ação coletiva de greve ajuizada no TRT-SP, a Companhia do Metropolitano de São Paulo – Metrô alegou que os empregados haviam decidido pela paralisação de 24h a partir da 0h de

15.8.2006 por razões políticas. O motivo seria o descontentamento da categoria com o prosseguimento do processo de licitação para concessão à iniciativa privada, por meio de PPP (Parceria Público Privada), da Linha 4 (Amarela). Por se tratar de serviço de natureza essencial, a empresa pediu à Justiça do Trabalho que fixasse regras de circulação das linhas do metrô durante a greve. Em caráter liminar, então, o Regional determinou a circulação de 100% das linhas nos horários de pico (entre 6h e 9h e entre 16 e 19h) e 80% nos demais horários.

No julgamento do dissídio coletivo ajuizado pela companhia, o TRT-SP não só declarou a greve abusiva como multou o Sindicato pelo descumprimento da decisão judicial que impôs os limites mínimos de circulação. Para o Regional, a motivação da greve foi *política* (impedir a licitação da linha do metrô), e não teve o propósito de reivindicar melhores condições de trabalho para a categoria. Além do mais, a paralisação provocou enormes prejuízos à população, uma vez que não foi atendida a ordem de manutenção mínima dos serviços.

No recurso encaminhado ao TST, o sindicato sustentou que a greve foi em defesa do patrimônio público e da manutenção das condições de trabalho dos metroviários, porque a privatização da Linha Amarela ocasionaria o aviltamento dessas condições. Citou, por exemplo, que o edital de licitação previa que a empresa vencedora poderia operar os trens daquela linha sem empregados, e permitia que as estações fossem operadas com apenas um trabalhador.

Ainda de acordo com o sindicato, uma ação popular foi ajuizada justamente para suspender esse processo. Mas com o indeferimento da liminar requerida, outro recurso (desta vez, um agravo de instrumento) foi apresentado ao Tribunal de Justiça do Estado de São Paulo – que, em decisão liminar, suspendeu o processo licitatório até o julgamento final do agravo. Em resumo, o sindicato alegou que o Metrô descumprira essa decisão judicial ao republicar o edital de licitação e proceder à abertura dos envelopes das empresas interessadas, daí a motivação para a greve.

O julgamento no TST

O julgamento do recurso do sindicato na SDC começou na sessão de 12 de setembro, e foi interrompido pelo pedido de vista regimental do ministro Márcio Eurico Vitral Amaro. Na sessão do dia 10 de outubro, ele retornou com o processo à pauta e votou com o relator, ministro Fernando Eizo Ono, no sentido de manter a declaração de abusividade da greve e reduzir o valor da multa para R$50 mil.

Segundo o relator, a justificativa escolhida para a deflagração da greve é precisamente o que determina a sua abusividade. O ministro Eizo Ono explicou que, num Estado Democrático de Direito, o cumprimento das decisões judiciais é essencial, e existem meios apropriados para se combater o descumprimento de uma decisão antes do recurso da greve. Na avaliação do relator, o sindicato, "arvorando-se em defensor de decisão judicial descumprida, bem como do interesse público", deflagrou a greve sem legitimidade para isso e em nome da categoria, quando, na verdade, transparecia o desejo pessoal da liderança sindical.

Quanto ao valor da multa fixado pelo Regional, o relator reconheceu que a decisão liminar do TRT que determinara a circulação de 100% das linhas do metrô nos horários de pico e 80% nos horários normais não foi razoável, uma vez que, na prática, o seu cumprimento implicaria a regularização dos serviços e a frustração do exercício do direito de greve (garantido no art. 9º da Constituição da República e na Lei nº 7.783/1998 [Lei de Greve]).

Entretanto, o ministro Ono verificou que não houve nenhum tipo de iniciativa por parte do sindicato para mobilizar a categoria (no total, oito mil empregados) com a finalidade de cumprir a decisão judicial, da qual foi notificado na véspera da greve. O relator acredita, por exemplo, que na assembleia realizada na noite do dia 14, com a presença de cerca de mil trabalhadores, uma operação de emergência poderia ter sido iniciada.

Durante a votação, o ministro Maurício Godinho Delgado divergiu do relator com a interpretação de que a motivação para a greve não tinha sido política, pois a privatização pretendida pelo Metrô afetaria o trabalho dos funcionários da empresa. Ele chamou a atenção para o fato de que, no edital de licitação, havia a perspectiva real de mudanças nas condições de trabalho. O ministro Walmir Oliveira da Costa e o presidente do TST, ministro João Oreste Dalazen, acompanharam a divergência por entenderem que, no fundo, o sindicato visava à garantia dos interesses da categoria. O presidente ainda destacou que o cumprimento da liminar da Justiça do Trabalho (que impôs limites mínimos de circulação de linhas no dia da paralisação) era impossível.

Ao final, contudo, a maioria dos integrantes da SDC concordou com os fundamentos do relator, ministro Eizo Ono, em relação a manter a declaração de que a greve dos metroviários havia sido abusiva, ao mesmo tempo em que reduziu o valor da multa de R$100 mil para R$50 mil. (Lilian Fonseca/CF) (Processo: RODC-2025800-10.2006.5.02.0000).

Infelizmente, a jurisprudência pátria não reflete o entendimento do Comitê de Liberdade Sindical da OIT, que considera a declaração da ilegalidade de greve em protesto contra as consequências sociais e trabalhistas da política econômica do governo como grave violação da liberdade sindical. Vejamos:

O princípio mantido pelo Comitê de Liberdade Sindical, em reiteradas ocasiões, é a legitimidade das greves de âmbito nacional, na medida em que tenham objetivos econômicos e sociais e não puramente políticos; a proibição da greve só poderia ser aceitável com relação a funcionários públicos que exerçam funções de autoridade em nome do Estado ou com relação aos trabalhadores de serviços essenciais, no sentido estrito do termo (quer dizer, serviços cuja interrupção poderia por em risco a vida, a segurança ou a saúde da pessoa em toda ou parte da população) (OIT, 1996, § 492).

Também em relação à greve de solidariedade, os órgãos da OIT possuem entendimento vanguardista, se cotejado com a jurisprudência dos nossos Tribunais. Observem os leitores manifestação da Comissão de Peritos:

Certos países reconhecem a legitimidade das greves de solidariedade, que se fazem cada vez com maior frequência, devido à concentração de empresas, à globalização da economia e à relocação dos centros de trabalho. A Comissão ressalta que, sobre a matéria, é preciso fazer muitas distinções (por exemplo, quanto à exata definição do conceito de greve de solidariedade, à relação que justifica o recurso a esse tipo de greves etc.), mas considera que a proibição geral das greves de solidariedade poderia ser abusiva e que os trabalhadores deveriam poder empreender essas ações quando a greve inicial, com a qual se solidarizam, fosse em si mesma legal. (OIT, 1994a, § 168)

3.3. EFEITOS

De acordo com o art. 7º da Lei de Greve, a participação em greve *suspende o contrato de trabalho*. Com efeito, em não havendo prestação pessoal dos serviços, impõe-se a ausência de obrigação financeira, tratando-se de efeito típico da adesão ao movimento paredista, ainda que se trate do exercício de greve com legalidade de origem.

No entanto, o mesmo dispositivo legal faz ressalva no sentido de que as relações obrigacionais, durante o período, devem ser regidas pelo acordo, convenção, laudo arbitral ou decisão da Justiça do Trabalho. Nessa esteira, mais das vezes, as negociações contemporâneas preveem o *abrandamento dos efeitos típicos da greve*, de modo a, por exemplo, abonar os dias parados por meio do pagamento salarial do período respectivo, condicionado à recuperação da produção paralisada.

RECURSO ORDINÁRIO – GREVE – SUSPENSÃO DO CONTRATO DE TRABALHO – DES-CONTO SALARIAL DO DIA DE PARALISAÇÃO. CABIMENTO. O direito de greve, previsto no art. 9º da Constituição Federal, não é ilimitado, mas sim balizado pelas determinações legais regentes da matéria, o que no ordenamento jurídico brasileiro coube à Lei nº 7.883/1989. E um dos efeitos da deflagração de movimento grevista é a suspensão dos contratos de trabalho dos empregados envolvidos, a teor do disposto em seu art. 7º. Portanto, *ainda que declarada a legalidade da greve, inexiste direito à remuneração pelos dias não trabalhados, a menos que haja instrumento coletivo ou sentença normativa dispondo em sentido contrário ou que a paralisação tenha decorrido de atrasos salariais reiterados ou de* lock-out, hipóteses não verificadas nestes autos. Recurso ordinário conhecido e não provido. (TRT – 21ª R. – RO 94200-31.2010.5.21.0004 – (98.934) – Relator José Rêgo Júnior – *DJe* de 6.12.2010)

Cientes do efeito imediato da greve (suspensão do contrato de trabalho), os sindicatos profissionais costumam criar fundos específicos com a finalidade exclusiva de financiar o pagamento salarial dos grevistas durante o movimento paredista. Assim procedendo, o ente sindical fortalece a adesão à greve, mormente pelo apoio de trabalhadores que, à míngua da contraprestação de natureza alimentar, deixariam de aderir ao movimento.

É importante registrar, por oportuno, que o Supremo Tribunal Federal reconheceu a existência de repercussão geral em matéria discutida no Agravo de Instrumento nº 853.275, no qual se discute a possibilidade do desconto nos vencimentos dos servidores públicos dos dias não trabalhados em virtude de greve. Nos termos da decisão, a discussão acerca da efetiva implementação do direito de greve no serviço público, com suas consequências para a continuidade da prestação do serviço e o desconto dos dias parados, é tema de índole eminentemente constitucional, porquanto versa sobre a correta interpretação da norma do art. 37, inciso VII, da Constituição Federal, circunstância que recomenda uma tomada de posição definitiva da Corte sobre o tema.

3.4. GREVE DE SERVIDORES

A *garantia constitucional de sindicalização e greve* foi estendida aos *servidores* no texto constitucional, em consonância com a tendência internacional de reconhecimento da greve como direito de grandeza fundamental (art. 37, VI e VII). Com efeito, para a Carta Magna, a característica subjetiva não é óbice ao direito de greve, desde que seu exercício esteja regulamentado em lei específica.

De acordo com a tradicional classificação de José Afonso da Silva, cuida-se de uma *norma constitucional de eficácia limitada*, porquanto exige regulamentação infraconstitucional para produzir, de forma plena e integral, seus efeitos jurídicos. À míngua de tal normatização, não seria possível, a princípio, que os servidores públicos exercessem o seu constitucional direito de greve.

A longa *inércia legislativa* na regulamentação do referido dispositivo constitucional (mais de duas décadas de omissão) acabou por *negar efetividade* ao direito fundamental reconhecido no texto da Carta Magna, motivo que serviu de fundamento para que o Supremo Tribunal Federal, em sede de mandado de injunção, decidisse pela adoção analógica supletiva da Lei de Greve referente aos serviços essenciais privados.

Com efeito, decidiu a Suprema Corte que, *enquanto perdurar a omissão congressista*, deve ser chamada a *aplicação subsidiária da Lei nº 7.783/1989*, em específico no que diz respeito às atividades essenciais, outorgando efetividade jurídica e social ao direito previsto no texto constitucional. Em razão da importância do tema, entendemos de bom senso a reprodução, parcial, da decisão do STF:

MANDADO DE INJUNÇÃO – GARANTIA FUNDAMENTAL – DIREITO DE GREVE DOS SERVIDORES PÚBLICOS CIVIS (CF, ART. 37, INCISO VII) – EVOLUÇÃO DO TEMA NA JURISPRUDÊNCIA DO SUPREMO TRIBUNAL FEDERAL. Mandado de injunção. Garantia fundamental (CF, art. 5º, inciso LXXI). Direito de greve dos servidores públicos civis (CF, art. 37, inciso VII). Evolução do tema na jurisprudência do Supremo Tribunal Federal (STF). Definição dos parâmetros de competência constitucional para apreciação no âmbito da Justiça Federal e da Justiça Estadual até a edição da legislação específica pertinente, nos termos do art. 37, VII, da CF. Em observância aos ditames da segurança jurídica e à evolução jurisprudencial na interpretação da omissão legislativa sobre o direito de greve dos servidores públicos civis, fixação do prazo de 60 (sessenta) dias para que o Congresso Nacional legisle sobre a matéria. Mandado de injunção deferido para determinar a aplicação das Leis nºs 7.701/1988 e 7.783/1989. (...) 3. Direito de greve dos servidores públicos civis. Hipótese de omissão legislativa inconstitucional. Mora judicial, por diversas vezes, declarada pelo Plenário do STF. Riscos de consolidação de típica omissão judicial quanto à matéria. A experiência do direito comparado. Legitimidade de adoção de alternativas normativas e institucionais de superação da situação de omissão. 3.1 A permanência da situação de não regulamentação do direito de greve dos servidores públicos civis contribui para a ampliação da regularidade das instituições de um Estado Democrático de Direito (CF, art. 1º). Além de o tema envolver uma série de questões estratégicas e orçamentárias diretamente relacionadas aos serviços públicos, a ausência de parâmetros jurídicos de controle dos abusos cometidos na deflagração desse tipo específico de movimento grevista tem favorecido que o legítimo exercício de direitos constitucionais seja afastado por uma verdadeira "lei da selva". 3.2 Apesar das modificações implementadas pela Emenda Constitucional nº 19/1998 quanto à modificação da reserva legal de lei complementar para a de lei ordinária específica (CF, art. 37, VII), observa-se que o direito de greve dos servidores públicos civis continua sem receber tratamento legislativo minimamente satisfatório para garantir o exercício dessa prerrogativa em consonância com imperativos constitucionais. 3.3 Tendo em vista as imperiosas balizas jurídico-políticas que demandam a concretização do direito de greve a todos os trabalhadores, o STF não pode se abster de reconhecer que, assim como o controle judicial deve incidir sobre a atividade do legislador, é possível que a Corte Constitucional atue também nos casos de inatividade ou omissão do Legislativo. 3.4. A mora legislativa em questão já foi, por diversas vezes, declarada na ordem constitucional brasileira. Por esse motivo, a permanência dessa situação de ausência de regulamentação do direito de greve dos servidores públicos civis passa a invocar, para si, os riscos de consolidação de uma típica omissão judicial. 3.5 Na experiência do direito comparado (em especial, na Alemanha e na Itália), admite-se que o Poder Judiciário adote medidas normativas como alternativa legítima de superação de omissões inconstitucionais, sem que a proteção judicial efetiva a direitos fundamentais se configure como ofensa ao modelo de separação de poderes (CF, art. 2º). 4. Direito de greve dos servidores públicos civis. Regulamentação da lei de greve dos trabalhadores em geral (Lei nº 7.783/1989). Fixação de parâmetros de controle judicial do exercício do direito de greve pelo legislador infraconstitucional. 4.1 A disciplina do direito de greve para os trabalhadores em geral, quanto às "atividades essenciais", é especificamente delineada nos arts. 9º a 11 da Lei nº 7.783/1989. Na hipótese de aplicação dessa legislação geral ao caso específico do direito de greve dos servidores públicos, antes de tudo, afigura-se inegável o conflito existente entre as necessidades mínimas de legislação para o exercício do direito de greve dos servidores públicos civis (CF, art. 9º, *caput*, c/c art. 37, VII), de um lado, e o direito a serviços públicos adequados e prestados de forma contínua a todos os cidadãos (CF, art. 9º, § 1º), de outro. Evidentemente, não se outorgaria ao legislador qualquer poder discricionário quanto à edição, ou não, da lei disciplinadora do direito de greve. O legislador poderia adotar um modelo mais ou menos rígido, mais ou menos restritivo do direito de greve no âmbito do serviço público, mas não poderia deixar de reconhecer direito previamente definido pelo texto da Constituição. Considerada a evolução jurisprudencial do tema perante o STF, em sede do mandado de injunção, não se pode atribuir amplamente ao legislador a última palavra acerca da concessão, ou não, do direito de greve dos servidores públicos civis, sob pena de se esvaziar direito fundamental positivado. Tal premissa, contudo, não impede que, futuramente, o legislador infraconstitucional confira novos contornos acerca da adequada configuração da disciplina desse direito constitucional. 4.2 Considerada a omissão legislativa alegada na espécie, seria o caso de se acolher a pretensão, tão somente no sentido de que se aplique a Lei nº 7.783/1989 enquanto a omissão não for devidamente regulamentada por lei específica para os servidores públicos civis (CF, art. 37, VII). 4.3 Em razão dos imperativos da continuidade dos serviços públicos, contudo, não se pode afastar que, de acordo com as peculiaridades de cada caso concreto e mediante solicitação de entidade ou órgão legítimo, seja facultado ao tribunal competente impor a observância a regime de greve mais severo em razão de tratar-se de "serviços ou atividades essenciais", nos termos do regime fixado pelos arts. 9º a 11 da Lei nº 7.783/1989. Isso ocorre porque não se pode deixar de cogitar dos riscos decorrentes das possibilidades de que a regulação dos serviços públicos que tenham características afins a esses "serviços ou atividades essenciais" seja menos severa que a disciplina dispensada aos serviços privados ditos "essenciais". 4.4 O sistema de judicialização do direito de greve dos servidores públicos civis está aberto para que outras atividades sejam submetidas a idêntico regime. Pela complexidade e variedade dos serviços públicos e atividades estratégicas típicas do Estado, há outros serviços públicos, cuja essencialidade não está contemplada pelo rol dos arts. 9º a 11 da Lei nº 7.783/1989. Para os fins desta decisão, a enunciação do regime fixado pelos arts. 9º a 11 da Lei nº 7.783/1989 é apenas exemplificativa (*numerus apertus*). (...) 6. Definição dos parâmetros de competência constitucional para apreciação do tema no âmbito da Justiça Federal e da Justiça Estadual até a edição da legislação específica pertinente, nos termos do art. 37, VII, da CF. Fixação do prazo de 60 (sessenta) dias para que o Congresso Nacional legisle sobre a matéria. Mandado de injunção deferido para determinar a aplicação das Leis nᵒˢ 7.701/1988 e 7.783/1989. 6.1 Aplicabilidade aos servidores públicos civis da Lei nº 7.783/1989, sem prejuízo de que, diante do caso concreto e mediante solicitação de entidade ou órgão legítimo, seja facultado ao juízo competente a fixação de regime de greve mais severo, em razão de tratarem de "serviços ou atividades essenciais" (Lei nº 7.783/1989, arts. 9º a 11). (...) 6.7 Mandado de injunção conhecido e, no mérito, deferido para, nos termos acima especificados, determinar a aplicação das Leis nᵒˢ 7.701/1988 e 7.783/1989 aos conflitos e às ações judiciais que envolvam a interpretação do direito de greve dos servidores públicos civis. (STF – MI 670 – Pleno – Relator Ministro Maurício Corrêa – Relator p/o Ac. Ministro Gilmar Mendes – *DJe* de 31.10.2008).

A decisão do Supremo Tribunal Federal encontra respaldo nos mais diversos instrumentos internacionais, com especial destaque para as *Convenções nᵒˢ 87 e 151 da Organização Internacional do Trabalho*, esta última ratificada pelo Brasil, muito embora não regulamentada.

Apesar de não mencionar expressamente o direito de greve, a Convenção nº 87, de 1948, sobre liberdade sindical e proteção do direito de sindicalização, consagra o direito, por parte das organizações de trabalhadores e de empregadores, "de organizar sua administração e suas atividades e de formular seu programa de ação" (art. 3º), e estabelece como objetivo das ditas organizações "promover e defender os interesses dos trabalhadores ou dos empregadores" (art. 10). De acordo com Alberto Odero, Bernard Gernigon e Horácio Guido (2002):

a partir dessas disposições, dois órgãos instituídos para supervisionar a aplicação das normas da OIT – o Comitê de Liberdade Sindical (a partir de 1952) e a Comissão de Peritos em Aplicação de Convenções e Recomendações (a partir de 1959) – reconheceram, em várias oportunidades, o direito de greve como fundamental dos trabalhadores e de suas organizações, e delimitaram o âmbito no qual deve ser exercido, elaborando um corpo de princípios sobre o direito de greve, uma extensa 'jurisprudência', compreendida no sentido amplo do termo, que precisa o alcance das mencionadas disposições.

A Convenção nº 87 da OIT, ainda não ratificada por nosso país, traz específicas ponderações à ampla e irrestrita liberdade sindical, o que abrange, conforme visto alhures, o direito de greve. Em seu art. 9º, item 1, o instrumento internacional dispõe que a legislação nacional determinará o âmbito de aplicação às *forças armadas* e à *polícia* das garantias previstas na Convenção, limitando, portanto, o acesso aos direitos decorrentes da liberdade sindical.

A restrição encontra fundamento nos *riscos de segurança nacional e soberania* (no caso das forças armadas) e do *grave comprometimento à ordem pública e social* (no caso da polícia). Este é o entendimento majoritário na doutrina e na jurisprudência pátria, o que deve ser do conhecimento dos candidatos.

Não obstante, não podemos deixar de registrar *entendimento evolutivo* ecoado em poucas vozes nacionais, como este, proferido em aula pela professora Lúcia Teixeira da Costa Oliveira:

> Devem ser obtemperados, todavia, algumas particularidades como os baixos salários, a falta de estrutura executiva, a vulnerabilidade social e a crise moral como *legitimadores metajurídicos* das paralisações policiais contemporâneas. Assim, circunstancialmente, a ponderação da legalidade destas, em especial quanto aos efeitos financeiros e punitivos, devem ser atenuados.

No âmbito internacional, já se fala em proteção compensatória para as categorias absolutamente privadas ou com restrições de exercício do direito de greve, tendo em vista a perda ou a significativa supressão desse direito fundamental. Exemplos de garantias insertas na teia protetiva seriam procedimentos de conciliação e arbitragem adequados, imparciais e céleres.

Assim é a posição da Comissão de Peritos:

> Se o direito de greve for objeto de restrições ou de proibições, os trabalhadores, que se virem assim privados de um meio essencial de defesa de seus interesses socioeconômicos e profissionais, deveriam gozar de garantias compensatórias, por exemplo, de procedimentos de conciliação e mediação, que, no caso de se chegar a um ponto morto nas negociações, abrissem espaço para um procedimento de arbitragem que gozasse da confiança dos interessados. É imprescindível poderem estes últimos participar na definição e na execução do procedimento, que deveria, além disso, prever garantias suficientes de imparcialidade e rapidez; os laudos arbitrais deveriam ter caráter obrigatório para ambas as partes e, uma vez emitidos, ser rápida e plenamente aplicados. (OIT, 1994, § 152)

3.5. DIREITO AO TRABALHO

De acordo com o art. 6º, § 3º, da Lei nº 7.783/1989, "as manifestações e atos de persuasão utilizados pelos grevistas não poderão impedir o acesso ao trabalho (...)". Cuida-se do respeito ao *direito ao trabalho.*

Alguns juristas questionam a constitucionalidade do referido dispositivo legal sob o fundamento de que representa *restrição ao direito de greve*, este de natureza fundamental. O ministro Maurício Godinho Delgado justifica seu entendimento: "[...] neste caso, o ato individual de insistir no cumprimento isolado do contrato choca-se com o direito coletivo garantido. Inexistindo violência física e moral nos piquetes, estes são lícitos, por força do direito garantido na Constituição, podendo, desse modo, inviabilizar, fisicamente, o acesso ao trabalho" (DELGADO, 2008, p. 1.426).

Neste ponto, ousamos discordar do eminente doutrinador. É lição inicial do estudo dos direitos fundamentais que seu exercício encontra limite em outro direito de idêntica grandeza. No caso em análise, o aparente choque de direitos fundamentais (direito à greve *versus* direito ao trabalho) deve ser solucionado à luz de *critérios de razoabilidade e proporcionalidade*, de modo a proteger o *núcleo essencial* de ambos.

O estudo constitucional proposto por Robert Alexy direciona a *máxima da proporcionalidade* em três vertentes, representadas pela adequação, necessidade e proporcionalidade em sentido estrito, que irão balizar a conduta do operador jurídico quando do conflito de direitos fundamentais. Em breve síntese, por fugir ao escopo do presente tema, a *adequação* seria a compatibilidade entre meio e fim; a *necessidade* seria a inexistência de outros meios para atingir-se o fim pretendido; e, por sua vez, a *proporcionalidade em sentido estrito* seria a ponderação casuística da valoração que cada direito mereça receber.

No caso em apreço, entendemos *não atingida a vertente da necessidade*. Isso porque a deflagração, a adesão, a solidez e, enfim, os resultados positivos por meio do atendimento às reivindicações podem ser obtidos sem necessidade de agredir o direito fundamental ao trabalho de outrem, sendo *desnecessário*, portanto, que as *manifestações e os atos de persuasão impeçam o acesso ao trabalho*.

3.6. INTERDITO PROIBITÓRIO

O interdito proibitório, cujos aspectos processuais serão objeto de análise no presente estudo, em momento oportuno, pode ser definido como o *instrumento para a defesa indireta da posse* sob iminente ameaça de *turbação* (perturbação) ou *esbulho* (ofensa impeditiva do exercício da posse).

Por óbvio, é desnecessário dizer que o referido instrumento processual *não serve para impedir ou relativizar o exercício do direito de greve*, porquanto esta, por si só, não traz qualquer turbação ou esbulho à propriedade produtiva empresarial. O manejo do interdito proibitório merece *olhar exceptivo*, justificado exclusivamente na violência e nos iminentes danos patrimoniais porventura utilizados pelos trabalhadores como instrumento intimidador.

Ocorre, no entanto, que os empregadores vêm se utilizando do instrumento processual para *esvaziar o movimento grevista*, perseguindo um balizamento prévio das manifestações e reivindicações da categoria, em afronta ao direito fundamental de greve. Com efeito, o Judiciário deve ter cautela na análise do interdito proibitório, decidindo com prudência e sensatez, à luz do livre exercício e da natureza fundamental do direito de greve.

3.7. ANÁLISE CRÍTICA À LEI DE GREVE – ABORDAGEM SOB A PERSPECTIVA DO SAUDOSO JURISTA URUGUAIO OSCAR ERMIDA URIARTE – GREVES ATÍPICAS

Um interessante ponto de vista, e que merece ser conhecido pelos leitores, é a opinião do eminente jurista Oscar Ermida Uriarte que, em sua obra *A flexibilização da greve* (2000), faz uma minuciosa análise do Direito coletivo do trabalho latino-americano, trazendo *posicionamentos vanguardistas* no que concerne ao direito de greve. De acordo com o referido jurista, todas as reformas legislativas flexibilizadoras têm-se concentrado na *desregulamentação do Direito individual do trabalho*, mantendo, em termos gerais, o caráter interventor, regulamentarista e restritivo da legislação sobre Direito coletivo do trabalho. Quando se fala em onda flexibilizadora, nunca se aponta para o Direito coletivo, tradicionalmente rígido.

A *rigidez do Direito coletivo pátrio* está refletida na definição de greve traçada pelo art. 2º da Lei nº 7.783/1989. Diferentemente da Constituição Federal, tal conceituação inscreve-se, segundo o autor, na discutível *tradição latino-americana de regulamentação rígida e restritiva do direito de greve*. Sua definição como mera suspensão do trabalho (efeito tradicionalmente atribuído à greve) exclui todas as modalidades que não a supõem.

Faz-se necessário empreender a leitura da referida conceituação à luz do sistema internacional, que acolhe completamente as diversas modalidades de exercício de greve, impondo-lhe, como limite, o caráter pacífico das medidas em questão. Isso porque, há algum tempo, vem-se verificando uma *expansão das formas atípicas de greve*, de tal modo que se pode dizer que as formas do conflito coletivo se orientam cada vez mais para as denominadas *greves atípicas*. Tal se justifica para *maximizar os efeitos* da greve e *minimizar os prejuízos* que possam sofrer os grevistas, em especial em matéria salarial.

Ademais, a *pós-modernização empresarial* tem seu correlato na pós-modernização e *flexibilização das medidas de autotutela*. Portanto, as novas ou renovadas formas atípicas de greve são, em boa parte, adaptação da autotutela ao processo produtivo sobre o qual pretende operar.

Ora, a pós-modernidade trouxe consigo a fragmentação e a dispersão das unidades produtivas, notadamente por meio da descentralização da empresa em várias unidades menores aparentemente autônomas, externalização do trabalho, terceirização, subcontratação etc. De acordo com o autor uruguaio, essas medidas, se não inviabilizam, dificultam sobremaneira o exercício democrático e o direto da discussão e a adoção de decisões dos trabalhadores. É o *enfraquecimento da greve típica*, conclui o jurista.

Esse novo cenário tem levado à criação de novas modalidades de conflito coletivo, à *reformulação do exercício do direito de greve*. Uma dessas renovadas formas de greve ataca a visibilidade empresarial, alcançando uma parte sensível da gestão empresarial contemporânea: a *imagem corporativa*. Isso tem razão de ser na medida em que o exercício da greve típica, através da suspensão total das atividades, afeta a opinião pública e o consumidor, cada vez mais reacionários e alienados, que reagem imediatamente contra a greve que os priva de seus objetos de consumo, sem levar em conta as causas dessa situação.

O exemplo a seguir citado, embora não tenha sido extraído da obra ora sob análise, revela-se, em nosso entendimento, bastante compatível com a tese por ela defendida. Imaginem a repercussão midiática no dia seguinte à deflagração de uma greve de motoristas e cobradores de ônibus. Possivelmente, os jornais trariam manchetes como "Motoristas param" ou "Greve dos motoristas provoca caos", fulminando qualquer apoio ou adesão social ao movimento grevista.

Agora, imaginem se o sindicato resolvesse deflagrar greve no sentido de informar aos empregadores e usuários, no prazo legal, que os trabalhadores não iriam cobrar o valor das passagens, fazendo com que as empresas não permitissem a saída dos veículos às ruas. Haveria, nesse caso, uma *transferência dos prejuízos afetos à imagem e à opinião social*.

Com efeito, a conceituação de greve deve ser a mais ampla possível, e o único limite plausível ao seu exercício é a manutenção dos serviços essenciais, porquanto envolvem valores sociais especiais.

3.8. *LOCK-OUT* E *LOCK-IN*

3.8.1. Princípio da equivalência dos contratantes coletivos

O estudo do *lock-out* exige o conhecimento do princípio do direito coletivo do trabalho denominado *equivalência dos contratantes coletivos*.

Como é do conhecimento de todos, o *empregador*, isoladamente, já é um *ser coletivo*, na medida em que seus atos e decisões possuem repercussão difusa no meio social. O viés coletivo obreiro, em contrapartida, surge por intermédio da união associativa sindical, equilibrando, dessa forma, a disparidade social, econômica e jurídica entre as partes envolvidas.

Com a finalidade precípua de viabilizar um *equilíbrio de forças na contratação coletiva*, mormente em se tratando de um centro autônomo legiferante, cuidou o texto constitucional de tornar *obrigatória a participação dos sindicatos nas negociações coletivas de trabalho* (art. 8º, VI). Destarte, somente por meio do ente sindical, o trabalhador deixa de ser uma figura isolada (cujos atos se cingem ao contrato individual de trabalho) para tornar-se um *ser coletivo* dotado dos instrumentos mais eficazes de atuação e pressão. Dentre esses vários instrumentos, conforme já repetidamente mencionado algures, está a greve.

3.8.2. *Lock-out*

O *lock-out* é a greve do empregador. É a paralisação das atividades da empresa de forma deliberada, com a *finalidade de frustrar eventuais reivindicações dos trabalhadores*, impondo-lhes, unilateralmente, a vontade patronal. Evidencia-se, portanto, uma agressão ao princípio constitucional da livre negociação coletiva.

Ora, fácil imaginar que o fechamento da empresa por determinação do empregador com objetivo de exercer pressão e enfraquecer as reivindicações operárias enseja um *desequilíbrio injustificado* nas relações coletivas, fulminando o princípio da equivalência dos contratantes coletivos. É, portanto, um ato *desleal, desproporcional e antissindical*.

Em síntese, podemos dizer que a greve, como instrumento de autotutela, somente é assegurada pela ordem jurídica aos trabalhadores em sua acepção coletiva, de modo a possibilitar um equilíbrio de forças no trato coletivo. Afinal, "destituir os trabalhadores das potencialidades de tal instrumento é tornar falacioso o princípio juscoletivo da *equivalência entre os contratantes coletivos*, em vista da magnitude dos instrumentos de pressão coletiva naturalmente detidos pelos empregadores" (DELGADO, 2008, p. 165).

Tratando-se de um *mecanismo injusto e multiplicador do poder empregatício*, o *lock-out* proporciona um desequilíbrio de forças indesejável pelo Direito Coletivo do Trabalho, indo de encontro, inclusive, ao princípio constitucional da valorização do trabalho humano(art. 170). Com efeito, assim como nos demais países ocidentais democráticos, a Lei de Greve cuidou de proibir, de forma clara e expressa, esse recurso.

Portanto, além de ser falta grave empresarial apta a ensejar a *rescisão indireta* do contrato de trabalho, será devido o pagamento de todo o período da paralisação das atividades empresariais, considerando-se *interrupção contratual*.

Por fim, merece registro que a própria inércia patronal em assegurar a manutenção mínima dos serviços essenciais pode caracterizar o *lock-out*. Nesse sentido, destaca-se a seguinte decisão:

> GREVE – ABUSIVIDADE DE AMBAS AS CATEGORIAS EM CONFLITO – RODOVIÁRIOS. I – Nos serviços ou atividades essenciais, os sindicatos, os empregadores e os trabalhadores ficam obrigados, de comum acordo, a garantir, durante a greve, a prestação dos serviços indispensáveis ao atendimento das necessidades inadiáveis da comunidade (art. 11 da Lei nº 7.783/1989). II – Se a manutenção mínima dos serviços de transporte coletivo não dependia apenas dos trabalhadores, configura-se autêntico *lock-out* patronal a suspensão do serviço essencial para a comunidade, capaz de justificar o deferimento das reivindicações e a aplicação das multas impostas pelo E. Tribunal, até porque nenhuma das entidades sindicais (profissional ou econômica), em que pese a paralisação das atividades, tomou a iniciativa de ajuizar o dissídio coletivo, o que apenas foi promovido por provocação do Ministério Público do Trabalho, quando já exauridas as tentativas de negociação (art. 83, VIII, da LC nº 75/1993; art. 856 da CLT; e art. 8º da Lei nº 7.783/1989). (TRT – 8ª R. – DC 2621/2003 – SE – Relator Juiz Vicente José Malheiros da Fonseca – j. em 16.5.2003)

3.8.3. *Lock-in*

Na contramão do *lock-out* (paralisação das atividades empresariais de forma deliberada pelo empregador), o *lock-in* ocorre quando os trabalhadores, além de sustarem a prestação pessoal dos serviços, *ocupam os locais de trabalho*.

A ocupação estratégica dos locais de trabalho pelo movimento paredista não encontra resistência jurídica, desde que, por óbvio, os piquetes sejam feitos por *meios pacíficos*, sem violar ou constranger os direitos e garantias fundamentais de terceiros.

3.9. SÚMULAS E ORIENTAÇÕES JURISPRUDENCIAIS

♦ *OJ-SDC Nº 10* • GREVE ABUSIVA NÃO GERA EFEITOS. É incompatível com a declaração de abusividade de movimento grevista o estabelecimento de quaisquer vantagens ou garantias a seus partícipes, que assumiram os riscos inerentes à utilização do instrumento de pressão máximo.

692 | MPT – preparando-se para o concurso de Procurador do Trabalho

♦ *OJ-SDC Nº 11* • GREVE – IMPRESCINDIBILIDADE DE TENTATIVA DIRETA E PACÍFICA DA SOLUÇÃO DO CONFLITO – ETAPA NEGOCIAL PRÉVIA. É abusiva a greve levada a efeito sem que as partes hajam tentado, direta e pacificamente, solucionar o conflito que lhe constitui o objeto.

♦ *OJ-SDC Nº 38* • GREVE – SERVIÇOS ESSENCIAIS. GARANTIA DAS NECESSIDADES INADI-ÁVEIS DA POPULAÇÃO USUÁRIA – FATOR DETERMINANTE DA QUALIFICAÇÃO JURÍ-DICA DO MOVIMENTO. É abusiva a greve que se realiza em setores que a lei define como sendo essenciais à comunidade, se não é assegurado o atendimento básico das necessidades inadiáveis dos usuários do serviço, na forma prevista na Lei nº 7.783/1989.

3.10. QUESTÕES RESOLVIDAS E COMENTADAS

(MPT – 17º Concurso) Leia e analise as assertivas a seguir:

I – Os interditos proibitórios utilizados pelas empresas durante as greves, no 1º grau de jurisdição da Justiça do Trabalho, são ações cíveis cujo objetivo legal é defender o direito de propriedade em face de atos de vandalismo e de piquetes, de qualquer natureza, dos trabalhadores.

II – O Ministério Público do Trabalho pode apurar situações de condutas antissindicais praticadas por empresas, sindicatos ou outros grupos, e, sequencialmente, propor ações no primeiro grau de jurisdição da Justiça do Trabalho, perante a qual pode postular, inclusive, reparação por danos morais coletivos e tutelas inibitórias.

III – Embora as Centrais Sindicais participem das grandes negociações econômicas nacionais, com entidades patronais e o Governo, elas não podem firmar Acordos Coletivos de Trabalho nem Convenções Coletivas de Trabalho, mas lhes é facultado o assessoramento e a presença de representantes por sindicatos.

IV – A "pulverização sindical" (como desmembramentos, cisões e fracionamentos) tem representado um subterfúgio ao princípio da unidade sindical, previsto na Constituição da República, haja vista que o Brasil não é signatário da Convenção nº 87 da Organização Internacional do Trabalho.

Da sequência acima, é **CORRETO** afirmar que:

[A] apenas as assertivas I, III e IV estão incorretas;

[B] apenas as assertivas I e IV estão incorretas;

[C] apenas as assertivas II, III e IV estão corretas;

[D] apenas as assertivas II e IV estão corretas;

[E] não respondida.

Gabarito oficial: alternativa [B].

Comentários do autor:

☆ *Como vimos, o interdito proibitório é um **instrumento utilizado para a defesa indireta da posse** sob iminente ameaça de **turbação** (perturbação) ou **esbulho** (ofensa impeditiva do exercício da posse). Os interditos proibitórios utilizados pelas empresas durante as greves, no*

*1º grau de jurisdição da Justiça do Trabalho, são ações possessórias que visam a resguardar o patrimônio da empresa e o acesso pacífico dos clientes e trabalhadores que não adiram ao movimento grevista. Com efeito, ao contrário do que sugere o item I, os piquetes não representam, por si somente, qualquer ameaça ao patrimônio das empresas a justificar a utilização do instituto em comento. Os piquetes são legítimos, sempre que pacíficos. Em verdade, a questão tenta levar o candidato a erro já conhecido na experiência forense trabalhista, pois os empregadores vêm se utilizando do interdito proibitório para **esvaziar o movimento grevista**, perseguindo um balizamento prévio das manifestações e reivindicações da categoria, em afronta ao direito fundamental de greve.*

✯ *Os demais itens já foram comentados no tópico específico do Capítulo 1 – Noções Gerais de Direito Sindical, neste mesmo Título IV, para onde remetemos os leitores. (v. pág. 640)*

(MPT – 15º Concurso) Sobre o exercício do direito de greve:

I – é assegurado o direito de greve, competindo aos trabalhadores decidir a oportunidade de exercê-lo e sobre os interesses que devam por meio dele defender e, para o seu exercício nas atividades consideradas essenciais, o sindicato deverá comunicar a empresa com antecedência mínima de 48 horas e à população no prazo de 72 horas;

II – o *lock-out* é a paralisação das atividades pelo empregador, constitucionalmente garantido para que seja respeitado o princípio da igualdade;

III – não havendo acordo, é vedado ao empregador, enquanto perdurar a greve, a contratação direta de outros trabalhadores para a manutenção dos equipamentos essenciais.

Assinale a alternativa **CORRETA**:

[A] todas as assertivas são incorretas;

[B] apenas as assertivas II e III são corretas;

[C] apenas as assertivas I e III são incorretas;

[D] apenas a assertiva III é correta;

[E] não respondida.

Gabarito oficial: alternativa [A].

Comentários do autor:

✯ *Já estudamos que os requisitos mínimos para que o exercício do direito de greve não seja considerado abusivo varia de acordo com a essencialidade ou não da atividade paralisada. No que diz respeito, especificamente, ao requisito da publicidade e transparência da greve, vejamos o que dispõem os arts. 3º, parágrafo único, e 13, caput, da Lei nº 7.783/1989:*

Atividades produtivas estritamente privadas

Art. 3º. Frustrada a negociação ou verificada a impossibilidade de recursos via arbitral, é facultada a cessação coletiva do trabalho.

Parágrafo único. A entidade patronal correspondente ou os empregadores diretamente interessados serão notificados, com antecedência mínima de 48 (quarenta e oito) horas, da paralisação.

Atividades essenciais

Art. 13. Na greve, em serviços ou atividades essenciais, ficam as entidades sindicais ou os trabalhadores, conforme o caso, obrigados a comunicar a decisão aos empregadores e aos usuários com antecedência mínima de 72 (setenta e duas) horas da paralisação.

✰ Com efeito, o item I ignora a diferença existente no requisito da publicidade entre atividades essenciais e estritamente privadas, trazendo previsão errônea em sua parte final.

✰ O item II vai contra a vedação do lock-out no ordenamento jurídico brasileiro. Ao revés do que sugere a assertiva sob análise, a paralisação das atividades da empresa de forma deliberada proporciona um **desequilíbrio** de forças indesejável pelo Direito Coletivo do Trabalho. Assim dispõe o art. 9º, caput e parágrafo único, da Lei de Greve:

Art. 9º. Durante a greve, o sindicato ou a comissão de negociação, mediante acordo com a entidade patronal ou diretamente com o empregador, manterá em atividade equipes de empregados com o propósito de assegurar os serviços cuja paralisação resultem em prejuízo irreparável, pela deterioração irreversível de bens, máquinas e equipamentos, bem como a manutenção daqueles essenciais à retomada das atividades da empresa quando da cessação do movimento.

*Parágrafo único. Não havendo acordo, **é assegurado ao empregador, enquanto perdurar a greve, o direito de contratar diretamente os serviços necessários a que se refere este artigo**.*

✰ Incorreto, portanto, o item III.

(MPT – 15º Concurso) Assinale a alternativa **INCORRETA**:

[A] o Direito Coletivo do Trabalho estrutura-se em torno dos seres coletivos trabalhistas, atuando na resolução dos conflitos coletivos no âmbito das relações laborais;

[B] são conflitos coletivos trabalhistas aqueles que atingem comunidades específicas de trabalhadores e empregadores ou tomadores de serviços, quer no âmbito restrito do estabelecimento ou empresa, quer em âmbito mais largo, envolvendo a categoria ou, até mesmo, comunidade obreira mais ampla;

[C] a resolução dos conflitos coletivos de trabalho está concentrada na autocomposição, sendo possível, eventualmente, a utilização de técnicas de autotutela, como a greve e o *lock-out*, por exemplo;

[D] a fórmula autocompositiva da negociação trabalhista pode receber certos impulsos e estímulos, caracterizados por mecanismos de autotutela, como a greve, ou auxiliares, como a mediação. Entretanto, a presença desses diferentes mecanismos não desnatura a autocomposição realizada, que se celebra autonomamente pelas partes, ainda que sob certa pressão social verificada ao longo da dinâmica negocial;

[E] não respondida.

Gabarito oficial: alternativa [C]

Comentários do autor:

✰ Conforme já estudado, o art. 17 da Lei nº 7.783/1989 proíbe a prática do lock-out:

*Art. 17. Fica **vedada** a paralisação das atividades, por iniciativa do empregador, com o objetivo de frustrar negociação ou dificultar o atendimento de reivindicações dos respectivos empregados (**lock-out**).*

Parágrafo único. A prática referida no caput assegura aos trabalhadores o direito à percepção dos salários durante o período de paralisação.

(MPT - 14º Concurso) Assinale a alternativa **CORRETA**:

[A] o piquete pacífico não é admitido pela legislação brasileira;

[B] a "greve de rendimento" não é permitida pela legislação brasileira;

[C] as greves que não impliquem a cessação do trabalho estão amparadas pela legislação brasileira pertinente;

[D] a mera adesão à greve pode constituir falta grave se o movimento for considerado abusivo pelas Cortes Trabalhistas;

[E] não respondida.

Gabarito oficial: alternativa [B].

Comentários do autor:

☆ *A alternativa "A" vai contra o art. 6º, I, da Lei de Greve, que assegura aos grevistas, dentre outros direitos, o emprego de meios pacíficos tendentes a persuadir ou aliciar os trabalhadores a aderirem à greve.*

☆ *De acordo com uma interpretação literal do art. 2º da Lei nº 7.783/1989, a greve se restringe à suspensão coletiva, temporária e pacífica, total ou parcial, de prestação pessoal de serviços a empregador. Com efeito, a jurisprudência pátria, ainda bastante conservadora no trato do tema sob análise, vem considerando abusiva outras formas de exercício do direito de greve, de que é exemplo a greve de rendimento, também conhecida como "operação tartaruga". Portanto, a alternativa "B" está correta e a alternativa "C" está incorreta.*

☆ *Ao contrário do que sugere a alternativa "D", **a mera adesão à greve não constitui falta grave por parte dos empregados**, ainda que o movimento paredista seja considerado abusivo. Considera-se a suspensão do contrato de trabalho, autorizando-se o desconto salarial do período respectivo.*

(MPT - 14º Concurso) Leia com atenção:

I - Dentre os serviços ou atividades essenciais estão incluídos o transporte coletivo, serviços funerários, serviços de bancos, controle de tráfego aéreo, telecomunicações, captação e tratamento de esgoto e lixo.

II - Dentre as correntes que procuram elucidar a titularidade da greve estão aquelas que a consideram como um direito do sindicato ou um direito coletivo dos trabalhadores.

III - Segundo a jurisprudência do Tribunal Superior do Trabalho, os interesses que podem ser defendidos com o exercício do direito de greve são os profissionais.

Assinale a alternativa **CORRETA**:

[A] todas as assertivas estão corretas;

[B] apenas as assertivas I e II estão corretas;

[C] apenas as assertivas II e III estão corretas;

[D] apenas as assertivas I e III estão corretas;

[E] não respondida.

Gabarito oficial: alternativa [C].

Comentários do autor:

✯ *Dentre os serviços listados no item I, apenas* **os serviços bancários não são considerados atividades essenciais,** *à luz do art. 10 da Lei de Greve. Incorreta a assertiva, portanto.*

✯ *Muito já se discutiu sobre a titularidade do direito de greve, se pertencente ao ente sindical ou aos trabalhadores sob uma ótica coletiva. Sugerimos que os candidatos optem pela segunda tese, majoritária, na medida em que a própria Lei de Greve, em seu art. 1º, outorga exclusivamente* **aos trabalhadores** *decidir sobre a oportunidade do exercício do direito de greve e sobre os interesses em jogo.*

✯ *Por fim, no que concerne ao item III, já dissemos em tópico específico sobre o tema que há resistência doutrinária e jurisprudencial no que diz respeito à admissão de greves cujos interesses tutelados se afastem das pretensões estritamente profissionais. Tome-se, como exemplo, o seguinte julgado do Tribunal Superior do Trabalho, bastante elucidativo:*

> GREVE – NATUREZA POLÍTICA – ABUSIVIDADE. *A greve política não é um meio de ação direta da classe trabalhadora em benefício de seus interesses profissionais, e, portanto, não está compreendida dentro do conceito de greve trabalhista. Entende-se por greve política, em sentido amplo, a dirigida contra os poderes públicos para conseguir determinadas reivindicações não suscetíveis de negociação coletiva. Recurso Ordinário Obreiro parcialmente provido.* (RODC 4541362019985015555 454136-20.1998.5.01.5555 – Relator Valdir Righetto – j. em 14.6.1999 – Seção Especializada em Dissídios Coletivos – DJ de 6.8.1999)

✯ *Data maxima venia, a decisão é merecedora de críticas. Isso porque, conforme já estudado algures, é certo que a Constituição Federal outorgou, exclusivamente aos trabalhadores, em texto claro, a discricionariedade dos interesses que devam defender por meio do exercício do direito de greve. Com efeito, as greves políticas como instrumento de pressão em face do Estado, as greves ambientais que objetivam melhorar as condições de saúde, higiene e segurança no trabalho, além das greves de solidariedade deflagradas por categorias indiretamente atingidas pelas reivindicações, encontram amparo legal e constitucional, sendo de possível ocorrência prática.*

(MPT – 13º Concurso) A respeito da greve, assinale a alternativa **INCORRETA**:

[A] na vigência de acordo coletivo de trabalho é possível a greve que tenha por objetivo exigir o cumprimento de cláusula;

[B] o serviço funerário é considerado atividade essencial;

[C] é permitido aos grevistas o aliciamento pacífico dos trabalhadores para a adesão à greve;

[D] nas atividades não consideradas essenciais, o prazo mínimo para a comunicação aos empregadores diretamente interessados é de 72 (setenta e duas) horas;

[E] não respondida.

Gabarito oficial: alternativa [D].

Comentários do autor:

✯ *Já estudamos que, nas atividades estritamente privadas, a regularidade no exercício do direito de greve exige a comunicação aos empregadores diretamente interessados com ante-*

GREVE | 697

cedência mínima de 48 (quarenta e oito) horas; nos movimentos paredistas em atividades essenciais, o prazo antecedente mínimo é de 72 (setenta e duas) horas para sua comunicação aos empregadores e aos usuários. Incorreta a alternativa "D", pois não corresponde com o que consigna o art. 13 da Lei nº 7.783/1989 (Lei de Greve).

✫ *As demais alternativas "A", "B" e "C" estão corretas, pois compatibilizam-se, respectivamente, com as determinações dos preceitos contidos nos arts. 14, parágrafo único, I; 10, IV; e 6º, I, todos da Lei nº 7.783/1989 (Lei de Greve).*

(MPT – 12º Concurso) Sobre a greve, observe as assertivas abaixo e, consoante o entendimento jurisprudencial dominante no Tribunal Superior do Trabalho, assinale a alternativa **CORRETA**:

I – é abusiva a greve levada a efeito sem que as partes hajam tentado, direta e pacificamente, solucionar o conflito que lhe constitui o objeto, salvo se solicitada, sem sucesso, a intervenção do Ministério Público do Trabalho nas negociações;

II – não obtém legitimidade ativa *ad causam,* o sindicato profissional que vem a juízo requerer que seja reconhecido como legal o movimento paredista por ele próprio fomentado;

III – é abusiva a greve realizada em setores legalmente definidos como essenciais à comunidade, uma vez não assegurado o atendimento básico das necessidades inadiáveis dos usuários do serviço, em estrito respeito ao disposto na atual legislação de greve;

IV – é incompatível com a declaração de abusividade de movimento grevista o estabelecimento de quaisquer vantagens ou garantias a seus partícipes, pois assumiram os riscos inerentes ao uso do instrumento máximo de pressão, salvo quanto ao pagamento dos dias parados.

[A] somente as assertivas I, II e III estão corretas;

[B] somente as assertivas II e III estão corretas;

[C] somente as assertivas II, III e IV estão corretas.

[D] todas as assertivas estão corretas;

[E] não respondida.

Gabarito oficial: alternativa [B].

Comentários do autor:

✫ *A assertiva I está incorreta, pois destoa do entendimento sufragado na OJ nº 11 da SDC. Na verdade, é preciso sempre, sem exceção, que as partes tenham tentado, direta e pacificamente, solucionar o conflito que lhe constitui o objeto.*

✫ *As assertivas II e III estão corretas, pois reproduzem fielmente os entendimentos esposados nas OJ's nos 38 e 10 da SDC, respectivamente.*

✫ *A assertiva IV vai contra o teor da OJ nº 10 da SDC, porquanto não existe a exceção prevista na parte final da assertiva.*

Título V

DIREITO PROCESSUAL DO TRABALHO

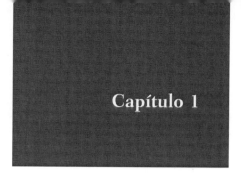

Capítulo 1

ORDEM JURÍDICA JUSTA
Afonso de Paula Pinheiro Rocha
Cesar Henrique Kluge

Sumário: 1.1. Acesso à Justiça • 1.2. Duração razoável do processo como direito fundamental (art. 5º, LXXVIII, da CF/1988)

1.1. ACESSO À JUSTIÇA

O Ministério Público do Trabalho (MPT) deve ser compreendido dentro do perfil que lhe foi atribuído pelo texto constitucional de 1988. É sempre importante pensar o Ministério Público e, consequentemente, o MPT, como uma entidade constitucional que retira seu *fundamento de validade, existência e incumbências* diretamente da Constituição Federal.

Dentro dessa perspectiva, o art. 127, *caput,* da Constituição Federal conferiu uma conceituação e definição amplas, como destacado no capítulo pertinente ao regime jurídico ministerial, ao asseverar que o Ministério Público é uma instituição permanente, imprescindível à função jurisdicional do Estado, incumbindo-lhe a defesa da ordem jurídica, do regime democrático e dos interesses sociais e individuais indisponíveis. Essa *base constitucional* é essencial para que se possam pensar as implicações das normas processuais para a aferição de conceitos como *legitimidade e atribuições do Ministério Público do Trabalho* em sua relação com a *efetivação da justiça.*

Nesse particular, o paradigma que informa a moderna doutrina distancia-se da concepção meramente formal de acesso à Justiça (ou seja, uma possibilidade em abstrato de propositura de demandas) para uma *concepção material* de "acesso a uma ordem jurídica justa".

Na lição de Kazuo Watanabe (1988, p. 135),

> a) o direito de acesso à justiça é, fundamentalmente, direito de acesso à ordem jurídica justa; b) são dados elementares desse direito: 1) o direito à informação e perfeito conhecimento do direito substancial e à organização de pesquisa permanente a cargo de especialistas e orientada à aferição constante da adequação entre a ordem jurídica e a realidade socioeconômica do País; 2) direito de acesso à Justiça adequadamente organizada e formada por Juízes inseridos na realidade social e comprometidos com o objetivo de realização da ordem jurídica justa; 3) direito

à preordenação dos instrumentos processuais capazes de promover a efetiva tutela de direitos; 4) direito à remoção de todos os obstáculos que se anteponham ao acesso efetivo à Justiça com tais características.

Logo, o *Ministério Público do Trabalho*, em relação ao processo do trabalho, deve ser pensado como entidade constitucional que *objetiva garantir o acesso à ordem jurídica justa* por meio de suas diversas formas de atuação, seja na condição de fiscal da lei, seja na condição de órgão agente com a efetiva propositura de demandas.

Além dessa concepção de ordem jurídica justa, é necessário ter noção da evolução dos *modelos de acesso* ou das chamadas *"ondas renovatórias"* do processo em relação ao acesso à jurisdição.

É atribuído a Mauro Cappelletti e Bryant Garth a sistematização e a formulação teórica dos modelos de acesso à Justiça, trabalho esse que foi realizado em "três ondas renovatórias" que perpassam os sistemas de processo.

A primeira onda volta-se para a questão da assistência judiciária gratuita, destinada especialmente aos pobres e hipossuficientes. A segunda onda relaciona-se com a representação dos interesses difusos e seu reconhecimento no plano processual. A terceira, volta-se para a questão da efetividade da tutela jurisdicional mediante o repensar das estruturas internas do processo.

Em relação à *primeira onda*, os benefícios da gratuidade judiciária, os advogados dativos e mesmo a Defensoria Pública podem ser vistos como evoluções político-jurídicas do sistema processual, de modo a permitir o *acesso à jurisdição daqueles que não dispõem de recursos* para a contratação de advogados.

Quanto à *segunda onda*, reflete o *abandono da ideia meramente individualista* do processo, voltada para litígios privados entre particulares definidos. Tal concepção, que se pode dizer clássica, redunda na limitação da representatividade dos diversos grupos sociais que guardam interesses e pretensões comuns. Assim, o efeito da segunda onda renovatória é o reconhecimento e a criação de mecanismos concretos para viabilizar a *tutela de direitos difusos e coletivos*.

Essa fase marca o reconhecimento da necessidade de *coletivização da tutela*, com demandas jurisdicionais capazes de envolver grupos ou mesmo a coletividade difusa.

Como exemplos de mecanismos jurídicos que guardam pertinência com a concepção de coletivização do processo, têm-se a ação civil pública, a ação coletiva e a ação popular. Em tais demandas, os direitos e interesses *metaindividuais* são o foco da própria atividade jurisdicional. Ainda sobre esse particular, é interessante ter em mente que a doutrina aponta para a existência de um microssistema processual coletivo composto pelos diversos diplomas relacionados à tutela coletiva.

Os diplomas estruturais desse microssistema seriam a Lei da Ação Civil Pública e o Código de Defesa do Consumidor, reciprocamente aplicáveis, consoante os arts. 90 do CDC, e 21 da LACP. Gravitando em torno desses diplomas existem outros, por exemplo a Lei da Ação Popular (Lei nº 4.717/1965), o Estatuto da Criança e do Adolescente (Lei nº 8.069/1990), a Lei de Improbidade Administrativa (Lei nº 8.429/1992).

A *terceira onda* volta-se para a questão da *efetividade do processo*. Conceitos como *instrumentalidade das formas* ganham destaque, pois o processo passa a ser visto, cada vez mais, como uma forma de efetivação da ordem jurídica justa e a receber os influxos dessa concepção. Notadamente, surgem reformas na lei procedimental para dotá-la de mecanismos que permitam a *celeridade na prestação jurisdicional*, reduzam formalismos e deem margem a uma tutela útil.

Cumpre salientar que, até mesmo do *ponto de vista político-judiciário*, multiplicam-se as iniciativas para dotar o aparato Estatal do Poder Judiciário de uma maior celeridade no exercício de sua função jurisdicional. Exemplo concreto são as *metas* estabelecidas pelo Conselho Nacional de Justiça e os diversos programas de *capacitação* de magistrados e membros do Ministério Público para melhor gerenciar a administração da Justiça, além de renovar a qualidade técnica e social do exercício da *jurisdição célere e qualitativa*.

Ademais, podem ser citadas, também, dentre as inovações processuais propostas com o intuito de aprimorar o sistema processual, a nova redação conferida ao § 5º do art. 219 do CPC, as tutelas de urgências, o processo sincrético etc. Em seara laboral, como exemplos de preocupação com a efetividade processual, temos: ampliação da competência da Justiça do Trabalho com o advento da Emenda Constitucional nº 45/2004; criação das Varas Itinerantes e Câmaras Regionais; Fundo de Garantia das Execuções Trabalhistas (art. 3º da EC nº 45) etc.

Por fim, como bem observa Padilha Gera (apud ARAÚJO, 2013), "há quem sustente a existência de uma quarta onda renovatória: a formação acadêmica, ressaltando o papel dos núcleos de prática jurídica". De acordo com os defensores dessa ideia, a *quarta onda* dedicaria esforços na *educação e formação humanística* dos profissionais da área jurídica, primando pela conscientização dos jovens estudantes sobre a realidade e os problemas sociais.

1.2. DURAÇÃO RAZOÁVEL DO PROCESSO COMO DIREITO FUNDAMENTAL (ART. 5º, LXXVIII, DA CF/1988)

A noção de que a duração razoável do processo é um *direito fundamental*, por força da Emenda Constitucional (EC) nº 45/2004, que acresceu o inciso LXXVIII ao art. 5º da Constituição Federal de 1988, também se relaciona intimamente à efetividade concreta da jurisdição.

Aliás, a duração razoável do processo, elevada ao *status* de direito fundamental, pode ser vista com uma dupla finalidade. Ao mesmo tempo em que visa a garantir que o processo já instaurado caminhe num tempo razoável, pois "justiça tardia pode não ser justiça", significa, de outra parte, o *incentivo às soluções alternativas de conflitos*, de sorte a aliviar a carga de trabalho da Justiça, desafogando o Poder Judiciário, o que, sem dúvida, irá contribuir para abreviar a duração média do processo.

Pode-se dizer também que a *coletivação do processo*, por meio das ações coletivas, constitui um importante instrumento de efetivação do direito fundamental à duração razoável do processo, na medida em que seu "caráter molecular", em contrapartida ao "caráter atomista" das demandas individuais, busca, além da *despersonalização das lides*, um tratamento uniforme a questões de origem comum, diminuindo, dessa forma, o número de ações individualizadas e *desafogando o Poder Judiciário*.

Até o momento, não existe um diploma legal que estabeleça um determinado lapso temporal como parâmetro para se entender o que seja "duração razoável do processo", o que, por óbvio, não impede sua análise em cada caso concreto. Essa *razoabilidade*, até mesmo para evitar subjetivismos abusivos, seja para seu reconhecimento ou não reconhecimento, deve ser aferida mediante *critérios objetivos*, como, por exemplo, natureza do processo e complexidade da causa; comportamento das partes e dos procuradores; atividade e fixação legal de prazos para a prática de atos processuais que assegurem efetivamente o direito ao contraditório e à ampla defesa.

Vale destacar, contudo, que a busca da efetividade e da observância da duração razoável não pode ser empreendida a qualquer custo. Sua concretização deve ocorrer sempre à luz das garantias fundamentais do processo, notadamente, o *devido processo legal*, e seus corolários: contraditório e ampla defesa.

Além disso, a real efetividade do direito fundamental consagrado no art. 5º, LXXVIII, da CF/1988 não depende apenas do Poder Judiciário, mas, também, dos Poderes Executivo e Legislativo e da mudança de mentalidade da própria coletividade, no sentido de cumprirem e fazerem cumprir a Constituição e as leis, evitando, com isso, a judicialização de muitas questões que poderiam deixar de ser submetidas ao Judiciário, se cada um fizesse sua parte.

É possível, inclusive, pensarmos no direito à indenização, a título material e moral, da parte que porventura for afetada pela *duração não razoável* do processo. A garantia dessa indenização encontra-se no art. 37, § 6º, da CF, que impõe ao Estado o dever de indenizar, bem como na teoria do abuso do direito e sua respectiva reparação, conforme os ditames do Código Civil. As diretrizes quanto a essa possibilidade, no decorrer do tempo, ficarão a cargo da jurisprudência.

Capítulo 2

COMPETÊNCIA MATERIAL DA JUSTIÇA DO TRABALHO: ASPECTOS RELEVANTES

Afonso de Paula Pinheiro Rocha

Cesar Henrique Kluge

Sumário: 2.1. Conceito e abrangência da expressão "relação de trabalho": interpretação do art. 114, inciso I, da CF/1988 • 2.1.1. Servidores públicos estatutários • 2.1.2. Agentes comunitários de saúde e de combate a endemias • 2.1.3. Contratos temporários (art. 37, IX, da CF/1988) e desvirtuamento de cargos em comissão (art. 37, V, da CF/1988) na Administração Pública direta e autárquica: pessoas jurídicas de direito público • 2.1.4. Contratos temporários e desvirtuamento de cargos em comissão (empregos em comissão) nas empresas estatais: empresas públicas e sociedades de economia mista • 2.1.5. Relações de consumo • 2.1.6. Relação de trabalho do presidiário para remissão da pena • 2.2. Danos materiais e morais decorrentes de acidente de trabalho • 2.2.1. Ação proposta por viúva ou dependentes • 2.2.2. Prazo prescricional • 2.2.2.1. Quadro sinóptico • 2.2.3. Regra de transição: processos remetidos pela Justiça Estadual à Justiça do Trabalho • 2.2.4. Ação regressiva movida pelo INSS • 2.3. Competência penal (criminal) da Justiça do Trabalho • 2.4. Improbidade administrativa • 2.5. Rito processual • 2.6. Demandas relacionadas ao exercício do direito de greve • 2.6.1. Competência funcional • 2.6.2. Interdito proibitório • 2.7. Competência para apreciar demandas em face de estados estrangeiros e organismos internacionais – Questão do PNUD/ONU • 2.8. Contribuições sociais • 2.8.1. Vínculo de emprego reconhecido em juízo: sentenças condenatórias em pecúnia • 2.8.2. Averbação do tempo de serviço: determinação ao INSS • 2.8.3. Contribuições do terceiro setor: sistema S • 2.9. Meio ambiente de trabalho na administração pública: Súmula nº 736 do STF • 2.10. Dano moral nas fases pré e pós contratuais • 2.11. Quadro sinóptico: Competência material da Justiça do Trabalho • 2.12. Súmulas e Orientações Jurisprudenciais • 2.13. Questões resolvidas e comentadas

Outro tema de especial relevância, não só para o concurso do Ministério Público do Trabalho, mas para todos aqueles que estejam envolvidos com a temática de Direito Processual do Trabalho, é a questão da *competência material* da Justiça Especializada pós-Emenda Constitucional nº 45, com os desdobramentos daí decorrentes, como a aplicabilidade (ou não) do processo do trabalho às novas matérias decorrentes da ampliação da competência.

A antiga redação do *caput* do art. 114 da Constituição Federal conferia à Justiça Especializada a competência para conciliar e julgar os dissídios individuais e coletivos entre trabalhadores e empregadores.

Cumpre salientar que nem mesmo a menção genérica a "trabalhador", na redação originária do *caput* do art. 114 do texto constitucional, em vez de "empregado", autorizou a interpretação de que toda demanda envolvendo trabalhadores em sentido amplo seria de competência da Justiça do Trabalho. Na realidade, a Lei Maior assim dispôs apenas para autorizar a interpretação de que um eventual trabalhador autônomo, que atuasse como verdadeiro empregado, por exemplo, postulasse seus direitos laborais na Justiça Especializada. Tanto que, na sequência, a Constituição menciona *empregador*, aqui sim entendido como aquele que contrata empregados nos moldes da Consolidação das Leis do Trabalho.

A interpretação que se tornou pacífica, portanto, foi no sentido de estabelecer as relações mantidas através do *vínculo de emprego*, nos moldes celetistas (arts. 2º e 3º), no âmago do Poder Judiciário Trabalhista. Com efeito, embora a designação *Justiça do Trabalho* denotasse uma concepção abrangente, na realidade se aproximava bastante de uma "Justiça do Emprego", considerando o vínculo jurídico que, com *primazia,* era apreciado nesta Justiça Especializada da União.

Com o advento da Emenda Constitucional nº 45, de 30 de dezembro de 2004, ampliou-se a competência da Justiça do Trabalho para processar e julgar, em tese, todas as demandas decorrentes das *relações de trabalho* em sentido amplo. Nesse caminho, o art. 114 do texto constitucional foi reformulado, ganhando vários incisos:

Art. 114. Compete à Justiça do Trabalho processar e julgar:

I – as ações oriundas da relação de trabalho, abrangidos os entes de direito público externo e da administração pública direta e indireta da União, dos Estados, do Distrito Federal e dos Municípios;

II – as ações que envolvam exercício do direito de greve;

III – as ações sobre representação sindical, entre sindicatos, entre sindicatos e trabalhadores, e entre sindicatos e empregadores;

IV – os mandados de segurança, *habeas corpus* e *habeas data*, quando o ato questionado envolver matéria sujeita à sua jurisdição;

V – os conflitos de competência entre órgãos com jurisdição trabalhista, ressalvado o disposto no art. 102, I, "o";

VI – as ações de indenização por dano moral ou patrimonial, decorrentes da relação de trabalho;

VII – as ações relativas às penalidades administrativas impostas aos empregadores pelos órgãos de fiscalização das relações de trabalho;

VIII – a execução, de ofício, das contribuições sociais previstas no art. 195, I, "a", e II, e seus acréscimos legais, decorrentes das sentenças que proferir;

IX – outras controvérsias decorrentes da relação de trabalho, na forma da lei.

Duas observações são dignas de nota. A primeira é que a ausência da expressão *conciliar* na nova redação do *caput* do art. 114 não significou, como pretenderam alguns operadores do direito, que a Justiça do Trabalho tenha deixado de enaltecer e destacar a "conciliação". Tal alteração se deu em razão de algumas matérias inseridas no âmbito da competência da Justiça

Especializada não comportarem conciliação, como por exemplo, as ações de fiscalização do trabalho. A segunda observação diz respeito ao texto constitucional, que deixou de fixar a competência em relação aos participantes da relação jurídica (trabalhador *x* empregador), para fixá-la em razão de seu *objeto* (relação de trabalho).

Além disso, não obstante a inovação, a jurisprudência do C. Supremo Tribunal Federal, bem como a do Egrégio Tribunal Superior do Trabalho, construíram uma série de *restrições* à competência da Justiça do Trabalho, dando contornos mais precisos, ainda que passíveis de divergência, ao conceito de "relação de trabalho" para fins de competência da Justiça Laboral. Contudo, a importância da temática da competência não se esgota somente nesses pontos, sendo sobremaneira relevante para o concurso do Ministério Público alguns pontos sensíveis no que concerne à competência da Justiça Especializada, conforme passamos a analisar nos subtópicos que seguem.

2.1. CONCEITO E ABRANGÊNCIA DA EXPRESSÃO "RELAÇÃO DE TRABALHO": INTERPRETAÇÃO DO ART. 114, INCISO I, DA CF/1988

Inicialmente, é interessante buscar uma definição genérica de "relação de trabalho".

Nessa linha, pode-se definir *relação de trabalho* como toda e qualquer atividade exercida por uma pessoa física em que haja prestação de serviços a um tomador. Disso decorrem duas *conclusões* lógicas:

✓ relação de trabalho é gênero, da qual a relação de emprego celetista é espécie;

✓ a relação de trabalho demanda a prestação de serviços por pessoa física, razão pela qual o contrato de prestação de serviços entre duas pessoas jurídicas não é apreciado pela Justiça do Trabalho e sim pela Justiça Comum, tendo-se em vista seu enquadramento como *típica relação comercial*, exceção feita apenas à hipótese de constituição de pessoa jurídica com a intenção de burlar a legislação trabalhista, fenômeno este conhecido como *pejotização*.

Feitas essas observações iniciais, surge a seguinte indagação: qual seria então o alcance da expressão *relação de trabalho*, para fins de determinação da competência da Justiça Laboral?

Diante da ausência de uma definição legal, a resposta a esta indagação é encontrada na análise da jurisprudência dos Tribunais Trabalhistas, do E. Superior Tribunal de Justiça e do C. Supremo Tribunal Federal.

2.1.1. Servidores públicos estatutários

Desde a gênese da ampliação da competência da Justiça do Trabalho, esteve diante de grande controvérsia sua competência para apreciar demandas envolvendo a administração pública e os servidores a esta vinculados por *relação jurídico-estatutária*, ou seja, aqueles cujas relações laborais (direitos e deveres) decorrem da lei e não das disposições de ordem pública da CLT e das convenções privadas.

Para a correta compreensão da matéria, deve-se ainda mencionar que, em virtude da Emenda Constitucional nº 45, de 30.12.2004, a competência da Justiça do Trabalho sofreu uma significativa *ampliação*, abrangendo também os dissídios individuais em que se discutia relação de trabalho, ainda que em face da *administração pública direta* (art. 114, inciso I, da CF/1988).

De uma interpretação gramatical ou mesmo literal do dispositivo, a conclusão não seria outra senão a de que os servidores públicos *stricto sensu* também deveriam postular perante a Justiça do Trabalho, e não mais nas Justiças Comuns – Estadual ou Federal.

Ocorre, porém, que no julgamento da *ADIn nº 3.395-6*, o E. STF, em medida liminar posteriormente confirmada, *excluiu da competência* da Justiça Laboral as causas instauradas entre o Poder Público e os servidores a ele vinculados por típica relação de ordem estatutária ou, como se passou a destacar atualmente, de caráter *jurídico-administrativo*.

Destaquem-se trechos importantes do julgado:

> COMPETÊNCIA – JUSTIÇA DO TRABALHO – INCOMPETÊNCIA RECONHECIDA. Causas entre o Poder Público e seus servidores estatutários. Ações que não se reputam oriundas de relação de trabalho. Conceito estrito desta relação. Feitos da competência da Justiça Comum. Interpretação do art. 114, inciso I, da CF, introduzido pela EC nº 45/2004. Precedentes. Liminar deferida para excluir outra interpretação. (...) O disposto no art. 114, I, da Constituição da República, não abrange as causas instauradas entre o Poder Público e servidor que lhe seja vinculado por relação jurídico-estatutária. (ADIn nº 3.395-MC – Relator Ministro Cezar Peluso – j. em 5.4.2006 – *DJ* de 10.11.2006)

Com efeito, o que se construiu foi uma teoria de que essa relação jurídico-administrativa não estaria inserida na relação de trabalho para fins de fixação da competência de Justiça Especializada, embora seja inegável que esses servidores trabalham em prol do ente público e da coletividade.

Assim, desde o início da vigência da EC nº 45/2004, os servidores tipicamente estatutários estiveram fora do âmbito de competência da Justiça do Trabalho, em razão da interpretação dada pela Suprema Corte ao inciso I do art. 114 da CF/1988 (ADIn nº 3.395).

2.1.2. Agentes comunitários de saúde e de combate a endemias

Embora os efeitos combinados da ADIn nº 3.395 e da ADIn nº 2.135 importem em rejeição ampla da competência da Justiça do Trabalho para qualquer tipo de contratação onde figure algum ente da Administração Pública, o caso dos *agentes comunitários de saúde* passou a ter um *tratamento diferenciado* pela Emenda Constitucional nº 51, de 14 de fevereiro de 2006, que acrescentou os §§ 4º, 5º e 6º ao art. 198 da Constituição da República:

> Art. 198. As ações e serviços públicos de saúde integram uma rede regionalizada e hierarquizada e constituem um sistema único, organizado de acordo com as seguintes diretrizes: (...)
>
> § 4º. Os gestores locais do sistema único de saúde poderão admitir agentes comunitários de saúde e agentes de combate às endemias por meio de processo seletivo público, de acordo com a natureza e complexidade de suas atribuições e requisitos específicos para sua atuação. *(§ 4º acrescido pela Emenda Constitucional nº 51/2006).*
>
> § 5º. Lei federal disporá sobre o regime jurídico, o piso salarial profissional nacional, as diretrizes para os Planos de Carreira e a regulamentação das atividades de agente comunitário de saúde e agente

de combate às endemias, competindo à União, nos termos da lei, prestar assistência financeira complementar aos Estados, ao Distrito Federal e aos Municípios, para o cumprimento do referido piso salarial. munitário de saúde e agente de combate às endemias. *(§ 5º acrescido pela Emenda Constitucional nº 51/2006 e com redação dada pela Emenda Constitucional nº 63/2010)*

§ 6º. Além das hipóteses previstas no § 1º do art. 41 e no § 4º do art. 169 da Constituição Federal, o servidor que exerça funções equivalentes às de agente comunitário de saúde ou de agente de combate às endemias poderá perder o cargo em caso de descumprimento dos requisitos específicos, fixados em lei, para o seu exercício. *(§ 6º acrescido pela Emenda Constitucional nº 51/2006)*

A mesma Emenda Constitucional também consignou:

Art. 2º. Após a promulgação da presente Emenda Constitucional, os agentes comunitários de saúde e os agentes de combate às endemias somente poderão ser contratados diretamente pelos Estados, pelo Distrito Federal ou pelos Municípios na forma do § 4º do art. 198 da Constituição Federal, observado o limite de gasto estabelecido na Lei Complementar de que trata o art. 169 da Constituição Federal.

Parágrafo único. Os profissionais que, na data de promulgação desta Emenda e a qualquer título, desempenharem as atividades de agente comunitário de saúde ou de agente de combate às endemias, na forma da lei, ficam dispensados de se submeter ao processo seletivo público a que se refere o § 4º do art. 198 da Constituição Federal, desde que tenham sido contratados a partir de anterior processo de Seleção Pública efetuado por órgãos ou entes de administração direta ou indireta de Estado, Distrito Federal ou Município ou por outras instituições com a efetiva supervisão e a autorização da administração direta dos entes da federação.

Posteriormente, o referido dispositivo veio a ser regulamentado pela Lei nº 11.350, de 5 de outubro de 2006:

Art. 1º. As atividades de Agente Comunitário de Saúde e de Agente de Combate às Endemias, passam a reger-se pelo disposto nesta Lei.

Art. 2º. O exercício das atividades de Agente Comunitário de Saúde e de Agente de Combate às Endemias, nos termos desta Lei, dar-se-á exclusivamente no âmbito do Sistema Único de Saúde – SUS, na execução das atividades de responsabilidade dos entes federados, mediante vínculo direto entre os referidos Agentes e órgão ou entidade da administração direta, autárquica ou fundacional. [...]

Art. 8º. Os Agentes Comunitários de Saúde e os Agentes de Combate às Endemias admitidos pelos gestores locais do SUS e pela Fundação Nacional de Saúde – FUNASA, na forma do disposto no § 4º do art. 198 da Constituição, submetem-se ao regime jurídico estabelecido pela Consolidação das Leis do Trabalho – CLT, salvo se, no caso dos Estados, do Distrito Federal e dos Municípios, lei local dispuser de forma diversa.

Logo, o foco da análise quando a demanda envolver algum agente comunitário de saúde ou de combate a endemias deve se voltar para verificar a existência ou não de lei específica do ente público dispondo de forma diversa, ou seja, estabelecendo outra forma de contratação pelo ente público que não seja a fixada pela *regra geral* do art. 8º da Lei nº 11.350/2006: *regime celetista*. Dessa forma, não há que se falar em relação jurídico-administrativa na inexistência de legislação que fixe um regime jurídico legal próprio para tais agentes públicos.

Saliente-se, ainda, que a Emenda Constitucional nº 51/2006 excepcionou a obrigatoriedade do concurso público para os agentes comunitários de saúde, sendo necessária apenas alguma forma de *seleção prévia*, e determinou o regime de contratação celetista, este afeito à competência da Justiça do Trabalho. Destacam-se alguns precedentes ilustrativos:

PROCESSO CIVIL – CONFLITO DE COMPETÊNCIA – AGENTE COMUNITÁRIO DE SAÚ-DE – RECLAMAÇÃO TRABALHISTA – REGIME CELETISTA – LEI Nº 11.350/2006 – COM-PETÊNCIA DA JUSTIÇA DO TRABALHO. 1. A servidora municipal foi contratada sob o regi-me da Consolidação das Leis do Trabalho, após prévio processo seletivo, de acordo com o previs-to no art. 8º da Lei Federal nº 11.350/2006, não havendo lei local dispondo sobre regime jurídico diverso. 2. Nesse contexto, como a lei submeteu a servidora ao regime celetista, deve prevalecer a competência da justiça especializada para apreciar a controvérsia. Precedentes. 3. Agravo regi-mental provido. (STJ – AgRg-CC 116.063 – (2011/0039494-1) – 1ª S. – Relator Ministro Castro Meira – *DJe* de 17.2.2012, p. 470)

AGENTE COMUNITÁRIO DE SAÚDE – COMPETÊNCIA DA JUSTIÇA DO TRABALHO – SUBMISSÃO AO REGIME CELETISTA – ART. 8º DA LEI Nº 11.350/2006 – EXISTÊNCIA DE LEI MUNICIPAL A DISPOR ACERCA DA ALTERAÇÃO DO REGIME JURÍDICO. 1. Editada por força da expressa disposição do art. 198, § 5º, da Constituição da República. A Lei nº 11.350/2006 estabelece, em seu art. 8º, a submissão dos agentes comunitários de saúde ao regime da Consolida-ção das Leis do Trabalho – Ressalvada a hipótese da existência de disposição em sentido contrário em lei local, da competência dos Estados, do Distrito Federal ou dos Municípios. 2. Afigura-se invi-ável a revisão, em sede extraordinária, de premissa fática consignada expressamente na instância de prova, relativa à ausência de norma que disponha acerca da aplicação do regime estatutário muni-cipal aos agentes comunitários de saúde e agentes de combate às endemias. Hipótese de incidência da Súmula nº 126 desta Corte superior. 3. Recurso de revista de que não se conhece. (TST – RR 91700- 75.2009.5.21.0020 – Relator Ministro Lelio Bentes Corrêa – *DJe* de 9.3.2012, p. 396)

2.1.3. Contratos temporários (art. 37, IX, da CF/1988) e desvirtuamento de cargos em comissão (art. 37, V, da CF/1988) na Administração Pública Direta e autárquica: pessoas jurídicas de direito público

Situação diversa ocorria com as chamadas *contratações irregulares* ou *desvirtuadas*, ou seja, contratações realizadas pela Administração Pública de forma direta, sem a observância do concurso público previsto no art. 37, II, da CF/1988, ou mesmo fora das hipóteses admiti-das para contratação temporária (art. 37, IX) e cargos em comissão (art. 37, V).

Nesses casos, a tese predominante era de que, ainda que o regime adotado pelo ente público fosse o estatutário, eventual irregularidade ou desvirtuamento da contratação tem-porária (art. 37, IX) ou dos cargos em comissão (art. 37, V) descaracterizariam essa relação regida por regime jurídico próprio (estatutário), deixando patente e subjacente a existência de uma relação empregatícia, razão pela qual a competência deveria ser da Justiça do Trabalho.

Tais contratações eram e são comuns, por exemplo, em diversos entes municipais, e fun-damentam-se, muitas vezes, na contratação de servidores na modalidade temporária e/ou ex-cepcional, que se prorroga no tempo, por décadas, e até mesmo alguns trabalhadores chegam a se aposentar sendo contratados nessas condições.

Nesse particular, era interessante a dicção da vetusta OJ nº 205 da SBDI-I do TST:

COMPETÊNCIA MATERIAL – JUSTIÇA DO TRABALHO – ENTE PÚBLICO – CONTRATA-ÇÃO IRREGULAR – REGIME ESPECIAL – DESVIRTUAMENTO (Cancelada) – *[Res.156/2009, DJe divulgado em 27, 28 e 29.4.2009]*. I – Inscreve-se na competência material da Justiça do Traba-lho dirimir dissídio individual entre trabalhador e ente público se há controvérsia acerca do vínculo empregatício. II – A simples presença de lei que disciplina a contratação por tempo determinado para atender a necessidade temporária de excepcional interesse público (art. 37, inciso IX, da CF/1988) não é o bastante para deslocar a competência da Justiça do Trabalho se se alega desvirtuamento em tal contratação, mediante a prestação de serviços à Administração para atendimento de necessidade permanente e não para acudir a situação transitória e emergencial.

Em outros termos, estava-se diante de uma situação peculiar. Caso um trabalhador fosse à Justiça Laboral buscando verbas de natureza tipicamente celetistas e alegando a existência de vínculo com o ente público, essa demanda seria da competência da Justiça do Trabalho.

Todavia, os entes públicos, com base no entendimento da ADIn nº 3.395, passaram a manejar *reclamações constitucionais* e *recursos extraordinários* em face das decisões que mantinham a competência especializada.

Podemos destacar que na Reclamação Constitucional nº 5.381-4 corroborou-se o entendimento firmado no julgamento da ADIn nº 3.395-6, concluindo-se pela *incompetência da Justiça do Trabalho* para julgar as lides envolvendo contratos laborais de natureza jurídico-administrativa, ou seja, aqueles em que houvesse um regime jurídico-administrativo a tutelar o trabalhador. Relevante destacar o julgado:

> CONSTITUCIONAL – RECLAMAÇÃO – MEDIDA LIMINAR NA ADIn Nº 3.357 – AÇÃO CIVIL PÚBLICA – SERVIDORES PÚBLICOS – REGIME TEMPORÁRIO – JUSTIÇA DO TRABALHO – INCOMPETÊNCIA. 1. No julgamento da ADIn nº 3.395-MC, este Supremo Tribunal suspendeu toda e qualquer interpretação do inciso I do art. 114 da CF (na redação da EC nº 45/2004) que inserisse, na competência da Justiça do Trabalho, a apreciação de causas instauradas entre o Poder Público e seus servidores, a ele vinculados por típica relação de ordem estatutária ou de caráter jurídico-administrativo. 2. Contratações temporárias que se deram com fundamento na Lei amazonense nº 2.607/2000, que minudenciou o regime jurídico aplicável às partes figurantes do contrato. Caracterização de vínculo jurídico-administrativo entre contratante e contratados. 3. Procedência do pedido.

Em momento posterior, foi reconhecido o caráter de *repercussão geral* no RE nº 573.202 (Relator Ministro Ricardo Lewandowski – j. em 21.8.2008, Plenário, *DJe* de 5.12.2008), também tratando da incompetência.

É ainda interessante destacar que, conforme registrado nas notas taquigráficas dos debates da Reclamação Constitucional nº 5.381-4, houve divergência do ministro Marco Aurélio. Além disso, o ministro Carlos Brito manifestou preocupação com o fato de que, naquele caso, havia uma legislação específica do Estado do Amazonas que iria tutelar e amparar o trabalhador, ao passo que, se inexistisse tal previsão, seria possível ao trabalhador ficar em um *limbo jurídico*, o que poderia, em tese, atrair a aplicação das regras da CLT e da competência da Justiça do Trabalho.

O ministro Gilmar Mendes chegou a levantar a ideia de que, se o caso levado à juízo fosse uma contratação sem concurso e sem lei de regência, a mesma poderia então ser da competência da Justiça do Trabalho; contudo, tal tese não foi acolhida pelo Tribunal. A ministra Carmem Lúcia passou a destacar que a relação de qualquer trabalhador com a Administração Pública se reveste de uma *ética diferenciada* da relação que rege particulares juridicamente iguais numa relação de emprego.

Verifica-se, ainda, das notas taquigráficas, que a ministra Carmem Lúcia indicou, de forma reiterada, que, a partir da declaração de inconstitucionalidade da EC nº 19/1998 (proferida em medida cautelar na ADIn nº 2.135/DF), qualquer vínculo de trabalho estabelecido diretamente com o poder público, independentemente do direito que venha a regulá-lo, caracteriza-se como vínculo de caráter jurídico-administrativo, pois no sistema constitucional presente não se admite outra forma de relação com a Administração.

Consequentemente, *afasta-se a competência da Justiça do Trabalho*, por força do julgamento da ADIn n° 3.395, combinado com o entendimento esposado pela ADIn n° 2.135.

O posicionamento sedimentado na referida Reclamação e no RE n° 573.202 foi ampliado por diversos outros precedentes. Com efeito, segue exemplo da atual tendência do excelso STF:

> RECLAMAÇÃO CONSTITUCIONAL – AUTORIDADE DE DECISÃO PROFERIDA PELO SUPREMO TRIBUNAL FEDERAL: ART. 102, INCISO I, ALÍNEA "L", DA CONSTITUIÇÃO DA REPÚBLICA – MEDIDA CAUTELAR NA AÇÃO DIRETA DE INCONSTITUCIONALIDADE N° 3.395 – CONTRATAÇÃO DE SERVIDOR SEM CONCURSO PÚBLICO: COMPETÊNCIA DA JUSTIÇA COMUM – CAUSA DE PEDIR RELACIONADA A UMA RELAÇÃO JURÍDICO-ADMINISTRATIVA – AGRAVO REGIMENTAL PROVIDO E RECLAMAÇÃO PROCEDEN-TE. 1. O Supremo Tribunal Federal decidiu no julgamento da Medida Cautelar na Ação Direta de Inconstitucionalidade n° 3.395 que "o disposto no art. 114, I, da Constituição da República, não abrange as causas instauradas entre o Poder Público e servidor que lhe seja vinculado por relação jurídico-estatutária". 2. Apesar de ser da competência da Justiça do Trabalho reconhecer a existência de vínculo empregatício regido pela legislação trabalhista, não sendo lícito à Justiça Comum fazê-lo, é da competência exclusiva desta o exame de questões relativas a vínculo jurídico-administrativo. 3. Antes de se tratar de um problema de direito trabalhista a questão deve ser resolvida no âmbito do direito administrativo, pois para o reconhecimento da relação trabalhista terá o juiz que decidir se teria havido vício na relação administrativa a descaracterizá-la. 4. No caso, não há qualquer direito disciplinado pela legislação trabalhista a justificar a sua permanência na Justiça do Trabalho. 5. Precedentes: Reclamação n° 4.904, Relatora a Ministra Cármen Lúcia, Plenário, *DJe* de 17.1.2008 e Reclamações n° 4.489-AgR, 4.054 e 4.012, Plenário, *DJe* de 21.11.2008, todos tendo como Redatora para o acórdão a Ministra Cármen Lúcia. 6. Agravo regimental a que se dá provimento e reclamação julgada procedente. (Rcl 8.110 AgR/PI – Relatora p/ Acórdão Ministra Cármen Lúcia – j. em 21.10.2009 – Tribunal Pleno – Publicação 12.2.2010)

Observe-se que tal entendimento não se restringe ao excelso STF. O C. Tribunal Superior do Trabalho procedeu ao *cancelamento*, em abril de 2009, da *Orientação Jurisprudencial n° 205, da SBDI-I*, que reconhecia a competência material da Justiça do Trabalho para julgar as controvérsias entre ente público e servidores a ele vinculados sem concurso público.

Nesse ponto, reputa-se ilustrativo citar o seguinte precedente do C. TST:

> RECURSO DE REVISTA – COMPETÊNCIA MATERIAL DA JUSTIÇA DO TRABALHO – CAUSAS ENVOLVENDO DESCARACTERIZAÇÃO DE CONTRATAÇÃO TEMPORÁRIA OU DE PROVIMENTO COMISSIONADO PELO PODER PÚBLICO – INTERPRETAÇÃO VINCULANTE CONFERIDA PELO STF – CANCELAMENTO DA OJ 205 DA SBDI-I/TST – EFEITOS PROCESSUAIS. O Pleno do STF referendou liminar concedida pelo Ministro Nelson Jobim no julgamento da Medida Cautelar na ADIn n° 3.395-6/DF, no sentido de que, mesmo após a EC n° 45/2004, a Justiça do Trabalho não tem competência para processar e julgar causas instauradas entre o Poder Público e o servidor que a ele seja vinculado por relação jurídico-administrativa. No mesmo sentido, diversos precedentes da Suprema Corte, que têm enfatizado a incompetência desta Justiça Especializada mesmo com respeito a contratações irregulares, sem concurso público, ou com alegado suporte no art. 37, IX, da Constituição. Em face da jurisprudência consolidada no Supremo Tribunal Federal, este Tribunal Superior do Trabalho, por meio da Resolução n° 156, de 23 de abril de 2009, cancelou a OJ 205/SBDI-I/TST. Nesse contexto, e estando devidamente prequestionada a matéria (OJ 62 da SBDI-I/TST), impõe-se reconhecer que

COMPETÊNCIA MATERIAL DA JUSTIÇA DO TRABALHO: ASPECTOS RELEVANTES | 713

decisão em sentido contrário viola o art. 114, I, da CF. Recurso de revista conhecido e provido. (RR 144500-37. 2008. 5.05.0222 – j. em 28.4.2010 – Relator Ministro Mauricio Godinho Delgado – 6ª Turma – *DEJT* de 7.5.2010)

Atualmente, portanto, mesmo nas contratações irregulares sem concurso público, caso haja a invocação de alguma legislação própria do ente público que discipline as contratações, o fato foge à competência da Justiça do Trabalho, pois se trata de vínculo jurídico-administrativo. É da competência do juízo comum dizer de eventual "desvirtuamento" da decisão e as consequências para o ente público.

Frise-se, mais uma vez, que somente se o regime jurídico do ente público for estatutário é que eventuais desvirtuamentos (seja via contratação direta sem observância da exigência constitucional do concurso público, seja por desvirtuamento das contratações temporárias ou dos cargos em comissão), serão de competência da Justiça Comum. Em contrapartida, se o *regime jurídico* adotado pela Administração Pública for o *celetista*, a competência permanece com a *Justiça Laboral*.

Tal ressalva é relevante para esclarecer o verdadeiro alcance da interpretação da Corte Constitucional. Tanto que, nos votos do C. Supremo Tribunal Federal, constata-se, claramente, que o entendimento consagrado foi exatamente para derrubar a tese anteriormente vigente, cristalizada na OJ nº 205 da SBDI-I do TST, no sentido de que, apesar da adoção do regime estatutário, a irregularidade na investidura do servidor o afastaria da sujeição ao regime estatutário, colocando-o sob a égide do regime celetista e atraindo, com isso, a competência da Justiça Especializada. Mas, o regime originário, nesses casos, era estatutário!

Como dito anteriormente, doutrina e jurisprudência caminham no sentido de que a competência material é fixada em decorrência da *causa de pedir e do pedido*. Nesse caso de desvirtuamento de contratação temporária e de cargos em comissão, quando o regime adotado pelo ente público seja o estatutário, a E. Suprema Corte cuidou de "*relativizar*" o entendimento da fixação de competência pelo pedido e causa de pedir, deixando claro que, nessas hipóteses, a competência é fixada em virtude do *sujeito da relação jurídica material e do respectivo regime jurídico adotado*, sendo irrelevantes o pedido e a causa de pedir constantes na petição inicial.

Dentro desse contexto, cumpre apresentar um detalhe muito importante. A medida cautelar deferida na ADIn nº 2.135 foi concedida com *efeitos ex nunc*, ou seja, não retroativos. Dessa forma, eventual legislação adotada por determinado ente público no interregno entre a EC nº 19/1998 e a referida medida cautelar ainda deve ser considerada válida, e as relações jurídicas dali decorrentes, caso de índole celetista, podem ser apreciadas pela Justiça do Trabalho. Nesse sentido, exemplificativos julgados do Superior Tribunal de Justiça:

CONFLITO DE COMPETÊNCIA – SERVIDOR PÚBLICO MUNICIPAL – REGIME CELETISTA – EXPRESSA DISPOSIÇÃO LEGAL. A Justiça do Trabalho é a competente para processar e julgar as reclamações trabalhistas propostas por servidores públicos municipais contratados sob o regime celetista instituído mediante legislação municipal própria. Acolhido esse entendimento, a Primeira Seção deu provimento ao agravo regimental para reformar a decisão atacada, reconhecendo a competência do Juízo da Vara do Trabalho para análise da matéria. No caso dos autos, os servidores públicos municipais foram contratados temporariamente, com base em legislação municipal específica na qual foi determinada a aplicação do regime jurídico da CLT. Desse modo, diante da expressa determinação legal de que os servidores públicos municipais têm seu vínculo com o poder público regido pela CLT, fica afastada a competência da justiça comum para processar e julgar a demanda. (AgRg no CC 116.308-SP – Ministro Relator Castro Meira – j. em 8.2.2012)

CONFLITO NEGATIVO DE COMPETÊNCIA – SERVIDOR PÚBLICO MUNICIPAL – LEI MUNICIPAL Nº 9/1994 – SUBMISSÃO AO REGIME CELETISTA – EXPRESSA DISPOSIÇÃO LEGAL – COMPETÊNCIA DA JUSTIÇA DO TRABALHO. – 1. Com a promulgação da Emenda Constitucional nº 19/1998, alterou-se a redação do art. 39 da CF/1988, eliminando-se a exigência do regime jurídico único e dos planos de carreira para os servidores da administração pública direta, das autarquias e fundações públicas. 2. Todavia, na assentada de 2.8.2007, o STF concedeu liminar na ADIn nº 2.135, restabelecendo a redação original do art. 39 da CF/1988. Ao proferir o resultado do julgamento, o Plenário modulou os efeitos da declaração de inconstitucionalidade, concedendo efeito *ex nunc* à decisão. Dessa forma, até que se julgue o mérito da questão, os Municípios que adotaram o regime da CLT para seus servidores, durante a vigência do art. 39 (com redação nova conferida pela Emenda Constitucional nº 19/1998), podem continuar a utilizar esse normativo. 3. Na hipótese dos autos, o art. 2º da Lei Municipal nº 2.814/2007 dispõe que o regime jurídico dos servidores municipais será regido pelas normas da Consolidação das Leis do Trabalho. 4. Competência do Juízo da Vara do Trabalho de Salto – SP para o julgamento da reclamação trabalhista. Agravo regimental improvido. (STJ – AgRg-AgRg-CC 115.400 – (2010/0230689-8) – 1ª S. – Relator Ministro Humberto Martins – *DJe* de 4.5.2011, p. 319).

Vê-se, portanto, ser possível, juridicamente o reconhecimento da competência da Justiça do Trabalho para apreciar demandas de pessoa jurídica de direito público, desde que haja *sujeição ao regime celetista e respeito à decisão proferida na ADIn nº 2.135*.

2.1.4. Contratos temporários e desvirtuamento de cargos em comissão (empregos em comissão) nas empresas estatais: empresas públicas e sociedades de economia mista

A existência deste tópico se justifica pelo fato de diversas vezes nos depararmos com o argumento de que toda contratação temporária e cargos ou empregos em comissão, segundo a ótica da Suprema Corte, seriam relações de natureza jurídico-administrativa e, por consequência, estariam fora do alcance da competência da Justiça do Trabalho.

Todavia, há entendimentos de que essa não é a melhor interpretação. Como ressaltamos no tópico anterior, apenas se o regime jurídico originário do ente público for estatutário é que a contratação temporária e os cargos em comissão terão natureza jurídico-administrativa; e, portanto, eventuais desvirtuamentos, seja via contratação direta sem observância da exigência constitucional do concurso público, seja por inobservância das hipóteses e pressupostos constitucionais e legais para o exercício do cargo, serão apreciados pela Justiça Comum.

Dessa forma, *se o regime originário do ente público for o celetista*, por óbvio, que eventual contratação temporária (ou emprego em comissão) não será revestida de natureza jurídico-administrativa, ensejando, consequentemente, sua apreciação perante a *Justiça Especializada* e não na Justiça Comum.

Ademais, quando se fala em natureza e regime jurídico das empresas estatais, não há como deixar de mencionar o que dispõe a Constituição Federal, em seu art. 173:

Art. 173. Ressalvados os casos previstos nesta Constituição, a exploração direta de atividade econômica pelo Estado só será permitida quando necessária aos imperativos da segurança nacional ou a relevante interesse coletivo, conforme definidos em lei.

§ 1º. A lei estabelecerá o estatuto jurídico da empresa pública, da sociedade de economia mista e de suas subsidiárias que explorem atividade econômica de produção ou comercialização de bens ou de prestação de serviços, dispondo sobre:

I – sua função social e formas de fiscalização pelo Estado e pela sociedade;

II – a sujeição ao regime jurídico próprio das empresas privadas, inclusive quanto aos direitos e obrigações civis, comerciais, trabalhistas e tributários;

III – licitação e contratação de obras, serviços, compras e alienações, observados os princípios da administração pública;

IV – a constituição e o funcionamento dos conselhos de administração e fiscal, com a participação de acionistas minoritários;

V – os mandatos, a avaliação de desempenho e a responsabilidade dos administradores.

§ 2º. As empresas públicas e as sociedades de economia mista não poderão gozar de privilégios fiscais não extensivos às do setor privado.

§ 3º. A lei regulamentará as relações da empresa pública com o Estado e a sociedade.

§ 4º. A lei reprimirá o abuso do poder econômico que vise à dominação dos mercados, à eliminação da concorrência e ao aumento arbitrário dos lucros.

§ 5º. A lei, sem prejuízo da responsabilidade individual dos dirigentes da pessoa jurídica, estabelecerá a responsabilidade desta, sujeitando-a às punições compatíveis com sua natureza, nos atos praticados contra a ordem econômica e financeira e contra a economia popular.

No momento, o que mais nos interessa é a previsão do art. 173, § 1º, II, da CF/1988, no sentido de que a lei instituidora da empresa pública e da sociedade de economia mista que explorem atividade econômica de produção ou comercialização de bens ou prestação de serviços deve estabelecer a sujeição ao *regime jurídico próprio das empresas privadas*, inclusive quanto aos direitos e obrigações civis, comerciais, *trabalhistas* e tributários.

Como se vê, é evidente que as entidades em exame terão natureza e regime jurídico próprio das empresas privadas, inclusive quanto aos direitos e obrigações civis, trabalhistas, comerciais e tributários, submetidas, portanto, quanto às *obrigações trabalhistas, ao regime previsto na Consolidação das Leis do Trabalho*.

A celeuma existente em torno do regime jurídico aplicável às empresas públicas e sociedades de economia mista reside em saber qual seria seu exato alcance. Pode-se traduzir a discussão na seguinte indagação: o regime jurídico das empresas públicas e sociedades de economia mista seria idêntico ao aplicável às empresas privadas, ou existiriam alguns temperamentos e adequações por estarmos diante de entidades criadas pelo poder público?

Celso Antonio Bandeira de Mello afirma que o preceito do art. 173, § 1º, II, da Carta Magna expressou-se de modo muito imperfeito ao estabelecer a incidência do regime jurídico próprio das empresas privadas às empresas públicas e às sociedade de economia mista, como se a aplicação ocorresse de forma idêntica. Isso porque as empresas estatais, seja por serem instrumentos do Estado, seja por força das próprias normas constitucionais, são entidades voltadas à busca de interesses que transcendem aos meramente privados (2010, p. 194-204). Por essa razão, assevera:

> Como os objetivos estatais são profundamente distintos dos escopos privados, próprios dos particulares, já que almejam o bem-estar coletivo e não o proveito individual, singular (que é perseguido pelos particulares), compreende-se que exista um abismo profundo entre as entidades que o Estado criou para secundá-lo e as demais pessoas de Direito Privado, das quais se tomou por empréstimo a forma jurídica. Assim, o regime que a estas últimas naturalmente corresponde, ao ser transposto para empresas públicas e sociedades de economia mista, tem que sofrer – também naturalmente – significativas adaptações, em atenção a suas peculiaridades. (MELLO, 2010, p. 195)

Uma das adaptações, por exemplo, que pode ser mencionada é quanto à forma de contratação do pessoal. Enquanto no setor privado prevalece a *liberdade de contratação* e o *poder diretivo* do empregador, nas empresas estatais as contratações devem ser precedidas do devido e regular *concurso público* (art. 37, II, da CF/1988), salvo as exceções previstas no próprio texto constitucional. Tal fato, por si só, já demonstra a *ausência de identidade* do regime privado das empresas particulares e das empresas estatais.

Aliás, é bom frisar que, apesar da sujeição ao regime privado, as sociedades de economia mista e empresas públicas sujeitam-se, também, aos princípios constitucionais consagrados no *caput* do art. 37 da Constituição Federal, o que já é o suficiente para trazer *adequações* ao regime privado das estatais. E é interessante notar que o art. 173, § 1º, da CF trata, expressamente, das empresas estatais que explorem atividade econômica, não se referindo àquelas que prestam serviços públicos ou coordenam a execução de obras públicas.

Dessa forma, revelam-se pertinentes os comentários de Bandeira de Mello (2010, p. 198-9) no sentido de que seus regimes jurídicos não são, nem podem ser, idênticos em virtude da *diversidade possível de objetos*. Segundo ele, no caso das estatais que exploram atividade econômica, o regime jurídico está mais próximo daquele aplicável à generalidade das pessoas de Direito Privado, dada a natureza do objeto da ação ou mesmo para se *evitar* a criação de *concorrência desleal*. Já na hipótese das estatais que prestam serviços públicos ou desenvolvem atividades de índole propriamente pública, é natural que estejam mais próximas da incidência dos *princípios e regras do direito público*.

No mesmo caminho, Marcelo Alexandrino e Vicente Paulo (2010, p. 70-4) afirmam que o regime jurídico aplicável às empresas estatais difere de acordo com seu objeto, ou seja, conforme explorem atividade econômica ou se dediquem à prestação de serviço público, destacando que o critério para enquadramento da atividade como econômica seria a existência de *finalidade de lucro*. Defendem, ainda, que apenas se enquadram como serviços públicos, em sentido amplo ou estrito, as atividades realizadas sob regime jurídico de direito público, por imposição legal e constitucional.

Ademais, apesar de o Decreto-lei nº 200/1967 e do texto constitucional mencionarem como objeto das empresas públicas e sociedades de economia mista apenas a exploração de atividades econômicas, a doutrina e a jurisprudência majoritárias defendem a possibilidade de prestação de serviços públicos, sendo, contudo, menos frequente sua ocorrência.

Pode-se concluir, portanto, que as *empresas estatais têm natureza híbrida*, pois, formalmente, são pessoas jurídicas de direito privado, mas sua atuação se dá à luz de regras e princípios de direito privado e, também, relacionados ao regime jurídico de direito público, inexistindo identidade, portanto, com o regime aplicável às empresas privadas criadas por particular, sendo relevante para determinar maior ou menor *incidência* do direito público ao objeto desenvolvido por tais entidades (atividade econômica ou prestação de serviços públicos).

Feitas essas breves considerações, insta ressaltar, contudo, que as entidades em comento, quanto às obrigações trabalhistas, sujeitam-se à incidência das regras previstas na Consolidação das Leis do Trabalho (CLT). Consequência prática desse entendimento, portanto, é que eventual utilização, por uma empresa pública, dos empregos em comissão em desconformidade com sua finalidade constitucional (art. 37, V, da CF) deve ser discutida pelo Ministério Público do Trabalho, perante a *Justiça do Trabalho*!

Nesse sentido, destaca-se o seguinte aresto do C. Superior Tribunal de Justiça:

ADMINISTRATIVO – SERVIDOR PÚBLICO – CARGO EM COMISSÃO – SOCIEDADE DE ECONOMIA MISTA – REGIME JURÍDICO PRIVADO – REGIME TRABALHISTA – COMPETÊNCIA DA JUSTIÇA DO TRABALHO. 1. Independe a denominação do cargo ou emprego atribuído ao servidor público contratado por ente público de direito privado, que sempre estará sujeito às regras trabalhistas desse regime, conforme o disposto no inciso II do § 1º do art. 173 da CF. 2. Inadmite-se a figura do funcionário público nos quadros das empresas públicas e sociedades de economia mista, pois entes de direito privado não podem possuir vínculos funcionais submetidos ao regime estatutário, por ser este característico das pessoas jurídicas de direito público. 3. Conflito conhecido para declarar a competência do Juízo da 1ª Vara do Trabalho de Porto Velho/RO, suscitado. (CC 37.913/RO – 3ª Seção – Relator Ministro Arnaldo Esteves Lima – *DJe* de 27.6.2005)

Por derradeiro, corroborando esse entendimento, tem-se recente julgado do C. Tribunal Superior do Trabalho, cujo objeto foi a análise dos requisitos necessários para a existência e validade dos empregos em comissão. Nesse sentido:

RECURSO DE REVISTA – SOCIEDADE DE ECONOMIA MISTA – CONTRATAÇÃO DE PESSOAL – EMPREGO EM COMISSÃO – CRIAÇÃO AUTORIZADA POR LEI – NECESSIDADE. A empresa reclamada é uma sociedade de economia mista, cuja criação, ao teor do art. 37, XIX, da Constituição Federal, com a redação dada pela EC nº 19/1998, depende de autorização em lei específica. Por ser uma sociedade de economia mista, está sujeita ao regime jurídico próprio da iniciativa privada, inclusive quanto aos direitos e obrigações trabalhistas (art. 173, § 1º, II, da Constituição Federal), encontrando-se seus empregados sob o regime da CLT, que não prevê, de forma específica e clara, entre as modalidades do contrato (art. 443), o "emprego em comissão". A Constituição Federal, por sua vez, dispõe que "a investidura em cargo ou emprego público depende de aprovação prévia em concurso público de provas ou de provas e títulos, de acordo com a natureza e a complexidade do cargo ou emprego, na forma prevista em lei, ressalvadas as nomeações para cargo em comissão declarado em lei de livre nomeação e exoneração" (art. 37, II, da CF). A Constituição da República faz expressa distinção entre cargo (regido pelo estatuto próprio de natureza administrativa) e emprego público (regido pelas regras gerais típicas da iniciativa privada – CLT), mas exige a prévia aprovação em concurso para investidura em ambos e, ao fazer a ressalva, não menciona emprego em comissão, cogitando apenas de cargo público. Nesse contexto, percebe-se que não há, no direito positivo, previsão de emprego público em comissão, donde se conclui que se trata de uma criação das empresas públicas e sociedades de economia mista, que o instituem em seus regulamentos, nos moldes dos cargos em comissão previstos na administração direta. A necessidade de haver espaço para que outras pessoas, além dos empregados públicos *stricto sensu*, isto é, aqueles ocupantes de empregos permanentes, exerçam funções de direção, chefia e assessoramento, uma vez que conclusão oposta imobilizaria as perspectivas gerenciais e a otimização das atividades próprias das sociedades de economia mista, é uma realidade. Não obstante, faz-se necessário a observância de determinados requisitos, estes extraídos da própria Carta Magna, entre os quais o de que os empregos em comissão sejam criados por lei. O quadro fático apresentado na decisão recorrida mostra que o emprego em comissão não foi criado por lei, o que demonstra a clara intenção de burlar a exigência de concurso público. Incidência da Súmula nº 363 do TST. Recurso de revista a que se dá provimento. (RR 95600-42.2008.5.10.0009 – j. em 27.6.2012 – Relatora Ministra Kátia Magalhães Arruda – 6ª Turma – *DEJT* de 6.7.2012)

Ora, se a Justiça do Trabalho é competente para realizar a apreciação dos requisitos de validade dos empregos em comissão, por óbvio, por consequência lógica, é competente para apreciar eventuais casos de desvirtuamento dos "empregos em comissão".

2.1.5. Relações de consumo

Ganhou destaque jurisprudencial a percepção da relação de trabalho quando essa possui como *base* uma relação de consumo. Quando há prestação de serviço, inegavelmente há labor humano envolvido; logo, poderia ser vista como uma relação de trabalho. Contudo, tratando-se de serviço prestado a um consumidor, exsurge, da mesma forma, uma relação de consumo.

Perceba-se que há uma dupla face na relação de consumo que envolve a prestação de serviço. Nesse particular, a doutrina aponta para a potencialidade da existência de uma *relação jurídica bifronte*, ou seja, por uma perspectiva, uma *relação de trabalho*; por outra, uma *relação de consumo*.

Torna-se sobremaneira importante fazer a distinção entre ambas. Isso porque, se confirmada que a controvérsia implica apenas em uma relação de trabalho, estar-se-á diante de uma demanda que deve ser veiculada na Justiça do Trabalho, do contrário, a competência será da Justiça Comum.

O teste de percepção a ser feito está na análise se o serviço prestado destinou-se a um *consumidor final*, o que implicaria na existência de uma típica relação de consumo; ou, em diverso diapasão, se o labor prestado ocorreu para *viabilizar a atividade empresarial*, despontando o caráter de relação trabalhista propriamente dita.

Assim, por um lado, pode-se dizer que a "relação de trabalho" propriamente dita deve ser entendida como aquela na qual a prestação de serviços por pessoa física *agrega valor* a um bem. O trabalho atua como *fator de produção* e não como bem de consumo. O tomador de serviços, na realidade, por organizar o processo produtivo, atua como intermediário entre o prestador (trabalhador) e o destinatário final (consumidor).

Por outro lado, segundo o Código de Defesa do Consumidor, relação de consumo é aquela que tem como *destinatário final* do bem o tomador dos serviços (consumidor).

Nessa relação, não há a figura do "intermediário". Como exemplo de situações em que atividade de um profissional liberal viabiliza a empresa de outrem, podemos citar: o representante comercial autônomo e a empresa para a qual presta serviços; o médico e o hospital ou clínica para o qual trabalha. Já quando o serviço é prestado em face de um destinatário final, ou seja, de um consumidor, há a *preponderância* da relação de consumo.

Apesar de não existir súmula ou orientação jurisprudencial do C. Tribunal Superior do Trabalho, o entendimento predominante na mais alta Corte Trabalhista é no sentido de que a Justiça do Trabalho *não* tem competência para apreciar ações decorrentes de relação de consumo.

Nesse sentido, ilustrativa a jurisprudência a seguir indicada:

> PROCEDIMENTO SUMARÍSSIMO – INCOMPETÊNCIA DA JUSTIÇA DO TRABALHO – COMISSÕES SOBRE VENDAS DE IMÓVEIS. Nas causas sujeitas ao procedimento sumaríssimo, o recurso de revista somente será cabível se tiver como fundamento contrariedade a súmula de jurisprudência uniforme do Tribunal Superior do Trabalho ou violação literal e direta da Constituição da República, nos termos do art. 896, § 6º, da CLT. Esta Corte superior firmou jurisprudência de que a Justiça do Trabalho é incompetente para apreciar pedido de comissões decorrente de contrato de corretagem de imóveis. É que a relação jurídica que envolve a corretagem de imóveis, **acertada diretamente entre o corretor e o proprietário do imóvel, não caracteriza relação típica de trabalho, de que trata o art. 114, inciso I, da CF/1988, e sim relação de consumo, de natureza eminentemente civil.** Portanto, o contrato de corretagem de

imóveis, como envolve um prestador de serviços e um consumidor final, e não um tomador de serviços, não se insere no contrato de trabalho, mas no contrato de prestação de serviços, cuja relação jurídica de natureza cível exclui a competência da Justiça do Trabalho. Recurso de revista não conhecido. (RR 111100-60.2007.5.18.0010 – Relator Ministro José Roberto Freire Pimenta – 2ª Turma – *DEJT* de 13.4.2012)

RECURSO DE REVISTA – COMPETÊNCIA DA JUSTIÇA DO TRABALHO – CORRETOR DE IMÓVEIS – CLIENTE – RELAÇÃO DE TRABALHO *X* RELAÇÃO DE CONSUMO – PROVIMENTO. A Justiça do Trabalho é incompetente para julgar a presente ação, em que o corretor de imóveis busca o recebimento da sua comissão pela venda de um imóvel da recorrente. Trata-se de uma relação de consumo, e não de trabalho, sendo, portanto, de competência da Justiça Comum. *In casu*, o trabalho não é o cerne do contrato, mas sim um bem de consumo que se traduziu nele, que é o resultado esperado diante de um contrato realizado entre as partes, qual seja, a venda do imóvel. Assim, a competência da Justiça do Trabalho estará assegurada apenas quando não houver, pela natureza dos serviços realizados, relação contratual de consumo. A apreciação da matéria, que nos parece mais coerente, deve levar em consideração, pelo caráter bifronte da relação, a regra da "bilateralidade da competência" (Ministro João Oreste Dalazen), pela via da apreciação da ação de reconvenção, em que o juiz competente para a ação, também o deve ser para a reconvenção. Recurso de revista conhecido e provido. (RR 1527/2007-114-03-40.5 – j. em 27.5.2009 – Relator Ministro Aloysio Corrêa da Veiga – 6ª Turma – *DEJT* de 5.6.2009)

Além disso, há julgados enquadrando na mesma situação as ações de cobrança de *honorários advocatícios*, ajuizadas pelo patrono em face de seu cliente, reconhecendo-se, assim, a *incompetência material da Justiça Obreira*:

INCOMPETÊNCIA DA JUSTIÇA DO TRABALHO – AÇÃO DE COBRANÇA DE HONORÁRIOS ADVOCATÍCIOS. Esta Corte Superior, por meio da SBDI-I, vem reiteradamente decidindo que a expressão "relação de trabalho" constante do inciso I do art. 114 da Constituição Federal não abarca as relações de consumo de que deriva a cobrança de honorários advocatícios, por tratar-se de pleito de natureza estritamente civil e, pois, afeta a competência da Justiça Comum. Precedentes. Recurso de revista não conhecido. (RR 86300-14.2009.5.03.0107 – j. em 10.8.2011 – Relator Ministro Augusto César Leite de Carvalho – 6ª Turma – *DEJT* de 19.8.2011)

RECURSO DE REVISTA – AÇÃO DE COBRANÇA – HONORÁRIOS ADVOCATÍCIOS – INCOMPETÊNCIA DA JUSTIÇA DO TRABALHO. Nos termos da jurisprudência pacificada no Tribunal Superior do Trabalho e em face da Súmula nº 363 do Superior Tribunal de Justiça: "Compete à Justiça estadual processar e julgar a ação de cobrança ajuizada por profissional liberal contra cliente". Ressalva de posicionamento. Recurso de revista de que não se conhece. (RR 564600-23.2008.5.12.0037 – j. em 20.9.2011 – Relator Ministro Pedro Paulo Manus – 7ª Turma – *DEJT* de 30.9.2011)

Porém, devemos mencionar que o C. Tribunal Superior do Trabalho já se posicionou pela competência da Justiça do Trabalho:

I – AGRAVO DE INSTRUMENTO – COMPETÊNCIA MATERIAL – JUSTIÇA DO TRABALHO – AÇÃO DE COBRANÇA DE HONORÁRIOS ADVOCATÍCIOS. Constatada possível ofensa ao art. 114, I, da Constituição, merece ser provido o apelo para determinar o processamento do recurso denegado. Agravo de Instrumento a que se dá provimento. II – RECURSO DE REVISTA – COMPETÊNCIA MATERIAL – JUSTIÇA DO TRABALHO – AÇÃO DE COBRANÇA DE HONORÁRIOS ADVOCATÍCIOS – EMENDA CONSTITUCIONAL Nº 45/2004 1. A Reforma do Judiciário, mediante a edição da Emenda Constitucional nº 45/2004, alargou a competência desta Justiça Especializada, que deixou de apreciar apenas os dissídios oriundos das relações de emprego para passar a conciliar e julgar controvérsias provenientes de relações de trabalho. Nesta, encontram-se mitigados alguns dos elementos necessários para a caracterização daquela, mormente a subordinação. 2. Como consequência da alteração do texto constitucional, o Tribunal Superior do Trabalho cancelou a Orientação Jurisprudencial nº 138 da SBDI-II, abrindo espaço para que esta Especializada processe e julgue as ações de cobrança de honorários advocatícios ajuizadas pelos causídicos em face da prestação de serviços a particulares. Precedente. Recurso de Revista conhecido e provido. (RR 363/2007-771-04-40.7 – j. em 17.6.2009 – Relatora Ministra Maria Cristina Irigoyen Peduzzi – 8ª Turma – *DEJT* de 26.6.2009)

Um dos principais argumentos apresentados por aqueles que defendem a competência da Justiça do Trabalho também para as relações de consumo é o de que, havendo *prestação de serviços por pessoa física, seja a que título for*, a competência é da Justiça do Trabalho por força direta da norma constitucional (CF, art. 114, I), pouco importando seja a dita relação regida pela CLT, pelo Código Civil ou mesmo pelo Código de Defesa do Consumidor.

Quanto ao tema, é digno de nota o Enunciado nº 23 da 1ª Jornada de Direito Material e Processual do Trabalho promovida pelo próprio TST em 2007, que reflete posicionamento sedimentado de doutrinadores e magistrados:

23. COMPETÊNCIA DA JUSTIÇA DO TRABALHO – AÇÃO DE COBRANÇA DE HONORÁRIOS ADVOCATÍCIOS – AUSÊNCIA DE RELAÇÃO DE CONSUMO. A Justiça do Trabalho é competente para julgar ações de cobrança de honorários advocatícios, desde que ajuizada por advogado na condição de pessoa natural, eis que o labor do advogado não é prestado em relação de consumo, em virtude de lei e de particularidades próprias, e ainda que o fosse, porque a relação consumerista não afasta, por si só, o conceito de trabalho abarcado pelo art. 114 da CF.

Pode-se inferir, porém, pela jurisprudência do C. Tribunal Superior do Trabalho apontada, ser um *entendimento majoritário* desse Tribunal o reconhecimento da *incompetência da Justiça Especializada* para apreciar *ações de cobrança de honorários advocatícios*, ainda que tal temática não tenha sido convertida em súmula ou orientação jurisprudencial. Consigne-se, ainda, a existência de precedentes da SBDI-I pela incompetência da Justiça Obreira para o trato da matéria sob análise, o que seria importante argumento a ser utilizado pelos candidatos em suas respostas às proposições nesse sentido.

Não bastasse isso, o E. Superior Tribunal de Justiça consagrou seu entendimento, por meio da Súmula nº 363 (*Compete à Justiça Estadual processar e julgar a ação de cobrança ajuizada por profissional liberal contra cliente*), quanto à competência da Justiça Comum para apreciar e julgar as ações de cobrança ajuizadas por advogados em face de seus clientes.

DICA DE PROVA: Diante da controvérsia, ainda que minoritária, existente no âmbito do C. Tribunal Superior do Trabalho, deve-se tomar cuidado com a forma como essa questão pode vir elaborada. Se solicitar o entendimento majoritário do Tribunal Superior do Trabalho ou mesmo o entendimento do Superior Tribunal de Justiça, recomenda-se considerar, na *prova objetiva*, correta aquela alternativa que sinalizar pela *incompetência da Justiça do Trabalho*. É preciso cuidado, pois o TST não tem esse posicionamento sumulado ou cristalizado em orientação jurisprudencial. Talvez, em breve, isso ocorra. Logo, se a questão afirmar, "conforme entendimento sumulado do TST", a alternativa deve ser considerada *errada!* O STJ, contudo, tem entendimento sumulado! Em questões dissertativas, enriquecerá a questão apontar a existência, inclusive no TST, de posicionamentos reconhecendo a competência.

2.1.6. Relação de trabalho do presidiário para remissão da pena

Já foram vistas algumas delimitações do conceito de "relação de trabalho" para fins de fixação de competência da Justiça Especializada. Contudo, cumpre ainda perquirir outras hipóteses que também estão fora da competência da Justiça do Trabalho, embora guardem proximidade com as relações trabalhistas.

Nesse quadro, merece destaque o *trabalho do preso* para a remissão da pena, realizado em estabelecimento prisional.

O C. Tribunal Superior do Trabalho firmou seu posicionamento pela incompetência da Justiça do Trabalho, ao argumento de que o trabalho do presidiário realizado no estabelecimento prisional se insere dentre aqueles atos próprios do cumprimento da pena, consoante disciplinado nas normas que regem as execuções penais.

> RECURSO DE REVISTA – TRABALHO PRESTADO EM ESTABELECIMENTO PRISIONAL – DEVER DO PRESO – INEXISTÊNCIA DO ELEMENTO VOLITIVO – ART. 114, INCISOS I E IX, DA CONSTITUIÇÃO FEDERAL – INAPLICABILIDADE – COMPETÊNCIA DA JUSTIÇA COMUM ESTADUAL. O egrégio Tribunal Regional do Trabalho, mantendo a r. sentença, confirmou a competência da Justiça do Trabalho para apreciar demanda vinculada ao trabalho realizado por detento em estabelecimento prisional do Estado de Pernambuco. Ocorre que a Lei nº 7.210/1984 (Lei de Execução Penal), em seu art. 28, prevê que o trabalho do condenado, como dever social e condição de dignidade humana, terá finalidade educativa e produtiva, e estabelece, em seu § 2º, que o trabalho do preso não está sujeito ao regime da CLT. Logo, o labor em tais condições decorre do conjunto de deveres que integram a pena, carecendo da voluntariedade de que são revestidas as relações dirimidas pela Justiça do Trabalho. Trata-se de relação institucional entre o condenado e o Estado, sujeita às regras da Lei de Execução Penal. Essa condição não sofreu alteração com o advento da Emenda Constitucional nº 45/2004, que ao acrescer os incisos I, VI e IX ao art. 114, não atribuiu à Justiça do Trabalho competência para processar e julgar ações penais nem os efeitos decorrentes da execução da pena. *In casu*, a competência é da Justiça Estadual Comum. Recurso de revista conhecido e provido. (RR 101500-39.2007.5.06.0013 – j. em 8.9.2010 – Relator Ministro Horácio Raymundo de Senna Pires – 3ª Turma – *DEJT* de 17.9.2010)

> INCOMPETÊNCIA DA JUSTIÇA DO TRABALHO – TRABALHO REALIZADO POR PRESIDIÁRIO EM ESTABELECIMENTO PRISIONAL – LEI DE EXECUÇÃO PENAL. O trabalho do presidiário realizado no estabelecimento prisional, se insere dentre aqueles atos próprios do cumprimento da pena, consoante disciplinado nas normas que regem as execuções penais. Portanto, trata-se de questão estranha à competência da Justiça do Trabalho. Recurso de Revista de que se conhece e a que se dá provimento. (RR 23600-40.2008.5.06.0014 – j. em 4.8.2010 – Relator Ministro João Batista Brito Pereira – 5ª Turma – *DEJT* de 13.8.2010)

O mesmo caminho trilhou o E. Superior Tribunal de Justiça, que em sede de conflito de competência, reconheceu que o trabalho do preso *não se amolda à figura da relação de trabalho* para fins de competência da Justiça Obreira. Firmou-se entendimento de que se trata de aspecto de reintegração social decorrente do cumprimento da pena e que, portanto, questões relativas ao trabalho do apenado devem ser resolvidas pelo *Juízo da Execução Penal* e não pela Justiça do Trabalho. A título de ilustração, destaca-se o julgado:

> ADMINISTRATIVO – RECURSO ESPECIAL – TRABALHO DESEMPENHADO PELO APENADO NO CUMPRIMENTO DE PENA – NATUREZA JURÍDICA – REGULAMENTAÇÃO PELA LEI DE EXECUÇÃO PENAL – COMPETÊNCIA – JUSTIÇA COMUM – CONSOLIDA-

ÇÃO DAS LEIS DO TRABALHO – INAPLICÁVEL – FINS PREVENTIVOS E REPRESSIVOS DA PENA – TRABALHO – DEVER SOCIAL – DIGNIDADE DA PESSOA HUMANA – RECURSO PARCIALMENTE CONHECIDO E, NESSA EXTENSÃO, PROVIDO. 1. A República Federativa do Brasil tem por fundamento, dentre outros, os valores sociais do trabalho e a dignidade da pessoa humana, entendida esta não como direito fundamental, mas atributo próprio inerente a cada ser vivente dotado de razão (art. 1º da CF). 2. A Constituição Federal sintetizou em seu conteúdo o entendimento acerca da autodeterminação do ser humano, dentre outras formas, por meio de seu próprio esforço e trabalho, culminando na sua dignificação. Tanto assim o fez que estabeleceu também como fundamento da ordem econômica a valorização do trabalho humano (art. 170 da CF). 3. Em atenção aos comandos constitucionais relativamente aos direitos e garantias fundamentais e visando ao implemento das finalidades preventivas e repressivas da sanção penal, o trabalho surge como dever social e elemento consagrador da dignidade da pessoa humana (art. 28 da LEP). 4. Definitiva a condenação e iniciado o cumprimento de pena, estabelece-se entre o apenado e o Estado-juiz uma nova relação jurídica, regulamentada pelas normas constantes da Lei de Execução Penal. 5. O trabalho desempenhado pelo apenado não possui natureza de relação de trabalho a suscitar a competência da justiça trabalhista (art. 114 da CF), de forma que atenta a lei federal o aresto impugnado. 6. "O trabalho do preso não está sujeito ao regime da Consolidação das Leis do Trabalho" (art. 28, § 2º, da LEP). 7. Recurso parcialmente conhecido e, nessa extensão, provido para determinar a competência da justiça comum. (STJ – REsp 1.124.152 – (2009/0029547-0) – 1ª T. – Relator Ministro Arnaldo Esteves Lima – *DJe* de 22.11.2010, p. 194)

2.2. DANOS MATERIAIS E MORAIS DECORRENTES DE ACIDENTE DE TRABALHO

Após o advento da EC nº 45/2004, passou a ser incontroversa a competência da Justiça do Trabalho para apreciar as reclamações trabalhistas que versem sobre indenização por dano material ou moral decorrente de acidente de trabalho. Tal fato foi ratificado pelo C. Tribunal Superior do Trabalho, consoante se observa da redação da Súmula nº 392:

> DANO MORAL – COMPETÊNCIA DA JUSTIÇA DO TRABALHO *(conversão da Orientação Jurisprudencial nº 327 da SBDI-I) – [Resolução nº 129/2005, DJ de 20, 22 e 25.4.2005].* Nos termos do art. 114 da CF/1988, a Justiça do Trabalho é competente para dirimir controvérsias referentes à indenização por dano moral, quando decorrente da relação de trabalho. *(ex-OJ nº 327 da SBDI--I – DJ de 9.12.2003)*

2.2.1. Ação proposta por viúva ou dependentes

Se, por um lado, restou consagrada, com o advento da EC nº 45/2004, a competência material para as ações indenizatórias decorrentes de acidente de trabalho ajuizadas pelo próprio trabalhador, por outro lado, dúvidas surgiram em relação às ações decorrentes de *acidente de trabalho fatal*, que acarretavam o óbito do trabalhador, ajuizadas pela *viúva ou sucessores* em face do empregador, postulando indenização por *dano material* (pensão mensal) *e moral.*

Houve quem sustentasse, inicialmente, que, considerando-se que a ação é ajuizada pelos parentes e sucessores com os quais o empregador não teve qualquer relação jurídica, a lide não decorreria da relação de trabalho, sendo, pois, incompetente a Justiça Laboral para apreciar a demanda, não incidindo na hipótese os termos do art. 114, inciso I, da CF/1988.

Nesse caminho, inclusive, se posicionou, num primeiro momento, o C. Superior Tribunal de Justiça, editando a Súmula n° 366 (26.11.2008): "Compete à Justiça Estadual processar e julgar ação indenizatória proposta por viúva e filhos de empregado falecido em acidente de trabalho.".

Ocorre que o E. *Supremo Tribunal Federal*, em diversas decisões, *reconheceu a competência da Justiça do Trabalho* para apreciar e julgar as ações de acidente de trabalho propostas pela viúva e sucessores do trabalhador falecido. Abaixo uma das recentes ementas:

> RECURSO EXTRAORDINÁRIO – COMPETÊNCIA – Processual Civil e do Trabalho Repercussão geral reconhecida – Ação de indenização decorrente de danos sofridos em acidente de trabalho – Demanda diretamente decorrente de relação de trabalho, sendo irrelevante, para fins de fixação da competência, o fato de ter sido ajuizada por sucessores do trabalhador falecido – Aplicação da norma do art. 114, inciso VI, da Constituição Federal, com a redação que a ela foi dada pela Emenda Constitucional n° 45/2004 – Reconhecimento da competência da Justiça Federal do Trabalho para o processamento do feito – Recurso não provido. (RE 600.091/MG – Relator Ministro Dias Toffoli – j. em 25.5.2011)

O mesmo caminho seguiu a jurisprudência do C. Tribunal Superior do Trabalho:

> COMPETÊNCIA DA JUSTIÇA DO TRABALHO – INDENIZAÇÃO POR DANOS MORAIS E MATERIAIS – ACIDENTE DE TRABALHO – ÓBITO. Esta Corte tem entendido que compete à Justiça do Trabalho o processamento e julgamento das ações de indenização por dano moral e patrimonial decorrentes de acidente do trabalho mesmo se ajuizadas pelos dependentes do empregado falecido. Incidência da Súmula n° 333 e do § 4° do art. 896 da CLT. (RR 804/2005-662-04-00.5 – j. em 27.5.2009 – Relator Ministro João Batista Brito Pereira – 5ª Turma – *DEJT* de 12.6.2009)

> RECURSO DE REVISTA – ACIDENTE DO TRABALHO COM ÓBITO – INDENIZAÇÃO POR DANO MORAL E MATERIAL – COMPETÊNCIA DA JUSTIÇA DO TRABALHO. A Corte Regional consigna que "as autoras, na condição de irmãs da falecida, buscam indenização pecuniária por danos morais e materiais causados a si próprias, surgidos com a perda de um ente familiar". Tal fato não tem o condão de alterar a competência material desta Justiça Especializada porquanto persiste como causa de pedir o acidente do trabalho. A qualidade das partes não redunda em modificação da competência atribuída por comando constitucional à Justiça do Trabalho. Inteligência do art. 114, VI, da Constituição da República. Recurso de revista conhecido e provido. (RR 546/2007-172-06-00.4 – j. em 20.5.2009 – Relatora Ministra Rosa Maria Weber – 3ª Turma – *DEJT* de 12.6.2009)

Da mesma forma, considerando o entendimento dado pela Suprema Corte, o C. Superior Tribunal de Justiça procedeu ao cancelamento da Súmula n° 366. Assim, resta incontroversa a competência da Justiça do Trabalho para apreciar as ações decorrentes de acidente de trabalho propostas pelos dependentes ou sucessores do trabalhador falecido.

2.2.2. Prazo prescricional

Em virtude da ampliação de competência da Justiça do Trabalho pela EC n° 45/2004, restou incontroversa a competência da Justiça Especializada para apreciar demandas do trabalhador decorrentes de acidente de trabalho.

Todavia, embora dirimida a questão da competência para apreciar e julgar as ações de indenização decorrentes de acidente de trabalho, muitas dúvidas surgiram quanto ao *prazo prescricional* aplicável à pretensão inerente aos pleitos reparatórios de dano moral na Justiça do Trabalho.

Vozes defendiam o prazo prescricional previsto no art. 7º, XXIX, da Constituição Federal. Outros, porém, defendiam a aplicação do prazo previsto no Código Civil; alguns o de 20 anos estabelecido no Código Civil de 1916, outros o do Código de 2002, seja o de 3 anos, consoante o art. 206, § 3º, do Código Civil ou, ainda, o de 10 anos estabelecido no *caput* do mesmo dispositivo.

Os defensores da prescrição do Código Civil sustentam que as *indenizações não seriam créditos trabalhistas*, razão pela qual não haveria que se falar no prazo do art. 7º, XXIX, da CF/1988. Nesse passo, uns defendem que se trata de reparação cível, o que autorizaria a incidência do prazo do art. 206, § 3º. Outros, por sua vez, defendem que não se trata de reparação civil, pois não será possível o retorno ao *status quo ante,* e por isso entendem pela aplicação da regra geral prevista no *caput* do art. 206 (10 anos).

Não obstante toda a discussão que envolve o tema do prazo prescricional aplicável às ações indenizatórias decorrentes de acidente de trabalho, assunto extremamente relevante ao candidato para as provas dissertativas, prevalece o entendimento, *que deve ser assinalado nas provas objetivas,* segundo o qual a indenização por acidente de trabalho não deixa de ser um *crédito trabalhista em seu sentido amplo,* consoante disposição do art. 7º, XXVIII, da Constituição Federal, razão pela qual se deve observar o *prazo prescricional trabalhista* previsto no art. 7º, XXIX, da Lei Maior.

Revelam-se oportunas, no aspecto, as lições de Sebastião Geraldo de Oliveira (2009, p. 327):

> Como a própria Constituição de 1988 incluiu o direito à indenização decorrente do acidente de trabalho no rol dos direitos dos trabalhadores, também a prescrição será aquela indicada para os créditos resultantes da relação de trabalho. A existência de norma especial expressa afasta a aplicação da previsão genérica do Direito Comum.

Há que se salientar, porém, que a regra da *prescrição trabalhista* aplica-se aos acidentes cujo *fato gerador tenha ocorrido na vigência da EC nº 45/2004.* A fatos ocorridos anteriormente à inovação constitucional, diante da controvérsia existente sobre a competência para apreciar as questões pertinentes à reparação decorrente de acidente de trabalho, é inaplicável a prescrição trabalhista, sob pena de ofensa ao ato jurídico perfeito (art. 5º, XXXVI, da CF/1988).

Nesses casos, ainda que o processo seja remetido à Justiça do Trabalho, considerando-se que o acidente tenha ocorrido antes da modificação constitucional, o *prazo prescricional* aplicável deve ser aquele previsto no *Código Civil,* uma vez que o ato jurídico foi praticado considerando-se a legislação vigente na época.

A título de ilustração, destaca-se elucidativo e didático julgado do C. Tribunal Superior do Trabalho, da lavra do Exmo. Ministro Lélio Bentes:

> ACIDENTE DO TRABALHO – DOENÇA PROFISSIONAL – PRESCRIÇÃO. 1. Orienta-se o entendimento recente desta SBDI-I no sentido de que a regra prescricional aplicável à pretensão relativa à indenização por danos morais decorrente de acidente do trabalho é definida a partir da data em que a parte tem ciência inequívoca do evento danoso. Ocorrido o acidente ou cien-

tificada a parte da incapacitação ou redução da sua capacidade laboral em ocasião posterior ao advento da Emenda Constitucional nº 45/2004, por meio da qual se definiu a competência da Justiça do Trabalho para processar e julgar tais demandas, a prescrição incidente é a prevista no art. 7º, XXIX, da Constituição da República, porquanto indiscutível a natureza trabalhista reconhecida ao evento. Contrariamente, verificado o infortúnio anteriormente à entrada em vigor da referida emenda constitucional, prevalece a prescrição civil, em face da controvérsia que pairava nas Cortes quanto à natureza do pleito – Circunstância que não pode ser tomada em desfavor da parte. 2. Na presente hipótese, conforme reconhecido pelo egrégio Tribunal Regional, a ciência inequívoca da incapacidade laboral se deu em 26.8.2004 ou seja, em data anterior à edição da Emenda Constitucional nº 45/2004. A prescrição incidente, portanto, é a civil, com a regra de transição consagrada no art. 2.028 do Código Civil de 2002, porquanto não transcorridos mais de dez anos até a data da entrada em vigor do referido Código. 3. Assim, em face da regra contida no indigitado dispositivo de lei, forçoso concluir que a prescrição aplicável, no presente caso, é a trienal, estabelecida no art. 206, § 3º, V, do novel Código Civil, iniciando-se a contagem a partir da sua entrada em vigor – Ou seja, 11.1.2003 – E findando em 11.1.2006. 4. Ajuizada a presente ação em 5.8.2008, revela-se indubitavelmente prescrita a pretensão à reparação por danos morais decorrentes de acidente do trabalho. 5 – Agravo de instrumento não provido. (TST – AIRR 89000-07.2008.5.04.0030 – Relator Ministro Lelio Bentes Corrêa – *DJe* de 24.2.2012, p. 645)

Por fim, vale mencionar que a Subseção I do TST, Especializada em Dissídios Individuais (SBDI-I), definiu a prescrição aplicável às lesões ocorridas antes da EC nº 45/2004. Ao apreciar um recurso de embargos (RR 56300-24.2007.5.03.0132) contra decisão proferida em sede de Recurso de Revista pela 5ª Turma, o relator do acórdão destacou que a jurisprudência da SBDI-I firmou-se no sentido de que, *para as lesões ocorridas antes da promulgação da EC nº 45/2004, a prescrição a ser observada é a do* Código Civil, e não a do art. 7º, XXIX, da Constituição, conforme se observa da ementa do acórdão publicado recentemente, em 16 de março de 2012:

EMBARGOS EM RECURSO DE REVISTA – DECISÃO EMBARGADA PUBLICADA NA VIGÊNCIA DA LEI 11.496/2007 – PRESCRIÇÃO – DANOS MORAIS – INDENIZAÇÃO – AÇÃO AJUIZADA NA JUSTIÇA COMUM ANTES DO INÍCIO DE VIGÊNCIA DO CCB/2002. A jurisprudência da E. SBDI-I, em homenagem ao princípio da segurança jurídica, firmou-se no sentido de que para as lesões ocorridas antes da promulgação da EC nº 45/2004, a prescrição a ser observada é a do Código Civil e não a do art. 7º, XXIX, da Constituição Federal. Ainda que não se trata de acidente no trabalho, a Corte fixou como parâmetro, a data da pacificação pretoriana a partir da OJ nº 324 da SBDI-I-TST, editada em 2003. E no caso, verifica-se que o dano ocorreu na vigência do antigo Código Civil, em 18.9.1995, e há menos de 10 anos da entrada em vigor do novo Diploma Legal (10.1.2003), atraindo a incidência da prescrição trienal disposta no art. 206, § 3º, V, do atual CCB, que se conta dessa última data. Considerando-se que a ação foi ajuizada em 11.4.2004, dentro do prazo trienal, não há prescrição a ser declarada. Precedente julgamento da SBDI-I/TST. Recurso de revista conhecido e provido.

DICA DE PROVA: nas provas objetivas, assinalar a alternativa que reconhece a prescrição trabalhista como regra geral, ressalvados os acidentes cujo fato gerador seja anterior à EC nº 45/2004, aos quais se aplicará a prescrição do Código Civil, observada a regra de transição. Nas provas dissertativas, é extremamente relevante o candidato apontar todas as vertentes e seus respectivos fundamentos, apresentando sua conclusão, que não precisa ser necessariamente aquela predominante, desde que bem fundamentada.

2.2.2.1. Quadro sinóptico

Prescrição das ações indenizatórias decorrentes de acidente de trabalho

1. Regra geral: prescrição trabalhista – art. 7º, XXIX, da CF

2. Exceções: fato gerador antes da EC nº 45/2004: prescrição do Código Civil, observada a regra de transição do art. 2.028 do CC/2002

3. Ações ajuizadas após a vigência do novo Código Civil (se a ação foi ajuizada antes da vigência do novo Código, prevalece o prazo do CC/1916 – *tempus regit actum*):

a) data da lesão anterior a 12.1.1993 – PRAZO DE 20 ANOS – aplicação do prazo do CC/1916 – art. 2.028 CC/2002 – regra de transição (redução pelo novo CC e, na data de sua entrada em vigor, já transcorreu mais da metade do prazo anterior)

b) data da lesão entre 12.1.1993 a 12.1.2003 – PRAZO DE 3 ANOS – art. 206, § 3º, do CC/2002 – regra de transição – não transcorrido mais da metade do prazo anterior quando do início da vigência do novo Código.

> IMPORTANTE: O início da contagem do prazo prescricional se dá a partir da vigência do novo Código Civil (12.1.2003). Caso contrário, estar-se-ia dando efeito retroativo ao novo Código.

c) data da lesão entre 12.1.2003 e EC nº 45/2004 – aplicação do CC/2002 – tese majoritária: art. 206, § 3º (3 anos)

4. Fato gerador: data da lesão

> ATENÇÃO: No caso das doenças ocupacionais, a partir de que momento se considera iniciado o prazo prescricional? Em outras palavras, a partir de que momento se considera violado o direito do autor? A resposta é dada pela Súmula nº 278 do STJ: *o termo inicial do prazo prescricional, na ação de indenização, é a data em que o segurado teve ciência inequívoca da incapacidade laboral.*

> Logo, o termo inicial do prazo prescricional, nas doenças ocupacionais, não está vinculado à data da extinção contratual ou do aparecimento/diagnóstico da doença ou mesmo ao afastamento. Não se pode exigir da vítima o ajuizamento precoce da ação quando ainda pairam dúvidas sobre a doença, sua extensão, possibilidade de recuperação etc. A data é, conforme já mencionado, a da ciência inequívoca da incapacidade laboral.

2.2.3. Regra de transição: processos remetidos pela Justiça Estadual à Justiça do Trabalho

Com a modificação da competência material para apreciação das ações indenizatórias decorrentes de acidente de trabalho, promovida pela Emenda Constitucional nº 45/2004, questionou-se como ficariam as demandas que já estavam em curso na Justiça comum. A dúvida residia em saber se continuariam com seu prosseguimento na Justiça Estadual ou se seriam remetidas, prontamente, para a Justiça do Trabalho.

Pelas regras de direito intertemporal, a norma constitucional tem aplicação imediata, alcançando os processos em curso.

Não é demais lembrar, também, o disposto no art. 87 do CPC, segundo o qual o princípio da perpetuação da jurisdição somente se aplica no caso de competência relativa.

Logo, tratando-se de competência absoluta, como é o caso da competência em razão da matéria, a regra prevista no mencionado dispositivo legal não se aplicaria.

O Supremo Tribunal Federal, provocado a se manifestar a respeito dessa discussão, em 29.5.2005, no julgamento do conflito de competência suscitado pelo Tribunal Superior do Trabalho em face do Tribunal de Alçada de Minas Gerais (Processo nº 7204-1), por questão de política judiciária e tendo em vista as características que distinguem a Justiça Comum e a Justiça do Trabalho, se manifestou no sentido de que as *ações que tramitam perante a Justiça Comum dos Estados, nas quais já foi prolatada sentença de mérito, lá continuam até trânsito em julgado e correspondente execução.*

Nesse caminho, destaca-se a ementa do voto da lavra do Exmo. Ministro Carlos Ayres Britto:

> CONSTITUCIONAL – COMPETÊNCIA JUDICANTE EM RAZÃO DA MATÉRIA – AÇÃO DE INDENIZAÇÃO POR DANOS MORAIS E PATRIMONIAIS DECORRENTES DE ACIDENTE DE TRABALHO, PROPOSTA POR EMPREGADO EM FACE DE SEU (EX-) EMPREGADOR – COMPETÊNCIA DA JUSTIÇA DO TRABALHO – ART. 114 DA MAGNA CARTA – REDAÇÃO ANTERIOR E POSTERIOR À EMENDA CONSTITUCIONAL Nº 45/2004 – EVOLUÇÃO DA JURISPRUDÊNCIA DO SUPREMO TRIBUNAL FEDERAL – PROCESSOS EM CURSO NA JUSTIÇA COMUM DOS ESTADOS – IMPERATIVO DE POLÍTICA JUDICIÁRIA. – Numa primeira interpretação do inciso I do art. 109 da Carta de Outubro, o Supremo Tribunal Federal entendeu que as ações de indenização por danos morais e patrimoniais decorrentes de acidente de trabalho, ainda que movidas pelo empregado contra seu (ex-) empregador, eram da competência da Justiça comum dos Estados-membros. 2. Revisando a matéria, porém, o Plenário concluiu que a Lei Republicana de 1988 conferiu tal competência à Justiça do Trabalho. Seja porque o art. 114, já em sua redação originária, assim deixava transparecer, seja porque aquela primeira interpretação do mencionado inciso I do art. 109 estava, em boa verdade, influenciada pela jurisprudência que se firmou na Corte sob a égide das Constituições anteriores. 3. Nada obstante, como imperativo de política judiciária – haja vista o significativo número de ações que já tramitaram e ainda tramitam nas instâncias ordinárias, bem como o relevante interesse social em causa –, o Plenário decidiu, por maioria, que o marco temporal da competência da Justiça trabalhista é o advento da EC 45/2004. Emenda que explicitou a competência da Justiça Laboral na matéria em apreço. 4. A nova orientação alcança os processos em trâmite pela Justiça comum estadual, desde que pendentes de julgamento de mérito. É dizer: as ações que tramitam perante a Justiça comum dos Estados, com sentença de mérito anterior à promulgação da EC 45/2004, lá continuam até o trânsito em julgado e correspondente execução. Quanto àquelas cujo mérito ainda não foi apreciado, hão de ser remetidas à Justiça do Trabalho, no estado em que se encontram, com total aproveitamento dos atos praticados até então. A medida se impõe, em razão das características que distinguem a Justiça comum estadual e a Justiça do Trabalho, cujos sistemas recursais, órgãos e instâncias não guardam exata correlação. 5. O Supremo Tribunal Federal, guardião-mor da Constituição Republicana, pode e deve, em prol da segurança jurídica, atribuir eficácia prospectiva às suas decisões, com a delimitação precisa dos respectivos efeitos, toda vez que proceder a revisões de jurisprudência definidora de competência *ex ratione materiae*. O escopo é preservar os jurisdicionados de alterações jurisprudenciais que ocorram sem mudança formal do Magno Texto. 6. Aplicação do procedente consubstanciado no julgamento do Inquérito 687, Sessão Plenária de 25.8.1999, ocasião em que foi cancelada a Súmula nº 394 do STF, por incompatível com a Constituição de 1988, ressalvadas as decisões proferidas na vigência do verbete. 7. Conflito de competência que se resolve, no caso, com o retorno dos autos ao Tribunal Superior do trabalho.

Na mesma linha, se posicionou o Superior Tribunal de Justiça, ratificando a decisão do STF:

> COMPETÊNCIA – AÇÃO REPARATÓRIA DE DANOS PATRIMONIAIS E MORAIS DECOR-RENTES DE ACIDENTE DE TRABALHO – EMENDA CONSTITUCIONAL Nº 45/2004 – APLICAÇÃO IMEDIATA – COMPETÊNCIA DA JUSTIÇA TRABALHISTA, NA LINHA DO ASSENTADO PELO SUPREMO TRIBUNAL FEDERAL – APLICAÇÃO IMEDIATA DO TEX-TO CONSTITUCIONAL AOS PROCESSOS EM QUE AINDA NÃO PROFERIDA SENTENÇA.
> A partir da Emenda Constitucional nº 45/2004, a competência para processar e julgar as ações reparatórias de danos patrimoniais e morais decorrentes de acidente do trabalho é da Justiça do Trabalho (Conflito de Competência 7204-1/MGSFT, relator Ministro Carlos Britto). A norma constitucional tem aplicação imediata. Porém, "a alteração superveniente da competência, ainda que ditada por norma constitucional, não afeta a validade da sentença anteriormente proferida. Válida a sentença anterior a eliminação da competência do juiz que a prolatou, subsiste a competência recursal do tribunal respectivo" (Conflito de Competência nº 6.967-7 RJ-STF – Relator Ministro Sepúlveda Pertence)

Dessa forma, ficou consagrado o entendimento segundo o qual as ações que tiveram início perante a Justiça Estadual e que ainda *não possuam sentença de mérito* devem ser remetidas para a *Justiça do Trabalho*, que será a competente para apreciar a demanda. Caso já tenha sido proferida sentença de mérito pela Justiça Estadual, lá devem ter seu curso normal, até trânsito em julgado.

No particular, o Supremo Tribunal Federal, para encerrar a discussão, editou a *Súmula Vinculante 22*:

> A Justiça do Trabalho é competente para processar e julgar as ações de indenização por danos morais e patrimoniais decorrentes de acidente de trabalho propostas por empregado contra empregador, inclusive aquelas que ainda não possuíam sentença de mérito em primeiro grau quando da promulgação da Emenda Constitucional nº 45/2004.

2.2.4. Ação regressiva movida pelo INSS

O Instituto Nacional do Seguro Social (INSS), com fundamento no art. 120 da Lei nº 8.213/1991 ("Art. 120. Nos casos de negligência quanto às normas padrão de segurança e higiene do trabalho indicados para a proteção individual e coletiva, a Previdência Social proporá ação regressiva contra os responsáveis.") e no instituto da responsabilidade civil, tem ajuizado ações para cobrar das empresas os valores que a autarquia federal pagou de benefícios aos acidentados, em razão de acidentes de trabalhos ocorridos por culpa do empregador, que negligenciou na fiscalização e cumprimento das normas de saúde e segurança do trabalho.

Em consequência disso, surge a indagação: qual seria o juízo competente para analisar essa demanda? A resposta passa pela análise dos dispositivos constitucionais referentes à competência material, notadamente os arts. 109, I, e 114 da Lei Maior.

A primeira corrente (minoritária) sustenta que a competência para apreciar a ação regressiva acidentária seria da Justiça Comum Estadual, com fundamento na Súmula nº 501 do STF, pela qual cabe à Justiça Estadual julgar as causas decorrentes de acidente de trabalho.

> *Súmula nº 501 do STF* • Compete à justiça estadual o processo e o julgamento em ambas as instân-cias, das causas de acidente do trabalho, ainda que promovidas contra a União, suas autarquias, empresas públicas ou sociedades de ecomomia mista.

Todavia, conforme doutrina majoritária, a atribuição de competência à Justiça Comum Estadual para as causas de acidente de trabalho restringe-se às hipóteses em que o segurado postula a obtenção ou revisão de algum benefício acidentário. Essa é a interpretação mais adequada à Súmula nº 501, após a EC nº 45/2004. Nesse sentido, destaca-se o seguinte julgado do E. Superior Tribunal de Justiça:

> PREVIDENCIÁRIO – COMPETÊNCIA – CONFLITO NEGATIVO – REVISÃO DE BENEFÍ-CIO DE ÍNDOLE ACIDENTÁRIA – ART. 109, I, e § 3º, DA CONSTITUIÇÃO – VERBETES SU-MULARES 501/STF E 15/STJ. 1. O objetivo da regra do art. 109, I, da Constituição é aproximar o julgador dos fatos inerentes à matéria que lhe está sendo submetida a julgamento. 2. As ações propostas contra a autarquia previdenciária objetivando a concessão e revisão de benefícios de índole acidentária são de competência da Justiça Estadual. Precedentes. Verbetes sumulares 501/STF e 15/STJ. 3. Conflito conhecido para declarar a competência do Juízo de Direito da Vara de Acidentes do Trabalho de Porto Alegre/RS, o suscitante. (CC 89.174/RS – 2007/0201379-3 – Ministro Arnaldo Esteves Lima – *DJ* de 1º.2.2008, p. 431)

Vale ressaltar, porém, que a 3ª Seção do E. Superior Tribunal de Justiça tem entendido que a pensão por morte, ainda que a fatalidade decorra de acidente de trabalho, não constitui benefício acidentário, mas sim previdenciário, razão pela qual a competência para postular o benefício pelo dependente seria da Justiça Federal e não da Justiça Estadual. Assim, o seguinte julgado:

> PREVIDENCIÁRIO – CONFLITO NEGATIVO DE COMPETÊNCIA – JUSTIÇA ESTADUAL E JUSTIÇA FEDERAL – DEMANDA QUE OBJETIVA CONCESSÃO DE PENSÃO POR MORTE DECORRENTE DE ACIDENTE DE TRABALHO – NÃO INCIDÊNCIA DA SÚMULA 15/STJ – PRECEDENTES – COMPETÊNCIA DA JUSTIÇA FEDERAL. 1. A Terceira Seção desta Corte pacificou recentemente o entendimento de que a concessão e a revisão de pensão por morte, independentemente das circunstâncias do falecimento do segurado, é de natureza previdenciária, e não acidentária típica, o que torna competente a Justiça Federal para o processamento e julgamento do feito, afastando-se a aplicação da da Súmula 15/STJ (CC 62.531/RJ, de minha relatoria, *DJU* de 26.3.2007, p. 200). 2. Agravo regimental improvido. (AgRg no CC 108477/MS (2009/0201709-7) – Ministra Maria Thereza de Assis Moura – *DJe* de 10.12.2010)

Verifica-se, dessa forma, que de acordo com o STJ, nos termos das Súmulas nºs 501 do STF e 15 do próprio STJ, cabe à Justiça Estadual julgar as ações que visem à concessão ou revisão de benefícios acidentários, ressalvada a pensão por morte, cuja competência seria da Justiça Federal. Esta seria, pois, a interpretação da expressão "acidente de trabalho" prevista no art. 109, I, da Constituição Federal.

A segunda corrente, considerada majoritária atualmente, argumenta que a competência para as ações regressivas em face do empregador seria da Justiça Comum Federal. Para os defensores dessa tese não estaríamos diante de um benefício acidentário para atrair a aplicação das Súmulas nºs 501 do SFT e 15 do STJ e reconhecer a competência da Justiça Estadual. Na realidade, estaríamos diante de uma ação de cobrança, cujo objeto seria a indenização decorrente da responsabilidade civil, tendo como autora uma autarquia federal, atraindo, com isso, a regra geral prevista no art. 109, I, da CF/1988. Ademais, sustentam, ainda, que não se está diante de uma ação em que se postule direitos decorrentes de relação de trabalho, tampouco a indenização postulada deriva de uma relação de trabalho entre Autarquia e réu, de forma a atrair a competência da Justiça do Trabalho. Nesse caminho, os seguintes julgados:

> AÇÃO REGRESSIVA – ACIDENTE DE TRABALHO – EC 45/2004 – COMPETÊNCIA JUSTI-ÇA FEDERAL. Tratando-se de ação de regresso de indenização, a competência para processar e

julgar a causa continua sendo da Justiça Federal, ainda que a causa primária da concessão do benefício previdenciário por acidente de trabalho, cuja concessão originou a ação de regresso, seja mesmo uma relação empregatícia. (TRF 4ª Região – Processo: 200604000125560/SC – Relatora Vânia Hack de Almeida – 3ª Turma – j. em 26.6.2006 – *DJ* de 23.8.2006, p. 1122)

AGRAVO DE INSTRUMENTO – COMPETÊNCIA – AÇÃO REGRESSIVA MOVIDA PELO INSS – INDENIZAÇÃO POR BENEFÍCIO ACIDENTÁRIO – JUSTIÇA FEDERAL I- Tratando-se de ação regressiva movida pelo INSS, autarquia previdenciária, para haver reparação de perdas e danos sofridos com o pagamento de indenizações ou pensões aos obreiros sinistrados, inquestionável a competência da Justiça Federal para promover o seu processamento e julgamento. II – Precedente desta Egrégia Corte. III – Agravo de Instrumento provido. (TRF 2ª Região – AG 174624 RJ 2009.02.01.003636-1 – Relator Desembargador Federal Reis Friede)

A terceira e última corrente defende a competência da Justiça do Trabalho para analisar as ações regressivas acidentárias. Sustenta que a ação indenizatória promovida pelo INSS tem como pano de fundo o acidente de trabalho ocorrido no âmbito da empresa, derivando, assim, da relação de trabalho. Dizem, também, que, para a análise do pleito da autarquia federal, o magistrado deverá examinar a culpa do empregador, a observância das normas de saúde e segurança e outras questões relativas à relação de trabalho, o que atrairia a competência da Justiça do Trabalho.

A respeito da competência da Justiça do Trabalho para analisar as demandas regressivas acidentárias, oportuno mencionar as lições de Cláudio Brandão (2009, p. 366):

> Resta finalmente responder à indagação suscitada no início desse tópico relativamente à definição da Justiça competente para o julgamento dessa modalidade de ação e, para tanto, é suficiente que aqui sejam renovados os argumentos levantados no item anterior, cujo exame permite extrair a seguinte interpretação:
>
> a) a regra prevista no art. 109, I, ao tratar da competência dos juízes federais, excepcionou as causas sujeitas à competência da Justiça do Trabalho;
>
> b) o art. 114, I, trata, de forma direta, das ações movidas pelos sujeitos da relação de trabalho;
>
> c) o art. 114, VI, refere-se às ações que possuem como causa remota a ocorrência do infortúnio laboral, mas alcançam terceiros não incluídos na regra de competência anterior;
>
> d) não há, nessa regra, a determinação da competência em função dos sujeitos envolvidos na lide;
>
> e) esse terceiro pode ser a autarquia previdenciária, nos casos em que se faz necessário o ressarcimento dos cofres públicos, diante do reconhecimento de conduta culposa ou dolosa do empregador, na ocorrência de acidente;
>
> Expostas as premissas, podem ser formuladas as seguintes conclusões:
>
> a) a conjugação dos arts. 109, I, e 114, VI, da Constituição Federal, permite concluir que as ações regressivas previdenciárias estão sujeitas à competência da Justiça do Trabalho, quanto aos danos provocados por acidente de trabalho;
>
> b) o seu ajuizamento dá-se de forma compulsória pela previdência, sendo suficiente a prova dos elementos fático-jurídicos que a autorizam.

Considerando que o INSS está concentrando, recentemente, maiores esforços em torno das ações regressivas acidentárias, é possível que os tribunais superiores, notadamente o E. Supremo Tribunal Federal, dentro em breve, sejam chamados a se manifestar a respeito da justiça competente para apreciação de tais demandas, não obstante prevaleça hoje o entendimento de que a Justiça Comum Federal é a competente para tanto.

> **DICA DE PROVA:** Tendo em vista que a questão ainda não é pacífica na jurisprudência dos tribunais superiores, dificilmente será cobrada numa prova objetiva. Todavia, sendo exigido, orienta-se o candidato a assinalar, atualmente, como correta, a assertiva que reconhece a competência da Justiça Federal Comum para analisar as ações regressivas acidentárias. De qualquer forma, numa prova dissertativa, é extremamente relevante apresentar todas as vertentes e concluir, de forma fundamentada, por uma delas.

2.3. COMPETÊNCIA PENAL (CRIMINAL) DA JUSTIÇA DO TRABALHO

Com a edição da EC nº 45/2004, algumas vozes doutrinárias veicularam a pretensão de uma competência criminal para a Justiça do Trabalho, especialmente diante da uma *competência ampla* no inciso I do art. 114 da CF/1988, da existência de *crimes próprios contra a organização do trabalho* no Código Penal e do reconhecimento, também no art. 114, do cabimento de *habeas corpus* na Justiça do Trabalho – um remédio de natureza constitucional naturalmente associado a questões criminais.

Contudo, o entendimento do E. Supremo Tribunal Federal foi diverso:

> COMPETÊNCIA CRIMINAL – JUSTIÇA DO TRABALHO. Ações penais. Processo e julgamento. Jurisdição penal genérica. Inexistência. Interpretação conforme dada ao art. 114, I, IV e IX, da CF, acrescidos pela EC nº 45/2004. Ação direta de inconstitucionalidade. Liminar deferida com efeito *ex tunc*. O disposto no art. 114, I, IV e IX, da Constituição da República, acrescidos pela Emenda Constitucional nº 45, não atribui à Justiça do Trabalho competência para processar e julgar ações penais. (ADIn nº 3.684-MC – Relator Ministro Cezar Peluso – j. em 1º.2.2007 – Plenário – *DJe* de 3.8.2007)

Assim, de acordo com a ADIn nº 3.684, *não possui competência criminal* a Justiça do Trabalho. Contudo, cumpre advertir que essa competência pode vir a ser atribuída por lei infraconstitucional, em face do permissivo previsto no inciso IX do art. 114 da CF/1988.

2.4. IMPROBIDADE ADMINISTRATIVA

Inicialmente, cumpre registrar que predomina, na doutrina e na jurisprudência, o entendimento de que a ação de improbidade tem nítida *natureza civil*, contrariando, assim, aqueles que defendem seu caráter criminal.

Além da polêmica referente à natureza jurídica da ação, discute-se, também, qual seria a medida processual adequada para reconhecimento da improbidade e aplicação das sanções respectivas, já que a Lei nº 8.429/1992 não indicou qual a ação apropriada.

Nesse caminho, prevaleceu a vertente que considera a *ação civil pública* como a medida processual adequada, ao argumento de que a *tutela do patrimônio público e da moralidade administrativa* envolvem direito difuso de toda a coletividade. Há, inclusive, julgado do E. Superior Tribunal de Justiça nesse sentido (REsp 510.150/MA – Recurso Especial 2003/0007895-7 – Relator Ministro Luiz Fux – j. em 17.2.2004).

Quanto à competência para apreciação das ações de improbidade, não há como deixar de reconhecer que existem determinados atos, como assédio moral nas repartições públicas ou mesmo a contratação direta, em afronta ao art. 37, II, da CF/1988, que ocorrem no campo das relações de trabalho ligadas à administração pública, o que poderia justificar a competência da Justiça do Trabalho.

Não se desconhece dos efeitos da ADIn nº 3.395, mas não podemos esquecer, também, que é possível a contratação, pelas pessoas jurídicas de direito público, pelo *regime celetista*, ao menos até o julgamento da medida cautelar que reinseriu o regime jurídico único no mundo jurídico. O que se dirá então das pessoas jurídicas de direito privado, cujo regime celetista é inerente, como as sociedades de economia mista e empresas públicas?

Assim, tratando-se de relações de trabalho na Administração Pública, deveria a Justiça do Trabalho deter a competência para apreciar as ações de improbidade correspondentes. A responsabilização do administrador, nessas situações irregulares, é uma *medida adicional e efetiva* que busca coibir a reiteração da prática ilícita.

Todavia, esse não é o entendimento predominante no C. Tribunal Superior do Trabalho, para quem a Justiça do Trabalho não detém competência para analisar ação de improbidade administrativa com o objetivo de aplicar sanções aos agentes públicos, com base na Lei nº 8.429/1992:

CONTRATAÇÃO DE SERVIDORES PÚBLICOS SEM REALIZAÇÃO DE CONCURSO – AÇÃO DE IMPROBIDADE ADMINISTRATIVA COM O OBJETIVO DE APLICAR SANÇÕES AOS AGENTES PÚBLICOS OU POLÍTICOS COM BASE NA LEI DE IMPROBIDADE ADMINISTRATIVA (LEI Nº 8.429/1992) – INCOMPETÊNCIA MATERIAL DA JUSTIÇA DO TRABALHO. Discute-se, na hipótese dos autos, a competência da Justiça do Trabalho para processar e julgar ação de improbidade administrativa proposta pelo Ministério Público do Trabalho da 12ª Região contra prefeito, ex-prefeito e de médico contratado do município de Arabutã, por ter sido esse último admitido sem a prestação de concurso público e recebido remuneração acima do teto municipal e do piso previsto para o cargo efetivo. Este Tribunal Superior já se pronunciou diversas vezes sobre o tema, tendo prevalecido o entendimento de que a Justiça do Trabalho não possui competência para apreciar as ações de improbidade administrativa ajuizadas contra prefeitos ou ex-prefeitos, decorrentes de irregularidade na contratação de servidores públicos sem realização de concurso público. O art. 114, inciso I, da Constituição Federal, com a redação que lhe foi dada pela Emenda Constitucional nº 45/2004, ao ampliar a competência desta Justiça Especializada para processar e julgar ações oriundas da relação de trabalho, abrangidos os entes de direito público externo e da administração pública direta e indireta da União, dos Estados, do Distrito Federal e dos Municípios, referiu-se às hipóteses em que envolvam entes públicos, ou seja, as pessoas jurídicas de direito público ou privado, e não as pessoas físicas que praticam atos em nome das citadas pessoas jurídicas. Além disso, a responsabilização do gestor público por ato de improbidade administrativa independe da relação de trabalho estabelecida entre o servidor contratado sem concurso e a Administração Pública, visto que pode ser apurada sem que o ente público seja condenado ao pagamento de verbas trabalhistas à pessoa contratada de forma irregular. Ressalta-se que a pretensão, nessa ação de improbidade administrativa, não é trabalhista, mas sim de natureza punitiva e administrativa, com o objetivo de apurar a alegada prática de ilícitos administrativos pelos agentes públicos apontados como réus e de lhes acarretar, sem prejuízo da aplicação de outras sanções criminais, civis e administrativas, a perda da respectiva função pública e a suspensão de seus direitos políticos, pelo prazo legalmente previsto. Trata-se aqui, portanto, de uma questão de incompetência material da Justiça do Tra-

COMPETÊNCIA MATERIAL DA JUSTIÇA DO TRABALHO: ASPECTOS RELEVANTES | 733

balho, corretamente reconhecida e declarada pelas instâncias ordinárias. Recurso de revista não conhecido. (RR 11200-78.2007.5.12.0008 – j. em 5.9.2012 – Relator Ministro José Roberto Freire Pimenta – 2ª Turma – *DEJT* de 14.9.2012)

RECURSO DE REVISTA – MINISTÉRIO PÚBLICO DO TRABALHO DA 12ª REGIÃO – AÇÃO DE IMPROBIDADE ADMINISTRATIVA – CONTRATAÇÃO DE PESSOAL SEM A OBSERVÂNCIA DE CONCURSO PÚBLICO – INCOMPETÊNCIA DA JUSTIÇA DE TRABALHO. A Justiça do Trabalho não é competente para processar e julgar ação de improbidade administrativa contra prefeito e outros agentes públicos, ainda que o ato ilícito praticado seja a inobservância do art. 37, II, da Constituição da República, que exige a prévia aprovação em concurso público para a investidura de cargo ou emprego público. A competência inserta no art. 114, I, da Constituição Federal restringe-se às controvérsias decorrentes da relação de trabalho, abrangidos os entes de direito público externo e da administração pública direta e indireta, na condição de pessoa jurídica, não alcançando a pretensão relativa à imposição de sanções aos agentes públicos ou políticos previstas na Lei de Improbidade Administrativa (Lei nº 8.429/1992). Precedentes. Recurso de revista de que não se conhece. (RR 13700-05.2007.5.12.0013 – j. em 22.6.2011 – Relator Ministro Walmir Oliveira da Costa – 1ª Turma – *DEJT* de 1º.7.2011)

2.5. RITO PROCESSUAL

Em virtude da ampliação da competência da Justiça do Trabalho com o advento da EC nº 45/2004, surgiram dúvidas quanto ao *rito processual* a ser observado, notadamente nas ações que migraram da Justiça Estadual para a Justiça Especializada. A título de ilustração, questionava-se, por exemplo, qual o rito a ser aplicado ao recurso interposto na Justiça Comum (apelação) ainda não analisado que, agora, seria apreciado pela Justiça do Trabalho: os ditames do Código de Processo Civil pertinentes à apelação ou as regras referentes ao Recurso Ordinário, de competência da Justiça do Trabalho?

O C. Tribunal Superior do Trabalho, visando a equacionar a questão, editou a *Instrução Normativa nº 27/2005,* logo após a publicação da Emenda Constitucional nº 45/2004.

Esse ato normativo reflete o entendimento da mais alta Corte Trabalhista sobre a *adequação* do rito procedimental em relação aos novéis processos trazidos pela denominada "nova competência". Observem-se trechos principais da redação:

Art. 1º. As ações ajuizadas na Justiça do Trabalho tramitarão pelo rito ordinário ou sumaríssimo, conforme previsto na Consolidação das Leis do Trabalho, excepcionando-se, apenas, as que, por disciplina legal expressa, estejam sujeitas a rito especial, tais como o Mandado de Segurança, *Habeas Corpus, Habeas Data,* Ação Rescisória, Ação Cautelar e Ação de Consignação em Pagamento.

Art. 2º. A sistemática recursal a ser observada é a prevista na Consolidação das Leis do Trabalho, inclusive no tocante à nomenclatura, à alçada, aos prazos e às competências.

Parágrafo único. O depósito recursal a que se refere o art. 899 da CLT é sempre exigível como requisito extrínseco do recurso, quando houver condenação em pecúnia.

Art. 3º. Aplicam-se quanto às custas as disposições da Consolidação das Leis do Trabalho.

§ 1º. As custas serão pagas pelo vencido, após o trânsito em julgado da decisão.

§ 2º. Na hipótese de interposição de recurso, as custas deverão ser pagas e comprovado seu recolhimento no prazo recursal (arts. 789, 789-A, 790 e 790-A da CLT).

§ 3º. Salvo nas lides decorrentes da relação de emprego, é aplicável o princípio da sucumbência recíproca, relativamente às custas. [...]

Art. 5º. Exceto nas lides decorrentes da relação de emprego, os honorários advocatícios são devidos pela mera sucumbência.

Art. 6º. Os honorários periciais serão suportados pela parte sucumbente na pretensão objeto da perícia, salvo se beneficiária da justiça gratuita.

Parágrafo único. Faculta-se ao juiz, em relação à perícia, exigir depósito prévio dos honorários, ressalvadas as lides decorrentes da relação de emprego.

Como pontos principais, devemos estar atentos ao fato de que a *sistemática recursal* a ser aplicada será sempre a *trabalhista*, particularmente em atenção ao depósito recursal e às custas como pressupostos recursais específicos. Ainda nessa perspectiva, é salutar destacar o Enunciado nº 65 da 1ª Jornada de Direito Material e Processual do Trabalho promovida pelo TST:

AÇÕES DECORRENTES DA NOVA COMPETÊNCIA DA JUSTIÇA DO TRABALHO – PROCEDIMENTO DA CLT. I – Excetuadas as ações com procedimentos especiais, o procedimento a ser adotado nas ações que envolvam as matérias da nova competência da Justiça do Trabalho é o previsto na CLT, ainda que adaptado. II – As ações com procedimentos especiais submetem-se ao sistema recursal do processo do trabalho.

Outro ponto relevante é que as *ações de rito especial*, tais como o Mandado de Segurança, o *Habeas Corpus*, o *Habeas Data*, a Ação Rescisória, a Ação Cautelar e a Ação de Consignação em Pagamento *seguirão sua disciplina própria*, razão pela qual se deve utilizar o procedimental específico de cada uma.

Ainda em relação à mencionada Instrução Normativa, cumpre esclarecer que apenas as lides que estão fora da relação de emprego admitirão a condenação sucumbencial, notadamente os honorários advocatícios. Como exemplo, destacamos as Ações Anulatórias de Autos de Infração lavrados pela fiscalização do trabalho. Cita-se julgado exemplificativo do C. TST:

HONORÁRIOS ADVOCATÍCIOS – MATÉRIA DIVERSA DA RELAÇÃO DE TRABALHO – APLICAÇÃO DO ART. 20 DO CPC. Com o intuito de regular algumas normas procedimentais aplicáveis ao processo do trabalho em decorrência da ampliação da competência da Justiça do Trabalho pela Emenda Constitucional nº 45/2004, esta Corte Superior editou a Instrução Normativa nº 27 de 16.2.2005. Em seu art. 5º, dispôs que exceto nas lides decorrentes da relação de emprego, os honorários advocatícios serão devidos pela mera sucumbência. Assim, tratando-se de ação anulatória de auto de infração, incide no caso o disposto no art. 20 do CPC, e não os preceitos contidos na Lei nº 5.584/1970 e nas Súmulas nºs 219 e 329 dessa Corte. Agravo de instrumento não provido. (TST – AIRR 1225-30.2010.5.02.0000 – Relator Ministro Milton de Moura França – *DJe* de 3.6.2011, p. 1.066)

Logo, o princípio da sucumbência é, sim, aplicável em seara trabalhista. Sua pura e simples incidência, contudo, se dá apenas em relação às lides que não decorram da relação de emprego nos moldes celetistas; que sejam afetas a questões decorrentes da ampliação de competência.

2.6. DEMANDAS RELACIONADAS AO EXERCÍCIO DO DIREITO DE GREVE

Outra importante ampliação da competência da Justiça do Trabalho está prevista na nova redação do art. 114, inciso II, da CF/1988, abrangendo *ações que envolvam o exercício do direito de greve*.

Não há dúvidas agora que, no caso de greve de empregados sujeitos ao *regime celetista*, a competência é da *Justiça do Trabalho*. Assim, a abusividade ou não do movimento paredista, seja nas empresas privadas ou nas empresas públicas sob o regime da CLT, em atividades essenciais ou não, será apreciada pela Justiça Especializada.

A celeuma, na verdade, reside em saber se no caso de greve de *servidores estatutários* a competência permaneceria na Justiça do Trabalho, por força do disposto no art. 114, II, da Constituição Federal, ou se seria da Justiça Comum, em virtude da interpretação dada pela Suprema Corte ao art. 114, I, da Lei Maior, na ADIn nº 3.395.

Aventou-se a possibilidade da competência permanecer na Justiça Laboral exatamente pelo fato de a decisão proferida na ADIn nº 3.395 se referir ao inciso I, enquanto que a competência material para as questões envolvendo o direito de greve está prevista no inciso II, ambos do art. 114 da CF/1988.

Todavia, a jurisprudência do C. Tribunal Superior do Trabalho tem entendimento no sentido de declarar a *incompetência da Justiça do Trabalho* para apreciar os dissídios coletivos de *greve de servidores públicos estatutários*, com fundamento na ADIn nº 3.395:

> RECURSO DE REVISTA – SERVIDOR PÚBLICO ESTATUTÁRIO – DIREITO DE GREVE – INCOMPETÊNCIA DA JUSTIÇA DO TRABALHO. Em se tratando de servidores vinculados por típica relação de ordem estatutária (situação dos servidores da Junta Comercial do Distrito Federal) ou de caráter jurídico-administrativo, o STF (por meio da ADIn nº 3.395-MC/DF), suspendeu, cautelarmente, qualquer interpretação do art. 114, I, da Constituição Federal, que incluísse, na competência da Justiça do Trabalho, a apreciação de causas concernentes ao poder público e seus servidores. Registre-se que, até a presente data, não foi julgado, pelo STF, o mérito da mencionada ADIn. Assim, extingui-se o feito, sem resolução do mérito, nos termos do art. 267, IV, do CPC. Recurso de revista de que se conhece e a que se dá provimento. (RR 55141-69.2006.5.10.0008. – j. em 9.11.2011 – Relator Ministro Pedro Paulo Manus – 7ª Turma – *DEJT* de 18.11.2011)

Questão interessante ocorre quando o ente de direito público possui *regime híbrido*, cuja possibilidade já foi analisada em tópico anterior. Nesse caso, havendo trabalhadores sujeitos ao regime celetista e também ao regime estatutário, de quem seria a competência para apreciar a demanda?

O E. Tribunal Regional do Trabalho da 15ª Região teve a oportunidade de apreciar um caso desse tipo envolvendo os trabalhadores do município de Paulinia/SP, mais especificamente a Guarda Municipal, que era composta por servidores estatutários e empregados públicos.

Na oportunidade, o Tribunal Regional, por maioria, acatando o bem fundamentado voto da relatora Exma. Desembargadora Elency Pereira Neves, assim se pronunciou:

> DISSÍDIO COLETIVO DE GREVE – ENTE PÚBLICO – REGIME JURÍDICO HÍBRIDO – SERVIDORES PÚBLICOS CELETISTAS E ESTATUTÁRIOS – ISONOMIA – INDIVISIBILIDADE DO OBJETO – PRINCÍPIO DA EFETIVIDADE – COMPETÊNCIA DA JUSTIÇA DO TRA-

BALHO – POSSIBILIDADE. Na hipótese do ente público adotar regime jurídico híbrido, com servidores regidos pela CLT, de um lado, e servidores regidos por estatuto próprio, de outro, é admissível a competência da Justiça do Trabalho para apreciar e julgar o Dissídio Coletivo de Greve pertinente a todos os trabalhadores, inclusive os estatutários. A decisão do C. STF no sentido de suspender toda e qualquer interpretação que inclua na competência desta Especializada a apreciação de causas envolvendo servidores estatutários restringiu-se à análise da expressão "relação de trabalho" contida no inciso I do art. 114 da CF/1988, não alcançando, pois, o inciso II, do citado artigo constitucional, que estabelece a competência para os conflitos de greve. Ademais, o objeto do presente feito é indivisível, o que implicaria em admitir que, ainda que a decisão se referisse apenas aos celetistas, não haveria como os servidores estatutários serem excluídos dos efeitos do comando sentencial. Some-se a estes argumentos, a observância do princípio da efetividade e a ausência de Poder Normativo da Justiça Comum, nas hipóteses em que a greve traz consigo a necessidade de análise da pauta de reivindicações, como no caso presente. Por fim, deve-se ter em mente o poder geral de cautela atribuído a todos os magistrados, que autoriza a concessão de tutelas emergenciais, ainda que por juízes incompetentes. (Decisão 000043/2008-PADC – do Processo 0216600-32.2007.5.15.0000 DCG – Publicado em 15.2.2008)

Vale destacar, aqui, a decisão final da Seção de Dissídios Coletivos do Tribunal Regional do Trabalho da 15ª Região no caso dos guardas municipais de Paulínia/SP:

Em prosseguimento ao julgamento iniciado em 12.12.2007, e computados os votos proferidos naquela oportunidade, inicialmente, por maioria de votos, à luz dos princípios constitucionais e do interesse público envolvido, declarar a competência da Justiça do Trabalho para apreciar o Dissídio Coletivo de Greve envolvendo servidores públicos celetistas e estatutários, nos termos do art. 114, II, da Constituição Federal, vencidos os Exmos. Srs. Desembargadores Federais do Trabalho Henrique Damiano e Fernando da Silva Borges, que se manifestavam pela incompetência da Justiça do Trabalho para analisar a questão envolvendo servidores estatutários; a seguir, no mérito, julgar IMPROCEDENTE o presente dissídio coletivo de greve, instaurado pelo Município de Paulínia, para reconhecer a legalidade e NÃO ABUSIVIDADE do movimento paredista. Em virtude do caráter dúplice da presente ação, analisar, também, os pedidos do suscitados e ACOLHÊ-LOS PARCIALMENTE para determinar o pagamento de TODOS os dias de paralisação, independentemente do trânsito julgado, na forma do art. 461 do CPC; determinar que o município, no prazo de 90 dias, encaminhe projeto de Lei à Câmara Municipal para regulamentar a situação da Guarda Municipal, cumprindo os requisitos exigidos pelo Estatuto do Desarmamento, principalmente no que tange a criação da Ouvidoria e Corregedoria da Guarda Municipal. Em caso de descumprimento da decisão ora proferida, arcará o suscitante com multa diária de R$ 1.000,00 (hum mil reais) por empregado. Frisar, outrossim, que no período compreendido entre a concretização da regularização da situação da Guarda Municipal, a utilização de Arma de Fogo pelos Guardas Municipais é de responsabilidade exclusiva do Município. Custas pelo suscitante, no importe de R$ 200,00, calculadas sobre o valor dado à causa de R$ 10.000,00, das quais fica isento, nos moldes do art. 790-A da CLT.

A citada decisão, por sua clareza e didática, dispensa maiores comentários, sendo diversos os argumentos apontados para reconhecimento da competência da Justiça do Trabalho para apreciar o dissídio coletivo de greve de trabalhadores de ente público que adota regime jurídico híbrido.

Levada essa discussão ao C. Tribunal Superior do Trabalho, por meio de recurso ordinário, a Corte, em voto de relatoria da E. ministra Dora Maria da Costa, julgado em 11 de maio de 2009, extinguiu o processo sem julgamento do mérito, por entender que *havendo servidor estatutário, a competência não é da Justiça do Trabalho, mas sim da Justiça Comum*:

DISSÍDIO COLETIVO DE GREVE – RECURSO ORDINÁRIO – MUNICÍPIO DE PAULÍNIA – PESSOA JURÍDICA DE DIREITO PÚBLICO – NATUREZA JURÍDICA HÍBRIDA DOS SERVIDORES GREVISTAS – INCOMPETÊNCIA DA JUSTIÇA DO TRABALHO DECLARADA DE OFÍCIO – EXTINÇÃO DO PROCESSO SEM RESOLUÇÃO DE MÉRITO, POR IMPOSSIBILIDADE JURÍDICA DO PEDIDO. Com respaldo no art. 114, II, da CF, e acolhendo exceção à Orientação Jurisprudencial nº 5 da SDC, esta Seção Especializada pacificou seu entendimento no sentido de considerar competente a Justiça do Trabalho na apreciação e julgamento de dissídios coletivos de greve, em que figurasse pessoa jurídica de direito público, desde que os servidores envolvidos fossem regidos pelo regime celetista. Afastou, no entanto, a possibilidade jurídica em relação a qualquer pretensão de cunho econômico, em razão da impossibilidade de reposição salarial ou de alocação de recursos sem prévia dotação orçamentária (arts. 7º, XXVI, 37, X e XI, e 169, § 1º, I e II, da CF). *In casu*, embora o dissídio coletivo trate tão somente do movimento paredista deflagrado pela Guarda Municipal de Paulínia, constata-se a natureza jurídica híbrida dos referidos servidores. Assim, ante a inviabilidade de que a decisão prolatada produza efeitos apenas sobre uma parcela dos grevistas, não atingindo aqueles regidos pelo regime estatutário, impõe-se declarar, de ofício, a incompetência desta Justiça Especializada para o julgamento da ação, extinguindo-se o processo, sem resolução de mérito, por impossibilidade jurídica do pedido, nos termos do art. 267, VI, e § 3º, do CPC. Processo extinto, sem resolução de mérito.

No mesmo sentido e no mesmo caso se posicionou o C. Superior Tribunal de Justiça, em sede de conflito de competência:

CONFLITO DE COMPETÊNCIA – GREVE DE SERVIDORES PÚBLICOS MUNICIPAIS – REGIME JURÍDICO DIVERSO – ESTATUTÁRIOS E CELETISTAS – CONFLITO POSITIVO DE COMPETÊNCIA ENTRE A JUSTIÇA ESTADUAL E A JUSTIÇA DO TRABALHO. 1. Cuida-se de conflito de competência entre a Justiça Estadual e a Justiça do Trabalho, decorrente da greve deflagrada pelos servidores do Município de Paulínia, formada, em sua quase totalidade (76%) de servidores estatutários, e o restante de celetistas. 2. A Constituição Federal de 1988 prevê o regime jurídico único para os servidores públicos, nos termos dos arts. 39 e seguintes. Contudo, não é novidade que a grande maioria dos entes federativos ainda hoje possuem um regime misto, formado por servidores estatutários e celetistas. 3. Neste sentido, também não é novidade que as greves já julgadas no âmbito da Justiça Estadual, em razão da interpretação dada ao art. 114, I, da Constituição Federal, também eram deflagradas, em sua quase totalidade, por regime jurídico misto. 4. O Supremo Tribunal Federal, na ADIn nº 3.395 (Min.Cézar Peluso, *DJ* de 10.11.2006), determinou que o art. 114, I, da Constituição Federal somente pode ser interpretado no sentido de que não é da competência da Justiça do Trabalho a "apreciação de causas que sejam instauradas entre o Poder Público e seus servidores, a ele vinculados por típica relação de ordem estatutária ou de caráter jurídico-administrativo". 5. Tratando-se de direito coletivo, a definição da competência não se faz com base no regime jurídico a que está submetido cada servidor municipal, mas sim com fundamento no movimento deflagrado, que, no caso, é a greve dos servidores municipais buscando melhores na remuneração e nas condições de trabalho no serviço público, tanto é assim que é assistida por Sindicato que representa tanto os servidores estatutários quanto os celetistas. 6. A origem da lide coletiva é a mesma, qual seja, a greve deflagrada contra o serviço público. Não é possível cindir a greve em duas, para analisar as questões apresentadas pelas diversas espécies de servidores públicos. 7. A greve é uma, devendo ser decidida a sua legalidade ou ilegalidade em um único juízo. Acaso, se se acolhesse a tese da agravante, poderíamos enfrentar a absurda hipótese da mesma greve ser julgada ilegal na Justiça Estadual, e legal na Justiça do Trabalho. 8. O movimento grevista que envolve o Poder Público e seus servidores, estatutários ou não, são julgados pela Justiça Comum, nos termos da decisão proferida pelo Supremo Tribunal Federal na ADIn nº 3.395. Agravo regimental improvido. (AgRg no CC 116.994/SP (2011/0098586-3) – Relator Ministro Humberto Martins (1130) – S1 – Primeira Seção – j. em 22.6.2011 – *DJe* de 30.6.2011).

Diante de tal quadro, prevalece o entendimento segundo o qual, havendo servidores públicos estatutários, a *competência* para apreciação do Dissídio Coletivo é da *Justiça Comum*, ainda que o regime adotado seja *híbrido*, abrangendo trabalhadores submetidos a estatuto próprio e submetidos às regras celetistas.

2.6.1. Competência funcional

Com relação à *competência funcional* para analisar os dissídios coletivos de greve, é uníssono o entendimento de que se trata de competência originária do Tribunal Regional ou do Tribunal Superior do Trabalho, dependendo da extensão territorial, conforme art. 677 da CLT combinado com o art. 2º, I, "a", da Lei nº 7.701/1988. Quanto ao tema, cita-se o Precedente Normativo nº 29 do C. TST:

> GREVE – COMPETÊNCIA DOS TRIBUNAIS PARA DECLARÁ-LA ABUSIVA (POSITIVO). Compete aos Tribunais do Trabalho decidir sobre o abuso do direito de greve.

É importante destacar apenas o caso específico dos Tribunais da 2ª (São Paulo/SP) e 15ª Região (Campinas/SP), nos quais, se a greve abranger a circunscrição de ambos os Tribunais, a competência será do Tribunal da 2ª Região, conforme art. 12 da Lei nº 7.520/1986, com a redação dada pela Lei nº 9.254/1996.

2.6.2. Interdito proibitório

Outra questão pertinente à *competência material* da Justiça do Trabalho nos litígios decorrentes do exercício do direito de greve refere-se aos interditos proibitórios.

O interdito proibitório é uma das modalidades de *ação possessória*, dentre as quais se destacam a ação de reintegração e a ação de manutenção da posse, que visam, assim como as demais, a *proteger o direito fundamental da propriedade*, com previsão no art. 923 do Código de Processo Civil.

Trata-se de uma *medida processual* que visa a tutelar, na verdade, o *direito de posse*, em caso de justo receio de ameaça no exercício pacífico de seu domínio.

Tendo-se em vista tratar-se de um instrumento processual possessório, de clara e evidente utilização no direito civil, muito se questionou a respeito da competência da Justiça do Trabalho para analisar tais medidas, quando utilizadas pelas empresas, notadamente as instituições financeiras, nas greves de seus funcionários. Com receio de eventuais prejuízos ao seu patrimônio, tais medidas são ajuizadas para garantir o regular exercício do direito de posse e a liberdade dos clientes e funcionários que não queiram aderir ao movimento paredista.

Sem entrar no mérito de *possíveis abusos* que possam ser cometidos na utilização indevida do interdito proibitório com a finalidade de esvaziar ou até mesmo impedir o regular exercício do direito fundamental de greve do trabalhador, o Superior Tribunal de Justiça, mesmo após o advento da EC nº 45/2004, inicialmente, entendeu que a competência para a apreciação de tais demandas era da Justiça Comum.

Acontece que o *Supremo Tribunal Federal*, ao apreciar o Recurso Extraordinário nº 579.648, reconheceu a repercussão geral do tema e, ainda, a *competência material da Justiça do Tra-*

balho para a apreciação e o julgamento das ações de interditos proibitórios decorrentes do exercício do direito de greve (art. 114, incisos II e III, da CF/1988):

> CONSTITUCIONAL – COMPETÊNCIA JURISDICIONAL – JUSTIÇA DO TRABALHO X JUSTIÇA COMUM – AÇÃO DE INTERDITO PROIBITÓRIO – MOVIMENTO GREVISTA – ACESSO DE FUNCIONÁRIOS E CLIENTES À AGÊNCIA BANCÁRIA: "PIQUETE" – ART. 114, INCISO II, DA CONSTITUIÇÃO DA REPÚBLICA – JURISPRUDÊNCIA DO SUPREMO TRIBUNAL FEDERAL – COMPETÊNCIA DA JUSTIÇA DO TRABALHO. 1. "A determinação da competência da Justiça do Trabalho não importa que dependa a solução da lide de questões de direito civil" (Conflito de Jurisdição nº 6.959), bastando que a questão submetida à apreciação judicial decorra da relação de emprego. 2. Ação de interdito proibitório cuja causa de pedir decorre de movimento grevista, ainda que de forma preventiva. 3. O exercício do direito de greve respeita a relação de emprego, pelo que a Emenda Constitucional nº 45/2003 incluiu, expressamente, na competência da Justiça do Trabalho conhecer e julgar as ações dele decorrentes (art. 114, inciso II, da Constituição da República). 4. Recurso extraordinário conhecido e provido para fixar a competência da Justiça do Trabalho. (RE 579.648 – Plenário do STF – Relator Ministro Menezes Direito – j. em 10.9.2008 – *DJe* de 6.3.2009)

Diante dos procedentes da Suprema Corte, o próprio Superior Tribunal de Justiça passou a reconhecer a competência da Justiça do Trabalho para apreciar os interditos proibitórios ajuizados em virtude de greve de funcionários:

> CONFLITO DE COMPETÊNCIA – AÇÃO CIVIL PÚBLICA – GREVE – INTERDITO PROIBITÓRIO – AGÊNCIAS BANCÁRIAS – LIVRE FUNCIONAMENTO – ACESSO DE FUNCIONÁRIOS E CLIENTES – COMPETÊNCIA DA JUSTIÇA DO TRABALHO. I. A competência para julgar ação civil pública decorrente de atos de grevistas, visando ao livre acesso de funcionários e clientes à agência bancária sob o risco de serem interditadas em decorrência de movimento grevista, é da Justiça do Trabalho. Precedente do STF e desta Corte. II. Anula-se a decisão de fls. 236/238 e os Acórdãos de fls. 257/253/257 e 266/273). III. Conflito conhecido, declarando-se competente o suscitante. (CC 57.866/RJ – 2005/0216027-6 – Ministro Sidnei Beneti – *DJe* de 7.10.2009)

Dessa forma, restou consagrado o entendimento segundo o qual a ação de *interdito proibitório*, cuja causa de pedir decorra de movimento grevista, é da *competência da Justiça do Trabalho*.

Para colocar um ponto final na discussão da competência material, o C. Supremo Tribunal Federal editou a *Súmula Vinculante nº 23*: "A Justiça do Trabalho é competente para processar e julgar ação possessória ajuizada em decorrência do exercício do direito de greve pelos trabalhadores da iniciativa privada."

Destaque-se que, embora a competência material não gere dúvidas, especialmente diante da referida súmula, o mesmo não é verdade em relação à *competência funcional* para o ajuizamento de medidas possessórias. A dúvida está, basicamente, entre duas possibilidades: competência funcional de primeira instância ou de segunda instância.

Pode-se dizer que existem duas correntes argumentativas. A primeira, aponta para o fato de que não existe norma específica atribuindo a competência para ações possessórias decorrentes do direito de greve para a segunda instância. Logo, a competência seria própria da primeira instância. Somente em dissídios coletivos em sentido estrito seria possível a competência funcional originária dos tribunais. Nesse sentido:

> GREVE – INTERDITO PROIBITÓRIO – CONFLITO DE NATUREZA TRABALHISTA – COMPETÊNCIA FUNCIONAL DO JUIZ DE PRIMEIRA INSTÂNCIA. Os aspectos possessó-

rios concernentes à realização de piquetes vinculados a movimentos paredistas, não desvirtuam a natureza trabalhista do conflito, o que atrai a competência material desta justiça especializada para dirimi-lo, pertencendo ademais a atribuição funcional correlativa ao juiz de primeira instância, mercê do contexto institucional que dimana da atual redação conferida ao art. 114 da CF, ilação que só pode ser afastada em se tratando de dissídios coletivos em sentido estrito. (TRT – 15ª R. – ANT 901537-2005-000-15-00-8 – (90/05) – SDC – Relator Juiz Manoel Carlos Toledo Filho – *DOESP* de 25.10.2005, p. 4)

Já a segunda corrente esclarece que o dissídio de greve é de competência originária dos Tribunais. Logo, se a greve é apreciada e as pautas de reivindicações são julgadas pela segunda instância, a lógica tangencia para que a análise de incidentes que apresentam natureza correlata seja de competência da segunda instância. Esse mesmo raciocínio foi utilizado para a fixação da competência para análise das Ações Anulatórias de Cláusulas e Convenções Coletivas. Nesses moldes:

QUESTÃO DE ORDEM – CONSTITUCIONAL – COMPETÊNCIA DA JUSTIÇA DO TRABALHO PARA PROCESSAR E JULGAR AÇÕES POSSESSÓRIAS PERTINENTES A MOVIMENTO GREVISTA (NO CASO, INTERDITO POSSESSÓRIO) – PRECEDENTE DO STF (RE Nº 579.648, RELATORA MINISTRA CÁRMEN LÚCIA, RESULTANDO NA SÚMULA VINCULANTE Nº 23/STF) – COMPETÊNCIA ORIGINÁRIA DOS TRIBUNAIS DO TRABALHO – APLICAÇÃO DA REGRA DE ATRAÇÃO DOS DISSÍDIOS COLETIVOS DE GREVE – INCOMPETÊNCIA FUNCIONAL DO MM JUÍZO DO TRABALHO DE PRIMEIRO GRAU E DA EGRÉGIA TURMA DO TRT-10 EM SEDE RECURSAL. Questão de ordem acolhida para, assim, declarar a incompetência funcional do MM. Juízo de origem e deste Tribunal Regional em prol da C. Seção de Dissídios Coletivos do Tribunal Superior do Trabalho, considerada a greve ao qual correlato o interdito ser de exame originário da Corte Superior por envolver o Banco do Brasil. (TRT – 10ª R. – RO 1417-14.2010.5.10.0008 – Relator Des. Alexandre Nery de Oliveira – *DJe* de 10.6.2011, p. 138)

INTERDITO PROIBITÓRIO – LIMITES DO EXERCÍCIO DO DIREITO DE GREVE – COMPETÊNCIA FUNCIONAL – Conforme entendimento do STF ao apreciar o Mandado de Injunção 708/DF, a competência funcional, para julgamento das matérias afetas ao direito de greve do servidor público civil, deve seguir os mesmos ditames da regra funcional para apreciação da greve dos empregados regidos pela CLT e que, em ambos os casos, cabe aos Tribunais (e não ao juízo singular) apreciar e processar "os interditos possessórios para desocupação de dependências" e "demais medidas cautelares que apresente conexão direta com o dissídio coletivo de greve". (TRT – 5ª R. – RO 0001047-92.2010.5.05.0131 – 2ª T. – Relator Des. Renato Mário Borges Simões – *DJe* de 8.7.2011)

A Seção de Dissídios Coletivos do C. Tribunal Superior do Trabalho, acolhendo o voto do relator Exmo. Ministro Walmir Oliveira da Costa, posicionou-se pela competência funcional das Varas do Trabalho para examinar as ações de *interdito proibitório*:

INTERDITO PROIBITÓRIO COM PEDIDO DE LIMINAR DE MANUTENÇÃO DE POSSE – COMPETÊNCIA FUNCIONAL DAS VARAS DO TRABALHO – AÇÃO CIVIL LIGADA À DEFESA DA POSSE. 1. Nos termos do art. 114, II, da Constituição Federal e da Súmula Vinculante nº 23 do STF, inscreve-se na competência originária das Varas do Trabalho julgar interdito proibitório cuja causa de pedir decorra de movimento grevista, ou seja, com o fim de garantir o livre acesso de funcionários e clientes a agências bancárias durante período de greve, na medida em que se trata de ação civil de natureza possessória, e não de dissídio coletivo de natureza econômica ou de greve, em que a Justiça do Trabalho exerce o Poder Normativo. 2. O acórdão regional divergiu dessa orientação ao declinar de sua competência recursal e determinar a remessa dos autos à Seção de Dissídios Coletivos do TST, órgão jurisdicional ao qual não foi outorgada constitucionalmente a competência originária para julgar ação possessória. Determinação de retorno dos autos ao TRT da 10ª Região para prosseguir no julgamento do recurso ordinário interposto pela entidade sindical. (Pet 5473-59.2011.5.00.0000 – j. em 12.9.011 – Relator Ministro Walmir Oliveira da Costa – Seção Especializada em Dissídios Coletivos – *DEJT* de 30.9.2011).

Oportuno destacar, pela didática e clareza, trecho da fundamentação do acórdão do C. TST, com o qual concordamos, que reconheceu a competência funcional da primeira instância para analisar o *interdito proibitório*:

> [...] Ora, na presente ação possessória não se reclama o exercício do Poder Normativo da Justiça do Trabalho, mas, ao contrário, o que se busca é solucionar um conflito decorrente do exercício considerado irregular da greve, cuja competência funcional só pode ser da primeira instância, ou seja, das Varas do Trabalho, nas palavras do Procurador do Trabalho Raimundo Simão de Melo (cfr. *A Greve no Direito Brasileiro*, LTR, 2. ed., 2009, p. 164).
>
> Diverso não poderia ser o entendimento, *permissa venia*, haja vista a natureza civil possessória do interdito proibitório regulamentado pelo art. 932 e segs. do CPC, ou seja, trata-se de ação civil ligada à defesa da posse, sem abrangência coletiva, à semelhança dos embargos de terceiro ajuizados na execução trabalhista, cuja competência para julgamento é, inequivocamente, da Vara do Trabalho.
>
> Não é dado ao intérprete e aplicador da lei olvidar que as causas, normalmente, têm origem, são propostas perante órgão judiciário de primeiro grau de jurisdição, como forma de assegurar o duplo grau de jurisdição.
>
> Nesse diapasão é que se encontra delimitada a competência da Justiça do Trabalho pelo art. 114 da Constituição Federal, incluindo-se na competência das Varas do Trabalho o julgamento das ações possessórias que têm na causa de pedir uma relação de trabalho, cabendo aos Tribunais Trabalhistas a competência recursal.
>
> Ressalte-se que, ao julgar o AgRg no Conflito de Competência nº 88.512 – SP, versando sobre competência para julgamento de interdito proibitório em que se buscou garantir o livre acesso de funcionários e clientes a agências bancárias sob o risco de serem interditadas em decorrência de movimento grevista, o Superior Tribunal de Justiça conheceu do conflito e declarou competente a Vara do Trabalho, suscitante, com fundamento nas disposições do art. 114, II, da CF e na Súmula Vinculante nº 23 do STF.
>
> Fixadas tais premissas, concluo que se inscreve na competência originária das Varas do Trabalho julgar interdito proibitório cuja causa de pedir decorra de movimento grevista, ou seja, com o fim de garantir o livre acesso de funcionários e clientes a agências bancárias durante período de greve, na medida em que se trata de ação civil de natureza possessória, e não de dissídio coletivo de natureza econômica ou de greve, em que a Justiça do Trabalho exerce o Poder Normativo.
>
> Dessa forma, tem-se que o acórdão recorrido divergiu dessa orientação ao declinar de sua competência recursal e determinar a remessa dos autos à Seção de Dissídios Coletivos do TST, órgão jurisdicional ao qual, como acima exposto, não foi outorgada constitucionalmente a competência originária para julgar ação possessória. [...]

Por fim, destaque-se que essa discussão a respeito da competência originária só ocorre nos casos relativos ao exercício do direito de greve, e não em casos onde uma ação possessória é intentada, por exemplo, entre empresa e trabalhador para busca de algum equipamento de trabalho, sem reflexos coletivos ou de paralisação da atividade. Nesses casos individuais, a competência funcional seria a de primeira instância.

2.7. COMPETÊNCIA PARA APRECIAR DEMANDAS EM FACE DE ESTADOS ESTRANGEIROS E ORGANISMOS INTERNACIONAIS – QUESTÃO DO PNUD/ONU

Inicialmente, cumpre destacar que a competência da Justiça do Trabalho para apreciar demandas envolvendo Estados estrangeiros e Organismos Internacionais decorre do próprio texto constitucional.

A questão da *imunidade de jurisdição* desses entes mereceu discussão no Supremo Tribunal Federal (Apelação Cível nº 9.696-3/SP, de 31.5.1989), prevalecendo entendimento que diferencia "atos de império" de "atos de gestão", para a correta fixação da jurisdição brasileira.

Partindo desse precedente, firmou-se entendimento no sentido de que a Justiça Laboral possui competência para demandas relacionadas a *atos de gestão*, como as contratações de trabalhadores em territórios nacionais e, finda a fase de conhecimento, eventual satisfação de direitos segue *vias diplomáticas*. Contudo, tal entendimento, desenvolvido na análise dos Estados estrangeiros, não abordou a questão em relação aos Organismos Internacionais.

Notadamente na ONU há um tribunal administrativo onde se resolvem controvérsias de seus próprios trabalhadores, sendo comum a celebração de compromissos arbitrais com os trabalhadores dos países onde seus órgãos realizam programas (por exemplo UNESCO e PNUD).

O C. Tribunal Superior do Trabalho, inicialmente, adotou o entendimento no sentido de que a imunidade de jurisdição dos organismos internacionais deveria ser *relativizada* quando as causas versassem sobre relação de trabalho (RR-1.260/2004-019- 10-00.4 – 4ª Turma – Ministro Relator Antônio José de Barros Levenhagen – *DJ* de 25.8.2006).

Adotando uma sistemática distinta da aplicada aos estados estrangeiros, o STF passou a se posicionar em favor da imunidade de jurisdição plena de Organismos Internacionais.

Cumpre destacar o posicionamento da Ministra Ellen Gracie no RE 578.543/MT:

> A Justiça Trabalhista brasileira, ao deixar de reconhecer, nas reclamações trabalhistas ajuizadas por ex-contratados da ONU/PNUD, a imunidade de jurisdição dessa organização internacional beneficiada por acordos e convenções regularmente assinados pelo Governo brasileiro, presta enorme desserviço ao País, pondo em risco a continuidade da cooperação técnica recebida desse ente de direito público internacional. (*Informativo* nº 545 do STF).

O TST, por sua vez, num segundo momento, alterando o entendimento até então adotado quanto à relativização da imunidade de jurisdição dos organismos internacionais, em precedente da SBDI-I, deixou assentada sua *imunidade absoluta de jurisdição*:

> EMBARGOS – INTIMAÇÃO DO ENTE PÚBLICO ANTES DA VIGÊNCIA DA LEI Nº 11.496/2007 – CIÊNCIA EM 24.8.2007 – IMUNIDADE DE JURISDIÇÃO – ORGANISMOS INTERNACIONAIS – ONU/PNUD. Diferentemente dos Estados estrangeiros, que atualmente têm a sua imunidade de jurisdição relativizada, segundo entendimento do próprio Supremo Tribunal Federal, os organismos internacionais permanecem, em regra, detentores do privilégio da imunidade absoluta. 2. Os organismos internacionais, ao contrário dos Estados, são associações disciplinadas, em suas relações, por normas escritas, consubstanciadas nos denominados tratados e/ou acordos de sede. Não têm, portanto, a sua imunidade de jurisdição pautada pela regra costumeira internacional, tradicionalmente aplicável aos Estados estrangeiros. Em relação a eles, segue-se a regra de que a imunidade de jurisdição rege-se pelo que se encontra efetivamente avençado nos referidos tratados de sede. 3. No caso específico da ONU, a imunidade de jurisdição, salvo se objeto de renúncia expressa, encontra-se plenamente assegurada na Convenção sobre Privilégios e Imunida-

des das Nações Unidas, também conhecida como "Convenção de Londres", ratificada pelo Brasil por meio do Decreto n° 27.784/1950. Acresça-se que tal privilégio também se encontra garantido na Convenção sobre Privilégios e Imunidades das Agências Especializadas das Nações Unidas, que foi incorporada pelo Brasil por meio do Decreto n° 52.288/1963, bem como no Acordo Básico de Assistência Técnica com as Nações Unidas e suas Agências Especializadas, promulgado pelo Decreto n° 59.308/1966. 4. Assim, porque amparada em norma de cunho internacional, não podem os organismos, à guisa do que se verificou com os Estados estrangeiros, ter a sua imunidade de jurisdição relativizada, para o fim de submeterem-se à jurisdição local e responderem, em consequência, pelas obrigações contratuais assumidas, dentre elas as de origem trabalhista. Isso representaria, em última análise, a quebra de um pacto internacional, cuja inviolabilidade encontra-se constitucionalmente assegurada (art. 5°, § 2°, da CF/1988). 5. Embargos conhecidos, por violação ao art. 5°, § 2°, da Constituição Federal, e providos para, reconhecendo a imunidade absoluta de jurisdição da ONU/PNUD, restabelecer o acórdão regional, no particular. (TST – E-ED-RR-900/2004-019-10-00.9 – SBDI-I – Relator Ministro Caputo Bastos)

É interessante destacar o fundamento apresentado num dos votos proferidos sobre o tema, em que reconhecida a imunidade absoluta, da lavra do Exmo. Ministro Augusto César Leite de Carvalho (RR – 26400-1.2007.5.02.0019 – j. em 7.3.2012):

No entanto, a jurisprudência inclinou-se a adotar nova posição, a saber: em se tratando de organismos internacionais, confere-se a devida importância às normas escritas firmadas por meio dos intitulados tratados ou acordos de sede, porquanto nascidas da volição das partes signatárias. Assim, a imunidade de jurisdição deve ser apreciada sob o prisma dos compromissos assumidos por eles no tocante ao processo de conhecimento como ao de execução, uma vez que há norma internacional assegurando expressamente o privilégio da imunidade de jurisdição absoluta Convenção sobre Privilégios e Imunidades das Agências Especializadas das Nações Unidas, promulgada pelo Decreto n° 52.288/1963 e o Acordo Básico de Assistência Técnica com as Nações Unidas e suas Agências Especializadas, promulgado pelo Decreto n° 59.308/1966), não cabe relativizá-la, sob pena de aniquilar a expressão da vontade internacional e, por conseguinte, provocar insegurança nas relações, as quais permeiam a comunidade internacional.

Assim, *in casu*, os Decretos n°s 27.784/1950, 52.288/1963 e 59.308/1966, ratificados pela República Federativa do Brasil, os quais disciplinam essas específicas associações, devem ser observados, nos termos da disposição contida no art. 5°, § 2°, da Carta Magna.

Como se vê, restou reconhecida a *imunidade absoluta de jurisdição* aos organismos internacionais, *desde que exista previsão em tratado internacional nesse sentido*, pois como mencionado no acórdão do TST citado, os organismos internacionais não têm sua imunidade fundada no direito consuetudinário, como é o caso dos Estados-soberanos. Logo, se não houver previsão em norma internacional, aquele organismo não poderá alegar imunidade absoluta. No caso da ONU, em específico, existe tal previsão, razão pela qual não há como o Brasil excepcioná-la.

A sedimentação desse entendimento do TST resultou na edição da recente Orientação Jurisprudencial n° 416 da SBDI-I:

IMUNIDADE DE JURISDIÇÃO – ORGANIZAÇÃO OU ORGANISMO INTERNACIONAL.

As organizações ou organismos internacionais gozam de imunidade absoluta de jurisdição quando amparados por norma internacional incorporada ao ordenamento jurídico brasileiro, não se lhes aplicando a regra do Direito Consuetudinário relativa à natureza dos atos praticados. Excepcionalmente, prevalecerá a jurisdição brasileira na hipótese de renúncia expressa à cláusula de imunidade jurisdicional. (*DEJT* em 14, 15 e 16.2.2012).

> **ATENÇÃO:** Em julgamento realizado na data de **13.12.2012,** a Seção Especializada em Dissídios Individuais – I, do C. TST, decidiu, por unanimidade, suspender a proclamação do resultado do julgamento do processo em que se discute a imunidade absoluta de jurisdição das organizações ou organismos internacionais, remetendo os autos ao Tribunal Pleno para revisão, se for o caso, da Orientação Jurisprudencial nº 416 (**Informativo 34 do TST**). Deve, pois, o candidato ficar atento a uma possível mudança de entendimento jurisprudencial.

2.8. CONTRIBUIÇÕES SOCIAIS

2.8.1. Vínculo de emprego reconhecido em juízo: sentenças condenatórias em pecúnia

Inicialmente, vejamos o que dispõe o art. 876 da CLT:

> Art. 876. As decisões passadas em julgado ou das quais não tenha havido recurso com efeito suspensivo; os acordos, quando não cumpridos; os termos de ajuste de conduta firmados perante o Ministério Público do Trabalho e os termos de conciliação firmados perante as Comissões de Conciliação Prévia serão executada pela forma estabelecida neste Capítulo.
>
> Parágrafo único. Serão executadas *ex officio* as contribuições sociais devidas em decorrência de decisão proferida pelos Juízes e Tribunais do Trabalho, resultantes de condenação ou homologação de acordo, inclusive sobre os salários pagos durante o período contratual reconhecido.

Embora a dicção literal do referido dispositivo possa levar à ilação de que compete a respectiva execução relativamente a todo o período laboral reconhecido, mesmo que dissociado do valor efetivo da condenação, o plenário do Supremo Tribunal Federal, em julgado da lavra do ministro Menezes Direito, negou provimento ao Recurso Extraordinário nº 569.056-3, dando interpretação conforme a Constituição para *fixar o alcance* do art. 114, § 3º, da CF/1988.

Nos termos dessa decisão, a cobrança de valores devidos à Seguridade Social somente incidirá *sobre o valor* pecuniário definido na sentença, decisão condenatória ou mesmo em acordo judicial envolvendo o pagamento de verbas de natureza salarial que sejam base de cálculo para a contribuição previdenciária.

Firmou-se, na interpretação do ministro, a aplicação do princípio da *impossibilidade da execução sem título*, no caso de uma decisão que apenas reconheceu o vínculo empregatício sem qualquer condenação pecuniária.

Saliente-se que tal interpretação encontra consonância com a Súmula nº 368, I, do TST:

> *SÚMULA TST Nº 368* • DESCONTOS PREVIDENCIÁRIOS E FISCAIS – COMPETÊNCIA – RESPONSABILIDADE PELO PAGAMENTO – FORMA DE CÁLCULO. I – A Justiça do Trabalho é competente para determinar o recolhimento das contribuições fiscais. A competência da Justiça do Trabalho, quanto à execução das contribuições previdenciárias, limita-se às sentenças condenatórias em pecúnia que proferir e aos valores, objeto de acordo homologado, que integrem o salário-de-contribuição. II. É do empregador a responsabilidade pelo recolhimento das contribuições previdenciárias e fiscais, resultante de crédito do empregado oriundo de condenação judicial, devendo ser calculadas, em relação à incidência dos descontos fiscais, mês a mês, nos termos do art. 12-A da Lei nº 7.713, de 22.12.1988, com a redação dada pela Lei nº 12.350/2010.

COMPETÊNCIA MATERIAL DA JUSTIÇA DO TRABALHO: ASPECTOS RELEVANTES | 745

(redação do item II alterada na sessão do Tribunal Pleno realizada em 16.4.2012). III. Em se tratando de descontos previdenciários, o critério de apuração encontra-se disciplinado no art. 276, § 4º, do Decreto n º 3.048/1999 que regulamentou a Lei nº 8.212/1991 e determina que a contribuição do empregado, no caso de ações trabalhistas, seja calculada mês a mês, aplicando-se as alíquotas previstas no art. 198, observado o limite máximo do salário de contribuição.

2.8.2. Averbação do tempo de serviço: determinação ao INSS

Discute-se se a Justiça do Trabalho teria competência para determinar que o Instituto Nacional do Seguro Social (INSS) proceda a averbação do tempo de serviço (obrigação de fazer) após efetuados os recolhimentos previdenciários decorrentes de condeção imposta por sentença trabalhista.

Há entendimento no sentido de que a obrigação da autarquia federal em averbar o tempo de serviço, após efetuados os recolhimentos previdenciários correspondentes, constitui mero exaurimento do ato administrativo que tem por escopo comprovar o período de serviço para obtenção do benefício máximo do órgão previdenciário, qual seja, a aposentadoria. Segundo essa vertente, aludida obrigação, como acessória, constitui parte integrante e incontestável do título judicial trabalhista que determina o recolhimento das contribuições, essa a principal. Nesse sentido, destaca-se o seguinte julgado:

> RECONHECIMENTO DE CONTRIBUIÇÃO PREVIDENCIÁRIA DETERMINADA PELO JUIZ TRABALHISTA – AVERBAÇÃO DO TEMPO DE SERVIÇO PELO ÓRGÃO RESPONSÁVEL – MERO EXAURIMENTO DOS PROCEDIMENTOS ATINENTES A RECONHECER, EXECUTAR E DETERMINAR O RECOLHIMENTO DO TRIBUTO – CORRESPONDÊNCIA LÓGICA E NECESSÁRIA – Em se tratando de executar as contribuições previdenciárias sonegadas no curso do contrato de trabalho, reconhecido somente em Juízo, constitui parte integrante e incontestável do título judicial trabalhista a obrigação de a autarquia federal averbar o tempo de serviço, após efetuados os recolhimentos previdenciários correspondentes, já que tal obrigação é mero exaurimento do ato judicial que tem por escopo reconhecer, executar e recolher o tributo, sendo inarredável e justificando que o órgão federal se negue a prestar função social para o qual foi criado, desconsiderando decisão emanada do Poder Judiciário Trabalhista. (TRT – 15ª R. – Processo 0056300-45.2006.5.15.0093 RO – Desembargadora Relatora Elency Pereira Neves – Publicado em 21.8.2009)

A jurisprudência do C. Tribunal Superior do Trabalho, contudo, é uníssona em reconhecer a *incompetência da Justiça do Trabalho* para tanto, conforme se verifica dos seguintes julgados:

> INSS – DETERMINAÇÃO DE AVERBAÇÃO DE TEMPO DE SERVIÇO – JUÍZO DE EXECUÇÃO EM AÇÃO TRABALHISTA – EXTRAPOLAMENTO DA COMPETÊNCIA DA JUSTIÇA DO TRABALHO. À Justiça do Trabalho não compete determinação dirigida ao INSS para reconhecimento e averbação de tempo de serviço apurado em autos de reclamação trabalhista. A matéria é de natureza previdenciária, cabendo à Justiça Federal decidi-la, ressalvada a exceção do § 3º do art. 109 da Constituição da República quanto à competência da Justiça Comum. Resta, portanto, demonstrado o malferimento ao direito líquido e certo da parte, configurado na determinação de averbação de tempo de serviço pela autarquia. Recurso ordinário conhecido e provido. (RO 244-04.2011.5.15.0000 – j. em 6.3.2012 – Relator Ministro Luiz Philippe Vieira de Mello Filho – Subseção II Especializada em Dissídios Individuais – *DEJT* de 9.3.2012)

RECURSO DE REVISTA DA UNIÃO – INCOMPETÊNCIA DA JUSTIÇA DO TRABALHO – AVERBAÇÃO DE TEMPO DE SERVIÇO PARA FINS PREVIDENCIÁRIOS. Procedendo-se a uma interpretação conjugada dos arts. 109, I, e 114 da CF, fica claro que a Justiça do Trabalho não possui competência para determinar a averbação, como tempo de contribuição, do tempo de serviço reconhecido em juízo mesmo porque essa questão diz respeito a uma relação previdenciária, envolvendo o INSS e seus segurados, não podendo ser incluída no conceito de relação de trabalho prevista no art. 114 da CF. Recurso de Revista a que se dá provimento para declarar a incompetência da Justiça do Trabalho e determinar que seja excluída da decisão a referida determinação. Recurso de Revista conhecido e provido. (RR 51200-93.2006.5.15.0066 – j. em 29.2.2012 – Relatora Ministra Maria de Assis Calsing – 4ª Turma – *DEJT* de 20.3.2012)

2.8.3. Contribuições do terceiro setor: sistema S

Outra questão importante é saber quais contribuições sociais estão sujeitas à competência material da Justiça do Trabalho.

Perceba-se que a jurisprudência do TST orienta no sentido de que apenas as contribuições sociais previstas no art. 195, I, "a", e II, da CF/1988 e seus acréscimos legais, decorrentes das sentenças que proferir, estarão afeitas à Justiça do Trabalho. Observe-se que os referidos dispositivos não fizeram incidir sobre essa competência as contribuições identificadas como devidas a *terceiros ou ao Sistema S* (SESI, SESC, SENAT etc.), que, portanto, estão *longe da competência da Justiça Laboral.*

Nesse sentido, eis algumas jurisprudências ilustrativas:

RECURSO DE REVISTA – PROCESSO ELETRÔNICO – EXECUÇÃO DAS CONTRIBUIÇÕES SOCIAIS DEVIDAS A TERCEIROS (SISTEMA S) – INCOMPETÊNCIA DA JUSTIÇA DO TRABALHO. A tese consignada no acórdão regional, no sentido de que a Justiça do Trabalho é competente para executar as contribuições sociais devidas a terceiros, no caso do sistema S, afronta o disposto no art. 114, VIII, da Constituição Federal, na medida em que o mencionado artigo, ao citar expressamente os incisos I, "a", e II, do art. 195 da Constituição Federal, restringiu a competência desta Especializada para a execução das contribuições previdenciárias às parcelas devidas pelo empregador e empregado. Entendimento que é reforçado pelo art. 240 da Constituição Federal, segundo o qual as contribuições compulsórias dos empregadores sobre a folha de salários, destinadas às entidades privadas de serviço social, estão excluídas do disposto do art. 195 da Constituição Federal. Recurso de Revista conhecido e provido. (RR 1282600-20.2002.5.09.0006 – j. em 14.3.2012 – Relator Ministro Márcio Eurico Vitral Amaro – 8ª Turma – *DEJT* de 16.3.2012)

RECURSO DE REVISTA – 1. CONTRIBUIÇÕES SOCIAIS – TERCEIROS – EXECUÇÃO – INCOMPETÊNCIA MATERIAL DA JUSTIÇA DO TRABALHO – PROVIMENTO. Nos termos do art. 114, VIII, da Constituição Federal, com a redação conferida pela EC nº 45/2004, a Justiça do Trabalho é competente para a execução, de ofício, das contribuições sociais previstas no art. 195, I, "a", e II, da Constituição Federal, decorrentes das sentenças que proferir. Como o art. 240 desse mesmo texto constitucional excepciona do rol previsto no art. 195, as contribuições de terceiros, ou seja, as destinadas às entidades privadas de serviço social e de formação profissional, a Justiça do Trabalho não detém competência material para executar estas contribuições devidas a terceiros. Precedentes desta Corte. Recurso de revista conhecido e provido. (RR 1000-90.2007.5.08.0115 – j. em 7.3./2012 – Relator Ministro Guilherme Augusto Caputo Bastos – 2ª Turma – *DEJT* de 16.3.2012)

Por último, para que não haja confusão, as contribuições devidas a terceiros não se confundem com as contribuições devidas ao SAT – Seguro de Acidente de Trabalho – cuja execução é de competência da Justiça do Trabalho, conforme Orientação Jurisprudencial nº 414 da SBDI-I.

> COMPETÊNCIA DA JUSTIÇA DO TRABALHO – EXECUÇÃO DE OFÍCIO – CONTRIBUIÇÃO SOCIAL REFERENTE AO SEGURO DE ACIDENTE DE TRABALHO (SAT) – ARTS. 114, VIII, E 195, I, "A", DA CONSTITUIÇÃO DA REPÚBLICA. Compete à Justiça do Trabalho a execução, de ofício, da contribuição referente ao Seguro de Acidente de Trabalho (SAT), que tem natureza de contribuição para a seguridade social (arts. 114, VIII, e 195, I, "a", da CF), pois se destina ao financiamento de benefícios relativos à incapacidade do empregado decorrente de infortúnio no trabalho (arts. 11 e 22 da Lei nº 8.212/1991). (*DEJT* de 14, 15 e 16.2.2012)

2.9. MEIO AMBIENTE DE TRABALHO NA ADMINISTRAÇÃO PÚBLICA: SÚMULA Nº 736 DO STF

Questão de particular relevância diz respeito à competência material da Justiça do Trabalho para apreciar questões que tenham, como pedido e causa de pedir, questões que envolvam a temática do *meio ambiente do trabalho*.

Nesse ponto, destaca-se a Súmula nº 736 do STF: "Compete à Justiça do Trabalho julgar as ações que tenham como causa de pedir o descumprimento de normas trabalhistas relativas à segurança, higiene e saúde dos trabalhadores".

Com efeito, é inegável a competência da Justiça Obreira para analisar as demandas que versam sobre meio ambiente do trabalho quando o regime jurídico aplicável ao caso é o celetista. Numa empresa privada, por exemplo, sujeita aos ditames da CLT, não se discute que eventual conflito que tenha como objeto o meio ambiente laboral será resolvido, caso judicializado, pela Justiça do Trabalho.

Acontece que a questão torna-se um tanto conflituosa quando o meio ambiente em questão envolve trabalhadores regidos por *vínculo jurídico-administrativo*. Em outras palavras, a celeuma origina-se quando estamos diante de entes públicos, regidos por regime próprio (estatutários). Conforme explicitado anteriormente, o entendimento do STF afasta a competência, nos casos que envolvam servidores ligados por tal vínculo à Administração Pública.

O E. Supremo Tribunal Federal, nos autos da Reclamação Constitucional nº 3.303, reconheceu que o *MPT tem legitimidade* para propor Ação Civil Pública em face do poder público para a tutela do meio ambiente laboral, ratificando a *competência da Justiça do Trabalho* para analisar demandas cujo objeto seja o meio ambiente laboral e as normas de saúde, higiene e segurança:

> Ação civil pública proposta na Justiça do Trabalho, para impor ao poder público piauiense a observância das normas de saúde, higiene e segurança do trabalho no âmbito do Instituto de Medicina Legal (...) Alegação de desrespeito ao decidido na ADIn nº 3.395-MC não verificada, porquanto a ação civil pública em foco tem por objetivo exigir o cumprimento, pelo poder público piauiense, das normas trabalhistas relativas à higiene, segurança e saúde dos trabalhadores (...)." (Rcl nº 3.303 – Relator Ministro Carlos Britto – j. em 19.11.2007 – Plenário – *DJe* de 16.5.2008).

Vale mencionar, ainda, recente julgamento da Suprema Corte, ocorrido em 1º de fevereiro de 2012, em sede de reclamação constitucional, no qual restou corroborado o entendimento ora apresentado quanto à competência da Justiça do Trabalho para analisar demandas envolvendo *meio ambiente de trabalho* de servidores públicos estatutários e empregados públicos, sem que isso possa representar ofensa ao decidido na ADIn nº 3.395.

É relevante destacar trecho da mencionada decisão, para melhor elucidação:

> No caso em exame, contudo, a referida Ação Civil Pública "tem por finalidade exigir do Poder Público amazonense o cumprimento de normas relativas à higiene, saúde e segurança dos trabalhadores e, portanto, não se volta à discussão em torno de qualquer direito que decorra do regime jurídico-administrativo, mas sim, de típico direito social trabalhista, de alcance coletivo geral, pouco importando a eventual diversidade dos regimes jurídicos dos trabalhadores abrangidos na situação discutida, haja vista que, todos eles, indistintamente, estão submetidos às mesmas condições de trabalho". Como se observa, parece-me que não se discute a validade, a existência ou a eficácia das relações entre servidores e o poder público, porém normas relativas à saúde, higiene e segurança do trabalho, o que não afastaria a incidência da Súmula nº 736 do STF, *in verbis*: "compete à Justiça do Trabalho julgar as ações que tenham como causa de pedir o descumprimento de normas trabalhistas relativas à segurança, higiene e saúde dos trabalhadores". Por essas razões, indefiro o pedido liminar. (Rcl nº 13.113 MC/AM – Relator Ministro Ricardo Lewandowski – j. em 1º.2.2012)

Como se vê, o E. Supremo Tribunal Federal reconhece que a *natureza da pretensão é difusa*, voltada para uma obrigação de salvaguarda do meio ambiente laboral, o que afasta a noção de violação ao decidido na ADIn nº 3.395.

Por fim, vale registrar que o C. Tribunal Superior do Trabalho, ao apreciar o Recurso de Revista interposto pelo Ministério Público do Trabalho da 23ª Região (TST-RR-1218-92.2011.5.23.0008), julgado em 24 de outubro de 2012, cujo voto condutor foi da lavra da Exma. Ministra Maria de Assis Calsing, posicionou-se pela competência da Justiça do Trabalho para a apreciação das ações que envolvam servidores estatutários, que tenham como causa de pedir condições de saúde, higiene e segurança do trabalho, consoante ementa transcrita a seguir:

> RECURSO DE REVISTA – MINISTÉRIO PÚBLICO DO TRABALHO – AÇÃO CIVIL PÚBLICA MOVIDA CONTRA A ADMINISTRAÇÃO PÚBLICA DIRETA – COMPETÊNCIA DA JUSTIÇA DO TRABALHO – CONDIÇÕES DE SAÚDE, HIGIENE E SEGURANÇA DO TRABALHO – VÍNCULO JURÍDICO ESTATUTÁRIO. A limitação de competência imposta à Justiça do Trabalho pela decisão do STF na ADIn nº 3.395-6 não alcança as ações que tenham como causa de pedir o descumprimento de normas trabalhistas relativas à segurança, higiene e saúde dos trabalhadores. Nesse sentido, permanece inabalável a Súmula nº 736 do STF. Recurso de Revista conhecido e provido. (RR 1218-92.2011.5.23.0008 – j. em 24.10.2012 – Relatora Ministra Maria de Assis Calsing – 4ª Turma – *DEJT* de 31.10.2012)

Interessante destacar, por fim, o último argumento utilizado pela Ministra Relatora, no voto prolatado no julgamento do Recurso de Revista na ACP 1218-92.2011, para corroborar a competência da Justiça do Trabalho:

> Um último fundamento, de cunho prático, mas não menos importante, revela a impropriedade de se utilizar a natureza do vínculo trabalhista (celetista ou estatutário) como parâmetro para definição de competência nas demandas desta espécie.
>
> Ora, é comum que no mesmo ambiente de trabalho dos órgãos públicos convivam pessoas ligadas à Administração Pública por diferentes vínculos: detentores de cargos públicos subordinados a típica relação jurídico-administrativa, empregados públicos regidos pela CLT, servidores

contratados por tempo determinado (Lei nº 8.745/1993), prestadores de serviços terceirizados, estagiários e até trabalhadores eventuais.

Nesse contexto, como as condições de segurança, saúde e higiene de trabalho afetam a todos os trabalhadores indistintamente, seria inviável pretender-se definir a competência para apreciar ações como esta – voltada a assegurar o cumprimento de normas que assegurem a higidez do ambiente de trabalho –, tendo como dado a condição jurídica individual de cada trabalhador dentro da Administração. Certamente, estar-se-ia diante de um paradoxo jurídico que não se pretende fomentar.

Portanto, sendo a Justiça do Trabalho competente para julgar a presente Ação Civil Pública, a decisão regional afronta o disposto no art. 114, I, da CF. Logo, conheço do Recurso de Revista, por violação do referido dispositivo constitucional.

2.10. DANO MORAL NAS FASES PRÉ E PÓS-CONTRATUAIS

Outro ponto interessante é a competência material plena da Justiça do Trabalho para apreciar demandas envolvendo dano moral, no momento pré ou pós-contratual.

Poder-se-ia argumentar que, antes de ser formalizada a relação de emprego e após o seu término, deixaria a Justiça do Trabalho de ser competente para analisar eventuais conflitos surgidos pré ou pós-contrato, exatamente pelo fato de inexistir contrato de trabalho firmado.

Todavia, esse não é o caminho que vem adotando a jurisprudência trabalhista, com o qual compartilhamos, que admite a competência da Justiça Especializada para analisar conflitos oriundos nas fases pré ou pós-contratual.

Seguem exemplos na jurisprudência:

RECURSO DE REVISTA – COMPETÊNCIA DA JUSTIÇA DO TRABALHO – RESPONSABILIDADE PRÉ-CONTRATUAL – DANO MORAL. 1. Segundo o princípio da boa-fé objetiva, que se aplica a todos os contratos, inclusive trabalhistas, previsto nos arts. 113, 187 e 422 do Código Civil, as partes devem agir em conformidade com parâmetros razoáveis de boa-fé, tratando o contratante como parceiro e buscando relação de cooperação. 2. De acordo com as novas diretrizes do Código Civil de 2002, a boa-fé objetiva deve informar todas as fases do contrato. 3. Conclui-se, dessarte, pela competência da Justiça do Trabalho para conhecer e julgar pedido de indenização por danos morais ocorridos nas negociações preliminares, porque decorre de relação de trabalho, ainda que na fase das tratativas. Recurso de Revista conhecido e provido. (TST – RR 931/2003-006-07-00.9 – 3ª T. – Relatora Ministra Maria Cristina Irigoyen Peduzzi – *DJU* de 10.2.2006)

RECURSO DE REVISTA – COMPETÊNCIA DA JUSTIÇA DO TRABALHO – DANO MORAL PÓS-CONTRATUAL – INFORMAÇÕES DESABONADORAS. Nos termos do inciso VI do art. 114 da Constituição Federal, indiscutível a competência desta Justiça para apreciar pedido de indenização/compensação por dano moral, uma vez que as informações desabonadoras prestadas pela reclamada, na qualidade de ex-empregadora do reclamante, que seriam causadoras do dano, pós-contratual, estão ligadas à relação de trabalho antes mantida entre as partes. Irrelevante, portanto, o fato de que essas informações tenham sido prestadas depois da extinção do contrato de trabalho. Se a extinção do contrato de trabalho tivesse o condão de transmudar a competência da Justiça do Trabalho, nenhum ex-empregado poderia dela se valer para pleitear quaisquer verbas. Do mesmo modo, nenhum dano pré-contratual (*v.g.* Discriminação por raça, credo ou condição física) poderia ser apreciado nesta Justiça, o que é absurdo. Recurso conhecido e provido. (TST – RR 792.300/2001.5 – 5ª T. – Relator Juiz Conv. José Pedro de Camargo – *DJU* de 30.6.2006).

2.11. QUADRO SINÓPTICO: COMPETÊNCIA MATERIAL DA JUSTIÇA DO TRABALHO

Para facilitar o estudo do que foi visto sobre a competência material da Justiça do Trabalho e as limitações impostas pela jurisprudência, elaboramos o seguinte quadro sinóptico:

COMPETÊNCIA MATERIAL DA JUSTIÇA DO TRABALHO	
Compete à Justiça do Trabalho	**NÃO compete à Justiça do Trabalho**
Relação jurídica celetista com pessoa jurídica de direito público, respeitada a decisão proferida na ADIn nº 2.135 (STF)	Relação jurídica estatutária com ente público (ADIn nº 3.395)
Contrato temporário e desvirtuamento dos cargos em comissão nas empresas estatais: empresas públicas e sociedade de economia mista (STJ e TST)	Contratos temporários e cargos em comissão desvirtuados – relação estatutária originária(ADIn nº 3.395 e diversas reclamações constitucionais)
Agente Comunitário de Saúde e combate às Endemias submetido a regime celetista (STJ e TST)	Relação de consumo, na qual se enquadra a ação de cobrança de honorários advocatícios do advogado em face do cliente (TST e STJ)
Dissídio coletivo de greve dos empregados públicos	Dissídio coletivo de greve de servidores públicos estatutários, ainda que o ente público tenha trabalhadores celetistas em seus quadros (TST e STJ)
Interdito proibitório (Súmula Vinculante nº 23 do STF)	Questões criminais (ADIn nº 3.684)
Danos materiais e morais decorrentes de acidente de trabalho, inclusive a ação ajuizada pelos dependentes ou sucessores da vítima (STF, STJ e TST)	Relação de trabalho do presidiário (STJ)
Danos materiais e morais nas fases pré e pós-contratual (TST)	Ação de Improbidade administrativa e aplicação de sanções previstas na Lei nº 8.429/1992 (TST)
INSS – execução de sentenças condenatórias em pecúnia	INSS – averbação de tempo de serviço
Questões envolvendo meio ambiente de trabalho de servidores estatutários – normas de higiene, saúde e segurança (Súmula nº 736 do STF e TST)	Contribuição social de terceiros (sistema S)
—	Ações regressivas acidentárias

2.12. SÚMULAS E ORIENTAÇÕES JURISPRUDENCIAIS

◆ *SÚMULA TST Nº 19* • QUADRO DE CARREIRA (mantida) – *[Resolução nº 121/2003, DJ de 19, 20 e 21.11.2003].* A Justiça do Trabalho é competente para apreciar reclamação de empregado que tenha por objeto direito fundado em quadro de carreira.

◆ *SÚMULA TST Nº 189* • COMPETÊNCIA – DECLARAÇÃO DE ABUSIVIDADE – GREVE. A Justiça do Trabalho é competente para declarar a abusividade, ou não, da greve.

◆ *SÚMULA TST Nº 300* • COMPETÊNCIA DA JUSTIÇA DO TRABALHO – CADASTRAMEN-TO NO PIS (mantida) – *[Resolução nº 121/2003, DJ de 19, 20 e 21.11.2003].* Compete à Justiça do Trabalho processar e julgar ações ajuizadas por empregados em face de empregadores relativas ao cadastramento no Programa de Integração Social (PIS).

◆ *SÚMULA TST Nº 368* • DESCONTOS PREVIDENCIÁRIOS E FISCAIS – COMPETÊNCIA – RES-PONSABILIDADE PELO PAGAMENTO – FORMA DE CÁLCULO. *(Redação do item II alterada na sessão do Tribunal Pleno realizada em 16.4.2012).* I – A Justiça do Trabalho é competente para determinar o recolhimento das contribuições fiscais. A competência da Justiça do Trabalho, quanto à execução das contribuições previdenciárias, limita-se às sentenças condenatórias em pecúnia que proferir e aos valores, objeto de acordo homologado, que integrem o salário-de-contribuição. II – É do empregador a responsabilidade pelo recolhimento das contribuições previdenciárias e fiscais, resultante de crédito do empregado oriundo de condenação judicial, devendo ser calculadas, em relação à incidência dos descontos fiscais, mês a mês, nos termos do art. 12-A da Lei nº 7.713, de 22.12.1988, com a redação dada pela Lei nº 12.350/2010. III – Em se tratando de descontos previdenciários, o critério de apuração encontra-se disciplinado no art. 276, § 4º, do Decreto nº 3.048/1999 que regulamentou a Lei nº 8.212/1991 e determina que a contribuição do empregado, no caso de ações trabalhistas, seja calculada mês a mês, aplicando-se as alíquotas previstas no art. 198, observado o limite máximo do salário de contribuição.

◆ *SÚMULA TST Nº 389* • SEGURO-DESEMPREGO – COMPETÊNCIA DA JUSTIÇA DO TRA-BALHO – DIREITO À INDENIZAÇÃO POR NÃO LIBERAÇÃO DE GUIAS. I – Inscreve-se na competência material da Justiça do Trabalho a lide entre empregado e empregador tendo por objeto indenização pelo não fornecimento das guias do seguro-desemprego. *(ex-OJ nº 210 – Inserida em 8.11.2000).* II – O não fornecimento pelo empregador da guia necessária para o recebimento do seguro-desemprego dá origem ao direito à indenização. *(ex-OJ nº 211 – Inserida em 8.11.2000)*

◆ *SÚMULA TST Nº 392* • DANO MORAL – COMPETÊNCIA DA JUSTIÇA DO TRABALHO. Nos termos do art. 114 da CF/1988, a Justiça do Trabalho é competente para dirimir controvérsias referentes à indenização por dano moral, quando decorrente da relação de trabalho. *(ex-OJ nº 327 – DJ de 9.12.2003)*

◆ *SÚMULA TST Nº 420* • COMPETÊNCIA FUNCIONAL – CONFLITO NEGATIVO – TRT E VARA DO TRABALHO DE IDÊNTICA REGIÃO – NÃO CONFIGURAÇÃO. Não se configura conflito de competência entre Tribunal Regional do Trabalho e Vara do Trabalho a ele vinculada. *(ex-OJ nº 115 – DJ de 11.8.2003)*

◆ *OJ-SBDI-I Nº 26* • COMPETÊNCIA DA JUSTIÇA DO TRABALHO – COMPLEMENTAÇÃO DE PENSÃO REQUERIDA POR VIÚVA DE EX-EMPREGADO. *(DJ de 20.4.2005).* A Justiça do Trabalho é competente para apreciar pedido de complementação de pensão postulada por viúva de ex-empregado, por se tratar de pedido que deriva do contrato de trabalho.

752 | MPT – preparando-se para o concurso de Procurador do Trabalho

- ◆ *OJ-SBDI-I N° 138* • COMPETÊNCIA RESIDUAL – REGIME JURÍDICO ÚNICO – LIMITAÇÃO DA EXECUÇÃO. *(Nova redação em decorrência da incorporação da Orientação Jurisprudencial n° 249 da SBDI-I, DJ de 20.4.2005).* Compete à Justiça do Trabalho julgar pedidos de direitos e vantagens previstos na legislação trabalhista referente a período anterior à Lei n° 8.112/1990, mesmo que a ação tenha sido ajuizada após a edição da referida lei. A superveniência de regime estatutário em substituição ao celetista, mesmo após a sentença, limita a execução ao período celetista. *(1ª parte – ex-OJ n° 138 da SBDI-I – inserida em 27.11.98; 2ª parte – ex-OJ n° 249 – inserida em 13.3.2002)*

- ◆ *OJ-SBDI-I N° 143* • EMPRESA EM LIQUIDAÇÃO EXTRAJUDICIAL – EXECUÇÃO – CRÉDITOS TRABALHISTAS – LEI N° 6.024/1974. *(Inserida em 27.11.1998).* A execução trabalhista deve prosseguir diretamente na Justiça do Trabalho mesmo após a decretação da liquidação extrajudicial. Lei n° 6.830/1980, arts. 5° e 29, aplicados supletivamente (CLT, art. 889 e CF/1988, art. 114).

- ◆ *OJ-SBDI-I N° 414* • COMPETÊNCIA DA JUSTIÇA DO TRABALHO – EXECUÇÃO DE OFÍCIO. CONTRIBUIÇÃO SOCIAL REFERENTE AO SEGURO DE ACIDENTE DE TRABALHO (SAT) – ARTS. 114, VIII, E 195, I, "A", DA CONSTITUIÇÃO DA REPÚBLICA. *(DEJT divulgado em 14, 15 e 16.2.2012).* Compete à Justiça do Trabalho a execução, de ofício, da contribuição referente ao Seguro de Acidente de Trabalho (SAT), que tem natureza de contribuição para a seguridade social (arts. 114, VIII, e 195, I, "a", da CF), pois se destina ao financiamento de benefícios relativos à incapacidade do empregado decorrente de infortúnio no trabalho (arts. 11 e 22 da Lei n° 8.212/1991).

- ◆ *OJ-SBDI-II N° 68* • ANTECIPAÇÃO DE TUTELA – COMPETÊNCIA. Nos Tribunais, compete ao relator decidir sobre o pedido de antecipação de tutela, submetendo sua decisão ao Colegiado respectivo, independentemente de pauta, na sessão imediatamente subsequente.

- ◆ *OJ-SBDI-II N° 129* • AÇÃO ANULATÓRIA – COMPETÊNCIA ORIGINÁRIA. Em se tratando de ação anulatória, a competência originária se dá no mesmo juízo em que praticado o ato supostamente eivado de vício.

- ◆ *OJ-SBDI-II N° 149* • CONFLITO DE COMPETÊNCIA – INCOMPETÊNCIA TERRITORIAL – HIPÓTESE DO ART. 651, § 3°, DA CLT – IMPOSSIBILIDADE DE DECLARAÇÃO DE OFÍCIO DE INCOMPETÊNCIA RELATIVA. Não cabe declaração de ofício de incompetência territorial no caso do uso, pelo trabalhador, da faculdade prevista no art. 651, § 3°, da CLT. Nessa hipótese, resolve-se o conflito pelo reconhecimento da competência do juízo do local onde a ação foi proposta.

2.13. QUESTÕES RESOLVIDAS E COMENTADAS

(MPT – 17° Concurso) A respeito da competência material da Justiça do Trabalho, é **CORRETO** afirmar que:

- [A] Foi ampliada pela Emenda Constitucional n° 45/2004, assegurando à Justiça do Trabalho competência para julgar os crimes contra a organização do trabalho.

- [B] Compete à Justiça do Trabalho julgar as ações sobre representação sindical entre sindicatos, mas não entre sindicatos e trabalhadores e muito menos entre sindicatos e empregadores.

- [C] A Justiça do Trabalho tornou-se competente para o julgamento de todas as matérias relativas à execução das contribuições previdenciárias não recolhidas pelo empregador em face da relação laboral.

COMPETÊNCIA MATERIAL DA JUSTIÇA DO TRABALHO: ASPECTOS RELEVANTES | 753

[D] Cabe à Justiça do Trabalho julgar as ações relativas às penalidades administrativas impostas aos empregadores pelos órgãos de fiscalização das relações de trabalho.

[E] Não respondida.

Gabarito oficial: alternativa [D].

Comentário do autor:

✱ *A alternativa "A" está incorreta, uma vez que o E. Supremo Tribunal Federal, nos autos da ADIn nº 3.684, decidiu pela incompetência da Justiça do Trabalho para quaisquer questões criminais, o que inclui os crimes contra a organização do trabalho.*

✱ *A alternativa "B" contraria o disposto no art. 114, III, da CF/1988, que inclui, na competência da Justiça do Trabalho, as lides entre sindicatos e trabalhadores, bem como sindicato e empregadores.*

✱ *A alternativa "C" está incorreta, pois, segundo a jurisprudência do C. Tribunal Superior do Trabalho, cristalizada na Súmula nº 368, I, a Justiça do Trabalho não passou a ser competente para o julgamento de todas as matérias relativas à execução das contribuições previdenciárias, mas tão somente em relação às sentenças condenatórias em pecúnia que proferir e aos valores, objeto de acordo homologado, que integrem o salário de contribuição.*

✱ *A alternativa "D" está correta, pois reproduz, literalmente, os termos do art. 114, VII, da Constituição Federal.*

(MPT – 15º Concurso) A propósito da competência da Justiça do Trabalho, analise os itens seguintes:

I – segundo a jurisprudência do STJ, a competência para as ações movidas por sucessores de empregado falecido em serviço, envolvendo dano moral sofrido pelos próprios sucessores, não se insere na competência da Justiça do Trabalho;

II – de acordo com a jurisprudência atual do STF, compete à Justiça do Trabalho instruir e julgar as ações propostas por trabalhadores contratados por ente público para atender necessidade transitória de excepcional interesse público;

III – de acordo com a jurisprudência atual do STF, as ações de interdito proibitório propostas por empresas que buscam preservar o livre acesso aos seus estabelecimentos, em razão de movimentos paredistas deflagrados por seus empregados, devem ser julgadas pela Justiça Comum;

IV – compete ao TST decidir conflito de competência entre Tribunal de Justiça e Tribunal Regional do Trabalho, quando em exame matéria relativa à relação de trabalho.

De acordo com as assertivas acima, pode-se afirmar que:

[A] os itens I e II são certos;

[B] os itens II e III são errados;

[C] o item III é certo e o item IV é errado;

[D] o item I é errado e o item IV é certo;

[E] Não respondida.

Gabarito oficial: alternativa [B].

Comentários do autor:

✩ *A assertiva "I" está correta. À época do concurso, estava em vigência a Súmula nº 366 do STJ, posteriormente cancelada, que apontava não ser da competência da Justiça do Trabalho o dano moral pleiteado em nome próprio pelos sucessores.*

✩ *A assertiva II está incorreta. O Supremo Tribunal Federal pacificou entendimento no sentido de que a Justiça do Trabalho é incompetente para julgar as ações propostas por trabalhadores contratados por ente público para atender a necessidade transitória de excepcional interesse público. É da competência do Juízo comum dizer de eventual "desvirtuamento" da decisão, aferindo eventual responsabilidade do ente público. Remetemos o leitor ao tópico pertinente.*

✩ *A assertiva "III" contraria o entendimento cristalizado na Súmula Vinculante nº 23.*

✩ *A assertiva "IV" está correta nos termos do art. 105, I, "d", da CF/1988. O que está sendo objeto de indagação é eventual conflito entre juiz de direito investido na jurisdição trabalhista e juiz do trabalho submetido à jurisdição do TRT. Eventual recurso deve ser analisado pelo TRT, e não pelo TJ, razão pela qual eventual conflito de competência entre os tribunais de segunda instância deve ser examinado pelo TST.*

(MPT – 15º Concurso) Em razão de auto de infração lavrado pelo Ministério do Trabalho e Emprego, foi firmado Termo de Ajustamento de Conduta (TAC) com o Ministério Público do Trabalho pelo proprietário de determinada fazenda que praticou ilícitos trabalhistas que envolviam, entre outros fatos, a submissão de trabalhadores a condição análoga à de escravo. Instaurada ação de execução do TAC perante o juízo trabalhista em que sediada a Fazenda, opôs o executado embargos à execução, pretendendo desconstituir a eficácia daquele título. Argumentou que não foi configurado o fato típico alegado e ainda que fora induzido a erro por ocasião da celebração do referido TAC. Paralelamente, impetrou o executado mandado de segurança contra ato do Secretário de Inspeção do Trabalho, embora no foro da Capital da República, pretendendo a exclusão de seu nome do rol denominado "lista suja" sob o argumento da presunção de inocência. Com base nesses dados e ainda à luz da legislação vigente, assinale a alternativa **CORRETA**:

[A] segundo o disposto na Constituição da República, a competência para decidir o mandado de segurança é da Justiça Federal;

[B] ao lado das decisões judiciais impugnadas por recurso gravado de efeito suspensivo, o TAC constitui título executivo judicial;

[C] embora detenha competência territorial, o Juízo para o qual distribuído o mandado de segurança pode declinar da competência, ante a conexão por prejudicialidade, para o juízo responsável pela ação de execução embargada;

[D] em face da repercussão criminal do fato apurado, a ação do Ministério Público do Trabalho apenas se legitima com a atuação conjunta do Ministério Público Federal

[E] Não respondida.

Gabarito oficial: alternativa [C].

Comentários do autor:

- *O item "A" vai contra o art. 114, IV, da Constituição Federal, que prevê expressamente a competência da Justiça do Trabalho para processar e julgar os mandados de segurança quando o ato questionado envolver matéria sujeita à sua jurisdição.*
- *O item "B" está incorreto. As decisões sobre as quais ainda pende recurso com efeito suspensivo não são executáveis, consoante o art. 876 da CLT. Ademais, os Termos de Ajuste de Conduta são títulos executivos extrajudiciais.*
- *O item "C" está correto, pois o fundamento dos embargos à execução coincide com o do Mandado de Segurança, e a decisão daquela demanda repercute sobre a resolução dessa, o que leva a uma prejudicialidade entre ambas.*
- *O item "D" está incorreto, pois é desnecessária a atuação conjunta com o MPF para a tutela do aspecto trabalhista da lesão indicada no enunciado, ainda que não haja competência criminal, pois são instâncias diferenciadas.*

(MPT – 14º Concurso) Quanto à temática da competência da Justiça do Trabalho, assinale a alternativa **ERRADA**:

[A] É da Justiça do Trabalho a competência para julgar os danos materiais e morais provenientes de doença ocupacional, ficando privada, todavia, de apreciar pedidos de benefícios previdenciários decorrentes.

[B] Não se configura conflito de competência entre Tribunal Regional do Trabalho e Vara do Trabalho a ele vinculada.

[C] A partir da promulgação da Emenda Constitucional nº 45, compete à Justiça do Trabalho processar e julgar as ações penais exclusivamente e diretamente decorrentes das relações de trabalho.

[D] Compete ao Tribunal Regional do Trabalho o julgamento dos conflitos de competência entre juízes do trabalho e juízes de direito investidos de jurisdição trabalhista, na respectiva Região.

[E] Não respondida.

Gabarito oficial: alternativa [C].

Comentários do autor:

- *O item "A" prevê, corretamente, a competência da Justiça do Trabalho para processar e julgar as ações de indenização por danos materiais e morais decorrentes de lesões com origem acidentária. Ademais, ao analisar o Recurso Extraordinário (RE) 638.483, o Plenário Virtual do Supremo Tribunal Federal (STF) ratificou a jurisprudência dominante da Corte no sentido de que cabe à Justiça comum estadual julgar causas referentes a benefícios previdenciários decorrentes de acidente de trabalho.*
- *O item "B" está de acordo com a Súmula nº 420 do TST.*

✭ *O item "C" contraria a decisão proferida pelo E. STF nos autos da ADIn nº 3.684, na qual a Suprema Corte registrou a incompetência da Justiça do Trabalho para questões criminais.*

✭ *O item "D" está correto, pois o juízo cível investido de jurisdição trabalhista funciona como se fosse a Vara do Trabalho, tanto que a via recursal cabível de sua decisão é o Recurso Ordinário para o próprio TRT. Inteligência da Súmula nº 180 do Superior Tribunal de Justiça.*

(JUIZ DO TRABALHO – XXV Concurso – TRT 15ª Região). Assinale a alternativa **INCORRETA**:

[A] a Justiça do Trabalho é competente para processar e julgar as ações de indenização por danos morais e patrimoniais decorrentes de acidente de trabalho propostas por empregado contra empregador, inclusive aquelas que ainda não possuíam sentença de mérito em primeiro grau quando da promulgação da Emenda Constitucional nº 45/2004;

[B] a Justiça do Trabalho é competente para processar e julgar ação possessória ajuizada em decorrência do exercício do direito de greve pelos trabalhadores da iniciativa privada;

[C] não compete ao Superior Tribunal de Justiça dirimir conflitos de competência entre juízes trabalhistas vinculados a Tribunais Regionais do Trabalho diversos;

[D] não compete à Justiça do Trabalho executar contribuições previdenciárias decorrentes do vínculo empregatício que reconhecer, nos termos do que sedimentado em decisão do Supremo Tribunal Federal à qual foi concedida repercussão geral;

[E] a Justiça do Trabalho é competente para determinar o recolhimento das contribuições previdenciárias decorrentes das sentenças condenatórias e declaratórias que proferir, conforme entendimento sumulado do Tribunal Superior do Trabalho.

Gabarito oficial: alternativa [E].

Comentário do autor:

✭ *A alternativa "A" está correta, retratando a literalidade da Súmula Vinculante nº 22 do STF.*

✭ *A alternativa "B" está em consonância com a jurisprudência predominante, registrada na Súmula Vinculante nº 23 do STF, que reconhece a competência da Justiça do Trabalho para o julgamento dos interditos proibitórios.*

✭ *A alternativa "C" está correta, pois a competência para apreciar o conflito de competência entre juízes trabalhistas vinculados a Tribunais Regionais do Trabalho diversos é do C. Tribunal Superior do Trabalho e não do Superior Tribunal de Justiça.*

✭ *A alternativa "D" está correta, estando em consonância com a nova redação da Súmula nº 368 do C. TST, que foi influenciada pela orientação da Suprema Corte.*

✭ *A alternativa "E" está incorreta! De acordo com o entendimento sumulado do TST (368, I), a Justiça do Trabalho tem competência para executar apenas as sentenças condenatórias, sendo incompetente para executar as contribuições previdenciárias decorrentes de sentenças meramente declaratórias.*

(JUIZ DO TRABALHO - XXVI Concurso - TRT 15ª Região) Compete à Justiça do Trabalho processar e julgar:

I - Ação anulatória de multa administrativa imposta por órgão de fiscalização das relações de trabalho.

II - Ação de associação de fornecedores de cana de açúcar de uma região que congrega 5 cidades, em face de outra associação de fornecedores de cana de açúcar de uma daquelas 5 cidades, em que a primeira postula a anulação da assembleia de constituição da requerida, com o cancelamento de seu registro no Cartório de Registro Civil de Pessoas Jurídicas, diante dos princípios da unicidade sindical e da territorialidade.

III - Ação de indenização por danos morais e materiais proposta pelo filho em face do ex-empregador de seu pai, que faleceu em acidente de trabalho conforme jurisprudência dominante do STF.

IV - Causas envolvendo descaracterização de contratação temporária ou de provimento comissionado pelo poder público.

V - Ação monitória entre empregado e empregador, com base em prova escrita, consistente em declaração firmada pelo empregado, obrigando-se a devolver ao final do contrato de trabalho ferramentas em seu poder.

[A] Somente as assertivas I e II, V estão corretas.

[B] Somente as assertivas I, III e V estão corretas.

[C] Somente a assertiva III está correta.

[D] Somente as assertivas I, II e III estão corretas.

[E] Todas as assertivas estão corretas.

Gabarito oficial: alternativa [B].

Comentário do autor:

- *A assertiva I está correta. A ação anulatória de multa administrativa enquadra-se no âmbito do art. 114, VII, da CF/1988.*
- *A assertiva II está incorreta. A ação ajuizada entre associações de direito civil não é da competência da Justiça do Trabalho, não se enquadrando em nenhuma das hipóteses elencadas no art. 114 do texto constitucional. A Justiça do Trabalho, conforme o art. 114, III, da CF/1988, é competente para apreciar demandas de representação sindical, entre sindicatos, o que não é o caso.*
- *A assertiva III reproduz o entendimento dominante no E. Supremo Tribunal Federal, que influenciou o cancelamento da Súmula nº 366 do STJ. Correta, portanto.*
- *A assertiva IV contraria entendimento predominante no âmbito do STF e do TST, pelos quais a Justiça do Trabalho é incompetente para apreciar causas envolvendo a descaracterização de contratação temporária e ou de provimento comissionado pelo poder público.*
- *A assertiva V está correta, uma vez que a Ação Monitória, prevista no Código de Processo Civil, é aplicável em seara laboral, já que atende aos princípios fundamentais do processo do trabalho, atraindo a incidência do art. 769 consolidado. Consequência disso, a Justiça Especializada será competente para apreciar eventual ação monitória ajuizada entre empregado e empregador.*

Capítulo 3

SISTEMA DE TUTELA JURISDICIONAL COLETIVA: ASPECTOS RELEVANTES

Cesar Henrique Kluge

Sumário: 3.1. Devido Processo Legal na ótica coletiva: devido processo social • 3.2. Ação Civil Pública *versus* Ação Civil Coletiva • 3.3. Legitimidade do Ministério Público para defesa dos direitos individuais homogêneos • 3.3.1. Configuração dos direitos individuais homogêneos: delimitação jurisprudencial • 3.4. Legitimidade do Ministério Público do Trabalho para questões envolvendo Fundo de Garantia por Tempo de Serviço (FGTS) • 3.5. Legitimidade da Defensoria Pública para ajuizamento de Ação Civil Pública • 3.6. Legitimidade do Ministério Público do Trabalho (MPT) para atuação junto ao Supremo Tribunal Federal • 3.7. Litispendência entre ações coletivas e ações individuais • 3.8. Ação coletiva: suspensão de ofício das ações individuais • 3.9. Publicidade da Ação Civil Pública como requisito de validade do processo (art. 94 do CDC) • 3.10. Competência territorial para apreciação das ações civis públicas (OJ nº 130 da SBDI-II do TST) • 3.11. Limitação territorial dos efeitos da sentença (art. 16 da LACP) • 3.12. Ação Civil Pública: prazo prescricional • 3.12.1. Ajuizamento das ações coletivas e interrupção do prazo prescricional das ações individuais • 3.13. Coisa julgada coletiva • 3.13.1. Direitos difusos: alcance *erga omnes* • 3.13.2. Direitos coletivos: alcance *ultra partes* • 3.13.3. Direitos individuais homogêneos: alcance *erga omnes* • 3.13.4. Extensão da coisa julgada aos substituídos não constantes do título executivo • 3.13.5. Incidência nas ações individuais • 3.13.6. Execução da coisa julgada coletiva • 3.13.6.1. *Fluid recovery* (reparação fluida) • 3.14. Aplicação dos arts. 18 da LACP e 87 do CDC ao Ministério Público do Trabalho • 3.15. Ação anulatória de cláusulas convencionais: aspectos relevantes • 3.16. Ações coletivas e o controle judicial de políticas públicas • 3.17. Súmulas e Orientações Jurisprudenciais • 3.18. Questões resolvidas e comentadas

No capítulo referente ao regime jurídico do Ministério Público, já discorremos sobre as modalidades de direitos tutelados pela instituição ministerial, quais sejam, os direitos entendidos como *metaindividuais,* que se classificam em direitos difusos, coletivos em sentido estrito e individuais homogêneos, consoante a sistemática preconizada no Código de Defesa do Consumidor, no art. 81 e seus incisos.

Discorreremos, com um pouco mais de detalhes, sobre os direitos individuais homogêneos e sua caracterização, tendo como parâmetro a jurisprudência do C. Tribunal Superior do Trabalho.

3.1. DEVIDO PROCESSO LEGAL NA ÓTICA COLETIVA: DEVIDO PROCESSO SOCIAL

Dentre os diversos *princípios de processo coletivo* apontados pela doutrina, destacamos um, não pela sua prevalência sobre os demais (os quais também devem ser muito bem estudados), mas pela sua *abrangência* e, acima de tudo, por demonstrar a necessidade de reflexão e adaptação às ações coletivas dos mecanismos aplicáveis às ações individuais, norteadas pelo Código de Processo Civil.

A expressão *"devido processo social"*, cunhada originalmente por Mauro Cappelletti, foi utilizada para demonstrar a necessidade de superação das limitadas concepções individualistas, regidas pelo Código Civil, na seara material, e pelo Código de Processo Civil, no campo instrumental.

Trata-se, portanto, de uma *releitura do princípio do devido processo legal,* visto sob uma ótica individual, que passa a assumir, portanto, uma *ótica coletiva*, destacando-se a ampliação do acesso à Justiça, em prol da efetividade da tutela jurisdicional.

Do princípio do devido processo social decorre, por exemplo, a necessidade de adequada notificação dos titulares dos direitos individuais e dos membros do grupo para possibilitar, não apenas o aproveitamento dos *efeitos da coisa julgada coletiva* no campo individual, mas, principalmente, o cumprimento da finalidade da ação coletiva e a efetivação da *tutela jurisdicional*, a qual deverá ser prestada em *tempo razoável*.

Daí decorre também a maior relevância da instrumentalidade das formas e a necessidade de maiores reflexões dos instrumentos processuais existentes no ordenamento, mas criados à luz de valores individualistas, focados na relação entre indivíduos.

3.2. AÇÃO CIVIL PÚBLICA *VERSUS* AÇÃO CIVIL COLETIVA

Alguns doutrinadores costumam fazer distinção entre *ação civil pública* e *ação civil coletiva*. Para os defensores dessa diferenciação, a ação civil pública seria o instrumento destinado à tutela de direitos *difusos* e *coletivos*, com fulcro na Lei nº 7.347/1985, enquanto que a ação civil coletiva, instrumento utilizado para a defesa dos direitos *individuais homogêneos*, está prevista, especificamente, no Código de Defesa do Consumidor. Nesse caminho encontram-se os autores Luiz Guilherme Marinoni e Sérgio Cruz Arenhart (2006, p. 726).

Outros, porém, como Elton Venturi (2007, p. 93-4), criticam essa diferenciação terminológica:

> Sem razão, neste passo, alusões a uma pretensa diferenciação entre a ação civil pública, que seria aquela derivada do sistema da Lei da Ação Civil Pública, e a ação coletiva, ajuizável segundo o modelo do Código de Defesa do Consumidor. Levada às últimas consequências, uma tal distinção pode conduzir a resultados verdadeiramente insustentáveis.

Uma vez apreendida a ideologia do microssistema de tutela jurisdicional coletiva, conclui-se que a intrínseca ligação entre os regimes dos referidos diplomas legais desautoriza tipificações como tais, devendo se considerar que a demanda coletiva alicerçada mediante a comunhão dos referidos sistemas legislativos é uma só, pois "o nome não terá a força para modificar a essência da coisa". Se o interesse for transindividual (na sua essência ou não), a demanda será coletiva.

Assim, no intuito da eliminação da confusão terminológica na qual por vezes ainda se incorre, melhor seria reunirem-se sob a expressão "ação coletiva" todas as demandas destinadas à tutela de direitos difusos, coletivos ou individuais homogêneos, eis que assim se destacaria o essencial traço distintivo entre as ações de índole individual e metaindividual.

A apresentação dessa divergência terminológica justifica-se não apenas para dar suporte teórico ao candidato, mas, principalmente, para corroborar a corrente daqueles que defendem que, dada a instrumentalidade do processo, a *denominação* dada à ação para defesa dos direitos difusos, coletivos e individuais homogêneos *não pode ser vista como um obstáculo ao direito substancial*, motivo pelo qual entendemos que a denominação única evitaria este tipo de problema.

No mesmo caminho, não é a denominação da ação que vai ditar o procedimento a ser seguido na execução da decisão, mas o direito reconhecido e o conteúdo do comando sentencial. Logo, eventual diferença na fase executória dos julgados que reconhecem os direitos difusos e coletivos e aqueles que reconhecem direitos individuais homogêneos, tampouco deve ser vista como motivo para distinção das ações. Se assim fosse, deveríamos ter tantas ações quantos fossem os procedimentos utilizados na execução.

Diante de tal quadro, não vemos obstáculos para a utilização da denominação única, como proposto pelo jurista Elton Venturi, assim como não vemos empecilhos na utilização das denominações distintas, desde que isso não seja um argumento para se criar obstáculos à tutela jurisdicional efetiva.

Por fim, devemos destacar que, no âmbito do C. Tribunal Superior do Trabalho, ainda não há uniformidade quanto ao tema, existindo, na realidade, uma tendência de equiparação entre ação civil pública e ação coletiva em questões de substituição processual. Nesse sentido, destaca-se o julgado apresentado no *Informativo* nº 32 da Corte Trabalhista:

RECURSO DE EMBARGOS – AÇÃO COLETIVA – RECLAMAÇÃO TRABALHISTA – LITISPENDÊNCIA – DISSENSO JURISPRUDENCIAL – NÃO CONFIGURAÇÃO – ARESTO PARADIGMA QUE TRATA DE AÇÃO CIVIL PÚBLICA. Na hipótese em que, no acórdão embargado, foi consignada a litispendência entre a ação individual, na qual se pleiteava a observância de acordo coletivo de trabalho, no que tange à alternância de promoções por antiguidade e merecimento, e a ação coletiva proposta pelo sindicato como substituto processual da categoria profissional, com o mesmo objetivo, mostra-se inespecífico o aresto colacionado, que trata da configuração da litispendência entre ação individual e ação civil pública. Com esse entendimento, a SDBI-I, por maioria, não conheceu dos embargos. Ressaltou-se, no caso, que, embora haja tendência da Subseção a equiparar a ação coletiva e a ação civil pública em questões de substituição processual, ainda remanesce controvertida a possibilidade de se aplicar os critérios previstos no Código de Defesa do Consumidor a ambas as ações. Vencidos os Ministros Augusto César Leite de Carvalho, Luiz Philippe Vieira de Mello Filho, José Roberto Freire Pimenta e Delaíde Miranda Arantes, que conheciam dos embargos ao fundamento de, quanto aos critérios para a verificação da litispendência, não haver distinção ontológica entre a ação civil pública e a ação coletiva que inviabilize o exame da especificidade da divergência jurisprudencial. (TST – E-ED--RR-15.400-16.2002.5.01.0007 – SBDI-I – Relator Ministro Brito Pereira – j. em 29.11.2012)

> **DICA DE PROVA**: na prova objetiva é importante o candidato saber a diferenciação defendida por parte da doutrina. O gabarito correto será aquele que ou defende a unidade de nomenclatura, ou defende a distinção, desde que observado o princípio da instrumentalidade das formas e os limites da lide (causa de pedir e pedido), pois é a forma como foi efetuado o pedido que, na realidade, dirá se estamos falando de direitos difusos, coletivos ou individuais homogêneos. Assim, numa prova dissertativa, sem dúvida, é importante apresentar a discussão existente.

3.3. LEGITIMIDADE DO MINISTÉRIO PÚBLICO PARA DEFESA DOS DIREITOS INDIVIDUAIS HOMOGÊNEOS

O art. 1º, inciso IV, da Lei nº 7.347/1985 (Lei da Ação Civil Pública) estabelece a aplicação da Lei em comento às ações de responsabilidade por danos morais e patrimoniais "a qualquer outro interesse difuso ou coletivo".

O art. 129, III, da CF estabelece que, dentre as funções institucionais, compete ao Ministério Público promover a ACP para proteção do patrimônio público e social, do meio ambiente e de outros interesses difusos e coletivos.

O art. 83, III, da Lei Complementar nº 75/1993, por sua vez, ao dispor sobre as atribuições do Ministério Público junto à Justiça do Trabalho, estabeleceu que cabe à entidade promover a ação civil pública no âmbito da Justiça do Trabalho para defesa de interesses coletivos quando desrespeitados os direitos sociais constitucionalmente garantidos.

Em razão dos dispositivos constitucionais e legais citados não mencionarem, expressamente, a defesa dos direitos individuais homogêneos, assim como dada a característica essencialmente individual de tais direitos, gerou-se a celeuma em torno da legitimidade do Ministério Público para a defesa dessa modalidade. Surgiram daí algumas teorias:

a) **teoria restritiva**: o Ministério Público não tem legitimidade para a defesa dos direitos e interesses individuais homogêneos em razão de uma interpretação literal. Segundo essa vertente, os direitos individuais homogêneos são disponíveis, divisíveis e facilmente individualizáveis e, portanto, estariam excluídos das funções institucionais do Ministério Público;

b) **teoria mista**: dando uma interpretação sistemática aos arts. 127 e 129, III, ambos da Constituição Federal, admitir-se-ia a legitimação de forma condicional, ou seja, nos casos de direitos individuais homogêneos em que comprovada à repercussão social (reflexos negativos para a coletividade).

c) **teoria ampliativa**: de acordo com os defensores dessa corrente, uma interpretação sistemática, extensiva e teleológica dos arts. 127 e 129, IX, da Constituição Federal, com o art. 1º do CDC, autorizaria a conclusão de que a defesa de quaisquer interesses individuais homogêneos constituiria matéria de ordem pública e interesse social, cuja defesa se amoldaria ao perfil institucional do MPT.

A jurisprudência dos Tribunais Superiores é uníssona no sentido de *admitir* a defesa dos direitos individuais homogêneos pelo Ministério Público.

O E. Supremo Tribunal Federal já se manifestou, diversas vezes, sobre a questão, reconhecendo que os direitos individuais homogêneos, por serem espécie do gênero *direitos coletivos*, podem ser tutelados pelo Ministério Público:

> AGRAVO REGIMENTAL NO AGRAVO DE INSTRUMENTO – PROCESSO CIVIL – CONCURSO – ISENÇÃO DE TAXA DE INSCRIÇÃO DE CANDIDATOS CARENTES – AÇÃO CIVIL PÚBLICA – LEGITIMIDADE ATIVA *AD CAUSAM* DO MINISTÉRIO PÚBLICO FEDERAL – DECISÃO RECORRIDA EM HARMONIA COM A JURISPRUDÊNCIA DO SUPREMO TRIBUNAL FEDERAL – OFENSA À CLÁUSULA DE RESERVA DE PLENÁRIO – INOCORRÊNCIA – PRECEDENTES. 1. A legitimação do Ministério Público para o ajuizamento de ação civil pública não se restringe à defesa dos direitos difusos e coletivos, mas também abarca a defesa dos direitos individuais homogêneos, máxime quando presente o interesse social. Nesse sentido, o RE nº 500.879 – AgR, Relatora a Ministra Cármen Lúcia, Primeira Turma. 2. *In casu*, não houve violação ao princípio da reserva de plenário, conforme a tese defendida no presente recurso, isso porque a norma em comento não foi declarada inconstitucional nem teve sua aplicação negada pelo Tribunal *a quo*, ou seja, a controvérsia foi resolvida com fundamento na interpretação conferida pelo Tribunal de origem à norma infraconstitucional que disciplina a espécie. Precedentes: Rcl. 6.944, Pleno, Relator Ministro Cármen Lúcia, *DJe* de 13.8.2010; RE 597.467-AgR, Primeira Turma, *DJe* de 15.6.2011; AI 818.260-AgR, Segunda Turma, *DJe* de 16.5.2011, entre outros. 3. Agravo Regimental a que se nega provimento. (AI 737.104 AgR/PE – Relator Ministro Luiz Fux – j. em 25.10.2011 – Primeira Turma)

> AGRAVO REGIMENTAL EM AGRAVO DE INSTRUMENTO – AÇÃO CIVIL PÚBLICA – LEGITIMIDADE – MINISTÉRIO PÚBLICO – DEFESA DE DIREITOS COLETIVOS – POSSIBILIDADE – AGRAVO IMPROVIDO. I – A jurisprudência desta Corte firmou-se no sentido de que o Ministério Público tem legitimidade para ajuizar ação civil pública na defesa de direitos coletivos, relativos a pessoas determináveis, e individuais homogêneos socialmente relevantes. Precedentes. II – Agravo regimental improvido. (AI 781.029 AgR-segundo/RJ – Relator Ministro Ricardo Lewandowski – j. em 23.8.2011 – Segunda Turma)

De acordo com os julgados do E. Supremo Tribunal Federal, os direitos individuais homogêneos:

✓ constituem *subespécie* do gênero *direitos coletivos*;

✓ podem ser tutelados por meio de *ação civil pública* quando *socialmente relevantes* (ainda que individualmente disponíveis). Nesse caminho, poder-se-ia entender que o E. Supremo Tribunal Federal, por fazer menção a direitos individuais homogêneos "socialmente relevantes", teria adotado a teoria eclética.

No campo da Justiça Especializada Laboral, o C. Tribunal Superior do Trabalho, na esteira dos julgados da E. Suprema Corte, também admite, expressamente, a legitimidade do Ministério Público do Trabalho para a defesa de direitos individuais homogêneos dos trabalhadores:

> LEGITIMIDADE ATIVA – MINISTÉRIO PÚBLICO DO TRABALHO – AÇÃO CIVIL PÚBLICA – DIREITOS INDIVIDUAIS HOMOGÊNEOS – INTERESSE SOCIAL RELEVANTE – VIOLAÇÃO DO ART. 896 DA CONSOLIDAÇÃO DAS LEIS DO TRABALHO CARACTERIZADA. 1. Na dicção da jurisprudência corrente do Supremo Tribunal Federal, os direitos individuais homogêneos nada mais são senão direitos coletivos em sentido lato, uma vez que todas as formas de direitos metaindividuais (difusos, coletivos e individuais homogêneos) são direitos coletivos e, portanto, passíveis de tutela mediante ação civil pública (ou coletiva). 2. Consagrando interpretação sistêmica e harmônica às leis que tratam da legitimidade do Ministério Público do Trabalho (arts. 6º, VII, letras "c" e "d", 83 e 84 da Lei Complementar nº 75/1993), não há como negar a

legitimidade do *parquet* para postular tutela judicial de direitos e interesses individuais homogêneos. 3. Constatado, no presente caso, que o objeto da ação civil pública diz respeito a direitos individuais que, por ostentarem origem comum – uma vez que decorrem de possíveis irregularidades praticadas pelas empregadoras, que, no entender do *parquet*, teriam deixado de observar o disposto nos arts. 71, cabeça, e 459, parágrafo único, da CLT, 15 da Lei nº 8.036/1990 e 7º, VIII, da Constituição da República c/c os arts. 1º, § 1º, da Lei nº 4.090/1962 e 1º da Lei nº 4.749/1965 –, exsurgem claramente como direitos individuais homogêneos, atraindo, assim, a legitimidade do Ministério Público do Trabalho para a causa. 4. Recurso de embargos conhecido e provido. (E--ED-RR 717937-38.2000.5.23.0005 – j. em 10.11.2011 – Relator Ministro Lelio Bentes Corrêa – Subseção I Especializada em Dissídios Individuais – *DEJT* de 25.11.2011)

LEGITIMIDADE DO MINISTÉRIO PÚBLICO PARA AJUIZAR AÇÃO CIVIL COLETIVA – DIREITOS INDIVIDUAIS HOMOGÊNEOS – VERBAS RESCISÓRIAS INADIMPLIDAS. Controvérsia em torno da legitimidade ou não do Ministério Público para ajuizar ação civil coletiva quando o interesse tutelado origina-se de lesão massiva aos empregados decorrente da despedida e consequente inadimplemento das obrigações contratuais, ou seja, revelam-se direitos individuais homogêneos. De acordo com os fundamentos utilizados por esta Seção no julgamento do E--ED-RR 749111-88.2001.5.03.5555, relator Ministro Horácio Raymundo de Senna Pires, *DEJT* de 12.3.2010, o Ministério Público ostenta legitimidade para ajuizar ação civil coletiva na defesa de direitos individuais homogêneos. Nesse passo, é de se reconhecer que a decisão do Tribunal Regional, que afastou a legitimidade do Ministério Público, dava azo ao recurso de revista por ofensa aos arts. 127, *caput*, e 129, III, da Constituição Federal e 91 da Lei nº 8.078/1990 (Código de Defesa do Consumidor), resultando manifesta a afronta ao art. 896 da CLT. Recurso de embargos conhecido e provido. (E-RR 788380-33.2001.5.07.0011 – j. em 15.12.2011 – Relatora Ministra Delaíde Miranda Arantes – Subseção I Especializada em Dissídios Individuais – *DEJT* de 3.2.2012)

No campo trabalhista, há quem sustente que os *direitos individuais homogêneos dos trabalhadores são sempre direitos sociais*, que se tratam, em sua essência, de *direitos humanos de segunda geração*, independentemente de serem disponíveis ou não, enquadrando-se, pois, como *direitos sociais constitucionalmente garantidos*, amparados pelo art. 83, III, da Lei Complementar nº 75/1993. Dessa constatação, poder-se-ia concluir que os direitos individuais homogêneos trabalhistas estariam sempre albergados pela *relevância social*, atraindo a legitimidade do Ministério Público para sua defesa em juízo.

Por mais que no âmbito do direito do trabalho possa se admitir a maior proximidade dos direitos coletivos e dos direitos individuais homogêneos com o interesse público primário, demonstrando uma presença mais constante da relevância social necessária à atuação do Ministério Público do que nos demais ramos do direito, não podemos deixar de registrar nosso entendimento de que, realmente, nem todo direito coletivo ou individual homogêneo enseja a atuação do Ministério Público.

Vale salientar que não é a pura e simples classificação legal ou doutrinária dos direitos e interesses – difusos, coletivos ou individuais homogêneos – que dará legitimidade ao Ministério Público. Da mesma forma, não é a quantidade de pessoas envolvidas apenas que será levado em consideração. O que realmente importa, para fins da atuação ministerial, é a relevância social, consubstanciada na ofensa de direitos e interesses que causem um reflexo negativo na sociedade e estejam relacionados com a finalidade e missão institucional do *parquet*.

A respeito do tema, vale registrar a posição de José Roberto dos Santos Bedaque, apresentada por Pedro Rui da Fontoura Porto (2006, p. 249), pela qual não é o mero fato de admitir a defesa coletiva que transforma o interesse em social, pois existem inúmeros casos em que está configurado o caráter individual homogêneo sem que se faça presente qualquer conotação pública ou socialmente relevante. Bedaque não defende a legitimação ampla e irrestrita do Ministério Público para quaisquer interesses individuais homogêneos, pois, segundo ele, tal entendimento, inclusive, acabaria por reduzir a importância social da instituição.

Por fim, não se pode perder de vista que, como já mencionado anteriormente, a análise da relevância social deve ser feita por cada membro no exame do caso concreto, em observância ao princípio da independência funcional.

3.3.1. Configuração dos direitos individuais homogêneos: delimitação jurisprudencial

A Lei da Ação Civil pública não traz qualquer conceito ou informação que permita delimitar, com maior precisão, o que se deve entender por direitos individuais homogêneos.

O Código de Defesa do Consumidor, em seu art. 81, parágrafo único, inciso III, estabelece que os direitos individuais homogêneos são aqueles que decorrem de origem comum. Tal definição legal, contudo, nem sempre auxilia na compreensão dos casos concretos, existindo situações em que a dúvida ganha corpo, trazendo mais nebulosidade à caracterização dessa modalidade de direitos transindividuais.

Por essa razão, tendo em vista a conceituação genérica apresentada pelo Código Consumerista, entendemos que os contornos e as delimitações necessárias para a melhor compreensão e caracterização dos direitos individuais homogêneos vêm sendo apresentados pela jurisprudência, sendo que, em alguns casos, uma mesma situação aponta enquadramentos distintos.

Tendo como parâmetro a jurisprudência do C. Tribunal Superior do Trabalho, podemos constatar que a origem comum exigida para configuração dos direitos individuais homogêneos pode ser extraída da observância de dois importantes requisitos: *homogeneidade do direito* e *generalidade da conduta*.

a) Homogeneidade do direito e não dos fatos

O julgado ora apresentado traz uma informação de suma importância, responsável pela grande maioria das distorções que ocorrem no reconhecimento dos direitos individuais homogêneos. A origem comum mencionada no art. 83, parágrafo único, III, do CDC, refere-se ao direito, e não aos fatos. A lesão ao direito deve ter origem comum!

A homogeneidade, portanto, exigida para caracterização e delimitação dos direitos individuais homogêneos é jurídica, e não fática.

Por essa razão, a decisão da SBDI-I do C. TST, muito apropriadamente, assevera que a necessidade de individualização (ou apuração da situação funcional de cada empregado em particular) para fixação do valor devido não desautoriza a substituição processual e, consequentemente, não significa que não estejamos diante de direitos individuais heterogêneos. Nesse sentido, destaca-se o seguinte julgado:

> RECURSO DE EMBARGOS REGIDO PELA LEI Nº 11.496/2007 – SINDICATO – SUBSTITUI-
> ÇÃO PROCESSUAL – LEGITIMIDADE ATIVA – DIREITO A PROMOÇÕES – CORSAN. A
> jurisprudência desta Corte, seguindo a diretriz preconizada pelo Supremo Tribunal Federal, pa-

cificou o entendimento de que o art. 8º, III, da Constituição Federal permite que os sindicatos atuem como substitutos processuais de forma ampla, na defesa dos direitos individuais homogêneos dos integrantes da categoria, ainda que não associados, em pequenos grupos ou mesmo de um único substituído (E-Ag-RR – 63900-89.2007.5.03.0102, SBDI-I, *DEJT* de 28.10.2011). Tratando-se de pleito que envolve o direito a promoções, assegurado em norma regulamentar da reclamada, configura-se a origem comum do direito, de modo a legitimar a atuação do Sindicato. O fato de ser necessária a individualização, ou a apuração da situação funcional de cada empregado em particular, para a fixação do valor devido a título de diferenças salariais, decorrentes das promoções obstadas, não desautoriza a substituição processual. De acordo com entendimento desta Subseção, a homogeneidade diz respeito ao direito, e não à sua quantificação ou forma de apuração, nos termos do art. 81, III, da Lei nº 8.078/1990. Recurso de embargos conhecido e provido. (E-RR 43200-50.2006.5.04.0571 – j. em 9.2.2012 – Relator Ministro Augusto César Leite de Carvalho – Subseção I Especializada em Dissídios Individuais – *DEJT* de 24.2.2012)

No mesmo caminho, é ilustrativo o voto proferido pela 1ª Turma do C. Tribunal Superior do Trabalho, cujo relator foi o Exmo. Ministro Luiz Philippe Vieira de Mello Filho:

RECURSO DE REVISTA – SINDICATO PROFISSIONAL – SUBSTITUIÇÃO PROCESSUAL – LEGITIMIDADE ATIVA – BANCÁRIO – ENQUADRAMENTO – HORAS EXTRAORDINÁRIAS – DIREITOS INDIVIDUAIS HOMOGÊNEOS. Segundo a moderna exegese do art. 8º, III, da Constituição Federal, deve ser reconhecida a possibilidade de substituição processual ampla dos sindicatos na defesa de interesses coletivos e individuais homogêneos dos integrantes da categoria que representa. Na hipótese, o sindicato profissional requer o correto enquadramento dos empregados substituídos, ocupantes do cargo de técnico de operações de retaguarda, no disposto no *caput* do art. 224 da CLT e, por conseguinte, postula o pagamento, a cada um dos substituídos, da sétima e da oitava horas da jornada como extraordinárias. Logo, o pleito do sindicato está fundamentado e tem como causa de pedir a alegação de prática empresarial ilícita consistente no enquadramento de bancários comuns na exceção prevista no art. 224, § 2º, da CLT sem que tenham sido preenchidos os requisitos legais. Ou seja, a fonte das lesões é comum a todos os empregados interessados. Dessarte, os direitos reivindicados – pagamento da sétima e da oitava horas de trabalho como extraordinárias – têm origem comum e afetam vários indivíduos da categoria, devendo ser considerados direitos individuais homogêneos, possibilitando a autuação do sindicato profissional como substituto processual. Ressalte-se que a homogeneidade do direito se relaciona com a sua origem e com a titularidade em potencial da pretensão, mas não com a sua quantificação e expressão monetária. Precedentes. Recurso de revista conhecido e provido. (RR 25400-72.2009.5.09.0665 – j. em 31.8.2011 – Relator Ministro Luiz Philippe Vieira de Mello Filho – 1ª Turma – *DEJT* de 9.9.2011).

Como se vê, a homogeneidade do direito não resta descaracterizada por sua distinta *quantificação ou forma de apuração*.

b) Natureza da conduta: generalidade

Além da origem comum se referir ao direito em si e não aos fatos, outra importante característica apontada pela jurisprudência refere-se à natureza da *conduta do ofensor*, que deve ter *caráter geral* e não individualizada.

RECURSO DE EMBARGOS – RECURSO DE REVISTA DA PARTE ADVERSA PROVIDO – SINDICATO – SUBSTITUIÇÃO PROCESSUAL – LEGITIMIDADE – LESÃO COMUM *X* DIREITOS INDIVIDUAIS HOMOGÊNEOS. A decisão da C. Turma que afasta a legitimidade do Sindicato, quando constatada a origem comum da lesão, deve ser reformada. A homogeneidade dos direitos buscados em juízo está vinculado à lesão comum e à natureza da conduta, de caráter geral, ainda que alcance a titularidade de diversos indivíduos envolvidas na relação jurídica. A norma constitucional, ao assegurar ao sindicato a defesa judicial dos direitos individuais da categoria, autoriza a defesa coletiva de direitos individuais homogêneos da categoria, cuja titularidade diz respeito a uma coletividade de empregados representados pelo sindicato, abrangendo ou não toda a categoria. Este é o conceito que se extrai do art. 81, inciso III, da Lei nº 8.078/1990 (Código de Defesa do Consumidor), segundo o qual constituem interesses individuais homogêneos "os decorrentes de origem comum". Deste modo, tratando-se de ação que visa pleito de pagamento de horas extraordinárias e adicional noturno, determinado que os substituídos têm em sua pretensão interesse e origem comum, não há como se afastar a legitimidade do sindicato para substituir os associados. Nesse sentido a jurisprudência do E. STF e da C. SDI do TST. Recurso de embargos conhecido e provido. (E-EDRR 99140-13.2004.5.04.0751 – j. em 9.12.2010 – Relator Ministro Aloysio Corrêa da Veiga – Subseção I Especializada em Dissídios Individuais – *DEJT* de 17.12.2010).

A seguir, para melhor compreensão e fixação do tema, indicaremos algumas hipóteses analisadas pelo C. Tribunal Superior do Trabalho em que se discutiu se os direitos defendidos se enquadravam ou não como individuais homogêneos:

Caso 1. Horas extras

Considerando-se que a homogeneidade é do direito e não dos fatos, verifica-se que as horas extras podem, sim, se enquadrar como direitos individuais homogêneos, ainda que, na fase de liquidação do julgado, o valor devido a cada trabalhador seja diferente. O que importa é a origem comum da irregularidade.

AGRAVO DE INSTRUMENTO – RECURSO DE REVISTA – PRELIMINAR DE ILEGITIMIDADE PASSIVA *AD CAUSAM* – HORA EXTRA – ADICIONAIS DE PERICULOSIDADE E INSALUBRIDADE – PRÊMIO POR DESEMPENHO INDIVIDUAL – AUXÍLIO SOLIDÃO – REFLEXOS NAS VERBAS RESCISÓRIAS – DECISÃO DENEGATÓRIA – MANUTENÇÃO. A extensão da prerrogativa conferida aos sindicatos foi objeto de discussão no STF, tendo sido pacificada a interpretação de que o inciso III do art. 8º da CF confere ampla legitimidade às entidades sindicais, abrangendo, subjetivamente, todos os integrantes da categoria a que pertencem, e, objetivamente, seus direitos individuais homogêneos, a par dos direitos coletivos da comunidade de trabalhadores. No presente caso, o sindicato vem a juízo defender interesses individuais homogêneos da categoria, pois os direitos reivindicados – horas extras, adicionais de insalubridade e periculosidade, auxílio solidão e prêmio por desempenho individual – decorrem de uma origem comum, no caso, o labor dos substituídos como maquinistas na empresa Reclamada. Tal fato evidencia a homogeneidade exigida para a legítima substituição processual, consoante interpretação dos arts. 83, III, do CDC e 8º, III, da CF, não havendo falar em ilegitimidade passiva do sindicato da categoria. Desse modo, não há como assegurar o processamento do recurso de revista quando o agravo de instrumento interposto não desconstitui a decisão denegatória, que subsiste por seus próprios fundamentos. Agravo de instrumento desprovido. (AIRR 91540-02.2007.5.03.0059 – j. em 7.3.2012 – Relator Ministro Mauricio Godinho Delgado – 6ª Turma – *DEJT* de 16.3.2012).

Caso 2. Intervalo intrajornada: turnos ininterruptos de revezamento

No caso em tela, a discussão gerou em torno do intervalo de 15 minutos para os trabalhadores que se ativassem em turno ininterrupto de revezamento, restando evidenciada a homogeneidade e a generalidade necessárias ao reconhecimento do direito como individual homogêneo.

RECURSO DE REVISTA – 1. LEGITIMIDADE DO SINDICATO – SUBSTITUTO PROCESSUAL – DIREITOS INDIVIDUAIS HOMOGÊNEOS – INTERVALO INTRAJORNADA. Na esteira do posicionamento do excelso Supremo Tribunal Federal de ter o art. 8º, III, da Constituição Federal contemplado autêntica hipótese de substituição processual generalizada, o Plenário deste colendo Tribunal cancelou a Súmula nº 310, por meio da Resolução nº 121/2003, consolidando-se, a partir daí, nova jurisprudência, no sentido de admitir a ampla atuação do sindicato como substituto processual na defesa dos direitos dos integrantes da respectiva categoria profissional, inclusive quando são postulados direitos individuais homogêneos. Precedentes. Na espécie, figurando como causa de pedir direito individual de origem comum e pertinente aos empregados da reclamada – o pagamento do intervalo intrajornada de quinze minutos, aos substituídos sujeitos ao regime de turnos ininterruptos de revezamento – resta evidenciada a homogeneidade, sendo legítima a atuação do sindicato na qualidade de substituto processual. Recurso de revista não conhecido. (RR 220285-46.2004.5.12.0029 – j. em 24.11.2010 – Relator Ministro Guilherme Augusto Caputo Bastos – 2ª Turma – *DEJT* de 17.12.2010)

Indiscutível, na presente hipótese, a homogeneidade do direito ao intervalo intrajornada, não apenas pela origem comum da lesão (conduta ilícita do empregador), mas principalmente pela generalidade da conduta do patrão, que deixava de conceder o intervalo intrajornada de 15 minutos a todos os trabalhadores que se ativavam em regime de revezamento.

Caso 3. Adicional de periculosidade

O julgado analisou o recurso de revista da reclamada que, em suas razões, sustentou a ilegitimidade da entidade sindical para atuar no caso, alegando não restar caracterizada a existência de direitos individuais homogêneos, mas sim heterogêneos, em virtude da existência de mais de mil substituídos trabalhando em funções, locais e responsabilidades diferentes.

Como muito bem decidido pela C. 6ª Turma, o fato de os trabalhadores exercerem funções diferentes, em localidades diferentes, com responsabilidades diferentes não acarreta a descaracterização dos direitos individuais homogêneos. O que importa é a origem comum consistente na exposição dos trabalhadores representados a situações perigosas que demandem o pagamento do adicional de periculosidade.

Se a origem do direito é comum, por óbvio, o quadro fático com características diversas influenciará na quantificação do valor devido, mas não no reconhecimento do direito em si, não servindo de argumento para descaracterização da homogeneidade.

RECURSO DE REVISTA – ILEGITIMIDADE ATIVA DO SINDICATO – SUBSTITUIÇÃO PROCESSUAL – DIREITOS INDIVIDUAIS HETEROGÊNEOS. A delimitação do v. acórdão regional é no sentido de que o Sindicato é parte legítima para atuar, por se tratar de pedido de pagamento do adicional de periculosidade e reflexos a todos os integrantes da categoria que trabalham, ou trabalharam, ou que venham a trabalhar na demandada, homogêneo, portanto, já que possui origem comum e abrange os empregados da ré individualizados na inicial, pertencentes à categoria profissional representada pelo sindicato-autor. O conceito que se extrai do art. 81, inciso III, da Lei nº 8.078/1990 (Código de Defesa do Consumidor), segundo o qual constituem interesses individuais homogêneos "os decorrentes de origem comum". Por conseguinte, a legitimação extraordinária, da qual a substituição processual pelo sindicato é espécie, é válida para a defesa dos interesses e direitos individuais da categoria, hipótese de defesa coletiva de direitos individuais homogêneos. Recurso de revista não conhecido. (RR 371300-05.2003.5.12.0027 – j. em 5.5.2010 – Relator Ministro Aloysio Corrêa da Veiga – 6ª Turma – *DEJT* de 14.5.2010)

Caso 4. Férias proporcionais: pedido de demissão ou aposentadoria de trabalhadores com menos de um ano de contrato de trabalho

No recurso de revista que ensejou a presente decisão, o reclamado sustentou a ilegitimidade do sindicato para defender o direito dos trabalhadores integrantes da categoria representada ao direito de férias proporcionais, no caso de pedido de demissão e aposentadoria, quando tivessem menos de um ano de contrato.

Contudo, restou reconhecido o enquadramento como hipótese típica de direitos individuais homogêneos, destacando-se na fundamentação que seus titulares ou destinatários são pessoas que estão ligadas por laços comuns com o agente causador da sua ameaça ou lesão, e que, por isso mesmo, atingidos em sua esfera jurídica patrimonial e/ou moral, podem, individual ou coletivamente, postular sua reparação em Juízo. A seguir, a decisão:

> DIREITOS INDIVIDUAIS HOMOGÊNEOS – FÉRIAS PROPORCIONAIS – EMPREGADO COM MENOS DE UM ANO DE CASA – PEDIDO DE DEMISSÃO E APOSENTADORIA – VERBA DEVIDA. A lide se circunscreve à exigibilidade ou não das férias proporcionais, em caso de aposentadoria ou pedido de demissão, por força da Convenção nº 132 da OIT. A referida convenção foi inserida no ordenamento jurídico por força do Decreto nº 3.197, de 5.10.1999. Logo, por não se constatar nenhuma incompatibilidade com o art. 134 da CLT, deve ser prestigiado o seu conteúdo, de forma que o empregado demissionário ou que se aposenta, com menos de um ano de casa, faz jus às férias proporcionais, que, assim, não são devidas apenas em caso de dispensa por justa causa. Recurso de revista conhecido e parcialmente provido. (RR 14400-51.2002.5.12.0014 – j. em 13.12.2006 – Relator Ministro Milton de Moura França – 4ª Turma – DJ de 9.2.2007)

Caso 5. *Horas* in itinere

Com relação às horas *in itinere,* existem entendimentos, inclusive do Tribunal Superior do Trabalho, descaracterizando-as como direitos individuais homogêneos em razão da possibilidade de existência de quadros fáticos distintos. Além disso, há ainda entendimentos no sentido de que as diferenças de horas de percurso não se enquadrariam nessa modalidade de direito metaindividual.

Como já mencionado em linhas anteriores, o quadro fático distinto de cada trabalhador, por si só, não basta para descaracterizar a homogeneidade do direito, devendo ser levado em consideração a origem comum e generalidade. Presentes estas, eventual distinção no quadro fático servirá apenas para a quantificação e apuração do valor devido, não descaracterizando o direito como individual homogêneo.

Ademais, prevalece na Corte Trabalhista o entendimento quanto à configuração de *direito individual homogêneo* das horas de percurso, conforme os seguintes julgados:

> RECURSO DE EMBARGOS – SINDICATO – ILEGITIMIDADE ATIVA – SUBSTITUIÇÃO PROCESSUAL – TESE DA TURMA QUE AFASTA A EXISTÊNCIA DE DIREITOS INDIVIDUAIS HOMOGÊNEOS – PRETENSÃO DE PAGAMENTO DE HORAS *IN ITINERE* – LESÃO COMUM. Diante da controvérsia, que se relaciona a jornada de trabalho dos empregados, em conduta uniforme do empregador, como no caso em exame, em que se buscou a defesa dos empregados substituídos em face da conduta lesiva do empregado em relação às horas *in itinere* dos empregados, caracteriza-se como lesão coletiva (direito individual homogêneo), e possibilita a atuação do sindicato como substituto processual. No caso em exame a homogeneidade resta assinalada pelo exame da fonte da lesão, conduta uniforme da empresa, que alcança todos os empregados, sendo legítimo o Sindicato para representar os empregados. Recurso de Embargos conhecido e provido. (E-RR 127500-21.2007.5.17.0191 – j. em 8.3.2012 – Relator Ministro Aloysio Corrêa da Veiga – Subseção I Especializada em Dissídios Individuais – DEJT de 16.3.2012)

> RECURSO DE EMBARGOS INTERPOSTO SOB A ÉGIDE DA LEI Nº 11.496/2007 – SUBSTITUIÇÃO PROCESSUAL – HORAS *IN ITINERE* – DIREITOS INDIVIDUAIS HOMOGÊNEOS – LEGITIMIDADE ATIVA DO SINDICATO. 1. O art. 8º, III, da Constituição da República de

1988 autoriza expressamente a atuação ampla dos sindicatos na defesa – inclusive judicial – dos interesses da categoria. Já não paira controvérsia na jurisprudência desta Corte uniformizadora quanto ao entendimento de que o sindicato tem legitimidade para atuar como substituto processual de todos os integrantes da categoria, quando fundada a pretensão em direito individual homogêneo, havendo-se como tal o que tem origem comum. 2. Na hipótese dos autos, o sindicato busca, por meio de reclamação trabalhista, o pagamento de horas de percurso – pretensão comum a todos os empregados da reclamada que trabalham na sede denominada Fazenda Alegre –, revelando-se legítima a atuação do sindicato, na qualidade de substituto processual. 3. A decisão proferida pelo Tribunal Regional reflete, assim, a correta interpretação do art. 8º, inciso III, da Constituição da República, razão por que merece ser restabelecida. 4. Recurso de embargos conhecido e provido. (E-RR 103800-16.2007.5.17.0191 – j. em 10.11.2011 – Relator Ministro Lelio Bentes Corrêa – Subseção I Especializada em Dissídios Individuais – *DEJT* de 9.3.2012)

Caso 6. Contratação fraudulenta por interposta pessoa: nulidade contratual e reconhecimento do vínculo empregatício com o tomador dos serviços

A Subseção de Dissídios Individuais I do C. TST entende que o pedido de nulidade contratual com a empresa prestadora de serviços, com o consequente vínculo empregatício com o tomador de serviços, em virtude de terceirização ilícita, enquadra-se como direito individual homogêneo a justificar a legitimidade do sindicato para ajuizamento de ação civil pública, posicionamento esse com o qual compartilhamos. Nesse sentido:

> SINDICATO – LEGITIMIDADE PARA ATUAR COMO SUBSTITUTO PROCESSUAL – ART. 8º, III, DA CONSTITUIÇÃO FEDERAL – VÍNCULO EMPREGATÍCIO COM O TOMADOR DOS SERVIÇOS. 1. O art. 8º, III, da Constituição da República autoriza expressamente a atuação ampla dos entes sindicais na defesa – inclusive judicial – dos interesses da categoria. Já não paira controvérsia na jurisprudência desta Corte uniformizadora quanto ao entendimento de que o sindicato tem legitimidade para atuar como substituto processual de toda a categoria, quando fundada a pretensão em direito individual homogêneo, havendo-se como tal o que tem origem comum e alcança indivíduos vinculados pela mesma relação jurídica de base. 2. A presente lide tem por objeto combater a contratação fraudulenta por pessoa interposta, decretando-se a nulidade do contrato de trabalho celebrado com empresa prestadora de serviços e, em consequência, reconhecendo-se a formação de vínculo empregatício entre os substituídos e o tomador de serviços, com as consequências daí decorrentes. Verifica-se que a pretensão é comum a todos os integrantes da categoria, profissional, porquanto se objetiva corrigir a contratação irregular dos integrantes da categoria, por meio de terceirização ilícita, revelando-se legítima a atuação do Sindicato, na qualidade de substituto processual. 3. A decisão da Turma, calcada na Súmula nº 310 deste Tribunal Superior, não reflete a atual e uníssona interpretação do art. 8º, inciso III, da Constituição Federal – cuja violação exsurge manifesta. Embargos conhecidos e providos. (ED-RR 463494-84.1998.5.09.5555 – Relator Ministro Lelio Bentes Corrêa – SBDI-I – *DEJT* de 28.11.2008)

Caso 7. Permanência no emprego versus despedida imotivada

Há divergência jurisprudencial relativa ao enquadramento da pretensão de reintegração e permanência no emprego como direito individual homogêneo.

Por um lado, há a decisão considerando que a disponibilidade do direito é suficiente para não enquadrá-lo na categoria dos direitos individuais homogêneos, conforme se observa a seguir:

> ILEGITIMIDADE ATIVA DO MINISTÉRIO PÚBLICO DO TRABALHO. Admitindo-se que os interesses individuais homogêneos sejam defendidos por meio de ação civil pública, não seria possível concluir pela legitimidade do Ministério Público do Trabalho, porquanto a pretensão ex-

posta na petição inicial não se classifica como tal, ante a carência do pressuposto da sua indisponibilidade. Constata-se que o pedido consiste em mera tutela de interesses disponíveis, tendo em vista que se buscou garantir a permanência no emprego, em detrimento de ato de dispensa imotivada, restringindo-se o pretenso direito à permanência no emprego à esfera individual de cada empregado. Cabe salientar, ainda, que, *in casu*, sequer se trata de estabilidade garantida constitucionalmente, sendo que a exigência na motivação do ato de dispensa dos empregados da ALL, empresa que prosseguiu na exploração da malha ferroviária da RFFSA, não é corroborada pela iterativa, notória e atual jurisprudência desta Corte, consubstanciado na Orientação Jurisprudencial nº 247 da SBDI-I desta Corte, item I. Recurso de revista conhecido e provido. Prejudicada a análise dos demais temas invocados no recurso de revista. (RR 9890100-25.2002.5.09.0014 – j. em 28.4.2010 – Relator Ministro Renato de Lacerda Paiva – 2ª Turma – *DEJT* de 14.5.2010)

Por outro lado, o C. Tribunal Superior do Trabalho já reconheceu o pleito de reintegração e permanência no emprego como direito individual homogêneo, conforme o seguinte julgado:

EMBARGOS – RECURSO DE REVISTA – NÃO CONHECIMENTO – 1. NULIDADE DO ACÓRDÃO DA TURMA – ARGUIÇÃO DE NEGATIVA DE PRESTAÇÃO JURISDICIONAL. Deixa-se de analisar a preliminar, nos termos do art. 249, § 2º, do Código de Processo Civil. 2. MINISTÉRIO PÚBLICO DO TRABALHO – AÇÃO CIVIL PÚBLICA – ILEGITIMIDADE ATIVA *AD CAUSAM*. O Ministério Público do Trabalho é parte legítima para propor Ação Civil Pública na qual buscou obter a reintegração de empregados dispensados em virtude de terem reclamado contra a empresa, bem como na condenação na obrigação de abster-se a efetuar demissões de qualquer empregado que viesse a se encontrar em situação similar. É que este fato, se verdadeiro, envolve interesses individuais homogêneos subespécies de direitos coletivos, pelo que a legitimidade do Ministério Público do Trabalho para propor a ação encontra respaldo no art. 83, inciso III, da Lei Complementar nº 75/1993, que restringe a Ação Civil Pública, na Justiça do Trabalho, à defesa de interesses coletivos, quando desrespeitados os direitos sociais constitucionalmente garantidos. Embargos conhecidos e providos. (TST E-RR 635.002/2000.6 – SESBDI-I – Relator Ministro Carlos Alberto Reis de Paula – *DJU* de 27.10.2006)

Ousamos discordar do primeiro entendimento apresentado, pautado no argumento de inexistência do pressuposto da indisponibilidade. Isso porque não se pode olvidar que os direitos individuais homogêneos são essencialmente individuais, sendo coletivos apenas acidentalmente. Se a característica da indisponibilidade fosse a única necessária ao reconhecimento da homogeneidade, talvez nenhum dos legitimados para o ajuizamento da ação civil pública tivesse preenchido esse pressuposto!

Assim, partindo-se da premissa de que os principais requisitos a serem observados são a origem comum da lesão ao direito, bem como a generalidade da conduta, presentes esses, não temos como chegar a outra conclusão senão a de que o pedido de reintegração pode ser enquadrado como direito individual homogêneo.

Caso 8. Direitos individuais heterogêneos

A expressão "direitos individuais heterogêneos" tem sido utilizada pela jurisprudência para definir aqueles direitos individuais que não têm origem comum (homogeneidade jurídica) e que tampouco apresentam traços de generalidade.

RECURSO DE REVISTA – LEGITIMIDADE ATIVA *AD CAUSAM* – SUBSTITUIÇÃO PROCESSUAL – DIREITOS INDIVIDUAIS HETEROGÊNEOS. O Sindicato pleiteia em favor dos substituídos o pagamento de uma hora extra por dia, em face da ausência de intervalo intrajornada, de horas *in itinere* e de diferenças salariais, decorrentes da avaliação de desempenho individual.

Tais pedidos não se enquadram em direito individual homogêneo, mas sim direito individual heterogêneo, uma vez que necessitam de uma análise concreta e individualizada. O sindicato não detém, pois, legitimidade extraordinária conferida pelo art. 8º, III, da CF, para ajuizar a presente Ação Coletiva. Precedentes. (RR 126200-07.2007.5.03.0064 – j. em 8.2.2012 – Relator Ministro Emmanoel Pereira – 5ª Turma – *DEJT* de 10.2.2012)

ILEGITIMIDADE ATIVA *AD CAUSAM* – SINDICATO – SUBSTITUIÇÃO PROCESSUAL – DEFESA DE DIREITOS INDIVIDUAIS HETEROGÊNEOS. O sindicato profissional detém legitimidade para ajuizar, como substituto processual, ação pleiteando a tutela de direitos e interesses individuais homogêneos. *In casu*, os direitos ora postulados não se enquadram em uma mesma realidade fática, tendo em vista que a aferição das lesões demandaria o exame das particularidades das condições de trabalho de alguns trabalhadores substituídos, o que retira o caráter homogêneo dos interesses. A substituição processual cabe nos casos em que os interesses em discussão sejam homogêneos e gerem repercussão ampla na categoria representada, não compreendendo os casos em que o processo tratar de situações ou pedidos individualizados, ou seja, interesses heterogêneos. Recurso de revista conhecido e provido. Prejudicada a análise dos demais temas. (RR 100400-62.2004.5.12.0021 – Relator Ministro Renato de Lacerda Paiva – 2ª Turma – *DEJT* de 3.9.2010)

Os casos ora apresentados serviram apenas para demonstrar a utilização, pela jurisprudência trabalhista, da terminologia "direitos individuais heterogêneos", deixando-se de lado, pois, a análise da homogeneidade do direito violado.

Para finalizar, cumpre observar que os casos analisados referem-se às ações coletivas ajuizadas por sindicato em defesa dos direitos individuais homogêneos da categoria que representa. Isso não significa que os argumentos apresentados não sirvam para fundamentar o enquadramento dos direitos individuais homogêneos quando as ações forem ajuizadas por outro legitimado. No caso do Ministério Público, cumpre observar apenas o acréscimo de outro requisito, qual seja, a existência de *repercussão social* (reflexos negativos perante a coletividade), que será analisada, em cada caso concreto, pelo membro oficiante.

3.4. LEGITIMIDADE DO MINISTÉRIO PÚBLICO DO TRABALHO PARA QUESTÕES ENVOLVENDO FUNDO DE GARANTIA POR TEMPO DE SERVIÇO (FGTS)

O parágrafo único do art. 1º da Lei nº 7.347/1985 dispõe:

Parágrafo único. Não será cabível ação civil pública para veicular pretensões que envolvam tributos, contribuições previdenciárias, o Fundo de Garantia do Tempo de Serviço – FGTS ou outros fundos de natureza institucional cujos beneficiários podem ser individualmente determinados. (v. *Medida Provisória nº 2.180-35, de 24.8.2001*)

Diante dessa previsão legal, discute-se a possibilidade de o Ministério Público ajuizar ação civil pública versando sobre Fundo de Garantia por Tempo de Serviço, mais especificamente, na defesa de direito individual homogêneo, consistente na cobrança dos valores de FGTS não depositados por determinado empregador, em relação a seus empregados, bem como na busca de tutela inibitória relativa ao tema.

Uma *interpretação literal* do dispositivo legal em tela levaria à conclusão de ser vedada qualquer discussão pertinente a Fundo de Garantia por Tempo de Serviço (FGTS) em sede de ação civil pública. Na área trabalhista, aliás, já houve pronunciamento nesse sentido pelo C. Tribunal Superior do Trabalho, consoante se observa das ementas transcritas a seguir:

AÇÃO CIVIL PÚBLICA – FGTS – ILEGITIMIDADE DO MINISTÉRIO PÚBLICO – IM-POSSIBILIDADE JURÍDICA DO PEDIDO. Nos termos do parágrafo único do art. 1º da Lei nº 7.347/1985, introduzido pela Medida Provisória nº 2.180-35, de 24.8.2001, não cabe ação civil pública para manifestar pretensões relativas ao FGTS, pelo que fica afastada a legitimidade do Ministério Público e a possibilidade jurídica do pedido, pela via eleita. Precedentes. Recurso de revista a que se dá provimento. (RR 13800-06.2003.5.06.0291 – j. em 11.11.2009 – Relatora Ministra Kátia Magalhães Arruda – 5ª Turma – *DEJT* de 18.12.2009)

RECURSO DE REVISTA – AÇÃO CIVIL PÚBLICA – INCONSTITUCIONALIDADE DA MP Nº 2.180-35/2001 – PRETENSÃO RELATIVA A DEPÓSITO DO FGTS – ILEGITIMIDADE DO MINISTÉRIO PÚBLICO. Esta Eg. Corte já decidiu pela constitucionalidade da alteração da Lei nº 7.347/1985 instituída pela Medida Provisória nº 2.180-35/2001 e pela ilegitimidade do MPT para pleitear pretensões relativas ao depósito do FGTS, nos moldes do art. 1º, parágrafo único, da referida lei. Precedentes. Recurso de Revista não conhecido. (RR 82400-70.2004.5.19.0004 – j. em 15.4.2009 – Relatora Ministra Maria Cristina Irigoyen Peduzzi – 8ª Turma – *DEJT* de 17.4.2009)

Não obstante, entendemos que a melhor interpretação a ser dada ao dispositivo legal em comento é a que leva em consideração não apenas a *intenção do legislador* como também os demais dispositivos constitucionais e legais que tratam das atribuições do Ministério Público e do manejo das ações coletivas.

Nesse caminho, temos que a intenção do legislador, ao vedar a veiculação de pretensões relativas ao FGTS, à luz das atribuições constitucionais do Ministério Público e das demais disposições referentes às ações coletivas, foi de impedir a tutela coletiva nas ações referentes aos índices de atualização monetária expurgados das contas vinculadas dos trabalhadores, não podendo tal ideia ser generalizada a ponto de impedir qualquer ação coletiva com o tema de Fundo de Garantia por Tempo de Serviço (FGTS).

Aliás, a Seção de Dissídios Individuais I do C. Tribunal Superior do Trabalho, em brilhante e recente voto da então Exma. Ministra Rosa Maria Weber, atualmente ministra do E. Supremo Tribunal Federal, na sessão de julgamento de 18 de novembro de 2011, manifestou-se pela possibilidade de veiculação de pretensão relativa ao FGTS, referente à efetivação dos depósitos do Fundo de Garantia não realizados pelo empregador, conforme ementa a seguir:

RECURSO DE EMBARGOS EM RECURSO DE REVISTA – ACÓRDÃO EMBARGADO PU-BLICADO SOB A ÉGIDE DA LEI Nº 11.496/2007 – MINISTÉRIO PÚBLICO DO TRABALHO – LEGITIMIDADE ATIVA – AÇÃO CIVIL COLETIVA – DISPENSA EM MASSA – PRETEN-SÃO ENVOLVENDO VERBAS RESCISÓRIAS, SALDO DE SALÁRIO E RECOLHIMENTOS DO FGTS – DIREITOS INDIVIDUAIS HOMOGÊNEOS. 1. Considerado o ajuizamento da presente ação civil coletiva para a defesa de direitos coletivos e individuais homogêneos de trabalhadores ligados à reclamada pela mesma relação jurídica base, notadamente o contrato de trabalho, presente, ainda, a nota da relevância social e da indisponibilidade, bem como o intuito de defesa do patrimônio social, consubstanciado na busca dos aportes necessários ao Fundo de Garantia do Tempo de Serviço, tem-se como insuperável a necessidade de interpretação conforme à Constituição do parágrafo único do art. 1º da Lei nº 7.347/1985, para reconhecer não só a propriedade da via eleita como a legitimidade *ad causam* ativa do Ministério Público do Trabalho. 2. Concorrem à viabilização da proposta de interpretação conforme à Magna Carta os métodos gramatical ou linguístico, histórico-evolutivo, teleológico e sistemático, mediante os quais são alcançadas as seguintes conclusões: i) o parágrafo único do art. 1º da Lei nº 7.347/1985, introduzido pela Medida Provisória nº 2.180-35/2001, veda a veiculação de pretensão envolvendo o FGTS quando vinculada a interesses meramente individuais, não abarcando hipótese como a presente, em que, para além dos depósitos nas contas vinculadas dos empregados, busca-se o resguardo do patrimônio público e social – escopo de cariz indivisível; ii) a finalidade dos idealizadores da Medida Provisória nº 2.180-35/2001 foi a de obstar a tutela coletiva nas ações a respeito dos índices de atualização monetária expurgados das contas vinculadas dos trabalhadores, questão já superada na atualidade e que nenhuma correlação guarda com a presente ação civil pública, manejada com a finalidade de garantir o aporte de recursos ao FGTS, mediante eventual condenação da ré na obrigação de regularizar os depósitos nas contas vinculadas dos seus empregados; e iii) o sistema de ações coletivas, em cujo vértice impera a Carta de 1988, expressamente garante ao Ministério Público a função institucional de promover ação civil pública na defesa do patrimônio público e social e de outros interesses difusos e coletivos, estes últimos tidos, na autorizada dicção da Corte Suprema, como gênero no qual se encontram os interesses coletivos em sentido estrito e os interesses individuais homogêneos. Precedente desta SBDI-I/TST. Recurso de embargos conhecido e provido. (E-RR 74500-65.2002.5.10.0001 – j. em 10.11.2011 – Relatora Ministra Rosa Maria Weber – Subseção I Especializada em Dissídios Individuais – *DEJT* de 18.11.2011)

No mesmo caminho, merecem destaque as decisões da 1ª e 3ª Turma do C. Tribunal Superior do Trabalho, cujo voto condutor foi da lavra do Exmo. Ministro Luiz Philippe Vieira de Mello Filho e Exmo. Ministro Alberto Luiz Bresciani de Fontan Pereira, respectivamente:

RECURSO DE REVISTA – AÇÃO CIVIL PÚBLICA – RECOLHIMENTO DOS DEPÓSITOS DO FGTS – NATUREZA JURÍDICA – TRIBUTÁRIA *X* TRABALHISTA – DIREITO DO TRABALHO – SALÁRIO – MINISTÉRIO PÚBLICO – LEGITIMIDADE ATIVA. A legitimidade do Ministério Público do Trabalho para ajuizar ação civil pública, por força do art. 129, III, da Constituição Federal, não alcança a proteção de direitos individuais disponíveis, razão pela qual é vedado ao *parquet* o manejo da referida ação, visando à cobrança de tributos. A obrigação de fazer consistente no recolhimento dos depósitos do FGTS, considerada apenas a relação entre contribuinte e Estado, jamais poderia ser objeto imediato de ação civil pública, em face dos motivos acima esposados. Entretanto, os depósitos do FGTS, além de sua natureza tributária, ostentam o caráter de salário diferido, por representarem a única proteção conferida pelo poder constituinte originário ao empregado dispensado de maneira arbitrária ou sem justo motivo. Isso porque, nas mencionadas situações, ao trabalhador subordinado será atribuída a possibilidade de levantar os valores depositados no mencionado fundo, acrescido de uma indenização de 40%. Dessa forma, o Ministério Público do Trabalho, ao ajuizar ação civil pública, visando ao recolhimento das contribuições ora examinadas, defende direito coletivo de toda a categoria profissional, consistente na preservação dos recursos financeiros de que necessitarão os trabalhadores em situação de desemprego involuntário, em manifesta tutela preventiva dos direitos dos trabalhadores subordinados e em consonância com o postulado da força normativa da Constituição Federal. Recurso de revista não conhecido. (RR 759842- 78.2001.5.09.5555 – j. em 16.12.2009 – Relator Ministro Luiz Philippe Vieira de Mello Filho – 1ª Turma – *DEJT* de 5.2.2010)

RECURSO DE REVISTA – AÇÃO CIVIL PÚBLICA – TUTELA INIBITÓRIA – PRETENSÃO DE FIXAÇÃO DE MULTA PARA COAGIR EMPRESA A EFETUAR OS DEPÓSITOS MENSAIS DO FGTS DE SEUS TRABALHADORES – LEGITIMIDADE DO MINISTÉRIO PÚBLICO DO TRABALHO. A vedação constante do art. 1º, parágrafo único, da Lei nº 7.347/1985 não alcança a ação civil pública para a defesa do FGTS, enquanto direito social decorrente da relação de emprego, tampouco importa ilegitimidade do Ministério Público do Trabalho para a tutela de direitos coletivos e individuais homogêneos. Em tal caso, o *parquet* atua na defesa dos republicanos valores sociais do trabalho (CF, art. 1º, IV), encontrando, a sua atuação, expressa salvaguarda constitucional. Precedentes. Recurso de revista conhecido e desprovido. (RR 94900-89.2009.5.09.0096 – j. em 26.10.2011 – Relator Ministro Alberto Luiz Bresciani de Fontan Pereira – 3ª Turma – *DEJT* de 4.11.2011)

Diante de tal quadro, segundo jurisprudência recente e atualizada do C. Tribunal Superior do Trabalho, *a vedação constante do art. 1º, parágrafo único, da Lei nº 7.347/1985, não alcança a ação civil pública para a defesa do FGTS, enquanto direito social decorrente da relação de emprego*, sendo perfeitamente possível postular, via ação civil pública, que o empregador realize o depósito do FGTS de todos os seus empregados, caso tenha sido omisso em tal obrigação legal.

> **DICA DE PROVA:** na prova objetiva, atentar se a questão pede a literalidade da Lei da Ação Civil Pública (Lei nº 7.347/1985), segundo a qual é vedado veicular pretensão relativa ao FGTS, ou se pede o entendimento predominante do C. Tribunal Superior do Trabalho, que, como visto, se posiciona no sentido de que a vedação constante do art. 1º, parágrafo único, da Lei nº 7.347/1985 não alcança a ação civil pública para a defesa do FGTS, enquanto direito social decorrente da relação de emprego. Em eventual questão subjetiva, recomenda-se dissertar sobre a vedação constante na lei e, posteriormente, apontar que o próprio TST já se posicionou nesse sentido e que, atualmente, pelos belos argumentos da E. Ministra Rosa Weber, a mais alta Corte Trabalhista se posiciona diferentemente.

3.5. LEGITIMIDADE DA DEFENSORIA PÚBLICA PARA AJUIZAMENTO DE AÇÃO CIVIL PÚBLICA

A Lei nº 7.347/1985, em seu art. 5º, inciso II, com a redação dada pela Lei nº 11.488/2007, passou a prever, expressamente, a legitimidade da Defensoria Pública para o ajuizamento de Ação Civil Pública.

Acontece que a Associação Nacional dos membros do Ministério Público (CONAMP) ajuizou, em 16 de agosto de 2007, uma Ação Direta de Inconstitucionalidade em face do referido dispositivo legal, questionando, juridicamente, a legitimidade de tal órgão público para ajuizamento de ação civil pública (ADIn nº 3.943, relatora ministra Carmen Lúcia).

Dentre os fundamentos apresentados na ação de inconstitucionalidade, a autora alega que a atribuição de legitimidade à Defensoria Pública afetaria as atribuições do Ministério Público, havendo indevida *confusão de atribuições constitucionais*, não podendo ser desconsiderado que a Defensoria tem como missão conferida pela Lei Maior a *representação jurídica dos necessitados* que comprovem, individualmente, carência financeira.

Além dos argumentos apresentados na ação de inconstitucionalidade, soma-se a tese da *deficiência de estrutura*, muitas vezes apresentada pela Defensoria, para não atuar, por exemplo, na seara trabalhista. Na verdade, tal alegação serve de reforço à tese contrária à legitimidade para ajuizar ação civil pública, pois, se não há estrutura para atuar na efetivação de sua *missão constitucional primária*, que é a representação, individual, em todas as áreas, dos comprovadamente hipossuficientes, não se deveria enveredar no ajuizamento de ações civis públicas, que já possui representantes específicos, sendo o Ministério Público o principal deles.

A renomada professora Ada Pellegrini Grinover, em consulta solicitada pela Associação Nacional dos Defensores Públicos (ANDP), manifestou-se pela constitucionalidade do dispositivo legal, defendendo a legitimidade da Defensoria para ajuizamento de ações civis públicas.

A tese sustentada pela ilustre jurista buscou responder às seguintes indagações:

1. A legitimação do Ministério Público à ação civil pública é exclusiva, nos termos da Constituição e da lei?

2. A legitimação da Defensoria Pública para a ação civil pública afeta as atribuições do Ministério Público?

3. A abertura da legitimação às ações coletivas significa um maior acesso à Justiça?

4. Como deve ser interpretado o art. 134 da CF, que atribui à Defensoria Pública a assistência jurídica e a defesa, em todos os graus, dos necessitados?

5. Ainda que, *ad argumentandum*, se entenda que necessitados são apenas os economicamente carentes, a função precípua da Defensoria Pública impede que, de forma indireta e eventual, sua atuação se estenda à defesa de direitos de indivíduos bem estabelecidos?

6. Qual o histórico da atuação da Defensoria Pública na defesa dos interesses ou direitos difusos?

7. Infringe a Constituição o inciso II do art. 5º da Lei da Ação Civil Pública – Lei nº 7.347/1985 (com a redação dada pela Lei nº 11.488/2007) –, que conferiu legitimação à Defensoria Pública?

8. Deve-se dar ao dispositivo interpretação conforme a Constituição, para que seja excluída da referida legitimação a tutela dos interesses ou direitos difusos?

Em seu parecer, datado de 16 de setembro de 2008, Ada Pellegrini Grinover, fazendo um retrospecto histórico e respondendo a cada uma dessas indagações, concluiu, em suma, que:

a) O Ministério Público não detém a legitimidade exclusiva para proposítura da ação civil pública, sendo que a legitimidade de outros órgãos não afeta ou causa qualquer prejuízo a suas atribuições;

b) O art. 134 da Constituição Federal não coloca limites às atribuições da Defensoria Pública, sendo que suas atribuições podem ser ampliadas por lei. Afirma, ainda, que referido dispositivo constitucional indica a incumbência necessária e precípua da Defensoria Pública, consistente na orientação jurídica e na defesa, em todos os graus, dos necessitados, e não sua tarefa exclusiva. Ainda que assim não fosse, diz, a título de argumentação, que seria preciso interpretar o termo necessitados, utilizado pela Lei Maior. Nesse caminho, defende que, além dos necessitados do ponto de vista econômico, existem os necessitados do ponto de vista organizacional, isto é, todos aqueles que são socialmente vulneráveis, tais como: consumidores, usuários de serviços públicos, usuários de planos de saúde etc.;

c) A Defensoria teria legitimidade, inclusive, para a defesa de direitos difusos, o que seria de grande relevância para ampliar consideravelmente o acesso à Justiça e dar maior efetividade às normas constitucionais.

Não obstante a existência de discussão quanto à constitucionalidade do art. 5º, II, da Lei nº 7.347/1985, fato é que o C. Supremo Tribunal Federal ainda não apreciou a questão, uma vez que a ADIn nº 3.943 não teve pedido liminar e permanece pendente de julgamento com a E. ministra relatora Carmen Lúcia.

Em consequência disso, em respeito ao princípio democrático, que determina a observância das "regras do jogo", a legitimidade da Defensoria Pública encontra amparo expresso na lei, devendo ser respeitada, desde que, por óbvio, guarde correlata pertinência com sua atribuição finalística primária: a defesa dos necessitados.

> **DICA DE PROVA:** na prova objetiva não deve haver dúvida quanto a ser considerada verdadeira a assertiva que afirme a legitimidade da Defensoria Pública para o ajuizamento de ação civil pública (art. 5º, II, da Lei nº 7.347/1985). Numa prova dissertativa, contudo, é interessante abordar os argumentos favoráveis e desfavoráveis, apresentando uma conclusão fundamentada.

3.6. LEGITIMIDADE DO MINISTÉRIO PÚBLICO DO TRABALHO (MPT) PARA ATUAÇÃO JUNTO AO SUPREMO TRIBUNAL FEDERAL

O *caput* do art. 46 da Lei Complementar nº 75/1993 (Lei Orgânica do Ministério Público da União) dispõe que "incumbe ao procurador-geral da República exercer as funções do Ministério Público junto ao Supremo Tribunal Federal, manifestando-se previamente em todos os processos de sua competência."

O Supremo Tribunal Federal, no exame da Reclamação Constitucional nº 4.453 (AgR-MC/SE – *DJe* de 8.5.2009), de relatoria da E. Ministra Ellen Gracie, aplicando o referido dispositivo legal, reconheceu a ilegitimidade do Ministério Público do Trabalho para atuar perante a Corte Constitucional, afirmando que incumbe privativamente ao procurador-geral da República exercer as funções do Ministério Público da União junto ao Supremo.

No julgamento dos embargos de declaração opostos pelo Ministério Público do Trabalho nos autos da Reclamação nº 5.381-4 – Amazonas (*DJe* de 21.08.2009), de relatoria do ministro Carlos Britto, a Suprema Corte, por maioria (vencido o ministro Marco Aurélio), manteve o mesmo posicionamento adotado na Reclamação nº 4.453, no sentido de ser atribuição privativa do procurador-geral da República atuar perante o Supremo, conforme se observa da ementa a seguir transcrita:

> EMBARGOS DE DECLARAÇÃO EM RECLAMAÇÃO – MINISTÉRIO PÚBLICO DO TRABALHO – SUPOSTA CONTRATAÇÃO IRREGULAR DE SERVIDORES PÚBLICOS TEMPORÁRIOS – INEXISTÊNCIA DE OMISSÃO. 1. Cabe ao Procurador-Geral da República exercer as funções do Ministério Público junto ao Supremo Tribunal Federal (art. 46 da Lei Complementar nº 75/1993). Declaração nos autos de que "nada tem a requerer". 2. Atestado, no acórdão recorrido, o caráter jurídico-administrativo do vínculo entre reclamante e seus servidores temporários. Inviável rediscussão do tema em embargos de declaração. 3. "Não compete ao Supremo Tribunal Federal, no âmbito estreito de cognição próprio da reclamação constitucional, analisar a regularidade constitucional e legal das investiduras em cargos efetivos ou comissionados ou das contratações temporárias realizadas pelo Poder Público" (Recl. nº 4.785 – MC-AgR – Relator Ministro Gilmar Mendes). 4. Embargos de declaração de que não se conhece. (Recl. nº 5.381-AM – j. em 20.5.2009 – Relator Ministro Carlos Ayres Britto – Tribunal Pleno – *DJe* de 21.8.2009)

Para melhor compreensão da relevância do tema, é interessante analisarmos os argumentos apresentados pelos ministros da Suprema Corte, no debate jurídico existente no julgamento da Reclamação Constitucional nº 5.381-4.

Com efeito, o *ministro relator Carlos Ayres Britto* deu início aos debates no momento em que se manifestou pelo não conhecimento dos embargos de declaração opostos pelo Ministério Público do Trabalho, subscrito por subprocurador-geral do Trabalho, ao argumento de que, segundo o art. 46 da LC nº 75/1993, a atribuição para exercer as funções da instituição ministerial junto ao Supremo Tribunal seria privativa do procurador-geral da República.

O ministro Marco Aurélio, abrindo divergência, questionou o porquê do não conhecimento da medida judicial, e se o Ministério Público do Trabalho era autor da ação civil pública. Argumentou que, se na reclamação foi afastada a competência da Justiça do Trabalho, o Ministério Público, como autor da ação civil pública originária, teria legitimidade para opor embargos de declaração. Revela-se oportuna, por conseguinte, a transcrição de um dos questionamentos do ministro Marco Aurélio:

> Ministro, veja: o sistema ficará defeituoso. Por quê? Porque tivemos a ação ajuizada pelo Ministério Público do Trabalho, uma ação civil pública. Houve a reclamação para dizer-se que não seria competente a Justiça do Trabalho. O plenário conclui que não seria mesmo competente. O Ministério Público do Trabalho, na reclamação, atuou como interessado e agora ele não tem legitimidade para os embargos declaratórios interpostos contra essa decisão do Plenário?

Num primeiro momento, o ministro Carlos Britto (relator) acatou a ponderação do ministro Marco Aurélio. No seguimento da votação, o ministro Celso de Mello defendeu o não conhecimento dos embargos declaratórios, por entender que seria *atribuição exclusiva* do procurador-geral da República atuar perante o Supremo Tribunal Federal, por ser, por expressa definição constitucional, o chefe do Ministério Público da União. Sustentou, ainda, que sua compreensão do tema apoiava-se no *princípio da unidade institucional*, que possui guarida constitucional (art. 127, § 1º, da CF/1988).

O ministro relator Ayres Britto apresentou uma observação, que no seu entender seria mais um complicador: a declaração do procurador-geral da República nos autos, diante do acórdão embargado, de que "nada tem a requerer". Dessa forma, para ele havia uma contrariedade entre a manifestação do chefe do Ministério Público da União, de que nada tinha a requerer, e a apresentação dos embargos declaratórios pelo Ministério Público do Trabalho.

Nessa oportunidade, o ministro Marco Aurélio trouxe mais um argumento. Para ele, seria necessário fazer a distinção entre as funções exercidas pelo Ministério Público, como órgão agente ou órgão interveniente. No seu entender, a atribuição exclusiva do procurador- -geral da República para atuar perante o Supremo deveria ser reconhecida apenas na atuação como *fiscal da lei* (órgão interveniente), não devendo ser reconhecida, pois, quando cada ramo do Ministério Público da União estivesse atuando como órgão agente. Nesse caso, segundo seu entendimento, cada ramo pode se fazer representar perante a Suprema Corte.

O ministro Ricardo Lewandowski, somando-se ao debate, fez uma comparação com o Ministério Público estadual, informando que nas ações penais ele também é parte, não sendo, contudo, atribuição exclusiva do procurador-geral da República atuar perante o Supremo. Esta colocação foi rebatida prontamente pelo ministro Celso Mello, ao argumento de que o Ministério Público estadual não é representado, muito menos chefiado, pelo procurador-geral da República, havendo plena autonomia institucional do Ministério Público local em face do eminente Chefe do Ministério Público da União. Afirmou, ainda, que o *Ministério Público estadual*, quando atua no desempenho de suas prerrogativas institucionais e no âmbito de processos cuja natureza jurídica justifique sua participação, seja como parte, seja como fiscal da lei, *dispõe de legitimidade para atuar perante a Suprema Corte.*

O ministro Cezar Peluso, terceiro a votar, acompanhou o entendimento apresentado pelo ministro Celso Mello. Segundo ele, quando o feito chega ao Supremo Tribunal Federal, ainda que o Ministério Público da União seja o autor da ação originária, ele é substituído, na atuação perante a Corte Constitucional, pelo procurador-geral da República, que passa a ser parte, assumindo a condição original.

O ministro Gilmar Mendes fez uma ponderação no sentido de tratar-se de uma questão de *articulação interna* entre os órgãos que se situam no domínio institucional do Ministério Público da União, o que recebeu a concordância do ministro Celso Mello.

Nessa oportunidade, o ministrou Marco Aurélio fez o seguinte questionamento:

> Se chegasse aqui, na via do recurso extraordinário, o processo que estampa a ação civil pública, o recurso só poderia ter sido interposto pelo Ministério Público Federal, não pelo Ministério Público que ajuizara a ação?

Tanto o ministro Celso Mello, como o ministro Peluso responderam ao questionamento, dizendo tratar-se de situações distintas. Para eles, no caso aludido pelo ministro Marco Aurélio, a atuação, na verdade, se dá no grau inferior, pois é lá, perante o Tribunal *a quo*, que se interpõe o recurso extraordinário.

Além de todos esses argumentos, o ministro Carlos Britto ponderou que, segundo o art. 83 da Lei Complementar nº 75/1993, o funcionamento do Ministério Público do Trabalho está adstrito à Justiça do Trabalho. Nesse caminho, o ministro Celso Mello reforçou essa tese, alegando que a atuação processual do Ministério Público do Trabalho restringe-se ao âmbito da Justiça do Trabalho, perante a qual, inclusive, esse Ministério pode interpor, até mesmo, recurso extraordinário, o que não autorizaria, contudo, a atuação diretamente no Supremo.

Tendo em vista os debates ocorridos, o ministro relator Carlos Britto modificou novamente seu posicionamento e manifestou persistência no entendimento originário de não conhecimento dos embargos, o que foi seguido pelos demais presentes (Gilmar Mendes, Celso de Mello, Cezar Peluso, Eros Grau, Ricardo Lewandowski e Carmen Lúcia), vencido o ministro Marco Aurélio.

Diante de tal quadro, podemos resumir os argumentos do Supremo Tribunal Federal quanto à atribuição exclusiva do procurador-geral da República para atuar perante a Suprema Corte, como representante do Ministério Público da União, da seguinte forma:

✓ O art. 46 da Lei Complementar nº 75/1993 reconhece a legitimidade do *procurador-geral da República* para atuar perante o Supremo Tribunal Federal nos processos em que o Ministério Público da União se faça presente, seja como *órgão agente* ou *órgão interveniente*;

✓ A atuação exclusiva do procurador-geral da República perante o Supremo Tribunal Federal está amparada no *princípio institucional da unidade*, previsto no art. 127, § 1º, da CF/1988;

✓ Cada ramo do Ministério Público da União, seja como autor da ação originária, seja como fiscal da lei, é substituído, na atuação perante a Corte Constitucional, pelo procurador-geral da República, que passa a ser parte, assumindo a condição original;

- ✓ A atuação de cada ramo do Ministério Público da União perante o Supremo Tribunal Federal depende de *articulação interna*;

- ✓ A possibilidade de cada ramo do Ministério Público da União interpor *recurso extraordinário* não autoriza o entendimento de que estão autorizados a atuar perante a Suprema Corte, pois a *atuação em sede recursal ocorre*, na realidade, *perante o Tribunal a quo*, no qual deve ser interposto o recurso extraordinário;

- ✓ O art. 83 da Lei Complementar nº 75/1993 estabelece que o funcionamento do Ministério Público do Trabalho está *adstrito à Justiça do Trabalho*, perante a qual, inclusive, pode ser interposto o recurso extraordinário para o Supremo.

Além disso, reconheceu-se, ainda, a legitimidade para os Ministérios Públicos estaduais atuarem perante o Supremo Tribunal, por meio do procurador-geral de Justiça. Destaque-se, também, que a atuação em Recurso Extraordinário restou reconhecida, ao argumento de que, nesse caso, a atuação originária ocorre no Tribunal *a quo* e não exclusivamente na Suprema Corte.

Nesse contexto, *ousamos divergir* dos argumentos apontados pela E. Corte Constitucional pelas seguintes razões:

- ✓ O art. 46 da LC nº 75/1993 não estabelece, expressamente, que a atribuição do procurador-geral da República seja exclusiva ou privativa. E, tratando-se de exceção, deveria haver menção legal expressa quanto à limitação dos demais ramos do Ministério Público para atuação perante a Suprema Corte;

- ✓ Como visto no capítulo pertinente ao regime jurídico do Ministério Público, o *princípio da unidade* é reconhecido, pela doutrina amplamente majoritária, em *cada ramo* do Ministério Público e não em relação ao todo. Além disso, não podemos olvidar do princípio da independência funcional, do conhecimento específico exigido nas ações trabalhistas e da qualidade e efetividade da proteção buscada. No caso em exame, por exemplo, enquanto o procurador-geral da República reconheceu que nada tinha a requerer, o Ministério Público do Trabalho, autor da ação originária, e também por este motivo mais capacitado para analisar o feito, reconheceu sim interesse institucional em apresentar embargos declaratórios;

- ✓ A atuação de cada ramo do Ministério Público da União perante o Supremo Tribunal, ao invés de enfraquecer a unidade institucional, a fortalece por meio de *atuações mais efetivas e apropriadas*;

- ✓ A substituição pelo procurador-geral da República deve ocorrer em questões relativas a todos os ramos do Ministério Público da União, o que, por óbvio, não é o caso;

- ✓ O fato de a atuação processual depender de articulação interna afronta não apenas os princípios institucionais do Ministério Público como também à *qualidade e a efetividade da tutela jurisdicional efetiva*;

- ✓ O fato de o art. 83 da Lei Complementar nº 75/1993 estabelecer que a atuação do Ministério Público do Trabalho ocorre no âmbito da Justiça do Trabalho *não afasta* a possibilidade de atuação perante o Supremo Tribunal Federal. Primeiro, porque a Suprema Corte não está atrelada a qualquer Justiça, sendo a última instância de todas elas, a quem cabe a guarda da Constituição Federal. Segundo, a própria Constituição

Federal possui vários dispositivos aplicáveis na seara laboral, o que, na verdade, justificaria a atuação do Ministério Público do Trabalho no Supremo. Terceiro, é cediça a possibilidade de atuação do Ministério Público do Trabalho fora da Justiça Laboral, em litisconsórcio com outros ramos do Ministério Público da União e dos Estados.

✓ Se os Ministérios Públicos estaduais também têm legitimidade para atuar perante o Supremo Tribunal, por meio do procurador-geral de Justiça (o que é muito apropriado na nossa opinião), deveria ser reconhecida a legitimidade de cada ramo do Ministério Público da União por meio de seus procuradores-gerais.

Como se vê, *data maxima venia,* somos totalmente contrários ao entendimento apresentado pelo Supremo Tribunal Federal nas Reclamações n⁰ˢ 4.453 e 5.381-4, defendendo uma reformulação de posicionamento para possibilitar a cada ramo do Ministério Público da União sua atuação na Corte Constitucional, seja na condição de parte ou de fiscal da lei, por meio de seus respectivos procuradores-gerais.

DICA DE PROVA: para as provas objetivas, assinalar a alternativa que reconheça a legitimidade exclusiva do procurador-geral da República para representar os ramos do Ministério Público da União perante o Supremo Tribunal Federal. Numa prova dissertativa, contudo, enriquecerá o conteúdo das respostas, e muito, principalmente no concurso de procurador do trabalho, apresentar argumentos favoráveis à atuação do MPT junto ao STF.

3.7. LITISPENDÊNCIA ENTRE AÇÕES COLETIVAS E AÇÕES INDIVIDUAIS

Questão que ainda gera discussão é referente à existência de litispendência entre ações coletivas, ajuizadas pelos legitimados previstos no art. 5º da Lei nº 7.347/1985, e as ações individuais porventura ajuizadas pelas vítimas do ato ilícito.

De um lado, com fundamento no art. 104 do Código de Defesa do Consumidor, há quem defenda a inexistência de litispendência, sob dois argumentos principais: a) as partes da relação jurídica material e da relação jurídica processual não são idênticas; b) a ação coletiva não aproveita ao reclamante individual "se não promovida a suspensão do processo individual no trintídio seguinte à ciência nos autos do ajuizamento da ação coletiva."

Nesse caminho, destacam-se os seguintes julgados do Tribunal Superior do Trabalho:

> AÇÃO COLETIVA AJUIZADA POR SINDICATO – LITISPENDÊNCIA COM AÇÃO INDIVIDUAL – AUSÊNCIA. A existência de ação coletiva não obsta o ajuizamento e regular prosseguimento de ação individual proposta pelo titular do direito material, ainda que idêntico o objeto (pedido) das referidas ações, visto que tal situação jurídica, nos termos do art. 104 do Código de Defesa do Consumidor, não induz litispendência, na medida em que os efeitos dessa decisão, na eventual procedência da ação coletiva, não se estenderão ao autor da ação individual que, inequivocamente cientificado do ajuizamento da ação coletiva, não houver optado, anteriormente, pela suspensão do curso da sua ação individual, nos termos do art. 104 da Lei nº 8.078/1990. Recurso de revista conhecido e desprovido. (RR 88300-17.2006.5.17.0005 – j. em 5.12.2012 – Relator Ministro Renato de Lacerda Paiva – 2ª Turma – *DEJT* de 14.12.2012)

RECURSO DE REVISTA ADESIVO DA RECLAMADA – PRELIMINAR EM FACE DE MATÉ-RIA PREJUDICIAL – COISA JULGADA – SINDICATO COMO SUBSTITUTO PROCESSUAL – AÇÃO COLETIVA. As ações coletivas têm a mesma natureza jurídica, quer elas tenham origem em relações trabalhistas ou em relações de consumo. Desse modo, não há de se falar em litis-pendência ou em coisa julgada, uma vez que o art. 104 do CDC garante a propositura de ações individuais e coletivas sem a configuração de litispendência e sem que se estenda a coisa julgada ao interessado individual quando julgada improcedente a demanda coletiva, pois a ação coletiva não aproveita ao demandante individual se não promovida a suspensão do processo individual no trintídio seguinte à ciência nos autos do ajuizamento da ação coletiva. Recurso de revista não conhecido. (RR 61-15.2011.5.24.0022 – j. em 7.3.2012 – Relator Ministro Augusto César Leite de Carvalho – 6ª Turma – *DEJT* de 16.3.2012)

De outro lado, há a alegação de que, embora não haja a tríplice identidade, em virtude de inexistir igualdade entre os sujeitos da relação jurídica processual e da relação jurídica material, deveria ser observado que o autor da ação coletiva atua em benefício da vítima, que é quem será realmente beneficiada, razão pela qual há que se falar, sim, em litispendência.

No Tribunal Superior do Trabalho alguns julgados adotaram a teoria da "*identidade material das partes*", segundo a qual existindo *identidade de pedidos e causa de pedir* entre ação coletiva e ação individual, reconhece-se a litispendência, sendo irrelevante a distinção de sujeitos na relação jurídica processual. Além disso, asseverou-se que a norma insculpida no art. 104 do Código de Defesa do Consumidor só terá aplicação quando indeterminado, na relação jurídica, o titular do direito material. Assim:

AGRAVO DE INSTRUMENTO EM RECURSO DE REVISTA – AÇÃO INDIVIDUAL E AÇÃO COLETIVA – SUBSTITUIÇÃO PROCESSUAL – LITISPENDÊNCIA. Esta Corte Superior tem se posicionado no sentido de que a ação ajuizada por entidade representativa de classe, na quali-dade de substituto processual, acarreta litispendência em relação à reclamação trabalhista idênti-ca proposta pelo empregado individualmente. Precedentes. Agravo de instrumento conhecido e não provido. (AIRR 94000- 10.2007.5.02.0052 – j. em 14.3.2012 – Relatora Ministra Dora Maria da Costa – 8ª Turma – *DEJT* de 16.3.2012)

RECURSO DE REVISTA – AÇÃO INDIVIDUAL – LITISPENDÊNCIA – AÇÃO AJUIZADA POR SINDICATO COMO SUBSTITUTO PROCESSUAL – CONFIGURAÇÃO – ORIENTA-ÇÃO DA SUBSEÇÃO I DA SEÇÃO ESPECIALIZADA EM DISSÍDIOS INDIVIDUAIS DO TRI-BUNAL SUPERIOR DO TRABALHO. Conforme o entendimento sedimentado no âmbito da Subseção I da Seção Especializada em Dissídios Individuais do Tribunal Superior do Trabalho, ressalvado o meu ponto de vista, configura-se a litispendência quando a ação coletiva, na qual figura o sindicato como substituto processual, e a ação individual, também em trâmite, têm em comum o pedido e a causa de pedir. Tal posicionamento tem como suporte a identidade material das partes, que, em processos distintos, almejam o mesmo efeito jurídico. Recurso de revista não conhecido. (RR 1575400-31.2002.5.05.0900 – j. em 16.12.2009 – Relator Ministro Luiz Philippe Vieira de Mello Filho – 1ª Turma – *DEJT* de 5.2.2010)

Além disso, é importante frisar que, de acordo com a jurisprudência do Tribunal Supe-rior do Trabalho, o ajuizamento pelo empregado de ação individual não implica a desistência de ação já proposta pelo sindicato a que pertence, na qualidade de substituto processual. Nes-sas situações, o mais correto seria determinar a extinção do processo individual, sem resolu-ção do mérito, em virtude da litispendência.

Apesar da divergência existente no âmbito das Turmas do C. TST, a egrégia *Subseção de Dissídios Individuais (SBDI-I)*, responsável pela *uniformização da jurisprudência no âmbito inter-*

no do Tribunal Superior do Trabalho, adotou, inicialmente, a tese do reconhecimento da litispendência pela adoção da teoria da *"identidade material das partes"*, exigindo-se, para tanto, que o pedido e a causa de pedir sejam idênticos, sob pena de se aplicar o disposto no art. 104 do CDC:

RECURSO DE EMBARGOS REGIDO PELA LEI Nº 11.496/2007 – LITISPENDÊNCIA – AÇÃO COLETIVA EM QUE O SINDICATO FIGURA COMO SUBSTITUTO PROCESSUAL. O entendimento atual e reiterado desta Corte é no sentido da caracterização de litispendência entre ação coletiva ajuizada pelo sindicato, na qualidade de substituto processual, e ação ajuizada individualmente pelo trabalhador, quando houver, entre as ações em curso, identidade da relação jurídica de direito material deduzida em ambos os processos (mesmo pedido e causa de pedir), como no caso dos autos. Embora não haja propriamente identidade entre as partes, trata-se de privilegiar a análise a respeito da identidade da titularidade do direito material perseguido. Precedentes. Ressalva do Relator. Recurso de embargos conhecido e não provido. (E-RR 41300-18.2008.5.22.0003 – Relator Ministro Augusto César Leite de Carvalho – j. em 7.4.2011 – Subseção I Especializada em Dissídios Individuais – *DEJT* de 19.4.2011)

RECURSO DE EMBARGOS INTERPOSTO NA VIGÊNCIA DA LEI Nº 11.496/2007 – LITISPENDÊNCIA – AÇÃO COLETIVA – SINDICATO – SUBSTITUTO PROCESSUAL – AÇÃO INDIVIDUAL – CONFIGURAÇÃO. Configura-se a litispendência quando a ação coletiva, na qual figura o sindicato como substituto processual, e a ação individual, também em trâmite, têm em comum o pedido e a causa de pedir. Tal posicionamento, adotado no âmbito desta Subseção I Especializada em Dissídios Individuais, tem como suporte a identidade material das partes, que, em processos distintos, almejam o mesmo efeito jurídico. Recurso de Embargos conhecido e desprovido. (ERR 53000-91.2008.5.22.0002 – Relatora Ministra Maria de Assis Calsing – j. em 17.2.2011 – Subseção I Especializada em Dissídios Individuais – *DEJT* de 25.2.2011)

Ocorre que, recentemente, a SBDI-I do TST, órgão uniformizador da jurisprudência *interna corporis* do C. Tribunal Superior do Trabalho, mudou seu entendimento, passando a entender que a ação coletiva movida pelo Sindicato da categoria, na condição de substituto processual, NÃO induz litispendência em relação à ação individual, com o mesmo pedido e mesma causa de pedir.

De acordo com o recente entendimento da SBDI-I do TST, o destino da ação coletiva não influencia o resultado da ação individual, ainda que ambas versem sobre o mesmo tema, fundados na mesma causa de pedir e contendo o mesmo pedido, a não ser que, quando ciente da propositura da ação coletiva, o autor da ação individual expressamente requeira a suspensão do seu processo para aguardar o resultado daquela ação.

Nesse sentido, o seguinte precedente:

RECURSO DE EMBARGOS INTERPOSTO ANTES DA VIGÊNCIA DA LEI Nº 11.496/2007 – AÇÃO COLETIVA AJUIZADA POR SINDICATO – SUBSTITUIÇÃO PROCESSUAL – LITISPENDÊNCIA COM AÇÃO INDIVIDUAL – AUSÊNCIA. Conforme entendimento desta SBDI-I, a existência de ação coletiva não obsta o ajuizamento e regular prosseguimento de ação individual proposta pelo titular do direito material, ainda que idêntico o objeto (pedido) das referidas ações, visto que tal situação jurídica, nos termos do art. 104 do Código de Defesa do Consumidor, não induz litispendência, na medida em que os efeitos dessa decisão, na eventual procedência da ação coletiva, não se estenderão ao autor da ação individual que, inequivocamente cientificado do ajuizamento da ação coletiva, não houver optado, anteriormente, pela suspensão do curso da sua ação individual, nos termos do preceito legal em referência. Precedentes. Ressalva de entendimento pessoal. Recurso de embargos conhecido e provido. (TST – E-RR 4937000-10.2002.5.02.0900 – j. em 4.10.2012 – Relator Ministro Renato de Lacerda Paiva – SBDI-I – *DEJT* de 15.10.2012)

> **DICA DE PROVA:** numa prova objetiva, será cobrada a letra da lei ou o entendimento predominante dos Tribunais Superiores. Nesse caminho, versando a questão sobre litispendência entre ação coletiva ajuizada pelo sindicato como substituto processual e ação individual ajuizada pelo trabalhador substituído, assinalar como correta aquela que estiver de acordo com o entendimento atualizado do C. TST, manifestado pela Seção de Dissídios Individuais – I, órgão uniformizador da jurisprudência *interna corporis* da mais alta Corte Trabalhista, segundo o qual não há litispendência entre a ação coletiva e individual, ainda que o pedido e causa de pedir sejam idênticos. Numa prova dissertativa, contudo, ganhará pontos o candidato que demonstrar o entendimento diverso, que já predominou no âmbito do C. TST.

3.8. AÇÃO COLETIVA: SUSPENSÃO DE OFÍCIO DAS AÇÕES INDIVIDUAIS

De acordo com nosso ordenamento jurídico, é possível a *convivência simultânea* entre ação coletiva e ação individual, uma vez que o ajuizamento da demanda coletiva não impede, automaticamente, o prosseguimento da ação individual, tendo esta, aliás, predominância, sendo suspensa apenas a *requerimento do indivíduo, conforme o art. 104 do CDC.*

Questiona-se, contudo, sobre a possibilidade de o juiz, *de ofício*, determinar a suspensão das ações individuais.

Fredie Didier, renomado processualista, em um de seus editoriais, datado de 7.11.2009, divulgado por meio de seu *site* (www.frediedidier.com.br), defendeu que a determinação, de ofício, pelo magistrado, quanto à suspensão da demanda individual, dá concretude aos direitos fundamentais da efetividade da tutela jurisdicional, da duração razoável do processo e da segurança jurídica, por reconhecer como sendo de *interesse público* (não ficando na dependência da vontade do particular) tal medida se pendente ação coletiva que versa sobre direitos individuais homogêneos. No entender de referido doutrinador, tratar-se-ia de uma exigência de ordem pública não só decorrente da necessária *racionalização do exercício da função jurisdicional,* mas também como forma de evitar decisões diversas para situações semelhantes, o que violaria o princípio da igualdade.

Nesse caminho já se posicionou o Superior Tribunal de Justiça:

> PROCESSO CIVIL – PROJETO "CADERNETA DE POUPANÇA" DO TJ/RS – SUSPENSÃO, DE OFÍCIO, DE AÇÕES INDIVIDUAIS PROPOSTAS POR POUPADORES, ATÉ QUE SE JULGUEM AÇÕES COLETIVAS RELATIVAS AO TEMA – PROCEDIMENTO CONVALIDADO NESTA CORTE EM JULGAMENTO DE RECURSO REPRESENTATIVO DE CONTROVÉRSIA REPETITIVA – CONVERSÃO, DE OFÍCIO, DA AÇÃO INDIVIDUAL, ANTERIORMENTE SUSPENSA, EM LIQUIDAÇÃO, APÓS A PROLAÇÃO DE SENTENÇA NA AÇÃO COLETIVA – REGULARIDADE. 1. É impossível apreciar a alegação de que restou violado o princípio do juiz natural pela atribuição a determinado juiz da incumbência de dar andamento uniforme para todas as ações individuais suspensas em função da propositura, pelos legitimados, de ações coletivas para discussão de expurgos em caderneta de poupança. Se o Tribunal afastou a violação desse princípio com fundamento em normas estaduais e a parte alega a incompatibilidade dessas normas com o comando do CPC, o conflito entre lei estadual e lei federal deve ser dirimido pelo STF nos termos do art. 102, III, alíneas "c" e "d", do CPC). 2. A suspensão de ofício das ações

individuais foi corroborada por esta Corte no julgamento do Recurso Especial Representativo de Controvérsia Repetitiva nº 1.110.549/RS, de modo que não cabe, nesta sede, revisar o que ficou ali estabelecido. Tendo-se admitido a suspensão de ofício por razões ligadas à melhor ordenação dos processos, privilegiando-se a sua solução uniforme e simultânea, otimizando a atuação do judiciário e desafogando-se sua estrutura, as mesmas razões justificam que se corrobore a retomada de ofício desses processos, convertendo-se a ação individual em liquidação da sentença coletiva. Essa medida colaborará para o mesmo fim: o de distribuir justiça de maneira mais célere e uniforme. 3. Se o recurso interposto contra a sentença que decidiu a ação coletiva foi recebido com efeito suspensivo mitigado, autorizando-se, de maneira expressa, a liquidação provisória do julgado, não há motivos para que se vincule esse ato ao trânsito em julgado da referida sentença. A interpretação conjunta dos dispositivos da LACP e do CDC conduz à regularidade desse procedimento. 4. Inexiste violação do art. 6º, VIII, do CDC pela determinação de que a instituição financeira apresente os extratos de seus correntistas à época dos expurgos inflacionários, nas liquidações individuais. O fato de os contratos terem sido celebrados anteriormente à vigência do Código não influi nessa decisão, porquanto se trata de norma de natureza processual. 5. Ainda que não se considere possível aplicar o CDC à espécie, o pedido de exibição de documentos encontra previsão expressa no CPC e pode ser deferido independentemente de eventual inversão do ônus probatório. Consoante precedente da 3ª Turma (REsp 896.435/PR, de minha relatoria, *DJe* de 9.11.2009), a eventual inexistência dos extratos que conduza à impossibilidade de produção da prova pode ser decidida pelo juízo mediante a utilização das regras ordinárias do processo civil, inclusive com a aplicação da teoria da distribuição dinâmica do ônus da prova, conforme o caso. 6. A autorização de que se promova a liquidação do julgado coletivo não gera prejuízo a qualquer das partes, notadamente porquanto a atuação coletiva deve prosseguir apenas até a fixação do valor controvertido, não sendo possível a prática de atos de execução antes do trânsito em julgado da ação coletiva. 7. Recurso improvido. (REsp 1189679/RS 2009/0004136-6 – Relatora Ministra Nancy Andrighi – S2 – Segunda Seção – *DJe* de 17.12.2010)

Verifica-se, no julgado, que a Segunda Seção do Superior Tribunal de Justiça não reconheceu apenas a possibilidade de suspensão de ofício das demandas individuais na existência de ações coletivas, mas também, pelas mesmas razões, "a retomada de ofício desses processos (individuais), convertendo-se a ação individual em liquidação da sentença coletiva".

Merece registro, no entanto, o fato de que o posicionamento ora analisado ainda se mostra carente de adesão pela doutrina e jurisprudência majoritárias.

3.9. PUBLICIDADE DA AÇÃO CIVIL PÚBLICA COMO REQUISITO DE VALIDADE DO PROCESSO (ART. 94 DO CDC)

Um argumento constantemente sustentado pelos demandados em sede de ação civil pública é que a não observância do art. 94 do Código de Defesa do Consumidor, o qual exige a publicidade da ação civil pública versando sobre direitos individuais homogêneos no momento da sua propositura, possibilitando que os interessados tomem ciência e manifestem interesse de se vincularem aos seus efeitos futuros, implicaria nulidade processual.

Ora, não há a menor dúvida de que a ampla e efetiva informação à coletividade sobre o ajuizamento da ação civil pública, para que os interessados possam manifestar seu interesse em se vincular aos seus efeitos futuros estaria de acordo com a finalidade da tutela coletiva e efetividade da prestação jurisdicional.

Agora, a ciência dos interessados, em atendimento ao art. 94 do CDC, seria requisito de validade do feito, acarretando, sua inobservância, na nulidade do processo? Entendemos que não!

Primeiro, pelo fato de o art. 94 não estabelecer que a publicidade da ação coletiva seja ônus da parte, autorizando, inclusive, o entendimento de que a publicação do edital seja de responsabilidade do órgão jurisdicional, o qual deveria realizar a publicação em órgão oficial. Nesse caso, se o magistrado é que deve determinar a publicação de um edital no órgão oficial, qual a lógica das partes serem prejudicadas com a nulidade processual por eventual inércia do órgão jurisdicional?

Segundo, o art. 94 do CDC autoriza a formação do litisconsórcio de não colegitimados, com a participação das vítimas como assistentes litisconsorciais, mas, frise-se, não obriga a formação desse litisconsórcio. Trata-se de litisconsórcio facultativo. Ademais, o particular que não participou do feito não terá prejuízos com eventual improcedência da ação.

Vale salientar que o E. Superior Tribunal de Justiça já se manifestou pela inexistência de nulidade processual pela ausência de publicação do edital, nos moldes do art. 94 do CDC, nos seguintes termos:

> PROCESSO CIVIL – AÇÃO CIVIL PÚBLICA – ART. 94 DO CDC – AUSÊNCIA DE PUBLI-CAÇÃO DE EDITAL – INEXISTÊNCIA DE NULIDADE. 1. O descumprimento da exigência prevista no art. 94 do CPC, qual seja, a ausência de publicação de edital em órgão oficial que comunique aos supostos interessados a possibilidade de intervirem em ação civil pública como litisconsortes, não constitui nulidade hábil para ensejar a extinção de ação civil pública. Precedente. 2. Recurso especial provido. (REsp 205481/MG 1999/0017505-0 T2 – Segunda Turma – Relator Ministro João Otávio de Noronha *DJ* de 1º.8.2005)

Diante de tal quadro, afirmamos que a publicação de edital para ciência dos interessados, na forma do art. 94 do CDC, não constitui requisito de validade da ação civil pública para defesa dos direitos individuais homogêneos.

3.10. COMPETÊNCIA TERRITORIAL PARA APRECIAÇÃO DAS AÇÕES CIVIS PÚBLICAS (OJ Nº 130 DA SBDI-II DO TST)

O art. 2º da Lei nº 7.347/1985 estabelece que a ação deverá ser proposta no foro do local do dano, cujo juízo terá competência *funcional* para processar e julgar a causa.

O legislador, ao estabelecer que a competência territorial é funcional, instituiu uma *modalidade híbrida*, já que atribuiu natureza absoluta à competência fixada em razão do local do dano, para impedir, com isso, a possibilidade de modificação e prorrogação.

A propósito, o mesmo caminho foi traçado pelo Estatuto da Criança e do Adolescente (art. 209 – foro do local onde ocorreu ou deva ocorrer a ação ou omissão, cujo juízo terá competência absoluta) e pelo Estatuto do Idoso (art. 80 da Lei nº 10.741/2003 – domicílio do idoso – competência absoluta).

Deve-se ter em mente, pois, que, ao assim estabelecer, o legislador ordinário criou uma exceção à regra prevista no Código de Processo Civil, que dispõe que a competência territorial é relativa.

O Código de Defesa do Consumidor também estabeleceu regras sobre a competência territorial para a defesa dos interesses individuais homogêneos, consoante se observa de seu art. 93, *in verbis:*

> Art. 93. Ressalvada a competência da Justiça Federal, é competente para a causa a justiça local:
>
> I – no foro do lugar onde ocorreu ou deva ocorrer o dano, quando de âmbito local;
>
> II – no foro da Capital do Estado ou do Distrito Federal, para os danos de âmbito nacional ou regional, aplicando-se as regras do Código de Processo Civil aos casos de competência concorrente.

Diante do disposto no Código Consumerista, passou-se a discutir a vigência e aplicação das regras do art. 2º da Lei de Ação Civil Pública, havendo entendimentos, inclusive, sustentando a revogação do dispositivo legal constante na lei da ação civil pública.

Entendimentos surgiram no sentido de que o art. 2º da LACP seria aplicável apenas aos direitos difusos e coletivos, enquanto o art. 93 do CDC seria aplicável aos direitos individuais homogêneos, sendo que, nesta hipótese, a competência seria relativa, por falta de expressa previsão legal no CDC.

De outra parte, Ada Pellegrini Grinover (2001, p. 804), sem sustentar expressamente a revogação do art. 2º da Lei nº 7.347/1985, defende a aplicação apenas do art. 93 do CDC, por entender que referido dispositivo legal rege todo e qualquer processo coletivo, estendendo-se também às ações em defesa de interesses difusos e coletivos.

Já Raimundo Simão de Melo (2008, p. 170-8) defende a aplicação apenas do art. 2º da LACP, notadamente para a defesa de interesses difusos e coletivos. Para ele, a aplicação do art. 93 do CDC, para fixar a competência territorial das demandas que visem a tutelar direitos transindividuais, especialmente direitos difusos e coletivos em sentido estrito, traz mais desvantagens do que vantagens. Argumenta que a competência deve ser fixada pelo local do dano, se este for localizado e, se o dano ocorrer em várias localidades, a competência será do juízo que primeiro receber a ação, dentre os vários juízes com jurisdição nos diversos locais da ofensa.

O Tribunal Superior do Trabalho cristalizou seu entendimento por meio da Orientação Jurisprudencial nº 130 da SBDI-II, cuja redação original (*DJ* de 4.5.2004), assim estabelecia:

> AÇÃO CIVIL PÚBLICA – COMPETÊNCIA TERRITORIAL – EXTENSÃO DO DANO CAUSADO OU A SER REPARADO – APLICAÇÃO ANALÓGICA DO ART. 93 DO CÓDIGO DE DEFESA DO CONSUMIDOR. Para a fixação da competência territorial em sede de ação civil pública, cumpre tomar em conta a extensão do dano causado ou a ser reparado, pautando-se pela incidência analógica do art. 93 do Código de Defesa do Consumidor. Assim, se a extensão do dano a ser reparado limitar-se ao âmbito regional, a competência é de uma das Varas do Trabalho da Capital do Estado; se for de âmbito suprarregional ou nacional, o foro é o do Distrito Federal.

Toda a discussão quanto à competência territorial em sede de ação civil pública, especialmente para a defesa dos direitos difusos e coletivos em sentido estrito, gravita em torno dos danos regionais ou nacionais.

De acordo com o entendimento consagrado na redação original da OJ nº 130 da SBDI-II da Corte Trabalhista, dever-se-ia levar em conta a extensão do dano causado a ser reparado, com observância do art. 93 do CDC. Ocorre que, enquanto o dispositivo legal consumerista estabelece a competência concorrente entre a Capital do Estado e o Distrito Federal para os danos regionais e nacionais, a mais alta Corte Trabalhista assim não dispôs. Embora fundamente seu posicionamento no art. 93 do CDC, estabeleceu que, se o dano for regional, a competência será de uma das Varas do Trabalho da Capital do Estado; e que, se o dano for suprarregional ou nacional, a competência será do Distrito Federal. Observa-se, pois, que o Tribunal Superior do Trabalho, num primeiro momento, não reconheceu a competência concorrente, defendendo uma posição limitadora ao acesso à Justiça.

A Corte Trabalhista, ao assim se posicionar, deixava de lado a premissa de que a ação coletiva tem como principal finalidade ampliar o acesso à justiça, desafogar o judiciário por meio da despersonalização da lide e dar maior efetividade à tutela jurisdicional, além de possibilitar o julgamento pelo magistrado mais experiente e que tenha melhor conhecimento dos fatos, que é justamente aquele próximo ao local do dano.

Em setembro de 2012, a questão envolvendo a competência territorial para julgamento da ação civil pública na Justiça do Trabalho ganhou novos contornos, uma vez que o C. Tribunal Superior do Trabalho, reformulando seu entendimento, após intensa provocação do Ministério Público do Trabalho junto aos Ministros da E. Corte Trabalhista para alteração do posicionamento jurisprudencial, deu nova redação à OJ nº 130 da SBDI-II, nos seguintes termos:

> AÇÃO CIVIL PÚBLICA – COMPETÊNCIA – LOCAL DO DANO – LEI Nº 7.347/1985, ART. 2º – CÓDIGO DE DEFESA DO CONSUMIDOR, ART. 93. *(redação alterada na sessão do Tribunal Pleno realizada em 14.9.2012) – [Resolução nº 186/2012, DEJT divulgado em 25, 26 e 27.9.2012]* – I – A competência para a Ação Civil Pública fixa-se pela extensão do dano. II – Em caso de dano de abrangência regional, que atinja cidades sujeitas à jurisdição de mais de uma Vara do Trabalho, a competência será de qualquer das varas das localidades atingidas, ainda que vinculadas a Tribunais Regionais do Trabalho distintos. III – Em caso de dano de abrangência suprarregional ou nacional, há competência concorrente para a Ação Civil Pública das Varas do Trabalho das sedes dos Tribunais Regionais do Trabalho. IV – Estará prevento o juízo a que a primeira ação houver sido distribuída.

Sem dúvidas, a nova redação da OJ nº 130 da SBDI-II supera, em qualidade, a redação original, corrigindo, principalmente, o equívoco da eleição de foro único para os danos regionais e nacionais. A partir de agora, no caso de dano regional e suprarregional ou nacional foi estabelecida a competência concorrente, o que amplia o acesso à justiça e está em consonância com o dispositivo legal que lhe dá fundamento (art. 93 do CDC).

Além disso, a nova orientação jurisprudencial, no caso de danos regionais, é até mais flexível, pois enquanto o CDC estabelece a competência concorrente entre as capitais dos estados e o DF, a OJ nº 130 estabelece a competência de qualquer das varas das localidades atingidas, não ficando mais restrita a capital dos estados e DF.

Para a correta interpretação e aplicação do entendimento jurisprudencial em comento, mister se faz buscar uma delimitação do que seja dano local, regional e suprarregional ou nacional.

Primeiramente, há que se observar que, segundo o CDC, para fins de fixação de competência para ajuizamento da ação civil pública ou coletiva, irrelevante a classificação entre danos regionais ou nacionais, pois a consequência jurídica será a mesma. Logo, segundo a legislação consumerista, basta saber o que é dano local, pois os demais, que não se enquadrarem nessa configuração, independentemente se regional ou nacional, sofrerão a incidência do inciso II do art. 93 do CDC. Agora, para aplicação da OJ nº 130 da SBDI-II, o mais importante é o conceito de dano nacional ou suprarregional, tendo em vista a consequência jurídica distinta em relação aos danos locais e danos regionais.

Com efeito, o Código de Defesa do Consumidor, que é o diploma legal responsável pela classificação dos danos – local, regional ou nacional – não cuidou de apresentar uma delimitação legal, para que o operador do direito pudesse realizar o correto enquadramento. Consequência disso, ficou a cargo da doutrina e da jurisprudência realizar tal delimitação.

Na doutrina, há quem defenda que dano local é aquele que atinge o território de determinado foro ou poucos foros, ainda que em dois Estados diferentes, como no caso do dano atingir duas cidades vizinhas, cada qual situada em um estado da federação; dano regional é aquele que atinge vários foros de um mesmo Estado ou vários Estados sem atingir todo o território nacional; dano nacional aquele que ameaça ocorrer em todo o território nacional (ANDRADE; MASSON; ANDRADE, 2011, p. 120-1).

O processualista Daniel Amorim Assumpção Neves (2012, p. 143-4), reconhecendo a dificuldade da distinção entre dano local, regional e nacional, delimita as espécies de dano levando em consideração sua maior ou menor extensão geográfica. Assim, para ele, dano local é aquele que atinge pessoas domiciliadas em pequena área territorial, com pequena extensão territorial; dano regional é aquele que afeta pessoas espalhadas por uma área mais extensa, abrangendo uma área que possa ser considerada uma região; nacional é aquele que afeta pessoas em diferentes áreas, sendo gerado praticamente em todo o território nacional.

Na seara jurisprudencial, o Exmo. Ministro Cesar Asfor Rocha, do Superior Tribunal de Justiça, no julgamento do Conflito de Competência nº 26.842-DF, assim se manifestou em seu voto vista, com relação à delimitação dos danos locais, regionais e nacionais:

> 6. Entendo que o inciso I do art. 93 do CDC ao dispor que quando o dano for de âmbito local será competente para a causa o foro do lugar do dano, está se reportando ao dano de repercussão adstrita a um só Estado, não importando se circunscrito a uma só ou a várias Comarcas.
>
> 7. Já quando o inciso II do referido artigo se refere aos danos de âmbito regional, dirige-se àqueles danos que se espraiam em mais de um Estado-Membro, ou em um ou mais Estado--Membro e também no Distrito Federal, pois a inclusão aí do Distrito Federal decorre da mera equiparação que lhe é feita a um ente federativo assemelhado a um Estado-Membro. Assim, por exemplo, um dano que afeta o Estado de Goiás e o Distrito Federal, é tão regional quanto o dano que atinge os Estados do Acre e de Roraima.
>
> 8. Por seu turno, quando tal dispositivo fala em danos de âmbito nacional, está se referindo aos danos que atingem todo território nacional.

No exame de outro conflito de competência no qual se discutiu a amplitude do dano para fins de fixação da competência territorial da ação civil pública de improbidade administrativa (CC Nº 97.351 – SP, de relatoria do Ministro Castro Meira, julgado em 27.5.2009), embora tenha indicado a possibilidade de reconhecer o caráter nacional do dano que se estende por três estados diferentes, foi reconhecido o âmbito local do dano por dois motivos principais: a) a maior parte dos elementos probatórios se encontrava apenas em um dos estados federativos; b) os atos ilícitos trouxeram prejuízos maiores junto à sede do local de trabalho, localizada apenas em um dos estados.

Noutro caso, o E. STJ reconheceu o caráter nacional do dano que atinge pelo menos dois estados federados distintos, consoante se observa do julgado apresentado a seguir:

> AMBIENTAL E PROCESSUAL CIVIL – AÇÃO CIVIL PÚBLICA – NULIDADE DO DECRETO QUE CRIOU O PARQUE NACIONAL DE ILHA GRANDE – ÁREA QUE ABRANGE NOVE MUNICÍPIOS, ESTES DIVIDIDOS ENTRE DOIS ESTADOS-MEMBROS – CARÁTER

NACIONAL DAS QUESTÕES RESULTANTES DO REFERIDO DIPLOMA LEGAL – COMPETÊNCIA TERRITORIAL DAS CAPITAIS DOS ESTADOS-MEMBROS OU DO DISTRITO FEDERAL – ARTS. 2º DA LEI Nº 7.347/1985 E 93, INCISO II, DO CDC. 1. Tem-se aqui hipótese de ação civil pública ajuizada contra o decreto que criou o Parque Nacional de Ilha Grande – este abrangendo, como dito no acórdão da origem, nove municípios, divididos estes entre os Estados do Mato Grosso do Sul e do Paraná. 2. A partir dessa concisa descrição fática, fica fácil visualizar que a competência territorial para processar e julgar em primeira instância a presente ação é de uma das capitais dos referidos Estados ou do Distrito Federal, pois as questão resultantes da criação de parque nacional (criado pela União, na forma do art. 11, § 4º, da Lei nº 9.985/2000, a *contrario sensu*) que abrange áreas de **dois Estados-membros terá caráter nacional,** na esteira do que dispõem os arts. 2º da Lei nº 7.347/1985 e 93, inciso II, do CDC. 3. Recurso especial provido para reconhecer a incompetência da Subseção Judiciária de Umuarama/PR, ficando prejudicada a análise das demais questões suscitadas no especial. (REsp 1018214/PR – Relator Ministro Mauro Campbell Marques – Segunda Turma – j. em 2.6.2009 – *DJe* de 15.6.2009)

Na seara laboral, pelas peculiaridades que lhe são inerentes e tendo em vista a nova redação da OJ nº 130 da SBDI-II do TST, o cerne da questão envolvendo competência territorial para julgamento da ação civil pública reside, na verdade, em definir o que seja dano suprarregional/nacional, que tem a competência territorial mais limitada (sede dos TRTs), já que no caso de dano local e regional a competência é fixada para qualquer das Varas trabalhistas localizadas no local do dano.

A 8ª Turma do C. Tribunal Superior do Trabalho, no julgamento do processo AIRR-43000-28.2006.5.15.0089, ocorrido em 3.10.2012, de relatoria da Ministra Dora Maria Costa, mostrou-se inclinada a considerar que o dano ocorrido no âmbito de um mesmo estado, no caso São Paulo, é de natureza regional, mesmo que alcance a jurisdição de mais de um TRT (no caso 15ª e 2ª Regiões). A seguir, a ementa do julgado:

AGRAVO DE INSTRUMENTO EM RECURSO DE REVISTA – AÇÃO CIVIL PÚBLICA – COMPETÊNCIA TERRITORIAL – NOVA REDAÇÃO DA ORIENTAÇÃO JURISPRUDENCIAL Nº 130 DA SBDI-II DO TST. Não obstante a ré possua unidades nos municípios das 2ª e 15ª Regiões, ambas do Estado de São Paulo, não há, no acórdão regional, nenhuma menção ao fato de que o dano perpetrado tenha sido apurado em outro estabelecimento que não seja aquele situado no Município de Bauru, razão pela qual não há falar em dano de âmbito regional. Ademais, nos termos do item II da nova redação da Orientação Jurisprudencial nº 130 da SBDI-II do TST, ainda que o dano seja de abrangência regional, atingindo cidades sujeitas à jurisdição de mais de uma Vara do Trabalho, a competência para julgá-lo será de quaisquer das varas das localidades atingidas, ainda que vinculadas a Tribunais Regionais do Trabalho distintos. Agravo de instrumento conhecido e não provido. (AIRR 59000-35.2008.5.15.0089. – j. em 31.10.2012 – Relatora Ministra Dora Maria da Costa – 8ª Turma – *DEJT* de 6.11.2012)

Noutro caso submetido à apreciação do C. Tribunal Superior do Trabalho, a Subseção II, Especializada em Dissídios, reconheceu a natureza suprarregional/nacional do dano, aplicando a hipótese o disposto no inciso III da nova redação da OJ nº 130 da SBDI-II, levando em consideração que o dano, na hipótese analisada, alcançaria dois estados da federação (São Paulo e Minas Gerais), conforme ementa transcrita a seguir:

CONFLITO NEGATIVO DE COMPETÊNCIA – AÇÃO CIVIL COLETIVA – DANO SUPRARREGIONAL – COMPETÊNCIA TERRITORIAL DA VARA DO DISTRITO FEDERAL. 1. Trata-se de conflito negativo de competência, suscitado pela 19ª Vara do Trabalho de Brasília-DF, face à remessa dos autos pela 2ª Vara do Trabalho de Paulínia-SP, ao acolher a exceção de incompetência suscitada pela empresa ré nos autos da ação civil coletiva, com base no art. 93 do CDC, por entender que o suposto dano alcançaria os estados de São Paulo e Minas Gerais. 2. Ao analisar o estatuto do Sindicato-autor, constata-se que, de fato, a sua base territorial abrange dois estados da Federação, São Paulo e Minas Gerais. Verifica-se que na petição inicial da ação civil coletiva, o sindicato requereu a condenação da FCA – Ferrovia Centro-Atlântica S.A. – na obrigação de não praticar a monocondução em toda malha ferroviária pertencente à sua base territorial. 3. O entendimento desta Corte, contido no item III da Orientação Jurisprudencial nº 130 da SBDI-II, consolidou-se no sentido de que em "caso de dano de abrangência suprarregional ou nacional, há competência concorrente para a Ação Civil Pública das Varas do Trabalho das sedes dos Tribunais Regionais do Trabalho", razão pela qual não há falar em competência do Juízo suscitante, 19ª Vara do Trabalho de Brasília para processar o feito. 4. Verifica-se, contudo, que o caso em exame possui uma particularidade, uma vez que a ação civil coletiva não foi ajuizada em uma das Varas do Trabalho das sedes dos Tribunais Regionais do Trabalho, tal como preconizado no supracitado verbete jurisprudencial, mas sim em Paulínia/SP, que também não teria competência para julgar a ação. 5. Não se pode olvidar, contudo, que esta Corte Superior orienta-se pelos princípios da celeridade, efetividade e economia processual, devendo, pois, nesta oportunidade, eleger o foro competente para o processamento do feito, razão pela qual não pode declarar a incompetência de ambos os Juízos. 6. *In casu*, a ação civil coletiva foi ajuizada em uma das Varas de Paulínia, em razão da empresa-ré ser nela sediada, as quais se encontram vinculadas ao Tribunal Regional da 15ª Região. Assim, deve ser reconhecida a competência de uma das Varas do Trabalho de sua sede, em Campinas. 7. Conflito negativo de competência que se julga procedente. (CC 7393-68.2011.5.00.0000 – j. em 20.11.2012 – Relator Ministro Guilherme Augusto Caputo Bastos – Subseção II Especializada em Dissídios Individuais – *DEJT* de 23.11.2012).

Dentro desse contexto, ainda nebuloso, entendemos que a delimitação da abrangência do dano, para fins de competência territorial é aquela que considera:

✓ DANO LOCAL: envolve apenas algumas cidades de um determinado estado, independentemente do número de comarcas ou juízos envolvidos, sem, contudo, atingir grande parte ou toda uma unidade federada;

✓ DANO REGIONAL: aquele que atinge grande parte (várias cidades) ou toda a população de um determinado estado ou mais de um estado;

✓ DANO NACIONAL (ou suprarregional): aquele que tem abrangência em quase todo (maioria) ou todo o território nacional.

Tal classificação e delimitação, já reconhecida pela jurisprudência, por óbvio, além de não estar isenta a críticas, busca apenas se pautar em critérios mais objetivos e claros, com o intuito de evitar a predominância da insegurança jurídica decorrente da interpretação subjetiva dos operadores do direito.

Ademais, a classificação apontada ousa discordar do entendimento do C. TST apresentado no julgamento do CC 7393-68.2011.5.00.0000, que considerou suprarregional ou nacional o dano ocorrido em apenas 2 estados federados. Nesse caso específico, defendemos que o dano seria regional e a competência seria de qualquer das Varas do Trabalho abrangidas pelo dano, ainda que vinculadas à TRTs distintos, não devendo a competência territorial ficar limitada a Vara do Trabalho localizada na sede de um dos TRTs atingidos.

De qualquer forma, o tema ainda é polêmico e caberá, em último caso, à jurisprudência realizar a correta delimitação, o que apenas o tempo irá demonstrar, devendo o leitor e candidato ficar atento às manifestações dos tribunais.

Partindo da delimitação efetuada, cabe agora analisar como fica a questão da competência territorial, após a nova redação da OJ nº 130 da SBDI-II do C. TST.

a) **Dano local**: não há qualquer dúvida de que seja competente a vara do trabalho do local do dano, conforme o art. 2º da LACP e art. 93, I, do CDC, razão pela qual a própria OJ nº 130 foi omissa a esse respeito.

b) **Dano regional:** a competência será de uma das Varas do Trabalho das localidades atingidas, ainda que vinculadas a Tribunais distintos.

Interessante observar que se o dano abranger apenas duas cidades, fronteiriças, situadas em Estados diferentes, o dano será regional, segundo a delimitação por nós efetuada, destacando que os efeitos práticos com relação à competência territorial serão os mesmos, como se o dano fosse considerado local.

c) **Dano nacional (suprarreginal):** a competência será de uma das Varas do Trabalho localizadas nas cidades em que está situada a sede dos Tribunais Regionais do Trabalho abrangidas pelo dano.

Para facilitar a compreensão e fixação do que acabamos de estudar, segue tabela elucidativa:

Abrangência do dano	Delimitação	Competência territorial
Local	Envolve apenas algumas cidades de um determinado estado, independentemente do número de comarcas ou juízos envolvidos, sem, contudo, atingir grande parte ou toda uma unidade federada	Vara do trabalho do local do dano (art. 93, I, do CDC e art. 2º da LACP)
Regional	Atinge grande parte ou toda a população de um determinado estado ou mais de um estado	Qualquer das varas das localidades atingidas, ainda que vinculadas a Tribunais Regionais do Trabalho distintos (OJ nº 130, II, da SBDI-II TST).
Nacional (suprarregional)	Aquele que tem abrangência em quase todo (maioria) ou todo o território nacional	Competência concorrente das Varas do Trabalho localizadas nas cidades em que está situada a sede do Tribunal Regional do Trabalho (OJ nº 130, III, da SBDI-II do TST)
Estará prevento o juízo a que a primeira ação houver sido distribuída (OJ nº 130, IV, da SBDI-II do TST).		

> **DICA DE PROVA:** diante da celeuma existente sobre os conceitos de danos locais, regionais e nacionais, a prova objetiva, muito provavelmente, informará o tipo de dano, exigindo o conhecimento a respeito das regras de competência, expressamente declaradas nos incisos da OJ nº 130 da SBDI-II. Numa prova dissertativa, contudo, enriquecerá muito a questão se o candidato apontar a falta de delimitação legal dos conceitos, e buscar apresentar uma delimitação fundamentada, indicando as consequências jurídicas distintas.

3.11. LIMITAÇÃO TERRITORIAL DOS EFEITOS DA SENTENÇA (ART. 16 DA LACP)

O art. 16 da Lei nº 7.347/1985, em sua redação original, estabelecia:

> Art. 16. A sentença civil fará coisa julgada *erga omnes*, exceto se a ação for julgada improcedente por deficiência de provas, hipótese em que qualquer legitimado poderá intentar outra ação com idêntico fundamento, valendo-se de nova prova.

Todavia, uma alteração introduzida pela Lei nº 9.494/1997 acabou por limitar o alcance da coisa julgada da sentença civil, nos seguintes termos:

> Art. 16. A sentença civil fará coisa julgada *erga omnes*, **nos limites da competência territorial do órgão prolator**, exceto se o pedido for julgado improcedente por insuficiência de provas, hipótese em que qualquer legitimado poderá intentar outra ação com idêntico fundamento, valendo-se de nova prova.

Diversas críticas são apresentadas a essa alteração legislativa. A título de reflexão, apresentaremos algumas delas.

Primeiramente, poder-se-ia sustentar que a alteração promovida pela Lei nº 9.494/1997 confundiu limites subjetivos da coisa julgada, com competência territorial. Segundo, a inovação contraria a finalidade das ações coletivas, consistente em *ampliar o acesso à Justiça e evitar a multiplicação de demandas individuais*, com decisões contraditórias. Terceiro, a limitação territorial imposta aos efeitos da sentença em sede de ação civil pública é material e formalmente inconstitucional no âmbito formal, em virtude de ter sido introduzida por meio de medida provisória, sem observância dos requisitos de urgência e relevância. No aspecto material, por ofensa ao art. 5º, XXXV da CF; aos princípios da isonomia, razoabilidade e proporcionalidade e ao princípio da vedação do retrocesso social.

Nesse sentido, aliás, já se manifestou o C. Tribunal Superior do Trabalho, cuja ementa do voto da lavra do ministro Luiz Philippe Vieira de Mello Filho é digna de ser registrada, não apenas por corroborar nosso entendimento e fazer coro às críticas a nova redação do art. 16, mas notadamente pela clareza e didática:

> RECURSO DE REVISTA – AÇÃO CIVIL PÚBLICA – COISA JULGADA – EFEITOS – DEFESA DE DIREITOS INDIVIDUAIS HOMOGÊNEOS – DANO LOCAL – LIMITAÇÃO DA COISA JULGADA EM RAZÃO DO PEDIDO E DA CAUSA DE PEDIR, INDEPENDENTEMENTE DA INCIDÊNCIA DO ART. 16 DA LEI Nº 7.347/1985. A competência representa a parcela da jurisdição atribuída ao órgão julgador. Divide-se de acordo com três critérios: material, territorial e funcional. O critério territorial relaciona-se à extensão geográfica dentro da qual ao magistrado é possibilitado o exercício de sua função jurisdicional, e não se confunde com a abrangência subjetiva da coisa julgada, que depende dos sujeitos envolvidos no litígio (art. 472 do CPC). Em

se tratando de demanda coletiva, que visa à defesa de direitos individuais homogêneos, cujos titulares são pessoas determinadas que titularizam direitos divisíveis, mas de origem comum (art. 81, parágrafo único, III, do CDC), os efeitos da coisa julgada serão *erga omnes* (art. 103, III, do mencionado diploma legal), sob pena de não se conferir a tutela adequada à situação trazida a exame do Poder Judiciário, em patente afronta à finalidade do sistema legal instituído pelas Leis n°s 7.347/1985 e 8.078/1990, qual seja a defesa molecular de interesses que suplantem a esfera juridicamente protegida de determinado indivíduo, por importarem, também, ao corpo social. Nessa senda, o art. 16 da Lei n° 7.347/1985 (com a redação que lhe foi conferida pela Lei n° 9.494/1997), ao limitar os efeitos da decisão proferida em ação civil pública à competência territorial do órgão prolator da sentença, confunde o mencionado instituto com os efeitos subjetivos da coisa julgada, por condicioná-los a contornos que não lhes dizem respeito. Entretanto, no caso concreto, a decisão regional, ao reconhecer que, subjetivamente, a coisa julgada produzida na demanda alcançaria todos os empregados do banco-reclamado do país, distancia-se dos termos do pedido e da causa de pedir da demanda. Proposta a ação civil pública pelo Ministério Público do Trabalho perante a Vara do Trabalho de Bauru, postulando a defesa de interesses individuais homogêneos dos empregados do banco-reclamado que se ativavam na agência bancária de Bauru, tendo como causa de pedir o auto de infração lavrado pela fiscalização do trabalho estritamente naquela localidade, tem-se que a demanda visa à reparação de dano local, não sendo possível, em razão dos limites do pedido e da causa de pedir, estendê-la aos empregados do reclamado em todo o país. Irrelevante, no caso, a aplicação do art. 16 da Lei n° 7.347/1985, visto que a limitação pretendida pela ré não decorre desse dispositivo, mas dos próprios termos do pedido da ação civil pública. Por isso, reconhece-se no caso que a coisa julgada, a qual produz efeitos em todo o território nacional, como manifestação da soberania do Estado que é, alcança subjetivamente apenas os empregados do banco-reclamado de Bauru, por observância aos limites da lide. Recurso de revista conhecido e parcialmente provido. (RR 155485-67.2003.5.15.0091 – j. em 8.2.2012 – Relator Ministro Luiz Philippe Vieira de Mello Filho – 1ª Turma – *DEJT* de 24.2.2012)

Além disso, mostra-se interessante a comparação com as *sentenças estrangeiras*, homologadas pelo Superior Tribunal de Justiça, diante do que poder-se-ia indagar: teriam essas *eficácia em todo o território nacional*, enquanto as sentenças proferidas em sede de ACP teriam eficácia limitada à competência territorial do órgão prolator da decisão?

Porém, apesar das críticas que possam ser lançadas à nova redação do art. 16 da Lei n° 7.347/1985, certo é que a jurisprudência do Superior Tribunal de Justiça já reconheceu sua vigência e validade, consoante se observa do seguinte julgado:

AÇÃO CIVIL PÚBLICA – FORNECIMENTO DE MEDICAMENTOS – MINISTÉRIO PÚBLICO – LEGITIMIDADE – FALTA DE PREQUESTIONAMENTO – LIMITES DA COMPETÊNCIA TERRITORIAL DO ÓRGÃO PROLATOR. I – Com relação aos arts. 6° do CPC e 7° da Lei n° 8.080/1990, o recurso especial é inviável, sendo aplicável, à espécie, a Súmula n° 211 do STJ, porquanto, a despeito de a recorrente ter oposto embargos de declaração, as questões insertas em tais dispositivos não foram abordadas pela Corte de origem. II – Esta Corte já se manifestou no sentido de que o Ministério Público tem legitimidade para promover ação civil pública, visando ao fornecimento de medicamentos a portadores de doenças. Precedentes: REsp n° 819.010/SP, Relator Ministro José Delgado, *DJ* de 2.5.2006; REsp n° 716.190/RS, Relator Ministro Teori Albino Zavascki, *DJ* de 24.4.2006 e REsp n° 716.512/RS, Relator Ministro Luiz Fux, *DJ* de 14.11.2005. *III – Na ação civil pública, a teor do art. 16 da Lei n° 7.347/1985, o provimento jurisdicional deve-se limitar à abrangência do órgão prolator.* Precedentes: EREsp n° 293.407/SP, Relator Ministro João Otávio de Noronha, *DJ* de 1°.8.2006 e REsp n° 642.462/PR, Relator Ministro Eliana, *DJ* de 18.4.2005. (*grifo nosso*). IV – Recurso especial improvido. (STJ – REsp 838.978/MG – Ministro Francisco Falcão – *DJ* de 14.12.2006)

Da mesma forma, o C. Tribunal Superior do Trabalho também já reconheceu a validade da alteração legislativa imposta ao art. 16 da Lei da Ação Civil Pública, destacando, apenas, que o *efeito nacional ocorrerá se ajuizada ação no foro competente do Distrito Federal, nos casos de danos nacionais*:

> LIMITAÇÃO TERRITORIAL DE SENTENÇA PROFERIDA EM AÇÃO CIVIL PÚBLICA – ORIENTAÇÃO JURISPRUDENCIAL 130 DA SBDI-II DO TST. 1. Nos termos da Orientação Jurisprudencial 130 da SBDI-II do TST, para a fixação da competência territorial em sede de ação civil pública, cumpre tomar em conta a extensão do dano causado ou a ser reparado, pautando-se pela incidência analógica do art. 93 do CDC, de forma que, se a extensão do dano a ser reparado limitar-se ao âmbito regional, a competência é de uma das Varas do Trabalho da Capital do Estado, mas se for de âmbito suprarregional ou nacional, o foro competente é o do Distrito Federal. 2. Dessa forma, o 3º Regional, ao consignar que, no caso presente, os efeitos da decisão prolatada na ação civil pública deveriam ser estendidos aos estabelecimentos bancários do Reclamado de todo o território nacional, contrariou o disposto na referida OJ, que só confere amplitude nacional aos efeitos da coisa julgada à ação civil pública ajuizada na Capital Federal. 3. Assim sendo, o recurso de revista merece ser provido quanto ao aspecto, a fim de que os efeitos da decisão proferida nos presentes autos limitem-se à jurisdição da Vara do Trabalho em que ajuizada a ação civil pública. Recurso de revista parcialmente conhecido e provido. (RR 32500-65.2006.5.03.0143 – Relator Juíza Convocada Maria Doralice Novaes – 7ª Turma – *DJ* de 11.6.2010)

> EMBARGOS – RECURSO DE REVISTA – INTERPOSIÇÃO ANTERIOR À VIGÊNCIA DA LEI Nº 11.496/2007 – AÇÃO CIVIL PÚBLICA – COMPETÊNCIA – EXTENSÃO DOS EFEITOS DA DECISÃO – ORIENTAÇÃO JURISPRUDENCIAL 130/SBDI-II/TST. A decisão embargada tem alicerce em entendimento pacificado no âmbito desta C. Corte, consubstanciado na OJ 130/SBDI-II/TST. Com efeito, se o Ministério Público entendia que o dano era regional, deveria ter ajuizado a ação civil pública em uma das Varas do Trabalho de Belo Horizonte, e não na Comarca de Paracatu, sob pena de limitar os efeitos da decisão à comarca escolhida para o aforamento da ação. Recurso não conhecido. (E-ED-RR-81500-56.2002.5.03.0084 – j. em 6.10.2008 – Relator Ministro Horácio Raymundo de Senna Pires – SBDI-I – *DJ* de 17.10.2008)

Não obstante os Tribunais Superiores (STJ e TST) já terem reconhecido a validade da alteração da redação original do art. 16 da Lei nº 7.347/1985, que limitou os efeitos da sentença à competência territorial do órgão prolator, percebe-se, atualmente, uma tendência à alteração da jurisprudência.

A 7ª Turma da mais alta Corte Trabalhista, em julgado datado de 31 de agosto de 2012, decidiu que a interpretação literal da alteração promovida ao art. 16 da Lei nº 7.347/1985 caminha na contramão da finalidade da tutela coletiva, destacando a confusão provocada pelo legislador entre conceitos absolutamente distintos: limites subjetivos da coisa julgada e competência territorial. Segue o julgado:

> AÇÃO CIVIL PÚBLICA – SENTENÇA – EFEITOS – COISA JULGADA – ALCANCE TERRITORIAL. 5.1. A uma primeira vista, a leitura do art. 16 da Lei nº 7.347/1995, com redação dada pela Lei nº 9.494/1997, parece indicar que o legislador ordinário elegeu a competência territorial como o elemento definidor do limite da eficácia *erga omnes* da sentença proferida em sede de ação civil pública. 5.2. Essa interpretação, todavia, não se mostra a mais consentânea com o instituto da ação coletiva, pois termina por neutralizar os efeitos práticos do julgado ali emanado, além de caminhar na contramão da tendência legislativa de "molecularização" da tutela jurisdicional. 5.3. Em verdade, o que se depreende da norma em comento é que o legislador ordinário confundiu conceitos distintos: limites subjetivos da coisa julgada (pessoas que submetem ao comando judicial exarado) e competência territorial (espaço geográfico dentro da qual o juiz pode

exercer a jurisdição). 5.4. Nesse passo, os limites subjetivos da coisa julgada devem ser extraídos não do supracitado art. 16, mas sim do art. 103 da Lei nº 8.078/1990 – CDC, o qual, por força do art. 21 da Lei nº 7.347/1985 – LACP, ajuda a formar o denominado microssistema processual coletivo. 5.5. Assim é que, nas demandas coletivas, a decisão proferida pode produzir efeitos *erga omnes* ou *ultra partes*, a depender do interesse metaindividual lesado. 5.6. Conclui-se, assim, que as regras processuais de competência, inclusive aquelas relativas ao seu critério territorial, não tem o condão de restringir a eficácia *erga omnes* da sentença civil, a qual pode, nos casos em que o dano seja de repercussão regional ou nacional, ultrapassar o foro judicial em que prolatada a decisão, alcançando, portanto, todos os possíveis titulares do direito, onde quer que se encontrem. 5.7. Precedentes desta Corte e do STJ. Recurso de revista conhecido e não provido. (RR 9892200-66.2005.5.09.0007 – j. em 22.8.2012 – Relatora Ministra Delaíde Miranda Arantes – 7ª Turma – *DEJT* de 31.8.2012)

No mesmo caminho, decisão proferida pela 3ª Turma do C. Tribunal Superior do Trabalho, em 2 de outubro de 2012, que decidiu que não existe razão que aconselhe a restrição da sentença proferida em ação civil pública aos limites da competência do órgão prolator da decisão:

I – AGRAVO DE INSTRUMENTO – DIVERGÊNCIA JURISPRUDENCIAL ESPECÍFICA. Considerando a especificidade da divergência colacionada, necessário se faz o provimento do agravo de instrumento para exame do recurso de revista. Agravo de instrumento provido. (Ministro Horácio Raymundo de Senna Pires). II – RECURSO DE REVISTA – AÇÃO CIVIL PÚBLICA – LIMITES SUBJETIVOS DA COISA JULGADA. A despeito da restrição imposta ao alcance da coisa julgada em sede de ação civil pública, inexiste razão que aconselhe a restrição aos limites da competência territorial do órgão prolator da decisão. Isso porque a imutabilidade do julgado, para efeito de seus limites subjetivos, não exerce influência sobre a competência territorial, instituto de larga distinção, até porque, do contrário, estar-se-ia repelindo o propósito da ação coletiva, consubstanciado quer na ampliação do acesso ao Poder Judiciário, quer na redução de demandas individuais, aspectos que enaltecem a própria natureza dos direitos difusos e coletivos. A toda evidência, a eficácia da coisa julgada em ação civil pública desborda dos limites territoriais adstritos à autoridade prolatora da decisão, especialmente diante do conceito de unidade da jurisdição, cujo conteúdo legitima a prestação jurisdicional. Nesse cenário, os limites territoriais, em sede de ação coletiva, ultrapassam a restrição disciplinada no art. 16 da Lei nº 7.347/1985, para, sob o enfoque do princípio da proteção à coletividade, conquistar o território nacional. Recurso de revista conhecido e provido. (RR 3022-84.2010.5.04.0000 – j. em 8.2.2012 – Relator Ministro Alberto Luiz Bresciani de Fontan Pereira – 3ª Turma – *DEJT* de 2.10.2012)

Seguindo a mesma linha de raciocínio, a E. Corte Especial do Superior Tribunal de Justiça, em dezembro de 2011, assentou seu entendimento no sentido de que os efeitos e a eficácia da sentença prolatada em ação civil pública não estão circunscritos a limites geográficos (Recurso Especial 1.243.887/PR, de relatoria do Ministro Luis Felipe Salomão).

Corroborando esse entendimento, cita-se o seguinte precedente do STJ:

PROCESSUAL CIVIL – AGRAVO – RECURSO ESPECIAL – AÇÃO CIVIL COLETIVA – EXECUÇÃO – LIMITAÇÃO TERRITORIAL – INEXISTÊNCIA. Os efeitos e a eficácia da sentença prolatada em ação civil coletiva não estão circunscritos a lindes geográficos, mas aos limites objetivos e subjetivos do que foi decidido. Agravo não provido. (AgRg no REsp 1.326.477/DF – 2012/0114948-5 T3 – Terceira Turma – Ministra Nancy Andrighi – *DJe* de 13.9.2012)

Vale salientar que, apesar da utilização da expressão "ação civil coletiva", os julgados que embasam esse novo posicionamento do STJ, notadamente o RE 1.243.887/PR, referem-se à ação civil pública, razão pela qual a situação analisada não se restringe às ações que têm como objeto a defesa dos interesses individuais homogêneos. Percebe-se, pois, que a expressão "ação civil coletiva" foi utilizada como gênero, englobando as ações civis públicas e as ações civis coletivas (caso adotada a distinção de denominação).

Como se vê, tudo indica que, felizmente, os Tribunais Superiores (STJ e TST) deixarão de interpretar literalmente a redação atual do art. 16 da Lei nº 7.347/1985, corrigindo, assim, o equívoco e a confusão realizada pelo legislador entre dois conceitos jurídicos distintos (limites subjetivos da coisa julgada e competência territorial).

> **DICA DE PROVA:** na prova objetiva, verificar, inicialmente, se está sendo postulado o entendimento consagrado na literalidade da lei ou na jurisprudência do TST. Ato contínuo, caso postulada a letra da lei, assinalar como correta a assertiva que estiver de acordo com o art. 16 da Lei da Ação Civil Pública, ou seja, que limitar os efeitos da coisa julgada a competência territorial do órgão prolator da decisão. Agora, se for exigido do candidato a jurisprudência atualizada dos tribunais superiores (TST e STJ), é possível assinalar como correta aquela assertiva que não prevê a limitação dos efeitos da sentença aos limites geográficos. Na prova subjetiva, porém, é muito pertinente saber os fundamentos das críticas lançadas ao dispositivo legal em comento e dissertar a respeito, mostrando a nova tendência dos julgados do C. TST.

3.12. AÇÃO CIVIL PÚBLICA: PRAZO PRESCRICIONAL

Tendo-se em vista que a Lei da Ação Civil Pública (Lei nº 7.347/1985) nada menciona a respeito do prazo prescricional, questiona-se qual seria o lapso temporal a ser observado para defesa dos direitos metaindividuais no âmbito da Justiça do Trabalho.

É cediço que na seara laboral a regra geral pertinente ao prazo prescricional para se postular créditos decorrentes da relação de emprego é o previsto no art. 7º, XXIX, da Constituição Federal de 1988. Consequentemente, surge a dúvida se o referido prazo deveria ser aplicado também em relação à ação civil pública.

Prevalece, na doutrina, o entendimento segundo o qual, *tratando-se de direitos difusos, não há que se falar em prescrição*, dada sua *indisponibilidade* pelos titulares do direito material deduzido em juízo; já no caso de direitos coletivos em sentido estrito, a imprescritibilidade estará vinculada à *indisponibilidade dos interesses do grupo*, sob pena de aplicação da regra constitucional prevista no inciso XXIX do art. 7º; por fim, no caso dos direitos individuais homogêneos, considerando-se que são, na essência, direitos individuais e divisíveis, aplica-se a prescrição trabalhista.

3.12.1. Ajuizamento das ações coletivas e interrupção do prazo prescricional das ações individuais

Questão interessante que pode surgir da relação entre as ações coletivas e as ações individuais é a que se refere à possibilidade ou não da primeira interromper o fluxo prescricional da segunda.

O professor doutor e Juiz do Trabalho na 2ª Região Homero Batista Mateus da Silva (2006, p. 233), em artigo intitulado "Ações coletivas interrompem a prescrição das pretensões individuais trabalhistas", reconhece a *interrupção do prazo prescricional*, destacando que a retomada do prazo prescricional se dará no dia seguinte ao ato inequívoco de reconhecimento da dívida pelo devedor. Merecem destaque as observações:

> Portanto, é bastante razoável que se vislumbre a interrupção de prescrição individual no Direito do Trabalho através da atuação dos entes coletivos, seja nos procedimentos judiciais, como as ações coletivas em geral, seja nos procedimentos extrajudiciais, como nas negociações coletivas, nos termos de ajustamento de conduta, nas mediações e nas arbitragens.

> A interrupção pelos processos coletivos se fundamenta tranquilamente no art. 202, I, do Código Civil Brasileiro de 2002, combinado com o art. 203 (qualquer interessado), ao passo que a interrupção pelos procedimentos extrajudiciais encontra sua força no art. 202, VI, desde que haja comportamento favorável por parte do devedor.

Assim, já se manifestou o Tribunal Superior do Trabalho:

> AGRAVO DE INSTRUMENTO – RECURSO DE REVISTA – PRESCRIÇÃO – INTERRUPÇÃO POR AÇÃO CIVIL PÚBLICA. Verificado que a tese do Regional foi no sentido de afastar a prescrição total da ação por entender que, embora o contrato de estágio da reclamante tenha sido extinto em 11.8.1999, foi ajuizada a Ação Civil Pública, em que se discutiu a regularidade dos contratos de estágios firmados pela empresa recorrida, em 21.9.2000, e que foi objeto de acordo em 18.4.2005. Assim, foi considerada interrompida a prescrição para a reclamante, porquanto o prazo prescricional passou a correr desta última data, qual seja, 18.4.2005, consoante o disposto no art. 202, parágrafo único, do Código Civil, e tendo sido a reclamação trabalhista interposta em 6.12.2005, esta foi ajuizada dentro do prazo previsto pelo art. 7º, XXIX, da Constituição da República. Ileso, portanto, o dispositivo da Constituição Federal apontado como violado. Agravo de instrumento a que se nega provimento. (AIRR – 544340-50.2005.5.22.0004 – Relatora Ministra Kátia Magalhães Arruda – j. em 1º.4.2009 – 5ª Turma – *DEJT* de 7.4.2009)

A jurisprudência da mais alta Corte Trabalhista, quanto ao tema, resta sedimentada na orientação jurisprudencial OJ nº 359 da SBDI-I do TST: "a ação movida por sindicato, na qualidade de substituto processual, interrompe a prescrição, ainda que tenha sido considerado parte ilegítima *ad causam*".

Embora a orientação jurisprudencial se refira à ação movida pelo sindicato, o referido entendimento aplica-se também às demais ações civis públicas ajuizadas por outros legitimados, como o próprio Ministério Público do Trabalho. Além disso, no Processo do Trabalho, conforme a disposição contida no art. 841 da CLT, a notificação é feita de ofício, e, por essa razão, o *simples ajuizamento da ação acarreta a imediata interrupção da fluência do prazo prescricional*, que retroage a essa data, sendo prescindível para a obtenção desse resultado qualquer outra condição, de acordo com a jurisprudência firmada no Tribunal Superior do Trabalho:

> AGRAVO DE INSTRUMENTO DO RECLAMADO – RECURSO DE REVISTA – PRESCRIÇÃO QUINQUENAL – INTERRUPÇÃO. Dá-se provimento a agravo de instrumento quando configurada no recurso de revista a hipótese da alínea "a" do art. 896 da Consolidação das Leis do Trabalho. Agravo provido. RECURSO DE REVISTA DO RECLAMADO – PRESCRIÇÃO QUINQUENAL – INTERRUPÇÃO. A anterior propositura de ação idêntica causa a interrupção do prazo prescricional, tanto o bienal como também o quinquenal. O cômputo do biênio inicia-se a partir do trânsito em julgado da ação interruptiva, ou seja, da anteriormente proposta, para que se garanta o direito de se invocar a tutela jurisdicional. Assim, para que também se possa garantir

a busca da tutela jurisdicional pelo indivíduo, a data do ajuizamento da reclamação trabalhista anteriormente proposta deve ser o marco inicial para efeito da prescrição quinquenal, sob pena de a interrupção da prescrição, legalmente assegurada, tornar-se inoperante. Recurso de revista conhecido e desprovido. (RR 46900-66.2004.5.04.0001 – Relator Ministro Renato de Lacerda Paiva – 2ª Turma – *DEJT* de 8.10.2010)

RECURSO DE REVISTA DO SINDICATO AUTOR – ARQUIVAMENTO – PRESCRIÇÃO QUINQUENAL – INTERRUPÇÃO – DATA DA RETROAÇÃO. A Súmula nº 268/TST dispõe que ação trabalhista, ainda que arquivada, interrompe a prescrição em relação a pedidos idênticos. Por sua vez, o § 1º do art. 219 do Código de Processo Civil estabelece que a interrupção da prescrição retroagirá à data da propositura da ação. Ademais, o parágrafo único do art. 202 do Código Civil de 2002 expressa regra no sentido de que a prescrição interrompida recomeça a correr da data do ato que a interrompeu, ou do último ato do processo para a interromper. Logo, o legislador trata do gênero prescrição, não distinguindo entre prescrição bienal e quinquenal. Assim, não cabe ao intérprete fazer a distinção onde o próprio legislador não o fez. Nesse contexto, conclui-se que a reclamação trabalhista interrompe a prescrição bienal e a quinquenal. Assim, o cômputo do biênio é reiniciado a partir do término da condição interruptiva, qual seja, o trânsito em julgado da decisão proferida na primeira ação, enquanto a prescrição quinquenal conta-se do primeiro ato de interrupção, isto é, a propositura da primeira reclamação trabalhista. SUBSTITUIÇÃO PROCESSUAL – HONORÁRIOS ASSISTENCIAIS. (RR 37200-34.2004.5.05.0132 – Relator Ministro Horácio Raymundo de Senna Pires – 3ª Turma – *DEJT* de 1º.10.2010)

Por fim, o tema em questão não pode deixar de considerar os termos da Súmula nº 268 do C. TST, segundo a qual, para a interrupção da prescrição, exige-se a *identidade de pedidos*, o que, via de regra, tratando-se de ação coletiva, ocorrerá nos casos de direitos individuais homogêneos.

3.13. COISA JULGADA COLETIVA

A coisa julgada, compreendida como a *qualidade dos efeitos da sentença* proferida em processo que se desenvolva válida e regularmente, em observância ao princípio do devido processo legal, tem como principal finalidade atribuir *estabilidade às relações jurídicas* por meio da *imutabilidade do julgado*, em contrapartida ao ideal de justiça, que poderia representar a eternização dos conflitos sociais.

Na seara do Direito Processual Civil, em que prepondera a ótica individualista, a imutabilidade dos efeitos da sentença (transitada em julgado), nos termos do art. 472 do Código Adjetivo, limita-se às partes da relação jurídica processual, não beneficiando nem prejudicando terceiros.

Acontece que, com a *massificação dos conflitos* e a correspondente necessidade de tutela coletiva, em obediência, inclusive, ao direito fundamental da duração razoável do processo, que implica no reconhecimento de uma tutela jurisdicional adequada e efetiva, surgiu a relevância da criação de instrumentos que permitissem prevenir e reparar, de forma eficaz, as lesões ocorridas no plano coletivo.

Nesse caminho, o microssistema processual coletivo, integrado, principalmente, pelo Código de Defesa do Consumidor e pela Lei da Ação Civil Pública, de aplicação supletiva e complementar, redefiniu alguns institutos do processo individual, dadas as características coletivas dos interesses e direitos defendidos, dentre os quais se encontra a coisa julgada, para adaptá-los às *particularidades dos conflitos coletivos*.

Dentre as características próprias da *coisa julgada na ação civil pública*, diversamente do que ocorre nas lides individuais, tem-se o fato de que sua *autoridade não se limita às partes* da relação processual, às quais a sentença é prolatada (art. 472 do CPC).

Na ação civil pública, a coisa julgada *alcança e beneficia terceiros* que não integraram a lide, sendo que sua formação e extensão, ao contrário do que ocorre no processo individual, *dependerá da natureza do direito material tutelado* (difuso, coletivo ou individual homogêneo) *e do resultado da demanda* (procedência, improcedência, improcedência por insuficiência de provas).

Diante de tal quadro, o Código de Defesa do Consumidor dispõe:

Art. 103. Nas ações coletivas de que trata este Código, a sentença fará coisa julgada:

I – *erga omnes*, exceto se o pedido for julgado improcedente por insuficiência de provas, hipótese em que qualquer legitimado poderá intentar outra ação, com idêntico fundamento valendo-se de nova prova, na hipótese do inciso I do parágrafo único do art. 81;

II – *ultra partes*, mas limitadamente ao grupo, categoria ou classe, salvo improcedência por insuficiência de provas, nos termos do inciso anterior, quando se tratar da hipótese prevista no inciso II do parágrafo único do art. 81;

III – *erga omnes*, apenas no caso de procedência do pedido, para beneficiar todas as vítimas e seus sucessores, na hipótese do inciso III do parágrafo único do art. 81.

§ 1º. Os efeitos da coisa julgada previstos nos incisos I e II não prejudicarão interesses e direitos individuais dos integrantes da coletividade, do grupo, categoria ou classe.

§ 2º. Na hipótese prevista no inciso III, em caso de improcedência do pedido, os interessados que não tiverem intervindo no processo como litisconsortes poderão propor ação de indenização a título individual.

§ 3º. Os efeitos da coisa julgada de que cuida o art. 16, combinado com o art. 13 da Lei nº 7.347, de 24 de julho de 1985, não prejudicarão as ações de indenização por danos pessoalmente sofridos, propostas individualmente ou na forma prevista neste código, mas, se procedente o pedido, beneficiarão as vítimas e seus sucessores, que poderão proceder à liquidação e à execução, nos termos dos arts. 96 a 99.

§ 4º. Aplica-se o disposto no parágrafo anterior à sentença penal condenatória.

Art. 104. As ações coletivas, previstas nos incisos I e II e do parágrafo único do art. 81, não induzem litispendência para as ações individuais, mas os efeitos da coisa julgada *erga omnes* ou ultra partes a que aludem os incisos II e III do artigo anterior não beneficiarão os autores das ações individuais, se não for requerida sua suspensão no prazo de trinta dias, a contar da ciência nos autos do ajuizamento da ação coletiva.

3.13.1. Direitos difusos: alcance *erga omnes*

Da análise do dispositivo legal transcrito, mais especificamente seu inciso I, verifica-se que o *alcance da autoridade da coisa julgada, nas hipóteses de direitos difusos, é erga omnes*, ou seja, contra todos. Nesse caso, a coisa julgada, além de atingir os legitimados a propor a ação civil pública, atingirá terceiros estranhos à relação jurídica processual que, nessa hipótese, será representada por toda a coletividade, dada a própria natureza do direito defendido (indivisível e indeterminável).

É de se ressaltar, contudo, que, por expressa disposição legal (art. 103, § 1º, do CDC), a coisa julgada coletiva não prejudicará os interesses individuais dos integrantes da coletividade. Os indivíduos poderão, por meio de ação individual, reclamar os prejuízos pessoais sofridos. Tal disposição encontra guarida no art. 5º, incisos LIV e LV, da CF/1988.

No caso de *procedência* da demanda coletiva, poderá ocorrer o *transporte in utilibus* da coisa julgada (art. 103, § 3º, do CDC), isto é, o indivíduo integrante da coletividade poderá aproveitar o *resultado favorável*, observado o disposto no art. 104 do CDC (suspensão do processo individual), dispensando a necessidade de nova decisão condenatória, passando, assim, direto à fase de liquidação e execução em sede do processo coletivo.

Vale salientar que, no caso de procedência, a sentença proferida no processo coletivo prevalece perante *todos os membros da coletividade* e também perante os entes legitimados, sendo vedado o ajuizamento de nova demanda e facultado aos indivíduos o aproveitamento do resultado favorável em suas ações individuais (art. 103, § 3º, do CDC), observado o disposto no art. 104 do CDC.

Se a ação coletiva for julgada *improcedente*, não poderá haver nova demanda pelos legitimados a propor a ação civil pública. Todavia, os integrantes da coletividade poderão defender seus interesses individuais (art. 103, § 1º, do CDC). Agora, se a *improcedência* do pedido se fundamentar na *insuficiência de provas*, não haverá a formação da coisa julgada, podendo a ação ser intentada por qualquer ente legitimado, inclusive aquele que propôs a ação originária.

3.13.2. Direitos coletivos: alcance *ultra partes*

Na hipótese dos interesses e direitos coletivos, os limites da coisa julgada e as hipóteses verificadas são idênticas àquelas pertinentes aos interesses e direitos difusos.

A única diferença é que, no caso dos interesses coletivos em sentido estrito, o *efeito é ultra partes*, ou seja, alcança apenas as pessoas pertencentes ao *grupo, categoria ou classe*.

No caso de *procedência* do pedido, a sentença prevalecerá perante todos os membros do grupo, categoria ou classe, e também perante os entes legitimados, sendo vedado o ajuizamento de nova demanda, podendo os indivíduos, contudo, se valer do resultado favorável em suas ações individuais (art. 103, § 3º, do CDC), observado o disposto no art. 104 do CDC.

Na hipótese de *improcedência* do pedido, a demanda coletiva não poderá ser renovada pelos legitimados a propor a ação civil pública. Nesse caso, a tutela coletiva, via ação civil pública, diante da improcedência fundada em provas produzidas nos autos, restará inviabilizada. Todavia, os integrantes da coletividade poderão defender seus interesses individuais (art. 103, § 1º, do CDC).

Por fim, fundamentando-se a sentença de improcedência proferida em ação coletiva na *insuficiência de provas*, por expressa ressalva legal, não há a formação da coisa julgada, podendo a ação ser intentada por qualquer ente legitimado, inclusive aquele que propôs a ação originária, produzindo-se, contudo, por óbvio, a prova necessária.

3.13.3. Direitos individuais homogêneos: alcance *erga omnes*

Inicialmente, para facilitar a compreensão do tema, no que tange aos direitos individuais homogêneos, cumpre destacar que estamos diante de direitos essencialmente individuais e acidentalmente coletivos, razão pela qual o alcance da coisa julgada apresentará características próprias e distintas das estudadas anteriormente.

Com efeito, o art. 103, III, do CDC estabelece que a extensão dos *efeitos da coisa julgada será erga omnes* apenas no caso de procedência do pedido.

Ora, uma leitura desatenta do dispositivo legal poderia causar uma certa confusão e até mesmo incompreensão. No entanto, à luz da natureza do direito defendido coletivamente, que na essência é individual, constatamos que os terceiros a quem a autoridade da coisa julgada alcança, em regra, apenas na hipótese de procedência, são os indivíduos cujos direitos foram violados. Ou seja, diferentemente dos direitos difusos e coletivos, nos quais os terceiros são a coletividade ou o grupo, categoria ou classe respectivamente, no caso dos direitos individuais homogêneos *os terceiros são os próprios indivíduos.*

Além disso, em virtude de estarmos diante de direitos essencialmente individuais cuja tutela se autoriza coletivamente, os efeitos da imutabilidade do julgado *erga omnes* se darão apenas na hipótese da procedência, pois, se se reconhecesse também no caso de improcedência, poder-se-ia alegar ofensa aos princípios do contraditório, da ampla defesa e do devido processo legal.

Na realidade, para se evitar ofensa aos princípios constitucionais insculpidos no art. 5º, LIV e LV, o legislador entendeu por bem *estender os efeitos da coisa julgada* no caso de direitos individuais homogêneos apenas na hipótese de *procedência* da demanda, uma vez que, nesta última situação, o resultado favorável não traria qualquer prejuízo, em nada afetando os princípios constitucionais pertinentes ao devido processo legal.

Por derradeiro, se o indivíduo tiver ajuizado ação individual, apenas será beneficiado pelos efeitos da coisa julgada favorável proferida em sede de ação civil pública se requerer a *suspensão da demanda individual* no prazo de 30 dias a contar da ciência nos autos do ajuizamento da ação coletiva, nos exatos termos do art. 104 do CDC.

É oportuno salientar, ainda, que o art. 103, III, do CDC, ao estabelecer que a sentença fará coisa julgada *erga omnes* apenas no caso de procedência da demanda, poderia nos induzir, por meio de uma interpretação isolada e gramatical, à conclusão de que a sentença não faz coisa julgada *erga omnes* na hipótese de improcedência.

Ocorre que, o inciso III do art. 103, analisado em conjunto com o disposto no § 2º do mesmo dispositivo legal, autoriza a conclusão de que, *se o indivíduo tiver participado da relação jurídica processual como litisconsorte, a improcedência da demanda coletiva alcançará a esfera individual,* ou seja, os efeitos da imutabilidade do julgado atingirão o indivíduo também no caso de improcedência, impossibilitando-o de buscar sua pretensão via ação individual. Em tal situação, para o legislador, a participação do indivíduo como litisconsorte teria atendido os ditames do contraditório, da ampla defesa e do devido processo legal.

Ademais, estabelecendo o art. 103, III, do CDC, com as observações do § 2º, que a coisa julgada opera efeitos a terceiros apenas no caso de procedência, tal significa, em outras palavras, que, *quanto aos legitimados à propositura da ação civil pública* (que não são terceiros), *a sentença faz coisa julgada na hipótese de procedência e improcedência*, independentemente do motivo, uma vez que, ao contrário do que ocorreu em relação aos direitos difusos e coletivos, o legislador não fez qualquer ressalva quanto à insuficiência do conjunto probatório.

3.13.4. Extensão da coisa julgada aos substituídos não constantes do título executivo

No caso de ação civil pública ajuizada pelo sindicato, uma questão muito interessante diz respeito à possibilidade de *extensão da coisa julgada* para beneficiar todos os indivíduos substituídos, ou seja, toda a categoria, ainda que a decisão proferida na ação coletiva tenha limitado seus efeitos aos substituídos indicados na inicial ou, por exemplo, aos sindicalizados ou associados.

De um lado, surgem vozes defendendo a extensão do julgado a toda a categoria, ao argumento de que a representação sindical é ampla, conforme o art. 8º da Constituição Federal. Sustentam, ainda, que o direito de habilitação na fase executória de todos os substituídos, inclusive daqueles não elencados na inicial, encontra respaldo no princípio da isonomia. Ademais, a coisa julgada que limita os efeitos da sentença à parcela da categoria revela-se inconstitucional, exatamente por ofender os termos do art. 8º da Lei Maior.

Nesse sentido, aliás, destaca-se julgado proferido pela 1ª Turma do Tribunal Superior do Trabalho, cujo voto condutor é da lavra do ministro Luiz Philippe Vieira de Mello Filho:

RECURSO DE REVISTA – ADMISSIBILIDADE – SUBSTITUIÇÃO PROCESSUAL – EFEITOS – REPRESENTATIVIDADE ADEQUADA – RECLAMANTES NÃO INSERIDOS NO ROL DE SUBSTITUÍDOS NA AÇÃO ANTERIOR PROPOSTA PELO SINDICATO – EXTENSÃO DO DIREITO RECONHECIDO EM JUÍZO – POSSIBILIDADE – ART. 8º, INCISO III, DA CONSTITUIÇÃO FEDERAL – COISA JULGADA NA AÇÃO COLETIVA. O instituto da coisa julgada, quando em discussão no curso de ações coletivas, reclama reflexão e tratamento diferenciado. As ações chamadas ideológicas, nas quais o bem relativamente ao qual se requer tutela tem por titular uma coletividade de pessoas, comportam, por sua natureza e dinâmica, a extensão da coisa julgada a quem, não obstante não ter sido pessoalmente parte no processo, foi adequadamente representado pelo titular da defesa dos interesses metaindividuais ou dos subjetivos coletivamente tratados em juízo. Na hipótese, o Sindicato representativo da categoria profissional a que pertencem os reclamantes vindicou o direito material, afeto a diferenças de gratificações, na condição de substituto processual, e a sentença de procedência respectiva transitou em julgado, sendo que os nomes dos reclamantes, na ocasião, não constaram do rol de substituídos, a que faz referência expressa o título executivo – daí a pretensão ora deduzida de extensão do então decidido aos reclamantes. Em circunstância, tal, não se configura propriamente uma ampliação do julgado ultra partes, capaz de comprometer o princípio do contraditório e inviabilizar o direito de defesa, porque os adequadamente representados não são propriamente terceiros. O princípio da adequada representação permite, assim, conciliar as garantias do devido processo legal com as técnicas peculiares às ações coletivas. Quando a parte ideológica (no caso o Sindicato) leva a juízo o interesse metaindividual (diferenças de gratificações), representa concretamente toda a classe, de tal forma que a totalidade de seus integrantes, bem como o seu antagonista – o empregador – têm a oportunidade de exercer plenamente suas prerrogativas processuais. Conforme o magistério de Ada Pellegrini Grinover, "o mecanismo baseia-se na concepção de que o esquema representativo é apto a garantir aos membros da categoria a melhor defesa judicial, a ponto de afirmar-se

804 | MPT – PREPARANDO-SE PARA O CONCURSO DE PROCURADOR DO TRABALHO

que nesse caso o julgado não atuaria propriamente *ultra partes*, nem significaria real exceção ao princípio da limitação subjetiva do julgado, mas configuraria antes um novo conceito de representação substancial e processual, aderente às novas exigências da sociedade. O que vale frisar é que, assim como repugna às garantias constituições a sujeição, *ex post*, ao julgado de terceiros que permanecerem estranhos ao contraditório, coaduna-se com elas a ideia de representação adequada dos interesses da categoria por parte de pessoas e sobretudo de entes excepcionais. Não só porque se reconhece que o esquema representativo é o mais idôneo para assegurar aos interessados a melhor defesa judiciária; mas sobretudo porque a orientação dominante é francamente no sentido da compatibilidade entre o devido processo legal e as técnicas dos limites subjetivos da coisa julgada nas ações coletivas. Reconhecida a complementaridade entre o interesse individual e social, também se indica a coincidência e solidariedade entre o processo constitucional e as modernas exigências de efetiva tutela jurisdicional dos direitos e interesses emergentes na sociedade de massa". Com a manifestação final do Excelso Pretório a respeito da amplitude com que ao Sindicato é facultado exercer a substituição processual assegurada no art. 8º, inciso III, da atual Carta Política, seguiu-se o cancelamento da Súmula nº 310 da jurisprudência deste Tribunal Superior do Trabalho, orientando-se os subsequentes julgamentos da SBDI-I no sentido de admitir configurada a ofensa literal à referida norma constitucional, nas hipóteses em que se condiciona o exercício da substituição processual à apresentação do rol dos substituídos, ou se limita a esses trabalhadores os seus efeitos. Recurso de revista conhecido e provido. (RR 740-10.1995.5.15.0092 – j. em 16.12.2009 – *DEJT* de 5.2.2010)

Por outro lado, existe a tese no sentido de que, se a decisão proferida nos autos da ação coletiva limitou seus efeitos a determinada parcela do grupo representado, como aos substituídos indicados na inicial ou mesmo os sindicalizados ou associados, o ato de *autorizar a extensão dos seus efeitos, de forma ampla, afronta o instituto da coisa julgada*, consagrado no art. 5º, XXXVI, da Constituição Federal.

Este é o posicionamento que predomina no Tribunal Superior do Trabalho, conforme julgado da *Subseção de Dissídios Individuais I*:

RECURSO DE EMBARGOS REGIDO PELA LEI Nº 11.496/2007 – EXECUÇÃO – SUBSTITUIÇÃO PROCESSUAL – SINDICATO – LIMITES ESTABELECIDOS NO TÍTULO EXECUTIVO – COISA JULGADA SUBJETIVA. Conquanto pacificado no âmbito desta Corte o entendimento de que a Constituição Federal, por seu art. 8º, III, confere legitimidade ativa ao sindicato para atuar na defesa de direitos coletivos e individuais homogêneos de todos os integrantes da categoria por ele representada, entende a SBDI-I desta Corte ser inviável abranger ditos integrantes na presente hipótese, sob pena de ofensa à coisa julgada, haja vista a expressa menção, no comando condenatório da ação coletiva exequenda, de restrição de seus efeitos aos associados do sindicato. Recurso de embargos conhecido e provido. (RR 1179140-60.2006.5.09.0011 – Subseção I Especializada em Dissídios Individuais – Relator Ministro Renato de Lacerda Paiva – Acórdão publicado em 16.9.2011)

AGRAVO DE INSTRUMENTO EM RECURSO DE REVISTA DA RECLAMANTE – COISA JULGADA – AÇÃO COLETIVA – EXTENSÃO A TODOS OS MEMBROS DA CATEGORIA PROFISSIONAL – EMPREGADA QUE NÃO LABORA NA BASE TERRITORIAL DO SINDICATO QUE AJUIZOU A RECLAMAÇÃO TRABALHISTA DE CUJOS EFEITOS A OBREIRA PRETENDE SE APROVEITAR – IMPOSSIBILIDADE. Acórdão regional que não estende à obreira o alcance de decisão proferida em reclamação coletiva ajuizada pelo Sindicato dos Empregados em Estabelecimentos Bancários de Curitiba, por laborar a obreira fora da base territorial abrangida pela referida entidade sindical, encontra-se em consonância com o disposto nos arts. 8º, II, da Carta Magna e 81, II, e 103, II, do Código de Defesa do Consumidor. Isso porque a ampla representatividade conferida às mencionadas pessoas de direito privado (art. 8º, III, da Carta Magna) deve ser interpretada em consonância com todos os dispositivos constitucionais que disciplinam a atuação sindical no território brasileiro e com as normas que regem os processos destinados a possibilitar a solução de conflitos metaindividuais. Agravo de instrumento desprovido. (AIRR e RR 531140-78.2006.5.09.0011 – j. em 27.4.2011 – Relator Ministro Luiz Philippe Vieira de Mello Filho – 1ª Turma – *DEJT* de 27.5.2011)

3.13.5. Incidência nas ações individuais

Os comentários já realizados em relação à litispendência entre ação coletiva e ação individual, destacando-se a atenção principalmente às ações civis públicas ajuizadas para a defesa de direitos individuais homogêneos, dada sua natureza essencialmente individual, aplicam-se no que concerne à relação entre a coisa julgada coletiva e a coisa julgada individual.

Na primeira edição desta obra, destacamos um julgado do C. Tribunal Superior do Trabalho, fundado no entendimento de que prevalecia naquela E. Corte no sentido de reconhecimento da "identidade material" entre a ação coletiva e a ação individual, nos casos de identidade de pedido e causa de pedir, conforme ementa a seguir:

COISA JULGADA MATERIAL – CONFIGURAÇÃO – SUBSTITUIÇÃO PROCESSUAL E AÇÃO INDIVIDUAL. A existência de trânsito em julgado de decisão proferida em ação ajuizada pelo Sindicato, na condição de substituto processual, dá ensejo à incidência da coisa julgada material se outra ação, proposta pelo empregado, integrante da categoria profissional representada, persegue os mesmos direitos, com o mesmo pedido e causa de pedir. A postulação, pela entidade de classe, desonera, ainda que parcialmente, o trabalhador do ônus de enfrentar individualmente seu empregador em juízo. Agravo de instrumento a que se nega provimento. (AIRR 126040-24.2006.5.04.0020 – j. em 7.3.2012 – Relator Ministro Lelio Bentes Corrêa – 1ª Turma – *DEJT* de 16.3.2012)

Nesse passo, restou assentado na primeira edição desta obra que, com base no entendimento do C. TST, a decisão proferida em ação ajuizada pelo sindicato na condição de substituto processual daria ensejo à incidência da coisa julgada material se outra ação individual fosse proposta pelo empregado substituído com o mesmo pedido e causa de pedir.

Ocorre que, como visto no tópico que analisa a questão da litispendência entre ações coletivas e individuais, a SBDI-I do C. TST, alterando seu entendimento, passou a se posicionar pela inexistência de litispendência, com base no art. 104 do Código de Defesa do Consumidor. Assim, se não há litispendência entre ação individual e coletiva, não há que se falar, via de consequência, em coisa julgada entre ambas.

A título de ilustração, destaca-se o seguinte julgado da mais alta Corte Trabalhista:

RECURSO DE REVISTA – 1. PRELIMINAR DE COISA JULGADA – AÇÃO CIVIL PÚBLICA E AÇÃO INDIVIDUAL – INEXISTÊNCIA. A jurisprudência desta Corte é no sentido de que, nos termos do art. 104 do Código de Defesa do Consumidor, aplicável ao microssistema de direitos coletivos, inclusive no âmbito trabalhista, não existe litispendência entre Ação Civil Pública e Ação Individual. Precedentes. **Ora, se não há falar em litispendência entre Ação Civil Pública e Ação Individual, a inexistência de coisa julgada torna-se mera decorrência lógica dessa conclusão.** Recurso de revista não conhecido, no particular. (RR 790-71.2011.5.03.0007 – j. em 11.12.2012 – Relator Ministro Guilherme Augusto Caputo Bastos – 5ª Turma – *DEJT* de 19.12.2012) (negrito nosso)

Como se vê, a coisa julgada coletiva não irá se sobrepor à coisa julgada individual. Até porque, se o trabalhador preferir seguir com sua demanda individual sofrerá os efeitos desse julgado, pois, para fazer jus a sentença coletiva favorável, deverá postular a suspensão de sua ação. Se não postular essa suspensão e a ação coletiva for julgada procedente, com o julgamento improcedente da ação individual, prevalecerá este último.

Conclui-se, portanto, que, em eventual reclamação trabalhista, não merecerá acolhida a tese defensiva que postular a extinção do feito, sem resolução do mérito, pela existência de coisa julgada na ação coletiva. Ao propor a ação individual, ciente da existência de demanda coletiva, está o autor implicitamente renunciando à faculdade de se fazer substituir em Juízo pelo sindicato e aceitando a submissão à coisa julgada individual, em favor da coletiva.

3.13.6. Execução da coisa julgada coletiva

No presente tópico não temos a pretensão de esgotar o tema pertinente à execução da coisa julgada coletiva, mas apenas trazer a lume a reflexão sobre alguns pontos que consideramos interessantes.

Tratando-se de execução decorrente das ações envolvendo direitos difusos e coletivos, merece destaque a disposição constante no art. 15 da Lei nº 7.347/1985, pela qual, decorridos 60 dias do trânsito em julgado sem que o autor promova a execução, deverá fazê-lo o Ministério Público, facultada a iniciativa aos demais legitimados.

Com relação à execução das ações coletivas que versem sobre direitos individuais homogêneos, há que se observar que o art. 95 do Código de Defesa do Consumidor estabelece que a condenação será sempre genérica, motivo pelo qual será necessária a liquidação. Nesse caminho, em virtude da sentença condenatória genérica, mister se faz que os substituídos promovam a quantificação do valor devido (*quantum debeatur*), individualmente, no prazo de um ano contado do trânsito em julgado, sob pena de a execução ser realizada coletivamente.

A fase de *liquidação do processo coletivo*, que trata de direitos individuais homogêneos, será, necessariamente, por artigos, devendo o liquidante demonstrar o dano individualmente sofrido, o nexo causal entre o dano individual e o dano genérico reconhecido e o respectivo montante.

O art. 97 do Código de Defesa do Consumidor trata da legitimação ativa para a liquidação da sentença de condenação genérica nos casos de direitos individuais homogêneos, dispondo: "A liquidação e execução de sentença poderão ser promovidas pela vítima e seus sucessores, assim como pelos legitimados de que trata o art. 82".

A doutrina reconhece que, tanto nos casos da liquidação promovida pelas vítimas como da liquidação promovida pelos legitimados previstos no art. 82 do CDC, as *liquidações* serão *personalizadas* e *divisíveis*. Nas hipóteses em que a liquidação for promovida pelas vítimas ou seus sucessores, a legitimação será ordinária, ao passo que sendo promovida pelos legitimados de que trata o art. 82 do Código de Defesa do Consumidor, eles atuarão como representantes.

Exatamente por esse motivo discute-se a legitimidade do Ministério Público para a promoção da liquidação individual de que trata o art. 97 do Código de Defesa do Consumidor, pois os direitos tutelados perderiam a forma de direito coletivo, passando a um direito individual disponível.

Entretanto, o Superior Tribunal de Justiça, além de reconhecer a possibilidade de o Ministério Público promover a execução de direitos individuais homogêneos, afirmou que a execução promovida pelos entes legitimados do art. 82 do CDC, ainda que pertinente a direitos individuais homogêneos, constitui execução coletiva:

> PROCESSUAL CIVIL – CONFLITO NEGATIVO DE COMPETÊNCIA – AÇÃO CIVIL PÚBLICA – LIQUIDAÇÃO COLETIVA DE SENTENÇA. 1. A controvérsia reside em definir o juízo competente para processar e julgar ação civil pública ajuizada com fundamento nas Leis nos 7.347/1985 (Ação Civil Pública) e 8.078/1990 (Código de Defesa do Consumidor), em fase de liquidação de sentença promovida pelo Ministério Público. 2. Constatado o caráter coletivo da liquidação nas ações ajuizadas com o fim de preservar direitos difusos e coletivos, o foro competente será o da condenação, observando-se o rito do § 2º do art. 475-A do CPC, tendo em vista a inexistência de dispositivo legal específico no Código Consumerista. 3. Da mesma forma, diante da ausência de regra acerca da competência para a liquidação coletiva de sentença nos processos em que sejam tutelados direitos individuais homogêneos, deve ser realizada interpretação extensiva da norma prevista no art. 98, § 2º, inciso II, segundo o qual competirá ao juízo condenatório a execução coletiva da sentença. 4. Assim, independentemente da natureza do direito tutelado pelo Ministério Público Federal – se difuso, coletivo ou individual homogêneo – o juízo competente para a liquidação será o da ação condenatória, já que se trata de liquidação coletiva, ou seja, requerida por um dos legitimados de que trata o art. 82 do CDC. 5. Conflito de competência conhecido para declarar a competência do Juízo Federal da 21ª Vara da Seção Judiciária do Distrito Federal, o suscitado. (CC 113.523/RJ – 2010/0143074-1 – Relator Ministro Castro Meira (1125) – S1 – Primeira Seção – *DJe* de 4.3.2011)

No caso de *execução individual*, promovida pelas próprias vítimas ou sucessores, a competência será do juízo da liquidação da sentença ou o da ação condenatória (art. 98, § 2º, I, do CDC). Isso significa, portanto, que *está autorizado ao credor liquidar a sentença em foro diverso do da ação condenatória*, contrariando, dessa forma, a regra geral.

Assim, pode-se concluir que a liquidação individualizada ocorrerá no *foro do domicílio do autor, garantido o efetivo acesso à Justiça*, deixando, ainda, de sobrecarregar a Vara do Trabalho responsável pela ação de conhecimento, uma vez que não será a única competente para a liquidação.

3.13.6.1. Fluid recovery *(reparação fluida)*

O *caput* do art. 100 do Código de Defesa do Consumidor estabelece que "decorrido o prazo de um ano sem habilitação de interessados em número compatível com a gravidade do dano, poderão os legitimados do art. 82 promover a liquidação e execução da indenização devida."

A intenção do legislador com o referido dispositivo legal foi evitar que a ausência de habilitações suficientes e proporcionais ao dano pudesse ser benéfica para o ofensor.

Dessa forma, pensando nessas situações de *ausência de habilitações suficientes* (seja pela *difícil identificação dos beneficiários*, seja pelo *desinteresse das vítimas* pelo fato do valor individualizado ser de pouco monta) é que foi estabelecida a *reparação fluida* como forma de impedir a impunidade e proporcionar a reparação do dano, ainda que de forma diversa da ressarcitória.

Vale mencionar que a reparação fluida tem *caráter residual*, uma vez que, nas ações coletivas cujo objeto seja a defesa de direitos individuais homogêneos, a reparação principal é a individual, voltada ao lesado. Apenas se o número de lesados habilitados for incompatível com a gravidade do dano é que incidirá a reparação fluida prevista no art. 100 do Código de Defesa do Consumidor, sob pena de condenar duplamente o ofensor pelo seu ato ilícito.

Em suma, após decorrido o prazo previsto no art. 100 do Código de Defesa do Consumidor, o dano será apurado de forma global, visando-se a impedir a impunidade, sendo seu produto revertido ao Fundo de Amparo ao Trabalhador (FAT). Se nesse mesmo prazo ocorrer a habilitação de lesados em número compatível com a gravidade do dano, a reparação fluida deixará de ser postulada.

É importante registrar que, se o lesado não tiver ciência da ação coletiva e, por consequência, não requerer a liquidação e a respectiva execução, haverá a incidência da reparação fluida, nos moldes do art. 100 do CDC. Nesse caso, a vítima deverá pleitear sua parcela *perante o fundo* no qual foi depositada a quantia, que no campo da Justiça do Trabalho tem sido o Fundo de Amparo do Trabalhador (FAT), e não do causador do dano, sob pena de *bis in idem*.

Dessa forma, pode-se notar que a publicidade no sistema de proteção coletiva merece ser incentivada, pois, havendo condenação genérica, todos os lesados deveriam, em tese, ser informados para promoverem a liquidação e a execução de seus danos.

3.14. APLICAÇÃO DOS ARTS. 18 DA LACP E 87 DO CDC AO MINISTÉRIO PÚBLICO DO TRABALHO

Os arts. 18 da Lei nº 7.347/1985 e 87 do Código de Defesa do Consumidor (o primeiro referente às ações pertinentes a direitos difusos e coletivos, e o segundo às ações que versem sobre direitos individuais homogêneos) estabelecem igualmente que, nas respectivas ações coletivas, "não haverá adiantamento de custas, emolumentos, honorários periciais e quaisquer outras despesas, nem condenação da associação autora, salvo comprovada má-fé, em honorários de advogado, custas e despesas processuais".

De acordo com os respectivos dispositivos legais, haverá condenação em honorários advocatícios, custas e despesas processuais a cargo da associação autora apenas se restar comprovada a má-fé. A regra, portanto, é a isenção. A exceção, referente à condenação em custas, honorários e despesas processuais, ocorre apenas no caso de comprovada má-fé.

O Código do Consumidor estabelece ainda a solidariedade entre a associação autora e os diretores responsáveis pela propositura da ação.

A questão que surge é se tais dispositivos são aplicáveis ao Ministério Público, seja por mera interpretação literal ("associação") que não menciona o órgão ministerial, seja pela finalidade das atribuições ministeriais, seja pela presunção de boa-fé no desempenho de suas funções.

O C. Superior Tribunal de Justiça já reconheceu a aplicação dos dispositivos legais em comento ao Ministério Público, exigindo, para tanto, comprovação de forma inequívoca da má-fé do *parquet*:

> PROCESSUAL CIVIL – AGRAVO REGIMENTAL NO RECURSO ESPECIAL – AÇÃO CIVIL PÚBLICA – IMPROCEDÊNCIA – MINISTÉRIO PÚBLICO – CONDENAÇÃO AO PAGAMENTO DE HONORÁRIOS ADVOCATÍCIOS – IMPOSSIBILIDADE – AUSÊNCIA DE MÁ-

-FÉ – MULTA – DESCABIMENTO – PRECEDENTES DO STJ – AGRAVO REGIMENTAL NÃO PROVIDO. 1. É pacífico o entendimento desta Corte Superior no sentido de que, nos casos em que a ação civil pública proposta pelo Ministério Público for julgada improcedente, somente haverá condenação ao pagamento de honorários advocatícios quando comprovada a má-fé do órgão ministerial, nos termos do art. 18 da Lei nº 7.347/1985. Tal hipótese não ficou configurada no caso examinado, o que impõe o afastamento da condenação aos ônus sucumbenciais. 2. Nesse sentido, os seguintes precedentes desta Corte Superior: REsp 764.278/SP, 1ª Turma, Relator Ministro Teori Albino Zavascki, *DJe* de 28.5.2008; REsp 896.679/RS, 1ª Turma, Relator Ministro Luiz Fux, *DJe* de 12.5.2008; REsp 419.110/SP, 2ª Turma, Relator Ministro Herman Benjamin, *DJ* de 27.11.2007; AgRg no Ag 542.821/MT, 2ª Turma, Relator Ministro João Otávio de Noronha, *DJ* de 6.12.2006. 3. "Não caracteriza litigância de má-fé nem embargos protelatórios a oposição de embargos de declaração com o propósito de prequestionar matéria para eventual propositura de recurso especial ou extraordinário" (excerto da ementa do REsp 612.519/RS, Relator Ministro João Otávio de Noronha, Segunda Turma, *DJ* de 6.11.2006, p. 307). 4. Agravo regimental não provido. (AgRg no REsp 887631/SP – 2006/0194912-4 – Relator Ministro Mauro Campbell Marques (1141) – T2 – Segunda Turma – j. em 15.6.2010 – *DJe* de 28.6.2010)

EMBARGOS DE DIVERGÊNCIA – PROCESSO CIVIL – AÇÃO CIVIL PÚBLICA – HONORÁRIOS ADVOCATÍCIOS – MINISTÉRIO PÚBLICO AUTOR E VENCEDOR. 1. Na ação civil pública movida pelo Ministério Público, a questão da verba honorária foge inteiramente das regras do CPC, sendo disciplinada pelas normas próprias da Lei nº 7.347/1985. 2. Posiciona-se o STJ no sentido de que, em sede de ação civil pública, a condenação do Ministério Público ao pagamento de honorários advocatícios somente é cabível na hipótese de comprovada e inequívoca má-fé do *parquet*. 3. Dentro de absoluta simetria de tratamento e à luz da interpretação sistemática do ordenamento, não pode o *parquet* beneficiar-se de honorários, quando for vencedor na ação civil pública. Precedentes. 4. Embargos de divergência providos. (EREsp 895530/PR – 2009/0102749-2 – Relatora Ministra Eliana Calmon (1114) – S1 – Primeira Seção – j. em 26.8.2009 – *DJe* de 18.12.2009)

A possibilidade de se reconhecer a má-fé, via processual, na atuação dos membros do Ministério Público não é vista com bons olhos no seio da instituição, uma vez que já existem mecanismos aptos para coibir e evitar abusos, como a resposta junto à Corregedoria e ao Conselho Nacional do Ministério Público (CNMP) ou até mesmo, por eventual responsabilidade criminal, conforme prevê a Lei Orgânica do Ministério Público da União, sob pena de se impedir uma *atuação independente* dos promotores e procuradores.

Embora não concordemos com a possibilidade de aplicação de multa por litigância de má-fé ao Ministério Público, a jurisprudência tem se direcionado por admitir sua aplicação, devendo, nessa hipótese, sua interpretação ser restritiva, para aceitar essa possibilidade apenas se realmente comprovada a má-fé, de forma dolosa.

3.15. AÇÃO ANULATÓRIA DE CLÁUSULAS CONVENCIONAIS: ASPECTOS RELEVANTES

A Lei Complementar nº 75/1993, em seu art. 83, IV, insere no campo de atribuições do Ministério Público do Trabalho a propositura das "ações cabíveis para declaração de nulidade de cláusula de contrato, acordo coletivo ou convenção coletiva que viole as liberdades individuais ou coletivas ou os direitos individuais indisponíveis dos trabalhadores".

MPT – preparando-se para o concurso de Procurador do Trabalho

A ação anulatória é uma ação de conhecimento, de caráter declaratório constitutivo negativo, cuja finalidade é a *declaração de nulidade* de cláusula contratual, individual ou coletiva, que viole as liberdades individuais ou coletivas, direitos individuais indisponíveis ou mesmo as disposições de proteção ao trabalho e os contratos coletivos (art. 444 da CLT).

Uma hipótese clássica de utilização dessa medida são as cláusulas normativas que são estabelecidas em descompasso ao Precedente Normativo nº 119 do Tribunal Superior do Trabalho:

> *PN TST Nº 119* • CONTRIBUIÇÕES SINDICAIS – INOBSERVÂNCIA DE PRECEITOS CONSTITUCIONAIS – *(nova redação dada pela SDC em sessão de 2.6.1998 – homologação Resolução nº 82/1998, DJ de 20.8.1998)*: A Constituição da República, em seus arts. 5º, XX e 8º, V, assegura o direito de livre associação e sindicalização. É ofensiva a essa modalidade de liberdade cláusula constante de acordo, convenção coletiva ou sentença normativa estabelecendo contribuição em favor de entidade sindical a título de taxa para custeio do sistema confederativo, assistencial, revigoramento ou fortalecimento sindical e outras da mesma espécie, obrigando trabalhadores não sindicalizados. Sendo nulas as estipulações que inobservem tal restrição, tornam-se passíveis de devolução os valores irregularmente descontados.

Embora a Lei Complementar nº 75/1993 estabeleça o Ministério Público como legitimado para ajuizamento da ação anulatória, a jurisprudência reconhece, excepcionalmente, a *legitimidade concorrente* dos sindicatos ou empresas signatários, quando ficar provado o vício de vontade, consoante se observa do seguinte aresto:

> RECURSO ORDINÁRIO DO SINDICATO DOS TRABALHADORES NO COMÉRCIO DE SUPERMERCADOS, SHOPPING CENTER E MINI BOX E DO COMÉRCIO VAREJISTA E ATACADISTA DE GÊNEROS ALIMENTÍCIOS DE BELÉM E ANANINDEUA – AÇÃO ANULATÓRIA – CONVENÇÃO COLETIVA DE TRABALHO – ILEGITIMIDADE ATIVA *AD CAUSAM* – EXTINÇÃO DO PROCESSO SEM RESOLUÇÃO DO MÉRITO. A lei confere ao Ministério Público do Trabalho a legitimidade para propor ação anulatória de instrumento coletivo autônomo, pois compete a ele atuar na defesa da ordem jurídica que assegura direitos fundamentais e indisponíveis aos trabalhadores. Tal legitimidade, porém, não é exclusiva, cabendo aos sindicatos ou às empresas signatárias do instrumento apontado como inválido, a defesa dos interesses coletivos da categoria. Isso ocorre em casos excepcionais, como quando ficar comprovado vício de vontade ou alguma das hipóteses do art. 166 do CCB. Não obstante, a empresa, atuando na defesa de interesses próprios, de forma individual, não é parte legítima para ajuizar ação anulatória visando à declaração da nulidade de convenção coletiva de trabalho, em face da natureza dos direitos envolvidos – direitos coletivos da categoria. Julga-se extinto o processo, sem resolução do mérito, nos termos do art. 267, VI, do CPC. Processo extinto sem a resolução do mérito. (RO 15600-05.2009.5.08.0000 – j. em 12/03/2012 – Relator Ministro Mauricio Godinho Delgado – Seção Especializada em Dissídios Coletivos – *DEJT* de 23.3.2012)

Quanto à *competência funcional* para apreciação da ação anulatória, registre-se o entendimento do C. Tribunal Superior do Trabalho, que reconhece a competência originária dos Tribunais Regionais do Trabalho:

> RECURSO ORDINÁRIO – AÇÃO DECLARATÓRIA DE NULIDADE DE CONVENÇÃO COLETIVA DE TRABALHO – IRREGULARIDADE NOS EDITAIS DE CONVOCAÇÃO E DAS ASSEMBLEIAS – COMPETÊNCIA FUNCIONAL ORIGINÁRIA DE TRIBUNAL REGIONAL DO TRABALHO. 1. Nos termos da jurisprudência iterativa, notória e atual da Seção de Dissídios Coletivos desta Corte Superior, em face da inexistência de regramento legal específico, atribui-se aos Tribunais Regionais do Trabalho a competência funcional para julgar ação declaratória de nulidade de convenção coletiva de trabalho, dada a similitude com a ação de dissídio coletivo de

trabalho, cuja competência originária dos Tribunais trabalhistas é fixada no art. 678, I, "a", da CLT e na Lei nº 7.701/1988. 2. Na espécie, o objeto da ação anulatória não condiz com a defesa dos interesses individuais da empresa autora, e sim com o pedido de anulação da convenção coletiva de trabalho, de forma ampla e abstrata, sem aplicação a qualquer caso concreto, consoante bem aprendido pelo acórdão recorrido, o que evidencia a natureza coletiva do conflito e o submete ao crivo originário do Tribunal Regional do Trabalho para julgamento originário, em ordem a afastar a competência funcional da Vara do Trabalho. Recurso ordinário a que se nega provimento. (RO 178000-04.2009.5.03.0000 – j. em 12.12.2011 – Relator Ministro Walmir Oliveira da Costa – Seção Especializada em Dissídios Coletivos – *DEJT* de 16.12.2011).

Destaca-se, porém, que o C. Tribunal Superior do Trabalho entende ser da competência das Varas do Trabalho a apreciação de ação anulatória individual, por meio da qual membros integrantes das categorias profissional ou econômica que se sintam atingidos em sua esfera jurídica postulem a declaração de nulidade ou ineficácia de acordos e convenções coletivas de trabalho **exclusivamente em relação a si**. Citam-se como precedentes:

NULIDADE DE CLÁUSULAS DE NORMA COLETIVA RECONHECIDA PELO JUÍZO DE PRIMEIRO GRAU – INCOMPETÊNCIA – NÃO CONFIGURAÇÃO – PEDIDO MEDIATO. A SBDI-II, por unanimidade, conheceu do recurso ordinário, e, no mérito, por maioria, negou-lhe provimento, mantendo a decisão do TRT, que denegou a segurança por entender incabível, em sede de mandado de segurança, a arguição de incompetência da autoridade coatora (Juiz da 5ª Vara do Trabalho de Niterói-RJ), que, nos autos da reclamação trabalhista, antecipou os efeitos da tutela para, reconhecendo a nulidade de cláusulas de norma coletiva, determinar o retorno dos trabalhadores à antiga jornada e o pagamento das horas extraordinárias, com os devidos reflexos. Prevaleceu o entendimento de que, no caso, a anulação das cláusulas do acordo coletivo é pedido mediato, incidental, não havendo falar, portanto, em competência do Tribunal Regional, pois o pleito imediato é o pagamento de horas extraordinárias e o retorno à jornada anterior, os quais estão afetos à cognição do juízo de primeiro grau. A competência seria do TRT apenas se a discussão em torno da legalidade, ou não, das cláusulas impugnadas fosse genérica, de efeitos abstratos, sem a concretude da pretensão de horas extraordinárias formulada em ação individual. Vencido o Ministro Guilherme Augusto Caputo Bastos, relator. (TST – RO-566700-68.2008.5.01.0000 – SBDI-II – Relator Ministro Guilherme Augusto Caputo Bastos – red. p/ acórdão Ministro Luiz Philippe Vieira de Mello Filho – 30.10.2012).

RECURSO ORDINÁRIO – AÇÃO ANULATÓRIA – ADITIVOS À CONVENÇÃO COLETIVA – VÍCIOS NA MANIFESTAÇÃO DE VONTADE – COMPETÊNCIA FUNCIONAL VERTICAL – LEGITIMIDADE ATIVA *AD CAUSAM*. Empresas integrantes da categoria econômica, destinatárias de aditivos à convenção coletiva de trabalho, diretamente atingidas em sua esfera jurídica por normas ali insertas, detêm legitimidade *ad causam* para, na defesa de seus próprios interesses, postular a declaração de ineficácia do instrumento normativo em relação a si, por meio de ação individual, de competência da Vara do Trabalho, hipótese vertente. Recurso ordinário a que se dá provimento, a fim de se declarar a incompetência funcional do Tribunal Regional *a quo* para processar e julgar, originariamente a ação, com a consequente anulação dos atos decisórios praticados e determinação de retorno dos autos à Vara do Trabalho à qual foi inicialmente distribuída a ação. (RO 19000-75.2009.5.17.0000 – j. em 10.10.2011 – Relator Ministro Fernando Eizo Ono – Seção Especializada em Dissídios Coletivos – *DEJT* de 28.10.2011).

Assim, a ação anulatória, cuja competência originária é da segunda instância, é aquela que tem como objeto a anulação de cláusula normativa ou da própria norma coletiva, de forma ampla e abstrata, com sua retirada do mundo jurídico. Caso seja postulada, ainda que sob a denominação de ação anulatória, a declaração de nulidade de determinada cláusula, apenas no caso concreto, para se tornar ineficaz a cláusula exclusivamente em relação aos autores da ação, tratar-se-á de ação declaratória de nulidade específica, cuja competência originária é da primeira instância, ou seja, das Varas do Trabalho, uma vez que não estaremos diante de um conflito coletivo, muito menos diante de um pedido genérico e abstrato de exclusão da cláusula ou da norma do mundo jurídico.

Outra relevante controvérsia envolvendo a ação anulatória reside em saber se é possível, no seu bojo, *cumular pedido condenatório*, seja quanto à devolução dos valores indevidamente descontados, seja em relação à tutela inibitória referente à não inserção em normas futuras das cláusulas inválidas.

Aqueles que defendem a impossibilidade de cumulação de pedidos em sede de ação anulatória sustentam a *natureza declaratória* (e não condenatória) da medida processual. Sustentam a impossibilidade não apenas de devolução de valores indevidamente descontados como, também, a impossibilidade de cumular pedido de tutela inibitória, referente à obrigação dos Sindicatos se absterem de incluir nas futuras negociações as cláusulas declaradas nulas e de garantirem condição adequada à legislação pertinente.

Nesse sentido, a jurisprudência do Tribunal Superior do Trabalho:

> AÇÃO ANULATÓRIA – CUMULAÇÃO DE PEDIDO DE NATUREZA CONDENATÓRIA – NÃO CABIMENTO. É incompatível com a natureza declaratória da ação anulatória a cumulação de pedido de natureza condenatória, consistente na determinação de devolução de valores indevidamente descontados dos salários dos empregados em favor da Recorrente, com base na cláusula em que foi ajustado o desconto de contribuição assistencial, extensiva a trabalhadores não associados. Precedentes desta Seção Normativa. Recurso ordinário a que se dá provimento parcial. (RO 167700-69.2009.5.07.0000 – j. em 13.8.2012 – Relator Ministro Fernando Eizo Ono – Seção Especializada em Dissídios Coletivos – *DEJT* de 24.8.2012).

> RECURSO ORDINÁRIO EM AÇÃO ANULATÓRIA – PEDIDO CONDENATÓRIO – OBRIGAÇÃO DE FAZER E NÃO FAZER – CUMULAÇÃO INVIÁVEL. Conforme jurisprudência desta Corte Superior, a natureza declaratória da ação anulatória não comporta a cumulação de pedido condenatório, no caso, referente à obrigação dos Sindicatos-Réus de se absterem de incluir nas futuras negociações as cláusulas declaradas nulas e de garantirem condição adequada à legislação pertinente. (ROAA 6300-88.2006.5.20.0000 – j. em 12.6.2008 – Relator Ministro Walmir Oliveira da Costa – Seção Especializada em Dissídios Coletivos – *DJ* de 20.6.2008).

De acordo com o C. Tribunal Superior do Trabalho, embora a devolução dos valores descontados resulte da nulidade da cláusula da norma coletiva, a restituição daí decorrente se inscreve entre os direitos de natureza individual do trabalhador atingido, cuja competência para apreciação é da Vara do Trabalho e não do Tribunal Regional do Trabalho, restando, por isso, descumprido o requisito previsto no art. 292, § 1º, II, do CPC para a cumulação de pedidos no mesmo processo.

Por esse motivo, os Procuradores do Trabalho têm optado, mais das vezes, pelo manejo de *ação civil pública* para impugnar cláusulas normativas, tendo em vista a possibilidade, por essa via, de cumulação de pedidos: impugnar cláusulas normativas, contratuais e regulamentares, além de pedidos de cunho condenatório (devolução e tutela inibitória).

Deve-se ressaltar, contudo, que o Judiciário não vê com bons olhos o manejo da ação civil pública para postular declaração de nulidade das cláusulas normativas, dada a competência funcional distinta para apreciação da ação anulatória (competência originária dos Tribunais) e da ação civil pública (Varas do Trabalho).

Nesse sentido, oportuno mencionar precedente do C. Tribunal Superior do Trabalho que, analisando processo em que o embargante era o Ministério Público do Trabalho da 10ª Região, por unanimidade, decidiu ser incabível a ação civil pública visando à declaração de nulidade de cláusula de instrumento coletivo de trabalho, em razão da sua natureza cominatória, conforme se observa do seguinte julgado:

> AÇÃO CIVIL PÚBLICA – DECLARAÇÃO DE NULIDADE DE CLÁUSULA DE NORMA COLETIVA – NÃO CABIMENTO. Nos termos do art. 3º da Lei nº 7.347/1985, a Ação Civil Pública tem natureza cominatória, tendo por objeto estrito a imposição de uma condenação pecuniária ou o cumprimento de uma obrigação de fazer ou de não fazer. Nesse sentido, não é possível a utilização de Ação Civil Pública para veicular pretensão não cominatória, que deve ser deduzida no meio processual próprio. Precedentes. Embargos conhecidos e desprovidos. (E-ED-RR 124900-03.2005.5.10.0802 – Relator Ministro Maria Cristina Irigoyen Peduzzi – j. em 25.11.2010 – *DEJT* de 3.12.2010)

Assim, a opção mais prudente seria o ajuizamento da ação anulatória visando à declaração de nulidade das cláusulas previstas em convenção ou acordo coletivo, com o paralelo ajuizamento de ação civil pública visando ao cumprimento da obrigação de fazer (devolução de valores) e de não fazer, consistente em não incluir em normas coletivas futuras as cláusulas cuja invalidade se discute na ação anulatória.

3.16. AÇÕES COLETIVAS E O CONTROLE JUDICIAL DE POLÍTICAS PÚBLICAS

É possível a utilização da *ação civil pública como forma de controle e implementação de políticas públicas* sem que se possa falar na afronta ao princípio da separação dos poderes?

A resposta não é simples, demandando reflexão e fundamentação para evitar discussões envolvendo a tese de usurpação de atribuições e violação ao princípio constitucional da separação dos poderes. Todavia, ainda assim, a resposta é positiva.

Dentre os argumentos encontrados na doutrina, favoráveis à intervenção judicial para implementação e efetivação de políticas públicas envolvendo direitos sociais dos trabalhadores, encontramos:

✓ possibilidade de *controle* dos atos do governo, pelo Poder Judiciário, inclusive os discricionários, quanto à sua *legalidade*, destacando-se que o controle do mérito administrativo não é ativismo judicial impróprio, mas sim garantido pelo ordenamento jurídico;

✓ a discricionariedade não se confunde com *arbitrariedade*: embora se reconheça que as políticas públicas inserem-se nas funções típicas do Poder Executivo e conquanto seja certa a existência de maior liberdade para a conformação do ato administrativo, é evidente que não se poderá consentir com a edição de atos que violem o conteúdo da Constituição;

✓ recusar, em tese, a possibilidade de ação civil pública para implementação de políticas públicas equivale, na realidade, a conferir *poderes sem limites* ao Executivo, atentando contra o próprio princípio da separação dos poderes, que consagra a teoria do *sistema de freios e contrapesos*;

- ✓ a própria judicialização da política, traduzida no tratamento em sede judicial de temas afetos aos interesses da coletividade de modo geral;

- ✓ previsão constitucional de matérias que antes eram deixadas para o processo político majoritário e para a legislação ordinária, o que significa, em outras palavras, *transformar política em Direito*;

- ✓ o sistema brasileiro de controle de constitucionalidade por meio do qual questões políticas relevantes podem ser apreciadas pela Suprema Corte;

- ✓ a *força normativa* dos princípios constitucionais.

A maior discussão, contudo, não reside no reconhecimento ou não da viabilidade do manejo da ação civil pública para implementação de políticas públicas, mas sim nos *limites* dessa possibilidade. Noutros termos, até que ponto o juiz pode impor políticas públicas, sobrepondo seu ato (decisão judicial) aos atos do Poder Executivo e Legislativo? Qual seria o limite para a atuação judicial?

O Supremo Tribunal Federal já se manifestou a respeito, apontando alguns contornos que podem servir de parâmetro, quando do julgamento da ADPF nº 45 MC/DF, de relatoria do ministro Celso de Mello, cuja ementa segue transcrita:

> ARGUIÇÃO DE DESCUMPRIMENTO DE PRECEITO FUNDAMENTAL. A questão da legitimidade constitucional do controle e da intervenção do poder judiciário em tema de implementação de políticas públicas, quando configurada hipótese de abusividade governamental. Dimensão política da jurisdição constitucional atribuída ao Supremo Tribunal Federal. Inoponibilidade do arbítrio estatal à efetivação dos direitos sociais, econômicos e culturais. Caráter relativo da liberdade de conformação do legislador. Considerações em torno da cláusula da "reserva do possível". Necessidade de preservação, em favor dos indivíduos, da integridade e da intangibilidade do núcleo consubstanciador do "mínimo existencial". Viabilidade instrumental da arguição de descumprimento no processo de concretização das liberdades positivas (direitos constitucionais de segunda geração). Destaca-se, por oportuno, interessante trecho constante na fundamentação, que melhor esclarece a respeito dos limites para implementação judicial de políticas públicas: É certo que não se inclui, ordinariamente, no âmbito das funções institucionais do Poder Judiciário – e nas desta Suprema Corte, em especial – a atribuição de formular e de implementar políticas públicas (José Carlos Vieira de Andrade, *Os Direitos Fundamentais na Constituição Portuguesa de 1976*, p. 207, item nº 5, 1987, Coimbra: Almedina), pois, nesse domínio, o encargo reside, primariamente, nos Poderes Legislativo e Executivo. Tal incumbência, no entanto, embora em bases excepcionais, poderá atribuir-se ao Poder Judiciário, se e quando os órgãos estatais competentes, por descumprirem os encargos político-jurídicos que sobre eles incidem, vierem a comprometer, com tal comportamento, a eficácia e a integridade de direitos individuais e/ou coletivos impregnados de estatura constitucional, ainda que derivados de cláusulas revestidas de conteúdo programático. Cabe assinalar, presente esse contexto – consoante já proclamou esta Suprema Corte – que o caráter programático das regras inscritas no texto da Carta Política "não pode converter-se em promessa constitucional inconsequente, sob pena de o Poder Público, fraudando justas expectativas nele depositadas pela coletividade, substituir, de maneira ilegítima, o cumprimento de seu impostergável dever, por um gesto irresponsável de infidelidade governamental ao que determina a própria Lei Fundamental do Estado" (*RTJ* 175/1212-1213 – Relator Ministro Celso de Mello). Não deixo de conferir, no entanto, assentadas tais premissas, significativo relevo ao tema pertinente à "reserva do possível" (Stephen Holmes; Cass R. Sunstein, *The Cost of Rights*, 1999, New York: Norton), notadamente em sede de efetivação e implementação (sempre onerosas) dos direitos de segunda geração (direitos econômicos, sociais e culturais), cujo adimplemento, pelo

Poder Público, impõe e exige, deste, prestações estatais positivas concretizadoras de tais prerrogativas individuais e/ou coletivas. É que a realização dos direitos econômicos, sociais e culturais – além de caracterizar- se pela gradualidade de seu processo de concretização – depende, em grande medida, de um inescapável vínculo financeiro subordinado às possibilidades orçamentárias do Estado, de tal modo que, comprovada, objetivamente, a incapacidade econômico-financeira da pessoa estatal, desta não se poderá razoavelmente exigir, considerada a limitação material referida, a imediata efetivação do comando fundado no texto da Carta Política. Não se mostrará lícito, no entanto, ao Poder Público, em tal hipótese – mediante indevida manipulação de sua atividade financeira e/ou político-administrativa – criar obstáculo artificial que revele o ilegítimo, arbitrário e censurável propósito de fraudar, de frustrar e de inviabilizar o estabelecimento e a preservação, em favor da pessoa e dos cidadãos, de condições materiais mínimas de existência. Cumpre advertir, desse modo, que a cláusula da "reserva do possível" – ressalvada a ocorrência de justo motivo objetivamente aferível – não pode ser invocada, pelo Estado, com a finalidade de exonerar-se do cumprimento de suas obrigações constitucionais, notadamente quando, dessa conduta governamental negativa, puder resultar nulificação ou, até mesmo, aniquilação de direitos constitucionais impregnados de um sentido de essencial fundamentalidade.

Provém daí a correta ponderação de Ana Paula de Barcellos (2002, p. 245-6):

> Em resumo: a limitação de recursos existe e é uma contingência que não se pode ignorar. O intérprete deverá levá-la em conta ao afirmar que algum bem pode ser exigido judicialmente, assim como o magistrado, ao determinar seu fornecimento pelo Estado. Por outro lado, não se pode esquecer que a finalidade do Estado ao obter recursos, para, em seguida, gastá-los sob a forma de obras, prestação de serviços, ou qualquer outra política pública, é exatamente realizar os objetivos fundamentais da Constituição.

> A meta central das Constituições modernas, e da Carta de 1988 em particular, pode ser resumida, como já exposto, na promoção do bem-estar do homem, cujo ponto de partida está em assegurar as condições de sua própria dignidade, que inclui, além da proteção dos direitos individuais, condições materiais mínimas de existência. Ao apurar os elementos fundamentais dessa dignidade (o mínimo existencial), estar-se-ão estabelecendo exatamente os alvos prioritários dos gastos públicos. Apenas depois de atingi-los é que se poderá discutir, relativamente aos recursos remanescentes, em que outros projetos se deverá investir. O mínimo existencial, como se vê, associado ao estabelecimento de prioridades orçamentárias, é capaz de conviver produtivamente com a reserva do possível.

> Vê-se, pois, que os condicionamentos impostos, pela cláusula da "reserva do possível", ao processo de concretização dos direitos de segunda geração – de implantação sempre onerosa –, traduzem-se em um binômio que compreende, de um lado, (1) a razoabilidade da pretensão individual/social deduzida em face do Poder Público e, de outro, (2) a existência de disponibilidade financeira do Estado para tornar efetivas as prestações positivas dele reclamadas.

No âmbito da Justiça do Trabalho, destacamos importante julgado, prolatado pela 2ª Turma do Tribunal Regional do Trabalho da 16ª Região (Maranhão), que reconheceu a competência da Justiça Especializada para apreciar pedido de adoção de políticas públicas voltadas à erradicação do trabalho infantil:

> COMPETÊNCIA DA JUSTIÇA DO TRABALHO – AÇÃO CIVIL PÚBLICA – PEDIDO DE ADOÇÃO DE POLÍTICAS PÚBLICAS VOLTADAS À ERRADICAÇÃO DO TRABALHO INFANTIL. A competência da Justiça do Trabalho, ou de qualquer ramo do Judiciário, não se define em razão da natureza das normas legais aplicáveis ao caso concreto, mas em razão da natureza da pretensão que é deduzida em juízo. No nosso direito processual trabalhista, basta que o pedido e a causa de pedir estejam relacionados com as hipóteses constitucionais do art. 114 da CF/1988

ou com leis esparsas para que se tenha reconhecida a competência da Justiça Laboral. Recurso conhecido e provido. Vistos, relatados e discutidos os presentes autos de recurso ordinário oriundos da Vara do Trabalho de Chapadinha, em que são partes MINISTÉRIO PÚBLICO DO TRABALHO (recorrente) e MUNICÍPIO DE VARGEM GRANDE (recorrido). (Número único: 00471-2010-006-16-00-9-RO (90525) – Relator Desembargador Gerson de Oliveira Costa Filho – j. em 14.6.2011 – Publicação em 20.6.2011).

3.17. SÚMULAS E ORIENTAÇÕES JURISPRUDENCIAIS

- ◆ *OJ-SBDI-I Nº 130* • PRESCRIÇÃO – MINISTÉRIO PÚBLICO – ARGUIÇÃO – *CUSTOS LEGIS* – ILEGITIMIDADE. *(Nova redação) – [DJ de 20.4.2005]*. Ao exarar o parecer na remessa de ofício, na qualidade de *custos legis*, o Ministério Público não tem legitimidade para arguir a prescrição em favor de entidade de direito público, em matéria de direito patrimonial (arts. 194 do CC de 2002 e 219, § 5º, do CPC).

- ◆ *OJ-SBDI-I Nº 350* • MINISTÉRIO PÚBLICO DO TRABALHO – NULIDADE DO CONTRATO DE TRABALHO NÃO SUSCITADA PELO ENTE PÚBLICO NO MOMENTO DA DEFESA – ARGUIÇÃO EM PARECER – POSSIBILIDADE. *(Alterada em decorrência do julgamento do processo TST IUJERR 526538/1999.2) – [Resolução nº 162/2009, DEJT divulgado em 23, 24 e 25.11.2009]*. O Ministério Público do Trabalho pode arguir, em parecer, na primeira vez que tenha de se manifestar no processo, a nulidade do contrato de trabalho em favor de ente público, ainda que a parte não a tenha suscitado, a qual será apreciada, sendo vedada, no entanto, qualquer dilação probatória.

- ◆ *OJ-SBDI-II Nº 130* • AÇÃO CIVIL PÚBLICA – COMPETÊNCIA – LOCAL DO DANO – LEI Nº 7.347/1985, ART. 2º – CÓDIGO DE DEFESA DO CONSUMIDOR, ART. 93. *(Redação alterada na sessão do Tribunal Pleno realizada em 14.9.2012) – [Resolução nº 186/2012, DEJT divulgado em 25, 26 e 27.9.2012]*. I – A competência para a Ação Civil Pública fixa-se pela extensão do dano. II – Em caso de dano de abrangência regional, que atinja cidades sujeitas à jurisdição de mais de uma Vara do Trabalho, a competência será de qualquer das varas das localidades atingidas, ainda que vinculadas a Tribunais Regionais do Trabalho distintos. III – Em caso de dano de abrangência suprarregional ou nacional, há competência concorrente para a Ação Civil Pública das Varas do Trabalho das sedes dos Tribunais Regionais do Trabalho. IV – Estará prevento o juízo a que a primeira ação houver sido distribuída.

3.18. QUESTÕES RESOLVIDAS E COMENTADAS

(MPT – 17º Concurso) Consoante o Código de Defesa do Consumidor (Lei nº 8.078/1990), nas ações coletivas, é **CORRETO** afirmar que a sentença fará coisa julgada:

- [A] *Erga omnes*, exceto se o pedido for julgado improcedente por insuficiência de provas, nas hipóteses de interesses difusos, coletivos e individuais homogêneos.
- [B] *Erga omnes*, exceto se o pedido for julgado improcedente por insuficiência de provas, nas hipóteses de interesses difusos e coletivos; e *ultra partes*, apenas no caso de procedência do pedido, para beneficiar todas as vítimas e seus sucessores, na hipótese de interesses individuais homogêneos.
- [C] *Erga omnes*, exceto se o pedido for julgado improcedente por insuficiência de provas, nas hipóteses de interesses difusos e individuais homogêneos; e *ultra partes*, salvo no caso de improcedência por insuficiência de provas, nas hipóteses de interesses coletivos.

SISTEMA DE TUTELA JURISDICIONAL COLETIVA: ASPECTOS RELEVANTES | 817

[D] *Erga omnes* e *ultra partes*, respectivamente, nos casos de interesses difusos e coletivos, exceto se o pedido for julgado improcedente por insuficiência de provas; e *erga omnes*, apenas na hipótese de procedência do pedido, para beneficiar todas as vítimas e seus sucessores, quando se tratar de interesses individuais homogêneos.

[E] Não respondida.

Gabarito oficial: alternativa [D].

Comentário dos autores:

✫ *As alternativas "A", "B" e "C" estão incorretas, pois no caso dos direitos coletivos a sentença fará coisa julgada* ultra partes *e no caso dos direitos individuais homogêneos o efeito será* erga omnes *apenas se o pedido for julgado procedente, conforme o art. 103, II e III, do CDC, respectivamente. A questão exigiu do candidato o conhecimento da literalidade da lei.*

(MPT – 17º Concurso) Nos termos do Código de Defesa do Consumidor (Lei nº 8.078/1990), nas ações coletivas, é **CORRETO** afirmar que:

[A] É competente para a execução o juízo do domicílio do autor, no caso de execução individual, e o juízo da liquidação da sentença, na hipótese de execução coletiva.

[B] É competente para a execução o juízo da ação condenatória, no caso de execução individual, e o juízo da liquidação da sentença, no caso de execução coletiva.

[C] É competente para a execução o juízo da liquidação da sentença ou da ação condenatória, no caso de execução individual, e o juízo da ação condenatória, no caso de execução coletiva.

[D] É competente para a execução o juízo da liquidação da sentença, no caso de execução individual, e o juízo da liquidação da sentença ou da ação condenatória, na hipótese de execução coletiva.

[E] Não respondida.

Gabarito oficial: alternativa [C].

Comentário dos autores:

✫ *A questão exige do candidato o conhecimento da literalidade da lei, já que o enunciado é expresso ao mencionar "nos termos do Código de Defesa do Consumidor". Nesse caminho, o candidato deve deixar de lado eventuais entendimentos doutrinários e jurisprudenciais em sentido diverso àquele que aponta a letra da lei.*

Essa pergunta é respondida com base no art. 98, § 2º, do CDC, segundo o qual é competente para a execução da ação coletiva o juízo da liquidação da sentença ou da ação condenatória, no caso de execução individual e da ação condenatória, quando a execução for coletiva.

Dessa forma, incorretas as alternativas "A", "B" e "D", pois em dissonância com referido dispositivo legal.

(MPT – 17º Concurso) Marque a alternativa **INCORRETA**:

[A] A celebração de termo de ajustamento de conduta não importa em remissão dos autos de infração lavrados anteriormente, visto que as sanções pecuniárias (multas) aplicadas pelos Auditores Fiscais do Trabalho do Ministério do Trabalho não se confundem com os procedimentos judiciais ou extrajudiciais do Ministério Público do Trabalho.

[B] Nos termos da Lei da Ação Civil Pública e da legislação processual civil, a competência é definida pelo foro do local do dano, como primado dos princípios do acesso à justiça e facilitação, da produção e colheita de provas. Essa competência é classificada como absoluta, tendo como características a sua improrrogabilidade, indisponibilidade, irrenunciabilidade e inalterabilidade, devendo ser declarada inclusive de ofício.

[C] A mediação é forma de solução dos conflitos em que o mediador adota postura persuasiva com as partes, para que alcancem uma solução consensual. Já a conciliação é obtida em juízo, gerando uma sentença homologatória, um título executivo judicial, que, em regra, não pode ser atacado via recurso ordinário, mas por ação rescisória. Segundo orientação da jurisprudência uniformizada do Tribunal Superior do Trabalho, a homologação do acordo constitui faculdade do juiz, o qual pode deixar de homologá-lo, se for prejudicial ao empregado, lesivo à ordem jurídica ou for objeto de simulação e/ou colusão entre as partes para prejuízo de terceiros, entre outros motivos.

[D] O litisconsórcio entre membros de diferentes ramos do Ministério Público é autorizado pela lei e é facultativo ativo, podendo ser inicial ou incidental. Nesse sentido, enquadra-se eventual ação civil pública proposta conjuntamente pelo Ministério Público estadual e pelo Ministério Público do Trabalho, contra o Estado Membro, na Justiça Estadual, com pedido de implementação de política pública de erradicação do trabalho infantil de porte familiar em estádios de futebol. *In casu,* ainda que atuem em litisconsórcio, os atos processuais praticados pelo membro do Ministério Público do Trabalho ficarão na dependência de ratificação pelo Promotor de Justiça do Ministério Público do Estado.

[E] Não respondida.

Gabarito oficial: alternativa [D].

Comentário dos autores:

✮ *A alternativa "A" está correta, pois a atuação do Ministério Público do Trabalho e do Ministério do Trabalho e Emprego são independentes. Consequência disso, eventual TAC firmado pelo MPT não tem o condão de "anistiar" as multas impostas pelo órgão de fiscalização competente. Além disso, eventual imposição de multa pelo MTE e execução da multa prevista em TAC firmado com o MPT, ainda que referentes à mesma irregularidade, não configura bis in idem.*

✮ *A alternativa "B" está correta, pois segundo a LACP (art. 2º) a competência territorial é funcional, ou seja, absoluta, podendo, assim, ser declarada de ofício pelo magistrado. Essa disposição legal constitui-se exceção, pois a regra geral, prevista no CPC, é no sentido de que a competência territorial é relativa.*

✮ *A alternativa "C" está correta. Na mediação, a solução não é imposta pelas partes pelo mediador que apenas atua como facilitador para que as próprias partes resolvam o conflito existente entre si. O acordo firmado perante o juiz, também denominado conciliação, constitui decisão transitada em julgado (art. 831, parágrafo único, da CLT), que pode ser atacada apenas via ação ação rescisória, conforme entendimento cristalizado na Súmula nº 259 do*

TST. Ademais, o juiz não está obrigado a homologar o acordo apresentado pelas partes, trazudindo-se a homologação em mera faculdade do magistrado (Súmula nº 418 do TST).

✯ *A alternativa "D" está incorreta. O disposto no art. 5º, § 5º, da Lei nº 7.347/1985, expressamente, admite o litisconsórcio facultativo entre os diferentes ramos do Ministério Público. Isso não significa, porém, que os atos processuais praticados pelo membro do Ministério Público do Trabalho ficarão na dependência de ratificação pelo Promotor de Justiça do Ministério Público do Estado. Não existe essa "sujeição" entre os ramos.*

(MPT – 17º Concurso) Em relação à ação civil pública no processo do trabalho, considere as seguintes proposições:

I – Em caso de procedência do pedido em ação civil pública versando sobre interesses coletivos, a condenação será genérica, fixando-se a responsabilidade do réu pelos danos causados.

II – Consoante a jurisprudência uniformizada do Tribunal Superior do Trabalho, a decisão de mérito proferida em ação civil pública não pode ser objeto de ação rescisória pelo Ministério Público do Trabalho com fundamento em questão processual, como aquela que diz respeito a pressuposto de validade da própria decisão de mérito.

III – Em conformidade com o entendimento predominante na doutrina e na jurisprudência, na hipótese de tutela dos interesses difusos e coletivos, o ente legitimado atua na condição de legitimado extraordinário ou substituto processual; já em relação aos interesses individuais homogêneos, a legitimação tem natureza ordinária ou autônoma para o processo.

IV – Nos termos da Lei nº 7.347/1985, na hipótese de improcedência por insuficiência de provas, qualquer outro legitimado, valendo-se de nova prova, poderá propor outra ação com idêntico fundamento, com exceção daquele que propôs a ação anterior.

Marque a alternativa **CORRETA**:

[A] todas as assertivas estão corretas;

[B] apenas as assertivas I, II e III estão corretas;

[C] apenas as assertivas II, III e IV estão corretas;

[D] todas as assertivas estão incorretas;

[E] não respondida.

Gabarito oficial: alternativa [D].

Comentário dos autores:

✯ *A assertiva I está incorreta, pois reproduz o texto do art. 95 do CDC, aplicável apenas às ações civil públicas que versem sobre direitos individuais homogêneos.*

✯ *A assertiva II afronta o entendimento consagrado pelo Tribunal Superior do Trabalho nas Súmulas nos 407 e 412, pelas quais o MPT tem legitimidade para ajuizar ação rescisória com fundamento em questão processual, que diz respeito a pressuposto de validade da própria decisão de mérito.*

✯ *A assertiva III está incorreta, pois inverteu os posicionamentos. Na realidade, na tutela de direitos difusos e coletivos, os entes legitimados atuam na condição de legitimados autôno-*

mos ou ordinários, enquanto nas ações que versem sobre direitos invididuais homogêneos a legitimação é extraordinária.

✰ *A assertiva IV está incorreta, pois nos termos do art. 16 da LACP qualquer legitimado, o que inclui aquele que propôs a ação anterior, poderá propor nova demanda coletiva, valendo-se de nova prova, na hipótese de improcedência por insuficiência de provas.*

(MPT – 17º Concurso) O Ministério Público do Trabalho ajuizou ação anulatória de cláusula de acordo coletivo de trabalho, relativa à jornada de trabalho dos trabalhadores portuários avulsos, por considerar ilegal e abusiva a previsão de intervalo de 6 (seis) horas entre duas jornadas, violando a legislação pertinente que prescreve o intervalo interjornada de, no mínimo, 11 (onze) horas. Diante da situação descrita, é **INCORRETO** afirmar que:

[A] Serão réus, em listisconsórcio passivo necessário, as partes convenentes ou acordantes que firmaram a norma coletiva.

[B] Conforme entendimento do Tribunal Superior do Trabalho, a competência funcional para análise e julgamento da ação anulatória de cláusula de acordo ou convenção coletiva de trabalho proposta pelo Ministério Público do Trabalho é originária dos tribunais trabalhistas, os quais possuem competência para modificar, criar, ou extinguir condições de trabalho, por força do seu poder normativo.

[C] Segundo a jurisprudência uniformizada do Tribunal Superior do Trabalho, configura-se erro grosseiro, que obsta a aplicação do princípio da fungibilidade recursal, a interposição por uma das partes de agravo inominado ou agravo regimental contra o julgamento colegiado na ação anulatória, quando cabível o recurso ordinário ao Tribunal Superior do Trabalho.

[D] É possível ao Ministério Público do Trabalho cumular pedidos no bojo da ação anulatória, podendo pleitear tanto a declaração de nulidade de determinada cláusula, como pleito condenatório e tutela inibitória, consubstanciada na não inserção da cláusula impugnada nas futuras normas coletivas.

[E] Não respondida.

Gabarito oficial: alternativa [D].

Comentário dos autores:

✰ *A alternativa "A" está correta, pois as partes que assinaram a norma coletiva, como partes interessadas no resultado da ação anulatória, devem figurar como litisconsortes necessários e exercer seu direito de defesa.*

✰ *A alternativa "B" está correta. A jurisprudência do TST reconhece a competência originária dos Tribunais para analisar as ações anulatórias. Destaca-se, porém, que o C. Tribunal Superior do Trabalho entende ser da competência das Varas do Trabalho a apreciação de ação anulatória individual, por meio da qual membros integrantes das categorias profissional ou econômica que se sintam atingidos em sua esfera jurídica postulem a declaração de nulidade ou ineficácia de acordos e convenções coletivas de trabalho exclusivamente em relação a si.*

✰ *A alternativa "C" reproduz o entendimento cristalizado na OJ nº 412 da SBDI-I do TST. Correta, portanto.*

☆ *A alternativa "D" está incorreta, pois, segundo a jurisprudência predominante no TST, não é possível cumular pedidos no bojo de ação anulatória, devendo o pleito restringir-se à declaração de nulidade da cláusula.*

(MPT – 16º Concurso) Leia as assertivas abaixo e assinale a alternativa **CORRETA**, consideradas as Súmulas e Orientações Jurisprudenciais do Tribunal Superior do Trabalho:

I – Para fixação da competência territorial em sede de ação civil pública, cumpre tomar em conta a extensão do dano causado ou a ser reparado, pautando-se pela incidência analógica do Código de Defesa do Consumidor. Assim, se a extensão do dano a ser reparado limitar-se ao âmbito regional, a competência é de uma das Varas do Trabalho da Capital do Estado; se for de âmbito suprarregional ou nacional, o foro é do Distrito Federal.

II – No caso de tutela antecipada ou liminar concedidas antes da sentença, cabe a impetração do mandado de segurança, em face da inexistência de recurso próprio.

III – A superveniência da sentença, nos autos originários, faz perder o objeto do mandado de segurança que impugnava a concessão da tutela antecipada o liminar.

De acordo com os itens acima, pode-se afirmar que:

[A] apenas a assertiva I está correta;

[B] apenas as assertivas I e II estão corretas;

[C] apenas as assertivas II e III estão corretas;

[D] todas as assertivas estão corretas;

[E] não respondida.

Gabarito oficial: alternativa [D].

Comentários dos autores:

☆ *A assertiva "I" está de acordo com a OJ nº 130 da SBDI-II do TST. Atentar o candidato para o fato de que esta questão foi resolvida com base na redação da OJ vigente à época do certame. A orientação jurisprudencial em questão foi alterada em 14.9.2012.*

☆ *As assertivas "II" e "III" reproduzem, respectivamente, as alíneas II e III da Súmula nº 414 do TST.*

(MPT – 16º Concurso) A propósito da ação civil pública, assinale a alternativa **INCORRETA**:

[A] em caso de litigância de má-fé, a associação autora e os diretores responsáveis pela propositura da ação civil pública serão solidariamente condenados em honorários advocatícios e ao décuplo das custas, sem prejuízo da responsabilidade por perdas e danos;

[B] a sentença proferida em sede de ação civil pública faz coisa julgada *erga omnes*, nos limites da competência territorial do órgão prolator, exceto se o pedido for julgado improcedente por insuficiência de provas, hipótese em que qualquer legitimado poderá intentar outra ação com idêntico fundamento, valendo-se de nova prova;

[C] decorridos 60 dias do transito em julgado da sentença condenatória sem que a associação autora lhe promova a execução, o Ministério Público poderá fazê-lo, não sendo facultada igual iniciativa a outros legitimados para a propositura da ação civil pública;

[D] na ação que tenha por objeto o cumprimento de obrigação de fazer ou não fazer, o juiz determinará o cumprimento da prestação da atividade devida ou a cessação da atividade nociva, sob pena de execução específica, ou de cominação de multa diária, se esta for suficiente ou compatível, independentemente de requerimento do autor;

[E] não respondida.

Gabarito oficial: alternativa [C].

Comentários dos autores:

✯ *A questão demanda um conhecimento da Lei de Ação Civil Pública (Lei nº 7.347/1985). O item "A" está em consonância com o art. 17 da LACP.*

✯ *O item "B" está em consonância com o art. 16 da LACP.*

✯ *O item "C" afronta o art. 15 da LACP, que assim dispõe: "Decorridos sessenta dias do trânsito em julgado da sentença condenatória, sem que a associação autora lhe promova a execução, deverá fazê-lo o Ministério Público, facultada igual iniciativa aos demais legitimados".*

✯ *O item "D" está de acordo com o art. 11 da LACP.*

(MPT – 16º Concurso) Leia as assertivas abaixo e, com base na disciplina legal constante do Código de Defesa do Consumidor, assinale a alternativa **CORRETA**:

I – as associações legalmente constituídas há pelo menos um ano e que incluam entre seus fins institucionais a defesa dos interesses e direitos protegidos por este Código, dispensada a autorização assemblear, estão legitimadas para a propositura de ação civil pública.

II – nas ações coletivas para a defesa de interesses individuais homogêneos o Ministério Público atuará como fiscal da lei se não for o autor da ação.

III – os legitimados para propositura da ação civil pública não têm legitimidade para propor ação coletiva para a defesa de interesses individuais homogêneos em nome próprio e no interesse dos sucessores das vítimas pelos danos por estas sofridos individualmente.

De acordo com os itens acima, pode-se afirmar que:

[A] apenas a alternativa I é verdadeira;

[B] apenas as alternativas I e II são verdadeiras;

[C] apenas as alternativas II e III são verdadeiras;

[D] apenas as alternativas I e III são verdadeiras;

[E] não respondida.

Gabarito oficial: alternativa [B].

Comentários dos autores:

✯ *A assertiva "I" está em consonância com o art. 82, IV, do CDC.*

✯ *A assertiva "II" está em consonância com o art. 92 do CDC.*

✯ *A assertiva "III" está em dissonância com o art. 91 do CDC.*

Capítulo 4

ASSÉDIO PROCESSUAL
Afonso de Paula Pinheiro Rocha

O assédio processual, atualmente reconhecido no ordenamento jurídico brasileiro, encontra amparo na regra constitucional que estabelece a *celeridade processual* como garantia do jurisdicionado, "a razoável duração do processo e os meios que garantam a celeridade de sua tramitação" (inciso LXXVIII do art. 5º da Constituição Federal).

Parte ainda da constatação de que a morosidade da prestação jurisdicional não é decorrência da atuação dos magistrados ou desembargadores, decorrendo muitas vezes do comportamento de uma das partes que multiplica incidentes processuais em manifesto *abuso do direito de petição*.

Observe-se que não se está aqui a falar de simples litigância de má-fé (arts. 17 e 18 do CPC); ato atentatório à dignidade da Justiça (art. 600 do CPC) ou embargos protelatórios (parágrafo único do art. 538 do CPC), uma vez que tais conhecidos institutos processuais podem restar incidentes no processo, quando de um único ato ou comportamento da parte, e decorrem de previsão expressa de lei.

O caso do assédio processual pode ultrapassar esses limites, diante do que a parte-vítima de tal abuso encontrará amparo na regra constitucional antes mencionada (inciso LXXVIII do art. 5º), pois, mesmo que a conduta ou o expediente processual utilizado pela parte possua previsão legal, o mesmo tem por objetivo dificultar a verificação ou a concretização do direito da parte adversa, levando à caracterização do *assédio processual*.

Para tornar ainda mais claros os contornos do que se entende por *assédio processual*, transcreve-se o elucidativo trecho de Acórdão pertencente ao Egrégio Tribunal Regional do Trabalho da 9ª Região – Paraná, no RO 00511-2006-562-09-00-3, que se utilizou, como seus fundamentos, de parte da sentença de origem, transcrita a seguir:

> O assédio processual, marcado por um conjunto de atos que caracterizam dolo processual, uma vez reconhecido, leva a condenação pecuniária do assediador, consistindo a reparação devida por esse motivo em instrumento eficaz no escopo de prevenir e rechaçar condutas atentatórias ao exercício da jurisdição, viabilizando a punição daqueles que usam a Justiça para a obtenção de resultados ilícitos, moral e eticamente reprováveis ou para causar prejuízos a outrem.
>
> A finalidade desejada pelo assediador não é a exclusão do seu adversário desta relação, pela sua exposição a situações desconfortáveis e humilhantes, mas o intento é outro: retardar a prestação jurisdicional e/ou o cumprimento das obrigações reconhecidas judicialmente, em prejuízo da outra parte, reservando a esta todos os ônus decorrentes da tramitação processual.

Entende-se, em linhas gerais, que assédio desta natureza consiste no exercício abusivo de faculdades processuais, da própria garantia da ampla defesa e do contraditório, pois, a atuação da parte não tem a finalidade de fazer prevalecer um direito que se acredita existente, apesar da dificuldade em demonstrá-lo em juízo, nem se cuida de construção de teses sobre assuntos em relação aos quais reina discórdia nos tribunais, a exemplo de uma matéria de direito, de interpretação jurídica, complexa e de alta indagação.

Nada disso. O verdadeiro propósito do litigante é dissimulado, pois, sob aparência de exercício regular das faculdades processuais, deseja um resultado ilícito ou reprovável moral e eticamente, procrastinando a tramitação dos feitos e causando prejuízos à parte que tem razão, a quem se destina a tutela jurisdicional, além de colaborar para a morosidade processual, aumentando a carga de trabalho dos órgãos judiciários e consumindo recursos públicos com a prática de atos processuais que, sabidamente, jamais produzirão os efeitos (supostamente lícitos) desejados pelo litigante assediador.

Em assim agindo, o litigante que pratica o assédio processual compromete a realização do processo justo.

A ampla defesa e o contraditório, inerentes ao devido processo constitucional, não devem e não podem ter essa amplitude, sob pena de produzirem efeitos que se opõem à principal finalidade da prestação jurisdicional, que é a pacificação social, através da solução dos conflitos individuais e coletivos de interesses, gerando resultados individual e socialmente justos, de acordo com o ordenamento jurídico constitucional vigente.

Parece irrecusável que a atuação revestida da intenção de causar prejuízos e/ou de alcançar vantagens ilícitas é viabilizada pelo uso de medidas processuais legalmente contempladas pelo sistema, de modo que se torna vazio de conteúdo o argumento de que se a parte as empregou, não cometeu assédio processual, mas apenas fez uso de instrumentos legitimados pelo sistema processual.

Ora, tanto a atuação regular, moderada, com objetivo de fazer prevalecer interesses juridicamente protegidos, como aquela outra, que tem justamente o oposto desse escopo, são realizadas através de instrumentos processuais postos à disposição dos litigantes pela lei, e nem por isso, se pode afirmar que não há como condenar alguém por assédio processual.

Com a devida vênia, mas esta é uma visão por demais simplista, cômoda, conservadora e sem o compromisso de fazer valer a ordem democrática e os seus objetivos, valorizando a pessoa humana, a sua dignidade e a função social de tudo que há na sociedade, para quem sabe corrigir as injustiças e diminuir as diferenças entre pessoas e classes sociais, atingindo a efetivação do princípio da igualdade material.

A reparação devida por conta desse tipo de atitude encontra suporte no art. 187 do Código Civil de 2002, que qualifica como *ato ilícito* aquele gerado pelo *exercício imoderado de um direito*, excedendo manifestamente aos limites impostos pelo seu fim econômico ou social, pela boa-fé ou pelos bons costumes.

Convém citar jurisprudência exemplificativa:

ASSÉDIO PROCESSUAL – CARACTERIZAÇÃO. O assédio processual é uma espécie do gênero assédio moral. Enquanto esse ocorre no âmbito do trabalho, aquele se situa no âmbito forense. Se caracteriza nos atos materializados e que vão de encontro à celeridade, retardando o cumprimento das obrigações e concretização da prestação jurisdicional, aviltando a boa-fé e lealdade processuais, no manifesto abuso de direito e propósito de prejudicar a parte contrária, quando não, de tentar obter vantagem ilícita, afrontando as decisões judiciais, a lei, a Constituição, e, com isso, o próprio interesse público e, em última instância, o Poder Judiciário e o Estado Democrático de

Direito, muitas vezes convicto o assediador quanto à impunidade ou mesmo na insignificância das penalidades postas na legislação a lhe alcançar, por litigância de má-fé, insurgindo-se contra o próprio processo, conquanto instrumento ético, sendo certo que assim afronta, literalmente, a garantia constitucional de sua razoável duração (art. 5º, inciso LXXVIII, da CF/1988), o que ainda vai de encontro ao que preconiza o art. 3º da Carta Federal, nos objetivos fundamentais da República Federativa do Brasil, que passam pela construção de uma sociedade livre, justa e solidária (inciso I), a promoção do bem de todos, sem preconceitos ou quaisquer formas de discriminação (inciso IV), assegurando o seu art. 5º, *caput*, a igualdade de todos perante a lei, além de asseverar o art. 170, *caput*, que a ordem econômica é fundada na valorização do trabalho humano e na livre iniciativa, tendo por finalidade possibilitar uma digna existência, calcada nos parâmetros da verdadeira Justiça social, que se sustenta no primado do trabalho de cada cidadão. (TRT – 5ª R. – RO 01224-2008-016-05-00-2 – 2ª T. – Relatora Ministra Margareth Rodrigues Costa – *DJe* de 15.10.2009)

Surge, assim, um *sistema de proteção* à tutela da razoável duração do processo.

Capítulo 5

SISTEMA RECURSAL TRABALHISTA

Cesar Henrique Kluge

Sumário: 5.1. Conceito, fundamentos e natureza jurídica dos recursos • 5.2. Procedimento e princípios • 5.2.1. Princípio do duplo grau de jurisdição • 5.2.2. Princípio da taxatividade • 5.2.3. Princípio da singularidade ou unirrecorribilidade • 5.2.4. Princípio da fungibilidade • 5.2.5. Princípio da proibição da *reformatio in pejus* • 5.3. Direito intertemporal • 5.4. Atos sujeitos a recurso • 5.4.1. Irrecorribilidade imediata das decisões interlocutórias • 5.4.2. Dissídios de alçada exclusiva da Vara do Trabalho • 5.5. Pressupostos de admissibilidade recursal • 5.5.1. Pressupostos processuais subjetivos (intrínsecos) • 5.5.1.1. Legitimidade: peculiaridades • 5.5.1.2. Interesse recursal: peculiaridades • 5.5.1.3. Legitimidade e interesse recursal do Ministério Público do Trabalho • 5.5.2. Pressupostos extrínsecos (objetivos) • 5.5.2.1. Tempestividade • 5.5.2.2. Regularidade formal • 5.5.2.3. Regularidade de representação • 5.5.2.4. Preparo • 5.5.2.4.1. Custas processuais • 5.5.2.4.2. Depósito recursal • 5.5.2.4.3. Multas impostas pelo juízo • 5.5.2.5. Inexistência de fato impeditivo ao direito de recorrer • 5.6. Efeitos dos recursos • 5.6.1. Efeito suspensivo (obstativo) • 5.6.2. Efeito devolutivo • 5.6.3. Efeito translativo • 5.6.4. Efeito regressivo (retratação) • 5.6.5. Efeito expansivo • 5.6.6. Efeito substitutivo (art. 512 do CPC) • 5.7. Súmula impeditiva de recursos (art. 518, § 1º, do CPC) • 5.8. Recursos em espécie • 5.8.1. Recurso ordinário • 5.8.1.1. Teoria da causa madura • 5.8.1.2. Procedimento sumaríssimo • 5.8.1.3. Contrarrazões • 5.8.2. Embargos para o TST • 5.8.2.1. Hipóteses de cabimento • 5.8.3. Recurso de Revista • 5.8.3.1. Hipóteses de cabimento • 5.8.3.2. Pressupostos de admissibilidade intrínsecos (específicos) • 5.8.3.3. Prequestionamento • 5.8.3.4. Transcendência • 5.8.3.5. Procedimento sumaríssimo • 5.8.3.6. Decisões proferidas no julgamento do Agravo de Petição • 5.8.3.7. Processamento • 5.8.4. Agravo de instrumento • 5.8.4.1. Juízo de retratação (efeito regressivo) • 5.8.4.2. Pressuposto de admissibilidade específico • 5.8.4.3. Decisão irrecorrível • 5.8.5. Agravo de Petição • 5.8.5.1. Decisão sujeita a agravo de petição • 5.8.5.2. Pressuposto de admissibilidade específico • 5.8.6. Embargos declaratórios • 5.8.6.1. Natureza jurídica • 5.8.6.2. Provimentos jurisdicionais sujeitos a embargos declaratórios • 5.8.6.3. Hipóteses de cabimento • 5.8.6.4. Efeito modificativo • 5.8.6.5. Efeito interruptivo • 5.8.6.6. Multa por embargos protelatórios • 5.8.7. Recurso adesivo • 5.8.7.1. Características do recurso adesivo • 5.8.8. Remessa de ofício • 5.8.8.1. Remessa de ofício e ação coletiva • 5.8.9. Pedido de revisão • 5.8.10. Agravo regimental • 5.8.11. Agravo interno • 5.9. Súmulas e Orientações Jurisprudenciais • 5.9.1. Princípios recursais • 5.9.2. Juízo de admissibilidade • 5.9.3. Legitimidade e interesse para recorrer • 5.9.4. Tempestividade • 5.9.5. Representação • 5.9.6. Custas processuais • 5.9.7.

Depósito recursal • 5.9.8. Depósito de multas impostas pelo juízo • 5.9.9. Documentos • 5.9.10. Efeitos dos recursos • 5.9.11. Reexame necessário • 5.9.12. Embargos de declaração • 5.9.13. Recurso ordinário • 5.9.14. Recurso de revista • 5.9.15. Recurso de embargos à seção de dissídios individuais do TST • 5.9.16. Agravo de instrumento • 5.9.17. Agravo de petição • 5.9.18. Agravo regimental • 5.9.19. Recurso adesivo • 5.10. Questões resolvidas e comentadas

5.1. CONCEITO, FUNDAMENTOS E NATUREZA JURÍDICA DOS RECURSOS

Recurso vem do latim *recursus*, que significa andar para trás, retorno, reapreciação. Na realidade, na ótica jurídica, recurso é a medida processual utilizada para impugnar, ou melhor, permitir a reapreciação das decisões judiciais.

Desse conceito discute-se a natureza jurídica do recurso sob duas vertentes. A primeira, defendendo que o recurso constitui um meio de impugnação autônomo. A segunda, sustentando ser um meio de impugnação dentro da própria relação jurídica processual.

Na sistemática processual vigente em nosso ordenamento jurídico, prevalece a tese de que o recurso não é um meio de impugnação autônomo, mas sim um meio de impugnação da decisão, dentro da mesma relação jurídica processual, pressupondo a existência de uma lide pendente na qual ainda não se formou a coisa julgada.

Nesse sentido, o entendimento majoritário da doutrina é no sentido de que o recurso é um prolongamento do exercício do direito subjetivo público de ação (LEITE, 2006, p. 580).

Oportunas, no particular, as lições de Cléber Lúcio de Almeida (2012, p. 748):

> O recurso não constitui ação autônoma, mas simplesmente manifestação do direito de ação cujo exercício permitiu a solução, pelo Poder Judiciário, do conflito de interesses e sua apresentação não faz surgir uma nova relação processual, mas inaugura, na mesma relação processual, uma nova fase do procedimento.

Fredie Didier Jr. (2008, p. 29), ao falar dos meios de impugnação das decisões judiciais, faz a seguinte, e muito interessante, distinção:

Recurso	Medida processual voluntária e idônea a ensejar, dentro do mesmo processo, a reforma, a invalidação, o esclarecimento ou a integração da decisão judicial.
Ação autônoma de impugnação	Instrumento de impugnação da decisão judicial, pelo qual se dá origem a um novo processo, uma nova relação processual, cujo objetivo é o de atacar em decisão judicial. Exemplos: ação rescisória, embargos de terceiro, mandado de segurança e *habeas corpus*.
Sucedâneo recursal	Todo meio de impugnação de decisão judicial que nem é recurso nem é ação autônoma de impugnação. Trata-se de categoria que engloba todas as outras formas de impugnação. Exemplos: pedido de reconsideração, remessa necessária e correção parcial.

Além de ser um meio de impugnação, dentro da mesma relação processual, o recurso constitui uma forma de controle dos atos jurisdicionais pelas instâncias superiores, concretizando os princípios do contraditório, ampla defesa e devido processo legal.

Dentre os fundamentos da existência do recurso, como meio de impugnação das decisões judiciais, dentro da mesma relação jurídica processual, destacam-se:

- ✓ Inconformismo natural do ser humano, no caso, da parte vencida.

- ✓ Falibilidade humana e, consequentemente, eventual equívoco na análise do caso concreto ou da aplicação do direito pelo magistrado que tem o primeiro contato com o processo.

- ✓ Necessidade de aprimoramento das decisões judiciais e maior experiência, em tese, dos membros integrantes dos órgãos de revisão.

5.2. PROCEDIMENTO E PRINCÍPIOS

Os recursos trabalhistas seguem o procedimento recursal previsto na Consolidação das Leis do Trabalho.

A propósito, com a ampliação da competência da Justiça do Trabalho com o advento da Emenda Constitucional nº 45/2004, o C. Tribunal Superior do Trabalho, visando a sanar eventual dúvida a respeito do procedimento a ser adotado nos processos oriundos da Justiça Comum, editou a Instrução Normativa nº 27/2005, que em seu art. 2º estabelece:

> Art. 2º. A sistemática recursal a ser observada é a prevista na Consolidação das Leis do Trabalho, inclusive no tocante à nomenclatura, à alçada, aos prazos e às competências.
>
> Parágrafo único. O depósito recursal a que se refere o art. 899 da CLT é sempre exigível como requisito extrínseco do recurso, quando houver condenação em pecúnia.

Nos casos omissos, quando houver compatibilidade com o processo do trabalho, aplica-se o Código de Processo Civil, por força do art. 769 consolidado.

Com relação à *juntada de documentos na fase recursal*, há que se ressaltar o entendimento consagrado na Súmula nº 8 do C. TST, segundo a qual a juntada de documentos, nesta oportunidade, só se justifica quando provado o justo impedimento para sua oportuna apresentação ou se referir a ato posterior à sentença.

Destacamos que a juntada de decisões judiciais (jurisprudência), na fase recursal, não se enquadra na vedação prevista no entendimento cristalizado na Súmula nº 8, por se tratar de mero subsídio jurisprudencial, que o próprio julgador pode ter acesso para melhor formar seu convencimento.

Com relação aos *princípios recursais*, aplicáveis na seara trabalhista, que norteiam a compreensão e utilização dos recursos em geral, a doutrina não é uníssona quanto ao seu elenco. Não obstante, abordaremos os seguintes:

5.2.1. Princípio do duplo grau de jurisdição

O princípio do duplo grau de jurisdição consiste na possibilidade de revisão das decisões judiciais, por órgão superior, distinto do prolator da decisão.

A CF/1988 não estabeleceu, expressamente, a exigência do duplo grau de jurisdição.

É possível sustentar sua previsão, ainda que implicitamente, no art. 5º, LV, uma vez que referido dispositivo constitucional confere às partes o direito ao contraditório e ampla defesa, com os meios e **recursos a ela inerentes**. Todavia, não há como deixar de destacar que "recursos", nesse caso, foi utilizado em sentido amplo, como todas as medidas processuais inerentes ao contraditório e ampla defesa.

O entendimento majoritário enxerga o princípio do duplo grau de jurisdição, não só no art. 5º, LV, da CF, mas, principalmente, na organização do Poder Judiciário, tal como definida na Lei Maior, que denota um sistema hierarquizado, com tribunais superiores, que estão superpostos a outros tribunais, os quais, por sua vez, estão superpostos a juízos de primeira instância. Em outras palavras, sendo a maior parte da atividade dos tribunais de segundo grau, daí resulta a evidência de que a CF refere-se, quando disciplina a estrutura do poder judiciário, ao princípio do duplo grau de jurisdição.

Há casos em que o próprio texto constitucional comete a tribunais superiores o exercício do primeiro grau de jurisdição, sem conferir a possibilidade de um segundo grau. Daí se infere que a Constituição Federal prestigia o duplo grau como princípio implícito, e não como garantia ou direito fundamental.

Dessa forma, tem-se que a atual Constituição Federal apenas prevê o princípio do duplo grau de jurisdição, não tratando de discipliná-lo como garantia. Como bem observado por Mauro Schiavi (2008, p. 586), o legislador constituinte pretendeu, com isso, deixar a cargo da Lei a criação e o regramento dos recursos, como medida de efetividade e celeridade do processo.

Sendo assim, é possível haver exceções ao princípio, abrindo espaço para que a legislação infraconstitucional restrinja ou até elimine recursos em casos específicos.

Nelson Nery Jr. (2009, p. 280), ao falar da diferença sutil e da aplicação prática da simples previsão do princípio do duplo grau e do seu não reconhecimento como garantia constitucional, assim se manifesta:

> A diferença é sutil, reconhecemos, mas de grande importância prática. Com isto queremos dizer que, não havendo garantia constitucional do duplo grau, mas mera previsão, o legislador infraconstitucional pode limitar o direito de recurso, dizendo, por exemplo, não caber apelação nas execuções fiscais de valor igual ou inferior a 50 OTNs (LEF 34) e nas causas, de qualquer natureza, nas mesmas condições, que forem julgadas pela Justiça Federal (Lei nº 6.825/1980, art. 4º), ou, ainda, não caber recurso de despachos (CPC 504).

A discussão pode ganhar outro contorno, dependendo da interpretação e natureza jurídica a ser atribuída às normas internacionais e sua relação com o direito interno (norma constitucional, norma supralegal ou norma infraconstitucional). Isso porque a Convenção Interamericana de Direitos Humanos, mais conhecida como Pacto de San José da Costa Rica, em seu art. 8º, item 2, alínea "h", estabelece o duplo grau como garantia.

5.2.2. Princípio da taxatividade

De acordo com este princípio, somente são cabíveis os recursos previstos em Lei. Trata-se do reconhecimento do rol taxativo dos recursos, o que impede a interpretação extensiva ou analógica, para se admitir recurso que não tenha previsão legal.

No processo do trabalho são cabíveis os seguintes recursos:

Recurso	Previsão legal
Embargos (para o TST)	Art. 894 da CLT
Recurso ordinário	Art. 895 da CLT
Recurso de revista	Art. 896 da CLT
Agravo de instrumento	Art. 897 da CLT
Agravo de petição	Art. 897 da CLT
Embargos de declaração	Art. 535 do CPC c/c art. 897-A da CLT
Recurso adesivo	Art. 500 do CPC (Súmula TST nº 283)
Agravo regimental	Art. 709, § 1º, da CLT
Pedido de revisão do valor de alçada	Art. 2º, § 1º, da Lei nº 5.584/1970
Remessa necessária	Art. 475 do CPC e Decreto-lei nº 779/1969
Recurso extraordinário	Art. 102 da CF/1988

Em virtude de o princípio da taxatividade não permitir a interposição de recursos não previstos na legislação processual, cuja inobservância poderia eternizar os processos judiciais e, assim, colocar em risco a própria segurança jurídica, é que não se admite recurso de revista contra acórdão regional proferido em sede de agravo de instrumento, por se tratar de hipótese não contemplada no art. 896 da CLT, que prevê o seu cabimento, na fase de conhecimento, apenas contra acórdão proferido em sede de recurso ordinário [Ag-AIRR – 564-05.2010.5.24.0076 – j. em 30.10.2012 – Relator Ministro Guilherme Augusto Caputo Bastos – 5ª Turma – *DEJT* de 9.11.2012].

5.2.3. Princípio da singularidade ou unirrecorribilidade

O princípio da singularidade significa que é cabível apenas um recurso para cada decisão. Os recursos, por consequência disso, devem ser interpostos sucessiva e não simultaneamente, de acordo com os ditames legais.

A Consolidação das Leis do Trabalho, consoante se observa em seus arts. 893 a 897, não prevê dois recursos para atacar a mesma decisão, restando evidente a singularidade da medida processual que visa a revisar o julgado.

De fato, a legislação, seja a CLT ou mesmo o CPC, não adota a unirrecorribilidade de forma expressa, decorrendo, o princípio em comento, do próprio sistema legal e o tratamento conferido aos recursos de um modo geral.

Da reflexão a aplicação deste princípio, pode surgir, dentre outras, a seguinte indagação: os embargos declaratórios, por serem oponíveis contra qualquer sentença ou acórdão, constituem uma exceção à regra da singularidade?

De um lado, aqueles que defendem que os embargos declaratórios não possuem natureza jurídica de recurso afirmarão que essa hipótese não configura exceção à regra da unirrecorribilidade (TEIXEIRA FILHO, 2009, p. 1.475).

Por outro lado, aqueles que defenderem a natureza jurídica recursal afirmarão que estamos diante de uma exceção à regra da singularidade dos recursos.

Nesse contexto, interessante a observação de Carlos Henrique Bezerra Leite (2006, p. 598) ao asseverar que não violam o princípio da unirrecorribilidade as denominadas "razões adicionais", que, em rigor, constituem novo recurso. Segundo ele:

> Suponhamos, por exemplo, que a ré tenha se apressado em interpor recurso ordinário antes do julgamento dos embargos de declaração opostos pelo autor. Se a decisão dos embargos modificar a sentença anteriormente proferida, acarretando prejuízo ao réu, afigura-se-nos que poderá ele interpor novo recurso ou aditar o anteriormente interposto, pois não seria lógico ou juridicamente razoável que o exercício regular de um direito redunde em situação de desfavorabilidade àquele que o exerceu.

Quanto ao tema, citam-se os seguintes julgados do TST:

EMBARGOS DE DECLARAÇÃO – RAZÕES COMPLEMENTARES DE RECURSO – PRECLUSÃO E PRINCÍPIO DA UNIRRECORRIBILIDADE. O julgamento de embargos declaratórios pelo Regional, por força de acolhimento de recurso de revista com fundamento em nulidade do julgado *a quo*, e retorno dos autos para completa outorga da prestação jurisdicional, assegura à parte o direito de apresentar razões recursais aditivas à revista já interposta, limitando, no entanto, o direito à questão ou matéria específica objeto da decisão que apreciou os declaratórios. Admitir-se que possa a parte, à margem dessa realidade, trazer questão ou matéria estranha ao que consta dos declaratórios, resulta em ofensa ao princípio da unirrecorribilidade e grave violação à preclusão. Recurso de embargos não conhecido integralmente. (E-RR 347730/1997.4 – j. em 8.4.2002 – Relator Ministro Milton de Moura França – Subseção I Especializada em Dissídios Individuais – *DJ* de 26.4.2002)

RECURSO DE REVISTA – RECURSO ORDINÁRIO – RAZÕES COMPLEMENTARES NÃO CONHECIDAS PELO TRIBUNAL REGIONAL – IMPERTINÊNCIA DA INVOCAÇÃO DO PRINCÍPIO DA UNIRRECORRIBILIDADE. 1. O Tribunal Regional acolheu a preliminar, suscitada em contrarrazões, de não conhecimento das razões complementares ao recurso ordinário interposto pelo reclamante, invocando o princípio da unirrecorribilidade recursal. 2. Ao assim proceder, no entanto, não se apercebeu que a apresentação de razões complementares ao recurso, dentro do prazo recursal, não se confunde com a interposição simultânea de recursos diversos; esta, sim, hipótese para a qual se dirige a vedação expressa no mencionado princípio, que objetiva a preservação da unicidade ou singularidade recursal. 3. Nesse contexto, o Tribunal Regional, ao acolher a preliminar de não conhecimento do recurso ordinário, utilizando-se de fundamentação que não encontra amparo na melhor exegese conferida à matéria, do ponto de vista doutrinário e jurisprudencial, negou à parte a devida prestação jurisdicional, cerceando-lhe o direito de ter apreciadas alegações que diz fundamentar em sua pretensão, violando, conjuntamente, os arts. 5º, LV, e 93, XI, da Constituição Federal. Recurso de revista conhecido e provido. (RR 5940-58.2007.5.06.0017 – j. em 16.5.2012 – Relator Ministro Walmir Oliveira da Costa – 1ª Turma – *DEJT* de 18.5.2012)

Uma exceção reconhecida de forma pacífica pela doutrina é a previsão do art. 541 do Código de Processo Civil, que estabelece a possibilidade de serem interpostos, contra o mesmo acórdão, os recursos especial e extraordinário.

5.2.4. Princípio da fungibilidade

O princípio da fungibilidade consiste na admissão pelo órgão julgador de um recurso "incorreto" pelo recurso "correto", quando observados certos requisitos. Tal princípio decorre do caráter instrumental do processo e do princípio do aproveitamento dos atos processuais já praticados.

O CPC/1939 previa, expressamente, em seu art. 810, o princípio da fungibilidade. Pela ausência de menção expressa pelo CPC/1973, discutiu-se sobre a sua existência no ordenamento processual em vigor. Todavia, apesar de ausência de menção expressa, doutrina e jurisprudência majoritárias adotam sua aplicação, exigindo como pressupostos:

- ✓ Dúvida objetiva e razoável: assim entendida quando há fundada discussão na doutrina e jurisprudência a respeito de qual o recurso cabível;

- ✓ Inexistência de erro grosseiro ou má-fé: há erro grosseiro quando a lei expressamente disciplina o recurso e a parte interpõe outro. Há má-fé quando a parte interpõe recurso incabível, com o fim de procrastinar o feito;

- ✓ Prazo do recurso: o recurso "errado" deve observar o prazo do recurso correto, razão pela qual, havendo dúvida sobre qual o recurso a ser interposto e sendo diferentes os prazos, deve a parte observar o menor prazo dentre aqueles possíveis.

Quanto ao tema da fungibilidade, destacam-se as Orientações Jurisprudenciais n°s 69 e 152, ambas da SBDI-II do C. Tribunal Superior do Trabalho:

> OJ-SBDI-II Nº 69 • FUNGIBILIDADE RECURSAL – INDEFERIMENTO LIMINAR DE AÇÃO RESCISÓRIA OU MANDADO DE SEGURANÇA – RECURSO PARA O TST – RECEBIMENTO COMO AGRAVO REGIMENTAL E DEVOLUÇÃO DOS AUTOS AO TRT. *(Inserida em 20.9.2000)*. Recurso ordinário interposto contra despacho monocrático indeferitório da petição inicial de ação rescisória ou de mandado de segurança pode, pelo princípio de fungibilidade recursal, ser recebido como agravo regimental. Hipótese de não conhecimento do recurso pelo TST e devolução dos autos ao TRT, para que aprecie o apelo como agravo regimental.

> OJ-SBDI-II Nº 152 • AÇÃO RESCISÓRIA E MANDADO DE SEGURANÇA – RECURSO DE REVISTA DE ACÓRDÃO REGIONAL QUE JULGA AÇÃO RESCISÓRIA OU MANDADO DE SEGURANÇA – PRINCÍPIO DA FUNGIBILIDADE – INAPLICABILIDADE – ERRO GROSSEIRO NA INTERPOSIÇÃO DO RECURSO. *(DJe divulgado em 3, 4 e 5.12.2008)*. A interposição de recurso de revista de decisão definitiva de Tribunal Regional do Trabalho em ação rescisória ou em mandado de segurança, com fundamento em violação legal e divergência jurisprudencial e remissão expressa ao art. 896 da CLT, configura erro grosseiro, insuscetível de autorizar o seu recebimento como recurso ordinário, em face do disposto no art. 895, "b", da CLT.

Do exame da OJ nº 152 da SBDI-II, verifica-se que o afastamento da incidência do princípio da fungibilidade não decorreu apenas da "denominação" incorreta do apelo, o que, se fosse a hipótese, autorizaria, sim, a aplicação do princípio em comento. O que o entendimento jurisprudencial consagra é o não reconhecimento da fungibilidade quando o recurso, além de denominado de revista (quando o correto seria "ordinário"), é interposto com fundamento previsto para o recurso de revista, o que, sem dúvida, caracteriza erro grosseiro.

Convém citar, ainda, a Orientação Jurisprudencial nº 412 da SBDI-I, publicada em fevereiro de 2012:

OJ-SBDI-I Nº 412 • AGRAVO INOMINADO OU AGRAVO REGIMENTAL – INTERPOSIÇÃO EM FACE DE DECISÃO COLEGIADA – NÃO CABIMENTO – ERRO GROSSEIRO – INAPLICABILIDADE DO PRINCÍPIO DA FUNGIBILIDADE RECURSAL. *(DEJT divulgado em 14, 15 e 16.02.2012)*. É incabível agravo inominado (art. 557, § 1º, do CPC) ou agravo regimental (art. 235 do RITST) contra decisão proferida por Órgão colegiado. Tais recursos destinam-se, exclusivamente, a impugnar decisão monocrática nas hipóteses expressamente previstas. Inaplicável, no caso, o princípio da fungibilidade ante a configuração de erro grosseiro.

5.2.5. Princípio da proibição da *reformatio in pejus*

A proibição da reforma para pior significa que a decisão que apreciar o recurso não pode agravar a situação do recorrente, em respeito ao princípio dispositivo (art. 2º do CPC), bem como ao efeito devolutivo do recurso (art. 515 do CPC).

A respeito da aplicação deste princípio, interessante o julgado do C. TST apresentado no *Informativo de Jurisprudência* 28 daquela Corte:

> HONORÁRIOS ADVOCATÍCIOS – CONDENAÇÃO EM SEDE DE RECURSO ORDINÁRIO – *REFORMATIO IN PEJUS* – CONFIGURAÇÃO. Configura *reformatio in pejus* a condenação da autora ao pagamento de honorários advocatícios, em sede de recurso ordinário, na hipótese em que, na instância de origem, não obstante a ação rescisória tenha sido julgada improcedente, não houve a referida condenação. Com esse entendimento, a SBDI-II, por maioria, deixou de condenar a autora ao pagamento de honorários advocatícios, vencidos os Ministros Antônio José de Barros Levenhagen e Carlos Alberto Reis de Paula, os quais entendiam possível a condenação em sede de recurso ordinário, independente de pedido ou de prévia condenação na instância inferior, uma vez que os honorários sucumbenciais constituem despesas processuais, que decorrem de preceito de lei, de imposição obrigatória. (TST – RO-325000-62.2009.5.01.0000, SBDI-II – Relator Ministro Pedro Paulo Teixeira Manus – 30.10.2012)

Constituem exceção ao referido princípio as matérias de ordem pública, cuja apreciação pode se dar, de ofício, pelo juiz (efeito translativo). Cabe ressaltar apenas que, no recurso de revista, que possui fundamentação vinculada, não se aplica o efeito translativo.

Vale destacar, no particular, o entendimento cristalizado na Súmula nº 45 do Superior Tribunal de Justiça: *no reexame necessário, é defeso ao tribunal agravar a condenação imposta à Fazenda Pública.*

5.3. DIREITO INTERTEMPORAL

Nos termos do art. 1.211 do Código de Processo Civil, a lei processual tem vigência imediata e se aplica aos processos pendentes, sempre para o futuro.

Ocorre que, no campo recursal, essa regra geral apresenta peculiaridades.

Nas lições de Nelson Nery Junior (2010, p. 1.344), com a qual compartilhamos, com relação ao cabimento e à admissibilidade do recurso, aplica-se a lei processual vigente à época da prolação da decisão judicial da qual se pretende recorrer, considerada prolatada a decisão judicial na data de sua publicação (primeiro grau) ou no momento em que o presidente da sessão de julgamento anuncia, em público, a decisão (segundo grau). Já com relação ao procedimento a ser observado para apresentação do apelo, aplica-se a lei vigente na data da efetiva interposição.

Vale indicar, por outro lado, para estimular a reflexão quanto ao tema, o posicionamento adotado por Mauro Schiavi (2008, p. 596), segundo o qual aplicam-se as seguintes regras ao direito intertemporal dos recursos:

a) irretroatividade da Lei nova;

b) vigência imediata da Lei nova;

c) a lei vigente à época da interposição regerá o recurso, bem como os pressupostos objetivos e subjetivos de recorribilidade;

d) o recurso será julgado à luz da Lei vigente à época do julgamento.

5.4. ATOS SUJEITOS A RECURSO

Como visto no tópico 5.1, recurso é a medida processual utilizada para impugnar, ou melhor, permitir a reapreciação das decisões judiciais. Dado esse conceito, precisamos melhor definir o que sejam decisões judiciais que autorizam a interposição de recursos para reexame do caso concreto.

Em virtude da omissão da CLT quanto à conceituação dos atos do juiz, utilizaremos a definição apresentada pelo Código de Processo Civil, que em seu art. 162 os classifica em: sentença, decisão interlocutória e despacho.

De acordo com a legislação processual, com a redação dada pela Lei nº 11.232/2005, os atos do juiz são assim definidos:

> ◆ **Sentença** *é o ato do juiz que implica alguma das situações previstas nos arts. 267 e 269 desta Lei (art. 162, § 1º).*
>
> ◆ **Decisão interlocutória** *é o ato pelo qual o juiz, no curso do processo, resolve questão incidente (art. 162, § 2º).*
>
> ◆ **Despachos** *são todos os demais atos do juiz praticados no processo, de ofício ou a requerimento da parte, a cujo respeito a lei não estabelece outra forma (art. 163, § 3º).*

Explicitando a definição legal para melhor compreensão do tema, tem-se que as *sentenças* são os pronunciamentos judiciais em que o juiz examina a relação jurídica processual e/ou material tendo como consequência jurídica a extinção do processo (com ou sem resolução do mérito) ou uma de suas fases. As *decisões interlocutórias*, por sua vez, são pronunciamentos do juiz, de cunho decisório, que não põem termo ao processo ou a uma de suas fases, tendo como finalidade resolver questões incidentais. Os *despachos* são os demais atos que não se enquadram como sentença ou decisão interlocutória.

Não obstante a previsão dessas três modalidades de atos do juiz, nem todos eles autorizam sua impugnação via recurso. Apenas as sentenças (ou acórdãos, que são os julgados dos tribunais) e as decisões interlocutórias podem ser combatidas por meio de recurso. Os despachos, por não terem cunho decisório, não desafiam recurso, conforme expressamente previsto no art. 504 do CPC.

No âmbito da Justiça do Trabalho, as decisões interlocutórias trazem uma peculiaridade, pois o art. 893, § 1º, da CLT estabelece que as decisões interlocutórias não são recorríveis de imediato, ficando sua reapreciação reservada apenas quando da interposição de recursos das decisões definitivas.

Dada essa peculiaridade, analisaremos a possibilidade de interposição de recursos das decisões interlocutórias, na Justiça do Trabalho, em tópico separado.

5.4.1. Irrecorribilidade imediata das decisões interlocutórias

O art. 893, § 1º, da CLT estabelece que *os incidentes do processo são resolvidos pelo próprio Juízo ou Tribunal, admitindo-se a apreciação do merecimento das decisões interlocutórias somente em recursos da decisão definitiva*

Como se vê, por expressa disposição legal, no processo do trabalho, as decisões interlocutórias não ensejam recurso imediato, devendo ser analisadas quando do exame do recurso da decisão definitiva. Por consequência disso, se diz que, na Justiça do Trabalho, as decisões interlocutórias, via de regra, são irrecorríveis (imediatamente).

> **ATENÇÃO:** O correto é dizer que as decisões interlocutórias são irrecorríveis IMEDIATAMENTE. Isso significa, portanto, que as decisões interlocutórias são recorríveis. Todavia, diferentemente do que acontece no processo civil, em que as decisões interlocutórias desafiam a interposição de recurso imediato (agravo), no processo do trabalho, serão examinadas apenas quando da interposição de apelo da decisão definitiva (sentença). A apreciação será feita em momento posterior.

Vale destacar que, apesar de o art. 893, § 1º, da CLT não fazer qualquer ressalva, o C. Tribunal Superior do Trabalho, por meio da Súmula nº 214,

> Súmula TST nº 214 • DECISÃO INTERLOCUTÓRIA – IRRECORRIBILIDADE. *(nova redação)* – *[Resolução nº 127/2005, DJ de 14, 15 e 16.3.2005].* Na Justiça do Trabalho, nos termos do art. 893, § 1º, da CLT, as decisões interlocutórias não ensejam recurso imediato, salvo nas hipóteses de decisão: a) de Tribunal Regional do Trabalho contrária à Súmula ou Orientação Jurisprudencial do Tribunal Superior do Trabalho; b) suscetível de impugnação mediante recurso para o mesmo Tribunal; c) que acolhe exceção de incompetência territorial, com a remessa dos autos para Tribunal Regional distinto daquele a que se vincula o juízo excepcionado, consoante o disposto no art. 799, § 2º, da CLT.

estabeleceu que as decisões interlocutórias podem ensejar recurso imediato nas seguintes hipóteses:

✓ Decisão de Tribunal Regional do Trabalho contrária à Súmula ou OJ do TST. A título de ilustração, o acórdão do TRT que, afrontando entendimento cristalizado do TST em súmula ou OJ, anula a decisão de primeiro grau, determinando o retorno dos autos à origem para que nova decisão seja prolatada. Nesse caso, apesar da natureza interlocutória do acórdão do TRT, o recurso cabível seria também o Recurso de Revista;

SISTEMA RECURSAL TRABALHISTA | 837

✓ Decisão suscetível de impugnação mediante recurso para o mesmo Tribunal. Como exemplo, cita-se a decisão monocrática do relator (art. 557 do CPC), seja de natureza interlocutória ou definitiva, que poderá ser impugnada via agravo interno, analisado pelo órgão colegiado competente do Tribunal;

✓ Decisão que acolhe exceção de incompetência territorial, com a remessa dos autos para o TRT distinto daquele a que se vincula o juízo excepcionado, consoante o disposto no art. 799, § 2º, da CLT. Nessa hipótese, foi admitido o recurso imediato para possibilitar o reexame da competência territorial pela instância superior a que o juiz que declarou a incompetência está vinculado. O recurso cabível será o ordinário (RO).

Carlos Henrique Bezerra Leite (2006, p. 588) afirma que, além das hipóteses previstas na Súmula nº 214 do C. TST, existiriam outras decisões interlocutórias que seriam recorríveis de imediato. Cita, por exemplo, a decisão que acolhe a incompetência material da Justiça do Trabalho, determinando a remessa do feito para fora da Justiça Especializada. Em sua visão, se a decisão que acolhe a incompetência territorial, determinando a remessa dos autos a outro TRT, enseja recurso imediato, maior razão teria para ser impugnável imediatamente a decisão que acolhe a incompetência material determinando a remessa dos autos para o âmbito de "outra" Justiça.

A questão, contudo, para saber se estamos diante de mais uma exceção ao princípio da irrecorribilidade imediata das decisões interlocutórias, como defendido pelo nobre doutrinador, reside em saber se o comando judicial que reconhece a incompetência material da Justiça do Trabalho tem natureza interlocutória ou definitiva (sentença).

Entendemos, com a devida *vênia,* que trata-se de decisão terminativa do feito, enquadrando-se na regra geral de recorribilidade das decisões definitivas, ensejando, por conseguinte, a interposição de recurso ordinário. Não seria, pois, uma hipótese esquecida pela Súmula nº 214. Nesse sentido, se posiciona também a jurisprudência do TST. [RR 2366700-60.2002.5.04.0900 – j. em 3.12.2008 – Relator Ministro Fernando Eizo Ono – 4ª Turma – *DEJT* de 12.12.2008; E-RR 162600-37.2002.5.03.0018 – j. em 22.10.2003 – Relator Ministro João Oreste Dalazen – 1ª Turma – *DJ* de 28.11.2003]

5.4.2. Dissídios de alçada exclusiva da Vara do Trabalho

O dissídio de alçada exclusiva da Vara, também denominado rito sumário (ao lado do rito ordinário e sumaríssimo), está disciplinado no art. 2º, § 4º, da Lei nº 5.584/1970. De acordo com o referido dispositivo legal, não cabe qualquer recurso das sentenças proferidas nos dissídios de alçada exclusiva da Vara, assim entendidos os processos cujo valor da causa não excede a 2 salários mínimos.

Há que se destacar o entendimento cristalizado na Súmula nº 356 do C. TST, pelo qual "o art. 2º, § 4º, da Lei nº 5.584, de 26.6.1970, foi recepcionado pela CF/1988, sendo lícita a fixação do valor da alçada com base no salário mínimo".

O valor da causa é aferido quando da data da propositura da reclamação trabalhista, e não se confunde com o valor da condenação.

838 | MPT – preparando-se para o concurso de Procurador do Trabalho

A única exceção que permite a interposição de recurso no rito sumário diz respeito às ações que versarem sobre matéria constitucional. Nessa hipótese, qual seria o recurso cabível? Recurso ordinário para o TRT ou recurso extraordinário para o STF?

De um lado, há quem defenda que o recurso adequado para a hipótese é o extraordinário, para o E. Supremo Tribunal Federal (art. 102, III, "a", da CF), ao argumento de se tratar de dissídio de instância única.

Por outro lado, há quem sustente, como nós, ser hipótese de cabimento de recurso ordinário, uma vez que a Lei nº 5.584/1970, ao estabelecer como regra, no caso dos dissídios de alçada exclusiva da Vara do Trabalho, a irrecorribilidade das decisões, estabeleceu uma exceção, nas hipóteses de matéria constitucional, o que não autoriza, a nosso ver, o enquadramento do feito como dissídio de instância única, a ensejar o recurso extraordinário para o E. STF.

O C. Tribunal Superior do Trabalho já se manifestou pelo cabimento dos recursos de natureza trabalhista, conforme jurisprudência a seguir colacionada:

> RECURSO DE REVISTA – VALOR DA CAUSA INFERIOR A DOIS SALÁRIOS MÍNIMOS – PROCEDIMENTO SUMÁRIO – CABIMENTO DE RECURSO ORDINÁRIO – INDICADA VIOLAÇÃO DA CONSTITUIÇÃO FEDERAL. O cerne da controvérsia está em saber se, nos dissídios de alçada, rito sumário, seria cabível apenas o recurso extraordinário para o Supremo Tribunal Federal ou se, existente controvérsia constitucional, cabíveis seriam os apelos comuns da seara trabalhista. A correta interpretação a ser dada ao art. 2º, § 4º, da Lei nº 5.584/1970 é no sentido de que há limitação das matérias a serem deduzidas nos recursos trabalhistas eventualmente interpostos, uma vez que apenas poderão versar sobre matéria constitucional. Tal não significa dizer que cabível seria apenas recurso extraordinário para o Supremo Tribunal Federal, pois cabíveis os recursos trabalhistas, desde que, como ressaltado, versem sobre matéria constitucional. No caso, o recurso ordinário interposto tratou da competência da Justiça do Trabalho, tema inscrito no art. 114 da Constituição Federal, motivo pelo qual merecia análise. Recurso de revista de que se conhece e a que se dá provimento. (RR 374-05.2010.5.09.0094 – j. em 26.10.2011 – Relator Ministro Guilherme Augusto Caputo Bastos – 2ª Turma – *DEJT* de 4.11.2011)

> RECURSO DE REVISTA – PROCEDIMENTO SUMÁRIO – CAUSA DE ALÇADA – MATÉRIA CONSTITUCIONAL – CABIMENTO DE RECURSO ORDINÁRIO. A teor do art. 2º, § 4º, da Lei nº 5584/1970, não cabe recurso contra decisão proferida em dissídio de alçada, tido como tal aquele cujo valor fixado para a causa não excede a dois salários mínimos, salvo quando discutida matéria constitucional. Consignado, pelo Tribunal de origem, que o recurso ordinário interposto versa sobre matéria constitucional, a hipótese dos autos subsume-se àquela excepcionada no mencionado dispositivo legal. Recurso de revista conhecido e provido. (RR 191800-43.2009.5.09.0094 – j. em 28.9.2011 – Relatora Ministra Rosa Maria Weber – 3ª Turma – *DEJT* de 7.10.2011)

5.5. PRESSUPOSTOS DE ADMISSIBILIDADE RECURSAL

O denominado juízo de admissibilidade consiste na análise, preliminar ao mérito recursal, dos requisitos que o recorrente precisa preencher para que seu recurso seja analisado.

Quando o órgão judiciário reputa inadmissível o recurso, por ausente algum pressuposto de admissibilidade, diz-se que ele não o conheceu ou não o admitiu.

Ressalvado o caso do agravo de instrumento e dos embargos declaratórios, os recursos são interpostos perante o órgão que proferiu a decisão recorrida. Assim, o juízo *a quo* (aquele que proferiu a decisão) realiza o primeiro juízo de admissibilidade, sendo este, posteriormente, feito, também, pelo juízo *ad quem* (que julgará o recurso), destacando-se que a análise do primeiro grau não vincula o exame realizado pelo segundo grau. Por essa razão diz-se que o juízo *ad quem* é quem realiza o juízo de admissibilidade definitivo.

Da decisão que não admitir o recurso interposto caberá agravo de instrumento (art. 897 da CLT), recurso esse que será melhor estudado quando analisarmos as espécies recursais.

Os pressupostos de admissibilidade **genéricos** dividem-se em subjetivos (intrínsecos) ou objetivos (extrínsecos). Diz-se genérico, pois, além de serem exigidos para todas as modalidades recursais, existem alguns recursos que demandam pressupostos específicos, como, por exemplo, o agravo de instrumento, agravo de petição e recurso de revista, os quais serão analisados oportunamente.

5.5.1. Pressupostos processuais subjetivos (intrínsecos)

Os pressupostos processuais subjetivos (intrínsecos), embora possam sugerir relação apenas com a pessoa do recorrente, dizem respeito, na verdade, à decisão impugnada em si mesmo considerada.

A doutrina não é unânime quanto aos pressupostos subjetivos. Alguns dizem que são espécies dessa modalidade apenas a legitimidade, o interesse e a capacidade (LEITE, 2006, p. 603). Manoel Antônio Teixeira Filho (2009, p. 1.486-9), por sua vez, alterando entendimento anteriormente adotado, acrescenta a esses 3 requisitos a regularidade da representação processual (representação por advogado).

Adotaremos, por perfilhar do mesmo entendimento, a classificação apresentada por Julio César Bebber (2012, p. 883-4). Assim, os pressupostos de admissibilidade recursal (genéricos) subjetivos ou intrínsecos são:

Pressuposto subjetivo ou intrínseco	Conteúdo
Recorribilidade	A decisão deve ser suscetível de recurso
Adequação ou cabimento	O recurso deve encontrar previsão legal (taxatividade) e ser adequado à decisão que pretende atacar
Legitimidade recursal	O recorrente deve ser parte, terceiro prejudicado ou o Ministério Público (art. 499 do CPC)
Capacidade	Capacidade de direito e de fato
Interesse recursal	Além do prejuízo, a parte deve demonstrar a utilidade e a necessidade do recurso

Em razão de alguns comentários adicionais que entendemos necessários em relação aos requisitos da legitimidade e interesse recursal, aprofundaremos um pouco a reflexão nos tópicos seguintes.

5.5.1.1. Legitimidade: peculiaridades

Esse requisito de admissibilidade recursal consiste na pertinência subjetiva para recorrer. Como a CLT não disciplina a questão, aplica-se o CPC subsidiariamente (art. 769 da CLT) que, em seu art. 499, estabelece que o recurso pode ser interposto pela *parte vencida, pelo terceiro prejudicado (interesse jurídico) e pelo Ministério Público.*

Consequência disso, o recurso interposto por pessoa estranha ao processo, que não seja o terceiro prejudicado e o Ministério Público, não será conhecido por ilegitimidade recursal. Nesse sentido, elucidativa a ementa do julgado do C. Tribunal Superior do Trabalho:

> AGRAVO DE INSTRUMENTO – RECURSO DE REVISTA INTERPOSTO POR PARTE QUE NÃO INTEGRA O LITÍGIO – ILEGITIMIDADE PARA RECORRER. Não merece seguimento o recurso interposto por parte que não integra o litígio. A legitimidade de parte é uma das condições da ação, nos termos do art. 3º do Código de Processo Civil, sendo exigível para a prática de qualquer ato processual – inclusive o de recorrer. Os pressupostos subjetivos de admissibilidade recursal devem ser demonstrados no momento da interposição do recurso. Agravo de instrumento a que se nega provimento. (AIRR 1121-91.2010.5.04.0029 – j. em 30.5.2012 – Relator Ministro Lelio Bentes Corrêa – 1ª Turma – *DEJT* de 8.6.2012)

Como terceiros prejudicados, podemos apontar, dentre outros, o sucessor ou herdeiro (arts. 10 e 448 da CLT) e o substituto processual. Além disso, a jurisprudência trabalhista já reconheceu a condição de terceiro prejudicado do *advogado condenado solidariamente ao pagamento da multa por litigância,* legitimando-o à interposição de recurso ordinário:

> RECURSO ORDINÁRIO – MANDADO DE SEGURANÇA – LITIGÂNCIA DE MÁ-FÉ – CONDENAÇÃO SOLIDÁRIA DO ADVOGADO – EXISTÊNCIA DE VIA PROCESSUAL PRÓPRIA – APELO ORDINÁRIO. Mandado de Segurança pretendendo a reforma de parte da sentença de mérito mediante a qual se condenou o advogado a responder solidariamente com a então Reclamante pelo pagamento da indenização por litigância de má-fé que lhe foi aplicada. Para a impugnação dessa decisão que entende ilegal, a parte dispõe de meio processual próprio, qual seja, o Recurso Ordinário, que é a via adequada para propiciar o reexame pela instância *ad quem* das decisões da Vara do Trabalho quando terminativas do feito, sendo certo que, nos termos da pacífica jurisprudência desta Corte Trabalhista, **o advogado, na condição de terceiro prejudicado, possui legitimidade** para, nessas situações, dele se valer. Dessa forma, havendo no ordenamento jurídico a previsão de remédio processual apto a corrigir a apontada ilegalidade, incabível o uso do *mandamus*, a ser manejado *in extremis* (art. 5º, II, da Lei nº 1.533/1951 e Súmula nº 267 do eg. STF). Processo extinto, sem julgamento do mérito, nos termos do art. 267, IV, do CPC. (ROMS 10186/2003-000-02-00.5 – j. em 4.10.2005 – Relator Ministro José Simpliciano Fontes de F. Fernandes – Subseção II Especializada em Dissídios Individuais – *DJ* de 21.10.2005)

Interessante questão diz respeito à interposição de recurso pelo perito judicial, que atuou como auxiliar do juízo, para se insurgir quanto aos honorários periciais. No particular, a jurisprudência da mais alta Corte Trabalhista não tem reconhecido sua legitimidade recursal:

> RECURSO DE REVISTA INTERPOSTO POR PERITO JUDICIAL – LEGITIMIDADE PARA RECORRER – AUSÊNCIA. O perito judicial não detém legitimidade para recorrer visando ao pagamento de honorários periciais, não sendo considerado terceiro prejudicado, na forma do art. 499 do CPC, e sim auxiliar da justiça (CPC, art. 139). Precedentes do TST e do STJ. Recurso de revista de que não se conhece. (RR 24300-15.2000.5.09.0660 – j. em 21.9.2011 – Relator Ministro Walmir Oliveira da Costa – 1ª Turma – *DEJT* de 23.9.2011)

RECURSO DE REVISTA – PERITO – ILEGITIMIDADE PARA RECORRER. O perito, como auxiliar do juízo, não adquire a condição de parte e sucumbente na demanda, pois não compõe a relação jurídica de direito material. Não é também terceiro interessado, na acepção do art. 499, § 1º, do Código de Processo Civil, pois inexiste nexo de interdependência entre o seu interesse de intervir e a relação jurídica submetida à apreciação judicial. O interesse do perito em recorrer é meramente econômico, cujo fundamento não encontra amparo na legislação a fim de lhe atribuir legitimidade para recorrer. Recurso de revista conhecido e provido. Prejudicada a análise do tema honorários periciais – condenação da União Federal ao pagamento. (RR 26000-41.2003.5.12.0012 – j. em 24.2.2010 – Relator Ministro Renato de Lacerda Paiva – 2ª Turma – *DEJT* de 12.3.2010)

5.5.1.2. Interesse recursal: peculiaridades

A doutrina tem fixado a sucumbência como critério para se averiguar o interesse em recorrer. Logo, o interesse se faria presente em relação à parte, quando vencida, e em relação ao terceiro, quando prejudicado.

Questão interessante a respeito do interesse recursal refere-se à situação em que a parte que foi beneficiada pela extinção do processo sem resolução do mérito recorre visando, via recursal, ao julgamento de mérito. Cita-se o caso em que o processo foi extinto sem resolução do mérito por inépcia da exordial e o réu recorre alegando que a petição está apta a ser apreciada, devendo ser analisado o mérito da demanda.

Há quem entenda, como nós, que não haveria, nessa hipótese, interesse recursal, ao argumento de a parte não ter direito a uma decisão de mérito, mas sim a uma resposta jurisdicional. E nessa situação, o réu não foi "vencido".

Por outro lado, há quem defenda tal possibilidade, alegando que apenas a decisão de mérito realiza, de fato, a jurisdição, pois é com ela que se alcança a pacificação dos conflitos, evitando que o litígio se perpetue.

5.5.1.3. Legitimidade e interesse recursal do Ministério Público do Trabalho

A Lei Complementar nº 75/1993, em seu art. 83, inciso VI, estabelece, claramente, que compete ao Ministério Público do Trabalho, dentre outras atribuições, *recorrer das decisões da Justiça do Trabalho, quando entender necessário, tanto nos processos em que for parte como naqueles em que oficiar como fiscal da lei, bem como pedir revisão dos Enunciados da Súmula de Jurisprudência do Tribunal Superior do Trabalho.*

Some-se ainda o disposto no inciso II, do mesmo comando legal, o qual dispõe que cabe ao Ministério Público do Trabalho *manifestar-se em qualquer fase do processo trabalhista, acolhendo solicitação do juiz ou por sua iniciativa, quando entender existente interesse público que justifique a intervenção.*

O Código de Processo Civil, no mesmo caminho, dispõe, em seu art. 499, § 2º, que "o Ministério Público tem legitimidade para recorrer no processo em que atuou, é parte, assim como naqueles em que oficiou como fiscal da lei".

Dentro desse contexto normativo, observamos que:

✓ A interpretação do art. 83, II e VI, da LC nº 75/1993, combinado com o art. 499, § 2º, do CPC e com os dispositivos constitucionais que tratam das funções institucionais do Ministério Público, nos permite concluir que, dentre as atribuições do órgão ministerial, encontra-se o direito de *recorrer das decisões* da Justiça do Trabalho, quando entender necessário, nos processos em que oficiar como *fiscal da lei*;

✓ A legitimação ministerial para recorrer como *custos legis* não se resume aos casos em que a decisão judicial contrariou texto expresso de lei, podendo alcançar qualquer decisão que atente contra a ordem jurídica, o regime democrático e os interesses sociais e individuais indisponíveis;

✓ A titularidade do juízo da intervenção do Ministério Público do Trabalho, seja para manifestar-se, seja para recorrer, é de seus próprios membros. O juízo de *conveniência* e *oportunidade* da intervenção, nos casos em que a lei não prevê sua obrigatoriedade, porque dependente da existência de interesse que a justifique, é do Ministério Público;

✓ Na qualidade de *custos legis*, o interesse recursal decorre de sua *função institucional*, cujo exame da *necessidade* e *utilidade* deve ser feito exclusivamente pelo MPT.

Nesse contexto, reconhecendo a legitimidade do Ministério Público para recorrer, inclusive, nos casos em que atua como fiscal da lei, o Superior Tribunal de Justiça editou a Súmula nº 99, em 1994, com o seguinte teor: *O Ministério Público tem legitimidade para recorrer no processo em que oficiou como fiscal da lei, ainda que não haja recurso da parte.*

No âmbito do Tribunal Superior do Trabalho, é interessante destacar o seguinte julgado, que reconheceu a legitimidade do Ministério Público do Trabalho para apresentar embargos declaratórios, no exercício de sua função interveniente (fiscal da lei):

> RECURSO DE REVISTA – LEGITIMIDADE RECURSAL DO MINISTÉRIO PÚBLICO. Consoante exegese dos arts. 127 da Constituição Federal e 83, XIII, da Lei Complementar nº 75/1993, há interesse recursal do Ministério Público do Trabalho, no exercício da função de *custos legis*, para a interposição de embargos de declaração. Recurso de revista conhecido e provido. (RR 224300-33.2001.5.15.0012 – j. em 28.9.2005 – Relator Ministro Renato de Lacerda Paiva – 2ª Turma – *DJ* de 21.10.2005).

Dessa forma, ainda que possam ser encontradas decisões declarando a ilegitimidade ou falta de interesse recursal do Ministério Público do Trabalho para interpor recurso no exercício de sua função de *custos legis*, tais julgados encontram-se em dissintonia com a legislação de regência da matéria e com a jurisprudência dos Tribunais Superiores.

Por fim, ainda em relação à legitimidade recursal do Ministério Público do Trabalho, a jurisprudência do C. Tribunal Superior do Trabalho não a reconhece na hipótese de recursos interpostos visando ao recolhimento da contribuição previdenciária nos casos de acordos homologados pela Justiça do Trabalho:

> ILEGITIMIDADE DO MINISTÉRIO PÚBLICO DO TRABALHO PARA RECORRER – CONTRIBUIÇÃO PREVIDENCIÁRIA SOBRE ACORDO HOMOLOGADO EM JUÍZO. Esta Corte consolidou o entendimento de que o Ministério Público do Trabalho não detém legitimidade para a representação judicial de entidades públicas, cuja defesa é feita por quadro próprio de procuradores especialmente habilitados para tanto, pelo que, entendendo a autarquia previdenciária

que não deve mais interpor recurso, não cabe ao *parquet* fazê-lo, já que não tem legitimação para atuar como representante no caso. Igualmente, não se trata de atuação do Ministério Público do Trabalho como fiscal da lei, na defesa de interesse público, pois a incidência de contribuição previdenciária sobre acordo individual homologado em juízo não evidencia o interesse público de que tratam os arts. 127, *caput*, da Constituição Federal e 83, incisos II e VI, da Lei Complementar nº 75/1993. A par disso, esta Corte vem reiteradamente decidindo que o Ministério Público não detém legitimidade para, na condição de fiscal da lei, interpor recurso postulando o recolhimento de contribuição previdenciária em face de acordo homologado pelo Judiciário Trabalhista. Precedentes de Turmas e da SBDI-I desta Corte nesse sentido. Recurso de revista não conhecido. (RR 90300-46.2004.5.15.0027 – j. em 31.8.2011 – Relator Ministro José Roberto Freire Pimenta – 2ª Turma – *DEJT* de 9.9.2011)

RECURSO DE REVISTA – ACORDO HOMOLOGADO – CONTRIBUIÇÃO PREVIDENCIÁRIA – MINISTÉRIO PÚBLICO DO TRABALHO – FISCAL DA LEI – ILEGITIMIDADE PARA RECORRER COMO REPRESENTANTE JUDICIAL DE ENTIDADE PÚBLICA – DECLARAÇÃO DE OFÍCIO. Inviabiliza-se a admissibilidade do recurso, em virtude da ilegitimidade do Ministério Público do Trabalho da 15ª Região para interpor recurso de revista em defesa do INSS. Primeiro, porque são vedadas ao Ministério Público a representação judicial e a consultoria jurídica de entidades públicas, conforme previsão no art. 129, IX, da Constituição Federal. Segundo, a pretensão de recolhimento da contribuição previdenciária a partir de um acordo individual entre empregada e empregadora, com a especificação de verbas de natureza indenizatória, não atende aos permissivos constantes dos arts. 127, *caput*, da Constituição de 1988 e 2º da Lei Complementar nº 75, de 20.5.1993, por não se evidenciar o interesse público. Terceiro, é da competência da Procuradoria-Geral Federal representar judicial e extrajudicialmente o INSS, em processos que tenham por objeto a cobrança de contribuições previdenciárias, a teor do art. 16, § 3º, da Lei nº 11.457, de 16 de março de 2007, que criou a Super-Receita. Precedentes da SBDI-I/TST. Recurso de revista de que não se conhece. (RR 99101-59.2006.5.15.0033 – j. em 20.10.2010 – Relator Ministro Fernando Eizo Ono – 4ª Turma – *DEJT* de 5.11.2010)

Na nossa ótica, esse entendimento é acertado, não apenas por ser vedada a representação judicial das entidades públicas pelo Ministério Público, por força do art. 129, IX, da Constituição Federal, mas também por não vislumbrarmos, nessa hipótese, o interesse público necessário a justificar a atuação ministerial, conforme o art. 127 da Lei Maior e os arts. 83 e 84 da LC nº 75/1993.

5.5.2. Pressupostos extrínsecos (objetivos)

Os pressupostos de admissibilidade recursal objetivos ou extrínsecos relacionam-se aos fatores externos da decisão judicial, sendo, geralmente, posteriores a ela. Para serem aferidos não são relevantes os dados que compõem o conteúdo da decisão, como ocorre com os pressupostos intrínsecos. São eles:

Pressupostos objetivos ou extrínsecos	Conteúdo
Tempestividade	O recurso deve ser interposto no prazo fixado pela lei. Na Justiça do Trabalho, a regra geral é de 8 dias (Lei nº 5.584/1970).

Regularidade formal	Apresentação, devidamente assinada, dos fundamentos pelos quais se impugna a decisão (Súmula nº 422 do TST).
Regularidade de representação	É possível a apresentação de recurso pela própria parte apenas na via ordinária (*jus postulandi*), sendo necessária a participação do advogado nos recursos para o TST (Súmula nº 425 do TST).
Preparo	Recolhimento das custas e depósito recursal, ressalvadas as exceções previstas em lei.
Inexistência de fato impeditivo ao direito de recorrer	A renúncia e a desistência do recurso são causas impeditivas do direito de recorrer.
Multas impostas pelo juízo	Embargos declaratórios protelatórios Agravo inadmissível ou infundado (art. 557, § 2º, do CPC)

Dadas as peculiaridades dos pressupostos objetivos, teceremos comentários, ainda que sucintamente, sobre todos eles.

5.5.2.1. Tempestividade

A regra geral, dada pela Lei nº 5.584/1970, é que os recursos, no processo do trabalho, devem ser interpostos no prazo de 8 dias, contados da intimação da sentença ou do acórdão. Como exceção, temos os embargos declaratórios, cujo prazo é de 5 dias, e o recurso extraordinário, para o STF, cujo prazo é de 15 dias.

Nos termos do art. 775 da CLT, os prazos dos recursos são contados excluindo-se o dia do início e incluindo-se o dia do vencimento. Por conseguinte, o prazo começará a ser contado no dia seguinte à ciência da decisão.

De acordo com o entendimento cristalizado na Súmula nº 1 do TST, quando a intimação (ciência da decisão) tiver lugar na sexta-feira, ou a publicação com efeito de intimação for feita nesse dia, o prazo judicial será contado da segunda-feira imediata, inclusive, salvo se não houver expediente, caso em que fluirá no dia útil que se seguir.

> **ATENÇÃO:** O sábado, para fins de contagem de prazo processual, NÃO é considerado dia útil. Assim, intimada ou notificada a parte no sábado, o início do prazo, ou seja, a ciência da decisão, será considerada efetivada no primeiro dia útil imediato, e a contagem, no subsequente (Súmula nº 262, I, do TST).

Caso a intimação da decisão seja feita via postal, presume-se recebida a notificação 48 (quarenta e oito) horas depois de sua postagem. O seu não recebimento ou a entrega após o decurso desse prazo constitui ônus de prova do destinatário, conforme Súmula nº 16 do C. TST.

SÚMULA TST Nº 16 • NOTIFICAÇÃO. *(nova redação)* – *[Resolução nº 121/2003, DJ de 19, 20 e 21.11.2003].* Presume-se recebida a notificação 48 (quarenta e oito) horas depois de sua postagem. O seu não recebimento ou a entrega após o decurso desse prazo constitui ônus de prova do destinatário.

A seguir, apontamos algumas peculiaridades referentes à tempestividade:

a) Súmula nº 197 do TST: quando a sentença é prolatada em audiência, conta-se o prazo da data de sua leitura, com as partes presentes. Em outras palavras, se a parte intimada não comparecer à audiência de prolação da sentença, o prazo para recurso conta-se de sua publicação, ou seja, o dia em que foi marcada a audiência de julgamento.

Vale relembrar que, conforme já analisado no título do regime jurídico do Ministério Público, no tópico referente às prerrogativas processuais, em virtude da necessidade de intimação pessoal, oriunda de norma de ordem pública, no campo da Justiça do Trabalho, não há que se falar na aplicação do entendimento consagrado na Súmula nº 197 do C. TST ao Ministério Público do Trabalho.

b) Prazo em dobro: nos termos do Decreto-lei nº 779/1969, é computado em dobro o prazo para a União, Estado, Distrito Federal e municípios, bem como suas autarquias e fundações que não explorem atividade econômica. Tal prerrogativa não se estende às sociedades de economia mista e empresas públicas, pois vinculadas ao regime privado (art. 173, § 1º, da CF).

O Ministério Público do Trabalho possui o prazo em dobro para recorrer, seja atuando como parte, seja atuando como fiscal da lei, aplicando-se, subsidiariamente (art. 769 da CLT), o art. 188 do CPC. Vale destacar que o mencionado dispositivo do código adjetivo não estabelece ressalva ou faz menção à forma de atuação do órgão ministerial para fazer jus ao benefício, razão pela qual não cabe ao intérprete fazê-lo. Nesse sentido, inclusive, é a jurisprudência do C. Tribunal Superior do Trabalho:

> RECURSO DE EMBARGOS – PRELIMINAR DE INTEMPESTIVIDADE DO RECURSO DE EMBARGOS – MINISTÉRIO PÚBLICO DO TRABALHO – PRAZO EM DOBRO PARA RECORRER – APLICABILIDADE DO ART. 188 DO CPC AO PROCESSO DO TRABALHO – INTELIGÊNCIA DO ART. 769 DA CLT – PRELIMINAR REJEITADA. O simples fato de o Decreto-lei nº 779/1969 não incluir o Ministério Público como beneficiário da prerrogativa processual nele previsto não afasta a aplicação do art. 188 do CPC de forma subsidiária ao processo trabalhista. Isso porque o referido diploma legal estabelece normas processuais de aplicação restrita às pessoas jurídicas de direito público (União, Estados, Municípios, Distrito Federal, autarquias e fundações de direito público que não explorem atividade econômica), não havendo norma específica no processo do trabalho que trate das prerrogativas do Órgão Ministerial. Sendo assim, o art. 188 do CPC, ao estabelecer o prazo em dobro para o Ministério Público recorrer, é plenamente aplicável ao processo do trabalho, nos exatos termos em que autoriza o art. 769 da CLT. (E-ED-RR 700299/2000.8 – j. em 23.6.2008 – Relator Ministro Aloysio Corrêa da Veiga – Subseção I Especializada em Dissídios Individuais – *DJ* de 27.6.2008)

Oportuno salientar que, apesar da divergência doutrinária quanto à natureza recursal dos embargos declaratórios, a jurisprudência trabalhista reconhece o direito ao prazo em dobro para sua oposição, consoante entendimento cristalizado na OJ nº 192 da SBDI-I.

> OJ-SBDI-I Nº 192 • EMBARGOS DECLARATÓRIOS – PRAZO EM DOBRO – PESSOA JURÍDICA DE DIREITO PÚBLICO – DECRETO-LEI Nº 779/1969. *(inserida em 8.11.2000).* É em dobro o prazo para a interposição de embargos declaratórios por pessoa jurídica de direito público.

846 | MPT – PREPARANDO-SE PARA O CONCURSO DE PROCURADOR DO TRABALHO

Esse benefício também é estendido ao Ministério Público, conforme já reconhecido pela jurisprudência:

> RECURSO DE REVISTA – MINISTÉRIO PÚBLICO – EMBARGOS DE DECLARAÇÃO – PRAZO EM DOBRO. Em que pese a discussão acerca da natureza jurídica dos embargos de declaração, o art. 496 do Código de Processo Civil o consagrou como recurso. Deste modo, o Ministério Público goza de prazo em dobro para a oposição dos embargos de declaração, nos termos do art. 188 do Código de Processo Civil. A Orientação Jurisprudencial nº 192 da SBDI-I desta Corte, por sua vez, dispõe expressamente: "Embargos declaratórios. Prazo em dobro. Pessoa jurídica de direito público. Decreto-lei nº 779/1969. É em dobro o prazo para a interposição de embargos declaratórios por Pessoa jurídica de direito público". Recurso conhecido e provido. (RR 695/2004-026-15-00.2 – j. em 3.9.2008 – Relator Ministro Renato de Lacerda Paiva – 2ª Turma – DJ de 19.9.2008)

Quanto aos Estados estrangeiros, que porventura sejam demandados na Justiça do Trabalho, surge a dúvida se seriam beneficiários dos prazos elasticados, conforme o art. 188 do CPC e o Decreto-lei nº 779/1969, equiparando-se aos entes de direito público interno.

Os dispositivos legais que fundamentam o prazo elasticado para contestar e recorrer aos órgãos de direito público interno não fazem menção às entidades de direito público externo, razão pela qual entendemos que tais pessoas jurídicas sujeitam-se aos prazos comuns.

Nesse caminho já se posicionou o C. Tribunal Superior do Trabalho:

> RECURSO DE REVISTA – INTEMPESTIVIDADE DO RECURSO ORDINÁRIO – ESTADO ESTRANGEIRO – PRAZO EM DOBRO PARA RECORRER – INAPLICABILIDADE (alegação de violação aos arts. 4º, V, e 5º, II, da Constituição Federal e 1º do Decreto-lei nº 779/1969 e divergência jurisprudencial). Os prazos para o Estado Estrangeiro são simples, porque as regras do art. 188 do Código de Processo Civil são de ordem processual interna, não se estendendo a entes externos. Precedente do STJ. Assim, não demonstrada a violação à literalidade de preceito constitucional, de dispositivo de lei federal, ou a existência de teses diversas na interpretação de um mesmo dispositivo legal, não há que se determinar o seguimento do recurso de revista com fundamento nas alíneas "a" e "c" do art. 896 da CLT. Recurso de revista não conhecido. (RR 117340-80.2008.5.10.0001 – j. em 21.11.2012 – Relator Ministro Renato de Lacerda Paiva – 2ª Turma – DEJT de 30.11.2012)

c) Procuradores distintos: quando os litisconsortes têm procuradores distintos, consoante o art. 191 do CPC, os prazos deveriam correr em dobro. Todavia, na Justiça do Trabalho, não se aplica referido dispositivo legal, conforme entendimento cristalizado na OJ nº 310 da SBDI-I.

> OJ-SBDI-I Nº 310 • LITISCONSORTES – PROCURADORES DISTINTOS – PRAZO EM DOBRO – ART. 191 DO CPC – INAPLICÁVEL AO PROCESSO DO TRABALHO. *(DJ de 11.8.2003).* A regra contida no art. 191 do CPC é inaplicável ao processo do trabalho, em decorrência da sua incompatibilidade com o princípio da celeridade inerente ao processo trabalhista.

d) Recesso: de acordo com a Súmula nº 262, II, do TST, o recesso forense (20 de dezembro a 6 de janeiro, conforme art. 62, I, da Lei nº 5.010/1966) e as férias coletivas dos ministros do TST suspendem os prazos recursais.

Convém destacar que o prazo recursal é contínuo, ou seja, uma vez iniciado não sofre interrupção em seu curso pela superveniência de feriado ou de dia não útil, sendo que somente nas hipóteses em que o prazo para a interposição do recurso se iniciar ou se encerrar em dia em que não há expediente forense é que se pode concluir pela sua prorrogação para o dia útil subsequente.

e) Feriado local: existindo feriado local ou dia útil que não tenha expediente forense, cabe à parte comprovar, quando da interposição do apelo, sua respectiva existência, para justificar a prorrogação do prazo (Súmula nº 385 do TST).

f) Interposição do recurso antes da publicação do acórdão: segundo entendimento do C. Tribunal Superior do Trabalho, é extemporâneo o recurso interposto antes de publicado o acórdão impugnado. Nesse sentido a recente Súmula nº 434, *in verbis*:

> RECURSO – INTERPOSIÇÃO ANTES DA PUBLICAÇÃO DO ACÓRDÃO IMPUGNADO – EXTEMPORANEIDADE *(conversão da Orientação Jurisprudencial nº 357 da SBDI-I e inserção do item II à redação) – [Resolução nº 177/2012, DEJT divulgado em 13, 14 e 15.2.2012].* I – É extemporâneo recurso interposto antes de publicado o acórdão impugnado.*(ex-OJ nº 357 da SBDI-I – inserida em 14.3.2008).* II – A interrupção do prazo recursal em razão da interposição de embargos de declaração pela parte adversa não acarreta qualquer prejuízo àquele que apresentou seu recurso tempestivamente.

É importante salientar, porém, que, de acordo com o próprio TST, o verbete sumular em destaque refere-se expressamente a "acórdão", devendo ser interpretado restritivamente, de tal forma a não incluir em seu campo de incidência os recursos interpostos contra as sentenças de primeiro grau:

> RECURSO ORDINÁRIO INTERPOSTO ANTES DA PUBLICAÇÃO DA SENTENÇA – TEMPESTIVIDADE – INAPLICABILIDADE DA SÚMULA Nº 434, I, DO TST (CONVERSÃO DA OJ Nº 357 DA SBDI-I DESTA CORTE). 1. A Súmula nº 434, I, do TST (resultante da conversão da OJ nº 357 da SBDI-I do TST) assenta que "é extemporâneo recurso interposto antes de publicado o acórdão impugnado". 2. No caso, a Reclamada, embora ausente na audiência de julgamento, se deu por ciente antes de sua intimação no órgão oficial, porquanto houve a juntada da decisão aos autos e a disponibilização do seu inteiro teor no endereço eletrônico do Regional, possibilitando a imediata interposição do recurso ordinário. 3. Ora, na hipótese de recurso interposto contra sentença, o prazo para sua apresentação é contado da intimação, em seu significado genérico, podendo ser feita pela leitura em audiência, pela publicação em órgão oficial, por via postal, por intimação em cartório ou mediante a ciência inequívoca das partes, nos termos dos arts. 852 da CLT, 238, 242, § 1º, c/c o art. 506, I e II, do CPC. 4. Assim, o referido verbete deve ser interpretado restritivamente, aplicando-se somente aos recursos interpostos em face de acórdãos prolatados pelos Tribunais Laborais, como induz a sua literalidade, não se aplicando a recurso ordinário interposto em face de decisão de primeira instância. 5. Desse modo, conclui-se que, ao não conhecer do recurso de revista do Reclamante, por não vislumbrar contrariada a OJ 357 da SBDI-I do TST (atual Súmula nº 434, I, do TST), em face da sua inespecificidade, a decisão embargada consona com o entendimento predominante nesta Corte Superior. Embargos desprovidos. (E-RR – 3166200-04.2008.5.09.0029 – Relator Ministro Ives Gandra Martins Filho – j. em 20.9.2012 – Subseção I Especializada em Dissídios Individuais – *DJ* de 28.9.2012)

> RECURSO DE REVISTA – RECURSO ORDINÁRIO – INTERPOSIÇÃO ANTES DA PUBLICAÇÃO DA SENTENÇA IMPUGNADA – TEMPESTIVIDADE – INAPLICABILIDADE DO ITEM I DA SÚMULA 434/TST. *(Conversão da OJ 357 da SBDI-I/TST).* Por política judiciária e utilizando-se da via jurisprudencial, o Poder Judiciário vem estabelecendo regras de caráter eminentemente objetivo, com o escopo de evitar tumulto e ausência de tratamento isonômico às partes no âmbito do processo. Entretanto, a tese consubstanciada na Súmula nº 434, I/TST não é aplicável ao caso concreto, por se tratar de sentença e não acórdão. É nota característica do Processo do Trabalho a informalidade, notadamente em primeiro grau. Na mencionada Súmula há expressa e específica referência a acórdão, não se mostrando razoável a aplicação do rigor interpretativo estampado na citada Súmula a recurso ordinário, porquanto se trata de impugnação em

face de sentença, cuja intimação pode ser feita em audiência (art. 242, § 1º, do CPC) ou mesmo na própria Secretaria da Vara. Entender de forma diversa implicaria atentar contra o princípio da celeridade processual, consagrado no art. 5º, LXXVIII, da CF, desprestigiar as novas formas surgidas de divulgação das decisões judiciais, seja pela internet, seja pela massa media, seja pela sua juntada aos autos antes da oficial publicação, e desconsiderar que, num País de dimensões continentais, a aplicação da OJ 357/SBDI-I/TST resulta em formalismo apenas justificável para Tribunais (ou seja, relativamente a acórdãos), devendo-se enfatizar o universo de 5.565 Municípios (conforme divulgação no sítio eletrônico do IBGE, em 14.8.2009) e de 1.377 Varas do Trabalho instaladas (conforme informação colhida no sítio eletrônico do TST, em 10.8.2011). Precedentes desta Corte. Recurso conhecido e provido (TST-RR-71400-38.2009.5.03.0006 – Relator Ministro Mauricio Godinho Delgado – 3ª Turma – *DEJT* de 25.5.2012)

5.5.2.2. Regularidade formal

A regularidade formal, como pressuposto de admissibilidade objetivo ou extrínseco, deve ser vista sob dois enfoques: fundamentação das razões recursais e assinatura.

A discussão em torno da necessidade ou não de se apresentar as razões pelas quais se impugna a decisão atacada decorre da redação do art. 899 da CLT, o qual autoriza a interposição do recurso por "simples petição".

Em virtude da redação do dispositivo consolidado em comento, há quem defenda a apresentação do recurso, desacompanhada de suas razões, bastando, para tanto, o recorrente demonstrar sua vontade de ver reformada a sentença recorrida. Nesse caso, a possibilidade de interposição por "simples petição" daria ao recurso efeito devolutivo amplo, cabendo ao Tribunal analisar todas as questões nas quais o recorrente foi sucumbente (SCHIAVI, 2008, p. 612-3).

Com a devida *vênia,* não concordamos com essa interpretação genérica dada ao art. 899 da CLT. Não obstante a autorização, a interposição do recurso por simples petição e a possibilidade do *jus postulandi* na instância ordinária, entendemos que o recorrente deve apresentar os tópicos da sentença com os quais diverge e seus respectivos fundamentos, ainda que de forma sucinta, uma vez que o efeito devolutivo inerente aos recursos não é tão amplo.

O C. Tribunal Superior do Trabalho, por meio da Súmula nº 422, adotou o posicionamento de que recurso desfundamentado não deve ser conhecido, por ofensa ao art. 514, II, do CPC.

> SÚMULA TST Nº 422 • RECURSO – APELO QUE NÃO ATACA OS FUNDAMENTOS DA DECISÃO RECORRIDA – NÃO CONHECIMENTO – ART. 514, II, DO CPC. *(Conversão da Orientação Jurisprudencial nº 90 da SBDI-II) – [Resolução nº 137/2005, DJ de 22, 23 e 24.8.2005].* Não se conhece de recurso para o TST, pela ausência do requisito de admissibilidade inscrito no art. 514, II, do CPC, quando as razões do recorrente não impugnam os fundamentos da decisão recorrida, nos termos em que fora proposta. *(ex-OJ nº 90 da SBDI-II – inserida em 27.5.2002).*

Embora referido entendimento sumulado refira-se aos "recursos para o TST", entendemos que nada impede sua aplicação aos demais recursos interpostos contra as decisões das Varas do Trabalho, deixando-se, assim, de se admitir a apresentação de razões genéricas.

Nesse sentido tem se posicionado a jurisprudência de alguns Tribunais Regionais do Trabalho:

RECURSO ORDINÁRIO DESFUNDAMENTADO – NÃO CONHECIMENTO. A ausência de impugnação específica e efetiva da r. sentença recorrida equivale a dizer que o recorrente deixou de enfrentar o fundamento pelo qual foi julgado improcedente o pedido que pretende ver reapreciado pelo Juízo *ad quem*. Recurso não conhecido, no aspecto. Exegese do disposto na Súmula nº 422, do Col. TST. (RO – Procedimento Sumaríssimo – TRT – 15ª Região nº 0000704-28.2011.5.15.0020 – Relator Desembargador Manuel Soares Ferreira Carradita – 17.7.2012)

RECURSO ORDINÁRIO – NÃO ADMISSÃO – AUSÊNCIA DE DIALETICIDADE – SÚMULA Nº 422 DO TST. Pelo princípio da dialeticidade recursal, imprescindível que as razões de insurgência contrariem os fundamentos utilizados na decisão inquinada, evidenciando os motivos de fato e direito da reforma da decisão recorrida, sob pena de o apelo apresentar-se desfundamentado, conforme arts. 514, inciso II, e 524, inciso I, ambos do CPC. Nesse contexto, deveria o autor ter apresentado argumentos referentes aos fundamentos lançados na sentença primígena, e não reiterar as alegações feitas em sua petição inicial, pelo que não se pode admitir o apelo, por ausência de dialeticidade recursal. Inteligência da Súmula nº 422 do Tribunal Superior do Trabalho. Recurso ordinário não admitido. (RO 0125300-82.2009.5.01.0040 – TRT – 1ª Região – 10ª Turma – Relator Ricardo Areosa – 24.8.2011)

Por fim, com relação à regularidade formal, mister se faz que o apelo esteja devidamente assinado, uma vez que o recurso apócrifo é considerado inexistente. Basta, para o preenchimento desse requisito, que o recurso seja assinado, pelo menos, na petição de apresentação ou nas razões recursais (OJ nº 120 da SBDI-I do TST), valendo, por óbvio, a assinatura eletrônica.

5.5.2.3. Regularidade de representação

Na análise desse pressuposto de admissibilidade recursal insere-se o exame da possibilidade de mandato tácito e de *jus postulandi* em seara recursal.

O mandato tácito (*apud acta*) caracteriza-se quando, não havendo advogado constituído nos autos, a parte é representada, em sede recursal, pelo advogado que a representou na audiência inaugural. Tal forma de representação ganhou expressa menção no texto celetista, consoante se observa do art. 791, § 3º, introduzido pela Lei nº 12.437/2011:

> § 3º. A constituição de procurador com poderes para o foro em geral poderá ser efetivada, mediante simples registro em ata de audiência, a requerimento verbal do advogado interessado, com anuência da parte representada.

Nos termos da jurisprudência cristalizada na Súmula nº 164 do TST, preenche o requisito da regularidade de representação recurso assinado por advogado detentor de mandato tácito.

> SÚMULA TST nº 164 • PROCURAÇÃO – JUNTADA *(nova redação) – [Resolução nº 121/2003, DJ de 19, 20 e 21.11.2003]*. O não cumprimento das determinações dos §§ 1º e 2º do art. 5º da Lei nº 8.906, de 4.7.1994 e do art. 37, parágrafo único, do Código de Processo Civil importa o não conhecimento de recurso, por inexistente, exceto na hipótese de mandato tácito.

Cumpre destacar, também, o entendimento da OJ nº 200 da SBDI-I do TST, segundo o qual "é inválido o substabelecimento de advogado investido de mandato tácito".

Com relação à representação processual das partes em sede recursal, cumpre destacar, ainda, o seguinte entendimento jurisprudencial:

SÚMULA TST Nº 383 • MANDATO – ARTS. 13 E 37 DO CPC – FASE RECURSAL – INAPLI-CABILIDADE. *(Conversão das Orientações Jurisprudenciais nᵒˢ 149 e 311 da SBDI-I) – [Resolução nº 129/2005, DJ de 20, 22 e 25.4.2005].* I – É inadmissível, em instância recursal, o oferecimento tardio de procuração, nos termos do art. 37 do CPC, ainda que mediante protesto por posterior juntada, já que a interposição de recurso não pode ser reputada ato urgente. *(ex-OJ nº 311 da SBDI-I – DJ de 11.8.2003).* II – Inadmissível na fase recursal a regularização da representação processual, na forma do art. 13 do CPC, cuja aplicação se restringe ao Juízo de 1º grau. *(ex-OJ nº 149 da SBDI-I – inserida em 27.11.1998).*

Quanto ao *jus postulandi* tem-se admitido sua incidência em sede recursal, salvo os casos dos recursos extraordinários. Nesse caminho, em 13.10.2009, o Pleno do TST (órgão colegiado que reúne todos os ministros do TST) decidiu, por maioria de votos – 17 x 7 –, negar a prática do *jus postulandi* em matérias que se encontram tramitando na Corte superior. Por essa razão, foi editada, em 30.4.2010, a Súmula nº 425, *in verbis:*.

SÚMULA TST Nº 425 • *JUS POSTULANDI* NA JUSTIÇA DO TRABALHO – ALCANCE. *[Resolução nº 165/2010, DEJT divulgado em 30.4.2010 e 3 e 4.5.2010].* O *jus postulandi* das partes, estabelecido no art. 791 da CLT, limita-se às Varas do Trabalho e aos Tribunais Regionais do Trabalho, não alcançando a ação rescisória, a ação cautelar, o mandado de segurança e os recursos de competência do Tribunal Superior do Trabalho.

5.5.2.4. Preparo

O preparo recursal significa o pagamento das taxas e despesas processuais e, na Justiça do Trabalho, compreende o recolhimento das custas (art. 789 da CLT) e do depósito recursal (art. 899 da CLT), devendo ser efetuado no prazo alusivo ao recurso.

Quando a parte deixa de atender a esse requisito, seja pela ausência do recolhimento das custas ou do depósito recursal, quando esteja obrigada a tanto, o recurso não será conhecido por DESERÇÃO. Recurso deserto, portanto, é aquele que não foi conhecido por não observância de um dos pressupostos de admissibilidade objetivo, qual seja, o preparo.

5.5.2.4.1. Custas processuais

Segundo o art. 789 da CLT, nos dissídios individuais e nos dissídios coletivos e nas ações de competência da Justiça do Trabalho, as custas relativas ao processo de conhecimento incidirão à base de 2%, calculadas:

✓ quando houver acordo ou condenação, sobre o respectivo valor;

✓ quando houver extinção do processo, sem resolução do mérito, ou julgado totalmente improcedente o pedido, sobre o valor da causa;

✓ no caso de procedência de pedido formulado em ação declaratória e em ação constitutiva, sobre o valor da causa;

✓ quando o valor for indeterminado, sobre o que o juiz fixar.

Tratando-se de controvérsia referente à relação de trabalho, aplica-se a sucumbência recíproca (IN nº 27 do TST), sendo que cada parte pagará **proporcionalmente** as custas, nos termos do art. 21 do CPC.

Importante destacar os seguintes aspectos relativos ao recolhimento das custas processuais:

a) Isenção: estão isentos do recolhimento das custas, além dos beneficiários da Justiça Gratuita (art. 790, § 3º, da CLT), a União, os Estados, o Distrito Federal, os municípios e respectivas autarquias e fundações públicas federais, estaduais ou municipais que não explorem atividade econômica, bem como o Ministério Público do Trabalho (art. 790-A da CLT).

Nos termos do art. 790-A, parágrafo único, da CLT, a isenção prevista no art. 790-A da CLT não alcança as entidades fiscalizadoras do exercício profissional, nem exime as pessoas jurídicas referidas no inciso I da obrigação de reembolsar as despesas judiciais realizadas pela parte vencedora.

b) Custas e responsabilidade solidária: havendo condenação solidária, o recolhimento das custas por uma das reclamadas aproveita a outra? Em outras palavras, aplica-se às custas o entendimento previsto na Súmula nº 128, III, do TST, referente ao depósito recursal?

Segundo entendimento predominante no C. Tribunal Superior do Trabalho, com o qual concordamos, o recolhimento das custas processuais aproveita o litisconsorte condenado solidariamente, independentemente de ter havido ou não pleito de exclusão da lide, já que as custas processuais possuem finalidade distinta do depósito recursal, pouco importando quem realizou o recolhimento.

Dessa forma, as custas processuais recolhidas integralmente por uma das partes aproveita às demais, pois as custas têm natureza jurídica tributária, e seu pagamento só pode ser exigido uma única vez, salvo acréscimo no valor da condenação, hipótese em que o valor deverá ser complementado.

Nesse sentido os seguintes julgados:

> CUSTAS – CONDENAÇÃO SOLIDÁRIA – EXIGIBILIDADE – ART. 789, § 1º, DA CLT. As custas são pagas uma única vez e, vencedora a parte que realizou seu pagamento, como pressuposto de recorribilidade, é assegurado o seu reembolso, cujo devedor passa a ser quem sucumbiu afinal no processo. Não há, por isso mesmo, fundamento legal para se exigir duplo pagamento das custas, mormente em se tratando de devedores solidários. Pagamento de custas não se confunde com depósito recursal, nos termos da Súmula nº 128 desta Corte, cujo objetivo é garantir a execução, razão pela qual, ainda que as empresas sejam consideradas solidárias, subsiste o ônus de seu depósito por ambas, quando conflitantes seus interesses e uma delas pede, em recurso, sua exclusão da lide. Recurso de embargos provido. (E-RR 708543/2000.0 – Relator Ministro Milton de Moura França – j. em 20.2.2006 – Subseção I Especializada em Dissídios Individuais – *DEJT* de 10.3.2006)

> RECURSO DE REVISTA – RECURSOS – PREPARO – CUSTAS – CONDENAÇÃO SOLIDÁRIA – RECOLHIMENTO POR UMA DAS RECLAMADAS – DESERÇÃO NÃO CONFIGURADA. I) As custas processuais na Justiça do Trabalho, previstas no art. 789 da CLT, tem natureza jurídica de tributo – taxa (CTN, art. 77) – correspondente à prestação do serviço estatal da jurisdição. II) Nessa condição, não se cogita de seu recolhimento em duplicidade, seja pela parte outrora sucumbente vencida em instância recursal, seja pela parte condenada solidária ou subsidiariamente quando já realizado o recolhimento pela outra parte. OJ/SBDI-I nº 186. Precedentes. Conhecido e, no particular, provido. (RR 128600-65.2007.5.03.0008 – Relator Ministro Emmanoel Pereira – j. em 2.3.2011 – 5ª Turma – *DEJT* de 18.3.2011)

c) Custas e fase de execução: o art. 789-A da CLT, introduzido pela Lei nº 10.537/2002, passou a exigir o recolhimento de custas em processo de execução.

Não obstante referido dispositivo legal fosse expresso quanto ao recolhimento ao final, alguns Tribunais Regionais do Trabalho passaram a exigir o recolhimento das custas como pressuposto de admissibilidade do agravo de petição, com fundamento no art. 789, §§ 1º e 2º, da CLT em conjunto com o art. 3º, § 2º, da Instrução Normativa nº 27 do C. TST.

Na nossa ótica, ousamos discordar desse posicionamento. Isso porque a lei é clara quanto à necessidade de recolhimento apenas ao final do processo, razão pela qual entendimento diverso acarretaria violação ao art. 5º, LV, da Constituição Federal.

Aliás, essa é a posição que predomina no C. Tribunal Superior do Trabalho:

> RECURSO DE REVISTA – EXECUÇÃO – AGRAVO DE PETIÇÃO – CUSTAS – EXIGIBILI-DADE. Com o advento da Lei nº 10.537/2002, que acrescentou o art. 789-A à CLT, passou-se a exigir o recolhimento das custas em processo de execução, sendo que tal recolhimento deve se dar ao final. A disposição contida no art. 3º, § 2º, da Instrução Normativa nº 27 não pode acarretar interpretação que contrarie o dispositivo legal. Sendo assim, a imposição do recolhimento das custas como requisito recursal comporta reforma por violação do art. 5º, LV, da Constituição Federal, em razão de exigir o cumprimento de obrigação não prevista em lei. Recurso de revista conhecido e provido. (RR 183000-39.1997.5.15.0010 – Relator Ministro Luiz Philippe Vieira de Mello Filho – 1.ª Turma – *DEJT* de 8.4.2011)

> RECURSO DE REVISTA – EXECUÇÃODE SENTENÇA – AGRAVO DE PETIÇÃO – DESER-ÇÃO – EXIGÊNCIA DE RECOLHIMENTO DE CUSTAS – IMPOSSIBILIDADE. O art. 789-A da Consolidação das Leis do Trabalho é expresso quanto ao recolhimento de custas ao final da execução da sentença, daí por que o agravo de petição não está sujeito a esse recolhimento como pressuposto para seu conhecimento. A exigência feita pelo Tribunal Regional, que culminou na deserção do agravo de petição interposto pela executada, ofendeu o disposto no art. 5º, LV, da Constituição da República. Precedentes desta Corte. Recurso de revista de que se conhece e a que se dá provimento. (RR 185700-77.2001.5.15.0032 – Relator Ministro Pedro Paulo Manus – 7ª Turma – *DEJT* de 19.4.2011)

d) Forma de recolhimento das custas processuais (GRU): interessante observação merece ser feita quanto à forma que deve ser observada para o recolhimento das custas processuais.

Por determinação do C. Tribunal Superior do Trabalho, através do Ato Conjunto nº 21/2010 – TST/CSJT/GP/SG, de 7.12.2010, a partir de 1º de janeiro de 2011, o pagamento das custas e emolumentos deve ser realizado exclusivamente mediante Guia de Recolhimento da União, GRU Judicial, sendo ônus da parte interessada efetuar seu correto preenchimento. Os recolhimentos efetuados por meio de Documento de Arrecadação de Receitas Federais – DARF, valeram apenas até 31 de dezembro de 2010.

A obediência do quanto estabelecido no referido ato é impositiva à parte, pois decorre de norma legal, consoante o *caput* do art. 790 da Consolidação das Leis do Trabalho, *verbis*:

> Art. 790. Nas varas do Trabalho, nos Juízos de Direito, nos Tribunais e no Tribunal Superior do Trabalho, a forma de pagamento das custas e emolumentos obedecerá às instruções que serão expedidas pelo tribunal Superior do Trabalho.

Assim, a partir de 1º de janeiro de 2011, os recolhimentos das custas processuais devidas efetuados em guia DARF serão considerados como não realizados, e o recurso será considerado deserto. Nesse sentido:

AGRAVO DE INSTRUMENTO EM RECURSO DE REVISTA – DESERÇÃO DO RECURSO DE REVISTA – RECOLHIMENTO DAS CUSTAS PROCESSUAIS MEDIANTE GUIA DARF APÓS 1º DE JANEIRO DE 2011 – INVALIDADE – ATO CONJUNTO Nº 21/2010. Não é válido o pagamento das custas processuais mediante guia DARF após 1º de janeiro de 2011, porquanto o Ato Conjunto nº 21/2010, editado pelo TST em conformidade com o que estabelece o art. 790, *caput*, da CLT, é expresso ao dispor que, a partir dessa data, somente seria válido o recolhimento das custas processuais mediante GRU – Guia de Recolhimento da União. Agravo de instrumento conhecido e não provido. (AIRR 217000-27.2009.5.15.0016 – j. em 20.6.2012 – Relatora Ministra Dora Maria da Costa – 8ª Turma – *DEJT* de 22.6.2012)

RECOLHIMENTO DAS CUSTAS PROCESSUAIS POR MEIO DE GUIA DARF APÓS 1º DE JANEIRO DE 2011 – INVIABILIDADE – ATO CONJUNTO Nº 21/2010 DO TST/CSJT/GP/ SG – DESERÇÃO. O art. 1º do Ato Conjunto nº 21/2010 do TST/CSJT/GP/SG estabelece a forma adequada de recolhimento das custas processuais, determinando que seja feito por meio de GRU. Com efeito, é de se reconhecer a deserção do recurso ordinário patronal. Isso porque a parte efetuou o recolhimento das custas processuais por meio de guia DARF, quando já se encontrava em vigor o Ato Conjunto nº 21/2010 do TST/CSJT/GP/SG, publicado no *DEJT* em 9.12.2010, que, em seu art. 1º, estabelece clara disposição de que, a partir de janeiro de 2011, é inválido o pagamento de custas efetuado por outro meio que não a Guia de Recolhimento da União (GRU). Desse modo, o Tribunal Regional, ao conhecer o recurso ordinário interposto pela reclamada, decidiu em desacordo com o art. 789, § 4º, da CLT, uma vez que não pode ser considerado satisfeito o preparo recursal, porque as custas processuais foram recolhidas mediante guia DARF, e não GRU, como determina o art. 1º do Ato Conjunto nº 21/2010 do TST/CSJT/GP/SG. Recurso de revista conhecido e provido. (RR 87900-09.2009.5.03.0095 – j. em 13.6.2012 – Relator Ministro José Roberto Freire Pimenta – 2ª Turma – *DEJT* de 22.6.2012)

5.5.2.4.2. Depósito recursal

Trata-se do recolhimento do valor atribuído à condenação pecuniária, nos termos do art. 899, § 1º, da CLT e Instrução Normativa nº 3/1993 do TST. Existe um teto máximo para o valor do depósito, que é o valor da condenação. Além desse limite, deve ser observado o teto fixado pelo TST, segundo tabela divulgada anualmente.

O depósito recursal tem natureza jurídica de garantia da execução, não sendo considerado taxa. É pacífico na doutrina e na jurisprudência que a sua exigência não afronta o princípio do duplo grau de jurisdição, contraditório e ampla defesa.

O levantamento do depósito recursal em favor do vencedor será ordenado de imediato, por simples despacho do juiz, após a ciência do trânsito em julgado da decisão (art. 899, § 1º, da CLT).

Para os processos em que não se discute uma relação de trabalho ou que não envolvem uma verba trabalhista *stricto sensu*, o procedimento aplicável, salvo se processadas por algum rito especial, é o da CLT (IN nº 27 do TST), razão pela qual o depósito também será exigido.

Importante destacar os seguintes aspectos relativos ao recolhimento do depósito recursal:

a) Isenção: não havendo condenação em pecúnia, não há exigência do depósito recursal (Súmula nº 161 do TST).

Nos termos do art. 1º, IV, do Decreto-lei nº 779/1969, a União, os Estados, o Distrito Federal, os municípios e suas fundações e autarquias que não explorem atividade econômica estão dispensados de depósitos para a interposição de recursos.

O Ministério Público do Trabalho também está isento de seu recolhimento, tendo em vista que age sempre em defesa do interesse público e da ordem jurídica, ainda quando figure como órgão agente.

A Lei Complementar nº 132/2009 acrescentou o inciso VII ao art. 3º da Lei nº 1.060/1950, diploma legal que estabelece os benefícios da justiça gratuita, com o seguinte teor:

> Art. 3º. A assistência judiciária compreende as seguintes isenções: (...)

> VII – dos depósitos previstos em lei para interposição de recurso, ajuizamento de ação e demais atos processuais inerentes ao exercício da ampla defesa e do contraditório.

Com base nesse dispositivo legal, poder-se-ia questionar se os benefícios da justiça gratuita passaram a englobar também o depósito recursal, beneficiando seu destinatário com a isenção de seu recolhimento.

Ocorre que o C. Tribunal Superior do Trabalho, interpretando o art. 8º da Lei nº 8.542/1992, editou a Instrução Normativa nº 3/1993, asseverando que "os depósitos de que trata o art. 40, e seus parágrafos, da Lei nº 8.177/1991, com a redação dada pelo art. 8º da Lei nº 8.542/1992, "(...) não têm natureza jurídica de taxa de recurso, mas de garantia do juízo recursal (...)".

Assim, a isenção concedida pelo art. 3º, VII, da Lei nº 1.060/1950 quanto ao "depósito" para interposição de recurso deve ser interpretada como isenção a eventuais taxas cobradas para a prática do ato processual, o que não é o caso da seara trabalhista, na qual o depósito recursal não tem natureza de taxa, mas de garantia da execução.

Nesse contexto, a parte beneficiária da Justiça Gratuita está dispensada do recolhimento das custas, mas **não** está dispensada, caso atue como réu, do recolhimento do depósito recursal.

Assim se posiciona a jurisprudência do C. TST:

> AGRAVO – AGRAVO DE INSTRUMENTO EM RECURSO DE REVISTA – DECISÃO MONO-CRÁTICA DENEGATÓRIA DE SEGUIMENTO – DESERÇÃO DO RECURSO ORDINÁRIO – PEDIDO DE CONCESSÃO DO BENEFÍCIO DA JUSTIÇA GRATUITA – DEPÓSITO RECUR-SAL. A jurisprudência desta Corte é no sentido de que, mesmo nas hipóteses em que admitida a concessão do benefício da Justiça Gratuita, previsto no art. 3º da Lei nº 1.060/1950, às pessoas jurídicas, quando haja prova cabal e inequívoca da sua insuficiência econômica, pacífico o entendimento de que tal benplácito não abrange o depósito recursal trabalhista. Com efeito, na Justiça do Trabalho, o depósito recursal possui a natureza de garantia do juízo, e não de taxa ou emolumento, de modo que o referido artigo, em seu inciso VII, acrescentado pela Lei Complementar nº 132/2009, não alcança a hipótese em exame. Incide o art. 896, § 4º, da CLT e aplica-se a Súmula nº 333/TST, ensejando a negativa de seguimento ao agravo de instrumento e o não provimento do presente agravo. Agravo conhecido e não provido. (Ag-AIRR 630-34.2011.5.10.0821 – j. em 27.11.2012 – Relator Ministro Hugo Carlos Scheuermann – 1ª Turma – *DEJT* de 30.11.2012)

> AGRAVO DE INSTRUMENTO EM RECURSO DE REVISTA INTERPOSTO PELA RECLA-MADA – DESERÇÃO – PESSOA JURÍDICA – JUSTIÇA GRATUITA – IMPOSSIBILIDADE DE ISENÇÃO DO DEPÓSITO RECURSAL. Conforme previsão da Súmula nº 128, I, desta Corte, é dever do recorrente efetuar o depósito recursal do valor integral fixado pelo Tribunal Superior do Trabalho, com relação a cada recurso interposto, sob pena de deserção, salvo se atingido o valor da condenação. Ademais, a isenção de depósito recursal não está compreendida entre os benefícios que compõem a gratuidade de justiça, nos termos dos arts. 3º da Lei nº 1.060/1950 e 790, § 3º, da Consolidação das Leis do Trabalho, notadamente porque não possui natureza de taxa judiciária, mas de garantia do juízo. (AIRR 16200-40.2007.5.01.0081 – j. em 21.11.2012 – Relator Ministro Pedro Paulo Manus – 7ª Turma – *DEJT* de 23.11.2012)

b) Massa falida: nos termos da Súmula n° 86 do C. TST, a massa falida está isenta do recolhimento das custas e do depósito recursal, não sendo esse privilégio estendido às empresas (instituições financeiras) em liquidação extrajudicial (Lei n° 6.024/1974).

Embora não conste expressamente do entendimento sumulado em comento, as empresas em recuperação judicial estão excluídas de quaisquer privilégios concedidos à massa falida, razão pela qual devem proceder ao recolhimento do depósito recursal. Assim caminha a jurisprudência consolidada do C. TST:

> AGRAVO DE INSTRUMENTO EM RECURSO DE REVISTA DA EMPRESA ACCENTUM MANUTENÇÃO E SERVIÇOS LTDA. – DEPÓSITO RECURSAL INEXISTENTE – EMPRESA EM RECUPERAÇÃO JUDICIAL – INAPLICABILIDADE DA SÚMULA TST N° 86 – DESERÇÃO. Esta colenda Corte firmou entendimento de que o privilégio de isenção do pagamento de custas e de depósito recursal aplicável à massa falida, previsto na Súmula TST n° 86, não se aplica às empresas em recuperação judicial. Na hipótese, estando a recorrente em recuperação judicial e não tendo efetuado o depósito recursal necessário ao preparo da revista, impõe-se a mantença da decisão agravada, fundada na deserção do recurso. Precedentes. Agravo de instrumento não provido. (AIRR 183600-32.2004.5.02.0057 – j. em 28.11.2012 – Relator Ministro Alexandre de Souza Agra Belmonte – 3ª Turma – *DEJT* de 30.11.2012)

c) Condenação solidária: consoante entendimento cristalizado na Súmula n° 128, III, do TST, "havendo condenação solidária de duas ou mais empresas, o depósito recursal efetuado por uma delas aproveita as demais, quando a empresa que efetuou o depósito não pleiteia sua exclusão da lide". Logo, se a empresa que efetuou o depósito recursal pleitear sua exclusão da lide, a outra parte, condenada solidariamente, deverá também realizar o recolhimento.

Apesar de o entendimento jurisprudencial consagrado na Súmula n° 128, III, do TST mencionar expressamente a hipótese de "condenação solidária", é pacífico que tal posicionamento também se aplica, analogicamente, aos casos de "condenação subsidiária". Nesse sentido:

> RECURSO DE REVISTA – DESERÇÃO – DEPÓSITO RECURSAL EFETUADO E CUSTAS RECOLHIDAS APENAS PELO DEVEDOR PRINCIPAL – RESPONSABILIDADE SUBSIDIÁRIA – APLICAÇÃO DA SÚMULA 128, III/TST. A jurisprudência desta Corte vem perfilhando o entendimento de que, no tocante à responsabilidade subsidiária, o depósito realizado pelo devedor principal aproveita à empresa condenada subsidiariamente, na forma estabelecida pela Súmula n° 128, III/TST, quando a empresa que efetuou o depósito não pleiteia sua exclusão da lide. No tocante às custas processuais, registre-se que, com efeito, é tributária a sua natureza jurídica, sendo que o seu pagamento só pode ser exigido uma única vez, exceto no caso de acréscimo no valor da condenação, hipótese em que o valor deve ser complementado. O art. 789, § 1°, da CLT exige apenas que o pagamento das custas seja efetuado dentro do prazo e no valor estipulado, sendo que a exigência de múltiplos recolhimentos das custas processuais não encontra amparo legal. Infere-se, portanto, que aproveita às demais partes as custas processuais recolhidas integralmente por uma delas. Prejudicada a análise das demais matérias suscitadas no recurso de revista. Recurso de revista conhecido e provido. (RR 336300-17.2008.5.04.0018 – j. em 28.11.2012 – Relator Ministro Mauricio Godinho Delgado – 3ª Turma – *DEJT* de 30.11.2012).
>
> RECURSO DE REVISTA – RECURSO ORDINÁRIO – AUSÊNCIA DE DESERÇÃO – RESPONSABILIDADE SUBSIDIÁRIA – DEPÓSITO RECURSAL EFETUADO PELA DEVEDORA PRINCIPAL APROVEITA À DEVEDORA SUBSIDIÁRIA. Na hipótese de condenação subsidiária, o depósito recursal efetuado pela devedora principal, responsável direta pelas verbas trabalhistas, quando não pleiteia sua exclusão da lide, aproveita à segunda reclamada, responsabilizada subsidiariamente. Aplicação analógica da Súmula n° 128 do TST. Precedente da SBDI-I desta Corte.

Recurso de revista conhecido e provido. (RR 286900-68.2007.5.04.0018 – j. em 14.11.2012 – Relator Ministro Hugo Carlos Scheuermann – 1ª Turma – *DEJT* de 23.11.2012)

d) Diferença no valor depositado – valor ínfimo: de acordo com o posicionamento firmado na OJ nº 140 da SBDI-I do TST, ocorre deserção do recurso pelo recolhimento insuficiente das custas e do depósito recursal, ainda que a diferença em relação ao valor devido seja ínfima, referente a centavos, sendo incabível a intimação da parte para realizar a complementação.

e) Conta vinculada ou guia de depósito judicial: a jurisprudência trabalhista não era uníssona quanto a formalidade a ser observada no recolhimento do depósito recursal. Ora decisões entendiam que o depósito recursal somente seria válido se realizado na conta vinculada do trabalhador, utilizando-se a guia de Recolhimento do FGTS e Informações à Previdência Social (GFIP), ora se entendia pela possibilidade de recolhimento via depósito judicial, em conta não vinculada, mas à disposição do juízo.

O C. Tribunal Superior do Trabalho uniformizou o entendimento ao editar a Súmula nº 426, nos seguintes termos:

SÚMULA TST Nº 426 • DEPÓSITO RECURSAL – UTILIZAÇÃO DA GUIA GFIP – *OBRI-GATORIEDADE (editada em decorrência do julgamento do processo TST-IUJEEDRR 91700-09.2006.5.18.0006) – [Resolução nº 174/2011, DEJT divulgado em 27, 30 e 31.5.2011].* Nos dissídios individuais o depósito recursal será efetivado mediante a utilização da Guia de Recolhimento do FGTS e Informações à Previdência Social – GFIP, nos termos dos §§ 4º e 5º do art. 899 da CLT, admitido o depósito judicial, realizado na sede do juízo e à disposição deste, na hipótese de relação de trabalho não submetida ao regime do FGTS.

Como se vê, o recolhimento do depósito recursal em conta judicial à disposição do juízo passou a ser validado apenas na hipótese de relação de trabalho não submetida ao regime do FGTS.

f) Execução: na fase de execução, se o juízo já estiver garantido pela penhora, não há necessidade do depósito recursal para interposição do recurso respectivo, uma vez que esse perdeu a finalidade de garantia do juízo (item IV da IN TST nº 3/1993).

g) Ação rescisória: nos termos da Súmula nº 99 do TST, havendo recurso ordinário em sede de rescisória, o depósito recursal só é exigível quando for julgado procedente o pedido e imposta condenação em pecúnia, devendo esse ser efetuado no prazo recursal, nos termos da legislação vigente.

h) Recurso de Revista: se o valor do primeiro depósito, pertinente ao recurso ordinário para o TRT, tiver sido efetuado no limite legal e esse valor for inferior ao valor da condenação, necessária será uma complementação do depósito em recurso posterior, no caso o de revista, observado o valor nominal remanescente da condenação e/ou os limites legais para cada novo recurso (IN TST nº 3/1993, item II, alínea "b").

A título de ilustração, se o valor da condenação, por exemplo, for de R$ 50.000,00, a parte que apresentou recurso ordinário e recolheu o depósito recursal respectivo pelo teto estabelecido pelo TST, ao apresentar recurso de revista, deverá proceder ao recolhimento do depósito no limite fixado pelo TST para fins de Recurso de Revista.

O TST pacificou o entendimento no sentido de estar a parte recorrente obrigada a efetuar o depósito legal, integralmente, em relação a cada novo recurso interposto, sob pena de deserção, somente não se exigindo nenhum outro depósito quando atingido o valor da condenação (Súmula nº 128, I, do TST).

i) Depósito recursal e dissídio coletivo: nos termos da IN TST nº 3/1993, V, não é exigido depósito para recurso ordinário interposto em dissídio coletivo, eis que a regra aludida atribui apenas valor ao recurso, com efeitos limitados ao cálculo das custas processuais.

j) Condenação em honorários advocatícios a cargo do autor: prevalece, no âmbito do C. Tribunal Superior do Trabalho, o entendimento segundo o qual tratando-se de ação trabalhista não decorrente da relação de emprego julgada improcedente, com a condenação do autor em honorários advocatícios, mister se faz o recolhimento do depósito recursal quando da interposição do recurso ordinário, pois a condenação em honorários sucumbenciais é condenação em pecúnia. Assim, os seguintes julgados:

> AÇÃO DE COBRANÇA PROPOSTA POR SINDICATO JULGADA IMPROCEDENTE – CONDENAÇÃO EM HONORÁRIOS ADVOCATÍCIOS SUCUMBENCIAIS – DESERÇÃO DO RECURSO ORDINÁRIO – DEPÓSITO RECURSAL NECESSÁRIO – SÚMULA Nº 161 DO TST. Discute-se, no caso, a necessidade de depósito recursal, na hipótese em que a ação não decorrente de relação de emprego é julgada improcedente, condenando-se o autor ao pagamento de honorários advocatícios. A Súmula nº 161 do TST trata do depósito recursal e, interpretando o art. 899 da CLT, dispõe o seguinte entendimento: "Se não há condenação a pagamento em pecúnia, descabe o depósito de que tratam os §§ 1º e 2º do art. 899 da CLT". Extrai-se daí que o critério adotado no verbete transcrito para excetuar a necessidade de depósito recursal é a inexistência de condenação em pecúnia, o que não se verifica na hipótese em análise. Isso porque, não obstante os honorários advocatícios sejam verba acessória, está-se diante de condenação em pecúnia. Assim, é exigível o depósito recursal na hipótese em que a ação não decorrente de relação de emprego é julgada improcedente e há condenação do autor ao pagamento de verbas sucumbenciais. Na hipótese dos autos, o sindicato propôs ação de cobrança de contribuição sindical, a qual foi julgada improcedente pelo Juiz de primeiro grau e o autor foi condenado ao pagamento de honorários advocatícios. Ao interpor recurso ordinário, no entanto, o sindicato autor não efetuou o depósito recursal referente à mencionada condenação, estando correta a deserção declarada pela Corte regional. Recurso de revista não conhecido. (RR 246900-47.2009.5.09.0008 – j. em 4.5.2011 – Relator Ministro José Roberto Freire Pimenta – 2ª Turma – *DEJT* de 10.6.2011)

> AÇÃO DE COBRANÇA DE CONTRIBUIÇÃO SINDICAL – IMPROCEDÊNCIA – CONDENAÇÃO DO AUTOR NO PAGAMENTO DE HONORÁRIOS ADVOCATÍCIOS – AUSÊNCIA DO DEPÓSITO RECURSAL – DESERÇÃO DO RECURSO ORDINÁRIO. Ação ordinária de cobrança de contribuição sindical julgada improcedente. Para o fim da exigência do depósito recursal de que cogita o parágrafo único do art. 2º da Instrução Normativa nº 27 desta Corte, constitui condenação em pecúnia a condenação ao pagamento de honorários de sucumbência, na medida em que a finalidade do depósito recursal é a garantia da execução, a cujo procedimento também estão sujeitos os honorários advocatícios (E-RR 22000-53.2007.5.02.0006 – Relator Ministro João Batista Brito Pereira – j. em 10.2.2011 – Subseção I Especializada em Dissídios Individuais – *DEJT* de 1º.4.2011)

5.5.2.4.3. Multas impostas pelo juízo

Algumas multas impostas pelo juízo são consideradas pressupostos objetivos de admissibilidade recursal. Vejamos:

a) Multa pela reiteração dos embargos declaratórios protelatórios: a multa aplicada nos termos do art. 538, parágrafo único, do CPC, pela reiteração de embargos protelatórios, constitui, por expressa disposição legal, pressuposto objetivo de admissibilidade recursal, cujo não recolhimento acarreta a deserção do recurso.

> RECURSO DE REVISTA – DESERÇÃO – REITERAÇÃO DE EMBARGOS DE DECLARAÇÃO PROTELATÓRIOS – MULTA NÃO RECOLHIDA. A multa majorada de 10%, em razão da reiteração de embargos de declaração procrastinatórios, constitui pressuposto objetivo de recorribilidade, conforme previsto na segunda parte do parágrafo único do art. 538 do CPC. Assim, o não recolhimento da multa imposta induz à deserção do apelo. Recurso de revista não conhecido. (RR 71400-55.2006.5.02.0302 – j. em 10.11.2010 – Relator Ministro Mauricio Godinho Delgado – 6ª Turma – *DEJT* de 26.11.2010)

b) Multa prevista no art. 557, § 2º, do CPC: o agravo interno, previsto no art. 557 do CPC, para impugnar as decisões monocráticas do desembargador relator no Tribunal, se utilizado de forma infundada ou manifestamente inadmissível, ensejará a aplicação de uma multa, cujo recolhimento constituirá pressuposto objetivo de admissibilidade recursal, por expressa disposição legal. Nesse sentido, a OJ nº 389 da SBDI-I do C. TST.

c) Multa por litigância de má-fé: de acordo com entendimento cristalizado na OJ nº 409 da SBDI-I do TST, o recolhimento do valor da multa imposta por litigância de má-fé não constitui pressuposto de admissibilidade recursal objetivo, sendo inaplicável, na seara laboral, o art. 35 do CPC:

> Art. 35. As sanções impostas às partes em consequência de má-fé serão contadas como custas e reverterão em benefício da parte contrária; as impostas aos serventuários pertencerão ao Estado.

5.5.2.5. Inexistência de fato impeditivo ao direito de recorrer

A aceitação da decisão, bem como a renúncia e desistência do recurso são considerados fatos impeditivos ao exercício do direito de recorrer.

A diferença entre renúncia e desistência reside no fato de que, a primeira se manifesta antes da interposição do recurso, e a segunda, após a apresentação do apelo.

5.6. EFEITOS DOS RECURSOS

5.6.1. Efeito suspensivo (obstativo)

Trata-se do efeito que provoca o impedimento da produção imediata da decisão que se quer impugnar.

No processo do trabalho, segundo o art. 899, *caput*, da CLT, os recursos, via de regra, são dotados apenas de efeito devolutivo.

O recurso ordinário interposto em face de sentença normativa, contudo, terá efeito suspensivo, na medida e extensão conferidas em despacho do Presidente do Tribunal Superior do Trabalho (art. 14 da Lei nº 10.192/2001).

5.6.2. Efeito devolutivo

Consiste na possibilidade do órgão revisor conhecer e analisar a matéria impugnada. Pode ser visto na ótica horizontal (extensão) e vertical (profundidade).

A extensão do efeito devolutivo consiste em saber "o que" se submete, por força do recurso, ao julgamento do órgão *ad quem*. A extensão do efeito devolutivo é conhecida pela expressão: *tantum devolutum quantum appellatum*. De acordo com o art. 515 do CPC, só é devolvido o conhecimento da matéria impugnada, que determina o objeto litigioso.

Assim, a título de exemplificação, havendo condenação em horas extras e adicional noturno, se o recurso impugnar apenas o adicional noturno, o tribunal está proibido de se manifestar a respeito das horas extras. Isso porque, horizontalmente, o efeito devolutivo está limitado aos capítulos da sentença que foram objeto do apelo.

A profundidade está relacionada às questões que devem ser examinadas pelo órgão *ad quem* para decidir o objeto litigioso. Relaciona-se com as matérias que podem ser enfrentadas no exame do objeto do apelo; daquilo que foi devolvido ao tribunal. De acordo com os §§ 1º e 2º do art. 515 do CPC, é ampla a profundidade do efeito devolutivo, uma vez que não se limita às questões efetivamente resolvidas pela origem: abrange também as que nela poderiam tê-lo sido.

Todavia, havendo silêncio da sentença a respeito de algum **pedido**, ainda que a parte apresente recurso, está obstada a incidência do efeito devolutivo em profundidade.

Assim, se a sentença de origem condenar o réu ao pagamento de horas extras e adicional noturno e o recurso impugnar apenas horas extras, todas as matérias debatidas a respeito das horas extras, na inicial e defesa, ainda que não enfrentadas pelo julgado, podem ser examinadas pelo Tribunal. Se a decisão de origem foi silente quanto ao pedido de horas extras, o Tribunal não poderá se manifestar, sob pena de supressão de instância.

Nesse caminho, a Súmula nº 393 do C. TST:

> SÚMULA TST Nº 393 • RECURSO ORDINÁRIO – EFEITO DEVOLUTIVO EM PROFUNDIDADE – ART. 515, § 1º, DO CPC. (redação alterada pelo Tribunal Pleno na sessão realizada em 16.11.2010) – *[Resolução nº 169/2010, DEJT divulgado em 19, 22 e 23.11.2010]*. O efeito devolutivo em profundidade do recurso ordinário, que se extrai do § 1º do art. 515 do CPC, transfere ao Tribunal a apreciação dos fundamentos da inicial ou da defesa, não examinados pela sentença, ainda que não renovados em contrarrazões. Não se aplica, todavia, ao caso de pedido não apreciado na sentença, salvo a hipótese contida no § 3º do art. 515 do CPC.

Vale ressaltar que o recorrente estabelece a extensão do recurso (dimensão horizontal), mas não pode estabelecer a sua profundidade (dimensão vertical).

5.6.3. Efeito translativo

Trata-se da possibilidade de o Tribunal conhecer, de ofício, das matérias de ordem pública (arts. 267, § 3º, e 301, § 4º, do CPC), independentemente da impugnação pela parte.

Os recursos de natureza extraordinária (recurso de revista, especial e extraordinário) não possuem efeito translativo, pois somente admitem impugnação de matéria decidida pela instância originária.

5.6.4. Efeito regressivo (retratação)

Trata-se do efeito que autoriza o órgão jurisdicional que proferiu a decisão a revê-la, como ocorre, por exemplo, no Agravo de instrumento, na seara laboral.

Constitui exceção à regra prevista no art. 463 do CPC, segundo o qual o juiz, ao prolatar a decisão, termina seu ofício jurisdicional, somente podendo alterá-la para lhe corrigir, de ofício ou a requerimento, inexatidões materiais ou lhe retificar erros de cálculo e por meio de embargos de declaração.

5.6.5. Efeito expansivo

Em regra, a interposição do recurso produz efeitos apenas para o recorrente. "O recurso do litisconsorte a todos aproveita, salvo se distintos ou opostos seus interesses" (art. 509, *caput*, do CPC).

5.6.6. Efeito substitutivo (art. 512 do CPC)

Nos termos do art. 512 do CPC, a decisão de mérito proferida pelo órgão revisor substitui a decisão impugnada naquilo que tiver sido objeto de recurso. Frise-se que somente haverá a substituição se o recurso for conhecido e tiver o mérito analisado.

5.7. Súmula impeditiva de recursos (art. 518, § 1º, do CPC)

O art. 518, § 1º, do CPC, renumerado pela Lei nº 11.276/2006, estabeleceu o que a doutrina passou a denominar de súmula impeditiva de recurso, possibilitando ao magistrado de primeiro grau, que realiza o primeiro juízo de admissibilidade, denegar seguimento ao recurso de apelação se a decisão atacada estiver em conformidade com Súmula do STF ou STJ.

> Art. 518. Interposta a apelação, o juiz, declarando os efeitos em que a recebe, mandará dar vista ao apelado para responder.
>
> § 1º. O juiz não receberá o recurso de apelação quando a sentença estiver em conformidade com súmula do Superior Tribunal de Justiça ou do Supremo Tribunal Federal.

A dúvida que surge é se referido dispositivo legal aplica-se ao processo do trabalho.

Em outra oportunidade, já defendi a aplicabilidade da súmula impeditiva de recursos no processo do trabalho. Dentre os argumentos utilizados para sustentar sua incidência no campo laboral, destacam-se os seguintes:

✓ Tal como ocorre com o STJ, que edita súmulas para uniformizar a jurisprudência em matéria de lei federal, o TST também as edita com a finalidade de uniformizar a jurisprudência em matéria trabalhista. Logo, não seria razoável limitar o alcance da norma em questão apenas às súmulas oriundas do STJ e do STF;

✓ Compatibilidade com os princípios que norteiam o processo trabalhista, notadamente, os princípios da economia e celeridade processual;

Sistema recursal trabalhista | 861

✓ Evitar impugnações sem possibilidade de êxito;

✓ Ausência de ofensa ao contraditório e devido processo legal;

✓ Dar aplicabilidade às promessas constitucionais de duração razoável do processo e efetividade processual, buscando, inclusive, prestigiar a decisão de primeiro grau;

✓ Não há óbice a liberdade do juiz, pois este não está obrigado a acompanhar a súmula, podendo contrariá-la.

Nesse sentido, destaca-se julgado prolatado pelo Tribunal Regional do Trabalho da 15ª Região:

> SÚMULA IMPEDITIVA DE RECURSO – APLICAÇÃO SUBSIDIÁRIA NO PROCESSO DO TRABALHO – ART. 518, § 1º, DO CPC – COMPATIBILIDADE – PRINCÍPIO DA CELERIDADE PROCESSUAL DE ORDEM CONSTITUCIONAL, ART. 5º, LXXVIII, DA CF. O disposto no art. 518, § 1º, do CPC, *verbis*: O juiz não receberá o recurso de apelação quando a sentença estiver em conformidade com a súmula do Superior Tribunal de Justiça ou do Supremo Tribunal Federal, tem perfeita aplicação no processo do trabalho. De modo que estando a sentença trabalhista fundamentada em jurisprudência sumulada pelo Tribunal Superior do Trabalho – TST, não caberá recurso ordinário. A aplicação subsidiária do instituto da súmula impeditiva de recurso do CPC é compatível com a sistemática recursal trabalhista, tendo em vista a omissão da CLT acerca do tema (art. 769, CLT) e a efetivação do princípio da celeridade processual, assegurar a "razoável duração do processo", de arrimo constitucional (art. 5º, LXXVIII, da CF). Agravo de instrumento improvido. (AIRO 00019-2006-133-15-00-7 – Juiz Relator Edison dos Santos Pelegrini – Publicado em 31.8.2007)

Por outro lado, há quem defenda a inaplicabilidade da súmula impeditiva dos recursos, apresentando, em suma, os seguintes argumentos:

✓ O art. 518, § 1º, do CPC estabeleceu sua aplicação apenas em relação a súmulas do STF e STJ, não havendo menção ao TST, sequer a Tribunal Superior, como ocorre com o art. 557 do CPC;

✓ Inibe a atuação dos juízes, impedindo a formação de seu livre convencimento, dando à súmula *status* superior ao da lei;

✓ Ausência de omissão na CLT quanto aos pressupostos de admissibilidade.

O C. Tribunal Superior do Trabalho já se manifestou pela inaplicabilidade do art. 518, § 1º, do CPC ao processo do Trabalho, nos seguintes termos:

> RECURSO DE REVISTA – NÃO CONHECIMENTO DO RECURSO ORDINÁRIO – SÚMULA IMPEDITIVA DE RECURSO – ART. 518, § 1º, DO CPC – INAPLICABILIDADE AO PROCESSO DO TRABALHO. 1. É patente que o art. 518, § 1º, do CPC – súmula impeditiva de recurso – tem por objetivo dar maior celeridade ao processo e efetividade à tutela jurisdicional, por força do art. 5º, LXXVIII, da CF/1988, acrescentado pela EC nº 45/2004. 2. Levando-se em consideração os princípios constitucionais do devido processo legal, da ampla defesa e do contraditório (art. 5º, LIV e LV, da CRFB), estando o recurso interposto pela parte previsto no ordenamento jurídico, e tendo sido preenchidos todos os pressupostos de admissibilidade (extrínsecos e intrínsecos), o caso não seria de não conhecimento e sim de não provimento, pois o debate seria sobre o juízo de mérito, e não de admissibilidade. 3. Com base nesses argumentos, é inaplicável ao processo do trabalho o art. 518, § 1º, do CPC, como forma impeditiva de recurso. O art. 518, § 1º, do CPC refere-se ao recurso de apelação e às súmulas do Superior Tribunal de Justiça e do Supremo Tribunal Federal, e é omisso sobre as súmulas do Tribunal Superior do Trabalho. 4. Com isso, admitir

o emprego do referido dispositivo é o mesmo que aceitar a aplicação analógica de dispositivo, o que não é concebível no processo do trabalho, já que o que o art. 769 da CLT permite é a aplicação subsidiária da legislação processual comum. Porém, a subsidiariedade pressupõe que a norma seja aplicada em sua literalidade, e no caso do art. 518, § 1º, do CPC essa aplicação não seria literal, mas sim analógica, e, mais, seria uma analogia restritiva do direito de recorrer da parte, o que violaria os princípios constitucionais de acesso à prestação jurisdicional (art. 5º, XXXV), do devido processo legal (art. 5º, LIV), da ampla defesa e do contraditório (art. 5º, LV). 5. As hipóteses de cabimento ou não de recurso são taxativas, não se podendo trancar, não admitir ou não conhecer de recurso com base na analogia. 6. Ainda que remotamente se admitisse a aplicabilidade do art. 518, § 1º, do CPC ao processo do trabalho, para que o recurso não fosse recebido, seria necessário que todos os capítulos da sentença estivessem em conformidade com a súmula, o que não ocorreu no caso dos autos. 7. Assim, a fim de prestigiar os princípios do duplo grau de jurisdição, do devido processo legal, da inafastabilidade da prestação jurisdicional e do acesso à Justiça, da ampla defesa e do contraditório e evitar possível cerceamento do direito de defesa, entendo ser inaplicável ao processo do trabalho o art. 518, § 1º, do CPC, como óbice ao conhecimento de recurso ordinário, seja subsidiariamente, seja analogicamente. 8. Recurso de revista a que se dá provimento para afastar o óbice do não conhecimento do recurso ordinário da reclamada e determinar o retorno dos autos ao Tribunal Regional da 23ª Região, a fim de que prossiga no exame do mérito do recurso ordinário, como entender de direito. (RR 126100-09.2008.5.23.0081 – j. em 11.10.2011 – Relatora Ministra Kátia Magalhães Arruda – 5ª Turma – *DEJT* de 21.10.2011)

> **DICA DE PROVA:** diante da ausência de jurisprudência consolidada quanto à aplicabilidade ou inaplicabilidade da súmula impeditiva de recurso ao processo do trabalho, dificilmente esse tema será objeto de prova objetiva. Todavia, sendo questionado em prova dissertativa, vale fazer a ponderação e apresentar os argumentos das duas correntes, concluindo com a opinião pessoal.

5.8. RECURSOS EM ESPÉCIE

Após a análise de pontos essenciais referentes à teoria geral dos recursos trabalhistas, passemos agora ao exame dos recursos em espécie.

5.8.1. Recurso ordinário

Trata-se do recurso, previsto no art. 895 da CLT, cabível, no prazo de 8 dias, para a instância superior, das decisões definitivas ou terminativas das Varas do Trabalho ou das decisões definitivas ou terminativas dos TRTs, em processos de sua competência originária, quer nos dissídios individuais, quer nos dissídios coletivos.

5.8.1.1. Teoria da causa madura

O art. 515, § 3º, do CPC dispõe que "nos casos de extinção do processo sem julgamento do mérito (art. 267), o tribunal pode julgar desde logo a lide, se a causa versar questão exclusivamente de direito e estiver em condições de imediato julgamento".

Trata-se do que a doutrina denomina de "teoria de causa madura", que autoriza o Tribunal, afastada a causa da extinção do julgamento sem resolução do mérito, adentrar ao exame do mérito, desde que a causa esteja em condições de julgamento, não demandando dilação probatória, sem que isso possa significar supressão de instância. Os requisitos não são cumulativos, apesar da utilização da conjunção "e". O que importa é a causa estar pronta para julgamento.

A finalidade do instituto é a celeridade e efetividade da tutela jurisdicional, razão pela qual a interpretação do termo "exclusivamente de direito" deve abranger, também, matéria fática, que já foi devidamente instruída. Nesse caminho, o referido dispositivo legal deve ser interpretado em consonância com as regras estampadas no art. 330 do CPC, que tratam do julgamento antecipado da lide.

Não se argumenta com ofensa ao duplo grau de jurisdição, pois não se trata de um princípio constitucional expresso, o que possibilita ao legislador infraconstitucional delimitar as possibilidades recursais.

Apesar de o art. 515, § 3º, do CPC referir-se à extinção do processo sem resolução do mérito, certo é que a extinção do processo com resolução do mérito, como por exemplo, reconhecimento da prescrição ou rejeição do vínculo empregatício, também autoriza o tribunal a adentrar no mérito da lide, desde que a causa esteja devidamente instruída.

No campo doutrinário, há quem entenda que deve haver pedido expresso no recurso para que o Tribunal analise desde logo a lide. A jurisprudência do Superior Tribunal de Justiça, contudo, é no sentido de ser desnecessário pedido expresso.

5.8.1.2. Procedimento sumaríssimo

Nas reclamações sujeitas ao procedimento sumaríssimo, o recurso ordinário será imediatamente distribuído, uma vez recebido no Tribunal, devendo o relator liberá-lo no prazo máximo de 10 dias, e a Secretaria do Tribunal ou Turma colocá-lo imediatamente em pauta para julgamento, sem revisor.

Além disso, terá parecer oral do representante do MP, se assim entender necessário, e terá acórdão consistente unicamente na certidão de julgamento, com indicação suficiente do processo e parte dispositiva e das razões de decidir do voto prevalente. Se a sentença for confirmada pelos próprios fundamentos, a certidão de julgamento, registrando tal circunstância, servirá de acórdão.

De acordo com o art. 895, § 2º, da CLT, "os Tribunais Regionais, divididos em Turmas, poderão designar Turma para o julgamento dos recursos ordinários interpostos das sentenças prolatadas nas demandas sujeitas ao procedimento sumaríssimo".

5.8.1.3. Contrarrazões

As contrarrazões constituem manifestação do princípio do contraditório. Todavia, o recorrido não está obrigado a apresentá-las, e sua inércia não lhe acarreta qualquer sanção processual.

É oportuno destacar, contudo, que as contrarrazões não possuem efeito infringente, não servindo para reformar a decisão recorrida. Porém, por meio delas, pode o recorrido suscitar as questões de ordem pública, que podem ser conhecidas de ofício pelo juiz.

Quanto à possibilidade de arguição da prescrição, em sede de contrarrazões, a jurisprudência do C. TST se posiciona pela sua possibilidade, nos seguintes termos:

RECURSO DE REVISTA – PRESCRIÇÃO ARGUIDA EM DEFESA E EM CONTRARRAZÕES – PROVIMENTO DO RECURSO ORDINÁRIO DO AUTOR – EFEITO DEVOLUTIVO EM PROFUNDIDADE. No caso dos autos, o juízo de primeiro grau afastara a tese da prescrição total arguida pela reclamada em defesa e, no mérito, decidira pela improcedência dos pedidos do autor. A jurisprudência desta Corte Superior vem fixando o entendimento de que, em caso de provimento do recurso ordinário do autor, os Tribunais Regionais estão obrigados a examinar a prescrição arguida em contrarrazões. Precedentes da SBDI-I. Recurso de revista conhecido e provido. (RR 13845-20.2010.5.04.0000 – Ministro Luiz Philippe Vieira de Mello Filho – 1ª Turma – *DEJT* de 10.12.2010)

RECURSO DE REVISTA – IMPROCEDÊNCIA DOS PEDIDOS – PRESCRIÇÃO ARGUIDA EM DEFESA E EM CONTRARRAZÕES – POSTERIOR PROVIMENTO DO RECURSO AUTORAL NO TRT – OBRIGATORIEDADE DE EXAME DO TEMA RELATIVO À PRESCRIÇÃO PELO TRT – EFEITO DEVOLUTIVO EM PROFUNDIDADE – EFEITO CONDICIONADO DAS CONTRARRAZÕES. No caso *sub examen*, o juízo de primeiro grau afastou a prescrição total suscitada pela reclamada CTEEP em defesa, e, no mérito, decidiu pela improcedência dos pedidos do autor. Considerando que para a reclamada não houve sucumbência, já que os pedidos foram julgados improcedentes, falecia interesse recursal à reclamada. Logo, o único momento a suscitar a prejudicial de prescrição, seria em contrarrazões. Note-se que o recurso ordinário dos reclamantes produziu o efeito devolutivo em profundidade, devolvendo ao Tribunal toda a matéria examinada em sentença. No mesmo sentido a jurisprudência desta Corte vem fixando o entendimento de que, em caso de provimento do recurso ordinário do autor, os Tribunais Regionais estão obrigados a examinar a prescrição suscitada pela reclamada em contrarrazões. É o que se convencionou denominar de "efeito condicionado das contrarrazões". Precedentes. Recurso de Revista conhecido e provido. (RR 129300-97.2007.5.15.0140 – Ministro Horácio Raymundo de Senna Pires – 3ª Turma – *DEJT* de 13.8.2010)

De acordo com o art. 900 da CLT, o prazo para contrarrazões é o igual ao que o recorrente tiver para apresentar suas razões de recurso. Disso decorre que não há prazo em dobro, para aqueles beneficiados com tal prerrogativa processual para interposição do apelo, para apresentar as contrarrazões, seja pelo fato de o prazo dobrado não se referir à resposta do recurso, seja pelo fato de que a outra parte não tem prazo elastecido.

5.8.2. Embargos para o TST

Trata-se de modalidade de recurso, prevista no art. 894 da CLT, com a redação dada pela Lei nº 11.496/2007, cabível, no prazo de 8 dias, exclusivamente no âmbito do TST.

O principal objetivo dessa modalidade recursal é a defesa do direito objetivo, razão pela qual não é admissível para reexame de fatos e provas (Súmula nº 126 do TST). Visa a uniformizar a jurisprudência do próprio Tribunal Superior do Trabalho.

Os embargos serão apresentados ao Presidente do TST, da SBDI-I ou da SBDI-II, conforme a competência do Tribunal.

Não se admite a interposição por simples petição, devendo ocorrer a apresentação de razões fundamentadas. Aos embargos aplica-se o regime do depósito recursal e das custas processuais.

5.8.2.1. Hipóteses de cabimento

Os embargos, no TST, são cabíveis:

✓ das decisões não unânimes proferidas no julgamento de dissídios coletivos de competência originária do TST ou dissídios de revisão. A essa modalidade de embargos a doutrina dá o nome de **Embargos Infringentes**;

✓ das decisões das turmas que divergirem entre si ou divergirem das decisões proferidas na SDI, salvo se a decisão recorrida estiver de acordo com súmula ou OJ do TST ou do STF. Essa modalidade de embargos recebe o nome de **Embargos de Divergência**.

De acordo com a jurisprudência do TST, cristalizada na Súmula nº 353, os embargos também são cabíveis das decisões das Turmas do TST, nas seguintes hipóteses:

✓ da decisão que não conhece de agravo de instrumento ou de agravo pela ausência de pressupostos extrínsecos;

✓ da decisão que nega provimento a agravo contra decisão monocrática do Relator, em que se proclamou a ausência de pressupostos extrínsecos de agravo de instrumento;

✓ para revisão dos pressupostos extrínsecos de admissibilidade do recurso de revista, cuja ausência haja sido declarada originariamente pela Turma no julgamento do agravo;

✓ para impugnar o conhecimento de agravo de instrumento;

✓ para impugnar a imposição de multas previstas no art. 538, parágrafo único, do CPC, ou no art. 557, § 2º, do CPC;

✓ contra decisão de Turma proferida em agravo em recurso de revista, nos termos do art. 894, II, da CLT.

Com relação aos embargos de divergência, vale frisar que acórdãos oriundos da mesma turma, embora divergentes, não fundamentam divergência jurisprudencial de que trata o art. 894, alínea "b", da CLT. Noutros termos, não cabem embargos quando houver divergência entre a mesma turma julgadora (OJ nº 95 da SBDI-I do TST).

> **ATENÇÃO:** A Lei nº 11.496/2007, que deu nova redação ao art. 894 da CLT, extinguiu a possibilidade de recurso de embargos contra acórdãos proferidos pelas turmas do TST no julgamento dos recursos de revista que violavam lei federal ou Constituição Federal, denominados embargos de nulidade.

5.8.3. Recurso de revista

O *recurso de revista* tem natureza extraordinária, sendo o último apelo que se admite na esfera trabalhista, não obstante a possibilidade de se adentrar com *recurso extraordinário* perante o STF.

Em virtude de sua finalidade ser a de resguardar a aplicação e vigência da legislação trabalhista, não é admitido para a apreciação de fatos e provas, e tampouco para avaliar a justiça da decisão.

5.8.3.1. Hipóteses de cabimento

O art. 896 da CLT, com a redação dada pela Lei nº 9.756/1998, assim dispõe:

> Art. 896. Cabe Recurso de Revista para Turma do Tribunal Superior do Trabalho das decisões proferidas em grau de recurso ordinário, em dissídio individual, pelos Tribunais Regionais do Trabalho, quando:
>
> a) derem ao mesmo dispositivo de lei federal interpretação diversa da que lhe houver dado outro Tribunal Regional, no seu Pleno ou Turma, ou a Seção de Dissídios Individuais do Tribunal Superior do Trabalho, ou a Súmula de Jurisprudência Uniforme dessa Corte;
>
> b) derem ao mesmo dispositivo de lei estadual, Convenção Coletiva de Trabalho, Acordo Coletivo, sentença normativa ou regulamento empresarial de observância obrigatória em área territorial que exceda a jurisdição do Tribunal Regional prolator da decisão recorrida, interpretação divergente, na forma da alínea "a";
>
> c) proferidas com violação literal de disposição de lei federal ou afronta direta e literal à Constituição Federal.

5.8.3.2. Pressupostos de admissibilidade intrínsecos (específicos)

No âmbito do Tribunal Superior do Trabalho é comum utilizar a seguinte denominação quanto aos pressupostos de admissibilidade:

- ✓ Extrínsecos ou genéricos: são aqueles comuns a todos os recursos;
- ✓ Intrínsecos ou específicos: são específicos a alguns recursos, notadamente os de natureza extraordinária.

Verifica-se, portanto, que a denominação adotada pelo TST com relação aos recursos trabalhistas de natureza extraordinária não segue a denominação adotada e estudada pela teoria geral dos recursos.

Os pressupostos específicos dizem respeito à existência das condições de plausibilidade do processamento do recurso de revista. Não se adentra no mérito recursal, razão pela qual a instância *a quo* também pode se manifestar a respeito. São eles:

a) Divergência jurisprudencial

A demonstração clara da existência da divergência jurisprudencial, observando-se as formalidades exigidas pelo C. TST, constitui pressuposto específico de admissibilidade do recurso de revista. Caso não demonstrada sua existência, o recurso não será conhecido, e o TST não se manifestará quanto ao mérito, deixando, assim, de uniformizar a interpretação das leis trabalhistas.

Frise-se que a divergência jurisprudencial, como requisito de admissibilidade recursal, consiste na demonstração de sua existência na forma estabelecida pelo C. TST.

A análise da divergência específica e adoção de uma das teses para solucionar o conflito e uniformizar a jurisprudência e interpretação das leis trabalhistas é que configura o mérito do recurso de revista.

A divergência jurisprudencial como pressuposto específico de admissibilidade:

✓ Deve ser atual, não se considerando como tal aquela superada por iterativa e notória jurisprudência do TST (art. 896, § 4º, da CLT);

✓ Deve ser de Tribunais Regionais do Trabalho distintos, não servindo para tal finalidade aresto oriundo do mesmo TRT, salvo se o recurso houver sido interposto antes da vigência da Lei nº 9.756/1998 (OJ nº 111 da SBDI-I do TST);

✓ Deve ser específica, revelando a existência de teses diversas na interpretação de um mesmo dispositivo legal, embora idênticos os fatos que as ensejaram (Súmula TST nº 296, I);

✓ É válida a invocação de Orientação Jurisprudencial do TST (decisão SDI), desde que, das razões recursais, conste o seu número ou conteúdo (OJ nº 219 da SBDI-I do TST);

✓ Se a decisão recorrida resolver determinado item do pedido por diversos fundamentos, a jurisprudência transcrita deve abranger a todos (Súmula TST nº 23).

> **ATENÇÃO:** As Súmulas do STF, do STJ ou OJs da SDC do TST não podem servir de parâmetro para fundamentar recurso de revista baseado em divergência jurisprudencial. Da mesma forma, as Súmulas dos TRTs, caso em descompasso com súmula do TST, não serve como fundamento do recurso de revista por divergência jurisprudencial, nos exatos termos do art. 896, § 3º, da CLT.

A jurisprudência colacionada no recurso de revista deve observar alguns requisitos formais:

✓ Deve-se juntar certidão ou cópia autenticada do acórdão paradigma ou citar a fonte oficial ou o repositório autorizado em que foi publicado (Súmula nº 337, I, "a");

✓ Deve-se transcrever, nas razões recursais, as ementas e/ou trechos dos acórdãos trazidos à configuração do dissídio, demonstrando o conflito de teses que justifique o conhecimento do recurso, ainda que os acórdãos já se encontrem nos autos ou venham a ser juntados com o recurso (Súmula nº 337, I, "b");

✓ A mera indicação da data de publicação, em fonte oficial, de aresto paradigma é inválida para comprovação de divergência jurisprudencial, nos termos do item I, "a", da Súmula nº 337, quando a parte pretende demonstrar o conflito de teses mediante a transcrição de trechos que integram a fundamentação do acórdão divergente, uma vez que só se publicam o dispositivo e a ementa dos acórdãos (Súmula nº 337, III);

868 | MPT – preparando-se para o concurso de Procurador do Trabalho

✓ É válida para a comprovação da divergência jurisprudencial justificadora do recurso a indicação de aresto extraído de repositório oficial na internet, desde que o recorrente: a) transcreva o trecho divergente; b) aponte o sítio de onde foi extraído; e c) decline o número do processo, o órgão prolator do acórdão e a data da respectiva publicação no Diário Eletrônico da Justiça do Trabalho (Súmula TST nº 337, IV);

✓ Deve-se comprovar, na hipótese do art. 896, alínea "b", que a lei estadual, a norma coletiva ou o regulamento da empresa extrapolam o âmbito do TRT prolator da decisão recorrida (OJ nº 147, I, da SBDI-I do TST).

Por fim, vale destacar que não se admite recurso de revista fundado em divergência jurisprudencial quando se tratar de:

✓ Decisão regional que esteja de acordo com súmula ou Orientação Jurisprudencial do TST, pois nesse caso a uniformização de jurisprudência já foi realizada;

✓ Processo em fase de execução, que só admite a revista no caso de violação literal e direta à Constituição;

✓ Processo submetido ao rito sumaríssimo (art. 896, § 6º, da CLT).

b) Violação literal de lei ou afronta direta e literal da Constituição

A análise da violação, em tese, da lei ou da Constituição constitui pressuposto específico de admissibilidade do recurso de revista. O exame da efetiva violação ou não dos dispositivos constitucionais ou legais apontados e sua respectiva consequência jurídica para o caso concreto constitui o mérito do apelo, no particular.

Como bem ensina Ives Gandra da Silva Martins Filho (2012, p. 366):

> (...) Violar a literalidade do preceito é ordenar exatamente o contrário do que ele expressamente estatui. Não é dizer apenas "B", quando ele diz "A". É dizer "Não A", quando ele diz "A". O primeiro caso é de interpretação do preceito num determinado sentido; o segundo é de afronta ao seu enunciado.
>
> Se a interpretação dada pelo TRT a determinada norma não atrita contra sua literalidade, está na esfera da interpretação razoável. (...)

Nessa hipótese de recurso de revista, devem ser observados os seguintes aspectos:

✓ "A admissibilidade do recurso de revista por violação tem como pressuposto a indicação expressa do dispositivo de lei ou da Constituição tido como violado." (Súmula TST nº 221)

✓ "A invocação expressa no recurso de revista dos preceitos legais ou constitucionais tidos como violados não significa exigir da parte a utilização das expressões 'contrariar', 'ferir', 'violar' etc." (OJ nº 257 da SBDI-I do TST)

5.8.3.3. Prequestionamento

O C. Tribunal Superior do Trabalho esclareceu seu entendimento do que vem a ser o prequestionamento, ao editar a Súmula nº 297 com o seguinte teor:

SÚMULA TST Nº 297 • PREQUESTIONAMENTO – OPORTUNIDADE – CONFIGURAÇÃO. *(nova redação) – [Resolução nº 121/2003, DJ de 19, 20 e 21.11.2003].* I – Diz-se prequestionada a matéria ou questão quando na decisão impugnada haja sido adotada, explicitamente, tese a respeito. II – Incumbe à parte interessada, desde que a matéria haja sido invocada no recurso principal, opor embargos declaratórios objetivando o pronunciamento sobre o tema, sob pena de preclusão. III – Considera-se prequestionada a questão jurídica invocada no recurso principal sobre a qual se omite o Tribunal de pronunciar tese, não obstante opostos embargos de declaração.

Verifica-se que o prequestionamento, para fins de cabimento do recurso de revista, nada mais é do que a adoção explícita de tese a respeito da questão impugnada. O não prequestionamento, por sua vez, caracteriza-se pela ausência de pronunciamento pela decisão recorrida sobre a questão objeto do recurso, obstando, assim, que se fala o cotejo da decisão judicial com o dispositivo legal apontado como ofendido ou com a divergência jurisprudencial colacionada.

Como se vê, a importância do prequestionamento reside exatamente em permitir a verificação dos pressupostos intrínsecos de admissibilidade do recurso de revista, pois, sem pronunciamento, não há como dizer que houve violação de lei ou dissídio pretoriano.

Nesse caminho, entendemos que o prequestionamento não é um pressuposto específico de admissibilidade do recurso de revista. Trata-se, na realidade, de uma etapa necessária para se averiguar a presença dos pressupostos intrínsecos. É um passo na verificação da existência da divergência jurisprudencial ou violação de lei ou da Constituição. Todavia, o próprio TST denomina o prequestionamento como pressuposto de admissibilidade (OJ nº 62 da SBDI-I).

Tratando-se de questão meramente jurídica, como explicitado na Súmula nº 297, III, do TST, a simples oposição de embargos declaratórios visando a adoção de tese explícita pelo TRT é suficiente para ter configurado o prequestionamento, ainda que o Regional permaneça omisso.

Tratando-se de questão fática que tem o condão de alterar a solução jurídica, o pronunciamento do Tribunal é fundamental, não ficando configurado o prequestionamento com a oposição de embargos declaratórios, se o regional insistir na omissão. Nesse caso, a parte deve apresentar no recurso de revista uma preliminar de nulidade por negativa de prestação jurisdicional, exatamente pelo fato de o TST não poder considerar verídicos os fatos reportados pelo recorrente apenas pelo silêncio do TRT.

Nos termos da Orientação Jurisprudencial nº 62 da SBDI-I, o prequestionamento é exigível mesmo em se tratando de incompetência absoluta, sendo inexigível, contudo, se a violação ocorrer na própria decisão recorrida (OJ nº 119 da SBDI-I).

5.8.3.4. Transcendência

O art. 896-A da CLT, introduzido pela Medida Provisória nº 2.226, de 4 de setembro de 2001, dispõe:

> Art. 896-A. O Tribunal Superior do Trabalho, no recurso de revista, examinará previamente se a causa oferece transcendência com relação aos reflexos gerais de natureza econômica, política, social ou jurídica.

A transcendência tem como objetivo funcionar como um filtro para o Recurso de Revista, a fim de impedir que certos recursos, que não tenham repercussão para a coletividade, sejam admitidos.

870 | MPT – PREPARANDO-SE PARA O CONCURSO DE PROCURADOR DO TRABALHO

Há quem sustente que o critério de transcendência previsto para admissibilidade do recurso de revista no TST confere ao Tribunal e seus ministros uma margem de discricionariedade no julgamento dessa modalidade recursal, na medida em que permite uma seleção prévia dos processos que, pela sua transcendência jurídica, política, social ou econômica, mereçam pronunciamento da Corte.

De acordo com o C. Tribunal Superior do Trabalho, enquanto a transcendência não for regulamentada, não se pode invocá-la como pressuposto de admissibilidade do recurso, conforme se observa do seguinte aresto:

> RECURSO DE REVISTA – 1. TRANSCENDÊNCIA. A aplicação do princípio da transcendência, previsto no art. 896-A da CLT, ainda não foi regulamentada no âmbito desta Corte, providência que se faz necessária, em face do comando do art. 2º da Medida Provisória nº 2.226/2001 (DOU de 5.9.2001). Recurso de revista não conhecido. (RR 470-59.2010.5.03.0038 – j. em 12.12.2012 – Relatora Ministra Maria das Graças Silvany Dourado Laranjeira – 2ª Turma – *DEJT* de 19.12.2012)

> RECURSO DE REVISTA – TRANSCENDÊNCIA. I – A norma do art. 896-A da CLT, que trata do requisito suplementar do recurso de revista, consubstanciado na transcendência econômica, política, social ou jurídica da matéria ou matérias nele veiculadas, não desfruta da pretendida eficácia, em virtude de ela ainda não ter sido regulamentada por esta Corte, na conformidade do disposto no art. 2º da MP nº 2.226/2001. (RR 129100-47.2008.5.09.0585 – j. em 3.2.2010 – Relator Ministro Antônio José de Barros Levenhagen -4ª Turma – *DEJT* de 26.2.2010)

5.8.3.5. Procedimento sumaríssimo

No procedimento sumaríssimo, conforme leciona o art. 896, § 6º, da CLT, somente caberá o recurso de revista se a decisão violar diretamente a CF ou se estiver em contrariedade com a Súmula do TST.

É oportuno esclarecer que é incabível o recurso de revista quando houver afronta à Orientação Jurisprudencial. Nesse sentido, a Súmula nº 442 do TST:

> SÚMULA TST Nº 442 • PROCEDIMENTO SUMARÍSSIMO – RECURSO DE REVISTA FUNDAMENTADO EM CONTRARIEDADE A ORIENTAÇÃO JURISPRUDENCIAL – INADMISSIBILIDADE – ART. 896, § 6º, DA CLT, ACRESCENTADO PELA LEI Nº 9.957, DE 12.1.2000. *(conversão da Orientação Jurisprudencial nº 352 da SBDI-I) – [Resolução nº 185/2012, DEJT divulgado em 25, 26 e 27.9.2012].* Nas causas sujeitas ao procedimento sumaríssimo, a admissibilidade de recurso de revista está limitada à demonstração de violação direta a dispositivo da Constituição Federal ou contrariedade a Súmula do Tribunal Superior do Trabalho, não se admitindo o recurso por contrariedade a Orientação Jurisprudencial deste Tribunal (Livro II, Título II, Capítulo III, do RITST), ante a ausência de previsão no art. 896, § 6º, da CLT.

A finalidade dessa limitação é propiciar maior celeridade ao rito sumaríssimo.

5.8.3.6. Decisões proferidas no julgamento do Agravo de Petição

Segundo os termos do art. 896, § 2º, da CLT, das decisões proferidas pelos Tribunais Regionais do Trabalho, em execução de sentença, inclusive em processo incidente de embargos de terceiro, não caberá Recurso de Revista, salvo na hipótese de ofensa direta e literal à Constituição Federal.

Cita-se como exemplo de cabimento do recurso de revista na fase de execução a hipótese de o Tribunal Regional do Trabalho acolher a prescrição intercorrente, que, segundo o Tribunal Superior do Trabalho, afronta o art. 5º, XXXVI, da CF:

> RECURSO DE REVISTA – EXECUÇÃO TRABALHISTA – PRESCRIÇÃO INTERCORREN-TE – INAPLICABILIDADE. O Tribunal Regional decidiu a controvérsia em dissonância com a jurisprudência pacífica desta Corte Superior, consolidada na Súmula nº 114, segundo a qual "é inaplicável na Justiça do Trabalho a prescrição intercorrente". Com efeito, na esteira de julgados recentes desta 8ª Turma e da SBDI-I desta Corte, a decisão que declara a prescrição intercorrente na Justiça do Trabalho implica ofensa direta à coisa julgada (art. 5º, XXXVI, da CF). Recurso de revista conhecido e provido. (RR 46200-75.2000.5.15.0017 – j. em 5.12.2012 – Relatora Ministra Dora Maria da Costa – 8ª Turma – *DEJT* de 7.12.2012)

5.8.3.7. Processamento

O recurso de revista será recebido apenas no efeito devolutivo, só podendo ser objeto de apreciação pelo TST as matérias que forem expressamente declinadas.

A jurisprudência, excepcionalmente, tem admitido o efeito suspensivo quando postulado via ação cautelar, nos termos da Súmula TST nº 414, I, conforme se observa do seguinte julgado:

> RECURSO DE REVISTA DA RECLAMADA – REQUERIMENTO DE ATRIBUIÇÃO DE EFEITO SUSPENSIVO AO RECURSO DE REVISTA. Em face do disposto nos arts. 896, § 1º, e 899 da CLT, não há fundamento legal para o deferimento de pedido incidental de atribuição de efeito suspensivo a Recurso de Revista, podendo a parte ajuizar Ação Cautelar, meio próprio para tanto, nos termos da Súmula nº 414 do TST. Requerimento indeferido. (RR 797-16.2010.5.03.0034 – j. em 17.10.2012 – Relatora Juíza Convocada Maria Laura Franco Lima de Faria – 8ª Turma – *DEJT* de 19.10.2012)

A petição deve ser apresentada ao Presidente do Tribunal Regional do Trabalho cujo acórdão se impugna, que poderá recebê-lo ou denegá-lo, fundamentando, em qualquer caso, a decisão (art. 896, § 1º, da CLT). As razões recursais são dirigidas à Turma do TST.

Da não admissibilidade do recurso de revista pelo TRT, caberá Agravo de Instrumento, nos moldes do art. 897, "b", da CLT.

Considerando que a decisão denegatória de recurso de revista exarada pelo presidente do TRT competente não está sujeita a embargos declaratórios, eventual manejo dos embargos não tem o condão de interromper qualquer prazo recursal, notadamente para interposição de agravo de instrumento (OJ nº 377 da SBDI-I).

Interessante observar que o recurso de revista passa por "dois" juízos de admissibilidade. Um realizado pelo juízo *a quo*, no caso, pelo Presidente do TRT, e outro realizado pelo juízo *ad quem*, no caso, o próprio TST. Colocou-se dois entre aspas, pois essa análise pode chegar a "quatro", ou seja, dois juízos de admissibilidade realizados pela origem (recebimento e, após, contrarrazões) e dois juízos de admissibilidade realizados pelo Tribunal Superior (relator e órgão colegiado). O despacho decisório exarado pelo primeiro juízo de admissibilidade, todavia, não vincula o segundo juízo de admissibilidade.

872 | MPT – preparando-se para o concurso de Procurador do Trabalho

O Presidente do TRT pode admitir parcialmente o recurso de revista. Nesse caso, segundo jurisprudência cristalizada do TST, não há necessidade de interposição de agravo de instrumento com relação aos tópicos que não foram admitidos, conforme a Súmula nº 285 do TST, *in verbis*:

> SÚMULA TST Nº 285 • RECURSO DE REVISTA – ADMISSIBILIDADE PARCIAL PELO JUIZ PRESIDENTE DO TRIBUNAL REGIONAL DO TRABALHO – EFEITO. *(mantida) – [Res.olução nº121/2003, DJ de 19, 20 e 21.11.2003].* O fato de o juízo primeiro de admissibilidade do recurso de revista entendê-lo cabível apenas quanto a parte das matérias veiculadas não impede a apreciação integral pela Turma do Tribunal Superior do Trabalho, sendo imprópria a interposição de agravo de instrumento.

Remetido o recurso de revista ao TST e estando a decisão recorrida em consonância com o enunciado da Súmula da Jurisprudência do Tribunal Superior do Trabalho, o Ministro Relator poderá (mera faculdade), indicando-o, negar seguimento ao recurso de revista (art. 896, § 5º, da CLT). Nesse caso, a parte que tiver denegado o seguimento de seu recurso por decisão monocrática do relator poderá interpor agravo regimental, conforme arts. 235, VII, e 239, ambos do Regimento Interno do TST, o qual será submetido a julgamento ao órgão colegiado (turma), desde que não haja reconsideração da decisão.

Admitido o recurso, o recorrido será intimado para apresentar contrarrazões ou mesmo recurso adesivo (Súmula nº 283 do TST), sendo que nesse último caso, também haverá o controle de admissibilidade do juízo *a quo* e se denegado seguimento ao recurso de revista adesivo também será cabível o agravo de instrumento.

ATENÇÃO: Por meio da Instrução Normativa nº 23/2003, o C. TST estabeleceu padrão mínimo a ser observado nas petições de recurso de revista, visando a facilitar o exame de sua admissibilidade.

5.8.4. Agravo de instrumento

No processo civil, o agravo de instrumento é o recurso cabível das decisões interlocutórias. No processo do trabalho, tendo em vista a irrecorribilidade imediata das decisões interlocutórias, o agravo de instrumento, nos termos do art. 897, "b", da CLT, é cabível, no prazo de 8 dias dos "despachos" que denegarem seguimento aos recursos.

Assim, a única finalidade do agravo de instrumento, na seara laboral, é o destrancamento dos recursos.

Vale destacar a regulamentação dessa modalidade recursal pela Instrução Normativa nº 16 do C. TST.

5.8.4.1. Juízo de retratação (efeito regressivo)

O agravo de instrumento deve ser apresentado à autoridade que denegou seguimento ao recurso. Embora não haja previsão expressa na CLT, é praxe e recomendável que o magistrado proceda ao exame da possibilidade de retratação. Tal situação encontra amparo no art. 523, § 2º, do CPC e também na IN TST nº 16, IV e V.

5.8.4.2. Pressuposto de admissibilidade específico

De acordo com os termos do art. 897, § 5, da CLT, a parte deve proceder à correta formação do instrumento do agravo, sob pena de não conhecimento, com a juntada obrigatória da cópia da decisão agravada, da certidão da respectiva intimação, das procurações outorgadas aos advogados do agravante e do agravado, da petição inicial, contestação, decisão originária, comprovação do depósito recursal e custas.

O objetivo da juntada dessas peças ou outras que se mostrem necessárias é possibilitar o julgamento imediato, caso provido o agravo, do recurso denegado, o que atende ao princípio da celeridade processual.

Nesse contexto se compreende a Instrução Normativa nº 16 do TST que, em seu inciso II, estabelece o processamento do agravo de instrumento em autos apartados. A título de curiosidade, anteriormente a 2003, era possível, em determinadas situações, a interposição do AI nos próprios autos. Todavia, em razão da demora processual e da redação do art. 897 da CLT, a IN foi alterada, possibilitando apenas a interposição em autos apartados. Por essa razão, exige-se a juntada das peças necessárias ao julgamento do recurso denegado.

Ademais, nos termos do inciso X da IN TST nº 16, "cumpre às partes providenciar a correta formação do instrumento, não comportando a omissão em conversão em diligência para suprir a ausência de peças, ainda que essenciais".

> **ATENÇÃO:** O agravo de instrumento interposto contra despacho que denegar seguimento a recurso de competência do Tribunal Superior do Trabalho será processado nos PRÓPRIOS AUTOS do recurso denegado e obedecerá ao procedimento previsto na Resolução Administrativa nº 1.418, de 30 de agosto de 2010, do C. TST.

Outro pressuposto de admissibilidade específico do agravo de instrumento é o recolhimento do depósito recursal no importe de 50% do valor do depósito do recurso ao qual se pretende destrancar (art. 899, § 7º, da CLT, introduzido pela Lei nº 12.275/2010).

O agravo não requer recolhimento de custas e será recebido apenas no efeito devolutivo.

Como bem observa Júio César Bebber (2012, p. 900), por construção doutrinária e jurisprudencial fundada no art. 528 do CPC anteriormente à Lei nº 9.139/1995, não pode o juiz de origem, perante o qual o agravo de instrumento foi interposto, deixar de processar o agravo de instrumento, ainda que intempestivo. Isso significa que a análise dos pressuspostos de admissibilidade genéricos e específicos será feita apenas pelo Tribunal, cabendo ao magistrado de primeira instância apenas receber o recurso e realizar o juízo de retratação.

5.8.4.3. Decisão irrecorrível

O agravo de instrumento será julgado pela instância superior à autoridade que denegou seguimento ao recurso. O acórdão que julga o agravo de instrumento é irrecorrível, excetuada a possibilidade de oposição de embargos declaratórios.

Esse entendimento encontra amparo no art. 896 da CLT, segundo o qual o recurso de revista é cabível das decisões proferidas **em grau de recurso ordinário**, em dissídio individual. Além disso, o acórdão proferido no agravo de instrumento não tem efeito substitutivo em face da sentença de origem. Nesse sentido, cita-se a Súmula nº 218 do TST.

5.8.5. Agravo de Petição

Nos termos do art. 897, "a", da CLT, cabe agravo de petição, no prazo de 8 dias, das decisões do juiz proferidas na fase de execução. Trata-se de recurso exclusivo da fase de execução, não sendo cabível na fase de conhecimento.

O agravo de petição, dado possuir efeito meramente devolutivo, não suspende a execução do julgado.

5.8.5.1. Decisão sujeita a agravo de petição

Uma das maiores discussões pertinentes ao agravo de petição reside em saber qual o significado do termo "decisão", mencionado no art. 897, "a", da CLT.

A pergunta principal é: qual ato jurisdicional, na fase de execução, é passível de ser impugnado pelo recurso do agravo de petição?

Entendemos que o dispositivo legal em comento não deve ser interpretado de forma tão ampliativa a ponto de se admitir o recurso do agravo de petição de toda e qualquer decisão proferida na fase de execução, sob pena de ofensa ao princípio constitucional da duração razoável do processo. Compartilhamos do posicionamento daqueles que defendem que o agravo de petição é cabível contra as decisões definitivas proferidas na fase de execução, ou seja, sentenças proferidas na execução e nas ações cognitivas nela incidentes (embargos de terceiro).

Entendemos, ainda, ser possível a interposição do agravo de petição das decisões interlocutórias que acarretem obstáculo intransponível ao seguimento da execução ou que causem grave prejuízo à parte.

A doutrina e a jurisprudência (AgIn em AgPet 0004738-31.2011.5.07.0000 – TRT 7ª – Relator José Antonio Parente da Silva – *DEJT* de 10.2.2012) têm admitido a interposição do agravo de petição, mesmo antes da fase dos embargos, quando o juiz do trabalho acolhe exceção de pré-executividade, extinguindo a execução, uma vez que se trata de decisão terminativa. Já a decisão que rejeita a exceção, por sua natureza interlocutória, não desafia agravo de petição.

5.8.5.2. Pressuposto de admissibilidade específico

De acordo com o § 1º do art. 897 da CLT, o agravo de petição só será recebido se o agravante delimitar, justificadamente, as matérias e os valores impugnados.

Esse pressuposto de admissibilidade recursal específico do agravo de petição refere-se aos casos em que se debate valores da execução. Nessas hipóteses, o agravante deve delimitar as matérias e os valores, justamente para permitir a execução imediata da parte incontroversa remanescente até o final. Não se tem admitido a indicação genérica das matérias e dos valores impugnados.

5.8.6. Embargos declaratórios

Os embargos declaratórios constituem-se na medida processual adequada para sanar omissões, contradições ou obscuridades existentes no pronunciamento jurisdicional, no prazo de 5 dias, nos exatos termos do art. 535 do CPC e 897-A da CLT.

5.8.6.1. Natureza jurídica

No campo doutrinário, sempre houve discussão quanto à natureza jurídica dos embargos declaratórios, se de recurso ou requerimento para complementação do julgado.

Aqueles que impugnam a natureza recursal assim o fazem alegando que os embargos são julgados pelo mesmo órgão que prolatou a decisão; que a finalidade principal dos embargos é a complementação da decisão; que não possuem efeito devolutivo e não se submetem aos pressupostos recursais de admissibilidade.

Por outro lado, aqueles que defendem a natureza recursal afirmam que a legislação processual inseriu os embargos no capítulo dos recursos, assim como os embargos podem ter efeito modificativo.

Na prática, tem-se considerado os embargos declaratórios como uma modalidade recursal, sujeitos, por óbvio, as suas peculiaridades procedimentais.

5.8.6.2. Provimentos jurisdicionais sujeitos a embargos declaratórios

Tanto o art. 535 do CPC como o art. 897-A da CLT, expressamente, estabelecem que os embargos declaratórios são cabíveis das sentenças ou acórdãos.

A interpretação gramatical desses dispositivos legais nos levaria à conclusão de serem incabíveis embargos declaratórios de decisões interlocutórias e despachos.

Ora, se considerarmos a natureza recursal dos embargos declaratórios, de fato, seria incabível sua oposição contra despachos, nos termos do art. 504 do CPC, o qual dispõe que dos despachos, que são as determinações de mero expediente que impulsionam o processo, não cabe qualquer recurso.

E as decisões interlocutórias, que no processo civil são recorríveis e, no processo do trabalho, via de regra, não são passíveis de recurso imediato? Entendemos que não seriam cabíveis embargos declaratórios das decisões interlocutórias. Todavia, podemos admitir seu cabimento, pelo menos, nas mesmas hipóteses em que possível sua recorribilidade imediata.

Ademais, vale destacar a Súmula nº 421 do TST, segundo a qual é possível a oposição de embargos declaratórios de decisão monocrática do relator, desde que tenha conteúdo decisório definitivo e conclusivo da lide:

> SÚMULA TST Nº 421 • EMBARGOS DECLARATÓRIOS CONTRA DECISÃO MONO-CRÁTICA DO RELATOR CALCADA NO ART. 557 DO CPC – CABIMENTO. *(conversão da Orientação Jurisprudencial nº 74 da SBDI-II) – [Resolução nº 137/2005, DJ de 22, 23 e 24.8.2005].* I – Tendo a decisão monocrática de provimento ou denegação de recurso, prevista no art. 557 do CPC, conteúdo decisório definitivo e conclusivo da lide, comporta ser esclarecida pela via dos embargos de declaração, em decisão aclaratória, também monocrática, quando se pretende tão somente suprir omissão e não, modificação do julgado. II – Postulando o embargante efeito modificativo, os embargos declaratórios deverão ser submetidos ao pronunciamento do Colegiado, convertidos em agravo, em face dos princípios da fungibilidade e celeridade processual.

5.8.6.3. Hipóteses de cabimento

Conjugando-se o art. 535 do CPC e o art. 897-A da CLT, temos as seguintes hipóteses de cabimento dos embargos declaratórios:

a) Omissão: é a falta de apreciação de algo. A omissão típica concretiza-se na sentença *citra petita*, em que o juiz deixa de apreciar um ou mais pedidos. Nesse sentido, não é omissa a sentença que deixa de apreciar todos os argumentos da inicial e da defesa, mas aprecia todos os pedidos, pois o efeito devolutivo transfere à instância superior o exame dos fundamentos não apreciados.

b) Contradição: é aquela existente no próprio pronunciamento jurisdicional, entre as partes da sentença ou acórdão (relatório, fundamentação e dispositivo). Dessa forma, a contradição do julgado com a prova dos autos não é apta a ensejar os embargos declaratórios, sendo matéria típica de "recurso".

c) Obscuridade: é a falta de clareza. A proposição contida na sentença é de difícil compreensão. Apesar da omissão do art. 897-A da CLT a respeito dessa hipótese, entende-se pela aplicação subsidiária do CPC ao processo trabalhista (art. 769 da CLT).

d) Manifesto equívoco no exame dos pressupostos extrínsecos (objetivos) do recurso: o acórdão que não conhece o recurso por intempestivo, pode, via embargos declaratórios, ser modificado, por manifesto equívoco na contagem do prazo recursal, por exemplo.

e) Erro material: se os erros materiais, segundo o art. 897-A, parágrafo único, da CLT, podem ser corrigidos de ofício ou a requerimento de qualquer das partes, por simples petição, por óbvio que os embargos declaratórios podem ter tal finalidade.

5.8.6.4. Efeito modificativo

É pacífico na doutrina e na jurisprudência a possibilidade de os embargos declaratórios terem o efeito de modificar o julgado. Nesse sentido, aliás, a Súmula nº 278 do TST:

> SÚMULA TST Nº 278 • EMBARGOS DE DECLARAÇÃO – OMISSÃO NO JULGADO. *(mantida) – [Resolução nº 121/2003, DJ de 19, 20 e 21.11.2003].* A natureza da omissão suprida pelo julgamento de embargos declaratórios pode ocasionar efeito modificativo no julgado.

Além disso, o próprio art. 897-A da CLT, acrescido pela Lei nº 9.957/2000, expressamente, admite o efeito modificativo nos casos de omissão e contradição e manifesto equívoco no exame dos pressupostos extrínsecos do recurso.

Urge salientar que, apesar da lei não exigir o contraditório quando os embargos declaratórios possam ter efeito modificativo, o TST, segundo cristalizado na OJ nº 142 da SBDI-I, assim não entende:

> OJ-SBDI-I Nº 142 • EMBARGOS DE DECLARAÇÃO – EFEITO MODIFICATIVO – VISTA À PARTE CONTRÁRIA. *(inserido o item II à redação) – [Resolução nº 178/2012, DEJT divulgado em 13, 14 e 15.2.2012].* I – É passível de nulidade decisão que acolhe embargos de declaração com efeito modificativo sem que seja concedida oportunidade de manifestação prévia à parte contrária. II – Em decorrência do efeito devolutivo amplo conferido ao recurso ordinário, o item I não se aplica às hipóteses em que não se concede vista à parte contrária para se manifestar sobre os embargos de declaração opostos contra sentença.

Interessante questão diz respeito à oposição de embargos declaratórios, visando ao efeito modificativo do julgado, com a finalidade de adequação da decisão à nova redação de súmula do TST, que teve sua tese alterada. Nesse sentido, destaca-se o seguinte julgado do TST, apresentado no informativo nº 31 daquela Corte:

> ED – EFEITO MODIFICATIVO PARA INCIDIR NOVA REDAÇÃO DE SÚMULA – IMPOSSIBILIDADE. Não padecendo o acórdão embargado de omissão, é impossível conferir-lhe efeito modificativo com o propósito de adequá-lo à nova redação de súmula, que teve sua tese alterada. Com esse entendimento, a SBDI-I, por maioria, rejeitou os embargos declaratórios opostos contra acórdão que conheceu de embargos por contrariedade à Súmula nº 277 do TST (redação anterior), e deu-lhes parcial provimento para determinar o pagamento das verbas postuladas até a vigência da Lei nº 8.542/1992. Vencidos os Ministros Augusto César Leite de Carvalho, relator, e Delaíde Miranda Arantes, que acolhiam os embargos declaratórios para, imprimindo efeito modificativo ao julgado, dar provimento ao recurso de embargos e condenar a reclamada ao pagamento das verbas requeridas até que as cláusulas impugnadas do acordo coletivo sejam modificadas ou suprimidas por norma coletiva posterior, nos termos da atual redação da Súmula nº 277 do TST. (TST – ED-E-ARR-61600-91.1998.5.05.0013 – SBDI-I – Relator Ministro Augusto César Leite de Carvalho – 22.11.2012)

5.8.6.5. *Efeito interruptivo*

De acordo com o art. 538 do CPC, "os embargos declaratórios interrompem o prazo para a interposição de outros recursos, por qualquer das partes". Com isso, o prazo recursal volta a correr por inteiro após a apreciação dos embargos.

Agora, se os embargos declaratórios não são conhecidos por intempestivos, ou por irregularidade de representação, são tidos por juridicamente inexistentes, razão pela qual não se reconhece seu regular efeito interruptivo.

Nesse sentido o seguinte julgado do C. TST:

> PRELIMINAR DE INTEMPESTIVIDADE SUSCITADA EM IMPUGNAÇÃO – EMBARGOS DE DECLARAÇÃO INTERPOSTOS À DECISÃO PROFERIDA PELA TURMA – IRREGULARIDADE DE REPRESENTAÇÃO – NÃO CONHECIMENTO DO RECURSO – EFEITOS – NÃO INTERRUPÇÃO DO PRAZO RECURSAL – INTEMPESTIVIDADE DO RECURSO DE

EMBARGOS. 1. Apenas interrompem o prazo recursal, nos termos do art. 538 do Código de Processo Civil, os embargos de declaração interpostos regularmente – assim entendidos aqueles aviados no prazo legal e firmados por procurador regularmente constituído, ainda que reputados protelatórios. 2. O não preenchimento dos requisitos formais de admissibilidade dos embargos de declaração acarreta o não conhecimento do remédio utilizado, o que impede o reconhecimento de seus efeitos, máxime o de interromper o fluxo do prazo para a interposição de outros recursos. 3. Corolário desse entendimento é a intempestividade do recurso de embargos, cujo prazo começou a fluir a partir da publicação do acórdão prolatado pela Turma no julgamento do recurso de revista patronal. 4. Embargos não conhecidos. (E-ED-RR 95500-24.2000.5.05.0004 – j. em 6.5.2010 – Relator Ministro Lelio Bentes Corrêa – Subseção I Especializada em Dissídios Individuais – *DEJT* de 14.5.2010)

Situação muito comum na prática trabalhista é a pertinente ao não conhecimento dos embargos declaratórios por ausência de omissão, obscuridade ou contradição. Nesse caso, alguns juízes não reconhecem o efeito interruptivo dos embargos declaratórios.

Todavia, nessa hipótese, de não conhecimento por ausência de contradição, omissão ou obscuridade, o TST tem aplicado o efeito interruptivo:

RECURSO DE REVISTA – EMBARGOS DE DECLARAÇÃO – INTERRUPÇÃO DO PRAZO. Decisão recorrida que registra que os segundos embargos de declaração opostos pelo reclamante não foram conhecidos pelo juízo *a quo*, sob o fundamento de que o embargante não tinha como objetivo precípuo suprir nova omissão, razão pela qual não fora interrompido o prazo para interposição do recurso ordinário. Registre-se que a constatação ou não de omissão, de contradição ou de obscuridade no provimento jurisdicional configura o próprio mérito dos embargos de declaração. Logo, o juízo *a quo*, ao constatar que não havia nova omissão no acórdão proferido nos primeiros embargos de declaração, na verdade, superou a fase de conhecimento, visto que o reclamante preenchera os pressupostos de admissibilidade referentes ao mesmo, e alcançou a fase do mérito, de modo que houve interrupção do prazo para interposição do recurso ordinário. Violação do art. 538 do Código de Processo Civil demonstrada. Recurso de revista a que se dá provimento. (RR 307/1999-028-01-00.4 – j. em 24.6.2009 – Relatora Ministra Kátia Magalhães Arruda – 5ª Turma – *DEJT* de 7.8.2009).

5.8.6.6. *Multa por embargos protelatórios*

Consideram-se protelatórios os embargos que não apontarem, de forma clara e objetiva, omissão, contradição ou obscuridade. Assim, não serão protelatórios os embargos que, embora não acolhidos, apontem o defeito no julgado.

Nos termos do art. 538, parágrafo único, do CPC, aplicável subsidiariamente ao processo do trabalho, quando os embargos forem manifestamente protelatórios, o juiz ou tribunal, declarando que o são, condenará o embargante a pagar **ao embargado** multa não excedente de 1% sobre o valor da causa.

No caso de reiteração de embargos declaratórios, a multa será elevada a até 10%, ficando condicionada a interposição de qualquer recurso ao depósito do valor respectivo. Apenas no caso de reiteração dos embargos protelatórios é que o recolhimento da multa é tido como um "pressuposto" de admissibilidade do recurso a ser interposto.

O TST não tem admitido a aplicação cumulativa das penalidades previstas nos arts. 538, parágrafo único, e 18 (litigância de má-fé) do CPC, pela oposição de embargos protelatórios:

MULTA POR LITIGÂNCIA DE MÁ-FÉ CUMULADA POR EMBARGOS DE DECLARAÇÃO CONSIDERADOS PROTELATÓRIOS. No que tange à aplicação da multa prevista no parágrafo único do art. 538, não há como alterar tal conclusão, pois, não obstante ser direito das partes recorrer de todas as decisões judiciais que entendam injustas, fazendo uso dos meios recursais cabíveis, as ferramentas que o direito processual torna disponíveis ao cidadão não podem servir de meio para a procrastinação do feito. De outra parte, o entendimento predominante nesta Corte Superior é no sentido de que não podem ser aplicadas cumulativamente, por embargos de declaração protelatórios, a multa e a indenização previstas nos arts. 18 e 538, parágrafo único, do CPC, porque essas possuem a mesma finalidade punitiva. Precedentes. Recurso de revista de que se conhece parcialmente e a que se dá provimento parcial. (RR 156200-32.2009.5.15.0081 – j. em 5.12.2012 – Relator Ministro Pedro Paulo Manus – 7ª Turma – *DEJT* de 7.12.2012)

RECURSO DE REVISTA – 1. MULTA POR EMBARGOS PROTELATÓRIOS – LITIGÂNCIA DE MÁ-FÉ E INDENIZAÇÃO – CUMULAÇÃO – IMPOSSIBILIDADE NA HIPÓTESE. Por entender protelatórios os embargos de declaração opostos, a egrégia Corte Regional aplicou multa de 10% sobre o valor da causa, na forma do art. 538, parágrafo único, c/c arts. 17, IV, e 18, todos do CPC. A cumulação de indenização e multa previstas no art. 18 do CPC com a multa do art. 538, parágrafo único, do mesmo Código é possível, desde que o substrato jurídico da imputação não seja o caráter protelatório dos embargos de declaração, pois, nesta hipótese, o último dos artigos rege de forma específica a matéria, cominando apenas multa não excedente a 1% e, em caso de reiteração, de até 10% do valor da causa. Assim, ainda que o art. 17 do CPC repute de forma genérica a interposição de recurso protelatório como ato de litigância de má-fé, a penalidade cabível na específica hipótese de oposição de embargos de declaração protelatórios deverá ser apenas aquela prevista no referido parágrafo único do art. 538 do CPC, que não previu a possibilidade de cumulação de penalidades, razão pela qual se deve entendê-la vedada, especialmente ao se considerar que, entendimento contrário, ocasionaria verdadeiro *bis in idem* (duas multas sendo aplicadas pelo mesmo fato gerador). Recurso de revista conhecido e parcialmente provido. (TST – RR-112500-48.2005.5.01.0012 – 2ª Turma – Relator Ministro Caputo Bastos – *DEJT* de 7.10.2011)

5.8.7. Recurso adesivo

Embora não previsto na CLT, o recurso adesivo é compatível com o processo do trabalho, conforme já consagrado na jurisprudência do TST, pela Súmula nº 283:

SÚMULA TST Nº 283 • RECURSO ADESIVO – PERTINÊNCIA NO PROCESSO DO TRABALHO – CORRELAÇÃO DE MATÉRIAS. O recurso adesivo é compatível com o processo do trabalho e cabe, no prazo de 8 (oito) dias, nas hipóteses de interposição de recurso ordinário, de agravo de petição, de revista e de embargos, sendo desnecessário que a matéria nele veiculada esteja relacionada com a do recurso interposto pela parte contrária.

5.8.7.1. Características do recurso adesivo

São características do recurso adesivo:

✓ Sucumbência recíproca: sua interposição depende que cada parte tenha perdido alguma coisa, pois somente assim estará presente o interesse de uma das partes aderir ao recurso interposto pela parte contrária;

880 | MPT – PREPARANDO-SE PARA O CONCURSO DE PROCURADOR DO TRABALHO

✓ Sentença de mérito: a sentença terminativa não enseja recurso adesivo;

✓ A parte que pretende se valer do recurso adesivo não pode ter apresentado recurso principal, no prazo recursal, diante do princípio da unirrecorribilidade e preclusão consumativa;

✓ Se a parte recorrer, ainda que intempestivamente, ou o recurso não for conhecido por ausência de algum pressuposto de admissibilidade, não poderá a parte se valer do recurso adesivo;

✓ O recurso adesivo deve preencher todos os requisitos de admissibilidade exigíveis para o recurso principal (**preparo**, regularidade de representação etc.), consoante o art. 500, parágrafo único, do CPC;

✓ O conhecimento do recurso adesivo fica subordinado ao conhecimento do recurso principal. Logo, se este não for conhecido, o adesivo também não o será;

✓ É desnecessário que a matéria nele veiculada esteja relacionada com a do recurso interposto pela parte contrária (Súmula TST nº 283).

5.8.8. Remessa de ofício

O recurso *ex officio*, previsto no Decreto-lei nº 779/1969 e no art. 475 do CPC, consiste na remessa obrigatória dos autos à instância superior, no caso de decisão contrária à União, aos Estados, ao DF, aos municípios e respectivas autarquias e fundações de direito público.

Quanto ao cabimento da remessa oficial na Justiça do Trabalho, destaca-se a Súmula nº 303 do TST:

SÚMULA TST Nº 303 • FAZENDA PÚBLICA – DUPLO GRAU DE JURISDIÇÃO. *(incorpora-das as Orientações Jurisprudenciais nºs 71, 72 e 73 da SBDI-I) – [Resolução nº 129/2005, DJ de 20, 22 e 25.4.2005].* I – Em dissídio individual, está sujeita ao duplo grau de jurisdição, mesmo na vigência da CF/1988, decisão contrária à Fazenda Pública, **salvo:** a) quando a condenação não ultrapassar o valor correspondente a 60 (sessenta) salários mínimos; b) quando a decisão estiver em consonância com decisão plenária do Supremo Tribunal Federal ou com súmula ou orientação jurisprudencial do Tribunal Superior do Trabalho. *(ex-Súmula nº 303 – alterada pela Resolução nº 121/2003, DJ de 21.11.2003).* II – Em ação rescisória, a decisão proferida pelo juízo de primeiro grau está sujeita ao duplo grau de jurisdição obrigatório quando desfavorável ao ente público, exceto nas hipóteses das alíneas "a" e "b" do inciso anterior. *(ex-OJ nº 71 da SBDI-I – inserida em 3.6.1996).* III – Em mandado de segurança, somente cabe remessa *ex officio* se, na relação processual, figurar pessoa jurídica de direito público como parte prejudicada pela concessão da ordem. Tal situação não ocorre na hipótese de figurar no feito como impetrante e terceiro interessado **pessoa de direito privado**, ressalvada a hipótese de matéria administrativa. *(ex-OJs nºs 72 e 73 da SBDI-I – inseridas, respectivamente, em 25.11.1996 e 3.6.1996).*

Como se observa de referido entendimento jurisprudencial, há situações em que, apesar da decisão desfavorável à Fazenda Pública, não será cabível a remessa oficial.

Na verdade, não se trata de um verdadeiro recurso, por lhe faltar tipicidade, voluntariedade, tempestividade, e outras características próprias do recurso. Trata-se, pois, de condição de eficácia da sentença, que não produzirá efeitos se não for sujeita ao duplo grau.

Vale destacar, ainda, a Súmula nº 45 do STJ, quanto à impossibilidade de se agravar a condenação da Fazenda Pública em sede de remessa necessária: *No reexame necessário é defeso ao Tribunal agravar a condenação imposta à fazenda Pública.*

5.8.8.1. Remessa de ofício e ação coletiva

O reexame necessário, com previsão no art. 475 do CPC, constitui-se na remessa obrigatória dos autos à instância superior, para que proceda à reapreciação da sentença contrária à Fazenda Pública (União, Estados, Municípios, autarquias e fundações públicas).

A principal finalidade dessa medida processual é a *proteção do patrimônio público* e, também, da *estrutura deficitária* dos órgãos responsáveis pela defesa judicial da Fazenda.

Trata-se, como amplamente reconhecido na doutrina, de *condição de eficácia da sentença*, já que sua ausência impede a produção de efeitos da decisão e, consequentemente, obsta a formação da coisa julgada (Súmula nº 423 do STF).

Dúvida pode surgir quanto ao cabimento da remessa necessária, em sede de ação coletiva quando a demandada for a Fazenda Pública e a sentença lhe for desfavorável.

Há quem entenda que não, ao argumento de que, quando o bem jurídico for mais relevante e mais abrangente que o aspecto pecuniário fazendário, o rejulgamento deveria se fazer obrigatório em favor do primeiro (SHIMURA, 2007, p. 349).

Tal afirmação encontra amparo na Lei de Ação Popular (art. 19 da Lei nº 4.717/1965) e na lei que dispõe sobre o apoio às pessoas portadoras de deficiência (art. 4º, § 1º, da Lei nº 7.853/1989). De acordo com os referidos dispositivos legais, a sentença que concluir pela carência ou improcedência da ação está sujeita ao duplo grau de jurisdição, não produzindo efeito senão depois de confirmada pelo tribunal.

Ademais, além da previsão legal de que a remessa necessária deveria ser aplicada em favor do *interesse público* defendido na Ação Popular e nas ações que visam à tutela das pessoas com deficiência, independentemente de a Fazenda Pública constar no polo ativo da demanda, argumenta-se que, na colisão de interesses públicos, deve prevalecer a *proteção da pessoa humana*, que tem respaldo constitucional e que se constitui em *princípio norteador de todo o sistema jurídico*, em detrimento do erário.

Somem-se, também, os argumentos no sentido de que a natureza da Ação Civil Pública e sua finalidade envolvem a *salvaguarda da ordem social*. Não bastasse isso, pelo princípio da especialidade, o Código de Processo Civil somente é aplicável em sede de ação civil pública naquilo que for compatível.

Diante de tal quadro, figurando na Ação Civil Pública como demandada a União, os Estados, o Distrito Federal, os Municípios, autarquias e fundações públicas, o sistema de ações coletivas permite e determina que se deve conferir *maior relevância aos interesses difusos e coletivos* do que aqueles ligados diretamente à Fazenda Pública, como pessoa jurídica de direito público. Provém daí o fato de não se aplicar o art. 475 do CPC e se invocar o regime da Lei nº 7.853/1989 e art. 19 da Lei nº 4.717/1965, pelos quais somente haverá reexame obrigatório em caso de carência ou improcedência da ação, independentemente da pessoa jurídica de direito público constar no polo ativo da demanda.

Vale observar que, se a pessoa jurídica de direito público constar como autora na APC e a ação vier a ser julgada improcedente ou houver carência, o *reexame necessário dar-se-á pelo tipo de interesse em jogo* (coletivo ou difuso) e não porque se cuida da Fazenda Pública (art. 475 do CPC).

Apesar da Lei nº 7.347/1985 nada dispor a respeito da remessa necessária, a jurisprudência do Superior Tribunal de Justiça inclina-se para a aplicação analógica da Lei nº 4.717/1965, reconhecendo, assim, que esse diploma legal *integra o microssistema de tutela dos interesses difusos e coletivos*:

> PROCESSUAL CIVIL – AÇÃO CIVIL PÚBLICA – REPARAÇÃO DE DANOS AO ERÁRIO – SENTENÇA DE IMPROCEDÊNCIA – REMESSA NECESSÁRIA – ART. 19 DA LEI Nº 4.717/1965 – APLICAÇÃO. 1. Por aplicação analógica da primeira parte do art. 19 da Lei nº 4.717/1965, as sentenças de improcedência de ação civil pública sujeitam-se indistintamente ao reexame necessário. Doutrina. 2. Recurso especial provido. (REsp 1108542/SC – 2008/0274228-9 – Ministro Castro Meira – *DJe* de 29.5.2009)

5.8.9. Pedido de revisão

De acordo com o art. 2º da Lei nº 5.584/1970, nos dissídios individuais, proposta a conciliação e, não havendo acordo, o juiz, antes de instruir a causa, deve fixar o valor para a determinação da alçada, se este for indeterminado no pedido.

Na audiência, ao aduzir razões finais, as partes podem impugnar o valor fixado pelo juiz e, se o magistrado o mantiver, pedir revisão da decisão, no prazo de 48 horas, ao Presidente do TRT (art. 2º, § 1º, da Lei nº 5.584/1970).

O pedido de revisão não terá efeito suspensivo e deverá ser instruído com a petição inicial e ata da audiência, em cópia autenticada pela secretaria da Vara, e será julgado em 48 horas a partir do seu recebimento pelo Presidente do TRT.

O pedido deve ser apresentado perante o juiz de primeiro grau, que o encaminhará ao Presidente do TRT.

O presente recurso, atualmente, caiu em desuso, pois dificilmente o valor da causa é fixado pelo Juiz do Trabalho, já que quando não há valor, via de regra, costuma-se intimar a parte para emendar à inicial.

5.8.10. Agravo regimental

O agravo regimental constitui recurso trabalhista previsto no art. 709, § 1º, da CLT (das decisões proferidas pelo corregedor caberá agravo regimental para o Tribunal Pleno), Regimentos Internos dos Tribunais e Lei nº 7.701/1988.

Sua finalidade é a impugnação das decisões monocráticas, proferidas pelos relatores das turmas dos TRTs e TST, que negarem seguimento a recurso e também do Juiz Corregedor nas correições parciais.

A Lei n° 7.701/1988 prevê a possibilidade de interposição de agravo regimental em virtude das decisões dos presidentes das Turmas que denegam recurso em face de decisão proferida em dissídio coletivo e do recurso de embargos para o TST.

Alguns regionais disciplinam o agravo, em seus regimentos, para impugnar liminares concedidas pelo relator e, também, para decisões em que a lei não prevê recurso específico para impugnação.

O agravo regimental é recebido apenas no efeito devolutivo e interposto perante a autoridade que indeferiu a medida postulada, possibilitando o juízo de retratação, no prazo de 8 dias. Não está sujeito a preparo.

Quanto a esta modalidade recursal, vale destacar a OJ n° 132 da SBDI-I do TST:

> OJ-SBDI-I N° 132 • AGRAVO REGIMENTAL – PEÇAS ESSENCIAIS NOS AUTOS PRINCIPAIS. *(inserida em 27.11.1998).* Inexistindo lei que exija a tramitação do agravo regimental em autos apartados, tampouco previsão no Regimento Interno do Regional, não pode o agravante ver-se apenado por não haver colacionado cópia de peças dos autos principais, quando o agravo regimental deveria fazer parte dele.

5.8.11. Agravo Interno

Trata-se do recurso, previsto no art. 557, § 2°, do CPC, cabível no prazo de 5 dias das decisões proferidas pelos relatores, monocraticamente, com fundamento no art. 557, *caput* e § 1°, do CPC. Há previsão, ainda, no art. 896, § 5°, da CLT.

Sua análise será feita pelo Colegiado, sendo de aplicação subsidiária ao Processo do Trabalho.

Vale destacar, no aspecto, que apesar de o CPC estabelecer o prazo de 5 dias para a interposição do agravo interno, o Regimento Interno do TST, acompanhado, via de regra, pelo Regimento Internos dos TRTs, estabelece, em seu art. 239:

> Art. 239. Caberá agravo ao órgão colegiado competente para o julgamento do respectivo recurso, no prazo de oito dias, a contar da publicação no órgão oficial:
>
> I – da decisão do Relator, tomada com base no § 5° do art. 896 da CLT;
>
> II – da decisão do Relator, dando ou negando provimento ou negando seguimento a recurso, nos termos do art. 557 e § 1°-A do CPC.

5.9. SÚMULAS E ORIENTAÇÕES JURISPRUDENCIAIS

5.9.1. Princípios recursais

♦ *SÚMULA TST N° 421* • EMBARGOS DECLARATÓRIOS CONTRA DECISÃO MONOCRÁTICA DO RELATOR CALCADA NO ART. 557 DO CPC – CABIMENTO. I – Tendo a decisão monocrática de provimento ou denegação de recurso, prevista no art. 557 do CPC, conteúdo decisório definitivo e conclusivo da lide, comporta ser esclarecida pela via dos embargos de declaração, em decisão aclaratória, também monocrática, quando se pretende tão somente suprir omissão e não, modificação do julgado. II – Postulando o embargante efeito modificativo, os embargos declaratórios deverão ser submetidos ao pronunciamento do Colegiado, convertidos em agravo, em face dos princípios da fungibilidade e celeridade processual. *(ex-OJ n° 74 da SBDI-II – inserida em 8.11.2000)*

884 | MPT – preparando-se para o concurso de Procurador do Trabalho

♦ *SÚMULA TST Nº 214* • DECISÃO INTERLOCUTÓRIA – IRRECORRIBILIDADE. Na Justiça do Trabalho, nos termos do art. 893, § 1º, da CLT, as decisões interlocutórias não ensejam recurso imediato, salvo nas hipóteses de decisão: a) de Tribunal Regional do Trabalho contrária à Súmula ou Orientação Jurisprudencial do Tribunal Superior do Trabalho; b) suscetível de impugnação mediante recurso para o mesmo Tribunal; c) que acolhe exceção de incompetência territorial, com a remessa dos autos para Tribunal Regional distinto daquele a que se vincula o juízo excepcionado, consoante o disposto no art. 799, § 2º, da CLT.

♦ *OJ-SBDI-I Nº 412* • AGRAVO INOMINADO OU AGRAVO REGIMENTAL – INTERPOSIÇÃO EM FACE DE DECISÃO COLEGIADA – NÃO CABIMENTO – ERRO GROSSEIRO – INAPLI-CABILIDADE DO PRINCÍPIO DA FUNGIBILIDADE RECURSAL. É incabível agravo inominado (art. 557, § 1º, do CPC) ou agravo regimental (art. 235 do RITST) contra decisão proferida por Órgão colegiado. Tais recursos destinam-se, exclusivamente, a impugnar decisão monocrática nas hipóteses expressamente previstas. Inaplicável, no caso, o princípio da fungibilidade ante a configuração de erro grosseiro.

♦ *OJ-SBDI-II Nº 69* • FUNGIBILIDADE RECURSAL – INDEFERIMENTO LIMINAR DE AÇÃO RESCISÓRIA OU MANDADO DE SEGURANÇA – RECURSO PARA O TST – RECEBIMENTO COMO AGRAVO REGIMENTAL E DEVOLUÇÃO DOS AUTOS AO TRT. *(Inserida em 20.9.2000).* Recurso ordinário interposto contra despacho monocrático indeferitório da petição inicial de ação rescisória ou de mandado de segurança pode, pelo princípio de fungibilidade recursal, ser recebido como agravo regimental. Hipótese de não conhecimento do recurso pelo TST e devolução dos autos ao TRT, para que aprecie o apelo como agravo regimental.

♦ *OJ-SBDI-II Nº 100* • RECURSO ORDINÁRIO PARA O TST – DECISÃO DE TRT PROFERIDA EM AGRAVO REGIMENTAL CONTRA LIMINAR EM AÇÃO CAUTELAR OU EM MANDADO DE SEGURANÇA – INCABÍVEL. *(Inserida em 27.9.2002).* Não cabe recurso ordinário para o TST de decisão proferida pelo Tribunal Regional do Trabalho em agravo regimental interposto contra despacho que concede ou não liminar em ação cautelar ou em mandado de segurança, uma vez que o processo ainda pende de decisão definitiva do Tribunal *a quo*.

♦ *OJ-SBDI-II Nº 152* • AÇÃO RESCISÓRIA E MANDADO DE SEGURANÇA – RECURSO DE RE-VISTA DE ACÓRDÃO REGIONAL QUE JULGA AÇÃO RESCISÓRIA OU MANDADO DE SE-GURANÇA – PRINCÍPIO DA FUNGIBILIDADE – INAPLICABILIDADE – ERRO GROSSEIRO NA INTERPOSIÇÃO DO RECURSO. *(DEJT de 3, 4 e 5.12.2008).* A interposição de recurso de revista de decisão definitiva de Tribunal Regional do Trabalho em ação rescisória ou em mandado de segurança, com fundamento em violação legal e divergência jurisprudencial e remissão expressa ao art. 896 da CLT, configura erro grosseiro, insuscetível de autorizar o seu recebimento como recurso ordinário, em face do disposto no art. 895, "b", da CLT.

5.9.2. Juízo de admissibilidade

♦ *SÚMULA TST Nº 285* • ADMISSIBILIDADE PARCIAL – RECURSO DE REVISTA CABÍVEL – IN-TERPOSIÇÃO DE AGRAVO DE INSTRUMENTO. O fato de o juízo primeiro de admissibilidade do recurso de revista entendê-lo cabível, apenas quanto a parte das matérias veiculadas, não impede a apreciação integral pela turma do Tribunal Superior do Trabalho, sendo imprópria a interposição de agravo de instrumento.

♦ *SÚMULA TST Nº 422* • RECURSO – APELO QUE NÃO ATACA OS FUNDAMENTOS DA DECISÃO RECORRIDA – NÃO CONHECIMENTO – ART. 514, II, DO CPC. Não se conhece de recurso para o TST, pela ausência do requisito de admissibilidade inscrito no art. 514, II, do CPC, quando as razões do recorrente não impugnam os fundamentos da decisão recorrida, nos termos em que fora proposta. *(Conversão da OJ nº 90 da SBDI-II)*

♦ *OJ-SBDI-I Nº 62* • PREQUESTIONAMENTO – PRESSUPOSTO DE ADMISSIBILIDADE EM APELO DE NATUREZA EXTRAORDINÁRIA – NECESSIDADE, AINDA QUE SE TRATE DE INCOMPETÊNCIA ABSOLUTA. *(Republicada em decorrência de erro material) – [DEJT divulgado em 23, 24 e 25.11.2010].* É necessário o prequestionamento como pressuposto de admissibilidade em recurso de natureza extraordinária, ainda que se trate de incompetência absoluta.

♦ *OJ-SBDI-I Nº 120* • RECURSO – ASSINATURA DA PETIÇÃO OU DAS RAZÕES RECURSAIS – VALIDADE. O recurso sem assinatura será tido por inexistente. Será considerado válido o apelo assinado, ao menos, na petição de apresentação ou nas razões recursais.

♦ *OJ-SBDI-I Nº 282* • AGRAVO DE INSTRUMENTO – JUÍZO DE ADMISSIBILIDADE *AD QUEM*. *(DJ de 11.8.2003).* No julgamento de Agravo de Instrumento, ao afastar o óbice apontado pelo TRT para o processamento do recurso de revista, pode o juízo *ad quem* prosseguir no exame dos demais pressupostos extrínsecos e intrínsecos do recurso de revista, mesmo que não apreciados pelo TRT.

♦ *OJ-SBDI-I Nº 294* • EMBARGOS À SDI CONTRA DECISÃO EM RECURSO DE REVISTA NÃO CONHECIDO QUANTO AOS PRESSUPOSTOS INTRÍNSECOS – NECESSÁRIA A INDICA-ÇÃO EXPRESSA DE OFENSA AO ART. 896 DA CLT. *(DJ de 11.8.2003).* Para a admissibilidade e conhecimento de embargos, interpostos contra decisão mediante a qual não foi conhecido o recurso de revista pela análise dos pressupostos intrínsecos, necessário que a parte embargante aponte expressamente a violação ao art. 896 da CLT.

♦ *SÚMULA TST Nº 221* • RECURSO DE REVISTA – VIOLAÇÃO DE LEI – INDICAÇÃO DE PRE-CEITO. *(cancelado o item II e conferida nova redação na sessão do Tribunal Pleno realizada em 14.9.2012) [Resolução nº 185/2012 – DEJT divulgado em 25, 26 e 27.9.2012].* A admissibilidade do recurso de revista por violação tem como pressuposto a indicação expressa do dispositivo de lei ou da Constituição tido como violado.

♦ *SÚMULA TST Nº 266* • RECURSO DE REVISTA – ADMISSIBILIDADE – EXECUÇÃO DE SEN-TENÇA. *(Mantida).* A admissibilidade do recurso de revista interposto de acórdão proferido em agravo de petição, na liquidação de sentença ou em processo incidente na execução, inclusive os embargos de terceiro, depende de demonstração inequívoca de violência direta à Constituição Federal.

♦ *SÚMULA TST Nº 424* • RECURSO ADMINISTRATIVO – PRESSUPOSTO DE ADMISSIBILIDA-DE – DEPÓSITO PRÉVIO DA MULTA ADMINISTRATIVA – NÃO RECEPÇÃO PELA CONSTI-TUIÇÃO FEDERAL DO § 1º DO ART. 636 DA CLT. *[Resolução nº 160/2009, DEJT divulgado em 23, 24 e 25.11.2009].* O § 1º do art. 636 da CLT, que estabelece a exigência de prova do depósito prévio do valor da multa cominada em razão de autuação administrativa como pressuposto de admissibilidade de recurso administrativo, não foi recepcionado pela Constituição Federal de 1988, ante a sua incompatibilidade com o inciso LV do art. 5º.

♦ *SÚMULA TST Nº 433* • EMBARGOS – ADMISSIBILIDADE – PROCESSO EM FASE DE EXECU-ÇÃO – ACÓRDÃO DE TURMA PUBLICADO NA VIGÊNCIA DA LEI Nº 11.496, DE 26.6.2007 – DIVERGÊNCIA DE INTERPRETAÇÃO DE DISPOSITIVO CONSTITUCIONAL. *[Resolução nº 177/2012, DEJT divulgado em 13, 14 e 15.2.2012].* A admissibilidade do recurso de embargos contra acórdão de Turma em Recurso de Revista em fase de execução, publicado na vigência da Lei nº 11.496, de 26.6.2007, condiciona-se à demonstração de divergência jurisprudencial entre Turmas ou destas e a Seção Especializada em Dissídios Individuais do Tribunal Superior do Trabalho em relação à interpretação de dispositivo constitucional.

♦ *SÚMULA TST Nº 442* • PROCEDIMENTO SUMARÍSSIMO – RECURSO DE REVISTA FUNDA-MENTADO EM CONTRARIEDADE A ORIENTAÇÃO JURISPRUDENCIAL – INADMISSIBILI-DADE – ART. 896, § 6º, DA CLT, ACRESCENTADO PELA LEI Nº 9.957, DE 12.1.2000. *(Conversão da Orientação Jurisprudencial nº 352 da SBDI-I) – [Resolução nº 185/2012, DEJT divulgado em 25,*

26 e 27.9.2012]. Nas causas sujeitas ao procedimento sumaríssimo, a admissibilidade de recurso de revista está limitada à demonstração de violação direta a dispositivo da Constituição Federal ou contrariedade a Súmula do Tribunal Superior do Trabalho, não se admitindo o recurso por contrariedade a Orientação Jurisprudencial deste Tribunal (Livro II, Título II, Capítulo III, do RITST), ante a ausência de previsão no art. 896, § 6º, da CLT.

5.9.3. Legitimidade e interesse para recorrer

◆ *OJ-SBDI-I Nº 237* • MINISTÉRIO PÚBLICO DO TRABALHO – ILEGITIMIDADE PARA RECORRER. *(Inserida em 20.6.2001).* O Ministério Público não tem legitimidade para recorrer na defesa de interesse patrimonial privado, inclusive de empresas públicas e sociedades de economia mista.

◆ *OJ-SBDI-I Nº338* • MINISTÉRIO PÚBLICO DO TRABALHO – LEGITIMIDADE PARA RECORRER – SOCIEDADE DE ECONOMIA MISTA E EMPRESA PÚBLICA – CONTRATO NULO. *(DJ de 4.5.2004).* Há interesse do Ministério Público do Trabalho para recorrer contra decisão que declara a existência de vínculo empregatício com sociedade de economia mista ou empresa pública, após a CF/1988, sem a prévia aprovação em concurso público.

◆ *OJ-SBDI-I Nº 318* • REPRESENTAÇÃO IRREGULAR – AUTARQUIA. *(DJ de 11.8.2003).* Os Estados e os Municípios não têm legitimidade para recorrer em nome das autarquias detentoras de personalidade jurídica própria, devendo ser representadas pelos procuradores que fazem parte de seus quadros ou por advogados constituídos.

5.9.4. Tempestividade

◆ *SÚMULA TST Nº 30* • INTIMAÇÃO DA SENTENÇA. Quando não juntada a ata ao processo em 48 (quarenta e oito) horas contadas da audiência de julgamento (art. 851, § 2º, da CLT), o prazo para recurso será contado da data em que a parte receber a intimação da sentença.

◆ *SÚMULA TST Nº 197* • PRAZO. O prazo para recurso da parte que, intimada, não comparecer à audiência em prosseguimento para a prolação da sentença conta-se de sua publicação.

◆ *SÚMULA TST Nº 201* • RECURSO ORDINÁRIO EM MANDADO DE SEGURANÇA, *(Mantida) – [Resolução nº 121/2003, DJ de 19, 20 e 21.11.2003].* Da decisão de Tribunal Regional do Trabalho em mandado de segurança cabe recurso ordinário, no prazo de 8 (oito) dias, para o Tribunal Superior do Trabalho, e igual dilação para o recorrido e interessados apresentarem razões de contrariedade.

◆ *SÚMULA TST Nº 385* • FERIADO LOCAL – AUSÊNCIA DE EXPEDIENTE FORENSE – PRAZO RECURSAL – PRORROGAÇÃO – COMPROVAÇÃO – NECESSIDADE – ATO ADMINISTRATIVO DO JUÍZO A QUO. *(Redação alterada na sessão do Tribunal Pleno realizada em 14.9.2012) – [Resolução nº 185/2012 – DEJT divulgado em 25, 26 e 27.9.2012].* I – Incumbe à parte o ônus de provar, quando da interposição do recurso, a existência de feriado local que autorize a prorrogação do prazo recursal. II – Na hipótese de feriado forense, incumbirá à autoridade que proferir a decisão de admissibilidade certificar o expediente nos autos. III – Na hipótese do inciso II, admite-se a reconsideração da análise da tempestividade do recurso, mediante prova documental superveniente, em Agravo Regimental, Agravo de Instrumento ou Embargos de Declaração.

◆ *SÚMULA TST Nº 387* • RECURSO – FAC-SÍMILE – LEI Nº 9.800/1999. *(Inserido o item IV à redação) – [Resolução nº 174/2011, DEJT divulgado em 27, 30 e 31.5.2011].* I – A Lei nº 9.800, de 26.05.1999, é aplicável somente a recursos interpostos após o início de sua vigência. *(ex-OJ nº 194 da SBDI-I – inserida em 8.11.2000).* II – A contagem do quinquídio para apresentação dos originais de recurso interposto por intermédio de fac-símile começa a fluir do dia subsequente ao término do prazo recursal, nos termos do art. 2º da Lei nº 9.800, de 26.05.1999, e não do dia seguinte à interposição do recurso, se esta se deu antes do termo final do prazo. *(ex-OJ nº 337 da SBDI-I – primeira parte – DJ de 4.5.2004)*

♦ *SÚMULA TST Nº 434* • RECURSO – INTERPOSIÇÃO ANTES DA PUBLICAÇÃO DO ACÓRDÃO IMPUGNADO – EXTEMPORANEIDADE. *(Conversão da Orientação Jurisprudencial nº 357 da SBDI-I e inserção do item II à redação) – [Resolução nº 177/2012, DEJT divulgado em 13, 14 e 15.2.2012].* I – É extemporâneo recurso interposto antes de publicado o acórdão impugnado. *(ex--OJ nº 357 da SBDI-I – inserida em 14.3.2008).* II – A interrupção do prazo recursal em razão da interposição de embargos de declaração pela parte adversa não acarreta qualquer prejuízo àquele que apresentou seu recurso tempestivamente.

♦ *OJ-SBDI-I Nº192* • EMBARGOS DECLARATÓRIOS – PRAZO EM DOBRO – PESSOA JURÍDICA DE DIREITO PÚBLICO – DECRETO-LEI Nº 779/1969. *(Inserida em 8.11.2000).* É em dobro o prazo para a interposição de embargos declaratórios por pessoa jurídica de direito público.

♦ *OJ-SBDI-I Nº 284* • AGRAVO DE INSTRUMENTO – TRASLADO – AUSÊNCIA DE CERTIDÃO DE PUBLICAÇÃO – ETIQUETA ADESIVA IMPRESTÁVEL PARA AFERIÇÃO DA TEMPESTIVIDADE. *(DJ de 11.8.2003).* A etiqueta adesiva na qual consta a expressão "no prazo" não se presta à aferição de tempestividade do recurso, pois sua finalidade é tão somente servir de controle processual interno do TRT e sequer contém a assinatura do funcionário responsável por sua elaboração.

5.9.5. Representação

♦ *SÚMULA TST Nº 164* • PROCURAÇÃO – JUNTADA. O não cumprimento das determinações dos §§ 1º e 2º do art. 5º da Lei nº 8.906, de 4.7.1994 e do art. 37, parágrafo único, do Código de Processo Civil importa o não conhecimento de recurso, por inexistente, exceto na hipótese de mandato tácito.

♦ *SÚMULA TST Nº 383* • MANDATO – FASE RECURSAL – APLICABILIDADE. I – É inadmissível, em instância recursal, o oferecimento tardio de procuração, nos termos do art. 37 do CPC, ainda que mediante protesto por posterior juntada, já que a interposição de recurso não pode ser reputada ato urgente. *(ex-OJ nº 311 – DJ de 11.8.2003).* II – Inadmissível na fase recursal a regularização da representação processual, na forma do art. 13 do CPC, cuja aplicação se restringe ao Juízo de 1º grau. *(ex-OJ nº 149 – Inserida em 27.11.1998).*

♦ *OJ-SBDI-I Nº 75* • SUBSTABELECIMENTO SEM O RECONHECIMENTO DE FIRMA DO SUBSTABELECENTE – INVÁLIDO. (Anterior à Lei nº 8.952/1994). Não produz efeitos jurídicos recurso subscrito por advogado com poderes conferidos em substabelecimento em que não consta o reconhecimento de firma do outorgante. Entendimento aplicável antes do advento da Lei nº 8.952/1994.

♦ *OJ-SBDI-I Nº 110* • REPRESENTAÇÃO IRREGULAR – PROCURAÇÃO APENAS NOS AUTOS DE AGRAVO DE INSTRUMENTO. *(Inserido dispositivo). [DEJT divulgado em 16, 17 e 18.11.2010].* A existência de instrumento de mandato apenas nos autos de agravo de instrumento, ainda que em apenso, não legitima a atuação de advogado nos processos de que se originou o agravo.

♦ *OJ-SBDI-I Nº 286* • AGRAVO DE INSTRUMENTO – TRASLADO – MANDATO TÁCITO – ATA DE AUDIÊNCIA – CONFIGURAÇÃO. *(Alterada). Resolução nº 167/2010, DEJT Divulgado em 30.4.2010 e 3 e 4.5.2010].* I – A juntada da ata de audiência, em que consignada a presença do advogado, desde que não estivesse atuando com mandato expresso, torna dispensável a procuração deste, porque demonstrada a existência de mandato tácito. II – Configurada a existência de mandato tácito fica suprida a irregularidade detectada no mandato expresso.

♦ *OJ-SBDI-I Nº 374* • AGRAVO DE INSTRUMENTO – REPRESENTAÇÃO PROCESSUAL – REGULARIDADE – PROCURAÇÃO OU SUBSTABELECIMENTO COM CLÁUSULA LIMITATI-

VA DE PODERES AO ÂMBITO DO TRIBUNAL REGIONAL DO TRABALHO. *(DEJT divulgado em 19, 20 e 22.4.2010)*. É regular a representação processual do subscritor do agravo de instrumento ou do recurso de revista que detém mandato com poderes de representação limitados ao âmbito do Tribunal Regional do Trabalho, pois, embora a apreciação desse recurso seja realizada pelo Tribunal Superior do Trabalho, a sua interposição é ato praticado perante o Tribunal Regional do Trabalho, circunstância que legitima a atuação do advogado no feito.

5.9.6. Custas processuais

♦ *SÚMULA TST Nº 25* • CUSTAS. A parte vencedora na primeira instância, se vencida na segunda, está obrigada, independentemente de intimação, a pagar as custas fixadas na sentença originária, das quais ficara isenta a parte então vencida.

♦ *SÚMULA TST Nº 36* • CUSTAS. Nas ações plúrimas, as custas incidem sobre o respectivo valor global.

♦ *SÚMULA TST Nº 53* • CUSTAS. O prazo para pagamento das custas, no caso de recurso, é contado da intimação do cálculo.

♦ *SÚMULA TST Nº 86* • DESERÇÃO – MASSA FALIDA – EMPRESA EM LIQUIDAÇÃO EXTRA-JUDICIAL. Não ocorre deserção de recurso da massa falida por falta de pagamento de custas ou de depósito do valor da condenação. Esse privilégio, todavia, não se aplica à empresa em liquidação extrajudicial.

♦ *SÚMULA TST Nº 170* • SOCIEDADE DE ECONOMIA MISTA – CUSTAS. *(Mantida) – [Resolução nº 121/2003, DJ de 19, 20 e 21.11.2003]*. Os privilégios e isenções no foro da Justiça do Trabalho não abrangem as sociedades de economia mista, ainda que gozassem desses benefícios anteriormente ao Decreto-lei nº 779, de 21.8.1969 (ex-Prejulgado nº 50).

♦ *OJ-SBDI-I Nº 13* • APPA – DECRETO-LEI Nº 779, DE 21.8.1969 – DEPÓSITO RECURSAL E CUS-TAS – NÃO ISENÇÃO. *(Inserido dispositivo). [DEJT divulgado em 16, 17 e 18.11.2010]*. A Administração dos Portos de Paranaguá e Antonina. APPA, vinculada à Administração Pública indireta, não é isenta do recolhimento do depósito recursal e do pagamento das custas processuais por não ser beneficiária dos privilégios previstos no Decreto-lei nº 779, de 21.8.1969, ante o fato de explorar atividade econômica com fins lucrativos, o que descaracteriza sua natureza jurídica, igualando-a às empresas privadas.

♦ *OJ-SBDI-I Nº 33* • DESERÇÃO – CUSTAS – CARIMBO DO BANCO – VALIDADE. *(Inserida em 25.11.1996)*. O carimbo do banco recebedor na guia de comprovação do recolhimento das custas supre a ausência de autenticação mecânica.

♦ *OJ-SBDI-I Nº 104* • CUSTAS – CONDENAÇÃO ACRESCIDA – INEXISTÊNCIA DE DESERÇÃO QUANDO AS CUSTAS NÃO SÃO EXPRESSAMENTE CALCULADAS E NÃO HÁ INTIMAÇÃO DA PARTE PARA O PREPARO DO RECURSO, DEVENDO, ENTÃO, SER AS CUSTAS PAGAS AO FINAL. *(Redação alterada na sessão do Tribunal Pleno realizada em 17.11.2008) – [Res.150/2008, DEJT divulgado em 20, 21 e 24.11.2008]*. Não caracteriza deserção a hipótese em que, acrescido o valor da condenação, não houve fixação ou cálculo do valor devido a título de custas e tampouco intimação da parte para o preparo do recurso, devendo, pois, as custas ser pagas ao final.

♦ *OJ-SBDI-I Nº 140* • DEPÓSITO RECURSAL E CUSTAS – DIFERENÇA ÍNFIMA – DESERÇÃO – OCORRÊNCIA. *(Nova Redação, DJ de 20.4.2005)*. Ocorre deserção do recurso pelo recolhimento insuficiente das custas e do depósito recursal, ainda que a diferença em relação ao *quantum* devido seja ínfima, referente a centavos.

♦ *OJ-SBDI-I Nº 186* • CUSTAS – INVERSÃO DO ÔNUS DA SUCUMBÊNCIA – DESERÇÃO – NÃO OCORRÊNCIA. *(Inserida em 8.11.2000)*. No caso de inversão do ônus da sucumbência em segundo grau, sem acréscimo ou atualização do valor das custas e se estas já foram devidamente recolhidas, descabe um novo pagamento pela parte vencida, ao recorrer. Deverá ao final, se sucumbente, ressarcir a quantia.

- *OJ-SBDI-I Nº 217* • AGRAVO DE INSTRUMENTO – TRASLADO – LEI Nº 9.756/1998 – GUIAS DE CUSTAS E DE DEPÓSITO RECURSAL. *(Inserida em 2.4.2001)*. Para a formação do agravo de instrumento, não é necessária a juntada de comprovantes de recolhimento de custas e de depósito recursal relativamente ao recurso ordinário, desde que não seja objeto de controvérsia no recurso de revista a validade daqueles recolhimentos.

- *OJ-SBDI-II Nº 88* • MANDADO DE SEGURANÇA – VALOR DA CAUSA – CUSTAS PROCESSUAIS – CABIMENTO. Incabível a impetração de mandado de segurança contra ato judicial que, de ofício, arbitrou novo valor à causa, acarretando a majoração das custas processuais, uma vez que cabia à parte, após recolher as custas, calculadas com base no valor dado à causa na inicial, interpor recurso ordinário e, posteriormente, agravo de instrumento no caso de o recurso ser considerado deserto.

- *OJ-SBDI-II Nº 148* • CUSTAS – MANDADO DE SEGURANÇA – RECURSO ORDINÁRIO – EXIGÊNCIA DO PAGAMENTO. É responsabilidade da parte, para interpor recurso ordinário em mandado de segurança, a comprovação do recolhimento das custas processuais no prazo recursal, sob pena de deserção. *(ex-OJ nº 29 da SBDI-I)*

5.9.7. Depósito recursal

- *SÚMULA TST Nº 99* • AÇÃO RESCISÓRIA – DESERÇÃO – PRAZO. Havendo recurso ordinário em sede de rescisória, o depósito recursal só é exigível quando for julgado procedente o pedido e imposta condenação em pecúnia, devendo este ser efetuado no prazo recursal, no limite e nos termos da legislação vigente, sob pena de deserção. *(ex-Súmula nº 99 – alterada pela Resolução nº 110/2002, DJ de 15.4.2002 – e ex-OJ nº 117 da SBDI-II – DJ de 11.8.2003)*

- *SÚMULA TST Nº 128* • DEPÓSITO RECURSAL *(incorporadas as Orientações Jurisprudenciais nºˢ 139, 189 e 190 da SBDI-I) – (Resolução nº 129/2005, DJ de 20, 22 e 25.4.2005).* I – É ônus da parte recorrente efetuar o depósito legal, integralmente, em relação a cada novo recurso interposto, sob pena de deserção. Atingido o valor da condenação, nenhum depósito mais é exigido para qualquer recurso. *(ex-Súmula nº 128 – alterada pela Resolução nº 121/2003, DJ de 21.11.2003, que incorporou a OJ nº 139 da SBDI-I – inserida em 27.11.1998).* II – Garantido o juízo, na fase executória, a exigência de depósito para recorrer de qualquer decisão viola os incisos II e LV do art. 5º da CF/1988. Havendo, porém, elevação do valor do débito, exige-se a complementação da garantia do juízo. *(ex-OJ nº 189 da SBDI-I – inserida em 8.11.2000).* III – Havendo condenação solidária de duas ou mais empresas, o depósito recursal efetuado por uma delas aproveita as demais, quando a empresa que efetuou o depósito não pleiteia sua exclusão da lide. *(ex-OJ nº 190 da SBDI-I – inserida em 8.11.2000)*

- *SÚMULA TST Nº 161* • DEPÓSITO – CONDENAÇÃO A PAGAMENTO EM PECÚNIA. *(Mantida) – [Resolução nº 121/2003, DJ de 19, 20 e 21.11.2003].* Se não há condenação a pagamento em pecúnia, descabe o depósito de que tratam os §§ 1º e 2º do art. 899 da CLT. *(ex-Prejulgado nº 39)*

- *SÚMULA TST Nº 217* • DEPÓSITO RECURSAL – CREDENCIAMENTO BANCÁRIO – PROVA DISPENSÁVEL. *(Mantida).* O credenciamento dos bancos para o fim de recebimento do depósito recursal é fato notório, independendo da prova.

- *SÚMULA TST Nº 245* • DEPÓSITO RECURSAL – PRAZO. *(Mantida) – [Resolução nº 121/2003, DJ 19, 20 e 21.11.2003].* O depósito recursal deve ser feito e comprovado no prazo alusivo ao recurso. A interposição antecipada deste não prejudica a dilação legal.

- *SÚMULA TST Nº 426* • DEPÓSITO RECURSAL – UTILIZAÇÃO DA GUIA GFIP – OBRIGATO-RIEDADE. Nos dissídios individuais o depósito recursal será efetivado mediante a utilização da Guia de Recolhimento do FGTS e Informações à Previdência Social – GFIP, nos termos dos §§ 4º e 5º do art. 899 da CLT, admitido o depósito judicial, realizado na sede do juízo e à disposição deste, na hipótese de relação de trabalho não submetida ao regime do FGTS.

- *OJ-SBDI-I Nº 264* • DEPÓSITO RECURSAL – PIS/PASEP – AUSÊNCIA DE INDICAÇÃO NA GUIA DE DEPÓSITO RECURSAL – VALIDADE. *(Inserida em 27.9.2002)*. Não é essencial para a validade da comprovação do depósito recursal a indicação do número do PIS/PASEP na guia respectiva.

5.9.8. Depósito de multas impostas pelo juízo

- *OJ-SBDI-I Nº 389* • MULTA PREVISTA NO ART. 557, § 2º, DO CPC – RECOLHIMENTO – PRES-SUPOSTO RECURSAL – PESSOA JURÍDICA DE DIREITO PÚBLICO – EXIGIBILIDADE. *(DEJT divulgado em 9, 10 e 11.6.2010)*. Está a parte obrigada, sob pena de deserção, a recolher a multa aplicada com fundamento no § 2º do art. 557 do CPC, ainda que pessoa jurídica de direito público.

- *OJ-SBDI-I Nº 409* • MULTA POR LITIGÂNCIA DE MÁ-FÉ – RECOLHIMENTO – PRESSUPOS-TO RECURSAL – INEXIGIBILIDADE. *(DEJT divulgado em 22, 25 e 26.10.2010)*. O recolhimento do valor da multa imposta por litigância de má-fé, nos termos do art. 18 do CPC, não é pressuposto objetivo para interposição dos recursos de natureza trabalhista. Assim, resta inaplicável o art. 35 do CPC como fonte subsidiária, uma vez que, na Justiça do Trabalho, as custas estão reguladas pelo art. 789 da CLT.

5.9.9. Documentos

- *SÚMULA TST Nº 8* • JUNTADA DE DOCUMENTO. A juntada de documentos na fase recursal só se justifica quando provado o justo impedimento para sua oportuna apresentação ou se referir a fato posterior à sentença.

- *OJ-SBDI-I Nº 134* • AUTENTICAÇÃO – PESSOA JURÍDICA DE DIREITO PÚBLICO – DISPEN-SADA – MEDIDA PROVISÓRIA Nº 1.360, DE 12.3.1996. *(Inserida em 27.11.1998)*. São válidos os documentos apresentados, por pessoa jurídica de direito público, em fotocópia não autenticada, posteriormente à edição da Medida Provisória nº 1.360/1996 e suas reedições.

- *OJ-SBDI-I Nº 287* • AUTENTICAÇÃO – DOCUMENTOS DISTINTOS – DESPACHO DENEGA-TÓRIO DO RECURSO DE REVISTA E CERTIDÃO DE PUBLICAÇÃO. *(DJ de 11.8.2003)*. Distintos os documentos contidos no verso e anverso, é necessária a autenticação de ambos os lados da cópia.

5.9.10. Efeitos dos recursos

- *SÚMULA TST Nº 393* • RECURSO ORDINÁRIO – EFEITO DEVOLUTIVO EM PROFUNDI-DADE – ART. 515, § 1º, DO CPC. *(Redação alterada pelo Tribunal Pleno na sessão realizada em 16.11.2010) – [Resolução nº 169/2010, DEJT divulgado em 19, 22 e 23.11.2010]*. O efeito devolutivo em profundidade do recurso ordinário, que se extrai do § 1º do art. 515 do CPC, transfere ao Tribunal a apreciação dos fundamentos da inicial ou da defesa, não examinados pela sentença, ainda que não renovados em contrarrazões. Não se aplica, todavia, ao caso de pedido não apreciado na sentença, salvo a hipótese contida no § 3º do art. 515 do CPC.

- *SÚMULA TST Nº 279* • EFEITO SUSPENSIVO – RECURSO CONTRA SENTENÇA NORMA-TIVA – CASSAÇÃO. A cassação de efeito suspensivo concedido a recurso interposto de sentença normativa retroage à data do despacho que o deferiu.

- *OJ-SBDI-II Nº 113* • AÇÃO CAUTELAR – EFEITO SUSPENSIVO AO RECURSO ORDINÁRIO EM MANDADO DE SEGURANÇA – INCABÍVEL – AUSÊNCIA DE INTERESSE. EXTINÇÃO. *(DJ de 11.8.2003).* É incabível medida cautelar para imprimir efeito suspensivo a recurso interposto contra decisão proferida em mandado de segurança, pois ambos visam, em última análise, à sustação do ato atacado. Extingue-se, pois, o processo, sem julgamento do mérito, por ausência de interesse de agir, para evitar que decisões judiciais conflitantes e inconciliáveis passem a reger idêntica situação jurídica.

5.9.11. Reexame necessário

- *SÚMULA TST Nº 303* • FAZENDA PÚBLICA – DUPLO GRAU DE JURISDIÇÃO. I – Em dissídio individual, está sujeita ao duplo grau de jurisdição, mesmo na vigência da CF/1988, decisão contrária à Fazenda Pública, salvo: a) quando a condenação não ultrapassar o valor correspondente a 60 (sessenta) salários mínimos; *(ex-OJ nº 9 da SBDI-I – incorporada pela Resolução nº 121/2003, DJ de 21.11.2003);* b) quando a decisão estiver em consonância com decisão plenária do Supremo Tribunal Federal ou com súmula ou orientação jurisprudencial do Tribunal Superior do Trabalho. II – Em ação rescisória, a decisão proferida pelo juízo de primeiro grau está sujeita ao duplo grau de jurisdição obrigatório quando desfavorável ao ente público, exceto nas hipóteses das alíneas "a" e "b" do inciso anterior. III – Em mandado de segurança, somente cabe remessa *ex officio* se, na relação processual, figurar pessoa jurídica de direito público como parte prejudicada pela concessão da ordem. Tal situação não ocorre na hipótese de figurar no feito como impetrante e terceiro interessado pessoa de direito privado, ressalvada a hipótese de matéria administrativa.

- *OJ-SBDI-I Nº 334* • REMESSA *EX OFFICIO* – RECURSO DE REVISTA – INEXISTÊNCIA DE RECURSO ORDINÁRIO VOLUNTÁRIO DE ENTE PÚBLICO – INCABÍVEL. *(DJ de 9.12.2003).* Incabível recurso de revista de ente público que não interpôs recurso ordinário voluntário da decisão de primeira instância, ressalvada a hipótese de ter sido agravada, na segunda instância, a condenação imposta.

- *OJ-SBDI-II Nº 21* • AÇÃO RESCISÓRIA – DUPLO GRAU DE JURISDIÇÃO – TRÂNSITO EM JULGADO – INOBSERVÂNCIA – DECRETO-LEI Nº 779/1969, ART. 1º, V – INCABÍVEL. *(Inserida em 20.9.2000 – nova redação DJ de 22.8.2005).* É incabível ação rescisória para a desconstituição de sentença não transitada em julgado porque ainda não submetida ao necessário duplo grau de jurisdição, na forma do Decreto-lei nº 779/1969. Determina-se que se oficie ao Presidente do TRT para que proceda à avocatória do processo principal para o reexame da sentença rescindenda.

5.9.12. Embargos de declaração

- *SÚMULA TST Nº 184* • EMBARGOS DECLARATÓRIOS – OMISSÃO EM RECURSO DE REVISTA – PRECLUSÃO. Ocorre preclusão se não forem opostos embargos declaratórios para suprir omissão apontada em recurso de revista ou de embargos.

- *SÚMULA TST Nº 278* • EMBARGOS DE DECLARAÇÃO – OMISSÃO NO JULGADO. *(Mantida).* A natureza da omissão suprida pelo julgamento de embargos declaratórios pode ocasionar efeito modificativo no julgado.

- *SÚMULA TST Nº 421* • EMBARGOS DECLARATÓRIOS CONTRA DECISÃO MONOCRÁTICA DO RELATOR CALCADA NO ART. 557 DO CPC – CABIMENTO. I – Tendo a decisão monocrática de provimento ou denegação de recurso, prevista no art. 557 do CPC, conteúdo decisório definitivo e conclusivo da lide, comporta ser esclarecida pela via dos embargos de declaração, em decisão aclaratória, também monocrática, quando se pretende tão somente suprir omissão e não, modificação do julgado. II – Postulando o embargante efeito modificativo, os embargos declararórios deverão ser submetidos ao pronunciamento do Colegiado, convertidos em agravo, em face dos princípios da fungibilidade e celeridade processual.

♦ *OJ-SBDI-I Nº 142* • EMBARGOS DE DECLARAÇÃO. EFEITO MODIFICATIVO. VISTA À PARTE CONTRÁRIA. *(Inserido o item II à redação).* I – É passível de nulidade decisão que acolhe embargos de declaração com efeito modificativo sem que seja concedida oportunidade de manifestação prévia à parte contrária. II – Em decorrência do efeito devolutivo amplo conferido ao recurso ordinário, o item I não se aplica às hipóteses em que não se concede vista à parte contrária para se manifestar sobre os embargos de declaração opostos contra sentença.

5.9.13. Recurso ordinário

♦ *SÚMULA TST Nº 158* • AÇÃO RESCISÓRIA. Da decisão do Tribunal Regional do Trabalho, em ação rescisória, é cabível o recurso ordinário para o Tribunal Superior do Trabalho, em face da organização judiciária trabalhista.

♦ *OJ-SBDI-II Nº 100* • RECURSO ORDINÁRIO PARA O TST – DECISÃO DE TRT PROFERIDA EM AGRAVO REGIMENTAL CONTRA LIMINAR EM AÇÃO CAUTELAR OU EM MANDADO DE SEGURANÇA – INCABÍVEL. *(Inserida em 27.9.2002).* Não cabe recurso ordinário para o TST de decisão proferida pelo Tribunal Regional do Trabalho em agravo regimental interposto contra despacho que concede ou não liminar em ação cautelar ou em mandado de segurança, uma vez que o processo ainda pende de decisão definitiva do Tribunal *a quo*.

5.9.14. Recurso de revista

♦ **Prequestionamento**

♦ *SÚMULA TST Nº 297* • PREQUESTIONAMENTO – OPORTUNIDADE – CONFIGURAÇÃO. I – Diz-se prequestionada a matéria ou questão quando na decisão impugnada haja sido adotada, explicitamente, tese a respeito. II – Incumbe à parte interessada, desde que a matéria haja sido invocada no recurso principal, opor embargos declaratórios objetivando o pronunciamento sobre o tema, sob pena de preclusão. III – Considera-se prequestionada a questão jurídica invocada no recurso principal sobre a qual se omite o Tribunal de pronunciar tese, não obstante opostos embargos de declaração.

♦ *OJ-SBDI-I Nº 62* • PREQUESTIONAMENTO – PRESSUPOSTO DE ADMISSIBILIDADE EM APELO DE NATUREZA EXTRAORDINÁRIA – NECESSIDADE, AINDA QUE SE TRATE DE INCOMPETÊNCIA ABSOLUTA. *(Republicada em decorrência de erro material). [DEJT divulgado em 23, 24 e 25.11.2010].* É necessário o prequestionamento como pressuposto de admissibilidade em recurso de natureza extraordinária, ainda que se trate de incompetência absoluta.

♦ *OJ-SBDI-I Nº 118* • PREQUESTIONAMENTO – TESE EXPLÍCITA – INTELIGÊNCIA DA SÚMULA Nº 297. *(Inserida em 20.11.1997).* Havendo tese explícita sobre a matéria, na decisão recorrida, desnecessário contenha nela referência expressa do dispositivo legal para ter-se como prequestionado este.

♦ *OJ-SBDI-I Nº 119* • PREQUESTIONAMENTO INEXIGÍVEL – VIOLAÇÃO NASCIDA NA PRÓPRIA DECISÃO RECORRIDA – SÚMULA Nº 297 DO TST – INAPLICÁVEL. *(Inserido dispositivo). [DEJT divulgado em 16, 17 e 18.11.2010].* É inexigível o prequestionamento quando a violação indicada houver nascido na própria decisão recorrida. Inaplicável a Súmula nº 297 do TST.

♦ *OJ-SBDI-I Nº 151* • PREQUESTIONAMENTO – DECISÃO REGIONAL QUE ADOTA A SENTENÇA – AUSÊNCIA DE PREQUESTIONAMENTO. *(Inserida em 27.11.1998).* Decisão regional que simplesmente adota os fundamentos da decisão de primeiro grau não preenche a exigência do prequestionamento, tal como previsto na Súmula nº 297.

♦ *OJ-SBDI-I Nº 256* • PREQUESTIONAMENTO – CONFIGURAÇÃO – TESE EXPLÍCITA – SÚMULA Nº 297. *(Inserida em 13.3.2002)*. Para fins do requisito do prequestionamento de que trata a Súmula nº 297, há necessidade de que haja, no acórdão, de maneira clara, elementos que levem à conclusão de que o Regional adotou uma tese contrária à lei ou à súmula.

♦ *Cabimento*

♦ *SÚMULA TST Nº 126* • RECURSO – CABIMENTO. Incabível o recurso de revista ou de embargos (CLT, arts. 896 e 894, b) para reexame de fatos e provas.

♦ *SÚMULA TST Nº 218* • RECURSO DE REVISTA – ACÓRDÃO PROFERIDO EM AGRAVO DE INSTRUMENTO. É incabível recurso de revista de acórdão regional prolatado em agravo de instrumento.

♦ *SÚMULA TST Nº 266* • RECURSO DE REVISTA – ADMISSIBILIDADE – EXECUÇÃO DE SENTENÇA. *(Mantida) – [Resolução nº 121/2003, DJ de 19, 20 e 21.11.2003]*. A admissibilidade do recurso de revista interposto de acórdão proferido em agravo de petição, na liquidação de sentença ou em processo incidente na execução, inclusive os embargos de terceiro, depende de demonstração inequívoca de violência direta à Constituição Federal.

♦ *Divergência jurisprudencial*

♦ *SÚMULA TST Nº 23* • RECURSO. *(Mantida) – [Resolução nº 121/2003, DJ de 19, 20 e 21.11.2003]*. Não se conhece de recurso de revista ou de embargos, se a decisão recorrida resolver determinado item do pedido por diversos fundamentos e a jurisprudência transcrita não abranger a todos.

♦ *SÚMULA TST Nº 296* • RECURSO – DIVERGÊNCIA JURISPRUDENCIAL – ESPECIFICIDADE. I – A divergência jurisprudencial ensejadora da admissibilidade, do prosseguimento e do conhecimento do recurso há de ser específica, revelando a existência de teses diversas na interpretação de um mesmo dispositivo legal, embora idênticos os fatos que as ensejaram. *(ex-Súmula nº 296 – Resolução nº 6/1989, DJ de 19.4.1989)*. II – Não ofende o art. 896 da CLT decisão de Turma que, examinando premissas concretas de especificidade da divergência colacionada no apelo revisional, conclui pelo conhecimento ou desconhecimento do recurso. *(ex-OJ nº 37 da SBDI-I – inserida em 1º.2.1995)*

♦ *SÚMULA TST Nº 312* • CONSTITUCIONALIDADE DA ALÍNEA "B" DO ART. 896 DA CLT. É constitucional a alínea "b" do art. 896 da CLT, com a redação dada pela Lei nº 7.701/1988.

♦ *SÚMULA TST Nº 333* • RECURSOS DE REVISTA – CONHECIMENTO. *(Alterada) – [Resolução nº 155/2009, DEJT de 26 e 27.2.2009 e 2.3.2009]*. Não ensejam recurso de revista decisões superadas por iterativa, notória e atual jurisprudência do Tribunal Superior do Trabalho.

♦ *SÚMULA TST Nº 337* • COMPROVAÇÃO DE DIVERGÊNCIA JURISPRUDENCIAL – RECURSOS DE REVISTA E DE EMBARGOS. *(Redação do item IV alterada na sessão do Tribunal Pleno realizada em 14.9.2012) – [Resolução nº 185/2012 – DEJT divulgado em 25, 26 e 27.9.2012]*. I – Para comprovação da divergência justificadora do recurso, é necessário que o recorrente: a) Junte certidão ou cópia autenticada do acórdão paradigma ou cite a fonte oficial ou o repositório autorizado em que foi publicado; e b) Transcreva, nas razões recursais, as ementas e/ou trechos dos acórdãos trazidos à configuração do dissídio, demonstrando o conflito de teses que justifique o conhecimento do recurso, ainda que os acórdãos já se encontrem nos autos ou venham a ser juntados com o recurso. II – A concessão de registro de publicação como repositório autorizado de jurisprudência do TST torna válidas todas as suas edições anteriores. III – A mera indicação da data de publicação, em fonte oficial, de aresto paradigma é inválida para comprovação de divergência jurisprudencial, nos termos do item I, "a", desta súmula, quando a parte pretende demonstrar o conflito de teses mediante a transcrição de trechos que integram a fundamentação do acórdão divergente, uma vez que só se publicam o dispositivo e a ementa dos acórdãos. IV – É válida para a comprovação da divergência jurisprudencial justificadora do recurso a indicação de aresto extraído de repositório oficial na internet, desde que o recorrente: a) transcreva o trecho divergente; b) aponte o sítio de onde foi extraído; e c) decline o número do processo, o órgão prolator do acórdão e a data da respectiva publicação no Diário Eletrônico da Justiça do Trabalho.

◆ *OJ-SBDI-I Nº 111* • RECURSO DE REVISTA – DIVERGÊNCIA JURISPRUDENCIAL – ARESTO ORIUNDO DO MESMO TRIBUNAL REGIONAL – LEI Nº 9.756/1998 – INSERVÍVEL AO CONHECIMENTO. *(Nova redação, DJ de 4.4.2005).* Não é servível ao conhecimento de recurso de revista aresto oriundo de mesmo Tribunal Regional do Trabalho, salvo se o recurso houver sido interposto anteriormente à vigência da Lei nº 9.756/1998.

◆ *OJ-SBDI-I Nº 147* • LEI ESTADUAL, NORMA COLETIVA OU NORMA REGULAMENTAR – CONHECIMENTO INDEVIDO DO RECURSO DE REVISTA POR DIVERGÊNCIA JURISPRUDENCIAL. *(Nova redação em decorrência da incorporação da Orientação Jurisprudencial nº 309 da SBDI-I, DJ de 20.4.2005).* I – É inadmissível o recurso de revista fundado tão somente em divergência jurisprudencial, se a parte não comprovar que a lei estadual, a norma coletiva ou o regulamento da empresa extrapolam o âmbito do TRT prolator da decisão recorrida. *(ex-OJ nº 309 da SBDI-I – inserida em 11.8.2003).* II – É imprescindível a arguição de afronta ao art. 896 da CLT para o conhecimento de embargos interpostos em face de acórdão de Turma que conhece indevidamente de recurso de revista, por divergência jurisprudencial, quanto a tema regulado por lei estadual, norma coletiva ou norma regulamentar de âmbito restrito ao Regional prolator da decisão.

◆ *OJ-SBDI-I Nº 219* • RECURSO DE REVISTA OU DE EMBARGOS FUNDAMENTADO EM ORIENTAÇÃO JURISPRUDENCIAL DO TST. *(Inserida em 2.4.2001).* É válida, para efeito de conhecimento do recurso de revista ou de embargos, a invocação de Orientação Jurisprudencial do Tribunal Superior do Trabalho, desde que, das razões recursais, conste o seu número ou conteúdo.

◆ **Violação literal de lei**

◆ *SÚMULA TST Nº 221* • RECURSO DE REVISTA – VIOLAÇÃO DE LEI – INDICAÇÃO DE PRECEITO. *(Cancelado o item II e conferida nova redação na sessão do Tribunal Pleno realizada em 14.9.2012) – [Resolução nº 185/2012 – DEJT divulgado em 25, 26 e 27.9.2012].* A admissibilidade do recurso de revista por violação tem como pressuposto a indicação expressa do dispositivo de lei ou da Constituição tido como violado.

◆ *OJ-SBDI-I Nº Nº 115* • RECURSO DE REVISTA – NULIDADE POR NEGATIVA DE PRESTAÇÃO JURISDICIONAL. O conhecimento do recurso de revista, quanto à preliminar de nulidade por negativa de prestação jurisdicional, supõe indicação de violação do art. 832 da CLT, do art. 458 do CPC ou do art. 93, IX, da CF/1988.

◆ *OJ-SBDI-I Nº Nº 257* • RECURSO DE REVISTA – FUNDAMENTAÇÃO – VIOLAÇÃO DE LEI – VOCÁBULO VIOLAÇÃO – DESNECESSIDADE. A invocação expressa no recurso de revista dos preceitos legais ou constitucionais tidos como violados não significa exigir da parte a utilização das expressões "contrariar", "ferir", "violar" etc.

◆ **Rito sumaríssimo**

◆ *OJ-SBDI-I Nº 260* • AGRAVO DE INSTRUMENTO – RECURSO DE REVISTA – PROCEDIMENTO SUMARÍSSIMO – LEI Nº 9.957/2000 – PROCESSOS EM CURSO. *(Inserida em 27.9.2002).* I – É inaplicável o rito sumaríssimo aos processos iniciados antes da vigência da Lei nº 9.957/2000. II – No caso de o despacho denegatório de recurso de revista invocar, em processo iniciado antes da Lei nº 9.957/2000, o § 6º do art. 896 da CLT (rito sumaríssimo), como óbice ao trânsito do apelo calcado em divergência jurisprudencial ou violação de dispositivo infraconstitucional, o Tribunal superará o obstáculo, apreciando o recurso sob esses fundamentos.

◆ *OJ-SBDI-I Nº 352* • PROCEDIMENTO SUMARÍSSIMO – RECURSO DE REVISTA FUNDAMENTADO EM CONTRARIEDADE A ORIENTAÇÃO JURISPRUDENCIAL – INADMISSIBILIDADE – ART. 896, § 6º, DA CLT, ACRESCENTADO PELA LEI Nº 9.957, DE 12.1.2000. *(Cancelada em decorrência da conversão na Súmula nº 442) – [Resolução nº 186/2012, DEJT divulgado em 25, 26 e 27.9.2012].* Nas causas sujeitas ao procedimento sumaríssimo, a admissibilidade de recurso de revista está limitada à demonstração de violação direta a dispositivo da Constituição Federal ou contrariedade a Súmula do Tribunal Superior do Trabalho, não se admitindo o recurso por contrariedade a Orientação Jurisprudencial deste Tribunal (Livro II, Título II, Capítulo III, do RITST), ante a ausência de previsão no art. 896, § 6º, da CLT.

5.9.15. Recurso de embargos à seção de dissídios individuais do TST

◆ **Cabimento**

◆ *SÚMULA TST Nº 353* • EMBARGOS – AGRAVO – CABIMENTO. Não cabem embargos para a Seção de Dissídios Individuais de decisão de Turma proferida em agravo, salvo: a) da decisão que não conhece de agravo de instrumento ou de agravo pela ausência de pressupostos extrínsecos; b) da decisão que nega provimento a agravo contra decisão monocrática do Relator, em que se proclamou a ausência de pressupostos extrínsecos de agravo de instrumento; c) para revisão dos pressupostos extrínsecos de admissibilidade do recurso de revista, cuja ausência haja sido declarada originariamente pela Turma no julgamento do agravo; d) para impugnar o conhecimento de agravo de instrumento; e) para impugnar a imposição de multas previstas no art. 538, parágrafo único, do CPC, ou no art. 557, § 2º, do CPC; f) contra decisão de Turma proferida em agravo em recurso de revista, nos termos do art. 894, II, da CLT.

◆ *OJ -SBDI-I Nº 294* • EMBARGOS À SDI CONTRA DECISÃO EM RECURSO DE REVISTA NÃO CONHECIDO QUANTO AOS PRESSUPOSTOS INTRÍNSECOS – NECESSÁRIA A INDICAÇÃO EXPRESSA DE OFENSA AO ART. 896 DA CLT. *(DJ de 11.8.2003).* Para a admissibilidade e conhecimento de embargos, interpostos contra decisão mediante a qual não foi conhecido o recurso de revista pela análise dos pressupostos intrínsecos, necessário que a parte embargante aponte expressamente a violação ao art. 896 da CLT.

◆ *OJ-SBDI-I Nº 295* • EMBARGOS – REVISTA NÃO CONHECIDA POR MÁ APLICAÇÃO DE SÚMULA OU DE ORIENTAÇÃO JURISPRUDENCIAL – EXAME DO MÉRITO PELA SDI. *(DJ de 11.8.2003).* A SDI, ao conhecer dos Embargos por violação do art. 896 – por má aplicação de súmula ou de orientação jurisprudencial pela Turma –, julgará desde logo o mérito, caso conclua que a revista merecia conhecimento e que a matéria de fundo se encontra pacificada neste Tribunal.

◆ *OJ-SBDI-I Nº 378* • EMBARGOS – INTERPOSIÇÃO CONTRA DECISÃO MONOCRÁTICA – NÃO CABIMENTO. *(DEJT divulgado em 19, 20 e 22.4.2010).* Não encontra amparo no art. 894 da CLT, quer na redação anterior quer na redação posterior à Lei nº 11.496, de 22.6.2007, recurso de embargos interposto à decisão monocrática exarada nos moldes dos arts. 557 do CPC e 896, § 5º, da CLT, pois o comando legal restringe seu cabimento à pretensão de reforma de decisão colegiada proferida por Turma do Tribunal Superior do Trabalho.

◆ **Divergência jurisprudencial**

◆ *SÚMULA TST Nº 296* • RECURSO – DIVERGÊNCIA JURISPRUDENCIAL – ESPECIFICIDADE. I – A divergência jurisprudencial ensejadora da admissibilidade, do prosseguimento e do conhecimento do recurso há de ser específica, revelando a existência de teses diversas na interpretação de um mesmo dispositivo legal, embora idênticos os fatos que as ensejaram. *(ex-Súmula nº 296 – Resolução nº 6/1989, DJ de 19.4.1989).* II – Não ofende o art. 896 da CLT decisão de Turma que, examinando premissas concretas de especificidade da divergência colacionada no apelo revisional, conclui pelo conhecimento ou desconhecimento do recurso. *(ex-OJ nº 37 da SBDI-I – inserida em 1º.2.1995)*

896 | MPT – preparando-se para o concurso de Procurador do Trabalho

- *SÚMULA TST Nº 337* • COMPROVAÇÃO DE DIVERGÊNCIA JURISPRUDENCIAL – RECURSOS DE REVISTA E DE EMBARGOS. *(Redação do item IV alterada na sessão do Tribunal Pleno realizada em 14.9.2012) – [Resolução nº 185/2012 – DEJT divulgado em 25, 26 e 27.9.2012].* I – Para comprovação da divergência justificadora do recurso, é necessário que o recorrente: a) Junte certidão ou cópia autenticada do acórdão paradigma ou cite a fonte oficial ou o repositório autorizado em que foi publicado; e b) Transcreva, nas razões recursais, as ementas e/ou trechos dos acórdãos trazidos à configuração do dissídio, demonstrando o conflito de teses que justifique o conhecimento do recurso, ainda que os acórdãos já se encontrem nos autos ou venham a ser juntados com o recurso. II – A concessão de registro de publicação como repositório autorizado de jurisprudência do TST torna válidas todas as suas edições anteriores. III – A mera indicação da data de publicação, em fonte oficial, de aresto paradigma é inválida para comprovação de divergência jurisprudencial, nos termos do item I, "a", desta súmula, quando a parte pretende demonstrar o conflito de teses mediante a transcrição de trechos que integram a fundamentação do acórdão divergente, uma vez que só se publicam o dispositivo e a ementa dos acórdãos. IV – É válida para a comprovação da divergência jurisprudencial justificadora do recurso a indicação de aresto extraído de repositório oficial na internet, desde que o recorrente: a) transcreva o trecho divergente; b) aponte o sítio de onde foi extraído; e c) decline o número do processo, o órgão prolator do acórdão e a data da respectiva publicação no Diário Eletrônico da Justiça do Trabalho.

- *OJ-SBDI-I Nº 219* • RECURSO DE REVISTA OU DE EMBARGOS FUNDAMENTADO EM ORIENTAÇÃO JURISPRUDENCIAL DO TST. *(Inserida em 2.4.2001).* É válida, para efeito de conhecimento do recurso de revista ou de embargos, a invocação de Orientação Jurisprudencial do Tribunal Superior do Trabalho, desde que, das razões recursais, conste o seu número ou conteúdo.

- *OJ-SBDI-I Nº 336* • EMBARGOS INTERPOSTOS ANTERIORMENTE À VIGÊNCIA DA LEI Nº 11.496/2007 – RECURSO NÃO CONHECIDO COM BASE EM ORIENTAÇÃO JURISPRUDENCIAL – DESNECESSÁRIO O EXAME DAS VIOLAÇÕES DE LEI E DA CONSTITUIÇÃO – ALEGADAS NA REVISTA. *(Redação alterada pelo Tribunal Pleno na sessão realizada em 6.2.2012).* Estando a decisão recorrida em conformidade com orientação jurisprudencial, desnecessário o exame das divergências e das violações de lei e da Constituição alegadas em embargos interpostos antes da vigência da Lei nº 11.496/2007, salvo nas hipóteses em que a orientação jurisprudencial não fizer qualquer citação do dispositivo constitucional.

- *OJ-SBDI-I Nº 147* • LEI ESTADUAL, NORMA COLETIVA OU NORMA REGULAMENTAR – CONHECIMENTO INDEVIDO DO RECURSO DE REVISTA POR DIVERGÊNCIA JURISPRUDENCIAL. *(Nova redação em decorrência da incorporação da orientação jurisprudencial nº 309 da SBDI-I, DJ de 20.4.2005).* I – É inadmissível o recurso de revista fundado tão somente em divergência jurisprudencial, se a parte não comprovar que a lei estadual, a norma coletiva ou o regulamento da empresa extrapolam o âmbito do TRT prolator da decisão recorrida. *(ex-OJ nº 309 da SBDI-I – inserida em de 11.8.2003).* II – É imprescindível a arguição de afronta ao art. 896 da CLT para o conhecimento de embargos interpostos em face de acórdão de Turma que conhece indevidamente de recurso de revista, por divergência jurisprudencial, quanto a tema regulado por lei estadual, norma coletiva ou norma regulamentar de âmbito restrito ao Regional prolator da decisão.

- **Embargos para SDI no rito sumaríssimo**

- *OJ-SBDI-I Nº 405* • EMBARGOS – PROCEDIMENTO SUMARÍSSIMO – CONHECIMENTO – RECURSO INTERPOSTO APÓS VIGÊNCIA DA LEI Nº 11.496, DE 22.6.2007, QUE CONFERIU NOVA REDAÇÃO AO ART. 894, II, DA CLT. *(DEJT divulgado em 16, 17 e 20.9.2010).* Em causas sujeitas ao procedimento demanda submetida ao rito sumaríssimo, em que pese a limitação imposta no art. 896, § 6º, da CLT à interposição de recurso de revista, admite-se os embargos interpostos na vigência da Lei nº 11.496, de 22.6.2007, que conferiu nova redação ao art. 894 da CLT, quando demonstrada a divergência jurisprudencial entre Turmas do TST, fundada em interpretações diversas acerca da aplicação de mesmo dispositivo constitucional ou de matéria sumulada.

5.9.16. Agravo de instrumento

- *OJ-SBDI-I Nº 283* • AGRAVO DE INSTRUMENTO – PEÇAS ESSENCIAIS – TRASLADO REALIZA-DO PELO AGRAVADO – VALIDADE. *(DJ de 11.8.2003).* É válido o traslado de peças essenciais efetuado pelo agravado, pois a regular formação do agravo incumbe às partes e não somente ao agravante.

- *OJ-SBDI-I Nº 285* • AGRAVO DE INSTRUMENTO – TRASLADO – CARIMBO DO PROTO-COLO DO RECURSO ILEGÍVEL – INSERVÍVEL. *(DJ de 11.8.2003).* O carimbo do protocolo da petição recursal constitui elemento indispensável para aferição da tempestividade do apelo, razão pela qual deverá estar legível, pois um dado ilegível é o mesmo que a inexistência do dado.

- *OJ-SBDI-II Nº 91* • MANDADO DE SEGURANÇA – AUTENTICAÇÃO DE CÓPIAS PELAS SE-CRETARIAS DOS TRIBUNAIS REGIONAIS DO TRABALHO – REQUERIMENTO INDEFERI-DO – ART. 789, § 9º, DA CLT. *(Inserida em 27.5.2002).* Não sendo a parte beneficiária da assistência judiciária gratuita, inexiste direito líquido e certo à autenticação, pelas Secretarias dos Tribunais, de peças extraídas do processo principal, para formação do agravo de instrumento.

- *OJ-SBDI-I Nº 217* • AGRAVO DE INSTRUMENTO – TRASLADO – LEI Nº 9.756/1998 – GUIAS DE CUSTAS E DE DEPÓSITO RECURSAL. *(Inserida em 2.4.2001).* Para a formação do agravo de instrumento, não é necessária a juntada de comprovantes de recolhimento de custas e de depósito recursal relativamente ao recurso ordinário, desde que não seja objeto de controvérsia no recurso de revista a validade daqueles recolhimentos.

- *OJ-SBDI-I Nº 282* • AGRAVO DE INSTRUMENTO – JUÍZO DE ADMISSIBILIDADE *AD QUEM*. *(DJ de 11.8.2003).* No julgamento de Agravo de Instrumento, ao afastar o óbice apontado pelo TRT para o processamento do recurso de revista, pode o juízo *ad quem* prosseguir no exame dos demais pressupostos extrínsecos e intrínsecos do recurso de revista, mesmo que não apreciados pelo TRT.

5.9.17. Agravo de petição

- *SÚMULA TST Nº 416* • MANDADO DE SEGURANÇA – EXECUÇÃO – LEI Nº 8.432/1992 – ART. 897, § 1º, DA CLT – CABIMENTO. Devendo o agravo de petição delimitar justificadamente a matéria e os valores objeto de discordância, não fere direito líquido e certo o prosseguimento da execução quanto aos tópicos e valores não especificados no agravo. *(ex-OJ nº 55 – inserida em 20.9.2000)*

5.9.18. Agravo regimental

- *OJ-SBDI-I Nº 132* • AGRAVO REGIMENTAL – PEÇAS ESSENCIAIS NOS AUTOS PRINCIPAIS. *(Inserida em 27.11.1998).* Inexistindo lei que exija a tramitação do agravo regimental em autos apartados, tampouco previsão no Regimento Interno do Regional, não pode o agravante ver-se apenado por não haver colacionado cópia de peças dos autos principais, quando o agravo regimental deveria fazer parte dele.

5.9.19. Recurso adesivo

- *SÚMULA TST Nº 283* • RECURSO ADESIVO – PERTINÊNCIA DO PROCESSO DO TRABALHO – CORRELAÇÃO DE MATÉRIAS. *(Mantida).* O recurso adesivo é compatível com o processo do trabalho e cabe, no prazo de 8 (oito) dias, nas hipóteses de interposição de recurso ordinário, de agravo de petição, de revista e de embargos, sendo desnecessário que a matéria nele veiculada esteja relacionada com a do recurso interposto pela parte contrária. *(Revisão do Enunciado nº 196 do TST)*

5.10. QUESTÕES RESOLVIDAS E COMENTADAS

(MPT – 17º Concurso) Sobre o procedimento sumaríssimo, é **INCORRETO** afirmar:

[A] Somente é cabível recurso de revista por violação literal de disposição de lei federal, e recurso de embargos, quando demonstrada divergência jurisprudencial entre Turmas do Tribunal Superior do Trabalho, na conformidade da jurisprudência uniforme deste Tribunal.

[B] Não se aplica à ação civil pública, ainda que o valor da causa não exceda a quarenta vezes o salário mínimo vigente na data do ajuizamento da demanda.

[C] É admissível a realização de prova técnica.

[D] O membro do Ministério Público do Trabalho emitirá parecer oral, em sessão de julgamento dos recursos, e poderá emitir parecer escrito, na primeira instância, em ação que, por interesse público ou mediante solicitação do juiz, for chamado a intervir.

[E] Não respondida.

Gabarito oficial: alternativa [A].

Comentários do autor:

✠ *A alternativa "A" está errada, pois afronta os termos do art. 896, § 6º, da CLT, pelo qual o recurso de revista, no procedimento sumaríssimo, somente será cabível por contrariedade à Súmula do TST e violação direta à Constituição.*

✠ *A alternativa "B" está correta, pois o procedimento sumaríssimo, nos termos do art. 852-A da CLT, aplica-se aos dissídios individuais, o que não é o caso da ação civil pública, que se trata de dissídio de natureza coletiva.*

✠ *A alternativa "C" está em consonância com o art. 852-H, § 4º, da CLT.*

✠ *A alternativa "D" está correta, pois a primeira parte reproduz o teor do art. 895, § 1º, da CLT. A segunda parte está em consonância com o art. 83, II, da LC nº 75/1993.*

(MPT – 17º Concurso) Marque a alternativa **INCORRETA**:

[A] Conforme a jurisprudência uniformizada do Tribunal Superior do Trabalho, há possibilidade de fungibilidade recursal quando o relator profere decisão monocrática de provimento ou denegação do recurso com conteúdo decisório definitivo e conclusivo da lide, sendo cabíveis embargos de declaração somente para suprir omissão e não para a modificação do julgado. Se o embargante, insurgindo-se contra a decisão do relator opuser embargos de declaração com efeito modificativo, estes devem ser recebidos como agravo.

[B] O recurso sem assinatura é apócrifo e, portanto, inexistente, não merecendo ser admitido. Todavia, a jurisprudência uniformizada do Tribunal Superior do Trabalho admite a validade do apelo, caso assinado ao menos na petição de apresentação ou nas razões recursais, aplicando, desta maneira, o princípio da instrumentalidade das formas processuais.

[C] O relator pode negar seguimento a recurso manifestamente inadmissível, improcedente, prejudicado, ou em confronto com súmula ou jurisprudência dominante do respectivo tribunal, do Supremo Tribunal Federal ou de Tribunal Superior, inclusive súmula do Tribunal Superior do Trabalho. Esses poderes do relator são aplicáveis, tanto nos Tribunais Regionais do Trabalho, quanto no Tribunal Superior do Trabalho, tendo em vista que não é inconstitucional a decisão monocrática, uma vez que existe recurso de agravo, assegurando-se a revisão pelo colegiado.

[D] O *jus postulandi* é aplicado nas Varas do Trabalho e nos Tribunais Regionais do Trabalho, podendo incidir em ações cautelares e mandados de segurança, sendo vedado somente para os casos de ação rescisória e recursos de competência do Tribunal Superior do Trabalho.

[E] Não respondida.

Gabarito oficial: alternativa [D].

Comentários do autor:

✯ *A alternativa "A" está correta, uma vez que reproduz o entendimento do TST cristalizado na Súmula nº 421.*

✯ *A alternativa "B" está em consonância com a OJ nº 120 da SBDI-I do TST.*

✯ *A alternativa "C" está correta, pois prevê a aplicação do art. 557 do CPC no processo do trabalho, o que encontra respaldo na jurisprudência do TST registrada na Súmula nº 435.*

✯ *A alternativa "D" está incorreta, pois segundo a Súmula nº 425 do TST, o* jus postulandi *não alcança a ação rescisória, a ação cautelar, o mandado de segurança e os recursos de competência do Tribunal Superior do Trabalho.*

(MPT – 16º Concurso) Assinale a alternativa **INCORRETA**:

[A] os pressupostos extrínsecos de admissibilidade do recurso ordinário são concernentes ao exercício do direito de recorrer; os pressupostos intrínsecos são atinentes à própria existência do direito de recorrer;

[B] a sucumbência formal consiste na discrepância entre o requerido e a parte dispositiva da decisão; na sucumbência material, a decisão judicial gera gravame à parte vencida, daí a utilidade do recurso para obter provimento mais vantajoso do ponto de vista prático;

[C] é inadmissível, em instância recursal, a regularização da representação processual, uma vez que esse procedimento é restrito ao Juízo de primeiro grau; no entanto, admite-se, por exceção, o protesto por posterior juntada do instrumento de mandato na fase recursal, a fim de evitar perecimento do direito;

[D] o princípio do *jus postulandi* somente é aplicável nas Varas do Trabalho e nos Tribunais Regionais do Trabalho, não se estendendo ao recurso de revista interposto para o Tribunal Superior do Trabalho;

[E] não respondida.

Gabarito oficial: alternativa [C].

Comentários do autor:

✻ A alternativa "A" aponta uma visão doutrinária sobre os pressupostos recursais, podendo ser considerada correta. Remetemos o leitor ao capítulo pertinente ao sistema recursal trabalhista.

✻ A alternativa "B" define, corretamente, sucumbência formal e material.

✻ A alternativa "C" está incorreta, pois não se admite a regularização de representação na fase recursal, estando a parte final da alternativa em confronto com o entendimento do TST consubstanciado na Súmula nº 383.

✻ A alternativa "D" está correta. Nesse particular, sobre o jus postulandi é interessante que os candidatos saibam o posicionamento do TST, cristalizado na Súmula nº 425 daquela Corte.

(MPT – 16º Concurso) Tendo em conta o efeito devolutivo em extensão e em profundidade inerente ao recurso ordinário, na forma do art. 515, §§ 1º e 2º, do Código de Processo Civil, aplicado subsidiariamente ao Processo do Trabalho, podemos afirmar que:

I – a extensão do efeito devolutivo consiste em precisar o que se submete, por força do recurso ordinário, ao julgamento do Tribunal Regional do Trabalho; medir-lhe a profundidade é determinar com que material há de trabalhar o órgão destinatário do recurso para julgar;

II – o efeito devolutivo em profundidade transfere automaticamente ao Tribunal a apreciação de questão ou fundamento da defesa não examinado pela sentença, ainda que não renovado em contrarrazões, não se aplicando, todavia, ao caso de pedido não apreciado na sentença;

III – o efeito devolutivo em extensão e em profundidade do recurso ordinário transfere ao conhecimento do Tribunal Regional do Trabalho a matéria impugnada, nos limites dessa impugnação, sendo vedada reapreciação de questões já decididas no mesmo processo. O que se permite ao Tribunal revisor é conhecer, mesmo sem provocação, das questões relativas à admissibilidade do processo, respeitada, porém, a preclusão.

Assinale a alternativa **CORRETA**:

[A] apenas as alternativas I e II estão corretas;

[B] todas as alternativas estão corretas;

[C] apenas as alternativas II e III estão corretas;

[D] apenas as alternativas I e III estão corretas;

[E] não respondida.

Gabarito oficial: alternativa [B].

Comentários do autor:

✻ A alternativa "I" aborda exatamente a conceituação doutrinária das noções de devolutividade e profundidade. De acordo com Fredie Didier: "A profundidade do efeito devolutivo determina as questões que devem ser examinadas pelo órgão ad quem para decidir o objeto litigioso do recurso. A profundidade identifica-se com o material que há de trabalhar o órgão ad quem para julgar".

☆ *A alternativa "II" traduz a redação da Súmula nº 393 do TST. Correta, portanto.*

☆ *A alternativa "III" está correta e remete à análise da limitação da revisão à matéria impugnada no recurso. Salvo o efeito translativo para conhecimento de questões cognoscíveis ex officio pelo Tribunal, não pode o mesmo suprir a inércia da parte. Nesse sentido, é interessante o precedente do TST: "O efeito devolutivo em extensão e profundidade não permite ao julgador ordinário impor limite ao julgado por inércia da parte quanto a aspecto de matéria decidida na sentença, sob pena de ofensa ao art. 515, caput e § 1º, do CPC. Recurso de Revista conhecido e provido. Prejudicada a análise dos demais temas da Revista." (TST – RR 1710/2000-062-01-40.0 – Relator Ministro Márcio Eurico Vitral Amaro – DJe 11.2.2011 – p. 1.157)*

(MPT – 16º Concurso) Assinale a alternativa **INCORRETA:**

[A] a ação monitória, cabível na Justiça do Trabalho, é ação de conteúdo cognitivo, submetida ao procedimento especial de jurisdição contenciosa, mediante a qual a parte pretende obter a satisfação de um crédito, representado por documento destituído de eficácia executiva, como se verifica na hipótese em que o empregado, portador de um termo de rescisão do contrato de trabalho, ajuíza ação monitória, com base nesse documento, a fim de obter do sujeito passivo a prestação inadimplida;

[B] ante a inexistência de dispositivo específico que a defina, atribui-se aos Tribunais Regionais a competência funcional para conhecer e julgar a ação anulatória que objetiva a declaração de nulidade de cláusula coletiva, em face da semelhança com a ação de dissídio coletivo;

[C] quando a matéria for de índole constitucional, é cabível recurso de revista interposto de acórdão regional prolatado em agravo de instrumento;

[D] não ocorre deserção de recurso da massa falida por falta de pagamento de custas ou de depósito do valor da condenação. Esse privilégio, todavia, não se aplica à empresa em liquidação extrajudicial;

[E] não respondida.

Gabarito oficial: alternativa [C].

Comentários do autor:

☆ *O item "A" reproduz, de forma adequada, o cabimento da Ação Monitória na Justiça do Trabalho, por compatibilidade com o processo do trabalho. Aplicação do art. 769 consolidado.*

☆ *O item "B" está de acordo com a jurisprudência predominante do Tribunal Superior do Trabalho.*

☆ *O item "C" está incorreto por confronto com a Súmula nº 218 do TST.*

☆ *O item "D" está em consonância com a Súmula nº 86 do TST.*

(MPT – 16º Concurso) Assinale a alternativa **CORRETA:**

[A] nas causas sujeitas ao procedimento sumaríssimo, somente será admitido recurso de revista por contrariedade à súmula de jurisprudência uniforme do Tribunal Superior do Trabalho e violação direta da Constituição da República, sendo cabível conhecer, de ofício, nessa fase recursal, da incompetência absoluta, sem necessidade de prequestionamento;

[B] no Tribunal Superior do Trabalho cabem embargos, no prazo de 8 (oito) dias, das decisões das Turmas que divergirem entre si ou das decisões proferidas pela Seção de Dissídios Individuais, salvo se a decisão recorrida estiver em consonância com súmula ou orientação jurisprudencial do Tribunal Superior do Trabalho ou do Supremo Tribunal Federal;

[C] as decisões interlocutórias não ensejam recurso de imediato, salvo em hipóteses específicas, para evitar preclusão, como é o caso da decisão regional que, superando a preliminar de carência da ação arguida na defesa de empresa privada, declara existente o vínculo de emprego e determina o retorno dos autos à Vara do Trabalho, para julgar o restante do mérito;

[D] não é cabível recurso de revista de ente público que não interpôs recurso ordinário voluntário da decisão de primeira instância, mesmo que tenha sido agravada, na segunda instância, a condenação imposta, em face da preclusão;

[E] não respondida.

Gabarito oficial: alternativa [B].

Comentários do autor:

✵ *O item "A" está incorreto, pois se confronta com a Orientação Jurisprudencial nº 62 da SBDI-I do TST.*

✵ *O item "B" reflete adequadamente o cabimento do recurso de embargos, nos termos do art. 894 da CLT.*

✵ *O item "C" conflita com a Súmula TST nº 214.*

✵ *O item "D" conflita com a OJ nº 334 da SBDI-I, porquanto não aponta a ressalva ali existente.*

(MPT – 15º Concurso) A propósito do sistema recursal trabalhista, considere as seguintes proposições:

I – gravados de efeito devolutivo e classificados como recurso próprio, os embargos de declaração intempestivamente opostos não suspendem o prazo do recurso impróprio, ordinário ou extraordinário, adequado;

II – o efeito devolutivo imanente ao recurso ordinário permite que o tribunal revisor examine argumento de defesa não considerado no julgado recorrido, não se aplicando, contudo, a pedido não apreciado na origem;

III – o agravo apresentado com o objetivo de suprir omissão em decisão monocrática de provimento ou denegação de recurso, decisão revestida de conteúdo definitivo e conclusivo da lide, deve ser recebido como embargos de declaração e decidido monocraticamente, por aplicação dos princípios da fungibilidade e celeridade processual;

IV – embora ostente natureza interlocutória, a decisão que acolhe exceção de incompetência territorial, determinando o envio dos autos a órgão jurisdicional vinculado a tribunal diverso daquele a que se vincula o juízo excepcionado, desafia a interposição de recurso ordinário imediato.

De acordo com as assertivas acima, pode-se afirmar que:

[A]   o item I é certo e o item II é errado;

[B]   o item II é certo e o item III é errado;

[C]   o item III é certo e o item IV é errado;

[D]   o item IV é certo e o item I é errado;

[E]   não respondida.

Gabarito oficial: alternativa [D].

Comentários do autor:

✯ *A assertiva "I" está errada. Os embargos de declaração são considerados um recurso impróprio, uma vez que são direcionados à própria autoridade prolatora da decisão, e não a uma instância revisora como nos recursos próprios.*

✯ *A assertiva "II" está de acordo com a Súmula nº 393 do TST.*

✯ *A assertiva "III" está correta, à luz de uma interpretação* a contrario sensu *do item II da Súmula nº 421 do TST. Ora, se o princípio da fungibilidade admite a recepção dos embargos com efeito modificativo como agravo, deve-se admitir a hipótese contrária.*

✯ *A assertiva "IV" está certa nos termos da alínea "c" da Súmula nº 214 do TST.*

(MPT – 14º Concurso) Segundo a jurisprudência do Tribunal Superior do Trabalho, no que diz respeito aos recursos no Processo do Trabalho:

I   – Na Justiça do Trabalho, as decisões interlocutórias não ensejam recurso imediato, salvo nas hipóteses de decisão: de Tribunal Regional do Trabalho contrária à Súmula ou Orientação Jurisprudencial do Tribunal Superior do Trabalho; suscetível de impugnação mediante recurso para o mesmo Tribunal; ou que acolhe exceção de incompetência territorial, com a remessa dos autos para Tribunal Regional distinto daquele a que se vincula o juízo excepcionado.

II – O juízo de admissibilidade é feito tanto no juízo *a quo*, como no juízo *ad quem*. A posição do primeiro não vincula o segundo, pois se o juízo de primeiro grau entender que não cabe recurso por determinado fundamento, nada impede que o Tribunal examine a mesma questão por motivo, inclusive, de hierarquia.

III – Em nenhuma hipótese serve ao conhecimento de recurso de revista aresto divergente oriundo de mesmo Tribunal Regional do Trabalho.

IV – O efeito devolutivo do recurso ordinário transfere automaticamente ao Tribunal a apreciação de fundamento da defesa não examinado pela sentença, salvo se não renovado em contrarrazões.

De acordo com as proposições acima, pode-se afirmar que:

[A]   todas as alternativas são corretas;

[B]   apenas a alternativa IV está errada;

[C]   apenas as alternativas I, III e IV estão erradas;

[D] apenas as alternativas I e II estão corretas;

[E] não respondida.

Gabarito oficial: alternativa [D].

Comentários do autor:

✯ *A assertiva "I" reproduz entendimento sedimentado na Súmula nº 214 do TST.*

✯ *A assertiva "II" está correta ao indicar a independência das instâncias na apreciação dos pressupostos recursais, nos moldes da Orientação Jurisprudencial nº 282 da SBDI-I do TST.*

✯ *A assertiva "III" está incorreta, pois a Orientação Jurisprudencial nº 111 da SBDI-I do TST aponta para a admissibilidade de recurso de revista fundado em divergência jurisprudencial com arresto do mesmo tribunal na hipótese de o recurso ter sido interposto antes da vigência da Lei. nº 9.756/1998.*

✯ *A assertiva "IV" vai contra a Súmula nº 393 do TST.*

Capítulo 6

AÇÃO RESCISÓRIA: ASPECTOS RELEVANTES

Afonso de Paula Pinheiro Rocha

Cesar Henrique Kluge

Sumário: 6.1. Objeto • 6.1.1. Sentença inexistente • 6.1.2. Atos meramente homologatórios • 6.1.3. Acordo homologado em juízo • 6.1.4. Sentença de mérito – questão processual • 6.1.5. Decisão arbitral • 6.1.6. Sentença normativa • 6.1.7. Decisão proferida em sede de agravo regimental • 6.1.8. Decisão que não conhece de recurso de revista com base em divergência jurisprudencial • 6.1.9. Sentença sujeita a duplo grau de jurisdição por reexame necessário • 6.1.10. Sentença *citra petita* • 6.1.11. Sentença que extingue a execução • 6.1.12. Decisão que reconhece a preclusão para impugnação da sentença de liquidação • 6.1.13. Decisão que extingue o processo sem julgamento de mérito por acolhimento da exceção de coisa julgada: incabível ação rescisória • 6.1.14. Conciliação extrajudicial: termo firmado perante a Comissão de Conciliação Prévia • 6.2. Depósito prévio • 6.3. Prazo para ajuizamento da ação rescisória • 6.4. Legitimidade para ajuizamento da ação rescisória: Ministério Público • 6.5. Súmulas e Orientações Jurisprudenciais • 6.5.1. Competência 6.5.2. Legitimidade do Ministério Público do Trabalho • 6.5.3. Litisconsórcio • 6.5.4. Decadência • 6.5.5. Incompetência absoluta • 6.5.6. Dolo ou colusão • 6.5.7. Coisa julgada • 6.5.8. Violação literal de disposição de lei • 6.5.9. Duplo fundamento • 6.5.10. Reexame de fatos e provas • 6.5.11. Prequestionamento • 6.5.12. Matéria controvertida nos tribunais • 6.5.13. Casos específicos de violação literal de disposição de lei • 6.5.14. Documento novo • 6.5.15. Transação • 6.5.16. Confissão • 6.5.17. Erro de fato • 6.5.18. Resposta do réu • 6.5.19. Sistema recursal • 6.5.20. Ação cautelar • 6.6. Questões resolvidas e comentadas

A ação rescisória revela-se uma ação de rito especial destinada a *desconstituir a coisa julgada material,* nas hipóteses taxativamente previstas em lei. Tem natureza constitutivo--negativa ou desconstitutiva.

Se, por um lado, a coisa julgada encontra seu fundamento na segurança jurídica e na pacificação social, por outro lado, a ação rescisória, que visa a desconstituí-la, tem por escopo fazer prevalecer o *valor justiça.*

No presente tópico, não temos a pretensão de fazer um estudo pormenorizado a respeito da ação rescisória, mas unicamente trazer à lume alguns aspectos que consideramos relevantes para chamar a atenção e estimular a reflexão e o estudo do tema.

6.1. OBJETO

O objeto da ação rescisória é a sentença de mérito transitada em julgado. As sentenças terminativas, as proferidas em processo de jurisdição voluntária e as decisões interlocutórias (por não apreciarem o mérito) não podem ser, portanto, objeto de ação rescisória.

A seguir, tendo como parâmetro a jurisprudência do Tribunal Superior do Trabalho, apresentamos algumas questões interessantes referentes ao objeto da ação rescisória.

6.1.1. Sentença inexistente

Há entendimentos jurisprudenciais e doutrinários admitindo a ação de *querela nullitatis* nas hipóteses de sentenças inexistentes, como aquela proferida por juiz que não tem jurisdição ou em processo em que não houve citação do réu.

Outros, contudo, entendem que, expirado o prazo da rescisória, não há que se falar em anulação da sentença transitada em julgado, ainda que proferida por juiz que não detenha jurisdição.

6.1.2. Atos meramente homologatórios

A ação rescisória tem como pressuposto uma sentença de mérito, não sendo cabível dos atos judiciais que não se enquadrem nessa modalidade, como é o caso dos atos judiciais meramente homologatórios, citando-se como exemplo aqueles que chancelam a arrematação ou a adjudicação.

Cabível na hipótese a ação anulatória, nos termos do art. 486 do CPC. Nesse sentido, a Súmula nº 399 do TST:

> SÚMULA TST Nº 399 • AÇÃO RESCISÓRIA – CABIMENTO – SENTENÇA DE MÉRITO – DECISÃO HOMOLOGATÓRIA DE ADJUDICAÇÃO, DE ARREMATAÇÃO E DE CÁLCULOS. *(conversão das Orientações Jurisprudenciais nᵒˢ 44, 45 e 85, primeira parte, da SBDI-II) – [Resolução nº 137/2005, DJ de 22, 23 e 24.8.2005].* I – É incabível ação rescisória para impugnar decisão homologatória de adjudicação ou arrematação. *(ex-OJs nᵒˢ 44 e 45 da SBDI-II – inseridas em 20.9.2000).* II – A decisão homologatória de cálculos apenas comporta rescisão quando enfrentar as questões envolvidas na elaboração da conta de liquidação, quer solvendo a controvérsia das partes quer explicitando, de ofício, os motivos peloquais acolheu os cálculos oferecidos por uma das partes ou pelo setor de cálculos, e não contestados pela outra. *(ex-OJ nº 85 da SBDI-II, 1ª parte – inserida em 13.3.2002 e alterada em 26.11.2002)*

6.1.3. Acordo homologado em juízo

De acordo com o art. 831, parágrafo único da CLT, no caso de conciliação, o termo que for lavrado valerá como decisão irrecorrível. Atualmente, resta pacificado o entendimento de que o termo de conciliação, lavrado em juízo, também é decisão irrecorrível, passível de impugnação via ação rescisória, conforme Súmula nº 259 do TST:

SÚMULA TST Nº 259 • TERMO DE CONCILIAÇÃO – AÇÃO RESCISÓRIA. *(Mantida) – [Resolução nº 121/2003, DJ de 19, 20 e 21.11.2003].* Só por ação rescisória é impugnável o termo de conciliação previsto no parágrafo único do art. 831 da CLT.

6.1.4. Sentença de mérito – questão processual

Uma questão processual poder ser objeto de ação rescisória, desde que seja pressuposto de validade da sentença de mérito (Súmula nº 412 do TST).

Isso significa que a sentença de mérito pode ser rescindida por qualquer tipo de vício, seja material ou processual. A título de ilustração, cita-se a sentença de mérito que reconhece a legitimidade de parte, quando, na verdade, trata-se de parte manifestamente ilegítima. Nesse caso, a questão processual é condição de validade da sentença de mérito, podendo, pois, ser objeto de rescisão (CORREIA; DOS SANTOS, 2012, p. 1.202-3).

6.1.5. Decisão arbitral

De acordo com o art. 33 da Lei nº 9.307/1996, o interessado pode ajuizar ação anulatória. Na execução, também pode ser impugnada por meio de impugnação. Não é passível de ser atacada, contudo, por ação rescisória.

6.1.6. Sentença normativa

O denominado "poder normativo" da Justiça do Trabalho consiste na atuação criativa de condições de trabalho em sede de Dissídio Coletivo, ante à ineficácia da resolução do conflito coletivo pelas próprias partes envolvidas. Nesse caso, em suma, não há propriamente exercício da jurisdição, com a aplicação do direito ao caso concreto, mas sim criação do próprio direito pelo Judiciário Trabalhista.

A decisão proferida em sede de Dissídio Coletivo é denominada de sentença normativa.

De acordo com o entendimento predominante no C. Tribunal Superior do Trabalho, não é cabível ação rescisória para impugnar sentença normativa proferida em sede de ação de cumprimento, conforme Súmula nº 397 do TST:

> SÚMULA TST Nº 397 • AÇÃO RESCISÓRIA – ART. 485, IV, DO CPC – AÇÃO DE CUMPRIMENTO – OFENSA À COISA JULGADA EMANADA DE SENTENÇA NORMATIVA MODIFICADA EM GRAU DE RECURSO – INVIABILIDADE – CABIMENTO DE MANDADO DE SEGURANÇA. *(Conversão da Orientação Jurisprudencial nº 116 da SBDI-II) – [Resolução nº 137/2005, DJ de 22, 23 e 24.8.2005].* Não procede ação rescisória calcada em ofensa à coisa julgada perpetrada por decisão proferida em ação de cumprimento, em face de a sentença normativa, na qual se louvava, ter sido modificada em grau de recurso, porque em dissídio coletivo somente se consubstancia coisa julgada formal. Assim, os meios processuais aptos a atacarem a execução da cláusula reformada são a exceção de pré-executividade e o mandado de segurança, no caso de descumprimento do art. 572 do CPC. *(ex-OJ nº 116 da SBDI-II – DJ de 11.8.2003).*

6.1.7. Decisão proferida em sede de agravo regimental

A ação rescisória é de competência originária dos Tribunais, podendo o relator, com fulcro no art. 557 do CPC, aplicável subsidiariamente ao processo do trabalho (Súmula nº 435 do TST), indeferir a petição inicial. Essa decisão monocrática pode ser atacada via agravo regimental, que será analisada pelo órgão colegiado.

A Súmula nº 411 do C. TST dispõe:

> SÚMULA TST Nº 411 • AÇÃO RESCISÓRIA – SENTENÇA DE MÉRITO – DECISÃO DE TRIBUNAL REGIONAL DO TRABALHO EM AGRAVO REGIMENTAL CONFIRMANDO DECISÃO MONOCRÁTICA DO RELATOR QUE, APLICANDO A SÚMULA Nº 83 DO TST, INDEFERIU A PETIÇÃO INICIAL DA AÇÃO RESCISÓRIA – CABIMENTO. *(Conversão da Orientação Jurisprudencial nº 43 da SBDI-II).* Se a decisão recorrida, em agravo regimental, aprecia a matéria na fundamentação, sob o enfoque das Súmulas nºˢ 83 do TST e 343 do STF, constitui sentença de mérito, ainda que haja resultado no indeferimento da petição inicial e na extinção do processo sem julgamento do mérito. Sujeita-se, assim, à reforma pelo TST, a decisão do Tribunal que, invocando controvérsia na interpretação da lei, indefere a petição inicial de ação rescisória. *(ex-OJ nº 43 da SBDI-II – inserida em 20.9.2000)*

Numa leitura superficial e apressada do presente entendimento jurisprudencial, poder-se-ia concluir que estaria tratando do cabimento da ação rescisória em face de decisão proferida em sede de agravo regimental, já que a ementa inicia-se com "ação rescisória" e termina com "cabimento".

Todavia, essa não é a leitura e a interpretação adequadas.

Para melhor compreensão do tema, cita-se o seguinte exemplo: a reclamada, condenada ao pagamento de adicional de insalubridade a ser calculado sobre o salário básico do trabalhador, ajuíza, após o trânsito em julgado da decisão, ação rescisória, com fundamento no art. 485, V, do CPC, para desconstituir o julgado, ao argumento de violação do art. 192 da CLT e Súmula Vinculante nº 4 do STF. Distribuída a ação rescisória, o desembargador do TRT sorteado indefere, de plano, a petição inicial por entender que a matéria relativa à fixação da base de cálculo do adicional de insalubridade é controvertida, mesmo após a edição da Súmula Vinculante nº 4 do STF, tendo, a decisão rescindenda, adotado interpretação razoável à época, consubstanciada na Súmula nº 17 do TST, pelo que não comporta corte rescisório, nos termos do entendimento assente nas Súmulas nºˢ 343 do STF e 83, I, do TST. A reclamada, não satisfeita, interpõe agravo regimental. O TRT, contudo, resolve manter o entendimento monocrático, julgando improcedente o agravo. Contra tal decisão, a ré interpõe recurso ordinário ao TST, o qual julga procedente o apelo e determina o retorno dos autos ao TRT para que, afastado o indeferimento da inicial e a extinção sem resolução do mérito, prossiga-se no julgamento do feito.

Ora, nesse caso, o que o C. Tribunal Superior do Trabalho pretendeu especificar foi que a decisão que indefere a petição inicial, extinguindo o feito sem resolução do mérito, na verdade, trata-se de decisão de mérito, pois, na hipótese da Súmula nº 83, I, do TST, para se chegar à conclusão se a matéria é controvertida ou não, cabendo ou não a rescisória, necessariamente examina-se o mérito da pretensão rescindenda e não apenas a regularidade da formação do processo. A existência, ou não, de controvérsia jurisprudencial à época da decisão impugnada não corresponde a pressupostos de constituição e desenvolvimento válido ou regular da ação ou mesmo de condições da ação, mas sim ao mérito da questão levantada.

Por essa razão, segundo o entendimento jurisprudencial sedimentado na Súmula n° 411 do C. TST, não há que se falar em indeferimento da inicial com a consequente extinção do feito sem resolução do mérito, com fundamento na Súmula n° 83, I, do TST, pois nesse caso, para se indeferir a inicial, analisou-se o mérito da pretensão rescindenda.

De acordo com a Corte Trabalhista, a decisão que indefere liminarmente a ação rescisória com fundamento na Súmula n° 83, I, ofende o princípio do devido processo legal, pois, na hipótese de questão controverdida, não há, por esse motivo, irregularidade na formação e constituição válida da ação rescisória. Para melhor compreensão da Súmula n° 411, seguem os seguintes julgados:

> RECURSO ORDINÁRIO – AÇÃO RESCISÓRIA – PETIÇÃO INICIAL – INDEFERIMENTO – SÚMULA N° 83, ITEM I – DEVIDO PROCESSO LEGAL – OFENSA – PROVIMENTO. Hipótese em que o Tribunal Regional negou provimento ao agravo regimental do autor e ratificou a aplicação do item I da Súmula n° 83 como fundamento ao indeferimento liminar da petição inicial da ação rescisória, concluindo pela natureza controvertida da matéria debatida, referente à base de cálculo do adicional de insalubridade. Afigura-se prematura a decisão que indefere a petição inicial da ação rescisória com base na referida súmula, porquanto a sua aplicação passa, necessariamente, pelo exame do mérito da pretensão rescindenda. Com efeito, indispensável se mostra o exame da matéria de fundo discutida na decisão rescindenda para se chegar à conclusão se houve, ou não, a alegada violação de lei ou, ainda, se se trata de matéria objeto de controvérsia judicial no âmbito dos Tribunais à época da sua prolação. De mais a mais, esta Subseção vem decidindo pela inaplicabilidade do item I da referida súmula em hipóteses na qual a decisão rescindenda tenha sido prolatada quando já pacificado no âmbito desta Corte o posicionamento acerca da matéria, tal como se observa nos autos. 4. *In casu*, o indeferimento liminar da ação rescisória obstou a formação regular da relação processual, tendo em vista que a ré sequer chegou a ser citada para integrar a lide. Daí porque, atendidos, na espécie, os pressupostos de constituição e desenvolvimento válido e regular da ação rescisória, o feito deve ter o seu trâmite regular retomado para que se dê plena observância ao princípio do devido processo legal. 5. Recurso ordinário a que se dá provimento para determinar a remessa dos autos ao Tribunal Regional de origem. (ReeNec e RO – 109-89.2011.5.15.0000 – Relator Ministro Guilherme Augusto Caputo Bastos – j. em 6.11.2012 – Subseção II Especializada em Dissídios Individuais – *DEJT* de 9.11.2012)

> RECURSO ORDINÁRIO – AÇÃO RESCISÓRIA – INDEFERIMENTO DA PETIÇÃO INICIAL, COM FUNDAMENTO NO INCISO I DA SÚMULA N° 83 DESTE TRIBUNAL – VIOLAÇÃO DO DEVIDO PROCESSO LEGAL. O Tribunal Regional negou provimento ao agravo regimental para manter a decisão que extinguiu o feito, sem resolução de mérito, ao fundamento de que a matéria é de interpretação controvertida nos Tribunais. O ajuizamento de ação rescisória calcada em violação de dispositivo de lei está previsto no inciso V do art. 485 do Código de Processo Civil. Assim, preenchidos os demais pressupostos e condições para o regular processamento do feito, a pretensão rescisória deve ser admitida, processando-se até seus ulteriores termos, sob pena de ofensa ao devido processo legal e ao duplo grau de jurisdição. Recurso ordinário a que se dá provimento, para determinar a remessa dos autos ao Tribunal Regional de origem. (ReeNec e RO – 201-67.2011.5.15.0000 – Relator Ministro Pedro Paulo Manus – j. em 18.9.2012 – Subseção II Especializada em Dissídios Individuais– *DEJT* de 21.9.2012)

Por fim, o C. Tribunal Superior do Trabalho tem determinado o retorno do processo à origem, para que o TRT competente proceda ao regular andamento do feito, uma vez que a relação triangular sequer chegou a se formar. Há quem entenda, contudo, ser possível ao TST passar ao exame do mérito da rescisória, presentes os requisitos do art. 515, § 3°, do CPC (CORREIA; DOS SANTOS, 2012, p. 1.298).

6.1.8. Decisão que não conhece de recurso de revista com base em divergência jurisprudencial

A decisão que não conhece do recurso de revista, interposto sob a égide do art. 896, "a", da CLT (divergência jurisprudencial), não constitui sentença de mérito.

A análise da existência ou não de divergência jurisprudencial constitui pressuposto de admissibilidade recursal, não configurando como juízo de mérito do recurso. Consequentemente, não sendo comprovada a divergência jurisprudencial, o recurso de revista não será conhecido, não se adentrando ao mérito da questão.

Por não estarmos diante de uma sentença de mérito, incabível sua impugnação via ação rescisória. Nesse caminho, a Súmula nº 413 do C. TST:

> SÚMULA TST Nº 413 • AÇÃO RESCISÓRIA – SENTENÇA DE MÉRITO – VIOLAÇÃO DO ART. 896, "A", DA CLT. *(Conversão da Orientação Jurisprudencial nº 47 da SBDI-II) – [Resolução nº 137/2005, DJ de 22, 23 e 24.8.2005].* É incabível ação rescisória, por violação do art. 896, "a", da CLT, contra decisão que não conhece de recurso de revista, com base em divergência jurisprudencial, pois não se cuida de sentença de mérito (art. 485 do CPC). *(ex-OJ nº 47 da SBDI-II – inserida em 20.9.2000).*

6.1.9. Sentença sujeita a duplo grau de jurisdição por reexame necessário

A remessa de ofício, como visto no capítulo referente ao sistema recursal trabalhista, constitui condição de eficácia da sentença proferida em face da Fazenda Pública. Assim, caso haja decisão desfavorável à Fazenda Pública e não estejamos diante de uma das exceções à remessa ao juízo *ad quem*, e não ocorra o recurso *ex officio*, a decisão não transitará em julgado.

Logo, inexistindo sentença de mérito transitada em julgado, não há que se falar em ação rescisória para sua desconstituição. Deve-se oficiar o Presidente do Tribunal competente para que proceda à avocatória do processo. Assim, a Orientação Jurisprudencial nº 21 da SBDI-II do C. TST:

> OJ-SBDI-II Nº 21 • AÇÃO RESCISÓRIA – DUPLO GRAU DE JURISDIÇÃO – TRÂNSITO EM JULGADO – INOBSERVÂNCIA – DECRETO-LEI Nº 779/1969, ART. 1º, V – INCABÍVEL. *(Nova redação) – [DJ de 22.8.2005].* É incabível ação rescisória para a desconstituição de sentença não transitada em julgado porque ainda não submetida ao necessário duplo grau de jurisdição, na forma do Decreto-lei nº 779/1969. Determina-se que se oficie ao Presidente do TRT para que proceda à avocatória do processo principal para o reexame da sentença rescindenda.

6.1.10. Sentença *citra petita*

As sentenças *extra e ultra petita*, que são aquelas que deferem fora e além do que foi pedido na petição inicial, respectivamente, não geram nulidade, uma vez que os excessos podem ser reformados pela instância superior.

As sentenças *citra petita* são aquelas que deixam de apreciar pedido expressamente formulado e, segundo jurisprudência do C. TST, cristalizada na Orientação Jurisprudencial nº 41 da SBDI-II, desafiam o ajuizamento de ação rescisória, por ofensa aos arts. 128 e 460 do Código de Processo Civil:

OJ-SBDI-II nº 41 • AÇÃO RESCISÓRIA – SENTENÇA *CITRA PETITA* – CABIMENTO. *(Inserida em 20.9.2000)*. Revelando-se a sentença *citra petita*, o vício processual vulnera os arts. 128 e 460 do CPC, tornando-a passível de desconstituição, ainda que não opostos embargos declaratórios.

É oportuno registrar que é possível defender a tese de que, no caso de sentença *citra petita*, não há formação de coisa julgada material, no que tange ao pedido formulado e não apreciado, o que autorizaria o ajuizamento de nova reclamação trabalhista, sendo desnecessário o manejo da ação rescisória.

6.1.11. Sentença que extingue a execução

Embora possa ser controvertida a natureza da sentença de que trata os arts. 794 e 795 do CPC, o C. Tribunal Superior do Trabalho reconhece que a decisão que declara extinta a execução, reconhecendo o cumprimento da obrigação, cuida-se de sentença de mérito e, por isso, rescindível, conforme OJ nº 107 da SBDI-II:

OJ-SBDI-II Nº 107 • AÇÃO RESCISÓRIA – DECISÃO RESCINDENDA DE MÉRITO – SENTENÇA DECLARATÓRIA DE EXTINÇÃO DE EXECUÇÃO – SATISFAÇÃO DA OBRIGAÇÃO. *(DJ de 29.4.2003)*. Embora não haja atividade cognitiva, a decisão que declara extinta a execução, nos termos do art. 794 c/c 795 do CPC, extingue a relação processual e a obrigacional, sendo passível de corte rescisório.

6.1.12. Decisão que reconhece a preclusão para impugnação da sentença de liquidação

Nos termos do art. 879, § 2º, da CLT, aberto o prazo (faculdade do juiz) para impugnação, fundamentada, da conta de liquidação, se as partes não se manifestarem no prazo assinalado, não poderão fazê-lo posteriormente, em virtude da preclusão temporal.

De acordo com o C. Tribunal Superior do Trabalho, essa decisão, que conclui estar preclusa a oportunidade de impugnação da sentença de liquidação, por configurar apenas a coisa julgada formal, não é suscetível de ser impugnada via ação rescisória. Nesse sentido, a Orientação Jurisprudencial nº 134 da SBDI-II:

OJ-SBDI-II Nº 134 • AÇÃO RESCISÓRIA – DECISÃO RESCINDENDA – PRECLUSÃO DECLARADA – FORMAÇÃO DA COISA JULGADA FORMAL – IMPOSSIBILIDADE JURÍDICA DO PEDIDO. *(DJ de 4.5.2004)*. A decisão que conclui estar preclusa a oportunidade de impugnação da sentença de liquidação, por ensejar tão somente a formação da coisa julgada formal, não é suscetível de rescindibilidade.

6.1.13. Decisão que extingue o processo sem julgamento de mérito por acolhimento da exceção de coisa julgada: incabível ação rescisória

A sentença que extingue o feito, sem resolução do mérito, com fundamento no art. 267, V, do CPC, pelo reconhecimento da coisa julgada em relação a outro processo, anteriormente analisado, provoca a formação apenas da coisa julgada formal, e por consequência disso não pode ser objeto da ação rescisória. Nesse sentido, a Orientação Jurisprudencial nº 150 da SBDI-II do TST:

OJ-SBDI-II Nº 150 • AÇÃO RESCISÓRIA – DECISÃO RESCINDENDA QUE EXTINGUE O PROCESSO SEM RESOLUÇÃO DE MÉRITO POR ACOLHIMENTO DA EXCEÇÃO DE COISA JULGADA – CONTEÚDO MERAMENTE PROCESSUAL – IMPOSSIBILIDADE JURÍDICA DO PEDIDO *(DJe divulgado em 3, 4 e 5.12.2008).* Reputa-se juridicamente impossível o pedido de corte rescisório de decisão que, reconhecendo a configuração de coisa julgada, nos termos do art. 267, V, do CPC, extingue o processo sem resolução de mérito, o que, ante o seu conteúdo meramente processual, a torna insuscetível de produzir a coisa julgada material

6.1.14. Conciliação extrajudicial: termo firmado perante a Comissão de Conciliação Prévia

Ao contrário do que ocorre com os acordos judiciais, homologados em juízo, cuja desconstituição demanda ajuizamento de ação rescisória, a conciliação extrajudicial, como aquelas efetuadas perante a Comissão de Conciliação Prévia, não implica existência de coisa julgada, razão pela qual sua desconstituição deve ser buscada via ação anulatória.

No caso, cita-se jurisprudência do E. Tribunal Regional do Trabalho da 9ª Região, a título de ilustração:

CONCILIAÇÃO EXTRAJUDICIAL – COMISSÃO DE CONCILIAÇÃO PRÉVIA – INEXISTÊNCIA DE COISA JULGADA – AÇÃO ANULATÓRIA. Em que pese o termo firmado perante a Comissão de Conciliação Prévia constitua título executivo extrajudicial, não possui o condão de produzir coisa julgada, qualidade esta atribuível exclusivamente aos atos de produção estatal. Assim, equivalendo tal termo de conciliação aos atos jurídicos regidos pelo Código Civil, o meio adequado para desconstituí-lo é a ação anulatória, não se cogitando o manejo da ação rescisória. (TRT - 9ª Região – Proc. 13044-2003-016- 09-00-7 – (18965-2006) – 1ª Turma – Relator Juiz Benedito Xavier da Silva – *DJPR* de 30.6.2006)

Interessante questão relativa às Comissões de Conciliação Prévia diz respeito à extensão da eficácia liberatória conferida pelo termo assinado pelo trabalhador, o que, dependendo da interpretação dada, pode ou não ensejar ação rescisória por violação literal a texto de lei.

Prevalece no âmbito do C. TST o entendimento de que a eficácia liberatória dos termos firmados perante a Comissão é ampla e geral, com exceção apenas do que for expressamente ressalvado. Nesse sentido, destaca-se a ementa do julgado apresentado no informativo 29 daquela Corte:

COMISSÃO DE CONCILIAÇÃO PRÉVIA – ACORDO FIRMADO SEM RESSALVAS – EFICÁCIA LIBERATÓRIA GERAL – PARÁGRAFO ÚNICO DO ART. 625-E DA CLT. Nos termos do parágrafo único do art. 625-E da CLT, o termo de conciliação, lavrado perante a Comissão de Conciliação Prévia regularmente constituída, possui eficácia liberatória geral, exceto quanto às parcelas ressalvadas expressamente. Em outras palavras, não há limitação dos efeitos liberatórios do acordo firmado sem ressalvas, pois o termo de conciliação constitui título executivo extrajudicial, com força de coisa julgada entre as partes, equivalendo a uma transação e abrangendo todas as parcelas oriundas do vínculo de emprego. Com esse posicionamento, a SBDI-I, em sua composição plena, por unanimidade, conheceu dos embargos, por divergência jurisprudencial, e, no mérito, pelo voto prevalente da Presidência, deu-lhes provimento para julgar extinto o processo sem resolução de mérito, na forma do art. 267, IV, do CPC. Vencidos os Ministros Horácio Raymundo de Senna Pires, Rosa Maria Weber, Lelio Bentes Corrêa, Luiz Philippe Vieira de Melo Filho, Augusto César Leite de Carvalho, José Roberto Freire Pimenta e Delaíde Miranda Arantes, por entenderem que a quitação passada perante a Comissão de Conciliação Prévia não pode abranger parcela não inserida no correlato recibo. (TST-E-RR-17400-43.2006.5.01.0073, SBDI-I – Relator Ministro Aloysio Corrêa da Veiga – 8.11.2012)

É oportuno registrar que o posicionamento que predomina no C. TST não foi adotado por unanimidade, existindo diversos ministros da Corte que entendem que a quitação passada pela Comissão de Conciliação Prévia não poderia abranger parcela não inserida no recibo de quitação.

Nos Tribunais Regionais a matéria é divergente e somente se configura como violação literal de dispositivo de lei, apta a ensejar a Ação Rescisória, quando adotado o entendimento claramente em desacordo com as disposições da norma apontada como vulnerada. Dessa forma, havendo interpretação controvertida nos Tribunais, incide o óbice das Súmulas nº 343 do Supremo Tribunal Federal e a aplicação do item I da Súmula nº 83 desse Tribunal Superior. Assim, transcreve-se o seguinte julgado do TST:

> AÇÃO RESCISÓRIA – ACORDO FIRMADO PERANTE A COMISSÃO DE CONCILIAÇÃO PRÉVIA, SEM APOSIÇÃO DE RESSALVAS – EFICÁCIA LIBERATÓRIA GERAL – VIOLAÇÃO DE DISPOSITIVO DE LEI – MATÉRIA CONTROVERTIDA. Somente se configura violação literal de dispositivo de lei quando adotado entendimento claramente em desacordo com as disposições da norma apontada como vulnerada. Constatado que no presente caso a matéria trazida à discussão enseja interpretações diversificadas em torno do disposto na norma em questão, inviável a constatação de ofensa à sua literalidade. Incide, ao caso, o item I da Súmula nº 83 deste Tribunal Superior para afastar a alegada violação do art. 625-E da Consolidação das Leis do Trabalho. Recurso ordinário a que se nega provimento. (RO 547100-61.2008.5.01.0000 – j. em 28.2.2012 – Relator Ministro Pedro Paulo Manus – Subseção II Especializada em Dissídios Individuais – *DEJT* de 2.3.2012)

Por fim, há que se notar que a eficácia liberatória geral reconhecida pelo C. TST se dá em relação a verbas trabalhistas, campo no qual não se insere a complementação de aposentadoria, conforme se observa de julgado divulgado no informativo nº 33 daquela E. Corte:

> COMISSÃO DE CONCILIAÇÃO PRÉVIA – TERMO DE QUITAÇÃO – EFICÁCIA LIBERATÓRIA – DIFERENÇAS EM COMPLEMENTAÇÃO DE APOSENTADORIA – NÃO ABRANGÊNCIA. A eficácia liberatória geral do termo de quitação referente a acordo firmado perante a Comissão de Conciliação Prévia (art. 625-E, parágrafo único, da CLT) possui abrangência limitada às verbas trabalhistas propriamente ditas, não alcançando eventuais diferenças de complementação de aposentadoria. Com esse entendimento, a SBDI-I, por unanimidade, conheceu dos embargos, por divergência jurisprudencial, e, no mérito, deu-lhes parcial provimento para, afastada a quitação do termo de conciliação quanto aos reflexos das horas extras e do desvio de função sobre a complementação de aposentadoria, determinar o retorno dos autos à Vara do Trabalho, para que prossiga no julgamento do feito como entender de direito. Ressaltou-se, no caso, que a complementação de aposentadoria, embora decorrente do contrato de trabalho, não possui natureza trabalhista. Ademais, não se pode estender os efeitos da transação firmada na CCP a entidade de previdência privada, por se tratar de terceiro que não participou do negócio jurídico. (TST-E-RR-141300-03.2009.5.03.0138, SBDI-I – Relator Ministro Renato de Lacerda Paiva – 6.12.2012)

6.2. DEPÓSITO PRÉVIO

Na Justiça do Trabalho, o depósito no valor de 20% sobre o valor da causa é *requisito essencial* para a propositura da ação rescisória, conforme se depreende do art. 488, inciso II, do CPC c/c art. 836 da CLT, este com a redação dada pela Lei nº 11.495, de 22 de junho de 2007.

Cumpre destacar o teor da Instrução Normativa nº 31/2007 do TST, na qual se fixa como deve ser interpretado e instrumentalizado tal preceito:

> Art. 1º. O depósito prévio em ação rescisória de que trata o art. 836 da CLT, com redação dada pela Lei nº 11.495, de 22 de junho de 2007, deverá ser realizado na forma preconizada na Instrução Normativa nº 21 desta Corte. (...)
>
> Art. 2º. O valor da causa da ação rescisória que visa desconstituir decisão da fase de conhecimento corresponderá:
>
> I – no caso de improcedência, ao valor dado à causa do processo originário ou aquele que for fixado pelo Juiz;
>
> II – no caso de procedência, total ou parcial, ao respectivo valor arbitrado à condenação.
>
> Art. 3º. O valor da causa da ação rescisória que visa desconstituir decisão da fase de execução corresponderá ao valor apurado em liquidação de sentença.
>
> Art. 4º. O valor da causa da ação rescisória, quer objetive desconstituir decisão da fase de conhecimento ou decisão da fase de execução, será reajustado pela variação cumulada do INPC do IBGE até a data do seu ajuizamento.
>
> Art. 5º. O valor depositado será revertido em favor do réu, a título de multa, caso o pedido deduzido na ação rescisória seja julgado improcedente.

Assim, o valor recolhido a título de depósito prévio na Ação Rescisória é *condição de cognoscibilidade* da própria demanda, pelo que não se admite recolhimento a menor do que o devido, nem complementação. Nesse sentido, precedente do TST:

> AÇÃO RESCISÓRIA – DEPÓSITO PRÉVIO – AUSÊNCIA. O art. 836 da CLT e a Instrução Normativa nº 31/2007 não preveem a isenção do depósito prévio para as autarquias estaduais, valendo ressaltar que o art. 488, parágrafo único, do CPC, aplicável subsidiariamente, apenas estabelece que não cabe a exigência do depósito à União, aos Estados, aos Municípios e ao Ministério Público. Por sua vez, resulta inviável conceder-se prazo para tanto, por não se tratar de irregularidade capaz de dificultar o julgamento do mérito, prevista no art. 284 do CPC, mas de pressuposto específico de admissibilidade da ação rescisória, cuja ausência é causa de extinção do processo, nos termos do art. 267, I e IV, c/c o art. 490, II, todos do CPC. Precedentes desta Corte. Ação rescisória extinta, sem julgamento do mérito. (AR – 2163626 – 30.2009.5.00.0000 – j. em 2.8.2011 – Relator Ministro Luiz Philippe Vieira de Mello Filho – Subseção II Especializada em Dissídios Individuais – *DEJT* de 5.8.2011)

Outro aspecto interessante é que, nos termos do art. 488, parágrafo único, do CPC e do art. 24-A da Lei nº 9.028/1995 e da ampla e patente jurisprudência do Tribunal Superior do Trabalho, as autarquias estaduais não estão isentas do depósito prévio como condição de admissibilidade das ações rescisórias:

> RECURSO ORDINÁRIO – AÇÃO RESCISÓRIA – DEPÓSITO PRÉVIO – AUSÊNCIA – EXTINÇÃO DO FEITO SEM JULGAMENTO DO MÉRITO – ART. 267, IV, DO CPC. – I – A alteração imprimida pela Lei nº 11.495/2007 à norma do *caput* do art. 836 da CLT foi a de sujeitar o ajuizamento da ação rescisória ao depósito prévio de 20% (vinte por cento) do valor da causa, salvo prova de miserabilidade jurídica do autor. II – Não consta dos autos a guia de recolhimento do depósito prévio, nos termos da Instrução Normativa nº 31/2007 do TST, que regulamentou a forma de sua realização, e tampouco está a autora dispensada de seu recolhimento. III – Isso porque o art. 836 da CLT e a referida Instrução Normativa não preveem a isenção do depósito prévio para as autarquias estaduais e essa ilação sequer pode ser extraída do art. 488, parágrafo único, do CPC, aplicável subsidiariamente, uma vez que o dispositivo apenas estabelece que a exigência

não se aplica à União, ao Estado, ao Município e ao Ministério Público. IV – O art. 28-A da Lei nº 9.028/1995, por sua vez, dispõe expressamente ser inexigível o depósito para a União, suas autarquias e fundações, aí não se incluindo a autora, por tratar-se de autarquia estadual. V – Vale ressaltar que o depósito prévio para o ajuizamento de ação rescisória não tem natureza jurídica de tributo federal, conforme se infere tanto da Instrução Normativa nº 31/2007, quanto do art. 494 do CPC, donde se extrai que o valor não será recolhido em favor da União, mas será restituído ao autor ou revertido ao réu, dependendo do resultado do julgamento. VI – Dessa forma, os arts. 790-A, I, da CLT e 1º do Decreto-lei nº 779/1969 não são invocáveis para afastar a exigência desse pressuposto de constituição e desenvolvimento válido e regular do feito, motivo pelo qual cabia ao autor efetuar o depósito de 20% do valor dado à causa. VII – Não o tendo feito, resulta inviável conceder – Se prazo para tanto, por não se tratar de irregularidade capaz de dificultar o julgamento do mérito, enquadrada no art. 284 do CPC, mas de pressuposto específico de admissibilidade da ação rescisória, cuja ausência é causa de extinção do processo sem julgamento do mérito nos termos do art. 267, IV, do CPC. (TST – ReeNec e RO 123800-48.2008.5.15.0000 – Relator Ministro Antônio José de Barros Levenhagen – *DJe* de 20.8.2010)

6.3. PRAZO PARA AJUIZAMENTO DA AÇÃO RESCISÓRIA

De acordo com o art. 495 do Código de Processo Civil, o prazo decadencial para ajuizamento da ação rescisória é de 2 (dois) anos.

Vale observar que a jurisprudência do TST tem admitido a prorrogação do prazo decadencial na hipótese do art. 775 da CLT:

> RECURSO ORDINÁRIO EM AGRAVO REGIMENTAL – AÇÃO RESCISÓRIA – DECADÊNCIA – NÃO CONFIGURAÇÃO – SÚMULA Nº 100, IX DO TST. Tratando-se a decisão rescindenda de sentença homologatória de acordo, tem força de decisão irrecorrível, na forma do art. 831, parágrafo único, da CLT, somente atacável por meio de ação rescisória (Súmula nº 259 do TST). Na hipótese dos autos, o termo de conciliação foi homologado em 1º de setembro de 2004, data em que transitou em julgado, começando a fluir o prazo decadencial no dia 2 de setembro de 2004, na compreensão da Súmula nº 100, itens I e V, desta Corte, com término em 2 de setembro de 2006, sábado. Coincidindo o último dia do biênio legal com final de semana, prorroga-se o prazo decadencial até o primeiro dia útil, imediatamente subsequente, segundo o que dispõem o item IX da Súmula nº 100 desta Casa e o art. 775 da CLT. Dessa forma, o ajuizamento da ação rescisória em 4 de setembro de 2006, segunda-feira, revela a observância do prazo decadencial de dois anos, segundo prescreve o art. 495 do CPC. Recurso ordinário em agravo regimental conhecido e provido. (ROAG – 714/2006-000-05-00.4 – j. em 27.11.2007 – Relator Ministro Alberto Luiz Bresciani de Fontan Pereira – Subseção II Especializada em Dissídios Individuais – *DJ* de 14.12.2007)

Além disso, em relação ao prazo da ação rescisória, é muito relevante o conhecimento do teor da Súmula nº 100 do Tribunal Superior do Trabalho:

> SÚMULA TST Nº 100 • AÇÃO RESCISÓRIA – DECADÊNCIA. *(Incorporadas as Orientações Jurisprudenciais nos 13, 16, 79, 102, 104, 122 e 145 da SBDI-II) – [Resolução nº 137/2005, DJ 22, 23 e 24.8.2005].* I – O prazo de decadência, na ação rescisória, conta-se do dia imediatamente subsequente ao trânsito em julgado da última decisão proferida na causa, seja de mérito ou não. *(ex-Súmula nº 100 – alterada pela Resolução nº 109/2001, DJ de 20.4.2001).* II – Havendo recurso parcial no processo principal, o trânsito em julgado dá-se em momentos e em tribunais diferentes, contando-se o prazo decadencial para a ação rescisória do trânsito em julgado de

cada decisão, salvo se o recurso tratar de preliminar ou prejudicial que possa tornar insubsistente a decisão recorrida, hipótese em que flui a decadência a partir do trânsito em julgado da decisão que julgar o recurso parcial. *(ex-Súmula nº 100 – alterada pela Resolução nº 109/2001, DJ de 20.4.2001).* III – Salvo se houver dúvida razoável, a interposição de recurso intempestivo ou a interposição de recurso incabível não protrai o termo inicial do prazo decadencial. *(ex-Súmula nº 100 – alterada pela Resolução nº 109/2001, DJ de 20.4.2001).* IV – O juízo rescindente não está adstrito à certidão de trânsito em julgado juntada com a ação rescisória, podendo formar sua convicção através de outros elementos dos autos quanto à antecipação ou postergação do *dies a quo* do prazo decadencial. *(ex-OJ nº 102 da SBDI-II – DJ de 29.4.2003).* V – O acordo homologado judicialmente tem força de decisão irrecorrível, na forma do art. 831 da CLT. Assim sendo, o termo conciliatório transita em julgado na data da sua homologação judicial. *(ex-OJ nº 104 da SBDI-II – DJ de 29.4.2003).* VI – Na hipótese de colusão das partes, o prazo decadencial da ação rescisória somente começa a fluir para o Ministério Público, que não interveio no processo principal, a partir do momento em que tem ciência da fraude. *(ex-OJ nº 122 da SBDI-II – DJ de 11.8.2003).* VII – Não ofende o princípio do duplo grau de jurisdição a decisão do TST que, após afastar a decadência em sede de recurso ordinário, aprecia desde logo a lide, se a causa versar questão exclusivamente de direito e estiver em condições de imediato julgamento. *(ex-OJ nº 79 da SBDI-II – inserida em 13.3.2002).* VIII – A exceção de incompetência, ainda que oposta no prazo recursal, sem ter sido aviado o recurso próprio, não tem o condão de afastar a consumação da coisa julgada e, assim, postergar o termo inicial do prazo decadencial para a ação rescisória. *(ex-OJ nº 16 da SBDI-II – inserida em 20.9.2000).* IX – Prorroga-se até o primeiro dia útil, imediatamente subsequente, o prazo decadencial para ajuizamento de ação rescisória quando expira em férias forenses, feriados, finais de semana ou em dia em que não houver expediente forense. Aplicação do art. 775 da CLT. *(ex-OJ nº 13 da SBDI-II – inserida em 20.9.2000).* X – Conta-se o prazo decadencial da ação rescisória, após o decurso do prazo legal previsto para a interposição do recurso extraordinário, apenas quando esgotadas todas as vias recursais ordinárias. *(ex-OJ nº 145 da SBDI-II – DJ de 10.11.2004)*

É importante, também, o entendimento consagrado na OJ nº 80 da SBDI-II:

OJ-SBDI-II Nº 80 • AÇÃO RESCISÓRIA – DECADÊNCIA – *DIES A QUO* – RECURSO DESERTO – SÚMULA Nº 100 DO TST. *(Inserida em 13.3.2002).* O não conhecimento do recurso por deserção não antecipa o *dies a quo* do prazo decadencial para o ajuizamento da ação rescisória, atraindo, na contagem do prazo, a aplicação da Súmula nº 100 do TST.

Da mesma forma, destaca-se a OJ nº 12 da SBDI-II:

OJ-SBDI-II Nº 12 • AÇÃO RESCISÓRIA – DECADÊNCIA – CONSUMAÇÃO ANTES OU DEPOIS DA EDIÇÃO DA MEDIDA PROVISÓRIA Nº 1.577/1997 – AMPLIAÇÃO DO PRAZO. *(Nova redação em decorrência da incorporação da Orientação Jurisprudencial nº 17 da SBDI-II – DJ de 22.8.2005).* I – A vigência da Medida Provisória nº 1.577/1997 e de suas reedições implicou o elastecimento do prazo decadencial para o ajuizamento da ação rescisória a favor dos entes de direito público, autarquias e fundações públicas. Se o biênio decadencial do art. 495 do CPC findou após a entrada em vigor da referida medida provisória e até sua suspensão pelo STF em sede liminar de ação direta de inconstitucionalidade (ADIn 1753-2), tem-se como aplicável o prazo decadencial elastecido à rescisória. *(ex-OJ nº 17 da SBDI-II – inserida em 20.9.2000).* II – A regra ampliativa do prazo decadencial para a propositura de ação rescisória em favor de pessoa jurídica de direito público não se aplica se, ao tempo em que sobreveio a Medida Provisória nº 1.577/1997, já se exaurira o biênio do art. 495 do CPC. Preservação do direito adquirido da parte à decadência já consumada sob a égide da lei velha. *(ex-OJ nº 12 da SBDI-II – inserida em 20.9.2000)*

6.4. LEGITIMIDADE PARA AJUIZAMENTO DA AÇÃO RESCISÓRIA: MINISTÉRIO PÚBLICO

Nos termos do art. 487 do CPC, tem legitimidade para a propositura da ação rescisória quem foi parte (*autor* ou *réu*) no processo ou o seu sucessor a título universal ou singular; terceiro juridicamente interessado e o Ministério Público: a) se não foi ouvido no processo, em que lhe era obrigatória a intervenção; b) quando a sentença é o efeito de colusão das partes, a fim de fraudar a lei.

Apesar de o Código Adjetivo estabelecer apenas duas hipóteses de legitimidade do Ministério Público para o ajuizamento da Ação Rescisória, a jurisprudência do Tribunal Superior do Trabalho, cristalizada na *Súmula nº 407*, caminha no sentido de que a legitimidade do MPT não se limita às hipóteses previstas no art. 487, III, "a" e "b", do CPC, uma vez que se trata de rol exemplificativo.

Assim, sempre que entender presente o *interesse público* necessário à sua intervenção, poderá ajuizar ação rescisória em *qualquer das hipóteses legais* elencadas nos incisos do art. 485 do Código de Processo Civil.

Por fim, vale refletir sobre a seguinte indagação: caso o Ministério Público tenha se manifestado favoravelmente ao acordo firmado entre as partes, teria legitimidade para ajuizar, posteriormente, ação rescisória para sua desconstituição?

Claro que sim! Nada impede que eventual colusão das partes seja constatada apenas posteriormente à assinatura do acordo e chancela do órgão ministerial, o que justifica o cabimento da ação rescisória e corrobora a legitimidade do *parquet*. Nesse sentido, aliás, o seguinte julgado do TST:

> RECURSO ORDINÁRIO EM AÇÃO RESCISÓRIA – PRETENSÃO DE RESCISÃO DE ACÓRDÃO QUE HOMOLOGOU ACORDO EM AÇÃO CAUTELAR PREPARATÓRIA DE DISSÍDIO COLETIVO DE GREVE – MINISTÉRIO PÚBLICO DO TRABALHO – LEGITIMIDADE ATIVA – ART. 487 DO CPC – HIPÓTESES NÃO EXAUSTIVAS. Nos termos da Súmula nº 407 do TST, "a legitimidade *ad causam* do Ministério Público para propor ação rescisória, ainda que não tenha sido parte no processo que deu origem à decisão rescindenda, não está limitada às alíneas 'a' e 'b' do inciso III do art. 487 do CPC, uma vez que traduzem hipóteses meramente exemplificativas". A circunstância de haver sido conferida ao Ministério Público do Trabalho a oportunidade de intervir, e este, inclusive, haver externado a sua concordância, sem ressalvas, com os termos do acordo judicial, cuja decisão homologatória se pretende rescindir, não altera esse raciocínio jurídico porquanto, embora ouvido, constatou-se, posteriormente, no âmbito da instituição, a ocorrência de vícios na sentença rescindenda somente passíveis de reparação em ação rescisória. Recurso ordinário a que se dá provimento, para, afastada a ilegitimidade do Ministério Público do Trabalho, determinar o retorno dos autos à origem para que prossiga no exame da Ação Rescisória. (RO – 138900-43.2008.5.15.0000 – j. em 13.11.2012 – Relator Ministro Márcio Eurico Vitral Amaro – Seção Especializada em Dissídios Coletivos – *DEJT* de 23.11.2012).

6.5. SÚMULAS E ORIENTAÇÕES JURISPRUDENCIAIS

6.5.1. Competência

♦ *SÚMULA TST Nº 192* ● AÇÃO RESCISÓRIA – COMPETÊNCIA E POSSIBILIDADE JURÍDICA DO PEDIDO. I – Se não houver o conhecimento de recurso de revista ou de embargos, a competência para julgar ação que vise a rescindir a decisão de mérito é do Tribunal Regional do Trabalho, ressalvado o disposto no item II. *(ex-Súmula nº 192 – alterada pela Resolução nº 121/03, DJ de 21.11.2003).* II – Acórdão rescindendo do Tribunal Superior do Trabalho que não conhece de recurso de embargos ou de revista, analisando arguição de violação de dispositivo de lei material ou decidindo em consonância com súmula de direito material ou com iterativa, notória e atual jurisprudência de direito material da Seção de Dissídios Individuais (Súmula nº 333), examina o mérito da causa, cabendo ação rescisória da competência do Tribunal Superior do Trabalho. *(ex--Súmula nº 192 – alterada pela Resolução nº 121/03, DJ de 21.11.2003).* III – Em face do disposto no art. 512 do CPC, é juridicamente impossível o pedido explícito de desconstituição de sentença quando substituída por acórdão do Tribunal Regional ou superveniente sentença homologatória de acordo que puser fim ao litígio. IV – É manifesta a impossibilidade jurídica do pedido de rescisão de julgado proferido em agravo de instrumento que, limitando-se a aferir o eventual desacerto do juízo negativo de admissibilidade do recurso de revista, não substitui o acórdão regional, na forma do art. 512 do CPC. *(ex-OJ nº 105 da SBDI-II – DJ 29.4.2003).* V – A decisão proferida pela SBDI, em sede de agravo regimental, calcada na Súmula nº 333, substitui acórdão de Turma do TST, porque emite juízo de mérito, comportando, em tese, o corte rescisório. *(ex-OJ nº 133 da SBDI-II – DJ de 4.5.2004)*

♦ OJ-SBDI-II Nº 70 • AÇÃO RESCISÓRIA – MANIFESTO E INESCUSÁVEL EQUÍVOCO NO DIRECIONAMENTO – INÉPCIA DA INICIAL – EXTINÇÃO DO PROCESSO. *(Alterada em 26.11.2002).* O manifesto equívoco da parte em ajuizar ação rescisória no TST para desconstituir julgado proferido pelo TRT, ou vice-versa, implica a extinção do processo sem julgamento do mérito por inépcia da inicial.

♦ OJ-SBDI-II Nº 7 • AÇÃO RESCISÓRIA – COMPETÊNCIA – CRIAÇÃO DE TRIBUNAL REGIONAL DO TRABALHO – NA OMISSÃO DA LEI, É FIXADA PELO ART. 678, INCINSO I, "C", ITEM 2, DA CLT. *(Inserida em 20.9.2000) – (Nova redação, DJ de 22.8.2005).* A Lei nº 7.872/89 que criou o Tribunal Regional do Trabalho da 17ª Região não fixou a sua competência para apreciar as ações rescisórias de decisões oriundas da 1ª Região, o que decorreu do art. 678, I, "c", item 2, da CLT.

6.5.2. Legitimidade do Ministério Público do Trabalho

♦ *SÚMULA TST Nº 407* • AÇÃO RESCISÓRIA – MINISTÉRIO PÚBLICO – LEGITIMIDADE *AD CAUSAM* PREVISTA NO ART. 487, III, "A" E "B", DO CPC – AS HIPÓTESES SÃO MERAMENTE EXEMPLIFICATIVAS A legitimidade *ad causam* do Ministério Público para propor ação rescisória, ainda que não tenha sido parte no processo que deu origem à decisão rescindenda, não está limitada às alíneas "a" e "b" do inciso III do art. 487 do CPC, uma vez que traduzem hipóteses meramente exemplificativas. *(ex-OJ nº 83 – inserida em 13.3.2002)*

6.5.3. Litisconsórcio

♦ *SÚMULA TST Nº 406* • AÇÃO RESCISÓRIA – LITISCONSÓRCIO NECESSÁRIO NO POLO PASSIVO E FACULTATIVO NO POLO ATIVO – INEXISTENTE QUANTO AOS SUBSTITUÍDOS PELO SINDICATO. I – O litisconsórcio, na ação rescisória, é necessário em relação ao pólo passivo da demanda, porque supõe uma comunidade de direitos ou de obrigações que não admite solução díspar para os litisconsortes, em face da indivisibilidade do objeto. Já em relação ao pólo ativo, o litisconsórcio é facultativo, uma vez que a aglutinação de autores se faz por conveniência, e não pela necessidade decorrente da natureza do litígio, pois não se pode condicionar o exercício do direito individual de um dos litigantes no processo originário à anuência dos demais para retomar a lide. *(ex-OJ nº 82 – inserida em 13.3.2002).* II – O Sindicato, substituto processual e autor da reclamação trabalhista, em cujos autos fora proferida a decisão rescindenda, possui legitimidade para figurar como réu na ação rescisória, sendo descabida a exigência de citação de todos os empregados substituídos, porquanto inexistente litisconsórcio passivo necessário. *(ex-OJ nº 110 – DJ de 29.4.2003)*

6.5.4. Decadência

♦ *SÚMULA TST Nº 100* • PRAZO DE DECADÊNCIA – AÇÃO RESCISÓRIA TRABALHISTA. I – O prazo de decadência, na ação rescisória, conta-se do dia imediatamente subsequente ao trânsito em julgado da última decisão proferida na causa, seja de mérito ou não. *(ex-Súmula nº 100 – alterada pela Resolução nº 109/2001, DJ de 20.4.2001).* II – Havendo recurso parcial no processo principal, o trânsito em julgado dá-se em momentos e em tribunais diferentes, contando-se o prazo decadencial para a ação rescisória do trânsito em julgado de cada decisão, salvo se o recurso tratar de preliminar ou prejudicial que possa tornar insubsistente a decisão recorrida, hipótese em que flui a decadência a partir do trânsito em julgado da decisão que julgar o recurso parcial. *(ex-Súmula nº 100 – alterada pela Resolução nº 109/2001, DJ de 20.4.2001).* III – Salvo se houver dúvida razoável, a interposição de recurso intempestivo ou a interposição de recurso incabível não protrai o termo inicial do prazo decadencial. *(ex-Súmula nº 100 – alterada pela Resolução nº 109/2001, DJ de 20.4.2001).* IV – O juízo rescindente não está adstrito à certidão de trânsito em julgado juntada com a ação rescisória, podendo formar sua convicção através de outros elementos dos autos quanto à antecipação ou postergação do *dies a quo* do prazo decadencial. *(ex-OJ nº 102 da SBDI-II – DJ de 29.4.2003).* V – O acordo homologado judicialmente tem força de decisão irrecorrível, na forma do art. 831 da CLT. Assim sendo, o termo conciliatório transita em julgado na data da sua homologação judicial. *(ex-OJ nº 104 da SBDI-II – DJ de 29.4.2003).* VI – Na hipótese de colusão das partes, o prazo decadencial da ação rescisória somente começa a fluir para o Ministério Público, que não interveio no processo principal, a partir do momento em que tem ciência da fraude. *(ex-OJ nº 122 da SBDI-II – DJ de 11.8.2003).* VII – Não ofende o princípio do duplo grau de jurisdição a decisão do TST que, após afastar a decadência em sede de recurso ordinário, aprecia desde logo a lide, se a causa versar questão exclusivamente de direito e estiver em condições de imediato julgamento. *(ex-OJ nº 79 da SBDI-II – inserida em 13.3.2002).* VIII – A exceção de incompetência, ainda que oposta no prazo recursal, sem ter sido aviado o recurso próprio, não tem o condão de afastar a consumação da coisa julgada e, assim, postergar o termo inicial do prazo decadencial para a ação rescisória. *(ex-OJ nº 16 da SBDI-II – inserida em 20.9.2000).* IX – Prorroga-se até o primeiro dia útil, imediatamente subsequente, o prazo decadencial para ajuizamento de ação rescisória quando expira em férias forenses, feriados, finais de semana ou em dia em que não houver expediente forense. Aplicação do art. 775 da CLT. *(ex-OJ nº 13 da SBDI-II – inserida em 20.9.2000).* X – Conta-se o prazo decadencial da ação rescisória, após o decurso do prazo legal previsto para a interposição do recurso extraordinário, apenas quando esgotadas todas as vias recursais ordinárias. *(ex-OJ nº 145 da SBDI-II – DJ de 10.1.2004)*

♦ *OJ-SBDI-II Nº 80* • AÇÃO RESCISÓRIA – DECADÊNCIA – *DIES A QUO* – RECURSO DESERTO – SÚMULA Nº 100 DO TST. *(Inserida em 13.3.2002).* O não conhecimento do recurso por deserção não antecipa o *dies a quo* do prazo decadencial para o ajuizamento da ação rescisória, atraindo, na contagem do prazo, a aplicação da Súmula nº 100 do TST.

♦ *OJ-SBDI-II Nº 12* • AÇÃO RESCISÓRIA – DECADÊNCIA – CONSUMAÇÃO ANTES OU DEPOIS DA EDIÇÃO DA MEDIDA PROVISÓRIA Nº 1.577/1997 – AMPLIAÇÃO DO PRAZO. (Inserida em 20.9.2000 – *nova redação em decorrência da incorporação da Orientação Jurisprudencial nº 17 da SBDI-II – DJ de 22.8.2005)* I – A vigência da Medida Provisória nº 1.577/1997 e de suas reedições implicou o elastecimento do prazo decadencial para o ajuizamento da ação rescisória a favor dos entes de direito público, autarquias e fundações públicas. Se o biênio decadencial do art. 495 do CPC findou após a entrada em vigor da referida medida provisória e até sua suspensão pelo STF em sede liminar de ação direta de inconstitucionalidade (ADIn 1753-2), tem-se como aplicável o prazo decadencial elastecido à rescisória. *(ex-OJ nº 17 da SBDI-II – inserida em 20.9.2000).* II – A regra ampliativa do prazo decadencial para a propositura de ação rescisória em favor de pessoa jurídica de direito público não se aplica se, ao tempo em que sobreveio a Medida Provisória nº 1.577/1997, já se exaurira o biênio do art. 495 do CPC. Preservação do direito adquirido da parte à decadência já consumada sob a égide da lei velha. *(ex-OJ nº 12 da SBDI-II – inserida em 20.9.2000)*

MPT – PREPARANDO-SE PARA O CONCURSO DE PROCURADOR DO TRABALHO

◆ *OJ-SBDI-II Nº 18* • AÇÃO RESCISÓRIA – DECADÊNCIA – UNIÃO – LEI COMPLEMENTAR Nº 73/93, ART. 67 – LEI Nº 8.682/93, ART. 6º. *(Inserida em 20.9.2000)*. O art. 67 da Lei Complementar nº 73/93 interrompeu todos os prazos, inclusive o de decadência, em favor da União no período compreendido entre 14.2.1993 e 14.8.1993.

6.5.5. Incompetência absoluta

◆ *OJ-SBDI-II Nº 124* • AÇÃO RESCISÓRIA – ART. 485, II, DO CPC – ARGUIÇÃO DE INCOMPE-TÊNCIA ABSOLUTA – PREQUESTIONAMENTO INEXIGÍVEL. *(DJ de 9.12.2003)*. Na hipótese em que a ação rescisória tem como causa de rescindibilidade o inciso II do art. 485 do CPC, a arguição de incompetência absoluta prescinde de prequestionamento.

6.5.6. Dolo ou colusão

◆ *SÚMULA TST Nº 403* • AÇÃO RESCISÓRIA – DOLO DA PARTE VENCEDORA EM DETRI-MENTO DA VENCIDA – ART. 485, III, DO CPC. I – Não caracteriza dolo processual, previsto no art. 485, III, do CPC, o simples fato de a parte vencedora haver silenciado a respeito de fatos contrários a ela, porque o procedimento, por si só, não constitui ardil do qual resulte cerceamento de defesa e, em consequência, desvie o juiz de uma sentença não condizente com a verdade. *(ex-OJ nº 125 da SBDI-II – DJ de 9.12.2003)*. II – Se a decisão rescindenda é homologatória de acordo, não há parte vencedora ou vencida, razão pela qual não é possível a sua desconstituição calcada no inciso III do art. 485 do CPC (dolo da parte vencedora em detrimento da vencida), pois constitui fundamento de rescindibili-dade que supõe solução jurisdicional para a lide. *(ex-OJ nº 111 da SBDI-II – DJ de 29.4.2003)*

◆ *OJ-SBDI-II Nº 94* • AÇÃO RESCISÓRIA – COLUSÃO – FRAUDE À LEI – RECLAMATÓRIA SI-MULADA EXTINTA. *(Inserida em 27.9.2002)*. A decisão ou acordo judicial subjacente à reclamação trabalhista, cuja tramitação deixa nítida a simulação do litígio para fraudar a lei e prejudicar terceiros, enseja ação rescisória, com lastro em colusão. No juízo rescisório, o processo simulado deve ser extinto.

◆ *OJ-SBDI-II Nº 158* • AÇÃO RESCISÓRIA – DECLARAÇÃO DE NULIDADE DE DECISÃO HO-MOLOGATÓRIA DE ACORDO EM RAZÃO DE COLUSÃO (ART. 485, III, DO CPC) – MULTA POR LITIGÂNCIA DE MÁ-FÉ – IMPOSSIBILIDADE. A declaração de nulidade de decisão homo-logatória de acordo, em razão da colusão entre as partes (art. 485, III, do CPC), é sanção suficiente em relação ao procedimento adotado, não havendo que ser aplicada a multa por litigância de má-fé.

6.5.7. Coisa julgada

◆ *SÚMULA TST Nº 397* • AÇÃO RESCISÓRIA – ART. 485, IV, DO CPC – AÇÃO DE CUMPRIMEN-TO – OFENSA À COISA JULGADA EMANADA DE SENTENÇA NORMATIVA MODIFICADA EM GRAU DE RECURSO – INVIABILIDADE – CABIMENTO DE MANDADO DE SEGURAN-ÇA. Não procede ação rescisória calcada em ofensa à coisa julgada perpetrada por decisão proferida em ação de cumprimento, em face de a sentença normativa, na qual se louvava, ter sido modificada em grau de recurso, porque em dissídio coletivo somente se consubstancia coisa julgada formal. Assim, os meios processuais aptos a atacarem a execução da cláusula reformada são a exceção de pré--executividade e o mandado de segurança, no caso de descumprimento do art. 572 do CPC. *(ex-OJ nº 116 da SBDI-II– DJ de 11.8.2003)*

◆ *SÚMULA TST Nº 401* • AÇÃO RESCISÓRIA – DESCONTOS LEGAIS – FASE DE EXECUÇÃO – SENTENÇA EXEQUENDA OMISSA – INEXISTÊNCIA DE OFENSA À COISA JULGADA. Os descontos previdenciários e fiscais devem ser efetuados pelo juízo executório, ainda que a senten-ça exequenda tenha sido omissa sobre a questão, dado o caráter de ordem pública ostentado pela norma que os disciplina. A ofensa à coisa julgada somente poderá ser caracterizada na hipótese de o título exequendo, expressamente, afastar a dedução dos valores a título de imposto de renda e de contribuição previdenciária. *(ex-OJ nº 81 da SBDI-II– inserida em 13.3.2002)*

- *OJ-SBDI-II N° 101* • AÇÃO RESCISÓRIA – ART. 485, IV, DO CPC – OFENSA A COISA JULGA-DA – NECESSIDADE DE FIXAÇÃO DE TESE NA DECISÃO RESCINDENDA. *(DJ de 29.4.2003).* Para viabilizar a desconstituição do julgado pela causa de rescindibilidade do inciso IV, do art. 485, do CPC, é necessário que a decisão rescindenda tenha enfrentado as questões ventiladas na ação rescisória, sob pena de inviabilizar o cotejo com o título executivo judicial tido por desrespeitado, de modo a se poder concluir pela ofensa à coisa julgada.

- *OJ-SBDI-II N° 132* • AÇÃO RESCISÓRIA – ACORDO HOMOLOGADO – ALCANCE – OFENSA À COISA JULGADA. *(DJ de 4.5.2004).* Acordo celebrado – homologado judicialmente – em que o empregado dá plena e ampla quitação, sem qualquer ressalva, alcança não só o objeto da inicial, como também todas as demais parcelas referentes ao extinto contrato de trabalho, violando a coisa julgada, a propositura de nova reclamação trabalhista.

- *OJ-SBDI-II N° 123* • AÇÃO RESCISÓRIA – INTERPRETAÇÃO DO SENTIDO E ALCANCE DO TÍTULO EXECUTIVO – INEXISTÊNCIA DE OFENSA À COISA JULGADA. *(DJ de 11.8.2003 – Título alterado – DJ de 22.8.2005).* O acolhimento da ação rescisória calcada em ofensa à coisa julgada supõe dissonância patente entre as decisões exequenda e rescindenda, o que não se verifica quando se faz necessária a interpretação do título executivo judicial para se concluir pela lesão à coisa julgada.

- *OJ-SBDI-II N° 35* • AÇÃO RESCISÓRIA – PLANOS ECONÔMICOS – COISA JULGADA – LI-MITAÇÃO À DATA-BASE NA FASE DE EXECUÇÃO. *(Inserida em 20.9.2000).* Não ofende a coisa julgada a limitação à data-base da categoria, na fase executória, da condenação ao pagamento de diferenças salariais decorrentes de planos econômicos, quando a decisão exequenda silenciar sobre a limitação, uma vez que a limitação decorre de norma cogente. Apenas quando a sentença exequenda houver expressamente afastado a limitação à data-base é que poderá ocorrer ofensa à coisa julgada.

- *OJ-SBDI-II N° 157* • AÇÃO RESCISÓRIA – DECISÕES PROFERIDAS EM FASES DISTINTAS DE UMA MESMA AÇÃO – COISA JULGADA – NÃO CONFIGURAÇÃO. A ofensa à coisa julgada de que trata o art. 485, IV, do CPC refere-se apenas a relações processuais distintas. A invocação de desrespeito à coisa julgada formada no processo de conhecimento, na correspondente fase de execução, somente é possível com base na violação do art. 5°, XXXVI, da Constituição da República.

6.5.8. Violação literal de disposição de lei

- *SÚMULA TST N° 409* • AÇÃO RESCISÓRIA – PRAZO PRESCRICIONAL TOTAL OU PARCIAL – VIOLAÇÃO DO ART. 7°, XXIX, DA CF/1988 – MATÉRIA INFRACONSTITUCIONAL. Não procede ação rescisória calcada em violação do art. 7°, XXIX, da CF/1988 quando a questão envolve discussão sobre a espécie de prazo prescricional aplicável aos créditos trabalhistas, se total ou parcial, porque a matéria tem índole infraconstitucional, construída, na Justiça do Trabalho, no plano jurisprudencial. *(ex-OJ n° 119 da SBDI-II – DJ de 11.8.2003)*

- *OJ-SBDI-II N° 25* • AÇÃO RESCISÓRIA – EXPRESSÃO "LEI" DO ART. 485, V, DO CPC – NÃO INCLUSÃO DO ACT, CCT, PORTARIA, REGULAMENTO, SÚMULA E ORIENTAÇÃO JURIS-PRUDENCIAL DE TRIBUNAL. *(Inserida em 20.9.2000 – nova redação em decorrência da incorporação da Orientação Jurisprudencial n° 118 da SBDI-II – DJ de 22.8.2005).* Não procede pedido de rescisão fundado no art. 485, V, do CPC quando se aponta contrariedade à norma de convenção coletiva de trabalho, acordo coletivo de trabalho, portaria do Poder Executivo, regulamento de empresa e súmula ou orientação jurisprudencial de tribunal. *(ex-OJ 25 da SBDI-II, inserida em 20.9.2000 e ex-OJ 118 da SBDI-II, DJ de 11.8.2003)*

- *OJ-SBDI-II N° 97* • AÇÃO RESCISÓRIA – VIOLAÇÃO DO ART. 5°, II, LIV E LV, DA CONSTI-TUIÇÃO FEDERAL – PRINCÍPIOS DA LEGALIDADE, DO DEVIDO PROCESSO LEGAL, DO CONTRADITÓRIO E DA AMPLA DEFESA. *(Inserida em 27.9.2002 e alterada em 25.4.2003 – DJ de 9.5.2003 – nova redação – DJ de 22.8.2005)*. Os princípios da legalidade, do devido processo legal, do contraditório e da ampla defesa não servem de fundamento para a desconstituição de decisão judicial transitada em julgado, quando se apresentam sob a forma de pedido genérico e desfundamentado, acompanhando dispositivos legais que tratam especificamente da matéria debatida, estes sim, passíveis de fundamentarem a análise do pleito rescisório.

6.5.9. Duplo fundamento

◆ *OJ-SBDI-II Nº 112* • AÇÃO RESCISÓRIA – VIOLAÇÃO DE LEI – DECISÃO RESCINDENDA POR DUPLO FUNDAMENTO – IMPUGNAÇÃO PARCIAL. *(DJ de 29.4.2003)*. Para que a violação da lei dê causa à rescisão de decisão de mérito alicerçada em duplo fundamento, é necessário que o Autor da ação rescisória invoque causas de rescindibilidade que, em tese, possam infirmar a motivação dúplice da decisão rescindenda.

6.5.10. Reexame de fatos e provas

◆ *SÚMULA TST Nº 410* • AÇÃO RESCISÓRIA – REEXAME DE FATOS E PROVAS – INVIABILIDADE. A ação rescisória calcada em violação de lei não admite reexame de fatos e provas do processo que originou a decisão rescindenda. *(ex-OJ nº 109 da SBDI-II – DJ de 29.4.2003)*

6.5.11. Prequestionamento

◆ *SÚMULA TST Nº 298* • AÇÃO RESCISÓRIA – VIOLAÇÃO À DISPOSIÇÃO DE LEI – PRONUNCIAMENTO EXPLÍCITO. I – A conclusão acerca da ocorrência de violação literal a disposição de lei pressupõe pronunciamento explícito, na sentença rescindenda, sobre a matéria veiculada. II – O pronunciamento explícito exigido em ação rescisória diz respeito à matéria e ao enfoque específico da tese debatida na ação, e não, necessariamente, ao dispositivo legal tido por violado. Basta que o conteúdo da norma reputada violada haja sido abordado na decisão rescindenda para que se considere preenchido o pressuposto. III – Para efeito de ação rescisória, considera-se pronunciada explicitamente a matéria tratada na sentença quando, examinando remessa de ofício, o Tribunal simplesmente a confirma. IV – A sentença meramente homologatória, que silencia sobre os motivos de convencimento do juiz, não se mostra rescindível, por ausência de pronunciamento explícito. V – Não é absoluta a exigência de pronunciamento explícito na ação rescisória, ainda que esta tenha por fundamento violação de dispositivo de lei. Assim, prescindível o pronunciamento explícito quando o vício nasce no próprio julgamento, como se dá com a sentença *extra, citra* e *ultra petita. (Redação alterada pelo Tribunal Pleno na sessão realizada em 6.2.2012 – Resolução nº 177/2012, DEJT divulgado em 13, 14 e 15.2.2012)*

◆ *SÚMULA TST Nº 400* • AÇÃO RESCISÓRIA DE AÇÃO RESCISÓRIA – VIOLAÇÃO DE LEI – INDICAÇÃO DOS MESMOS DISPOSITIVOS LEGAIS APONTADOS NA RESCISÓRIA PRIMITIVA. Em se tratando de rescisória de rescisória, o vício apontado deve nascer na decisão rescindenda, não se admitindo a rediscussão do acerto do julgamento da rescisória anterior. Assim, não se admite rescisória calcada no inciso V do art. 485 do CPC para discussão, por má aplicação dos mesmos dispositivos de lei, tidos por violados na rescisória anterior, bem como para arguição de questões inerentes à ação rescisória primitiva. *(ex-OJ nº 95 da SBDI-II – inserida em 27.9.2002 e alterada DJ de 16.4.2004)*.

◆ *OJ-SBDI-II Nº 135* • AÇÃO RESCISÓRIA – VIOLAÇÃO DO ART. 37, *CAPUT*, DA CF/1988 – NECESSIDADE DE PREQUESTIONAMENTO. *(DJ de 4.5.2004)*. A ação rescisória calcada em violação do art. 37, *caput*, da Constituição Federal, por desrespeito ao princípio da legalidade administrativa exige que ao menos o princípio constitucional tenha sido prequestionado na decisão.

Ação rescisória: aspectos relevantes | 923

6.5.12. Matéria controvertida nos tribunais

♦ *SÚMULA TST Nº 83* • AÇÃO RESCISÓRIA – MATÉRIA CONTROVERTIDA. I – Não procede o pedido formulado na ação rescisória por violação literal de lei se a decisão rescindenda estiver baseada em texto legal infraconstitucional, de interpretação controvertida nos Tribunais. II – O marco divisor quanto a ser, ou não, controvertida, nos Tribunais, a interpretação dos dispositivos legais citados na ação rescisória é a data da inclusão, na Orientação Jurisprudencial do TST, da matéria discutida. *(ex-OJ nº 77 da SBDI-II – inserida em 13.3.2002)*

♦ *OJ-SBDI-II Nº 6* • AÇÃO RESCISÓRIA – CIPEIRO SUPLENTE – ESTABILIDADE – ADCT DA CF/1988, ART. 10, II, "A" – SÚMULA Nº 83 DO TST. *(Inserida em 20.9.2000 -nova redação – DJ de 22.8.2005)*. Rescinde-se o julgado que nega estabilidade a membro suplente de CIPA, representante de empregado, por ofensa ao art. 10, II, "a", do ADCT da CF/1988, ainda que se cuide de decisão anterior à Súmula nº 339 do TST. Incidência da Súmula nº 83 do TST.

♦ *OJ-SBDI-II Nº 8* • AÇÃO RESCISÓRIA – COMPLEMENTAÇÃO DE APOSENTADORIA – BANESPA – SÚMULA Nº 83 DO TST. *(Inserida em 20.9.2000 – nova redação – DJ de 22.8.2005)*. Não se rescinde julgado que acolheu pedido de complementação de aposentadoria integral em favor de empregado do BANESPA, antes da Súmula nº 313 do TST, em virtude da notória controvérsia jurisprudencial então reinante. Incidência da Súmula nº 83 do TST.

♦ *OJ-SBDI-II Nº 9* • AÇÃO RESCISÓRIA – CONAB – AVISO DIREH 2/84 – SÚMULA Nº 83 DO TST – APLICÁVEL. *(Inserida em 20.9.2000)*. Não se rescinde julgado que reconheceu garantia de emprego com base no Aviso DIREH 2/84 da CONAB, antes da Súmula nº 355 do TST, em virtude da notória controvérsia jurisprudencial então reinante. Incidência da Súmula nº 83 do TST.

♦ *OJ-SBDI-II Nº 34* • AÇÃO RESCISÓRIA – PLANOS ECONÔMICOS. *(Inserida em 20.9.2000)*. 1. O acolhimento de pedido em ação rescisória de plano econômico, fundada no art. 485, inciso V, do CPC, pressupõe, necessariamente, expressa invocação na petição inicial de afronta ao art. 5º, inciso XXXVI, da Constituição Federal de 1988. A indicação de ofensa literal a preceito de lei ordinária atrai a incidência da Súmula nº 83 do TST e Súmula nº 343 do STF. 2. Se a decisão rescindenda é posterior à Súmula nº 315 do TST (Resolução nº 07, *DJ* de 22.9.93), inaplicável a Súmula nº 83 do TST.

♦ *OJ-SBDI-II Nº 11* • AÇÃO RESCISÓRIA – CORREÇÃO MONETÁRIA – LEI Nº 7.596/1987 – UNIVERSIDADES FEDERAIS – IMPLANTAÇÃO TARDIA DO PLANO DE CLASSIFICAÇÃO DE CARGOS – VIOLAÇÃO DE LEI – SÚMULA Nº 83 DO TST – APLICÁVEL. *(Inserida em 20.9.2000)*. Não se rescinde julgado que acolhe pedido de correção monetária decorrente da implantação tardia do Plano de Classificação de Cargos de Universidade Federal previsto na Lei nº 7.596/1987, à época em que era controvertida tal matéria na jurisprudência. Incidência da Súmula nº 83 do TST.

♦ *OJ-SBDI-II Nº 19* • AÇÃO RESCISÓRIA – DESLIGAMENTO INCENTIVADO – IMPOSTO DE RENDA – ABONO PECUNIÁRIO – VIOLAÇÃO DE LEI – SÚMULA Nº 83 DO TST – APLICÁVEL. *(Inserida em 20.9.2000)*. Havendo notória controvérsia jurisprudencial acerca da incidência de imposto de renda sobre parcela paga pelo empregador ("abono pecuniário") a título de "desligamento incentivado", improcede pedido de rescisão do julgado. Incidência da Súmula nº 83 do TST.

♦ *OJ-SBDI-II Nº 39* • AÇÃO RESCISÓRIA – REAJUSTES BIMESTRAIS E QUADRIMESTRAIS – LEI Nº 8.222/1991 – SÚMULA Nº 83 DO TST – APLICÁVEL. *(Inserida em 20.9.2000)*. Havendo controvérsia jurisprudencial à época, não se rescinde decisão que aprecia a possibilidade de cumulação das antecipações bimestrais e reajustes quadrimestrais de salário previstos na Lei nº 8.222/1991. Incidência da Súmula nº 83 do TST.

♦ *OJ-SBDI-II Nº 30* • AÇÃO RESCISÓRIA – MULTA – ART. 920 DO CÓDIGO CIVIL DE 1916 (ART. 412 DO CÓDIGO CIVIL DE 2002). *(Inserida em 20.9.2000 – nova redação em decorrência da incorpo-*

ração da Orientação Jurisprudencial nº 31 da SBDI-II – DJ de 22.8.2005). Não se acolhe, por violação do art. 920 do Código Civil de 1916 (art. 412 do Código Civil de 2002), pedido de rescisão de julgado que: a) em processo de conhecimento, impôs condenação ao pagamento de multa, quando a decisão rescindenda for anterior à Orientação Jurisprudencial nº 54 da Subseção I Especializada em Dissídios Individuais do TST (30.5.1994), incidindo o óbice da Súmula nº 83 do TST; *(ex-OJ nº 30 da SBDI-II – inserida em 20.9.2000)* b) em execução, rejeita-se limitação da condenação ao pagamento de multa, por inexistência de violação literal. *(ex-OJ nº 31 da SBDI-II – inserida em 20.9.2000)*

- *OJ-SBDI-II Nº 23* • AÇÃO RESCISÓRIA – ESTABILIDADE – PERÍODO PRÉ-ELEITORAL – VIOLAÇÃO DE LEI – SÚMULA Nº 83 DO TST – APLICÁVEL. *(Inserida em 20.9.2000).* Não procede pedido de rescisão de sentença de mérito que assegura ou nega estabilidade pré-eleitoral, quando a decisão rescindenda for anterior à Orientação Jurisprudencial nº 51, da Seção de Dissídios Individuais do TST (25.11.1996). Incidência da Súmula nº 83 do TST.

- *OJ-SBDI-II Nº 5* • AÇÃO RESCISÓRIA – BANCO DO BRASIL – AP E ADIn – HORAS EXTRAS – SÚMULA Nº 83 DO TST – APLICÁVEL. *(Inserida em 20.9.2000).* Não se acolhe pedido de rescisão de julgado que deferiu a empregado do Banco do Brasil S.A. horas extras após a sexta, não obstante o pagamento dos adicionais AP e ADIn, ou AFR quando a decisão rescindenda for anterior à Orientação Jurisprudencial nº 17, da Seção de Dissídios Individuais do TST (7.11.1994). Incidência das Súmulas nºˢ 83 do TST e 343 do STF.

6.5.13. Casos específicos de violação literal de disposição de lei

- *OJ-SBDI-II Nº 2* • AÇÃO RESCISÓRIA – ADICIONAL DE INSALUBRIDADE – BASE DE CÁLCULO – SALÁRIO MÍNIMO – CABÍVEL. *(Mantida a redação na sessão do Tribunal Pleno realizada em 26.6.2008 – Resolução nº 148/2008, DJ de 4 e 7.7.2008 – Republicada DJ de 8, 9 e 10.7.2008).* Viola o art. 192 da CLT decisão que acolhe pedido de adicional de insalubridade com base na remuneração do empregado.

- *OJ-SBDI-II Nº 4* • AÇÃO RESCISÓRIA – BANCO DO BRASIL – ADICIONAL DE CARÁTER PESSOAL – ACP. *(Inserida em 20.9.2000).* Procede, por ofensa ao art. 5º, inciso XXXVI, da CF/1988, o pedido de rescisão de julgado que acolheu Adicional de Caráter Pessoal em favor de empregado do Banco do Brasil S.A.

- *OJ-SBDI-II Nº 10* • AÇÃO RESCISÓRIA – CONTRATO NULO – ADMINISTRAÇÃO PÚBLICA – EFEITOS – ART. 37, II E § 2º, DA CF/1988. *(Inserida em 20.9.2000).* Somente por ofensa ao art. 37, II e § 2º, da CF/1988, procede o pedido de rescisão de julgado para considerar nula a contratação, sem concurso público, de servidor, após a CF/1988.

- *OJ-SBDI-II Nº 128* • AÇÃO RESCISÓRIA – CONCURSO PÚBLICO ANULADO POSTERIORMENTE – APLICAÇÃO DA SÚMULA Nº 363 DO TST. *(DJ de 9.12.2003).* O certame público posteriormente anulado equivale à contratação realizada sem a observância da exigência contida no art. 37, II, da Constituição Federal de 1988. Assim sendo, aplicam-se à hipótese os efeitos previstos na Súmula nº 363 do TST.

- *OJ-SBDI-II Nº 38* • AÇÃO RESCISÓRIA – PROFESSOR-ADJUNTO – INGRESSO NO CARGO DE PROFESSOR-TITULAR – EXIGÊNCIA DE CONCURSO PÚBLICO (LEI Nº 7.596/1987, DECRETO Nº 94.664/87 E ART. 206, V, CF/1988). *(Inserida em 20.9.2000).* A assunção do professor-adjunto ao cargo de professor titular de universidade pública, sem prévia aprovação em concurso público, viola o art. 206, inciso V, da Constituição Federal. Procedência do pedido de rescisão do julgado.

- *OJ-SBDI-II Nº 26* • AÇÃO RESCISÓRIA – GRATIFICAÇÃO DE NÍVEL SUPERIOR – SUFRAMA. *(Inserida em 20.9.2000).* A extensão da gratificação instituída pela SUFRAMA aos servidores celetistas exercentes de atividade de nível superior não ofende as disposições contidas nos arts. 37, XIII e 39, § 1º, da CF/1988.

Ação rescisória: aspectos relevantes | 925

- *OJ-SBDI-II Nº 24* • AÇÃO RESCISÓRIA – ESTABILIDADE PROVISÓRIA – REINTEGRAÇÃO EM PERÍODO POSTERIOR – DIREITO LIMITADO AOS SALÁRIOS E CONSECTÁRIOS DO PERÍODO DA ESTABILIDADE. *(Inserida em 20.9.2000)*. Rescinde-se o julgado que reconhece estabilidade provisória e determina a reintegração de empregado, quando já exaurido o respectivo período de estabilidade. Em juízo rescisório, restringe-se a condenação quanto aos salários e consectários até o termo final da estabilidade.

- *OJ-SBDI-II Nº 71* • AÇÃO RESCISÓRIA – SALÁRIO PROFISSIONAL – FIXAÇÃO – MÚLTIPLO DE SALÁRIO MÍNIMO – ART. 7º, IV, DA CF/1988. *(Nova redação – DJ de 22.11.2004)*. A estipulação do salário profissional em múltiplos do salário mínimo não afronta o art. 7º, inciso IV, da Constituição Federal de 1988, só incorrendo em vulneração do referido preceito constitucional a fixação de correção automática do salário pelo reajuste do salário mínimo.

- *OJ-SBDI-II Nº 41* • AÇÃO RESCISÓRIA – SENTENÇA *CITRA PETITA* – CABIMENTO. *(Inserida em 20.9.2000)*. Revelando-se a sentença *citra petita*, o vício processual vulnera os arts. 128 e 460 do CPC, tornando-a passível de desconstituição, ainda que não opostos embargos declaratórios.

6.5.14. Documento novo

- *SÚMULA TST Nº 402* • AÇÃO RESCISÓRIA – DOCUMENTO NOVO – DISSÍDIO COLETIVO – SENTENÇA NORMATIVA. Documento novo é o cronologicamente velho, já existente ao tempo da decisão rescindenda, mas ignorado pelo interessado ou de impossível utilização, à época, no processo. Não é documento novo apto a viabilizar a desconstituição de julgado: a) sentença normativa proferida ou transitada em julgado posteriormente à sentença rescindenda; b) sentença normativa preexistente à sentença rescindenda, mas não exibida no processo principal, em virtude de negligência da parte, quando podia e deveria louvar-se de documento já existente e não ignorado quando emitida a decisão rescindenda. *(ex-OJ nº 20 da SBDI-II – inserida em 20.9.2000)*

6.5.15. Transação

- *SÚMULA TST Nº 259* • TERMO DE CONCILIAÇÃO – AÇÃO RESCISÓRIA. Só por rescisória é impugnável o termo de conciliação previsto no parágrafo único do art. 831 da CLT.

- *OJ-SBDI-II Nº 154* • AÇÃO RESCISÓRIA – ACORDO PRÉVIO AO AJUIZAMENTO DA RECLAMAÇÃO – QUITAÇÃO GERAL – LIDE SIMULADA – POSSIBILIDADE DE RESCISÃO DA SENTENÇA HOMOLOGATÓRIA DE ACORDO APENAS SE VERIFICADA A EXISTÊNCIA DE VÍCIO DE CONSENTIMENTO. *(DEJT divulgado em 9, 10 e 11.6.2010)*. A sentença homologatória de acordo prévio ao ajuizamento de reclamação trabalhista, no qual foi conferida quitação geral do extinto contrato, sujeita-se ao corte rescisório tão somente se verificada a existência de fraude ou vício de consentimento.

6.5.16. Confissão

- *SÚMULA TST Nº 404* • AÇÃO RESCISÓRIA – FUNDAMENTO PARA INVALIDAR CONFISSÃO – CONFISSÃO FICTA – INADEQUAÇÃO DO ENQUADRAMENTO NO ART. 485, VIII, DO CPC. O art. 485, VIII, do CPC, ao tratar do fundamento para invalidar a confissão como hipótese de rescindibilidade da decisão judicial, refere-se à confissão real, fruto de erro, dolo ou coação, e não à confissão ficta resultante de revelia. *(ex-OJ nº 108 da SBDI-II – DJ de 29.4.2003)*.

6.5.17. Erro de fato

- *OJ-SBDI-II Nº 136* • AÇÃO RESCISÓRIA – ERRO DE FATO – CARACTERIZAÇÃO. *(DJ de 4.5.2004)*. A caracterização do erro de fato como causa de rescindibilidade de decisão judicial transitada em julgado supõe a afirmação categórica e indiscutida de um fato, na decisão rescindenda, que não corresponde à realidade dos autos. O fato afirmado pelo julgador, que pode ensejar ação rescisória calcada no inciso IX do art. 485 do CPC, é apenas aquele que se coloca como premissa fática indiscutida de um silogismo argumentativo, não aquele que se apresenta ao final desse mesmo silogismo, como conclusão decorrente das premissas que especificaram as provas oferecidas, para se concluir pela existência do fato. Esta última hipótese é afastada pelo § 2° do art. 485 do CPC, ao exigir que não tenha havido controvérsia sobre o fato e pronunciamento judicial esmiuçando as provas.

◆ *OJ-SBDI-II N° 103* • AÇÃO RESCISÓRIA – CONTRADIÇÃO ENTRE FUNDAMENTAÇÃO E PARTE DISPOSITIVA DO JULGADO – CABIMENTO – ERRO DE FATO. *(DJ de 29.4.2003)*. É cabível a rescisória para corrigir contradição entre a parte dispositiva do acórdão rescindendo e a sua fundamentação, por erro de fato na retratação do que foi decidido.

6.5.18. Resposta do réu

◆ *SÚMULA TST N° 398* • AÇÃO RESCISÓRIA – AUSÊNCIA DE DEFESA – INAPLICÁVEIS OS EFEITOS DA REVELIA. Na ação rescisória, o que se ataca na ação é a sentença, ato oficial do Estado, acobertado pelo manto da coisa julgada. Assim sendo, e considerando que a coisa julgada envolve questão de ordem pública, a revelia não produz confissão na ação rescisória. *(ex-OJ n° 126 da SBDI-II – DJ de 9.12.2003)*.

◆ *OJ-SBDI-II N° 146* • AÇÃO RESCISÓRIA – INÍCIO DO PRAZO PARA APRESENTAÇÃO DA CONTESTAÇÃO – ART. 774 DA CLT. *(DJ de 10.11.2004)*. A contestação apresentada em sede de ação rescisória obedece à regra relativa à contagem de prazo constante do art. 774 da CLT, sendo inaplicável o art. 241 do CPC.

6.5.19. Sistema recursal

◆ *SÚMULA TST N° 158* • AÇÃO RESCISÓRIA. Da decisão do Tribunal Regional do Trabalho, em ação rescisória, cabível é o recurso ordinário para o Tribunal Superior do Trabalho, em face da organização judiciária trabalhista. *(ex-Prejulgado n° 35)*

◆ *SÚMULA TST N° 99* • AÇÃO RESCISÓRIA – DESERÇÃO – PRAZO. Havendo recurso ordinário em sede de rescisória, o depósito recursal só é exigível quando for julgado procedente o pedido e imposta condenação em pecúnia, devendo este ser efetuado no prazo recursal, no limite e nos termos da legislação vigente, sob pena de deserção. *(ex- Súmula n° 99 – alterada pela Resolução n° 110/2002, DJ de 15.4.2002 – e ex-OJ n° 117 da SBDI-II – DJ de 11.8.2003)*

◆ *SÚMULA TST N° 411* • AÇÃO RESCISÓRIA – SENTENÇA DE MÉRITO – DECISÃO DE TRIBUNAL REGIONAL DO TRABALHO EM AGRAVO REGIMENTAL CONFIRMANDO DECISÃO MONOCRÁTICA DO RELATOR QUE, APLICANDO A SÚMULA N° 83 DO TST, INDEFERIU A PETIÇÃO INICIAL DA AÇÃO RESCISÓRIA – CABIMENTO. Se a decisão recorrida, em agravo regimental, aprecia a matéria na fundamentação, sob o enfoque das Súmulas n°s 83 do TST e 343 do STF, constitui sentença de mérito, ainda que haja resultado no indeferimento da petição inicial e na extinção do processo sem julgamento do mérito. Sujeita-se, assim, à reforma pelo TST, a decisão do Tribunal que, invocando controvérsia na interpretação da lei, indefere a petição inicial de ação rescisória. *(ex-OJ n° 43 da SBDI-II – inserida em 20.9.2000)*

◆ *OJ-SBDI-II N° 69* • FUNGIBILIDADE RECURSAL – INDEFERIMENTO LIMINAR DE AÇÃO RESCISÓRIA OU MANDADO DE SEGURANÇA – RECURSO PARA O TST – RECEBIMENTO COMO AGRAVO REGIMENTAL E DEVOLUÇÃO DOS AUTOS AO TRT. *(Inserida em 20.9.2000)*. Recurso ordinário interposto contra despacho monocrático indeferitório da petição inicial de ação rescisória ou de mandado de segurança pode, pelo princípio de fungibilidade recursal, ser recebido como agravo regimental. Hipótese de não conhecimento do recurso pelo TST e devolução dos autos ao TRT, para que aprecie o apelo como agravo regimental.

AÇÃO RESCISÓRIA: ASPECTOS RELEVANTES | 927

◆ *OJ-SBDI-II Nº 152* • AÇÃO RESCISÓRIA E MANDADO DE SEGURANÇA – RECURSO DE REVISTA DE ACÓRDÃO REGIONAL QUE JULGA AÇÃO RESCISÓRIA OU MANDADO DE SEGURANÇA – PRINCÍPIO DA FUNGIBILIDADE – INAPLICABILIDADE – ERRO GROSSEIRO NA INTERPOSIÇÃO DO RECURSO. *(DEJT divulgado em 3, 4 e 5.12.2008).* A interposição de recurso de revista de decisão definitiva de Tribunal Regional do Trabalho em ação rescisória ou em mandado de segurança, com fundamento em violação legal e divergência jurisprudencial e remissão expressa ao art. 896 da CLT, configura erro grosseiro, insuscetível de autorizar o seu recebimento como recurso ordinário, em face do disposto no art. 895, "b", da CLT.

6.5.20. Ação cautelar

◆ *OJ-SBDI-II Nº 131* • AÇÃO RESCISÓRIA – AÇÃO CAUTELAR PARA SUSPENDER EXECUÇÃO DA DECISÃO RESCINDENDA – PENDÊNCIA DE TRÂNSITO EM JULGADO DA AÇÃO RESCISÓRIA PRINCIPAL – EFEITOS. *(DJ de 4.5.2004).* A ação cautelar não perde o objeto enquanto ainda estiver pendente o trânsito em julgado da ação rescisória principal, devendo o pedido cautelar ser julgado procedente, mantendo-se os efeitos da liminar eventualmente deferida, no caso de procedência do pedido rescisório ou, por outro lado, improcedente, se o pedido da ação rescisória principal tiver sido julgado improcedente.

6.6. QUESTÕES RESOLVIDAS E COMENTADAS

(MPT – 17º Concurso) Em relação à ação rescisória no processo do trabalho, leia e analise as assertivas a seguir:

I – A sentença de mérito, transitada em julgado, pode ser rescindida quando se verificar que foi dada por prevaricação, concussão ou corrupção do juiz, ou quando este for impedido ou incompetente para o feito.

II – Consoante a jurisprudência uniformizada do Tribunal Superior do Trabalho, o cabimento de ação rescisória por violação literal de disposição de lei pressupõe que a decisão rescindenda não esteja baseada em texto legal infraconstitucional de interpretação controvertida nos tribunais, sendo que a data de inclusão em Orientação Jurisprudencial do Tribunal Superior do Trabalho da referida interpretação dos dispositivos legais citados na rescisória constitui o marco divisor quanto a ser ou não a matéria controvertida nos tribunais.

III – Consoante a jurisprudência do Tribunal Superior do Trabalho, a execução de decisão proferida em ação de cumprimento baseada em sentença normativa que foi modificada em grau de recurso deve ser impugnada por meio de exceção de pré-executividade ou mandado de segurança, conforme a situação, não procedendo ação rescisória baseada em ofensa à coisa julgada com fulcro na modificação superveniente da sentença normativa que embasou a ação de cumprimento.

Marque a alternativa **CORRETA**:

[A] apenas as assertivas I e II estão corretas;

[B] apenas as assertivas I e III estão corretas;

[C] apenas as assertivas II e III estão corretas;

[D] todas as assertivas estão corretas;

[E] não respondida.

Gabarito oficial: alternativa [C].

Comentário do autor:

⭐ *A assertiva I está incorreta. De acordo com o art. 485 do CPC, aplicável subsidiariamente ao processo do trabalho, a sentença de mérito, transitada em julgado, pode ser rescindida quando se verificar que foi dada por prevaricação, concussão ou corrupção do juiz (inciso I), ou quando este for impedido ou ABSOLUTAMENTE incompetente para o feito (inciso II).*

⭐ *A assertiva II está correta, pois reproduz os termos do entendimento cristalizado na Súmula nº 83 do TST.*

⭐ *A Assertiva III está correta, pois retrata o entendimento consagrado na Súmula nº 397 do TST.*

(MPT – 16º Concurso) Leia e analise as hipóteses abaixo:

I – O acordo homologado judicialmente tem força de decisão irrecorrível, transitando em julgado na data de sua homologação, na forma da jurisprudência do TST.

II – De acordo com a jurisprudência do Tribunal Superior do Trabalho, o acordo ou termo de conciliação homologado judicialmente é equiparado à sentença de mérito, podendo ser impugnado por ação rescisória.

III – O acordo ou termo de conciliação homologado judicialmente não terá eficácia de coisa julgada em relação à Previdência Social quanto às contribuições que lhe forem devidas.

Marque a alternativa **CORRETA**:

[A] todos os itens são corretos;

[B] apenas os itens I e II são corretos;

[C] apenas os itens I e III são corretos;

[D] apenas os itens II e III são corretos;

[E] não respondida.

Gabarito oficial: alternativa [A].

Comentários do autor:

⭐ *Correto o item I, nos termos da Súmula nº 100, V, do TST.*

⭐ *O item II reproduz entendimento sedimentado na Súmula nº 259 do TST.*

⭐ *O item III está de acordo com o art. 832, § 4º, da CLT, em que se admite o recurso da União em face dos tributos que lhe forem devidos.*

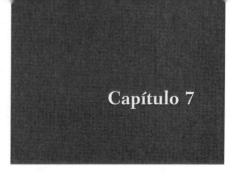

Capítulo 7

DISSÍDIOS COLETIVOS: ASPECTOS PROCESSUAIS

Afonso de Paula Pinheiro Rocha

Cesar Henrique Kluge

Sumário: 7.1. Comum acordo • 7.2. Documentos essenciais • 7.3. Quórum mínimo para autorização do dissídio coletivo • 7.4. Necessidade de fundamentação das cláusulas • 7.5. Dissídio coletivo e reconvenção • 7.6. Dissídio coletivo e profissionais autônomos • 7.7. Dissídio coletivo e pessoas jurídicas de direito público • 7.8. Reajustes e pisos salariais • 7.9. Súmulas e Orientações Jurisprudenciais • 7.10. Questões resolvidas e comentadas

Inicialmente, é importante destacar que os expedientes constitucionais, oriundos da Emenda Constitucional nº 45, que mitigaram o exercício do poder normativo pela Justiça do Trabalho foram salutares como *estímulo ao desenvolvimento de uma cultura negocial coletiva mais aprimorada*.

Com efeito, basta uma consulta ao sítio eletrônico da Jurisprudência dos Tribunais para verificar que há uma redução no período pós-2005 de julgados em dissídios econômicos. Tal constatação é relevante para verificar que a via negocial é preferível à via litigiosa, até mesmo pela vantagem de as partes se identificarem com a elaboração das normas, evitando uma irresignação decorrente da observância de normas impostas por outrem.

7.1. COMUM ACORDO

A exigência do "comum acordo" serve como estímulo para que as partes refinem suas habilidades negociais, o que é em franco proveito dos trabalhadores e das próprias relações sindicais.

Por conseguinte, dado esse contexto pós-Emenda Constitucional nº 45, o papel do poder normativo deve ser exercido de forma a propiciar a *solução justa do litígio*, porém, com atenção a tais premissas contextuais que podem ser inferidas da Carta Magna. Ou seja, a solução do litígio deve ser tal que propicie o interesse em achar caminhos negociados futuros e não sirva de estímulo para que nenhuma das partes possa ver a jurisdição coletiva como forma de avançar seus próprios interesses.

Contudo, o comum acordo não pode servir de mero "escudo" para que uma parte simplesmente mantenha uma negociação coletiva indefinidamente sem negociar efetivamente.

Logo, *o requisito do comum acordo não é obstáculo intransponível à jurisdição*, mas deve ser interpretado em consonância com o princípio da inafastabilidade.

Segundo o Tribunal Superior do Trabalho, o comum acordo, a partir da EC nº 45/2004, passou a constituir *pressuposto processual* (condição de validade da relação processual) do Dissídio Coletivo de natureza econômica, cuja inexistência implica a extinção do processo sem resolução do mérito:

> DISSÍDIO COLETIVO DE NATUREZA ECONÔMICA – AUSÊNCIA DE COMUM ACORDO – PRESSUPOSTO PROCESSUAL – EXTINÇÃO DO PROCESSO. Conforme a jurisprudência firmada pela Seção Especializada em Dissídios Coletivos do Tribunal Superior do Trabalho, a partir da exigência trazida pela Emenda Constitucional nº 45/2005 ao art. 114, § 2º, da Constituição Federal, o comum acordo constitui pressuposto processual para o ajuizamento do dissídio coletivo de natureza econômica. No caso concreto, verifica-se que o não preenchimento desse requisito, ora renovado em preliminar, foi expressamente indicado por alguns dos suscitados desde a contestação, o que implica óbice ao chamamento desta Justiça Especializada para exercício de seu Poder Normativo. Assim, reformando a decisão do Tribunal Regional que rejeitou a preliminar de ausência de comum acordo, em relação aos suscitados que renovaram a arguição, julga-se extinto o processo, sem resolução de mérito, a teor do art. 267, IV, do CPC, ressalvadas as situações fáticas já constituídas, nos termos do art. 6º, § 3º, da Lei nº 4.725/1965. Recursos ordinários aos quais se dá provimento. (RODC 20244/2007-000-02-00.2 – j. em 11.5.2009 – Relator Ministro Walmir Oliveira da Costa – Seção Especializada em Dissídios Coletivos – *DEJT* de 29.5.2009)

As críticas lançadas ao "comum acordo" quanto à possível ofensa ao princípio da inafastabilidade da tutela jurisdicional, consagrado no art. 5º, XXXV, da Lei Maior, caíram diante do reconhecimento de que o *poder normativo* da Justiça do Trabalho, por *não ser atividade substancialmente jurisdicional* (já que não visa à aplicação do direito ao caso concreto, mas sim à criação de condições de trabalho), não está abrangido pelo âmbito normativo do art. 5º, XXXV, da CF/1988. Assim, sua restrição pode ser levada a efeito por meio de reforma constitucional sem que seja violada a cláusula pétrea que estabelece o princípio da inafastabilidade do Poder Judiciário.

Vale salientar que o *dissídio coletivo de natureza jurídica*, nos termos da jurisprudência pacífica do Tribunal Superior do Trabalho, não demanda a presença do pressuposto processual do comum acordo:

> DISSÍDIO COLETIVO DE NATUREZA JURÍDICA "COMUM ACORDO" PARA A INSTAURAÇÃO DO DISSÍDIO COLETIVO – IMPERTINÊNCIA. A exigência do "comum acordo" como pressuposto para o desenvolvimento válido do processo de dissídio coletivo, objeto do § 2º do art. 114 da Constituição da República, introduzida pela Emenda Constitucional nº 45/2004, visa estimular e prestigiar a negociação coletiva como forma de composição dos conflitos coletivos do trabalho. Tendo em vista que para o Dissídio Coletivo de natureza jurídica não se exige negociação prévia, aquele pressuposto processual somente tem lugar em sede de Dissídio Coletivo de natureza econômica.(DC 1746116-74.2006.5.00.0000 – j. em 16.8.2007 – Relator Ministro João Batista Brito Pereira – Seção Especializada em Dissídios Coletivos – *DJ* de 11.9.2007)

Com relação à verificação do cumprimento do requisito exigido pelo art. 114, § 2º, da Constituição Federal de 1988 (comum acordo), tem prevalecido o entendimento de que a oposição deve ser expressa na primeira oportunidade que a parte tiver para falar nos autos.

Logo, se o suscitado contestar o dissídio e não manifestar expressamente sua oposição, tem-se sua concordância tácita. Nesse caminho estão os seguintes julgados do TST:

DISSÍDIO COLETIVO – CATEGORIA DIFERENCIADA – TÉCNICOS DE SEGURANÇA DO TRABALHODESÃOPAULO–1)RECURSOSORDINÁRIOSINTERPOSTOSPELOSESI,SEMESP, SINDEPRESTEM, SINDHOSFIL-SP, SINDHOSFIL-BAIXADA E SINDHOSFILRP – AUSÊNCIA DE COMUM ACORDO – EXTINÇÃO. O comum acordo, pressuposto específico para o ajuizamento do dissídio coletivo, exigência trazida pela Emenda Constitucional nº 45/2004 ao art. 114, § 2º, da CF, embora idealmente devesse ser materializado sob a forma de petição conjunta da representação, é interpretado de maneira mais flexível pela Justiça do Trabalho, no sentido de se admitir a concordância tácita na instauração da instância, desde que não haja a oposição expressa do suscitado, na contestação. *In casu*, mostra-se inequívoco o dissentimento de algumas entidades suscitadas que, na contestação, apontaram expressamente a ausência de comum acordo como causa de extinção do feito. Respeitando, pois, a vontade soberana da Constituição Federal que, em seu art. 114, erigiu a negociação coletiva como método privilegiado de composição dos conflitos coletivos de trabalho, deve-se reformar a decisão regional, julgando-se extinto o processo, sem resolução de mérito, nos termos dos arts. 114, § 2º, da CF e 267, IV, do CPC, apenas em relação ao Serviço Social da Indústria, Sindicato das Entidades Mantenedoras de Estabelecimentos de Ensino Superior do Estado de São Paulo, Sindicato das Empresas de Prestação de Serviços a Terceiros, Colocação e Administração de Mão de obra e de Trabalho Temporário no Estado de São Paulo, e aos Sindicatos das Santas Casas de Misericórdia e Hospitais Filantrópicos do Estado De São Paulo, da Baixada Santista e Litoral Norte e Sul do Estado de São Paulo e de Ribeirão Preto e Região, que ratificaram sua discordância das razões recursais. Ficam ressalvadas, contudo, as situações fáticas, já constituídas, nos termos do art. 6º, § 3º, "d", Lei nº 4.725/1965. 2) DEMAIS RECURSOS INTERPOSTOS. Providos parcialmente para que sejam adaptadas algumas de suas cláusulas à jurisprudência normativa desta Corte. (RODC 20123/2006-000-02-00.0 – j. em 14.9.2009 – Relatora Ministra Dora Maria da Costa – Seção Especializada em Dissídios Coletivos – *DEJT* de 25.9.2009)

DISSÍDIO COLETIVO DE NATUREZA ECONÔMICA – AJUIZAMENTO – COMUM ACOR-DO – NOVA REDAÇÃO DO § 2º DO ART. 114 DA CONSTITUIÇÃO ATUAL APÓS A PRO-MULGAÇÃO DA EMENDA CONSTITUCIONAL Nº 45/2004 – MANIFESTAÇÃO APÓS A APRESENTAÇÃO DA DEFESA – PRECLUSÃO. Ressalvado o entendimento pessoal deste Relator, a Seção Especializada em Dissídios Coletivos deste Tribunal Superior do Trabalho firmou jurisprudência no sentido de que a nova redação do § 2º do art. 114 da Carta Política do país estabeleceu o pressuposto processual intransponível do mútuo consenso dos interessados para o ajuizamento do dissídio coletivo de natureza econômica. Entretanto, deve haver manifestação expressa dissentindo da instauração da instância até o prazo para a apresentação da defesa. Não havendo, surge a preclusão, entendendo-se que houve a concordância tácita ao ajuizamento do dissídio coletivo. Na hipótese dos autos, apenas um dos suscitantes dissentiu expressamente do ajuizamento da instância coletiva no momento oportuno. Quanto aos demais, não cabe agora, em sede de recurso ordinário, apresentar tal manifestação. A questão está preclusa. Recurso ordinário parcialmente provido. (RODC 3292/2006-000-04-00.4 – j. em 14.9.2009 – Relator Ministro Mauricio Godinho Delgado – Seção Especializada em Dissídios Coletivos – *DEJT* de 18.9.2009).

Torna-se imperioso destacar que um dos corolários da boa-fé objetiva pelo qual devem pautar-se as relações negociais dos sindicatos é a proibição do *venire contra factum proprium*, ou seja, a impossibilidade de a parte adotar comportamento contraditório, como, por exemplo, obstar o dissídio econômico dizendo que não há comum acordo para o ajuizamento e, ao mesmo tempo, não negociar. Tal situação configuraria até mesmo *abuso de direito* por parte de eventual suscitado em dissídio coletivo. (TST-DC-203059/2008-000-00-00.3, Relator Ministro Márcio Eurico, julgado em 8.6.2009)

932 | MPT – preparando-se para o concurso de Procurador do Trabalho

Por fim, relevante destacar recente entendimento do C. Tribunal Superior do Trabalho que, alterando entendimento anterior, passou a admitir a legitimidade e o interesse do Ministério Público do Trabalho para arguir a inexistência de comum acordo nos dissídios coletivos de natureza econômica, conforme se observa do julgado a seguir, mencionado no *Informativo* nº 39 do TST:

> DISSÍDIO COLETIVO – NATUREZA ECONÔMICA – ARGUIÇÃO DE INEXISTÊNCIA DE COMUM ACORDO – MINISTÉRIO PÚBLICO DO TRABALHO – LEGITIMIDADE E INTERESSE. O Ministério Público tem legitimidade e interesse para, em sede de recurso ordinário, arguir a inexistência de comum acordo para ajuizamento de dissídio coletivo de natureza econômica, previsto no art. 114, § 2º, da CF, com a redação conferida pela Emenda Constitucional nº 45/2004. Seja enquanto parte, seja na condição de fiscal da lei, a Constituição Federal, em seus arts. 127 e 129, atribuiu ao *parquet* a defesa da ordem jurídica, do Estado Democrático de Direito e dos interesses sociais e individuais indisponíveis. Ademais, nos termos do art. 83, VI, da Lei Complementar nº 75/1993, compete ao MPT "recorrer das decisões da Justiça do Trabalho, quando entender necessário (...)". Com esses fundamentos, a SDC, revendo o posicionamento adotado no processo nº TST-RO-382-19.2011.5.24.0000, julgado em 19.2.2013, conheceu, por maioria, do recurso ordinário do Ministério Público do Trabalho, vencidos os Ministros Márcio Eurico Vitral Amaro e Walmir Oliveira da Costa. (TST-RO-394-33.2011.5.24.0000 – SDC – Relator Ministro Maurício Godinho Delgado – j. em 11.3.2013) [No mesmo sentido e julgados na mesma sessão, TST-RO-394-33.2011.5.24.0000 e TST-RO-383-04.2011.5.24.0000].

7.2. DOCUMENTOS ESSENCIAIS

O edital de convocação e a respectiva ata da Assembleia Geral de Trabalhadores constituem peças essenciais à instauração do processo de DC. Nesse sentido, a Orientação Jurisprudencial nº 29 da Seção de Dissídios Coletivos (SDC) do TST:

> OJ-SDC Nº 29 • EDITAL DE CONVOCAÇÃO E ATA DA ASSEMBLEIA GERAL – REQUISITOS ESSENCIAIS PARA INSTAURAÇÃO DE DISSÍDIO COLETIVO. *(Inserida em 19.8.1998).* O edital de convocação da categoria e a respectiva ata da AGT constituem peças essenciais à instauração do processo de dissídio coletivo.

Além disso, merece destaque o entendimento consagrado na Orientação Jurisprudencial nº 28 da SDC:

> OJ-SDC Nº 28 • EDITAL DE CONVOCAÇÃO DA AGT – PUBLICAÇÃO – BASE TERRITORIAL – VALIDADE. *(Inserida em 19.8.1998)* O edital de convocação para a AGT deve ser publicado em jornal que circule em cada um dos municípios componentes da base territorial.

De acordo com a jurisprudência do Tribunal Superior do Trabalho, não é necessária a autorização da Assembleia Geral e tampouco o esgotamento de negociação prévia para ajuizamento de Dissídio Coletivo de Natureza Jurídica, razão pela qual, inclusive, foi cancelada a OJ nº 6 da SDC. Nesse sentido, o seguinte aresto:

> DISSÍDIO COLETIVO DE NATUREZA JURÍDICA – AJUIZAMENTO – ASSEMBLEIA GERAL AUTORIZADORA – PRÉVIA NEGOCIAÇÃO COLETIVA – DESNECESSIDADE. 1. O dissídio coletivo de natureza jurídica visa a obter pronunciamento judicial propriamente dito, consubstanciado em interpretação de norma coletiva preexistente. A instauração de instância, nesse aspecto, assemelha-se a ajuizamento de processo comum fundado no poder geral de representação que o sindicato confere a seu presidente, segundo normas estatutárias. 2. Se a categoria autoriza o

sindicato a negociar e, eventualmente, a instaurar dissídio coletivo de natureza econômica, subentende-se que igualmente lhe confere poderes para dirimir eventuais dúvidas que possam surgir do instrumento normativo pactuado ou prolatado pela Justiça do Trabalho. 3. Daí porque o Tribunal Superior do Trabalho tem entendido que o dissídio coletivo de natureza jurídica pode ser ajuizado ainda que não se consulte previamente a categoria ou não se busque solucionar a questão mediante negociação coletiva. Por isso, a Eg. Seção de Dissídios Coletivos, em 10.8.2000, revogou a antiga Orientação Jurisprudencial nº 6/SDC-TST. 4. Recurso ordinário do Sindicato da categoria patronal a que se dá provimento para determinar o retorno dos autos ao Tribunal a quo, a fim de que prossiga no exame do presente dissídio coletivo, como entender de direito, afastada a ilegitimidade de parte. (RODC – 3288200-87.2002.5.03.0900 – j. em 12.12.2002 – Relator Ministro João Oreste Dalazen – Seção Especializada em Dissídios Coletivos – *DJ* de 21.2.2003).

7.3. QUÓRUM MÍNIMO PARA AUTORIZAÇÃO DO DISSÍDIO COLETIVO

A jurisprudência da Seção de Dissídios Coletivos do C. Tribunal Superior do Trabalho firmou entendimento flexível em relação ao quórum mínimo para a realização da assembleia geral que decide sobre a instauração do Dissídio Coletivo. Prevalece o entendimento segundo o qual, em segunda convocação, a presença de qualquer número de interessados é suficiente para a legitimidade da assembleia que autorize a atuação do sindicato representativo para instaurar instância em dissídio coletivo, tendo em vista o cancelamento das Orientações Jurisprudenciais nºs 13 e 21 da SDC. Consequência disso, afasta-se a aplicação do art. 612 da CLT, exigindo-se apenas os requisitos previstos no art. 859 consolidado.

Nesse sentido, destacam-se os seguintes julgados:

QUÓRUM – LEGITIMAÇÃO DA ENTIDADE SINDICAL – AUTORIZAÇÃO DOS TRABALHADORES DIRETAMENTE ENVOLVIDOS NO CONFLITO – OJ 19 DA SDC – DISSÍDIO COLETIVO CONTRA CONSELHOS DE FISCALIZAÇÃO PROFISSIONAL, EMPRESAS PÚBLICAS E SOCIEDADES DE ECONOMIA MISTA – EQUIPARAÇÃO DOS CONSELHOS PROFISSIONAIS A EMPRESAS, NA HIPÓTESE. Esta Seção Especializada possui o entendimento, consubstanciado na OJ nº 19, de que, na hipótese de o dissídio coletivo ser instaurado em face de empresa (ficando abrangidas nesse conceito autarquias, fundações e conselhos profissionais), há necessidade de participação, em assembleia, dos trabalhadores diretamente envolvidos no conflito. No caso, verifica-se que, não obstante o dissídio coletivo tenha sido instaurado em face de **709 entidades** – entre as quais estão sindicatos, conselhos profissionais, sociedades de economia mista e associações –, **apenas 416 secretários e secretárias** compareceram às assembleias gerais realizadas, número inferior ao de entidades Suscitadas, e não há especificação de em relação a qual entidade possuiriam contrato de trabalho. Além disso, o edital de convocação é direcionado indistintamente a "todas (os) secretárias (os) executivas (os), técnicas (os) em secretariado, secretárias (os) em geral e todo profissional diferenciado que exerça função vinculada à categoria profissional, observadas as disposições da Lei nº 7.377/1985, combinada com a Lei nº 9.261/1996, sindicalizados ou não, representados que são no Estado de São Paulo". Nesse aspecto, em observância à jurisprudência desta Corte, não há como ser reconhecida a legitimidade do Sindicato Suscitante para a instauração de dissídio coletivo em nome da categoria que representa, uma vez que não comprovada a participação, em assembleia, dos trabalhadores envolvidos na disputa, para aprovação da instauração de instância, nos termos do art. 859 da CLT. Ressalta-se, por oportuno, que a presença de um único trabalhador de determinada empresa, desde que empregado da entidade suscitada, em **segunda assembleia**, seria suficiente para atendimento ao disposto na OJ nº 19/SDC, uma vez que não há quórum mínimo nessa hipótese. Porém sequer esse comparecimento foi observado. Extinção, de ofício, do processo, nos termos do art. 267, VI, do CPC. (Ree-Nec e RO – 2009400-13.2009.5.02.0000 – j. em 13.11.2012 – Relator Ministro Mauricio Godinho Delgado – Seção Especializada em Dissídios Coletivos – *DEJT* de 30.11.2012)

EMBARGOS DE DECLARAÇÃO – DISSÍDIO COLETIVO – REGULARIDADE DA ASSEM-BLEIA GERAL – QUÓRUM DELIBERATIVO – OBERVÂNCIA DO ART. 859 DA CLT. A jurisprudência da SDC consagra entendimento no sentido de que, conforme o art. 859 da CLT, em segunda convocação, a presença de qualquer número de associados interessados é suficiente para legitimar a assembleia que autoriza a atuação da entidade sindical para instaurar a instância em dissídio coletivo. Em consequência, despicienda a análise dos estatutos da entidade sindical, que não poderia prevalecer ante a expressa previsão em lei para o quórum da assembleia geral dos trabalhadores, suficiente para autorizar a atuação do sindicato nas negociações coletivas e no ajuizamento do dissídio coletivo. Embargos de declaração a que se nega provimento. (ED-ED--RODC – 2013700-91.2004.5.02.0000 – j. em 8.3.2010 – Relator Ministro Walmir Oliveira da Costa – Seção Especializada em Dissídios Coletivos – *DEJT* de 22.10.2010)

7.4. NECESSIDADE DE FUNDAMENTAÇÃO DAS CLÁUSULAS

É pressuposto indispensável à constituição válida e regular do Dissídio Coletivo de natureza econômica a apresentação em forma clausulada e fundamentada das reivindicações da categoria.

Dessa forma, não serão analisadas, por inépcia, as cláusulas reinvidicatórias com causas gerais de proposição, desacompanhadas de justificativas específicas. A pretensão de "renovação das cláusulas normativas existentes" e que as condições "inseridas na pauta de reivindicação fundamentam-se em precedentes dos Tribunais Trabalhistas ou em cláusulas preexistentes não serão consideradas fundamentações válidas a justificar o exame do pleito.

Nesse caminho, transcreve-se o seguinte aresto:

AUSÊNCIA DE FUNDAMENTAÇÃO DAS CLÁUSULAS – INÉPCIA DA PETIÇÃO INICIAL – ARGUIÇÃO DE OFÍCIO. A ausência de fundamentação, além de prejudicar a apresentação de contraproposta às cláusulas apresentadas, inviabiliza a própria análise do mérito do dissídio coletivo, em face da ausência de parâmetros fáticos para o exercício do Poder Normativo pela Justiça do Trabalho. Nesse sentido, foram fixadas as diretrizes da Orientação Jurisprudencial da SDC nº 32 e do Precedente Normativo nº 37 desta Corte Superior. No caso concreto, a simples indicação, na representação, de que algumas das reivindicações se trata de "cláusula nova", mostra-se insuficiente para o preenchimento efetivo do requisito da fundamentação das cláusulas objeto de reivindicação. Extinção, de ofício, do processo, sem resolução de mérito, a teor do art. 267, IV, do CPC, da Orientação Jurisprudencial da SDC nº 32 e do Precedente Normativo nº 37 desta Corte Superior relativamente às cláusulas desfundamentadas. (ReeNec e RO – 2014600-35.2008.5.02.0000 – j. em 8.8.2011 – Relator Ministro Walmir Oliveira da Costa – Seção Especializada em Dissídios Coletivos – *DEJT* de 19.8.2011)

7.5. DISSÍDIO COLETIVO E RECONVENÇÃO

Para o ministro do C. Tribunal Superior do Trabalho Ives Gandra (2009, p. 142), apesar da omissão celetista, é perfeitamente compatível com o processo coletivo do trabalho o instituto da reconvenção. Afirma que, sendo a reconvenção o contra-ataque do réu, quando houver conexão entre os pedidos, é cabível basicamente em duas situações: (a) proposta patronal de cláusulas suplementares; (b) reivindicações obreiras em dissídio de greve.

Raimundo Simão de Melo (2009, p. 121), de outra parte, afirma que o dissídio coletivo consiste numa ação de natureza dúplice, na qual o réu está autorizado a apresentar, em defesa, os seus pedidos, razão pela qual não há que se falar em reconvenção. De acordo com referido doutrinador: "Portanto, entendo incompatível e desnecessária a reconvenção nos Dissídios Coletivos de trabalho, sobretudo nos casos de greve, a qual serviria apenas para tumultuar e procrastinar a solução final do conflito trabalhista, com prejuízos às próprias partes e à sociedade".

A controvérsia estende-se à jurisprudência, havendo entendimentos divergentes no âmago do TST. Merecem destaque, no entanto, as seguintes decisões que, ainda de forma excepcional, *admitem a reconvenção* no processo de dissídio coletivo:

RECONVENÇÃO – AUSÊNCIA DE COMPROVAÇÃO DE REALIZAÇÃO DE ASSEMBLEIA. A reconvenção em dissídio coletivo patronal de natureza econômica submete-se às exigências formais de qualquer ação autônoma de dissídio coletivo. Daí que para o desenvolvimento válido e regular do processo referente à reconvenção são exigidos os mesmos pressupostos previstos para a instauração da instância. Nesse sentido, as exigências referentes, ao menos, à comprovação do quórum deliberativo e à ciência do teor da pauta reivindicatória, são inafastáveis. 4. Ausentes tais comprovações, extingue-se, igualmente sem julgamento do mérito, o processo de reconvenção, com fulcro no art. 267, inciso IV, do Código de Processo Civil. (RODC 36800-63.2002.5.17.0000, – j. em 20.10.2005 – Relator Ministro João Oreste Dalazen – Seção Especializada em Dissídios Coletivos – *DJ* de 11.11.2005).

PRELIMINAR DE NÃO CABIMENTO DA RECONVENÇÃO EM PROCESSO DE DISSÍDIO COLETIVO – I. Não obstante o processo coletivo se distinga do processo individual, na medida em que aqui se aplica direito preexistente e lá se constitui direito novo, ambos se identificam como instrumentos de atuação jurisdicional do Estado, pelo que não se divisa nenhum óbice à aplicação subsidiária do art. 315 do CPC. II. Mesmo porque o processo do trabalho, quer o seja coletivo, quer o seja individual, singulariza-se pela ênfase dada à celeridade e simplicidade processuais, que igualmente ilustram a finalidade da reconvenção, de sorte que há sobejas razões jurídicas para sua aplicação incondicional no dissídio coletivo, mesmo que o seja de greve. III. Isso por ser norma do art. 8º da Lei nº 7.783/1989 caber a Justiça do Trabalho, ao examinar a legalidade ou abusividade do exercício do direito de greve, deliberar, por iniciativa de qualquer das partes ou do Ministério Público, sobre a procedência, total ou parcial, ou improcedência das reivindicações. IV. Significa dizer que o sindicato patronal, ao suscitar o dissídio de greve a fim de que o Judiciário examine a higidez jurídico-material do movimento, há de deduzir pretensão referente às condições de trabalho, a permitir que o sindicato profissional, opondo-se à declaração de abusividade da greve, ofereça reconvenção na qual deduza pretensão relativa a outras condições de trabalho, tendo em conta o concurso do pressuposto do art. 315 do CPC, relativo indiferentemente à conexão com a ação principal e com o fundamento da defesa. Preliminar rejeitada. (TST – RODC 82/2005-000-23-00.0 – SSDC – Relator Ministro Barros Levenhagen – *DJU* de 8.8.2006).

7.6. DISSÍDIO COLETIVO E PROFISSIONAIS AUTÔNOMOS

A jurisprudência da Seção de Dissídios Coletivos do Tribunal Superior do Trabalho, apesar de reconhecer, por maioria, a competência da justiça do trabalho para análise do dissídio coletivo de natureza econômica ajuizado pelo sindicato representativo de profissionais autônomos, não reconhece ser possível, juridicamente, a fixação de normas e condições de trabalho em face dos tomadores de serviço. Nesse sentido, julgado apresentado no *Informativo* nº 34 do TST:

> DC – NATUREZA ECONÔMICA – FIXAÇÃO DE NORMAS E CONDIÇÕES DE TRABALHO ENTRE A CATEGORIA DOS MÉDICOS E AS EMPRESAS OPERADORAS DE PLANOS DE SAÚDE – PROFISSIONAIS AUTÔNOMOS – INADEQUAÇÃO DA VIA ELEITA – EXTINÇÃO DO FEITO SEM RESOLUÇÃO DO MÉRITO. Ante a impossibilidade, em sede de dissídio coletivo, de fixação de normas e condições de trabalho entre profissionais autônomos e seu tomador de serviços, a SDC, por maioria, rejeitou a preliminar de incompetência absoluta suscitada em contrarrazões e extinguiu o processo, sem resolução do mérito, por inadequação da via eleita, nos termos do art. 267, IV e VI, do CPC. No caso, o Sindicato dos Médicos do Rio de Janeiro ajuizou dissídio coletivo contra o Sindicato Nacional das Empresas de Medicina de Grupo, com o propósito de fixar novas condições de trabalho e remuneração aos médicos que, na qualidade de prestadores de serviços, trabalham para empresas operadoras e seguradoras de planos de saúde. Vencida a Ministra Maria de Assis Calsing, relatora, que acolhia a preliminar de incompetência da Justiça do Trabalho ao fundamento de que, não obstante o conflito coletivo em tela aproximar-se formalmente da ação de dissídio coletivo de natureza econômica, no que tange à criação de normas que estabeleçam, para o futuro, melhores condições de trabalho para a categoria profissional, materialmente com ele não se identifica, na medida em que o Poder Normativo da Justiça do Trabalho se restringe às relações entre empregado e empregador, não alcançando contratos de natureza eminentemente cível, como na espécie. (TST-RO-5712-07.2009.5.01.0000, SDC – Relator Ministro Maria de Assis Calsing, red. p/ acórdão Ministro Maurício Godinho Delgado – 11.12.2012)

7.7. DISSÍDIO COLETIVO E PESSOAS JURÍDICAS DE DIREITO PÚBLICO

É cediço que a Administração Pública direta, autárquica ou fundacional somente pode conceder vantagem ou aumento de remuneração, a qualquer título, a seu pessoal, mediante autorização específica na lei de diretrizes orçamentárias e prévia dotação, sem exceder os limites estabelecidos na Lei de Responsabilidade Fiscal (arts. 37, *caput*, incisos X, XI, XII e XIII, 39, § 3º, e 169, *caput* e § 1º, incisos I e II, da CF/1988, e LC nº 101/2000).

Como consequência disso, a Constituição Federal de 1988 não conferiu aos servidores públicos a faculdade de firmar acordo ou convenção coletiva de trabalho, conforme interpretação dos arts. 39, § 3º, e 7º, inciso XXVI, da CF.

Por essa razão, figurando a demonstração do insucesso da negociação coletiva como condição da ação, nos exatos termos do art. 114, § 2º, da CF/1988, negou-se ao servidor público a faculdade de ajuizar dissídio coletivo.

Dentro desse contexto é que o C. Tribunal Superior do Trabalho editou a Orientação Jurisprudencial nº 5 da Seção de Dissídios Coletivos, que, em sua redação original, assim estabelecia:

> OJ-SDC Nº 5 • DISSÍDIO COLETIVO CONTRA PESSOA JURÍDICA DE DIREITO PÚBLICO – IMPOSSIBILIDADE JURÍDICA. AOS servidores públicos não foi assegurado o direito ao reconhecimento de acordos e convenções coletivos de trabalho, pelo que, por conseguinte, também não lhes é facultada a via do dissídio coletivo, à falta de previsão legal.

Esse entendimento restritivo, contudo, era aplicável somente à administração direta, autárquica e fundacional, independentemente do regime jurídico aplicável aos servidores (celetista ou estatutário), não englobando, assim, as pessoas jurídicas de direito privado, integrantes da administração indireta. [RXOF e RODC – 2017600-82.2004.5.02.0000 – j. em 10.8.2009 – Relatora Ministra Dora Maria da Costa – Seção Especializada em Dissídios Coletivos – *DEJT* de 28.8.2009].

Ocorre que o posicionamento atual e majoritário da Seção Especializada em Dissídios Coletivos (SDC) do TST, em relação à aplicação do dispositivo supracitado, é o de que a restrição nele contida limita-se à apreciação de cláusulas de conteúdo econômico. Assim, admite-se o ajuizamento de dissídio coletivo em face das pessoas jurídicas de direito público, para a instituição de cláusulas de natureza social.

Diante de tal quadro, é que o C. TST, em setembro de 2012, com base na Convenção nº 151 da OIT, deu nova redação à OJ nº 5 da SDC, que passou a dispor da seguinte forma:

> OJ-SDC Nº 5 • DISSÍDIO COLETIVO – PESSOA JURÍDICA DE DIREITO PÚBLICO – POSSIBILIDADE JURÍDICA – CLÁUSULA DE NATURE-ZA SOCIAL. *(Redação alterada na sessão do Tribunal Pleno realizada em 14.9.2012 – Resolução nº 186/2012, DEJT divulgado em 25, 26 e 27.9.2012).* Em face de pessoa jurídica de direito público que mantenha empregados, cabe dissídio coletivo exclusivamente para apreciação de cláusulas de natureza social. Inteligência da Convenção nº 151 da Organização Internacional do Trabalho, ratificada pelo Decreto Legislativo nº 206/2010.

7.8. REAJUSTES E PISOS SALARIAIS

Uma vez ajuizado um dissídio de natureza econômica, os Tribunais possuem uma baliza constitucional consubstanciada no § 2º do art. 114 da CF/1988, que indica:

> § 2º. Recusando-se qualquer das partes à negociação coletiva ou à arbitragem, é facultado às mesmas, de comum acordo, ajuizar dissídio coletivo de natureza econômica, podendo a Justiça do Trabalho decidir o conflito, respeitadas as disposições mínimas legais de proteção ao trabalho, bem como as convencionadas anteriormente.

Chamamos a atenção dos leitores para a questão de reajuste salarial dado o seu *aspecto recorrente* nos dissídios. O Tribunal Superior do Trabalho possui jurisprudência firmada sobre esse assunto. O entendimento da Egrégia SDC (Seção Especializada em Dissídios Coletivos deste Tribunal) é no sentido de não conceder reajuste de salários vinculado a qualquer índice oficial de preços, dadas as limitações da Lei nº 10.192/2001.

Contudo, seria uma negativa abusiva do princípio da irredutibilidade salarial (art. 7º, VI, da CF/1988) indeferir qualquer reposição, uma vez que é notória a corrosão do poder aquisitivo e a desvalorização da moeda. Assim, a SDC possui precedentes no sentido de deferir percentual de reposição salarial levemente inferior aos índices inflacionários no período. Convém destacar os seguintes precedentes:

> REAJUSTE SALARIAL. Frustrada a negociação autônoma, e não se alcançado um ponto satisfatório para todos os interessados no tocante à concessão do reajuste salarial da categoria profissional, incumbe à Justiça do Trabalho, se instada por meio de dissídio coletivo, fixar o valor do reajustamento salarial, no anômalo exercício do poder normativo insculpido no art. 114 da Constituição

Federal, sopesando as variáveis econômicas do País, bem como as condições das empresas e, ainda, as necessidades primordiais dos trabalhadores. O INPC relativo ao período compreendido entre agosto de 2008 e julho de 2009 corresponde a 4,57% (quatro vírgula cinquenta e sete por cento). Assim, nota-se que o reajuste deferido pelo Tribunal Regional – 4,60% (quatro vírgula sessenta por cento) – não está atrelado ao índice de preços ao consumidor. Contudo, na análise de cláusula normativa dessa natureza, esta Corte vem se inclinando no sentido de conceder o reajuste salarial, determinando a aplicação de índice um pouco inferior ao valor do INPC apurado no período, em observância à proibição do art. 13 da Lei nº 10.192/2001. Recurso ordinário parcialmente provido para reduzir o valor do reajuste da categoria profissional ao patamar de 4,50% (quatro vírgula cinquenta por cento). (RO 355400-75.2009.5.04.0000 – j. em 15.05.2012 – Relator Ministro Mauricio Godinho Delgado – Seção Especializada em Dissídios Coletivos – *DEJT* de 18.5.2012)

DISSÍDIO COLETIVO – REAJUSTE SALARIAL- LEI Nº 10.192/2001 – VEDAÇÃO DE IN-DEXAÇÃO (ART. 13) – DEFERIMENTO DE PERCENTUAL LIGEIRAMENTE INFERIOR À INFLAÇÃO DO PERÍODO. 1.Diante da política salarial albergada pela Lei nº 10.192/2001, que convalidou todas as medidas provisórias complementares ao Plano Real, o TST passou a não deferir, em dissídio coletivo, o índice inflacionário do período, por entender que o reajuste não poderia estar atrelado a índice de preços, em face da vedação do art. 13, admitindo reajustar os salários em percentual ligeiramente inferior aos índices inflacionários medidos pelo IBGE. 2. Assim, conforme orientação jurisprudencial da SDC desta Corte, da qual são reflexo os julgados TSTRODC-20.216/2003-000-02-00 (Relator Ministro Antônio José de Barros Levenhagen, *DJ* de 30.3.2007) e TST-RODC-1.426/2003-000-000-04-00 (Relator Ministro João Oreste Dalazen, *DJ* de 9.3.2007), concedo 3,2% a título de reajuste salarial da categoria para o período abrangido pelo presente dissídio. Dissídio coletivo julgado procedente em parte. (DC 1815806-59.2007.5.00.0000 – j. em 13.9.2007 – Relator Ministro Ives Gandra Martins Filho – Seção Especializada em Dissídios Coletivos – *DJ* de 19.10.2007)

Também correlata ao tema de reajuste salarial é a questão da fixação, por sentença normativa, de pisos salariais. Nesse particular, a jurisprudência do TST segue no sentido de *não ser possível* a fixação de piso salarial por meio de sentença normativa. Apenas se admite o reajuste de piso salarial preexistente proveniente de acordo coletivo ou convenção coletiva imediatamente anterior e autonomamente negociada, conforme se observa do aresto transcrito a seguir:

RECURSO ORDINÁRIO INTERPOSTO PELO SUSCITANTE – PISO SALARIAL – ENGENHEIROS – LEI Nº 4.950-A/1966. Não é cabível a pretensão de que seja majorado o valor estipulado pelo TRT de origem a título de piso salarial, pois, conforme jurisprudência desta Seção Especializada, extrapola o poder normativo da Justiça do Trabalho a fixação de piso salarial, devendo este ser negociado entre as partes interessadas. A Justiça do Trabalho pode apenas determinar a aplicação do reajuste salarial deferido para a categoria ao piso salarial preexistente, não sendo esse o caso dos autos. Assim, considerando-se que o recurso é interposto pelo suscitante, e sendo vedado o *reformatio in pejus*, deve ser mantida a decisão de origem. Recurso ordinário a que se nega provimento.(RO 123-69.2010.5.20.0000 – j. em 13.2.2012 – Relatora Ministra Kátia Magalhães Arruda – Seção Especializada em Dissídios Coletivos – *DEJT* de 24.2.2012).

7.9. SÚMULAS E ORIENTAÇÕES JURISPRUDENCIAIS

- ◆ *OJ-SDC Nº 2* • ACORDO HOMOLOGADO – EXTENSÃO A PARTES NÃO SUBSCREVENTES – INVIABILIDADE. *(Inserida em 27.3.1998).* É inviável aplicar condições constantes de acordo homologado nos autos de dissídio coletivo, extensivamente, às partes que não o subscreveram, exceto se observado o procedimento previsto no art. 868 e seguintes, da CLT

DISSÍDIOS COLETIVOS: ASPECTOS PROCESSUAIS | 939

- ◆ *OJ-SDC Nº 3* • ARRESTO – APREENSÃO – DEPÓSITO – PRETENSÕES INSUSCETÍVEIS DE DEDUÇÃO EM SEDE COLETIVA. *(Inserida em 27.3.1998).* São incompatíveis com a natureza e finalidade do dissídio coletivo as pretensões de provimento judicial de arresto, apreensão ou depósito.

- ◆ *OJ-SDC Nº 5* • DISSÍDIO COLETIVO – PESSOA JURÍDICA DE DIREITO PÚBLICO – POSSIBILIDADE JURÍDICA – CLÁUSULA DE NATUREZA SOCIAL. *(Redação alterada na sessão do Tribunal Pleno realizada em 14.9.2012 – Resolução nº 186/2012, DEJT divulgado em 25, 26 e 27.9.2012).* Em face de pessoa jurídica de direito público que mantenha empregados, cabe dissídio coletivo exclusivamente para apreciação de cláusulas de natureza social. Inteligência da Convenção nº 151 da Organização Internacional do Trabalho, ratificada pelo Decreto Legislativo nº 206/2010.

- ◆ *OJ-SDC Nº 7* • DISSÍDIO COLETIVO – NATUREZA JURÍDICA – INTERPRETAÇÃO DE NORMA DE CARÁTER GENÉRICO – INVIABILIDADE. *(Inserida em 27.3.1998).* Não se presta o dissídio coletivo de natureza jurídica à interpretação de normas de caráter genérico, a teor do disposto no art. 313, II, do RITST.

- ◆ *OJ-SDC Nº 8* • DISSÍDIO COLETIVO – PAUTA REIVINDICATÓRIA NÃO REGISTRADA EM ATA – CAUSA DE EXTINÇÃO. *(Inserida em 27.3.1998).* A ata da assembleia de trabalhadores que legitima a atuação da entidade sindical respectiva em favor de seus interesses deve registrar, obrigatoriamente, a pauta reivindicatória, produto da vontade expressa da categoria.

- ◆ *OJ-SDC Nº 9* • ENQUADRAMENTO SINDICAL – INCOMPETÊNCIA MATERIAL DA JUSTIÇA DO TRABALHO. *(Inserida em 27.3.1998).* O dissídio coletivo não é meio próprio para o Sindicato vir a obter o reconhecimento de que a categoria que representa é diferenciada, pois esta matéria – enquadramento sindical – envolve a interpretação de norma genérica, notadamente do art. 577 da CLT.

- ◆ *OJ-SDC Nº* • 15 SINDICATO – LEGITIMIDADE *AD PROCESSUM* – IMPRESCINDIBILIDADE DO REGISTRO NO MINISTÉRIO DO TRABALHO. *(Inserida em 27.3.1998).* A comprovação da legitimidade "*ad processum*" da entidade sindical se faz por seu registro no órgão competente do Ministério do Trabalho, mesmo após a promulgação da Constituição Federal de 1988.

- ◆ *OJ-SDC Nº 19* • DISSÍDIO COLETIVO CONTRA EMPRESA – LEGITIMAÇÃO DA ENTIDADE SINDICAL – AUTORIZAÇÃO DOS TRABALHADORES DIRETAMENTE ENVOLVIDOS NO CONFLITO. *(Inserido dispositivo – DEJT divulgado em 16, 17 e 18.11.2010).* A legitimidade da entidade sindical para a instauração da instância contra determinada empresa está condicionada à prévia autorização dos trabalhadores da suscitada diretamente envolvidos no conflito.

- ◆ *OJ-SDC Nº 22* • LEGITIMIDADE *AD CAUSAM* DO SINDICATO – CORRESPONDÊNCIA ENTRE AS ATIVIDADES EXERCIDAS PELOS SETORES PROFISSIONAL E ECONÔMICO ENVOLVIDOS NO CONFLITO – NECESSIDADE. *(Inserido dispositivo – DEJT divulgado em 16, 17 e 18.11.2010).* É necessária a correspondência entre as atividades exercidas pelos setores profissional e econômico, a fim de legitimar os envolvidos no conflito a ser solucionado pela via do dissídio coletivo.

- ◆ *OJ-SDC Nº 28* • EDITAL DE CONVOCAÇÃO DA AGT – PUBLICAÇÃO – BASE TERRITORIAL – VALIDADE. *(Inserida em 19.8.1998).* O edital de convocação para a AGT deve ser publicado em jornal que circule em cada um dos municípios componentes da base territorial.

- ◆ *OJ-SDC Nº 29* • EDITAL DE CONVOCAÇÃO E ATA DA ASSEMBLEIA GERAL – REQUISITOS ESSENCIAIS PARA INSTAURAÇÃO DE DISSÍDIO COLETIVO. *(Inserida em 19.8.1998).* O edital de convocação da categoria e a respectiva ata da AGT constituem peças essenciais à instauração do processo de dissídio coletivo.

- ◆ *OJ-SDC Nº 32* • REIVINDICAÇÕES DA CATEGORIA – FUNDAMENTAÇÃO DAS CLÁUSULAS – NECESSIDADE – APLICAÇÃO DO PRECEDENTE NORMATIVO Nº 37 DO TST. *(Inserida em 19.8.1998).* É pressuposto indispensável à constituição válida e regular da ação coletiva a apresentação em forma clausulada e fundamentada das reivindicações da categoria, conforme orientação do item VI, letra "e", da Instrução Normativa nº 4/1993.

940 | MPT – PREPARANDO-SE PARA O CONCURSO DE PROCURADOR DO TRABALHO

◆ *OJ-SDC Nº 35* • EDITAL DE CONVOCAÇÃO DA AGT – DISPOSIÇÃO ESTATUTÁRIA ESPE-
CÍFICA – PRAZO MÍNIMO ENTRE A PUBLICAÇÃO E A REALIZAÇÃO DA ASSEMBLEIA
– OBSERVÂNCIA OBRIGATÓRIA. *(Inserida em 7.12.1998).* Se os estatutos da entidade sindical
contam com norma específica que estabeleça prazo mínimo entre a data de publicação do edital
convocatório e a realização da assembleia correspondente, então a validade desta última depende da
observância desse interregno.

7.10. QUESTÕES RESOLVIDAS E COMENTADAS

(MPT – 17º Concurso) A respeito do dissídio coletivo, analise as assertivas a seguir:

I – Considerando-se a jurisprudência uniformizada do Tribunal Superior do Trabalho
e a natureza das pretensões deduzidas, são incompatíveis com a finalidade do dissídio coletivo as pretensões acautelatórias de arresto, apreensão ou depósito.

II – O não comparecimento da parte à audiência não produz os efeitos da revelia,
como a presunção de veracidade dos fatos alegados pela parte autora, sendo que
o não comparecimento de ambas as partes acarreta a extinção do processo sem
resolução do mérito.

III – Quando o dissídio coletivo ocorrer fora da sede do Tribunal, poderá ser delegada
pelo Presidente do Tribunal, ao juiz de primeira instância, a tentativa de conciliação, competindo-lhe ultimar os atos homologatórios, com posterior remessa dos
autos ao Tribunal.

IV – Em se tratando de dissídio coletivo com envolvimento de empresa, não representada por entidade de classe, não é facultada a representação por preposto.

Assinale a alternativa **CORRETA**:

[A] apenas a assertiva II está correta;

[B] apenas as assertivas I, III e IV estão corretas;

[C] apenas as assertivas II e III estão corretas;

[D] apenas a assertiva I está correta;

[E] não respondida.

Gabarito oficial: alternativa [D].

Comentário dos autores:

✮ *A assertiva I está correta, pois está em consonância com a OJ da SDC nº 3 do TST.*

✮ *A assertiva II está errada. No dissídio coletivo não há que se falar em revelia, confissão, falta
de interesse processual ou arquivamento, considerando que o que está em debate é o interesse
abstrato de toda uma categoria profissional ou econômica. Por essa razão, o art. 864 da CLT
estabelece que: "Não havendo acordo, ou não comparecendo ambas as partes ou uma delas,
o presidente submeterá o processo a julgamento, depois de realizadas as diligências que entender necessárias e ouvida a Procuradoria".*

✮ *A assertiva III está errada, pois não traduz a literalidade do art. 866 da CLT, que, por exemplo, fala em delegação à autoridade local e não ao juiz de primeira instância.*

✮ *A assertiva IV contraria o disposto no art. 861 da CLT.*

(MPT - 17º Concurso) A propósito do ajuizamento do dissídio coletivo pelo Ministério Público do Trabalho, assinale a opção **CORRETA**:

[A] A Constituição da República, por força da Emenda Constitucional nº 45/2004, reduziu as possibilidades de ajuizamento do dissídio coletivo, restringindo, em sua força hierárquico-normativa, o alcance da Lei Complementar nº 75/1993, a qual autorizava o Ministério Público do Trabalho a instaurar instância em caso de greve, quando a defesa da ordem jurídica ou o interesse público assim o exigir.

[B] Segundo a Constituição da República, o Ministério Público do Trabalho pode ajuizar dissídio coletivo desde que haja, no conflito coletivo, possibilidade de lesão ao interesse público ou se trate de atividade essencial, com risco à sociedade.

[C] O dissídio coletivo é modalidade de ação que só em casos excepcionais pode ser promovida pelo Ministério Público do Trabalho, pois a orientação constitucional primária é que as próprias partes (empresas e sindicatos) resolvam seus conflitos coletivos, ao largo do Estado, utilizando-se dos canais próprios de negociação extrajudicial, como a mediação, a arbitragem e a conciliação nos Tribunais do Trabalho.

[D] Mesmo estando em curso dissídio coletivo, o Ministério Público do Trabalho pode realizar audiência extrajudicial de negociação coletiva com as entidades interessadas, devendo, para tanto, peticionar suspensão do processo durante prazo razoável e desde que as partes concordem com a atividade ministerial.

[E] Não respondida

Gabarito oficial: alternativa [A].

Comentário dos autores:

☆ *A alternativa "A" está correta. Apesar de entendimentos doutrinários que defendem a ampla legitimidade do Ministério Público do Trabalho para ajuizamento do Dissídio Coletivo de greve, mesmo após o advento da EC nº 45/2004, prevalece o posicionamento consagrado na redação do art. 114, § 3º, da Constituição Federal de 1998, segundo o qual a possibilidade de ajuizamento de Dissídio Coletivo deve ocorrer apenas nas hipóteses de greve em atividade essencial.*

☆ *A alternativa "B" está incorreta, pois, de acordo com a Constituição da República (art. 114, § 3º), o MPT pode ajuizar dissídio coletivo apenas em caso de greve em atividade essencial, com possibilidade de lesão do interesse público.*

☆ *A alternativa "C" tem uma redação complicada, que pode confundir o candidato, induzindo-o a considerá-la correta. Na nossa opinião, a incorreção mais evidente está em considerar a conciliação nos Tribunais como canal de negociação extrajudicial. Além disso, ao afirmar que apenas em casos excepcionais o dissídio coletivo pode ser promovido pelo MPT, expressa a possibilidade de qualquer dissídio coletivo, que não o de greve em atividade essencial, podendo ser ajuizado, excepcionalmente, pelo MPT, o que afronta os termos do art. 114, § 3º, da CF.*

☆ *A alternativa "D" está incorreta. Estando em curso o dissídio coletivo, as partes devem se conciliar em juízo, nada obstando que o MPT auxilie as partes nesse sentido. Não havendo conciliação, o processo será submetido a julgamento, conforme art. 864 da CLT.*

Referências

ALEXANDRINO, Marcelo; PAULO, Vicente. *Direito administrativo descomplicado*. 18. ed. rev. e atual. São Paulo: Método, 2010.

ALEXY, Robert. *Teoria dos direitos fundamentais*. 2. ed. São Paulo: Malheiros, 2011.

ALMEIDA, Cléber Lúcio de. *Direito processual do trabalho*. 4. ed. Belo Horizonte: Del Rey, 2012.

ALVES, Leonardo Barreto Moreira; FARIAS, Cristiano Chaves de; ROSENVALD, Nelson (Orgs.). *Temas atuais do Ministério Público*. 3. ed. Salvador: Juspodivm, 2012.

ALVES RIBEIRO, Carlos Vinícius. *Ministério Público: reflexões sobre princípios e funções institucionais*. São Paulo: Atlas, 2010.

AMORIM, Helder Santos. *Terceirização no serviço público*. São Paulo: LTr, 2009.

ANDRADE, Adriano; MASSON, Cleber; ANDRADE, Landolfo. *Interesses difusos e coletivos – esquematizado*. Rio de Janeiro: Forense; São Paulo: Método, 2011.

ARAÚJO, Carolina Lobato Goes de. *A posição dos direitos humanos na busca do acesso à justiça*. Disponível em: <ww1.anamatra.org.br/sites/1200/1223/00000361.doc>. Acesso em: 2 jun. 2013.

BANDEIRA DE MELLO, Celso Antonio. *Curso de direito administrativo*. 28. ed. São Paulo: Malheiros, 2011.

_____. *Curso de direito administrativo*. 29. ed. São Paulo: Malheiros, 2012.

BARCELLOS, Ana Paula de. *A eficácia jurídica dos princípios constitucionais*. Rio de Janeiro: Renovar, 2002.

BARROS, Alice Monteiro de. *Curso de direito do trabalho*. 6. ed. rev. e ampl. São Paulo: LTr, 2010.

BARROSO, Fabio Tulio. *Manual de direito coletivo do trabalho*. São Paulo: LTr, 2010.

BARROSO, Luís Roberto. *Curso de direito constitucional contemporâneo: os conceitos fundamentais e a construção do novo modelo*. 3. ed. São Paulo: Saraiva, 2011.

BEBBER, Júlio César. In: CHAVES, Luciano Athayde (org.). *Curso de processo do trabalho*. 2. ed. São Paulo: LTr, 2012.

BELTRAMELLI NETO, Silvio. *Limites da flexibilização dos direitos trabalhistas*. São Paulo: LTr, 2008.

BOBBIO, Noberto. *A era dos direitos*. Rio de Janeiro: Campus, 2004.

BONAVIDES, Paulo. Os direitos humanos e a democracia. In: SILVA, Reinaldo Pereira (Org.) *Direitos humanos como educação para a justiça*. São Paulo: LTr, 1998.

BRANDÃO, Cláudio. *Acidente de trabalho e responsabilidade civil do empregador*. 3. ed. São Paulo: LTr, 2009.

BRIGAGÃO, Paula Naves. O Tribunal Penal Internacional e os direitos humanos. *Conteúdo Jurídico*, Brasília-DF: 23 abr. 2012. Disponível em: <http://www.conteudojuridico.com.br/?artigos &ver=5.36539&seo=1>. Acesso em: 20 maio 2013.

BRITO FILHO, José Cláudio Monteiro de. *Direito sindical*. 2. ed. São Paulo: LTr, 2007.

_____. *Trabalho decente – análise jurídica da exploração do trabalho – trabalho forçado e outras formas de trabalho indigno*. São Paulo: LTr, 2004.

CALVET, Otávio. *Discriminação na admissão: direito à integração*. Disponível em: <www.nucleotrabalhistacalvet.com.br>.

CANOTILHO, J. J. Gomes. *Direito constitucional e teoria da constituição*. 5. ed. Coimbra: Almedina, 2002.

CARELLI, Rodrigo de Lacerda. Trabalho do estrangeiro no Brasil. CEDES – Centro de Estudos de Direito e Sociedade – *Boletim*, mar. 2007. Disponível em: <www.cedes.iuperj.br>.

_____. *Formas atípicas de trabalho*. 2. ed. São Paulo: LTr, 2010.

COMPARATO, Fábio Konder. *A afirmação histórica dos direitos humanos*. São Paulo: Saraiva, 2001.

CORREIA, Henrique. A nova lei do estágio. Estágio na administração pública. Atuação do Ministério Público do Trabalho. *Revista do Ministério Público do Trabalho*. São Paulo: LTr, 2009. p. 120 ss.

_____; DOS SANTOS, Elisson Miessa. *Súmulas e orientações jurisprudenciais do TST: comentadas e organizadas por assunto*. Salvador: Juspodivm, 2012.

CREMONESI, André. *Cooperativas de trabalho*. São Paulo: LTr, 2009.

DALLARI, Dalmo de Abreu. *Elementos de teoria geral do Estado*. 16. ed. São Paulo: Saraiva, 1991.

DELGADO, Maurício Godinho. *Curso de direito do trabalho*. 9. ed. São Paulo: LTr, 2010.

_____. *Direito coletivo do trabalho*. 3. ed. São Paulo: LTr, 2008.

DIDIER JR., Fredie; CUNHA, Leonardo Carneiro da. *Curso de direito processual civil – meios de impugnação às decisões judiciais e processo nos tribunais.* 6. ed. v. 3. Salvador: Juspodivm, 2008.

FLEURY, Ronaldo; PAIXÃO, Cristiano. *Trabalho portuário: a modernização dos portos e as relações de trabalho no Brasil.* 2. ed. São Paulo: Método, 2008.

FONSECA, Ricardo Tadeu Marques da. O trabalho da pessoa com deficiência e a lapidação dos direitos humanos: o direito do trabalho, uma ação afirmativa. São Paulo: Revista LTr, 2006.

GARCIA, Emerson. Ministério Público: essência e limites da independência funcional. In: RIBEIRO, Carlos Vinícius Alves (Org.). *Ministério Público: reflexões sobre princípios e funções institucionais.* São Paulo: Atlas, 2010.

_____. *Ministério Público: organização, atribuições e regime jurídico.* Rio de Janeiro: Lumen Juris, 2007.

GARCIA, Gustavo Filipe Barbosa. *Meio ambiente do trabalho – direito, segurança e medicina do trabalho.* 2. ed. São Paulo: Método, 2009.

GERALDO DE OLIVEIRA, Sebastião. *Indenizações por acidente do trabalho ou doença ocupacional.* São Paulo: LTr, 2009.

GONÇALVES, Edwar Abreu. *Manual de segurança e saúde no trabalho.* 5. ed. São Paulo: LTr, 2011.

GOULART, Marcelo Pedroso. Princípios institucionais do Ministério Público. In: RIBEIRO, Carlos Vinícius Alves (Org.). *Ministério Público: reflexões sobre princípios e funções institucionais.* São Paulo: Atlas, 2010.

GRINOVER, Ada Pellegrini; CASTRO MENDES, Aluísio Gonçalves de; WATANABE, Kazuo (Coord.). *Direito processual coletivo e o anteprojeto de Código brasileiro de processos coletivos.* São Paulo: Revista dos Tribunais, 2007.

_____; et al. *Código brasileiro de defesa do consumidor: comentado pelos autores do anteprojeto.* 8. ed. Rio de Janeiro: Forense Universitária, 2001.

HIRIGOYEN, Marie-France. *Assédio moral: a violência perversa no cotidiano.* 13. ed. Rio de Janeiro: Bertrand Brasil, 2011.

LEITE, Carlos Henrique Bezerra. *Curso de direito processual do trabalho.* 4. ed. São Paulo: LTr, 2006.

_____. *Direitos humanos.* 2. ed. Rio de Janeiro: Lumen Juris, 2011.

_____. *Ministério Público do Trabalho: doutrina, jurisprudência e prática.* 4. ed. São Paulo: LTr, 2010.

LENZA, Pedro. *Curso de direito constitucional – esquematizado.* 15. ed. São Paulo: Saraiva, 2011.

MAGALHÃES, José Luiz Q. *Direito constitucional.* Belo Horizonte: Mandamentos, 2000.

MARINONI, Luiz Guilherme; ARENHART, Sérgio Cruz. *Manual do processo de conhecimento.* 5. ed. rev. atual. e ampl. São Paulo: Revista dos Tribunais, 2006.

MARMELSTEIN, George. *Curso de direitos fundamentais.* 3. ed. São Paulo: Atlas, 2011.

MARTINEZ, Luciano. *Condutas antissindicais.* São Paulo: Saraiva, 2013.

MARTINS FILHO, Ives Gandra da Silva. *Processo coletivo do trabalho.* 4. ed. São Paulo: LTr, 2009.

_____. Um pouco de história do Ministério Público do Trabalho. *Revista do Ministério Público do Trabalho*, Brasília, n. 13, ano VII, mar. 1997. p. 23-52.

_____. *Manual esquemático de direito e processo do trabalho.* 20. ed. São Paulo: Saraiva, 2012.

MARTINS, Sergio Pinto. Terceirização lícita e ilícita. Publicado em março de 2008. Disponível em: <http://online.sintese.com>. Acesso em: 27 out. 2011.

MAZZILLI, Hugo Nigro. *Regime jurídico do Ministério Público: análise do Ministério Público na Constituição, na Lei Orgânica Nacional do Ministério Público, na Lei Orgânica do Ministério Público da União e na Lei Orgânica do Ministério Público Paulista.* São Paulo: Saraiva, 2007.

MELLO, Celso Antonio Bandeira de. *Conteúdo jurídico do princípio da igualdade.* São Paulo: Malheiros, 2011.

_____. *Curso de direito administrativo.* 17. ed. São Paulo: Malheiros, 2004.

_____. *Curso de direito administrativo.* 28. ed. rev. e atual. até a Emenda Constitucional nº 67, de 22.12.2010. São Paulo: Malheiros, 2010.

MELO, Raimundo Simão de. *Ação civil pública na Justiça do Trabalho.* 3. ed. São Paulo: LTr, 2008.

_____. *Direito ambiental do trabalho e a saúde do trabalhador.* 4. ed. São Paulo: LTr, 2010.

_____. *Processo coletivo do trabalho: dissídio coletivo, ação de cumprimento, ação anulatória.* São Paulo: LTr, 2009.

MENDES, Gilmar Ferreira. *Curso de direito constitucional.* 3. ed. rev. e atual. São Paulo: Saraiva, 2008.

MENEZES, Mauro de Azevedo. *Constituição e reforma trabalhista no Brasil: interpretação na perspectiva dos direitos fundamentais.* São Paulo: LTr, 2003.

NASCIMENTO, Sônia Aparecida Costa Mascaro. Assédio moral no ambiente do trabalho. São Paulo, Revista LTr, v. 68, n. 8, p. 922-30, ago. 2004.

NERY JUNIOR, Nelson. *Código de processo civil comentado.* 11. ed. São Paulo: Revista dos Tribunais, 2010.

_____. *Princípios do processo na Constituição Federal: processo civil, penal e administrativo*. 9. ed. São Paulo: Revista dos Tribunais, 2009.

_____; NERY, Rosa Maria de Andrade. *Código de processo civil comentado e legislação extravagante*. 8. ed. São Paulo: Revista dos Tribunais, 2004.

NEVES, Daniel Amorim Assumpção. *Manual de processo coletivo*. Rio de Janeiro: Forense; São Paulo: Método, 2012.

NOGUEIRA, Sandro D'Amato. *Meio ambiente do trabalho – o princípio da prevenção na vigilância e na saúde ambiental*. São Paulo: LTr, 2008.

ODERO, Alberto; GERNIGON, Bernard; GUIDO, Horácio. *A greve: o direito e a flexibilidade*. São Paulo: LTr, 2002.

OLIVEIRA, Christiana D'Arc Damasceno de. *O direito do trabalho contemporâneo*. São Paulo: LTr, 2010.

OLIVEIRA NETO, Alberto Emiliano de. Caso nº 2739: queixa apresentada pelas centrais sindicais em face do Estado brasileiro. Cláusulas de segurança e o princípio da liberdade sindical. Jus Navigandi, Teresina, ano 17, n. 3.415, 6 nov. 2012. Disponível em: <http://jus.com.br/revista/texto/22952>. Acesso em: 6 fev. 2013.

OLIVEIRA, Sebastião Geraldo de. *Indenizações por acidente do trabalho ou doença ocupacional*. 4. ed. São Paulo: LTr, 2008.

PADILHA GERA, Renata Coelho. Interesses individuais homogêneos na perspectiva das "ondas" de acesso à justiça. In: LEITE, Carlos Henrique Bezerra (Coord.). *Direitos metaindividuais*. São Paulo: LTr, 2004. In: ARAÚJO, Carolina Lobato Goes de. *A posição dos direitos humanos na busca do acesso à justiça*. Disponível em: <ww1.anamatra.org.br/sites/1200/1223/00000361.doc>. Acesso em: 2 jun. 2013.

PAIXÃO, Cristiano; FLEURY, Ronaldo Curado. *Trabalho portuário: a modernização dos portos e as relações de trabalho no Brasil*. São Paulo: Método, 2008.

PALMEIRA SOBRINHO, Zéu. *Terceirização e reestruturação produtiva*. São Paulo: LTr, 2008.

PEREIRA, Ricardo José Macedo de Britto. *Constituição e liberdade sindical*. São Paulo: LTr, 2007.

PIOVESAN, Flávia. Direitos humanos: desafios da ordem internacional contemporânea. In: *Direitos humanos*. Curitiba: Juruá, 2006.

_____. *Direitos humanos e o direito constitucional internacional*. 3. ed. São Paulo: Max Lemonad, 1997.

PLÁ RODRIGUES, Américo. *Princípios de direito do trabalho*. trad. de Wagner D. Giglio. São Paulo: LTr, 1978.

PORTO, Pedro Rui da Fontoura. *Direitos fundamentais sociais: considerações acerca da legitimidade política e processual do Ministério Público e do sistema de justiça para sua tutela*. Porto Alegre: Livraria do Advogado, 2006.

RIBEIRO, Carlos Vinícius Alves (Org.). *Ministério Público: reflexões sobre princípios e funções institucionais*. São Paulo: Atlas, 2010.

RIBEIRO JÚNIOR, José Hortêncio et al. (Org). *Ação coletiva na visão de juízes e procuradores do trabalho*. São Paulo: LTr, 2006.

RODRIGUES, Geisa de Assis. In: ALVES, Leonardo Barreto Moreira; FARIAS, Cristiano Chaves de; ROSENVALD, Nelson (Orgs.). *Temas atuais do Ministério Público*. 3. ed. Salvador: Juspodivm, 2012.

ROSSATO, Luciano Alves; LÉPORE, Paulo Eduardo. *Direitos trabalhistas das crianças, adolescentes e jovens*. São Paulo: Revista dos Tribunais, 2011.

RUFINO, Regina Célia Pezzuto. *Assédio moral no âmbito da empresa*. 3. ed. São Paulo: LTr, 2011.

SAMPAIO, José Adércio Leite. *Direitos fundamentais: retórica e historicidade*. 2. ed. Belo Horizonte: Del Rey, 2010.

SANTOS, Élisson Messias dos; CORREIA, Henrique. *Súmulas e orientações jurisprudenciais do TST: comentadas e organizadas por assunto*. 2. ed., rev., ampl. e atual. Salvador: Juspodivm, 2012.

SANTOS, Ivair Augusto Alves dos. Discriminação: uma questão de direitos humanos. In: *50 anos depois: relações raciais e grupos socialmente segregados*. Brasília: Movimento Nacional de Direitos Humanos, 1999.

SANTOS, Ronaldo Lima dos. *Sindicatos e ações coletivas: acesso à justiça coletiva e tutela dos interesses difusos, coletivos e individuais homogêneos*. 2. ed. São Paulo: LTr, 2008.

_____. *Teoria das normas coletivas*. 2. ed. São Paulo: LTr, 2009.

SARLET, Ingo Wolfgang. *Dignidade da pessoa humana e direitos fundamentais na Constituição Federal de 1988*. 3. ed. Porto Alegre: Livraria do Advogado, 2004.

_____. *Eficácia dos direitos fundamentais*. 6. ed. Porto Alegre: Livraria dos Advogados, 2006.

SCHIAVI, Mauro. *Manual de direito processual do trabalho*. São Paulo: LTr, 2008.

SHIMURA, Sérgio. O reexame necessário nas ações coletivas. In: GRINOVER, Ada Pellegrini; MENDES; Aluísio Gonçalves de Castro; WATANABE, Kazuo (Coord.). *Direito processual coletivo e o anteprojeto de Código brasileiro de processos coletivos*. São Paulo: Revista dos Tribunais, 2007.

SILVA, Homero Batista Mateus da. *Curso de direito do trabalho aplicado*. 10 v. Rio de Janeiro: Elsevier, 2010.

_____. In: JUNIOR, José Hortêncio Ribeiro et al. (Orgs.). *Ação coletiva na visão de juízes e procuradores do trabalho*. São Paulo: LTr, 2006.

SILVA, José Afonso da. *Curso de direito constitucional positivo*. São Paulo: Malheiros, 1998.

_____. *Curso de direito constitucional positivo*. 36. ed. São Paulo: Malheiros, 2013.

SILVA JUNIOR, Paulo Isan Coimbra da. *Ação afirmativa para o trabalhador velho*. São Paulo: LTr, 2010.

SOUTO MAIOR, Jorge Luiz. A terceirização sob uma perspectiva humanista. *Revista do Tribunal Superior do Trabalho*. Porto Alegre, RS, v. 70, n. 1, p. 119-29, jan./jun. 2004.

SOUZA, José Guilherme de. *Vitimologia e violência nos crimes sexuais*. Porto Alegre: Sergio Antonio Fabris, 1998.

STOLL, Luciana Bullamah. *Negociação coletiva no setor público*. Franca: Unesp, 2006.

TAVARES, André Ramos. *Curso de direito constitucional*. 6. ed. São Paulo: Saraiva, 2008.

TEIXEIRA FILHO, Manoel Antonio. *Curso de direito processual do trabalho*. v. 2. São Paulo: LTr, 2009.

URIARTE, Oscar Ermida. *A flexibilização da greve*. São Paulo: LTr, 2000.

VELLOSO, Gabriel & FAVA, Marcos Neves (Coords.). *Trabalho escravo contemporâneo: o desafio de superar a negação*. São Paulo: LTr, 2006.

VENTURI, Elton. *Processo civil coletivo: a tutela jurisdicional dos direitos difusos, coletivos e individuais homogêneos no Brasil – perspectivas de um código brasileiro de processos coletivos*. São Paulo: Malheiros, 2007.

VILLAVICENCIO RIOS, Alfredo. *A liberdade sindical nas normas e pronunciamentos da OIT: sindicalização, negociação coletiva e greve*. São Paulo: LTr, 2011.

WATANABE, KAZUO. Acesso à justiça e sociedade moderna. In: GRINOVER, Ada Pellegrini. (Coord.) *Participação e processo*. São Paulo: Revista dos Tribunais, 1988.

WEIS, Carlos. *Direitos humanos contemporâneos*. São Paulo: Malheiros, 1999.